中宣部2015年文化名家暨『四个一批』人才项目
《刑事诉讼法实施问题研究》最终成果

中国刑事诉讼法制四十年

回顾、反思与展望

孙长永 / 主编

中国政法大学出版社
2021 · 北京

图书在版编目（CIP）数据

中国刑事诉讼法制四十年:回顾、反思与展望/孙长永主编. —北京:中国政法大学出版社,2021.1
ISBN 978-7-5620-9798-3

Ⅰ.①中… Ⅱ.①孙… Ⅲ.①刑事诉讼—司法制度—研究—中国
Ⅳ.①D925.21

中国版本图书馆CIP数据核字(2020)第261496号

书　名　中国刑事诉讼法制四十年:回顾、反思与展望
ZHONGGUO XINGSHISUSONGFAZHI SISHINIAN
HUIGU FANSI YU ZHANWANG
出版者　中国政法大学出版社
地　址　北京市海淀区西土城路 25 号
邮　箱　fadapress@163.com
网　址　http://www.cuplpress.com (网络实名：中国政法大学出版社)
电　话　010-58908466(第七编辑部) 010-58908334(邮购部)
承　印　北京中科印刷有限公司
开　本　720mm×960mm　1/16
印　张　54.75
字　数　1075 千字
版　次　2021 年 1 月第 1 版
印　次　2021 年 1 月第 1 次印刷
定　价　268.00 元

主编简介

孙长永

1964年生，安徽寿县人，国家二级教授，法学博士。入选第二批国家“万人计划”哲学社会科学领军人才，全国文化名家暨“四个一批”人才。现任西南政法大学学位委员会副主席，诉讼法学国家重点学科带头人，刑事诉讼法国家级教学团队负责人。兼任第四届全国法律专业学位研究生教育指导委员会委员、中国刑事诉讼法学研究会副会长、中国法学教育研究会常务理事、最高人民检察院专家咨询委员。曾任西南政法大学党委常委、副校长，国务院学位委员会第六届、第七届法学学科评议组成员，《现代法学》主编，美国哥伦比亚大学法学院高级访问学者。

先后主持和参与完成国家社科基金项目、教育部新世纪优秀人才支持计划项目等省部级以上项目10余项，公开出版《侦查程序与人权——比较法考察》《沉默权制度研究》《探索正当程序——比较刑事诉讼法专论》等个人专著4部，在《法学研究》等中外文专业期刊公开发表学术论文100余篇，教学、科研成果荣获国家级教学成果二等奖、最高人民检察院检察基础理论研究优秀成果一等奖、中国法学会中青年诉讼法学成果一等奖、司法部法学优秀科研成果二等奖、全国优秀博士学位论文奖、重庆市优秀教学成果一等奖和二等奖等省部级以上奖励10余项。曾获“当代中国法学名家”“第五届全国十大杰出青年法学家”“新世纪百千万人才工程国家级人选”“重庆市优秀教师”等荣誉称号。

撰稿人简介

姓　名	现任职务、学位	其他情况	撰写章节
孙长永	西南政法大学学位委员会副主席，诉讼法学国家重点学科带头人，刑事诉讼法国家级教学团队负责人，重庆市人文社科重点研究基地——西南政法大学诉讼法与司法改革研究中心主任，教授	曾任西南政法大学党委常委、副校长，教育部高教司副司长（挂职），《现代法学》和《西南政法大学学报》主编，美国哥伦比亚大学法学院高级访问学者	第一章至第三章、第六章、第七章、第十章、第十五章
兰跃军	上海大学法学院教授，法学博士	曾挂职担任上海市宝山区人民检察院副检察长一年。中国刑事诉讼法学研究会理事、中国行为法学会理事	第四章
李昌盛	西南政法大学诉讼法与司法改革研究中心常务副主任，教授，法学博士	曾挂职担任重庆市高级人民法院刑一庭庭长助理一年	第九章
张吉喜	西南政法大学法学院副院长，教授，法学博士	曾挂职担任重庆市人民检察院公诉一处副处长一年，中国刑事诉讼法学研究会理事	第十八章第一、三、四部分
艾　明	西南政法大学法学院教授，法学博士		第十二章

续表

姓　名	现任职务、学位	其他情况	撰写章节
刘静坤	中国政法大学全面依法治国研究院教授，法学博士	曾任最高人民法院刑三庭法官、代理审判长，参与起草“两高三部”《关于推进以审判为中心的刑事诉讼制度改革的意见》《关于办理刑事案件严格排除非法证据若干问题的规定》和最高人民法院庭审实质化“三项规程”等改革文件和司法解释	第十六章
刘梅湘	西南政法大学法学院教授,法学博士	曾挂职担任湖南省湘潭市人民检察院检察长助理一年，中国刑事诉讼法学研究会理事	第五章
闫召华	西南政法大学法学院教授,法学博士		第十四章
向　燕	西南政法大学法学院教授，法学博士		第十七章
王　彪	西南政法大学法学院副教授，法学博士	曾任重庆市渝中区人民法院研究室副主任，重庆市高级人民法院刑一庭法官、审判长，并在最高人民法院刑三庭借调工作一年，参与起草《关于办理刑事案件严格排除非法证据若干问题的规定》	第八章、第十八章第二部分
纪　虎	西南政法大学法学院副教授，法学博士	曾挂职担任重庆市人民检察院侦查监督处处长助理一年	第一章

续表

姓　名	现任职务、学位	其他情况	撰写章节
吴杨泽	山西省人民检察院法律政策研究室副主任，法学博士	全国检察理论调研骨干人才，中共山西省委全面依法治省专家咨询团成员	第十五章
李冉毅	西南政法大学法学院讲师，法学博士		第十三章
蒋　勇	兰州大学法学院副教授，法学博士，西南政法大学博士后研究人员		第十一章
武小琳	西南政法大学法学院讲师，法学博士		第六章
陈真楠	西南政法大学法学院讲师，法学博士，博士后研究人员		第二章
禹得水	西南政法大学法学院诉讼法学专业博士生，重庆市沙坪坝区人民法院法官助理		第三章

前言

1979年7月1日，第五届全国人民代表大会第二次会议通过了第一部《中华人民共和国刑事诉讼法》，并于1980年1月1日起施行。同一天通过的还有第一部《中华人民共和国刑法》以及修订的《中华人民共和国人民法院组织法》和《中华人民共和国人民检察院组织法》等六部重要法律。1979年《刑事诉讼法》虽然只有区区164个条文，但它对刑事诉讼法的指导思想、任务、基本原则和管辖、辩护、回避、强制措施、证据、附带民事诉讼、期间与送达等基本制度，以及立案侦查程序、审查起诉和提起公诉程序、第一审程序、第二审程序、死刑复核程序、审判监督程序和执行程序等基本诉讼程序都作出了明确的规定，奠定了改革开放以来我国刑事诉讼制度的基本框架。1979年《刑事诉讼法》和《刑法》的通过和施行，标志着我国刑事司法活动从"依据政策"正式转向"依据法律"，国家专门机关通过刑事诉讼活动惩罚犯罪和保障人权的过程被纳入了法制的轨道。此后，立法机关对《刑事诉讼法》的两次大修（1996年、2012年）和一次小修（2018年），均是在1979年立法基础上对刑事诉讼制度的逐步完善和发展。因此，1979年《刑事诉讼法》是中华人民共和国法制史的一个重要里程碑。

至2019年，《刑事诉讼法》已经实施四十年。四十年来，我国经济社会快速发展，经济实力逐步强大，国际地位不断提高，社会主义法律体系初步建成并且不断完善，刑事诉讼法制也取得了历史性的进步。首先，刑事诉讼法律规范体系逐步健全，刑事诉讼活动基本实现了"有法可依"。以《刑事诉讼法》等成文法为主体、以中央政法部门的有关法律解释和规范性司法文件以及地方性规则为补充的刑事诉讼规范体系，对刑事诉讼的基本制度和诉讼程序的各个环节作出了较为明确、具体的规定，为公安司法机关公正行使各自的职权以及诉讼参与人有序参与刑事诉讼活动，提供了有效的法律依据。其次，刑事诉讼的基本制度和诉讼程序得到不断完善。例如，强制措施制度不断完善，犯罪嫌疑人、被告人的逮捕羁押率持续下降；辩护制度持续发展，从只有审判阶段的委托辩护，发展到今天的律师辩护全覆盖；电子取证、技术侦查以及搜查、扣押等程序的规范化程度不断提高；非法证据排除制度从无到有，从粗到细，使得证据的收集、固定、审查和运用更加有利于事实真相的发现和人权保障；审判程序逐渐多元化，简易程序、速裁程序和普通程序与缺席审判程序一起，形成了有机衔接的体系；人民陪审员参与刑事审判的制度因《人民陪审员法》的制定和实施而得到巩固和完善；国际刑事司法协助制度在2018年终于实现法律化、体系化，国际刑事司法领域的合作和交流不断扩大；通过对《国家赔偿法》的多次修正，刑事损害赔偿制度不断完善，并得到较好的实施。再次，刑事诉讼的技术规则和相关的管理制度不断发展，程序法治的细节日益受到重视，被追诉人的诉讼待遇得到持续改善。例如，法官、检察官和律师专用制服以及法槌的启用，法官开庭时检察官、律师及旁听人员必须起立，法庭秩序规范的不断细化等，不断彰显出法庭的威严和法官的崇高地位；对侦查讯问全程同步录音录像的技术性要求日趋严格；法庭上对证人、鉴定人的质证规则不断完善（例如对鉴定意见允许控辩双方聘请专家辅助人进行质证）；远程视频作证和远程视频开庭技术、人工智能辅助量刑技术等得到普遍应用；律师会见在押被追诉人，可以通过网络进行预约；看守所等羁押场所的管理制度和基础条件不断完善，在押人员的人身安全和人道待遇得到越来越好的保障，等等。所有这些细节上的进步表明，理性、文明的法定程序在内涵方面不断丰富，它不再仅仅是高堂之上的强制规范，同时也逐步内化为公安司法机关和诉讼参与人的自觉行为规范。最后，也最重要的是，刑事诉讼的真实观、价值观发生重大变化，通过公正的法律程序查明事实真相，努力让人民群众在每一个司法案件中感受到公平正义，实现惩罚犯罪与保障人权的动态平衡，已经成为占主导地位的刑事司法价值观。正是在新的司法理念指导下，党的十八大以来，我国纠正了一批重大冤假错案，并积极推行以司法责任制为核心的司法改革，深入推进以审判为中心的刑事诉讼制度改革和认罪认罚从宽制度改革，并取得了重要进展。改革开放四十多年来，我国之所以能够在经济发展方面取得举世公认的成就，并且维持了社会大局的持续稳定，人民的人身权、财产权等基本权利也得到较好的保障，不断完善的法制尤其是刑事诉讼法制应当说发挥了非常重要的作用。

然而，在充分肯定我国刑事诉讼法制建设成就的同时，也应当清醒地认识到，我国刑事诉讼法制仍然存在一些不足，比较明显的是：第一，刑事诉讼中的国家权力配置不够科学，不利于在刑事诉讼中贯彻分权制衡原则。主要是对公安机关的侦查权力有效约束不足，对刑事拘留等限制人身自由的强制措施和搜查、扣押、技术侦查等重要侦查行为缺乏司法授权和司法审查程序；承担公诉职能的检察机关同时享有批准逮捕的权力，而法院对逮捕决定却无权进行司法审查，以至于被追诉人的命运几乎完全掌握在作为公诉案件“原告”的检察机关手中。相比之下，法院在刑事诉讼中的职能较弱，基本上限于定罪和量刑，难以对强大的侦查权力、公诉权力进行有效的制约，以至于一些专门机关滥用权力的现象无法得到有效遏制。第二，被追诉人享有的诉讼权利较少，诉讼地位不高。例如，国际公认的无罪推定原则、有效辩护原则在我国刑事诉讼中尚未得到确认，大部分犯罪嫌疑人在侦查阶段至今仍然没有辩护律师的帮助，也不享有“不被强迫自证其罪”的“权利”；多数被追诉人在羁押状态下等候审判，且对公安机关作出的刑事拘留决定和采取的强制性侦查措施（如搜查、扣押、查封、冻结、技术侦查等）以及检察机关作出的刑事拘留、逮捕决定无权申请司法审查。近年来有关部门推行“律师辩护全覆盖”试点，2018年修改《刑事诉讼法》时正式建立了值班律师制度，因而刑事法律援助的范围有所扩大，但其实际覆盖面和效果仍然有限。第三，对专门机关侵犯被追诉人及其辩护律师诉讼权利的行为，缺乏有效的诉讼内救济机制，以至于一些被追诉人及其家属不得不通过上访、信访等诉讼外途径寻求救济，有的辩护律师不得不通过当庭“死磕”或者利用自媒体曝光等非正常方式给办案机关施加压力，以维护当事人的合法权益。回顾1979年《刑事诉讼法》实施以来刑事诉讼法制四十年的发展历程，不难发现，我国刑事诉讼中尚未完全贯彻法治原则，权力约束和权利保障机制尚不够健全，以至于无辜的自由民——无论是普通务工人员，还是民营企业家或其他有一定身份地位的人，都可能沦为犯罪嫌疑人；犯罪嫌疑人一旦被拘捕以后，很难被取保候审或者无罪释放；只要刑事案件进入审判程序，99%的被告人最终被定罪判刑，获得无罪判决对于被告人及其辩护律师而言简直比登天还难。不少案件在无辜者被判刑入狱多年之后，由于“真凶再现”“亡者归来”等偶然因素，或者由于当事人及其家属长期申诉，或者经媒体持续报道，司法机关才发现原判错了，不得不通过再审予以纠正。刑事诉讼中的国家权力被滥用以及冤错案件的一再出现，导致公民的人身权利、财产权利和其他合法权益遭受严重侵害，司法权威受到严重损害，因而刑事司法缺乏应有的公信力。

早在1979年9月9日，中共中央在《关于坚决保证刑法、刑事诉讼法切实实施的指示》(中发〔1979〕64号文件) 中就已指出：“刑法、刑事诉讼法同全国人民每天的切身利益有密切关系，它们能否严格执行，是衡量我国是否实行社会主义法治的重要标志……这是一个直接关系到党和国家信誉的大问题。”因此，《刑事诉讼法》的实施，一直受到党和国家的高度重视，2000年全国人大常委会曾专门组织力量对各地贯彻执行《刑事诉讼法》的情况进行了检查。四十多年来，法学界和实务界围绕刑事诉讼法制实施有关问题进行了大量的研究，取得了丰硕的研究成果，并且对推进司法改革、完善国家立法起到了积极的促进作用。其中，既有对《刑事诉讼法》实施问题的全面研究，也有对刑事诉讼中某一具体制度实施问题的研究。例如，陈光中教授主编的《刑事诉讼法实施问题研究》(中国法制出版社2000年版)、樊崇义教授主编的《刑事诉讼法实施问题与对策研究》(中国人民公安大学出版社2001年版)、陈卫东教授主编的《刑事诉讼法实施问题调研报告》(中国方正出版社2001年版) 和《刑事诉讼法实施问题对策研究》(中国方正出版社2002年版) 等著作，先后对1996年《刑事诉讼法》的实施问题进行了比较全面的研究。2012年《刑事诉讼法》生效以后，对于该法实施问题的研究更是成为刑事诉讼法学研究的中心议题。其中，尚权律师事务所连续三年对该法的实施情况进行跟踪调研，重点围绕辩护制度相关问题，如律师的会见权、阅卷权、调查取证权、核实证据权，非法证据排除、刑辩律师执业风险、职业伦理、辩护意见采纳情况等发布了调研报告。最高人民检察院以检察机关贯彻实施2012年《刑事诉讼法》的情况为中心，组织力量并委托国家“2011计划”司法文明协同创新中心在全国范围内进行了调研，形成了多份调研报告，并且根据调研结果提出了检察机关贯彻实施《刑事诉讼法》的指导意见。四川大学左卫民教授带领的团队对1996年和2012年两部《刑事诉讼法》的实施情况进行了较长时间的跟踪调研，自2007年起在法律出版社出版《中国刑事诉讼运行机制实证研究》系列专著，在法学界和法律实务界均产生了较大的影响。本人主持的西南政法大学诉讼法与司法改革研究中心也对《刑事诉讼法》的实施问题给予持续关注。特别是2012年《刑事诉讼法》实施以后，我们先后组织了多个调研团队，在全国20余个省、自治区、直辖市进行了认真的调研，形成了十余篇调研报告。至于法学界和实务界围绕某一具体制度(如侦查讯问录音录像、律师辩护、非法证据排除规则、指定居所监视居住、羁押必要性审查、庭前会议、证人出庭作证制度、刑事和解，等等) 的调研成果，则不计其数。

不过，关于《刑事诉讼法》实施问题的研究，除左卫民教授带领的团队以外，很少具有连续性，绝大多数成果都只是对1996年或者2012年《刑事诉讼法》实施一段时间内有关问题的研究。由于调研的时间较短，难以对刑事诉讼法制的变化和实施情况进行较为深入的观察和分析。

与以往的研究不同，本书取名为“中国刑事诉讼法制四十年：回顾、反思与展望”，意在对1979年《刑事诉讼法》实施以来我国刑事诉讼法制的发展情况进行系统回顾和深刻反思，并在反思基础上就未来的发展提出有针对性的建议或者改进方向。为了使这项研究达到应有的深度，我们选择了专题研究的方式，共确定了十八个专题，大体上涵盖了《刑事诉讼法》的主要内容。其中，除简易程序（1996年入法）、技术侦查和特别程序（2012年入法）三个专题涉及的立法历史较短以外，其他各专题相关的制度均已经实施四十年以上。在每一个专题中，我们首先对某一具体制度的立法和相关法律解释进行简要而系统的回顾，然后重点对制度发展的主要成就进行梳理总结，对制度本身以及制度实施中存在的主要问题进行深入分析，最后对制度的发展前景提出方向性的意见和建议。在研究过程中，我们吸收和借鉴现有的研究成果，并依据课题组自己所作的调研以及大量的公开数据和典型案例，力争对每一专题的研究都有一定的学术增量，突出实施中的成绩和问题，体现反思性和实证性。书中援引的法律、法规和司法解释以及其他规范性文件，截止时间为2019年12月31日；官方统计数据主要来源于《中国法律年鉴》《最高人民法院工作报告》《最高人民检察院工作报告》等权威文本，统计截止时间一般为2018年12月31日，只有个别专题援引了2019年度的官方统计数据。希望本书的出版能够进一步推动法学界和法律实务界对改革开放以来我国刑事诉讼法制建设的经验教训进行反思，严肃认真地对待我国刑事诉讼中权力约束和权利保障方面存在的问题，促进以审判为中心的刑事诉讼制度改革和司法体制综合配套改革不断深化，努力在我国尽快建成符合本国国情和司法规律、体现国际刑事司法准则和当代刑事法制发展趋势的刑事诉讼法治体系，让正当法律程序真正成为所有国民自由权利的可靠保障。

需要说明的是，为了控制篇幅，本书对正式法律的名称，通常仅表述为《刑事诉讼法》《刑法》等，省略“中华人民共和国”字样。同时，对四个最常见的法律解释性文件，使用了缩略语。具体包括：(1)《六机关规定》，指最高人民法院、最高人民检察院、公安部、国家安全部、司法部、全国人大常委会法制工作委员会《关于实施刑事诉讼法若干问题的规定》，其中

“1998 年《六机关规定》”，即 1998 年 1 月 19 日公布施行的上述规定；“2012 年《六机关规定》”，即 2012 年 12 月 26 日公布、2013 年 1 月 1 日起施行的上述规定。(2)《最高法解释》，指最高人民法院审判委员会讨论通过的《最高人民法院关于适用〈中华人民共和国刑事诉讼法〉的解释》，其中“1998 年《最高法解释》”，即最高人民法院 1998 年 9 月 2 日公布、同年 9 月 8 日起施行的上述解释（法释〔1998〕23 号）；“2012 年《最高法解释》”，即最高人民法院 2012 年 12 月 20 日公布、2013 年 1 月 1 日起施行的上述解释（法释〔2012〕21 号）。(3)《最高检规则》，指最高人民检察院检察委员会讨论通过的《人民检察院刑事诉讼规则》，其中“1999 年《最高检规则》”，即最高人民检察院 1999 年 1 月 18 日公布施行的上述规则（高检发释字〔1999〕1 号）；“2012 年《最高检规则》”，即最高人民检察院 2012 年 11 月 12 日公布、2013 年 1 月 1 日起施行的《人民检察院刑事诉讼规则（试行）》（高检发释字〔2012〕2 号）；“2019 年《最高检规则》”，即最高人民检察院 2019 年 12 月 30 日公布施行的《人民检察院刑事诉讼规则》（高检发释字〔2019〕4 号）。(4)《公安部规定》，即《公安机关办理刑事案件程序规定》，其中“1987 年《公安部规定》”，即 1987 年 3 月 18 日公布施行的上述规定；“1998 年《公安部规定》”，即 1998 年 5 月 14 日公布施行的上述规定；“2012 年《公安部规定》”，即 2012 年 12 月 13 日公布、2013 年 1 月 1 日起施行的上述规定。如果没有在援引的法律、司法解释等规范性文件名称前加上年度，则指目前有效的文本。

本书是本人入选全国文化名家暨“四个一批”人才时的自选课题《刑事诉讼法实施问题研究》的最终成果。课题研究的思路和框架由本人提出，由各撰稿人分工撰写初稿，经本人审阅提出修改意见后，再由各撰稿人进行修改，最后由本人审改定稿。

虽然我们在调研和写作过程中尽了最大努力，在最后统稿时又进行了反复的交流和校改，但书中观点和资料使用等仍然难免不当甚至存在错误之处，各专题的写作风格也不完全一致，恳请读者批评指正。在本课题的调研过程中，我们得到了全国各地公检法司等机关和法律实务工作者的大力支持；中宣部为本课题的研究提供了经费资助，中国政法大学国家法律援助研究院为本书的出版提供了部分经费资助，本学科的博士生唐益亮、施珠妹、林偶之、李艳飞和硕士生潘运、吴义雅、刘宇、李昭靖、黄雪宁、方彬彬等同学对书稿进行了认真细致的校对，在此一并表示感谢！

需要特别感谢中国政法大学出版社的编辑团队，对全书的内容进行了非常认真、细致的编辑加工，使得原稿中存在的一些文字表述、标点、注释体例、数据计算等方面的问题得到纠正。当然，书中可能存在的疏漏甚至错误之处，责任仍由作者承担。

西南政法大学诉讼法与司法改革研究中心主任
中国刑事诉讼法学研究会副会长 孙长永

2020 年 12 月于重庆

目　录

第一章 刑事管辖制度

目　次

刑事管辖制度是刑事诉讼法的一项重要内容。在域外国家和地区，刑事管辖通常指的是审判管辖，主要解决的是案件审理法院的适格性问题。普通法院的管辖又包括地域管辖、级别管辖、竞合管辖、牵连管辖、移转管辖等方面的内容。我国刑事管辖制度具有独特性，除审判管辖制度外，还有职能管辖制度。2012年之后，我国的刑事管辖制度发生了一些重大变化。在审判管辖方面，《刑事诉讼法》和相关的司法解释等规范对传统的管辖制度，在内容上作了一些修正和补充；在职能管辖方面，监察体制改革改变了原来基本上由公检法三机关垄断职能管辖的局面。在司法实践中，集中管辖制度的尝试和跨行政区划法院的设置都是我国刑事管辖制度的重大探索。总体上看，我国刑事管辖制度不断完善，但也存在不少有待解决的问题。

一、刑事管辖制度的立法演变

1979 年《刑事诉讼法》经历过三次重大修改，其中每一次修改都有关于管辖制度的内容，只是刑事管辖制度的基本框架没有发生特别重大的变化。概括而言，关于管辖制度的修改和变化主要涉及审判管辖、职能管辖和专门管辖三个方面。

（一）审判管辖制度的立法演变

从 1996 年至今，《刑事诉讼法》关于我国刑事审判管辖制度的修改主要集中在两方面：一是级别管辖制度，二是上下级法院之间的移转管辖制度。

在级别管辖方面，从 1996 年至 2018 年，《刑事诉讼法》关于级别管辖制度的修改主要集中在中级人民法院管辖的案件类型和范围上。1979 年《刑事诉讼法》第 15 条规定："中级人民法院管辖下列第一审刑事案件：（一）反革命案件；（二）判处无期徒刑、死刑的普通刑事案件；（三）外国人犯罪或者我国公民侵犯外国人合法权利的刑事案件。"据此，中级人民法院管辖三类刑事案件，其中第一类是"反革命案件"，1996 年修正《刑事诉讼法》时改为"反革命案件、危害国家安全案件"。这是因为反革命案件就是危害国家安全的案件，当时立法机关已经考虑将《刑法》中的"反革命罪"改为"危害国家安全罪"。1993年 2 月全国人大常委会通过的《国家安全法》已经对"危害国家安全"的行为作出了界定。但考虑到《刑法》尚未修改，为保持与《刑法》的衔接，1996 年《刑事诉讼法》第 20 条还是保留了"反革命案件"的表述。[1]2012 年再次修改《刑事诉讼法》时，删除了"反革命案件"的规定，同时增设了"恐怖活动案

---

〔1〕 胡康生、李福成主编：《〈中华人民共和国刑事诉讼法〉释义》，法律出版社 1996 年版，第 25 页。

件”，这是因为，随着国内和国际形势的变化，我国面临着恐怖活动的现实威胁，考虑到这类案件社会危害性较大，案件的情节也比较复杂，规定由中级人民法院作为第一审管辖法院较为适宜。〔1〕

中级人民法院管辖的第三类案件在1979年《刑事诉讼法》中规定的是“外国人犯罪或者我国公民侵犯外国人合法权利的刑事案件”，1996年《刑事诉讼法》删除了“我国公民侵犯外国人合法权利的刑事案件”，2012年《刑事诉讼法》又将“外国人犯罪的刑事案件”予以删除。1996年的修改，主要是因为立法者认为，不能因为是侵犯外国人合法权益的犯罪，就提高案件的管辖级别，这种犯罪如果判不了无期徒刑、死刑，基层人民法院管辖也是可以的。〔2〕2012年的修改，主要原因是“随着我国改革开放的不断扩大和来我国的外国人数量增多，加上基层法院办案能力不断提高，将外国人犯罪的刑事案件放在基层人民法院管辖条件已经成熟”，〔3〕因此由中级人民法院继续管辖外国人犯罪的刑事案件已经不合时宜。

在上下级法院之间的移转管辖方面，1979年《刑事诉讼法》第18条规定，上级人民法院在必要的时候，可以把自己管辖的第一审刑事案件交由下级人民法院审判。1996年修改《刑事诉讼法》删除了上述内容。其主要目的是避免实践中将可能判处无期徒刑、死刑的案件移交基层人民法院审判。〔4〕1983年8月16日，最高人民法院、最高人民检察院、公安部曾联合发布通知，提出“中级人民法院在必要的时候，可以决定把某些属于严重危害社会治安的，应判处无期徒刑、死刑的第一审刑事案件，交由基层人民法院审判”。这主要是基于当时刚刚开始的“严打”斗争的需要。同年12月2日，最高人民法院、最高人民检察院和公安部再次联合发出通知，要求“对于判处无期徒刑、死刑的第一审普通刑事案件，仍执行《刑事诉讼法》第十五条的规定，由中级人民法院管辖”。但实际上，直到1987年，个别省份仍然存在部分基层人民法院管辖应处无期徒刑、死刑的第一审普通刑事案件的情况。〔5〕1996年关于第18条的修改，就是为了防止这种现象的再次出现。在这个问题上，2012年和2018年《刑事诉讼法》均延续了1996年的规定。

（二）职能管辖制度的立法演变

从1979年至2018年，刑事案件职能管辖制度的变迁主要表现在两个方面：

---

〔1〕 李寿伟主编：《中华人民共和国刑事诉讼法解读》，中国法制出版社2018年版，第49页。

〔2〕 胡康生、李福成主编：《〈中华人民共和国刑事诉讼法〉释义》，法律出版社1996年版，第25页。

〔3〕 李寿伟主编：《中华人民共和国刑事诉讼法解读》，中国法制出版社2018年版，第49页。

〔4〕 胡康生、李福成主编：《〈中华人民共和国刑事诉讼法〉释义》，法律出版社1996年版，第27页。

〔5〕 参见《最高人民法院关于无期徒刑、死刑的第一审普通刑事案件应由中级人民法院管辖的通知》，法（研）通〔1987〕1号，1987年3月26日。

一是人民法院职能管辖范围的扩大。1979 年《刑事诉讼法》第 13 条第 1 款规定："告诉才处理和其他不需要进行侦查的轻微的刑事案件，由人民法院直接受理，并可以进行调解。"1996 年修改《刑事诉讼法》时，在第 170 条将"其他不需要进行侦查的轻微刑事案件"改为"被害人有证据证明的轻微刑事案件"，作为第二类自诉案件；同时增设了第三类自诉案件，即被害人有证据证明对被告人侵犯自己人身、财产权利的行为应当依法追究刑事责任，而公安机关或者人民检察院不予追究被告人刑事责任的案件。这类案件也被称为"公诉转自诉"案件，其立法目的主要是解决一些案件老百姓告状无门的问题。[1]

二是对检察机关职能管辖范围的两次调整。第一次调整是 1996 年修改《刑事诉讼法》时进一步明确了检察机关职能管辖的范围，特别是严格限定了检察机关的"机动管辖权"。1979 年《刑事诉讼法》第 13 条第 2 款规定："贪污罪、侵犯公民民主权利罪、渎职罪以及人民检察院认为需要自己直接受理的其他案件，由人民检察院立案侦查和决定是否提起公诉。"这一规定比较笼统，缺乏客观标准，容易产生歧义。[2]因此，1996 年修改《刑事诉讼法》时在考虑刑法规范变化的基础上，对检察机关直接受理刑事案件的类型和范围作出了更加明确的规定，体现了原则性与灵活性的有机结合。修改后的《刑事诉讼法》第 18 条第 2 款规定："贪污贿赂犯罪，国家工作人员的渎职犯罪，国家机关工作人员利用职权实施的非法拘禁、刑讯逼供、报复陷害、非法搜查的侵犯公民人身权利的犯罪以及侵犯公民民主权利的犯罪，由人民检察院立案侦查。对于国家机关工作人员利用职权实施的其他重大的犯罪案件，需要由人民检察院直接受理的时候，经省级以上人民检察院决定，可以由人民检察院立案侦查。"根据这一规定和最高人民检察院的相关司法解释，[3]人民检察院在 1997—2017 年期间的职能管辖范围包括 53 种刑事案件。

第二次是 2018 年修改《刑事诉讼法》时对检察机关职能管辖范围的大幅度限缩，以适应监察体制改革和反腐败斗争新形势的需要。2017 年 11 月 4 日，全国人大常委会在总结北京、浙江、山西三省（直辖市）试点经验的基础上，通过了《关于在全国各地推开国家监察体制改革试点工作的决定》，授权在全国各地推开国家监察体制改革试点。为此，在各省、自治区、直辖市、自治州、县、自治县、市、市辖区设立监察委员会，行使监察职权。县级以上地方各级人民政府的监察厅（局）、预防腐败局和人民检察院查处贪污贿赂、失职渎职以及预防职务犯罪等部门的相关职能整合至监察委员会，由监察委员会对本地区所有行使

---

〔1〕 胡康生、李福成主编：《〈中华人民共和国刑事诉讼法〉释义》，法律出版社 1996 年版，第 198 页。
〔2〕 胡康生、李福成主编：《〈中华人民共和国刑事诉讼法〉释义》，法律出版社 1996 年版，第 23 页。
〔3〕 参见《最高人民检察院关于人民检察院直接受理立案侦查案件范围的规定》，1998 年 5 月 26 日。

公权力的公职人员依法实施监察。监察委员会履行监督、调查、处置职责，监督检查公职人员依法履职、秉公用权、廉洁从政以及道德操守情况，调查涉嫌贪污贿赂、滥用职权、玩忽职守、权力寻租、利益输送、徇私舞弊以及浪费国家资财等职务违法和职务犯罪行为并作出处置决定；对涉嫌职务犯罪的，移送检察机关依法提起公诉。试点期间，暂停《刑事诉讼法》第 18 条关于职能管辖的规定以及《行政监察法》（已失效）等法律相关规定的实施。2018 年 3 月 20 日，第十三届全国人大一次会议通过的《监察法》，对监察体制改革的成果进行了固定。根据《监察法》第 3 条、第 11 条和第 15 条等规定，监察机关是行使国家监察职能的专责机关，依照《监察法》的规定，对所有行使公权力的公职人员进行监察，调查职务违法和职务犯罪，在调查过程中享有讯问、询问、查询、冻结、调取、查封、扣押、搜查、勘验检查、鉴定、留置等多项权力，实际管辖范围包括 6 大类 88 种职务犯罪案件。[1]为了解决监察机关的“调查”与侦查机关的“侦查”在案件管辖上可能出现的交叉或者牵连问题，《监察法》第 34 条规定：“人民法院、人民检察院、公安机关、审计机关等国家机关在工作中发现公职人员涉嫌贪污贿赂、失职渎职等职务违法或者职务犯罪的问题线索，应当移送监察机关，由监察机关依法调查处置。被调查人既涉嫌严重职务违法或者职务犯罪，又涉嫌其他违法犯罪的，一般应当由监察机关为主调查，其他机关予以协助。”为了与《监察法》的规定相衔接，全国人大常委会于 2018 年 10 月修改《刑事诉讼法》时对检察机关在刑事诉讼中的职权进行了全面的调整，其中对检察机关的职能管辖权进行了大幅度的限缩。修改后的《刑事诉讼法》第 19 条第 2 款规定：“人民检察院在对诉讼活动实行法律监督中发现的司法工作人员利用职权实施的非法拘禁、刑讯逼供、非法搜查等侵犯公民权利、损害司法公正的犯罪，可以由人民检察院立案侦查。对于公安机关管辖的国家机关工作人员利用职权实施的重大犯罪案件，需要由人民检察院直接受理的时候，经省级以上人民检察院决定，可以由人民检察院立案侦查。”根据 2018 年 11 月 24 日最高人民检察院出台的《关于人民检察院立案侦查司法工作人员相关职务犯罪案件若干问题的规定》，检察机关直接受理的案件由原先的 53 个罪名缩减为 14 个罪名。

（三）专门管辖制度的演变

专门管辖是指专门法院与普通法院之间以及专门法院相互之间在审判第一审刑事案件上的权限分工。关于这一问题，我国《刑事诉讼法》一向只有一句简

---

〔1〕其中不仅包括原来由检察机关直接受理的绝大部分刑事案件，也包括由原来属于公安机关管辖的部分刑事案件，参见中共中央纪律检查委员会和国家监察委员会 2018 年 4 月 16 日印发的《国家监察委员会管辖规定（试行）》。

单的规定："专门人民法院案件的管辖另行规定。"[1]根据1979年《人民法院组织法》，我国刑事诉讼领域的专门法院有军事法院和铁路运输法院，因而专门管辖实际上也就是指这两类法院的管辖问题。2009年7月8日，中央下发关于铁路公检法机关管理体制改革的文件，要求铁路公检法机关整体纳入国家司法体系，铁路运输法院整体移交驻在地省（直辖市、自治区）党委、高级人民法院管理。截至2012年6月底，全国铁路运输法院完成管理体制改革，整体纳入国家司法体系。2012年7月2日，最高人民法院根据铁路运输法院管理体制改革变化，出台了《最高人民法院关于铁路运输法院案件管辖范围的若干规定》，[2]对铁路法院案件管辖的刑事案件和民事案件范围进行了规定。其中关于刑事案件的管辖包括以下四类：（1）车站、货场、运输指挥机构等铁路工作区域发生的犯罪；（2）针对铁路线路、机车车辆、通讯、电力等铁路设备、设施的犯罪；（3）铁路运输企业职工在执行职务中发生的犯罪；（4）列车上的犯罪，但在国际列车上的犯罪，按照我国与相关国家签订的有关管辖协定确定管辖，没有协定的，由犯罪发生后该列车最初停靠的中国车站所在地或者目的地的铁路运输法院管辖。一些地方的铁路运输法院相继被改造成跨行政区划的法院，如北京市第四中级人民法院、上海市第三中级人民法院，均系原相关铁路运输法院改造而来，主要审理跨行政区划的案件、重大行政案件，环境资源保护、企业破产、食品药品安全等易受地方影响的案件等。鉴于铁路运输法院已经整体上移送驻在地的省、自治区、直辖市高级人民法院，实行属地管理，[3]2018年10月，第十三届全国人大常委会修订通过的《人民法院组织法》第15条关于专门法院的规定删除了"铁路运输法院"。因此，在刑事案件的专门管辖制度中，铁路运输法院的专门管辖已经不复存在。目前刑事案件的专门管辖主要是指军事法院的管辖。

不过，根据《关于全面深化人民法院改革的意见——人民法院第四个五年改革纲要（2014—2018）》关于改革海事案件管辖制度的要求，2017年2月，最高人民法院指定宁波海事法院试点管辖海事刑事案件。同年6月5日，宁波海事法院受理了宁波市人民检察院指控被告人艾伦·门多萨·塔布雷（Allan Mendoza Tablate）犯交通肇事罪一案。该案是宁波海事法院作为管辖海事刑事案件的试点

---

〔1〕参见1979年《刑事诉讼法》第22条、1996年和2012年《刑事诉讼法》第27条、2018年《刑事诉讼法》第28条。

〔2〕关于此前铁路运输法院的管辖权，参见1982年4月23日最高人民法院发布的《关于铁路运输法院办案问题的通知》，以及1982年7月9日最高人民法院、最高人民检察院、公安部、司法部、铁道部联合发布的《关于铁路运输法院、检察院办案中有关问题的联合通知》。

〔3〕杨万明主编：《〈中华人民共和国人民法院组织法〉条文理解与适用》，人民法院出版社2019年版，第110页。

法院受理的全国首例海事刑事案件。[1]海事法院的刑事管辖能否最终成为一项法律制度，尚待观察。

二、刑事管辖制度的司法解释

在我国，司法解释、部门规章以及类似于司法解释的其他规范性司法文件对法律的贯彻实施起到了至关重要的作用。关于刑事管辖制度的适用问题，最高人民法院、最高人民检察院和公安部各自发布的关于《刑事诉讼法》的司法解释或部门规章中分别进行了一些细化的规定，最高人民法院、最高人民检察院、公安部、国家安全部、司法部、全国人大常委会法制工作委员会联合发布的《六机关规定》，以及中央政法机关联合发布的司法解释和规范性司法文件中也有关于刑事管辖制度方面的具体规定。以下依据这些司法解释、部门规章和相关的规范性司法文件，对1979年《刑事诉讼法》实施四十年来我国刑事管辖制度的发展变化情况加以梳理。

（一）关于刑事审判管辖

从1994年至2012年，最高人民法院发布了多个关于刑事审判管辖的司法解释和规范性司法文件，其主要内容集中在以下几个方面。

1. 级别管辖

根据1979年《刑事诉讼法》第15条的规定，“判处无期徒刑、死刑的普通刑事案件”由中级人民法院管辖。但是，如果人民检察院认为可能判处无期徒刑、死刑而向中级人民法院提起公诉，而人民法院却认为不需要判处无期徒刑、死刑，应当如何处理？针对这一问题，1994年《最高人民法院〈关于审理刑事案件程序的具体规定〉》（以下简称1994年《最高法规定》）第5条规定：“人民检察院认为可能判处无期判刑、死刑而向中级人民法院提起公诉的普通刑事案件，中级人民法院受理后，认为不需要判处无期徒刑以上刑罚的，可以依法审理，不再交基层人民法院审理。”1998年《最高法解释》延续了上述规定。2012年《最高法解释》将“可以”依法审理改为“应当”依法审判。这主要是考虑到这类案件既然已经起诉到中级人民法院，就应当由中级人民法院负责审理；若规定中级人民法院可以将案件交由基层人民法院审判，难免存在未审先定的问题。[2]

如果基层人民法院错误地受理了应由中级人民法院管辖的案件，该如何处理？1994年《最高法规定》第6条和第15条规定，基层人民法院受理的公诉案

---

〔1〕 参见《人民法院报》2017年6月6日报道：“中国海事法院首次受理海事刑事案件”，载https://www.chinacourt.org/article/detail/2017/06/id/2888728.shtml，最后访问日期：2020年3月2日。

〔2〕 江必新主编：《〈最高人民法院关于适用《中华人民共和国刑事诉讼法》的解释〉理解与适用》，中国法制出版社2013年版，第15页。

件，经过审判委员会讨论后，认为需要判处无期徒刑、死刑的，应当报请移送中级人民法院审判。中级人民法院需要对此进行审查后，决定是否移送。1998 年《最高法解释》第 16 条规定，基层人民法院向中级人民法院移送上述案件时“应当经合议庭报请院长决定后”，请求移送。2012 年《最高法解释》第 15 条基本上沿用了 1998 年《最高法解释》的内容。可见，法院解释关于错误管辖案件移送管辖的规定，仅限于基层人民法院和中级人民法院之间，不涉及中级人民法院向上移送管辖的问题，“如再规定中级法院也可以将案件移送上级人民法院，则会大量增加高院、最高法院的审判压力，也会削弱其审判监督、指导职能”。〔1〕

此外，2012 年《最高法解释》第 21 条还补充规定：“第二审人民法院发回重新审判的案件，人民检察院撤回起诉后，又向原第一审人民法院的下级人民法院重新提起公诉的，下级人民法院应当将有关情况层报原第二审人民法院。原第二审人民法院根据具体情况，可以决定将案件移送原第一审人民法院或者其他人民法院审判。”这一规定总结了佘祥林案件中有关部门故意规避级别管辖酿成错案的沉痛教训，〔2〕明确了检察机关对发回重审的案件降格起诉时人民法院如何确定管辖的问题，有利于防止由于外界不当干扰而将本应由中级人民法院审理的案件改由基层人民法院审理，确保相关案件的审判质量。〔3〕

2. 地域管辖

自 1994 年以来，在地域管辖方面，最高人民法院的司法解释以及最高人民法院与其他机关联合发布的规范性文件，对《刑事诉讼法》作了大量的解释性或补充性的规定，主要内容包括以下四个方面。

第一，对地域管辖中的“犯罪地”“居住地”概念作出较为明确的解释。关于犯罪地，1998 年《最高法解释》第 2 条规定：“犯罪地是指犯罪行为发生地。以非法占有为目的的财产犯罪，犯罪地包括犯罪行为发生地和犯罪分子实际取得财产的犯罪结果发生地。”2012 年《六机关规定》第 2 条明确规定：“刑事诉讼法规定的‘犯罪地’，包括犯罪的行为发生地和结果发生地。”随后公布的 2012 年《最高法解释》第 2 条第 1 款也作了相同的规定。这一解释性规定既是为了与 1997 年《刑法》第 6 条关于“犯罪行为或者结果有一项发生在中华人民共和国领域内的，就认为是在中华人民共和国领域内犯罪”的规定协调一致，也可以适

〔1〕 江必新主编：《〈最高人民法院关于适用《中华人民共和国刑事诉讼法》的解释〉理解与适用》，中国法制出版社 2013 年版，第 17 页。

〔2〕 关于佘祥林被控故意杀人案由于改变级别管辖而发生错误的情况，参见陈永生：《刑事冤案研究》，北京大学出版社 2018 年版，第 27 页。

〔3〕 江必新主编：《〈最高人民法院关于适用《中华人民共和国刑事诉讼法》的解释〉理解与适用》，中国法制出版社 2013 年版，第 20 页。

应犯罪行为复杂化和犯罪地点多样化的特点，缓解不断增多的指定管辖和管辖争议问题。〔1〕为了依法有效打击毒品犯罪，最高人民法院、最高人民检察院、公安部2007年12月18日发布了《办理毒品犯罪案件适用法律若干问题的意见》，该意见在强调“毒品犯罪案件的地域管辖，应当坚持以犯罪地管辖为主、被告人居住地管辖为辅的原则”的同时，对毒品犯罪案件的“犯罪地”作了具体解释，指出：“‘犯罪地’包括犯罪预谋地，毒资筹集地，交易进行地，毒品生产地，毒资、毒赃和毒品的藏匿地、转移地，走私或者贩运毒品的目的地以及犯罪嫌疑人被抓获地等。”与此类似，为适应针对或利用计算机犯罪逐渐增多、犯罪地日益复杂的情况，〔2〕2012年《最高法解释》对这类犯罪的“犯罪地”作了具体解释，该解释第2条第2款规定：“针对或者利用计算机网络实施的犯罪，犯罪地包括犯罪行为发生地的网站服务器所在地，网络接入地，网站建立者、管理者所在地，被侵害的计算机信息系统及其管理者所在地，被告人、被害人使用的计算机信息系统所在地，以及被害人财产遭受损失地。”随后，《最高人民法院、最高人民检察院、公安部关于办理网络犯罪案件适用刑事诉讼程序若干问题的意见》（公通字〔2014〕10号，以下简称《办理网络犯罪案件程序意见》）、《最高人民法院 最高人民检察院 公安部关于办理电信网络诈骗等刑事案件适用法律若干问题的意见》（法发〔2016〕32号，以下简称《办理电信网络诈骗案件意见》）又专门针对网络犯罪的地域管辖问题作出了补充规定，特别是对“犯罪地”作了扩大解释。例如，《办理网络犯罪案件程序意见》第2条将“犯罪地”界定为“用于实施犯罪行为的网站服务器所在地，网络接入地，网站建立者、管理者所在地，被侵害的计算机信息系统或其管理者所在地，犯罪嫌疑人、被害人使用的计算机信息系统所在地，被害人被侵害时所在地，以及被害人财产遭受损失地”。《办理电信网络诈骗案件意见》第5条第1款则分别对“犯罪行为发生地”和“犯罪结果发生地”作了列举性规定，“犯罪行为发生地”包括用于电信网络诈骗犯罪的网站服务器所在地，网站建立者、管理者所在地，被侵害的计算机信息系统或其管理者所在地，犯罪嫌疑人、被害人使用的计算机信息系统所在地，诈骗电话、短信息、电子邮件等的拨打地、发送地、到达地、接受地，以及诈骗行为持续发生的实施地、预备地、开始地、途经地、结束地。“犯罪结果发生地”包括被害人被骗时所在地，以及诈骗所得财物的实际取得地、藏匿地、转移地、使用地、销售地。

---

〔1〕江必新主编：《〈最高人民法院关于适用《中华人民共和国刑事诉讼法》的解释〉理解与适用》，中国法制出版社2013年版，第16页。

〔2〕江必新主编：《〈最高人民法院关于适用《中华人民共和国刑事诉讼法》的解释〉理解与适用》，中国法制出版社2013年版，第10页。

关于居住地，2012 年《最高法解释》第 3 条第 1 款规定：“被告人的户籍地为其居住地。经常居住地与户籍地不一致的，经常居住地为其居住地。经常居住地为被告人被追诉前已连续居住一年以上的地方，但住院就医的除外。”这一规定主要是借鉴了民事法律中的居住地认定规则。

关于单位犯罪案件的地域管辖问题，1998 年《最高法解释》第 6 条参照《刑事诉讼法》关于地域管辖的原则作了补充规定，“单位犯罪的刑事案件，由犯罪地的人民法院管辖。如果由被告单位住所地的人民法院管辖更为适宜的，可以由被告单位住所地的人民法院管辖”。2012 年《最高法解释》考虑到单位犯罪案件的地域管辖同样适用“犯罪地法院管辖”的一般原则，不需要单独作出规定，因而删除了上述规定；与此同时，在第 3 条第 2 款对单位的“居住地”作出了解释：“被告单位登记的住所地为其居住地。主要营业地或者主要办事机构所在地与登记的住所地不一致的，主要营业地或者主要办事机构所在地为其居住地。”这样，单位犯罪案件的地域管辖就更加明确了。

第二，对于在具有中国国籍的舰船、航空器和国际列车，驻外中国使领馆内犯罪的案件管辖问题作出补充性规定。关于上述案件的特殊地域管辖问题，最高人民法院从 1994 年《最高法规定》开始即通过司法解释作了补充规定，至 2012 年《最高法解释》为止，内容上没有什么实质性变化。根据 2012 年《最高法解释》第 4 条、第 5 条、第 6 条、第 7 条的规定，在中华人民共和国领域外的中国船舶内的犯罪，由该船舶最初停泊的中国口岸所在地的人民法院管辖；在中华人民共和国领域外的中国航空器内的犯罪，由该航空器在中国最初降落地的人民法院管辖；在国际列车上的犯罪，根据我国与相关国家签订的协定确定管辖；没有协定的，由该列车最初停靠的中国车站所在地或者目的地的铁路运输法院管辖；中国公民在中国驻外使、领馆内的犯罪，由其主管单位所在地或者原户籍地的人民法院管辖。

第三，对一些特殊主体犯罪案件的地域管辖问题作出补充性规定。首先是服刑罪犯漏罪和新罪的管辖问题。关于服刑罪犯在判决宣告以前的漏罪，1994 年《最高法规定》第 13 条第 1 款规定由“服刑地的人民法院”管辖；1998 年《最高法解释》则规定由“原审人民法院”管辖，如果罪犯服刑地或者新发现罪的主要犯罪地的法院管辖更为适宜的，可以由罪犯服刑地或者新发现罪的主要犯罪地的法院管辖；2012 年《最高法解释》基本延续了 1998 年《最高法解释》的规定，只是将“原审人民法院”修改为由“原审地人民法院”管辖，以避免漏罪的级别管辖与《刑事诉讼法》发生冲突。[1]关于罪犯在服刑期间所犯的新罪，

〔1〕江必新主编：《〈最高人民法院关于适用《中华人民共和国刑事诉讼法》的解释〉理解与适用》，中国法制出版社 2013 年版，第 14 页。

1994 年《最高法规定》将其分为两种不同情形：一是罪犯在服刑地又犯罪的，由服刑地人民法院管辖。二是罪犯在脱逃期间又犯罪的，如果是被缉捕后发现的，由罪犯服刑地的人民法院管辖；如果是在犯罪地捕获并发现的，由犯罪地人民法院管辖。1998 年《最高法解释》和 2012 年《最高法解释》延续了上述规定。

其次是中国公民在境外犯罪的管辖问题。1994 年《最高法规定》对此没有作出规定。1998 年《最高法解释》第 12 条规定，该类犯罪由该公民离境前的居住地或者原户籍所在地的人民法院管辖。2012 年《最高法解释》第 8 条则将管辖法院修改为"由其入境地或者离境前居住地的人民法院管辖；被害人是中国公民的，也可由被害人离境前居住地的人民法院管辖"。增加规定"由被害人离境前居住地的人民法院管辖"，主要是因为"多数情况下在侦查初期并不能确定犯罪嫌疑人。被害人或其家属报案后，由于犯罪地在境外，嫌疑人不明。根据现有管辖规定，无法确定案件由何地法院管辖，实践中往往指定被害人居住地公安机关管辖"。[1]

最后是外国人在境外对中华人民共和国或中国公民犯罪的管辖问题。1994 年《最高法规定》对此没有作出规定。1998 年《最高法解释》第 13 条规定，此类犯罪由该外国人入境地的中级人民法院管辖，2012 年《最高法解释》第 9 条则扩大了管辖法院的范围，规定由该外国人入境地、入境后居住地或者被害中国公民离境前居住地的人民法院管辖；同时，不再规定一定要由中级人民法院管辖。这样修改的主要目的是针对外国人入境前犯罪的不同情形，加强了惩治的力度。

第四，对违反国际条约犯罪案件的管辖问题作出补充性规定。1994 年《最高法规定》第 8 条规定："对于中华人民共和国缔结或者参加的国际条约所规定的罪行，中华人民共和国在所承担条约义务的范围内，行使刑事管辖权。"1998 年《最高法解释》第 7 条第 2 款增加规定，此类案件应当由被告人被抓获地的中级人民法院管辖，2012 年《最高法解释》第 10 条将上述规定修改为"由被告人被抓获地的人民法院管辖"，不再强调一定要由中级人民法院管辖，以便与 2012 年《刑事诉讼法》关于涉外案件不再要求由中级人民法院统一管辖的规定保持一致。

3. 竞合管辖

竞合管辖又称为"管辖权竞合"，通常是指同一级别、不同地域的数个法院对同一案件都有管辖权的情形。在竞合管辖的情况下，如何确定案件的具体管辖

---

〔1〕 江必新主编：《〈最高人民法院关于适用《中华人民共和国刑事诉讼法》的解释〉理解与适用》，中国法制出版社 2013 年版，第 12 页。

法院，是司法实践中经常遇到的一个问题。对此，我国《刑事诉讼法》自1979年以来一直规定："几个同级人民法院都有权管辖的案件，由最初受理的人民法院审判。在必要的时候，可以移送主要犯罪地的人民法院审判。"[1]为了化解不同法院对这一规定的理解分歧问题，最高人民法院就竞合管辖问题作出了一些细化的规定。例如，1994年《最高法规定》第16条第2款规定："两个以上同级人民法院对管辖权发生争议的，应当在审限内协商解决；协商不成的，由最初受理案件的人民法院在审限内报争议各方共同上一级人民法院指定管辖。"1998年《最高法解释》第17条规定："两个以上同级人民法院都有权管辖的案件，由最初受理的人民法院管辖。尚未开庭审判的，在必要的时候，可以移送被告人主要犯罪地的人民法院审判。对管辖权发生争议的，应当在审限内协商解决；协商不成的，由争议的人民法院分别逐级报请共同的上一级人民法院指定管辖。"2012年《最高法解释》第17条第2款规定："管辖权发生争议的，应当在审理期限内协商解决；协商不成的，由争议的人民法院分别层报共同的上级人民法院指定管辖。"以上解释性规定在文字表述上一次比一次更加严谨，[2]但解决竞合管辖的具体思路则是一贯的，即优先考虑通过协商确定管辖，协商不成的，才通过指定管辖解决问题。

4. 牵连管辖

牵连管辖，又称合并管辖，是指为了诉讼经济，将具有牵连关系、原本应当由不同法院分别管辖的数个案件合并到一个法院管辖的制度。牵连管辖可以分为上下级法院之间的牵连管辖和同级法院之间的牵连管辖。在我国，关于牵连管辖问题，《刑事诉讼法》一直没有规定，最高人民法院的司法解释就上下级法院之间的牵连管辖问题作出了补充规定，2012年《六机关规定》对同级人民法院之间的牵连管辖问题作出了补充规定。

关于上下级法院之间牵连管辖问题，1994年《最高法规定》第7条、1998年《最高法解释》第5条和2012年《最高法解释》第13条均作出了内容一致的补充性规定，即："一人犯数罪、共同犯罪和其他需要并案审理的案件，其中一人或者一罪属于上级人民法院管辖的，全案由上级人民法院管辖。"关于同级法院之间的牵连管辖问题，2012年《六机关规定》第3条规定："具有下列情形之一的，人民法院、人民检察院、公安机关可以在其职责范围内并案处理：（一）一人犯数罪的；（二）共同犯罪的；（三）共同犯罪的犯罪嫌疑人、被告人还实施其

---

[1] 参见1979年《刑事诉讼法》第20条、1996年和2012年《刑事诉讼法》第25条、2018年《刑事诉讼法》第26条。

[2] 江必新主编：《〈最高人民法院关于适用《中华人民共和国刑事诉讼法》的解释〉理解与适用》，中国法制出版社2013年版，第18页。

他犯罪的；（四）多个犯罪嫌疑人、被告人实施的犯罪存在关联，并案处理有利于查明案件事实的。”这一规定解决了审判阶段的牵连管辖和侦查、起诉阶段的并案处理问题，有利于案件证据和信息的统一使用，有利于全面认定被告人犯罪行为的社会危害性，有利于综合认定被告人在犯罪中的作用和地位，保障司法公正，提高诉讼效率。〔1〕

5. 指定管辖

指定管辖，是指在特定情况下，由上级人民法院指定下级人民法院管辖某一具体的刑事案件。根据《刑事诉讼法》的规定，〔2〕上级人民法院可以指定下级人民法院审判管辖不明的案件，也可以指定下级人民法院将案件移送其他人民法院审判。可见，指定管辖，主要是用来解决管辖权不明的问题，同时也用于解决本来有权管辖的法院“不便管辖”的问题。司法解释对指定管辖的具体情形和程序作出补充规定。

关于指定管辖的具体情形，司法解释补充了两种：一是基于有管辖权的下级法院请求而作出的指定管辖。如 1994 年《最高法规定》第 17 条规定：“有管辖权的人民法院因案件涉及本院院长需要回避等原因，不宜行使管辖权的，上一级人民法院可以指定其他同级人民法院管辖。”1998 年《最高法解释》第 18 条规定：“有管辖权的人民法院因案件涉及本院院长需要回避等原因，不宜行使管辖权的，可以请求上一级人民法院管辖。上一级人民法院也可以指定与提出请求的人民法院同级的其他人民法院管辖。”2012 年《最高法解释》第 16 条则进一步明确“上一级人民法院可以管辖，也可以指定与提出请求的人民法院同级的其他人民法院管辖”。二是由上级人民法院依职权启动的指定管辖。如 1998 年《最高法解释》第 22 条和 2012 年《最高法解释》第 18 条均规定：“上级人民法院在必要时，可以指定下级人民法院将其管辖的案件移送其他下级人民法院审判。”从司法实践情况看，这种指定管辖可以针对管辖权有争议的案件，也可以针对管辖权没有争议的案件。

关于指定管辖的程序，1994 年《最高法规定》第 18 条要求：“上级人民法院指定管辖的，应当在开庭审判前将指定管辖决定书分别送达被指定管辖的人民法院及其他对管辖权有争议的人民法院。原受理的人民法院不再行使管辖权的，收到上级人民法院指定管辖决定书后，对公诉案件，应当将全部案卷材料退回提起公诉的人民检察院，并书面通知当事人；对自诉案件，应当将全部案卷材料移

〔1〕全国人民代表大会常务委员会法制工作委员会刑法室编著：《〈关于实施刑事诉讼法若干问题的规定〉解读》，中国法制出版社 2013 年版，第 13 页。

〔2〕参见 1979 年《刑事诉讼法》第 21 条、1996 年和 2012 年《刑事诉讼法》第 26 条、2018 年《刑事诉讼法》第 27 条。

送被指定管辖的人民法院，并书面通知当事人。”在总结实践经验的基础上，1998年《最高法解释》第19条对上述规定进行了修改，规定：“上级人民法院指定管辖的，应当将指定管辖决定书分别送达被指定管辖的人民法院和其他有关的人民法院。原受理案件的人民法院，在收到上级人民法院指定其他人民法院管辖决定书后，不再行使管辖权。对于公诉案件，应当书面通知提起公诉的人民检察院，并将全部案卷材料退回，同时书面通知当事人；对于自诉案件，应当将全部案卷材料移送被指定管辖的人民法院，并书面通知当事人。”2012年《最高法解释》第19条、第20条基本延续了1998年的规定。

（二）关于职能管辖

1998年以来，司法解释和其他规范性司法文件对职能管辖所作的解释性和补充性规定主要包括以下方面内容。

1. 明确了“被害人有证据证明的轻微刑事案件”的范围和立案受理程序

1996年《刑事诉讼法》第170条将“被害人有证据证明的轻微刑事案件”作为第二类自诉案件，但具体包括哪些案件，不够明确。为了解决这一问题，1998年《六机关规定》第4条作出了解释性的规定：“刑事诉讼法第一百七十条第二项规定由人民法院直接受理的‘被害人有证据证明的轻微刑事案件’是指下列被害人有证据证明的刑事案件：（一）故意伤害案（轻伤）；（二）重婚案；（三）遗弃案；（四）妨害通信自由案；（五）非法侵入他人住宅案；（六）生产销售伪劣商品案件（严重危害社会秩序和国家利益的除外）；（七）侵犯知识产权案件（严重危害社会秩序和国家利益的除外）；（八）属于刑法分则第四章、第五章规定的，对被告人可以判处三年有期徒刑以下刑罚的其他轻微刑事案件。”并且明确要求：“上述所列八项案件中，被害人直接向人民法院起诉的，人民法院应当依法受理，对于其中证据不足、可由公安机关受理的，应当移送公安机关立案侦查。被害人向公安机关控告的，公安机关应当受理。”随后出台的1998年《公安部规定》第14条和1998年《最高法解释》第1条均吸纳了上述规定的精神，2012年《公安部规定》第14条和2012年《最高法解释》第1条延续了1998年规定的实质性内容，只是在文字上作了更加严谨的表述。

2. 明确了公安机关与检察机关互涉案件的侦查管辖

根据1996年《刑事诉讼法》的规定，公安机关和检察机关是主要的侦查机关。为了避免公安机关和检察机关因侦查管辖职责不清，互不通气、互相扯皮，从而导致放纵犯罪的情况发生，[1]1998年《六机关规定》第6条规定：“公安机关侦查刑事案件涉及人民检察院管辖的贪污贿赂案件时，应当将贪污贿赂案件移

---

〔1〕 全国人民代表大会常务委员会法制工作委员会刑法室编著：《〈关于实施刑事诉讼法若干问题的规定〉解读》，中国法制出版社2013年版，第3页。

送人民检察院；人民检察院侦查贪污贿赂案件涉及公安机关管辖的刑事案件，应当将属于公安机关管辖的刑事案件移送公安机关。在上述情况中，如果涉嫌主罪属于公安机关管辖，由公安机关为主侦查，人民检察院予以配合；如果涉嫌主罪属于人民检察院管辖，由人民检察院为主侦查，公安机关予以配合。"2012 年《六机关规定》第 1 条沿用了这一规定。

3. 对"公诉转自诉"案件范围的限制性解释及其废止

关于"公诉转自诉"的案件范围，1998 年《最高法解释》第 1 条规定："被害人有证据证明对被告人侵犯自己人身、财产权利的行为应当依法追究刑事责任，而公安机关或者人民检察院已经作出不予追究的书面决定的案件。"这一规定对 1996 年《刑事诉讼法》第 170 条第 3 项作了限制性解释，即"公诉转自诉"必须以公安机关、检察机关"已经作出不予追究的书面决定"为前提。2012 年《最高法解释》第 1 条重申了立法规定，删去了上述限制，理由是："如果一律要求公安机关和人民检察院必须作出不予受理的书面意见，确有可能在某些案件上影响公民的告诉权，也与法律的规定不一致。"[1]

（三）关于军事法院的管辖权

在我国，军事法院的管辖权问题，主要受 2009 年最高人民法院、最高人民检察院、公安部、总政治部《办理军队和地方互涉刑事案件规定》（以下简称《军地互涉案件规定》）和最高人民法院的司法解释调整。1994 年《最高法规定》和 1998 年《最高法解释》对军事法院的管辖权作出了较为具体的规定，而 2012 年《最高法解释》只有概括性规定，即军队与地方互涉刑事案件，按照有关规定确定管辖。根据《军地互涉案件规定》第 2 条、1994 年《最高法规定》第 19 条和第 20 条、1998 年《最高法解释》第 20 条和第 21 条的规定，军事法院主要管辖以下刑事案件：军人犯罪的；军人在入伍前实施犯罪，需要与服役期内实施的犯罪一并审理的；退役军人在服役期限内实施军人违反职责罪的（含退役后又在地方实施犯罪，需要一并审理的）。军人与地方人员共同犯罪的，分别由军事法院和地方法院或者其他专门法院管辖；涉及军事秘密的，全案由军事法院管辖。

三、刑事管辖制度的实践探索

我国《刑事诉讼法》对刑事管辖制度的规定总体上比较原则，有的规定也未必具有充分的法理依据和现实依据。随着犯罪形势的变化、相关法律制度的完善以及司法改革的不断深入，司法机关基于保证诉讼活动的顺利进行和公正惩治

[1] 江必新主编：《〈最高人民法院关于适用《中华人民共和国刑事诉讼法》的解释〉理解与适用》，中国法制出版社 2013 年版，第 8 页。

犯罪的需要对一些特殊类型的刑事案件进行了管辖方面的改革探索，比较有代表性的做法有异地审理、集中管辖以及跨行政区划法院的改革试点。其中，异地审理是我国指定管辖制度的直接实践，集中管辖则是我国指定管辖制度的拓展实践；跨行政区划法院的改革试点与专门法院的改革有一定的联系，而专门法院受理案件范围方面的内容与刑事管辖制度直接相关。

（一）异地审理

异地审理是指为了保证某些有重要影响的特殊刑事案件受到公正审判，由依法不具有管辖权的法院根据上级法院的指定对其进行审判，而依法具有管辖权的法院不再管辖的一种变更管辖的方式。所谓“特殊”，通常是指如果案件由依法具有管辖权的法院审判，很可能会受到来自各方面的不当干扰或者影响，而难以保证公正审判。我国刑事案件的异地审理探索最早可以追溯到 2001 年 10 月审结的沈阳“慕马案”，[1]即沈阳市原市长慕绥新、原副市长马向东等人受贿、贪污、挪用公款、巨额财产来源不明一案。该案共有 62 人被移送司法机关，而且绝大多数均为当地政府机关或者司法机关高官。为了排除外界的干扰、防止同案被告人之间以及被告人与知情人之间串供、串证，中纪委在调查过程中即对部分犯罪嫌疑人（如马向东及其妻子章亚非等）采取了异地关押等措施；案件进入司法程序后，根据最高人民法院的指定，由江苏省南京、宿迁和辽宁省抚顺、大连、锦州、营口、丹东七个城市的中级人民法院同时进行异地审理。例如，慕绥新受贿、巨额财产来源不明一案由大连市中级人民法院审判，被告人慕绥新最终被判处死缓；马向东等人受贿、贪污、挪用公款、巨额财产来源不明案由南京市中级人民法院审判，被告人马向东最终被判处死刑并被核准执行。“慕马案”以后，对高官职务犯罪案件实行异地审理逐渐形成司法惯例，成为确保司法公正的重要措施，异地审理在职务犯罪案件中的适用率也不断提高。例如，2004 年贵州原省委书记刘方仁受贿案，由北京市第二中级人民法院审理；2004 年湖北原省长张国光受贿案，由天津市第二中级人民法院审理；2005 年黑龙江省政协原主席韩桂芝受贿案、山西省委原副书记侯伍杰受贿案、四川原副省长李达昌滥用职权案，都由北京市第一中级人民法院审理；2006 年 11 月和 12 月，安徽省委原副书记王昭耀和河南省人大常委会原副主任王有杰，分别在山东济南、湖北荆州接受异地审判；2007 年 12 月，安徽原副省长何闽旭受贿案在山东省临沂市中级人

[1] 此前的许多高官腐败案件，大都是在犯罪地（或被告人居住地）审判。譬如，江西原省长倪献策徇私舞弊案（1987 年），在南昌市中级人民法院审理；海南省人大常委会原副主任辛业江受贿案（1998 年），在海口市中级人民法院审理；北京市人大常委会原副主任铁英受贿案（1997 年），在北京市第一中级人民法院审理；贵州省政协原副主席常征受贿案（1998 年），在贵阳市中级人民法院审理。参见中国共产党新闻网 2008 年 1 月 2 日报道：“惩处省部级腐败官员中国模式已经形成”，载 http://fanfu.people.com.cn/GB/6723105.html，最后访问日期：2020 年 3 月 22 日。

民法院接受异地审判。[1]据官方媒体报道，自“慕马案”以后到2008年初，高官腐败案件异地审判占重大职务犯罪案件的90%以上。[2]十八大以后，随着国家惩治腐败犯罪的力度持续加大，2015年、2016年审理的重大职务犯罪案件急剧增加，其中异地审理比例高达93.8%。[3]据不完全统计，2017年至2019年，因职务犯罪而在异地审理的省部级以上官员72人，而且均为跨省（直辖市、自治区）异地审判；因职务犯罪而在异地审理的厅局级官员294人，其中除19人因与省部级以上官员的犯罪有牵连等原因而跨省（直辖市、自治区）异地审判以外，其他人均为省（自治区）内异地审判。[4]

关于高官腐败案件中普遍适用异地审理制度的正当性问题，社会上长期存在争论。多数人认为，异地审理制度是办理高官腐败案件的一种有效手段，“既可以排除案件查处中的各种干扰和阻力，最大限度地确保司法公正，也可有效消除一部分社会公众对审判工作的担忧和误解，切实维护法律权威”。[5]甚至有人提出，“异地审理”这种模式在适用范围上应当扩大。“从保证司法公正的角度讲，异地审判的对象不应仅限于高官腐败，在特定地区或特定部门任主要领导职务的官员，比如一个县的县委书记、副书记、县长、副县长及公检法机关的主要领导犯案，都应当本着公正的原则，防止人际关系和残余势力的非法干扰，实行异地审判。”[6]在司法实践中，其适用范围也确实得到了扩大。例如，2009年8月，浙江省高级人民法院和浙江省人民检察院联合发布《关于以法院工作人员为被告人的刑事案件实行异地审理的通知》，其中就规定，本省法官涉嫌违法犯罪的一律异地审理。[7]2011年7月，最高人民检察院和最高人民法院就曾经“酝酿出台文件，进一步规范指定管辖工作，促使各地法院都能够对影响大的职务犯罪案件扩大异地管辖适用范围，推动异地审理向制度化方向发展”。[8]这说明，最高

---

[1] 参见中国共产党新闻网2008年1月2日报道：“惩处省部级腐败官员中国模式已经形成”，载http://fanfu.people.com.cn/GB/6723105.html，最后访问日期：2020年3月22日。

[2] 李玉萍：“异地审判与我国刑事管辖制度的改革与完善——以高官职务犯罪案件的管辖为视角”，载《中国刑事法杂志》2009年第2期，第3页。

[3] 谢小剑、崔晓立：“重大职务犯罪案件异地管辖实证分析”，载《昆明理工大学学报（社会科学版）》2018年第1期，第2页。

[4] 数据来源：中国裁判文书网、中央纪委国家监委网站、百度网页。

[5] 马广志：“异地审判应该尽快向制度化迈进”，载《人民政协报》2011年12月19日，第B04版；王斌林：“让异地审判制助推和谐社会的司法公正”，载《法制日报》2007年1月5日，第3版；宋伟：“高管异地审判制度初露端倪”，载《政府法制》2007年第3期，第50页。

[6] 鲁生：“异地审判：尽快从惯例走向制度”，载《检察日报》2007年1月3日，第6版。

[7] 陈东升：“浙江省法检两院联出新规：法官违法犯罪一律异地审理”，载《法制日报》2009年8月19日，第1版。

[8] 张蔚然：“两高拟扩大高官职务犯罪案异地审理”，载http://news.sina.com.cn/c/2011-07-19/154822840727.shtml，最后访问日期：2020年3月22日。

人民法院和最高人民检察院对于职务犯罪案件异地管辖以及适当扩大异地管辖的适用范围是支持的，只是所拟出台的“文件”一直没有面世。

也有一些人反对普遍适用异地审理制度。早在2005年就有人提出，“异地审理涉嫌违法”。[1] 2007年之后，反对者的批评开始变得更加理性。有学者认为，虽然异地审理制度在追求司法公正方面发挥着巨大功效，但是“普遍化的异地审判，极可能导致当地司法机关的职能萎缩和公信力下降，导致司法权在地方权力结构中的式微，并可能进一步弱化司法机关对地方权力的监督与制约，影响到整个国家司法系统的良性成长”。[2]“异地审判逐年增多，恰恰暗示了这几年司法机关在抗干扰能力上几乎没有获得什么实质进展，甚至有的地方状况更糟了。”[3]“因此从长远看，异地审判并非司法制度发展的最终方向，对抗不当司法的关键并不是异地审判，而在于增强司法体制和司法机关的‘抗干扰能力’。”[4] 同时，异地管辖本身也需要进一步明确标准，尽快实现规范化和制度化。

（二）集中管辖

集中管辖是指上级司法机关改变法定的地域管辖或级别管辖，将某一类刑事案件集中到区域内某一（些）特定司法机关进行管辖或者直接提级管辖。[5]集中管辖不是法律明确规定的管辖制度，而是地方司法机关根据最高人民法院的有关司法解释或者司法改革政策关于建立跨行政区划司法机关的精神所进行的实践探索，始于2002年最高人民法院发布的《关于涉外民商事案件诉讼管辖若干问题的规定》。根据该规定，自2002年3月1日起，对涉外民商事案件由国务院批准设立的经济技术开发区人民法院和其他指定的中高级人民法院相对集中管辖。[6]此后，集中管辖逐步扩大到未成年人刑事案件、涉外刑事案件、国家赔偿案件和行政诉讼案件等。[7]

在刑事诉讼中，各地集中管辖的实践大体上涵盖了以下四类刑事案件。

1. 未成年人刑事案件

例如，安徽省铜陵市、蚌埠市早在2004年就在市委政法委的协调支持下，由市中级人民法院与同级人民检察院联合出台规定，对市辖区的一审未成年人刑

---

〔1〕 陈有西：“异地审判涉嫌违法”，载《观察与思考》2005年第9期，第54页。

〔2〕 傅达林：“异地审判权宜之计不能代替制度建设”，载《法制日报》2007年1月21日，第2版。另参见叶雷：“异地审判不要成为一种制度”，载《人民代表报》2007年1月9日，第7版。

〔3〕 王琳：“异地审判‘制度化’意味着什么”，载《中国经济时报》2006年12月28日，第6版。

〔4〕 傅达林：“异地审判权宜之计不能代替制度建设”，载《法制日报》2007年1月21日，第2版。

〔5〕 张曙：“刑事诉讼集中管辖：一个反思性评论”，载《政法论坛》2014年第5期，第167页。

〔6〕 参见最高人民法院《关于涉外民商事案件诉讼管辖若干问题的规定》（法释〔2002〕5号），2002年2月25日。

〔7〕 参见最高人民法院《关于开展行政案件相对集中管辖试点工作的通知》（法〔2013年〕3号），2013年1月4日。

事案件，指定一家区法院集中审理。2005年下半年，安徽省高级人民法院与省检察院联合作出规定：凡辖两个区以上的市（含辖一个县）的一审未成年人刑事案件，指定由一个区人民法院集中办理。2006年1月1日，此项指定管辖制度在安徽正式推开。此后，全省有11个符合条件的市对市辖区内未成年人刑事案件实行了集中管辖，把原先分散在近50个区（县）法院审理的未成年人刑事案件由12个区法院负责审理。〔1〕上海市于2010年规定由长宁、闵行等五个区法院集中管辖未成年人刑事案件，2018年7月起调整为长宁、浦东、普陀、静安四个区法院集中管辖未成年人刑事案件。〔2〕2020年1月，湖北省高级人民法院联合省检察院、省公安厅和省司法厅出台了《湖北省未成年人刑事案件集中管辖指导意见》，对全省部分未成年人刑事案件实行集中管辖。〔3〕

2. 知识产权犯罪案件

如上海市于2011年规定该类案件由闵行、徐汇两区人民法院集中管辖，2018年6月调整为由浦东、徐汇、杨浦、普陀四个区法院集中管辖，并且对知识产权案件实行刑事、民事、行政“三合一”审判机制。武汉市于2008年规定全市知识产权一审刑事案件由江岸区法院集中管辖，并在两级法院实行知识产权案件的民事、行政、刑事审判“三合一”审判机制。〔4〕2011年12月26日，《郑州市知识产权刑事案件提级管辖的若干规定》开始试行。根据该规定，郑州市辖区包括13个县（市）区的知识产权刑事案件由郑州市公安局向郑州市人民检察院移送审查起诉，由郑州市中级人民法院集中审判，各基层法院均不再受理知识产权刑事案件。〔5〕

3. 涉外、涉台刑事案件

根据2012年《刑事诉讼法》的规定，涉外刑事案件不再由中级人民法院专属管辖，但如果由所有的基层人民法院分散管辖，则存在审判质量难以得到保证、审判权力运行机制不畅等问题。〔6〕有鉴于此，一些地方开始了涉外、涉台

〔1〕参见李飞等：“共筑司法保护体系——安徽集中管辖未成年人刑事案件制度调查”，载 http://www.lawyers.org.cn/info/4c3f9abd249c4f63be951235271d3fb9，最后访问日期：2020年3月23日。

〔2〕参见《人民法院报》2018年7月2日报道：“上海高院调整部分类型案件集中管辖范围”，载 http://courtapp.chinacourt.org/zixun-xiangqing-104922.html，最后访问日期：2020年3月23日。

〔3〕参见湖北省高级人民法院官网报道：“未成年人刑事案件试点‘集中管辖’”，载 http://wap.hbsyszy.hbfy.gov.cn/docmanage/viewdoc?docid=06bc5b96-b4a1-435b-aaba-a72bd2f0ef2e，最后访问日期：2020年3月23日。

〔4〕参见“在全国法院首开先河 知识产权审判‘武汉模式’全面启动”，载 http://www.nipso.cn/onews.asp?id=784，最后访问日期：2020年3月23日。

〔5〕参见河南省高级人民法院官网报道：“郑州知识产权刑事案件全国试点提级管辖昨日首案开庭”，载 http://www.hncourt.gov.cn/public/detail.php?id=124274，最后访问日期：2020年3月23日。

〔6〕参见上海市黄浦区人民法院课题组：“基层法院审理涉外刑事案件机制的完善”，载《人民司法》2015年第15期，第41页。

刑事案件集中管辖的实践探索。例如，2012 年 12 月 6 日北京市高级人民法院会同市人民检察院、市公安局、市国家安全局、市司法局出台了《关于外国人犯罪案件管辖及相关问题的意见》。根据该意见第 1 条、第 2 条的规定，外国人实施的危害国家安全、恐怖活动犯罪案件以及可能判处无期徒刑、死刑的案件，由北京市各中级人民法院行使一审管辖权；其他的外国人犯罪一审案件，自 2013 年 1 月 1 日起，根据犯罪地等因素，分别由北京市东城区人民法院、西城区人民法院、朝阳区人民法院、海淀区人民法院、北京铁路运输法院实行相对集中管辖。2013 年 1 月，厦门市中级人民法院、厦门市人民检察院、厦门市公安局、厦门市司法局联合发布《关于确定海沧区人民法院、海沧区人民检察院集中管辖涉台刑事案件的通知》，确定自 2013 年 1 月 24 日起，全市依法应由基层人民法院管辖的犯罪嫌疑人系我国台湾地区当事人的一审刑事案件，集中由海沧区人民法院、海沧区人民检察院管辖。[1]2013 年 10 月 30 日，厦门市中级人民法院制定《关于涉台刑事、民商事、行政案件集中管辖的实施办法》，明确规定海沧区法院对涉台刑事、民商事、行政案件实行“三合一”集中管辖的范围和标准，从而实现了涉台刑事、民商事、行政案件“三合一”集中管辖工作机制的全面运行。[2]

4. 环保类刑事案件

如 2007 年贵州设立全国首家环保法庭，即贵阳中院及清镇市法院环保两庭，对环保类案件实行集中管辖，在全国率先开始了环境资源审判的探索。2014 年，贵州建成环境资源审判“145”跨区域集中管辖格局，在省高级人民法院、4 个中级人民法院、5 个基层法院设置环境资源审判庭，跨区域集中管辖全省环保类案件。[3]2017 年 4 月，河北省张家口市中级人民法院、市人民检察院、市公安局联合出台《关于开展环境保护刑事案件集中管辖试点工作的实施方案》和《关于环境保护刑事案件实行集中管辖的办理意见（试行）》，对张家口市范围内涉及环境保护的刑事案件，由宣化区、张家口经济开发区、蔚县、沽源县公安司法机关集中管辖。[4]

集中管辖的制度基础是法律规定的指定管辖制度。但根据《刑事诉讼法》的相关规定，指定管辖的基本特点在于即时性的“一案一指”，即对于已经发生的特定刑事案件遇到管辖权不明、有争议或者有管辖权的法院“不便管辖”的情形时，由上级人民法院以决定的形式指定下级人民法院管辖，这种指定仅仅对

---

〔1〕 吕玉珠：“涉台刑事案件集中管辖调研报告”，载《检察调研与指导》2018 年第 5 辑，第 95 页。

〔2〕 宣海林等：“厦门中院：涉台审判的新探索”，载《中国审判》2014 年第 4 期，第 44 页。

〔3〕 参见 2019 年 7 月 30 日发布的“贵州省高级人民法院环境资源审判五年工作报告”，载 https://baijiahao.baidu.com/s?id=1640485157709609310&wfr=spider&for=pc，最后访问日期：2020 年 3 月 23 日。

〔4〕 参见《河北工人报》2017 年 5 月 2 日报道：“环保刑事案件施行集中管辖”，载 http://www.hbgrb.net/news/HBDS/2017/51/175119386I4AE5I96J0232483IIED.html，最后访问日期：2020 年 3 月 23 日。

于个案具有法律效力。与此不同的是，集中管辖属于面向未来的"类案指定"，即对于将来发生的某类刑事案件，由上级人民法院以规范性司法文件的形式指定由某个或者某几个法院统一管辖，这种指定在该规范性司法文件有效期之内对于特定的类案具有普遍的法律效力。因此，集中管辖本质上是上级人民法院基于司法裁量权自行扩充了法律赋予的指定管辖权，属于对指定管辖的拓展或扩张。〔1〕不过，从实践历程来看，除了未成年人刑事案件的集中管辖起源于上海等地基层法院的实践创新之外，其他类案的集中管辖均得到了中央政法机关的支持或鼓励。例如，涉外刑事案件的集中管辖实际上是最高人民法院司法解释最先所要求的。2012 年《最高法解释》第 393 条规定："必要时，中级人民法院可以指定辖区内若干基层人民法院集中管辖第一审涉外刑事案件，也可以依照刑事诉讼法第二十三条的规定，审理基层人民法院管辖的第一审涉外刑事案件。"最高人民法院、最高人民检察院、公安部、国家安全部、司法部 2013 年 1 月 17 日联合发布的《关于外国人犯罪案件管辖问题的通知》重申了这一内容，并且进一步要求："辖区内集中管辖第一审外国人犯罪案件的基层人民法院，应当由中级人民法院商同级人民检察院、公安局、国家安全局、司法局综合考虑办案质量、效率、工作衔接配合等因素提出，分别报高级人民法院、省级人民检察院、公安厅（局）、国家安全厅（局）、司法厅（局）同意后确定，并报最高人民法院、最高人民检察院、公安部、国家安全部、司法部备案。"关于知识产权、环境保护类案件的集中管辖所涉及的专业审判机构，也是最高人民法院批复同意的。〔2〕

从实践情况看，集中管辖制度对于优化司法资源配置，保证办案质量，提高类案审判的专业化水平，确实起到了一定的积极作用。〔3〕但是，集中管辖制度也存在明显的问题，最大的问题在于通过类案指定改变了类案既有的法定管辖，使统一的国家立法关于司法管辖权的确定性被司法裁量权所突破，从而背离了法官法定原则和程序法定原则，同时还可能进一步强化上级法院对下级法院的行政领导关系，违反关于各级法院"依法独立公正"行使审判权的司法改革精神。〔4〕

---

〔1〕 关于类案指定与个案指定的区别，参见龙宗智、白宗钊、谭勇："刑事诉讼指定管辖若干问题研究"，载《法律适用》2013 年第 12 期，第 38 页。

〔2〕 参见最高人民法院《关于同意南京市、苏州市、武汉市、成都市中级人民法院内设专门审判机构并跨区域管辖部分知识产权案件的批复》（法〔2017〕2 号）。

〔3〕 吕玉珠："涉台刑事案件集中管辖调研报告"，载《检察调研与指导》2018 年第 5 辑，第 96 页。

〔4〕 关于集中管辖制度的批评，参见张曙："刑事诉讼集中管辖：一个反思性评论"，载《政法论坛》2014 年第 5 期，第 173-174 页。

（三）跨行政区划法院改革试点

2013 年 11 月 12 日，中共十八届三中全会提出，要探索建立与行政区划适当分离的司法管辖制度。2014 年 10 月 23 日，中共十八届四中全会明确提出："探索设立跨行政区划的人民法院和人民检察院，办理跨地区案件。"2014 年 12 月 2 日，中央全面深化改革领导小组第七次会议审议通过中央政法委会同最高人民法院、最高人民检察院研究提出的《设立跨行政区划人民法院、人民检察院试点方案》。2014 年 12 月 28 日，上海铁路运输中级法院、检察分院加挂市第三中级人民法院、市人民检察院第三分院牌子；12 月 30 日，北京铁路运输中级法院、检察分院加挂市第四中级人民法院、市人民检察院第四分院牌子。这标志着跨行政区划人民法院、检察院全面启动试点，全国首批跨行政区划人民法院成立。

关于探索设立跨行政区划的人民法院和人民检察院的背景，习近平总书记《关于〈中共中央关于全面推进依法治国若干重大问题的决定〉的说明》中指出："随着社会主义市场经济深入发展和行政诉讼出现，跨行政区划乃至跨境案件越来越多，涉案金额越来越大，导致法院所在地有关部门和领导越来越关注案件处理，甚至利用职权和关系插手案件处理，造成相关诉讼出现'主客场'现象，不利于平等保护外地当事人合法权益、保障法院独立审判、监督政府依法行政、维护法律公正实施。"设立跨行政区划的人民法院和人民检察院的意义在于，"有利于排除对审判工作和检察工作的干扰、保障法院和检察院依法独立公正行使审判权和检察权，有利于构建普通案件在行政区划法院审理、特殊案件在跨行政区划法院审理的诉讼格局"。

目前，跨行政区划法院管辖的刑事案件的范围主要包括几种比较特殊类型的案件。以北京市为例，2018 年 2 月 2 日，北京市高级人民法院审判委员会审议通过了《北京市高级人民法院关于北京市第四中级人民法院案件管辖的规定》。北京市第四中级人民法院（北京铁路运输中级法院）管辖的刑事案件包括：（1）北京市人民检察院第四分院提起公诉的案件；（2）跨地区的重大环境资源保护第一审案件、重大食品药品安全第一审案件；（3）对北京铁路运输法院、天津铁路运输法院、石家庄铁路运输法院审理的铁路专门管辖案件的第一审裁判提起的上诉案件；（4）北京市高级人民法院指定管辖的其他案件。根据 2014 年 12 月 30 日《北京市人民检察院关于北京市人民检察院第四分院履职的公告》，"北京市人民检察院第四分院提起公诉的案件"包括：（1）北京市人民检察院指定管辖的跨地区重大职务犯罪案件及关联案件；（2）应由中级人民法院管辖的环境资源保护和食品药品安全刑事一审案件，以及北京市人民检察院指定管辖的其他跨地区重大环境资源保护和重大食品药品安全刑事一审案件；（3）应由中级人民法院管辖的发生在民航、公交、水运领域并由其所属公安机关侦查的刑事一审案件；（4）海关所属公安机关侦查的刑事一审案件；（5）涉铁路运输案件；（6）北京市人民检察院指定管辖的其他重大案件。从北京市第四中级人民法院管辖的刑事案件可以看出，跨行政区划人民法院管辖刑事案件有几个特点：一是案件具有跨地区性；二是案件具有重大性；三是案件易受干扰性。[1]当然，其所管辖案件也具有一定的专业性和行业性。比如，重大环境资源保护案件，重大食品药品安全案件，涉铁路运输案件，涉民航、公交、水运领域刑事案件等，都具有一定的专业性和行业性。

从运行的情况看，跨行政区划人民法院改革实现了部分预期目标。比如，北京市第四中级人民法院“自2014年年底挂牌履职以来，公正高效审结了一系列案件，没有一起收到过地方政法部门或者领导‘打招呼’，取得了良好社会评价”，“跨区法院司法公信力得以初步确立，法律面前人人平等的基本法治原则得以初步实现”。[2]但是，跨行政区划人民法院在案件管辖标准上还存在一些问题，如管辖标准不明确、具体案件范围不够清晰、受案数量不够均衡等。[3]这些问题有必要通过进一步的试点探索，根据有利于排除地方干扰、有利于保护重大的公共利益、有利于化解管辖权冲突、有利于实现专业化审判等原则逐步予以解决，以保证那些易受干扰、辖区利益与公共利益存在严重冲突的刑事案件得到公正高效的处理。

四、刑事管辖制度存在的主要问题及其原因

回顾我国《刑事诉讼法》实施四十年来的司法实践，不难发现，我国刑事管辖制度虽然通过立法和司法解释等法律规范得到了不断发展，但是，立法规定相当粗疏，很多规定较为原则、笼统，缺乏应有的明确性，还有一些管辖方面的问题甚至完全缺乏相应的立法规定，与程序法定原则和法官法定原则的要求相距较远。

（一）职能管辖制度存在的问题

在刑事案件的职能管辖方面，目前存在的主要问题是监察机关的调查管辖权缺乏有效的法律约束。

根据《监察法》第3条，监察机关是行使国家监察职能的专责机关，依照监察法对所有行使公权力的公职人员进行监察，调查职务违法和职务犯罪。根据

---

〔1〕 史立梅、杨超：“跨行政区划法院刑事案件管辖问题研究”，载《法律适用》2017年第21期，第55-56页。

〔2〕 吴在存：“坚守与前行：跨行政区划法院履职两周年（代序）”，载吴在存主编：《跨行政区划法院改革的探索与实践（2016年卷）》，法律出版社2016年版，第2-3页。

〔3〕 参见史立梅、杨超：“跨行政区划法院刑事案件管辖问题研究”，载《法律适用》2017年第21期，第57-58页。

2018 年 4 月 17 日中央纪委、国家监委发布的《国家监察委员会管辖规定（试行）》，监察机关管辖的职务犯罪案件包括六大类 88 个罪名，监察机关在调查这些犯罪过程中享有广泛的权力，包括讯问、询问、调取、查询、冻结、查封、搜查、扣押、鉴定、技术侦查等收集证据的权力，限制出境、留置等限制被调查人人身自由的权力，以及调查终结后移送人民检察院审查起诉的权力。由于监察机关不是司法机关，其调查活动不适用《刑事诉讼法》，因而监察机关对职务犯罪案件的管辖权不属于刑事诉讼职能管辖的范畴。但是，监察机关依照《监察法》规定收集的“物证、书证、证人证言、被调查人供述和辩解、视听资料、电子数据等证据材料，在刑事诉讼中可以作为证据使用”，这些证据直接影响到检察机关和法院对案件的公正处理。《监察法》第 34 条还规定：“人民法院、人民检察院、公安机关、审计机关等国家机关在工作中发现公职人员涉嫌贪污贿赂、失职渎职等职务违法或者职务犯罪的问题线索，应当移送监察机关，由监察机关依法调查处置。被调查人既涉嫌严重职务违法或者职务犯罪，又涉嫌其他违法犯罪的，一般应当由监察机关为主调查，其他机关予以协助。”

公职人员涉黑涉恶违法犯罪案件中，既涉嫌贪污贿赂、失职渎职等严重职务违法或职务犯罪，又涉嫌公安机关、人民检察院管辖的违法犯罪的，一般应当以监察机关为主调查，公安机关、人民检察院予以协助。监察机关和公安机关、人民检察院分别立案调查（侦查）的，由监察机关协调调查和侦查工作。犯罪行为仅涉及公安机关、人民检察院管辖的，由有关机关依法按照管辖职能进行侦查。据此，监察机关立案调查的刑事案件，实际上必然会超出国家工作人员“职务犯罪”的范围。2018 年《刑事诉讼法》第 19 条第 2 款规定：“人民检察院在对诉讼活动实行法律监督中发现的司法工作人员利用职权实施的非法拘禁、刑讯逼供、非法搜查等侵犯公民权利、损害司法公正的犯罪，可以由人民检察院立案侦查。”“可以”由检察机关立案侦查的表述说明，即使对《刑事诉讼法》授权检察机关立案侦查的案件，仍然不排除监察机关直接调查的可能。[1]这就为监察机关扩张管辖权进一步提供了法律依据。2019 年 10 月 22 日，国家监察委员会、最高人民法院、最高人民检察院、公安部、司法部联合发布的《关于在扫黑除恶专项斗争中分工负责、互相配合、互相制约严惩公职人员涉黑涉恶违法犯罪问题的通知》第 13 条明确要求：“公职人员涉黑涉恶违法犯罪案件中，既涉嫌贪污贿赂、失职渎职等严重职务违法或职务犯罪，又涉嫌公安机关、人民检察院管辖的违法犯罪的，一般应当以监察机关为主调查，公安机关、人民检察院予以协助。监察机关和公安机关、人民检察院分别立案调查（侦查）的，由监察机关协调调查和侦查工作。犯罪行为仅涉及公安机关、人民检察院管辖的，由有关机

---

〔1〕 李寿伟主编：《中华人民共和国刑事诉讼法解读》，中国法制出版社 2018 年版，第 46 页。

关依法按照管辖职能进行侦查。”2019年《最高检规则》第17条规定：“人民检察院办理直接受理侦查的案件，发现犯罪嫌疑人同时涉嫌监察机关管辖的职务犯罪线索的，应当及时与同级监察机关沟通。经沟通，认为全案由监察机关管辖更为适宜的，人民检察院应当将案件和相应职务犯罪线索一并移送监察机关；认为由监察机关和人民检察院分别管辖更为适宜的，人民检察院应当将监察机关管辖的相应职务犯罪线索移送监察机关，对依法由人民检察院管辖的犯罪案件继续侦查。”根据这一规定，当检察机关直接受理侦查的案件与监察机关管辖的职务犯罪案件存在牵连关系时，检察机关是否能够管辖该案，基本上取决于监察机关的意见。而从司法实践情况看，很多犯罪行为包括司法工作人员实施的不同犯罪之间都存在牵连关系。例如，根据《刑法》第399条第4款，司法工作人员收受贿赂，同时有徇私枉法、枉法裁判、执行裁判失职、执行裁判滥用职权行为，构成徇私枉法罪、民事行政枉法裁判罪、执行裁判失职罪、执行裁判滥用职权罪的，依照处罚较重的规定定罪处罚。对于这样的案件，是由监察机关全面负责调查，还是由监察机关调查为主、检察机关侦查为辅，完全取决于有管辖权的监察机关的态度。因此，现有法律没有对监察机关的调查管辖权进行有效的约束，由此导致部分案件出现管辖权冲突以及相应的办案成本增大等问题，而且还可能直接妨碍检察机关依据宪法和法律规定独立公正地行使检察权，不利于平等地保护犯罪嫌疑人的诉讼权利和其他合法权益。

（二）审判级别管辖制度存在的问题

1. 关于最高人民法院、高级人民法院一审管辖权的规定不尽合理

根据《刑事诉讼法》的规定，高级人民法院管辖的第一审刑事案件是“全省性的重大刑事案件”，最高人民法院管辖的第一审刑事案件是“全国性的重大刑事案件”。什么是“全省性的”？什么是“全国性的”？什么是“重大刑事案件”？《刑事诉讼法》和相关司法解释对此都没有明确规定，以至于当具体案件发生以后，是否应当由高级人民法院或者最高人民法院管辖，几乎完全由相关高级人民法院或者最高人民法院自由裁量。[1] 实际上，《刑事诉讼法》实施四十年来，最高人民法院只审理过一件“全国性的重大刑事案件”，即林彪、江青反革命集团案件；高级人民法院作为一审法院审理案件的情形也极为罕见，毕竟高级人民法院作为地方各级人民法院的最高级，主要负责对全省（市、自治区）审判工作的指导、监督以及对不服中级人民法院裁判的上诉和抗诉案件的二审，如果承担过多的刑事案件一审任务，可能会影响其主要工作，还会增加最高人民法院的工作负担，因为被告人不服高级人民法院的一审判决提出上诉，负责二审的

〔1〕 谢小剑：“法定法官原则：我国管辖制度改革的新视角”，载《法律科学（西北政法大学学报）》2011年第6期，第116页。

法院只能是最高人民法院，[1]而最高人民法院在刑事诉讼中已经有三项非常繁重的任务：一是根据党和国家的要求以及宪法和法律规定，指导和监督全国法院的审判工作，包括指令下级法院对生效裁判确有错误的案件进行再审；二是制定对全国法院具有普遍约束力的司法解释；三是复核和核准死刑案件。因此，最高人民法院不宜承担过多的二审任务。如果说，在改革开放初期，考虑到中级、基层人民法院的法官政策、法律水平不高，规定全省性或全国性的重大刑事案件分别由高级人民法院或最高人民法院审判尚有一定现实依据的话，那么，在法官员额制和司法责任制已经普遍推行，专业法官素质普遍提高，且全省性甚至全国性的重大刑事案件实际上均由中级人民法院审判的条件下，继续维持高级人民法院、最高人民法院的一审管辖权，已经不再有充足的现实依据。

2. 对牵连案件的合并管辖或分离审判及其程序等问题缺乏明确的法律规范

按照“一人一罪”为一个案件的判断标准，牵连案件包括以下几种情形：(1) 一人犯数罪的；(2) 数人共犯一罪或者数罪的；(3) 数人共同犯一罪或数罪的同时，其中又有人另外实施了其他犯罪的；(4) 多人实施的不同犯罪行为之间存在“对合”关系或者牵连关系的，如行贿与受贿，同一批毒品的制作、贩卖、持有行为以及为了贩卖毒品而购买、持有枪支的行为，窝藏、包庇、收买赃物等罪与本罪，等等。牵连案件是刑事司法中的常见现象，对牵连案件的管辖，无论是级别管辖还是地域管辖，无论是侦查管辖，还是审判管辖，均涉及合并管辖还是分案处理的问题。科学、合理地确定牵连案件的管辖，既是公安司法机关公正、高效地处理刑事案件的需要，也是保障犯罪嫌疑人、被告人合法权益的需要。然而多年来，我国《刑事诉讼法》一直缺乏关于牵连案件管辖问题的规定，只是 1994 年《最高法规定》就上下级人民法院之间关于牵连案件的合并管辖问题、2012 年《六机关规定》就公检法三机关对牵连案件的并案处理问题作了原则性规定以及 2012 年《公安部规定》第 18 条就公安机关侦查管辖中的并案处理问题作了补充规定。至于牵连案件按照何种程序合并管辖，按照何种程序分开审判，则完全缺乏规范。换言之，关于牵连案件的管辖问题，四十年来历经三次修正的《刑事诉讼法》始终没有作出规定，仅仅靠公安司法机关自己出台的有限的规范性文件提供操作上的依据，这与程序法定原则和法官法定原则的要求是完全相悖的。

---

[1] 例如，北京市原市长陈希同贪污、玩忽职守一案的第一审由北京市高级人民法院审理，第二审就是由最高人民法院审理的。1998 年 7 月 31 日，北京市高级人民法院以贪污罪判处陈希同有期徒刑 13 年，以玩忽职守罪判处陈希同有期徒刑 4 年，两罪并罚，决定执行有期徒刑 16 年。陈希同不服一审判决，向最高人民法院提出了上诉。1998 年 8 月 20 日，最高人民法院对陈希同贪污、玩忽职守案作出终审裁定：驳回上诉，维持原判。

（三）审判地域管辖制度存在的问题

1. 指定管辖的规范性严重不足

在审判地域管辖制度中，最为突出的问题是指定管辖缺乏明确的标准和程序，随意性太大。根据《刑事诉讼法》的规定，确定地域管辖的基本原则是“犯罪地法院管辖为主、居住地法院管辖为辅”。但是“犯罪地”包括犯罪行为地和犯罪结果地，网络犯罪案件的行为地和结果地又有多个变种。为了便于根据案件具体情况确定管辖法院，《刑事诉讼法》又提供了“最初受理地”“主要犯罪地”等标准，如果有管辖权的多个法院不能就案件管辖协商一致，出现管辖权争议或者有管辖权的法院认为“不宜管辖”等情形，则由上级人民法院指定管辖。这意味着，指定管辖是确定管辖的最后依据。由于法律关于地域管辖规定得过于原则，一旦案件涉及不同法院的管辖区域，如何确定案件的具体管辖法院便成了一大难题，而频繁地使用指定管辖则成为破解这一难题的便利手段。在司法实践中，指定管辖对于有效打击犯罪、保障司法公正、平衡司法资源等起到了积极作用,〔1〕但是也存在不少问题，主要表现在两个方面。

其一，指定管辖的范围缺乏标准，在启动、被指定单位的确定以及指定程序等方面缺乏规范，随意性太大。〔2〕在司法实践中，特别是在确定职务犯罪、经济犯罪案件的指定管辖单位时，办案机关能够通过办理指定管辖的案件所能获得的经济利益，往往是一个重要影响因素。由此“也助长了选择性管辖的不良风气。即对有利益的案件争管辖、抢着管；无利益的案件推管辖，谁都不愿管”。〔3〕显然，这样的指定管辖完全违背了公正司法的基本精神。

其二，指定侦查管辖缺乏法律依据，且常常绑架审判管辖的指定。侦查管辖在立法上完全没有规定，法律规定的地域管辖只涉及审判管辖问题，实践中一般也是根据审判管辖的原则确定侦查管辖的。但是，由于侦查程序先于审判，加之公检法三机关分工负责、互相配合、互相制约的体制影响，在个案指定管辖的情形下，中央政法机关联合发布的有关规范性文件中均要求根据侦查管辖的结果确定审判管辖。例如，《办理电信网络诈骗案件意见》规定：“公安机关立案、并案侦查，或因有争议，由共同上级公安机关指定立案侦查的案件，需要提请批准逮捕、移送审查起诉、提起公诉的，由该公安机关所在地的人民检察院、人民法院受理。”《办理网络犯罪案件程序意见》第3条、第5条也有类似的规定。根据

---

〔1〕 龙宗智、白宗钊、谭勇：“刑事诉讼指定管辖若干问题研究”，载《法律适用》2013年第12期，第40页。

〔2〕 参见龙宗智：“刑事诉讼指定管辖制度之完善”，载《法学研究》2012年第4期，第176-178页。

〔3〕 龙宗智、白宗钊、谭勇：“刑事诉讼指定管辖若干问题研究”，载《法律适用》2013年第12期，第41页。

这些规定，只要公安机关确定了案件的侦查管辖，也就决定了法院的审判管辖。《办理网络犯罪案件程序意见》第 6 条规定："具有特殊情况，由异地公安机关立案侦查更有利于查清犯罪事实、保证案件公正处理的跨省（自治区、直辖市）重大网络犯罪案件，可以由公安部商最高人民检察院和最高人民法院指定管辖。"这一规定对重大网络犯罪案件的指定侦查管辖设置了先行"协商"程序，但 2 年以后发布的《办理电信网络诈骗案件意见》则取消了指定管辖前的"协商"程序，转而规定："对重大疑难复杂案件和境外案件，公安机关应在指定立案侦查前，向同级人民检察院、人民法院通报。"由此，个案指定管辖方面的"侦查本位主义"色彩进一步强化了。据统计，在四川省 2011—2012 年期间指定管辖的案件中，有 82%的案件"指定审判管辖与指定侦查管辖时确定的地域管辖相一致。实际上是指定侦查管辖对审判管辖产生了预决作用，法院审查时考虑更多的因素，是立案侦查时已经指定管辖，案件起诉前检察机关又商请由相应法院审判，法院不便再改变管辖，除特殊的情况外，法院都会同意检察机关的商请意见"。[1]指定侦查管辖不仅绑架了审判管辖，而且在司法实践中还可能存在公检法三机关之间难以有效衔接的问题，增大了诉讼成本。[2]

2. 当事人的管辖申请权和异议权缺乏保障

地域管辖从公权力角度看，涉及同一级别不同地域的法院在审判案件上的权限分工，直接影响案件事实能否得到查清、适用法律是否正确；从当事人角度看，关系到其法定的诉讼权利和其他合法权益能否得到保障。法院对已经接收的个案是否具有合法的管辖权，有关机关通过指定管辖改变法定管辖是否合法、适当，对于公共利益的维护以及个人权利的保护都具有重要影响。因此，法国、德国、俄罗斯、日本以及我国香港、澳门地区等在刑事诉讼法中对管辖权异议制度作了明确规定。我国 2017 年修正的《民事诉讼法》第 127 条和《行政诉讼法》第 23 条也都明确规定了当事人管辖权异议制度。然而，我国刑事诉讼中的"指定管辖制度，基本上服务于打击犯罪的需要，基本不考虑通过改变管辖保障嫌疑人、被告人的权利"。[3]无论是立法，还是司法解释和其他规范性司法文件，都没有确认当事人对审判管辖的异议权和变更管辖的申请权，当事人在案件管辖方面的基本程序权利在制度上受到了忽视。"司法实践情况中，虽有嫌疑人、被告人及其律师提出管辖异议，法院均未设置专门程序处理，也不采取裁定、决定等法律文书对申请或异议予以答复，而只是在研究确定指定管辖时予以适当考虑，

〔1〕龙宗智、白宗钊、谭勇："刑事诉讼指定管辖若干问题研究"，载《法律适用》2013 年第 12 期，第 41 页。

〔2〕参见龙宗智："刑事诉讼指定管辖制度之完善"，载《法学研究》2012 年第 4 期，第 178 页。

〔3〕龙宗智、白宗钊、谭勇："刑事诉讼指定管辖若干问题研究"，载《法律适用》2013 年第 12 期，第 42 页。

在内部报告中反映。”〔1〕由于我国刑事诉讼中的回避制度没有规定法院“集体回避”，当事人的变更管辖申请权本来可以督促法院以指定管辖的形式弥补回避制度的这一不足，但在司法实践中，当事人申请变更管辖往往难以得到支持，例如，陕西省西安市中级人民法院“院长被杀案”〔2〕和吉林省辽源市中级人民法院“刑庭庭长审民庭庭长案”〔3〕等案件的审判，均涉嫌违反“任何人不得担任自己案件的法官”这一自然正义的基本原理，引起法学界强烈批评和社会质疑，司法的公信力因此受到很大的损害。如果法律赋予了当事人管辖异议权和变更管辖的申请权，并且在司法实践中得到落实，上述案件所产生的负面影响本来是可以避免的。

（四）专门管辖的规范性不足

我国关于专门法院的设置程序以及管辖范围的规定一向缺乏明确的法律规定，法律以外的因素对专门法院的设置影响较大，以至于专门法院带有深厚的“部门法院”色彩。例如，1980年关于筹建铁路运输法院的通知，是以司法部、铁道部的名义联合印发的；胜利油田中级法院和胜利油田法院是经中共山东省委

---

〔1〕龙宗智、白宗钊、谭勇：“刑事诉讼指定管辖若干问题研究”，载《法律适用》2013年第12期，第42页。

〔2〕2000年10月，陕西省西安市中级人民法院原法官杨清秀被指控与当事人吕西娟共谋杀害同院院长朱庆林（未遂）一案在陕西省西安市中级人民法院审理。杨清秀两次向陕西省西安市中级人民法院提出申请，要求法院整体回避和合议庭组成人员回避，被驳回。2001年1月5日西安市中级人民法院审理后认定杨清秀犯故意杀人罪（未遂），判处有期徒刑15年，剥夺政治权利3年。吕西娟犯故意杀人罪（未遂），判处有期徒刑13年，剥夺政治权利2年。一审判决后，两被告人均不服，向陕西省高级人民法院提出上诉，该院于2001年2月21日作出终审裁定，驳回两被告人上诉，维持原判。二审期间，辩护律师提出，西安市中级人民法院审理此案违反1996年《刑事诉讼法》第28条第4款的规定，本应回避而未回避。对此，陕西省高级人民法院二审刑事裁定书（［2001］陕刑一终字第65号）认为：“我国刑事诉讼法律所规定的回避制度是指个人回避，并没有规定审判组织或审判机关回避。本案受害人朱庆林是西安市中级人民法院院长，涉及本案的公正处理，但该案起诉到西安市中级人民法院后，朱庆林已自动申请回避并经审判委员会决定同意朱庆林回避。故吕西娟及其律师要求西安市中级人民法院回避本案审理的理由与意见不能成立。”参见郭光东：“‘任何人不得做自己案件的法官’——‘法官谋杀院长案’四人谈”，载《南方周末》2003年9月18日法治版。

〔3〕2018年2月9日，辽源市西安区人民法院一审判决认定辽源市中级人民法院民三庭原庭长王成忠犯民事枉法裁判罪，判处有期徒刑3年。王成忠不服一审判决，提出上诉。2018年11月8日，辽源市中级人民法院二审开庭审理时，上诉人王成忠和辩护律师即提出了回避申请，要求辽源市中级人民法院审判委员会委员、合议庭成员、书记员等回避，实际上是要求辽源市中级人民法院整体回避，因为他们都是被告人的同事，其中审判长为刑一庭庭长史某，他曾在二审开庭前提审王成忠时要求王成忠把辩护律师换了，这成为辩护律师申请他回避的另一个理由。合议庭以上诉人和辩护律师提出的回避理由不符合法律规定为由当庭予以驳回，引发了被告人的极大不满，以至于情绪激动，合议庭在公诉人和辩护人的建议下被迫宣布休庭。2018年11月22日，吉林省高级人民法院指定王成忠上诉一案由通化市中级人民法院负责二审，从而开创了刑事上诉案件通过指定管辖实现异地审理的先例。参见《人民日报》2018年12月6日报道：“法官被控枉法裁判一审获刑三年 二审终被指定异地审理”，载 https://baijiahao.baidu.com/s?id=1619061052431583186&wfr=spider&for=pc，最后访问日期：2020年3月29日。

和山东省高级人民法院批准设立的；辽河油田中级法院和辽河油田法院是根据辽宁省人大常委会的决议组建的；林区法院是依据原林业部、司法部、公安部、最高人民法院、最高人民检察院联合印发的《关于在重点林区建立与健全林业公安、检察、法院组织机构的通知》（1980 年 12 月 1 日）等文件设立的；垦区法院则是根据司法部相关批复和黑龙江人大常委会的决议设立的。[1]设置上述专门法院的初衷不是基于待审案件的特定要求，而主要是基于政治、社会因素的考虑。其中，铁路运输法院、林区法院和油田法院都具有很强的部门特征，因为这些法院的法官编制是企业编制，法官的身份是企业、事业单位聘用的干部。他们在办案过程中不可避免地带有部门保护主义的色彩，难以依法保持必要的中立性和独立性，这与现代司法理念是背道而驰的。[2]

近年来，我国管辖制度的改革实践中出现了集中管辖、跨行政区划法院等探索即某一些特殊案件或特定类型的案件（如未成年人犯罪案件、侵犯知识产权案件等）集中到某一个或者某几个法院进行专门审理，这在一定程度上体现了司法实践对专门法院和专门管辖的需求。但是，这些实践探索只有最高人民法院的有关政策文件作为依据，而这些文件均具有试点性、应急性等特征，合法性明显不足，因而各地在试点中的做法也不尽相同。2018 年 10 月全国人大常委会修订通过的《人民法院组织法》第 15 条只是原则性地规定：“专门人民法院包括军事法院和海事法院、知识产权法院、金融法院等。专门人民法院的设置、组织、职权和法官任免，由全国人民代表大会常务委员会规定。”但是，这一规定并未明确专门法院的管辖范围，实践中专门法院的管辖几乎完全由最高人民法院单独或会商有关部门确定，这与法治原则的要求显然是不符的。

认真回顾我国刑事管辖制度的发展历程，不难发现，我国刑事管辖制度之所以存在上述问题，根本的原因在于理论上关于管辖制度的功能定位不科学，在管辖制度的立法设计和司法实践中有意无意地忽视了被追诉人获得公正审判的权利。

众所周知，现代各国刑事诉讼普遍追求惩罚犯罪和保障人权的统一。“以最小限度地侵害人权的代价，收到最大限度地惩罚犯罪的效果，是各国刑事诉讼制度发展过程中孜孜以求的理想。”[3]刑事管辖制度作为刑事诉讼制度的重要组成部分，既有赋予公安司法机关特定职权以查清犯罪事实、惩治犯罪的功能，也有限制公安司法机关的职权范围和履职程序以保障人权的功能，特别是对于保障被

---

〔1〕 杨万明主编：《〈中华人民共和国人民法院组织法〉条文理解与适用》，人民法院出版社 2019 年版，第 111 页。

〔2〕 谢小剑：“法定法官原则：我国管辖制度改革的新视角”，载《法律科学（西北政法大学学报）》2011 年第 6 期，第 116 页。

〔3〕 孙长永主编：《刑事诉讼法学》，法律出版社 2019 年版，第 36 页。

追诉人获得公正审判的权利至关重要。然而，长期以来，在刑事管辖制度的理论研究、立法修订和司法实践中，人权保障的理念和功能受到了不应有的忽视，刑事诉讼理论和实践均片面强调刑事管辖制度的惩治犯罪功能，公安司法机关更加专注于从如何有利于惩治犯罪的角度理解和适用刑事管辖制度。例如，自20世纪80年代以来，刑事诉讼法学界通说一向认为，“刑事管辖是保证刑事诉讼活动的重要环节。它对正确、合法及时地查处案件，顺利完成刑事诉讼法的任务具有重要意义。合理地确定管辖制度，有助于深入群众，调查研究，准确及时地查明犯罪事实，充分发挥侦查、检察和审判人员的积极性主动性，做到各司其职，各尽其责，更有效地打击敌人，惩罚犯罪和保护人民”。[1]我国确定刑事管辖的原则包括：保证案件质量的原则，及时有效打击刑事犯罪的原则，合理分工、充分发挥司法机关的职能作用和司法工作人员积极性和主动性的原则，便利诉讼的原则，原则性与灵活性相结合的原则。[2]司法实践中关于指定管辖、集中管辖、跨行政区划管辖制度的探索或试点，在不同程度上均受到这些观念的影响，似乎只要有利于惩治犯罪，类案或者个案具体如何管辖都可以不受法定原则的约束，被告人的公正审判权是否因为异地管辖或集中管辖等而受到损害，以及被告人及其辩护人对管辖的异议权或者申请变更管辖的权利如何得到保障等，也可以完全不予考虑。

应当承认，刑事管辖制度在明确公安司法机关之间的职能分工以及不同级别、不同地域的法院之间审判权力归属方面确实发挥着重要作用，但这仅仅是其中一个方面。刑事管辖制度在发挥有效惩治犯罪、提高诉讼效率功能的同时，还应具备人权保障的功能，即对被告人公正审判权的有效保障。在欧洲大陆法国家，对审判管辖制度调整的基本原则是法官法定原则。法官法定原则，是指在确定法院或法官对具体案件行使管辖权或审判权的时候，必须基于一个由法律预先设定的、普遍的、抽象的原则，不能临时设置、指定或委托法院或法官来审理某一具体案件。“此一原则要求：何等案件由何位法官承办之问题，必须事先以抽象的、一般的法律明定，不能等待具体的个案发生之后才委诸个别处理，否则，司法行政只要控制少数的法官，再令其承办重要敏感案件，则法官独立性原则也成空谈。”[3]可见，法官法定原则的直接目的就是防止通过人为操控法院或法官来操控审判结果，最终目的是通过法院或法官的独立性，来实现公平、公正的审

---

〔1〕《刑事诉讼法教程》编写组：《刑事诉讼法教程》，群众出版社1982年版，第106页。

〔2〕相关内容可参见张子培主编：《刑事诉讼法学》，群众出版社1987年版，第120-121页；陈光中、徐静村主编：《刑事诉讼法学》，中国政法大学出版社2010年版，第97页；龙宗智、杨建广主编：《刑事诉讼法学》，高等教育出版社2016年版，第200页。

〔3〕林钰雄：《刑事诉讼法——总论编》（上册），中国政法大学出版社2005年版，第89页。

判。这一原则不仅在大多数欧陆国家的宪法中得到确认，[1]而且已经被国际人权法列为被告人公正审判权的一项重要内容。比如，《公民权利和政治权利国际公约》第 14 条第 1 款规定："在判定对任何人提出的任何刑事指控或确定他在一件诉讼案中的权利和义务时，人人有资格由一个依法设立的合格的、独立的和无偏倚的法庭进行公正的和公开的审讯。"这里"合格的、独立的和无偏倚的法庭"就是法官法定原则的具体体现。如果不能在理论上充分认识到管辖制度所蕴含的人权保障价值，在管辖制度的立法设计中不能贯彻法官法定原则，那么，我国司法实践中恣意管辖、乱用指定管辖权、以试点之名随意决定集中管辖以及完全无视被告人及其辩护人提出的管辖权异议或者变更管辖申请等现象，就难以得到制止，司法公信力在源头上就已经失去了保障。

五、完善刑事管辖制度的建议

管辖制度是刑事诉讼法中的一个重要问题，涉及审判主体的正当性，也涉及程序的正当性。近些年来，实践中异地审理制度的普遍适用以及管辖权异议制度设立的呼声越来越高，这都表明我国的刑事管辖制度正在发生变化。在管辖制度的理念上，追求公正审判和人权保障的理念开始慢慢凸显出来。要改变当前我国管辖制度过分惩治犯罪、忽视人权保障的现状，关键是要根据程序法定原则的要求完善相关管辖立法，确立法官法定原则，并在职能管辖、审判管辖等具体管辖制度中贯彻落实。

（一）贯彻公正审判的理念，引入法官法定原则

在管辖制度中贯彻公正审判的理念，是现代各国刑事管辖制度的公理。大陆法系国家之所以普遍在宪法和法律中规定法官法定原则，并据此禁止设立临时法庭或非常法庭，正是因为历史的经验教训证明，只有实行这一原则，才能最大限度地保障被告人获得公正审判的权利。例如，1791 年《法国人权宣言》第 4 条规定："不得用任何专案法庭，或非经法律规定的职权和移审办法，使公民不受依法指定的审判官的审理。"《德国基本法》第 101 条第 1 项规定："不得设置非常法院。任何人不得免除受其法定法官的审判。"《意大利宪法》第 25 条第 1 项规定："任何案件均不得从对其享有管辖权的法定法院移转至他处处理。"同法第 102 条规定："司法职能由按法院组织法规则设置与调整的普通法官行使。不得设置特别法官或特别法庭。"其他大陆法国家如荷兰、奥地利、比利时、丹麦、

[1] 参见刘练军："法定法官原则：审判委员会改革的新路径"，载《北方法学》2018 年第 6 期，第 105 页。

葡萄牙、西班牙等国在宪法中也有确认法官法定原则或者禁止特别法庭的规定。[1]俄罗斯及东欧国家在恢复民主制以后制定的新宪法中也普遍禁止设立特别法庭。例如，《俄罗斯联邦宪法》第118条第3款规定："俄罗斯联邦的司法体系由俄罗斯联邦宪法和联邦宪法法院确定。不允许建立特别法庭。"《罗马尼亚宪法》第125条规定："司法工作由最高法院及其他由法律规定的法院承担。禁止成立特别法院。由法律规定审判权限和程序。"《白俄罗斯共和国宪法》第109条规定："白俄罗斯共和国的司法权属于法院。法院体系根据地域和专业的原则确立。白俄罗斯共和国司法制度由法律规定。禁止建立特别法庭。"

上述法律条文中"特别法庭""专案法庭"等，指的就是案件发生后临时组成的法庭。这些法庭可以是临时组成的，也可以是临时指定法院或法庭审理案件。组建临时法庭，或指定法院或法庭审理案件违反了法官法定原则，是对被告人公正审判权的侵犯。

鉴于我国司法实践中指定管辖存在大量被滥用的情况，专门法院的设置和专门管辖也存在以司法解释或者政策文件代行立法的问题，从保障被告人获得公正审判权角度出发，我国有必要借鉴法治发达国家的经验，在宪法和《人民法院组织法》中确立法官法定原则，为规范刑事管辖奠定坚实的法治基础。

（二）完善刑事审判管辖制度的立法

根据法官法定原则的要求，刑事审判管辖制度规范设置应当体现出刚性要求，尽量避免过于模糊的立法条款。为了解决刑事审判管辖立法和实践存在的主要问题，对刑事审判管辖制度的完善，应当从以下几个方面着手。

1. 在级别管辖方面，废止高级人民法院和最高人民法院对第一审刑事案件的管辖权，增加级别管辖关于牵连案件的管辖规定

根据域外国家或地区的经验，高级法院和最高法院通常不享有对第一审刑事案件的管辖权，它们主要作为上诉审法院审理在宪法和法律上有重要意义的上诉案件，以便统一法律解释和适用，指导全国下级法院的审判工作，而初审案件的管辖权普遍交由基层法院和中级法院行使。这是因为基层法院和中级法院距离犯罪地近，方便收集调查证据，也便于当事人和其他诉讼参与人就近参加诉讼活

---

[1] 《荷兰王国宪法》第17条规定："任何人都享有不被违背意志依法申请法定法院听审的权利。"《奥地利联邦宪法性法律》第83条规定："法院的组织和权限，由联邦法律规定。任何人均不得被剥夺其业经法律规定的法官之指导。"《丹麦王国宪法》第61条规定："司法权的行使须依照法律规定。不得成立拥有司法权的非常法庭。"《比利时王国宪法》第94条规定："非依法律不得设立法院或诉讼裁判所，也不得设立任何名义的法庭和非常法庭。"《西班牙王国宪法》第117条第3款规定："在一切审理、判决和监督执行判决的过程中，司法权只能由法律确定的法庭和法院根据法律规定的职权及程序行使……禁止成立特别法院。"《葡萄牙共和国宪法》第121条第4款规定："禁止存在对审判某些类别的犯罪享有专属管辖权的法院，但有关军事法庭的规定不在此限。"

动。我国最高人民法院和各省（自治区、直辖市）高级人民法院本身承担了繁重的审判指导、监督任务和死刑复核任务，最高人民法院还有制定司法解释和司法政策的任务，而且改革开放四十年来也基本上没有审理过一审刑事案件，因此，立法保留关于高级人民法院和最高人法院第一审刑事案件管辖权的设置，没有现实意义。[1]

此外，为了解决牵连案件的级别管辖问题，将来修订《刑事诉讼法》时，应当在吸收 2012 年《最高法解释》第 13 条和军地互涉案件管辖实践经验的基础上，增加规定："数个牵连案件分别属于上、下级人民法院管辖的，上级人民法院可以裁定将属于下级人民法院管辖的案件合并审判；经审查认为没有必要合并审判的，可以裁定将属于下级人民法院管辖的案件交由有管辖权的下级人民法院审判。分别属于普通人民法院和专门人民法院管辖的需要并案审理的案件，全案由专门人民法院管辖。"

2. 在地域管辖方面，增设被告人所在地法院管辖以及特殊地域管辖的规定

从比较法的经验来看，确立地域管辖的标准通常有三个：犯罪地、被告人的居住地和所在地。我国《刑事诉讼法》第 25 条只规定了犯罪地和被告人居住地两个标准，不足以涵盖地域管辖的不同情况，建议修改为："刑事案件由犯罪地的人民法院管辖。如果由被告人居住地或者所在地的人民法院审判更为适宜的，可以由被告人居住地或者所在地的人民法院管辖。"所谓被告人的所在地，是指被告人现在身体的所在地。增加被告人所在地作为确定地域管辖的标准，相当于赋予了被告人被抓获地、羁押地人民法院以管辖权，作为犯罪地标准的补充。同时，也便于在侦查管辖和审判管辖之间建立衔接机制。《德国刑事诉讼法》第 9 条、《日本刑事诉讼法》第 2 条关于地域管辖的规定，均确认了被告人所在地法院管辖权，这些规定值得我国借鉴。此外，为了增强地域管辖的明确性，还应将《最高法解释》关于特殊地域管辖的规定上升为立法规定。[2]

3. 在指定管辖制度方面，应当充分考虑指定管辖的例外性、个案性，明确指定管辖的适用范围和程序，并且妥善处理审判管辖与侦查管辖和批捕、起诉职能之间的协调问题

首先，明确规定指定管辖的适用范围。除管辖权不明或者存在争议的案件应当通过指定管辖明确办案机关以外，指定管辖应限于由于事实上或者法律上的原因，依法有管辖权的公安司法机关行使管辖权难以保证公正司法的案件，具体包

[1] 类似的观点，参见陈光中主编：《中华人民共和国刑事诉讼法再修改专家建议稿与论证》，中国法制出版社 2006 年版，第 280-281 页；陈卫东、李训虎："公正、效率与审级制度改革——从刑事程序法的视角分析"，载《政法论坛》2003 年第 5 期，第 142 页。

[2] 参见陈光中主编：《中华人民共和国刑事诉讼法再修改专家建议稿与论证》，中国法制出版社 2006 年版，第 282-283 页。

括以下情形：（1）有管辖权的人民法院、人民检察院、公安机关，因案件涉及本单位领导需要回避或涉及本单位利益等原因，不宜行使管辖权的；（2）有管辖权的人民法院、人民检察院、公安机关，对本单位干警或其近亲属涉嫌犯罪的案件，不宜办理的；（3）当地处级以上领导干部或者主要纳税企业负责人涉嫌犯罪的案件，在本地办理难以保证公正司法的；（4）案件与本行政区域国家机关有重大利害关系，可能影响公正司法的；（5）辩护人涉嫌犯罪的案件，依法不应由辩护人所承办案件的侦查机关和人民法院办理的；（6）其他重大刑事案件，因存在某些特殊情况，改变管辖有利于案件办理的公正与效率的。[1]

其次，明确指定管辖的主体和程序。对于侦查管辖不明的案件，可以由有关侦查机关在规定期限内协商确定管辖；协商不成以及对管辖权有争议的案件，以及需要通过指定明确管辖的其他特殊案件，应当由共同的上一级侦查机关指定管辖。人民检察院有权对指定侦查管辖是否合法进行监督。对于审判管辖不明的案件，可以由有关人民法院在规定期限内协商确定管辖；协商不成以及对管辖权有争议的案件，应当由共同的上一级人民法院指定管辖；对于其他需要通过指定明确审判管辖的特殊案件，应当由负责审查逮捕的人民检察院层报行使指定权的人民法院同级人民检察院或者被告人提出申请。行使指定权的人民法院必须是拟被指定管辖的人民法院的上级人民法院。有权指定管辖的上级人民法院应当在充分考虑有利于司法公正和诉讼效率的相关因素，并听取辩护律师的意见后作出决定，但不应把侦查管辖作为指定审判管辖的决定性因素。无论是侦查管辖，还是审判管辖，指定管辖的决定只能由侦查、审判机关作出，其内设机构不是作出决定的合法主体。[2]至于指定管辖的方式，指定侦查管辖和指定审判管辖，均可以采取“决定”的方式。

最后，赋予当事人申请变更管辖和管辖异议的权利，并完善管辖错误的救济和处置程序。所谓申请变更管辖的权利，是指当事人认为正在办理案件的侦查机关和法院不能公正地处理案件时，可以申请其上级侦查机关或者上级法院另行指定管辖。所谓管辖异议权，是指侦查机关或者法院行使管辖权不合法或者不正当时，可以向正在办案的侦查机关和法院提出异议，要求其将案件移送其他机关管辖。[3]对于上级人民法院指定管辖的决定，当事人不服的，也可以申请复议一次，由行使指定管辖权的人民法院认真听取申请人及其辩护人或者诉讼代理人的意见后书面答复申请人。但是，基于诉讼效率的考虑，对于审判地域管辖的异

---

〔1〕 参见龙宗智：“刑事诉讼指定管辖制度之完善”，载《法学研究》2012年第4期，第186页。

〔2〕 参见龙宗智：“刑事诉讼指定管辖制度之完善”，载《法学研究》2012年第4期，第186页。

〔3〕 2012年《最高法解释》第184条已经要求人民法院在审前会议上就“是否对案件管辖有异议”向控辩双方了解情况，听取意见。

议，只能在开庭审理以前提出，过期提出的视为无效。[1]在开庭审理以前，人民法院经审查发现人民检察院提起公诉或者自诉案件不属于自己管辖的，应当裁定不予受理或者驳回自诉。如果被告人认为审判法院没有管辖权，并且受到有罪宣告的，应当有权提出上诉。第二审人民法院发现第一审法院没有管辖权时，应当以审判程序违法为由裁定撤销原判，发回重审，由第一审法院按照审判管辖的规定裁定不予受理或者驳回自诉。对于法院裁定不予受理的公诉案件，人民检察院应当依照审判管辖的规定将案件移送有管辖权的人民法院的同级人民检察院，由该院重新提起公诉；对于人民法院以没有管辖权为由驳回自诉的案件，自诉人可以向有管辖权的人民法院重新起诉。

（三）加强对监察机关刑事管辖权的法律约束

随着监察体制改革的深入推进，由监察机关作为反腐败专责机关的体制已经得到2018年修正后的《宪法》以及新制定的《监察法》的确认。但是，监察机关作为88种刑事案件的调查机关，其管辖权同样应当受到法律的严格限制，不能无限扩张。马克思早就指出，“实体法却具有本身特有的必要的诉讼形式……诉讼和法二者之间的联系如此密切，就像植物外形和植物本身的联系，动物外形和动物血肉的联系一样。使诉讼和法律获得生命的应该是同一种精神，因为诉讼只不过是法律的生命形式，因而也是法律的内部生命的表现。如果形式不是内容的形式，那么它就没有任何价值了”。[2]可见，有什么样的实体法就应该有什么样的程序法与之相配套。监察机关调查职务犯罪，首先要使用刑法对被调查对象的行为是否构成犯罪作出判断，当认为被调查对象的行为构成职务犯罪，则需要进行调查。监察机关的调查活动本质上是一种侦查行为，因为监察机关依法收集的物证、书证、证人证言、被调查人供述和辩解、视听资料、电子数据等证据材料，在刑事诉讼中可以作为证据使用。[3]监察机关的留置权限远远大于公安机关在侦查过程中的拘留权。[4]监察机关调查终结以后认为需要追究刑事责任的，依法移送人民检察院审查起诉，如果人民检察院审查后决定不起诉的，还要经过上一级人民检察院批准。监察机关认为不起诉的决定有错误的，可以向上一级人民

---

〔1〕《日本刑事诉讼法》第331条规定：“如果没有被告人的申请，法院不得就地区管辖作出管辖错误的宣告。管辖错误的申请，在被告案件已经开始调查证据后，不得提出。”这一规定值得我国借鉴。

〔2〕马克思：“关于林木盗窃法的辩论”，载《马克思恩格斯全集》（第1卷），人民出版社1995年版，第287-288页。

〔3〕参见《监察法》第33条。

〔4〕根据《监察法》第43条和第44条规定，监察机关可以采取留置措施，完全剥夺被调查的人身自由。留置时间可以达到6个月。如果被调查人最终被判处刑罚的，留置时间还可以折抵刑期。公安机关的刑事拘留即使加上检察机关审查逮捕的时间，一般也不得超过14日，最长不得超过37日。

检察院提请复议。[1]在司法实践中，监察机关依据《监察法》第32条提出的从宽处罚的建议，对人民检察院提出量刑建议以及人民法院最终的判决都有重要的影响。因此，从平等适用法律和司法公正的内在要求角度来看，监察机关的调查管辖权本应直接受到《刑事诉讼法》的调整，以便于统一考虑被调查人的诉讼权利保护以及律师参与等一系列程序问题。

在现有监察体制下，应当增加对监察机关管辖权的有效约束措施。第一，参照2012年《六机关规定》第1条的精神修改《监察法》第34条的规定，对监察机关、检察机关和公安机关互涉的案件作出协调一致的规定，即如果被调查人既涉嫌职务犯罪，又涉嫌其他犯罪的，由对涉嫌的主罪有管辖权的机关并案侦查或调查。第二，根据宪法关于“人民检察院是国家的法律监督机关”的规定，在《监察法》中增加规定：“监察机关留置被调查人的决定以及随后进行的调查活动是否合法，人民检察院有权进行监督。”第三，为了保证人民检察院依法独立公正行使检察权，在《刑事诉讼法》关于检察机关职能管辖的条款中，应当明确检察机关管辖权的刚性要求，将“可以”由人民检察院管辖，改为“应当”由人民检察院管辖。人民检察院与同级监察机关对案件管辖发生争议的，由最高人民检察院听取国家监察委员会的意见后指定管辖。被调查人对监察机关的管辖有权提出异议，也有权申请监察机关将案件移送有管辖权的机关管辖。

（四）完善刑事案件的专门管辖制度

首先，应当严格控制专门法院的设置。2018年《人民法院组织法》第3条规定：“人民法院依照宪法、法律和全国人民代表大会常务委员会的决定设置。”第15条规定：“专门人民法院的设置、组织、职权和法官任免，由全国人民代表大会常务委员会规定。”这是2018年修订《人民法院组织法》时新增的规定，应当严格贯彻落实。考虑到未成年人刑事案件数量较多，对审判人员的素质要求较高，应当尽快在未成年人案件集中的地区设立专门的未成年人法院。

其次，适当扩大专门法院的刑事管辖权，以提高专业性强的刑事案件的审判水平。目前知识产权法院、金融法院等没有刑事案件管辖权，海事法院除宁波海事法院外，也没有刑事管辖权。可以考虑经全国人大常委会批准后先行试点，在总结试点经验的基础上通过立法作出规范。

再次，对于需要集中审理又不宜设立专门法院的案件，应当在《人民法院组织法》中作出关于集中管辖的授权性规定，然后由最高人民法院根据各地具体情况批准集中管辖的具体法院。被批准集中管辖特定类型案件的法院，应当设置专门的审判庭审理这些案件，如未成年人案件审判庭，环境保护类案件审判庭等。

---

[1] 参见《监察法》第45条和第47条。

最高人民法院通过政策文件进行类案指定以实现集中管辖的做法，不宜延续。

最后，对跨行政区划法院的管辖问题，不应当由各地高级人民法院自行决定，而应当由全国人大常委会在批准设置跨行政区划法院的决定中对管辖权限、司法行政管理等作出明确规定。随着具体情况的变化需要调整管辖范围的，应当由最高人民法院提出修改建议，报全国人大常委会批准。

（撰稿人：纪虎、孙长永）

第二章 刑事辩护制度

目　次

早在1883年，奥地利诉讼法学家格拉泽就在其《刑事诉讼手册》一书中提出："可以说，刑事诉讼的历史就是辩护的历史。"[1]日本法学家团藤重光基于日本法的历史经验也指出："刑事诉讼法的历史，可以说就是辩护制度扩充的历史。"[2]美国学者在考察了英美刑事诉讼中律师帮助权的历史源流之后也认为，"律师帮助权的历史就是其不断发展和壮大的历史"。[3]可见，作为刑事诉讼制度的重要组成部分，辩护制度随着刑事诉讼制度的发展进步而不断发展壮大，这是各国辩护制度发展的普遍规律。中国也不例外。自改革开放以来，我国刑事诉讼制度历经多次立法修改和多轮司法改革取得了重大进步，刑事辩护制度也取得了重大的发展。

自1979年《刑事诉讼法》实施至今，我国辩护制度的发展已经有四十年的历史。根据《刑事诉讼法》的修正情况和司法改革的进度，可以将我国刑事辩护制度四十年来的发展演变划分为四个阶段，即刑事辩护制度的恢复重建期、刑事辩护制度的改革发展期、刑事辩护制度的重大发展期和刑事辩护制度的深化改革期。本文拟对不同发展阶段的基本情况加以概括性回顾，然后对辩护制度四十年的发展成就、进一步发展面临的主要矛盾和现实问题加以总结分析，最后对辩护制度的发展前景予以展望。

一、刑事辩护制度的恢复重建期

新中国的辩护制度初创于20世纪50年代，但由于政治运动的影响很快就销声匿迹了，刚刚执业不久、为数不多的律师中不少人都被打成了"右派"。1979年7月1日，五届全国人大二次会议通过了包括《刑事诉讼法》在内的七部法律，开启了改革开放以后"发展社会主义民主、健全社会主义法制"的新篇章。1979年《刑事诉讼法》在基本原则部分第8条规定："被告人有权获得辩护，人民法院有义务保证被告人获得辩护。"与这一基本原则相呼应，《刑事诉讼法》在总则部分设置了"辩护与代理"专章，对辩护人的权利和义务等作了一系列规定。这标志着刑事辩护制度以立法的形式得到恢复和重建。与此同时，一些获得平反的律师逐渐回到律师工作岗位。1979年9月，国家司法部重建，承担了《律师暂行条例》的起草工作，并开始在各地组建律师队伍和机构。1980年8月

---

[1] *Julius Glaser*, Handbuch Des Strafprozesses, *Leipzig*: *Duncker & Humblot*, 1883 & 1885, p. 223. 转引自［瑞士］萨拉·J. 萨默斯：《公正审判》，朱奎彬、谢进杰译，中国政法大学出版社2012年版，第87页。

[2] ［日］团藤重光：《新刑事诉讼法纲要》，创文社1967年七订版，第115页。

[3] ［美］詹姆斯·J. 汤姆科维兹：《美国宪法上的律师帮助权》，李伟译，中国政法大学出版社2016年版，第2页。

26日，第五届全国人大常委会第十五次会议审议并通过了《律师暂行条例》。该条例是当代中国第一部有关律师制度的“基本法”，规定了律师的性质、任务、职责和权利、资格条件及工作机构。[1]1980年11月20日，最高人民法院特别法庭开始审判林彪、江青反革命集团案，并通过中央电视台向全国、全世界播报有关情况，多名律师受被告人委托或法庭指派参加了审判活动，这一事实向国人和全世界正式宣告了我国律师制度的恢复。[2]为保障律师顺利履职，最高人民法院、最高人民检察院、公安部和司法部于1981年4月27日联合发布了《关于律师参加诉讼的几项具体规定的联合通知》，就律师阅卷、会见在押被告人、诉讼文书的送达等具体问题进一步作出明确的规定。自此，刑事辩护制度的基本框架得以初步确立。

（一）律师法律定位的国家化

1980年《律师暂行条例》第1条规定：“律师是国家的法律工作者，其任务是对国家机关、企业事业单位、社会团体、人民公社和公民提供法律帮助，以维护法律的正确实施，维护国家、集体的利益和公民的合法权益。”由此可知，律师的身份定位是国家法律工作者，其同公诉人一样，工作性质是执行公务活动，律师业务活动的原则是“以事实为根据，以法律为准绳，忠实于社会主义事业和人民的利益”。[3]这种律师定位被认为是区别我国社会主义律师与资本主义国家律师的重要标志。[4]

（二）刑事辩护权的主要内容

在恢复重建时期，我国刑事辩护制度的主要内容包括：

第一，委托辩护人的范围。包括律师、人民团体或者被告人所在单位推荐的，或者经人民法院许可的公民、被告人的近亲属、监护人。

第二，指定辩护的范围。1979年《刑事诉讼法》第27条规定：“公诉人出庭公诉的案件，被告人没有委托辩护人的，人民法院可以为他指定辩护人。被告人是聋、哑或者未成年人而没有委托辩护人的，人民法院应当为他指定辩护人。”因此，指定辩护的对象主要包括聋、哑被告人或者未成年人。

第三，辩护人的职责。辩护人的责任是根据事实和法律，提出证明被告人无罪、罪轻或者减轻、免除其刑事责任的材料和意见，维护被告人的合法权益。

---

〔1〕张志铭：“回眸和展望：百年中国律师的发展轨迹”，载《国家检察官学院学报》2013年第1期，第129页。

〔2〕马克昌主编：《特别辩护：为林彪、江青反革命集团案主犯辩护纪实》，中国长安出版社2007年版，第304页。

〔3〕李运昌：“关于《中华人民共和国律师暂行条例》的几点说明”，载茅彭年、李必达主编：《中国律师制度研究资料汇编》，法律出版社1992年版，第6页。

〔4〕陈光中：“中国刑事诉讼法学四十年（上）”，载《政法论坛》1989年第4期，第12页。

第四，辩护人介入刑事诉讼的时间。1979 年《刑事诉讼法》第 110 条第 2 项规定：“人民法院决定开庭审判后，应当将人民检察院的起诉书副本至迟在开庭 7 日以前送达被告人，并且告知被告人可以委托辩护人，或者在必要时为被告人指定辩护人。”因此，辩护律师介入刑事诉讼的时间是开庭前 7 日。

第五，辩护人的权利。辩护律师可以查阅本案材料，了解案情，可以同在押的被告人会见和通信；其他的辩护人经过人民法院许可，也可以了解案情，同在押的被告人会见和通信。最高人民法院、最高人民检察院、公安部和司法部于 1981 年 4 月 27 日发布的《关于律师参加诉讼的几项具体规定的联合通知》就查阅案卷的问题规定：“律师担任刑事案件的辩护人、代理人或民事案件的代理人，可以到法院查阅所承办的本案材料，了解案情。但审判委员会和合议庭的记录以及事关他案的线索材料，不应查阅；律师阅卷，法院应当给予必要的方便，并提供律师阅卷处所；律师阅卷可以摘录。摘录的材料存入法律顾问处的档卷；律师对于阅卷中接触到的国家机密和个人隐私，应当严格保守秘密。”关于“会见在押被告人”，上述通知规定：“担任刑事案件辩护人的律师，可以凭法律顾问处的工作证以及有固定格式的专用介绍信，在看守所或其他监管场所会见被告人。每次会见，律师去一人或二人，由法律顾问处决定。其他辩护人须经法院许可，并持有法院专用介绍信，才能会见在押被告人；律师和法院许可的其他辩护人会见在押被告人，看管场所应当给予方便，指定适当的会见房间。对于必须实行戒护的，看管人员要注意方式，尽量避免增加被告人谈话的顾虑；会见后也不要追问被告人与律师或其他辩护人谈话的内容，以免影响被告人充分行使辩护权；律师和法院许可的其他辩护人会见在押被告人时，要提高警惕，严防被告人逃跑、行凶、自杀等事件的发生。会见结束，要按看管场所规定的手续，将被告人交看管人员收监；对于看管中需要了解和注意的问题，应及时告诉看管场所。”此外，1980 年《律师暂行条例》第 7 条规定，律师参加诉讼活动，有权依照有关规定，查阅本案材料，向有关单位、个人调查。由此可知，辩护律师享有会见通信权、有限的阅卷权以及调查取证权。

第六，辩护律师的保密义务。1980 年《律师暂行条例》第 7 条规定，律师对于在业务活动中接触到的国家机密和个人隐私，有保守秘密的责任。

这些规定确立了我国辩护制度的基本框架，标志着我国辩护制度的法律化、程序化。

（三）刑事辩护的实践难题

第一，辩护律师的身份定位给律师依法履行辩护职责带来了困难。律师是国家的法律工作者，但在刑事诉讼中却为被告人提供辩护，这在 1979 年《刑事诉讼法》实施的最初几年里受到了人们的质疑。在 20 世纪 80 年代的严厉打击犯罪运动中，有观点认为，犯罪嫌疑人、被告人是“坏人”，律师是专门为该类“坏人”开脱罪责的。也有观点认为律师的刑事辩护工作与严厉打击犯罪是对立的，应停止，“这些严重刑事犯罪分子既然犯罪事实清楚、证据确凿，还有什么好辩白的，辩得不好，违反了民意，落个为坏人开脱罪责、与这场斗争唱反调的坏名声”。〔1〕有学者认为，“律师出庭为被告人辩护，不是站在被告人的立场上，而是站在国家和人民的立场上，依据事实和法律，提供有利于被告人的材料和意见”，“对被告人口供反复无常，无理抵赖，经教育仍不肯对律师讲实话，不肯悔罪的，律师则根据法律规定，可以拒绝为其辩护”。〔2〕另外，也有学者认为，律师在办理动乱中的刑事案件时“必须要有专政意识，坚持正确的辩护导向”，“必须用人民民主专政的意识来指导、支配自己的工作”，“律师为动乱中刑事案件被告人辩护时，必须紧密联系社会动乱的大环境来认识被告人行为的社会危害性，不能就事论事，脱离社会动乱的大环境来孤立地认识被告人行为的社会危害性”。〔3〕因此，在1983年开始的“严打”期间，一些“严打”案件的被告人就没有律师为之辩护。〔4〕针对这种现象，1986年3月14日国务院办公厅转发司法部《关于加强和改革律师工作的报告》，对一些错误做法提出了批评：“有些地区和部门的同志把聘请律师当顾问看成是‘自找麻烦’、‘束缚手脚’；少数负责同志和政法干部还把律师执行辩护制度说成是‘丧失立场’、‘替坏人说话’，有的甚至刁难、辱骂、捆绑和非法监禁律师。”〔5〕1986年6月26日，最高人民法院、最高人民检察院、司法部、公安部再次联合发布了《关于律师参加诉讼的几项补充规定》，对于一些侵害律师权益的行为作出有针对性的规定，其中特别规定：“法庭上的审判人员应尊重和保障律师出庭时依法履行职务的权利，不准随意责令律师退庭。”

第二，律师介入刑事诉讼的时间较晚，导致辩护质量不高。根据1979年《刑事诉讼法》的规定，人民法院至迟在开庭7日以前向被告人送达起诉书副本，并告知其可以委托辩护人，这使得被告人家属委托律师以及辩护律师准备辩护都受到严格的时间限制，有些案件甚至来不及委托律师。有学者指出：“被告人一般在开庭前7日接到起诉书副本，等到被告人通过亲属找到律师签订委托辩护合

〔1〕庄广泽：“在严厉打击刑事犯罪中律师的辩护不是可有可无”，载《法学》1983年第11期，第36页。

〔2〕方向：“驳‘律师专为坏人开脱罪责’的怪论——兼谈律师在刑事辩护中的地位和作用”，载《法学》1983年第6期，第34页。

〔3〕庄广泽、薛维石：“律师的专政意识与辩护导向”，载《政治与法律》1990年第2期，第46页。

〔4〕马克昌：“特别辩护回顾——为林彪、江青反革命集团案主犯辩护反思”，载《上海政法学院学报》2006年第6期，第12页。

〔5〕张志铭：“回眸和展望：百年中国律师的发展轨迹”，载《国家检察官学院学报》2013年第1期，第130页。

同时距开庭可能只有五六天的时间，在这期间，律师要阅卷，要会见被告人，要调查案情，准备辩护词和辩护提纲，时间上已非常紧张，如再遇上妨碍律师顺利工作的因素，时间就显得更紧张，其结果不难想象。律师开庭前的辩护工作匆忙粗糙，即使想做一番有理有力的辩护，也常常是力不从心，何况准备时间不足。办案过程中遇到的客观困难等也会使律师的积极性受挫，难免对某些案件采取应付态度。因此，律师参与诉讼过晚，无疑影响了刑事辩护质量。"〔1〕

在"严打"期间，辩护律师在"严重危害社会治安"的刑事案件中介入诉讼的时间被进一步压缩。全国人大常委会 1983 年 9 月 2 日发布的《关于迅速审判严重危害社会治安的犯罪分子的程序的决定》第 1 条规定："对杀人、强奸、抢劫、爆炸和其他严重危害公共安全应当判处死刑的犯罪分子，主要犯罪事实清楚，证据确凿，民愤极大的，应当迅速及时审判，可以不受刑事诉讼法第一百一十条规定的关于起诉书副本送达被告人期限以及各项传票、通知书送达期限的限制。"第 2 条规定："前条所列犯罪分子的上诉期限和人民检察院的抗诉期限，由刑事诉讼法第一百三十一条规定的十日改为三日。"受这一决定影响，各地政法机关根据"从重从快"的"严打"方针办理刑事案件，有的刑事案件被追诉人从被抓获、预审、批捕、起诉、一审、二审、死刑核准直至执行死刑，只用了六天时间，法定的诉讼程序"全部给冲垮了"，〔2〕律师辩护的空间几乎被挤压殆尽。

第三，政法机关在办案机制和证据标准等方面常态化地突破《刑事诉讼法》的规定，致使辩护制度形同虚设。在 1983 年开始的"严打"期间，各地不同程度地出现过公检法三机关联合办案的情形，刑事诉讼程序明确地透露出强调效率、注重打击的理念，各地普遍存在在"先定后审""先判后审"的现象。同时，在证据认定方面，主张抓大放小，不纠缠细节，刑事案件的证据只要符合"两个基本"（基本事实清楚、基本证据确实充分）的，即可定罪量刑。〔3〕实践证明，这些违背《刑事诉讼法》的相关规定、压制辩护权的做法，对于恢复重建不久的国家法制包括辩护制度造成了巨大冲击，并且制造了很多的冤假错案，严重侵害了公民的合法权益。

二、刑事辩护制度的改革发展期

1993 年，党的第十四届三中全会通过了《中共中央关于建立社会主义市场经济体制若干问题的决定》，确立了建立社会主义市场经济的总体框架，中国的

---

〔1〕 徐志杰："我国刑事辩护制度存在的问题及对策"，载《学术交流》1994 年第 5 期，第 70 页。

〔2〕 崔敏：《求真集》，中国人民公安大学出版社 2006 年版，第 276 页。

〔3〕 胡云腾："改革开放四十年刑事审判理念变迁"，载《人民法院报》2018 年 10 月 10 日，第 5 版。

改革开放进入了崭新的阶段。[1]与经济体制改革相适应，20世纪90年代，我国开启了真正意义上的司法改革，[2]这在律师辩护制度方面突出表现在以下两个方面。

（一）律师法律定位的去国家化

如前所述，我国1980年《律师暂行条例》把律师规定为“国家法律工作者”。根据这一界定，律师担任辩护人同检察人员担任公诉人一样，工作性质是执行公务活动。但随着国家改革开放的深入推进和法制的不断进步，越来越多的学者认为，律师不应是国家法律工作者，而应是社会法律工作者或自由职业者。[3]在学界的影响下，国家层面对律师身份定位的认识发生了转变。《关于建立社会主义市场经济体制若干问题的决定》指出：“发展市场中介组织，发挥其服务、沟通、公证、监督作用。当前要着重发展会计师、审计师和律师事务所，公证和仲裁机构，计量和质量检验认证机构，信息咨询机构，资产和资信评估机构等。”律师机构被视为民间性、社会性的法律服务机构，而不是国家行政机关的组成部分。律师是面向社会、面向市场，以自己的知识提供服务的社会法律工作者。[4]对于此种身份转变，国家司法行政机关的负责人指出：“在建立社会主义市场经济体制的形势下，不能再使用生产资料所有制模式来划分律师事务所的性质，不能再使用行政级别的概念界定律师的属性。用生产资料所有制模式和行政管理模式界定律师和律师机构的性质是计划经济体制特定历史条件的产物。实际上，律师事务所不同于企业，不是生产单位，而是法律服务部门，其本身不存在所有制形式问题；律师不是国家行政官员，而是运用自己掌握的法律知识，面向社会为当事人提供法律服务的专业人员，也不存在行政级别问题。”[5]可以说，20世纪80年代以后，“国家运用政策和法律手段将律师业从权力结构中分离出来，并推向社会，推入市场中去，让律师业自己发展”。[6]

根据社会主义市场经济条件下律师业务的实际变化和发展趋势，1997年施行的《律师法》第2条规定：“律师是指依法取得律师执业证书，为社会提供法律服务的执业人员。”从这个定义看，律师的身份定位由“国家的法律工作者”

---

〔1〕张耕：“在改革中发展和完善的中国律师制度”，载《中央政法管理干部学院学报》1994年第4期，第1页。

〔2〕陈卫东：“改革30年中国司法之回顾与前瞻”，载《人民司法》2009年第1期，第45页。

〔3〕陈光中：“中国刑事诉讼法学四十年（上）”，载《政法论坛》1989年第4期，第12页；王申：“市场经济条件下律师制度改革与完善的思索”，载《法学》1995年第11期，第11页。

〔4〕王申：“市场经济条件下律师制度改革与完善的思索”，载《法学》1995年第11期，第11页。

〔5〕张耕：“在改革中发展和完善的中国律师制度”，载《中央政法管理干部学院学报》1994年第4期，第2页。

〔6〕肖建国：“法治化进程中的我国律师制度——读章武生教授新作《中国律师制度研究》”，载《司法改革论评》2002年第1期，第260页。

转变为“社会的法律工作者”。

（二）刑事辩护权的扩充与限制

我国1982年《宪法》第125条规定：“被告人有权获得辩护。”为落实《宪法》的这一规定，适应社会主义市场经济条件下权利保护的现实需要，1996年《刑事诉讼法》在总结既往经验的基础上，对被告人的辩护权及其保障机制进行了更加具体、全面的规定。《人民法院五年改革纲要（1999—2003）》明确规定：“依法保证被告人有权获得辩护。”从此，保障刑事被告人辩护权的改革正式拉开帷幕。在20世纪90年代开始的刑事诉讼改革过程中，要求扩大辩护律师参与范围、主张律师提前介入审判前阶段的声音不断高涨，成为主导立法决策的重要推动力量。[1]因此，1996年修改《刑事诉讼法》时强调打击犯罪和保障人权的结合，将“加强对犯罪嫌疑人、被告人合法权益的保障，提高犯罪嫌疑人、被告人在刑事诉讼中的地位”作为改革目标之一，并在具体的制度和程序上加强了对被追诉人的权利保障。[2]由于改革力度大，刑事辩护制度被称为1996年修法的四大突破或四大亮点之一。[3]为了保障律师的权利，1998年《六机关规定》对律师参加刑事诉讼若干问题作了规定。除此之外，1997年最高人民法院、司法部联合发布的《关于刑事法律援助工作的联合通知》，1997年最高人民法院作出的《关于第二审人民法院审理死刑上诉案件被告人没有委托辩护人的是否应为其指定辩护人问题的批复》，最高人民检察院、司法部于2000年4月发布的《关于在刑事诉讼活动中开展法律援助工作的联合通知》，2001年最高人民法院发布的《关于审理未成年人刑事案件的若干规定》，2003年最高人民法院发布的《关于落实23项司法为民具体措施的指导意见》等规范性文件，均对刑事辩护的相关问题作了具体规定。概括而言，1996年修改《刑事诉讼法》对刑事辩护制度的发展主要有以下四个方面。

第一，扩大指定辩护的范围，首次确立法律援助制度。1996年《刑事诉讼法》以有效地保障被告人辩护权的实现为出发点，根据司法实践的实际需要，规定了人民法院指定辩护的三种情况：一是公诉人出庭公诉的案件，被告人因经济困难或者其他原因没有委托辩护人的，人民法院可以指定承担法律援助义务的律师为其提供辩护；二是被告人是盲、聋、哑或者未成年人而没有委托辩护人的，人民法院应当指定承担法律援助义务的律师为其提供辩护；三是被告人可能被判

---

〔1〕陈瑞华：“法律职业共同体形成了吗（上）——以辩护律师调查权问题为切入的分析”，载《中国司法》2008年第2期，第23页。

〔2〕陈光中主编：《刑事诉讼法实施问题研究》，中国法制出版社2000年版，代序言第1页。

〔3〕1996年《刑事诉讼法》修改时的四大突破或四大亮点是，废除了收容审查，取消了免予起诉，加强了辩护制度，改革了庭审模式。参见崔敏：《中国刑事诉讼法的新发展》，中国人民公安大学出版社1996年版，第15-16页。

处死刑而没有委托辩护人的，人民法院应当指定承担法律援助义务的律师为其提供辩护。[1]这是立法上首次明确确立律师法律援助制度。[2]此外，除了法律援助的对象范围扩大以外，法律援助的阶段也得以扩大适用于二审阶段。1997年11月6日最高人民法院审判委员会第943次会议通过的《关于第二审人民法院审理死刑上诉案件被告人没有委托辩护人的是否应为其指定辩护人问题的批复》指出："刑事诉讼法第三十四条第三款关于被告人可能被判处死刑而没有委托辩护人的，人民法院应当指定承担法律援助义务的律师为其提供辩护的规定，也应当适用于第二审死刑案件。即第一审人民法院已判处死刑的被告人提出上诉而没有委托辩护人的，第二审人民法院应当为其指定辩护人。"[3]

第二，允许律师自侦查阶段介入刑事诉讼，自审查起诉阶段接受委托或指定担任辩护人。1996年《刑事诉讼法》将律师介入刑事诉讼的时间，从过去的开庭审判前7天提前到"犯罪嫌疑人被侦查机关第一次讯问后或者采取强制措施之日起"。1996年《刑事诉讼法》第33条规定："公诉案件自案件移送审查起诉之日起，犯罪嫌疑人有权委托辩护人。自诉案件的被告人有权随时委托辩护人。人民检察院自收到移送审查起诉的案件材料之日起三日以内，应当告知犯罪嫌疑人有权委托辩护人。人民法院自受理自诉案件之日起三日以内，应当告知被告人有权委托辩护人。"第96条规定："犯罪嫌疑人在被侦查机关第一次讯问后或者采取强制措施之日起，可以聘请律师为其提供法律咨询、代理申诉、控告。"由此可知，在侦查阶段律师即可介入刑事诉讼。只不过，由于修改立法时各方面对于律师参加侦查程序的作用认识上存在分歧，1996年《刑事诉讼法》没有规定律师在侦查阶段享有"辩护人"身份，律师以"辩护律师"的身份参加刑事诉讼，始于审查起诉阶段。

与律师介入时间提前至侦查阶段一样，根据1996年《刑事诉讼法》第96条的规定，在侦查阶段，律师"有权向侦查机关了解犯罪嫌疑人涉嫌的罪名，可以会见在押的犯罪嫌疑人，向犯罪嫌疑人了解有关案件情况。律师会见在押的犯罪嫌疑人，侦查机关根据案件情况和需要可以派员在场。涉及国家秘密的案件，律师会见在押的犯罪嫌疑人，应当经侦查机关批准"。1998年《六机关规定》第11条规定："刑事诉讼法第九十六条规定，涉及国家秘密的案件，律师会见在押的犯罪嫌疑人，应当经侦查机关批准。对于不涉及国家秘密的案件，律师会见犯罪嫌疑人不需要经过批准。不能以侦查过程需要保密作为涉及国家秘密的案件不

[1] 肖胜喜："新刑诉法对辩护制度的重大发展"，载《中外法学》1996年第3期，第34页。

[2] 程荣斌、甄贞、邓思清："1996年刑事诉讼法学研究的回顾与展望"，载《法学家》1997年第1期，第71页。

[3] 陈光中："我国刑事辩护制度的改革"，载《中国司法》2014年第1期，第27页。

予批准。律师提出会见犯罪嫌疑人的，应当在四十八小时内安排会见，对于组织、领导、参加黑社会性质组织罪，组织、领导、参加恐怖活动组织罪或者走私犯罪、毒品犯罪、贪污贿赂犯罪等重大复杂的两人以上的共同犯罪案件，律师提出会见犯罪嫌疑人的，应当在五日内安排会见。”

针对实践中侦查机关常以“案件涉及国家秘密”为由拒绝律师会见的现象，1998 年《六机关规定》第 9 条特别规定：“‘涉及国家秘密的案件’，是指案情或者案件性质涉及国家秘密的案件，不能因刑事案件侦查过程中的有关材料和处理意见需保守秘密而作为涉及国家秘密的案件。”针对律师会见时派员在场问题，1998 年《六机关规定》第 12 条规定：“刑事诉讼法第九十六条规定，在侦查阶段，律师会见在押的犯罪嫌疑人，侦查机关根据案件情况和需要可以派员在场。审查起诉阶段和审判阶段，案件已经侦查终结，辩护律师和其他辩护人会见在押的犯罪嫌疑人、被告人时，人民检察院、人民法院不派员在场。”

第三，明确规定了律师在刑事诉讼中的调查取证权。为了满足辩护实践中调查取证的需要，同时兼顾侦查取证、被害人利益保护等需要，1996 年《刑事诉讼法》第 37 条规定：“辩护律师经证人或者其他有关单位和个人同意，可以向他们收集与本案有关的材料，也可以申请人民检察院、人民法院收集、调取证据，或者申请人民法院通知证人出庭作证。辩护律师经人民检察院或者人民法院许可，并且经被害人或者其近亲属、被害人提供的证人同意，可以向他们收集与本案有关的材料。”考虑到辩护律师自审查起诉阶段起才能接受委托介入刑事诉讼，辩护律师根据本条规定调查取证只能在审查起诉和审判阶段进行。

第四，在刑事诉讼的基本原则、证据标准、庭审结构方面作出了有利于被告人及其律师行使辩护权的规定。例如，1996 年《刑事诉讼法》第 12 条规定：“未经人民法院依法判决，对任何人都不得确定有罪。”与此相应地，第 140 条规定，人民检察院在审查起诉阶段对于经过公安机关或者自行补充侦查的案件，如果仍然认为证据不足，不符合起诉条件的，“可以作出不起诉的决定”；第 162 条规定，人民法院经依法开庭审理以后，认为人民检察院的犯罪指控“证据不足，不能认定被告人有罪的，应当作出证据不足、指控的犯罪不能成立的无罪判决”。法律将刑事案件的庭审结构从传统的“超职权主义”模式改为“控辩对抗”模式，也为辩护律师依法履行辩护职责拓展了空间。

应当指出的是，1996 年《刑事诉讼法》不仅大大扩充了辩护权，也在一定程度上对辩护权进行了限制。例如，1996 年《刑事诉讼法》第 36 条规定：“辩护律师自人民检察院对案件审查起诉之日起，可以查阅、摘抄、复制本案的诉讼文书、技术性鉴定材料，可以同在押的犯罪嫌疑人会见和通信。其他辩护人经人民检察院许可，也可以查阅、摘抄、复制上述材料，同在押的犯罪嫌疑人会见和通信。辩护律师自人民法院受理案件之日起，可以查阅、摘抄、复制本案所指控的犯罪事实的材料，可以同在押的被告人会见和通信。其他辩护人经人民法院许可，也可以查阅、摘抄、复制上述材料，同在押的被告人会见和通信。”这一规定对辩护律师在审查起诉阶段和审判阶段的阅卷范围进行了区分，有意限制了辩护律师在审查起诉阶段的阅卷范围，这反映了立法机关将律师辩护从审判阶段延伸到审查起诉阶段以后对检察机关的“特别关照”和对律师辩护的“戒心”。此外，1996年《刑事诉讼法》第38条规定：“辩护律师和其他辩护人，不得帮助犯罪嫌疑人、被告人隐匿、毁灭、伪造证据或者串供，不得威胁、引诱证人改变证言或者作伪证以及进行其他干扰司法机关诉讼活动的行为。违反前款规定的，应当依法追究法律责任。”这一规定在立法技术上专门针对“辩护人”设定了义务，其中所谓“引诱证人改变证言”的模糊性表述极易被滥用，一定程度上体现了立法机关对律师职业这个群体的“不信任”。

（三）刑事辩护的实践难题

1996年修改的《刑事诉讼法》允许律师介入侦查并享有一定的诉讼权利，是我国刑事诉讼制度改革的一大进步。但是，仍有诸多不足之处，例如，有诸多律师认为，1996年《刑事诉讼法》在律师的阅卷权、调查取证权上是一个倒退。[1]也有学者指出，1996年修改《刑事诉讼法》在辩护问题上呈现出“进一步，退两步”的现象。[2]即，《刑事诉讼法》的修改表面上看是加强了辩护职能，但是实际上律师的辩护工作变得更加困难。[3]这种立法的不足导致律师的刑事辩护实践遇阻。在司法实践中，律师界普遍认为，律师在辩护活动中存在着“会见难”“阅卷难”“调查取证难”三大困难。[4]此外，有的律师认为还有“取保难”和“维权难”两大问题。前者是指律师为犯罪嫌疑人申请取保候审的成功率低，后者则是指律师受到公安机关、检察机关职业报复或者依据《刑法》第306条被追究刑事责任的情形。[5]2000年12月27日《全国人大常委会执法检查组关于检查〈中华人民共和国刑事诉讼法〉实施情况的报告》[6]也指出，1996年《刑事诉讼法》在实施过程中，律师依法履行职务方面仍存在障碍，可以归纳为“三难”：一是在侦查阶段会见犯罪嫌疑人难，律师会见受到限制较

---

〔1〕孙业群：“做一个刑辩律师究竟有多难——律师参与刑事诉讼活动有关问题的思考”，载《中国律师》2003年第4期，第67页。

〔2〕熊秋红：“刑事辩护的规范体系及其运行环境”，载《政法论坛》2012年第5期，第55页。

〔3〕陈光中主编：《刑事诉讼法实施问题研究》，中国法制出版社2000年版，第25页。

〔4〕孙业群：“做一个刑辩律师究竟有多难——律师参与刑事诉讼活动有关问题的思考”，载《中国律师》2003年第4期，第67页。

〔5〕田文昌、周汉基：“刑事诉讼：律师为你而困惑”，载《中国律师》2000年第11期，第39页、第41页。

〔6〕参见全国人大网，http://www.npc.gov.cn，最后访问日期：2020年2月27日。

多。二是阅卷难，留给律师查阅、摘抄、复制案件诉讼文本和技术性鉴定材料及所指控的犯罪事实材料的时间较短，而且有的只提供一部分材料。三是复核取证难。这被称为“旧三难”。

第一，会见难。1996年《刑事诉讼法》第96条第2款规定：“律师会见在押的犯罪嫌疑人，侦查机关根据案件情况和需要可以派员在场。涉及国家秘密的案件，律师会见在押的犯罪嫌疑人，应当经侦查机关批准。”在司法实践中，律师会见在押犯罪嫌疑人遇到了很大的困难，例如，律师会见非涉密案件的犯罪嫌疑人，几乎都要经过批准或者变相批准；有的侦查机关对本来不属于“涉及国家秘密的案件”却以涉密为由拒绝律师会见；有的不能及时安排律师会见在押犯罪嫌疑人，或者限定会见的时间和次数；有的对律师会见的谈话内容或记录进行限制，如不允许谈案情、禁止记录谈话内容等；律师会见在押犯罪嫌疑人时，侦查机关普遍派员到场，等等。[1]

第二，阅卷难。根据1996年《刑事诉讼法》第150条的规定，检察机关对提起公诉的案件，不再随案移送全部案卷材料，而只需移送“证据目录、证人名单和主要证据复印件或者照片”，至于哪些是“主要证据”，又由公诉机关自行决定。这一规定与第36条结合在一起，使得律师不仅在审查起诉阶段难以查阅案件的全部证据材料，而且在审判阶段也只能看到“证据目录、证人名单和主要证据复印件或照片”，辩护律师“阅卷难”由此产生。最高人民检察院1997年发布的《人民检察院实施〈中华人民共和国刑事诉讼法〉规则（试行）》第281条规定：“辩护律师或者经过许可的其他辩护人查阅、摘抄和复制本案的诉讼文书、技术性鉴定材料，应当向审查起诉部门设置的文书室提出书面申请，文书室应当要求提出申请的辩护律师或者其他辩护人提供表明自己身份和诉讼委托关系的证明材料。文书室接受申请后应当向办案人员借调本案的诉讼文书、技术性鉴定材料；不能当日办理的，应当向申请人说明理由，并在三日内择定办理日期，告知申请人。查阅、摘抄和复制本案的诉讼文书、技术性鉴定材料应当在文书室内进行。”但是在司法实践中，“辩护律师提出申请后，几乎没有当日给予办理的，甚至3日内也不予办理。其次，文书室人员答复先要经过有关人员批准后才能办理，等待‘批准’后，往往又以经办人太‘忙’，或者卷宗材料尚未整理好，或者复印设备需要修理等原因拖延办理时间。由于不准到市面上复印，一些检察机关又以高于市价数倍收取‘工本费’，全国统一收费标准至今未见颁布实施。以致各行其是，加重了当事人额外的经济负担”。[2]

---

〔1〕 参见陈卫东主编：《刑事诉讼法实施问题调研报告》，中国方正出版社2000年版，第223-227页。

〔2〕 李学宽：“论起诉阶段律师辩护功能”，载陈光中、江伟主编：《诉讼法论丛》（第3卷），法律出版社1999年版，第140页。

在阅卷内容上，“审查起诉部门不允许辩护律师查阅各种物证、书证、证人证言、被害人陈述，连犯罪嫌疑人的口供材料也不给查阅。辩护律师找办案人员试图进一步了解一些案情事实和证据，答复是无可奉告，或者索性不告知办案人员姓名，无人与辩护律师交谈”。[1]因此，辩护律师掌握的案件信息较少。1996年《刑事诉讼法》确立的控辩式审判方式增强了律师与控方之间的对抗性，但由于律师掌握的材料有限，难以与控方相抗衡，因而往往很难有效地作出有利于被告人的辩护。[2]

与阅卷难相关的问题是，辩护律师了解案件的进程与结果也难，例如，对于检察机关审查起诉后是否退回补充侦查、是否决定起诉或者不起诉，何时向法院移送起诉等事项，检察机关既不告知辩护人，更不寄送有关文书。[3]

第三，调查取证难。在1996年修改《刑事诉讼法》以前的司法实践中，辩护律师的调查活动在个别情况下也会出现一些问题，但并没有出现普遍的调查取证难问题。[4]1996年修改《刑事诉讼法》后，产生了普遍的调查取证难现象。1980年《律师暂行条例》第7条规定，律师参加诉讼活动，有权依照有关规定，查阅本案材料，向有关单位、个人调查。1996年《刑事诉讼法》对辩护律师调查取证权作了一定限制，即律师向有关单位和个人调查时必须取得其同意。1996年《刑事诉讼法》第37条规定：“辩护律师经证人或者其他有关单位和个人同意，可以向他们收集与本案有关的材料，也可以申请人民检察院、人民法院收集、调取证据，或者申请人民法院通知证人出庭作证。”对于前者，实践中出现一些证人或有关单位以须经证人或者其他有关单位和个人同意为由拒绝作证的情形。[5]对于后者，检察机关和法官往往不理会律师提出的收集、调取证据的申请。1999年《最高检规则》第323条规定，辩护律师申请人民检察院向被告人提供的证人，或者其他有关单位和个人收集、调取证据的，人民检察院认为需要调查取证时，可以收集、调取。因此，只有在检察院认为必要时才接受申请收集、调取证据。有律师指出，实践中有些检察机关往往以“没有必要”为由就轻易地否定辩护律师的申请。至于辩护律师向人民检察院提出申请向被害人或者

〔1〕 李学宽：“论起诉阶段律师辩护功能”，载陈光中、江伟主编：《诉讼法论丛》（第3卷），法律出版社1999年版，第141页。

〔2〕 杨可中：“关于我国律师制度改革若干问题的思考”，载《华东政法学院学报》1999年第6期，第36页。

〔3〕 李学宽：“论起诉阶段律师辩护功能”，载陈光中、江伟主编：《诉讼法论丛》（第3卷），法律出版社1999年版，第143页。

〔4〕 陈瑞华：“法律职业共同体形成了吗（上）——以辩护律师调查权问题为切入的分析”，载《中国司法》2008年第2期，第23页。

〔5〕 李学宽：“论起诉阶段律师辩护功能”，载陈光中、江伟主编：《诉讼法论丛》（第3卷），法律出版社1999年版，第142页。

其近亲属、被害人提供的证人收集与本案有关的材料，更是难乎其难。这使得许多辩护律师知难而退，极少有人向检察机关提出这种申请。[1]法律也规定辩护方可以申请法院调取新的证据，通知新的证人出庭作证，但是在实践中也很少有辩护律师运用这一权利。原因在于："第一，证人不出庭乃至不愿意为辩方作书面证言是极其普遍的现象，在没有强制出庭制度的前提下，律师去找谁呢？第二，法院对律师的申请缺乏热情，通常对此类申请不理不问。"[2]

此外，我国《刑法》在1997年修订时增设了律师伪证罪，也为律师调查取证活动带来了制度障碍。1997年10月1日修改后的《刑法》刚生效，同年11月山东临沂检察机关便依据《刑法》第306条将一律师起诉到法院。[3]据中华全国律师协会的统计，1995—2001年，地方各级律师协会上报到全国律师协会的"律师维权案件"共153起，涉及辩护律师受到刑事追诉的案件共76件。其中，辩护律师被指控伪造证据或者"唆使""引诱"违背事实改变证言或者作伪证的案件共30件。其中绝大多数律师最终被无罪释放。[4]另外，2011年夏，广西北海市以律师伪证罪一次逮捕了四位律师，律师界及学界哗然。[5]可以说，《刑法》第306条对律师执业中人身自由、安全构成了最大威胁。[6]

第四，听取律师意见难。1996年《刑事诉讼法》第139条规定："人民检察院审查案件，应当讯问犯罪嫌疑人，听取被害人和犯罪嫌疑人、被害人委托的人的意见。"1999年《最高检规则》也有相关规定。[7]但是学者的研究表明，"在司法中检察机关根本无视这一强制性的法律规定，不但不主动认真听取辩护人的辩护意见，而且还往往回避辩护人的主动求见，不愿与之交谈"，"一些检察机关对最高检的《规则》也不认真执行，他们或者不听取辩护人的意见，或者听了也不制作笔录，更少有书面通知辩护人'提出书面意见'的情形。在移送给

---

〔1〕 李学宽："论起诉阶段律师辩护功能"，载陈光中、江伟主编：《诉讼法论丛》（第3卷），法律出版社1999年版，第142页。

〔2〕 康怀宇："让我看到法律——刑辩律师的真实处境及其他"，载《第四届中国律师论坛百篇优秀论文集》，中国政法大学出版社2004年版，第530页。

〔3〕 顾永忠："我国刑事辩护制度的回顾与展望"，载《法学家》2012年第3期，第113页。

〔4〕 陈瑞华："法律职业共同体形成了吗（上）——以辩护律师调查权问题为切入的分析"，载《中国司法》2008年第2期。

〔5〕 黄秀丽："'以后再不敢代理刑事案子了'——广西四律师'妨害作证'始末"，载《南方周末》2011年6月24日，第A04版。

〔6〕 孙业群："做一个刑辩律师究竟有多难——律师参与刑事诉讼活动有关问题的思考"，载《中国律师》2003年第4期，第68页。

〔7〕 1999年《最高检规则》第251条规定，人民检察院审查案件，应当讯问犯罪嫌疑人，听取被害人和犯罪嫌疑人、被害人委托的人的意见。讯问、听取意见应由二名以上办案人员进行，并制作笔录。第252条规定，直接听取被害人和犯罪嫌疑人、被害人委托的人的意见有困难的，可以向被害人和犯罪嫌疑人、被害人委托的人发出书面通知，由其提出书面意见，在指定期限内未提出意见的，应当记明笔录。

人民法院的案卷里一般找不到听取辩护人意见的‘笔录’或‘书面意见’”。[1]

三、刑事辩护制度的重大发展期

1996年修改《刑事诉讼法》时对犯罪嫌疑人的辩护权，尤其是委托律师辩护的权利进行了充实。但是，司法实践中辩护律师的权利经常无法有效行使。律师普遍抱怨“刑事辩护有几难（如会见难、申请取保候审难、阅卷难、调查取证难等），最难莫过于侦查阶段；律师代理有风险，最大的风险源于侦查机关”。[2] 1997年以后制度环境也给刑辩律师带来了巨大的人身风险，实践中，侦查机关对刑辩律师的“敌意”最大，甚至有律师被违法拘捕或定罪判刑的情况。[3]这导致律师刑事辩护意愿下降。对于刑辩律师的这种执业环境，社会各界十分关注。[4]最终，刑事辩护难题受到中央的重视，经多方协调，在2007年10月28日，第十届全国人大常委会第三十次会议通过了关于修改《律师法》的决定。[5]修订后的《律师法》明确将律师界定为“依法取得律师执业证书，接受委托或者指定，为当事人提供法律服务的执业人员”，并且大幅度增加了律师执业权利的内容，其中关于辩护律师会见权、调查取证权、阅卷权、证言豁免权、法庭言论豁免权等规定，在保障律师辩护权方面向前迈进了一大步，被认为是通过迂回的方式修改了《刑事诉讼法》。[6]

虽然2007年《律师法》对律师的权利进行了充实，但是，由于《刑事诉讼法》尚未修改，2007年《律师法》关于律师会见权、阅卷权等权利的新规定与1996年《刑事诉讼法》明显冲突，司法实践中刑事辩护难问题并未得到有效改善。“有关部门的理由非常简单：《刑事诉讼法》作为国家基本法律还没有修改，《律师法》作为一般法律无权对《刑事诉讼法》进行修改。”[7]《刑事诉讼法》与《律师法》之间的冲突，直到2012年修改后的《刑事诉讼法》的实施，才基本被消除。[8]

2012年修改《刑事诉讼法》时，立法机关把辩护制度作为重点改革的领域，

---

〔1〕 李学宽：“论起诉阶段律师辩护功能”，载陈光中、江伟主编：《诉讼法论丛》（第3卷），法律出版社1999年版，第143页。

〔2〕 孙长永：“侦查阶段律师辩护制度立法的三大疑难问题管见”，载《法学》2008年第7期，第25页。

〔3〕 陈卫东主编：《刑事诉讼法实施问题调研报告》，中国方正出版社2001年版，第220-246页；田文昌、陈瑞华主编：《〈中华人民共和国刑事诉讼法〉再修改律师建议稿与论证》，法律出版社2007年版，第5页。

〔4〕 冉井富、周琰：“我国律师业务发展研究报告”，载《中国司法》2013年第6期，第37页。

〔5〕 顾永忠：“我国刑事辩护制度的改革与再完善”，载《人民检察》2008年第1期，第55页。

〔6〕 熊秋红：“刑事辩护的规范体系及其运行环境”，载《政法论坛》2012年第5期，第49页。

〔7〕 顾永忠：“我国刑事辩护制度的回顾与展望”，载《法学家》2012年第3期，第113页。

〔8〕 熊秋红：“刑事辩护的规范体系及其运行环境”，载《政法论坛》2012年第5期，第49页。

使我国辩护制度向民主化、科学化、法治化迈进了一步。在辩护制度的相关条文数量上，由原刑事诉讼法的10个条文增加至16个条文；在辩护制度的内容上，也基本涉及了立法上和司法实践中存在的突出问题。[1]可以说，“在2012年刑事诉讼法实施之后，律师的辩护范围和诉讼权利得到了空前的扩大”。[2]

（一）刑事辩护权的进一步扩充

第一，明确了律师在侦查阶段的辩护人地位。1996年《刑事诉讼法》第96条规定：“犯罪嫌疑人在被侦查机关第一次讯问后或者采取强制措施之日起，可以聘请律师为其提供法律咨询、代理申诉、控告。”由于该条并未明确规定律师在侦查阶段的诉讼地位，因此关于律师在侦查阶段的诉讼地位在学界引起广泛争论，主要有“受犯罪嫌疑人委托的律师”“犯罪嫌疑人的法律顾问”“法律帮助人”以及“辩护人”几种观点。[3]例如，有学者认为1996年修改《刑事诉讼法》时把律师在审判阶段才可以介入诉讼修改为律师从“犯罪嫌疑人在被侦查机关第一次讯问后或者采取强制措施之日起”就可以介入，但侦查阶段的律师不是“辩护人”，在理论上被称为“为犯罪嫌疑人提供法律帮助的律师”。[4]不过，也有学者认为，从律师协助被追诉人行使辩护职能的性质来看，律师在刑事诉讼中的身份只可能是辩护人。[5]针对这种争论，2012年修改后的《刑事诉讼法》明确了律师在侦查程序中的辩护人身份。该法第33条第1款规定：“犯罪嫌疑人自被侦查机关第一次讯问或者采取强制措施之日起，有权委托辩护人；在侦查期间，只能委托律师作为辩护人。被告人有权随时委托辩护人。”

第二，扩大了刑事法律援助的范围。刑事法律援助的时间从审判阶段往前延伸到侦查和审查起诉阶段，刑事法律援助的重刑案件从“可能判处死刑”的案件扩展到“可能判处无期徒刑以上刑罚”的案件，刑事法律援助的对象纳入了“尚未完全丧失辨认或者控制自己行为能力的精神病人”。可以说，2012年《刑事诉讼法》从横向（援助对象）和纵向（援助阶段）两方面扩大了刑事法律援助覆盖面。[6]另外，法律援助的律师由法院指定改为由公安司法机关通知法律援助机构，再由法律援助机构指派律师；由于经济困难或者其他原因而没有委托

---

〔1〕陈光中：“我国刑事辩护制度的改革”，载《中国司法》2014年第1期，第24页。

〔2〕陈瑞华：“刑事诉讼中的有效辩护问题”，载《苏州大学学报（哲学社会科学版）》2014年第5期，第101页。

〔3〕徐静村：“律师辩护有待解决的几个问题”，载陈光中、江伟主编：《诉讼法论丛》（第1卷），法律出版社1998年版，第109-111页。

〔4〕顾永忠：“我国刑事辩护制度的重要发展、进步与实施——以新《刑事诉讼法》为背景的考察分析”，载《法学杂志》2012年第6期，第60页。

〔5〕熊秋红：“刑事辩护的规范体系及其运行环境”，载《政法论坛》2012年第5期，第52页。

〔6〕左卫民：“都会区刑事法律援助：关于试点的实证研究与改革建言”，载《法学评论》2014年第6期，第169页。

辩护人的犯罪嫌疑人、被告人及其近亲属也可以申请法律援助机构指派律师。

第三，扩充了辩护内容。1996年《刑事诉讼法》第35条规定："辩护人的责任是根据事实和法律，提出证明犯罪嫌疑人、被告人无罪、罪轻或者减轻、免除其刑事责任的材料和意见，维护犯罪嫌疑人、被告人的合法权益。"2012年修改后的《刑事诉讼法》第35条规定："辩护人的责任是根据事实和法律，提出犯罪嫌疑人、被告人无罪、罪轻或者减轻、免除其刑事责任的材料和意见，维护犯罪嫌疑人、被告人的诉讼权利和其他合法权益。"首先，去掉了"提出证明犯罪嫌疑人、被告人无罪、罪轻或者减轻、免除其刑事责任的材料和意见"中的"证明"二字，避免实践中司法人员将"证明"二字误解为辩护人应当承担被追诉人无罪或者罪轻的证明责任；[1]其次，增加了"诉讼权利和其他"合法权益的表述，将"程序性辩护"纳入其中，强调了对辩护人的辩护应作广义理解，不仅包括实体性辩护，也包括程序性辩护。[2]

第四，完善了律师的会见权。2012年《刑事诉讼法》关于刑事辩护制度的诸多规定吸收了2007年《律师法》的规定，其中规定律师凭"三证"（律师执业证书、律师事务所证明和委托书或者法律援助公函）即可会见在押犯罪嫌疑人，解决"会见难"问题。律师会见在押犯罪嫌疑人、被告人时不被监听，保障律师与被追诉人的秘密交流。此外，为了加强会见交流的实质意义，2012年《刑事诉讼法》第37条规定，自案件移送审查起诉之日起，辩护律师可以向犯罪嫌疑人核实有关证据，这意味着，"会见时律师可以就有关指控事实及相关证据告知犯罪嫌疑人、被告人，必要时还可将有关证据出示给对方，让其辨认，与其核实"。[3]

第五，恢复了提起公诉时的全案移送制度，保障律师阅卷权。为了解决因1996年《刑事诉讼法》第36条对审查起诉阶段律师阅卷范围的限制和第150条对案卷移送制度的改革所引发的律师"阅卷难"问题，2012年《刑事诉讼法》第38条规定："辩护律师自人民检察院对案件审查起诉之日起，可以查阅、摘抄、复制本案的案卷材料。其他辩护人经人民法院、人民检察院许可，也可以查阅、摘抄、复制上述材料。"据此，辩护人在审查起诉阶段即可查阅、摘抄、复制全部案卷材料，困扰辩护律师多年的"阅卷难"问题从制度上得到了妥善解决。

第六，赋予律师申请调取证据的权利。1996年修改《刑事诉讼法》时将全案移送改为复印件移送主义，因此，律师在庭前阅卷的范围极度缩小。一方面，

---

[1] 顾永忠："刑事辩护制度的修改完善与解读"，载《甘肃政法学院学报》2011年第6期，第24页。

[2] 熊秋红："刑事辩护的规范体系及其运行环境"，载《政法论坛》2012年第5期，第52页。

[3] 熊秋红："刑事辩护的规范体系及其运行环境"，载《政法论坛》2012年第5期，第52页。

被追诉人及辩护人无权向侦查机关提出移送全部证据材料的有约束力的法律请求；另一方面，法律也没有赋予法庭更多的权力制约侦查、检察机关的行为，以至于在出现侦查、检察机关隐瞒证据的情形时，法庭审理仍不受任何影响，严重损害了犯罪嫌疑人、被告人的合法权益。[1]为了解决这个问题，2012 年《刑事诉讼法》第 39 条规定："辩护人认为在侦查、审查起诉期间公安机关、人民检察院收集的证明犯罪嫌疑人、被告人无罪或者罪轻的证据材料未提交的，有权申请人民检察院、人民法院调取。"

第七，完善听取律师意见制度。2010 年 8 月 31 日，最高人民检察院和公安部发布了《关于审查逮捕阶段讯问犯罪嫌疑人的规定》，其中第 13 条规定："犯罪嫌疑人委托的律师提出不构成犯罪、无逮捕必要、不适宜羁押、侦查活动有违法犯罪情形等书面意见以及相关证据材料的，检察人员应当认真审查。必要时，可以当面听取受委托律师的意见。对律师提出的意见及相关证据材料，应当在审查逮捕意见书中说明是否采纳的情况和理由。"以此确立了审查逮捕听取律师意见制度。2012 年修改《刑事诉讼法》时吸收了该制度，增加规定公安司法机关在批准逮捕、侦查终结、审查起诉、庭前会议、死刑复核程序等重要诉讼环节"可以"或者"应当"听取律师意见。与此同时，2012 年《刑事诉讼法》相关条款还保障了律师的知情权，如公安机关侦查终结，将案件移送同级人民检察院审查起诉时，应当同时将案件移送情况告知犯罪嫌疑人及其辩护律师（第 160 条）；法院宣告判决后，应当在 5 日以内将判决书送达辩护人（第 196 条）。[2]

第八，完善律师执业保障权。2012 年《刑事诉讼法》第 42 条不仅删除了 1996 年《刑事诉讼法》第 38 条关于"辩护律师和其他辩护人不得威胁、引诱证人改变证言"的规定，而且补充规定："辩护人涉嫌犯罪的，应当由办理辩护人所承办案件的侦查机关以外的侦查机关办理。辩护人是律师的，应当及时通知其所在的律师事务所或者所属的律师协会。"这一规定，一方面进一步规范了辩护人的职务行为特别是辩护律师的执业行为，同时也有利于防止原承办案件的侦查机关对提出不同意见的辩护律师实施职业报复，还有利于受到刑事追究的律师通过所在的律师事务所和所属的律师协会寻求必要的帮助。另外，根据 2012 年修改时增补的《刑事诉讼法》第 47 条的规定，辩护人、诉讼代理人认为公安机关、人民检察院、人民法院及其工作人员阻碍其依法行使诉讼权利的，有权向同级或者上一级人民检察院申诉或者控告。人民检察院对申诉或者控告应当及时进行审查，情况属实的，通知有关机关予以纠正。

第九，赋予律师保守执业秘密的权利。2012 年《刑事诉讼法》第 46 条规

---

〔1〕 黄太云："刑事诉讼法修改释义"，载《人民检察》2012 年第 8 期，第 27 页。

〔2〕 熊秋红："刑事辩护的规范体系及其运行环境"，载《政法论坛》2012 年第 5 期，第 53 页。

定，辩护律师对在执业活动中知悉的委托人的有关情况和信息，有权予以保密。但是，辩护律师在执业活动中知悉委托人或者其他人，准备或者正在实施危害国家安全、公共安全以及严重危害他人人身安全的犯罪的，应当及时告知司法机关。这一规定在辩护律师有效履职的需要与重大公共利益保护之间达成了必要的平衡，有利于辩护律师与其委托人建立互相信赖的关系，更加认真负责地依法履行辩护人的职责，最大限度地维护被追诉人的合法权益。

第十，突出强调了公安司法机关对辩护权的保障义务。1996 年《刑事诉讼法》第 14 条规定："人民法院、人民检察院和公安机关应当保障诉讼参与人依法享有的诉讼权利。"2012 年《刑事诉讼法》第 14 条修改为："人民法院、人民检察院和公安机关应当保障犯罪嫌疑人、被告人和其他诉讼参与人依法享有的辩护权和其他诉讼权利。"这一修改不仅强调了犯罪嫌疑人、被告人是刑事诉讼中诉讼权利保障的首要对象，而且强调了公安、检察机关和法院一样，都有保障辩护权的义务，从而与律师辩护提前到侦查阶段的规定保持了协调一致。[1]

除了扩充辩护权以外，2012 年《刑事诉讼法》还增设了律师开示三类无罪证据的义务。在 2012 年修改《刑事诉讼法》以前，律师由于在审判前阶段的辩护工作存在诸多困难，往往十分重视审判阶段的辩护工作，甚至"即使在起诉阶段调查取得了某些辩护证据，也不肯向审查起诉人员透露，留作法庭上对付公诉人的'重型炮弹'"。[2]这种审判突袭的辩护策略虽然能够暂时博得委托人的好感，但因为容易影响法庭审理活动的顺利进行而引发法官和检察官的反感，其实际效果往往适得其反。为了防止出现此类突袭现象，也为了预防冤假错案的发生，更加及时、充分地保护犯罪嫌疑人的合法权益，[3]使得无罪的被追诉人及时脱离讼累，2012 年《刑事诉讼法》第 40 条规定："辩护人收集的有关犯罪嫌疑人不在犯罪现场、未达到刑事责任年龄、属于依法不负刑事责任的精神病人的证据，应当及时告知公安机关、人民检察院。"这一规定确立了辩护律师对三类无罪证据的开示义务。

（二）刑事辩护的实践难题

2012 年对《刑事诉讼法》的修改基本上解决了会见难、阅卷难的问题，但是调查取证难的问题仍未解决。2012 年《刑事诉讼法》施行以后，对于律师在侦查阶段是否享有调查取证权，相关立法和司法解释并不明确，学界观点也不统一。辩护律师因顾虑职业风险，一般不敢在侦查阶段以积极方式行使调查权，主

---

〔1〕 熊秋红："刑事辩护的规范体系及其运行环境"，载《政法论坛》2012 年第 5 期，第 49 页。

〔2〕 李学宽："论起诉阶段律师辩护功能"，载陈光中、江伟主编：《诉讼法论丛》（第 3 卷），法律出版社 1999 年版，第 143-144 页。

〔3〕 黄太云："刑事诉讼法修改释义"，载《人民检察》2012 年第 8 期，第 27 页。

要是被动接受物证、书证、当事人和证人自书材料等证据材料。[1]有学者指出："整体上看，新刑诉法（2012 年《刑事诉讼法》）实施后，辩护律师包括申请取证在内的'调查取证难'问题依然没有得到改变，申请取证权仍然得不到尊重和保障，职权机关对辩护律师调查取证的申请随意性很大，立法上确立的申请取证制度在实践中的功能并未得到发挥。"[2]主要表现是：第一，"实践中辩护律师大多心存顾虑，对侦查阶段申请取证权的行使普遍比较谨慎，一般都不愿意在侦查阶段向公安机关提出调查取证申请，而是等到案件进入到审查起诉阶段或者审判阶段向检察机关或者法院提出"；第二，"检察机关和法院常以'不需要'、'没有必要'为由拒绝辩护律师的取证申请"；第三，"申请调取无罪或者罪轻证据的权利难以落实"。[3]

此外，与 1996 年《刑事诉讼法》实施后律师在依法履职方面存在的"旧三难"（会见难、阅卷难、调查取证难）相比，2012 年《刑事诉讼法》实施后，律师履行职务方面又增加了"新三难"，即发问难、质证难、辩论难。"新三难"主要集中于法庭审理阶段，表现在由于证人出庭作证率低导致律师发问、质证难以开展；有的法官在审理中随意打断或限制律师的质疑与发问，使得法庭辩论难以进行；等等。[4]

四、刑事辩护制度的深化改革期

2013 年 11 月，中共十八届三中全会通过了《中共中央关于全面深化改革若干重大问题的决定》，其中"推进法治中国建设"部分明确提出"确保依法独立公正行使审判权检察权"，"健全司法权力运行机制"和"完善人权司法保障制度"等多项任务。关于人权保障问题，明确提出"进一步规范查封、扣押、冻结、处理涉案财物的司法程序。健全错案防止、纠正、责任追究机制，严禁刑讯逼供、体罚虐待，严格实行非法证据排除规则""逐步减少适用死刑罪名"，以及"健全国家司法救助制度，完善法律援助制度""完善律师执业权利保障机制和违法违规执业惩戒制度，加强职业道德建设，发挥律师在依法维护公民和法人合法权益方面的重要作用"等内容。2014 年 10 月，中共十八届四中全会通过了《中共中央关于全面推进依法治国若干重大问题的决定》（以下简称《全面依法治国决定》），其中提出"加强人权司法保障"，并具体要求："强化诉讼过程中当事人和其他诉讼参与人的知情权、陈述权、辩护辩论权、申请权、申诉权的制

〔1〕 龙宗智："新刑事诉讼法实施：半年初判"，载《清华法学》2013 年第 5 期，第 134 页。

〔2〕 韩旭："新刑诉法实施后律师辩护的若干问题"，载《司法》第 9 辑（2014），第 107 页。

〔3〕 韩旭："新刑诉法实施后律师辩护的若干问题"，载《司法》第 9 辑（2014），第 107-109 页。

〔4〕 蔡传磊："保障律师执业权利 让法官律师良性互动"，载《人民法院报》2015 年 9 月 10 日，第 2 版。

度保障。健全落实罪刑法定、疑罪从无、非法证据排除等法律原则的法律制度。完善对限制人身自由司法措施和侦查手段的司法监督，加强对刑讯逼供和非法取证的源头预防，健全冤假错案有效防范、及时纠正机制。”以上两个决定，为全面深入改革、全面推进依法治国指明了方向，我国律师辩护制度也因此进入深化改革的历史新阶段。

之后，中央有关部门相继采取了改革完善律师制度、保障律师执业权利的一些具体性措施，出台了多项与辩护制度密切相关的规范性文件。例如，2015 年 1 月 29 日，最高人民法院发布《关于办理死刑复核案件听取辩护律师意见的办法》，就最高人民法院办理死刑复核案件中听取辩护律师意见的具体办法作出了明确规定，并公布了五个刑事审判庭和审判监督庭的联系方式。同年 6 月 29 日，中共中央办公厅、国务院办公厅印发《关于完善法律援助制度的意见》，其中明确提出“加强刑事法律援助工作”，要求“逐步开展为不服司法机关生效刑事裁判、决定的经济困难申诉人提供法律援助的工作。建立法律援助值班律师制度，法律援助机构在法院、看守所派驻法律援助值班律师”。为了总结多年来我国律师制度发展的经验，切实解决律师制度改革发展中的现实难题，2015 年 8 月 20 日，全国律师工作会议在北京召开，时任中央政治局委员、中央政法委书记孟建柱到会并发表了重要讲话，强调“依法保障执业权利，切实规范执业行为，充分发挥律师队伍在全面依法治国中的重要作用”，要求“抓紧建立健全侦查、起诉、审判各环节重视律师辩护、代理意见的工作机制，把法律已规定的律师在辩护、代理中所享有的知情权、申请权、会见通信权、阅卷权、收集证据权和庭审中质证权、辩论辩护权等执业权利落实到位”。[1]2015 年 9 月 16 日，最高人民法院、最高人民检察院、公安部、国家安全部、司法部印发《关于依法保障律师执业权利的规定》，要求人民法院、人民检察院、公安机关、国家安全机关、司法行政机关应当尊重律师，健全律师执业权利保障制度，依照刑事诉讼法、民事诉讼法、行政诉讼法及律师法的规定，在各自职责范围内依法保障律师知情权、申请权、申诉权，以及会见、阅卷、收集证据和发问、质证、辩论等方面的执业权利，不得阻碍律师依法履行辩护、代理职责，不得侵害律师合法权利，其中对辩护律师在刑事诉讼中的知情权、会见权、通信权、阅卷权、申请收集和调取证据权、出庭辩护权等作出了较为全面、刚性的补充规定。2016 年 9 月，最高人民法院、最高人民检察院、公安部、国家安全部和司法部联合发布《关于在部分地区开展刑事案件认罪认罚从宽制度试点工作的办法》，要求法律援助机构在看守所、法院等机构派驻值班律师，为认罪认罚的犯罪嫌疑人、被告人提供法律帮

〔1〕 参见人民网对全国律师工作会议的报道，载 http://legal.people.com.cn/n/2015/0821/c42510-27495642.html，最后访问日期：2020 年 2 月 29 日。

助。2017 年 8 月，“两高三部”发布的《关于开展法律援助值班律师工作的意见》进一步明确了值班律师的职责，并将值班律师的服务对象扩大到所有没有辩护人的犯罪嫌疑人、被告人。2017 年 10 月 11 日，最高人民法院、司法部发布《关于开展刑事案件律师辩护全覆盖试点工作的办法》，要求在北京、上海、浙江、安徽、河南、广东、四川、陕西 8 个省（直辖市）试点刑事审判阶段律师辩护全覆盖工作，凡适用普通程序审理的一审案件、二审案件、按照审判监督程序审理的案件，被告人没有委托辩护人的，人民法院均应通知法律援助机构指派律师为其提供辩护；适用速裁程序和简易程序审理的案件，被告人没有辩护人的，由值班律师提供法律帮助。一年之后，律师辩护全覆盖试点工作在全国推开。[1]

2018 年 10 月 26 日，第十三届全国人大常委会第六次会议通过《关于修改〈中华人民共和国刑事诉讼法〉的决定》，正式确立了值班律师制度，并完善了刑事案件认罪认罚从宽制度，赋予了辩护人或值班律师参与认罪认罚协商和见证犯罪嫌疑人签署认罪认罚具结书的权利。同时完善了《刑事诉讼法》与《监察法》的衔接机制，调整了检察院的侦查权。这一调整意味着绝大多数职务犯罪案件的“侦查”（《监察法》称为“调查”）不再受《刑事诉讼法》的约束，因而事实上产生了限制辩护权的效果，因为《监察法》没有明确赋予被调查人在调查期间获得辩护律师法律帮助的权利。此外，根据推进国际追逃追赃工作的需要，2018 年《刑事诉讼法》还建立了刑事缺席审判制度，并且允许辩护人参与。

（一）深化改革刑事辩护制度的主要成果

撇开监察体制改革对职务犯罪案件律师辩护权的消极影响不论，应当承认，自 2014 年以来，无论是从律师辩护能够参与刑事诉讼的“面”来看，还是从辩护律师权利的实际保障来看，我国辩护制度的改革发展力度都是空前的。这一时期辩护制度改革发展的主要成果体现在两个方面。

1. 值班律师制度

2006 年 8 月，联合国开发计划署、中国商务部和司法部决定在河南省焦作市修武县开展法律援助值班律师试点工作。这是我国试点值班律师工作的开始。2006 年 9 月 14 日，法律援助值班律师试点项目在修武县正式启动，设在县法院、县公安局、城关镇派出所的 3 个法律援助值班律师办公室开始运行。2007 年 7 月，第四个法律援助值班律师办公室在修武县看守所设立，为犯罪嫌疑人、被告

[1] 参见 2018 年 12 月 27 日最高人民法院、司法部发布的《关于扩大刑事案件律师辩护全覆盖试点范围的通知》。

人提供“急诊式”法律帮助。[1]2006年12月，司法部下发《法律援助事业“十一五”时期发展规划》，提出“探索值班律师制度”。2008年4月，联合国开发计划署、中国商务部和司法部试点项目总结研讨会对修武县值班律师制度的试点项目取得的成绩给予高度赞誉。截至2009年底，河南省全省共设立了22个值班律师办公室，其中19个设在法院、2个设在看守所、1个设在公安局。[2]2010年1月，司法部发布《关于深化“法律援助便民服务”主题活动 积极推进三项重点工作的意见》再次提出“探索建立值班律师制度”，并着重强调了值班律师制度在刑事司法领域的适用。2013年，司法部提出“通过在看守所、法院等部门设立值班律师办公室或者提供咨询电话，进一步畅通刑事法律援助渠道”。[3]

在新一轮司法体制改革的背景下，刑事速裁程序和认罪认罚从宽制度试点为值班律师制度在全国的试点和推广提供了契机。[4]2014年8月，最高人民法院、最高人民检察院、公安部、司法部发布的《关于在部分地区开展刑事案件速裁程序试点工作的办法》首次提出，要“建立法律援助值班律师制度，法律援助机构在人民法院、看守所派驻法律援助值班律师”。2016年11月，“两高三部”颁布了《关于在部分地区开展刑事案件认罪认罚从宽制度试点工作的办法》，其中第5条规定：“法律援助机构可以根据人民法院、看守所实际工作需要，通过设立法律援助工作站派驻值班律师、及时安排值班律师等形式提供法律帮助。人民法院、看守所应当为值班律师开展工作提供便利工作场所和必要办公设施，简化会见程序，保障值班律师依法履行职责。”“犯罪嫌疑人、被告人自愿认罪认罚，没有辩护人的，人民法院、人民检察院、公安机关应当通知值班律师为其提供法律咨询、程序选择、申请变更强制措施等法律帮助。”值班律师的职责是为犯罪嫌疑人、被告人“提供法律咨询、程序选择、申请变更强制措施等法律帮助”。截至2016年底，全国共在2000多个看守所建立了法律援助工作站，一些省份实现了看守所、人民法院法律援助工作站全覆盖。[5]2017年底，看守所、法院法律援助工作站建站率分别达到97%、75%。[6]《认罪认罚试点中期报告》指出，试点地区法律援助机构在看守所、法院、检察院设立法律援助工作站630个，其

〔1〕 参见华龙网的报道：“河南法援值班律师制度发展十年再突破”，载 http://news.cqnews.net/html/2016-11/28/content_39661839.htm，最后访问日期：2020年8月1日。

〔2〕 参见《河南省司法厅关于商请在全省中级和基层法院开展法律援助值班律师工作的函》（豫司函〔2010〕5号）。

〔3〕 詹建红：“刑事案件律师辩护何以全覆盖——以值班律师角色定位为中心的思考”，载《法学论坛》2019年第4期，第22-23页。

〔4〕 熊秋红：“‘两种刑事诉讼程序’中的有效辩护”，载《法律适用》2018年第3期，第58页。

〔5〕 周斌：“保障犯罪嫌疑人第一时间获得法律服务”，载《法制日报》2017年9月1日，第3版。

〔6〕 参见中国法律年鉴编委会：《中国法律年鉴》，中国法律年鉴出版社2018年版，第212页。

中设在看守所、法院的法律援助工作站覆盖率分别为97%和82%。2017年以来，各地法律援助值班律师共为犯罪嫌疑人、被告人解答咨询26.4万余人次，转交法律援助申请3.6万件。[1]值班律师制度的设立基本上实现了审前阶段以及速裁程序、简易程序中被追诉人获得律师帮助的全覆盖，有利于保障被追诉人的诉讼权利和合法利益。2019年10月11日，“两高三部”发布《关于适用认罪认罚从宽制度的指导意见》，明确赋予值班律师会见权和阅卷权，这对于进一步发挥值班律师的法律帮助效果，公正地实施认罪认罚从宽制度，促进国家社会治理能力和治理体系的现代化，必然会起到积极的推动作用。目前，值班律师制度已经成为绝大多数被追诉人获得法律帮助的主要途径。

2. 刑事案件审判阶段律师辩护全覆盖

如前所述，为推进以审判为中心的刑事诉讼制度改革，加强人权司法保障，促进司法公正，充分发挥律师在刑事案件审判中的辩护作用，2017年10月，最高人民法院、司法部在北京等8个省市开展刑事案件审判阶段律师辩护全覆盖试点工作，一年后，试点工作在全国推开。这标志着我国的刑事法律援助正在从原来集中于特殊群体和极少数重刑案件向具有“全覆盖”特征的“按需要提供律师模式”转变。[2]2018年广东适用普通程序审理的案件，律师辩护率达92.8%，北京地区一审案件律师辩护率达95%。[3]四川省达州市中级人民法院在试点前的半年时期内律师辩护率为47.89%，试点后半年律师辩护率达78.89%。其中一审普通案件和二审案件辩护率达到全覆盖。试点前，二审普通案件辩护率只有39.51%。[4]审判阶段律师辩护全覆盖使得所有被告人都有获得律师帮助的机会，律师辩护不再受被告人的经济条件、个人身份或者被控罪行轻重的限制，特别是在按照普通程序审理的一审案件、二审案件和再审案件中，所有没有委托辩护人的被告人都能够获得法律援助辩护，这对于推进庭审实质化、维护被告人的合法权益、促进司法公正，无疑具有重要的现实意义。

值班律师制度的建立以及审判阶段律师辩护“全覆盖”试点的全面推开，意味着所有犯罪嫌疑人、被告人从侦查、起诉程序到一审、二审、审判监督程序，都有专业律师提供法律帮助或者辩护，从而使得刑事法律援助成为一项“普惠”性的公共福利制度，这是我国在人权司法保障方面取得的重要成果，对于提

---

〔1〕 参见“中国法律援助发展研究报告（2017年度）”，载 http://legalaid.cupl.edu.cn/info/1014/1045.htm，最后访问日期：2019年10月12日。

〔2〕 熊秋红：“两种刑事诉讼程序中的有效辩护”，载《法律适用》2018年第3期，第59页。

〔3〕 “最高人民法院、司法部部署扩大刑事案件律师辩护全覆盖和律师调解试点工作”，载 http://www.court.gov.cn/zixun-xiangqing-133301.html，最后访问日期：2019年9月24日。

〔4〕 “四川达州中院关于刑事案件律师辩护全覆盖试点改革的调研报告”，载 http://www.court.gov.cn/zixun-xiangqing-116711.html，最后访问日期：2019年9月24日。

升整个刑事司法程序的公信力，进一步落实“尊重和保障人权”的宪法原则，维护公民和各类社会组织的合法权益，乃至推动中国刑事司法制度的现代化转型，必将产生深远的历史影响。

（二）刑事辩护的实践难题

第一，监察机关调查的案件被调查人无法获得律师帮助。伴随着检察机关转隶的完成及 2018 年 3 月 20 日《监察法》的通过，原由检察机关侦查的职务犯罪案件全部移交给监察委员会管辖，监察机关调查的 88 种刑事案件被调查人在调查期间不能获得律师的帮助。

第二，“会见难”问题卷土重来。全国律协发布的《2018 年上半年律师协会维权工作数据统计与分析》显示，2018 年以来，律师“会见难”问题卷土重来，这主要集中于两个领域：一是涉黑和涉众等案件在侦查阶段，出现了限制律师会见的趋势。例如某些非法集资案件，办案单位以涉及国家安全为由，在侦查阶段拒绝律师会见。2017 年开始的“扫黑除恶”专项行动中，对于一些涉黑案件，律师的会见权也无法得到保障。二是监察机关移送检察院审查起诉的案件，律师不能及时会见。虽然监察机关调查案件期间律师不得介入，但监察机关将案件移送给检察院审查起诉期间应允许辩护律师介入。然而在司法实践中，监察机关调查的案件向检察机关移送审查起诉后，律师在此类案件中的会见并不顺畅。办案机关往往以各种借口拒绝律师会见。〔1〕据全国政协委员、中华全国律师协会副会长吕红兵介绍，2018 年全国律师协会维权中心及各地方律师协会共接收维权案件 642 件，其中涉及会见权受到侵害的 283 件，占总件数的 44.08%。〔2〕此外，值班律师的会见权也受到一定限制。如北京市公安局海淀区分局明确规定，值班律师与犯罪嫌疑人进行法律帮助视频会见一般不得超过 5 分钟。〔3〕

第三，律师执业环境仍待改善。据统计，2017 年律师被非法关押、扣留、拘禁或者以其他方式限制人身自由的 15 起；违反规定被强行带出法庭的 8 起；庭审过程中违反规定被打断或制止按程序发言的 8 起；受到侮辱、诽谤、威胁、报复、人身伤害的 108 起。〔4〕因此，辩护律师的执业环境仍待进一步改善。

---

〔1〕 参见“全国律协发布 2018 年上半年律师协会维权工作数据统计与分析”，载 http://www.acla.org.cn/article/page/detailById/23923，最后访问日期：2019 年 10 月 15 日。

〔2〕 参见《新京报》2019 年 3 月 2 日报道：“全国政协委员吕红兵：律师会见难‘回潮’，应修法解决”，载 https://baijiahao.baidu.com/s? id = 1626909093127815631&wfr = spider&for = pc，最后访问日期：2020 年 3 月 1 日。

〔3〕 参见《北京市公安局海淀分局办理速裁案件程序规定》（海公字〔2016〕247 号）。

〔4〕 张昊等：“会见难仍是现实难点　惩戒存明显地域差异——律师维权惩戒需多主体多维度推进”，载 http://www.ahlawyer.com/DocHtml/1/19/01/00012367.html，最后访问日期：2020 年 8 月 1 日。

五、刑事辩护制度四十年的历史成就

刑事辩护制度四个发展阶段的变迁显示，自1979年《刑事诉讼法》实施以来，随着我国改革开放的不断深入和经济社会的飞速发展，刑事辩护制度也得到不断地发展，取得了历史性的重要成就，主要表现在以下方面。

第一，对辩护律师的法律定位发生了根本性的变化，其辩护职责和核心义务得到明确。律师的法律定位从“国家的法律工作者”到“社会的法律工作者”，再到“法律服务人员”的转变，意味着辩护律师的法律属性发生了根本改变、诉讼地位得到切实提高，表现在两个方面。

一是在与国家专门机关的关系方面，辩护律师的公益性义务逐渐淡化，依法履行辩护职责时的独立性逐渐凸显。2007年10月修订后的《律师法》第37条规定：“律师在执业活动中的人身权利不受侵犯。律师在法庭上发表的代理、辩护意见不受法律追究。但是，发表危害国家安全、恶意诽谤他人、严重扰乱法庭秩序的言论除外。律师在参与诉讼活动中因涉嫌犯罪被依法拘留、逮捕的，拘留、逮捕机关应当在拘留、逮捕实施后的二十四小时内通知该律师的家属、所在的律师事务所以及所属的律师协会。”2012年3月修正后的《刑事诉讼法》第42条第2款规定：“辩护人涉嫌犯罪的，应当由办理辩护人所承办案件的侦查机关以外的侦查机关办理。辩护人是律师的，应当及时通知其所在的律师事务所或者所属的律师协会。”根据上述规定，辩护律师根据事实和法律履行辩护职务，不受公安司法机关干涉；即使辩护律师涉嫌犯罪的，原侦查机关也无权办理。不仅如此，根据2012年修正后的《刑事诉讼法》第14条和第47条的规定，“人民法院、人民检察院和公安机关应当保障犯罪嫌疑人、被告人和其他诉讼参与人依法享有的辩护权和其他诉讼权利”；辩护律师“认为公安机关、人民检察院、人民法院及其工作人员阻碍其依法行使诉讼权利的，有权向同级或者上一级人民检察院申诉或者控告。人民检察院对申诉或者控告应当及时进行审查，情况属实的，通知有关机关予以纠正”。

二是在与被追诉人的关系方面，辩护律师作为被追诉人合法权益的专门维护者，其忠诚义务得到不断强化。根据《刑事诉讼法》第37条、第48条和《律师法》第38条的规定，辩护律师的唯一职责是“根据事实和法律，提出犯罪嫌疑人、被告人无罪、罪轻或者减轻、免除其刑事责任的材料和意见，维护犯罪嫌疑人、被告人的诉讼权利和其他合法权益”。在履行辩护职责过程中，辩护律师对于所知悉的国家秘密、商业秘密和当事人的隐私，不得泄露。除“委托人或者其他人准备或者正在实施的危害国家安全、公共安全以及其他严重危害他人人身、财产安全的犯罪事实和信息”以外，辩护律师对在执业活动中知悉的委托人和其他人不愿泄露的情况和信息，应当予以保密。《律师法》第32条还专门规定：

“律师接受委托后，无正当理由的，不得拒绝辩护或者代理。”因此，辩护律师对其辩护的当事人负有“忠诚义务”，必须尽职、尽责地维护其当事人的合法权益，不得损害当事人的合法权益。中华全国律师协会2017年《律师办理刑事案件规范》第5条第3款进一步要求：“律师在辩护活动中，应当在法律和事实的基础上尊重当事人意见，按照有利于当事人的原则开展工作，不得违背当事人的意愿提出不利于当事人的辩护意见。”该规范第12条规定，如果“律师与当事人或者委托人就辩护或代理方案产生严重分歧，不能达成一致的，可以代表律师事务所与委托人协商解除委托关系”。虽然辩护律师根据《律师法》第2条负有“维护法律的正确实施，维护社会公平和正义”的义务，但这并不意味着辩护律师可以损害其委托人的合法权益；相反，辩护律师只能通过“维护当事人合法权益”的方式达到“维护法律的正确实施”及“维护社会公平和正义”的目标。因此，“维护犯罪嫌疑人、被告人的诉讼权利和其他合法权益”始终是辩护律师的核心义务，忠诚于当事人是辩护律师的首要伦理责任。〔1〕

第二，律师以辩护人身份介入刑事诉讼的时间不断提前。从1979年《刑事诉讼法》只准许辩护律师在审判阶段参加刑事诉讼，到1996年《刑事诉讼法》准许律师自审查起诉阶段履行辩护人的职责、自侦查阶段介入诉讼，再到2012年《刑事诉讼法》准许律师在侦查阶段即获得辩护人的身份。这样，辩护律师在从侦查、审查起诉到一审、二审、死刑复核、审判监督的所有诉讼阶段和主要诉讼环节均可以介入，实现了律师辩护的权利对刑事诉讼过程的“全覆盖”。这使得我国刑事诉讼中控、辩、审三方组合的结构更加合理，有利于加强被追诉人的防御权，实现控辩平衡，促进公正审判。

第三，获得律师法律帮助的被追诉人范围日趋扩大。首先，指定辩护的对象从聋、哑人或者未成年人扩充至盲、聋、哑人，或者尚未完全丧失辨认或者控制自己行为能力的精神病人，以及可能判处无期徒刑、死刑的被追诉人。2013—2017年，全国各级法律援助机构共为126.9万余犯罪嫌疑人、被告人等提供了法律援助。〔2〕其中，有的地方提供的刑事法律援助已经超出了法律规定的范围。例如，浙江省高级人民法院、浙江省人民检察院、浙江省公安厅及浙江省司法厅于2014年1月发布的《关于加强和规范刑事法律援助工作的意见》(浙司〔2014〕9号）第5条规定，对于基层人民法院审理的一审刑事案件，被告人经济困难且可能被判处3年以上有期徒刑的，犯罪嫌疑人、被告人没有委托辩护

〔1〕关于辩护律师的忠诚义务，参见陈瑞华：“刑事辩护制度四十年来的回顾与展望”，载《政法论坛》2019年第6期，第6页。

〔2〕参见“中国向联合国提交的《国家人权报告》”，载《人民日报》2018年10月19日，第14版。

人，本人又提出法律援助申请的，人民法院、人民检察院可以商请法律援助机构指派律师为其提供辩护。河南省高级人民法院、河南省司法厅主动适应司法体制改革的要求，于2016年11月印发《关于加强审判阶段刑事辩护工作的意见》，在《刑事诉讼法》规定的通知辩护案件类型的基础上，将共同犯罪案件中其他被告人已经委托辩护人的案件、依照普通程序审理的案件中被告人不认罪或认罪后又翻供的案件、人民检察院抗诉的案件、被告人上诉的案件、被告人申诉且法院立案的案件五种案件纳入通知辩护范围；并选择31个县开展审判阶段刑事法律援助全覆盖试点，对于有可能被判处有期徒刑以上刑罚而没有辩护人的被告人，除被告人明确拒绝的之外，一律由人民法院通知法律援助机构为其提供辩护。〔1〕其次，被追诉人因经济困难获取法律援助的途径日趋完善。2015年6月，中共中央办公厅、国务院办公厅印发《关于完善法律援助制度的意见》，其中提出“完善被羁押犯罪嫌疑人、被告人经济困难证明制度”。之后内蒙古自治区下发《内蒙古自治区法律援助中心关于建立被羁押犯罪嫌疑人、被告人法律援助经济困难承诺制度的通知》，建立了经济困难承诺制度，即当犯罪嫌疑人、被告人无法开具经济困难证明时，可由其出具书面承诺，先行为其提供法律援助。一旦发现承诺虚假，即可终止法律援助。〔2〕法律援助经济困难承诺制在全国多个地方铺开（例如山东省、浙江省），有利于被追诉人及时获得法律帮助。一些地区甚至对部分案件犯罪嫌疑人、被告人申请法律援助，不再审查其经济状况。〔3〕再次，我国法律援助经费逐年增长。据统计，1999—2011年，我国法律援助经费从2758.06万元增加到127 718.03万元，13年间增长了近46倍，其中政府投入的资金比例达到126 186.57元，占总额的98.8%。〔4〕2010—2014年，全国法律援助经费总额为70.4亿元（其中财政拨款为68亿元），年均增长15.2%。〔5〕2013—2016年，全国法律援助经费总额达到73亿元人民币，〔6〕2017年为23.5

---

〔1〕 河南省司法厅课题组：“刑事法律援助制度研究”，载《中国司法》2017年第9期，第39页。

〔2〕 左卫民、张潋瀚：“刑事辩护率：差异化及其经济因素分析——以四川省2015-2016年一审判决书为样本”，载《法学研究》2019年第3期，第189页。

〔3〕 如《重庆市法律援助条例》第14条规定：“刑事诉讼中的犯罪嫌疑人、被告人有下列情形之一的，申请法律援助可以免予审查经济状况：（一）有证据证明犯罪嫌疑人、被告人属于一级或者二级智力残疾，没有委托辩护人的；（二）共同犯罪案件中，犯罪嫌疑人、被告人没有委托辩护人，而其他犯罪嫌疑人、被告人已委托辩护人的；（三）人民检察院提起抗诉的案件，被告人没有委托辩护人的；（四）具有重大社会影响的案件，犯罪嫌疑人、被告人没有委托辩护人的。”

〔4〕 参见顾永忠、陈效：“中国刑事法律援助制度发展研究报告（下）”，载《中国司法》2013年第2期，第43页。

〔5〕 参见关于2015年9月17日全国法律援助电视电话会议的报道：“司法部：五年全国法律援助经费总额达到70.4亿元”，载 http://www.gov.cn/xinwen/2015-09/17/content_ 2933859.htm，最后访问日期：2020年3月7日。

〔6〕 参见国务院新闻办公室2017年发表的《中国人权法治化保障的新进展》。

亿元人民币，同比增长 11.3%。[1]此外，值班律师制度全面实施以及审判阶段律师辩护全覆盖试点向全国推开以后，从侦查到审判阶段的所有犯罪嫌疑人、被告人从制度上说都有机会获得律师的帮助。随着我国法律援助制度的不断完善，我国律师提供法律帮助的被追诉人范围有望超过一些发达国家。

第四，被追诉人的诉讼地位不断提高，律师辩护的权利不断拓展，辩护律师权益的保障机制不断健全。非法证据排除制度的建立、不被强迫自证其罪的规定、疑罪从无规则的落实、律师对刑事诉讼的全程参与、庭审实质化的不断推进，有力地提升了被追诉人在刑事诉讼中的地位。律师辩护的内容从传统上单纯的实体辩护拓展为实体辩护和程序辩护并重，而且程序辩护先行，[2]这有利于维护被追诉人的程序性权利，实现程序公正。在无罪辩护、量刑辩护、罪轻辩护、程序性辩护和证据辩护等传统的五个辩护领域[3]之外，实践中还衍生了新兴的针对财产权益进行辩护的活动。[4]一些地方的公安司法机关采取多种方式，为辩护律师依法履行职责提供便利，例如，很多检察机关均将案卷材料电子化，极大地方便了辩护律师的阅卷活动。辩护律师认为其诉讼权利受侵犯的，可以向检察机关申诉或者控告，也可以向其所执业的律师事务所所在地的市级司法行政机关、所属的律师协会申请维护执业权利；情况紧急的，可以向事发地的司法行政机关、律师协会申请维护执业权利，事发地的司法行政机关、律师协会应当给予协助。“两高三部”和全国律师协会联合建立了维护律师执业权利快速联动机制，畅通律师维权通道；[5]地方政法机关也普遍与同级律师协会建立了联席会议制度，定期沟通保障律师执业权利工作情况，及时调查处理侵犯律师执业权利的突发事件。因此，律师权益的保障机制不断健全，辩护律师的执业环境得到较大程度的改善。

第五，刑事辩护活动的影响力日渐增强，律师辩护的专业化水平不断提高。首先，一批有影响的重大刑事案件在律师的不懈努力下得到妥善处理或者平反，例如民营企业家吴英非法集资案，浙江两张强奸杀人案，顾雏军等人虚报注册资

---

〔1〕 参见“白萍：2017 年法律援助经费总额 23.5 亿元 同比增长 11.3%”，载 http://www.moj.gov.cn/subject/content/2018-03/09/344_16967.html，最后访问日期：2019 年 11 月 1 日。由此可以推知，2016 年全国法律援助经费总额约为 21.11 亿元。

〔2〕 例如，宁波章某锡受贿案、王某忠枉法裁判案等引起社会广泛关注的案件，都是因为辩护律师从非法证据排除、申请回避等程序问题上入手，提出了很好的辩护意见，并且最终得到了法院的采纳。十八大以后纠正的一批重大冤错案件，从辩护角度看，基本上都是先从程序上排除非法证据的结果。

〔3〕 陈瑞华：“论刑事辩护的理论分类”，载《法学》2016 年第 7 期，第 58-62 页。

〔4〕 详细论述，参见陈瑞华：“刑事辩护的第六空间——刑事辩护衍生出来的新型代理业务”，载《中国律师》2018 年第 2 期。

〔5〕 参见中国法律年鉴编委会：《中国法律年鉴》，中国法律年鉴出版社 2018 年版，第 209 页。

本、违规不披露重要信息和挪用资金案等。其次，辩护律师的辩护活动，对于贯彻疑罪从无规则起到了重要作用。例如福建念斌案，该案的辩护律师揭露了在案证据之间存在的诸多矛盾。对于警方的鉴定结论，辩护律师请了多位专家进行核查，最后发现了警方伪造证据的情况。[1]辩护律师提出的证据疑点也影响了法官的心证，该案历时 8 年 10 次开庭审判，4 次被判处死刑立即执行后，经过福建省高级人民法院终审判决无罪结案。该案是一个典型的，没有死者归来、没有真凶出现，法官依据疑罪从无规则作出无罪判决的案例，其中辩护律师的辩护活动起到了极为重要的作用。最后，律师辩护的专业化水平不断提高，例如，中华全国律师协会和地方律师协会关于律师辩护的行为规范得到不断修订完善，涌现出一批专办刑事案件（包括刑事辩护、刑事代理、刑事合规）甚至专办特定类型刑事案件（如金融犯罪）的律师事务所，大批专门从事刑事辩护的职业律师正在成长。由于律师的辩护质量和专业化水平不断提高，律师的辩护作用越来越多地得到政法机关和社会各界的认可。

辩护制度四十年来取得的历史性成就，是改革开放以来我国经济社会不断发展、法治事业不断进步的一个缩影。政法机关、律师界、学术界和新闻界都为此付出了艰苦的努力，尤其是中央政法委、最高人民法院、最高人民检察院、公安部和司法部等机关，积极谋划改革，精心组织试点，协调推进实施，不断加强队伍建设，切实转变执法、司法观念，妥善处置侵害辩护律师权益和律师违法、违规的事件以及相关犯罪案件，为推进辩护制度的持续、健康发展，作出了应有的历史贡献；广大律师克服重重困难，甚至冒着各种风险，积极承担辩护职责，为大量的犯罪嫌疑人、被告人提供了及时、有效的辩护，在维护基本人权、平反冤假错案、促进司法公正、化解社会冲突等方面，发挥了极其重要的作用，值得充分肯定。

六、刑事辩护制度面临的主要矛盾和现实难题

经过改革开放四十年来的持续发展，刑事辩护制度已经成为我国法律制度和人权保障制度的重要组成部分，刑事辩护制度的进一步改革和发展必须服从于、服务于法治中国建设的总体要求。《全面依法治国决定》提出："全面推进依法治国，总目标是建设中国特色社会主义法治体系，建设社会主义法治国家。"对照这一总目标，不难发现，我国刑事辩护制度仍然存在很大的差距，辩护制度的持续发展面临很多矛盾和现实难题。

---

〔1〕易延友等："念斌案与中国刑辩——中国影响性诉讼高端论坛实录"，载《中国案例法评论》2015 年第 1 期，第 160-168 页。

（一）刑事辩护制度面临的主要矛盾

党的十九大报告明确指出："中国特色社会主义进入新时代，我国社会主要矛盾已经转化为人民日益增长的美好生活需要和不平衡不充分的发展之间的矛盾。"从全面推进依法治国对辩护制度发展的总体要求来看，在当前和今后一段时间内，我国刑事辩护制度的发展面临的主要矛盾是人民群众对公平正义和辩护职能的美好期待与辩护制度发展不充分、不平衡之间的矛盾。

经过四十年来的持续改革开放，我国政治、经济、社会等各方面都取得了令人瞩目的成就，整体上即将全面建成小康社会。十八大以来以司法责任制为核心的新一轮司法改革也取得了一定的成效。然而，毋庸讳言，有法不依、执法不严、司法不公、违法不纠的问题并没有得到根本解决。就刑事司法而言，侦查机关违反法定程序采取强制性措施、非法取证的现象长期存在，检察机关不公正地对待犯罪嫌疑人、被告人的情况也长期存在，审判案件的法官尚未真正取得独立的审判权，"让审理者裁判、由裁判者负责"的局面尚未形成刚性的制度，执政党提出的"让人民群众在每一个司法案件中感受到公平正义"的目标远未得到实现。因此，人民群众对公平正义和辩护职能有美好的期待，迫切希望通过称职的辩护律师为其伸张正义，维护其合法权益。有学者利用大数据分析后指出，2013年以来，我国刑事案件"委托律师辩护率有所提升，从16.07%上升到19.41%，增幅为20.78%"。[1]这说明，犯罪嫌疑人、被告人及其近亲属聘请辩护律师的意愿不断增强，有条件的犯罪嫌疑人、被告人都愿意委托优秀的律师担任自己的辩护人，甚至不惜重金；一些擅长刑事辩护的律师也因担任有重要影响的案件的辩护人而一举成名，身价倍增。近年来，一些专司刑事辩护的律师事务所的大量涌现以及专门从事刑事辩护的律师数量的迅猛增长，正是"辩护市场"需求旺盛的结果和体现。

然而，我国辩护制度的发展存在明显的不充分、不平衡的问题，与人民群众对公平正义和辩护职能的美好期待并不匹配，无法满足人民群众的辩护需要。辩护制度发展不充分至少表现在以下三个方面。

第一，刑事案件的辩护率整体较低，而且长期在低位徘徊。从1979年恢复律师辩护制度以来，我国一审刑事案件的辩护率一直较低，直到2017年进行刑事案件"律师辩护全覆盖"试点以前，全国一审刑事案件的律师辩护率长期在30%以下。据统计，1993年全国刑事案件发案数为161.7万件，专兼职律师6.7万人，有律师辩护的案件213 146件，只占刑事案件发案数的13.18%，即7.59

---

〔1〕王禄生："论刑事诉讼的象征性立法及其后果——基于303万判决书大数据的自然语义挖掘"，载《清华法学》2018年第6期，第135页。

件案件才有一件律师辩护案件。[1]1996 年《刑事诉讼法》虽然加强了辩护权，但是 1997 年《刑法》第 306 条律师伪证罪的设立恶化了辩护律师的执业环境，导致律师辩护率显著下降。根据司法部 2002 年 10 月在浙江、河南、云南三个省份进行的调查，刑事辩护率的下降趋势惊人。以浙江为例，1995 年的刑事辩护率为 21.89%，到 1997 年下降到 15.3%，到 2002 年上半年更降到了 14.89%，其中杭州市的刑事辩护率在 1997 年为 20.4%，2002 年上半年则降为 11.6%。[2]有学者于 2002—2003 年，在华东地区的江苏省南京市和扬州市、华南地区的海南省海口地区和琼海市、西北地区的陕西省西安市，就审判公正问题进行了调研，其中关于律师辩护制度的调研集中于审判阶段律师参与刑事辩护的比例、律师阅卷权和法律援助三个方面。在审判阶段律师参与率方面，调研结果显示，律师参与率较低。例如，海南省各中级人民法院所辖基层法院审理的刑事案件中，委托辩护的仅占 10%，指定辩护比例约为 3%；海南省各中级人民法院一审的刑事案件中，委托辩护的仅占 13%，指定辩护比例约为 40%；海南省各中级人民法院二审的刑事案件中，委托辩护的仅占 21%，指定辩护的为 2%。[3]根据最高人民法院的报告，除被告人自行辩护、人民团体或被告人单位推荐的人以及被告人的监护人、亲友辩护以外，律师出庭辩护率 2003 年为 22.35%，2007 年为 18.65%，指定辩护在有辩护人案件中的占比由 2003 年的 21.67% 上升至 2007 年的 23.32%。[4]其中指定辩护率的提升与最高人民法院 2005 年提出收回死刑核准权以及同年 12 月最高人民法院、最高人民检察院、公安部、司法部联合发布《关于刑事诉讼法律援助工作的规定》的落实有密切关系。

有学者根据《中国法律年鉴》公布的“决定公诉人数”和“刑事辩护件数”推算得知，1997—2012 年，每年侦查阶段、审查起诉阶段和审判阶段的平均律师辩护率是相当低的，最高只有 17.46%，最低仅 11.07%。[5]还有学者采用大数据统计分析方法，对“中国裁判文书网”发布的于 2013—2017 年作出的

---

[1] 李学宽：“关于我国律师辩护功能的法律思考”，载《中国法学》1995 年第 6 期，第 90 页。

[2] 参见司法部研究室：《关于近年来律师刑辩率下降及律师执业环境问题的调查报告》。转引自韩旭：“律师辩护意见为何难以被采纳——以法院裁判为视角”，载《法治研究》2008 年第 4 期，第 55 页。

[3] 陈光中、程味秋等：“关于审判公正的调研和改革建议”，载陈光中、江伟主编：《诉讼法论丛》（第 9 卷），法律出版社 2004 年版，第 77 页。

[4] 王胜俊：“《最高人民法院关于加强刑事审判工作维护司法公正情况的报告》有关用语说明”，载全国人大官网，载 http://www.npc.gov.cn/wxzl/gongbao/2008-12/26/content_1467454.htm，最后访问日期：2020 年 3 月 6 日。

[5] 顾永忠：“刑事辩护制度改革实证研究”，载《法学杂志》2019 年第 5 期，第 140 页。不过，考虑到 1996 年《刑事诉讼法》并未赋予律师在侦查阶段的“辩护人”身份，实际参与侦查阶段的律师人数很少。但是，即使对“刑事辩护件数”只按照审查起诉和审判两个阶段计算，1997—2012 年期间每年平均每个阶段的律师辩护率最高也只有 26.19%（1997 年），最低仅为 16.6%（2006 年）。

303.2万份刑事一审判决书（占全国同期一审刑事判决书的55.24%）进行了统计分析，得出的结论是：2013—2017年五年间，律师辩护率从19.07%提升到22.13%，增幅为16.05%，其中除了法律援助律师提供的辩护外，当事人委托律师的辩护率从16.07%上升到19.41%，增幅为20.78%。[1]虽然增幅不小，但增长后的最高辩护率仍然较低。根据最高人民检察院的工作报告，2017年、2018年全国检察机关提起公诉的人数分别为1 705 772人和1 692 846人。而国家统计局公布的统计数据显示，2018年全国律师在刑事诉讼中辩护及代理的案件只有814 570件。考虑到此处的辩护和代理“件数”往往只是侦查、起诉或者审判中的某一个阶段，而不是从侦查到审判完全由一个律师辩护或者代理，绝大多数犯罪嫌疑人、被告人实际上没有辩护律师。根据“中国裁判文书网”公开的判决信息，2018年1—5月，某省（非“刑事案件律师辩护全覆盖试点”地区）所属基层人民法院一审刑事案件的辩护率只有19.85%，其中适用普通程序审理的案件中辩护率为29.7%。[2]综合审查以上数据可以看出，2012年《刑事诉讼法》实施期间与1996年《刑事诉讼法》实施期间的律师辩护率整体上几乎没有什么变化。至少就一审刑事案件来说，70%以上的犯罪嫌疑人、被告人没有机会得到辩护律师的辩护，审前阶段的律师辩护率更低，这可以说是改革开放以来刑事辩护方面没有得到解决的一个突出问题，也是我国辩护制度发展不充分的一个最明显的表现。

第二，2012年《刑事诉讼法》规定的法律援助制度未能完全落实，法律援助经费投入太少，现有法律援助经费使用结构不合理。首先，根据2012年《刑事诉讼法》，法律援助制度的适用已经从审判阶段提前到侦查阶段。如果法律的规定能够得到严格执行，刑事法律援助案件的总数应当会成倍增长，而且侦查、审查起诉和审判三个诉讼阶段的刑事法律援助案件的数量分布应当大体相当。然而，对全国29个不同地区的实证调研表明，2013年刑事法律援助案件数较前两年仅仅增长了60.29%；另对16个地区的实证调研表明，2013年刑事法律援助案件在侦查阶段、审查起诉阶段和审判阶段的占比分别为17.53%、18.54%和63.93%。[3]这说明，侦查阶段和审查起诉阶段的法律援助制度没有得到完全落实。一项对南方某省会城市法律援助中心的实证调研表明，在222件抽样案件中，自侦查阶段即介入援助的只有54件，占抽样案件总数的24%左右；在91件

〔1〕王禄生：“论刑事诉讼的象征性立法及其后果——基于303万判决书大数据的自然语义挖掘”，载《清华法学》2018年第6期，第135页。

〔2〕王林林、刘仁文：“我国刑事法律援助制度的现状反思与完善思路”，载《江西社会科学》2019年第3期，第208页。

〔3〕顾永忠、杨剑炜：“我国刑事法律援助的实施现状与对策建议——基于2013年《刑事诉讼法》施行以来的考察与思考”，载《法学杂志》2015年第4期，第41页。

犯罪嫌疑人“可能判处无期徒刑”、29件“可能判处死刑”共120起“重刑案件”中，侦查阶段介入援助的只有9件（仅占7%），审查起诉阶段介入的13件（占11%），98件都是在审判阶段才介入，占82%；即使是审判阶段的法律援助，也存在法院通知辩护不及时、援助律师准备辩护时间不充足的问题，个别律师的辩护准备时间甚至只有2天。[1]另一项基于对全国四个省（直辖市）八个区县未成年人法律援助制度实施情况的调研显示，2013—2017年，调研地区“侦查阶段法律援助律师指派率达到85%以上的地区不足三分之一，半数地区在侦查阶段几乎没有法律援助律师的介入”；“审查起诉阶段法律援助指派率较侦查阶段有明显提高，但仍有少量未委托辩护人的案件没有提供法律援助”。[2]上述调研结果说明，公安、检察机关和法院没有完全履行法定的辩护权保障义务，尤其是公安机关。其次，法律援助经费投入太少，不能满足日益增长的法律援助需求。虽然国家投入法律援助的经费逐年增长，到2017年达到了23.5亿元，但如果按照当年全部总人口13.9亿进行折算，人均法律援助经费仅仅为1.69元，以至于法律援助律师只能得到微薄的办案补贴，其法律援助服务的市场价值和社会价值难以得到充分体现。[3]再次，法律援助经费使用结构不合理，这主要表现在两个方面：一是在国家财政拨付的法律援助经费中，真正用于办案业务的支出在法律援助经费总额中平均只有三分之一左右。据统计，2003—2013年办案费用支出占法律援助经费总额的比例在25%—36%之间浮动，有近60%的经费支出并非直接用于案件办理。[4]这说明法律援助机构运行的行政成本较高，法律援助经费使用效率极低。二是法律援助经费的支出存在明显的“重民轻刑”现象，最需要国家予以保障的刑事法律援助所能利用的法律援助经费太少。根据“中国法律援助网”提供的信息，自2003年到2011年，刑事法律援助案件在全部法律援助案件中所占的比例从40.74%下降到13.46%，而民事法律援助案件所占的比例则逐渐升高，从2003年的57.11%上升到2011年的86.05%，这显然极不合理。[5]这种刑事法律援助占比过低的局面并未因为2012年《刑事诉讼法》的实施而得到明显改变。例如，江苏省直到2019年，全省刑事法律援助案件在法律援助案件中的占比也只有31.01%（见表2-1）；即使是参加“刑事案件律师辩护

---

〔1〕 刘方权：“刑事法律援助实证研究”，载《国家检察官学院学报》2016年第1期，第108页。

〔2〕 宋志军：“未成年人刑事法律援助有效性实证分析”，载《国家检察官学院学报》2019年第4期，第44页。

〔3〕 关于我国法律援助经费的比较法分析，参见陈永生：“刑事法律援助的中国问题与域外经验”，载《比较法研究》2014年第1期，第32页；关于法律援助律师办案补贴过低的问题，参见顾永忠、杨剑炜：“我国刑事法律援助的实施现状与对策建议”，载《法学杂志》2015年第4期，第43-44页。

〔4〕 胡铭、王廷婷：“法律援助的中国模式及其改革”，载《浙江大学学报（人文社会科学版）》2017年第2期，第84页。

〔5〕 陈永生：“刑事法律援助的中国问题与域外经验”，载《比较法研究》2014年第1期，第43页。

全覆盖”第一批试点的北京市，其 2018 年、2019 年刑事法律援助的案件在全部法律援助案件中的占比也只是缓慢增长到 27.02%和 28.03%（见表 2-2）。根据笔者在官网查询的结果，在参加刑事案件律师辩护全覆盖的第一批试点省（直辖市）中，只有广东省的刑事法律援助案件数在 2019 年达到了法律援助案件总数的 67.98%，真正实现了刑事法律援助重点保障的目标。[1]

表 2-1　江苏省法律援助统计数据（2017—2019 年）[2]　　**（单位：件）**

统计年度	法律援助案件总数	刑事法律援助案件数	民事法律援助案件数	行政法律援助案件数	刑事法律援助数占比（%）
2017	81 888	不明	不明	不明	不明
2018	100 366	24 649	75 439	278	24.56
2019	104 467	32 397	71 826	244	31.01

表 2-2　北京市法律援助统计数据（2013—2019 年）[3]　　**（单位：件）**

统计年度	法律援助案件总数	刑事法律援助案件数	民事法律援助案件数	行政法律援助案件数	刑事法律援助数占比（%）
2013	20 205	4421	15 760	24	21.88
2014	18 273	2822	15 420	31	15.44
2015	21 532	3256	18 229	47	15.12
2016	27 985	4443	23 430	112	15.88
2017	32 613	7084	25 442	87	21.72
2018	37 108	10 025	26 939	144	27.02
2019	37 625	10 547	26 988	90	28.03

〔1〕其他参加刑事案件律师辩护全覆盖第一批试点的五个省（直辖市）中，多数没有公开每年法律援助的具体数据，浙江省司法厅只公布了年度法律援助案件总数，没有基于案件性质的分类统计数据。上海司法局官网只公布了“2015 年上海市法律援助工作数据分析报告”，根据这一报告，2015 年，上海市各法律援助机构共办理法律援助案件 24 426 件，同比增长 14.68%，其中刑事法律援助案件总数为 9714 件，同比减少 3.39%；民事、行政法律援助案件总数为 14 712 件，同比增长 30.84%。因此，刑事法律援助案件占比只有 39.77%。数据来源：上海市人民政府官网，http://www.shanghai.gov.cn/nw2/nw2314/nw2315/nw31406/u21aw1101620.html，最后访问日期：2020 年 3 月 8 日。

〔2〕数据来源：江苏省司法厅官网，载 http://sft.jiangsu.gov.cn，最后访问日期：2020 年 3 月 8 日。2013—2017 年的法律援助只有案件总数，没有基于案件性质的分类统计数据。

〔3〕数据来源：北京市司法局官网，载 http://sfj.beijing.gov.cn，最后访问日期：2020 年 3 月 8 日。

表 2-3　广东省法律援助统计数据（2013—2019 年）〔1〕　　（单位：件）

统计年度	法律援助案件总数	刑事法律援助案件数	民事法律援助案件数	行政法律援助案件数	刑事法律援助数占比（%）
2013	67 009	22 476	44 327	206	33.54
2014	68 013	23 419	44 272	322	34.43
2015	81 399	23 112	57 783	504	28.39
2016	79 881	20 963	58 475	443	26.24
2017	75 061	23 283	51 249	529	31.02
2019	209 524	142 426	66 267	831	67.98

实践证明，我国法律援助制度所采用的“政府责任、律师义务、社会参与”的模式日渐暴露出制度设计上的弊端。因为法律援助资源输入仅仅依靠政府财政经费投入，不具有可持续性；政府对法律援助工作的行政化组织运作方式，必然导致资源浪费、效率低下、案件结构失衡以及社会参与度低，致使法律援助的供给能力始终无法满足社会的需要，供给质量也不理想。〔2〕

第三，律师的辩护权利长期受到立法的不合理限制或者受到来自办案机关的阻挠，正确的辩护意见往往难以得到办案机关的采纳，重大案件、敏感案件尤其如此。回顾改革开放以来的刑事司法历程，不难发现，从积极的方面来看，刑事司法的历史也是辩护制度不断发展进步的历史，这体现了世界辩护制度的发展规律；但是从消极的方面来看，辩护权利也受到一些不合理限制。其一，通过立法进行限判。例如 1983—1996 年，根据全国人大常委会的决定对严重危害社会治安和公共安全的刑事案件被告人辩护权的限制，以及 1983 年通过修改《人民法院组织法》将绝大多数死刑案件的核准权下放到高级人民法院，从而对死刑案件的辩护权形成实质性的限制。2018 年制定的《监察法》则将辩护律师排除于 88 种职务犯罪案件的调查程序之外。从短期来看，不能说这样的限制没有现实依据，但是从全面依法治国的目标要求来看，对如此众多的案件进行立法上的普遍限制，是否符合法治原则、是否违反宪法规定的平等原则、是否违反剥夺自由的正当程序精神，则是值得深刻反思的。其二，个别办案机关对辩护律师依法履职的行为进行不当干涉，律师的正确辩护意见往往难以得到采纳。例如，在“严打”整治斗争中，司法行政主管部门曾经要求律师事务所对所受理的重大、敏感

〔1〕数据来源：广东省司法厅官网，载 http://zwgk.gd.gov.cn，最后访问日期：2020 年 3 月 8 日。2018 年的数据空缺。

〔2〕参见胡铭、王廷婷：“法律援助的中国模式及其改革”，载《浙江大学学报（人文社会科学版）》2017 年第 2 期，第 91 页。

案件以及拟作无罪辩护的案件，必须事先向主管部门“汇报”并“听取指导意见”。[1]直到2012年《刑事诉讼法》实施以后，仍然有个别地方主管部门要求律师办理重大案件必须先行“报告”或者“报备”。在1979年《刑事诉讼法》实施期间，辩护律师在法庭审理中发表辩护意见，经常被法官打断；1983—2001年三次“严打”期间盛行的三机关联合办案机制以及审判权力的行政化运行模式（如各种形式的“先判后审”或“先定后审”和院长、庭长批案制度），使得辩护律师的法庭辩护沦为一种装饰和过场。在1996年《刑事诉讼法》实施后，各地辩护律师普遍遭遇了“会见难”“阅卷难”“调查取证难”“听取律师意见难”“申请取保候审难”等困难；2012年《刑事诉讼法》实施以后，普通刑事案件中的会见难、阅卷难的问题逐步得到解决，但调查取证难、听取律师意见难、申请取保候审难的问题基本上没有什么改变，受贿等职务犯罪案件的会见难问题也没有完全解决；同时律师辩护过程中又出现了一些新的困难，如申请证人出庭作证难、申请排除非法证据难、发问难、质证难、辩论难，等等。而且越是重大、敏感案件，律师辩护受到干扰的可能性越大。有学者对1995—2006年期间纠正的20件震惊全国的冤案以及2010—2015年期间纠正的10件震惊全国的冤案进行认真分析后指出，“轻视辩护，对辩护律师的合理意见置之不理”，是导致冤案产生的直接原因之一。[2]公安司法机关轻视甚至忽视辩护律师合理辩护意见的现象能够长期存在，说明对律师辩护的公共认同尚未完全达成，辩护制度与刑事司法的其他制度未能形成有机的整体，其预期功能难以得到充分发挥。

值得注意的是，我国辩护制度的发展不仅不充分，而且不平衡。首先，辩护制度在城乡之间、不同地区之间发展明显不平衡，这是我国经济社会发展不平衡的一种投影。根据2011年的统计数据，“按律师数量计算，排在前5名的北京、广东、山东、上海、江苏平均值为16 891.4人；最少的5个省份西藏、青海、海南、宁夏、甘肃的平均值为966人。前者是后者的17.5倍。按每10万人口律师数量计算，排在前5名的北京、上海、天津、广东、重庆平均值为46.7人；最

〔1〕 例如，2002年3月31日，无锡市司法局、无锡市律师协会为了贯彻中央政法委有关电视电话会议精神，发布了《关于进一步加强我市律师在“严打”整治中刑事辩护工作的意见》，其中第3条明确规定：“要加强请示报告制度。在‘严打’整治斗争中，对律师事务所受理的下列辩护案件，必须向主管司法局并向无锡市司法局汇报：（1）‘打黑除恶’案件；爆炸、杀人、抢劫、绑架、投毒、敲诈勒索等严重暴力犯罪案件；（2）在当地有重大影响的案件；（3）‘法轮功’等邪教组织的案件；（4）拟作无罪辩护的案件。律师事务所受理上述四类案件的刑事辩护，律师在开庭前都要将案件的基本情况和主要辩护观点经事务所集体讨论，同时向主管局汇报，听取意见，对‘法轮功’案件和拟作无罪辩护的案件必须向无锡市司法局和市律协刑辩指导小组专案汇报，听取指导意见。各律师主管部门要加强对刑事辩护工作的指导力度，切实掌握律师刑事辩护工作动态，及时向市局和市律协反馈信息。对该上报而没有上报的单位和个人，将视情节给予批评教育或纪律处分。”载https://law.lawtime.cn/d418199423293.html，最后访问日期：2020年3月14日。

〔2〕 陈永生：《刑事冤案研究》，北京大学出版社2018年版，第21-22页和第37-38页。

少的5个省份西藏、贵州、江西、甘肃、青海平均值为7人。前者是后者的6.7倍”。[1]这种不平衡状况至今并无根本改变。如根据司法部统计，2018年，全国共有执业律师42.3万多人，其中北京市、广东省的律师人数分别超过3万人，上海、江苏、浙江、山东、河南、四川6省（直辖市）的律师人数分别超过2万人，河北、山西、辽宁、安徽、福建、湖北、湖南、重庆、云南、陕西10个省（直辖市）的律师人数分别超过了1万人。[2]可见，多数律师资源集中在东部经济发达地区。中山大学城市与区域研究中心的学者通过分析2011年中国排名前50位的律师事务所的总部及其分支机构在289个城市的空间分布，发现全国80%以上的律师机构集中在大约20%的城市。[3]其他研究也得出了类似的结论。[4]律师资源的分布不平衡，不仅直接影响到经济欠发达地区犯罪嫌疑人、被告人以及其他诉讼案件的当事人获得平等的律师帮助权，而且“强化了像北京这样的特大城市律师市场的高度竞争和职业分化，从而引起更多律师的失范行为等问题”。[5]其次，刑事辩护资源的分布在审前阶段和审判阶段不平衡。自2012年《刑事诉讼法》开始，律师便可以在侦查、审查起诉和审判等各阶段担任辩护人。根据《刑事诉讼法》第34条和第35条的规定，犯罪嫌疑人自被侦查机关第一次讯问或者采取强制措施之日起，即有权委托律师担任辩护人；侦查机关在第一次讯问犯罪嫌疑人或者对犯罪嫌疑人采取强制措施的时候，应当告知犯罪嫌疑人有权委托辩护人。人民检察院自收到移送审查起诉的案件材料之日起3日以内，应当告知犯罪嫌疑人有权委托辩护人。犯罪嫌疑人、被告人符合法律援助条件的，可以申请法律援助，办案机关也有义务通知法律援助机构指派律师为其辩护。然而，连续多年的数据表明，无论是委托辩护还是法律援助机构的指派辩护，绝大多数辩护律师均只服务于审判阶段的被告人，侦查阶段和审查起诉阶段能够获得律师辩护的犯罪嫌疑人数量极少。对于绝大多数犯罪嫌疑人来说，期待获得辩护律师的辩护乃是一种“奢望”。而在中国的司法体制下，侦查阶段可能是犯罪嫌疑人最需要辩护律师的阶段，因为多数犯罪嫌疑人通常会在这个阶段被拘留和逮捕，定案的证据在侦查终结以前会被收集、固定并且几乎毫无限制地进入审判程序。

---

[1] 朱景文：“中国法律职业：成就、问题和反思——数据分析的视角”，载《中国高校社会科学》2013年第7期，第123页。

[2] 数据来源：司法部官网，http://www.moj.gov.cn/government_public/node_634.html，最后访问日期：2020年3月13日。

[3] 邹小华、薛德升、黄颖敏：“等级化、网络化与区域化：基于律师事务所空间分布的中国城市体系研究”，载《华南师范大学学报（自然科学版）》2015年第2期，第136页。

[4] 参见刘思达、梁丽丽、麦宜生：“中国律师的跨地域流动”，载《法律和社会科学》第13卷第1辑，法律出版社2014年版，第26-57页。

[5] 侯猛：“中国律师分布不均衡的表现与影响——从北京刑事辩护市场切入”，载《法学》2018年第3期，第123页。

一旦犯罪嫌疑人在侦查阶段作出有罪供述，除属于刑讯逼供、暴力威胁、非法拘禁等非法方法的结果经检察院或者法院审查决定排除的以外，即使犯罪嫌疑人事后翻供，也不影响其供述的证据效力；在全面实施认罪认罚从宽制度以后，犯罪嫌疑人在审查起诉阶段面临是否认罪认罚以及如何与检察机关进行协商等重大法律问题，因而迫切需要辩护律师提供专业的法律帮助。因此，辩护律师在审前阶段对于犯罪嫌疑人而言属于“必需品”而非“奢侈品”。刑事辩护资源在审前阶段和审判阶段的不平衡分布，不仅会导致犯罪嫌疑人的合法权益在审前阶段难以得到切实保护，而且对审判阶段的程序公正和实体公正也必然会产生消极影响。近年来推行的值班律师制度，虽然满足了认罪认罚案件必须有律师见证具结书的签署这样一种形式上的要求，但由于值班律师的诉讼权利有限、工作报酬太低、专业水平整体上不高，而且在法律上不具有“辩护人”的身份，值班律师并不能真正起到辩护律师的应有作用。再次，程序性辩护与实体性辩护之间不平衡。辩护律师以维护犯罪嫌疑人、被告人的合法权益为宗旨，为此，他可以针对当事人涉嫌或者被指控的行为是否构成犯罪、应定何罪、应否判刑、判处何刑、涉案财产如何处置，甚至侦查机关应否撤销案件、检察机关应否决定不起诉等实体问题，从有利于当事人的角度提出辩护意见，维护当事人的实体权益，也可以从程序上为当事人进行辩护，如要求变更案件的侦查管辖或者审判管辖，申请办案人员回避；在审查逮捕过程中提出不应逮捕的意见，在当事人被捕以后申请羁押必要性审查，要求撤销逮捕或者变更强制措施；要求侦查机关或检察机关补充收集固定有利于犯罪嫌疑人的证据，或者申请检察机关许可对被害人以及被害人提供的证人等进行调查取证；申请法院通知有利于当事人的证人、鉴定人出庭作证，或者申请有专门知识的人出庭帮助对鉴定意见进行质证；申请及时解除办案机关非法扣押的当事人财物，或者解除针对当事人财物的查封、冻结，申请对案件涉及的专门性问题进行重新鉴定或者补充鉴定，等等。这些程序性辩护手段，对于改善犯罪嫌疑人、被告人在诉讼中的待遇，维护其诉讼权利和其他合法权益，都具有十分重要的意义。然而，从辩护实践看，律师进行程序性辩护异常艰难，特别是申请取保候审或者变更强制措施、申请排除非法证据、申请证人出庭作证等。2012 年，在贵阳小河区法院审理的黎庆洪等涉黑案中之所以暴发尖锐的“辩审冲突”，一个重要原因就是辩护律师申请公诉人回避、申请排除非法证据被法庭驳回，以至于律师坚持“死嗑”，而法院则强势回应，先后有 4 位辩护律师被逐出法庭，20 多位辩护律师多次受到审判长口头警告。为了避免类似的冲突，争取公安司法机关的支持，很多辩护律师不得不尽量不提或少提程序性辩护意见，而主要从实体上为当事人提供辩护。

综上所述，一方面，人民群众对公平正义和辩护职能抱有美好的期待，另一方面，辩护制度的发展却不充分、不平衡，这是我国辩护制度目前存在的以及今后一段时间内发展所面临的主要矛盾。有效化解这一矛盾，进一步改革、完善辩护制度和相关制度，尽力解决发展中的不充分、不平衡问题，将是我国辩护制度发展的主要任务。

（二）刑事辩护制度发展的现实难题

在分析了辩护制度存在的主要矛盾之后，还需要进一步弄清辩护制度发展可能面临的主要难题，才能明确辩护制度发展的着力点。基于对改革开放以来辩护制度发展成就和存在问题的反思，要持续健康地发展完善辩护制度，成功地解决发展中的主要矛盾，必然会遇到各个方面的难题，例如公安司法人员如何更新司法观念、法律援助经费如何得到增加、辩护律师如何提高依法履职的能力和水平、辩护质量标准和职业伦理规范如何完善，等等。这些问题，都需要在发展辩护制度的过程中逐步得到解决。但是，从制度上看，我国辩护制度的未来发展所要面临的现实难题主要集中在以下四个方面。

1. 辩护制度的功能定位受制于司法制度和司法改革的局限性

在我国的国家权力体系中，审判权属于比较弱势的一种权力。在刑事诉讼中，审判权对侦查权、公诉权的制约能力较为有限。由于侦查机关享有除了批准逮捕以外其他所有强制性措施的自主决定权，审前阶段批准、决定逮捕的权力又归属于承担公诉职能的检察机关享有，法院对侦查、检察机关在审前阶段的一切违法行为，除了在极端例外情况下启动证据合法性调查的情形外，一律无权进行审查。纠问主义的侦查构造、“捕诉一体”的权力配置、侦查中心主义的诉讼构造在“一体化的司法体制”下紧密交织在一起，使得辩护制度只能在国家专门机关惩治犯罪、维护社会秩序的过程中对防范冤假错案起到有限的“点缀”作用。虽然在法律上辩护律师有权利，也有责任“根据事实和法律，提出犯罪嫌疑人、被告人无罪、罪轻或者减轻、免除其刑事责任的材料和意见，维护犯罪嫌疑人、被告人的诉讼权利和其他合法权益”，但实际上，辩护律师能够辩护的空间极为有限，在属于重点打击范围的案件中辩护空间则更小。

2. 律师辩护权利的扩展受制于被追诉人的诉讼地位

从本源上看，辩护权首先是被追诉人的一种诉讼权利，它根植于尊重个人自由、个体尊严和独立自主等普遍认可的法律价值。[1]辩护律师只是被追诉人的法律助手，他以自己的法律知识和辩护技能以及诉讼经验为被追诉人提供法律帮助，以便最大限度地保护被追诉人的合法权益。从刑事诉讼制度的发展历史来看，律师被允许介入刑事诉讼担任辩护人，乃是被追诉人的诉讼地位从诉讼客体转向诉讼主体的结果，辩护律师诉讼权利的扩展始终受到被追诉人诉讼地位发展

〔1〕［美］詹姆斯·J. 汤姆科维兹：《美国宪法上的律师帮助权》，李伟译，中国政法大学出版社2016年版，第68页。

变化的限制。

一般认为，被追诉人的诉讼地位表现为被追诉人的诉讼权利和诉讼义务。自1979年《刑事诉讼法》实施以来，我国刑事诉讼中被追诉人的诉讼地位总体上呈现不断提高的趋势，逮捕条件的从严、律师帮助权的扩大、庭审实质化改革、非法证据排除规则和疑罪从无规则的确立、司法责任制的推行等，均对改善被追诉人的诉讼地位起到了支撑作用，也为辩护律师积极发挥作用提供了更为有利的程序法条件。然而相对于强大的侦查机关和公诉机关，我国刑事案件被追诉人的诉讼地位仍然较为低下，辩护律师的诉讼权利因此而受到一些不合理限制，这主要表现在以下几个方面。

第一，被追诉人没有不被强迫自证其罪的“权利”，相反，却负有“如实供述”的义务。从1979年《刑事诉讼法》到2018年《刑事诉讼法》，我国刑事诉讼制度发生了巨大的变化，取得了很大的进步，但有一条规定从来没有发生过实质性变化，即，“犯罪嫌疑人对侦查人员的提问，应当如实回答。但是对与本案无关的问题，有拒绝回答的权利”。〔1〕据此，实践中犯罪嫌疑人凡是拒绝回答或者不如实回答提问的，都将被作为“认罪态度不好”的证据，最终被定罪判刑时都会受到“酌情从重”处罚。虽然2012年《刑事诉讼法》对司法人员的取证行为增加了“不得强迫任何人证实自己有罪”的要求，但这一要求基本上属于对司法人员的一种“训示”规定，并不意味着被追诉人因此而获得了“不被强迫自证其罪的权利”。因为即使司法人员的取证行为违反了上述禁止性规定，除符合法律规定的例外条件可以依法申请排除相关证据以外，被追诉人并无救济途径。尤其是被追诉人有罪供述的证据能力，并不取决于有罪供述是否“自愿”，而是取决于是否源于刑讯逼供、暴力威胁、非法拘禁等极为有限的几种法定情形。〔2〕虽然有关政策性文件和规范性司法文件均使用了“严格排除非法证据”的表述，但考虑到非法证据排除的申请难、启动难、排除难以及排除以后控方仍然可以以多种方式继续补充收集证据，其真实的含义实际上是“严格限制排除非法证据”。对被追诉人违反个人意愿作出的有罪供述，尤其如此。如果不能确立被追诉人不被强迫自证其罪的权利，那么，引入侦查讯问或检察讯问时的律师在场权，将毫无意义。

第二，被追诉人没有“在依法证实有罪之前被推定为无罪”的权利。根据

---

〔1〕 参见1979年《刑事诉讼法》第64条、1996年《刑事诉讼法》第93条、2012年《刑事诉讼法》第118条和2018年《刑事诉讼法》第120条。唯一的变化是，自1996年《刑事诉讼法》开始，1979年《刑事诉讼法》第64条中的“被告人”被改为“犯罪嫌疑人”。但是，根据“坦白从宽、抗拒从严”的刑事政策，“如实回答”也是“被告人”的义务。

〔2〕 参见“两高三部”2017年6月联合发布的《关于办理刑事案件严格排除非法证据若干问题的规定》第2—5条。

联合国人权事务委员会的解释，无罪推定的基本要求有三：一是公诉机关承担对被告人有罪的举证责任，而且需要证明到排除合理疑问的程度，在罪行存疑时要作出有利于被追诉人的结论；二是被追诉人在被排除所有合理疑问地证实有罪之前，“应被视为无罪”，不得推定其有罪；三是被追诉人应享有与被推定为无罪的权利相一致的待遇，因此，“所有公共当局均有责任不对审判结果作出预断，如不得发表公开声明指称被告人有罪。被告人通常不得在审判中被戴上手铐或被关在笼中，或以将其指成危险罪犯的方式出庭。媒体应避免作出会损及无罪推定原则的报道”。〔1〕我国《刑事诉讼法》虽然自1996年起即确立了“未经人民法院依法判决，对任何人都不得确定有罪”的原则，并且在不起诉、无罪判决制度等方面体现了“疑罪从无”的精神，但并没有将无罪推定作为被追诉人的一项权利对待。在司法实践中，被追诉人多数被逮捕，长时间被羁押于看守所，事实上承受着有罪的待遇；加之受各方面因素的影响，检察院履行举证责任不到位，法院也未能完全落实“疑罪从无”的法定规则，一些定罪证据明显不足的案件往往被“留有余地”地作出有罪判决，以至于“真凶再现”或“亡者归来”时才发现是冤案。可以说，无罪推定原则的缺失，是我国有罪判决率畸高和律师“无罪辩护难”的直接原因。

第三，法庭的中立性不足，影响被追诉人辩护权的实现。《公民权利和政治权利国际公约》第14条第1款规定：“在判定对任何人提出的任何刑事指控或确定他在一件诉讼案中的权利和义务时，人人有资格由依法设立的合格的、独立的和无偏倚的法庭进行公正和公开审讯的权利。”据此，获得中立的法庭公正审判的权利是所有被追诉人的一项基本权利。根据联合国人权事务委员会的解释，〔2〕法庭中立包含两层含义：一是法官作判决时不得受其个人倾向或偏见的影响，不可对其审判的案件存有成见，也不得为当事一方的利益而损及另一当事方；二是法庭在通情达理的普通人看来是无偏倚的，例如，本应被取消资格的法官参加审理而使审判深受影响的，通常不能被视为中立的审判。可见，法庭中立的本质是法官中立，对法庭中立的判断要坚持主客观相统一的标准。据此，中立的刑事法庭一定是公平地对待控辩双方的法庭，而不是倾向于打击犯罪的法庭。然而在我国，由于控审职能的分离不够充分，以至于刑事法庭带有明显的追诉倾向，法官对于控方的诉讼要求往往“配合有余、制约不足”，而对于被告人及其辩护律师发表辩护意见则经常随意限制甚至完全置之不理，这是疑罪从无规则长期得不到落实的一个重要原因，也是律师无罪辩护意见难以得到采纳的重要原因。全面推行认罪认罚从宽制度以后，基于《刑事诉讼法》第201条而建立起来的“诉审

---

〔1〕 Human Rights Committee General Comment No. 32, CCPR/C/GC/32, 23 August 2007, para. 30.

〔2〕 Human Rights Committee General Comment No. 32, CCPR/C/GC/32, 23 August 2007, para. 21.

衔接”机制进一步削弱了法庭的中立性，在认罪认罚的自愿性缺乏制度性保障的现实条件下，也必然会进一步挤压辩护律师作无罪辩护的空间。

第四，被追诉人的律师帮助权尚未得到及时、全面的保障。第八届联合国预防犯罪和罪犯待遇大会1990年9月7日通过的《关于律师作用的基本原则》第2条规定：“各国政府应确保向其境内并受其管辖的所有的人，不加任何区分……提供关于平等有效地获得律师协助的迅捷有效的程序和机制。”根据该文件第5—8条的规定，任何刑事被追诉人都应迅速被告知聘请律师的权利，必要时获得免费的法律援助，“各国政府还应确保，被逮捕或者拘留的所有的人，不论是否受到刑事指控，均应迅速得到机会与一名律师联系，不管在任何情况下至迟不得超过自逮捕或者拘留之日起的48小时。遭逮捕、拘留或者监禁的所有的人应有充分机会、时间和便利条件，毫无迟延、在不被窃听、不经检查和完全保密情况下接受律师来访和与律师联系协商”。目前，英美法系国家和地区以及欧盟成员国〔1〕普遍确认了犯罪嫌疑人在侦查讯问前后与律师的秘密交流权、侦查讯问和预审讯问时的律师在场权、列队辨认和侦查实验等重要侦查行为的律师见证权等，律师辩护覆盖了侦查初期、侦查过程、审查起诉、预审、初审和上诉审阶段，基本实现了律师对刑事诉讼的“全流程辩护”。根据欧洲人权法院的判例，对律师帮助权即使有正当理由需要进行限制，也不允许通过立法进行类型化的普遍限制（例如，某类案件的犯罪嫌疑人不允许与律师会见交流），而只有由法官根据个案情况审查决定。〔2〕

我国被追诉人的律师帮助权虽然近四十年扩张迅速，但仍然存在有待提高之处：一是不及时，现行法律虽然允许犯罪嫌疑人“自被侦查机关第一次讯问或者

〔1〕 欧盟国家曾经长时间不允许犯罪嫌疑人在接受侦查讯问时由律师陪同在场，在2013年10月22日欧盟议会通过了《关于刑事诉讼和欧洲逮捕令程序中律师帮助权等的指令》，其中第3条规定：“1. 成员国应当确保嫌疑人、被告人有权获得律师帮助，其时间和方式应当能够保证相关当事人实际有效地行使辩护权。2. 嫌疑人、被告人应当不迟延地获得律师帮助。在任何情况下，嫌疑人、被告人应当自以下最先到来的时刻起获得律师帮助：（1）在他们接受警察或其他执法、司法官员讯问之前；（2）在侦查机关或其他主管机关依据第3款第3项实施侦查或其他取证行为时；（3）被剥夺自由后不迟延地；（4）在受到对刑事案件有管辖权的法院传唤的情况下，在他们出庭前的适当时间内。3. 获得律师帮助权应包括以下内容：（1）成员国应当确保嫌疑人、被告人有权利与代表他们的律师进行秘密会见和交流，包括在接受警察或其他执法、司法官员讯问之前。（2）成员国应当确保嫌疑人、被告人在接受讯问时有权由律师陪同在场，并且律师能够有效参与。这种参与应当符合国内法规定的程序，但这些程序不得损害相关权利的有效行使和实质。律师参与讯问过程的，应当根据相关成员国法律规定的程序对此予以记录。（3）成员国应当确保嫌疑人、被告人至少有权利由其律师参加下列侦查或取证行为，如果这些行为在其国内法中有规定，而且嫌疑人、被告人有义务或者被允许参加：（i）列队辨认；（ii）对质；（iii）犯罪现场重现。”该指令于2016年12月生效以后，欧盟国家纷纷修改国内法，以使国内法与该指令的要求相符。例如，德国2017年8月27日通过的《关于加强被指控人程序权利的法律》，赋予了辩护律师在警察讯问时的在场权。

〔2〕 参见 Salduz v Turkey, Grand Chamber judgement of ECtHR, Nov. 27, 2008, pp. 52－62; Beuze v. Belgium, Grand Chamber judgement of ECtHR, Nov. 9, 2018, p. 142.

采取强制措施之日起”委托律师担任辩护人，但是犯罪嫌疑人并不能在第一次侦查讯问开始前与律师进行会见交流，实践中，律师接受委托后能够在法定最短的48小时内会见在押犯罪嫌疑人的情形也极为少见。二是不全面，侦查过程中除审查逮捕程序允许辩护律师提出意见以外，其他侦查行为如侦查讯问、列队辨认等，一律不允许律师到场。三是不平等，因为法律规定的法律援助的范围非常有限，即使在“刑事案件律师辩护全覆盖”试点以后，死刑复核程序中没有辩护人的原审被告人也不能获得法律援助，更不用说还有88种职务犯罪案件的犯罪嫌疑人在监察机关移送起诉以前完全无权获得律师的任何帮助。

3. 有权辩护问题的解决受制于辩护资源的供给能力

“有权获得辩护”既是我国宪法确定的一项基本原则，也是国际公认的一项基本人权。在被追诉人所享有的所有诉讼权利中，辩护权无疑处于核心地位。在一个法制健全的社会，辩护权实质上就是获得律师辩护的权利，因为作为法律外行的被追诉人如果没有专业律师的帮助，很难在强势的警察和专业的检察官面前维护自己的合法权益，“即使有一个完善的辩护理由，他也不具备适当准备辩护所需的技能和知识……即使他是无辜的，也有被定罪的危险，因为他不知道如何证明自己的无辜”。[1]改革开放四十多年来，我国辩护制度的发展成绩有目共睹，然而辩护资源的供给能力始终不能与辩护需求相匹配，这是我国律师辩护率长期在低位徘徊的一个重要原因。2017年11月，最高人民法院、司法部开展“刑事案件律师辩护全覆盖”试点以后，试点地区法院适用普通程序审理的刑事案件中律师辩护率普遍得到了提升，但试点的“律师辩护全覆盖”其实仅限于审判阶段，而且仅限于适用“普通程序”的一审、二审案件和再审案件，既不包括侦查和审查起诉阶段，也不覆盖死刑复核程序。但是，我国刑事诉讼的重要特点在于侦查阶段耗时较长，而且多数犯罪嫌疑人在侦查阶段都被拘捕、羁押。从司法实践情况看，绝大多数刑事案件一旦提起公诉，有罪的结局基本上已经无法改变，审判阶段的任务主要是解决量刑问题。因此，最需要辩护律师提供专业辩护的不仅仅是到了审判阶段仍然不认罪的被告人，还包括数量众多的犯罪嫌疑人。但在现有规定之下，审前阶段没有辩护人的犯罪嫌疑人，只能通过值班律师寻求法律帮助，而值班律师的最大作用仅仅是见证认罪认罚具结书的签署，不太可能提供专业的辩护意见。

问题在于，我国刑事案件的基数很大，而律师总人数有限，真正担任辩护人

---

〔1〕 参见萨瑟兰大法官在“鲍威尔诉阿拉巴马州”一案（1932年）中的判决意见，转引自Stephen A. Saltzburg & Daniel J. Capra, American Criminal Procedure, West Group, 6th ed., 2000, p. 782.

的律师人数更少。据国家统计局网站公开的数据，[1]截至2018年底，全国共有执业律师42.3万多人，其中专职律师36.4万多人，兼职律师1.2万多人，公职律师3.1万多人，公司律师7200多人，法律援助律师7400多人，军队律师1500人。2018年度，全国律师办理各类法律事务1068万多件，其中，办理诉讼案件497.8万多件，办理非诉讼法律事务105.8万多件，为70多万家党政机关、人民团体和企事业单位担任法律顾问。在诉讼案件中，刑事辩护与代理为81.4万多件，仅占16.35%；如果按照律师办理的全部法律事务进行折算，刑事辩护与代理的数量仅占7.62%，这意味着42.3万律师中大约只有3.2万律师能够专门承担刑事辩护任务。而在同一年度，检察机关批准逮捕的人数超过105.66万人、提起公诉的人数超过169.28万人。考虑到侦查阶段、审查起诉阶段以及一审、二审、死刑复核和再审各个阶段众多犯罪嫌疑人、被告人的辩护需求，辩护律师资源差距甚大。辩护资源的供给能力不足，决定了解决律师辩护率过低的问题将是一项长期的艰巨任务。

4. 有效辩护问题的解决受制于辩护权的保障和救济机制的完善程度

如前所述，国际刑事司法准则要求各国政府为所有被追诉人提供“有效的”律师帮助。从广义上看，所谓“有效辩护”包括两个方面的内容：[2]一是被告人及其辩护律师的合法辩护权利依法得到保障，不得受到来自公权力的无端阻扰或妨碍；二是辩护律师，无论是委托律师，还是法律援助律师，应当根据事实和法律为被追诉人提供实质性的法律帮助，最大限度地维护被追诉人的合法权益。如果公权力机关可以随意侵害被追诉人及其律师的辩护权，实施侵权行为的机关和个人不因此而承担任何不利后果，那么，立法赋予被追诉人及其律师的辩护权利就成为一纸空文。为了防止公权力对辩护权的不当侵犯，保证辩护权的实际有效行使，必须设定公权力机关的辩护权保障义务，健全辩护权的保障机制。同样，如果接受委托或者指派担任辩护人的律师不能忠诚于被追诉人的利益，尽职尽责地提供达到一定专业水准的法律帮助，那就会剥夺被追诉人律师帮助权的实质内容。为了督促辩护律师依法忠诚地履行辩护职责，对律师的“无效辩护”行为必须为被追诉人在诉讼内外提供有效的司法救济。然而，从现有的法律规定和司法现实来看，我国对辩护权的保障机制和救济机制均不够完善。从辩护权的公权力保障机制角度看，虽然立法不断强化公安司法机关对辩护权的保障义务，不履行或者不及时履行保障义务的法律后果是什么，并不清楚。根据《刑事诉讼

---

〔1〕 参见国家统计局官网，载 http://www.moj.gov.cn/government_public/content/2019-03/07/634_229827.html，最后访问日期：2020年3月8日。

〔2〕 关于有效辩护的系统理论分析，参见熊秋红：“有效辩护、无效辩护的国际标准和本土化思考”，载《中国刑事法杂志》2014年第6期。

法》第49条和第117条的规定，对侵害被追诉人、辩护人等诉讼参与人诉讼权利和其他合法权益的行为，利害关系人只能向检察机关提起申诉或控告，被追诉人对于侦查机关侵害律师帮助权的行为既无权向一个中立的司法机关寻求救济，也没有权利申请法院排除在律师帮助权被侵害期间作出的有罪供述；如果是一审法院在审理过程中非法限制或剥夺被告人及其律师的辩护权利，最多也只能通过二审程序将案件发回重审，此外不再有其他的合法救济途径。这是部分辩护律师不得不坚持"死嗑"的制度性原因。但是，辩护律师如果"过于执着于"公安司法机关拒绝接受的诉讼请求或辩护意见，随时可能面临执业法律风险，如被纪律处分甚至刑事追究等。可以说，我国四十年来刑事辩护制度发展过程中存在的最大问题就是辩护律师诉讼权利的有效救济以及执业法律风险的有效防控问题始终未能得到解决。[1]要破解这样一个顽固的制度性难题，只能寄希望于司法体制改革和以审判为中心的诉讼制度改革的深入推进。另一方面，从律师"无效辩护"的司法救济角度看，我国立法虽然明确规定了辩护人的职责和义务，但并未建立辩护质量标准，辩护律师的职业伦理规范也不够健全。由于被追诉人的辩护需求远远超过辩护资源的供给能力，司法实践中相当一部分辩护律师不仅缺乏基本的专业技能，而且在选择辩护策略、确定辩护方针、提出辩护主张等方面，不善于甚至完全不与被追诉人进行必要的沟通和磋商，有的辩护律师也不能根据案件的具体情况进行充分的辩护准备。因此，如何就律师的"无效辩护"建立合理的判断标准，并为被追诉人提供适当的司法救济，已经成为辩护制度进一步发展所必须面对的问题。考虑到我国辩护律师队伍的规模、分布、出身以及辩护市场的需求、辩护的司法环境条件，这一问题的解决也不可能在短时间内一蹴而就。

七、刑事辩护制度的未来展望

四十多年的改革开放，使我国由一个封闭、落后的贫穷国家，逐步变成一个相对开放的经济大国，中国特色社会主义法律体系也已经初步建成。然而，中国毕竟是一个几千年封建专制统治的国家，国家权力的配置和运行机制离法治的要求尚有一定的距离。这就决定了法治中国的建设将是一个漫长的历史过程。虽然"尊重和保障人权"早在2004年就已经写入国家的根本大法，但包括辩护制度在内的人权保障制度远未达到完善的程度。时至今日，宪法权利尚未"司法化"，法院也无权对侵害宪法权利的侦查、公诉行为进行司法审查，因而被追诉人以及辩护律师并不能以宪法权利受到侵害为由在刑事诉讼内寻求司法救济。

从比较法经验来看，一个健全的辩护制度体系至少要满足以下两项标准：一

---

〔1〕 关于辩护权保障方面的问题，参见陈瑞华："刑事辩护制度四十年来的回顾与展望"，载《政法论坛》2019年第6期，第14-15页。

是所有被追诉人都能够获得专业律师的及时、平等、有效的法律帮助，二是任何侵犯被追诉人及其辩护律师权利的行为，都能在刑事诉讼内外获得及时、公平的救济，辩护权以及律师的执业安全得到妥善的保障。然而，前文的分析表明，我国辩护制度进一步发展所面临的主要矛盾即人民群众对公平正义和辩护职能的美好期待与辩护制度发展不充分、不平衡的矛盾，在短时间内难以得到彻底化解，辩护制度发展面临的四大制度性难题的破解也需要一个过程。考虑到我国目前面临的国内外形势极为复杂，经济社会发展和政治稳定都可能出现一定的不确定性因素，法治的发展也出现了一定的波折或反复，我国辩护制度的未来发展也必然不可能是一帆风顺的。基于这种认识，本书不太可能就辩护制度未来十年、二十年的发展“绘制”出蓝图，而只能就如何化解矛盾、破解难题提一点初步的思路和方向。

第一，在全面深化改革、持续扩大开放过程中，继续推进司法体制和司法权力运行机制改革，落实“让审理者裁判、由裁判者负责”的原则，为辩护制度发展创造良好的外部环境。陈瑞华教授指出：“作为人权保障制度组成部分的辩护制度，不仅与国家政治、经济、社会的变革保持同步发展的态势，而且受到司法体制改革进程的深刻影响。可以说，国家每发生一次重大的政治、经济和社会治理机制的改革，刑事司法体制每发生一次重大变化，刑事辩护制度的发展空间也就随之而得到扩展。”[1]如果不能在宪法上真正把法院作为独立的司法机关，不能把法官作为“只服从法律”的司法官员，不能把无罪推定、公正审判、不被强迫自证其罪以及获得平等、及时、有效的法律帮助作为每一个涉嫌或被控犯罪的公民的基本权利，并建立由独立的司法机关进行的合宪性审查制度，那么辩护权乃至任何其他权利在强大的公权力面前都将沦为“婢女”。

第二，以批准《公民权利和政治权利国际公约》为契机，不断完善刑事诉讼制度，深入推进以审判为中心的刑事诉讼制度改革，扩大被追诉人的辩护权利包括辩护律师的权利，完善法律援助制度，逐步解决所有被追诉人在刑事诉讼全过程的“有权辩护”问题。例如，允许被拘捕的犯罪嫌疑人在接受侦查讯问前与律师会见交流、在接受侦查讯问和列队辨认时由律师陪同；确认被监察机关留置的被调查人委托律师辩护的权利以及获得法律援助辩护的权利；赋予辩护律师在审查逮捕和羁押必要性审查过程中的阅卷权；将法律援助辩护的范围扩大到所有被逮捕以及可能判处自由刑的案件中，包括侦查阶段、审查起诉阶段、一审、二审、死刑复核和再审阶段；改变法律援助经费的筹集方式以及财政拨款的管理

〔1〕 陈瑞华：“刑事辩护制度四十年来的回顾与展望”，载《政法论坛》2019年第6期，第16页。

模式，构建法律援助多元协同治理模式，[1]努力让更多的被追诉人获得法律援助的机会，逐步解决法律援助“不平衡”的问题，等等。

第三，在建立现代司法制度的过程中，调整辩护制度的功能定位，完善被追诉人及其辩护人与公权力机关之间的关系以及辩护律师与当事人之间的关系，为侵犯辩护权的行为提供公平、有效的法律救济，完善辩护律师的职业伦理，解决“有效辩护”的保障问题。辩护权是维护被追诉人其他所有权利的基本手段，不是协助公安司法机关追诉犯罪的工具。辩护律师最为核心的义务，就是对当事人的“忠诚义务”，与此有冲突的所谓“公益性义务”都应当予以废止或者予以严格限制。为了强化辩护权的公权力保障机制，贯彻“控辩平等”的诉讼理论，立法应当对公权力机关妨碍辩护权的行为设定禁止性规定，并提供充分的救济手段，例如，禁止控方对已经提起公诉的案件继续讯问作为对等一方当事人的被告人；禁止控方对辩护律师调查过的证人进行庭外重新取证；对侵害辩护权期间获得的有罪供述和其他证据，应当予以排除；对于侵害辩护权的司法人员，应当依法追究法律责任；对于由于侵害辩护权造成恶劣社会影响的刑事案件，应当根据罪行轻重、负面影响大小、被追诉人承受的痛苦程度等因素，分别决定终止诉讼、对被告人减轻处罚或者发回重审。同时，就辩护律师与当事人之间的关系从司法公正和被追诉人利益最大化的角度完善相关法律规定，对死刑案件、未成年人刑事案件等特定类型案件的辩护律师规定更加严格的准入条件，通过各地律师协会的共同努力建立刑事辩护质量标准体系。如果辩护律师没有忠诚地履行辩护职责，或者所提供的法律服务明显低于合理的辩护质量标准，被追诉人能够证明其合法权益受到不当损害的，有权申请法院在本案诉讼中给予司法救济（如撤回认罪认罚具结书、发回重审、重新指派律师、重新判刑等），并对涉案律师提起民事侵权之诉。

（撰稿人：孙长永、陈真楠）

---

〔1〕 胡铭、王廷婷：“法律援助的中国模式及其改革”，载《浙江大学学报（人文社会科学版）》2017年第2期，第91页。

第三章

刑事案件陪审员制度

目　次

刑事案件陪审员制度是我国社会主义司法制度的重要组成部分，它集中体现了陪审员制度的政治、司法、社会和技术方面的价值和功能。1979 年以来，我国刑事案件陪审员制度在价值理念、规范设计和实践运作方面均取得了巨大进步，但也存在一些突出问题，影响制度实施的效果，值得认真总结和反思。在借鉴前人研究成果的基础上，[1]笔者拟将改革开放以来刑事案件陪审员制度的历史划分为恢复和重建阶段、“严打” 阶段、复苏和探索发展阶段、改革发展阶段四个阶段，并按照每个阶段的规范变迁、实施情况和问题的进路展开论述，最后针对制度存在的主要问题加以分析，并就其发展前景加以展望。

一、改革开放以来刑事案件陪审员制度的恢复和重建

（一） 立法规定

1978 年 12 月党的十一届三中全会之后，我国民主法制建设逐步走向正轨。在“发展社会主义民主、健全社会主义法制” 的方针指引下，1979 年 7 月 1 日，五届全国人大二次会议通过了《刑事诉讼法》 和修正后的《人民法院组织法》，新法自 1980 年 1 月 1 日起施行。1979 年《刑事诉讼法》 是我国第一部社会主义刑事诉讼法典，它奠定了我国刑事诉讼法制的基础框架，确立了我国刑事审判的基本模式，[2]对我国刑事诉讼制度和司法制度产生了持续性的影响力。[3]1979 年《人民法院组织法》 确立了法院的组织体系、活动原则、基本权责等一整套规范，为恢复重建法院系统提供了明确的法律依据。这两部法律的出台，标志着人民法院审判工作进入有法可依、严肃执法的新阶段。[4]两部法律对刑事案件陪审员制度作出了系统规定，主要内容包括以下方面。

（1） 明确刑事案件审判普遍适用陪审员制度的原则。1979 年《人民法院组织法》 第 9 条规定：“人民法院审判第一审案件实行人民陪审员陪审的制度，但是简单的民事案件、轻微的刑事案件和法律另有规定的案件除外。” 1979 年《刑事诉讼法》 在 “总则” 第一章 “指导思想、任务和基本原则” 部分（第 9 条）规定：“人民法院审判案件，依照本法实行人民陪审员陪审的制度。”

---

〔1〕 参见王敏远：“中国陪审制度及其完善”，载《法学研究》 1999 年第 4 期，第 26 页；彭小龙：《非职业法官研究——理念、制度与实践》，北京大学出版社 2012 年版，第 193 页；钟莉：《价值 · 规则 · 实践：人民陪审员制度研究》，上海人民出版社 2011 年版，第 25 页；杨安军：“陪审制度研究”，西南政法大学 2006 年博士学位论文。

〔2〕 参见汪海燕：“中国刑事审判制度发展七十年”，载《政法论坛》 2019 年第 6 期，第 33 页。

〔3〕 参见左卫民：“中国道路与全球价值：刑事诉讼制度三十年”，载《法学》 2009 年第 4 期，第 82 页。

〔4〕 参见甘重斗主编：《中国法律年鉴（1987）》，法律出版社 1987 年版，第 9 页。

（2）首次明确四级法院刑事案件陪审员参审合议庭的规模和组成。1979 年《刑事诉讼法》第 105 条规定，“基层人民法院、中级人民法院审判第一审案件，除自诉案件和其他轻微的刑事案件可以由审判员一人独任审判以外，应当由审判员一人、人民陪审员二人组成合议庭进行。高级人民法院、最高人民法院审判第一审案件，应当由审判员一人至三人、人民陪审员二人至四人组成合议庭进行”。换言之，基层、中级人民法院的陪审合议庭为“1+2”模式，高级人民法院、最高人民法院的陪审合议庭为“1+2”或者“3+4”等模式。

（3）明确了合议庭中陪审员与法官同职同权的原则。1979 年《人民法院组织法》恢复了 1954 年《人民法院组织法》关于陪审员与法官同职同权的制度设计，该法第 38 条第 2 款规定：“人民陪审员在人民法院执行职务期间，是他所参加的审判庭的组成人员，同审判员有同等权利。”1979 年《刑事诉讼法》第 105 条第 3 款也规定：“人民陪审员在人民法院执行职务，同审判员有同等的权利。”

（4）明确了陪审员的资格条件和产生方式。1979 年《人民法院组织法》恢复了 1954 年《人民法院组织法》关于陪审员的政治、年龄条件和产生方式的规定，该法第 38 条第 1 款规定：“有选举权和被选举权的年满二十三岁的公民，可以被选举为人民陪审员，但是被剥夺过政治权利的人除外。”

（5）明确了陪审员执行职务的物质保障。1979 年《人民法院组织法》恢复了 1954 年《人民法院组织法》关于陪审员执行职务的工资、补助规定。该法第 39 条规定：“人民陪审员在执行职务期间，由原工作单位照付工资；没有工资收入的，由人民法院给以适当的补助。”

1979 年《人民法院组织法》和《刑事诉讼法》关于刑事案件陪审员制度的规定具有重要的历史意义和现实价值：一是重新确立了刑事案件陪审员制度的基本架构，这成为刑事案件陪审员制度后续发展改革的规范起点，并对后来的制度变迁产生了重要影响；二是恢复了刑事审判中普遍适用陪审员制度的原则，体现了刑事案件陪审员制度适用的广泛性。可见，当时的立法理念是开放、包容、民主的，支持群众参与刑事司法的力度也是空前的。

（二）实施情况

1979 年《人民法院组织法》和《刑事诉讼法》实施以后，各地法院克服重重困难，积极实施陪审员制度。据笔者统计，重庆市沙坪坝区人民法院 1981 年、1982 年共有刑事一审公诉案件 203 件，全部是由 1 名审判员和 2 名陪审员组成合议庭审理的。但是，在改革开放初期，由于国家各项工作尚处于从“依据政策办事”向“依法办事”的转变过程中，法院受主客观多种条件的限制，并未严格贯彻落实陪审员参审刑事案件的制度，不少刑事案件没有依法适用陪审员制度审理，主要原因有以下两个方面。

一是地方法院普遍面临陪审员数量不足、法律知识缺乏的问题，导致地方法院难以普遍适用陪审员制度。根据 1979 年《人民法院组织法》的规定，陪审员的产生实行选举制。司法部于 1980 年发出通知，要求陪审员的选举仍参照 1963 年最高人民法院发出的《关于结合基层普选选举人民陪审员的通知》精神办理。该通知要求，各地陪审员的选举应在选举基层人民代表的同时进行。城镇的陪审员由选民直接选举产生，高级人民法院和中级人民法院的陪审员可以采取临时邀请的办法，也可以通知基层法院选出的陪审员参加审判，不要单独布置选举。〔1〕实践中，陪审员主要是通过乡镇选举以及法院邀请产生，〔2〕这与法院对陪审员的大量需求之间存在巨大的差距：一方面，选举耗时耗力、周期较长，不能快速产生陪审员；另一方面，当时的群众普遍文化程度不高，具有法律知识、可供邀请的人少之又少。这反映了司法民主化与实现条件缺乏之间的矛盾。〔3〕1983 年，全国人大常委会秘书长、法制委员会副主任王汉斌在第六届全国人大常委会第二次会议上就修改《人民法院组织法》所作的说明指出："不少法院提出，人民法院组织法第 10 条第 2 款规定，第一审案件的合议庭都要有陪审员参加，在实践中有许多困难，特别是请有法律知识的陪审员困难很大，严重影响审判工作的进行，要求作比较灵活的规定。"〔4〕可见，由于陪审员的数量和质量不能满足法院适用陪审员制度的需要，地方法院无法按照法律的要求执行全面适用陪审员制度的规定。

二是全国法院以复查"文化大革命"期间的冤假错案及应对《刑事诉讼法》实施后的案件高峰为中心，客观上无暇顾及刑事案件陪审员制度的全面实施。〔5〕从 1978 年底开始，全国各级法院根据十一届三中全会确定的方针、政策，进行了司法战线上的拨乱反正。根据 1979 年 6 月 27 日最高人民法院院长江华向五届全国人大二次会议提交的书面工作报告，"文化大革命"期间判处的反革命案件中，冤错的比例一般占 40% 左右，有些地区竟达 60% 或 70%，数量之大，比例之高，后果之严重，是新中国成立以来仅有的。〔6〕最高人民法院要求各地人民法院争取在当年内把"文化大革命"中判处的冤假错案纠正过来，基本完成复查任务。据统计，到 1979 年 5 月底，29 个省、自治区、直辖市已复查纠正

〔1〕 参见王敏远："中国陪审制度及其完善"，载《法学研究》1999 年第 4 期，第 26 页、第 30 页。

〔2〕 参见刘涌："我国的陪审制度必须改革"，载《青海社会科学》1983 年第 1 期，第 71 页。

〔3〕 参见蒋惠岭："简述中国法院的陪审制度"，载《中国法律》1996 年第 1 期，第 14 页。

〔4〕 "全国人大常委会秘书长、法制委员会副主任王汉斌在六届全国人大常务会二次会议上就修改人民法院组织法和人民检察院组织法作说明"，载王振川主编：《中国改革开放新时期年鉴（1983）》，中国民主法制出版社 2015 年版，第 676 页。

〔5〕 参见王敏远："中国陪审制度及其完善"，载《法学研究》1999 年第 4 期，第 30 页。

〔6〕 "最高人民法院院长江华向五届全国人大二次会议提交书面工作报告"，载王振川主编：《中国改革开放新时期年鉴（1979）》，中国民主法制出版社 2015 年版，第 503-504 页。

冤假错案16.4万多件。[1]但是，由于案件数量实在太多，直到1982年才最终全面复查完“文化大革命”期间判处的刑事案件。[2]在如此大规模的平反冤假错案的压力之下，要求地方法院积极推行陪审员制度不太现实。

在陪审员制度恢复和重建阶段，不仅很多案件无法适用陪审员制度，而且即使适用了陪审员制度审理的案件，也出现了陪审员“陪而不审”的现象。据山东省宁津县人民法院邢清江反映，有的审判员临开庭才把陪审员请到法院来，向其简单地介绍案情后就开庭；陪审员的政策水平、法律水平较低，有的充当“演员”，听从审判员的“编导”；有的案件先内定后开庭，合议庭空有其名。[3]也有法官反映，陪审员在庭前被临时通知参加，庭审中充当“陪衬”“陪座”的角色；陪审员参审不积极、其所在单位不支持不配合；陪审员的质量不高。[4]

因此，在改革开放初期，虽然陪审员制度通过立法得以恢复和重建，但是其实施效果不佳，陪审员制度普遍适用的法律原则面临变更。

二、“严打”期间刑事案件陪审员制度的立法和实践

为了迅速扭转社会治安的不正常状况，中共中央于1983年8月25日印发《关于严厉打击刑事犯罪活动的决定》，要求以三年为期，组织三次战役，按照依法“从重从快，一网打尽”的精神，对刑事犯罪分子予以坚决打击。以“从重从快”为特点的“严打”政策由此形成，并对国家立法和实践产生了重大影响。1996年和2001年，中央又部署了两次全国范围的“严打”斗争，但力度均有减弱。“严打”政策和全国范围内的“严打”斗争持续了20年，对于维护社会稳定、保障改革开放事业的顺利进行起到了重要作用，但对我国刑事法律制度、刑事司法程序产生了巨大的冲击，刑事案件陪审员制度也不例外。

（一）立法修改

鉴于陪审员制度普遍适用存在实际困难，1982年3月8日通过的《民事诉讼法（试行）》没有规定陪审员参审原则。根据该法第35条的规定，人民法院审理第一审民事案件，可以“由审判员、陪审员共同组成合议庭”进行，也可以“由审判员组成合议庭”进行。同年12月4日五届全国人大五次会议通过的《宪法》删除了1978年《宪法》中“人民法院审判案件，依照法律的规定实行

---

〔1〕“最高人民法院院长江华向五届全国人大二次会议提交书面工作报告”，载王振川主编：《中国改革开放新时期年鉴（1979）》，中国民主法制出版社2015年版，第503-504页。

〔2〕参见甘重斗主编：《中国法律年鉴（1987）》，法律出版社1987年版，第9页。

〔3〕邢清江：“人民陪审员陪而不审的现象应当改变”，载《人民司法》1981年第3期，第35-36页。

〔4〕参见刘涌：“我国的陪审制度必须改革”，载《青海社会科学》1983年第1期，第70-71页。

群众代表陪审的制度”的规定。[1]

为了贯彻中央“严打”政策，1983 年 9 月 2 日，第六届全国人大常委会第二次会议通过了《关于严惩严重危害社会治安的犯罪分子的决定》和《关于迅速审判严重危害社会治安的犯罪分子的程序的决定》，并且修改了《人民法院组织法》。根据上述两个“严打”决定，对流氓犯罪集团的首要分子等多种严重危害社会治安的犯罪分子，法院可以在法定最高刑以上判处刑罚，直到判处死刑；同时，对杀人、强奸、抢劫、爆炸和其他严重危害公共安全应当判处死刑的犯罪分子，主要犯罪事实清楚、证据确凿、民愤极大的，应当迅速及时审判，可以不受 1979 年《刑事诉讼法》第 110 条规定的关于起诉书副本送达被告人期限以及各项传票、通知书送达期限的限制；上列犯罪分子的上诉期限和人民检察院的抗诉期限，由法定的 10 日改为 3 日。1983 年修改后的《人民法院组织法》第 13 条允许最高人民法院将杀人、强奸、抢劫、爆炸以及其他严重危害公共安全和社会治安判处死刑的案件的核准权授权给省、自治区、直辖市的高级人民法院行使。

基于“严打”的现实需要以及陪审员制度实施中的实际困难，1983 年修改后的《人民法院组织法》删去了原第 9 条关于“人民法院审判第一审案件实行人民陪审员陪审的制度”这一刚性要求，改在第 10 条第 2 款规定：“人民法院审判第一审案件，由审判员组成合议庭或者由审判员和人民陪审员组成合议庭进行；简单的民事案件、轻微的刑事案件和法律另有规定的案件，可以由审判员一人独任审判。”1983 年 9 月 20 日，最高人民法院发布《关于人民法院审判严重刑事犯罪案件中具体应用法律的若干问题的答复》（〔1983〕法研字第 18 号），指出：“依照六届全国人大常委会第二次会议的决定，修改后的人民法院组织法第十条第二款规定，人民法院审判第一审案件，合议庭可以由审判员组成，也可以由审判员和人民陪审员组成。”这样，刑事案件陪审员制度就由普遍适用变更为选择适用，不再是刑事诉讼的基本原则。[2]

关于陪审员制度的立法修改，学界和实务界的观点截然相反。在实务界，有法官认为，对陪审员制度的变更符合审判实践需要。[3]学界的态度则是担忧和反对。有学者指出，对陪审员制度作适当变更，主要是考虑到不少地方尚不具备实行陪审员制度的条件，贯彻陪审员制度有困难，不等于陪审员制度本身不对。

---

〔1〕 关于“82 宪法”删去人民陪审员制度规定的讨论，参见韩大元：“论中国陪审员制度的宪法基础——以合宪论和违宪论的争论为中心”，载《法学杂志》2010 年第 10 期，第 21 页；曲升霞：“中国人民陪审员制度的多维透视”，载《南京大学法律评论（2013 年春季卷）》2013 年第 1 期，第 228-229 页。

〔2〕 参见吴玉章：“陪审制度在中国的兴衰”，载《读书》2002 年第 7 期，第 107-109 页；王敏远：“中国陪审制度及其完善”，载《法学研究》1999 年第 4 期，第 30 页。

〔3〕 参见刘涌：“我国的陪审制度必须改革”，载《青海社会科学》1983 年第 1 期，第 71 页。

各地法院可以根据自身情况区别对待：有条件实行陪审的法院，仍应继续有效地贯彻执行；暂无条件实行陪审员制度的法院，不要勉强实行，而是需要积极创造条件尽早贯彻。[1]有学者指出，将陪审员制度的适用从“应然”转为“或然”，很可能会削弱陪审员制度甚至产生不良的后果，造成日后陪审员制度的适用困境。[2]有学者认为，立法上的弹性规定导致了实质上的形同虚设，司法民主和监督审判两大职能荡然无存，陪审员制度走向衰落。[3]实际上，“严打”期间陪审员制度的实施情况，一定程度上印证了学者们的这些判断。

（二）实施情况

1983 年 9 月立法对陪审员制度进行修改以后，“总体来看，各级法院对适用陪审员制度审理的案件的范围日益缩小，很多法院已完全不再适用陪审员制度，有的法院虽然偶尔适用陪审员制度，但数量却极其有限”。[4]但也不完全像有些学者所说的陪审员制度已经“名存实亡”。[5]

1. “严打”期间陪审员参审刑事案件的基本情况

根据最高人民法院的司法统计，[6]1983—2004 年，全国法院适用第一审普通程序审结刑事案件 8 328 933 件，其中有陪审员参审的案件 3 600 917 件，平均每年参审案件 16 万余件，年均参审率为 43. 23%。虽然陪审员参审刑事案件的比例呈现持续下降的趋势，但即使是参审率最低的 2003 年，也有 19. 06%。而且，陪审员参审的刑事案件绝对数量仍然不少，即使是数量最少的 2003 年，仍然有 78 354 件（见表 3-1）。尽管各地陪审员参审可能存在不同程度的“形式化”现象，但从刑事案件适用陪审员制度的绝对数量和占比情况来看，陪审员制度仍然具有一定的生命力。

---

〔1〕苏惠渔、荀志伟：“对我国现行陪审制度变更原因的认识”，载《法学》1984 年第 4 期，第 11 页。

〔2〕程竹汝：“坚持和完善我国的人民陪审制度”，载《山西师大学报（社会科学版）》1996 年第 1 期，第 22 页。

〔3〕王公义：“论建立中国特色的人民陪审制度”，载《中国司法》2004 年第 4 期，第 23 页。

〔4〕陈卫东主编：《刑事诉讼法实施问题对策研究》，中国方正出版社 2002 年版，第 239 页。

〔5〕参见王敏远：“中国陪审制度及其完善”，载《法学研究》1999 年第 4 期，第 25 页；曾浩荣：“关于我国人民陪审制度改革的新构想”，载《法学家》2000 年第 6 期，第 4 页；龙宗智：“论我国陪审制度模式的选择”，载《四川大学学报（哲学社会科学版）》2001 年第 5 期，第 118 页；丁以升、孙丽娟：“中西陪审制度适用范围比较研究”，载《法学》2002 年第 11 期，第 9 页。

〔6〕数据来源于最高人民法院编：《人民法院司法统计历史典籍：1949—2016（综合卷）》，中国民主法制出版社 2018 年版，第 2 页、第 4 页、第 6 页、第 11 页、第 15 页、第 19 页、第 23 页、第 27 页、第 31 页、第 34 页、第 38 页、第 42 页、第 46 页、第 50 页、第 54 页、第 57 页、第 59 页、第 61 页、第 73 页、第 85 页、第 86 页、第 96 页、第 98 页、第 108 页、第 110 页。

表 3-1　全国法院一审刑事案件陪审员参审数量及比例（1983—2004 年）

年度	陪审员参审 刑事案件数（件）	适用一审普通程序 审结刑事案件数（件）	陪审员 参审率（%）
1983	400 649	411 624	97. 33
1984	261 162	360 605	72. 42
1985	131 814	205 663	64. 09
1986	157 724	246 872	63. 89
1987	149 442	239 714	62. 34
1988	148 478	259 075	57. 31
1989	176 318	331 278	53. 22
1990	209 397	388 644	53. 88
1991	184 370	353 756	52. 12
1992	161 554	327 850	49. 28
1993	144 795	312 214	46. 38
1994	171 024	377 748	45. 27
1995	166 148	381 971	43. 50
1996	197 366	481 721	40. 97
1997	113 033	330 959	34. 15
1998	151 663	471 851	32. 14
1999	157 964	513 137	30. 78
2000	136 443	529 968	25. 75
2001	135 884	573 963	23. 67
2002	87 599	416 249	21. 04
2003	78 354	411 075	19. 06
2004	79 736	402 996	19. 79

陪审员参审刑事案件的比例持续下降，除了“严打”政策的影响之外，还有三个原因：一是随着普通民众法治意识的不断增强以及法官队伍专业化水平的不断提高，专业法官的审判更加受到民众的认可；二是法院在审判队伍专业化、审判程序规范化程度逐步提高、审判权力运行机制不断健全的背景下，越来越强调发挥法官的职能作用，陪审员参审往往成为解决法院人手不足的一种措施；三

是陪审员参审可能带来审判效率降低，致使有的法院不愿意适用陪审员制度。[1]

2. 未成年人刑事案件适用陪审员制度“一枝独秀”

青少年犯罪是我国改革开放之后面临的一个突出问题。“1988 年，全国各级法院判处刑事犯罪分子 366 751 人，其中青少年犯 214 747 人，占全部刑事罪犯的 58.5%……比 1987 年上升 18.21%；其中不满 18 周岁的少年犯 32 449 人，比 1987 年上升 13.79%……青少年在抢劫罪犯中占 81.61%，在盗窃罪犯中占 67.85%；在流氓罪犯中占 75.6%。而且出现了严重犯罪多、结伙犯罪多、犯罪手段成人化的趋势。”[2]这说明，在“严打”大背景下，片面强调“从重从快”，对于治理青少年犯罪并没有起到预期的效果。对青少年犯罪转向通过“综合治理”予以应对，通过各方面的合力有效化解未成年人犯罪，预防再犯，逐步成为法律界的一种共识。

1988 年 5 月，最高人民法院在上海召开了全国法院审理未成年人刑事案件经验交流会。最高人民法院副院长林准在讲话中肯定了少年法庭建立的必要性和重要性，要求在专门设立未成年人刑事案件审判组织的基础上，采用针对未成年人特点的特殊审理方式和方法，充分发挥陪审员的作用。他提出，应当聘请那些热爱少年、熟悉少年、理解少年的学校教师、妇联、共青团和离退休干部担任特邀陪审员，这样既可以弥补法院审判力量的不足，又可以发挥他们更了解少年思想变化、便于因人施教的作用。[3]之后许多法院聘请了妇联、共青团、学校、工会的干部作为少年法庭的特邀陪审员，共同做好对少年犯的矫治和转化工作，从而降低了重新犯罪率，预防和减少了未成年人犯罪。[4]

1984 年，上海长宁区法院建立了全国第一个专门审理未成年人刑事案件的合议庭，即少年法庭，到 1990 年 6 月，全国少年法庭达到了 862 个。[5]1991 年 1 月 26 日，最高人民法院发布的《关于办理少年刑事案件的若干规定（试行）》第 4 条规定，“少年法庭的人民陪审员一般由熟悉少年特点，热心于教育、挽救

---

〔1〕 参见彭小龙：《非职业法官研究——理念、制度与实践》，北京大学出版社 2012 年版，第 220-222 页。

〔2〕 林准：“拿出有份量的学术成果重视学术成果的运用——1989 年 3 月 29 日林准副院长在中国青少年犯罪研究学会常务理事扩大会议上的讲话（摘要）”，载《人民法院年鉴（1989）》，人民法院出版社 1993 年版，第 632 页。

〔3〕 参见林准：“林准副院长在全国法院审理未成年人刑事案件经验交流会上的讲话（1988 年 5 月 15 日）”，载《人民法院年鉴（1988）》，人民法院出版社 1992 年版，第 771 页。

〔4〕 参见 1991 年《最高人民法院工作报告》。

〔5〕 参见林准：“中国审理未成年人刑事案件的司法制度——1992 年 11 月 14 日林准副院长在未成年人犯罪的预防、审判和矫治国际研讨会上的演讲”，载《人民法院年鉴（1992）》，人民法院出版社 1995 年版，第 577 页。

失足青少年工作的人员担任；也可以特别邀请共青团、妇联、工会、学校的教师、干部或者离退休人员等担任。少年法庭的审判人员中应当有女审判员或者女人民陪审员”。1991 年 4 月 16 日，最高人民法院、国家教育委员会、共青团中央委员会、中华全国总工会、中华全国妇女联合会发布《关于审理少年刑事案件聘请特邀陪审员的联合通知》，要求法院聘请专门领域人士担任少年刑事案件的特邀陪审员，并对特邀陪审员的基本条件、人数、参审职权、延伸帮教、参审保障等作出规定。1991 年 12 月 24 日，最高人民法院发布《关于学习宣传贯彻〈中华人民共和国未成年人保护法〉的通知》，要求各级人民法院“尚未建立少年法庭的，明年一月要抓紧建立起来，做到未成年人刑事案件全部由少年法庭审理”；“还应依照《未成年人保护法》的规定，在聘请特邀陪审员、未成年罪犯的就业就学、未成年罪犯的帮教与改造等方面，加强与工会、共青团、妇联、教育等部门的协作配合，积极参与社会治安综合治理，使全社会都来关心、挽救失足的未成年人”。截至 1992 年 6 月，全国已建立少年法庭 2763 个，共有 7049 名审判人员和 11 008 名特邀陪审员在从事少年法庭的工作，基本实现了所有未成年人犯罪案件全部由少年法庭审理。[1]

伴随着少年法庭的独立建制，我国刑事审判领域出现了区别对待的二元格局：对于成年人犯罪，采取“从重从快”的政策；对于未成年人犯罪，则坚持“教育、感化、挽救”的方针，采取特邀陪审员与法官组成合议庭审理的方式。[2]司法实践中，陪审员制度改革从未成年人刑事案件开始，然后扩展到涉及妇女等弱势群体权益的案件。2002 年，广东等地下发《关于从妇联系统中聘请特邀陪审员的通知》，要求各级法院必须从妇联干部中聘请陪审员参加妇女儿童案件的审理。[3]2005 年 7 月，最高人民法院院长肖扬在一份报告中指出：“过去实践中一些基层法院聘请各个领域的专家当陪审员的做法是成功的，要结合新的规定，加以完善并大力推广。”[4]说明这一改革的成效得到了充分肯定。

3. 陪审员制度的实施存在地域不平衡的现象

在有些区域，特别是北京、上海的法院，陪审员制度实施情况较好。如北京

---

〔1〕 参见林准：“中国审理未成年人刑事案件的司法制度——1992 年 11 月 14 日林准副院长在未成年人犯罪的预防、审判和矫治国际研讨会上的演讲”，载《人民法院年鉴（1992）》，人民法院出版社 1995 年版，第 577-578 页。

〔2〕 参见林准：“中国审理未成年人刑事案件的司法制度——1992 年 11 月 14 日林准副院长在未成年人犯罪的预防、审判和矫治国际研讨会上的演讲”，载《人民法院年鉴（1992）》，人民法院出版社 1995 年版，第 577 页。

〔3〕 卢冬红：“妇女儿童权益大案必须请女性陪审员”，载《南方都市报》2002 年 11 月 10 日，第 A11 版。

〔4〕 肖扬：“树立科学的司法观、扩大民主、促进司法公正”，载《人民法院报》2005 年 7 月 8 日，第 1 版。

海淀区人民法院自 1994 年至 1998 年，陪审员参与办结的各类案件 5872 件，约占同期全院适用普通程序结案总数的 70%。上海自 1992 年建立共青团陪审员参与少年刑事案件审判制度，至 1998 年，有共青团陪审员 214 人，从 1996 年至 1998 年，共青团陪审员参与审判的少年刑事案件达 500 多件。[1]但有的地方，陪审员制度的实施情况则较差。有学者调查了海南省 10 个基层法院，发现 7 个法院在刑事审判中已经不再适用陪审员制度，其中最早的 1 个基层法院从 1983 年“严打”以后就不再适用，4 个基层法院在 1987 年之后逐渐取消适用，还有 2 个基层法院只在人民法庭中适用，在刑事案件中已明确不适用陪审员制度。[2]

4. 陪审员制度的存废成为争议点

由于陪审员制度的实施存在一些困难，一些法院对这一制度不够重视，法学界就陪审员制度的走向发生了激烈的争执，大体上形成了四种不同的意见。

第一种是“废除论”，[3]主要理由有四：一是陪审员制度发挥功能的时代背景不复存在，历史使命已经完成，陪审员制度与加强法院独立审判、提高审判专业化的趋势相背离，显得多余；二是陪审员素质不高、队伍结构不合理、“陪而不审”，影响审判质量和效率等；三是陪审员的履职保障不足，如陪审员的产生出现困难、陪审员参加案件审判与其本职工作时间存在冲突、经费不足和管理不到位等；四是国外立法正在限制和取消陪审制度，值得我们借鉴。

第二种是“完善论”，[4]主要理由有二：一是不赞同“废除论”贬低陪审员制度的价值和功能的观点，认为陪审员制度在加强社会主义民主政治建设，健全社会主义民主法制，密切人民群众与法院联系，加强审判监督，加强法制宣传

---

〔1〕 参见“京城，有千名‘不穿制服的法官’”，载《人民法院报》1999 年 6 月 24 日；“上海共青团陪审员作用大”，载《法制日报》1998 年 5 月 21 日。转引自陈卫东主编：《刑事诉讼法实施问题对策研究》，中国方正出版社 2002 年版，第 240 页。

〔2〕 参见张建东：“关于人民陪审制度执行情况的调查与思考”，载《海南大学学报（社会科学版）》1993 年第 4 期，第 83 页。

〔3〕 参见郭秀梅：“从中美陪审制度看我国取消人民陪审员制度之必然性”，载《天津市政法管理干部学院学报》2003 年第 2 期，第 49 页；刘艺工、李拥军：“关于人民陪审制度难以执行根源的探讨”，载《甘肃政法学院学报》1998 年第 1 期，第 75 页；张建东：“关于人民陪审制度执行情况的调查与思考”，载《海南大学学报（社会科学版）》1993 年第 4 期，第 84-86 页；余汉平：“我国应当废除陪审制度”，载《法学评论》1989 年第 1 期，第 53-54 页；钱卫清：“建议取消陪审制度”，载《法学杂志》1987 年第 5 期，第 21 页。

〔4〕 参见王利明：“我国陪审制度研究”，载《浙江社会科学》2000 年第 1 期，第 61-64 页；王敏远：“中国陪审制度及其完善”，载《法学研究》1999 年第 4 期，第 41-48 页；熊秋红：“司法公正与公民的参与”，载《法学研究》1999 年第 4 期，第 61-66 页；蒋惠岭：“论陪审制度的改革”，载《人民司法》1995 年第 6 期，第 32 页；夏克勤：“完善我国陪审制度刍议”，载《人民司法》1994 年第 11 期，第 28-29 页；王伯文：“人民陪审制度的现状与思考”，载《现代法学》1992 年第 6 期，第 65-66 页；刘定国、傅伦博：“关于完善人民陪审制度立法的思考”，载《中南政法学院学报》1992 年第 4 期，第 6-11 页；吴厚宽、陆益民：“人民陪审制度必须坚持和完善”，载《上海人大月刊》1991 年第 3 期，第 19 页。

等方面具有突出的作用；二是承认“废除论”提到的陪审员选任、参审及管理中存在的问题，但是认为这些问题并未触及陪审员制度的根基，可以通过相应措施予以解决。

第三种是“专家陪审重塑论”,〔1〕主张在保留陪审员制度的前提下，革新其内容，重塑其骨架，将专家陪审作为其基本形式。

第四种是“改革论”,〔2〕主张引进英美陪审团制度，实行参审制与陪审团制度并存的民众参与审判制度。

可见，除了第一种观点以外，后三种观点均主张坚持陪审员制度，只是具体方式上存在意见分歧。实际上，陪审员制度只能完善，不能废除。首先，从陪审员制度的性质和定位来说，陪审员制度是人民群众当家作主、依法参与国家事务管理的重要形式，是中国特色社会主义民主政治制度在司法领域的生动实践，充分体现了人民司法的优良传统，是审判工作依靠群众、密切联系群众的有效方法。〔3〕否定陪审员制度，中国特色社会主义民主政治在司法领域就无法得到贯彻落实，也就否定了人民法院的审判工作与群众路线相结合的基本原则。其次，从实证调查情况来看，废除陪审员制度的根据不足。如上所述，陪审员制度即使在“严打”期间，仍然在相当一部分刑事案件中得到了适用，而且在未成年人刑事案件、侵害妇女儿童合法权益的案件中发挥着非常重要的作用。“废除论”对陪审员制度整体运作过程缺乏充分调研，对陪审员制度的现实效果缺乏认真考虑，显得过于草率。〔4〕

法学界关于陪审员制度存废的争议，将陪审员制度实施中的问题客观全面地展示出来，从而引起了决策部门的重视，成为陪审员制度复苏和改革的契机。

三、刑事案件陪审员制度的复苏和探索发展

1998 年 9 月 16 日，时任全国人大常委会委员长的李鹏在九届全国人大内务司法委员会第五次会议上强调：“基层法院审判第一审案件，应当根据刑事诉讼法的规定，实行人民陪审员制度。这是审判工作中的群众路线，有助于人民群众

---

〔1〕 参见周长军、于范：“人民陪审制度的现状与重塑设想”，载《政法论丛》1996 年第 1 期，第 19 页。

〔2〕 参见何家弘：“中国陪审制度的改革方向——以世界陪审制度的历史发展为借鉴”，载《法学家》2006 年第 1 期，第 153-154 页；姚莉：“中国陪审制度的理论反思和制度重构”，载《法学家》2003 年第 6 期，第 132-133 页；龙宗智：“论我国陪审制度模式的选择”，载《四川大学学报（哲学社会科学版）》2001 年第 5 期，第 124-125 页。

〔3〕 参见最高人民法院院长周强于 2013 年 10 月 22 日在第十二届全国人大常委会第五次会议上所作的《最高人民法院关于人民陪审员决定执行和人民陪审员工作情况的报告》。

〔4〕 参见张永和、于嘉川等：《武侯陪审：透过法社会学与法人类学的观察》，法律出版社 2009 年版，第 28 页、第 108 页。

对审判工作进行监督，同时也是对人民群众的法制教育。”[1]2000 年 9 月，最高人民法院向第九届全国人大常委会提请审议《关于完善人民陪审员制度的决定（草案）》。同年 10 月，第九届全国人大常委会第十八次会议对草案进行了初次审议。由于各方面意见分歧较大，该草案的审议工作被搁置。后来，最高人民法院根据全国人大常委会的审议情况，以及人大代表、政协委员、专家学者的意见和建议，对草案内容作了重要修改，并将修改后的草案作为新的立法建议报送第十届全国人大常委会进行审议。[2]2004 年 8 月 28 日，第十届全国人大常委会第十一次会议通过了《关于完善人民陪审员制度的决定》（以下简称《决定》），对陪审员制度进行了较为全面的完善。最高人民法院审判委员会于 2009 年 11 月 23 日通过了《关于人民陪审员参加审判活动若干问题的规定》（以下简称《参审规定》），对陪审员参审的一些具体问题进一步作出补充性或解释性的规定。《决定》和《参审规定》对刑事案件陪审员制度所作的规定，开启了刑事案件陪审员制度发展的新时代。

（一）立法完善

《决定》对陪审员的选任条件、产生方式、任期、独立表决权、履职保障以及陪审制合议庭的组成、陪审员的参审范围等，作出了较为全面的规定，很多规定带有制度创新意义，从而将陪审员制度向前推进了一大步。其主要内容包括：（1）延续了陪审员与法官同职同权的规定，同时要求陪审员“保守审判秘密、注重司法礼仪、维护司法形象”。[3]（2）明确了选任陪审员的积极条件和消极条件。首先，明确规定了选任陪审员的政治条件、年龄条件、道德条件、身体条件、学历条件等积极条件。根据《决定》第 4 条的规定，公民担任陪审员，应当拥护中华人民共和国宪法，年满 23 周岁，品行良好、公道正派，身体健康，一般应当具有大学专科以上文化程度。与 1983 年《人民法院组织法》第 38 条关于选任陪审员条件的规定相比，《决定》的上述规定更加全面。其次，明确规定了选任陪审员的消极条件，即具有一定身份或者受到特定处罚的人不具有担任陪审员的资格。根据《决定》第 5 条和第 6 条的规定，人大常委会的组成人员，人民法院、人民检察院、公安机关、国家安全机关、司法行政机关的工作人员和执业律师等人员，因犯罪受过刑事处罚的人、被开除公职的人，不得担任陪审员。

---

〔1〕“李鹏在全国人大内司委会议上指出 加强监督保证公正司法依法办案”，载《人民日报》1998 年 9 月 17 日，第 1 版。

〔2〕参见沈德咏：“关于《关于完善人民陪审员制度的决定（草案）》的说明——2004 年 4 月 2 日在第十届全国人民代表大会常务委员会第八次会议上”，载《中华人民共和国全国人民代表大会常务委员会公报》2004 年第 6 期，第 464 页。吴坤：“曾终止审议的《关于完善人民陪审员制度的决定（草案）》重新提请审议”，载《中国人大》2004 年第 8 期，第 16 页。

〔3〕参见《决定》第 1 条和第 13 条。

(3) 进一步明确了陪审员的产生方式。1983 年《人民法院组织法》第 38 条只规定了陪审员可以选举产生，但如何操作，没有明确。司法实践中，陪审员的产生方式多种多样，很不规范，41.5%由法院自行任命，23.7%经有关组织推荐，由法院任命后报同级人大常委会备案，有的法院还自行聘请特邀陪审员，依法选举产生的陪审员很少。[1]考虑到陪审员一律由人大选举产生的程序规定比法官的产生程序还要严格，实施起来难度较大，《决定》在总结各地成功经验的基础上，将陪审员由选举产生改为由人大常委会任命。[2]根据《决定》第 7 条和第 8 条的规定，陪审员的名额，由基层人民法院根据审判案件的需要，提请同级人大常委会确定；符合担任陪审员条件的公民，可以由其所在单位或者户籍所在地的基层组织向基层人民法院推荐，或者本人提出申请，由基层人民法院会同同级司法行政机关进行审查，并由基层人民法院院长提出陪审员人选，提请同级人大常委会任命。(4) 首次明确规定了陪审员的任期制度，以避免陪审员“职业化”。《决定》第 9 条规定：“人民陪审员的任期为五年。”(5) 首次明确规定了陪审员参审合议庭的人数比例。《决定》第 3 条规定：“人民陪审员和法官组成合议庭审判案件时，合议庭中人民陪审员所占人数比例应当不少于三分之一。”(6) 对陪审员参审刑事案件的范围作了更加合理的规定。根据《决定》第 2 条的规定，刑事案件陪审员制度适用于社会影响较大的第一审刑事案件、被告人申请适用陪审员制度审理的第一审刑事案件，但适用简易程序审理的案件和法律另有规定的案件除外。(7) 首次明确规定具体案件中的陪审员通过“随机抽取”的方式确定。《决定》第 14 条规定：“基层人民法院审判案件依法应当由人民陪审员参加合议庭审判的，应当在人民陪审员名单中随机抽取确定。中级人民法院、高级人民法院审判案件依法应当由人民陪审员参加合议庭审判的，在其所在城市的基层人民法院的人民陪审员名单中随机抽取确定。”(8) 保障陪审员依法独立行使表决权。《决定》第 11 条规定：“人民陪审员参加合议庭审判案件，对事实认定、法律适用独立行使表决权。合议庭评议案件时，实行少数服从多数的原则。人民陪审员同合议庭其他组成人员意见分歧的，应当将其意见写入笔录，必要时，人民陪审员可以要求合议庭将案件提请院长决定是否提交审判委员会讨论决定。”(9) 首次明确规定了陪审员的履职保障和日常管理机制。关于陪审员的履职保障，《决定》第 10 条规定：“依法参加审判活动是人民陪审员的权利和义务。人

[1] 参见沈德咏：“关于《关于完善人民陪审员制度的决定（草案）》的说明——2004 年 4 月 2 日在第十届全国人民代表大会常务委员会第八次会议上”，载《中华人民共和国全国人民代表大会常务委员会公报》2004 年第 6 期，第 465 页。

[2] 参见沈德咏：“关于《关于完善人民陪审员制度的决定（草案）》的说明——2004 年 4 月 2 日在第十届全国人民代表大会常务委员会第八次会议上”，载《中华人民共和国全国人民代表大会常务委员会公报》2004 年第 6 期，第 465 页。

民陪审员依法参加审判活动，受法律保护。人民法院应当依法保障人民陪审员参加审判活动。人民陪审员所在单位或者户籍所在地的基层组织应当保障人民陪审员依法参加审判活动。”第 18 条规定：“人民陪审员因参加审判活动而支出的交通、就餐等费用，由人民法院给予补助。有工作单位的人民陪审员参加审判活动期间，所在单位不得克扣或者变相克扣其工资、奖金及其他福利待遇。无固定收入的人民陪审员参加审判活动期间，由人民法院参照当地职工上年度平均货币工资水平，按实际工作日给予补助。”第 19 条规定：“人民陪审员因参加审判活动应当享受的补助，人民法院和司法行政机关为实施陪审制度所必需的开支，列入人民法院和司法行政机关业务经费，由同级政府财政予以保障。”关于陪审员的日常管理，《决定》第 15 条规定：“基层人民法院会同同级人民政府司法行政机关对人民陪审员进行培训，提高人民陪审员的素质。”第 16 条规定：“对于在审判工作中有显著成绩或者有其他突出事迹的人民陪审员，给予表彰和奖励。”（10）明确了陪审员的退出和惩戒机制。《决定》第 17 条规定：“人民陪审员有下列情形之一，经所在基层人民法院会同同级人民政府司法行政机关查证属实的，应当由基层人民法院院长提请同级人民代表大会常务委员会免除其人民陪审员职务：（一）本人申请辞去人民陪审员职务的；（二）无正当理由，拒绝参加审判活动，影响审判工作正常进行的；（三）具有本决定第五条、第六条所列情形之一的；（四）违反与审判工作有关的法律及相关规定，徇私舞弊，造成错误裁判或者其他严重后果的。人民陪审员有前款第四项所列行为，构成犯罪的，依法追究刑事责任。”

为依法保障和规范陪审员参加审判活动，最高人民法院根据《决定》，结合审判实际，制定了《参审规定》，并于 2010 年 1 月 14 日起施行。《参审规定》的主要内容是对《决定》有关规定的细化和补充。例如，关于陪审员参审的“社会影响较大”的案件范围，《参审规定》第 1 条将其细分为四类，即涉及群体利益、涉及公共利益、人民群众广泛关注、其他社会影响较大的案件。关于被告人申请适用陪审员制度的程序，《参审规定》第 2 条第 2 款补充规定：“人民法院征得前款规定的当事人同意由人民陪审员和法官共同组成合议庭审判案件的，视为申请。”第 3 条进一步要求，第一审人民法院决定适用普通程序审理案件后应当明确告知本规定第 2 条的当事人，在收到通知五日内有权申请适用人民陪审员制度审判案件。人民法院接到被告人在规定期限内提交的申请后，经审查符合规定的，应当适用人民陪审员制度进行审判。关于随机抽取机制，《参审规定》具体要求“人民法院应当在开庭七日前采取电脑生成等方式，从人民陪审员名单中随机抽取确定人民陪审员”；“特殊案件需要具有特定专业知识的人民陪审员参加审判的，人民法院可以在具有相应专业知识的人民陪审员范围内随机抽取”。〔1〕

〔1〕《参审规定》第 4 条、第 5 条。

《参审规定》还明确规定了陪审员参与合议庭评议表决的具体要求：一是明确了评议对象。人民陪审员评议案件时应当围绕事实认定、法律适用充分发表意见并说明理由。二是明确了评议顺序。合议庭评议案件时，先由承办法官介绍案件涉及的相关法律、审查判断证据的有关规则，后由人民陪审员及合议庭其他成员充分发表意见，审判长最后发表意见并总结合议庭意见。三是明确了合议庭意见分歧的解决机制。陪审员同合议庭其他组成人员意见分歧，要求合议庭将案件提请院长决定是否提交审判委员会讨论决定的，应当说明理由；陪审员提出的要求及理由应当写入评议笔录。[1]《参审规定》还在第 10 条专门规定了陪审员在裁判文书上的署名权，规定："人民陪审员应当认真阅读评议笔录，确认无误后签名；发现评议笔录与评议内容不一致的，应当要求更正后签名。人民陪审员应当审核裁判文书文稿并签名。"以上规定，对于保障陪审员依法规范履行审判职权，无疑具有积极意义。

（二）实施情况和实践探索

《决定》自 2005 年 5 月 1 日起开始施行以后，全国各级法院认真贯彻落实《决定》的要求，积极推进陪审员制度的实施，使得刑事案件陪审员制度逐渐复苏，并呈现出欣欣向荣的局面。

1. 陪审员参审刑事案件的总体情况

表 3-2 全国陪审员参审刑事案件情况一览表（2005—2015 年）

年度	陪审员参审刑事案件总数（件）	参审刑事案件陪审员人数（人）	基层法院陪审员参审刑事案件数（件）	中级法院陪审员参审刑事案件数（件）	高级法院陪审员参审刑事案件数（件）	刑事案件一审普通程序参审率（%）
2005	107 506	N	N	N	N	25. 23
2006	150 896	234 928	148 914	1982	0	34. 79
2007	154 570	235 923	152 549	2021	0	34. 56
2008	166 604	252 446	164 215	2389	0	35. 50
2009	185 720	272 989	183 017	2684	19	38. 99
2010	222 238	321 726	219 241	2997	0	46. 46
2011	269 763	381 265	264 981	4782	0	56. 07
2012	357 308	495 191	349 460	7848	0	67. 09
2013	357 679	499 966	350 382	7297	0	N

〔1〕参见《参审规定》第 7—9 条。

续表

年度	陪审员参审刑事案件总数（件）	参审刑事案件陪审员人数（人）	基层法院陪审员参审刑事案件数（件）	中级法院陪审员参审刑事案件数（件）	高级法院陪审员参审刑事案件数（件）	刑事案件一审普通程序参审率（%）
2014	419 184	576 075	412 004	7180	0	N
2015	465 895	657 556	458 397	7489	9	N

从表 3-2 可以看出，2005 年以后，刑事案件陪审员参审出现三个明显的特点：(1) 参审的刑事案件数〔1〕和陪审员人数〔2〕逐年增加，特别是从 2010 年开始，增幅明显加大，这可能与地方法院根据最高人民法院对陪审率的要求将陪审率列入绩效考核指标直接相关。〔3〕(2) 陪审员参审的刑事案件主要分布在基层法院。2006—2015 年，全国基层法院陪审员累计参审刑事案件 2 703 160 件，占同期全国陪审员参审刑事案件总数 98. 3%；中级人民法院陪审员累计参审刑事案件 46 669 件，约为全国陪审员参审刑事案件总数的 1. 7%；高级人民法院陪审员参审刑事案件累计只有 28 件，且大部分年份为 0 件。〔4〕(3) 按照一审普通程序审理的案件陪审员参审率不断上升，从 2005 年的 25. 23%，上升到 2012 年的 67. 09%。〔5〕这说明，对《决定》的贯彻落实取得了显著的成效。

2. 关于“人民陪审团”的实践探索和争论

2000 年，时任海南省高级人民法院院长曾浩荣提出了建立“评审团”人民

〔1〕 数据来源于最高人民法院编：《人民法院司法统计历史典籍（1949—2016）综合卷》，中国民主法制出版社 2018 年版，第 120 页、第 144 页、第 158 页、第 172 页、第 186 页、第 200 页、第 214 页、第 228 页、第 242 页、第 256 页、第 270 页。

〔2〕 数据来源于最高人民法院编：《人民法院司法统计历史典籍（1949—2016）综合卷》，中国民主法制出版社 2018 年版，第 144 页、第 158 页、第 172 页、第 186 页、第 200 页、第 214 页、第 228 页、第 242 页、第 256 页、第 270 页。最高人民法院从 2006 年才开始统计陪审员参审人数，所以 2005 年参审刑事案件的陪审员人数不明。

〔3〕 参见苗炎：“人民陪审员制度启动模式研究”，载《当代法学》2015 年第 4 期，第 114 页。

〔4〕 数据来源于最高人民法院编：《人民法院司法统计历史典籍（1949—2016）综合卷》，中国民主法制出版社 2018 年版，第 144 页、第 158 页、第 172 页、第 186 页、第 200 页、第 214 页、第 228 页、第 242 页、第 256 页、第 270 页。

〔5〕 2004—2012 年，全国各级法院适用一审普通程序审结刑事案件的数量分别是 402 996、426 183、433 684、447 232、469 276、476 353、478 365、481 106、532 593 件。数据来源于最高人民法院编：《人民法院司法统计历史典籍（1949—2016）综合卷》，中国民主法制出版社 2018 年版，第 110 页、第 122 页、第 134 页、第 148 页、第 162 页、第 176 页、第 190 页、第 204 页、第 218 页。需要说明的是，之所以将刑事案件一审普通程序陪审员参审率计算到 2012 年，是因为 2012 年《刑事诉讼法》将刑事简易程序的适用范围扩展到判处三年以上有期徒刑的认罪案件，并且要求对判处三年以上有期徒刑的案件实行合议制。据此，陪审员参审刑事案件不再限于一审普通程序，还包括简易程序。但最高人民法院 2013 年以后的相关统计并没有区分两类程序，因此，2013 年以后刑事案件一审普通程序的参审率不明。

陪审制度的构想。根据这一构想，人民法院在审理社会影响较大、群众比较关注的案件或当事人提出陪审请求的案件时，应当启动评审团程序，通过随机抽选7—13名评审团成员，由他们集体旁听、观察案件审理的全过程，但不参与案件审理；评审团旁听、观察案件审理后，就案件审判程序的合法公正性、当事人合法权益的保障、实体裁判的公正性、法官是否违法办案等进行独立评议，根据少数服从多数的原则形成评审团的意见和建议，提交给法院。〔1〕这是实践中较早提出的“人民陪审团”构想，其核心是陪审员表意不表决。

2009年2月17日，河南省高级人民法院在审理梁红亚死刑上诉案时，首次尝试邀请人大代表、政协委员等组成“陪审团”参加庭审，并在庭后就案件的定罪量刑问题发表意见，供合议庭参考。2009年6月，河南省高级人民法院制定《关于在刑事审判工作中实行人民陪审团制度的试点方案（试行）》，在郑州、开封、新乡、商丘、驻马店、三门峡6个地市两级法院进行试点。截至2010年3月，试点法院组织人民陪审团审理刑事案件107件。2010年3月25日，河南省高级人民法院下发《关于开展人民陪审团制度试点工作的意见（试行）》，决定在河南全省法院全面开展人民陪审团试点工作，要求到2010年底河南全省法院刑事审判普遍试行人民陪审团制度，其中高级人民法院刑庭年审不少于5件，中级人民法院年审不少于10件，基层法院年审不少于5件。〔2〕2013年之后，河南人民陪审团发展成为“人民观审团”制度，其直接理论依据在于时任最高人民法院常务副院长沈德咏关于“一些重大、疑难、争议较大案件的审判，可以考虑组织人大代表、政协委员、律师代表、媒体代表、基层群众代表组成观审团旁听观审，并以适当方式听取他们对案件处理的意见”的论述，〔3〕以及2013年10月9日最高人民法院出台的《关于建立健全防范刑事冤假错案工作机制的意见》第25条关于“重大、疑难、复杂案件，可以邀请人大代表、政协委员、基层群众代表等旁听观审”的规定。河南省高级人民法院在2013年底决定率先在开封市中级人民法院等单位开展人民观审团制度试点工作。2014年5月6日，河南省高级人民法院发布了《河南省高级人民法院关于适用人民观审团机制的规定（试行）》，要求在全省范围内全面开展人民观审团工作。不过，人民观审团制度并未在河南法院真正运行，这是因为从2015年开始，最高人民法院启动人民陪审员制度改革试点，河南的5家法院成为首批试点改革法院，此后人民观审团制度改革事实上已经停止。

除了河南人民陪审团，还有陕西版本的人民陪审团。与河南省先有“动作”，

〔1〕 参见曾浩荣：“关于我国人民陪审制度改革的新构想”，载《法学家》2000年第6期，第5页。
〔2〕 参见刘加良：“人民陪审团制：在能度与限度之间”，载《政治与法律》2011年第3期，第19页。
〔3〕 参见沈德咏：“我们应当如何防范冤假错案”，载《人民法院报》2013年5月6日，第2版。

后有“阐述”不同，陕西省是先有“阐述”后有“动作”。[1]在河南人民陪审团制度出台之前，陕西省就尝试了类似征询公民代表意见的制度。[2]据统计，从2008年10月到2009年5月，陕西省各级法院共对18 985件案件开展征询意见工作，累计有27 639名旁听庭审的人大代表、政协委员和群众代表提出意见和建议4696条，其中被采纳2069条，采纳率超过四成。[3]在该制度适用的案件中，最为舆论所关注的就是药家鑫故意杀人案。在该案审理中，西安中级人民法院对现场500名旁听人员发送“旁听人员旁听案件反馈意见表”，要求回答两个问题：“您认为对药家鑫应处以何种刑罚？您对旁听案件庭审情况的具体做法和建议？”这引发了舆论争议。[4]2010年3月，时任全国人大代表、陕西省高级人民法院院长的安东在全国两会上提交了关于建立中国特色陪审团制度的建议案。同年下半年开始，陕西省高级人民法院在征询公民意见制度的基础上，试点陕西版本的人民陪审团制度。与河南人民陪审团制度相比，除了案件范围和选任要求不同之外，[5]两者并无多大差异。到2012年4月底，陕西省法院系统共采用人民陪审团模式审理刑事、民事案件共计814件。[6]

人民陪审团制度在理论界引起了争议。批判者认为人民陪审团是“异化和另类的做法”[7]，“非驴非马”[8]。赞成者认为人民陪审团在人员规模、诉讼职

---

〔1〕 参见李玉华、张思尧、杨亮：《中国特色陪审制度的新发展》，中国政法大学出版社2014年版，第79页。

〔2〕 2008年，陕西省发布了《陕西省高级人民法院关于征询旁听庭审公民对案件裁判意见和建议的若干规定（试行）》，该规定指出：为进一步贯彻审判公开原则，推进司法民主，建立健全民意沟通和表达机制，提升司法公信力，全省法院普遍开展审判工作进农村、进社区、进企业、进学校、进军营活动，可以邀请与所审理案件没有利害关系公民代表旁听庭审，公民代表的意见、建议，应当作为合议庭评议和裁判案件的参考，有分歧的，合议庭评议时应全面研究，采纳其中合理的部分，大多数公民代表意见一致，但与合议庭评议意见分歧较大的，合议庭可提请审判长联席会议讨论或经院庭长、主管院长同意后提请审判委员会讨论。参见沈玮玮、赵晓耕：“难以辨识的法院庭审管理——以药家鑫案庭审发放意见表为中心”，载《北方法学》2012年第3期，第129页。

〔3〕 宁杰等：“司法民主化探索：从陕西到河南”，载《人民法院报》2010年4月12日，第5版。

〔4〕 关于药家鑫案审理中法院发放问卷听取民意的述评，参见沈玮玮、赵晓耕：“难以辨识的法院庭审管理——以药家鑫案庭审发放意见表为中心”，载《北方法学》2012年第3期，第130-132页。

〔5〕 河南人民陪审团制度偏重于刑事案件，陕西人民陪审团制度偏重于民事和行政案件，也强调检察机关对法院的启动监督权；在基层法院人数配置上，河南规定不得低于500人，陕西规定不低于100人；在陪审员年龄上，河南规定23—70岁，陕西规定23—65岁，而且可以选择不超过30%的公职人员。参见李玉华、张思尧、杨亮：《中国特色陪审员制度的新发展》，中国政法大学出版社2014年版，第82页。

〔6〕 参见李玉华、张思尧、杨亮：《中国特色陪审制度的新发展》，中国政法大学出版社2014年版，第81页。

〔7〕 廖永安、刘方勇：“社会转型背景下人民陪审员制度改革路径探析”，载《中国法学》2012年第3期，第147页。

〔8〕 汪建成：“非驴非马的‘河南陪审团’改革当慎行”，载《法学》2009年第5期，第15-21页。

能、表决机制、效力约束和陪审团成员资格门槛方面别具特色，不违反宪法和法律规定，符合司法民主精神，具有法理上的正当性；[1]有利于实现合议庭功能的实在化，补正合议制的不足，提高群体决策质量，实现广泛代表性等。[2]“驴马”之外，皆为异类的画地为牢的思维方式显得过于僵化和死板，不能因为参审制和陪审团制度的存在就否认和排斥其他种类陪审模式的存在。[3]

实际上，所谓“人民观审团”或者“人民陪审团”，并不是真正的“陪审团”制度，因为它并没有“参与审判”的实质性权力，而只是在合议庭之外对法院审判活动的过程和结果提出意见和建议，充其量不过是一个民意咨询机构。它所提供的评议意见和建议，对法院只具有参考价值，而无约束力。况且在宪法和法律未作相应修改，也未经全国人大常委会授权的情况下，地方法院在舆论关注的重大、敏感案件中有选择地听取部分“群众代表”的意见，违反了审判独立、在适用法律上一律平等的宪法原则和严格遵守法定程序等刑事诉讼基本原则，也不符合扩大普通民众参审权的世界性趋势，对于提升司法公信力并无实质性作用。

（三）主要问题

虽然在《决定》实施以后，我国的刑事案件陪审员制度得到了复苏和迅速发展，但在陪审员的选任机制、参审范围、参审均衡性以及参审效果等方面仍然存在一定的不足，受到学界诟病。

1. 陪审员的代表性和广泛性不足

这主要表现在两个方面：

一是对陪审员的学历要求过高，中低学历的群众被完全排除在外，影响了陪审员的广泛性。《决定》第4条规定，担任人民陪审员，一般应当具有大学专科以上文化程度。时任最高人民法院副院长沈德咏专门就此作出了解释，指出：“人民陪审员同法官一样行使审判权，因此同法官的任职条件，特别是文化程度不宜相差太大，否则，因自身能力、水平较低而难以发挥人民陪审员应有的作用。”[4]在《决定》实行之前，全国范围内只有47.4%的陪审员具有大专以上文

---

〔1〕参见汤维建：“人民陪审团制度试点的评析和完善建议”，载《政治与法律》2011年第3期，第2-11页。

〔2〕参见刘加良：“人民陪审团制：在能度与限度之间”，载《政治与法律》2011年第3期，第20-25页。

〔3〕参见许尚豪：“人民陪审团与法官的制度衔接与规则协调——以审判格式化与人格化的关系为视角”，载《政治与法律》2011年第3期，第28-32页。

〔4〕参见沈德咏：“关于《关于完善人民陪审员制度的决定（草案）》的说明——2004年4月2日在第十届全国人民代表大会常务委员会第八次会议上”，载《中华人民共和国全国人民代表大会常务委员会公报》2004年第6期，第465页。

化程度，27.2%具有高中文化程度，总体文化程度比较高。[1]但在《决定》出台之后，陪审员的学历层次明显提升。2005 年 4 月 10 日，全国 49.8%的基层法院已经完成选任工作，共选任陪审员 26 917 人。其中，大学本科以上学历 10 388 人，占 38.6%；大专学历人员 12 932 名，占 48%。[2]2013 年，全国共有陪审员 8.7 万人，其中大学本科以上学历占 44%，大专学历占 40%，高中以下占 16%。[3]在个别地方，大专以上学历的比例更高。例如，2007 年，四川省成都市武侯区法院陪审员全部为大专以上学历。[4]2011 年 7 月，北京法院共有陪审员 1541 人，大专以上学历占 92.47%。[5]

然而，根据国家统计局公布的数据，截至 2004 年底，全国具有大专及以上学历的人口仅有 6794 万人，约占全国总人口的 5.2%。根据 2010 年全国人口普查数据，全国具有大专及以上文化程度的人口约为 8930 万人，占比仅为 6.66%。即使到了 2018 年，全国具有大专及以上文化程度的人口仍然不到总人口的 11%。[6]大专及以上文化程度的公民不仅在全体人口中的占比很低，而且他们大多分布在城市中。要求陪审员“一般应当具有大专以上文化程度”，体现了陪审员选任“精英化”的思路，这不仅剥夺了占全国人口一半的农村居民的参审权，而且也排除了占城镇居民大多数的低学历群体的参审机会。[7]

二是陪审员中公职人员尤其是公务员比例过高，普通群众比例过低，代表性严重不足。根据最高人民法院法官的统计，全国陪审员中，党政部门工作人员占到了总数的 46.3%。[8]有调查发现，来自党政机关的陪审员在西藏自治区、内蒙古自治区、海南省和湖北省分别占比达 75%、57.2%、56%和 52%。相反，来自农村的陪审员比例过低，其中广东省、安徽省、吉林省分别占比 5.3%、5%和

---

[1] 参见沈德咏：“关于《关于完善人民陪审员制度的决定（草案）》的说明——2004 年 4 月 2 日在第十届全国人民代表大会常务委员会第八次会议上”，载《中华人民共和国全国人民代表大会常务委员会公报》2004 年第 6 期，第 465 页。

[2] 路易：“人民陪审员制度：通往司法民主的桥梁——解读《关于完善人民陪审员制度的决定》”，载《人权》2005 年第 3 期，第 57 页。

[3] 参见最高人民法院院长周强于 2013 年 10 月 22 日在第十二届全国人大常委会第五次会议上所作的《最高人民法院关于人民陪审员决定执行和人民陪审员工作情况的报告》。

[4] “中国陪审制度研究”课题组：“中国陪审制度研究——以成都市武侯区人民法院陪审工作为对象”，载《法律科学（西北政法大学学报）》2008 年第 6 期，第 130 页。

[5] 北京市高级人民法院政治部教育培训处课题组：“关于北京法院人民陪审工作情况的调研报告”，载《法律适用》2012 年第 2 期，第 95 页。

[6] 参见国家统计局网站，载 http://data.stats.gov.cn/easyquery.htm? cn = C01，最后访问日期：2020 年 7 月 20 日。

[7] 参见廖永安、刘方勇：“社会转型背景下人民陪审员制度改革路径探析”，载《中国法学》2012 年第 3 期，第 152 页。

[8] 参见牛建华：“回顾与展望：人民陪审员制度实践探索之观察思考”，载《法律适用》2013 年第 2 期，第 100 页。

4%。[1]上海市松江区人民法院2010年确定的60名陪审员中，身份为国家机关工作人员、村（居）委会等基层组织工作人员、企事业单位人员和教师的占92%。[2]重庆市三中院辖区享有行政管理权的陪审员比例为61.68%。[3]总之，出于对陪审员政治、文化素质以及便于联系考虑，[4]党政机关公务员等公职人员成为陪审员的主要来源。从法理上说，陪审员过分集中在党政机关等部门，严重损害了陪审员制度在普通民众中的代表性，与"普通民众参与司法裁判"这一陪审员制度的核心精神不符。[5]从实际效果来看，陪审员过多地来源于党政机关等管理部门，也很容易影响司法公正，不利于通过陪审员制度提升司法公信力。

2. 陪审员参审范围的规定未能得到有效落实

首先，刑事案件是否适用陪审员制度，以及是否属于"社会影响较大"的案件，完全由管辖法院自由裁量。从实践情况看，有的明显符合"社会影响较大"条件的案件，却并没有适用陪审员制度审理。在2013年6月至2014年6月间，M省A市下辖6个县法院陪审员参审案件4428件，其中"有社会影响"的案件90件，仅占所有参审案件的2.0%。[6]在全国有影响性、受到社会广泛关注的邓玉娇案、药家鑫案、杨达才案等，均没有适用陪审员制度审理。2008年全国人大内务司法委员会的调研报告指出，在《决定》实施过程中，多数基层法院由陪审员参审的案件实际上是社会影响不大的案件，这与《决定》的要求相去甚远。[7]

其次，被告人申请适用陪审员制度审理的第一审刑事案件数量极少、比率极低。如表3-3所示，从2006年到2015年，被告人申请适用陪审员制度审理的刑事案件在基层人民法院为13 628件，在中级人民法院为498件，合计14 126件，平均每年为1400余件。每年被告人申请适用陪审员制度审理的刑事案件，与全国法院适用陪审员制度审理的刑事案件之间的比值分布在0.2%—0.64%之间，年均占比为0.51%。[8]

---

〔1〕 参见廖永安、刘方勇："社会转型背景下人民陪审员制度改革路径探析"，载《中国法学》2012年第3期，第149页。

〔2〕 参见刘岚："松江法院严把人民陪审员选任关"，载《人民法院报》2010年7月25日，第4版。

〔3〕 参见王庆新、刘达文、娄必县："降低陪审门槛 落实司法民主——重庆市南川区法院关于人民陪审员身份对司法民主影响的调研报告"，载《人民法院报》2010年12月9日，第8版。

〔4〕 参见张嘉军："人民陪审制度：实证分析与制度重构"，载《法学家》2015年第6期，第8页。

〔5〕 参见张永和、于嘉川等：《武侯陪审：透过法社会学与法人类学的观察》，法律出版社2009年版，第107页。

〔6〕 参见张嘉军："人民陪审制度：实证分析与制度重构"，载《法学家》2015年第6期，第7页。

〔7〕 参见施英："《关于完善人民陪审员制度的决定》实施良好"，载《人民法院报》2008年12月2日，第5版。

〔8〕 数据来源于最高人民法院编：《人民法院司法统计历史典籍（1949—2016）综合卷》，中国民主法制出版社2018年版，第144页、第158页、第172页、第186页、第200页、第214页、第228页、第242页、第256页、第270页。

表 3-3　不同层级法院被告人申请陪审员参审的刑事案件数（2006—2015 年）（单位：件）

年度	基层人民法院	中级人民法院	高级人民法院	合计	申请案件占比（%）
2006	892	80	0	972	0.64
2007	906	68	0	974	0.63
2008	982	23	0	1005	0.60
2009	366	10	0	376	0.20
2010	656	62	0	718	0.32
2011	1202	86	0	1288	0.48
2012	2160	43	0	2203	0.62
2013	2114	14	0	2128	0.60
2014	2213	64	0	2277	0.54
2015	2137	48	0	2185	0.47
合计	13 628	498	0	14 126	0.51

被告人申请适用陪审员制度审理刑事案件的比例不高，主要原因有三个方面：第一，当事人不知道自己有申请陪审员参与审理案件的权利，或者不知道自己的案件能够适用陪审员制度。〔1〕这说明，法院在履行申请权的告知义务方面仍然存在一定的不足。第二，陪审员的作用受到限制，是否由陪审员审判案件，对被告人不会造成实际影响，因而被告人没有动力申请适用陪审员制度。〔2〕第三，对于不属于法律明确要求必须适用陪审员制度的一些案件，地方法院有时主动决定适用，因而减少了被告人申请适用的机会。例如，上海市一中院将“合议庭认为有必要由人民陪审员参加审判的其他一审案件”纳入参审案件范围，南京市秦淮区人民法院规定：“人民法院决定人民陪审员陪审的案件，当事人不得拒绝适用。”〔3〕

3. 陪审员参审案件数量不均衡

由于《决定》只规定了陪审员的随机抽取机制，没有限定陪审员参审案件的上限，在司法实践中，有的陪审员参审数量过多，成为“陪审暴发户”，有的则很少参审，甚至从未参审，成为“荣誉陪审员”。〔4〕2008 年，全国人大内务司

〔1〕参见陈果、肖琴：“从美国陪审团制度到中国人民陪审员制度”，载廖永安、［美］彼特·安德森主编：《对话与交融：中美陪审制度论坛》，湘潭大学出版社 2012 年版，第 254 页。

〔2〕参见李昌林：《民众参与刑事审判比较研究》，人民出版社 2007 年版，第 65 页。

〔3〕参见苗炎：“人民陪审员制度启动模式研究”，载《当代法学》2015 年第 4 期，第 114-115 页。

〔4〕参见齐文远：“提升刑事司法公信力的路径思考——兼论人民陪审制向何处去”，载《现代法学》2014 年第 2 期，第 25 页。

法委员会调研发现，只有 31.8%的基层人民法院运用随机抽取方式。[1]本课题组调研后发现，从 2013 年到 2015 年 6 月，C 市 Z 区法院刑庭的陪审员参审案件共计 695 件，均由一名陪审员驻庭陪审。J 省 W 市 B 区法院刑庭的 1 名专职陪审员包揽了所有刑事陪审案件。[2]另有学者调研后发现，山西参审案件最多的陪审员 1 年共参审 600 余件，浙江参审案件最多的陪审员 1 年参审 720 件，广西参审案件最多的陪审员 1 年参审 453 件，北京市有的陪审员 1 年参审近千件案件；从未参审过案件的陪审员，在天津占 32.4%，在江西占 14%，在陕西占 9.1%，在北京近 1/3。[3]

陪审员参审案件数量不均衡，主要原因在于法官基于工作便利和办案需要，随意架空“随机抽取”原则。法院一般将陪审员固定配置到各个业务庭，业务庭通常更愿意选择有一定法律基础知识、能够随传随到、同法官关系亲近和容易沟通的陪审员组成合议庭。[4]有的陪审员距离法院较远，往返不够方便，法官一般倾向于选择路程较近的陪审员参审。此外，个别陪审员出于获得经济补助的需要愿意承担更多的参审任务，也是导致参审案件集中于少数陪审员身上的原因之一。

4. “陪而不审”问题依然严重

“陪而不审”是我国陪审员制度的顽症。《决定》之所以规定“人民陪审员参加合议庭审判案件，对事实认定、法律适用独立行使表决权”，正是为了保障陪审员“有职有权”。但是，《决定》实施以后，陪审员在参审刑事案件时“陪而不审”的问题仍然严重存在，主要表现在：第一，有的陪审员不认真参加案件评议，一味地附和主审法官的意见，判决结论实际上完全是主审法官一个人的意见；第二，陪审员不独立发表意见或者不坚持自己的意见，遇到法官的不同观点时就修正自己的观点；第三，有的参审制合议庭在作出裁判前根本没有依法进行评议，合议庭评议笔录都是按照主审法官的意见“制作”的，陪审员只需要补

---

〔1〕 参见施英：“《关于完善人民陪审员制度的决定》实施良好”，载《人民法院报》2008 年 12 月 2 日，第 5 版。

〔2〕 参见孙长永、周媛：“刑事案件陪审员制度实证研究——基于 J 省、C 市部分基层法院的考察和分析”，载《贵州民族大学学报（哲学社会科学版）》2016 年第 2 期，第 150 页。

〔3〕 参见廖永安、刘方勇：“社会转型背景下人民陪审员制度改革路径探析”，载《中国法学》2012 年第 3 期，第 150-151 页；北京市高级人民法院政治部教育培训处课题组：“关于北京法院人民陪审工作情况的调研报告”，载《法律适用》2012 年第 2 期，第 97 页。类似的调研结果，参见张嘉军：“人民陪审制度：实证分析与制度重构”，载《法学家》2015 年第 6 期，第 5-6 页。

〔4〕 参见张嘉军：“人民陪审制度：实证分析与制度重构”，载《法学家》2015 年第 6 期，第 5 页、第 9 页；北京市高级人民法院政治部教育培训处课题组：“关于北京法院人民陪审工作情况的调研报告”，载《法律适用》2012 年第 2 期，第 97 页；刘晴辉：“对中国陪审制度的实证研究——以某市基层法院为视角”，载《四川大学学报（哲学社会科学版）》2007 年第 1 期，第 134 页。

签姓名即可；第四，有的案件中，陪审员既不参加评议和裁判文书的形成过程，也不参加案件的宣判活动，审理和裁判事实上均由主审法官一人完成。[1]

对于陪审员“陪而不审”的原因，有三种不同的解释。第一种是“主体利益说”，该说认为，国家、法院和陪审员各自关注自己的利益，导致陪审员制度的参审功能被架空，从而造成“陪而不审”。根据这种解释，国家重视的主要是陪审员制度的政治功能，关注的是普通民众是否参与、参与的范围有多大，并不特别关注陪审员是否实质性参审。法院为缓解案多人少的矛盾，[2]将陪审员作为审判力量的补充途径，把陪审员当作“编外法官”，以拼凑人数组成合议庭为基本诉求。[3]个别陪审员之所以愿意参审刑事案件，并不完全是为了代表普通民众参与国家事务管理，监督审判工作，也可能是为了谋取荣誉、经济补偿与知识训练等审判外利益。[4]国家、法院与陪审员三者为了各自的利益达成了妥协，消解了陪审员制度的价值。第二种是“诉讼效率说”，该说认为，法官基于完成考核任务的需要追求在单位时间内办理更多的案件。由于各地法院对案件的审判普遍实行承办法官制度，“形合实独”的现象早已存在，每位法官都只有当以承办法官身份审判案件时，才会认真对待，而在配合其他法官担任合议庭一般成员时，有时可能只是协助承办法官走完法定程序，未必在钻研案情和评议裁判时像承办法官一样“较真”。在这种环境下，陪审员自然难以实质性地履行参审职责。[5]第三种是“同职同权说”，该说认为，“陪而不审”的根本原因在于陪审员与法官“同职同权”的制度安排，因为这种制度安排潜在的必然要求是陪审员与法官的“同质化”或者相对“同质化”，即要求参照法官的选任标准遴选陪审员。然而，与法官相比，陪审员在专业知识、司法经验和心理自信等方面均处于弱势，法律和《决定》要求陪审员参与不擅长的法律适用问题的评议和裁判，导致陪审员产生“矮化”心理，致使陪审员不能与职业法官平等对话，沦为“法官的附庸”或者“陪衬”。因此，应当将陪审员的职权限定在事实认定领域，

---

〔1〕 参见张嘉军：“人民陪审制度：实证分析与制度重构”，载《法学家》2015年第6期，第8页；北京市高级人民法院政治部教育培训处课题组：“关于北京法院人民陪审工作情况的调研报告”，载《法律适用》2012年第2期，第98页；陈克刚：“人民陪审员何以‘陪而不审’”，载《西南政法大学学报》2008年第5期，第70页。

〔2〕 如云南省高级人民法院副院长田成有认为，从法院的角度来讲，实行人民陪审员制度在一定程度上能够缓解司法资源的紧张状况，缓解法庭案多人少的矛盾，提高司法效率。参见田成有：“善待不穿法袍的人民陪审员”，载《人民法院报》2010年12月3日，第5版。

〔3〕 廖永安、刘方勇：“社会转型背景下人民陪审员制度改革路径探析”，载《中国法学》2012年第3期，第153页。

〔4〕 参见刘哲玮：“人民陪审制的现状与未来”，载《中外法学》2008年第3期，第442-443页。

〔5〕 参见李拥军：“我国人民陪审制度的现实困境与出路——基于陪审复兴背后的思考”，载《法学》2012年第4期，第19页。

法律适用则交由法官进行判断，陪审员最多发挥建议咨询的作用。[1]

以上三种解释均有一定的道理，特别是“同职同权说”，在法学界和实务界产生了很大的反响，影响了决策者的认知，成为我国启动新一轮陪审员制度改革的理论基础。

四、刑事案件陪审员制度的改革发展

（一）《人民陪审员法》及其司法解释

中共十八届三中、四中全会先后通过了《中共中央关于全面深化改革若干重大问题的决定》（以下简称《三中全会决定》）和《中共中央关于全面推进依法治国若干重大问题的决定》（以下简称《四中全会决定》），对陪审员制度的改革作出总体部署，为新一轮陪审员制度改革指明了方向。[2]为贯彻落实上述两个决定关于陪审员制度改革的要求，2015 年 4 月，中央全面深化改革领导小组审议通过了《人民陪审员制度改革试点方案》（以下简称《试点方案》），第十二届全国人大常委会第十四次会议通过了《关于授权在部分地区开展人民陪审员制度改革试点工作的决定》，决定授权全国 10 个省市的 50 家法院开展试点工作。2015 年 5 月 20 日，最高人民法院和司法部联合公布了《人民陪审员制度改革试点工作实施办法》（以下简称《实施办法》），对《试点方案》作出进一步细化和解释。2018 年 4 月 27 日，在总结陪审员制度三年试点经验的基础上，第十三届全国人大常委会第二次会议审议通过了《人民陪审员法》，并于同日公布施行，《决定》同时废止。2019 年 2 月 18 日，最高人民法院审判委员会通过了《最高人民法院关于适用〈中华人民共和国人民陪审员法〉若干问题的解释》（以下简称《解释》），进一步细化了陪审员参审规则，《参审规定》同时废止[3]。

《人民陪审员法》是中华人民共和国成立以来第一部关于陪审员制度的专门

---

〔1〕 持这一观点的学者很多，参见龙宗智：“论我国陪审制度模式的选择”，载《四川大学学报（哲学社会科学版）》2001 年第 5 期，第 124 页；吴丹红：“中国式陪审制度的省察——以《关于完善人民陪审员制度的决定》为研究对象”，载《法商研究》2007 年第 3 期，第 133 页；张曙光：“人民陪审：困境中的出路——河南法院人民陪审团制度的贡献与启发”，载《政治与法律》2011 年第 3 期，第 41 页；许尚豪：“人民陪审团与法官的制度衔接与规则协调——以审判格式化与人格化的关系为视角”，载《政治与法律》2011 年第 3 期，第 33-34 页；廖永安、刘方勇：“社会转型背景下人民陪审员制度改革路径探析”，载《中国法学》2012 年第 3 期，第 152-154 页；廖永安、刘方勇：“人民陪审员制度目标之异化及其反思——以湖南省某市人民陪审员制度实践为样本的考察”，载《法商研究》2014 年第 1 期，第 92 页。

〔2〕《三中全会决定》指出：“广泛实行人民陪审员制度……拓宽人民群众有序参与司法渠道。”《四中全会决定》指出：“完善人民陪审员制度，保障公民陪审权利，扩大参审范围，完善随机抽选方式，提高人民陪审员制度公信度。逐步实行人民陪审员不再审理法律适用问题，只参与审理事实认定问题。”

〔3〕 需要说明的是，在《人民陪审员法》出台后，最高人民法院独立或联合出台了《人民陪审员选任办法》《最高人民法院关于适用〈中华人民共和国人民陪审员法〉若干问题的解释》《最高人民法院、司法部人民陪审员培训、考核、奖惩工作办法》等，分别是选任、参审、管理方面的司法解释。由于本课题组重点研究的是陪审员参审制度，因此主要研究的是参审方面的司法解释。

法律。作为陪审员制度改革的重要成果，这部法律的公布施行标志着中国陪审员制度进入了一个新的发展阶段，也是保障公民民主权利、推进中国特色社会主义司法民主建设的一个新的里程碑。[1]《人民陪审员法》虽然只有33个条文，但是对陪审员制度的相关重要问题均作了规定，其中有些规定对《试点方案》和《实施办法》进行了修改完善。

1.《人民陪审员法》对刑事案件陪审员制度的改革

（1）改革陪审员选任资格条件。与《决定》相比，《人民陪审员法》延续了试点文件确定的选任资格条件"一升一降"的要求。根据《人民陪审员法》第5条规定，陪审员任职年龄从年满23周岁提升到年满28周岁；担任陪审员的学历要求从"一般应当具有大学专科以上文化程度"降低到"一般应当具有高中以上文化程度"，从而增强了陪审员的代表性和广泛性。

（2）完善陪审员选任程序。《人民陪审员法》第9—11条在总结试点经验基础上，作出了与《决定》不同的规定：一方面将选任主体由法院变为司法行政机关，另一方面变"个人申请+组织推荐"的选任方式为随机抽选为主、个人申请和组织推荐为辅的选任方式，最终由基层人民法院的同级人大常委会任命。这实际上是《决定》和试点文件有关规定的折中。根据《人民陪审员法》的规定，遴选陪审员需经两次"随机抽选"，即先由司法行政机关会同基层人民法院、公安机关，从辖区内的常住居民名单中随机抽选拟任命陪审员5倍以上的人员作为候选人，对其资格进行审查并征求候选人意见；然后由司法行政机关会同基层人民法院从通过资格审查的陪审员候选名单中随机抽选确定陪审员人选，由基层人民法院院长提请同级人大常委会任命。因审判活动需要，可以通过个人申请和所在单位、户籍所在地或者经常居住地的基层群众性自治组织、人民团体推荐的方式产生陪审员候选人，经司法行政机关会同基层人民法院、公安机关进行资格审查，确定陪审员人选，由基层人民法院院长提请同级人民代表大会常务委员会任命。但通过个人申请和单位推荐产生的陪审员，不得超过陪审员名额数的五分之一。

（3）建立两种陪审员参审合议庭模式。根据《人民陪审员法》第14—16条的规定，立法机关确定了两种不同的参审模式：一是传统的三人合议庭，可以由法官2人、陪审员1人组成，也可以由法官1人、陪审员2人组成；二是法官3人和陪审员4人组成的大合议庭。试点过程中探索的"3+2""3+6"等模式，由于考虑到陪审员的心理影响、法庭设施、法官办案负担等因素，均被放弃。

（4）扩大陪审员参审刑事案件的范围。《实施办法》第12条规定，人民法

〔1〕 参见最高人民法院政治部编著：《〈中华人民共和国人民陪审员法〉条文理解与适用》，人民法院出版社2018年版，第20-21页。

院受理的第一审案件，除法律规定由法官独任审理或者由法官组成合议庭审理的以外，均可以适用陪审员制度审理。据此，陪审员制度适用范围非常宽泛，不够明确。《人民陪审员法》对陪审员参审刑事案件的范围根据不同情形作出区别性的规定。首先，确立陪审员制度适用于“社会影响较大案件”的一般原则。《人民陪审员法》第15条规定：“人民法院审判第一审刑事、民事、行政案件，有下列情形之一的，由人民陪审员和法官组成合议庭进行：（一）涉及群体利益、公共利益的；（二）人民群众广泛关注或者其他社会影响较大的；（三）案情复杂或者有其他情形，需要由人民陪审员参加审判的。人民法院审判前款规定的案件，法律规定由法官独任审理或者由法官组成合议庭审理的，从其规定。”据此，陪审员参审的范围仅限涉及群体利益、公共利益、引起公众关注等社会影响较大的案件。其次，明确将七人合议庭的审理范围限定于“社会影响重大的案件”。《人民陪审员法》第16条规定：“人民法院审判下列第一审案件，由人民陪审员和法官组成七人合议庭进行：（一）可能判处十年以上有期徒刑、无期徒刑、死刑，社会影响重大的刑事案件；（二）根据民事诉讼法、行政诉讼法提起的公益诉讼案件；（三）涉及征地拆迁、生态环境保护、食品药品安全，社会影响重大的案件；（四）其他社会影响重大的案件。”最后，确定了被告人申请适用陪审员制度的案件范围。根据《人民陪审员法》第17条的规定，第一审刑事案件被告人申请由人民陪审员参加合议庭审判的，人民法院可以决定由人民陪审员和法官组成合议庭审判。总体上看，在陪审员的参审范围方面，《人民陪审员法》相对于《决定》的主要变化在于增加了七人合议庭适用范围的特别规定。

（5）改革陪审员的参审职权。在陪审员制度改革试点期间，将《决定》确定的法官与陪审员“同职同权”模式转变为“职权分离”模式，不区分合议庭的大小。但鉴于试点期间全面推进“职权分离”模式存在困难这一经验教训，《人民陪审员法》规定三人与七人合议庭分别实行“同职同权”和“职权分离”模式，即“人民陪审员参加三人合议庭审判案件，对事实认定、法律适用，独立发表意见，行使表决权”，“人民陪审员参加七人合议庭审判案件，对事实认定，独立发表意见，并与法官共同表决；对法律适用，可以发表意见，但不参加表决”。[1]

（6）进一步细化了参审机制。一是明确要求法院结合本辖区实际情况，合理确定每名陪审员年度参加审判案件的数量上限，并向社会公告，[2]以防止陪审不均衡现象发生。二是改革中级人民法院遴选陪审员的规定。在陪审员制度改革试点期间，曾要求中级人民法院在辖区范围内随机抽选产生陪审员，但试点结

〔1〕 参见《人民陪审员法》第21条和第22条。

〔2〕 参见《人民陪审员法》第24条。

果表明，实践操作困难重重。例如，需要动员中级人民法院辖区内的所有区、县，耗费大量的人财物资源；选出的陪审员分布在各个区、县，往返参审路途不便，且严重影响工作效率；直辖市中级人民法院没有对应的党委、政府、人大等机构，在获得相关单位配合及提请人大常委会任命方面，尤其困难。因此，最高人民法院也认为“实践中，中级人民法院所需陪审员数量不多，单独开展随机抽选似无必要”。[1]因此，《人民陪审员法》明确规定，“中级人民法院、高级人民法院审判案件需要由人民陪审员参加合议庭审判的，在其辖区内的基层人民法院的人民陪审员名单中随机抽取确定”。[2]

（7）优化合议庭评议表决规则。一是明确了陪审员的独立判断权和审判长的指引、提示义务。《人民陪审员法》第 20 条规定：“审判长应当履行与案件审判相关的指引、提示义务，但不得妨碍人民陪审员对案件的独立判断。合议庭评议案件，审判长应当对本案中涉及的事实认定、证据规则、法律规定等事项及应当注意的问题，向人民陪审员进行必要的解释和说明。”这一规定既适用于小合议庭，也适用于大合议庭。二是明确了合议庭内部分歧解决机制。《人民陪审员法》第 23 条第 2 款规定：“合议庭组成人员意见有重大分歧的，人民陪审员或者法官可以要求合议庭将案件提请院长决定是否提交审判委员会讨论决定。”与《决定》相比，这一规定明确只有在合议庭意见“有重大分歧”时才能提交审判委员会讨论决定，且陪审员与法官享有同等的提请权。

（8）完善陪审员的退出和惩戒机制。《人民陪审员法》第 27 条规定：“人民陪审员有下列情形之一，经所在基层人民法院会同司法行政机关查证属实的，由院长提请同级人民代表大会常务委员会免除其人民陪审员职务：（一）本人因正当理由申请辞去人民陪审员职务的；（二）具有本法第六条、第七条所列情形之一的；（三）无正当理由，拒绝参加审判活动，影响审判工作正常进行的；（四）违反与审判工作有关的法律及相关规定，徇私舞弊，造成错误裁判或者其他严重后果的。人民陪审员有前款第三项、第四项所列行为的，可以采取通知其所在单位、户籍所在地或者经常居住地的基层群众性自治组织、人民团体，在辖区范围内公开通报等措施进行惩戒；构成犯罪的，依法追究刑事责任。”

（9）完善陪审员的履职保障机制。第一，新增对陪审员人身和住所安全保护的规定。《人民陪审员法》第 28 条规定：“人民陪审员的人身和住所安全受法律保护。任何单位和个人不得对人民陪审员及其近亲属打击报复。对报复陷害、侮辱诽谤、暴力侵害人民陪审员及其近亲属的，依法追究法律责任。”第二，要

---

〔1〕 参见周强于 2018 年 4 月 25 日在第十三届全国人大常委会第二次会议上所作的《最高人民法院关于人民陪审员制度改革试点情况的报告》。

〔2〕 参见《人民陪审员法》第 19 条。

求陪审员所在单位支持和保障陪审员参审。《人民陪审员法》第 29 条第 1 款延续《决定》中“人民陪审员参加审判活动期间，所在单位不得克扣或者变相克扣其工资、奖金及其他福利待遇”的规定，第 2 款新增规定，“人民陪审员所在单位违反前款规定的，基层人民法院应当及时向人民陪审员所在单位或者所在单位的主管部门、上级部门提出纠正意见”，从而强化了第 1 款规定的刚性。第三，赋予所有的陪审员“参审期间由人民法院依照有关规定按实际工作日给予补助”的权利。为此，《人民陪审员法》第 30 条保留了《决定》提出的“人民陪审员因参加审判活动而支出的交通、就餐等费用，由人民法院依照有关规定给予补助”的规定，删去了《决定》关于仅给予无固定收入的陪审员参审补助的规定。

2.《解释》对刑事案件陪审员制度的细化和补充规定

（1）明确保障当事人对法院适用陪审员制度审理案件的知情权、申请权。根据《解释》第 1 条和第 2 条的规定，人民法院决定适用陪审员制度审理案件，合议庭成员确定后，应当及时告知当事人；对于《人民陪审员法》第 15 条、第 16 条之外的第一审普通程序案件，人民法院应当告知刑事案件被告人在收到通知 5 日内有权申请由陪审员参加合议庭审判案件。人民法院接到当事人在规定期限内提交的申请后，经审查决定适用陪审员制度审理的，合议庭成员确定后，应当及时告知当事人。

（2）细化了陪审员参审案件的庭前准备程序。第一，明确要求法院在庭前告知陪审员及其单位开庭事项，以便陪审员为参加审判活动做好准备。《解释》第 4 条规定：“人民陪审员确定后，人民法院应当将参审案件案由、当事人姓名或名称、开庭地点、开庭时间等事项告知参审人民陪审员及候补人民陪审员。必要时，人民法院可以将参加审判活动的时间、地点等事项书面通知人民陪审员所在单位。”第二，细化了随机抽选规则。《解释》第 3 条规定：“人民法院应当在开庭七日前从人民陪审员名单中随机抽取确定人民陪审员。人民法院可以根据案件审判需要，从人民陪审员名单中随机抽取一定数量的候补人民陪审员，并确定递补顺序，一并告知当事人。因案件类型需要具有相应专业知识的人民陪审员参加合议庭审判的，可以根据具体案情，在符合专业需求的人民陪审员名单中随机抽取确定。”第三，补充规定了陪审员回避的程序。《解释》第 7 条规定：“当事人依法有权申请人民陪审员回避。人民陪审员的回避，适用审判人员回避的法律规定。人民陪审员回避事由经审查成立的，人民法院应当及时确定递补人选。”第四，补充规定了陪审员的阅卷权。《人民陪审员法》没有就陪审员阅卷问题进行规定，《解释》第 8 条补充规定：“人民法院应当在开庭前，将相关权利和义务告知人民陪审员，并为其阅卷提供便利条件。”第五，明确要求七人合议庭建立事实认定问题清单制度。《解释》第 9 条规定：“七人合议庭开庭前，应当制作事实认定问题清单，根据案件具体情况，区分事实认定问题与法律适用问题，对争议事实问题逐项列举，供人民陪审员在庭审时参考。事实认定问题和法律适用问题难以区分的，视为事实认定问题。”

（3）依法保障陪审员庭审过程中的调查、调解和发问权。《解释》第 10 条规定：“案件审判过程中，人民陪审员依法有权参加案件调查和调解工作。”第 11 条规定：“庭审过程中，人民陪审员依法有权向诉讼参加人发问，审判长应当提示人民陪审员围绕案件争议焦点进行发问。”

（4）明确陪审员参审合议庭的评决规则。第一，明确合议庭评议的顺序。《解释》第 12 条规定：“合议庭评议案件时，先由承办法官介绍案件涉及的相关法律、证据规则，然后由人民陪审员和法官依次发表意见，审判长最后发表意见并总结合议庭意见。”第二，细化七人合议庭的评议规则。《解释》第 13 条规定：“七人合议庭评议时，审判长应当归纳和介绍需要通过评议讨论决定的案件事实认定问题，并列出案件事实问题清单。人民陪审员全程参加合议庭评议，对于事实认定问题，由人民陪审员和法官在共同评议的基础上进行表决。对于法律适用问题，人民陪审员不参加表决，但可以发表意见，并记录在卷。”第三，明确要求“人民陪审员应当认真阅读评议笔录，确认无误后签名”。〔1〕第四，首次明确规定了陪审员列席审判委员会发表意见的规则。《解释》第 15 条规定：“人民陪审员列席审判委员会讨论其参加审理的案件时，可以发表意见。”第五，首次明确规定了陪审员获得裁判文书副本的权利。《解释》第 16 条规定：“案件审结后，人民法院应将裁判文书副本及时送交参加该案审判的人民陪审员。”

（5）明确禁止法院安排陪审员从事与审判无关的工作。《解释》第 18 条规定：“人民法院应当依法规范和保障人民陪审员参加审判活动，不得安排人民陪审员从事与履行法定审判职责无关的工作。”

（6）明确陪审员每年参审的案件数量上限。《解释》第 17 条规定：“中级、基层人民法院应当保障人民陪审员均衡参审，结合本院实际情况，一般在不超过 30 件的范围内合理确定每名人民陪审员年度参加审判案件的数量上限，报高级人民法院备案，并向社会公告。”

（二）实施情况

在陪审员制度改革试点期间，50 家试点法院按照《试点方案》和《实施办法》的要求，发挥基层创新精神，认真进行了陪审员制度的改革试点，取得较好的成效。《人民陪审员法》生效以后，全国各地法院按照《人民陪审员法》的规定，积极实施陪审员参审制度，取得新的成效。改革后的陪审员制度焕发出勃勃生机，在实践中取得了长足的进步。

---

〔1〕 参见《解释》第 14 条。

1. 落实选任要求，陪审员的代表性和广泛性不断增强

陪审员制度的政治功能之一是体现普通民众参与司法的平等性，这集中反映在陪审员的选任上面。

首先，陪审员的数量明显增加。根据最高人民法院的统计，2016 年，50 家试点法院已全部完成选任工作，新选任陪审员 9673 人，试点法院陪审员总数达到 13 322 人，为法官员额数的 4. 3 倍。一大批通民情、知民意、接地气的普通群众被选任为陪审员。〔1〕其中，河南 5 家试点法院共选任增补陪审员 1257 名，达到 2020 人，占全国试点法院陪审员总数的六分之一，其中基层试点法院陪审员数量达到法官员额数的 10 倍。〔2〕江苏省 5 家试点法院新选任陪审员 1052 名，陪审员总数达到 1559 名，超过法官员额数的 4 倍。〔3〕北京市 5 家试点法院新选任陪审员 1820 名，陪审员总数达到 2230 名，比改革前增长了 279%，是法官员额总数的 3. 25 倍。〔4〕《人民陪审员法》构建了以司法行政机关为主导的选任机制。2018 年 8 月 22 日，司法部、最高人民法院、公安部联合印发了《人民陪审员选任办法》，对陪审员选任作出细化规定。截至 2019 年 4 月底，全国共新选任陪审员 12 万余人，加上原来选任、尚未到期的陪审员共计 35 万余人，陪审员队伍进一步壮大。〔5〕

其次，陪审员队伍的学历和年龄结构更为合理。截至 2018 年 4 月，试点法院陪审员总数达到 13 740 人，比改革前新增 9220 人。其中，高中学历 4894 人，占 35. 62%；高中以下学历 653 人，占 4. 75%。〔6〕与改革试点前相比，陪审员的高学历占比明显下降，陪审员组成大众化色彩更为浓厚。本课题组调研 J 省 N 市 G 区、W 市 A 区以及 C 直辖市 Y 区试点法院后发现，与之前相比，陪审员整体上出现年轻化趋势，28—40 岁区间的中青年比例增大，扭转了改革前陪审员年龄偏大、一般都是退休人员的局面。〔7〕《人民陪审员法》实施后，“一升一降”的任职资格要求被推向全国，更多社会阅历丰富、熟悉社情民意的普通群众加入

---

〔1〕 参见中国法院网 2017 年 2 月 7 日报道：“2016 年人民陪审员制度改革试点工作综述”，载 https://www.chinacourt.org/article/detail/2017/02/id/2540135.shtml，最后访问日期：2020 年 7 月 21 日。

〔2〕 参见王韶华等：“激发参审活力 推进司法民主——河南高院关于人民陪审员制度改革试点工作的调研报告”，载《人民法院报》2018 年 4 月 12 日，第 8 版。

〔3〕 参见法制网 2017 年 1 月 11 日报道：“人民陪审员制度改革的江苏经验”，载 http://www.legaldaily.com.cn/fxjy/content/2017-01/11/content_ 6951281.htm，最后访问日期：2020 年 8 月 1 日。

〔4〕 参见胡云红、刘仁琦：《人民陪审员认定事实审判指引》，中国法制出版社 2018 年版，第 55 页。

〔5〕 参见马世忠：“充分发挥新时代人民陪审员制度的价值功能——写在《人民陪审员法》实施一周年之际”，载《中国审判》2019 年第 10 期，第 8 页。

〔6〕 参见周强于 2018 年 4 月 25 日在第十三届全国人大常委会第二次会议上所作的《最高人民法院关于人民陪审员制度改革试点情况的报告》。

〔7〕 参见孙长永、周媛：“刑事案件陪审员制度实证研究——基于 J 省、C 市部分基层法院的考察和分析”，载《贵州民族大学学报（哲学社会科学版）》2016 年第 2 期，第 149 页。

到陪审员队伍中，陪审员来源的广泛性和代表性进一步增强。

最后，随机抽选机制得到较好的落实，陪审员队伍的平民化色彩增强。试点法院积极协调当地司法行政机关、公安机关，扩大选任范围，选任理念从原来的“方便”“好用”逐步向“广泛”“随机”转变，选任方式由原来的主要由组织推荐产生向随机抽选转变。据统计，截至2018年4月，试点法院13 740名陪审员中，基层群众为7953人，占57.88%。[1]河南5家试点法院的陪审员队伍中，党政机关工作人员占陪审员总数的比例从改革前的22.41%下降到13.56%。[2]本课题组经调研发现，J省N市G区法院新增的100名陪审员中，企事业单位人员和个体户占总人数的55%，政治面貌为群众的比例达24%；C直辖市Y区法院新增的278名陪审员中，企事业单位人员及个体户占总人数的36.4%，政治面貌为群众的比例达37.1%。相比之下，非试点法院陪审员队伍结构单一，如J省W市B区法院的陪审员中党政机关、社区街道工作人员的比例高达92.8%，陪审员中政治面貌为中共党员的占比94.5%。[3]由此可知，通过选任机制改革，陪审员队伍的平民化色彩增强，这也成为本轮陪审员制度改革的亮点之一。《人民陪审员法》实施后，由于实行随机抽选为主、个人申请和组织推荐为辅的选任方式，陪审员队伍的结构进一步优化。

2. 改革参审范围，陪审员参审范围更加明确

在试点法院制定的参审方案中，基本上沿用了《实施办法》中的陪审员参审范围规定。[4]有的试点法院还根据本地区实际，将一些特殊类型案件纳入参审范围。例如，陕西省岐山县人民法院将“涉及未满18周岁的未成年人犯罪案件”等纳入陪审员参审范围。重庆市沙坪坝区人民法院规定，除了《实施办法》确定的参审范围外，处级以上领导干部职务犯罪案件，应由1—2名陪审员和法官共同组成合议庭审理；国家级和重庆市级主要新闻媒体关注度较高的案件，10人以上人大代表或政协委员关注的案件，一方当事人人数10人以上、有可能引发不稳定因素的案件，以及可能被判处10年以上有期徒刑的正处级以上领导干部职务犯罪案件，应当由3名以上陪审员和法官共同组成合议庭审理，且陪审员在合议庭中的人数应当多于法官人数。[5]《人民陪审员法》对参审范围作出了更

---

〔1〕 参见周强于2018年4月25日在第十三届全国人大常委会第二次会议上所作的《最高人民法院关于人民陪审员制度改革试点情况的报告》。

〔2〕 参见王韶华等：“激发参审活力 推进司法民主——河南高院关于人民陪审员制度改革试点工作的调研报告”，载《人民法院报》2018年4月12日，第8版。

〔3〕 参见孙长永、周媛：“刑事案件陪审员制度实证研究——基于J省、C市部分基层法院的考察和分析”，载《贵州民族大学学报（哲学社会科学版）》2016年第2期，第149页。

〔4〕 参见《实施办法》第12条。

〔5〕 参见2015年6月23日重庆市沙坪坝区人民法院、重庆市沙坪坝区司法局联合印发的《人民陪审员制度改革试点工作实施方案》第三部分任务举措第（三）项关于参审范围的规定。

加明确的规定，实施一年来，全国陪审员共参审刑事案件60余万件。[1]

3. 设定参审上限，杜绝参审不均衡现象

为了破解“驻庭陪审”“编外法官”难题，出台参审案件数上限规定，成为解决这一问题的一剂良方。[2]对此，试点法院进行了大胆探索。第一，明确参审案件数上限。试点法院根据本地区案件数量、案件类型、陪审员数量等，在随机抽选系统中设置10—30件不等的陪审员参审案件上限。[3]如C直辖市Y区法院、J省W市A区限定每名陪审员全年参审案件量不超过30件。C直辖市L县法院规定每名陪审员年度参审案件不得超过8件。北京市第二中级人民法院、北京市门头沟区人民法院、北京市密云区人民法院陪审员每人每年参审数量不得超过20件，北京市东城区人民法院、海淀区人民法院每名陪审员每年参审数量不得超过30件。[4]河南5家试点法院设定20件的参审上限。[5]除此之外，还有的试点法院推出了“个性化”的“参审权重”机制，在陪审员信息库中根据各陪审员的工作性质、退休情况设定年度参审工作量。对于工作繁忙的陪审员，降低参审系数，时间宽裕的则提高参审系数，但每人的参审数量不得超过最高上限。如J省N市G区法院规定，有本职工作的陪审员每季度参审案件不少于1件，退休人员每年可参审20—30次。[6]第二，建立屏蔽功能，在抽选时，将超过参审案件上限的陪审员自动屏蔽，优先抽选参审案件少的陪审员。[7]这一过程主要通过陪审员信息化管理平台实现，因为是信息化系统，陪审员参审案件数量在信息系统里面一目了然，不存在造假的可能性，实现了陪审员参审的均衡性。如2016年，北京地区5家试点法院陪审员人均审结案件9.5件，比试点前北京地区2012年人均陪审22.9件大幅减少。[8]设定陪审员参审上限的经验被《人民陪审员

---

〔1〕 参见马世忠：“充分发挥新时代人民陪审员制度的价值功能——写在《人民陪审员法》实施一周年之际”，载《中国审判》2019年第10期，第8页。

〔2〕 最高人民法院政治部编著：《〈中华人民共和国人民陪审员法〉条文理解与适用》，人民法院出版社2018年版，第282页。

〔3〕 参见周强于2016年6月30日在第十二届全国人大常委会第二十一次会议上所作的《最高人民法院关于人民陪审员制度改革试点情况的中期报告》。

〔4〕 参见胡云红、刘仁琦编著：《人民陪审员认定事实审判指引》，中国法制出版社2018年版，第61页。

〔5〕 参见王韶华等：“激发参审活力 推进司法民主——河南高院关于人民陪审员制度改革试点工作的调研报告”，载《人民法院报》2018年4月12日，第8版。

〔6〕 参见孙长永、周媛：“刑事案件陪审员制度实证研究——基于J省、C市部分基层法院的考察和分析”，载《贵州民族大学学报（哲学社会科学版）》2016年第2期，第150页。

〔7〕 参见周强于2016年6月30日在第十二届全国人大常委会第二十一次会议上所作的《最高人民法院关于人民陪审员制度改革试点情况的中期报告》。

〔8〕 参见胡云红、刘仁琦编著：《人民陪审员认定事实审判指引》，中国法制出版社2018年版，第61页。

法》第24条吸收，《解释》进一步将陪审员年度参审数量上限确定为30件，从而将这一经验推广到全国。

4. 探索事实审和法律审的分离机制

"逐步实行人民陪审员不再审理法律适用问题，只参与审理事实认定问题"，是《四中全会决定》提出的改革任务，也是陪审员制度改革试点中的一大难点。为了破解这一难题，50家试点法院发扬敢为天下先的精神，采取多种举措，积极进行实践探索。

首先，创新陪审员只参与事实审的方法和路径。从试点开始到2017年的两年间，50家试点法院采用事实问题清单方式共审理案件3374件。北京、河北、河南等地试点法院还制定了关于事实审与法律审分离的陪审操作规程。[1]河南5家试点法院探索建立案件事实问题"一案一清单"制度，引导陪审员围绕问题清单对当事人进行发问，评议时围绕清单逐项发言表决。[2]苏州吴中区人民法院出台《关于人民陪审员实行"事实审"的试行意见》，推行"事实审"提前告知、列举事实清单、合议庭分段评议以及合议前法官归纳事实争点和主要证据等。南京鼓楼区人民法院在具体案件审理中对所涉的事实部分进行扩大解释，对法律问题进行限缩解释，尝试明确事实认定与法律适用分歧界定的原则办法。南京市中级人民法院制定参审职权试点工作实施办法，试行就事实识别、庭审展开、事实评议内容等作出规定。[3]

其次，探索大合议庭参审机制。在改革试点过程中，试点法院探索陪审员和法官组成5人以上大合议庭的审理机制，审理社会影响较大的案件3658件，取得了较好的效果。福建厦门海沧区人民法院在审理社会高度关注的"1·27"海沧区天湖城小区抢劫案中，引入4名陪审员和3名法官组成大合议庭，提升了审判结果的社会公信力。[4]河南5家试点法院根据案件疑难复杂程度、影响大小、信访风险等级等因素，建立多元化参审合议庭模式，适用"1+2"模式审理一般案件，适用"3+4"模式审理社会影响较大的案件，适用"3+6"或"3+8"模式审理社会影响重大的案件；探索陪审员和法官分组评议机制，保障陪审员对案

---

〔1〕 参见周强于2016年6月30日在第十二届全国人大常委会第二十一次会议上所作的《最高人民法院关于人民陪审员制度改革试点情况的中期报告》。

〔2〕 参见王韶华等："激发参审活力 推进司法民主——河南高院关于人民陪审员制度改革试点工作的调研报告"，载《人民法院报》2018年4月12日，第8版。

〔3〕 参见法制网2017年1月11日报道："人民陪审员制度改革的江苏经验"，载http://www.legaldaily.com.cn/fxjy/content/2017-01/11/content_6951281.htm，最后访问日期：2020年8月1日。

〔4〕 参见周强于2018年4月25日在第十三届全国人大常委会第二次会议上所作的《最高人民法院关于人民陪审员制度改革试点情况的报告》。

件事实的独立判断。[1]《人民陪审员法》实施一年来，全国法院适用七人合议庭审结涉及群体利益、社会公共利益等社会影响重大的各类案件5241件，取得良好的法律效果和社会效果。[2]

最后，探索事实与法律分离难题的解决机制。河南省L县法院区分整体事实和分项事实，由法官引导陪审员围绕清单逐项进行认定。在操作上采用的是“基本标准+特殊情形”模式。就刑事案件而言，基本标准是指凡属于犯罪构成要件以及量刑有关的事实均属于事实问题，特殊情形包含牵连犯、结果加重犯、吸收犯当中的牵连手段和目的、加重结果、吸收与被吸收的行为等。[3]江苏省南京市鼓楼区人民法院出台了“重叠共识”解决事实、法律区分障碍的机制，要求凡是有陪审员参审的案件，合议庭评议后对事实问题形成的多数意见，并非直接依据多数决规则确定事实认定结论，同时还要求至少有一名陪审员和一名法官同意，才能依据多数人意见作出判决。江苏省苏州市吴中区人民法院创新陪审员参审评议规则，出台《关于人民陪审员一票提请权的实施意见》，规定陪审员若认为多数意见在事实认定方面不当或法官适用法律错误的，可以要求合议庭将案件提请分管院长、庭长审核或者提请法官会议讨论，必要时可提交审判委员会讨论。[4]

五、刑事案件陪审员制度存在的主要问题

刑事案件陪审员制度实施四十年来，立法从零散分布经改革试点后独立成法，基本制度规范不断充实、完善；司法实践从改革开放初期艰难的普遍适用，到“严打”期间随意选择适用，经《决定》复苏以后，逐步转向严格施行，并取得显著成效。到今天，该制度已经成为发挥司法民主、实现司法公正、体现司法公信的重要手段。但是，在充分肯定刑事案件陪审员制度四十年发展成绩的同时，也需要高度重视这一制度本身存在的问题和不足，特别是《人民陪审员法》实施前后所发现的一些突出问题。

（一）功能定位不明确

从世界范围来看，现代法治国家普通民众参与刑事审判的模式大体上可以分为陪审团制和参审制两种，二者的根本区别在于刑事案件的事实认定权是否由参

---

〔1〕参见王韶华等：“激发参审活力 推进司法民主——河南高院关于人民陪审员制度改革试点工作的调研报告”，载《人民法院报》2018年4月12日，第8版。

〔2〕参见马世忠：“充分发挥新时代人民陪审员制度的价值功能——写在《人民陪审员法》实施一周年之际”，载《中国审判》2019年第10期，第8页。

〔3〕参见杨艺红：“人民陪审员参审职权改革：实证分析与路径选择”，载《时代法学》2019年第5期，第78页。

〔4〕参见胡云红、刘仁琦编著：《人民陪审员认定事实审判指引》，中国法制出版社2018年版，第133页、第135页、第136页。

与审判的普通民众所独享。但无论是哪一种模式，均建立在司法独立的宪法原则之上，法官、陪审员或陪审团在审判刑事案件过程中，只服从法律和自己的良心，不受外来干涉；而且陪审员或陪审团的审判职权受到法官的高度尊重和法律的严密保障。通过保障普通民众参与刑事司法的机会，发挥陪审员或陪审团的职能作用，让普通民众通过参与审判活动理解司法、信任司法，是法治国家实现司法公正、提升司法公信力的共同经验。陪审团制和参审制的政治功能，只有通过切实保障陪审团或陪审员的审判权力，充分发挥其陪审或者参审作用才能实现。

我国人民陪审员制度是借鉴苏联人民陪审员制度而建立起来的，从陪审员的职权上看，属于参审制的一种形式。在陪审员制度的改革过程中，关于这一制度的功能定位，始终存在激烈的争论。主流的司法官员往往从陪审员参审体现出的政治功能角度进行解说，要求保障陪审员的见证、监督、知情、建议的权利，因而偏向于将陪审员制度向建议型、监督型的制度方向发展。如曾浩荣认为，审判权是国家权力的组成部分，具有专有性和排他性，只能由审判机关及其审判人员行使，审判权主体是人民法院，行使审判权的群体是法官，而陪审团制度或参审制都与审判权的专属性和独立性、审判权行使的主体特性相悖。司法民主不能破坏审判权的专属性和独立性，陪审员制度也只能在不破坏审判权的专属性和独立性的前提下，以审判监督的形式而存在。〔1〕最高人民法院原常务副院长沈德咏认为："通过陪审这座桥梁，让普通群众协助司法、见证司法、掌理司法，充分体现司法的民主功能，更集中地通达民情、反映民意、凝聚民智，在更大程度上实现人民民主。"〔2〕最高人民法院政治部主任马世忠指出，陪审员参与见证、监督审判过程及审判结果的产生，满足群众对审判工作的知情权、参与权、监督权。〔3〕最高人民法院政治部副主任林文学认为，"人民陪审员独特的角色和作用，在于'从不同的角度分析案件，使法官听取来自业外人士的意见，丰富思维判断''对于法官严格遵循办案程序依法裁判案件，客观上形成一种监督和约束'"。〔4〕根据他们的意见，陪审员在审判中主要发挥见证、监督、知情、参与作用，而不是真正的审判决策作用。与此不同，多数学者则主张通过陪审员对审判权力的分享或分割，发挥陪审员对职业法官的制约作用，以遏制司法不公、司法专横和司法腐败，增强司法的公信力。有学者甚至希望以陪审员制度的改革为

〔1〕 参见曾浩荣："关于我国人民陪审制度改革的新构想"，载《法学家》2000年第6期，第5-6页。

〔2〕 参见高绍安、姚润泽："全国法院人民陪审工作会议在闽召开 王胜俊作出重要批示 沈德咏出席并讲话"，载《中国审判》2010年第6期，第1页。

〔3〕 参见马世忠："充分发挥新时代人民陪审员制度的价值功能——写在《人民陪审员法》实施一周年之际"，载《中国审判》2019年第10期，第6页。

〔4〕 林文学："深入贯彻落实人民陪审员法 充分发挥人民陪审员制度功能作用"，载王爱立主编：《中华人民共和国人民陪审员法释义》，中国民主法制出版社2018年版，第32页。

突破口，推动建立审判中心、控辩平衡、民主决策、司法至上的全新审判秩序。[1]

从《决定》到《试点方案》和《实施办法》再到《人民陪审员法》的变化可以看出，决策者试图在上述两种不同思路之间寻求一定的平衡和妥协。例如，为了增强陪审员的代表性，在陪审员的产生上采取了以随机抽选为主的工作机制；为了更好地发挥陪审员的实质性参审作用，立法及其司法解释增加了关于审判长的指示义务以及陪审员独立发表评议意见和在评议笔录上签名的权利；改革试点中也允许进行不同形式的合议庭审判机制探索。特别是《人民陪审员法》，一方面保留了传统的三人合议庭参审制，同时又创造性地确立了“3+4”的大合议庭参审模式，一定程度上吸纳了学界的意见，但为了防止出现“失控的合议庭”，法律只允许大合议庭陪审员与法官共享事实认定权，而在法律适用问题上陪审员仅仅享有表意权，致使大小合议庭在设计理念、权力配置、运行机制等方面出现了相互矛盾的现象。[2]事实上，在现有司法条件下，无论是在传统的三人合议庭中，还是新设立的七人合议庭中，陪审员很难发挥监督制约法官的作用。改革试点中要求陪审员在开庭以前进行阅卷，不仅与各国普通民众参与司刑事审判的普遍经验不符，而且会固化侦查的中心地位，不利于实现刑事庭审的实质化。而立法对具体案件是否由陪审员参审由谁决定的问题不作明确规定，事实上赋予了管辖法院巨大的裁量权，使得普通民众参与刑事审判的权利完全由某一个法院基于一时、一案的权宜行使，为陪审员制度的有效实施埋下了隐患。因此，究竟如何定位我国的陪审员制度，能够期待它发挥何种功能和作用，至少在现行法律框架下，仍然是模糊不清的。

（二）参审范围设计不合理

参审范围的规定可以限制适用陪审员制度的案件类型和数量，也影响着陪审员的参审职权半径。根据北大法意公司向本课题组提供的数据，[3]从2015年5月1日到2019年11月30日，全国各级法院共适用七人合议庭审理刑事案件1707件，其中改革试点期间50家法院适用七人合议庭审理刑事案件186件，《人民陪审员法》实施后全国各级法院适用七人合议庭审理刑事案件1521件。从《人民陪审员法》及其《解释》和《刑事诉讼法》的相关规定以及司法实践情况

---

[1] 参见施鹏鹏：“审判中心：以人民陪审员制度改革为突破口”，载《法律适用》2015年第6期，第25页。

[2] 参见左卫民：“七人陪审合议制的反思与建言”，载《法学杂志》2019年第4期，第109页。

[3] 数据来源于中国裁判文书网、最高人民法院和最高人民检察院指导性案例、最高人民法院和最高人民检察院公报案例、最高人民法院和最高人民检察院公布典型案例、审判指导参考案例、中国审判案例要览、人民法院案例选判案大系、人民法院报指导案例、各省级人民法院发布的典型案例、其他案例选编等。

来看，陪审员制度在参审范围方面仍然存在一些问题。

1. 刑事案件的审理是否适用陪审员制度，完全取决于管辖法院的自由裁量，人为地造成陪审员制度在适用上的不平等和不平衡

根据《人民陪审员法》第15条和第16条的规定，法院审理涉及群体利益、公共利益的案件，人民群众广泛关注或者其他社会影响较大的案件，以及案情复杂或者有其他情形，需要由陪审员参加审判的案件，“由人民陪审员和法官组成合议庭进行”；可能判处10年以上有期徒刑、无期徒刑、死刑，社会影响重大的刑事案件，以及涉及征地拆迁、生态环境保护、食品药品安全等，社会影响重大的案件，“由人民陪审员和法官组成七人合议庭进行”。上述规定似乎表明，规定中所列举的案件都是必须适用陪审员制度进行审理的案件。《人民陪审员法（草案）》第一次审议稿曾规定社会影响较大的案件“可以”由人民陪审员和法官共同组成合议庭进行审理，但是在第二次审议稿和最终法律文本中，“可以”二字被删去，[1]这也说明《人民陪审员法》关于参审范围的规定似乎是刚性的，法院不能自由裁量。然而实际情况并非如此。

《人民陪审员法》是2018年4月27日由第十三届全国人大常委会第二次会议审议通过的，六个月之后（2018年10月26日），第十三届全国人大常委会第六次会议审议通过了《关于修改〈中华人民共和国刑事诉讼法〉的决定》。修改后的《刑事诉讼法》第183条第1款和第2款规定，“基层人民法院、中级人民法院审判第一审案件，应当由审判员三人或者由审判员和人民陪审员共三人或者七人组成合议庭进行，但是基层人民法院适用简易程序、速裁程序的案件可以由审判员一人独任审判。高级人民法院审判第一审案件，应当由审判员三人至七人或者由审判员和人民陪审员共三人或者七人组成合议庭进行”。据此，地方各级法院审判第一审刑事案件是否适用陪审员制度，完全由管辖法院决定，从而维持了1983年9月全国人大常委会修改《人民法院组织法》相关规定以来的状态。2019年4月24日最高人民法院发布的《解释》第1条进一步明确规定：“根据人民陪审员法第十五条、第十六条的规定，人民法院决定由人民陪审员和法官组成合议庭审判的，合议庭成员确定后，应当及时告知当事人。”根据《人民陪审员法》第17条和《解释》第2条的规定，即使是被告人申请由陪审员参加合议庭审判的案件，仍然由法院决定是否适用陪审员制度。根据立法者的解释，“是否由人民陪审员和法官组成合议庭，最终的决定权在人民法院。合议庭的组成属于人民法院依法依职权决定的内容。一个案件是否属于‘社会影响较大’‘需要

[1] 关于《人民陪审员法（草案）》一次、二次审议稿的文本，参见最高人民法院政治部编著：《〈中华人民共和国人民陪审员法〉条文理解与适用》，人民法院出版社2018年版，第353页、第365页。

由人民陪审员参加审判'，由法院根据案件情况综合判定"。[1]最高人民法院有法官认为，只要"可能判处十年以上有期徒刑、无期徒刑、死刑"的案件都适用七人合议庭审理的观点是不正确的，公众舆论和舆情炒作不是社会影响重大与否的判断标准，案件是否属于"社会影响重大"的情形，应由法院作出认定，这是法院依法独立行使审判权的重要内容。[2]立法参与者甚至认为，"可能判处十年以上有期徒刑、无期徒刑、死刑，社会影响重大的刑事案件"的判断主体应当是承办案件的合议庭法官，合议庭法官在审理一个刑事案件之前，要先对案件的审理结果进行一个评估，综合犯罪的形态、程度，法律规定等情况判断。[3]

然而，由管辖法院甚至承办案件的合议庭法官决定是否由陪审员参加审判，不仅会导致陪审员制度在适用范围上缺乏统一标准，人为地造成法律适用上的不平等，而且必然导致不同法院在适用陪审员制度上的不平衡。在需要耗费更多资源的七人合议庭参审制的适用方面，这一问题尤其突出。

首先，从适用法律的平等性方面看，大量本应适用七人合议庭参审制的案件却没有适用。例如，2019年度人民法院十大刑事案件"均为人民法院报2019年所报道的具有重大社会影响力、公众关注度高、审判结果具有重大突破、对公序良俗有重要示范引领作用的刑事案件"。[4]但是，其中除了张扣扣故意杀人案、浙江乐清滴滴顺风车司机杀人案适用了七人合议庭审理以外，其他案件均未适用七人合议庭审理。但显而易见的是，十大刑事案件中的"湖南新晃操场埋尸案""艾文礼受贿案""孙小果系列案""殴打20年前班主任案"的社会影响力绝对不会比上述两案更小。法院根据自身需要选择性、裁量性地适用七人合议庭审理刑事案件，虽然可能有法院自身的各种考虑，但却违反了在适用法律上一律平等的宪法原则，损害了法律的严肃性和权威性。

其次，从适用陪审员制度的平衡性方面来看，很多地方法院本应适用却没有适用七人合议庭参审制。最高人民法院在对《人民陪审员法》实施一年来的情况汇总后指出："各地工作推动进展不均衡。有的法院陪审员参审案件数量较大，有的法院陪审员参审案件数量则很低，一年来全国大部分省（区、市）适用七人合议庭审理了一批社会影响重大的刑事、民事、行政案件，取得了良好效果，

[1] 王爱立主编：《中华人民共和国人民陪审员法释义》，中国民主法制出版社2018年版，第123页。

[2] 姚宝华："人民陪审员法第十六条第一项理解之我见"，载《人民法院报》2018年12月12日，第8版。

[3] 胡云红、胡岩：《人民陪审员庭审实务指南：〈人民陪审员法〉条文解读、实务指引、案例解析》，人民法院出版社2018年版，第121-122页。

[4] 参见陈丽英："本报评出2019年度人民法院十大刑事案件"，载《人民法院报》2020年1月12日，第1版。

但也有不少地方较少或基本没有适用七人合议庭模式审理案件。"[1]据北大法意公司提供的数据，《人民陪审员法》实施后全国各级法院适用七人合议庭审理的1521件刑事案件中，华东地区507件，华中地区475件，西南地区236件，华南地区和西北地区各89件，华北地区75件，东北地区50件。地区分布明显不平衡，特别是广东等刑事案件较多的华南地区适用率明显太低。重庆市辖区也存在同样的问题。《人民陪审员法》实施以来，重庆市辖区中级、基层法院适用七人合议庭参审制审判刑事案件合计35件，其中三中院8件、四中院1件，江津、渝北、梁平、大足、万州、黔江、大渡口、垫江八个区县法院共26件，其他三个中院和三十个基层法院尚无适用案例。从案件类型上看，涉及故意杀人、重伤、抢劫、严重诈骗、贩卖或运输毒品等重罪并判处被告人10年以上有期徒刑或者无期徒刑的14件，涉及污染环境、非法捕捞水产品、销售假药以及生产、销售有毒、有害食品等罪并由检察机关一并提起附带民事公益诉讼的10件，其他较轻刑事案件11件。笔者在"中国裁判文书网"进一步查询发现，2019年度，重庆市辖区五个中院共适用参审制审判刑事案件198件，均只有陪审员1人或者2人参审，无一例由七人合议庭审理；即使是被告人及其辩护人均作无罪辩护的重罪案件，也没有适用大合议庭参审制。[2]经调研得知，很多法官对于《人民陪审员法》的最新规定并不清楚或者并不认同，特别是其中最有创新意义的大合议庭审判模式。

2. 陪审员的参审范围设计未能充分考虑案件繁简分流的需要和陪审员的经验优势

根据案件的性质和罪行轻重、被告人是否认罪等因素，进行繁简分流，优化司法资源配置，是现代刑事诉讼制度发展的共同趋势。最高人民法院2016年9月12日发布的《关于进一步推进案件繁简分流优化司法资源配置的若干意见》（法发〔2016〕21号）也指出：为进一步优化司法资源，提高司法效率，促进司法公正，减少当事人诉讼成本，维护人民群众合法权益，应当"遵循司法规律推进繁简分流……根据案件事实、法律适用、社会影响等因素，选择适用适当的审理程序，规范完善不同程序之间的转换衔接，做到该繁则繁，当简则简，繁简得当，努力以较小的司法成本取得较好的法律效果"。近年来刑事速裁程序和认罪认罚从宽制度的改革试点和立法完善，均体现了繁简分流和司法效率的要求。但是在陪审员制度的改革试点和立法完善过程中，关于陪审员参审范围的设计，却

〔1〕马世忠："充分发挥新时代人民陪审员制度的价值功能——写在《人民陪审员法》实施一周年之际"，载《中国审判》2019年第10期，第9-10页。

〔2〕例如，申光国故意伤害案，被告人及其辩护人均作无罪辩护，被告人申光国最后被判处无期徒刑，但该案只有1名陪审员参审，参见（2019）渝01刑初11号刑事判决书。

未能充分考虑繁简分流的需要以及陪审员的经验优势。

首先，陪审员的参审范围没有排除适用简易程序审理的案件。因为根据现行法律规定，陪审员可以审理所有“社会影响较大”的案件，不考虑案件是否适用简易程序。然而，简易程序的适用本来就是以被告人自愿认罪、案件事实清楚、证据充分为前提条件的，[1]适用简易程序审理的案件如果控辩双方存在意见分歧，往往也只是在量刑问题上，而这一方面，陪审员并没有比法官更大的优势。在司法实践中，很多法院对适用简易程序的案件（包括被告人认罪认罚的案件）也由陪审员参加合议庭进行审判，浪费了司法资源。

其次，陪审员的参审范围，没有排除适用普通程序审理的被告人认罪认罚案件。根据《刑事诉讼法》的规定，除了符合简易程序、速裁程序适用条件的案件以外，均适用普通程序进行审理。例如，被告人不认罪的案件，或者虽然认罪但可能被判处无期徒刑以上刑罚的案件，以及被告人是盲、聋、哑人或者是尚未完全丧失辨认或者控制自己行为能力的精神病人的案件，有重大社会影响的案件，共同犯罪案件中部分被告人不认罪或者对适用简易程序有异议的案件，等等。即使被告人自愿认罪认罚的案件，基层人民法院仍然有权决定适用普通程序进行审理，中级人民法院依法只有适用普通程序进行审理（自诉案件例外）。而只要适用普通程序，肯定需要组成合议庭进行审理，因而必然涉及是否适用陪审员制度的问题。根据《人民陪审员法》第 16 条第 2 项的规定，检察机关提起的刑事附带民事公益诉讼案件，无论被告人是否认罪认罚，均适用于七人合议庭审理；在司法实践中，刑事附带民事公益诉讼案件几乎都是无争议、被告人认罪认罚的案件。因此，大量无争议的附带民事公益诉讼案件适用了七人合议庭参审制进行审理。据北大法意公司提供的数据，《人民陪审员法》实施一年来，各地法院适用七人合议庭审结的 1521 件刑事案件中，刑事附带民事公益诉讼案件共有 814 件，占 53.52%。然而，认罪认罚案件适用陪审员制度，并不符合认罪认罚从宽制度所追求的效率价值，也难以体现陪审员制度的优势。事实上，陪审员参审控辩双方在认定事实和适用法律上都没有争议的案件，不仅是对司法资源的严重浪费，而且必然会加剧陪审员的“陪坐”心理，损害陪审员制度的声誉。

最后，陪审员的参审范围，没有根据案件类型设置例外规定。从国外的经验来看，恐怖活动犯罪、危害国家安全犯罪等特殊类型的刑事案件，可以排除陪审员参审或陪审团审判。我国《人民陪审员法》第 15 条和第 16 条的规定简单地以案件影响程度大小确定陪审员的参审范围，事实上却又把具体案件是否适用陪审员制度交由管辖法院自由裁量，既违反司法规律，也不利于通过陪审员制度增强普通民众对司法的理解和信任。

---

[1] 参见《刑事诉讼法》第 214 条。

3. 被告人的诉讼救济权利不充分

在美国，获得依法组成的陪审团公正审判的权利是联邦宪法保障的基本权利之一。[1]法院审判活动违反这一规定的，受有罪判决的被告人有权依法提出上诉，直至上诉至联邦最高法院，以寻求救济。我国《人民陪审员法》虽然规定了陪审员的参审范围，特别是明确规定了七人合议庭参审制的适用范围，也赋予了被告人申请由陪审员审判的权利，但没有保障被告人在这一权利受到侵害时的救济权。立法起草者甚至认为："合议庭组成属于人民法院依职权决定的内容。人民法院根据法律规定组成合议庭是人民法院职权范畴，是人民法院独立行使审判权的原则之一，除非违反法律的规定，否则当事人不得提出异议。一个案件是否应当适用陪审员制度由人民法院决定，人民法院决定适用陪审员制度后，是组成三人合议庭，还是组成七人合议庭审理，依然由人民法院依职权决定，当事人无权就合议庭组成本身要求复议或提起上诉。"[2]可见，虽然制定一部单独的《人民陪审员法》受到了社会各界的好评，但实际上这部法律的"含金量"并不高，特别是由于部门立法的严重影响，该法没有规定法院违反陪审员制度所应承担的不利后果，也没有赋予被告人通过上诉或其他途径寻求救济的权利，从而造成陪审员制度在体系上的欠缺，因而不足以保障普通民众依法有序参加审判的权利。在司法实践中，有的案件明显属于法律规定的陪审员参审范围，但管辖法院却拒绝由陪审员参加审理，而坚持由职业法官进行审判，引起辩护律师的不满。[3]

（三）参审职权改革落实不到位

1. 事实问题和法律问题难以区分

探索参审职权改革是2015年以来陪审员制度改革的重要内容之一，[4]而创设"3+4"大合议庭参审模式，并将大合议庭中陪审员的表决权限定为"事实认定问题"，是《人民陪审员法》的一大"创新"。这一改革的任务虽然出自《四

---

〔1〕《美国联邦宪法修正案》第6条规定："在一切刑事诉讼中，被告有权由犯罪行为发生地的州和地区的公正陪审团予以迅速和公开的审判，该地区应事先已由法律确定；得知控告的性质和理由；同原告证人对质；以强制程序取得对其有利的证人；并取得律师帮助为其辩护。"

〔2〕最高人民法院政治部编著：《〈中华人民共和国人民陪审员法〉条文理解与适用》，人民法院出版社2018年版，第166页。

〔3〕例如，2020年7月6日，内蒙古包头市稀土高新区人民法院开庭审理王永明涉黑案的第三天，参与辩护的袭祥栋、徐昕等十多名律师，向包头市检察院、市监察委、市政法委发出联名控告书，控告包头市稀土高新区人民法院合议庭组成人员、组成人数违法，要求立即中止审理并重组合议庭，其中理由之一便是本案属于社会影响重大的刑事案件，应由陪审员和法官七人组成合议庭进行审理，区法院由职业法官三人组成的合议庭不合法。参见搜狐网报道："王永明涉黑案在包头开庭，十多名知名律师参与辩护"，载 https://www.sohu.com/a/406139464_614037，最后访问日期：2020年7月21日。

〔4〕参见《试点方案》第二部分（五）。

中全会决定》，但改革的思路来自最高人民法院。2015 年 4 月 24 日，最高人民法院、司法部印发《试点方案》之后，最高人民法院副院长李少平在答记者问时指出："探索人民陪审员参审案件职权改革是本次《方案》的一大亮点举措。人民陪审员的优势在于，他们来自普通民众，具有丰富的社会阅历，了解社情民意，对风俗民情和市井社会有更为直观的感受，他们具备识别和判断案件证据材料、认定案件事实的能力。由人民陪审员认定案件事实，能够将普通民众的朴素观念带入案件审理中，弥补法官专业知识的不足，使案件裁判更好地反映社会大众的日常情感。与法官相比，人民陪审员并不具有法律适用方面的优势，所以，让人民陪审员只参与审理事实认定，不再对法律适用问题进行表决，更加符合人民陪审员的实际情况和案件审判规律，更有利于其发挥作用，增强司法公信力。"〔1〕然而，实际试点起来并不顺利。

2016 年 6 月 30 日，最高人民法院院长周强在向全国人大常委会所作的《关于人民陪审员制度改革试点情况的中期报告》中指出了"试点工作存在的困难和问题"，其中之一便是"缺乏区分事实审和法律审的有效机制。案件事实问题与法律问题往往相互交织，难以完全区分。虽然试点法院积极探索以事实清单、问题列表等方式区分事实问题和法律问题，但在我国三大诉讼法未明确区分事实审和法律审的情况下，如何区分事实认定问题和法律适用问题，还有待进一步探索"。〔2〕正因如此，2017 年 4 月 27 日，全国人大常委会审议通过《关于延长人民陪审员制度改革试点期限的决定》，决定陪审员制度改革延期试点一年。河南省高级人民法院指出："事实问题与法律问题客观上存在难以区分的情况，这与法官的职业能力有关，还因为一些案件中事实问题与法律问题的混同区域客观存在，难以划定统一客观的区分标准。"〔3〕对于陪审员来说，事实与法律的区分的理解更加困难。如胡云红等对北京平谷区人民法院参与刑事案件陪审的 30 位陪审员进行问卷调查，结果发现，大部分的陪审员并不能准确区分事实认定问题与法律适用问题。〔4〕也有学者针对事实问题和法律问题能否分离的问题进行了调查，多达 64.2%的陪审员、62.5%的律师、49.8%的法官认为不能分离，还有 23.2%的法官认为不好说。总之，无论是哪一类主体，大多数都认为案件事实问

〔1〕 罗书臻："提升人民陪审员制度公信度 保障人民群众有序参与司法——最高人民法院副院长李少平就人民陪审员制度改革答记者问"，载《人民法院报》2015 年 4 月 26 日，第 1 版。

〔2〕 参见周强于 2016 年 6 月 30 日在第十二届全国人大常委会第二十一次会议上所作的《最高人民法院关于人民陪审员制度改革试点情况的中期报告》。

〔3〕 王韶华等："激发参审活力，推进司法民主——河南高院关于人民陪审员制度改革工作的调研报告"，载《人民法院报》2018 年 4 月 12 日，第 8 版。

〔4〕 参见胡云红、刘仁琦：《人民陪审员认定事实审判指引》，中国法制出版社 2018 年版，第 156 页。

题和法律问题难以分离。[1]为了解决司法实践中的难题，最高人民法院不得不在《解释》第9条补充规定，“事实认定问题和法律适用问题难以区分的，视为事实认定问题”。

实际上，在参审制的背景下，对同一审判组织的陪审员和法官根据事实问题和法律问题的不同区分审判职责，本身就缺乏充分的论证。即使是在英美陪审团制度之下，也不能简单地说“陪审团负责事实认定，法官负责法律适用”。因为陪审团在裁决被告人是否构成指控的犯罪时，仍然须按照法律规定的罪名和构成要件进行，陪审团在判断被告人是否具有法定的加重处罚情节时，更必须充分理解“加重情节”的法律含义。以为英美陪审团仅仅负责事实认定问题，显然是对陪审团职责的误读。[2]在采用参审制的国家和地区，法律普遍规定由陪审员和法官共同审理和裁判案件，并不区分事实和法律问题。而在缺乏陪审团审判制度传统的条件下，要求大合议庭的法官在开庭前就明确区分“事实认定和法律适用问题”，并且将陪审员的表决权限定为事实认定问题，实践中很难做到。大量依法应当适用七人合议庭审理的刑事案件却未适用，主要原因之一正在于此。

2. 法院对制定事实问题清单不积极

在试点期间，全国50家试点法院采用问题列表方式评议的案件仅3374件，占试点期间所有案件的4.54%。[3]J省S市W区法院试点时曾要求建立事实问题“一案一清单”制度。然而，在调研中，47.2%的法官、30.2%的陪审员认为，法官通常不会为陪审员归纳事实争点或出具案件事实清单。[4]原因在于：第一，造成法院和法官负担加重，法官不愿采用。有法官认为，问题清单的制作给本来就已经案多人少的法院带来更大的负担，若是逐案制定事实问题清单，那么将加大法官的工作量，让本来就已经处于工作极限的法官雪上加霜。[5]有法官反映，由于办案压力大，一天要开五六个庭，制作事实问题清单需要占用大量时间，法官也没有精力指引提示陪审员。[6]第二，事实问题清单的设计存在难

---

〔1〕 参见刘方勇、孙露、周爱青：“人民陪审员只参与事实审机制立法评析——对《人民陪审员法》第二十二条的解读”，载《湖南大学学报（社会科学版）》2019年第1期，第132页。

〔2〕 参见左卫民：“七人陪审合议制的反思与建言”，载《法学杂志》2019年第4期，第112页。

〔3〕 参见周强于2016年6月30日在第十二届全国人大常委会第二十一次会议上所作的《最高人民法院关于人民陪审员制度改革试点情况的中期报告》。

〔4〕 参见刘方勇、孙露、周爱青：“人民陪审员只参与事实审机制立法评析——对《人民陪审员法》第二十二条的解读”，载《湖南大学学报（社会科学版）》2019年第1期，第133页。

〔5〕 胡云红等人经过实证研究发现，法官认为事实审与法律审分离后，法官增加了区分工作量、指引方面工作量、评议程序更加复杂。参见胡云红、刘仁琦：《人民陪审员认定事实审判指引》，中国法制出版社2018年版，第106页。

〔6〕 参见刘方勇、孙露、周爱青：“人民陪审员只参与事实审机制立法评析——对《人民陪审员法》第二十二条的解读”，载《湖南大学学报（社会科学版）》2019年第1期，第133页。

题。有法官认为，在个案中区分事实法律缺乏统一标准指引，归纳总结难度大、效率低等。[1]第三，静态的事实问题清单难以适应庭审中的动态变化。有的法院在试点期间试图通过“陪审员庭审辅助系统”解决事实问题与证据认证的动态变化问题，“庭审中，审判长将根据庭审情况所列的争议焦点、事实问题同屏传送到人民陪审员电脑，陪审员可根据上述清单进行听审和提问。对于证据认定，由书记员将证据名称、证据来源及欲证明问题添加至证据信息栏，审判长发起表决投票，合议庭成员须作出‘是’或‘否’的明确回答，对不采信的要写明理由。审判长根据少数服从多数的原则形成集中意见并当庭开示，相应表决结果记载于系统内的事实认定模块”。[2]这种问题列表的动态操作形式，或许能够解决庭审中可能临时出现的问题，但对于审判长的职业能力和驾驭法庭的能力构成巨大挑战，难以推广应用。

3. 法官对履行指引、指示义务态度消极

有学者调研后发现，不少法官在开庭前与陪审员的沟通较少，甚至没有沟通交流，以至于陪审员对待审案件一无所知；在庭审过程中，法官也几乎不和陪审员交流；庭审后的评议阶段，法官对陪审员的指示更为消极，很多案件仍然是审而不议，甚至有的陪审员在开完庭后就直接签字离开，根本不参与合议。在98%的案件中，法官没有给予陪审员任何指引和提示。[3] 之所以如此，根本原因在于法官没有充分认可陪审员制度的司法功能，仍将陪审员当作缓解“案多人少”压力的工具。[4]换言之，法官缺乏履行指引、指示义务的内在动力。

4. 陪审员的独立表决权难获保障

尽管《人民陪审员法》及其《解释》要求陪审员“独立发表意见”，审判长在履行与案件审判相关的指引、提示义务时不得妨碍陪审员对案件的独立判断，并且对评议规定了由陪审员首先发言的顺序，但实际上陪审员的独立表决权很难得到保障。首先，审判长对陪审员的指引和提示是在案件评议时非公开进行的，即使违反了法官中立原则，在法律上也没有什么不利后果。审判长即使不对陪审员作出指引、提示，或者所作的指引和提示并不能为陪审员所理解，陪审员如何寻求救济，也不清楚。其次，评议时职业法官与陪审员共同口头表决可能会影响陪审员的独立表决。由于《人民陪审员法》并没有规定必须采用问题列表，实

---

〔1〕 参见刘方勇、孙露、周爱青：“人民陪审员只参与事实审机制立法评析——对《人民陪审员法》第二十二条的解读”，载《湖南大学学报（社会科学版）》2019年第1期，第133页。

〔2〕 梁伟、刘炳杰、时芸芸：“《人民陪审员法》框架下‘大合议’庭审的可行路径研究——以威海市环翠区法院试点探索为例”，载《中国应用法学》2018年第4期，第71页。

〔3〕 参见胡云红、刘仁琦：《人民陪审员认定事实审判指引》，中国法制出版社2018年版，第113页、第144-145页、第165页、第178-179页。

〔4〕 参见刘方勇、孙露、周爱青：“人民陪审员只参与事实审机制立法评析——对《人民陪审员法》第二十二条的解读”，载《湖南大学学报（社会科学版）》2019年第1期，第133-134页。

践中陪审员的表决更多的是口头而非书面的，而口头的表决很容易导致陪审员屈从于职业法官的判断。由于陪审员的考评直接由法官进行，陪审员不太可能会作出与法官相反的结论。俄罗斯和法国为了避免出现陪审员屈从于法官的现象，在法律上明确规定了问题列表制度，陪审员只需根据自己的判断在问题列表中作出“是”或“否”的选择即可，由陪审团团长汇总后写明表决的具体票数结果交给法官。我国法官普遍不愿意制作问题列表，也不愿意履行对陪审员的指引、提示义务，其实已经表明，他们不太愿意由陪审员进行“独立表决”。最后，合议庭重大分歧的解决方式也不利于陪审员独立行使评议权利。根据《人民陪审员法》第 23 条的规定，合议庭组成人员意见有重大分歧的，陪审员或者法官均可要求合议庭将案件提请院长决定是否提交审判委员会讨论决定，而不是在合议庭内部解决。然而，2018 年 10 月 26 日全国人大常委会修订通过的《人民法院组织法》第 37 条规定，地方法院审判委员会的职能在于“总结审判工作经验”，“讨论决定重大、疑难、复杂案件的法律适用”，“讨论决定本院已经发生法律效力的判决、裁定、调解书是否应当再审”，“讨论决定其他有关审判工作的重大问题”，并没有讨论决定案件事实问题的职责。《人民陪审员法》将“可能判处十年以上有期徒刑、无期徒刑、死刑，社会影响重大案件”中合议庭关于事实认定问题意见重大分歧的最后决定权赋予了审判委员会，这不仅与《人民法院组织法》第 37 条的规定直接冲突，而且必然导致陪审员关于事实认定问题的表决权最终受制于职业法官，而不可能真正独立行使。

（四）配套的审判责任制不健全

最高人民法院 2015 年 9 月 21 日印发的《关于完善人民法院司法责任制的若干意见》第 25 条和第 30 条分别规定，“法官应当对其履行审判职责的行为承担责任，在职责范围内对办案质量终身负责”，“合议庭成员对案件的事实认定和法律适用共同承担责任”。在陪审员参审职权改革之后，是否应当要求陪审员对履职行为承担责任，如何追究陪审员的责任，相关法律以及司法解释的规定尚不够明确。如果不能做到权责一致，法官就不会有内在驱动力“放权”于陪审员，只会加强对陪审员的“操纵”，从而使得陪审员的实质化参审在实践中更难以实现。

根据《人民陪审员法》第 25 条和第 27 条的规定，陪审员的培训、考核和奖惩等日常管理工作，由基层法院会同司法行政机关负责；对陪审员的惩戒有免除职务、公开通报批评、追究刑事责任三种方式。在司法实践中，对陪审员的管理实际上仍由基层法院负责，考核内容包括陪审案件的数量、出庭率、陪审意见采纳率、审判纪律、审判作风等。“在‘一切为了审判’的目标下，通常会转化为对法院的贡献大小和法官的配合默契程度为标准的考核”，因而，“那些乐于发表独到见解、爱唱反调的陪审员反而会在使用中被‘边缘化’”。[1]对陪审员考核的虚化使得惩戒机制基本失灵，实践中真正追究陪审员审判责任的情形极为罕见。陕西省21家法院5年来仅有2家法院启动过免除陪审员职务的程序。[2]退出机制很少启用，几乎没有惩戒，这是因为惩戒的起点、一般形态、终点都是退出，惩戒完全被“退出”替代了。[3]

六、刑事案件陪审员制度的前景展望

我国《宪法》第2条规定：“中华人民共和国的一切权力属于人民……人民依照法律规定，通过各种途径和形式，管理国家事务，管理经济和文化事业，管理社会事务。”刑事案件陪审员制度是人民群众参加审判的重要形式，也是人民群众行使管理国家事务权利的重要途径之一，其重要意义日益得到认可。《试点方案》要求：“要通过改革人民陪审员制度，推进司法民主，促进司法公正，保障人民群众有序参与司法，提升人民陪审员制度公信度和司法公信力，让人民群众在每一个司法案件中感受到公平正义。”然而，《人民陪审员法》的制定和实施与上述改革目标仍有一定距离，陪审员参审刑事案件至少在现阶段仍然主要是为了缓解法院“案多人少”的矛盾，而不是真正为了实现司法公正。没有充分的证据表明，由于2015年以来的陪审员制度改革，陪审员制度在普通民众中的公信度提高了。事实上，由于陪审员制度的改革涉及司法程序和司法权力运行机制的重大变革，在司法功能总体不彰、以法院为中心的司法体制尚未得到建立的条件下，陪审员制度的技术性改革注定难以达到理想化的目标。因此，决策者对陪审员制度改革的艰巨性和复杂性要有清醒的认识，关心改革的社会各界对陪审员制度的发展要保持一份耐心。既要对民主法治背景下普通民众广泛参与刑事司法的大趋势树立坚定的信心，又要在全面推进依法治国的过程中对陪审员制度持续进行技术改良，不断积累司法经验，为制度的进一步发展创造条件。

（一）近期改进措施

在现有条件下，我国陪审员制度的发展应当坚持参审制的基本模式，对陪审员参审刑事案件的范围、启动方式、评议程序等进一步加以完善，逐步增强陪审员的实质参审权，争取提高陪审员制度的公信度。主要措施包括以下方面。

---

〔1〕姚剑：“文本与实践中的人民陪审员退出与惩戒机制”，载《昆明理工大学学报（社会科学版）》2018年第2期，第8页。

〔2〕参见胡云红、刘仁琦编著：《人民陪审员认定事实审判指引》，中国法制出版社2018年版，第324页。

〔3〕参见胡云红、刘仁琦编著：《人民陪审员认定事实审判指引》，中国法制出版社2018年版，第332页。

1. 完善参审范围

从总体上说，应当根据案件可能判处刑罚的轻重、案件的性质、被告人是否认罪等因素，确定陪审员的参审范围。

首先，凡是陪审员参审的刑事案件，原则上应当以被告人不承认指控的犯罪为前提。被告人在审查起诉阶段或者开庭审理时明确表示认罪的案件，不宜由陪审员参审，只有可能判处死刑的案件可以例外。[1]反之，凡是被告人明确表示不认罪的案件，一律由陪审员参加审判；取消现行法规定的“社会影响较大”“社会影响重大”等模糊标准。陪审员对事实问题的审理，原则上应当限制在被告人不承认的指控犯罪范围内。为了合理地确定一个具体刑事案件是否由陪审员参加审判，应当结合认罪认罚从宽制度的要求，在正式开庭之前建立“认罪答辩程序”，由被告人在公开法庭上就指控的犯罪逐一作出答辩。根据被告人答辩的结果，再决定是否由陪审员参加审判。在现行立法被修改之前，可以通过司法解释要求，审判法院在决定对被告人认罪案件适用陪审员制度时，应当重点考虑故意侵害公民人身权利和财产权利罪、贪污贿赂犯罪、侵权渎职犯罪、妨害公务犯罪以及可能判处死刑的案件以及涉及未成年人或老年人等弱势群众切身利益的案件，但是适用简易程序审理、可能判处 3 年有期徒刑以下刑罚的轻罪案件不宜实行参审制。

其次，根据案件可能判处的刑罚轻重确定大小合议庭的审理范围。可能判处 10 年以上有期徒刑、无期徒刑和死刑的案件，一律由七人合议庭审理；可能判处 3 年以上不满 10 年有期徒刑的案件，应当由三人合议庭审理。可能判处的刑罚，以检察官在起诉时提出的量刑建议或者相关法律规定为准。

再次，根据案件性质等特殊事由，将部分不适宜由陪审员审理的案件排除于参审范围以外。例如，恐怖活动犯罪、危害国家安全犯罪的案件，等等。

最后，赋予被告人必要的救济权利。对于依法应当适用陪审员制度却没有适用陪审员制度，以及被告人申请由陪审员参与审判被审判法院驳回申请的案件，受有罪判决的被告人有权以审判组织不合法为由向上一级法院提出上诉。二审法院经审查后认为一审法院违反法律关于审判组织的相关规定的，应当裁

---

〔1〕 关于死刑案件是否应当适用陪审员制度的问题，法学界和司法界存在争议。在 2013 年 10 月召开的全国第六次刑事审判工作会议上，最高人民法院曾经专门研究过这个问题，基本态度是不同意陪审员参加死刑案件的审判，司法实践中地方法院多年来一直也是这样做的。《人民陪审员法（草案）》一审稿关于七人合议庭审理范围的规定也不包含死刑案件，后在社会各界特别是学界的坚持下，《人民陪审员法（草案）》二审稿才将死刑案件纳入了七人合议庭的审理范围，并最终成为正式立法。毕竟，死刑的适用并不完全是一个法律问题，而同时也是一个政治问题和社会问题，法院在决定是否适用死刑时有必要通过规范的司法程序吸纳民意，慎重决定。参见新华网报道：“社会影响重大的死刑案件有望纳入人民陪审员参审范围”，载全国人大网，http://www.npc.gov.cn/zgrdw/npc/cwhhy/13jcwh/2018-04/26/content_2053693.htm，最后访问日期：2020 年 7 月 22 日。

定撤销原判，发回重审，由原审法院依法组成有陪审员参加的合议庭进行重新审判。

2. 完善陪审员参审刑事案件的启动模式

为了解决陪审员参审刑事案件在适用法律上的不平等和不平衡等问题，最好的方法是完全取消法院在决定是否适用陪审员制度问题上的裁量权，完全以法律规定的参审范围为依据确定具体案件是否由陪审员参加审判。为此，需要修改《刑事诉讼法》第183条关于合议庭组成方式的规定，明确要求地方法院对被告人不认罪的一审刑事案件，一律由陪审员和法官共同组成合议庭进行审判。在立法被修改以前，可以通过司法解释要求：审判法院在决定是否适用陪审员制度之前，应当专门听取被告人及其辩护律师的意见。对一审刑事案件，凡是被告人或者辩护律师要求或者申请由陪审员参加审判的，法院不得拒绝。那种认为"合议庭组成属于人民法院依职权决定的内容""当事人不得提出异议"的观点，不仅显得过于武断和傲慢，而且对于实现陪审员制度的改革目标也是有害的。

3. 强化参审制合议庭审判长的指引、提示义务

从域外经验看，无论是参审制，还是陪审团制，职业法官就法律问题和程序问题向陪审员给予必要的指引和提示，是制度有效运用的重要条件。[1]我国陪审员制度之所以长期以来存在"陪而不审""审而不议"等现象，重要原因之一在于法官不够重视陪审员的有效参与，不愿意为陪审员依法实质性参审提供必要的指引和提示。陪审员制度改革试点期间以及《人民陪审员法》实施以后，这种状况并没有得到根本的改变，应当引起各级法院的高度重视。在被告人不认罪的案件中，参审制合议庭审理以后要作出有罪或者无罪的判决，必须对指控犯罪的构成要件及其证明责任、证明标准有准确的理解，并且对控诉证据的证据能力、证明力有准确的判断，对辩护意见及其所依据的事实、证据有清醒的认识；在选择适用与被告人罪责相适应的刑罚时，必须对指控犯罪的法定刑、不同量刑情节、量刑的原则和步骤以及个案中应当注意的特殊问题等有相应的理解。法官指示是否合法、及时、全面、适当，将对陪审员履行参审、表意和表决权产生重要影响，甚至直接左右案件的裁判结果。在这一方面，尤其是采用陪审团制度的国家已经积累了丰富的经验，例如，英国法院定期发布和修订一些"范本指示"（Specimen Directions），[2]供法官指示陪审团时参考，这一做法值得我国借鉴。

---

〔1〕 参见陈学权："刑事陪审中法律问题与事实问题的区分"，载《中国法学》2017年第1期，第59页、第69页。

〔2〕 关于英国刑事法院的"范本指示"，参见英国法院官网报道：Crown Court Compendium，载 https://www.judiciary.uk/publications/crown-court-compendium-published/，最后访问日期：2020年7月23日。

建议最高人民法院或者高级人民法院根据三人合议庭和七人合议庭的审理需要，就常见的类案发布“陪审案件法官指示范本”，并结合典型案件加强对法官主持参审制合议庭审判工作的培训，完善审判长指引、提示错误的救济机制，不断增强法官在参审案件中的审判驾驶能力以及陪审员的履职能力。

4. 完善参审合议庭的评决规则

参审制合议庭的评决规则，是陪审员依法独立发表意见权的重要保障。在现行制度框架下，可以考虑从三个方面加以完善。

第一，细化参审制合议庭关于事实问题和法律问题的评决规则。关于事实问题的评议，除了陪审员先于参审法官、参审法官先于审判长发言的顺序以外，还需要明确：只有在关于指控犯罪是否成立的问题经过评议和表决，明确认定被告人构成犯罪之后，才能进一步就量刑事实是否成立进行评议和表决。关于量刑问题的评议，在七人合议庭审理的案件中，审判长应当先就指控犯罪的法定刑、量刑原则、量刑步骤等向陪审员作出通俗易懂的解释，然后由陪审员依次发表量刑意见，并且最好要求陪审员就量刑问题形成相对一致的意见；然后，法官应当在陪审员在场的情况下，按照量刑原则、量刑步骤等的要求依次确定量刑起点、基准刑和宣告刑，并说明基于裁量权所作的量刑调整情况，最后作出量刑决定；在三人合议庭中，审判长应当就量刑的法律问题和步骤向陪审员加以解释后，与陪审员一起依法确定量刑起点、基准刑和宣告刑，如果需要基于裁量权对量刑评议结果加以调整，应当说明理由，并获得陪审员的理解和支持。

第二，完善七人合议庭评议时的“少数服从多数”原则。按照《人民陪审员法》第 16 条的规定，七人合议庭审理的刑事案件均是社会影响重大的案件，最终的定罪和量刑结果应当得到陪审员和法官的共同支持。为此，可以考虑对七人合议庭的评决在遵守“少数服从多数”原则的基础上进一步要求：认定被告人有罪的案件，应当有至少 2 名法官和 2 名陪审员同意。如果只有 4 名陪审员同意定罪，而 3 名法官都不同意定罪，或者虽有 3 名法官和 1 名陪审员同意定罪，而另外 3 名陪审员都不同意定罪，就说明合议庭关于定罪问题存在“重大分歧”。在这种情况下，勉强作出有罪判决，效果肯定是不好的。

第三，完善合议庭意见“重大分歧”的解决机制。《人民陪审员法》第 23 条规定，“合议庭组成人员意见有重大分歧的，人民陪审员或者法官可以要求合议庭将案件提请院长决定是否提交审判委员会讨论决定”。这一规定并没有限定是同时适用于七人合议庭和三人合议庭，还是仅仅适用于七人合议庭。但根据《人民法院组织法》第 37 条关于审判委员会职能的规定和“审理者裁判、裁判者负责”的改革要求，应当对《人民陪审员法》第 23 条的规定进行两项限制性解释：一是三人合议庭审理的案件，合议庭评议时应当按照“少数服从多数”原则作出决定，即使存在分歧，也不应提交审判委员会讨论决定，因为三人合议庭审理的案件不属于“重大、疑难、复杂案件”的范围；二是七人合议庭审理的案件，只有在关于“重大、疑难、复杂案件的法律适用”问题存在重大分歧（例如对是否判处被告人死刑意见严重对立）时，才能提交审判委员会讨论决定，至于合议庭成员关于事实认定问题存在意见分歧时，不得提交审判委员会讨论决定，而应当由合议庭继续评议后自行解决。如果继续评议一定时间后仍然存在重大分歧，难以作出判决的，应当由审判法院重新组成参审制合议庭对案件进行重新审判。这样，不仅有利于保障陪审员依法独立评议和表决的权利，增强陪审员的责任感，避免“审而不议”，而且也有利于强化庭审的功能，维护参审制合议庭的权威。

5. 完善审判责任制

根据“权责一致”的原则，陪审员既然是合议庭成员，而且拥有独立的评决权利，就应当对自己履行陪审职责的行为负责。明确陪审员的审判责任，有利于公平地对待参加同一合议庭审判活动的法官和陪审员，争取法官对陪审员制度的积极支持；有利于督促陪审员依法履行职责，增加其责任心，努力避免“陪而不审、审而不议”的现象；也有利于发挥陪审员对法官的监督制约作用，促进司法公正。根据司法责任制的基本要求和《人民陪审员法》第 27 条规定的精神，对陪审员审判责任的追究应当实行过错责任原则，即只有当陪审员故意违反法定职责或者无正当理由怠于履行法定职责时，才能追究陪审员的法律责任。无论是三人合议庭，还是七人合议庭，由于占多数意见的陪审员关于事实认定问题的意见错误导致错判的，或者三人合议庭由于占多数的陪审员意见不当而导致量刑不当的，只要陪审员没有故意违反法律的规定，不得因为“错案”而追究陪审员的责任。为了保护陪审员依法独立行使陪审职权，对陪审员是否故意违反法定职责或者无正当理由怠于履行法定职责的问题，应当由当地司法行政机关调查认定，不宜由陪审员所在的法院直接调查认定。司法行政机关调查之后认定陪审员确有故意或者严重过失的，应当提出追责建议，由审判法院审查同意后依法提请同级人大常委会免除其陪审员职务，并通知其所在单位、户籍所在地或者经常居住地的基层群众性自治组织、人民团体在辖区范围内公开通报；需要追究刑事责任的，依法移送有管辖权的公安机关或检察机关立案侦查。陪审员对免除职务、公开通报等处理不服的，可以向上一级人民法院提出申诉，由上一级人民法院以听证程序听取司法行政机关、审判法院和陪审员的意见后作出决定，并及时通知陪审员和审判法院。如果认为对陪审员的免职、公开通报等处理不当，应当向其赔礼道歉，并且通过适当方式澄清事实、消除不良影响、恢复陪审员声誉；陪审员任期未满且愿意继续履行职责的，应当通过法定程序重新任命其为陪审员。

（二）长远发展方向

陪审员制度的长远发展需要综合考虑司法体制改革、以审判为中心的刑事诉讼制度改革和司法民主的需要，通过司法程序明确普通民众参与刑事司法的具体模式，充分保障普通民众对刑事司法的实质性参与权，切实建立起民众能够有序参与、获得民众真诚理解和信任的刑事司法制度，并且使民众参与刑事司法的制度真正得到普通民众的普遍认同。在这一方面，日本裁判员制度近十余年来的发展经验值得我国学习和借鉴。〔1〕

从制度模式上看，现有的七人合议庭参审模式在一定程度上显示出对陪审员的不信任，过度限制了陪审员的职权，其自身存在一定的弊端。未来的发展可能需要在以下两种模式中选择其一：一是将陪审员的职权扩展到法律适用问题上，把七人合议庭参审变成像三人合议庭参审一样的“纯粹”参审制，陪审员与法官共同审理事实认定和法律适用问题；二是把七人合议庭参审制改造为陪审团制度，在增加陪审员数量的基础上，组成陪审团，并将陪审员与法官的职责完全分开：被告人是否有罪的问题由陪审团作出裁决，对有罪的被告人如何适用法律的问题由法官作出判决，但判处死刑立即执行以陪审团评议后提出建议为前提。尽管第二种选择在学界呼声较高，〔2〕但由于陪审团制度对司法环境的要求更高、陪审员的独立性更大、司法成本也更高，加之我国缺乏陪审团制度的文化传统，目前的七人合议庭参审制向陪审团制度的转变“跨度”太大，实际可能性很小。相反，参审制在我国有较好的历史基础和现实基础，七人合议庭陪审员参审权利的适当扩大，在制度上并无明显的障碍。因此，第一种选择可行性更大，值得认真考虑。

随着我国认罪认罚从宽制度适用率的不断提高，〔3〕被告人不认罪的案件在全部刑事案件中的比例不断下降。如果把陪审员的参审范围限定为被告人不认罪

---

〔1〕 日本自2009年实施《日本裁判员法》以来，日本最高法院每年都要对2000名以上普通国民进行随机调查，统计《日本裁判员法》的实施对国民司法认知度和关注度等方面的影响。据统计，日本国民对裁判员制度的实施时间、内容和自身担任裁判员可能性等方面的认知度都在90%以上。《日本裁判员法》实施后，约40%的日本国民认为司法裁判比实施前“更加公正中立”，约40%认为裁判比之前“更加值得信赖”，53%以上认为裁判“比实施前更加贴近司法和裁判”，约30%以上认为裁判结果“比实施前更加被国民接受”，约30%认为裁判结果“比实施前更有利于查明案件事实”，31%以上认为裁判结果“比实施前更有利于国民明白裁判程序和内容”。参见胡云红：“《日本裁判员法》的修订与实施效果”，载《人民法院报》2018年1月19日，第8版。

〔2〕 关于在我国建立陪审团制度的主张，参见齐文远：“提升刑事司法公信力的路径思考——兼论人民陪审制向何处去”，载《现代法学》2014年第2期，第29页；姚莉：“中国陪审制度的理论反思和制度重构”，载《法学家》2003年第6期，第132-133页；龙宗智：“论我国陪审制度模式的选择”，载《四川大学学报（哲学社会科学版）》2001年第5期，第124-125页。

〔3〕 2019年底，全国检察机关适用认罪认罚从宽制度办理的案件已经达到刑事案件总数的70%，部分地区已经超过80%。

的案件，那么，真正需要由陪审员参审的刑事案件将逐步减少。但是，为了实现通过陪审员制度提高司法公信力、争取普通民众对司法的理解和支持的目的，必须继续推进以审判为中心的刑事诉讼制度改革，严格实行直接言词原则和非法证据排除规则，真正实现刑事庭审的实质化，切实保证法庭裁判的公正性和权威性。

（撰稿人：孙长永、禹得水）

第四章

刑事被害人权益保护制度

目 次

联合国经济与社会理事会1985年8月举行第七届预防犯罪和罪犯待遇大会，将“犯罪被害人保护”作为大会的议程，刑事被害人权益保护首次登上国际舞台。[1]1985年12月，联合国大会通过第40/34号决议——《犯罪被害人及权力滥用被害人司法基本原则宣言》（以下简称联合国《被害人人权宣言》），“这是联合国关于被害人问题的第一个重要声明，它标志着被害人问题在国际范围内已从理论研究阶段进入到立法实施阶段”。[2]联合国《被害人人权宣言》界定了被害人的概念，明确了被害人享有四类权利，即获得公正公平待遇权、获得损害赔偿权、获得国家补偿权和获得社会援助权。20世纪80年代以来，加强被害人人权保障成为各国刑事司法改革的共同趋势。我国《刑法》和《刑事诉讼法》的历次修改顺应了这一潮流，被害人权益保护不断得到强化。主流观点认为，被害人人权是实体性权利和程序性权利的统一体，实体性权利包括人身权利、财产权利、民主权利和获得赔偿权等，程序性权利包括告诉权、知情权、陈述意见权、律师帮助权、程序申请权、程序参与权和程序救济权等。[3]实体性权利是程序性权利产生的基础，程序性权利行使是实体性权利实现的前提，只有二者同时得到保障，才是被害人人权保障的理想状态。值此《刑事诉讼法》颁布实施四十周年之际，从立法发展和实践探索两方面总结被害人权益保护的经验与启示，对于贯彻落实党的十九大和十九届二中、三中、四中全会精神，加强被害人人权司法保障和法治保障，实现被害人人权保障与犯罪嫌疑人、被告人人权保障的动态平衡，推进国家治理体系和治理能力现代化等，具有重要的理论和实践意义。

一、被害人权益保护的立法发展

在我国，一般认为，被害人学是自1984年传入国内的，[4]此后伴随犯罪治

---

〔1〕“犯罪被害人”和“刑事被害人”是对英文（“victims of crime”“crime victims”或“criminal victim”）翻译不同，其含义没有区别。除非特别说明，下文将“犯罪被害人”和“刑事被害人”统称为“被害人”。

〔2〕苏惠渔、林建华：“《关于公正对待犯罪和滥用权力的被害人的基本原则宣言》述评”，载《法学研究》1991年第3期，第41页。关于联合国《被害人人权宣言》的名称，目前存在多种翻译。笔者赞同并引用我国台湾地区学者许启义的翻译。

〔3〕参见兰跃军：《侦查程序被害人权利保护》，社会科学文献出版社2015年版，第11–22页。

〔4〕王大伟：《中小学生被害人研究——带犯罪发展论》，中国人民公安大学出版社2003年版，第53页。麦迪逊（有的译为“门德尔松”）第一次提出“被害人学”这一名词。他认为，被害性是某类被害人所共有的生理、心理和社会特征。被害人学就是以被害人为中心，运用生物学、心理学、社会学等学科观点研究犯罪问题的学科。参见康树华：“被害人学的基础概念”，载《国外法学》1988年第2期，第40页。

理和被害人权利保护的需要而蓬勃发展，研究成果如雨后春笋般出现，[1]研究范围不断扩大，研究方法持续创新，从理论到实践，极大地影响了我国《刑法》和《刑事诉讼法》的修改及刑事司法实践。

（一）1979年《刑事诉讼法》：仅仅作为证据提供者的被害人

1979年《刑事诉讼法》受《苏俄刑事诉讼法典》的影响，[2]只有14次使用“被害人”一词，直接涉及11个条文，其中，第31条第3项将“被害人陈述”列为法定证据种类之一，第58条将“被害人”与“当事人”等并列为“诉讼参与人”。此时，被害人虽然具有独立的诉讼地位，有权出席法庭参与诉讼，但他们仅仅是一种作为证据提供者的“诉讼参与人”，与证人相似，但又不同于证人，诉讼权利非常有限，只有作证陈述权、向证人的发问/质证权、对侵权行为的控告权、获得免予起诉决定书和对免予起诉决定的申诉权、发表辩论意见权，以及对生效裁判的申诉权。该法第10条规定了保障诉讼权利原则，要求公、检、法三机关保障所有诉讼参与人（包括被害人）依法享有的诉讼权利，赋予诉讼参与人对司法工作人员侵犯其诉讼权利和人身侮辱的行为提出控告权。同时，为了解决被害人的民事赔偿问题，该法总则第七章规定了附带民事诉讼制度，赋予被害人提起附带民事诉讼权，但赔偿效果并不理想。此外，该法还规定了自诉制度，赋予被害人对告诉才处理的案件和其他不需要进行侦查的轻微的刑事案件提起自诉权，但程序设计不完善，起诉条件苛刻，存在立案难、取证难、胜诉难等问题，实践中追诉率极低，没有发挥自诉应有的功能。[3]

（二）1996年《刑事诉讼法》：具有双重身份的被害人

1996年《刑事诉讼法》适应世界范围内加强被害人人权保障的趋势，吸收理论研究成果，提升了被害人的诉讼地位，并扩大了被害人的诉讼权利。该法共

---

〔1〕 2020年6月1日，笔者以“被害人”为题名在中国国家图书馆搜索，有中文普通图书140本；以“被害者”为题名搜索，有中文普通图书150本；以“被害人学”为题名搜索，有中文普通图书11本；以“被害者学”为题名搜索，有中文普通图书14本。以“被害人”为书名在中国图书网搜索，有在售图书25种。以“被害人”为关键词在中国期刊网上搜索，有博硕士论文共2115篇；以“被害人”为关键词在中国期刊网上搜索，有中文文献14 869篇。以“被害人保护”为关键词搜索，有中文文献129篇。

〔2〕《苏俄刑事诉讼法典》对被害人诉讼地位的规定不断变化，1923年《苏俄刑事诉讼法典》将被害人视为证人，1961年修改法典时将被害人从证人中分离出来，被害人陈述作为一种独立的证据种类，被害人也享有许多不同于证人的诉讼权利，如侦查终结后了解案件材料权、与公诉人/被告人同等的庭审参与权，以及上诉权等。参见武延平、陶髦：“谈谈公诉案件中被害人的诉讼地位”，载《法学研究》1982年第6期，第23-24页。

〔3〕 参见杨连峰：“刑事附带民事诉讼的理论与实践探讨”，载《中国法学》1991年第5期，第85-95页；陈卫东：“论刑事附带民事诉讼”，载《社会科学战线》1991年第1期，第127-133页；刘根菊：“试论自诉案件立案的几个问题”，载《中国法学》1991年第4期，第105-109页；李建明：“刑事自诉程序的反思与探讨”，载《学海》1992年第1期，第56-57页。

有36次出现“被害人”一词，直接涉及20个条文。除了第42条第2款第3项继续将“被害人陈述”列为一种法定证据种类之外，第82条第2项将“被害人”与“犯罪嫌疑人、被告人”等并列为“当事人”之一。这样，被害人不再是控诉一方的“其他诉讼参与人”，而是独立于公诉人，且与被告人相对立的控诉方当事人，即“私原告”，但又处于与被告人不对等的诉讼地位，具有双重身份。与之相适应，该法除了保留1979年《刑事诉讼法》有关被害人权利的规定，更新了许多权利的内容，如扩大了自诉案件的范围，赋予被害人许多新的诉讼权利，包括申请回避权、委托诉讼代理人权、申请恢复诉讼期间权、报案或控告获得安全保障权、申请立案监督权、获知鉴定结论和提出补充鉴定或重新鉴定权、听取意见权、对不起诉决定的申诉和直接起诉权、自主陈述权、庭审参与权、公诉转自诉救济权、申请抗诉权、要求及时返还财产权，以及获得裁判文书权，进一步强化了被害人的权利保护。但是，还是存在一些争议和问题，主要包括以下三个方面。

1. 被害人作为公诉案件诉讼当事人制度

有学者认为，立法将被害人作为公诉案件诉讼当事人，有悖诉讼法理，在实践中弊大于利。因为被害人并非刑事案件的原告，同时也不享有上诉权；被害人的当事人角色不仅损害了证据来源的客观性、可靠性，而且违背了证人不得旁听庭审的原则；而在控诉方中加入被害人后更加剧了控辩双方的不平等。[1]笔者认为，该观点值得商榷。被害人作为刑事案件的当事人，与诉讼结局和裁判结果有直接利害关系，他们进入刑事诉讼后，应当成为控诉一方的诉讼主体，即诉讼当事人，享有全面的诉权，包括起诉权和上诉权。[2]立法没有赋予被害人上诉权，并不影响其诉讼当事人地位。被害人作为当事人全面参与诉讼进程，对其作证陈述的客观性可能会产生一定影响，但这可以通过相应的被害人作证制度设计予以消解，[3]而且被害人作为犯罪行为的直接受害者，身临其境且身受其害，从诉讼心理学角度分析，无论是否作为当事人、是否旁听庭审，他们存在报复心理是正常的，其作证陈述的主观倾向也难以避免，这也是我国《刑事诉讼法》将“被害人陈述”单列为一类证据的原因所在。因此，角色冲突不应成为质疑被害人当事人地位的理由。至于我国公诉案件中控辩不平等问题，关键在于作为控诉方“公原告”的检察机关过于强势，而作为辩护方的犯罪嫌疑人、被告人及其辩护人过于弱小。如果立法通过削弱作为刑事案件另一方当事人——被害人

---

〔1〕 龙宗智：“被害人作为公诉案件诉讼当事人制度评析”，载《法学》2001年第4期，第31-34页。

〔2〕 参见裴苍龄：“重新认识被害人的法律地位”，载《法学研究》1996年第2期，第83-88页；裴苍龄：“论刑事案件的当事人”，载《中国法学》2008年第1期，第98-102页。

〔3〕 参见兰跃军：《刑事被害人作证制度研究》，中国人民公安大学出版社2011年版，第90-99页。

的诉讼地位、减损其诉讼权利来实现控辩平等，这是不公平的。立法应当将改革重心放在进一步提升与改进辩护方的诉讼对抗能力，并适当限制或调整作为控诉方“公原告”的检察机关的诉讼行为。为此，笔者认为，《刑事诉讼法》赋予公诉案件被害人诉讼当事人地位有其合理性。有学者还从尊严价值理论、报应观念和救济原理三方面论证了被害人当事人地位的正当性。〔1〕笔者主张借鉴德国的附带诉讼制度，在刑事诉讼中增设刑事第三人制度，让被害人作为刑事第三人参加诉讼，并赋予其相应的诉讼权利，从而有效解决被害人在公诉案件中的参诉问题。〔2〕

2. 公诉转自诉制度

该制度设计本来是用于解决被害人告状难问题，但从司法实践看，由于被害人既缺乏强制性取证手段，又无相应的侦查技术等，这种制度几乎处于虚置状态，实践中极少有被害人通过这种途径获得救济。因此，学者们大都主张予以废除或改革。〔3〕笔者主张借鉴德国的强制起诉、日本的准起诉和我国台湾地区的交付审判制度等，构建适合我国国情的强制起诉制度，以改革不起诉制约机制，加强被害人人权保障。〔4〕

3. 附带民事诉讼制度

该制度无法解决被害人的民事赔偿问题，导致大量的“司法白条”，被害人获得赔偿率极低，民间戏称“十赔九不足”。〔5〕为此，有学者主张根据案件具体情况采取不同的程序路径，赋予被害人民事赔偿方面的程序选择权。第一，在案件材料已经能够确定被追诉人造成被害人损失的前提下，被追诉人因逃跑、患病等不能正常进行诉讼时，适用先民后刑程序。第二，建立公安司法机关在案件开始诉讼之初发现被追诉人财产时主动扣押的制度，同时，明确被害人有权提起精神损害赔偿请求。第三，对于轻微刑事案件，建立刑事和解制度，鼓励被追诉人向被害人真诚悔罪、赔礼道歉并赔偿损失，取得被害人谅解。第四，建立犯罪受害补偿基金。第五，建立被追诉人对被害人的服务型赔偿制度。第六，建立国家补偿制度。〔6〕笔者主张适当借鉴域外做法，在刑法中将被害人损害赔偿作为法定量刑情节和适用缓刑、减刑、假释的条件、考察内容，以及撤销缓刑、假释的

〔1〕 杨正万：“论被害人诉讼地位的理论基础”，载《中国法学》2002年第4期，第166-178页。

〔2〕 兰跃军：“德国的附带诉讼程序及启示”，载《人民检察》2006年第5期，第58-59页；兰跃军：“比较与借鉴：公诉案件被害人当事人制度研究”，载《政法论丛》2006年第5期，第83-86页。

〔3〕 参见刘根菊：“关于公诉案件被害人权利保障问题”，载《法学研究》1997年第2期，第61-66页。

〔4〕 兰跃军：“论刑事诉讼中的‘强制起诉’”，载《法学论坛》2007年第5期，第109-111页；［美］约翰·H. 兰平、王以真：“德意志联邦共和国刑事诉讼中的强制起诉原则”，载《国外法学》1983年第6期，第32-36页。

〔5〕 参见兰跃军：《刑事被害人人权保障机制研究》，法律出版社2013年版，第362-363页。

〔6〕 杨正万：“刑事被害人权利保护论纲”，载《中外法学》2007年第2期，第219-220页。

条件，建立起被害人民事赔偿与被告人刑事责任及适用缓刑、减刑、假释的紧密联系。同时，按照效率原则、独立性原则和全面性原则完善附带民事诉讼制度，并将被害人精神损害赔偿列入附带民事诉讼的范围。[1]

（三）2012 年《刑事诉讼法》：权利谱系逐渐形成的被害人

随着国家尊重和保障人权原则入宪和被害人权利保护的实践发展，2012 年《刑事诉讼法》将尊重和保障人权增加为刑事诉讼法的根本任务，这为立法进一步加强被害人权益保护提供了依据。该法共有 50 次出现“被害人”一词，直接涉及 27 个条文。除了保留 1996 年《刑事诉讼法》有关被害人权利的规定，还结合新修改的诉讼制度，增加了许多新的权利，被害人权利的谱系逐渐形成。新增加的被害人权利包括：（1）申请排除非法证据权；（2）特定案件作证的安全保护权；（3）对违法侦查行为的申诉和控告权；（4）参加庭前会议权；（5）申请不公开审理权；（6）申请证人、鉴定人、有专门知识的人出庭作证权；（7）未成年被害人特别保护权；（8）对附条件不起诉决定发表意见和申诉权；（9）刑事和解权；（10）对强制医疗决定申请复议权。同时，立法第一次对附带民事诉讼制度进行修改，赋予死亡或者丧失行为能力的被害人的法定代理人、近亲属提起附带民事诉讼权，以及附带民事诉讼原告人申请财产保全权，明确规定附带民事诉讼案件可以调解或者根据被害人的物质损失情况作裁判，不再受制于被告人的财产状况。此外，该法还吸收当时各地推行的刑事和解试点成果，将刑事和解程序作为一种特别程序确定下来，进一步丰富了被害人权利的谱系，朝被害人权利体系化迈出坚实的步伐。主要包括以下三个方面。

1. 附条件不起诉制度

2012 年《刑事诉讼法》第 271—273 条增设了附条件不起诉制度。最高人民检察院 2020 年 6 月发布的《未成年人检察工作白皮书（2014—2019）》显示，2014—2019 年，全国检察机关附条件不起诉 32 023 人，自 2015 年以来人数逐年增加，附条件不起诉率为 8. 78%，被重新提起公诉的人数保持在 3%左右。但是，该制度在保护被害人权益方面还存在许多不足。2012 年《刑事诉讼法》第 271 条第 1 款规定，附条件不起诉的适用条件包括符合起诉条件和有悔罪表现两个方面。但何为“有悔罪表现”，立法没有明确，也没有要求犯罪嫌疑人主动认罪，通过向被害人赔礼道歉、赔偿损失，取得被害人谅解或者与被害人达成和解协议等，修复其犯罪行为所造成的损害。这不利于保护被害人权利。笔者主张借鉴域外立法，将“有悔罪表现”细化为一定负担和指示，作为附条件不起诉的附带条件，负担的内容包括尽力赔偿由于犯罪行为给被害人造成的物质和精神方面的

〔1〕参见兰跃军：《刑事被害人人权保障机制研究》，法律出版社 2013 年版，第 362-378 页。

损失，赔偿的额度以不超过民法上的赔偿请求为限。指示的内容可以要求犯罪嫌疑人主动认罪，立悔过书，并亲自向被害人赔礼道歉等，取得被害人谅解或与被害人达成和解，以及引进刑事禁止令的内容，要求犯罪嫌疑人不得与被害人及其近亲属会见或者通信，或以其他方式干扰被害人及其近亲属的正常生活。2019年《最高检规则》第476条规定，人民检察院可以要求被附条件不起诉的未成年犯罪嫌疑人接受六个方面的矫治和教育，包括不得进入特定场所，与特定的人员会见或者通信，从事特定的活动；向被害人赔偿损失、赔礼道歉等，以及遵守其他保护被害人安全和预防再犯的禁止性规定，就包含了这一要求。

《刑事诉讼法》规定，人民检察院在作出附条件不起诉决定以前，应当听取公安机关、被害人的意见。该款虽然将听取被害人意见作为附条件不起诉的前置程序，但并未以被害人同意作为附条件不起诉的必要条件。也就是说，被害人在检察机关作出附条件不起诉决定之前具有发表意见权，但检察机关是否采纳被害人意见，法律没有作出强制性要求。对于考察期间被害人提出的异议如何处理，也没有详细规定。为此，有学者主张建立被害人在附条件不起诉适用过程中的异议程序，在决定作出前，设置“被害人同意”作为适用附条件不起诉的必要条件；在考验期内，赋予被害人申请撤销权，如果被害人要求撤销附条件不起诉决定，一般应予撤销；考验期届满，保障被害人的申诉权、自诉权，如果被害人对不起诉决定有异议，可以向上一级检察机关申诉，也可以向法院提起自诉。[1]但是，赋予被害人自诉救济权的建议，已经被全国人大常委会的立法解释否定。[2]2012年《刑事诉讼法》第271条第2款规定了被害人申诉作为救济，但立法将附条件不起诉的决定权赋予检察机关垄断行使，这种事后救济很难发挥作用。根据各地试点工作情况，笔者主张吸收实践经验，增设听证程序作为附条件不起诉的决定程序。对于检察机关拟决定附条件不起诉的案件，公安机关或被害人有异议的，或者社会影响较大的，可以采取听证方式，听取各方意见。尽可能在取得被害人或其近亲属同意之后，才决定附条件不起诉。这既是我国《刑事诉讼法》确立被害人诉讼当事人地位，加强被害人人权保障的需要，也是附条件不起诉解决刑事纠纷，促进社会和谐的需要。域外立法普遍肯定这一点。我国各地试点附条件不起诉制度之所以能取得良好的法律效果和社会效果，很重要一点就是充分考虑了被害人意愿和利益，以犯罪嫌疑人立悔过书、赔礼道歉、赔偿损失等方式

---

〔1〕 李文博：“建立附条件不起诉被害人异议程序”，载《检察日报》2013年9月18日，第3版。

〔2〕 2014年4月24日，全国人大常委会通过《关于〈中华人民共和国刑事诉讼法〉第二百七十一条第二款的解释》，其内容是：“人民检察院办理未成年人刑事案件，在作出附条件不起诉的决定以及考验期满作出不起诉的决定以前，应当听取被害人的意见。被害人对人民检察院对未成年犯罪嫌疑人作出的附条件不起诉的决定和不起诉的决定，可以向上一级人民检察院申诉，不适用刑事诉讼法第一百七十六条关于被害人可以向人民法院起诉的规定。”

取得被害人谅解或达成和解协议作为前提条件。2012 年《刑事诉讼法》增设刑事和解程序时，许多全国人大代表坚持要求将“被害人自愿和解”增加为和解的前提条件，也反映了这一点。为此，在拟适用附条件不起诉前，检察机关应当听取被害人或其近亲属、诉讼代理人意见，取得被害人同意，并努力促成被害人与犯罪嫌疑人之间达成和解，或取得被害人及其近亲属谅解。[1]

2. 刑事立案制度

2012 年《刑事诉讼法》第 49 条明确公诉案件的举证责任由控诉方承担，导致被害人告状难问题更加突出。2019 年 6 月，湖南扫黑除恶专项斗争中发现的新晃“操场埋尸案”就是一个典型。[2] 在司法实践中，被害人告状难、立案难是一个普遍问题。从实践看，人口失踪、失联是刑事立案难最常见的情形，电信网络诈骗，盗窃自行车、摩托车等侵犯财产类的案件也存在该问题。此外，还有的公安机关存在对于受理的案件先破案、后立案的情形，对于没有侦破的案件则不会进行立案，造成立案不实问题。

针对刑事立案制度存在的问题，全国公安机关开展立案规范化建设，全面推动立案突出问题专项治理。[3]2015 年 11 月，公安部出台《关于改革完善受案立案制度的意见》，规定警察受案、立案不规范将被追责，并完善刑事案件立案标准等。这些措施对于推进我国刑事立案规范化，解决被害人告状难问题具有重要作用。笔者主张将立案改为犯罪消息制度，作为侦查启动环节，并适当借鉴境外做法，尤其是俄罗斯刑事案件的提起制度，改革刑事立案制度，以适应以审判为中心的刑事诉讼制度改革的要求，主要包括四个方面。[4]第一，将立案前的审查（即初查）的法律地位从调查界定为一种初步侦查行为，纳入刑事程序轨道，要求遵守刑事诉讼法相关程序规范，并适当扩大解释《刑事诉讼法》第 54 条第 2 款规定，在初查过程中收集的物证、书证、视听资料、电子数据等证据材料，在刑事诉讼中可以作为证据使用。第二，取消立案的法律条件“需要追究刑事责任”，侦查机关在立案前不需要对犯罪事实进行法律评价，只要求进行事实判断，即“认为有犯罪事实”即可。第三，赋予检察机关对公安机关不立案或不作为的调查核实权、变更决定权和处罚建议权，并适当扩大检察机关的机动侦查权，增强立案监督效力的刚性。第四，被害人对不立案决定不服，或者对公安机关的

---

[1] 兰跃军：“附条件不起诉再议”，载《甘肃政法学院学报》2015 年第 6 期，第 82-83 页。

[2] 参见胡洪江、蒋川：“‘操场埋尸案’：正义不会止步于沉冤昭雪”，载 https://baijiahao.baidu.com/s? id=1637236958001314272&wfr=spider&for=pc，最后访问日期：2020 年 7 月 30 日；周子静：“湖南新晃‘操场埋尸案’彻底查清，19 名涉案公职人员被处理”，载澎湃新闻，http://www.thepaper.cn/newsDetail_ forward_ 5063365，最后访问日期：2019 年 11 月 29 日。

[3] 宫文飞：“践行‘三严三实’查纠立案问题”，载《江苏法制报》2015 年 8 月 6 日，第 2 版；赵家新：“刑事案件统一登记统一办理统一审核统一出口”，载《人民公安报》2015 年 5 月 11 日，第 6 版。

[4] 兰跃军：“审判中心视角下的刑事立案制度改革”，载《学术界》2019 年第 9 期，第 146-149 页。

侦查不作为，既可以向上一级公安机关申请复议，也可以向检察机关提出申诉，还可以直接向法院申请司法审查，使立案纠纷的最终解决从行政转向司法。

3. 被害人申请排除非法证据

2012年《刑事诉讼法》吸收最高人民法院、最高人民检察院、公安部、国家安全部、司法部2010年《关于办理刑事案件排除非法证据若干问题的规定》（以下简称《非法证据排除规定》），确立了具有中国特色的非法证据排除规则，第56条赋予被害人及其诉讼代理人申请排除非法证据的权利，使非法证据排除规则具有保护被害人权利的功能，[1]这符合证据排除规则的理论基础，是被害人诉讼当事人地位的体现，有利于实现刑事诉讼法尊重和保障人权的任务，具有合理性。然而，被害人申请排除非法证据的立法设计本身存在局限性。在我国“四方组合”的“控辩式”庭审构造中，被害人作为“私原告”，与检察机关（包括公安机关）共同组成控诉方。许多被害人担心自己提出排除非法证据申请后，可能失去公安机关和检察机关的保护，或者降低他们追诉犯罪的热情，因此，不愿或不敢提出，以致这类案例很少。从理论上说，被害人申请排除的非法证据既有言词证据，也有实物证据；既包括被告人及其辩护人等私人以非法方法收集的证据，如辩护人或被告人近亲属采用威胁、引诱、欺骗等非法手段逼迫被害人作出的“虚假陈述”、辩护方伪造的证据等，也包括侦查人员以暴力取证等非法方法收集的证据。如果后者属于检察机关指控犯罪的关键证据，就可能导致控诉证据体系崩溃，让真正有罪的被告人逃脱法网，从而削弱社会公众（包括被害人）对刑事司法制度的信心。此外，2012年《刑事诉讼法》第56条第2款规定，被害人申请排除非法证据，必须提供相关线索或者材料，这对于许多已经遭受犯罪侵害的被害人来说，也是一个现实难题，导致该制度在实践中很少启动。

笔者主张从程序和证明两个方面进一步完善被害人申请排除非法证据制度。[2]这里的“被害人”包括直接被害人中的个体被害人和单位被害人，而不包括间接被害人和自身权利遭受非法取证行为侵害的程序被害人。诉讼代理人与被害人之间是一种委托代理关系，他们参加刑事诉讼的目的是保护被害人的权利，其诉讼行为受被害人意志约束，因此，被害人申请排除非法证据也可以通过其诉讼代理人提出。诉讼代理人的申请视为被害人申请。立法应增设专门的庭前

---

〔1〕 在《非法证据排除规定》起草过程中，理论界就被害人是否有权申请对证据收集的合法性进行审查存在争议。起草者认为，被告人是整个刑事诉讼活动的中心，相对于被害人而言，被告人与审判结果有着最为直接的利害关系，为了避免司法机关的审查偏离重心，节约司法资源，提高审判效率，更为有效地保障被告人的合法权益，暂时没有赋予被害人申请证据收集合法性审查的权利。他们认为，如果在取证过程中，侦查机关的非法取证行为侵害了被害人的合法权益，被害人可以通过申诉、控告、检举等方式获得救济。参见张军主编：《刑事证据规则理解与适用》，法律出版社2010年版，第314页。

〔2〕 兰跃军：“被害人申请排除非法证据：法理、程序与证明”，载《中南大学学报（社会科学版）》2014年第5期，第106-109页。

听证程序，让法庭通过公开听证对被害人提出的排除申请作出裁定，同时，借鉴美国、俄罗斯等的做法，设置专门的程序性救济程序，允许被害人及其诉讼代理人对法院驳回其排除非法证据申请的裁定不服提出程序性上诉以获得救济。在证明方面，被害人申请排除非法证据作为一种程序性证明，采用自由证明机制，证据收集合法性的最终证明责任由检察机关或辩护方承担，只要达到“优势证据”标准即可。在证据规则上赋予法官更多的自由裁量权，被害人、证人基于猜测、假设、传闻所做的陈述、证人不能指出其信息来源的证言，以及被害人、被告人、证人的品格证据等证据材料，如果法官认为能帮助其形成正确心证，就可以采纳作为证据。这样，既能保障被害人申请排除非法证据权利的实现和处理程序的正当性，又可以克服此类申请可能产生的局限性，实现被害人与被告人人权保障的动态平衡。

（四）2018年《刑事诉讼法》：繁简分流程序体系下的被害人

以2018年宪法修正案为根据，全国人大常委会2018年10月审议通过《刑事诉讼法》修正案，主要内容包括完善与《监察法》的衔接机制，建立刑事缺席审判制度，以及完善刑事案件认罪认罚从宽制度三个方面，从而使我国刑事诉讼中认罪案件与不认罪案件的诉讼程序适当分离，对席审判与缺席审判程序并存，基本形成速裁程序、简易程序、普通程序相协调的繁简分流的程序体系。2018年《刑事诉讼法》共有52次出现“被害人”一词，直接涉及28个条文。除了继续保留2012年《刑事诉讼法》有关被害人权利的规定，维持被害人的双重身份，还增加了两项新的权利，即对认罪认罚案件发表意见权，和因被告人没有与其就附带民事诉讼赔偿等事项达成调解或者和解协议而阻止适用速裁程序权。这两项权利对于加强被害人权利保护具有促进作用。但是，2018年《刑事诉讼法》修正作为一次“应急性”修改，主要是为了应对司法体制改革和监察体制改革的迫切需要，不仅体系性有所欠缺，而且给被害人权利保护带来一些新的问题。主要包括以下三个方面。

1. 被害人律师帮助问题

为了保障犯罪嫌疑人、被告人认罪认罚的自愿性和明智性，保证那些没有辩护人的犯罪嫌疑人、被告人能随时获得律师的法律帮助，2018年《刑事诉讼法》第36条增加了值班律师制度，明确值班律师可以为犯罪嫌疑人、被告人提供法律咨询、程序选择建议、申请变更强制措施、对案件处理提出意见等法律帮助。而作为“刑事上的对立者”——被害人的律师帮助问题再次被遗忘，被害人人权保障与犯罪嫌疑人、被告人人权保障再次失衡。在司法实践中，大多数被害人掌握的法律知识都非常有限，无法满足保护自身合法权益的需要。即使是少数熟悉相关法律知识的被害人，他们遭受犯罪行为侵害后，诉讼行为能力通常都会有一定程度下降，或者因为生理、心理等原因造成语言表达困难，可能出现诉讼障碍，需要获得他人的法律帮助。笔者通过实证研究发现，47.82%的被害人非常想得到律师的帮助，40.58%的人选择在必要时想得到律师的帮助，7.24%的人认为是否有律师帮助无所谓，只有极少数人选择从来不想得到律师帮助。而当问到如果国家免费为被害人安排律师提供服务，被害人想得到怎样的帮助？被调查者对于各个备选项都有选择。其中表示希望律师提供法律咨询的有176人（占85.02%），希望律师可以帮助调查收集证据有128人（占61.84%），希望律师能够陪同询问的有119人（占57.49%），希望律师向公安机关了解情况的有110人（占53.14%），还有108人（占52.17%）希望律师向公安机关提出案件处理意见。[1]联合国《被害人人权宣言》第6条（c）规定："在整个法律过程中的任何阶段，都应当向被害人提供适当的援助。"这里的援助包括法律帮助，尤其是律师帮助。

有学者认为，与刑法一样，刑事诉讼法之所以要制定、颁布和实施，最主要的目的就是保护每个国民不受国家公共权力机构的任意侵害。它应当是"一部民权法，而非治民法"。[2]被害人律师帮助权包括提供法律咨询、阅卷权、陈述时在场权、调查取证权、代理申诉、控告，以及提出意见权等，保障被害人权利得以有效实现。为此，笔者主张修改2018年《刑事诉讼法》第36条，将值班律师的法律帮助扩大适用于被害人。同时，适当借鉴美国无效辩护制度和德国排除辩护人制度，对值班律师提供法律帮助的有效性制定一些可操作性的检验标准和程序性救济机制，明确侵犯被害人律师帮助权的法律后果。[3]

2. 认罪认罚案件被害人权利保护

2018年《刑事诉讼法》第15条将认罪认罚从宽原则增加为刑事诉讼法的基本原则，并通过具体制度设计，贯穿整个刑事诉讼程序。速裁程序、简易程序、附条件不起诉、刑事和解等都是其具体的运行机制。最高人民检察院2020年工作报告显示，认罪认罚从宽制度2019年12月在全国的适用率已达83.1%。认罪认罚案件简化诉讼程序，在减损犯罪嫌疑人、被告人诉讼权利的同时，也限制了被害人某些诉讼权利的行使。但犯罪嫌疑人、被告人是自愿减损以获取从宽处理，而被害人却是被迫受限。因此，立法应当给予认罪认罚案件被害人特别保护。《刑事诉讼法》赋予被害人在审查起诉阶段对认罪认罚案件发表意见权，并将被告人与被害人或者其法定代理人没有就附带民事诉讼赔偿等事项达成调解或者和解协议，作为排除适用速裁程序的一种情形，就是保护被害人权利的一种重

〔1〕兰跃军：《侦查程序被害人权利保护》，社会科学文献出版社2015年版，第252-287页。
〔2〕陈瑞华："刑事诉讼法：一部民权法，而非治民法"，载《南方周末》2011年9月8日，第F31版。
〔3〕兰跃军："侦查程序被害人律师帮助问题"，载《时代法学》2016年第2期，第82-83页。

要方式。这对于尊重和保障被害人合法权益，减少社会对抗、修复被损害的社会关系、化解社会矛盾等，具有重大意义。2019 年 10 月，最高人民法院、最高人民检察院、公安部、国家安全部、司法部联合印发《关于适用认罪认罚从宽制度的指导意见》(以下简称《认罪认罚指导意见》)，对适用认罪认罚从宽制度的基本原则、适用范围和适用条件、当事人权益保障（包括被害方权益保障）等作出具体规定。来自一线的检察官认为："被害人的意愿，我们充分尊重。如果出现被害人坚决无法谅解犯罪嫌疑人的情况，我们将会认真考虑案件是否适用认罪认罚从宽制度。"[1]但是，认罪认罚案件中被害人权利保护仍然面临许多问题，学界也存在争议。

《刑事诉讼法》第 173 条和《认罪认罚指导意见》第 16—18 条规定，被害人及其诉讼代理人不同意对认罪认罚的犯罪嫌疑人、被告人从宽处理的意见，仅仅是适用认罪认罚从宽制度的参考因素，而非决定因素。但立法又将被告人没有与被害人或者其法定代理人就附带民事诉讼赔偿等事项达成调解或者和解协议，作为排除适用速裁程序的情形，并且没有规定任何审查制约机制，从某种程度上鼓励被害人在协商过程中漫天要价，从而阻止符合条件的案件适用速裁程序处理。为此，有学者认为，为了确保认罪认罚从宽制度适用的效率性，防止因被害人主观情感的变化而导致协商过程随意变更损害诉讼程序的确定性，被害人不宜作为参与主体而对案件协商过程产生实质影响。在适用认罪认罚制度过程中，被害人的利益仍由代表国家行使追诉权的检察官代为主张，可将被害人的受损利益获得弥补作为认定被告人认罚、积极退赃退赔的合理条件，并将被害人获得赔偿的程度与被告人可能获得的从宽幅度直接挂钩，调动被告人积极赔偿被害人的主动性。[2]换言之，被害人作为认罪认罚案件的利益攸关方，其诉讼请求应当得到合理关注并适当满足，但不宜作为当事人直接参与协商过程。笔者认为这种观点值得商榷。

被害人作为诉讼当事人，不仅其诉讼请求应当得到合理关注和适当满足，而且应当直接参与认罪认罚的协商过程，通过参与来维护自己的合法权益，安抚其受害的心灵。《俄罗斯联邦刑事诉讼法典》第 314 条第 4 项将被害人同意作为适用速决程序的前提之一，保证被害人在速决程序中享有广泛的参与权。我国《刑事诉讼法》第 288 条规定的刑事和解，也是以犯罪嫌疑人、被告人真诚悔罪，向被害人赔偿损失、赔礼道歉等方式获得被害人谅解，并且以被害人自愿和解，作为适用条件。速裁程序作为轻罪和轻微罪刑事案件的处理程序，通过认罪认罚从

[1] "发力点！金钥匙！认罪认罚从宽制度为啥这样重要?"，载最高人民检察院网易号，https://www.163.com/dy/article/EJSEC321_05148UCS.html，最后访问日期：2019 年 7 月 2 日。

[2] 陈卫东："认罪认罚从宽制度研究"，载《中国法学》2016 年第 2 期，第 58-59 页。

宽处理实现程序分流，尽早终止诉讼是其宗旨所在，无论实体从宽还是程序从简，都直接关系到被害人合法权益的保护。在此类案件中，被害人不仅有能力参与，而且有参与的迫切愿望。至于被害人参与可能给认罪认罚制度实施及速裁程序运行带来的影响，正如被害人作为当事人参与刑事诉讼一样，我们不能因噎废食，否则，就是以牺牲被害人的合法权益来保护被告人，对被害人是不公平的。司法实践中已经出现被害人参与认罪认罚案件难的现象，有学者认为，其表面原因是“影响效率说”，即被害人的介入会损害案件办理效率，而深层原因是“理念冲突说”，即合作性司法理念与恢复性司法理念之间的张力关系。为此，他主张完善认罪认罚与刑事和解的衔接适用机制，审慎界定认罪认罚从宽制度与刑事和解程序中被害人地位的差异性，赋予被害人有效参与的特定权利，并妥善处理被害人提出不当诉求的难题。〔1〕笔者赞同该观点。

为了将被害人参与带来的影响降至最低，笔者认为，其一，立法可以允许值班律师为被害人提供法律帮助，保障被害人获得有效律师帮助权。其二，构建有被害人参与的控辩协商制度，赋予被害人参与控辩量刑协商的权利，充分保障被害人的程序参与权。〔2〕其三，保障被害人的知情权。办案机关对于拟适用认罪认罚从宽处理的案件，除向被害人及其诉讼代理人了解情况、听取意见外，还应当及时将认罪认罚从宽处理的诉讼程序、适用后果、案情进展、量刑建议、处理结果等告知被害人，充分听取被害人对适用认罪认罚从宽制度的意见。其四，保障被害人获得损害赔偿权。将犯罪嫌疑人、被告人是否赔偿被害人受损权益作为适用认罪认罚从宽制度的重要考虑因素，对于符合认罪认罚从宽条件的案件，办案机关应当通过促成刑事和解、民事赔偿、精神损害赔偿等方式，保障被害人受损权益得到弥补，赋予被害人在量刑、免罪等方面的发表意见权。对犯罪嫌疑人、被告人从宽处罚的幅度，应当与被害人获得赔偿的程度相关联，调动犯罪嫌疑人、被告人赔偿的积极性，推动社会矛盾化解。同时，为了避免有的被害人漫天要价，无故阻碍符合条件的刑事案件适用速裁程序，笔者建议引入听证制度，通过听取被害人、被告人和其他各方意见，作出附理由的决定，对被害人滥用权利的行为进行制约。其五，赋予被害人程序异议权和程序救济权。如果被害人在检察机关听取意见时，拒不同意适用认罪认罚从宽处理，如认为犯罪嫌疑人不是真诚悔罪，仅对司法机关认罪，而拒绝向被害人真诚悔罪、赔礼道歉、赔偿损失等，可提出程序异议，检察机关在作出决定前，应当组织听证，听取各方意见，必要时可以询问证人等诉讼参与人，调查被害人提出的意见是否属实，提出的异

---

〔1〕 赵恒：“认罪认罚与刑事和解的衔接适用研究”，载《环球法律评论》2019 年第 3 期，第 135-137 页。

〔2〕 兰跃军：《刑事被害人人权保障机制研究》，法律出版社 2013 年版，第 480-490 页。

议是否合理，再决定是否适用认罪认罚从宽处理。被害人对检察机关的决定不服，还可以向上一级检察机关申诉，获得救济。上一级检察机关应当及时作出终局决定，通知下级检察机关和被害人。

3. 缺席审判程序被害人权利保护

为了加强国际追逃追赃工作的力度和手段，2018 年《刑事诉讼法》建立了刑事缺席审判制度，主要内容包括建立犯罪嫌疑人、被告人潜逃境外的缺席审判程序，并且充分保障被告人的诉讼权利。同时，根据司法实践情况和需求，增加对被告人患有严重疾病中止审理和被告人死亡案件可以缺席审判的规定。但是，对于刑事案件的另一方当事人——被害人的权利保护却只字未提，笔者认为，这不仅有失偏颇，而且与我国修改《刑事诉讼法》加强被害人人权保障的总趋势不符。

缺席审判程序作为一种特别程序，应当适用《刑事诉讼法》总则规定，包括第 108 条第 2 项规定的被害人诉讼当事人地位和第 14 条规定的权利保障原则。《刑事诉讼法》第 291 条规定，缺席审判程序的适用对象是潜逃境外的贪污贿赂犯罪案件和严重危害国家安全犯罪、恐怖活动犯罪案件的犯罪嫌疑人、被告人。这些案件都是公诉案件，需要公安机关（或监察机关）移送起诉，检察机关提起公诉，并由法院审判。《刑事诉讼法》第 296 条和第 297 条规定的缺席审判适用对象理论上还包括自诉案件。在自诉案件中，被害人作为自诉人，就是诉讼当事人，依法享有一系列诉讼权利。因此，在缺席审判的案件中，法院、检察院和公安机关应当依法保障被害人的诉讼权利。对于审判人员、检察人员和侦查人员侵犯被害人诉讼权利和人身侮辱的行为，被害人有权提出控告，获得救济。

相对于对席审判，缺席审判程序中被害人权利保护具有四个方面的特殊性。一是强制律师代理。缺席审判程序被告人不在案，《刑事诉讼法》第 293 条规定了强制辩护，充分保障被告人的辩护权。与之相对应，如果被害人参与庭审，他们需要律师帮助，而又无力聘请律师的，法院也应当通知法律援助机构指派律师为其提供法律帮助。二是被害人财产及时返还。《刑事诉讼法》第 291 条规定，缺席审判程序启动的前提条件是犯罪事实已经查清，证据确实、充分，依法应当追究刑事责任。这里应当查清的事实，包括被害人的被害事实及其财产损失状况。第 292 条规定，法院经过审判，需要对违法所得及其他涉案财产一并作出处理。这里的涉案财产处理，包括对于被害人的合法财产，应当根据《刑事诉讼法》第 245 条规定及时返还被害人。三是司法文书和开庭通知应当送达被害人。在刑事案件中，被害人是除了犯罪嫌疑人、被告人之外最了解案件情况的人，而缺席审判程序中被告人不在案，法院调查核实证据更加需要被害人协助。从司法实践看，凡是有被害人的案件，被害人往往具有很强的参与意愿，因此，法院的司法文书和开庭通知应当及时送达被害人及其诉讼代理人，鼓励被害人参与庭审。四是被告人死亡案件的缺席审判，如果宣告或改判无罪，而真正的凶手又没有找到，有关部门应当注意做好被害人及其近亲属的安抚工作，必要时通过司法救助、社会援助等多种途径，保护被害人权利，以免他们申诉上访，甚至发生“恶逆变”。

最高人民法院2019年8月8日发布的《关于死刑复核及执行程序中保障当事人合法权益的若干规定》第5条第2款赋予已经死亡被害人的近亲属获取死刑复核裁定书的权利，从而保障其知情权，值得肯定。但是，它仍然要求被害人的近亲属提出申请，而不是法院主动送达，笔者认为这不利于被害人权利保护，应当修改。

《刑事诉讼法》实施四十余年来，被害人从证据提供者到诉讼当事人，权利谱系逐渐形成，被害人权益保护取得了长足进步。但是，无论是1979年制定《刑事诉讼法》，还是1996年、2012年和2018年修改《刑事诉讼法》，始终没有解决被害人权益保护的两个基本问题，即被害人的概念与认定，以及刑罚执行程序被害人的权利保护，使被害人实际上成为刑事诉讼的“门外汉”。笔者认为，这是未来再次修改《刑事诉讼法》加强被害人权益保护亟待研究解决的问题。

关于被害人的概念，国内权威教科书对其界定存在差异，[1]全国各地不同部门执行《刑事诉讼法》和保护被害人权益时理解不一。笔者认为，我国《刑事诉讼法》对“被害人”的定义应当与联合国《被害人人权宣言》第1条保持一致，即，被害人是指其人身、财产、精神或其他法益遭受犯罪行为侵害的个人或实体。被害人根据不同标准可以分为个体被害人和单位被害人、直接被害人和间接被害人、实体被害人和程序被害人等，不同被害人在刑事诉讼中的权利义务存在差异，行使诉权的顺位也有区别。《刑事诉讼法》规定的公诉案件控诉权、自诉权、附带民事诉讼起诉权、上诉权、申诉权和申请回避权等属于直接被害人，直接被害人死亡或丧失行为能力的，间接被害人有权行使。关于被害人的认定，笔者主张由人民检察院统一负责，借鉴美国、英国、法国等国的做法，在各级检察机关设立专门的被害人办公室，负责被害人的认定与保护工作。认定被害人必须先确定直接被害人，然后才能确定间接被害人、程序被害人等。认定根据包括证据条件和证据标准两个方面。证据条件包括三个方面：一是有犯罪事实；二是造成法益直接被害的状态；三是被害是犯罪所造成的，犯罪与被害之间存在直接因果关系。证据标准是“证据足够性”或有足够的证据，可以从三个方面

---

〔1〕 陈光中先生、陈瑞华教授认为，被害人是指其人身、财产或其他权益遭受犯罪行为侵害的人，参见陈光中主编：《刑事诉讼法》，北京大学出版社、高等教育出版社2016年版，第78页；孙长永教授、周长军教授认为，被害人是指遭受犯罪行为侵害因而与案件处理结果具有直接利害关系的诉讼当事人，参见孙长永主编：《刑事诉讼法学》，法律出版社2019年版，第70页。从这两个定义和特征分析看，他们都将被害人界定为直接被害人。李伟教授等从事被害人学研究的学者认为，被害人有广义、中义、狭义和最狭义之分，被害人学中的被害人是指合法权益遭受或可能遭受犯罪行为侵害的承受者，被害人包括既然被害人和潜在被害人、直接被害人和间接被害人，参见李伟主编：《犯罪被害人学教程》，北京大学出版社2014年版，第31-33页。

进行理解：(1) 有一定数量的证据，足以使一个正常而谨慎的人相信不仅有犯罪事实发生，而且被害人法益受到侵害。(2) 足够性无须达到“犯罪事实清楚，证据确实、充分”的标准，也无须满足排他性要求，它仅表明依据现有证据可以肯定或推定被害人法益因犯罪行为而处于受害的状态。(3) 足够性要求随个案具体情况而变化，需要检察机关认定时具体把握。〔1〕

关于刑罚执行程序被害人权利保护，除了完善《刑法》第36条规定的被害人民事赔偿优先执行制度外，〔2〕还应当以党的十九大和十九届二中、三中、四中全会精神为指导，深化司法体制综合配套改革，以审判为中心重构刑罚执行程序，完善刑罚执行制度，统一刑罚执行体制，实现刑罚执行程序公开化、诉讼化。笔者认为，主要包括三个方面：一是刑罚执行主体从多元到一元，为被害人权利提供制度保障。二是刑罚执行方式从封闭到公开，为被害人参与执行留出空间。三是刑罚执行变更从行政化到诉讼化，为被害人权利保护创造环境。〔3〕笔者对此做过详细研究，在此从略。

二、被害人权益保护的实践探索

犯罪学统计资料显示，绝大部分犯罪人都是初中及以下文化程度，缺乏民事赔偿能力，这导致实践中“司法白条”大量增加，被害人获得民事赔偿的比例每况愈下，严重危及司法权威，也引发很多被害人“恶逆变”犯罪。为了解决这一实践困境，许多被害人被迫放弃报复心理，转而接受调解或者寻求与犯罪人和解，或对犯罪人进行谅解，以获得更多的民事赔偿。有关部门积极引导，探索规范这一土生土长的私力合作模式，以适应21世纪初期世界范围内恢复性、协商性司法模式的兴起，贯彻落实宽严相济的刑事政策，构建社会主义和谐社会。与此同时，许多被害人及其近亲属遭受犯罪侵害后，无法获得有效赔偿，导致生活、医疗陷入困境，国家有关部门探索试点被害人救助工作，帮助被害人及其近亲属摆脱暂时生活、医疗困境，开启被害人权益保护的公力救济模式。

（一）刑事和解：被害人权益保护的私力合作模式

传统刑事司法制度的主要弊端是人为地将被害人与犯罪人设计为一种对抗关系，过分关注国家、社会利益和犯罪人权利保护，而忽略了被害人权利保护，从而使被害人成为刑事诉讼中“被遗忘的人”。刑事和解就是为了弥补传统刑事司法制度不足，更好地保护被害人权利，以被害人——犯罪人关系为中心而建立起来的一种新型“合作性司法模式”。

---

〔1〕 兰跃军：“论被害人的认定”，载《甘肃政法学院学报》2012年第1期，第110-113页。

〔2〕 兰跃军：“论被害人民事赔偿优先执行”，载《甘肃政法学院学报》2010年第4期，第90-97页。

〔3〕 关于刑罚执行程序被害人权利保护和刑罚执行制度改革，参见兰跃军：《以审判为中心的刑事诉讼制度改革》，社会科学文献出版社2018年版，第203-232页。

1. 刑事和解的实践探索与立法概况

北京市政法委2003年发布《关于北京市政法机关办理轻伤害案件工作研讨会纪要》。根据该纪要，北京市基层检察机关尝试对一些双方自愿就民事赔偿等问题达成和解的轻伤害案件作出不起诉决定或退回公安机关作撤销案件处理，探索启动通过和解解决轻伤害刑事案件被害人的民事赔偿问题。2006年，湖南省人民检察院出台《关于检察机关适用刑事和解办理刑事案件的规定（试行）》，这是全国检察机关第一个关于刑事和解的规范性文件，规定了刑事和解的原则、条件、程序，效力等。同时，安徽、上海、江苏、山西等地也陆续开展刑事和解的探索工作，以有效解决被害人的民事赔偿问题。

2007年1月，最高人民检察院印发《关于在检察工作中贯彻宽严相济刑事司法政策的若干意见》第26条提出加强对刑事和解的研究，积极提出完善贯彻宽严相济刑事司法政策相关法律制度的建议。2010年2月，最高人民法院印发《关于贯彻宽严相济刑事政策的若干意见》第40条对刑事自诉案件的和解作了原则性规定，对民间纠纷引发的轻伤害等轻微刑事案件，诉至法院后当事人自行和解的，应当予以准许并记录在案。人民法院也可以在不违反法律规定的前提下，对此类案件尝试做一些促进和解的工作。2011年1月，最高人民检察院印发《关于办理当事人达成和解的轻微刑事案件的若干意见》，这是中央司法机关关于刑事和解的第一个规范性文件，该意见在总结地方检察机关办理当事人达成和解刑事案件经验的基础上，规定了刑事和解的基本原则、适用范围、和解内容、和解途径及案件处理等内容。据统计，自2005年起，探索和解机制的地方检察机关年均至少50%的轻微刑事案件适用该机制处理。[1]

中央和地方司法机关对刑事和解的实践探索主要涉及五个方面内容：一是和解的原则，大多规定了自愿、公平、合法等内容。二是和解的条件，大多规定了加害方认罪、被害方具体明确、双方同意和解等内容。三是和解的适用范围，有的基于案件类型予以规定，一般包括可能判处三年以下有期徒刑的轻微刑事案件、罪行较轻的过失犯罪案件等；有的基于犯罪主体予以规定，一般包括未成年人、在校学生、老年人犯罪，罪行较轻的初犯、偶犯等。四是和解的程序，大多规定了和解启动、和解协商、签订协议、专门机关审查等内容。五是和解的效力，大多规定了不起诉、暂缓起诉、从轻或减轻处罚等内容，有的还规定了由公安机关撤销案件等。[2]2012年《刑事诉讼法》在“特别程序”一编以专章规定

---

〔1〕 吴孟栓、石献智、王佳：“《最高人民检察院关于办理当事人达成和解的轻微刑事案件的若干意见》解读”，载《公检法办案指南》2011年第5期，第35页。

〔2〕 樊崇义主编：《公平正义之路——刑事诉讼法修改决定条文释义与专题解读》，中国人民公安大学出版社2012年版，第586-594页。

了“当事人和解的公诉案件诉讼程序”，共3个条文，主要内容包括适用范围、适用程序和法律效力三个方面，从而将刑事和解程序入法。随着2018年《刑事诉讼法》修正和认罪认罚从宽制度入法，以及近年来刑事犯罪的轻微化趋势，[1]刑事和解作为认罪认罚从宽制度的一种运行机制，如何实现认罪认罚与刑事和解的衔接适用，是亟待研究解决的一个重要课题。

2. 被害人在刑事和解中的主体性地位

被害人作为刑事和解程序的一方当事人，在刑事和解中处于主体性地位，主要体现在三个方面。（1）解决被害人民事赔偿是刑事和解的宗旨。刑事和解的实质并不是由被害人和犯罪人讨论解决犯罪人刑事责任的有无及大小问题，而是在犯罪人主动认罪、积极悔过的前提下，双方就民事赔偿进行对话与协商，达成和解协议后，被害人对犯罪人加以谅解，放弃追究犯罪人刑事责任，或者同意从宽处理，公安司法机关审查属实后，将此作为对犯罪人社会危害性降低和人身危险性减轻的一种表现加以考量，从而对犯罪人作出从宽处理。（2）被害人是刑事和解程序的主导者之一。刑事和解与传统诉讼程序最重要的区别就是遵循双方当事人的意愿，赋予被害人全面的知情权和充分的参与权，使和解协议及公安司法机关决定结果完全建立在被害人自愿的基础之上，而不再强迫被害人接受公安司法机关作出的强制性决定。被害人自愿成为和解程序启动的基本前提。（3）被害叙说是刑事和解成功与否的关键。犯罪给被害人造成的损害不仅有物质方面的，还有精神方面的。对被害人而言，实质的物质补偿固然重要，但精神层面的沟通、交融更不可缺少。有关研究表明，隐含在协商沟通过程中的“叙说”行为，是一种降低内心焦虑的重要途径。通过叙说和聆听的互动，叙说者内心的恐惧、怀疑、委屈将被迅速排遣，被害人的心理伤害也将得到极大舒缓。[2]如果犯罪人在沟通过程中能坦言错误，真诚道歉，对被害人的精神恢复会产生巨大的疗伤作用。另一方面，对犯罪人而言，只有通过这样的沟通过程，才能真正理解自己行为的错误性质与恶劣后果，产生来自内心的真诚悔悟，并切实地、具体地承担责任。笔者认为，这是认罪认罚案件必须保障犯罪嫌疑人、被告人自愿性和构建控辩协商程序的理论基础。事实上，无论在传统诉讼模式还是刑事和解程序中，犯罪人自愿认罪而不是经济赔偿，才是司法机关对犯罪人从宽处罚的主要考

---

[1] 最高人民法院2020年工作报告显示，2019年人民法院审结一审刑事案件129.7万件，判处罪犯166万人，而危险驾驶罪31.9万件，占比24.6%，它取代盗窃罪成为刑事追诉第一犯罪和排名第一的刑事案件。最高人民检察院2020年工作报告显示，1999—2019年，检察机关起诉严重暴力犯罪从16.2万人降至6万人，年均下降4.8%；被判处三年有期徒刑以上刑罚的占比从45.4%降至21.3%。而20年来起诉的故意杀人犯罪从1.9万人下降到9700余人，抢劫犯罪从10.6万人下降到2万人。

[2] 参见Borkovec, Thomax. D Liazbeth Roemer and John Kinyon, *Disclosure and Worry: Opposites sides of the Emotional Processing Coin. Emotion Disclosure and Health*, edited by J. Pennebaker, Washington DC: American Psychological Association, 1995, p.116。

量因素。同时，从司法实践看，赔偿经济损失也并没有成为所有被害人的唯一追求。

3. 刑事和解中被害人权利保护

刑事和解中被害人的权利保护主要包括五个方面的内容。[1]

（1）适用范围。学界主要存在两种观点。一种观点认为，无论轻罪还是重罪，只要不是非杀不可的，都可以适用。另一种观点主张作出限制，主要适用于有被害人的轻微刑事案件，未成年人犯罪案件，成年人犯罪案件中的初犯、偶犯、过失犯。[2] 前一种观点体现了法律面前人人平等原则，是刑事和解作为一项诉讼制度应该具备的理念，但可能难以满足现阶段控制犯罪的需要，从而难以为国民所接受。后一种观点过于保守，不利于充分发挥刑事和解应有的优势。笔者认为，刑事和解作为一项特别程序，无论是成年人犯罪还是未成年人犯罪，只要满足相应的条件，应当一体适用，没有主体限制。另一方面，刑事和解主要是为了更好地保护被害人权利，是被害人和犯罪人主导进行的诉讼程序，原则上排斥国家公权力的强行介入（对和解协议的审查与确认除外），是犯罪人与被害人主体意愿的体现，也是公权力对私权利范围适度让步的产物，其本身具有一系列难以克服的局限性，如过分关注个人利益，而忽视甚至损害国家、社会利益等。再加上现阶段我国还处于社会转型期，犯罪率居高不下，有的地方社会治安状况很不理想，国民总体素质相对还较低，个人及社会信用体系还不健全。因此，对刑事和解的适用范围有一个逐步扩张的过程。《刑事诉讼法》第 288 条分两种情形将刑事和解的适用范围界定为主要是侵害被害人个人法益的犯罪案件，笔者认为是合理的。而对于故意犯罪导致被害人死亡的命案、在五年以内曾经故意犯罪的累犯，以及公害案件，包括危害国家安全、危害公共安全的犯罪，以及公职人员的职务犯罪案件，由于侵害的主要是国家、社会法益，被排除在刑事和解的适用范围之外。待若干年后条件具备时，再将刑事和解扩大适用于所有刑事案件，无论轻罪还是重罪、成年人还是未成年人，一律适用，累犯除外。

（2）适用条件。刑事和解必须同时具备两个条件：一是犯罪嫌疑人、被告人主动认罪。这是公安司法机关判断是否适用刑事和解的先决条件。二是双方当事人同意且自愿。犯罪人真诚悔罪、赔礼道歉，并就民事赔偿问题与被害人达成和解协议，取得被害人谅解。被害人放弃对犯罪人刑事责任的追究，或者同意对犯罪人从宽处理。这些都必须出自被害人与犯罪人的真实意愿，不能强迫。这里有三个问题值得探讨：第一，和解是否必须由犯罪人与被害人面对面地对话与协

[1] 兰跃军：《刑事被害人人权保障机制研究》，法律出版社 2013 年版，第 438-459 页。

[2] 黄京平等："和谐社会构建中的刑事和解——'和谐社会语境下的刑事和解'研讨会学术观点综述"，载《中国刑事法杂志》2006 年第 5 期，第 114 页。

商，由犯罪人聆听被害人的被害叙说。前面谈到，被害叙说具有双重功效，能够有效治疗被害人的心理创伤和精神伤害，是实现被害人心理回归的重要措施。因此，在我国刑事立法长期忽视被害人精神损害赔偿的同时，刑事和解作为一种“赔偿性的公诉替代程序”，应当充分关注被害人心理创伤和精神伤害的治疗问题，尤其是有被害人的案件，原则上必须经过被害人与犯罪人面对面地对话与协商，有犯罪人聆听被害人的被害叙说这一过程。第二，如果犯罪人已经就和解进行了真诚的“恢复性努力”，仍然无法取得被害人的谅解或“内心接受”，犯罪人能否获得从宽处罚。笔者认为，既然刑事和解的宗旨是更好地解决被害人的民事赔偿问题，那么，和解应当经过被害人自愿。如果允许犯罪人以“恢复性努力”但没有取得被害人谅解或“内心接受”获得从宽处罚，立法设计的适用条件可能会被大量规避，被害人通过和解所期待获得的利益就无法保障。至于司法实践中存在的被害人漫天要价问题，可以通过完善相关制度设计加以引导和避免，如规定公安司法机关在审查和解协议时可以对明显偏高的民事赔偿数额适当加以变更，审查采取听证方式进行等。第三，国家专门机关在审查批准和解协议前是否要求犯罪人按照和解协议的约定履行民事赔偿义务。笔者认为，这个问题的答案也是肯定的。因为被害人遭受犯罪侵害后，已经成为弱势群体，许多被害人根本就不想见到犯罪人，更不用说为了民事赔偿再次提起独立的民事诉讼。犯罪人按照约定履行民事赔偿义务是实现被害人心理回归的重要条件。如果国家专门机关在被害人还未完全取得民事赔偿之前就批准和解协议，给予犯罪人从宽处罚，在我国当前个人信用体系还不健全的情况下，一旦犯罪人不履行承诺，被害人又要面临追讨民事赔偿问题，无异于让被害人“二次被害”。这种制度设计极不理性，可能给法院增加不必要的麻烦，降低诉讼效率。但在特殊情况下，如果加害方就民事赔偿的履行提供了充分有效的担保，而且被害人明确同意延续履行，国家专门机关可以允许，并对这种担保的可信性进行审查，以防止犯罪人利用虚假承诺来损害被害人的利益。而且，在这种情况下，和解协议应当载明，一旦犯罪人不履行赔偿义务，被害人可以按照《民事诉讼法》规定的支付令程序直接要求担保人支付赔偿款项。担保人应当在和解协议上签字，并与被害人签订担保责任书，对被害人的民事赔偿承担连带赔偿责任。

（3）适用阶段。刑事和解在侦查、起诉和审判阶段都可进行。但一审判决生效后，如二审、再审、死刑复核程序及执行程序是否允许和解，学界看法不一。笔者认为，刑事和解与其他刑事诉讼制度一样，具有多元价值，需要进行价值权衡。和解强调犯罪人与被害人双方的合意，尊重双方的诉讼主体地位，必须兼顾诉讼效率，维护司法权威。因此，和解绝不能牵制甚至怂恿双方的随意。在一审期间，如果犯罪人没有自愿认罪，也没有为被害人提供民事赔偿，说明犯罪人对自己的犯罪行为毫无悔改之意，社会危害性和人身危险性还很大。在一审宣判后才寻求和解，显然是受到刑罚威慑所致。所以，一审判决宣告后，如二审、再审、死刑复核及执行程序中原则上不允许和解。但如果有证据证明犯罪人在一审期间曾经进行过“恢复性努力”，只是未取得被害人同意，而在一审判决宣告后，被害人主动寻求和解，并经公安司法机关审查同意的，也可以和解，但从宽的幅度应当有区别。

（4）协调人。刑事和解在我国司法实践中主要有加害方—被害方自行和解、司法调解和人民调解委员会调解三种模式。[1]2019 年《最高检规则》第 496 条和 2012 年《最高法解释》第 496 条第 2 款都肯定了这三种模式。但是，由谁来充当和解的协调人，学界存在分歧。笔者认为，刑事和解本质上是犯罪人与被害人就民事赔偿部分调解成功后，作为犯罪人犯罪后的一种悔改表现，有关国家专门机关对刑事部分依法予以从宽处理。因此，刑事和解的前置程序是民事调解，以民事调解促进刑事和解。从最终处理上看，它是一种以刑事责任的归属为标的的刑事契约，通过契约形式使侵权行为责任转化为一种契约责任，并以经济赔偿为其主要内容。而契约的基本精神是意思自治，因此，应当根据不同的和解模式赋予被害人和犯罪人程序选择权。如果双方选择自行和解，则无须再强加一个协调人去调解；如果双方选择请求公安司法机关主持和解，则公安机关、检察机关、法院都可充当协调人；如果选择人民调解委员会调解，或双方都要求第三人调解，则由人民调解委员会或第三人充当协调人最理想。

（5）和解程序。公安司法机关认为符合和解条件时，应当告知被害人与犯罪人双方有权进行和解，并征求双方意见，是否同意和解；如果双方均有和解意愿，告知双方可以自由选择和解模式。如果选择双方自行和解，公安司法机关应依法给双方规定一个和解期限，告知双方在此期限内进行对话与协商，并达成和解协议。如果选择同意人民调解委员会或第三人调解，公安司法机关应当通知被害人住所地人民调解委员会或双方同意的第三人主持调解，调解应制作调解笔录。如果选择请求公安司法机关主持和解，公安司法机关可以根据案件情况，委派适当人选在法定期限内主持和解。如果双方在规定期限内无法达成和解协议，或者有迹象表明双方不可能进行和解，公安司法机关应当及时启动诉讼程序。在此情况下，公安司法机关不得以和解不成为由加重对犯罪人的处罚，或者在附带民事诉讼中减少对被害人的民事赔偿数额。

如果犯罪嫌疑人、被告人与被害人双方自愿和解并达成和解协议，根据《刑事诉讼法》第 289 条规定，公安司法机关应当及时进行审查，听取当事人及其法定代理人等有关人员的意见。双方当事人在庭外达成和解的，法院应当通知检察

---

〔1〕 陈瑞华：“刑事诉讼的私力合作模式——刑事和解在中国的兴起”，载《中国法学》2006 年第 5 期，第 16-19 页。

院，并听取其意见。这种审查可以根据案件具体情况采用听证或书面方式不公开进行，主要核实四个方面内容。第一，案件是否符合和解的适用范围。第二，和解是否自愿、合法，包括双方是否出于自愿、是否经过被害人叙说过程、犯罪人是否真诚悔罪，当面向被害人赔礼道歉，并与被害人就民事赔偿达成协议。第三，和解协议内容是否合法、公正。既要防止犯罪人利用被害人的弱势地位搞虚假和解逃避刑事处罚，又要防止被害人借和解之名漫天要价。且和解协议不得损害国家、社会利益或者第三人利益，不能违背公序良俗。第四，和解协议的执行是否有利于被害人与犯罪人回归社会等。2019 年《最高检规则》第 497 条对此作出规范。公安司法机关对于符合条件的和解协议应当予以确认，并按照双方当事人和解协议的内容主持制作和解协议书，包括根据《刑事诉讼法》第 290 条规定给予犯罪嫌疑人、被告人从宽处理。2012 年《最高法解释》第 501 条和 2019 年《最高检规则》第 498 条规定了和解协议书的内容。

但是，《刑事诉讼法》第 290 条使用四个“可以”，赋予公、检、法机关裁量权，使得刑事和解的效力缺乏可预期性。笔者认为，这不利于和解程序的实施。建议立法改用原则加例外的方式，对于双方当事人达成和解协议的案件，公安机关应当向检察机关提出从宽处理的建议。检察机关应当向法院提出从宽处罚的建议；对于犯罪情节轻微，不需要判处刑罚的，应当作出不起诉的决定。法院应当依法对被告人从宽处罚。同时，规定可以不从宽处罚的情形，包括犯罪情节特别恶劣、犯罪后果特别严重、犯罪手段特别残忍等。该决定或裁决一经作出，对公安司法机关及双方当事人具有约束力，当事人不得反悔或申明不服，公安司法机关也不得违反和解协议对犯罪嫌疑人、被告人从重或加重处罚。

（二）被害人救助：被害人权益保护的公力救济模式

司法实践中，由于大部分犯罪人都缺乏赔偿能力，这决定了刑事和解保护被害人权益具有局限性。面对刑事诉讼中一个个“既流血又流泪”的特困被害人及其家庭，为了贯彻落实国家尊重和保障人权的宪法原则，提高被害人与刑事司法合作的积极性，各地政法机关在探索推进刑事和解工作的同时，又在探索推进刑事被害人救助试点工作，对特困被害人及其近亲属实行国家救助，开启被害人权益保护的公力救济模式。

1. 被害人救助的实践探索

2004 年 2 月，淄博市政法委与市中院联合出台《关于建立刑事被害人经济困难救助制度的实施意见》，在全国率先开展被害人救助工作。同年年底，宁波市两级法院陆续建立司法救助基金，相当一部分用于对被害人的救助。全国各地在被害人救助方面的探索和尝试引起最高人民法院的重视。2007 年 4 月，最高人民法院会同司法部向中央政法委报送《关于建议建立刑事被害人国家救助制度的报告》，得到中央领导同志的高度重视。在社会各界的共同呼吁下，建立被害人救助制度2008年被纳入中央司法体制和工作机制改革部署，并确定由最高人民法院牵头实施。但考虑到我国幅员辽阔，各地经济社会发展差异较大，改革之初确立了“先政策，后法律，两步走”的总体思路，即先行出台政策性文件，指导各地尽快把被害人救助工作全面开展起来，切实发挥保护被害人权益的积极作用，同时为立法积累实践经验。2009年3月，《关于开展刑事被害人救助工作的若干意见》（以下简称《被害人救助若干意见》）由中央政法委员会、最高人民法院、最高人民检察院、公安部、司法部、财政部、民政部、人力资源和社会保障部联合印发，被害人救助工作在全国范围内正式确立并全面推开。该意见对开展被害人救助工作的总体要求、基本原则、救助对象范围及标准、救助资金保障与管理、救助的审批与发放等问题作了原则规定，为各地制定实施细则提供了指导意见。其中，为了突出救助重点，指导意见要求各地在自行确定具体救助对象范围的同时，重点保障因遭受严重暴力犯罪侵害导致严重伤残甚至死亡的被害人或其近亲属的救助需求。随着我国经济、社会的发展，救助范围逐步扩大。在救助过程中，各地法院不断创新工作机制，探索建立多方参与的救助格局、多元化的救助模式。据不完全统计，2009—2011年，全国法院向被害人发放的救助金额逐年递增，累计发放救助金2亿余元，数以万计因遭受犯罪侵害而导致生活、医疗陷入困境的被害人获得救助。[1]

实践中，各地对被害人的救助也一直在进行。新疆乌鲁木齐市政府曾对1999年乌鲁木齐市爆炸案的被害人或其近亲属予以经济救助。河北省石家庄市政府曾对2001年石家庄市第二棉纺厂爆炸案的被害人及遇难者家属发放补助。2009年5月，江苏省人大常委会批准《无锡市刑事被害人特困救助条例》，这是全国首部对被害人进行救助的地方性法规，内容包括适用范围、救助部门、救助对象、救助金的来源与发放、救助程序、救助监督等。该条例规定，只要刑事案件属于无锡市司法机关管辖，不管被害人是本地人还是外地人，符合特困救助条件的，均属于救助对象。被害人救助制度设立的目的是救助最需急救的被害人，只有当他们遭受犯罪行为侵害后，家庭生活、医疗救治陷入严重困境，政府才启动这种救助机制，解决被害人最紧迫性的实际困难，而不是补偿被害人所遭受的损失，因此，财产损失和精神损害不在救助之列。并且对被害人进行一次性的经济救助，救助金额一般不超过1万，特殊情况不超过无锡市上一年度职工平均工资的3倍。根据该条例规定，无锡市及其所辖市、区人民政府应当设立刑事被害人特困救助专项资金，列入财政预算，专款专用。据悉，无锡市财政局每年划拨200

---

〔1〕 杨树明：“彰显人文关怀 化解社会矛盾——最高人民法院推动刑事被害人救助制度改革综述”，载https://www.chinacourt.org/article/detail/2012/06/id/521491.shtml，最后访问日期：2020年7月30日。

万元，专门用于市一级公、检、法机关开展被害人救助，与执行救助、信访救助等资金完全分离。[1] 2009 年 11 月，宁夏回族自治区人大常委会通过《宁夏回族自治区刑事被害人困难救助条例》，这是我国第一部关于被害人救助的省级地方性法规。

2014 年 1 月，中央政法委、财政部、最高人民法院、最高人民检察院、公安部、司法部联合印发《关于建立完善国家司法救助制度的意见（试行）》（以下简称《国家司法救助意见》），它吸纳了《被害人救助若干意见》的实施经验，将被害人救助纳入到广义的司法救助之中，极大地推动了被害人救助制度的发展。《国家司法救助意见》颁布后，全国 31 个省（自治区、直辖市）和新疆生产建设兵团结合本地区实际，相继出台了司法救助的具体实施办法。截至 2014 年，全国各地救助当事人 8 万余名，救助资金实际使用 16.6 亿元。[2]最高人民法院 2016 年出台《关于加强和规范人民法院国家司法救助工作的意见》，2019 年又出台《人民法院国家司法救助案件办理程序规定（试行）》《人民法院国家司法救助文书样式（试行）》《最高人民法院司法救助委员会工作规则（试行）》三个文件，推进国家司法救助工作制度化、规范化。与此同时，最高人民检察院 2014 年出台《关于贯彻实施〈关于建立完善国家司法救助制度的意见（试行）〉的若干意见》，2016 年又下发《人民检察院国家司法救助工作细则（试行）》，细化了检察环节落实司法救助制度的操作程序，基本建构了检察环节刑事被害人救助体系。为了进一步加大司法过程中对贫困当事人的救助力度，助力打赢脱贫攻坚战，2019 年 2 月，最高人民检察院又会同国务院扶贫办联合印发《关于检察机关国家司法救助工作支持脱贫攻坚的实施意见》。最高人民法院和最高人民检察院 2018 年工作报告显示，2013—2017 年，全国法院系统共发放司法救助金 26.7 亿元，帮助无法获得有效赔偿的被害人摆脱生活困境。全国检察机关共对 5.1 万名陷入生活困境的被害人或其近亲属提供司法救助，发放救助金 4.3 亿元。据此推算，全国法院、检察院每年平均发放被害人救助金 6.2 亿元左右。

被害人救助作为一项具有公力救济性质的刑事司法政策，在实践中显示了强大的生命力，但也存在一些问题。[3]有学者对 A 市下辖的 11 个县区 2010 年到

---

〔1〕 参见卢志坚、袁丹、陈绍斌："立法救助被害人：无锡开先河"，载《政府法制》2009 年第 20 期，第 24-25 页。"无锡立法救助特困刑事被害人 对象包括外地人"，载新华网，www.xinhuanet.com，2009-05-22，最后访问日期：2019 年 11 月 29 日。

〔2〕 李阳："申请国家司法救助 需了解这六大问题"，载 https://www.chinacourt.org/article/detail/2015/12/id/1763754.shtml，最后访问日期：2020 年 7 月 30 日。

〔3〕 参见赵国玲、徐然："中国刑事被害人国家救助的现状、突围与立法建构"，载《福建师范大学学报（哲学社会科学版）》2015 年第 1 期，第 2-5 页。黄华生："我国刑事被害人国家救济的现状、问题与对策"，载《河南大学学报（社会科学版）》2013 年第 2 期，第 48-54 页。

2016年的被害人救助实施情况进行调研后发现，被害人救助在运行中存在制度运行的规范依据不足、制度实施的目标不明确、救助资金的来源严重不足、救助对象和救助标准不统一，以及救助机构不明确等困境。[1]十一届全国人大代表、驻马店市中院副院长李其宏将被害人救助存在的主要问题概括为四个方面，即救助资金难筹、救助程序繁琐、救助形式单一和救助启动实施消极被动。为此，他认为，被害人救助立法势在必行。[2]笔者实证研究结果与两位学者的观点基本一致。由于被害人救助具有公共救急性、安抚关爱性、操作灵活性和启动阶段宽泛性等特点，与被害人补偿相比，它更适合社会转型期的中国国情，也更容易取得国民的认同。

2. 被害人救助立法的必要性

笔者曾对美国、英国、法国、德国、日本、韩国和我国台湾地区被害人人权保障机制进行比较考察，发现域外国家及地区被害人人权保障机制的共同做法是实施“三个一工程”——至少制定一部专门保护被害人的法律（尤其是被害人补偿法或被害人救助法），至少成立一个专门机关（部门）统一负责被害人保护工作，以及至少设立一个专门援助被害人的民间组织，从而实现被害人权利法定化、被害人保护制度化和被害人援助社会化。20世纪60年代以来，域外国家（地区）被害人权利保护的政策和措施呈现出四个阶段的发展特征。首先，建立被害人国家补偿（或救助）制度，给予被害人经济资助。其次，建立被害人援助制度，加强对被害人间接或直接的支援与帮助。再次，制定一部综合性的被害人保护法，将被害人权利法定化。最后，在宪法层面上确立被害人权利，将被害人权利宪法化。[3]据统计，我国每年至少有两万个被害人家庭因得不到赔偿而身陷绝境。全面保护被害人权益，有赖于制定一部综合性的刑事被害人保护法，作为被害人保护的基本法。而制定刑事被害人救助法是前置立法。

3. 被害人救助立法的可行性

笔者调查问卷时，当问及对被害人的态度时，295名被调查者中有79人持非常同情的态度，165人持同情态度，二者占到总数的82.71%，另外有17人觉得无所谓，有3人认为是被害人自作自受，还有31人认为主要看具体的案件，依据实际情况而定。相比而言，当被问及对犯罪人的态度时，166人认为是罪有应得，占总数的56.2%；只有2人持非常同情的态度，36人持同情的态度，二者总计仅占12.88%；另有37人觉得无所谓；还有54人认为要视具体的案件而定。

---

〔1〕 杨淑萍：“刑事被害人救助制度运行的困境与完善的路径”，载中国法院网，www.chinacourt.org，2017-08-30，最后访问日期：2018年12月23日。

〔2〕 “人大代表建议制定《刑事被害人救助法》”，载刑事动态—温州职务犯罪律师，载 http://www.whbwzzw.com/，2017-03-07，最后访问日期：2018年12月23日。

〔3〕 参见兰跃军：《刑事被害人人权保障机制研究》，法律出版社2013年版，第81-129页。

当问到如果无法找到犯罪人，或者犯罪人无力赔偿等，而被害人及其近亲属又面临紧急生活困难时，国家是否应当救助被害人时，有179个受访者认为应该，占60.68%；有6人认为不应该；认为需要视情况而定的有106人，占35.93%；还有4人持“其他”态度，具体内容不详。[1]可以说，社会对立法解决被害人救助问题基本形成共识，学界至今也没有人提出反对意见。自2007年以来，全国“两会”期间每年都有人大代表、政协委员提出制定刑事被害人救助法的议案或提案，有的还设计提交了法律的基本框架。[2]全国人大常委会2007年将被害人国家救助法列入预备立法项目。2013年，十二届全国人大常委会立法规划将刑事被害人救助法列为第二类项目——需要抓紧工作、条件成熟时提请审议的法律草案之一，并确定由委员长会议作为提请审议机关或牵头起草单位。由于我国缺乏准确的官方被害人调查数据，笔者也没有收集到全国公安司法机关最新的被害人救助人数与金额的数据。以2013—2017年全国法院、检察院每年平均发放被害人救助金6.2亿元左右为基础，考虑到物价上涨等因素，再增加一倍作为基数，全国每年需要发放被害人救助金12.4亿元左右。该金额大致相当于全国法院、检察院2019年发放的被害人救助金总额。[3]而这对于我国190 382亿元的一般公共预算收入和238 874亿元的一般公共预算支出来说，[4]是完全可以承受的。国务院2014年颁布施行的《社会救助暂行办法》和即将制定的社会救助法，[5]也为刑事被害人救助法立法创造了条件。

4. 被害人救助立法的主要问题与建议

主要包括以下五个方面。[6]

(1) 立法模式。学界目前对此存在分歧。有学者主张先由国务院制定一部行政法规，颁布施行若干年后再由全国人大常委会制定法律。有学者主张直接制

---

[1] 兰跃军：《侦查程序被害人权利保护》，社会科学文献出版社2015年版，第252-287页。

[2] 王文兵：“刑事被害人救助应纳入立法程序”，载《中国审判》2013年第3期，第10-13页。

[3] 根据《国家司法救助意见》第2条规定，司法救助金主要用于发放被害人救助金。最高人民法院2020年工作报告显示，2019年全国法院发放司法救助金11.2亿元，帮助涉诉困难群众摆脱困境。最高人民检察院2020年工作报告显示，2019年全国检察机关向因案致贫返贫的6000个受害家庭发放司法救助金7589万元。此外，政法委、公安机关、民政部门也在救助被害人，发放救助金。

[4] 这是2019年中国财政部公布的数据。参见赵建华：“2019年中国财政收入同比增长3.8%”，载中国新闻网，www.chinanews.com，2020-02-10，最后访问日期：2020年5月30日。

[5] 蒲晓磊：“社会救助法列为一类立法项目 民政部积极推进立法工作”，载 http://www.legaldaily.com.cn/index/content/2019-12/25/content_ 8083526.htm，最后访问日期：2020年7月30日。

[6] 参见兰跃军：“刑事被害人救助立法的主要问题及其评析”，载《东方法学》2017年第2期，第18-31页。笔者主持完成中国法学会2014年部级研究课题“刑事被害人救助立法研究”，起草了《中华人民共和国刑事被害人救助法》（立法建议稿），作为最终研究成果，载中国法学会编：《中国法学会部级课题成果要报汇编（2016年）》，中国法制出版社2017年版，第72-80页。该建议稿2017年由上海代表团金东寒等31名代表联名提交十二届全国人大五次会议，并被正式列为议案（第70号）。

定一部被害人保护的综合性法律。还有学者主张效仿法国等做法，将被害人救助制度纳入《刑事诉讼法》或者《国家赔偿法》之中。笔者认为，这些观点都不可取。国家制定一部单行的刑事被害人救助法是目前比较理想的选择。从域外国家（地区）立法看，大多数国家都采用了这一模式。

（2）救助对象。可以根据不同标准对被害人进行分类，从三个方面解决。第一，区分个体被害人与单位被害人，救助对象应当限于个体被害人的生命和身体健康法益，不包括单位被害人，也排斥个体被害人的财产法益。这里的个体被害人是指具有中华人民共和国国籍的公民，在我国领域内遭受犯罪侵害，有权获得救助。我国香港特别行政区、澳门特别行政区和台湾地区的居民在大陆遭受犯罪侵害，参照适用。对于在我国领域内遭受犯罪侵害的外国人申请中华人民共和国国家救助的，实行属地管辖和对等原则。第二，区分直接被害人与间接被害人，前者是指人身、财产、精神或其他法益遭受犯罪行为直接侵害的人，或者被害后果的直接承担者；后者是指与直接被害人存在亲属关系或经济依赖关系而间接遭受损害的人。犯罪行为对不同被害人造成的损害都很大，国家不仅要救助直接被害人，对间接被害人也有救助的必要，但立法应当明确间接被害人或遗属的范围和申请取得救助金的顺位。第三，区分实体被害人与程序被害人，二者都应当得到救助。实体被害人是指在刑事案件发生过程中遭受犯罪行为侵害的个人或实体（单位），他们是在刑事案件发生过程中遭受犯罪侵害而产生的被害人，包括个体被害人、单位被害人和直接被害人。程序被害人是指依法参与他人刑事案件诉讼程序并且履行一定诉讼职能的过程中遭受犯罪行为侵害的个人或实体（单位），他们不是在刑事案件发生过程中遭受犯罪行为侵害而产生的被害人，而是在刑事案件发生后的诉讼过程中遭受与原来刑事案件相关的犯罪行为侵害而产生的被害人。《国家司法救助意见》第 2 条第 1 款第 5 项将举报人、证人、鉴定人因举报、作证、鉴定受到打击报复，致使人身受到伤害或财产受到重大损失，无法经过诉讼获得赔偿，造成生活困难的，列入司法救助对象。这里的举报人、证人、鉴定人就是程序被害人。

（3）救助条件。分为积极条件和消极条件。积极条件是从正面或肯定方面规定被害人申请获得国家救助必须具备的条件。遭受犯罪侵害的被害人符合以下任何一种情况，生活、医疗陷入困境时，国家向被害人或其遗属支付被害救助金（以下称救助金）：一是被害人所遭受的损害不能获得有效赔偿。二是因参与自己或他人刑事案件的诉讼程序遭受犯罪被害而成为被害人。

消极条件是从负面或否定方面明确哪些情形下国家不予救助，或者可以减少救助金额。当犯罪行为发生时，如果被害人和加害人之间存在下列亲属关系之一的，国家不予支付救助金：一是夫妻（包括事实上婚姻关系）；二是直系血亲；三是三代以内旁系血亲；四是共同居住亲属。当犯罪行为发生时，如果被害人和加害人之间存在第一项规定以外的亲属关系，国家根据情况可以支付一部分救助金。但是，被害人具有下列行为之一时，国家不予支付救助金：一是教唆或者帮助该犯罪行为的行为；二是过度的暴行、胁迫或者重大的侮辱等诱发该犯罪行为的行为；三是与该犯罪行为有关的明显不正当的行为；四是容忍该犯罪行为发生的行为；五是参加有集团性或习常性进行不法行为之虞的组织的行为（但参加该组织的行为被认定与遭受该犯罪被害无关的情形除外）；六是为报复犯罪行为而杀害加害人或其亲属，或与其关系密切的人的行为，或者严重地侵害他们身体的行为。被害人或其近亲属在诉讼中主动放弃民事赔偿请求或拒绝加害责任人及其近亲属赔偿，或者通过社会救助措施等途径，已经得到合理补偿、救助的，国家不予救助。此外，被害人有下列行为之一的，国家不予支付全部或一部分救助金：一是对案件发生有重大过错的；二是无正当理由，拒绝配合查明犯罪事实的；三是故意作虚伪陈述或者伪造证据，妨害刑事诉讼的；四是暴行、胁迫或侮辱等诱发该犯罪行为的行为。因被害人或其亲属与加害人的关系以及其他情由而导致支付全部或一部分救助金被视为违背社会公序良俗时，国家可以不予支付全部或一部分救助金。

（4）救助资金。包括三个问题。第一，救助资金的筹集与管理。国家救助被害人与补偿被害人一样，本质上是一种国家责任。因此，它所需经费应当由国家筹集，通过财政预算解决。《国家司法救助意见》第 5 条规定是合理的，笔者建议立法进一步细化：一是适当增加被相对不起诉、附条件不起诉的犯罪嫌疑人和被假释的罪犯的负担，强制要求他们向国家司法救助资金缴纳一定数额金钱。二是对于 14 岁至 18 岁的未成年人依法判处不承担刑事责任或减轻处罚时，可以根据情况强制其父母或监护人向国家司法救助资金缴纳一定数额金钱。三是强制要求监禁刑罪犯服刑期间的劳动收入 10%用于缴纳国家司法救助基金。此外，立法应切实加强被害人救助资金的使用管理。

第二，救助标准的制定。《国家司法救助意见》第 3 条规定基本上是科学的，但是，它将“人民法院依法应当判决的赔偿数额”作为特殊情形下救助标准的最高限额，不符合被害人救助制度的基本原理。笔者主张吸收包头市的做法，规定特殊情形下，可以适当增加救助金额，但一次性救助的金额不得超过决定给予救助时案件管辖地上一年度职工月平均工资的 60 个月的总额。此外，应当删除“损失特别重大”的情形，并且细化“生活特别困难”的情形，包括：一是被害人医疗救治费用特别巨大，达到家庭年收入三倍以上的；二是被害人完全丧失劳动能力的；三是被害人死亡，救助申请人无劳动能力或者患有严重疾病且没有其他经济来源的；四是救助申请人生活、医疗陷入其他特别严重困境的。

第三，救助数额的确定。被害人救助主要是为了帮助被害人或其遗属摆脱犯罪被害后的暂时生活、医疗困境，因此，救助数额的确定应当重点考量被害人或其遗属遭受犯罪侵害后其个人及其家庭经济状况和维持当地基本生活（或医疗）水平所必需的最低支出等情况，适当弱化救助对象实际遭受的损害后果、赔偿义务人实际赔偿情况，尤其是被害人对案件发生有无过错以及过错大小。笔者建议在对被害人确定救助金的具体数额时，应当考虑以下因素：首先，应考虑救助对象个人及其家庭经济状况、维持当地基本生活（或医疗）水平所必需的最低支出等情况。其次，考虑救助对象实际遭受的损害后果、赔偿义务人实际赔偿情况。最后，可以考虑被害人对案件发生有无过错以及过错大小等。

（5）救助程序。《国家司法救助意见》第 4 条将救助程序规定为告知、申请、审批和发放四个阶段。立法可以吸收《国家司法救助意见》第 4 条规定，适当借鉴境外做法，进一步完善救助程序，包括权利告知、救助申请、救助决定、不予救助决定的救济、救助金的发放、紧急救助金的支付、救助调查、救助金的收回、救助金领取权的消灭时效，以及救助金领取权的保护十个方面。在此从略。

三、性侵未成年被害人权益保护

性侵害未成年人犯罪是世界各国面临的共同难题，也一直是各国刑事司法打击的重点。我国先后于 1991 年和 2002 年批准加入联合国《儿童权利公约》和《〈儿童权利公约〉关于买卖儿童、儿童卖淫和儿童色情制品问题的任择议定书》（以下简称《任择议定书》）。联合国《儿童权利公约》第 1 条界定的“儿童”相当于我国的“未成年人”。《儿童权利公约》第 19 条和第 34 条规定，儿童有免受性侵害的权利，国家对此负有保障义务。《任择议定书》第 8 条和第 9 条规定了儿童被害人在刑事司法程序中应享有的一系列权利和特别保护措施，以贯彻国家亲权原则和儿童利益最大化原则。[1]

我国对未成年人合法权益始终贯彻优先保护、特殊保护和重点保护的政策，对侵害未成年人合法权益的违法行为实行零容忍，对性侵害未成年人的犯罪行为实行从严惩治。《未成年人保护法》第 41 条规定，禁止对未成年人实施性侵害。但是，由于我国儿童性法律存在一系列明显的缺陷与不足，包括“无法解释”的司法解释，[2]导致近年来我国校园性侵、家庭性侵、网络性侵等性侵未成年人案件频发，严重损害未成年被害人的身心健康，违背社会伦理道德，引起社会广泛关注。最高人民法院、最高人民检察院、公安部、司法部 2013 年联合印发《关于依法惩治性侵害未成年人犯罪的意见》（以下简称《惩治性侵意见》），开

---

〔1〕 国家亲权原则认为，国家是未成年人的最终监护人，国家亲权高于父母亲权，它强调的是未成年人保护的国家责任。儿童利益最大化原则是指基于儿童身心未成熟而尚不足以承担社会责任的现实，为了儿童的健康发展，国家在政策的制定与执行上均以儿童最大利益为依托，切实向其提供福利。

〔2〕 赵合俊：“儿童免受性侵害的权利——对我国儿童性法律的审视”，载《法学研究》2004 年第 6 期，第 131-136 页。

启了我国对性侵未成年被害人实行特殊保护的先河，以最高限度保护最低限度容忍，依法严惩性侵未成年人犯罪。同时，从2013年起，最高人民法院、最高人民检察院每年都定期公布若干性侵未成年人犯罪的典型案例。2018年6月，最高人民检察院检察长张军列席最高人民法院审判委员会会议，就齐某强奸、猥亵儿童案再审发表意见，获得最高人民法院审判委员会支持。最高人民检察院还向教育部发出“一号检察建议”，关注预防校园性侵未成年人犯罪，得到教育部和26个省份的积极回应，正推动落实。[1]

（一）性侵害未成年人犯罪的现状与成因

最高人民检察院2020年6月发布的《未成年人检察工作白皮书（2014—2019）》显示，2017—2019年，全国检察机关共起诉性侵害未成年人犯罪4.34万人，其中，起诉成年人强奸未成年人犯罪分别为7550人、9267人、12 912人，2018年、2019年同比分别上升22.74%、39.33%；起诉猥亵儿童犯罪分别为2388人、3282人、5124人，同比分别上升37.44%、56.12%；起诉强制猥亵、侮辱未成年人犯罪665人、896人、1302人，同比分别上升34.74%、45.31%。与2017年相比，2019年检察机关起诉上述三类犯罪人数占侵害未成年人犯罪总人数的比例也由22.34%上升到30.72%。性侵害未成年人犯罪呈现明显的上升趋势。

此外，2013年以来，中国少年儿童文化艺术基金会女童保护基金（以下简称女童保护基金）每年对媒体曝光的性侵儿童案件进行统计与调查。据女童保护基金调查统计，2019年全年媒体公开报道性侵儿童案例301起，受害人807人，平均每天曝光0.82起、2.21人，平均每起案件受害儿童2.68人，年龄最小的为4岁。2018年317起，被害人750人，平均每天曝光0.87起、2.05人，平均每起案件受害儿童2.37人。[2]2017年378起，被害人606人，平均每天曝光1.04起、1.66人，平均每起案件受害儿童1.60人。2016年433起，被害人778人，平均每天曝光1.21起、2.13人，平均每起案件受害儿童1.80人。2015年340起，平均每天曝光0.95起。2014年503起，被害人726人，平均每天曝光1.38起、1.99人。2013年125起，平均每天曝光0.34起。[3]该数据仅仅基于当年媒体公开报道的性侵未成年人案件，并非全部数据。由于此类案件具有极强的隐蔽性，被公开报道的案件仅为性侵未成年人案件总量的很少一部分。这说明儿童被

---

〔1〕 桂杰：“最高检向教育部发出的1号检察建议得到26省份积极回应”，载《中国青年报》2019年2月27日，第2版。

〔2〕 表述为多人受害但没写具体人数的，按3人计算。

〔3〕 中国少年儿童文化艺术基金会女童保护基金：“‘女童保护’2019年性侵儿童案件统计及儿童防性侵教育调查报告”，载女童保护，http://mp.weixin.qq.com，最后访问日期：2020年6月1日。其中，2013—2017年为14岁以下儿童，2018年和2019年为18岁以下儿童。

性侵现状的形势严峻，也反映出社会和媒体对这一现状的关注度提升。

从近年来我国曝光的性侵未成年人案件看，未成年人容易遭受性侵害的原因主要有六个方面。一是未成年人被害性突出。二是家庭监管缺失。三是防性侵教育缺失。四是未成年人法治意识淡薄。五是对此类犯罪打击不力。六是现行法律制度存在疏漏。[1]

（二）性侵未成年被害人权益保护的立法问题

未成年人的生理、心理发育尚未成熟，世界观、人生观尚未形成，可塑性很大，辨别是非、区分良莠以及抵御社会上不良风气侵袭、诱惑的能力较弱，容易受到性侵害。而当他们遭受性侵害时往往意识不到，即使意识到了，也没有足够的能力保护自己，这决定了保护性侵未成年被害人的权益，必须从立法入手，"让法律比父亲的保护更有力，比母亲的保护更慈祥"。

1. 刑法方面

《刑法修正案（九）》废除了嫖宿幼女罪，将第 237 条第 1 款规定的强制猥亵罪的犯罪对象由女性扩大到包括男性在内的所有人，这在一定程度上提升了对性侵未成年被害人的保护。但从规范文本看，对性侵未成年被害人权利保护的范围和层次仍有缺陷，主要包括三个方面：一是刑法分则关于未成年人的性犯罪规定较为分散。二是刑法分则对性犯罪区分性别，差别对待。强奸罪和猥亵儿童罪对未成年被害人造成的伤害并没有较大的差别，但强奸罪的法定最高刑为死刑，而猥亵儿童罪的法定最高刑仅为 15 年有期徒刑。这给了一些犯罪分子逃避法律惩罚的机会。三是对不满 14 周岁的未成年人，只要与其发生性关系均以强奸罪论处，而与已满 14 周岁的未成年人发生性行为，若未违背其意志便不受刑法所禁止。但是在性侵案件中，认定有无违背被害人意志一直是难点问题。此外，对于《惩治性侵意见》第 19 条规定的各种"明知"的理解，学界和实务界也一直存在严格责任和推定责任的争论，至今没有平息。[2]

针对上述问题，应当完善刑法对性侵未成年被害人的保护：第一，加大对性侵害未成年人犯罪的打击力度，淡化强奸罪中的性别限制，重视对未成年男性的保护。建议立法将针对未成年人的犯罪尤其是性侵害犯罪在刑法中作出专章规定，或者单独制定针对未成年人性侵害及配套救助措施的法律。此外，应将女性对男性实施的强奸行为和男性对未成年男性实施的奸淫行为纳入强奸罪的调整范围，扩大强奸罪的犯罪主体和犯罪对象，改变强奸罪性别单一的状况，给予未成

---

〔1〕 详细分析，参见兰跃军："性侵未成年被害人的立法与司法保护"，载《贵州民族大学学报（哲学社会科学版）》2019 年第 4 期，第 132-136 页。

〔2〕 陈伟："'严格责任'抑或'推定责任'——性侵未满 12 周岁幼女的责任类型辨识"，载《法学家》2014 年第 2 期，第 111-126 页。

年男性以平等保护。

第二，建立性侵未成年人的犯罪人从业禁止制度，对于多次性侵未成年人的犯罪人实行终身从业禁止。研究显示，很多性侵未成年人的犯罪人有比较畸形的性心理，自己难以控制性冲动。为避免他们重新犯罪，实行隔离（包括职业隔离、接触隔离）是完全必要的。这是很多国家（地区）对性侵犯罪的加害人建立信息登记、公开和查询等制度的重要依据。2017 年，上海市闵行区检察院牵头会签《关于限制涉性侵害违法犯罪人员从业办法（试行）》，启动全国首个限制涉性侵害违法犯罪人员从业机制，对曾经有强奸、猥亵等涉性侵害违法犯罪记录人员，禁止其从事与未成年人有密切接触的行业。2019 年 5 月，上海市政法委、市检察院、市教委等 16 家单位会签并出台《关于建立涉性侵害违法犯罪人员从业限制制度的意见》，从适用范围、入职审查、从业限制、执行机制、监督管理等八个方面作出规定，加强对未成年人密切接触行业从业人员的管理，实现对性侵害未成年人保护关口的前置。[1]最高人民检察院《未成年人检察工作白皮书（2014—2019）》透露，上海市到 2019 年底已经查询 27 万人，对 26 名具有性侵害违法犯罪前科人员予以辞退或者不予录用。《未成年人保护法（修订草案）》第 89 条明确要求国务院建立全国统一的性侵害、虐待、暴力伤害等严重侵害未成年人违法犯罪人员信息查询系统，由公安机关向有用工需求的密切接触未成年人行业的相关组织提供查询服务，这将为全面实施性侵未成年人从业禁止制度创造条件。

第三，建立性侵未成年人的犯罪人员信息登记公告制度。2016 年，浙江省慈溪市检察院牵头法院、公安、司法等部门联合出台《性侵害未成年人犯罪人员信息公开实施办法》，对符合条件的实施严重性侵害未成年人的犯罪人员，在其刑满释放后或者假释、缓刑期间，通过司法机关门户网站、微信公众号、微博等渠道对其个人信息进行公开，方便公众随时查询。这种做法受到舆论和业内专家学者的支持。笔者认为，该办法有其存在的合理性，但要推广实施，需要建立一个科学的评估标准，评估性侵未成年人的犯罪人的再犯风险，完善犯罪人的信息登记制度，以及建立分级管理体制，根据不同的危险级别适用不同的公告规则。

第四，对性侵未成年人的犯罪人设置强制心理矫治制度。对性侵未成年人犯罪的常习犯或普通犯罪人，应当在其刑满前进行鉴定、评估，以决定其是否转入政府收容教养，继续对其进行治疗、矫正。具体措施可以参照境外法律相关规定，通过刑法修正案的形式增设对性侵未成年人的犯罪人的强制矫治措施，由心

---

〔1〕 周洪：“上海出台全国首个省级‘涉性侵违法犯罪人员从业限制意见’，能否为未成年人支起保护网?”，载央广网，http://www.cnr.cn/shanghai/tt/20190530/t20，最后访问日期：2019 年 5 月 31 日。

理专家结合行为人之前的犯罪记录、本次犯罪的具体情况、服刑改造的情况、当前的心理状况等进行评定，考察其是否仍有性侵未成年人的人身危险性。

2. 刑事诉讼法方面

虽然《刑事诉讼法》以专章设立了“未成年人刑事案件诉讼程序”，但主要保护未成年犯罪嫌疑人、被告人，对未成年被害人权利的保护存在疏漏，主要包括四个方面：一是未成年被害人法律援助付之阙如。二是缺乏对未成年被害人保护的特殊规定，如性侵未成年被害人的隐私权保护以及出庭作证等。三是附带民事诉讼对未成年被害人保护不力，无法请求精神损害赔偿。四是刑罚执行环节保护乏力，既无实质的知情权与参与权，也缺乏后续恢复正常生活的跟进保护等。

针对这些问题，笔者认为，除完善未成年被害人法律援助制度外，还应从两个方面加以完善。第一，完善办理性侵未成年人案件的特别程序，平等适用于未成年犯罪嫌疑人、被告人和未成年被害人，主要包括五个方面：（1）成立专门办理性侵未成年人案件的办案组织，目前法院已经建立少年法庭，检察机关设立了未成年人检察部门，公安机关应适时成立专门办理未成年人案件的专门机构。待条件成熟时，笔者建议对未成年人犯罪和未成年人被害的案件实行侦诉一体化的办案机制，由检察机关未成年人检察部门统一负责侦查和起诉，由少年法庭进行审判。（2）建立可以信赖的合适成年人陪同参与诉讼制度，明确遭受性侵害的未成年被害人必须由他（她）可以信赖的合适成年人作为陪伴人，到场陪同参与诉讼，并对可以信赖的合适成年人的资格与权利义务作出规范。[1]（3）开展性侵未成年被害人处境调查，建立未成年被害人信息管理资料库。（4）确立性侵未成年被害人以不出庭作证为原则，出庭作证为例外的作证制度。并且允许采用特殊方式作证，如当庭出示录音录像材料、改变声音秘密作证、将被害人与被告人隔离等方式，限制被告人及其辩护人直接询问被害人，最大限度保护性侵未成年被害人的隐私。[2]（5）建立一套适用于性侵未成年被害人案件的间接证据、辅助证据处理规则，兼顾证据正向的证实和反向的证伪，认真审查案件的发案、破案经过是否自然，慎重判断被害人陈述的客观真实性，仔细分析供证关系，充分考察间接证据对案件事实的印证作用等。有学者提出对性侵未成年人案件采取“被害人陈述可信性”的证据审查标准，完善被害人陈述的取得与审查的程序机制，[3]笔者认为很有价值。据悉，最高人民法院已经起草《关于进一步加强未成年被害人、证人司法保护的意见》，目前正在征求意见阶段。

---

〔1〕 参见兰跃军：《刑事被害人作证制度研究》，中国人民公安大学出版社 2011 年版，第 278-280 页。

〔2〕 参见兰跃军：《刑事被害人作证制度研究》，中国人民公安大学出版社 2011 年版，第 242-260 页。

〔3〕 向燕：“性侵未成年人案件证明疑难问题研究——兼论我国刑事证明模式从印证到多元‘求真’的制度转型”，载《法学家》2019 年第 4 期，第 170-174 页。

第二，加强附带民事诉讼中未成年被害人权利保护，包括：（1）增加相应的学校、社会福利机构及社会公益组织作为附带民事诉讼的提起主体、调解主体，参与、配合附带民事诉讼。（2）突出物质赔偿与精神损害赔偿相结合的原则，将未成年被害人及其近亲属的精神损害纳入赔偿范围，并建立未成年被害人心理评估与辅导制度。对未成年被害人的心理伤害作出评定后，聘请专业人员对其进行定期、规范的心理辅导与疏导，将犯罪侵害所造成的心理伤害与心理阴影减少到最低限度。（3）将附带民事诉讼赔偿规定为未成年被害人案件处理的前置程序，并保证赔偿金及时、足额到位。

3. 民法方面

《民法典》第 191 条考虑到性侵未成年被害人的特殊性，对其赔偿请求权的诉讼时效作出特别规定。当未成年人遭受性侵害后，其监护人不敢或基于名誉等不愿寻求法律保护，甚至监护人本人就是施害人时，遭受性侵害的未成年被害人自其年满 18 周岁之日起 3 年诉讼时效期间内，即年满 21 周岁前，仍有机会主张损害赔偿。这里的损害包括财产损失和精神损害。性侵未成年被害人一般造成的财产损失较少，而精神上的伤害却非常严重，这不仅有碍未成年人的健康成长，而且对其成年后的生活造成巨大影响。因此，遭受性侵害的未成年人，无论提起附带民事诉讼，还是另行提起独立的民事诉讼，只要性侵行为人的行为构成犯罪，即满足《民法典》第 1183 条关于精神损害赔偿的要件，遭受性侵害的未成年被害人应当获得精神损害赔偿。但是，该规定有待加大宣传力度，鼓励更多曾在未成年时期遭受过性侵害的被害人拿起法律武器，维护自己合法权益，从而激活该法律规范。

4. 未成年人保护法和预防未成年人犯罪法方面

全国人大常委会对《未成年人保护法》的实施情况进行过三次执法检查，发现其对刑事案件未成年被害人缺乏应有的保护。2019 年 10 月，《未成年人保护法（修订草案）》和《预防未成年人犯罪法（修订草案）》已经提交全国人大常委会审议。《未成年人保护法（修订草案）》与未成年被害人保护直接相关的内容包括三个方面：（1）增设发现未成年人受侵害后的强制报告制度。（2）增加校园性侵防控措施，创设从业禁止制度。（3）规范网络沉迷防治，规定刑事案件对未成年被害人的保护措施等。[1]这些措施的实施将有利于保护性侵未成年被害人权益。虽然预防未成年人犯罪本身就是保护未成年被害人的一种手段，但是，我国《预防未成年人犯罪法》没有一个条文直接涉及未成年被害人保护。该法修订草案根据未成年人违法犯罪行为发生的规律，将未成年人的偏常行为分为

---

〔1〕 参见凤凰资讯网的报道："中国拟修改未成年人保护法 对未成年人沉迷网游实行时间管理"，载 http://news.ifeng.com/c/7qxEGu5luxj，最后访问日期：2020 年 7 月 30 日。

不良行为、严重不良行为、犯罪行为等由轻及重的三个等级，针对不同等级，公安机关可以采取八项过渡性教育矫正措施，[1]也将有利于保护未成年被害人。

针对性侵未成年被害人案件的特点，为了最大限度地保护性侵未成年被害人合法权益，笔者认为，立法应当注重以下方面：（1）进一步突出家庭对未成年人被害预防及修复创伤的作用。借鉴境外做法，应当对未成年被害人家长开展强制亲职教育。（2）强化学校对未成年人被害预防的教育、管理职能，将“性教育课程”纳入中小学生必修课程，对未成年人实行强制性教育。同时，持续落实“一号检察建议”，切实加强中小学（幼儿园）校园安全管理，采取有效措施预防未成年人遭到性侵害。（3）建立社会监督指导与管理组织，全面净化网络环境。可以根据社会需要，在村委会、居委会下设立救助监督指导委员会，由该委员会具体履行监督职责的注意事项，通过对家庭、学校的造访，及时了解各方面情况，对不当监护及发生的性侵害事件及时了解并采取有效措施。同时，公安机关应加强对社区、流动人口、娱乐场所尤其是网络空间的监管，规范网络社交活动，防止网络不良信息（包括网络游戏）对未成年人产生误导，特别是教唆犯罪。对于那些通过即时通信、自媒体、网络直播平台等网络社交工具实施的隔空猥亵儿童的行为，无论儿童是否自愿，都应当按照猥亵儿童罪追究刑事责任。实践中已经有此类判例。[2]（4）相关职能部门应当做好未成年人被害预防的宣传、防控工作。对未成年被害人和针对未成年人实施侵害行为的犯罪人的心理、行为、犯罪时间、地点、职业、家庭、教育背景等进行综合分析，定期向社会公布分析结果。《未成年人保护法（修订草案）》对许多内容作出了回应。

（三）性侵未成年被害人权益保护的司法实践

遭受性侵害的未成年被害人作为一类特定的被害群体，具有一定特殊性。在实践中，公安司法机关办理此类案件通常面临取证难、保护难、救济难、赔偿难、定性难五大困境，客观证据少、被害人报案不及时、被害人作证资格易受质疑、被害人陈述常常存在瑕疵等，而犯罪嫌疑人、被告人往往又拒绝供述，这很容易陷入证明困境，导致追诉失败，致使性侵未成年被害人合法权益无法得到保护。在司法实践中，公安司法机关主要从六个方面进行了实践探索，最大限度保护性侵未成年被害人的权益，许多做法值得推广和立法确认。《未成年人保护法（修订草案）》对有关做法进行了吸收确认。

---

〔1〕“预防未成年人犯罪法修订：分三级干预，完善矫治帮教措施”，载澎湃新闻，www. thepaper. cn，2019-10-21。张素、梁晓辉、黄钰钦：“中国拟修改预防未成年人犯罪法 规定八项过渡性教育矫治措施”，载中国新闻网，www. chinanews. com，2019-10-21，最后访问日期：2019 年 11 月 1 日。

〔2〕全国妇联发布 2019 年“依法维护妇女儿童权益十大案例”中案例 2“江苏司法机关依法严惩蒋某某网络猥亵儿童案：严惩‘网络大灰狼’有力打击性犯罪”，就是一个典型。参见“依法维护妇女儿童权益十大案例”，载《中国妇女报》2019 年 11 月 29 日，第 1 版。

1. 隐私权的保护

对于涉及个人隐私的被害事实，特别是性侵害的被害事实，被害人往往难以启齿。当他们鼓足勇气将这些事实讲出来的时候，外界的适宜反应可能使他们感到安慰，但不当反应则容易给他们的心理造成强烈的冲击，使得他们的心灵进一步走向封闭，从而降低他们与刑事司法合作的信心，加大其被害恢复的难度。因此，许多国际公约不断强化刑事程序中被害人隐私权的保护，越来越多的国家通过立法加强被害人隐私权的保护，避免被害人"二次被害"。《民法典》第四编第六章规定"隐私权和个人信息保护"，凸显了对公民隐私权和个人信息的保护。

《惩治性侵意见》第5条规定，办理性侵害未成年人犯罪案件，对于涉及未成年被害人的身份信息及可能推断出其身份信息的资料和涉及性侵害的细节等内容，审判人员、检察人员、侦查人员、律师及其他诉讼参与人应当予以保密。对外公开的诉讼文书，不得披露未成年被害人的身份信息及可能推断出其身份信息的其他资料，对性侵害的事实必须注意以适当的方式叙述。法院在互联网上公布已生效的强奸、猥亵未成年人犯罪案件相关裁判文书时，必须依法保护被害人隐私。针对频繁发生的校园性侵害案件，教育部、公安部等四部门2013年9月联合印发《关于做好预防少年儿童遭受性侵工作的意见》，要求各地学校对女生宿舍实行封闭管理，女生宿舍应聘用女性管理人员，未经宿管许可，所有男性一律不得进入。同时要求各地教育部门建立中小学生性侵犯案件及时报告制度，报告时相关人员有义务保护未成年人合法权利，严格保护学生隐私，防止泄露有关学生个人及其家庭的信息，避免再次伤害。[1]此外，立法还应当对新闻媒体报道性侵未成年人案件进行规制，包括公安司法机关及其工作人员在内的任何人不得将未成年被害人的姓名、照片、受害经过等可推测被害人身份的信息公开，不得发表使被害人身份暴露的信息。否则，应承担相应的法律责任。同时，要求办理性侵未成年人案件的人员签订保密协议，依法追究泄密者的责任。并允许被害人使用假名参与侦查、起诉、审判等。建立性侵未成年被害人案件记录封存制度，结案后封存侦查笔录、询问笔录、法庭记录等。笔者建议将各级检察机关的未成年人检察部门扩展为专门的未成年人保护部门，并比照各级妇联组织设置，在各级政府设立专门保护未成年人合法权益的具有事业单位编制性质的群团组织。

此外，针对作证对性侵害未成年被害人隐私权造成侵害的现实，《惩治性侵意见》第13—18条要求办案人员避免驾驶警车、穿着制服或者采取其他可能暴露被害人身份，影响被害人名誉、隐私的方式进行调查取证。未成年被害人一般

---

〔1〕 参见中国青年网报道，张锡："四部门：中小学女生宿舍将施行'封闭式'管理"，载 http://news.youth.cn/gn/201309/t20130925_3932474.htm，最后访问日期：2020年7月30日。

可不接受质证，但“确有必要出庭的”，应采取不暴露外貌、真实声音等保护措施。有条件的，可以采取视频等方式播放未成年被害人的陈述，视频应采取保护措施。上海市D区检察院为了减轻性侵未成年被害人出庭作证过程中面对的压力，减少出庭作证给未成年被害人带来伤害，从三个方面设置了必要的例外性出庭支持机制：一是为了避免反复询问对未成年被害人带来“二次被害”，性侵未成年被害人以不出庭作证为原则，出庭作证为例外。二是探索使用屏风或者视频技术通过网络镜头开展法庭调查的询问，或通过科技手段模糊肖像、变更声音等方式增强隐蔽性，减少对未成年被害人带来的心理伤害；在侦查阶段制作全程录音录像的，优先播放录音录像代替未成年被害人出庭。三是对未成年被害人出庭的案件，要求法庭召开庭前会议，由控辩双方进行充分沟通，对法庭调查及质证的内容和方式进行研究、预判，充分考量未成年被害人的心理承受能力，参与庭审的人员均应积极保护未成年被害人的隐私权、名誉权，并在庭审前充分向未成年被害人说明情况，以消除其顾虑，降低其心理压力。〔1〕这些做法经研究提炼，值得总结推广。

2. 获得损害赔偿权的保护

在性侵害未成年人案件中，未成年被害人不仅身体受到伤害，精神也受到很大损害，而且有的被害人的精神损害远大于身体伤害。《惩治性侵意见》第31—32条要求法院保护性侵未成年被害人获得损害赔偿权。对于未成年人因被性侵害而造成的人身损害，为进行康复治疗所支付的医疗费、护理费、交通费、误工费等合理费用，未成年被害人及其法定代理人、近亲属提出赔偿请求的，法院依法予以支持。如果未成年人在幼儿园、学校或者其他教育机构学习、生活期间被性侵害而造成人身损害，被害人及其法定代理人、近亲属据此向法院起诉要求上述单位承担赔偿责任的，法院也应依法予以支持。实践中已经出现此类判例，〔2〕《民法典》第1199—1201条也对此作出专门规定。

保护性侵未成年被害人获得损害赔偿权，除了完善附带民事诉讼制度，将精神损害赔偿纳入赔偿范围，并将被告人赔偿情况列入酌定量刑情节外，还应进一步完善认罪认罚从宽制度、刑事和解程序、被害人救助制度、社会援助制度等，保障性侵未成年被害人通过和解、国家救助、社会援助等多途径获得赔偿。《惩治性侵意见》第34条保障性侵未成年被害人优先获得司法救助权，《未成年人保护法（修订草案）》第104条第2款要求为未成年被害人及其家庭实施综合保

〔1〕上海市奉贤区人民检察院课题组：“性侵害未成年人犯罪案件的惩治、预防、救助机制研究——以S市D区人民检察院实践为例”，载《犯罪研究》2016年第4期，第109页。

〔2〕参见陈颖婷：“上海一‘教师’猥亵儿童，法院除追究刑责外，判培训机构赔偿精神损害”，载《上海法治报》2019年7月12日，第A08版。

护。考虑到性侵未成年被害人的特殊性，笔者建议国家设立专门的未成年被害人救助基金，对那些因犯罪被害又不能通过其他途径获得有效赔偿的未成年被害人，尤其是性侵未成年被害人，实行特别救助，帮助他们摆脱被害后困苦、紧急的生活状态，包括为他们提供生活、医疗、教育、心理干预等所必需的各种费用。

3. 获得法律援助权的保护

被害人遭受犯罪行为侵害后，其诉讼行为能力大都有所下降。如果被害人本人或其信任的人不了解有关法律规定和诉讼程序，他们要么放弃自己的合法权利，既不报案也不出庭；要么勉强出庭，但由于过于激动，根本说不清楚，或者说不到要害。从正当性上考量，设立犯罪嫌疑人、被告人法律援助制度旨在避免被告人遭受不应有的刑罚处罚，保障其合法权益在诉讼中不被公权力侵犯，是一种对未然事实的预防措施。那么，为被害人提供法律援助是在被害人已经遭受犯罪行为侵害后，为了保障其诉讼权利的有效行使，以寻求合理的损害赔偿，平复其身心创伤，是一种对已然事实的补救手段，更具有正当性，还是维持被害人人权保障和犯罪嫌疑人、被告人人权保障动态平衡的体现。刑事诉讼作为一种专业性极强的救济方式，需要专业性辅助是不争的事实。联合国《被害人人权宣言》第6条（c）规定的援助包括法律援助，向遭受性侵害的未成年被害人提供法律援助也是我国已经批准的《儿童权利公约》《任择议定书》，以及《未成年保护法》第51条的要求。《刑事诉讼法》没有规定被害人法律援助制度，但《法律援助条例》第11条规定，无论公诉案件、自诉案件还是附带民事诉讼，如果被害人因为经济困难没有委托诉讼代理人的，可以申请法律援助。

《惩治性侵意见》第15条保障性侵未成年被害人获得法律援助权，但是实施面临许多困境。笔者认为，保护性侵未成年被害人的法律援助权，需要从六个方面入手：（1）援助期间：不仅限于审判、起诉阶段，还应包括侦查和执行阶段。只要被害人有法律帮助需要，都应当为其提供法律帮助。（2）援助主体：既包括律师，也可以包括法律服务所的法律工作者，以及其他有志于为被害人提供法律帮助与服务的志愿者，如法学教师、法学研究生、本科生等。但根据联合国《被害人人权宣言》，这些人不仅要有法律知识，而且应当经过专门培训，熟悉未成年人身心特点，认识到性侵未成年被害人的需要，以确保提供适当和有效的法律帮助。（3）援助内容：除法庭上诉讼代理外，还包括在庭前为性侵未成年被害人及其法定代理人提供法律咨询、代拟法律文书、法律疑难解答、提供公证事项等，以促使被害人勇于报案和出庭。此外，在庭后向被害人提供法律帮助与服务，如向被害人解释裁判内容，指导上诉、申请抗诉或申诉，回答被害人对刑罚执行方面的问题，必要时还应提供就业、安全保护等方面的法律知识，缓解被害人及其法定代理人恐惧心理。（4）援助对象：对于性侵未成年被害人，只要经济困难，无力聘请律师作为诉讼代理人，法院、检察院、公安机关都应当保障他们获得法律帮助权。法律援助机构应当及时指派熟悉未成年人身心特点的律师为他们提供法律帮助。这里的经济困难标准不能太高。法律援助机构应针对未成年被害人心理特点设立专门的部门，为未成年被害人提供专业的法律咨询与服务。（5）援助程序：应当考虑性侵未成年被害人的特点，尽量简化审查手续，提高办事效率。一般情况下，对被害人援助需要经过申请、受理、实施援助等程序，但特殊情况下，如案件中存在不公正处理的人际因素等复杂情况，援助机构应积极主动与被害人联系，提供法律帮助。（6）援助机构和援助基金：应当与社会援助、国家救助等一体规划，待国家设立专门的被害人保护机构和民间援助组织后，交由他们运作，国家财政按规定每年拨付一定经费予以支持。

4. 实行强制报告和即时立案制度

最高人民法院的数据显示，2013—2016 年，全国法院审结性侵未成年人案件 10 782 件，平均每天审结的案件超过 7 件。也就是说，平均每天有超过 7 个孩子遭受性侵害。有学者估计，性侵害尤其是针对中小学生的性侵害案件的隐案比例为 1:7，即 7 起案件才有 1 起进入司法程序。[1]性侵未成年人案件如此高的隐案率，除了案件发生具有隐蔽性外，其中很重要的一个原因是没有人报告。由于性侵未成年人案件很大一部分发生在家庭内部，未成年被害人遭受性侵害后，如果其本人不报案或控告，家庭成员和邻居一般都知情不报，公安司法机关很难发现，此类案件很容易演变成隐案。为此，《反家庭暴力法》第 14 条建立了强制报告制度，它同样适用于遭受性侵害的未成年被害人。该法第 35 条还规定了违反强制报告义务的相关责任。

《惩治性侵意见》第 9 条也规定了强制报告制度，其适用范围比《反家庭暴力法》更广，要求那些对未成年人负有监护、教育、训练、救助、看护、医疗等特殊职责的人员以及其他公民和单位，一旦发现未成年人受到性侵害，有权利也有义务向公安机关、人民检察院、人民法院报告。该制度对于公安司法机关及时发现性侵未成年人案件具有重要意义。遗憾的是，该意见没有明确负有特殊职责的人违反强制报告的法律后果，这种报告义务就可能成为一种摆设。实践中，浙江杭州、北京通州和湖北省等地相继出台有关规范性文件，探索建立侵害未成年人案件强制报告制度。[2] 2020 年 5 月，最高人民检察院、国家监察委员会、教育部、公安部等九部门联合印发《关于建立侵害未成年人案件强制报告制度的意

---

〔1〕 徐豪："儿童性侵：一个沉重又隐秘的话题"，载《中国经济周刊》2017 年第 33 期，第 84 页。

〔2〕 参见叶玉秋等："侵害未成年人案件强制干预制度研讨会综述"，载《青少年犯罪问题》2019 年第 1 期，第 115-120 页。陈鹏："湖北省出台全国首个省级强制报告制度"，载人民网，http://hb.people.com.cn/GB/n2/2019/0314/c194063-32737222.html，最后访问日期：2019 年 3 月 16 日。

见（试行）》（以下简称《强制报告意见》），从七个方面建立了侵害未成年人案件强制报告制度，将性侵害列为应当报告的九类情形之一。[1]《未成年人保护法（修订草案）》第7条将强制报告制度增加为未成年人保护的基本制度。笔者认为，待该修订草案审议通过后，有关部门应当全面总结上述规范性文件尤其是《强制报告意见》的实施经验，适当借鉴境外做法，进一步完善侵害未成年人案件强制报告制度，使之更具可操作性。主要包括五个方面：一是细化强制报告责任主体的范围，具体落实到个人，并将所有密切接触未成年人行业的个人都纳入。二是适当增加强制报告的内容和方式，除身体伤害、精神伤害、疏忽照顾和性侵害外，将儿童网络色情活动纳入报告内容。并且允许采用口头报告、书面报告、自媒体和网络途径报告等多种方式，方便各类责任主体及时报告。三是明确未履行强制报告义务的责任，除纪律责任和刑事责任，还应包括行政责任。四是加大对强制报告责任主体的保护，严厉处罚打击报复报告责任主体的行为，包括依法追究刑事责任。五是完善接到报告后的处置流程，包括受理报告并立即立案、实行差别响应模式并开展核实调查、对未成年被害人处境分级评估并分别采取相应的干预措施三个方面。

此外，由于未成年人缺乏社会生活经验和性方面的基本知识，不懂得何种行为是性侵害，也不懂得别人对他（她）实施的性侵害行为是犯罪，更谈不上现场保存证据和如何有效收集证据。而且性侵案件发生时大多没有第三者在场，让第三人作证几乎不可能。调查显示，不满14周岁的未成年女童中有相当一部分人性心理发育尚未成熟，她们不会因为性行为而怀孕。如果公安机关接到性侵未成年人的报案后不及时立案，主动收集证据，就会使许多遭受性侵害的未成年被害人得不到应有的司法保护。即使公安机关后来通过各种途径发现犯罪分子，也将不得不投入更多的司法资源。《惩治性侵意见》第10—11条和《强制报告意见》第8—11条都有类似规定，体现了对性侵未成年被害人的优先保护，值得肯定。但是，由于《刑事诉讼法》对立案条件的模糊规定，实践中公安机关对刑事立案的严格审查依然可能成为推诿立案的借口。笔者建议公安机关进一步改进性侵未成年人案件的立案工作，参照《关于依法惩治拐卖妇女儿童犯罪的意见》中对拐卖妇女、儿童的报告的做法，只要接到未成年人遭受性侵害的报告，应当立即受理，并即时立案，启动侦查工作。《强制报告意见》有类似规定，但仍然很模糊。

5. 建立“一站式”侦查取证机制

性侵害犯罪是一种严重摧残受害人身心健康的行为，性侵害案件被害人受害

---

〔1〕 参见“最高检等印发建立侵害未成年人权益案件强制报告制度意见”，载中华人民共和国最高人民检察院官网，www.spp.gov.cn，最后访问日期：2020年5月29日。

后，普遍存在恐惧、羞耻、痛苦、焦虑、愤怒心理，他们往往将性侵害视为奇耻大辱，存在消除受辱心理，并在诉讼中尽量避免受到新的侵害和精神痛苦。如果侦查取证不注意询问被害人的环境和方式，要求所有性侵害被害人都清晰、准确、全面地描述那不堪回首的场面，不仅不可能，而且潜伏着很大危险。有学者调研发现，我国性侵害案件未成年被害人保护普遍存在三个问题：一是侦查取证过程不规范——取证地点随意化、取证程序碎片化和取证目的片段化；二是法律援助成效不明显——法律援助覆盖范围不广、司法救助不及时、生活补贴缺乏落实细则和医疗救助不够全面及时；三是心理救助机制不完善，缺乏有效、专业的心理测评和疏导，未形成长效的心理干预机制。[1]

被害人作为最了解案件事实的当事人之一，他们对案件事实的记忆在案件发生时是最清晰的，随着时间的推移会逐渐消退。针对该特点，许多国家及地区建立了“一站式”侦查取证机制，要求国家专门机关在接受被害人报案、控告，或者侦查人员第一次接触被害人时，征得被害人同意，采用“一站式”询问进行侦查取证，这样在第一次对被害人取证过程中成功回溯完整事件，并且以全程同步录音录像的方式保全被害人首次对案件事实的陈述。这种录音录像资料经过法定程序保管，日后可以作为询问被害人或被害人出庭作证的替代，或者帮助被害人作证时恢复记忆的手段。这种“一站式”侦查取证机制最初适用于性侵害案件，尤其是对性侵未成年被害人的询问，然后推广适用于所有被害人。

《惩治性侵意见》第13—14条对询问性侵害未成年被害人作出规范，要求对与性侵害犯罪有关的事实进行全面询问，以一次询问为原则，尽可能避免反复询问，造成被害人“二次被害”。最高人民检察院《2018—2022年检察改革工作规划》肯定了该做法，第15条明确提出推行未成年被害人“一站式”询问、救助机制。最高人民检察院《未成年人检察工作白皮书（2014—2019）》显示，目前全国已经建立环境温馨，具备取证、心理疏导、身体检查、同步录音录像等功能的“一站式”询问、救助办案区478个。在实践中，“一站式”侦查取证机制出现多种模式。上海2010年起逐步将成年人侵害未成年人犯罪案件（以性侵害案件为主）纳入各级检察机关未成年人刑事检察部门的受案范围，形成专业化办案机制和性侵未成年人案件“一站式”调查取证机制，推动建立性侵害案件未成年被害人“一站式”保护体系和“一站式”预防体系。[2]上海市D区检察院在传统的提前介入类办案机制中融入了“一站式”、人性化证据收集方法，主要

---

〔1〕 柴晓琳：“性侵案件未成年被害人综合保护的实现路径——以‘一站式’保护为切入点”，载《检察调研与指导》2019年第1期，第101-102页。

〔2〕 樊荣庆等：“论性侵害案件未成年被害人‘一站式’保护体系构建——以上海实践探索为例”，载《青少年犯罪问题》2017年第2期，第32页。

包括确立检察提前介入引导侦查机制、推进“一站式”取证场所建设和形成“一站式”取证询问特殊机制三个方面。[1] 2019年8月，重庆市“莎姐”未成年人关爱中心暨重庆市未成年被害人“一站式”询问救助中心在该市中医院揭牌并投入使用，使得司法机关能在同一场所一次性完成案件询问、证据提取、医疗检查、心理辅导、司法救助、预防教育等工作，避免反复、不当询问给未成年被害人及其家属带来的次生伤害。下一步重庆各区县检察院和公安分局也将参照示范点建设标准，在本辖区办案场所或医疗条件较好的综合性医院设置未成年被害人“一站式”询问救助中心。[2]宁波市鄞州区检察院制定分年龄询问规则，根据不同年龄段被害人的思维方式、表达方式和语言水平将未成年被害人分为2—6周岁、7—11周岁、12—17周岁三个年龄段，在询问过程中分别制定个性化的询问规则，要求侦查人员在询问过程中根据未成年人的身心特点，采取和缓的方式进行询问，并严格要求侦查人员在“一站式”询问场所对被害人进行一次性全面询问、一次性提取固定证据，并进行同步录音录像。[3]这些模式虽然存在一定差异，但都体现了对性侵未成年被害人专门保护的办案理念，值得总结推广。

6. 知情权的保护

联合国《被害人人权宣言》第6条a要求各国采取措施，让被害人了解他们的作用以及诉讼的范围、时间、进度和对他们案件的处理情况，在涉及严重罪行和他们要求此种资料时尤其如此，从而保障被害人的知情权。被害人遭受犯罪侵害后，一旦不知情，就可能对公安司法机关的侦查活动产生各种猜想，逐渐丧失与公安司法机关合作的信心，甚至被犯罪分子利用而发生“恶逆变”。

《惩治性侵意见》第16—17条明确保障性侵未成年被害人的知情权，《未成年人保护法（修订草案）》增加了类似规定。笔者认为，其一，在刑罚执行阶段，罪犯减刑、假释、暂予监外执行等刑罚执行变更情况也应当及时告知未成年被害人及其法定代理人，并在具体决定程序中通知他们参与和发表意见。其二，《刑事诉讼法》第148条赋予被害人对用作证据的鉴定意见的知情权和补充鉴定、重新鉴定权，但没有明确负有告知义务的人员、告知期限、告知方式、告知范围、告知对象、不履行告知义务的法律后果，以及未成年被害人及其法定代理人获得鉴定意见的途径、申请补充鉴定或重新鉴定的程序和救济机制等。公安机

[1] 上海市奉贤区人民检察院课题组：“性侵害未成年人犯罪案件的惩治、预防、救助机制研究——以S市D区人民检察院实践为例”，载《犯罪研究》2016年第4期，第108-109页。

[2] 陈国洲：“重庆建立省级未成年被害人‘一站式’询问救助中心”，载新华网，www.xinhuanet.com，2019-08-22，最后访问日期：2019年8月24日。

[3] 王晓青等：“未成年被害人‘一站式’办案模式专家论证会综述”，载《青少年犯罪问题》2019年第3期，第117-118页。

关、检察机关可以通过规范性文件作出细化规定，有关侦查人员在执法过程中应当根据个案特点执行，以充分保障性侵未成年被害人及其法定代理人对鉴定意见的知情权和异议权，避免凭借一些存在明显争议甚至错误的鉴定意见作出侦查终结的决定。其三，采取某些对未成年被害人权利有重大影响的侦查行为和侦查措施，在不严重妨碍侦查目的实现和条件允许的前提下，侦查机关可以通知未成年被害人及其法定代理人、诉讼代理人到场，这不仅可以有效保障未成年被害人及其法定代理人的知情权，而且可以监督侦查权依法行使，增强侦查结果的公信力和可接受性。其四，对于有未成年被害人的案件，侦查机关应当及时告知未成年被害人及其法定代理人提起附带民事诉讼的权利和方式，并且将收集有关被害人损害赔偿方面的证据作为侦查取证的重要内容之一，必要时采取措施保障被害人损害赔偿权尽早实现，避免被害人合法权益在侦查过程中再次受到侵害。

联合国《被害人人权宣言》第 14 条规定的被害人援助，除了法律援助，还包括必要的物质、医疗、心理及其他社会援助，即由社会力量为被害人提供各种支援与帮助，从而改善被害人周围环境方面不利于被害人回归社会的因素，创造有利于被害人心理重建的环境。社会援助使被害人摆脱孤立、孤独的心理阴影，将被害后形成的犯罪人——被害人关系，转化为犯罪人——社会（包括被害人）关系，结束被害人心理上孤军奋战的局面。性侵害未成年人犯罪被视为最可恶的犯罪，这种伤害不仅是一种即时伤害，更是一种长期的、缓释的过程，如不能得到及时的支持和帮助，其本人甚至家庭都走不出阴霾。这就要从感情支持、医疗救助、心理咨询、经济援助和安全保护等多方面为性侵未成年被害人及其法定代理人提供社会援助，推动完善性侵未成年被害人的综合救助保障体系。而这些方面，我国几乎还是一片空白。笔者曾经做过详细研究，在此从略。〔1〕

余　论

被害人权益保护既是一个立法问题，也是一个实践问题。被害人由第一次被害（遭受犯罪行为的侵害）到第二次被害（诉讼过程中公权力的隐性侵害），甚至走入第三次被害（得不到合理救济，转而报复社会）的险境。这种被害人化理论的积极价值在于使我们意识到加强被害人权益保护的现实性和必要性。被害人权利包括诉讼内权利和诉讼外权利。经过四十余年的立法发展和实践探索，刑事诉讼中被害人从一个纯粹的证据提供者提升为诉讼当事人，被害人权益救济从私力合作走向公力救济，并且对性侵未成年被害人等实行专门保护，被害人权益保护取得了显著的进步，但这些主要还立足于诉讼内权利保护。从 2004 年人权条款入宪以来，人权保障成为我国法学的显名词。党的十八届三中全会提出完善

〔1〕 参见兰跃军：《刑事被害人人权保障机制研究》，法律出版社 2013 年版，第 408-413 页。

人权司法保障制度，党的十八届四中全会提出加强人权司法保障，党的十九大报告再次确认加强人权法治保障，我国人权保障模式正在从诉讼内保障走向诉讼内保障与诉讼外保障相结合。被害人权益保护的未来发展应当顺应这一趋势，从权益保护走向人权保障，构建一个科学的、系统的被害人人权保障机制，将被害人诉讼内人权保障与诉讼外人权保障有机结合起来，从被害人国家救助走向被害人国家补偿，进一步完善被害人社会援助制度等，实现被害人人权保障与犯罪嫌疑人、被告人人权保障的动态平衡，从而推进国家治理体系和治理能力现代化。

（撰稿人：兰跃军）

第五章

取保候审制度

目　次

取保候审是公安司法机关为犯罪嫌疑人、被告人设定义务，确保其随传随到，以保障刑事诉讼活动顺利进行的一种强制措施。它是我国《刑事诉讼法》规定的五种强制措施之一，具有显著的中国特色。自1979年《刑事诉讼法》第38条规定取保候审制度以来，取保候审制度开始在我国刑事诉讼基本法律中取得明确地位，随后历次对《刑事诉讼法》进行的修改都对取保候审制度的发展起到了推动作用。本章拟对我国取保候审制度四十年来的发展变化进行全面回顾，重点对该制度的实施情况进行深入考察，对其存在的问题及其原因加以剖析，并提出较为全面的完善建议。

一、取保候审制度四十年的演变历程

通过对取保候审制度四十年以来的发展进行梳理，发现我国取保候审制度从最初的原则性规定逐渐发展到独立性规定，体现出取保候审制度在我国强制措施体系中日益重要的地位，也表明取保候审制度自身地位的独立性越来越强，在司法实践中的地位更加突出。在《刑事诉讼法》的历次修改期间，中央政法机关也着手对取保候审相关的问题作出解释，不断促进取保候审制度的发展。

（一）取保候审制度的初创阶段（1979—1996年）

1979年《刑事诉讼法》是新中国第一部专门规制刑事诉讼程序的法典，对刑事诉讼中的系列制度作出了开创性的规定，也体现了我国刑事诉讼立法初创阶段的青涩特点。该部《刑事诉讼法》对取保候审制度的规定相对原则，并未就如何适用取保候审的具体程序进行细致的规定。同时，最高人民法院、最高人民检察院和公安部等部门对取保候审制度的解释也是取保候审制度处于初期发展阶段的体现。

第一，取保候审由人民法院、人民检察院和公安机关作出决定。1979年《刑事诉讼法》第38条第1款规定，人民法院、人民检察院和公安机关根据案件的具体情况，有权决定对犯罪嫌疑人取保候审。取保候审是对未被羁押的犯罪嫌疑人、被告人施加的一种限制，是确保其随传随到的强制性方式。1987年《公安部规定》规定，取保候审由县级以上公安机关负责人签发《取保候审决定书》，明确了侦查阶段取保候审的决定主体。我国取保候审与域外国家和地区的保释制度不同，我国取保候审不以对犯罪嫌疑人、被告人的羁押为前提，域外保释是在羁押犯罪嫌疑人、被告人之后的措施。[1]取保候审既可以直接采取也可以由其他强制措施变更而来，是国家机关在追诉犯罪过程中对具有必要的犯罪嫌

〔1〕程荣斌、王新清主编：《刑事诉讼法》，中国人民大学出版社2019年版，第202页。

疑人、被告人采取的强制措施，其最终目的是为了实现国家刑罚权，故有权决定采取取保候审的机关为国家公权力机关。

第二，取保候审的撤销与变更。1979 年《刑事诉讼法》第 38 条第 3 款规定，如果被告人被采取取保候审之后，取保候审的情况发生变化的，应当撤销取保候审或者将取保候审变更为其他强制措施。第 40 条规定了逮捕与取保候审的变更，包括取保候审变更为逮捕和逮捕变更为取保候审的情形。第 44 条规定了拘留变更为取保候审的情形。取保候审并不剥夺犯罪嫌疑人、被告人的自由，但是要求其随传随到，如果犯罪嫌疑人不具备取保候审的条件或者其行为不构成犯罪，那么就需要将取保候审变更为其他强制措施或者撤销取保候审。1983 年《人民检察院直接受理自行侦查刑事案件的办案程序（暂行规定）》规定，被采取取保候审的人如果需要撤销或者变更强制措施的，须经检察长批准。1984 年《全国人民代表大会常务委员会关于刑事案件办案期限的补充规定》在补充规定办案期限的同时明确规定，在原有期限内不能办结的案件中，被羁押的犯罪嫌疑人、被告人在不具有社会危险性的情况下可以变更为取保候审。1987 年《公安部规定》第 30 条明确规定，在符合保证人不能履行保证义务等情形时，决定机关应当撤销或者变更强制措施。

1979 年《刑事诉讼法》对取保候审的规定存在明显的不足之处：首先，取保候审的适用条件不够明确。《刑事诉讼法》只是赋予公安司法机关决定采取取保候审的权力及取保候审与其他强制措施之间的转化，并授权公安机关对刑事拘留以后发现“需要逮捕而证据不充足的”犯罪嫌疑人，以及符合逮捕的事实条件和刑罚条件的犯罪嫌疑人“患有严重疾病”或者“正在怀孕、哺乳自己婴儿的妇女”时“可以取保候审”。至于在其他情形下，犯罪嫌疑人满足何种条件才可以取保候审，法律缺乏规定，这也是导致取保候审在司法实践中被适用较少的原因之一。其次，取保候审的具体方式不明确。取保候审应当采取何种方式实现，具备何种条件的人可以担任保证人，保证人应当承担哪些义务等，《刑事诉讼法》并未作出明确规定，导致执行取保候审的法律依据不足。最后，取保候审的适用期限不明确。取保候审属于对犯罪嫌疑人、被告人生活的干预，如果满足特定时间期限，案件尚未审结，就需要解除取保候审，但当时的立法对此未作规定。

为了弥补立法的不足，公安部的部门规章和最高人民检察院、最高人民法院的有关司法解释对取保候审的适用范围、保证方式、适用程序等作了一些补充性的规定。例如，1987 年《公安部规定》第 25 条详细规定了取保候审的适用情形，第 26 条规定了取保候审的审批程序、保人的条件和范围，第 29 条规定了被取保候审人应当遵守的义务，第 30 条规定了撤销或者变更取保候审的具体情形和程序。最高人民检察院 1991 年颁布的《人民检察院侦查贪污贿赂犯罪案件工作细则（试行）》第 20 条规定了七种适用取保候审的情形，包括可能被判处有期徒刑以下刑罚、可能被免予起诉、患有严重疾病等；第23条规定了保人的条件，要求保人应当符合年满18周岁、在当地有正式户籍、有固定住所、与本案无牵连等条件；第24条规定，保人应当承担保证被取保候审人不逃避追究、发现被取保候审人有逃避侦查或者违法行为及时向执行机关报告等责任。同时，该细则还规定了人民检察院有权采取保证金保证，要求保人或者被取保候审人交纳保证金，确保被取保候审人不逃避追究。最高人民法院1990年出台的《关于刑事再审案件开庭审理程序的意见》扩大了取保候审的适用范围，明确指出，对于在押的原审被告人，如果可能被判无罪，那么可以对其取保候审。最高人民法院1994年出台的《关于审理刑事案件程序的具体规定》明确了保证人保证作为取保候审的保证方式，规定被取保候审人要求保证人保证的，应当提供一至两名保证人。以上部门规定和司法解释的补充性规定，为司法实践中正确适用取保候审提供了相对明确的规范依据，一定程度上弥补了立法的不足，同时也为立法的进一步完善奠定了坚实的实践基础。这些规定与《刑事诉讼法》的规定结合在一起，标志着我国取保候审制度已经初具雏形。

（二）取保候审制度的充实完善阶段（1997—2012年）

自1996年修改《刑事诉讼法》起，取保候审制度在我国的发展开始进入新的历史阶段。1996年《刑事诉讼法》针对1979年《刑事诉讼法》的不足，在总结实践经验的基础上，对取保候审的适用条件、申请取保候审的权利、取保候审的保证方式、保证人的条件与义务、被取保候审人的义务以及取保候审的期限等问题作出了明确规定。随后，1998年《六机关规定》、1998年《公安部规定》、1998年《最高法解释》和1999年《最高检规则》等规范性文件对取保候审制度又作了一些解释性和补充性的规定，从而使得取保候审制度的内容不断得到充实，程序不断完善。

1. 取保候审的适用条件

1996年《刑事诉讼法》第51条明确规定了取保候审需要满足两项条件，即可能判处管制、拘役或者独立适用附加刑；可能判处有期徒刑以上刑罚，采取取保候审、监视居住不致发生社会危险性的。同法第74条吸收了1984年7月7日全国人大常委会《关于刑事案件办案期限的补充规定》的相关内容，规定："犯罪嫌疑人、被告人被羁押的案件，不能在本法规定的侦查羁押、审查起诉、一审、二审期限内办结，需要继续查证、审理的，对犯罪嫌疑人、被告人可以取保候审或者监视居住。"随后，1998年《公安部规定》、1999年《最高检规则》分别以列举方式规定了适用取保候审的七种情形，并且明确"对累犯、犯罪集团的主犯，以自伤、自残办法逃避侦查的犯罪嫌疑人，危害国家安全的犯罪、暴力犯罪，以及其他严重犯罪的犯罪嫌疑人，不得取保候审"；"对于严重危害社会治安的犯罪嫌疑人，以及其他犯罪性质恶劣、情节严重的犯罪嫌疑人不得取保候审”。[1]2000年全国人大常委会法工委在给公安部的答复意见中进一步提出："因侦查犯罪需要，对于监视居住期满的犯罪嫌疑人，如果确有必要采取取保候审强制措施，并且符合取保候审条件的，可以决定取保候审，依法作出取保候审决定书，但是不能不经依法变更就转为取保候审，不能中止对案件的侦查。"[2]这样，侦查期间监视居住转化为取保候审的条件也就明确了。参与立法修改的人员认为，1979年《刑事诉讼法》未对取保候审条件作出规定，在实践中产生了以下问题：一方面，公安司法机关不敢轻易对犯罪嫌疑人、被告人采取取保候审，导致有些本来可以采取取保候审的人被羁押，增加了看守所等羁押场所的负担，不利于保护公民的合法权益；另一方面，有些公安司法机关在掌握取保候审的条件时宽严无度，有的甚至把取保候审作为释放犯罪嫌疑人、被告人的手段，增加了犯罪嫌疑人、被告人重新危害社会的机会。[3]1996年《刑事诉讼法》增加的关于取保候审适用条件的规定，以及相关解释性规定对取保候审条件的细化，为公安司法机关适用取保候审提供了相对明确的标准。

2. 申请取保候审的权利

取保候审作为一种强制措施，首先是公安司法机关的权力。但是，取保候审毕竟是较为轻缓的一种强制措施，它只是在一定期限内对犯罪嫌疑人、被告人的人身自由有所限制，并没有完全剥夺犯罪嫌疑人、被告人的人身自由。那么，如果犯罪嫌疑人、被告人已经被逮捕羁押，他可否通过申请取保候审来改善自己的诉讼境况呢？对此，1979年《刑事诉讼法》没有规定，但实践中在押犯罪嫌疑人、被告人普遍有此需求。有鉴于此，1996年《刑事诉讼法》第52条明确规定："被羁押的犯罪嫌疑人、被告人及其法定代理人、近亲属有权申请取保候审。"同法第96条还规定，"犯罪嫌疑人被逮捕的，聘请的律师可以为其申请取保候审"。这样，申请取保候审就成了犯罪嫌疑人、被告人及其法定代理人、近亲属和律师的权利，取保候审因而在一定程度上也带有了一定的权利属性，这对于减少审前羁押人数、缩短审前羁押期限无疑具有重要的意义。

为了保障犯罪嫌疑人、被告人等申请取保候审的权利，1998年《六机关规定》第20条进一步要求，"被羁押的犯罪嫌疑人、被告人及其法定代理人、近亲属和律师申请取保候审，有权决定的机关应当在七日内作出是否同意的答复。同意取保候审的，依法办理取保候审手续；不同意取保候审的，应当告知申请人，

---

〔1〕 参见1998年《公安部规定》第63条、第64条和1999年《最高检规则》第37条、第38条。

〔2〕 参见全国人大常委会法工委关于对"犯罪嫌疑人被监视居住期满后能否转取保候审"问题的答复意见，2000年10月26日。

〔3〕 参见胡康生、李福成主编：《〈中华人民共和国刑事诉讼法〉释义》，法律出版社1996年版，第63页。

并说明不同意的理由”。据此，1998 年《公安部规定》第 65 条、1998 年《最高法解释》第 68 条和 1999 年《最高检规则》第 40 条均作出了类似的规定。

3. 取保候审的保证方式

取保候审的保证方式是取保候审制度的核心内容，但 1979 年《刑事诉讼法》对此却没有规定，实践中取保候审对犯罪嫌疑人、被告人的约束力很小，“形成实际上取而不保”的结果。[1]为了改变这种情况，增强取保候审的诉讼保障功能，1996 年《刑事诉讼法》第 53 条规定：“人民法院、人民检察院和公安机关决定对犯罪嫌疑人、被告人取保候审，应当责令犯罪嫌疑人、被告人提出保证人或者交纳保证金。”这一规定首次明确了取保候审除了采取保证人保证以外，还可以采取保证金的保证方式，但这两种保证方式不能同时适用。[2]

1996 年 3 月全国人大通过修改《刑事诉讼法》的决定以后，公安部、最高人民检察院、最高人民法院立即在执行和解释《刑事诉讼法》的规范性文件[3]中就取保候审的保证方式和程序等问题作了更加细化的规定，但各家规定的具体内容不尽一致，尤其是关于保证金保证问题。为了统一各机关的规定，1998 年《六机关规定》第 22 条明确规定：“对犯罪嫌疑人采取保证金保证的，由决定机关根据案件具体情况确定保证金的数额。取保候审保证金由公安机关统一收取和保管。对取保候审保证人是否履行了保证义务，由公安机关认定，对保证人的罚款决定，也由公安机关作出。具体办法由公安部会同最高人民法院、最高人民检察院、国家安全部制定。”据此，1999 年 8 月 4 日，最高人民法院、最高人民检察院、公安部和国家安全部联合发布的《关于取保候审若干问题的规定》（以下简称《取保候审规定》）第 5 条至第 18 条对保证金的金额、收取和管理、交纳程序、没收及其申诉程序等作了具体规定。根据这些规定，取保候审保证金只能以人民币形式交纳，起点数额为 1000 元。决定机关应当以保证被取保候审人不逃避、不妨碍刑事诉讼活动为原则，综合考虑犯罪嫌疑人、被告人的社会危险性，案件的情节、性质，可能判处刑罚的轻重，犯罪嫌疑人、被告人经济状况，当地的经济发展水平等情况，确定收取保证金的数额。取保候审保证金由县级以上执行机关统一收取和管理。没收保证金的决定、退还保证金的决定、对保证人的罚款决定等，应当由县级以上执行机关作出。县级以上执行机关应当在其指定

〔1〕 参见胡康生、李福成主编：《〈中华人民共和国刑事诉讼法〉释义》，法律出版社 1996 年版，第 65 页。

〔2〕 参见 1998 年《六机关规定》第 21 条。

〔3〕 参见公安部《关于贯彻实施刑事诉讼法有关问题的通知》（1996 年 6 月 13 日）和《关于取保候审保证金的规定》（1997 年 1 月 15 日）、最高人民检察院《人民检察院刑事诉讼规则》（最高人民检察院检察委员会 1997 年 1 月 15 日通过）以及最高人民法院《关于执行〈中华人民共和国刑事诉讼法〉若干问题的解释（试行）》（法发〔1996〕33 号，1996 年 12 月 20 日发布，1997 年 1 月 1 日起施行）的相关规定。

的银行设立取保候审保证金专户，委托银行代为收取和保管保证金，并将指定银行的名称通知人民检察院、人民法院。决定机关作出取保候审收取保证金的决定后，应当及时将《取保候审决定书》送达被取保候审人和为其提供保证金的单位或者个人，责令其向执行机关指定的银行一次性交纳保证金。执行机关在执行取保候审时，应当告知被取保候审人必须遵守的法定义务及其违反法定义务或者在取保候审期间重新犯罪应当承担的后果。

4. 保证人的条件与义务

为了更好地发挥保证人的作用，便于实践操作，1996 年《刑事诉讼法》第 54 条规定："保证人必须符合下列条件：（一）与本案无牵连；（二）有能力履行保证义务；（三）享有政治权利，人身自由未受到限制；（四）有固定的住处和收入。"第 55 条还规定了保证人的两项义务：一是对被取保候审人是否遵守刑事诉讼法规定的义务进行监督；二是发现被保证人可能发生或者已经发生违反法律规定的行为时，应当及时向执行机关报告。被保证人有违反法定义务的行为，保证人未及时报告的，对保证人处以罚款，构成犯罪的，依法追究刑事责任。1998 年《公安部规定》第 71 条至第 73 条具体规定了保证人保证的程序、对保证人的罚金决定程序以及保证人的变更程序。1999 年《取保候审规定》第 16 条、第 18 条进一步明确规定，被取保候审人违反法律规定的义务，保证人未及时报告的，经查证属实后，由县级以上执行机关对保证人处 1000 元以上 20 000 元以下罚款，并将有关情况及时通知决定机关。保证人对罚款决定不能提起行政诉讼，但可以依法向有关机关提出申诉。

5. 被取保候审人的义务

1979 年《刑事诉讼法》对被取保候审的犯罪嫌疑人、被告人应当遵守哪些规定没有明确规定，被取保候审人对自己有哪些义务也不清楚，执行机关和所在单位无法监督。一旦被取保候审，有些人就处于无人过问的状态，即使被取保候审人不及时到案，妨碍刑事诉讼的顺利进行，如何处置也缺乏法律依据。[1]针对这种情况，1996 年《刑事诉讼法》第 56 条第 1 款明确要求："被取保候审的犯罪嫌疑人、被告人应当遵守以下规定：（一）未经执行机关批准不得离开所居住的市、县；（二）在传讯的时候及时到案；（三）不得以任何形式干扰证人作证；（四）不得毁灭、伪造证据或者串供。"如果被取保候审人违反法律规定的上述义务，需要承担不利的法律后果：已交纳保证金的，没收保证金，并且区别情形，责令犯罪嫌疑人、被告人具结悔过，重新交纳保证金、提出保证人或者监视居住、予以逮捕。犯罪嫌疑人、被告人在取保候审期间未违反法定义务的，取保

---

〔1〕 参见胡康生、李福成主编：《〈中华人民共和国刑事诉讼法〉释义》，法律出版社 1996 年版，第 69 页。

候审结束的时候，应当退还保证金。

《取保候审规定》第 10 条至第 15 条具体规定没收和退还保证金的程序。根据该规定第 14 条和第 18 条，被取保候审人对没收保证金决定不服的，可以在收到《没收保证金决定书》后的 5 日以内，向执行机关的上一级主管机关申请复核一次。上一级主管机关收到复核申请后，应当在 7 日内作出复核决定。但是，对没收取保候审保证金的决定不能提起行政诉讼。当事人如不服复核决定，可以依法向有关机关提出申诉。

6. 取保候审的期限

1979 年《刑事诉讼法》对取保候审的期限没有作限制性规定，在实践执行中，期限长短不一。有些案件在宣布取保候审以后，办案机关便不再抓紧办理，使案件几年内都不能了结，有些案件一旦宣布取保候审便杳无音信，取保候审实际上成为办案机关对经查证后没有问题的人的最后处理措施，不利于保护公民的合法权利。[1]因此，1996 年《刑事诉讼法》不仅对取保候审的条件、保证方式等作出明确规定，而且第 58 条规定，取保候审最长不得超过 12 个月。但是，这一期限是公检法机关对同一犯罪嫌疑人、被告人取保候审在各个诉讼阶段的累计期限，还是每一办案机关取保候审的期限，不够明确。参与立法的人员认为，“如果犯罪嫌疑人、被告人分别被公安机关、检察机关、法院采取取保候审措施的话，每一机关有权决定取保候审的期限最长不得超过 12 个月”。[2]这一意见得到公检法机关的一致采纳。例如 1998 年《公安部规定》第 92 条规定：“公安机关在取保候审期间不得中断对案件的侦查，对取保候审的犯罪嫌疑人，根据案情变化，应当及时变更强制措施或者解除取保候审。取保候审最长不得超过十二个月。”1999 年《最高检规则》第 56 条规定：“公安机关决定对犯罪嫌疑人取保候审，案件移送人民检察院审查起诉后，对于需要继续取保候审的，人民检察院应当依法对犯罪嫌疑人办理取保候审手续。取保候审的期限应当重新计算并告知犯罪嫌疑人。”1998 年《最高法解释》第 75 条规定，“人民检察院、公安机关已对犯罪嫌疑人取保候审、监视居住，案件起诉到人民法院后，人民法院对于符合取保候审、监视居住条件的，应当依法对被告人重新办理取保候审、监视居住手续。取保候审、监视居住的期限重新计算”。为了防止取保候审超过法定的期限，保护被取保候审人的合法权益，1996 年《刑事诉讼法》第 75 条赋予犯罪嫌疑人、被告人及其法定代理人、近亲属或者犯罪嫌疑人、被告人委托的律师及其他辩护人要求解除取保候审的权利，《取保候审规定》第 20 条第 1 款还特别作出了提示性的规定：“取保候审即将到期的，执行机关应当在期限届满十五日前书面

---

[1] 胡康生、李福成主编：《〈中华人民共和国刑事诉讼法〉释义》，法律出版社 1996 年版，第 72 页。

[2] 胡康生、李福成主编：《〈中华人民共和国刑事诉讼法〉释义》，法律出版社 1996 年版，第 72 页。

通知决定机关，由决定机关作出解除取保候审或者变更强制措施的决定，并于期限届满前书面通知执行机关。”

由此可见，1996年《刑事诉讼法》对取保候审制度的完善是全方位的，此后以立法为基础制定的有关规范性文件对取保候审的立法规定进一步作出了补充规定。立法和司法解释等规范结合在一起，使得我国取保候审制度基本上实现了法制化和体系化。当然，1996年《刑事诉讼法》实施期间，我国取保候审制度也存在一定的缺憾，特别是取保候审与监视居住在适用条件和适用对象方面的一体化规定给司法实践带来了困惑，这是2012年修改《刑事诉讼法》时再次对取保候审制度进行修正的重要原因。

（三）取保候审制度的独立发展阶段（2012年至今）

取保候审和监视居住属于两种不同的强制措施，二者在限制人身自由的程度上有一定的差别，因而在适用条件和适用对象方面理应有适当的区别，这既是不同强制措施梯度性的内在要求，也是强制措施制度贯彻比例原则的体现。1996年《刑事诉讼法》规定取保候审与监视居住适用于完全相同的对象，“不利于根据不同犯罪嫌疑人、被告人的社会危险性采取有针对性的强制措施，也存在司法机关执行不统一的问题”。[1]有鉴于此，2012年《刑事诉讼法》对取保候审的适用条件和适用对象作出了不同于监视居住的规定，并且强化了被取保候审人的义务，从而开启了取保候审制度独立发展的新阶段。

1. 对取保候审的适用条件和适用对象作出了相对集中的规定

在总结实践经验的基础上，2012年《刑事诉讼法》第65条第1款规定：“人民法院、人民检察院和公安机关对有下列情形之一的犯罪嫌疑人、被告人，可以取保候审：（一）可能判处管制、拘役或者独立适用附加刑的；（二）可能判处有期徒刑以上刑罚，采取取保候审不致发生社会危险性的；（三）患有严重疾病、生活不能自理，怀孕或者正在哺乳自己婴儿的妇女，采取取保候审不致发生社会危险性的；（四）羁押期限届满，案件尚未办结，需要采取取保候审的。”此外，《刑事诉讼法》第89条保留了公安机关对已经拘留但检察院决定不批准逮捕的犯罪嫌疑人采取取保候审措施的权力。2012年《公安部规定》第77条第2款补充规定：“对拘留的犯罪嫌疑人，证据不符合逮捕条件，以及提请逮捕后，人民检察院不批准逮捕，需要继续侦查，并且符合取保候审条件的，可以依法取保候审。”

2. 强化了被取保候审人的义务

如前所述，1996年《刑事诉讼法》第56条规定了被取保候审人的四项义务。但在司法实践中，每一犯罪嫌疑人、被告人涉嫌的犯罪严重程度以及人身危

[1] 郎胜主编：《中华人民共和国刑事诉讼法释义》，法律出版社2012年版，第141页。

险性程度各不相同，要求“有针对性地使用个别化的强制措施，更有效地防止出现社会危险性，保障刑事诉讼顺利进行，保护社会安全，同时减少对犯罪嫌疑人、被告人人身自由等权利的不必要的限制或者剥夺”。[1]为此，2012年《刑事诉讼法》在所有被取保候审人都必须遵守的一般义务方面，增加了一项义务，即“住址、工作单位和联系方式发生变动的，在二十四小时以内向执行机关报告”；同时，赋予公安司法机关根据案件具体情况对被取保候审人自主设定特别义务的权力。根据该法第69条第2款的规定，人民法院、人民检察院和公安机关可以根据案件情况，责令被取保候审的犯罪嫌疑人、被告人遵守以下一项或者多项规定：（1）不得进入特定的场所；（2）不得与特定的人员会见或者通信；（3）不得从事特定的活动；（4）将护照等出入境证件、驾驶证件交执行机关保存。至于“特定的场所”“特定的人员”“特定的活动”的范围，由公安司法机关综合考虑案件的性质、情节、社会影响、犯罪嫌疑人的社会关系等因素确定。[2]

3. 增加了关于取保候审保证金的确定标准以及交纳和退还程序的规定

2012年《刑事诉讼法》吸收了《取保候审规定》的相关内容，将取保候审保证金的确定标准以及交纳和退还程序正式写入法律。该法第70条和第71条分别规定：取保候审的决定机关应当综合考虑保证诉讼活动正常进行的需要，被取保候审人的社会危险性，案件的性质、情节，可能判处刑罚的轻重，被取保候审人的经济状况等情况，确定保证金的数额。提供保证金的人应当将保证金存入执行机关指定银行的专门账户。犯罪嫌疑人、被告人在取保候审期间如果没有违反法律规定的一般义务和公安司法机关设定的特别义务，取保候审结束时，凭解除取保候审的通知或者有关法律文书到银行领取退还的保证金。2012年《公安部规定》第83—84条和《最高检规则》第90—91条进一步细化了保证金的具体标准以及收取和保管程序。这些规定为公安司法机关规范使用取保候审措施提供了有力依据。

在2012年《刑事诉讼法》实施期间，最高人民法院、最高人民检察院根据全国人大常委会的授权，于2014年8月至2018年10月期间，在北京等18个城市先后开展了刑事案件速裁程序和认罪认罚从宽制度的试点工作。2015年12月最高人民法院、最高人民检察院、公安部和司法部联合发布的《刑事案件速裁程序试点工作座谈会纪要（二）》提出，在速裁程序试点中，“犯罪嫌疑人、被告人自愿认罪并同意适用速裁程序的，在保障诉讼顺利进行且符合条件的情况下，优先适用取保候审”。2016年11月最高人民法院、最高人民检察院、公安部、国家安全部、司法部出台的《关于在部分地区开展刑事案件认罪认罚从宽制度试

---

[1] 郎胜主编：《中华人民共和国刑事诉讼法释义》，法律出版社2012年版，第151页。

[2] 参见2012年《公安部规定》第86条、2012年《最高检规则》第92条。

点工作的办法》第6条规定："人民法院、人民检察院、公安机关应当将犯罪嫌疑人、被告人认罪认罚作为其是否具有社会危害性的重要考虑因素，对于没有社会危险性的犯罪嫌疑人、被告人，应当取保候审、监视居住。"在试点认罪认罚从宽制度的两年期间，认罪认罚的犯罪嫌疑人、被告人中被取保候审的比例达到42%，取得了较好的效果。[1]在速裁程序和认罪认罚从宽制度试点过程中，试点地区还普遍在法院、检察院和看守所设置了值班律师，为认罪认罚的犯罪嫌疑人、被告人提供包括申请变更强制措施在内的法律帮助。在总结速裁程序和认罪认罚从宽制度试点经验的基础上，2018年《刑事诉讼法》将"认罪认罚从宽"确立为刑事诉讼的一项基本原则，并对强制措施、律师帮助等制度以及侦查、起诉和审判程序作出了相应的修改完善。该法第36条明确将值班律师制度确定了下来，并赋予所有没有辩护人的犯罪嫌疑人、被告人获得值班律师法律帮助的权利以及值班律师为犯罪嫌疑人、被告人申请取保候审的权利。同时，该法第81条第2款还规定："批准或者决定逮捕，应当将犯罪嫌疑人、被告人涉嫌犯罪的性质、情节，认罪认罚等情况，作为是否可能发生社会危险性的考虑因素。"据此，"两高三部"2019年10月11日发布的《关于适用认罪认罚从宽制度的指导意见》提出，对于罪行较轻、采用非羁押性强制措施足以防止发生《刑事诉讼法》第81条第1款规定的社会危险性的犯罪嫌疑人、被告人，根据犯罪性质及可能判处的刑罚，依法可不适用羁押性强制措施。其中，公安机关认为犯罪嫌疑人认罪认罚且罪行较轻、没有社会危险性的，应当不再提请人民检察院审查逮捕；已经提请逮捕的，人民检察院认为没有社会危险性不需要逮捕的，应当作出不批准逮捕的决定；已经被逮捕的犯罪嫌疑人、被告人认罪认罚的，人民法院、人民检察院应当及时审查羁押的必要性，经审查认为没有继续羁押必要的，应当变更为取保候审或者监视居住。可以预料，如果这些意见能够得到完全落实，取保候审的适用率必将随着认罪认罚从宽制度的广泛适用而得到不断提高。

二、取保候审制度的实施情况

四十年来，取保候审制度在法律上不断完善，其动力主要来自于司法实践的需要。那么，在司法实践中，取保候审的适用情况如何？哪些犯罪嫌疑人被采取了取保候审措施？他们通常涉嫌的是哪些犯罪？保证金保证和保证人保证作为取保候审的两种保证方式，实际适用情况分别如何？法律规定取保候审由公安机关执行，实践中公安机关具体是如何执行的？社会广泛关注的所谓外来人口犯罪在经济较为发达的地区比例不断攀升，那么这些犯罪嫌疑人能否与有本地户籍的犯罪嫌疑人平等地获得取保候审的机会呢？诸如此类的问题，只有通过严肃的实践

[1] 参见胡云腾主编：《认罪认罚从宽制度的理解与适用》，人民法院出版社2018年版，第272页。

考察，才能了解真实的情况。

课题组曾前往中东部的H省C市、E省L市、J省W市和西北部的Q省X市、G省L市和D市、N省Y市、S省X市等公安机关进行调研，本部分表格数据主要由H省C市公安局和E省L市公安局所辖分局数据汇总统计而成，少量的则来自无讼案例网以及裁判文书网。H省C市是该省省会城市，下辖2个县级市、1个县、6个区，分局的设置与该行政区划对应，共有九个分局，H省C市的数据是这9个分局的材料汇总后形成的。E省L市是一个地级市，下辖1个县级市、8个县、6个区，E省L市公安分局的设置与行政区划不对应，设置的分局较多，总计有16个，E省L市的数据是这16个分局的材料汇总而成。H省C市的人均可支配收入远高于全国平均水平，属于经济发达地区；而E省L市人均可支配收入则低于全国平均水平，属于经济欠发达地区；J省W市属于东部地区，经济发展水平高于H省C市。除了G省L市和D市属同一省份，其余城市均分属于不同的省份。因此，无论是从经济发展水平还是地域上来说均具有代表性。

以下各表中的数据时间跨度为2010年至2018年上半年。其中，H省C市的时间跨度是2010年至2018年上半年；E省L市由于分局设置在2011年以后发生变化，因此统计的时间跨度为2011年至2018年上半年。需要说明的是，在考察取保候审制度在2012年《刑事诉讼法》修改前后适用率的变化情况时，采用了上述时间段的数据，而在考察具体规则的适用情况时，采用的是2013年以后（含2013年）的数据。

（一）取保候审的整体适用率

H省C市公安机关在2010年至2018年上半年间，对犯罪嫌疑人、被告人采取刑事拘留、取保候审、监视居住、逮捕四种刑事强制措施共191 885人次。其中，采取刑事拘留的有92 378人次，占刑事强制措施总数的48.14%；采取取保候审的有26 792人次，占刑事强制措施总数的13.96%；采取监视居住的有13 988人次，占刑事强制措施总数的7.29%；被依法批准逮捕的有58 367人次，占刑事强制措施总数的30.42%。（具体数据见表5-1）

E省L市公安机关在2011年至2018年上半年间，对犯罪嫌疑人、被告人采取的刑事强制措施总数为97 545人次。其中，采取刑事拘留的有44 861人次，占刑事强制措施总数的45.99%；采取取保候审的有27 549人次，占刑事强制措施总数的28.24%；采取监视居住2784人次，占刑事强制措施总数的2.85%；被依法批准逮捕的有22 351人次，占刑事强制措施总数的22.91%。（具体数据见表5-2）

从以上数据可以看出，取保候审在强制措施体系中的适用比例并不高，拘留和逮捕这种羁押性质的强制措施仍然占据主位。这种情况也与其他研究者调研的结果大体相同。如有司法机关工作人员对珠三角地区某基层法院取保候审的适用情况进行统计发现，取保候审的总体适用率偏低，2008—2012 年的取保候审适用率为 6.15%。[1]即使在认罪认罚从宽案件中，取保候审的比例也不高。有学者实证考察后发现，部分地区认罪认罚从宽案件的羁押率仍维持高位，某区近四年的逮捕率都在 80%以上。[2]这表明，认罪认罚案件非羁押率在 20%以下，除去同为非羁押强制措施的监视居住，取保候审的适用率就更低了。

表 5-1　H 省 C 市适用刑事强制措施的总体情况　（单位：人次）

项目 / 年度	刑事强制措施总数	刑事拘留		取保候审		监视居住		逮捕	
		数量	所占比率（%）	数量	所占比率（%）	数量	所占比率（%）	数量	所占比率（%）
2010	17 623	9107	51.68	1771	10.05	650	3.69	6095	34.59
2011	17 209	8138	47.29	2420	14.06	1072	6.23	5579	32.42
2012	22 974	11 491	50.02	2807	12.22	1592	6.93	7084	30.83
2013	23 366	11 314	48.42	2467	10.56	2521	10.79	7064	30.23
2014	25 277	12 158	48.10	2438	9.65	3277	12.96	7404	29.29
2015	22 409	10 859	48.46	2298	10.25	2583	11.53	6669	29.76
2016	22 481	10 801	48.05	3748	16.67	1011	4.50	6921	30.79
2017	24 665	11 143	45.18	5575	22.60	847	3.43	7100	28.79
2018	15 581	7727	49.59	3268	20.97	435	2.79	4451	28.57
合计	191 885	92 378	48.14	26 792	13.96	13 988	7.29	58 367	30.42

表 5-2　E 省 L 市适用刑事强制措施的总体情况　（单位：人次）

项目 / 年度	刑事强制措施总数	刑事拘留		取保候审		监视居住		逮捕	
		数量	所占比率（%）	数量	所占比率（%）	数量	所占比率（%）	数量	所占比率（%）
2011	11 750	5228	44.49	2654	22.59	365	3.11	3503	29.81
2012	14 954	7052	47.16	3515	23.50	451	3.02	3936	26.32
2013	13 179	6039	45.82	3673	27.87	347	2.63	3120	23.67

［1］参见李祖强、邱概欣："论我国刑事一审中取保候审的困境与出路——以珠三角 G 市 C 法院数据为样本"，载《法治论坛》2013 年第 4 期，第 10-11 页。

［2］参见周新："公安机关办理认罪认罚案件的实证审思——以 G 市、S 市为考察样本"，载《现代法学》2019 年第 5 期，第 160 页。

续表

项目 / 年度	刑事强制措施总数	刑事拘留		取保候审		监视居住		逮捕	
		数量	所占比率（%）	数量	所占比率（%）	数量	所占比率（%）	数量	所占比率（%）
2014	12 298	5957	48.44	3585	29.15	313	2.55	2443	19.86
2015	11 814	5387	45.60	3618	30.62	409	3.46	2400	20.31
2016	11 875	5254	44.24	3932	33.11	324	2.73	2365	19.92
2017	13 244	6090	45.98	4110	31.03	361	2.73	2683	20.26
2018	8431	3854	45.71	2462	29.20	214	2.54	1901	22.55
合计	97 545	44 861	45.99	27 549	28.24	2784	2.85	22 351	22.91

2012 年《刑事诉讼法》对取保候审制度做了较多修改，包括将取保候审与监视居住分立，明确取保候审的条件和适用对象，细化被取保候审人的义务等。那么，这一修改是否会对取保候审的适用率产生影响呢？从 H 省 C 市来看，取保候审的适用率在 2012 年《刑事诉讼法》生效前为 12.11%，2013—2017 年为 13.95%；E 省 L 市取保候审的适用率在 2011—2012 年为 23.1%，2013—2017 年为 30.3%。由此可见，无论是 H 省 C 市还是 E 省 L 市，2012 年《刑事诉讼法》修改后取保候审适用率都有所提高，其中 E 省 L 市的增幅超过 7 个百分点。

（二）取保候审的适用对象分布情况

根据《刑事诉讼法》第 67 条的规定，取保候审的适用对象有四类：第一类是可能判处管制、拘役或者独立适用附加刑的；第二类是可能判处有期徒刑以上刑罚，但不致有社会危险性的；第三类是患有严重疾病、生活不能自理的人，怀孕或者正在哺乳自己婴儿的妇女；第四类是羁押期限届满，案件尚未办结的。从 H 省 C 市 2010 年至 2018 年上半年的适用情况来看，“可能被判处有期徒刑以上刑罚，采取取保候审不致发生社会危险”和“因羁押期限届满”而适用取保候审的案件在多数年份占据适用取保候审案件的绝大多数。近两年，“可能判处管制、拘役或者独立适用附加刑的”情形在所有取保候审案件中的比例迅速增加。而“可能判处有期徒刑以上刑罚”在所有取保候审案件中的比例则呈下降趋势，特别是自 2012 年《刑事诉讼法》实施之后。“患有严重疾病、生活不能自理”和“怀孕或者正在哺乳”两种情形下的取保候审在历年的数据中基本变化不大，并且这两类情形在四种适用取保候审的情形中所占比例最低。“因羁押期限届满”而适用取保候审的案件所占比例除特别年份外，基本都是处于较高状态，这说明取保候审在很多情况下都不是初始适用，而是在迫不得已的情况下才采取的措施（见表 5-3）。

表 5-3　H 省 C 市犯罪嫌疑人被取保候审的具体情形一览表　（单位：人次）

年度	取保候审总人数	可能被判处管制、拘役或者独立适用附加刑的		可能被判处有期徒刑以上刑罚，采取取保候审不致发生社会危险		患有严重疾病、生活不能自理		怀孕或者正在哺乳		羁押期限届满	
		数量	占取保候审总数比例（%）	数量	占取保候审总数比例（%）	数量	占取保候审总数比例（%）	数量	占取保候审总数比例（%）	数量	占取保候审总数比例（%）
2010	1771	71	4	977	55.17	54	3.05	17	0.97	652	36.81
2011	2420	84	3.47	1341	55.41	103	4.26	17	0.7	875	36.16
2012	2807	84	2.99	1669	59.45	74	2.64	74	2.64	906	32.27
2013	2467	105	4.26	1367	55.41	81	3.28	30	1.22	884	35.83
2014	2438	86	3.53	1271	52.13	79	3.24	34	1.39	968	39.70
2015	2298	108	4.7	1116	48.56	58	2.52	32	1.39	984	48.82
2016	3748	166	4.43	1450	38.69	141	3.76	66	1.76	1925	51.36
2017	5575	1839	32.99	1613	28.93	159	2.86	45	0.8	1919	34.42
2018	3268	703	21.51	976	29.87	115	3.52	50	1.53	1424	43.57
合计	26 792	3246	12.12	11 780	43.97	864	3.22	365	1.36	10 537	39.33

（三）被取保候审人涉嫌的犯罪分布情况

被取保候审人涉嫌的罪名对于考察取保候审的适用范围具有参考价值。笔者在无讼案例网对全国范围内取保候审制度的适用情况进行了查询，查询方法是案由为“刑事”，关键词为“取保候审”，查询的时间范围自 1982 年起，截至 2020 年 3 月 14 日。获得取保候审的案件总数为 2 602 130 件，[1]主要涉及 11 个方面的犯罪种类，其中危害国防利益罪 405 件，贪污贿赂罪 64 209 件，破坏社会主义市场经济秩序罪 177 649 件，渎职罪 17 869 件，妨害社会管理秩序罪 467 853 件，侵犯公民人身权利和民主权利罪 327 921 件，侵犯财产罪 451 940 件，危害公共安全罪 1 086 150 件，危害国家安全犯罪 4 件，军人违反职责罪 1 件，其他案件 8129 件。危害公共安全罪所占比例最大，然后是妨害社会管理秩序罪、侵犯财产罪等其他一些犯罪。可见，司法实践中取保候审的适用罪名也相对集中。

[1] 从收集到的案例中，发现有 2 例案件分别为 1015 年和 1970 年，经查询，真实年份为 2015 年和 2013 年。

除从无讼案例网对取保候审涉嫌的罪名进行全国性考察外，课题组对 H 省 C 市进行了调研，取保候审涉嫌的犯罪类型如下（见表 5-4）。

表 5-4　H 省 C 市被取保候审人涉嫌犯罪类型一览表　　（单位：人次）

年度	取保候审总人数	危害公共安全罪		破坏社会主义市场经济秩序罪		侵犯公民人身权利和民主权利罪		侵犯财产罪		妨害社会管理秩序罪		其他犯罪	
		数量	比例（%）	数量	比例（%）	数量	比例（%）	数量	比例（%）	数量	比例（%）	数量	比例（%）
2010	1771	202	11.41	201	11.35	293	16.54	581	32.81	494	27.89	0	0
2011	2420	256	10.58	124	5.12	167	6.9	858	35.45	1015	41.94	0	0
2012	2807	229	8.16	293	10.44	170	6.06	907	32.31	1208	43.04	0	0
2013	2467	239	9.69	298	12.08	362	14.67	918	37.21	645	26.15	5	0.2
2014	2438	267	10.95	277	11.36	297	12.18	711	29.16	882	36.18	4	0.16
2015	2298	380	16.54	164	7.14	417	18.15	793	34.51	544	23.67	0	0
2016	3748	422	11.26	158	4.22	654	17.45	1366	36.45	1148	30.63	0	0
2017	5575	2034	36.48	353	6.34	599	10.74	1482	26.58	1107	19.86	0	0
2018	3268	1049	32.10	262	8.02	307	9.39	1158	35.43	492	15.06	0	0
合计	26 792	5078	18.95	2130	7.95	3266	12.19	8774	32.75	7535	28.12	9	0

2010 年至 2018 年上半年，H 省 C 市取保候审涉嫌的犯罪类型最多的是侵犯财产罪，占 32.75%；紧随其后的是妨害社会管理秩序罪，占 28.12%。这两者相差不大，可以说处于第一位阶。侵犯公民人身权利和民主权利罪、破坏社会主义市场经济秩序罪和危害公共安全罪占所有适用取保候审案件的比例低于前两者，处于第二位阶；其他犯罪在适用取保候审的案件中所占比例较低，处于第三位阶。同时，不同罪名在适用取保候审的案件中的比例在不同年份也存在差异，危害公共安全罪在所有适用取保候审案件中的比例基本呈上升趋势，破坏社会主义市场经济秩序罪基本呈下降趋势，妨害社会管理秩序罪也有下降趋势，其他犯罪案件在所有适用取保候审的案件中的比例则呈现浮动状态，但侵犯财产罪浮动的范围较小。

比较无讼案例网和 H 省 C 市取保候审涉嫌犯罪类型，除了危害公共安全罪的位列差异稍大外，其他犯罪类型的位列都基本一致：妨害社会管理秩序罪、侵犯财产罪都名列前茅，侵犯公民人身权利和民主权利罪与破坏社会主义市场经济秩序罪都位居其后。

（四）保证方式及保证金收取情况

1996年《刑事诉讼法》对取保候审制度作了较大修改后，部分地方公安机关也出台了取保候审程序的规定，特别是制定了取保候审保证金收取的相关规定。[1]至于是采用保证金保证还是保证人保证，各地公安机关表现出不小的差异。H省C市两种保证方式的适用情况见表5-5。

表5-5 H省C市取保候审保证方式适用情况 （单位：人次）

年度	取保候审总人数	保证金		保证人	
		数量	比例（%）	数量	比例（%）
2010	1771	1205	68.04	566	31.96
2011	2420	1366	56.45	1054	43.55
2012	2807	1287	45.85	1520	54.15
2013	2467	973	39.44	1494	60.56
2014	2438	1037	42.53	1401	57.47
2015	2298	1012	44.04	1286	55.96
2016	3748	2019	53.87	1729	46.13
2017	5575	2218	39.78	3357	60.22
2018	3268	1504	46.02	1764	53.98
合计	26 792	12 621	47.11	14 171	52.89

表5-5的数据显示，在多数年份，H省C市取保候审案件中保证人保证多于保证金保证。之所以出现这种情况，据H省C市公安机关侦查人员介绍，一个重要原因在于办案人员担心被质疑办金钱案、关系案，并且认为保证金的收取与退还手续繁多，不愿使用。课题组在西北地区的Q省X市、G省L市和D市、N省Y市调研发现，Q省X市和G省L市公安机关大多采用保证金保证，G省D市公安机关几乎全部为保证金保证，而N省Y市公安机关则大部分为保证人保证，保证金保证仅占8.3%左右。这说明，采用何种保证方式，与经济发展水平、所属地域并没有直接关联。

H省C市收取的保证金金额并不太高，2010—2018年，人均金额最高的2012年也只有1.15万元，其他年份人均大多在5000元左右，只有一年超过7000元。可见，H省C市在收取保证金金额上是规范的，并不存在收取过高保证金的情况

[1] 参见中国法律年鉴编委会：《中国法律年鉴（1997）》，中国法律年鉴出版社1997年版，第207页。

（见表 5-6）。G 省 L 市某分局办案人员指出，保证金金额大多在 3000—5000 元，超过 5000 元的都没有，原因是超过 5000 元的要经过市公安局审批，承办人都嫌审批手续麻烦而宁愿少收点保证金。

表 5-6　H 省 C 市收取取保候审保证金情况

年度	采用财产保方式取保候审总人数（人）	收取取保候审保证金总数（万元）	被取保候审人平均缴纳保证金数额（万元）
2010	1162	658. 31	0. 57
2011	2348	1366	0. 59
2012	2807	1413	1. 15
2013	973	736. 5	0. 76
2014	1037	705. 65	0. 68
2015	1012	570. 6	0. 56
2016	2019	944. 89	0. 47
2017	1990	880. 71	0. 44
2018	1504	682. 5	0. 45

（五）取保候审的执行情况

取保候审执行主要涉及执行主体、执行方式、被取保候审人遵守义务情况、保证人履行保证职责等方面。

第一，取保候审的执行主体。公安机关、人民检察院和人民法院都有权决定取保候审，但执行机关只能是公安机关。实践中，取保候审都是由派出所执行的。课题组对 J 省 W 市、H 省 C 市公安机关调研时发现，参与执行的人员有在编民警、辅警，有的公安机关还聘请保安公司的保安人员参与执行。据 J 省 W 市公安机关和其所在省份最大的保安服务公司负责人介绍，W 市公安局某办案部门与保安公司形成了稳定的合作关系，双方签订合同，由公安机关支付一定费用，保安服务公司挑选政治素质过硬、无违法犯罪记录、为人稳重可靠、身体素质良好的保安人员参与非羁押强制措施的执行。据 H 省 C 市法制部门介绍，C 市 2009 年之前曾经聘请保安公司参与执行取保候审，但考虑到没有法律依据，2009 年之后就改请辅警执行。

除了上述人员参与取保候审执行外，还有的侦查机关让企业、工厂作为保证人或者将被取保候审人放在企业、工厂执行，从那些“参与关爱工作时间长，企业主社会责任心强，厂风好，具备食宿条件的民营企业中”进行挑选，为“三无”涉罪外来人员提供保证、监护、帮教。[1]

第二，取保候审的执行方式。2012年《公安部规定》第89条和第90条规定了执行取保候审的派出所应当履行的职责，包括告知被取保候审人应当遵守的法律规定；监督、考察被取保候审人遵守规定的情况；监督保证人履行保证义务；对被取保候审人违反应当遵守的规定以及保证人未履行保证义务的，进行及时制止以及采取紧急措施；责令被取保候审人定期报告有关情况并制作笔录。[2]从实践情况来看，主要是通过责令被取保候审人定期或不定期汇报情况以及电子手铐、无人机跟踪等方法来实施的。山东省检察机关自2013年以来对1106名被取保候审犯罪嫌疑人适用电子监控，仅1人未到案。[3]最高人民检察院在法律监督的法治化探索中也明确了将“电子手铐”用于被取保候审、监视居住的犯罪嫌疑人的监督。[4]据H省C市公安机关介绍，该市在取保候审中使用电子手环进行监督，但只限于在F区和L市（县级市）进行试点，虽然监督效果良好，但他们认为购买一个电子手环需3000元人民币，花费较贵，且艾滋病人、新冠肺炎病人能否重复使用，也还存在技术上的难题。J省W市除采取电子手环外，还采取了电子手表、无人机跟踪等方式。在采取无人机跟踪的情况下，参与执行取保候审的保安公司并不实时进行跟踪，无人机每次跟踪的时间不超过七八十分钟，这与采取电子手环和电子手表的实时监控不同。

第三，犯罪嫌疑人脱保情况。总体上来看，办案人员普遍认为脱保的比例不大。据H省C市公安机关法制部门介绍，被取保候审的犯罪嫌疑人在传讯时不到案的情况并不多见，2019年共采取取保候审6300人次，传讯时不到案的有24人次，占全部取保候审的0.38%，且取保方式全部为财保。采用保证人保证的，则没有出现传讯时不到案的情况。G省L市、Q省X市公安局法制部门指出，每年的脱保案例只有1—2起。N省Y市的比例稍高一点，但也不超过10%。S省X市脱保的在14%以下。对于脱保的犯罪嫌疑人，上述公安机关都进行了网上追逃，抓捕回来后再变更强制措施。

第四，保证人的责任追究情况。H省C市、Q省X市、N省Y市公安机关都没有追究保证人责任的情况，但理由各有不同。H省C市公安机关法制部门介绍，他们对保证人的资格进行了严格审查，保证人全部符合《刑事诉讼法》规

---

〔1〕 参见丁正红：“平等保护涉罪外来人员取保候审权益的探索与实践”，载《人民检察》2009年第20期，第56页。

〔2〕 参见2012年《公安部规定》第89条和第90条。

〔3〕 参见正义网2016年11月5日报道：“检察机关2013年1月至2016年9月依法不批准逮捕819098人”，载https://www.spp.gov.cn/zdgz/201611/t20161105_171737.shtml，最后访问日期：2020年3月18日。

〔4〕 参见中国法律年鉴编委会：《中国法律年鉴（2016）》，中国法律年鉴出版社2016年版，第173页。

定的条件，保证人都能履行保证义务，无需追究。Q 省 X 市则解释说，采用保证人保证是因为犯罪嫌疑人不能交纳保证金，而找保证人实际上也很困难，有时甚至要说好话求人家来做保证人，因此当保证人未能尽到应尽的保证义务时，公安机关也不便依法处理保证人。N 省 Y 市则指出，犯罪嫌疑人脱保，通常也是保证人意志外的原因造成的，不能因犯罪嫌疑人脱保而处理保证人，除非保证人知道犯罪嫌疑人欲脱保而不报告。但保证人是否明知犯罪嫌疑人要脱保而不报告，很难证明，因而也就无法追究其责任。

上述公安机关没有追究保证人责任的情况，并不等于《刑事诉讼法》中保证人追责条款完全被“空置”。经查阅中国裁判文书网，[1]发现有 16 起案件对保证人处以罚款。如在韩某涉嫌抢劫罪一案中，犯罪嫌疑人在取保候审期间逃脱，东莞市公安局工作人员多次联系未果，保证人韩某某对被取保候审人未尽到保证义务，故公安机关对保证人韩某某罚款 2000 元。[2]在董某涉嫌寻衅滋事一案中，犯罪嫌疑人董某在取保候审期间经传讯后一直未到案，保证人杨某未尽到保证义务，公安机关对其罚款 1000 元。[3]还有一些案件对未尽到保证责任的保证人追究了刑事责任，如被告人董某某在庄某某取保候审期间未履行保证人义务而帮其逃匿，其行为构成包庇罪。[4]在邢某、邢某某故意伤害，伪造、变造、买卖国家机关公文、证件、印章，伪造、变造居民身份证一案中，邢某某作为邢某取保候审的保证人，明知其是犯罪的人而为其提供隐蔽场所、财物，帮助逃匿，依法构成窝藏罪。[5]总体上来看，司法实践中对保证人追责的情况并不多见。

第五，保证金没收情况。课题组调研的数家公安机关都存在没收保证金的情况，但占比都在 3%以下。没收的原因主要是传讯时不到案，或者是住址、工作单位和联系方式发生变动，未在 24 小时以内向执行机关报告。公安机关也并非一旦出现违反义务的情况就没收保证金，而是在情形较为严重时才会采取这一措施。如 G 省 D 市公安机关表示，对于经过两次以上传讯还不到案的，或者是住址、联系方式变动未在 24 小时内报告，且发了正式传讯通知，还是不到案的，才会没收保证金。

（六）涉嫌犯罪的外来人员适用取保候审的情况

公民在法律面前一律平等是我国宪法的一项基本原则，根据该项原则，外来

---

〔1〕 搜索的范围是“刑事案件+保证人罚款”。

〔2〕 参见韩某抢劫罪一审刑事判决书，（2015）东二法刑初字第 1739 号。

〔3〕 参见董某寻衅滋事一审刑事判决书，（2017）云 2929 刑初 105 号。

〔4〕 参见庄某某犯故意伤害罪、被告人董某某犯包庇罪一审刑事判决书，（2015）奈刑初字第 80 号。

〔5〕 参见邢某、邢某某故意伤害、伪造、变造、买卖国家机关公文、证件、印章、伪造、变造居民身份证一审刑事判决书，（2016）津 0104 刑初 58 号。

人员与本地人员在适用取保候审时应该被平等对待，不能仅仅因为外地人的身份而受到影响。那么，实践中是怎样的呢？有学者对江苏省张家港市外来流动人员和本地人员的羁押率进行比较发现，本地人员的羁押率明显低于外来流动人员，说明取保候审等非羁押强制措施的适用存在差异。[1]还有学者对北京市大兴区取保候审制度的适用情况进行考察后发现，具有本地户籍的犯罪嫌疑人的取保候审适用率为59.3%，而外来人员的取保候审适用率为46.2%，明显低于具有本地户籍的犯罪嫌疑人的取保候审率。[2]

对于需要取保候审而又没有固定住处的外地犯罪嫌疑人，有的地方通过建立管教基地来解决问题。如2009年江苏省针对不具有逮捕必要又无法满足取保候审条件的外来犯罪嫌疑人、被告人实施了管护教育，无锡市、苏州市检察机关一年对237人进行了管护教育。[3]2010年浙江省检察系统也对符合条件的外来犯罪嫌疑人进行管护教育，探索建立涉嫌犯罪外来人员管教基地。[4]外来人员的管护问题在未成年人犯罪案件中体现得最为明显，如上海市在2016年底就已经形成未成年人管护（观护）总站30个，管护（观护）基地170个，受益未成年人1500名。[5]管护基地的设置在一定程度上解决了外来流动人员与本地人员在取保候审适用上的不平等问题，减少了取保候审适用的差异性。

（七）司法机关购买“社会危险性”评估报告的情况

从我国司法实务来看，在未成年人检察工作中，较为普遍地采取了委托第三方机构对未成年人的日常表现出具报告的方法来评估其人身危险性，[6]具体做法是：检察机关与社会服务机构签订合同，通过财政购买社工服务，对可能作不捕、不诉处理的，及时委托社工对未成年犯罪嫌疑人的成长经历、家庭环境、学习情况、犯罪原因等开展社会调查，出具调查报告，承办检察官据此能够更全面地考察犯罪嫌疑人的主观恶性、人身危险性以及教育、改造的可能性，并提出批捕或者不批捕、起诉或者不起诉的意见以及更加适当的量刑建议幅度。[7]

---

〔1〕参见董启海、张庆凤：“对外来人员适用取保候审之探索”，载《国家检察官学院学报》2008年第3期，第98-99页。

〔2〕参见王剑波：“论流动人口犯罪侦查强制措施的立法完善”，载《兰州学刊》2015年第3期，第128页。

〔3〕参见中国法律年鉴编委会：《中国法律年鉴（2010）》，中国法律年鉴出版社2010年版，第600页。

〔4〕参见中国法律年鉴编委会：《中国法律年鉴（2011）》，中国法律年鉴出版社2011年版，第702页。

〔5〕参见自正法：“未成年人社会观护体系的实证考察与路径重塑”，载《北京理工大学学报（社会科学版）》2019年第5期，第143页。

〔6〕参见孙谦：“司法改革背景下逮捕的若干问题研究”，载《中国法学》2017年第3期，第32页。

〔7〕参见张立、朱香山、邢曼：“未检工作开出‘岭南之花’——广东东莞：探索未成年人检察工作社会化支持体系”，载《检察日报》2016年6月18日，第2版。

三、取保候审制度存在的问题及其原因

取保候审制度随着《刑事诉讼法》的三次修改得到不断完善，在实践中也取得了一定成效，特别是在2012年以后，取保候审适用率较之前有所提高，客观上减少了羁押的适用；在保证金的收取及管理上也更加规范。但仍然存在不少问题，梳理这些问题并分析背后的原因，是完善取保候审制度的必由之路。

（一）取保候审制度存在的问题

（1）取保候审的适用率偏低。从前文的数据来看，取保候审适用率并不算高，无论是H省C市还是E省L市，侦查期间都是以羁押为主，非羁押为例外。这也印证了其他学者关于我国取保候审的适用率一直处于低位状态的结论。[1]低位运行的取保候审率，意味着公安司法机关对大量涉嫌轻罪的犯罪嫌疑人、被告人也采取了羁押措施，因为我国判处三年有期徒刑以下刑罚的案件比例达到80%以上。[2]

（2）取保候审的被动适用率偏高。即很多取保候审是在羁押期满后不得已而适用的。H省C市有将近40%的取保候审都属于羁押期限届满后变更而成，这说明很多犯罪嫌疑人在被取保候审以前都经历了长时间的羁押，这使得本来就不高的取保候审率又大打折扣。

（3）保证方式存在缺陷。保证方式主要存在三方面的弊端，第一，保证人保证和保证金保证只能择一适用，不能同时采取。这种只能择一适用的方式致使保证力度薄弱，办案人员也因此担心发生诉讼风险而不愿适用取保候审。第二，保证金只能以人民币现金方式交纳，房屋、汽车等不动产和其他非现金财产不能作为取保候审的保证方式，对于不能交纳现金的被取保候审人造成不公正。[3]随着经济的发展及理财方式的多样化，人们所持有的财产早已不限于人民币，房产、股票、有价证券、金融衍生产品、玉器珠宝、外币等非现金资产越来越多地成为普通居民的财产形式。如果犯罪嫌疑人因资产配置中人民币现金不足而导致其失去取保候审的机会，这对于犯罪嫌疑人而言是不公平的。第三，保证人只能由自然人担任，会导致一部分人尤其是外地人因找不到保证人而无法适用取保候审。一方面，人们普遍不愿意担任保证人，实务中相当一部分保证人都是被侦查机关反复劝说之后才愿意承担的；另一方面，外来人口在居住地人脉有限，难以找到合适的保证人。因此，只能由自然人充当保证人所导致的必然后果是，犯罪嫌疑人因找不到保证人而失去取保候审的机会。

---

〔1〕 参见郭烁："取保候审适用的影响性因素实证研究"，载《政法论坛》2017年第5期，第159页。

〔2〕 参见蒋安杰："实体正义之'轮'不能滑离程序正义之'轨'"，载《法制日报》2020年4月20日，第11版。

〔3〕 参见史立梅等：《刑事诉讼审前羁押替代措施研究》，中国政法大学出版社2015年版，第72页。

（4）保证人的保证义务设置不合理，保证人是否履行义务难以证明。一方面，现行《刑事诉讼法》第70条只规定了保证人有监督被取保候审人遵守第71条规定的义务以及被保证人违反第71条时的报告义务，如果出现被取保候审人违反第71条规定的情形，保证人只需向执行机关报告，而不负有控制或者制止责任；另一方面，保证人是否履行监督义务、是否明知犯罪嫌疑人脱保等，难以证明。因此，保证人义务既难以发挥其应有的功效作用，又在保证人未履行义务时难以追责。

（5）侦查机关对被取保候审人的义务告知缺位，怠于履行监督职责。据S省X市公安机关办案人员介绍，一些脱逃的犯罪嫌疑人法律概念模糊，不了解取保候审的含义，认为交钱便可了事，因而随意离开所居住的市、县，住址、工作单位和联系方式发生变动的，也不向公安机关报告。有的侦查机关在采取取保候审措施后，对被取保候审人不予监督，个别办案部门甚至保而不侦，不继续开展侦查工作。

（6）对是否具有社会危险性缺乏科学的评估机制。依照《刑事诉讼法》第67条的规定，对可能判处有期徒刑以上刑罚，采取取保候审不致发生社会危险性的，可以取保候审。虽然《刑事诉讼法》第81条列举了“社会危险性”的五种情形，但其中“可能”的程度如何把握，仍然具有很大的不确定性，办案人员既无时间和精力进行谨慎考量，也往往缺乏专业判断能力。为避免错误判断而导致的诉讼风险，办案人员往往不愿意适用取保候审，这也是导致“构罪即捕”的一个重要因素。

（7）对犯罪嫌疑人是否患有严重疾病、是否生活不能自理的判断具有随意性。通过对H省C市、E省L市干警的访谈得知，不同的办案机关乃至不同的办案人员在认定犯罪嫌疑人是否患有严重疾病、生活不能自理时，标准往往不同，有的是根据常识和经验进行判断，有的是按照最高人民法院、最高人民检察院、公安部、司法部、国家卫生计生委2014年10月联合发布的《暂予监外执行规定》及《保外就医严重疾病范围》的规定来判断。

在适用程序上，如果尚未对犯罪嫌疑人采取强制措施，公安机关发现犯罪嫌疑人可能患有严重疾病，或者犯罪嫌疑人及其近亲属、辩护人提供诊断材料的，办案人员根据就诊记录及一般社会经验予以确认，或者由公安机关向医院开函，根据医院的诊断结果予以确认。对诊断的医院，有的要求三甲以上医院诊断并开具证明，有的对医院则没有资质要求，只要是正规医院就可。如果犯罪嫌疑人已经被羁押在看守所，则参照《暂予监外执行规定》中保外就医的有关程序进行。按照这一程序，对服刑罪犯是否患有严重疾病、是否具有生活自理能力，都是由看守所组织包括医疗专业人士在内的人员进行诊断和鉴别，医院的选定须是省级政府指定的医院。由此可见，对“严重疾病及生活不能自理”的确认无论是在实体法的依据上还是在认定程序以及认定主体上，都存在较大的随意性，各地甚至不同的办案人员所掌握的标准也不尽相同。此种情况，也必然会导致取保候审该用不用、不该用而用的情况。

(8) 社会力量参与取保候审缺乏法律依据。如上所述，管护基地、保安公司、社工等都以不同的方式参与取保候审的适用。管护基地是以企业、工厂、学校、养老院等为依托，为符合取保候审的条件但又无力交纳保证金也无法提出保证人的外来涉罪人员提供食宿的形式，来参与取保候审的执行。保安机构、社工监督犯罪嫌疑人、被告人的举动，社工还为司法机关提供有偿的“社会危险性”评估报告，上述做法无疑为外地涉罪人员适用取保候审提供了平等机会，符合人权保障精神，有利于提高取保候审适用的准确性，缓解警力不足并进而扩大取保候审的适用，但这些做法却没有法律上的依据，亟待解决合法性问题。

(二) 取保候审制度存在问题的原因

取保候审存在上述问题，是由诉讼理念、立法不完善、警力不足等多方面因素造成的。

第一，“重打击轻保护”的理念根深蒂固，无罪推定理念贯彻不彻底。虽然“尊重和保障人权”的任务已于 2012 年写进《刑事诉讼法》，但是多年遗留的“治罪”观念影响至深，承担打击犯罪主要任务的侦控机关往往对犯罪嫌疑人、被告人诉讼权利重视不够，甚至存在抵触心理。实践中，侦控机关更倾向于选择有利于实现打击犯罪目标的羁押措施，而取保候审等非羁押强制措施既不利于开展侦讯，又存在犯罪嫌疑人逃匿、串供、毁灭证据等风险，自然不在首选之列，在很多情况下取保候审反而成为“最后手段”，这是导致取保候审适用率长期以来在低位徘徊的重要原因。被调研的公安机关大多也承认，在实务中存在重打击轻保护的现象，如 N 省 Y 市公安办案民警就承认，“重羁押轻取保”的观念一直延续下来，的确存在“犯罪就要关到看守所”这样一种认识。Q 省 X 市公安机关办案人员甚至认为，“重羁押轻取保”是影响取保候审适用率的主要因素。

第二，“维稳”意识强而“维权”意识弱，对强制措施目的存在认识上的偏差。一些办案机关往往把强制措施当成维护社会稳定的手段，在强制措施的择用上，不是考量是否能保障诉讼活动的顺利进行，而是考量是否有利于“稳定大局”，特别是在有被害人的案件中，为了避免被害人上访上告，把符合取保候审条件的犯罪嫌疑人予以羁押，羁押犯罪嫌疑人成为一种安抚被害人的方式。S 省 X 市公安机关办案人员就曾坦言，在有被害人的案件中，被害人及其家属对公安机关施加的压力和干扰对于取保候审的适用有较大影响。笔者在 H 省 C 市检察机关调研时，有位分管领导就坚持认为，强制措施的目的在于惩罚犯罪、维护稳定、保障诉讼顺利进行。在这种目的观下，取保候审的适用空间自然会被大大挤压。

第三，取保候审具有“权力”属性，并不是被追诉人的一项权利。依照《刑事诉讼法》第66条规定，公安司法机关根据案件情况，对犯罪嫌疑人、被告人可以拘传、取保候审或者监视居住。第97条又规定了被追诉人有权申请变更强制措施。由此可见，是否适用取保候审，属于公安司法机关依法行使职权的行为，被追诉人只能申请变更强制措施而不能直接申请取保候审。这与将取保候审视为被追诉人的权利有着显著的差异，因为如果将取保候审定位为被追诉人的权利，则被追诉人就不仅仅只有在被逮捕羁押以后才有权申请变更强制措施，而是可以随时申请取保候审，而且在被追诉人提出取保候审申请的情况下，公安司法机关对被追诉人原则上应当适用取保候审。正是取保候审的“权力化”，导致大量取保候审都不是初始适用的，而是在羁押期限届满时不得不变更强制措施而来的。

第四，办案人员对现行保证方式缺乏信赖感。课题组调研的多家公安机关办案人员认为，无论是保证金保证，还是保证人保证，都不足以保证被保证人遵守《刑事诉讼法》第71条的规定。为了避免可能发生的诉讼风险，办案人员往往会对取保候审的适用慎之又慎。如S省X市公安机关的办案人员就认为，现有的保证人和保证金制度对当事人的约束不强，容易造成脱保，这就增加了公安机关在决定取保候审时的担忧。Q省X市、G省L市和D市公安机关的办案民警也指出，从实际效果来看，两种保证方式都不能满足公安机关办案的需求，保证效果都不尽如人意。办案人员对保证方式的这种认知，对取保候审的适用产生了直接影响。

第五，办案人员害怕被质疑办关系案、人情案、金钱案以及嫌取保候审程序繁琐而不敢或不愿适用取保候审。如Q省X市公安机关在座谈时指出，“犯罪嫌疑人被取保候审了，有些民众就认为公安肯定收受了犯罪嫌疑人的好处，花钱买刑，将取保候审等同为无罪释放。这有时会形成一种较为强势的社会舆论，危及社会稳定，有时不得不将不符合羁押的犯罪嫌疑人‘违法’羁押了。中国的国情有时让执法人员很无奈”；N省Y市公安机关也谈到，因为害怕背上办关系案、人情案的嫌疑而不愿适用取保候审。而S省X市公安机关的办案民警则认为，取保候审手续繁琐，在实践中影响了取保候审的适用率；N省Y市办案人员也反映因财保麻烦、保证人难找而不愿取保候审。

第六，一些办案潜规则也影响到取保候审的适用。如Q省X市公安机关反映，如果“犯罪嫌疑人不在押，移送审查起诉时，检察院不接收案卷。对于为何不接收案卷，检察院从不说明理由，搞得公安机关很无奈”。另外，不少办案人员反映，考核机制也是影响取保候审适用率的因素之一。如S省X市办案民警指出，公安刑侦质量考核中关于逮捕数的指标与取保候审的适用率之间存在一定反比例关系；G省L市和D市办案民警也认为考核机制直接影响到取保候审的适用。按照2001年《公安机关执法质量考核评议规定》（公安部令第60号）第6条第5项的规定，[1]如果出现应当报捕而未报捕，导致检察机关在审查批捕时要求增捕重大犯罪嫌疑人的情形，属于未达考核标准。在侦查人员普遍觉得“社会危险性”的判断标准主观性过强、难以把握的情况下，向检察院报捕可以最大限度避免不利的考核结果。由此可见，实践中的潜规则和考核机制都影响了取保候审的适用。

第七，法律文本的表述有失偏颇。按照《刑事诉讼法》第67条的规定，对于符合取保候审条件的人，“可以”取保候审。从文义上解释，“可以”取保候审的表述意味着既可以适用取保候审，也可以适用其他强制措施，究竟适用哪一个，由办案机关决定。这与《刑事诉讼法》第81条形成鲜明对比，按照该条规定，只要符合逮捕条件，就“应当”逮捕，办案机关没有裁量余地。这种文本上的“可以”与“应当”之别，也决定了取保候审不可能有更多的适用机会。

第八，未对患有严重疾病或生活不能自理的范围、判断标准和相关的审批程序作出明确规定。《刑事诉讼法》没有对严重疾病的范围、生活不能自理的判断标准和认定程序作出明确规定，实践中，对严重疾病的范围主要参照最高人民法院、最高人民检察院、公安部、司法部、国家卫生计生委2014年联合发布的《暂予监外执行规定》。就严重疾病范围的实体标准而言，参照这一规定尚具有可行性，但对于决定或者批准程序，却很难参照，因为按照《暂予监外执行规定》，拟对看守所服刑的罪犯适用暂予监外执行的，由看守所审查同意后提请设区的市一级以上公安机关批准。而根据2012年《公安部规定》第79条的规定，取保候审由县级以上公安机关负责人批准。由于难以“参照”《暂予监外执行规定》的审批程序适用取保候审，实践中对因严重疾病适用取保候审的情形只能由各办案单位自行其是。

第九，案多人少，警力不足的矛盾催生了非法定主体介入取保候审的执行程序。为了缓解警力不足这一“老大难”问题，公安机关招聘了大量辅警，多地公安机关辅警人数甚至超过在编民警的3倍，但即便如此，警力仍显不足。于是，一些被取保候审的人被安置在企业、工厂等管护基地执行，也有请保安人员参与执行的，还有的则是请社工对“社会危险性”进行评估。

四、完善取保候审制度的建议

（一）完善取保候审制度的基本思路

减少羁押、提高取保候审适用率是落实无罪推定原则、加强刑事司法过程中

[1] 该条已被2016年1月公安部发布的《公安机关执法质量考核评议规定》废除。

人权保障的要求。为此，宏观上应从以下两个方面着手。

其一，将取保候审确定为被追诉人的一项权利。理由在于：首先，符合无罪推定原则和人权保障要求。一个人在未经法院依法判决之前，应当被视为无罪。因此被追诉人在法院作出有效判决之前，有获得释放的权利。从权利保障来看，与控方进行平等对抗是犯罪嫌疑人、被告人的一项基本权利。但如果犯罪嫌疑人、被告人的人身自由受到限制，那么辩方的诉讼权利就无法得到充分地行使，也不能真正实现平等对抗。为了更好地保障犯罪嫌疑人、被告人的权利，犯罪嫌疑人、被告人原则上应处于自由或限制自由而非剥夺人身自由的状态。其次，从域外立法及司法实践来看，保释已经成为被追诉人的一项权利。如《日本刑事诉讼法》第 89 条明确规定，除特殊情形以外，被告人都有获得保释的权利。美国法认为保释制度是无罪推定原则衍生下的重要的诉讼制度，其中心思想是要求对限制被告人的一系列公民权利，尤其是人身自由的诉讼强制措施要作严格限制，不仅应慎用，而且即使采用了，也应尽早结束这种强制措施。英国 Luton 大学的 John Pills 教授特别强调："保释是一种权利，而不是一种特权"，它是与"人生来是自由的"这一天然权利联系在一起的。[1]因此，在英国，不论何种性质的案件都可以适用保释，司法机关拒绝保释时，必须说明理由。最后，取保候审能够极大地提高诉讼效益。取保候审可以大大减少羁押场所的压力，节省因羁押被追诉人而产生的人力、物力和财力，从而有利于将更多的司法资源配置于刑事司法的其他环节。

其二，确立羁押例外原则，即羁押状态下等候审判应当是一种例外而不是一种常态，这也是国际社会普遍认可的一项准则。如《公民权利和政治权利国际公约》第 9 条第 3 款规定："等候审判的人受监禁不应作为一般规则，但可规定释放时应保证在司法程序的任何其他阶段出席审判，并在必要时报到听候执行判决。"《欧洲人权公约》第 5 条第 3 款也作了类似规定。《法国刑事诉讼法》第 137 条明文规定，只有当采取司法监管仍然不够的情况下，作为特殊情况，对受审查人可以先行羁押。因此，我国立法也应当确立羁押例外原则，即只有在采用其他人身强制措施不能达到保障诉讼活动顺利进行、预防重新犯罪的目的时，才能考虑适用羁押措施。对此，应将《刑事诉讼法》第 67 条第 1 款修改为："人民法院、人民检察院和公安机关对有下列情形之一的犯罪嫌疑人、被告人，除法律规定的特殊情况外，应当取保候审"，相应地，对第 81 条第 1 款中的"应当予以逮捕"修改为"可以逮捕"。

---

〔1〕 转引自陈卫东、刘计划："英国保释制度及其对我国的借鉴意义"，载《人民检察》2003 年第 3 期，第 57 页。

（二）完善取保候审的保证方式

第一，修改保证人保证和保证金保证只能择一适用的规定。现行的单一保证方式不足以督促犯罪嫌疑人、被告人遵守取保候审的相关义务，有些采用保证金担保的，犯罪嫌疑人能提供的保证金有限，约束作用不强；另有一些采用保证人保证的，保证人对犯罪嫌疑人、被告人的影响力不够，很难让犯罪嫌疑人、被告人有所顾忌。因此，法律应当允许公安司法机关根据案件的性质、严重程度以及犯罪嫌疑人、被告人的具体情况灵活决定取保候审的保证方式。对于涉嫌轻罪且有悔罪表现的犯罪嫌疑人和被告人，可以采取单一保证方式；而对于涉嫌较为严重的犯罪或者诚信状况不佳的犯罪嫌疑人、被告人，则可以同时采取保证金担保和保证人担保即“双重保证”的方式。实际上，根据案件情况来决定采取一种还是多种担保方式，也是域外一些国家的做法，如根据《德国刑事诉讼法》第116条a的规定，法官依自由裁量权，决定担保的种类与数额。而英国的保证人担保和美国的商业保释，也并不仅仅是以保证人的身份和信誉进行的担保，其本质仍然是以财产责任为后盾的担保。[1]换言之，在适用保证人担保时，实质上是采用保证人信誉+财产的双重保险，只不过担保财产出自保证人。

第二，增加具结保证作为取保候审的方式。具结保证是指犯罪嫌疑人、被告人承诺会如期出席法庭即可获得释放的一种保证方式。[2]按照我国《刑事诉讼法》的规定，符合取保候审条件的犯罪嫌疑人、被告人不能提出保证人，也不交纳保证金的，公安司法机关可以决定对其监视居住。监视居住对人身自由的限制远甚于取保候审，犯罪嫌疑人、被告人仅仅因为提不出保证人或者保证金就只能适用这种更为严厉的措施，这对于他们而言是不公平的。笔者认为，对于符合取保候审且涉嫌犯罪并不严重的犯罪嫌疑人、被告人，如果提不出保证人或者保证金，可以采取具结保证的方式取保候审。

（三）扩大财产保证的范围

保证金只能是人民币现金的形式已不符合如今资产形式多样化的现实，可能会使资产结构非现金化的被追诉人失去取保候审的机会。因此，应当扩充财产保的范围，允许以支票、本票、汇票、股票等有价证券及房屋、汽车等作为担保物。允许以现金之外的财物进行担保也是域外法治国家的普遍做法，如在英国，担保物可以是现金，也可以是其他贵重物品。[3]在美国、俄罗斯、日本等国家

---

〔1〕参见孙长永：《侦查程序与人权——比较法考察》，中国方正出版社2000年版，第253页、第258页。

〔2〕参见宋英辉、孙长永、朴宗根等：《外国刑事诉讼法》，北京大学出版社2011年版，第77页。

〔3〕参见孙长永：《侦查程序与人权——比较法考察》，中国方正出版社2000年版，第253页。

和地区，财产保证既包括保证金保证，也包括其他财物的保证。[1]此外，在特定情况下，物权、债权也可以作为财产保的一种形式，因为其本身就是包含财产内容的权利。

对于以现金以外的财物来进行担保的，如果是房屋或者车辆等有形物，应当由办案机关委托法定的价格鉴定机构对财物价格进行评估，犯罪嫌疑人、被告人需将产权文书提交给办案机关；如果属于支票、本票、汇票，则由办案机关通知银行予以冻结；如果属于股票或者期货，则通过证券交易所予以冻结或者质押。需要指出的是，冻结或者质押的有价证券需以已确立的保证金额为限，不得超越保证金额范围。

（四）明确严重疾病、生活不能自理的标准和程序

对于严重疾病的范围和生活不能自理的鉴别标准可以比照《暂予监外执行规定》的规定，但确认程序应有所不同。我们认为，在确认程序上，应当区分为以下两种情况。

其一，对犯罪嫌疑人、被告人患有显而易见的严重疾病、伤残，或有充足证据证明其患有严重疾病的，可以由办案单位进行认定。[2]

其二，对犯罪嫌疑人本人或其近亲属、辩护人以患有严重疾病、生活不能自理为由申请取保候审，办案人员依据常识和经验难以判断的，可以经县级公安机关负责人同意后，委托省级政府批准的医院进行检查诊断，由具有中级以上专业技术职称的医师出具病情诊断或者检查证明文件，经主管业务院长审核签名，加盖公章，并附化验单、影像学资料和病历等有关医疗文书复印件，最后经县级以上公安机关负责人批准后执行取保候审或监视居住。

需要说明的是，之所以在程序上没有暂予监外执行严格，是因为两者适用的对象不一样。暂予监外执行针对的是服刑中的罪犯，为保障生效判决的严肃性和权威性，同时为了防止权钱交易，必须设置严格的程序。而取保候审、监视居住作为刑事诉讼中的强制措施，针对的是尚未被确定有罪的犯罪嫌疑人、被告人，秉持“等候审判的人受监禁不应作为一般规则”“羁押是例外”等国际公认的刑事司法准则，在我国尚未确立强制措施司法审查的背景下，适当降低其程序要求是适宜的。

（五）建立商业保证制度

商业保证是保释的一种商业化运作，滥觞于美国，尽管这一制度在美国国内

---

〔1〕 参见史立梅等：《刑事诉讼审前羁押替代措施研究》，中国政法大学出版社2015年版，第32-38页。

〔2〕 参见钟明：“‘患有严重疾病’的法律解读”，载《人民检察》2006年第11期，第47页。

饱受质疑，但仍然在大多数州运行。[1]在我国，构建商业保释制度，是指由担保公司向犯罪嫌疑人、被告人收取一定的费用，再由担保公司向公、检、法机关进行担保，保证犯罪嫌疑人、被告人随传随到，并且不实施妨碍诉讼的行为以及新的犯罪行为的一种制度。对于犯罪嫌疑人、被告人而言，商业保释意味着增加了获得取保候审的渠道，特别是对那些贫穷而又找不到保证人的犯罪嫌疑人、被告人。对于公安司法机关而言，构建商业保释制度，有利于对涉罪外来人员平等地适用取保候审，同时也有利于减轻羁押场所的监管压力，节约国家司法资源。

建立我国的商业保释制度，除了基于扩大取保候审的现实需要，也有政策基础、实践基础和主体基础。

首先，“推进国家治理体系和治理能力现代化”的总体要求提供了政策基础。推进国家治理体系和治理能力现代化是党的十八届三中全会确立的重要指导思想。国家治理体系和治理能力的现代化，意味着要整肃传统体制机制之积弊。新中国成立以后，国家治理模式经历了“全能型国家治理”转变到“发展型国家治理”的过程，全能型国家治理模式显然与市场经济制度相抵牾。在新的发展型国家治理模式中，国家治理体系中的“治理主体不仅仅来自政府和社会公共机构，还包括民间组织、私人组织及各种公民社会组织。治理表明在现代社会国家正在把原先由它独自承担的责任部分转移给公民社会和私营部门，参与者最终将形成一个互动的合作网络，公民社会、私营部门与政府在特定领域中合作并分担政府的部分行政管理责任”。[2]担保公司提供商业保证，实际上就是国家把原来由它独自承担的监视被限制人身自由的犯罪嫌疑人到案和防止其实施妨碍诉讼的责任通过契约责任的方式转移给保安服务公司，当然，担保公司在这一过程中要接受公安机关的监管、指挥和安排。

其次，实务部门的“试水”行为提供了实践基础。Q省X市、H省C市、G省L市、J省W市等公安机关都聘用或曾经聘用保安人员参与非羁押强制措施的执行，从其实施效果来看，既没有发生脱逃或妨碍诉讼的行为，也没有发生保安人员对犯罪嫌疑人进行殴打、侮辱等不法现象。笔者曾就社会力量参与非羁押强制措施的执行问题征询侦查人员的意见，绝大多数公安干警并不排斥保安人员、社会工作者参与非羁押强制措施执行，而且还认为这一举措有利于提高非羁押强制措施适用率。因此，这一举措如果被立法者采纳，将来施行起来应该不存在抵

---

〔1〕参见李忠民：“美国刑事商业性私人参与研究与借鉴”，西南政法大学2012年博士学位论文，第74-75页。

〔2〕李志强、姚金海：“国家治理现代化：缘起、实践及整体框架”，载《深圳大学学报（人文社会科学版）》2014年第5期，第74页。

触情绪。

最后，庞大而又规范有序的保安服务公司提供了主体基础。[1]保安服务公司的职责与公安机关密切相关，从它诞生的那一天起，便身肩维护社会安全、防范违法犯罪之大任。截至 2014 年底，全国保安服务公司达 5031 家，保安人员 450 多万。保安服务公司曾多次圆满完成了全国“两会”安全保卫任务，2011 年至 2015 年，各地保安从业人员为公安机关提供破案线索 111.24 万条，协助抓获违法犯罪嫌疑人 59.81 万人，为国家、集体和个人挽回经济损失 193 亿元，[2]在协助维护社会治安、促进社会和谐稳定中作出了积极贡献。

借鉴美国的商业保释制度，我国的商业保证制度应包括以下主要内容：(1) 立法上应当肯定保安服务公司可以基于商业利益充当保证人，允许保安服务公司因提供商业保证而获利。(2) 由保安服务公司作为保证人向公安司法机关进行担保。对公安司法机关而言，保安服务公司相当于保证人，其负有对被保证人进行监管并按公安司法机关的要求保证被保证人到案的责任。保安服务公司以保证人身份向公安司法机关进行担保时，可以只支付全额保证金的 10%—20%，如果犯罪嫌疑人遵守规定，并按要求到案的，最后公安司法机关应该将保证金退还给保安服务公司。如果被保证人逃脱且保安服务公司不能在法定期间将其捕回，或者实施了其他妨碍诉讼的行为以及实施新的犯罪，保安服务公司应当全额交付保证金。(3) 保安服务公司与犯罪嫌疑人、被告人之间属于平等主体之间的民事法律关系，即保证与被保证的关系。作为保证人的保安服务公司可从被保证人处收取费用，一般占全部保证金的 10%，这部分钱即使被保证人在保证期间没有脱逃，也没有违反其他法定义务，保安服务公司也不予退还。这部分钱属于保安服务公司的获利，保安服务公司作为理性经济人，正是在此利益驱动下为犯罪嫌疑人、被告人提供商业保证。(4) 保安服务公司应当与被保证人签订协议，协议中除了明确支付费用及被保证人按时出庭，还包括约定被保证人让渡部分权利，如被保证人同意保安服务公司有权在任何时间、任何地点将其带至法庭，当被保证人逃匿时，保安服务公司有权将被保证人扭送至公安司法机关。这里牵涉以下两个问题：第一，保安服务公司在对被保证人扭送时是否可以采取强制手段？笔者认为，扭送本身即带有一定的强制性，如果完全排斥强制，扭送将无法发挥作用，也就无法使被保证人到案，正如有学者指出的，“对脱保人的直接抓捕权是商业担保人和保险代理人的核心权利，如果将抓捕权从其手中剥离，被取保人将不再

[1] 基于保安服务公司的职能以及其已在实践中参与非羁押强制措施的适用，笔者主张赋予符合条件的保安服务公司以商业保释主体资格。

[2] 张洋：“保安服务业务多元化发展，四年提供破案线索 111 万余条”，载《人民日报》2016 年 10 月 19 日，第 11 版。

敬畏商业担保人，商业担保人和保险代理人因此丧失风险控制能力”，[1]因此，在扭送的过程中施以一定的强制力如拉拽、推拉、架着被保证人胳膊等都是合理的，但这种强制力不得过度或者滥用，应以其不能再脱逃为限。第二，当被保证人逃匿后，保安人员是否可以强行进入其住宅或者居所？在美国的商业保释中，保释公司发现被保释人逃跑的，保释公司可以雇佣赏金猎人进行追捕，赏金猎人有权在没有逮捕令的情况下闯入嫌疑人的家中，使用必要的武力逮捕嫌犯，在未得到官方事先批准的情况下搜查和监禁嫌疑人。[2]构建我国的商业保证制度，也应该赋予保安服务公司及保安人员这一权利，保安人员经敲门并告知自己的身份后，犯罪嫌疑人、被告人不开门的，保安人员可以破门而入。(5) 被保证人在取保候审期间应遵守法律规定的义务以及公安司法机关指定的义务，借鉴英美法中的商业保释制度，公安司法机关可以要求被保证人自己负担用于监控的电子手链或电子手环的费用。这一点特别具有现实意义。在我国，电子手环的实收价格需要3000多元人民币，笔者2018年曾到H省C市、J省W市公安机关调研，公安机关普遍认为电子手环价格偏高，普遍适用的话财政有困难，因此，H省C市也只在两个区县搞试点。如果改由被保证人自己负担费用，将有助于扩大取保候审的适用，降低羁押率。

（六）引入第三方进行“社会危险性”评估

“社会危险性”是一项专业性很强的工作，需要进行大量的调查工作，但办案人员既缺乏相应的专业知识，更没有足够的时间和精力进行调查。破解这一困境，笔者认为可以引入第三方进行评估，即以政府购买社会服务的方式进行。鉴于实务中已有保安服务公司和社工参与非羁押强制措施的“试水”行为且效果颇佳，笔者主张保安服务公司和社工都可以作为提供“社会危险性”评估报告的第三方。

政府购买社会服务在当前社会中已是一种常态，早在2002年全国人大常委会就颁布了《政府采购法》，政府采购的对象不仅包括货物和工程，也包括服务，随着改革不断向纵深推进，党的十八大提出要建设职能科学、结构优化、廉洁高效、人民满意的服务型政府，为此就要为人民群众提供充足、优质的公共服务，满足人民群众多元化的公共服务需求，这就必然要求采取政府购买公共服务的方式让市场力量与社会力量参与公共服务的供给。[3]为了使这一重要政策落到实处，2013—2014年国务院办公厅发布了《关于政府向社会力量购买服务的

---

〔1〕 李忠民：“美国刑事商业性私人参与研究与借鉴”，西南政法大学2012年博士学位论文，第206页。

〔2〕 See Jonathan Drimmer, *When Man Hunts Man: The Right and Duties of Bounty Hunters in the American Criminal Justice System*, 33 Hous. L. Rev. 731 (1996), p. 734.

〔3〕 参见李军鹏：“政府购买公共服务的学理因由、典型模式与推进策略”，载《改革》2013年第12期，第18页。

指导意见》和《政府购买服务管理办法（暂行）》。虽然这些制度安排中未明确规定在强制措施的适用中可以购买社会服务，但社区矫正、法律援助、公共安全维护被纳入购买范围中，公安司法机关购买社区服务可以说已出现一道曙光，这些法律法规与最高人民法院在2018年底出台的《关于进一步全面落实司法责任制的实施意见》（以下简称《司法责任制实施意见》）已在相当程度上证成司法过程中的事务性工作也可以通过购买服务或服务产品的方式实施。《司法责任制实施意见》指出，为了切实减轻审判事务性工作负担，“充分运用市场化、社会化资源，探索将通知送达、材料扫描、卷宗归档等辅助事务外包给第三方机构，将协助保全、执行送达等辅助事务委托给相关机构，提高办案效率”。所以，公检法机关在办理案件的过程中，对于一些辅助性的、事务性的事项购买社会服务既是司法实践中已存在的做法，也是未来司法改革的方向。

公安司法机关委托第三方对犯罪嫌疑人、被告人的社会危险性进行调查分析并提供社会危险性评估报告，本质上是平等主体之间的民事合同关系，由委托的专门机关提出调查分析要求，保安服务公司按要求依法进行调查分析并提供社会危险性评估报告。双方应当在协商一致的基础上签订合同。合同中应约定提供社会危险性评估报告的提交方式、完成期限、金额、付款方式以及不能按时提供应承担的违约责任。由于刑事诉讼法及相关法律解释对社会危险性的评估作出了专门规定，因此委托机关还应当向保安服务公司提供涉及社会危险性判断的有关法律规定。对于保安服务公司、保安人员故意进行不实评估或者弄虚作假的，应当承担违约及赔偿责任，构成犯罪的则追究刑事责任。对于采取不法手段收集社会危险性材料的，应追究保安服务公司及保安人员的民事与刑事责任。

（七）扩大保证人的主体范围，强化保证人的权利与责任

1. 扩大保证人的主体范围

第一，允许由企业或社会服务机构集中建立的“管护基地”提供担保，并承担取保候审的部分执行职能。这一做法在实践中早已有之，主要是解决在案发地无稳定住所、无稳定收入、无亲友监护的青少年犯罪嫌疑人取保候审适用问题。这些“三无”人员往往既无法提交保证金，也提供不了保证人，他们即使符合取保候审条件，也无法适用取保候审。因此，一些检察机关与当地的工厂、企业以及关心下一代工作委员会建立联系，共同建立管护教育基地，由管护教育基地提供保证人，并将犯罪嫌疑人安置在工厂、企业中，这种“发挥民营企业的作用，为‘三无’涉罪外来人员提供保证、监护、帮教，创造取保候审的担保条件”的做法，[1]实质上就是让企业或工厂参与取保候审的执行中。从实践运

---

[1] 参见丁正红：“平等保护涉罪外来人员取保候审权益的探索与实践”，载《人民检察》2009年第20期，第55-56页。

作情况来看，无一脱保漏保和重新犯罪问题。[1]这一成功的实践探索应得到立法肯认，刑事诉讼法应明确赋予“管护基地”保证人资格。

第二，允许社会团体和基层组织作为“保证人”。社会团体与基层组织是我国社会基层组织的重要组成部分，将社会团体和基层组织作为保证主体也应当是我国取保候审方式改革的试点方向。社会团体与基层组织作为保证人为犯罪嫌疑人、被告人提供担保，并不是要求其为担保提供资金或者其他财物，而是借助他们的信誉为犯罪嫌疑人、被告人提供担保。社会团体作为重要的组织形式，在社会上往往具有较好的社会信誉或具有较高公信力，由他们提供担保，被取保候审人基于社会团体的公信力不会轻易逃避刑事追诉；基层组织往往是被取保候审人居住地的居委会或者村委会，基层组织内部人员基于对社区的服务，比较熟悉被取保候审人的情况，能够很好地对被取保候审人进行监督，避免其违反法律的规定，在被取保候审人违法时也能够及时向执行机关报告。

2. 强化保证人的权利与义务

《刑事诉讼法》规定，保证人负有监督被取保候审人遵守第 71 条规定以及被取保候审人违反第 71 条规定时的报告义务。但这一规定存在的不足也是显而易见的：既不能发挥保证人对被取保候审人的约束作用，也不能促使保证人积极有效地履行保证义务。因此，应当对保证人的权利和义务予以强化，使其充分发挥实效作用。首先，明确保证人抓捕的权利和义务，当保证人发现被取保候审人逃匿时，在向执行机关报告时，有权对被取保候审人实施抓捕，同时，此种情况下抓捕被取保候审人也是保证人的义务。其次，当保证人发现被取保候审人准备或正在实施第 71 条规定的其他妨碍诉讼活动的行为时，除负有报告义务外，还应负有制止的义务，且制止义务应先于报告义务，即先制止后报告。再次，无论保证人是否有效制止了被取保候审人妨碍诉讼的行为，保证人都应当向取保候审执行机关报告。

（八）明确公安司法机关的告知义务

为促使被取保候审人遵守取保候审规定，保障保证人行使保证权利和履行保证义务，公安司法机关在作出取保候审决定后，应同时采取口头和书面的方式告知犯罪嫌疑人《刑事诉讼法》第 71 条的规定，书面告知时，还应当让被取保候审人在告知书上签字，以确保被取保候审人知悉在取保候审期间应遵守的义务。在交付执行机关执行时，执行机关应再次对被取保候审人进行口头告知。对于保证人，作出取保候审的决定机关和执行机关以口头和书面形式告知其权利和责任。如果办案人员没有履行上述告知义务的，应按照相关内部考核规范进行

---

〔1〕 参见林志敏、曹国君：“江苏省常州市检察机关三大模式建立完善‘管护帮教基地’”，载正义网，http://news.jcrb.com/jxsw/201205/t20120508_ 856372.html，最后访问日期：2018 年 9 月 30 日。

处理。

（九）增加被取保候审人违反取保候审规定的惩罚措施

《刑事诉讼法》规定了被取保候审人应当遵守的义务，一旦违反这些规定，则有三种处理方式：（1）没收部分或者全部保证金；（2）责令其具结悔过，重新缴纳保证金、提供保证人；（3）变更为监视居住或者逮捕。显然，第（2）种和第（3）种处理方式都只是为了保障诉讼的顺利进行，不具有惩罚性。真正具有惩罚性质的只有没收保证金。但没收保证金对被取保候审人而言，约束作用实在有限，而这有限的约束作用又导致办案机关在适用取保候审时顾虑重重，因而不愿意适用取保候审。

为了解决这一问题，可以借鉴域外的做法，对违反保释义务的被保释人，不仅可以收监羁押，还对其脱保行为以犯罪论处。如《美国法典》第3148条规定，被保释人故意违反释放条件而不按照释放条件的要求到庭的，以独立的犯罪（藐视法庭罪）论处，依法判处监禁刑或者罚金，或者两者并处，其中监禁刑应当与对于本罪的处罚连续执行。在英国，被保释人违反保释条件时，根据所违反的条件不同承担不同的法律后果。违反到场或者到庭义务的，由法院签发逮捕证予以逮捕，通常不得再予保释；对其逃跑行为以“藐视法庭罪”予以处罚；同时没收担保财产，即使随后本罪被宣告无罪，其逃避到庭的行为仍以犯罪论处。我国刑法中没有设立“藐视法庭罪”，笔者认为，可以考虑对被取保候审脱保的行为以《刑法》第316条规定的脱逃罪论处。[1]为此，需要对《刑法》第316条作出相应修改，即将“依法被关押的罪犯、被告人、犯罪嫌疑人脱逃的，处五年以下有期徒刑或者拘役”修改为“依法被关押的罪犯、被告人、犯罪嫌疑人脱逃的，或者是被取保候审、监视居住的犯罪嫌疑人、被告人脱逃的，处五年以下有期徒刑或者拘役”。

（十）确立犯罪嫌疑人、被告人被拒绝取保候审的救济权

如前所述，取保候审应是犯罪嫌疑人、被告人的权利，而有权利必有救济。因此，当犯罪嫌疑人、被告人获得取保候审的权利被侵犯时，程序上应有救济的通道，实体上应该对侵犯这一权利的人施以处罚。

第一，对于公安司法机关拒绝取保候审的，犯罪嫌疑人、被告人应享有再次申请取保候审的权利。一方面，赋予犯罪嫌疑人、被告人再次申请的权利，不仅是取保候审权利化的应有之义，也是控辩平等原则的必然要求。理由在于，与取保候审一体两面的逮捕措施，在检察机关作出不批捕决定后，公安机关享有向检

---

〔1〕 类似的观点，参见曹文安：“刑事强制措施制度的完善与公民权利保障”，载《公安研究》2003年第5期，第87页；马晓晖：“试论我国取保候审制度的缺陷及其对策”，载《武汉公安干部学院学报》2007年第4期，第55页。

察机关提请复议、复核的权利，那么，为体现控辩平等原则，当犯罪嫌疑人申请取保候审被拒绝后，同样应当享有类似的救济权利。另一方面，再次申请权也是国际社会的普遍做法。法、德、意、日、美等国家，对于审判前羁押的命令，被羁押人有权要求复查和上诉，直至上诉到最高法院，欧洲国家的公民甚至可以向欧洲人权委员会及欧洲人权法院提出申诉。〔1〕如在英国，被告人被治安法院拒绝保释的，根据案件是交付刑事法院审理还是治安法院审理，被告人可以再次向刑事法院或者治安法院申请保释；刑事法院的法官仍然拒绝保释的，被告人还可以向高等法院法官申请保释，或者申请以调卷令程序撤销刑事法院拒绝保释的裁定；〔2〕在治安法院驳回其保释申请时，被告人也可以不经刑事法院的程序直接向高等法院法官申请保释。在法国，受到先行羁押的人可随时向预审法官提出释放申请，如果请求落空，则可直接向上诉法院预审法庭提出请求。预审法庭庭长或替代的司法官认为并不具备《法国刑事诉讼法》第 144 条规定的条件，则撤销预审法官的裁定，并命令释放当事人。〔3〕

我国《刑事诉讼法》也应当明确规定犯罪嫌疑人、被告人对于无正当理由而被拒绝取保候审的，享有再次申请取保候审的权利，并从程序上加以保障。基于我国现行司法体制，尤其是考虑到检察机关承担诉讼监督职能，笔者主张犯罪嫌疑人在提起公诉前申请取保候审被无故拒绝后，可以再次向作出决定的机关提出申请，决定机关接到申请后，应当受理并进行审查。对于维持原不予取保候审决定的，犯罪嫌疑人有权申请检察机关进行审查，检察机关接到申请之后，应当对书面材料进行审查，必要时可举行听证会，听取侦辩双方的意见，然后作出是否准予取保候审的决定。如果检察机关认为申请人不符合取保候审的条件，应当向申请人书面说明具体理由。在法院受理案件后，被告人可以向受理案件的法院提出取保候审申请，法院应该进行审查，不同意申请的，应当以书面方式向申请人说明理由。申请人接到通知后，可以向受理案件的上一级法院再次申请审查。

第二，公安司法机关无正当理由拒绝取保候审的，应承担相应责任。《刑事诉讼法》规定了取保候审的适用条件，公安司法机关对于符合取保候审条件的犯罪嫌疑人、被告人，无正当理由拒绝适用取保候审，而将其羁押的，本质上是一种滥用职权行为。对于滥用职权的行为，我国形成了从党纪、政纪到刑事处罚的一整套追责机制，因此，应当根据行为人的身份以及滥用职权行为的情节和所造成的后果分别情况按照《中国共产党纪律处分条例》第 27 条和《行政机关公务

〔1〕 参见孙长永：《侦查程序与人权——比较法考察》，中国方正出版社 2000 年版，第 223 页。

〔2〕 孙长永：《侦查程序与人权——比较法考察》，中国方正出版社 2000 年版，第 252 页。

〔3〕 参见《法国刑事诉讼法》第 148 条、第 186 条和第 187-1 条。

员处分条例》第25条给予党纪、政纪处分；构成犯罪的，依照《刑法》第397条规定的滥用职权罪追究责任人的刑事责任。只有使相关责任主体在滥用权力时受到责任追究，才会警示其认真行使手中的权力，犯罪嫌疑人、被告人获得取保候审的权利才能得到保障和实现。

（撰稿人：刘梅湘）

第六章 刑事拘留制度

目　次

在我国，刑事拘留一般是指公安机关、人民检察院在侦查过程中遇到法定的紧急情况时，对现行犯或者重大嫌疑分子所采取的临时剥夺其人身自由的一种强制措施。从法律上看，刑事拘留是新中国成立后设立的第一批法律制度之一，也是改革开放以后首先修改并用法律明确规定的制度之一，在追诉犯罪中发挥着重要作用。在《刑事诉讼法》制定和历次修改过程中，刑事拘留的适用对象、范围不断扩大，适用期限不断延长；刑事拘留集侦查到案和查证保障功能于一身，突破侦查阶段适用的限制，在审查起诉阶段甚至审判阶段均可适用。刑事拘留的“全能型”强制措施发展之路的背后正是国家追诉犯罪的权力不断扩张与自我约束的过程。制度完善需要犯罪控制理念与正当程序理念在博弈中逐渐平衡。在《刑事诉讼法》实施四十周年之际，回顾刑事拘留制度的产生与发展历史，系统地考察和审视立法和实践中积弊已久的问题和改革中遇到的新问题，以期更好地把握刑事拘留的功能定位和制度走向。

一、刑事拘留制度的立法沿革

（一）刑事拘留制度的初创

1954 年通过的我国《宪法》第 89 条明确规定：“中华人民共和国公民的人身自由不受侵犯。任何公民，非经人民法院决定或者人民检察院批准，不受逮捕。”从国家根本大法的高度保障了人身自由这一基本权利。1954 年 12 月，一届全国人大常委会第三次会议通过《逮捕拘留条例》，对逮捕、刑事拘留、取保候审和监视居住作出了最早的规定。[1]在这一阶段，逮捕是最主要的剥夺被追诉人人身自由的强制措施，处于整个强制措施体系的中心。刑事拘留是紧急情况下来不及办理逮捕手续时采取的临时性强制措施，目的在于在犯罪正在进行或者行为人尚未逃脱的情况下，制止犯罪、控制嫌疑人，为决定是否逮捕提供时间保障。紧急性的特点决定了公安机关实施刑事拘留无需事先审批取得“令状”。根据 1954 年《逮捕拘留条例》第 5 条、第 7 条和第 11 条的规定，刑事拘留权由公安机关行使，其他机关（包括人民法院和人民检察院）均无此权力；公安机关应当在拘留后 24 小时内进行讯问，并将拘留的事实和理由通知本级人民检察院，发现不应当拘留的，应立即释放，罪行较轻的可以取保候审；检察院则应当在接到通知后的 48 小时内作出批准逮捕或者不批准逮捕的决定。换言之，公安机关刑事拘留附带剥夺人身自由的时间最长为 72 小时。

---

〔1〕 1954 年《逮捕拘留条例》除了规定逮捕与刑事拘留两种强制措施以外，第 2 条第 2 款还规定了取保候审和监视居住两种措施，并明确了“应当逮捕的人犯，如果是有严重疾病的人，或者是正在怀孕、哺乳自己婴儿的妇女”可不予逮捕，改用取保候审或者监视居住的方法实现非羁押候审的目的。

可见，刑事拘留最初定位为“紧急性”“临时性”的强制到案措施，适用主体特定、对象明确、剥夺人身自由的时间较短，目的在于及时制止犯罪、控制嫌疑人、防止损害发生或进一步扩大、防止证据灭失；相关部门应事后及时审查作出释放、非羁押候审（取保候审）或羁押候审（逮捕）的决定。这种制度设计借鉴了苏联法制的相关经验，是对《宪法》保障“公民的人身自由不受侵犯”规定的具体落实，体现了立法对于适用长时间羁押候审措施（逮捕）的审慎态度，也回应了快速反应、打击犯罪的现实需求。可惜的是，1954 年《逮捕拘留条例》并没有得到较好的实施，尤其“24 小时”“48 小时”的要求在实践中均难以达到。〔1〕在一系列政治运动中，整个中国的法制建设遭到极大破坏，刑事拘留制度也无法幸免。

（二）刑事拘留制度的恢复与重建

1978 年中共十一届三中全会后，我国社会主义法制建设重新起步。1979 年 2 月《逮捕拘留条例》修改。1979 年 7 月，第五届全国人大第二次会议通过了《刑事诉讼法》，吸收了《逮捕拘留条例》的相关内容，结合新中国成立以来法制建设的经验和教训，对刑事拘留制度进行了实质性重构。〔2〕这一阶段，刑事拘留制度的变化表现在以下几个方面。

第一，在刑事拘留的对象和条件方面，1979 年《刑事诉讼法》第 41 条去掉了“紧急”二字，增加了“罪该逮捕的现行犯或者重大嫌疑分子”作为刑事拘留对象的前提条件，〔3〕并将“正在进行‘打砸抢’和严重破坏工作、生产、社会秩序的”作为可先行拘留的情形之一。

第二，为了满足侦查工作和审查批准逮捕工作的实际需要，在刑事拘留的期限方面，1979 年《刑事诉讼法》第 48 条将公安机关拘留后提请检察机关审查逮捕的时间由 24 小时延长至 3 日，特殊情况下可以延长至 7 日；检察院审查批准

---

〔1〕 1956 年 9 月中共八大召开后，《刑事诉讼法》的起草工作即着手进行。在多部草案的讨论意见中，以实际工作无法达到 1954 年《逮捕拘留条例》的要求，主张延长刑拘后报捕的时间和审查批准逮捕时间的意见始终占据主流。在实践中，批准逮捕的权力已经通过内部文件的方式转由地方党委行使，公安机关执行拘留后提请批准逮捕的时间也通过内部规定延长为 10 日，但部分案件仍然不能完成。参见吴德峰、武新宇：“关于《刑事诉讼法草案（初稿）》的修改情况和几个主要问题的报告（1963 年 4 月 12 日）”，载吴宏耀、种松志主编：《中国刑事诉讼法典百年》（中册），中国政法大学出版社 2012 年版，第 734-741 页。

〔2〕 1979 年《逮捕拘留条例》是我国关于逮捕和刑事拘留制度的单行法规，在《刑事诉讼法》颁布实施后仍然有效，直到 1996 年修改后的《刑事诉讼法》施行时才被废止。1979 年《刑事诉讼法》吸收了《逮捕拘留条例》的相关规定，增加了“出示拘留证”的规定。除有特别说明的以外，本节论述以 1979 年《刑事诉讼法》的规定为标准。

〔3〕 当时学术界的主流观点认为，刑事拘留对象首先应当符合“罪该逮捕”和“现行犯或重大嫌疑分子”的条件，其次应属于列举情形中的一种。“这些拘留条件，有一个共同的前提，就是罪该逮捕。”参见北京政法学院诉讼法教研室编：《中华人民共和国刑事诉讼法讲话》，群众出版社 1979 年版，第 63 页。

逮捕的时间则由48小时延长至3日。[1]也就是说，刑事拘留附带剥夺人身自由的时间最长可达10日。至此，刑事拘留初步具备了羁押属性。

第三，在刑事拘留后提请审查逮捕的程序方面，1979年《刑事诉讼法》取消了公安机关应于拘留后24小时内将拘留的事实和理由通知检察机关的要求，将提请批准逮捕的裁量权赋予公安机关。刑事拘留后，公安机关应当在24小时内进行讯问，根据案件情况分别作出取保候审、监视居住或者释放的决定；只有公安机关认为需要逮捕的，才应在规定时限内提请审查逮捕。由于1979年《刑事诉讼法》中逮捕的事实条件为"主要犯罪事实已经查清"，这就要求公安机关在提捕前需取得更加确凿、充足的证据。刑事拘留期间的取证压力进一步加大，刑事拘留初步具备了查证保障的功能。

第四，在刑事拘留的执行程序方面，1979年《刑事诉讼法》第43条增加了"公安机关拘留人的时候，必须出示拘留证"，以及24小时内将拘留的原因和羁押的处所通知被拘留人的家属或者所在单位的要求。1987年《公安部规定》第31条补充规定，拘留证的签发必须经县级以上公安机关负责人批准。

综上所述，1979年《刑事诉讼法》将刑事拘留制度纳入完整的刑事强制措施体系进行了恢复和重建；刑事拘留作为"紧急性""临时性"强制到案措施的功能明显减弱，并初步具备了查证保障功能和羁押属性；在赋予公安机关提请审查批准逮捕的自由裁量权的同时，却忽略了构建相对完善的检察监督机制。

（三）刑事拘留制度的发展

1979年以后，我国陆续颁布实施了大量法律，其中相当一部分涉及对刑事诉讼具体制度的补充和完善。《刑事诉讼法》的三次修正对刑事拘留制度均作出了不同程度的修改，《律师法》《国家赔偿法》等法律的制定和修改完善也对刑事拘留制度的发展产生了积极影响。

1. 增加人民检察院办理自侦案件的刑事拘留权

1979年以前，刑事拘留的适用主体为承担侦查职能的公安机关，其他国家机关需要对特定被追诉人采取紧急措施的，"可以商请公安机关予以协助"，对被

---

[1] 要求延长刑事拘留期限的意见自刑事拘留制度创设以来就一直存在。在1957年至1963年前后六版刑事诉讼法草案的起草和论证过程中，刑事拘留的期限都是争论的焦点之一。但无论是主张"形式上维持现行规定，实质上加以改变"，还是"只规定拘留报请批准逮捕的时间，而不规定审查批准的时间"，抑或"按照案件不同情况分别作出规定"，"延长"是所有观点的共同之处。"20多年的办案实践表明，在我国幅员辽阔，地形复杂，交通不太方便，侦查技术比较落后的条件下，在24小时以内查清被拘留人的犯罪事实，在48小时以内作出批准逮捕或者不批准逮捕的决定是很难办到的，结果是使这一规定流于形式，影响了法律的严肃性。"参见李子明等：《中华人民共和国拘留逮捕条例浅谈》，法律出版社1982年版，第5-6页。

追诉人“先行拘留”。[1]1979 年《刑事诉讼法》虽然规定人民检察院对特定类型犯罪承担侦查职责，却未授予其刑事拘留权。最高人民检察院在总结办案实践的基础上，采用司法文件确认了“填写《拘留人犯通知书》通知公安机关填发《拘留证》并执行”的变通做法。[2]1996 年《刑事诉讼法》在明确限定人民检察院自侦案件范围的基础上新增“人民检察院对直接受理的案件的侦查”一节，规定人民检察院在直接受理的案件中对“犯罪后企图自杀、逃跑或者在逃的”和“有毁灭、伪造证据或者串供可能的”两种犯罪嫌疑人可以决定拘留。1999 年《最高检规则》规定检察机关决定刑事拘留的程序为：办案人员提出意见，部门负责人审核，检察长决定后送达公安机关执行，必要时检察院可以协助。

2. 吸收收容审查

收容审查原本是一项具有治安行政管理性质的措施，但在 20 世纪 80 年代开始的“严打”斗争中，被广泛运用于刑事诉讼中，成为《刑事诉讼法》以外的一种刑事强制措施。[3]在有的地方，“正式拘留和逮捕的人犯愈来愈少，而‘收审’的比例占到实际羁押人员的百分之七十、八十”。[4]收容审查的大量、普遍使用造成了始料不及的不良影响，引起社会各界的强烈关注。

1996 年修改《刑事诉讼法》时，立法人员肯定了收容审查对于查明罪犯，特别是查清流窜作案和身份不明的犯罪分子起了积极作用；认为收容审查在实

---

〔1〕 1963 年 2 月，最高人民法院在《关于拘留和羁押问题的批复》中指出：“人民法院在审理案件的过程中，发现未经逮捕的被告人确有逃跑、湮灭、伪造罪证、继续犯罪等情况，而又确实需要逮捕时，可以决定逮捕，在批准逮捕以前，如果确有必要立即采取紧急措施，剥夺被告人的行动自由，以利于审判工作的进行，可以商请公安机关予以协助，对被告人先行拘留。”

〔2〕 1983—1991 年，最高人民检察院先后制定了《人民检察院直接受理自行侦查刑事案件的办案程序（暂行规定）》《人民检察院直接受理侦查的刑事案件办案程序（试行）》和《人民检察院侦查贪污贿赂犯罪案件工作细则（试行）》。根据这些规定，人民检察院在侦查过程中，对于犯罪分子犯罪后企图行凶、自杀、逃跑以及有毁灭、伪造证据或者串供等情况，确实需要先行拘留的，填写《呈请拘留审批表》经检察长决定后，填写《拘留人犯通知书》通知公安机关填发《拘留证》并执行，必要时人民检察院可派员协助。办案人员普遍认为，检察机关无刑事拘留权“对有效地办理自侦案件十分不利”。“检察机关虽然有决定逮捕的权力，但法律关于逮捕的条件规定过严，很大一部分嫌疑人在办案伊始无法达到逮捕的要求；实践中，具有自杀、逃跑或者毁灭证据可能的嫌疑人需要及时拘留控制，却因为没有刑事拘留权只有商请公安机关拘留，如果公安机关不同意拘留或者未能及时拘留，往往导致侦查活动无法进行。”参见刘振山：“论我国刑事强制措施的改进与完善”，载《中央检察官管理学院学报》1994 年第 2 期，第 31 页；周国均：“关于刑事强制措施的修改与完善”，载《政法论坛》1995 年第 6 期，第 41-42 页。

〔3〕 “收容审查”最早出现在 1958 年，当时各地公安机关在收容游民和清查杂船中的逃亡犯罪分子时，将收容审查作为查获和打击逃亡犯罪的一种措施。1985 年 7 月，公安部印发《关于严格控制使用收容审查手段的通知》，对收容审查的对象、审批手续、期限、管理体制等重新作了明确规定；将“收容审查”定义为“对那些在刑事拘留时限内无法查清主要罪行和取得必要证据的嫌疑人所采取的强制性行政审查措施”。

〔4〕 参见崔敏：“公安法制建设的强大推动力——刑事诉讼法修改中与公安工作最密切相关的内容评介”，载《公安大学学报》1996 年第 3 期，第 34 页。

践中出现的种种问题的主要原因是公安机关自行决定、自己执行，无需其他司法机关批准，也缺乏监督制约。〔1〕为了更好地保护公民的人身权利，加强民主法制建设，有必要将收容审查中与犯罪斗争有实际需要的内容，吸收到刑事诉讼法中，不再整体保留作为行政强制手段的收容审查。〔2〕为此，1996 年《刑事诉讼法》扩大了刑事拘留的适用对象，将原属于收容审查对象的“有流窜作案、多次作案、结伙作案的重大嫌疑分子”吸收入法作为可以先行拘留的情形之一。

3. 延长刑事拘留的期限

为了回应司法实践中关于逮捕的事实证据条件要求过严、刑拘期限过短的意见，1996 年《刑事诉讼法》在降低逮捕的事实证据条件、将部分收容审查对象纳入刑事拘留对象范围的同时，将“有流窜作案、多次作案、结伙作案的重大嫌疑分子”拘留后提请审查逮捕的期限大幅延长至 30 日，与原收容审查的一般期限相同，并将检察机关审查批准逮捕的期限从 3 日延长至 7 日。这样，犯罪嫌疑人因刑事拘留而被剥夺人身自由的时间最长可达 37 日。1998 年《公安部规定》第 112 条进一步规定，“犯罪嫌疑人不讲真实姓名、住址、身份不明，在三十日内不能查清提请批准逮捕的，经县级以上公安机关负责人批准，拘留期限自查清其身份之日起计算”。

在人民检察院自侦案件中，1996 年《刑事诉讼法》第 134 条规定，人民检察院应当在拘留后 10 日内作出是否逮捕的决定，特殊情况下可以延长 1 日至 4 日。换言之，人民检察院自侦案件中刑事拘留的最长期限为 14 日。此 14 日期限为侦查部门与侦监部门共同使用，许多办案人员认为过短，甚至出现参照适用公安机关在 30 日内提请审查逮捕的情形。〔3〕2009 年人民检察院自侦案件“批捕权上提一级”改革后，原本就偏紧的决定逮捕期限更加紧张。〔4〕2012 年《刑事诉讼法》第 165 条将自侦案件中拘留后决定逮捕的期限由 10 日修改为 14 日，将特殊情况下决定逮捕的期限可以延长 1 日至 4 日修改为可以延长 1 日至 3 日。这

---

〔1〕 参见顾昂然：“关于《中华人民共和国刑事诉讼法修正案（草案）的说明》”，载吴宏耀、种松志主编：《中国刑事诉讼法典百年》（中册），中国政法大学出版社 2012 年版，第 869 页。

〔2〕 关于 1996 年《刑事诉讼法》修改的背景，参见黄太云：“刑事诉讼制度的重大改革——刑事诉讼法修改的几个重大问题述要”，载《中国法学》1996 年第 2 期，第 32 页。

〔3〕 参见宋英辉：“职务犯罪侦查中强制措施的立法完善”，载《中国法学》2007 年第 5 期，第 18 页。

〔4〕 2008 年底，中央政法委出台《关于深化司法体制和工作机制改革若干问题的意见》及分工方案，提出了职务犯罪案件逮捕权改革方案。2009 年 9 月，最高人民检察院出台《关于省级以下人民检察院立案侦查的案件由上一级人民检察院审查决定逮捕的规定（试行）》，要求省级以下（不含省级）人民检察院立案侦查的案件，需要逮捕犯罪嫌疑人的，应当报请上一级人民检察院审查决定。根据 2019 年 6 月最高人民检察院《关于废止部分司法解释性质文件和规范性文件的决定》，该文件相关内容被《关于人民检察院立案侦查司法工作人员相关职务犯罪案件若干问题的规定》（高检发研字〔2018〕28 号）替代，现已失效。

样，人民检察院自侦案件中刑事拘留的最长期限可达 17 日，包括报请批准逮捕的时间和作出逮捕决定的时间。[1]2012 年《最高检规则》第 329 条将下级检察院侦查部门报请上级检察院审查逮捕的时间规定为“拘留后七日以内”；上级检察院应在收到报请逮捕书后 7 日以内作出是否逮捕的决定，特殊情况下可以延长 1 日至 3 日。2018 年《刑事诉讼法》对人民检察院自侦案件的范围作出进一步调整后，最高人民检察院《关于人民检察院立案侦查司法工作人员相关职务犯罪案件若干问题的规定》明确自侦案件的批捕权不再上提一级。[2]2019 年《最高检规则》第 296 条和第 297 条规定，检察机关内部负责侦查的部门应当在拘留后 7 日内将案件移送审查，本院负责捕诉的部门应在 7 日内报请检察长决定是否逮捕，特殊情况下可以延长 1 日至 3 日。

4. 增加“转捕前的拘留”和“审查起诉阶段对被留置犯罪嫌疑人的拘留”

2012 年《刑事诉讼法》增加了逮捕严重违反取保候审、监视居住规定的犯罪嫌疑人、被告人之前可以先行拘留的规定，即“转捕前的拘留”，目的在于防止犯罪嫌疑人、被告人继续实施危害社会安全、逃避追究刑事责任、阻碍刑事诉讼顺利进行的行为。[3]在我国，逮捕的决定权与执行权分立，取保候审和监视居住均由公安机关执行。公安机关在执行过程中发现被取保候审和监视居住的犯罪嫌疑人、被告人有违反规定的情形，认为情节严重需要逮捕的，即可实施拘留；人民法院、人民检察院决定取保候审或者监视居住的，公安机关应立即告知决定机关，由原决定机关作出逮捕决定。[4]转捕前的拘留对象包括“被告人”，说明此时案件已进入审查起诉阶段甚至审判阶段，在一定程度上突破了原刑事拘留仅适用于侦查阶段的规定。

2018 年 3 月，十三届全国人大一次会议通过的《监察法》明确区分了监察调查与刑事侦查。在涉嫌贪污、贿赂、失职、渎职等职务犯罪案件中，监察机关依据《监察法》的规定进行调查，移送人民检察院审查起诉后适用《刑事诉讼法》的规定。为了与《监察法》相衔接，2018 年《刑事诉讼法》第 170 条第 2 款增加了在审查起诉阶段对被留置犯罪嫌疑人的拘留。该款规定：“对于监察机关移送起诉的已采取留置措施的案件，人民检察院应当对犯罪嫌疑人先行拘留，留置措施自动解除。人民检察院应当在拘留后的十日以内作出是否

---

〔1〕 参见郎胜主编：《〈中华人民共和国刑事诉讼法〉修改与适用》，新华出版社 2012 年版，第 300 页。

〔2〕 2018 年 11 月，最高人民检察院《关于人民检察院立案侦查司法工作人员相关职务犯罪案件若干问题的规定》在办案程序部分明确：“人民检察院负责刑事检察工作的专门部门办理本规定所列犯罪案件，认为需要逮捕犯罪嫌疑人的，应当由相应的刑事检察部门审查，报检察长或者检察委员会决定。”

〔3〕 参见郎胜主编：《〈中华人民共和国刑事诉讼法〉修改与适用》，新华出版社 2012 年版，第 151 页、第 167 页。

〔4〕 参见 2012 年《公安部规定》第 92 条、第 117 条。

逮捕、取保候审或者监视居住的决定。在特殊情况下，决定的时间可以延长一日至四日。人民检察院决定采取强制措施的期间不计入审查起诉期限。”立法人员认为，“这里的先行拘留是一种临时性、过渡性的强制措施，目的是将犯罪嫌疑人从监察调查转入刑事诉讼程序”。[1]这与传统的、主要在侦查阶段适用的刑事拘留在性质、对象及适用条件等方面完全不同，也有学者称之为“迳行拘留”。[2]

5. 规范和完善刑事拘留的执行程序

1996年《刑事诉讼法》第62条对公安机关异地执行拘留程序、1998年《公安部规定》第315条对委托异地公安机关代为执行拘留程序分别作出了规定。

2012年《刑事诉讼法》第83条和第116条分别增加规定：“拘留后，应当立即将被拘留人送看守所羁押，至迟不得超过二十四小时。”“犯罪嫌疑人被送交看守所羁押以后，侦查人员对其进行讯问，应当在看守所内进行。”这些规定在一定程度上减少了犯罪嫌疑人完全被侦查机关控制的时间，有利于预防刑讯逼供等非法取证现象的发生。第83条还将拘留后因“有碍侦查”不通知家属的情形限定在涉嫌危害国家安全犯罪、恐怖活动犯罪两类案件中，并强调“有碍侦查的情形消失以后，应当立即通知被拘留人的家属”。

6. 保障被拘留犯罪嫌疑人的诉讼权利

鉴于律师帮助对被拘留人的重要意义，1996年《刑事诉讼法》将律师介入刑事诉讼的时间提前至侦查阶段。根据第96条规定，犯罪嫌疑人“在被侦查机关第一次讯问后或者采取强制措施之日起，可以聘请律师为其提供法律咨询、代理申诉、控告”；但对于“涉及国家秘密的案件”，聘请律师及会见均应当经过侦查机关批准；律师会见时，“侦查机关根据案件情况和需要可以派员在场”。2007年修订的《律师法》作出了与《刑事诉讼法》不一致的新规定，第33条明确指出：“犯罪嫌疑人被侦查机关第一次讯问或者采取强制措施之日起，受委托的律师凭律师执业证书、律师事务所证明和委托书或者法律援助公函，有权会见犯罪嫌疑人、被告人并了解有关案件情况。律师会见犯罪嫌疑人、被告人，不被监听。”然而，该条款并未得到很好的落实，实践中“会见难”的问题仍较为普遍。2012年修改后的《刑事诉讼法》明确了律师在侦查阶段的辩护人地位，吸收了《律师法》关于辩护律师凭相关证件有权会见被拘留人且会见时不被监听的规定，将侦查期间辩护律师会见应当经侦查机关许可的案件范围明确限定为“危害国家安全犯罪、恐怖活动犯罪、特别重大贿赂犯罪案件”，并增加了侦查

---

〔1〕王爱立主编：《中华人民共和国刑事诉讼法修改条文解读》，中国法制出版社2018年版，第86页。

〔2〕参见薛向楠：“中国刑事拘留制度的发展轨迹与完善路径（1954-2018）”，载《中国政法大学学报》2019年第3期，第175页。

机关向犯罪嫌疑人进行告知的相关义务。

在总结“刑事案件速裁程序试点”和“认罪认罚从宽制度改革试点”经验的基础上，2018 年《刑事诉讼法》正式确立了值班律师制度。通过法律援助机构在看守所派驻的值班律师，被拘留的犯罪嫌疑人没有委托辩护人，法律援助机构也没有指派律师为其提供辩护的，可以通过值班律师获得法律咨询、程序选择建议、申请变更强制措施，对案件处理提出意见等法律服务。侦查人员和看守所应当告知犯罪嫌疑人有权约见值班律师，且应当为值班律师的工作提供便利。被拘留的犯罪嫌疑人享有的权利和实际获得的法律帮助更加完善和丰富。

7. 完善对违法刑事拘留的国家赔偿制度

1994 年 5 月，第八届全国人大常委会第七次会议审议通过了《国家赔偿法》，将“对没有犯罪事实或者没有事实证明有犯罪重大嫌疑的人错误拘留的”情形纳入刑事赔偿的范围。2010 年修正后的《国家赔偿法》将归责原则由“过错责任原则”修改为“违法责任原则”。“违法刑事拘留”包括两种情形：一是违反刑事诉讼法的规定对公民采取拘留措施的；二是依照刑事诉讼法规定的条件和程序对公民采取拘留措施，但是拘留时间超过刑事诉讼法规定的时限，其后决定撤销案件、不起诉或者判决宣告无罪终止追究刑事责任的。2012 年最高人民法院《关于国家赔偿案件案由的规定》将“违法刑事拘留赔偿”作为法定案由之一。2015 年 12 月，最高人民法院、最高人民检察院《关于办理刑事赔偿案件适用法律若干问题的解释》进一步明确了“终止追究刑事责任”以及第二种违法刑事拘留情形的具体含义，并要求赔偿委员会对刑事拘留的条件和程序进行实质审查，以确定具体行为是否违反法律规定。[1]然而，依照法律规定的条件和程序采取刑事拘留，拘留时间超过刑事诉讼法规定的时限，其后没有终止追究刑事责

〔1〕 2015 年 12 月，最高人民法院、最高人民检察院《关于办理刑事赔偿案件适用法律若干问题的解释》（法释〔2015〕24 号）第 2 条规定：“解除、撤销拘留或者逮捕措施后虽尚未撤销案件、作出不起诉决定或者判决宣告无罪，但是符合下列情形之一的，属于国家赔偿法第十七条第一项、第二项规定的终止追究刑事责任：（一）办案机关决定对犯罪嫌疑人终止侦查的；（二）解除、撤销取保候审、监视居住、拘留、逮捕措施后，办案机关超过一年未移送起诉、作出不起诉决定或者撤销案件的；（三）取保候审、监视居住法定期限届满后，办案机关超过一年未移送起诉、作出不起诉决定或者撤销案件的；（四）人民检察院撤回起诉超过三十日未作出不起诉决定的；（五）人民法院决定按撤诉处理后超过三十日，人民检察院未作出不起诉决定的；（六）人民法院准许刑事自诉案件自诉人撤诉的，或者人民法院决定对刑事自诉案件按撤诉处理的。赔偿义务机关有证据证明尚未终止追究刑事责任，且经人民法院赔偿委员会审查属实的，应当决定驳回赔偿请求人的赔偿申请。”第 5 条规定：“对公民采取刑事拘留措施后终止追究刑事责任，具有下列情形之一的，属于国家赔偿法第十七条第一项规定的违法刑事拘留：（一）违反刑事诉讼法规定的条件采取拘留措施的；（二）违反刑事诉讼法规定的程序采取拘留措施的；（三）依照刑事诉讼法规定的条件和程序对公民采取拘留措施，但是拘留时间超过刑事诉讼法规定的时限。违法刑事拘留的人身自由赔偿金自拘留之日起计算。”

任的，并不在违法刑事拘留的国家赔偿范围之中。

综上所述，刑事拘留制度的发展历程可以大致划分为三个阶段：

第一个阶段，1954 年至“文化大革命”前，是刑事拘留制度的创建时期。此时的刑事拘留是逮捕的前置手段，是公安机关在实际工作中遇到来不及由检察院或法院决定逮捕再执行的情况时适用的临时强制到案措施。公安机关应在 24 小时内报告检察机关，由后者作出捕或不捕的决定。刑事拘留的“紧急性”和“临时性”特征都十分明显。只是刑事拘留初创时期的有限法律规定在“文化大革命”期间实际上被废弃。

第二个阶段，1979 年至 1995 年，是刑事拘留制度的恢复与重建时期。1979 年《刑事诉讼法》建立了包括刑事拘留在内的强制措施体系，增加了出示拘留证的要求，但削弱了刑事拘留的紧急到案功能；延长刑事拘留期限并赋予公安机关提请批准逮捕的裁量权，刑事拘留成为独立的强制措施并初步具备羁押属性和查证保障功能。

第三个阶段，1996 年至今，是刑事拘留的权力扩充时期。刑事拘留制度的发展呈现适用对象扩大、适用主体扩张和羁押期限延长的趋势，“紧急性”和“临时性”特征日益模糊，羁押属性和查证保障功能突显，到案功能不断削弱并与其他措施竞合。律师帮助等相关制度建立完善后，被拘留人的权利在一定程度上得到了保障。

改革开放以来，在刑事拘留制度的发展过程中，有两个倾向值得关注：一是立法机关希望尽可能地将诉讼中遇到的问题通过羁押性质的措施“一揽子”解决。正在实行犯罪、可能逃避追诉、可能毁灭证据的，流窜作案、结伙作案、多次作案嫌疑有待排查的，以及留置转为逮捕或取保候审等措施需要审查的都通过刑事拘留来解决。这种“先将人关押起来审查后再作处理”的思维方式在我国刑事司法制度中根深蒂固，对诉讼制度的正当化改革形成障碍。二是“重打击轻保护”的观念长期存在，立法及其修改更多地考虑侦查或办案需要，被追诉人的权利没有得到同等重视。

二、刑事拘留制度存在的主要问题

（一）刑事拘留的功能定位不清

2018 年《刑事诉讼法》修改后，刑事拘留可以分为三种，即一般刑事拘留、转捕前的拘留和审查起诉阶段对被留置犯罪嫌疑人的拘留。[1]适用的对象也可以分为三类：（1）符合特定情形的现行犯或者重大嫌疑分子；（2）违反取保候

---

〔1〕为论述方便，本书将《刑事诉讼法》第 82 条规定的主要由公安机关在刑事侦查阶段适用的拘留称为“一般刑事拘留”。

审或监视居住的规定，情节严重，需要逮捕的犯罪嫌疑人、被告人；（3）监察机关移送审查起诉的已被留置的犯罪嫌疑人。在“一揽子”解决问题的观念下，法律对刑事拘留可谓“寄予厚望”；仅一般刑事拘留的目的就包括“及时制止正在进行的犯罪，抓获现行犯罪分子和重大嫌疑分子；阻止犯罪危害延续，尽量消除犯罪后果；及时取得罪证，查明案情，保障侦查工作顺利进行”。[1]然而，集多项功能于一身并不总是好事。刑事拘留究竟是什么？根据现行法已经很难给出准确的定义。功能定位不清是当前刑事拘留制度在立法层面最大的问题，也是实践中诸多问题频出的根源。

关于刑事拘留的强制到案功能，1979 年《刑事诉讼法》增加“出示拘留证”程序，在一定程度上抑制了恣意剥夺人身自由、侵犯公民基本权利的现象，但由于拘传、传唤、留置盘问、抓捕等多种到案措施并存，刑事拘留原有的紧急强制到案功能受到削弱。实践中，刑事拘留之前采用其他措施强制犯罪嫌疑人到案已是常态。

首先，拘传、口头传唤。在《刑事诉讼法》框架内，同为侦查机关自审自批的强制措施，拘传的目的在于强制未被羁押的犯罪嫌疑人到案接受讯问。与刑事拘留相比，拘传的条件更宽松，由侦查机关根据案件情况决定即可。为了满足侦查取证工作的实际需要，2012 年《刑事诉讼法》对传唤犯罪嫌疑人的方式作了补充，增加了对在现场发现的犯罪嫌疑人，经出示工作证件可以“口头传唤”的规定。犯罪嫌疑人经传唤（包括口头传唤）和拘传到案后，侦查机关应立即讯问，并根据讯问及其他侦查活动的结果决定下一步处置。

其次，留置盘问。2012 年修正的《人民警察法》第 9 条规定，“为维护社会治安秩序，公安机关的人民警察对有违法犯罪嫌疑的人员，经出示相应证件，可以当场盘问、检查”；对“被指控有犯罪行为的”“有现场作案嫌疑的”“有作案嫌疑身份不明的”以及“携带的物品有可能是赃物的”违法犯罪嫌疑人，可以带至公安机关，经批准后对其继续盘问。被盘问人在公安机关的留置时间一般不超过 24 小时；特殊情况下，经县级以上公安机关批准，可以延长至 48 小时。在此期间，公安机关可以依法进一步采取刑事拘留或其他强制措施。在我国，公安机关既是行政机关也承担刑事侦查职能，大部分危害社会的行为由公安机关第一时间到场处置，再根据行为的社会危害程度给予治安行政处罚或作为刑事案件立案侦查。《人民警察法》的规定相当于在刑事拘留前增加了一个无证到案措施，以应对工作中常见的来不及办理拘留手续的情况。由于无需事前审批、手续便利，留置盘问被广泛用于侦查实践。

最后，抓捕。抓捕并不是法律规定的强制措施，但在实践中被普遍使用。由

[1] 王爱立主编：《〈中华人民共和国刑事诉讼法〉释义》，法律出版社 2018 年版，第 187-188 页。

于《刑事诉讼法》一直没有规定无证拘留，而实践中往往存在一些紧急情形来不及办理拘留审批手续，公安机关便利用自己审批刑事拘留的便利“先抓人后办手续”。1998 年《公安部规定》第 106 条规定，“因情况紧急来不及办理拘留手续的，应当在将犯罪嫌疑人带至公安机关后立即办理法律手续”。从而将实践中的变通做法合法化了。

关于刑事拘留的查证保障功能。确实、充分的证据是实现成功追诉的必要条件。刑事拘留具有羁押性，可以满足侦查机关对于封闭式讯问环境的要求，也能最大程度地避免可能出现的证据保全风险。相对于拘传、传唤等措施，刑事拘留能够在更长时间内控制犯罪嫌疑人，为侦查机关通过讯问获得较稳定的有罪供述，并且“沿供求证”获得更多证据，形成指控犯罪的证据锁链提供了充足的时间。刑事拘留由侦查机关“自审自批”，因缺乏外部监督而“自主可控”，且能够在取保候审和监视居住之间灵活转换。羁押性、可控性和灵活性使刑事拘留成为侦查工作的有力工具。〔1〕增加审查起诉阶段对被留置犯罪嫌疑人的拘留是查证保障功能的进一步拓展，保障检察机关有充裕且相对独立的时间审查监察机关移送的材料和办理相关手续。经过四十年来的发展，查证保障现已成为刑事拘留最主要的功能。

综上，当前刑事拘留的功能定位在立法层面出现混乱；实践中刑事拘留的部分功能被架空、法律规定被选择性适用，有悖立法初衷、有损法律权威。如果将刑事拘留改造成纯粹的强制到案措施，无助于改变其与现有各类强制措施之间的竞合关系；在立法技术层面是冗余规定，在实践中可能导致侦查机关面对多项可选措施反而无所适从，也可能给侦查权的滥用埋下隐患。如果延续现有的查证保障功能定位，虽然可以有力地惩罚犯罪，但依附于办案工作需要的长时间羁押极易使犯罪嫌疑人的权益遭受侵害，进而动摇刑事拘留制度的正当性基础。

（二）刑事拘留的适用对象不明确

对侦查中可能遇到的紧急情况进行列举的方式源于 1954 年《逮捕拘留条例》。1979 年《刑事诉讼法》增加了“现行犯或者重大嫌疑分子”作为前提条件，沿用至今未被修改。从法条的字面含义来看，刑事拘留的对象首先应是“现行犯或者重大嫌疑分子”，其次应符合列举的情形之一。这样的立法表述方式有画蛇添足之嫌，在逻辑上也无法自洽。

关于现行犯，法律上没有明确定义，学术界观点不一。“准现行犯”包括哪

〔1〕 关于刑事拘留的羁押性、可控性和灵活性的详细论述，参见蒋勇：“压力型司法与刑事拘留制度的改革路径”，载《中国人民公安大学学报（社会科学版）》2019 年第 3 期，第 50-51 页。

些情形尚未有定论，[1]“正在预备犯罪的”情形是否属于现行犯也存在争议，[2]但是“正在实行犯罪或者在犯罪后即时被发觉的”是狭义的现行犯已经形成共识。因此，“现行犯+正在实行犯罪或者在犯罪后即时被发觉”的条文结构被普遍认为是缺乏现行犯观念导致的冗余规定。在我国“行政违法——犯罪”二元结构中，现行犯并不必然构成刑事犯罪。“现行犯案件的法律性质往往具有模糊性和不确定性，要求执法人员在采取积极措施之前就对行为性质作出判断，也几乎是不可能的。”[3]在各类宣传报道中，公安机关更倾向于使用“现行违法犯罪”一词来展示其有效打击犯罪、维护社会治安的成果。另外，现行犯与准现行犯的共同特点是犯罪指向性明确，即使是普通人也能够根据生活经验作出判断。这种判断应只是事实判断，而不需要结合具体罪名，也不涉及是否具有刑事责任能力，属于犯罪的哪一阶段或者哪种特殊形态等需要综合多方面因素考量的问题。

对于重大嫌疑分子，法律的规定更加模糊。立法人员认为：“重大嫌疑分子是指侦查机关通过侦查，已经有较大量的证据能够基本证明犯罪系其实施的犯罪嫌疑人。”[4]对于“企图自杀、逃跑的”，“有毁灭、伪造证据或者串供可能的”以及“不讲真实姓名、住址，身份不明的”情况而言，以重大嫌疑分子作为限定性的前提条件体现了严格控制具有羁押性质的强制措施适用的理念，有助于担保刑事拘留的正当性。但是，现行犯因其明确的犯罪指向性也应属于重大嫌疑分子的范畴。二者本是从属关系，却被法律用“或者”连接相并列，属于明显的逻辑错误。

（三）刑事拘留的期限过长

刑事拘留的期限一直是实务部门和学术界争议的焦点。在制定和修改《刑事诉讼法》的过程中，实务部门要求延长刑事拘留期限的意见始终存在。学术界则普遍认为刑事拘留剥夺人身自由的时间过长，其间缺乏外部监督，被拘留人的诉讼权利及其他合法权益极易遭受侵害；现行规定与我国已签署的国际公约的要求不符，也与我国正努力推进的刑事诉讼法治化趋势相悖。

---

〔1〕有学者认为刑事拘留条件列举的第二、三、四、五项都属于准现行犯的规定，参见耿连海：“关于对现行犯适用先行拘留的思考”，载《政法学刊》2004年第6期。也有学者认为只有第二、三、四项才属于准现行犯的规定，参见周长军：“现行犯案件的初查措施：反思性研究——以新《刑事诉讼法》第117条对传唤、拘传的修改为切入”，载《法学论坛》2012年第3期，第25页；吴宏耀：“现行犯视角下的拘留扭送制度”，载《中国刑事法杂志》2016年第1期，第51页。

〔2〕“预备犯罪”有两种含义，一种是刑法中规定的犯罪的预备犯，另一种是不单独构成犯罪的预备行为；后者当然不应存在拘留的问题。参见孙长永：“论建立无证拘留制度”，载《现代法学》1994年第2期，第13页。

〔3〕参见吴宏耀：“现行犯视角下的拘留扭送制度”，载《中国刑事法杂志》2016年第1期，第65页。

〔4〕王爱立主编：《〈中华人民共和国刑事诉讼法〉释义》，法律出版社2018年版，第187页。

我国已于1998年10月5日签署了《公民权利和政治权利国际公约》（以下简称《两权公约》），理应承担尊重公约目的和宗旨的义务。目前我国的刑事司法制度和实践与国际公约的要求存在一定差距，导致全国人大迟迟不能批准通过公约。《两权公约》第9条第3款要求，“任何因刑事指控被逮捕或拘禁的人，应被迅速带见法官或其他经法律授权行使司法权力的官员，并有权在合理的时间内受审判或被释放”。[1]以“迅速”作为对有关当局勤勉义务的要求，是因为受到现实中多种因素的影响难以对此段时间给出确定标准。联合国人权事务委员会对此采用逐案评估的方式，不对有关当局是否“迅速”履行义务直接作出评价，而是审查从逮捕到初次见到法官的时间及期间各项活动是否存在“不当的拖延”；[2]一般认为，48小时足以将被逮捕人带到法官面前和准备进行司法听证；[3]超过48小时的任何迟延都必须是例外，且应当根据当时情况评估合理性。[4]多数缔约方的法律都具体规定了时间限制，有些规定少于48小时，个案的具体时间不应超过这些时间限制；青少年案件应严格适用“迅速”的标准，例如限制在24小时内。[5]完成调查的障碍可以是延长时间的理由，但人手不足或预算限制等不在此列。[6]

在我国，刑事拘留后公安机关提请审查逮捕的时间分为三档：3日内、7日内和30日内；检察机关自侦案件中，负责侦查的部门移送审查逮捕的时间为拘留后7日内；[7]审查起诉阶段对被留置犯罪嫌疑人的拘留最长为14日。从时间的绝对值来看，现行法的规定很难被解释为符合“迅速”的要求。从延长的理

---

〔1〕《两权公约》没有明确界定“逮捕”和“拘禁”的概念。联合国人权事务委员会解释到：“逮捕”一词系指抓获某人从而开始剥夺其自由；“拘禁”一词系指从逮捕开始的剥夺自由，其延续时间从抓获开始至释放。参见 Human Rights Committee. General comment No. 35, CCPR/C/GC/35, 16 December 2014, para. 13。因此，在我国法律语境中，刑事拘留及其他强制到案措施属于国际公约意义上的逮捕，刑事拘留后人身自由被剥夺的状态属于国际公约意义上的拘禁。

〔2〕联合国人权事务委员会在针对缔约方的个人来文的意见中，对每个来文中的具体情况进行分析，评价其是否符合公约的规定。在“迅速带见法官”问题上，联合国人权事务委员会指出“迅速”一词的确切含义可能因客观情况的不同而不同。参见 Human Rights Committee. General comment No. 35, CCPR/C/GC/35, 16 December 2014, para. 33.

〔3〕Kovsh v. Belarus, No. 1787/2008, 27 March 2013, UN Doc. CCPR/C/107/D/1787/2008, paras. 7. 3–7. 5.

〔4〕Kovsh v. Belarus, No. 1787/2008, 27 March 2013, UN Doc. CCPR/C/107/D/1787/2008, paras. 7. 3–7. 5; Fillastre and Bizouarn v. Bolivia, No. 336/1988, 5 November 1991, UN Doc. CCPR/C/43/D/336/1988, para. 6. 4.

〔5〕Committee on the Rights of the Child. General Comment No. 10, CRC/C/GC/10, 25 April 2007, para. 83.

〔6〕Human Rights Committee. General comment No. 35, CCPR/C/GC/35, 16 December 2014, para. 37.

〔7〕2019年《最高检规则》第296条规定：“人民检察院办理直接受理侦查的案件，需要逮捕犯罪嫌疑人的，由负责侦查的部门制作逮捕犯罪嫌疑人意见书，连同案卷材料、讯问犯罪嫌疑人录音、录像一并移送本院负责捕诉的部门审查。犯罪嫌疑人已被拘留的，负责侦查的部门应当在拘留后七日以内将案件移送本院负责捕诉的部门审查。”

由来看，法律中“特殊情况”“案情重大、复杂”等规定过于模糊、粗疏，是导致实践中“隐性的超期羁押”的原因之一。

（四）刑事拘留缺乏监督制约

《两权公约》中“迅速带见法官”除了时效性方面的要求以外，还要求建立一整套对强制措施的司法审查制度。司法审查是依法剥夺人身自由的程序保障，目的在于将逮捕或拘留置于司法控制之下。法官对逮捕或拘留的审查是一种事后监督，不论逮捕前是否取得相应令状，及时的司法审查必不可少。审查的内容包括逮捕或拘留的合法性，以及羁押的必要性。经过审查，法官应当作出释放或还押看管以进行更多调查或等待审判的决定。一方面，能够保障被逮捕或拘留的人在合理的时间内接受审判或被释放，不至于被警察等执行机关无限期剥夺人身自由，使审判前的逮捕或拘留成为一种任意的，甚至带有惩罚性的关押措施。另一方面，“迅速带见法官”也被认为是对人身安全的保障，可以防止发生酷刑和残忍、不人道或有辱人格的待遇。〔1〕考虑到各缔约方国内法的差异，司法审查的主体可以是“其他经法律授权行使司法权力的官员”，前提条件是他们具备与法官类似的属性——独立、中立与客观。《保护所有遭受任何形式拘留或监禁的人的原则》原则9指出：逮捕、拘留某人或调查该案的当局只应行使法律授予他们的权力，此项权力的行使应受司法当局或其他当局的复核。换言之，负责逮捕、拘留的机关必须接受司法机关或其他机关的审查，警察权与司法权必须由不同机关行使，不可混合。〔2〕

在我国，对刑事拘留的监督制约，实质上是对侦查权的监督制约，一直以来都是我国刑事司法制度的“短板”。基于侦查效率方面的考虑，刑事拘留主要由侦查机关决定并执行。为平衡惩罚犯罪与保障人权，刑事拘留的合法性与继续羁押的必要性应受到及时的事后审查。1979年《刑事诉讼法》取消了“拘留后24小时内将拘留的事实和理由通知检察院”的规定，变“拘留后强制逮捕审查模式”为“拘留后裁量提请逮捕模式”；〔3〕刑事拘留成为独立的强制措施，而对刑事拘留合法性、羁押必要性的事后审查制度始终未能建立。

现行法框架下，刑事拘留的适用“还处于较为原始的检察控制、警察实施阶段，而没有受到专门的司法控制”。〔4〕而目前对包括刑事拘留在内的强制性措施

〔1〕参见Human Rights Committee. General comment No. 35, CCPR/C/GC/35, 16 December 2014, paras. 32-36。

〔2〕参见程味秋等主编：《公民权利和政治权利国际公约培训手册——公正审判的国际标准和中国规则》，中国政法大学出版社2003年版，第39页。

〔3〕参见薛向楠：“中国刑事拘留制度的发展轨迹与完善路径（1954-2018）”，载《中国政法大学学报》2019年第3期，第173页。

〔4〕参见陈瑞华：“未决羁押制度的理论反思”，载《法学研究》2002年第5期，第66页。

的检察监督也亟待完善：一是检察机关无法对强制性措施的决定适用、延长期限等重大事项进行事前审查；二是强制性措施执行过程中运行封闭，检察机关难以进行事中监督；三是相对人申诉救济机制不健全。〔1〕

检察机关对刑事拘留的监督主要通过审查逮捕和审查起诉程序进行；对于侦查机关未报捕或未移诉的案件，有效的信息获取途径尚且缺乏，更不用说进行监督了。〔2〕统计数据显示，2009—2018 年，公安机关刑事案件立案总数为 61 397 519件，而检察机关批捕总数为 6 659 031 件，仅为立案数的 10. 85%，起诉总数为 9 835 352 件，占立案数的 16. 02%；〔3〕即使加上部分不批准逮捕和不起诉的案件，仍有大量的未报捕、未移诉案件未进入检察监督的视野。在审查逮捕或者审查起诉过程中，对刑事拘留的监督也仅具有附带性质。与刑事拘留合法性、必要性相比，检察机关更加关注侦查机关或部门是否权力寻租，是否将本应报捕的被拘留人取保候审、监视居住，甚至撤案释放导致放纵犯罪。〔4〕在监督的方式方面，除刑讯逼供、超期羁押等严重违法情形以外，违反法律关于刑事拘留的决定、执行、变更、撤销等方面的规定通常被视为程序瑕疵，远未达到影响证据确实、充分或案件定性的程度，检察机关不会就此作出不批准逮捕或不起诉的决定，更不会以侦查活动中的违法情形已涉嫌犯罪为由立案侦查，而多以向侦查机关发出《纠正违法通知书》的方式行使监督权。侦查机关需要做的仅仅是调查核实、及时纠正，并将纠正情况书面通知检察机关。检察机关的侦查监督事实上还处于软弱无力的状态，缺乏必要的刚性约束力。

（五）被拘留人的权利保障不足

目前，《刑事诉讼法》及相关法律法规关于被拘留人诉讼权利的规定主要体现在以下几个方面。第一，刑事拘留后 24 小时内送看守所关押，讯问只能在看守所进行，并且全程同步录音录像。讯问过程透明、可视、可追溯，在一定程度上降低了发生刑讯逼供的风险。第二，自被侦查机关第一次讯问或采取强制措施

---

〔1〕 参见孙谦："刑事侦查与法律监督"，载《国家检察官学院学报》2019 年第 4 期，第 12 页。

〔2〕 根据 2012 年《公安部规定》第 127 条的规定，对被拘留的犯罪嫌疑人审查后，公安机关的处理方式有以下四种：（1）需要逮捕的，在拘留期限内，依法办理提请批准逮捕手续；（2）应当追究刑事责任，但不需要逮捕的，依法直接向人民检察院移送审查起诉，或者依法办理取保候审或者监视居住手续后，向人民检察院移送审查起诉；（3）拘留期限届满，案件尚未办结，需要继续侦查的，依法办理取保候审或者监视居住手续；（4）具有依法不应当追究刑事责任、应当撤销案件的情形之一的，释放被拘留人，发给释放证明书；需要行政处理的，依法予以处理或者移送有关部门。

〔3〕 参见李华伟："派驻公安执法办案管理中心检察机制研究——侦查监督的中国路径探索"，载《国家检察官学院学报》2020 年第 2 期，第 75 页。

〔4〕 根据 2019 年《最高检规则》第 288 条、第 330 条以及第 567 条的规定，防止"漏捕""漏诉"是审查逮捕和审查起诉阶段的重要目标，必要时检察机关可以要求公安机关提请批准逮捕，甚至直接作出逮捕决定送达公安机关执行。这与对不起诉和无罪判决的严格把关、审慎决定具有相同的思维逻辑。

之日起可以委托辩护人，申请法律援助机构指派律师辩护，或者约见值班律师提供法律帮助；辩护律师可以同被拘留人会见或通信。第三，申请或者通过辩护律师或值班律师申请变更强制措施。第四，被非法刑事拘留的人可以获得国家赔偿。可以说，近年来被拘留人的权利保障程度有了很大提高，但我国被拘留人的权利保障尚存在下列不足。

1. 缺少被告知刑事拘留理由和指控的权利

知悉权是对抗公权力“信息封锁”的有效方式。[1]对一切与自身利益相关的刑事诉讼程序性和实体性信息，除涉及国家秘密或商业秘密、个人隐私以外，被追诉人都应当有权知悉；知悉的主要方式是追诉机关的主动告知。《两权公约》第9条第2款规定：“任何被逮捕的人，在被逮捕时应被告知逮捕他的理由，并应迅速告知对他提出的任何指控。”第14条第3款也将“迅速以一种他懂得的语言详细地告知对他提出的指控的性质和原因”作为获得公正审判的“最低限度保证”之一。

我国《刑事诉讼法》共有22处关于“告知”的规定，与刑事拘留相关的有4处，仅涉及对侦查阶段诉讼权利与义务，即程序性信息的告知。[2]法律中缺乏向被拘留人告知刑事拘留理由或指控等实体方面信息的规定，仅在辩护律师向侦查机关了解案件有关情况时，要求侦查机关向辩护律师告知被拘留人涉嫌的罪名和当时已查明的该罪的主要事实，以及被采取、变更、解除强制措施，延长侦查羁押期限等案件有关情况。[3]这样的规定默认了被拘留人是事实上的犯罪者，对自己的行为心知肚明，在一定程度上表现出“有罪推定”的倾向，可能影响被拘留人其他诉讼权利的有效行使。

2. 被拘留人权利受到侵害时缺乏有效的救济

“无救济则无权利”，这句法谚强调了救济对于权利实现的重要作用，在刑事诉讼领域同样适用。自1979年《刑事诉讼法》实施以来，犯罪嫌疑人的诉讼权利渐趋丰富，但法律对权利的保障以强调公权力机关的义务为主，而在有效的权利救济方面仍存在诸多不足，主要表现在两个方面。

其一，对于侦查机关延长刑事拘留期限的决定，被拘留人没有提出异议的权利。在我国，由于羁押期限完全依附于办案期限，侦查机关根据侦查工作的进展

---

〔1〕 参见王万华主编：《知情权与政府信息公开制度研究》，中国政法大学出版社2013年版，第2页。

〔2〕 即侦查机关在第一次讯问犯罪嫌疑人或者采取强制措施时应告知犯罪嫌疑人有权委托辩护人（第34条第2款）；看守所应当告知犯罪嫌疑人有权约见值班律师，并提供便利（第36条第2款）；公安机关不同意变更强制措施的，应当告知申请人并说明理由（第97条）；侦查人员在讯问犯罪嫌疑人的时候，应当告知其享有的诉讼权利，如实供述自己的罪行可以从宽处理和认罪认罚的法律规定（第120条第2款）。

〔3〕 参见《刑事诉讼法》第38条。

情况自行决定延长拘留期限已成为实践中的常态。除按规定履行报批手续外，延长拘留期限只需填写固定格式的通知书并送达被拘留人。无论延长 1 日至 4 日，还是直接延长至 30 日，被拘留人对侦查机关的延长决定只能在通知书上签字确认，无提出异议或申请司法救济的权利。

其二，对侦查机关不同意解除或变更强制措施的决定，被拘留人缺乏有效的救济途径。要求解除或申请变更强制措施是犯罪嫌疑人在侦查阶段的一项重要诉讼权利。根据立法和有关法律解释的规定，刑事拘留期限届满的，被拘留人及其法定代理人、近亲属或者辩护人有权要求解除；〔1〕被拘留人可以直接申请变更强制措施，也可以通过辩护律师、值班律师向公安机关、人民检察院提出申请。对被拘留人及其法定代理人、近亲属或者辩护律师提出的变更强制措施申请，公安机关、人民检察院应当在 3 日内作出决定，不同意变更的，应书面告知申请人并说明不同意的理由。〔2〕换言之，尽管法律赋予被拘留人要求解除和申请变更强制措施的权利，但最终的决定权仍属于原决定刑事拘留的机关。受多种因素的影响，刑事拘留期间申请侦查机关解除或变更强制措施较为困难。〔3〕在现行法框架内，对于侦查机关不同意解除或变更的决定，申请人并没有获得救济的途径。

3. 违法刑事拘留赔偿的范围有待进一步完善

根据现行《国家赔偿法》及相关司法解释的规定，违法刑事拘留造成的损失属于刑事赔偿的范围。但是，依照法定条件和程序采取刑事拘留后，超过了法定最长期限的，只要被拘留人最终被追究了刑事责任，就不构成违法刑事拘留，被拘留人无法获得国家赔偿。这意味着，超期羁押虽然不合法，而且普遍存在，但却不属于国家赔偿的范围。因此，国家赔偿中“违法责任”的归责原则并未完全落到实处，这对于督促办案人员严格遵守法律关于刑事拘留的条件、程序及期限的规定是极为不利的。

根据国家赔偿理论，办案机关在追诉犯罪的过程中难免会侵犯到公民个人的权益，被侵犯的权益是为公共利益承担了特别的牺牲，刑事赔偿应对此特别牺牲予

---

〔1〕 参见《刑事诉讼法》第 99 条。

〔2〕 参见《刑事诉讼法》第 97 条、2012 年《公安部规定》第 157 条、2019 年《最高检规则》第 151 条。

〔3〕 影响强制措施变更的因素较多。通常情况下，刑事拘留由侦查机关“自审自批”且无外部监督制约，其强大的查证保障功能给侦查工作带来极大便利。如果已经查明案情、证据收集固定完毕，侦查机关认为符合逮捕条件的，会自动提请批准逮捕。在逮捕与否的决定作出前，侦查机关一般不同意改变刑事拘留的现状。如果案情尚未查明，证据尚未收集完毕，出于对“脱管风险”的担忧，除明显超出法定刑事拘留期限的情况外，侦查机关通常不会变更刑事拘留为取保候审或监视居住。此外，侦查机关内部不乏“刑事拘留后提捕期限最长只有 30 日，与逮捕相比较短，没有必要变更强制措施”或者“先提请批准逮捕，如未批准再变更或解除也不迟”等观点。“刑事拘留转捕率”曾是公安机关执法办案质量考核的指标之一，刑事拘留后转取保候审曾一度被认为是案件质量不高的表现。关于刑事拘留质量评价的分析，参见“当务之急：提高刑事拘留质量”，载《人民公安》1997 年第 19 期，第 13 页。

以救济。刑事赔偿是一种弥补责任，是为了实现矫正正义，其本质是对损害予以矫正恢复。〔1〕被拘留人人身自由权及相关利益受到的侵犯，并不因为其事实上有罪而有所减少。即使最终被判决有罪，超出法定期限剥夺人身自由的，仍应获得国家赔偿。在现行法框架下，被拘留人就违法拘留获得国家赔偿的权利尚不够完整。

三、刑事拘留制度的实施情况

（一）适用刑事拘留的基本情况

我国刑事拘留的适用情况，官方从未公布过统计数据。全国公安机关和检察机关每年究竟拘留了多少犯罪嫌疑人？外界无从知晓。因此，关于刑事拘留的适用情况，学界只能在局部调研或者抽样调查的基础上进行分析研究，涉及的调研范围较小，所能收集到的数据有限。根据本课题组以及学界的调研，刑事拘留的适用整体上呈现出以下几个特点。

1. 刑事拘留适用的普遍化

多项调查研究结论表明，全国各地均存在侦查阶段普遍适用刑事拘留的现象。如通过对郑州市公安局 2009 年执法质量考核抽样提交的案卷进行统计，720 件 951 名犯罪嫌疑人中有 651 件 843 人被刑事拘留，占案件总数的 90.42%和犯罪嫌疑人总数的 88.64%。〔2〕通过对东、中、西部三个地区基层法院的判决书所载被告人受强制措施的情况进行统计，约有 93%的被告人曾在侦查初期被刑事拘留，而只有 78%的被告人曾被逮捕；刑事拘留是侦查阶段适用率最高的强制措施，对象范围覆盖公安机关管辖的全部案件类型及犯罪嫌疑人。〔3〕近年来，各地进行了各有侧重的多项改革试点，出台了具有地方特点的实施办法。然而，总体而言，涉及侦查阶段、侦查程序和工作机制方面的改革措施并不多，刑事拘留的适用状况并未发生较大变化。即使在规模最大、改革范围最广的认罪认罚从宽制度改革中，审前阶段也存在动力不足的问题，侦查机关甚至成为“旁观者”，不愿减少适用和变更强制措施。〔4〕

由于法律对刑事拘留的对象和条件的规定不明确，实践中只要存在犯罪嫌疑，即可适用刑事拘留；侦查机关将刑事拘留作为常用的侦查手段，扩大化适用的倾向明显。这一点在轻微刑事案件中体现得更加突出。据北京市认罪认罚从宽制度改革试点经验总结，在审结的 20 026 名被告人中有 14 520 人曾被适用拘留、

---

〔1〕参见何君：“《刑事赔偿解释》起草原则之解读”，载《中国法律评论》2016 年第 2 期，第 157 页。

〔2〕参见张超：“公安机关实施刑事拘留期限状况调查报告”，载《中国刑事法杂志》2010 年第 5 期，第 98-101 页。

〔3〕参见孙长永、武小琳：“新《刑事诉讼法》实施前后刑事拘留适用的基本情况、变化及完善——基于东、中、西部三个基层法院判决样本的实证研究”，载《甘肃社会科学》2015 年第 1 期，第 166 页。

〔4〕参见杨立新：“认罪认罚从宽制度试点总结报告”，载胡云腾主编：《认罪认罚从宽制度的理解与适用》，人民法院出版社 2018 年版，第 279-280 页。

逮捕羁押性强制措施，占比 72.5%；最终被判处三年以下有期徒刑、拘役、缓刑、单处罚金、免予刑事处罚的共 19 390 人，占比高达 96.8%，超过三年有期徒刑的 636 人，仅占 3.2%。[1]换言之，案件情节轻重与犯罪嫌疑人个人情况对刑事拘留适用的影响微乎其微。

除了在有犯罪嫌疑的情况下适用以外，刑事拘留还可能被用于其他非刑事追诉目的，这是典型的对刑事拘留的滥用。例如，将刑事拘留作为插手经济纠纷的手段，尤其是在涉及地方大型企业的案件或具有一定社会影响的案件中，或者将刑事拘留作为促成民事赔偿的手段、维护社会秩序时的“刚性维稳”手段等。[2]有的公安机关甚至在诸如轻微伤害、轻微盗窃、吸食毒品等治安案件和一些自诉案件中惩罚性地适用刑事拘留，之后再撤销案件。例如，四川省南充市人民检察院曾经对公安机关适用刑事拘留的情况进行专项检查，在抽查的 670 件案件中，有 70 人被刑事拘留后作了无罪处理。[3]

2. 刑事拘留期限的最大化

如前文所述，刑事拘留的期限较长且可由侦查机关自行决定延长，与“迅速带见法官”的基本人权保障要求之间存在较大差距。由于羁押期限与办案期限未严格分离，实践中刑事拘留期限往往因侦查人员的办案需要而延长，以最大程度地发挥其查证保障功能。从调研的数据来看，四川省南充市 2001—2003 年被逮捕人员捕前拘留期限延长至 30 日的人数分别为 75.2%、72.5%和 78.6%。[4]某直辖市一城区看守所 2005 年 5 月离所的 337 名被拘留人拘留期限延长率为 98.8%，平均被延长至 28.5 天；其中，延长至 7 天者为 19 人，占全部被调查者的 5.6%；延长至 30 天的为 298 人，占 88.4%；另有个别人员延长至 30 天以上；本市籍犯罪嫌疑人拘留期限被延长时间平均为 21 天，外省市籍犯罪嫌疑人平均延长期限为 30 天。[5]在河南省郑州市公安局 2009 年执法质量考核中，将报捕时间延长到 4 日至 7 日和 8 日至 30 日的人数分别占 32.74%和 38.43%。[6]2013 年以后，延长报捕时间的情况有一定程度的减少，但 3 日内报捕或变更强制措施的

---

〔1〕 参见温小洁：“认罪认罚从宽制度北京试点经验”，载胡云腾主编：《认罪认罚从宽制度的理解与适用》，人民法院出版社 2018 年版，第 291 页。

〔2〕 参见刘鸿斌等：“强化刑事拘留专门化检察监督——以江西省景德镇地区专项调研数据为分析样本”，载《人民检察》2017 年第 22 期，第 60 页。

〔3〕 参见南充市人民检察院课题组：“公安刑事拘留专项检察监督调研分析”，载《西南政法大学学报》2008 年第 3 期，第 79 页。

〔4〕 南充市人民检察院课题组：“公安刑事拘留专项检察监督调研分析”，载《西南政法大学学报》2008 年第 3 期，第 80 页。

〔5〕 参见侯晓焱、刘秀仿：“关于刑事拘留期限延长的实证分析——兼谈刑事诉讼法第六十九条的适用与完善”，载《人民检察》2005 年第 22 期，第 46 页。

〔6〕 参见张超：“公安机关实施刑事拘留期限状况调查报告”，载《中国刑事法杂志》2010 年第 5 期，第 98-101 页。

情况仍然是少数。[1]

刑事拘留期限最大化形成了“隐性的超期羁押”。一般认为，“隐性的超期羁押”是指实践中侦查、检察和审判机关基于法律的模糊性规定或者立法疏漏，随意决定延长、重新计算、不计入羁押期限，以羁押“形式上的合法性”掩盖“实质上的严重侵权”做法的总称。[2]在刑事拘留期间，“隐性的超期羁押”具体表现为侦查机关以案件有“特殊情况”，“案情重大、复杂”，犯罪嫌疑人“有流窜作案、多次作案、结伙作案嫌疑”等概括、模糊的理由恣意延长拘留期限，甚至以“犯罪嫌疑人不讲真实姓名、住址，身份不明”为由，将拘留期限“自查清其身份之日起计算”。凡此种种，实际上均是拖延侦查、怠于履行职责的做法。

“隐性的超期羁押”没有明显超出法定最长期限，在各种执法检查和考评中很难被发现并作为“违法”“扣分”项目，具有较强的“隐蔽性”；侦查机关、看守所、检察机关，甚至犯罪嫌疑人及辩护律师对此均习以为常。[3]除了立法本身的粗疏、刑事拘留期间缺乏外部监督，以及被拘留人缺乏异议权和有效的救济以外，导致这种现象的现实因素还有以下几个方面：（1）延长刑事拘留期限的手续是“跳跃式”的，而非逐级累进。[4]多数办案人员认为，只要现有证据能证明某犯罪嫌疑人实施了某项犯罪行为，即可直接将提请审查逮捕的期限延长至30日；在一人同时负责侦办多起案件的情况下，甚至可以在申请刑事拘留的同时就办理延长手续。(2)“刑拘直诉”机制强调“用好用足”刑事拘留期限，大量不属于流窜、结伙、多次作案情形的犯罪嫌疑人被拘留至最长期限。（3）在“重实体、轻程序”的思维惯性影响下，只要最终得到有罪判决，此前大部分程序瑕疵都能被“治愈”。对“隐性的超期羁押”的判断需要逐案进行，且判断的主观性较大，没有明确、统一的标准；除小范围的专项检查以外，多数情况下都不被纳入执法检查、考核的范围，办案人员更不会因此被追究相应责任。

刑事拘留期限最大化发展到极致就是超期羁押，具体表现有二：一是超出法律规定的最长期限报捕或变更强制措施，甚至一直不报捕，也不变更强制措施；

---

〔1〕参见孙长永、武小琳：“新《刑事诉讼法》实施前后刑事拘留适用的基本情况、变化及完善——基于东、中、西部三个基层法院判决样本的实证研究”，载《甘肃社会科学》2015年第1期，第166页。

〔2〕参见杨晓静、周晓武：“论‘审判中心主义’下的审前程序控制——以‘隐性超期羁押’为切入点”，载《政法论丛》2016年第3期，第130页。

〔3〕参见刘方权：“侦查羁押适用误区分析——现状、危害、原因、对策”，载《中国刑事法杂志》2001年第4期，第58页。

〔4〕参见2006年《公安机关适用刑事羁押期限规定》第9条规定：“对被拘留的犯罪嫌疑人在拘留后的三日以内无法提请人民检察院审查批准逮捕的，如果有证据证明犯罪嫌疑人有流窜作案、多次作案、结伙作案的重大嫌疑，报经县级以上公安机关负责人批准，可以直接将提请审查批准的时间延长至三十日。”

二是检察院作出不批准逮捕决定后，侦查机关既不及时释放被拘留人，也不及时变更强制措施，而是继续羁押被拘留人试图获取更多证据材料后再次报捕，或者对被拘留人置之不理，甚至逐渐淡忘。严格来说，超期羁押并非仅出现在刑事拘留期间，也非侦查阶段特有的现象。但是，刑事拘留期间，侦查机关往往承担着突破口供、查明犯罪事实的巨大压力，此阶段的超期羁押具有较强的侦查取证目的性。1998 年 6 月，最高人民检察院针对办案中超期羁押犯罪嫌疑人问题比较突出的现象曾发出通知，要求各级检察院提高执行刑事诉讼法关于羁押期限规定的自觉性，将清理和纠正超期羁押作为教育整顿的一项重要内容。〔1〕1993—2015 年，最高人民法院、最高人民检察院、公安部和国家安全部针对治理超期羁押问题专门出台了 11 部规范性文件。〔2〕1998—2002 年，全国检察机关对侦查、起诉、审判等各个环节的超期羁押问题，共监督纠正 308 182 人次。〔3〕2003—2007 年，全国检察机关共检查发现超期羁押 33 643 人，经提出纠正意见后纠正 33 398 人；各诉讼环节新发生的超期羁押逐年大幅度减少，从 2003 年的 24 921 人下降到 2006 年的 210 人，2007 年 1—9 月仅 47 人。〔4〕超期羁押问题还引起了全国人大的重视，成为各级人大“执法大检查”的重要内容。经过集中整治，截至

〔1〕 参见 1998 年 6 月 5 日，最高人民检察院《关于清理和纠正检察机关直接受理侦查案件超期羁押犯罪嫌疑人问题的通知》（高检发监字〔1998〕1 号）。

〔2〕 按时间先后顺序排列，11 部规范性文件分别是：最高人民检察院、最高人民法院、公安部、国家安全部《关于严格执行刑事案件办案期限切实纠正超期羁押问题的通知》（高检会〔1993〕23 号，1993 年 9 月 3 日）；最高人民检察院《关于清理和纠正检察机关直接受理侦查案件超期羁押犯罪嫌疑人问题的通知》（高检发监字〔1998〕1 号，1998 年 6 月 5 日）；最高人民检察院、最高人民法院、公安部《关于严格执行刑事诉讼法关于对犯罪嫌疑人、被告人羁押期限的规定坚决纠正超期羁押问题的通知》（高检会〔1998〕1 号，1998 年 10 月 19 日）；最高人民检察院《关于进一步清理和纠正案件超期羁押问题的通知》（高检发监字〔2001〕2 号，2001 年 1 月 21 日）；最高人民检察院职务犯罪预防厅《关于预防部门配合做好超期羁押和服刑人员申诉专项清理工作的通知》（2003 年 6 月 18 日）；最高人民法院《关于清理超期羁押案件有关问题的通知》（法〔2003〕129 号，2003 年 7 月 29 日）；最高人民法院、最高人民检察院、公安部《关于严格执行刑事诉讼法，切实纠防超期羁押的通知》（法〔2003〕163 号，2003 年 11 月 12 日）；最高人民检察院《关于在检察工作中防止和纠正超期羁押的若干规定》（高检发〔2003〕12 号，2003 年 11 月 24 日）；最高人民检察院《关于认真落实最高人民法院、最高人民检察院、公安部〈关于严格执行刑事诉讼法切实纠防超期羁押的通知〉精神进一步做好相关工作的通知》（2003 年 11 月 26 日）；最高人民法院《关于推行十项制度切实防止产生新的超期羁押的通知》（法发〔2003〕22 号，2003 年 11 月 30 日）；最高人民检察院刑事执行检察厅《人民检察院刑事执行检察部门预防和纠正超期羁押和久押不决案件工作规定（试行）》（2015 年 6 月 1 日）。

〔3〕 韩杼滨：“最高人民检察院工作报告——2003 年 3 月 11 日在第十届全国人民代表大会第一次会议上”，载最高人民检察院官网，https://www.spp.gov.cn/spp/gzbg/200602/t20060222_16373.shtml，最后访问日期：2020 年 8 月 1 日。

〔4〕 参见彭于艳、赵阳：“全国检察机关 5 年纠正超期羁押 33 398 人”，载《法制日报》2007 年 11 月 17 日，第 1 版。

2013 年，侦查阶段的超期羁押问题才得到基本解决。[1]

（二）刑事拘留的审批程序及其改革探索

除审查起诉阶段对被留置犯罪嫌疑人的拘留由法律直接规定以外，刑事拘留的审查和批准程序缺乏法律层面的明确规定。公安机关通过总结多年侦查工作经验，在内部逐步建立起“五级审批”程序，形成对刑事拘留的内部控权与监督机制。然而，“自审自批”程序因缺乏外部监督而难免受到质疑。

现行的审批程序经历了逐步发展完善的过程。1998 年《公安部规定》只有“办案人员申请”和“县级以上公安机关负责人批准”两个层级。在“侦审一体化”改革中，一些地方的预审部门被合并到侦查部门，重视“抓人破案”而缺乏专门的案件审核与质量把关的环节。为解决案件质量把关不严的问题，部分地方公安机关在原有的两级审批之间增加了法制部门对办理刑事案件及适用强制措施的审核，形成所谓“三级审批”。1999 年《公安机关内部执法监督工作规定》要求各级公安机关应对实施侦查措施、刑事强制措施是否合法和适当进行监督，并对需要专门监督的案件进行审核。2006 年《公安机关法制部门工作规范》第 5 条将案件审核的权力赋予法制部门，“依照规定对有关案件进行法律审核”是地方各级公安机关法制部门的具体职责之一。实践中，由于各级公安机关实行严格的行政化管理体制，各部门负责人对本部门所有工作承担相应责任。侦查部门或派出所在办理刑事拘留的审批程序中自发形成了部门（或派出所）领导审核并签署意见这一步骤，即“四级审批”。2008 年 9 月以来，公安机关持续开展的执法规范化建设，“全面推行重大案件法制部门审核把关制度”，“在一线执法单位派出或配备专兼职法制员，作为执法办案的‘质检员’，建立起保障规范执法第一道防线”。[2]法制员独立于办案民警，不参与侦查工作，他们对案件的审查使刑事拘留的审批程序形成五个层级。

2015 年 3 月，公安部印发《关于贯彻党的十八届四中全会精神 深化执法规范化建设 全面建设法治公安的决定》，要求建立健全执法活动的系统管理机制，积极推行刑事案件“统一审核、统一出口”制度，对案件质量进行严格控制。

---

〔1〕“经过四年多不懈努力，公安机关执法规范化建设取得阶段性成效，公安执法制度体系基本形成，执法办案场所面貌焕然一新，执法管理更加科学、系统……超期羁押问题基本得到解决……”参见郭声琨：“国务院关于公安机关执法规范化建设工作情况的报告——2013 年 6 月 26 日在第十二届全国人民代表大会常务委员会第三次会议上”，载中国人大官网，http://www.npc.gov.cn/zgrdw/npc/xinwen/jdgz/bgjy/2013-06/27/content_1798652.htm，最后访问日期：2020 年 8 月 1 日。

〔2〕截至 2013 年 6 月，全国 95%的县级公安机关执法勤务机构、98%的派出所配备了法制员。参见郭声琨：“国务院关于公安机关执法规范化建设工作情况的报告——2013 年 6 月 26 日在第十二届全国人民代表大会常务委员会第三次会议上”，载中国人大官网，http://www.npc.gov.cn/zgrdw/npc/xinwen/jdgz/bgjy/2013-06/27/content_1798652.htm，最后访问日期：2020 年 8 月 1 日。

此后，各地公安机关按照要求纷纷出台了相应的实施办法。例如，四川省公安机关要求，刑事案件办理过程中的任何决定在作出前均应由法制部门统一审核；除涉密案件外，审核均通过网上办案系统进行；未经审核的，公安机关负责人不得审批；严格实行“办审分离”，落实“权责一致”，负责办案、审核、审批等人员要在各自职责范围内对案件质量负责。[1]2016 年 9 月，中共中央办公厅、国务院办公厅印发《关于深化公安执法规范化建设的意见》，提出从完善制度、规范办案、细化管理、强化培训、有力保障五个方面深化公安执法规范化建设，进一步明确“全面实行公安机关刑事案件法制部门统一审核、统一出口制度”。

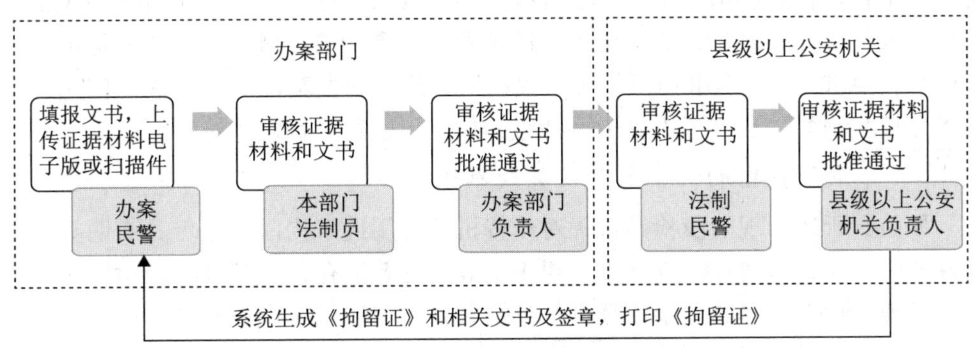

图 6-1　刑事拘留审批程序示意图

从步骤流程来看，这种审批程序类似于工厂流水作业。在“统一审核”的要求下，刑事拘留审批程序需要经过至少两个以上相对独立的部门和多个层级的人员共同协作。其中，两次法制审核是关键环节。

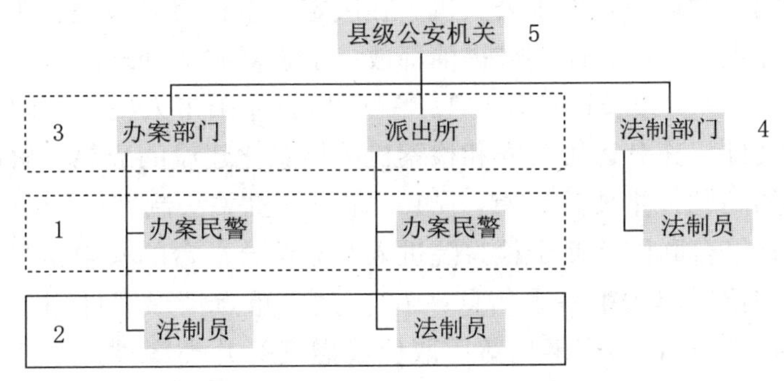

数字标识含义：
1—收集证据资料，上传执法办案系统
2—办案部门内部法制员审核
3—办案部门负责人审核
4—法制部门审核
5—县级以上公安机关负责人批准

图 6-2　刑事拘留审批程序与公安机关内部机构分工、层级示意图

〔1〕参见四川省公安厅《四川省公安机关案件统一审核规定（暂行）》（2015 年 11 月 10 日）。

以法制审核为核心的内部控权机制在刑事拘留审批程序中发挥了有力的监督和制约作用。特别是由独立法制部门进行的审核，更是整个审批程序的核心。法制员审查办案民警上传或报送的证据材料，不但要判断案件性质和情节、应否对犯罪嫌疑人采取刑事拘留措施等法律问题，还需要审查判断侦办案件的过程是否符合法律规定，证据材料的搜集、制作及格式是否符合起诉甚至法庭审理的要求。这在很大程度上减少了侦查权恣意行使的可能性，提高和保证了刑事案件的质量。“法制部门及法制员的审核使局领导的决定环节成为一种签字程序。通过审核，刑事拘留权力的运行被约束到一个规范化的框架内。在这个框架中，犯罪嫌疑人是否符合刑事拘留条件，是否有必要对其采取这一措施，不再由侦查部门或侦查人员单方面决定，而取决于普适于整个侦查管辖区域的案件审核标准及相应的材料要求。”〔1〕刑事拘留的决定权在相对独立的办案部门和法制部门之间实现了分权与制衡，形成了极具中国特色的侦查权运行监督制约机制。

（三）刑事拘留的检察监督及其改革探索

如前文所述，现阶段检察机关对侦查机关适用刑事拘留的监督具有明显的被动性和滞后性，知情难、查证难、纠正难等问题普遍存在。各地各级检察机关大多自发地对刑事拘留的检察监督进行过探索，主要途径有以下几种。

1. 建立健全刑事案件信息共享机制

及时、全面掌握刑事拘留适用信息是突破传统监督瓶颈的关键。近年来新技术的运用为公、检业务对接、信息共享创造了更有利的条件。例如自 2004 年起，四川省南充市人民检察院与公安局共同会签文件，建立了刑事拘留监督的流程管理制度。根据刑事拘留办案和监督流程，确定了决定拘留、拘留期限、拘留处理三个容易出现问题的环节：要求公安机关在决定刑事拘留时报检察机关备案；设立拘留期限临界提示，防止超期或提前释放；加强对拘留处理的监督，防止“有罪不纠”“罪及无辜”或长期“从挂”。〔2〕四川省简阳市人民检察院与公安机关会签相关执行文件，充分运用公安和检察机关信息化建设的成果，解决了监督信息严重不对等的问题，主要途径有：（1）在公安机关法制部门配备检察专用电脑，与警务综合平台联网，赋予检察院进入警务综合平台的权限，可以查询、统计、分析刑事拘留适用的第一手信息；（2）建立重点情形案件刑事拘留适用备案机制，对延拘至 30 日、刑事拘留后取保或撤案等几类案件，办案部门在决定

〔1〕 马静华：“侦查权力的控制如何实现——以刑事拘留审批制度为例的分析”，载《政法论坛》2009 年第 5 期，第 60-61 页。

〔2〕 参见刘德华等：“四川南充检察院：调研 670 案，不给刑拘监督留空白”，载《检察日报》2009 年 3 月 25 日，第 8 版。

后24小时内填写专用备案电子表格，通过网络传输至法制部门，转送检察院备案。[1]2015年12月，广东省检察机关的侦查活动监督平台全面上线运行，将侦查活动中可能出现的违法事项分为25类111项，涵盖人身权、自由权、辩护权等多项权利，体现对特殊群体的保护要求。该平台以子系统形式嵌入全国检察机关统一业务应用系统，成为检察业务的基本功能模块之一，与审查逮捕、立案监督模块既联接紧密又并行不悖，进一步筑牢了侦查活动监督与审查逮捕、立案监督合力支撑侦查监督业务的职能架构。[2]

2. 构建双向监督信息反馈机制

公、检双向的监督信息反馈机制可以弥补检察监督“刚性”不足的缺陷，由公安和检察机关内部落实专人负责。检察机关根据发现问题的严重程度发出包含事实、依据和理由的检察监督文书，公安机关接到相关文书后应进行调查核实并书面、及时回复检察院。对于一般性、普遍性的问题，检察机关还可能采用“情况通报”的方式提出。最后，监督的结果可能列入执法办案考核系统，直接影响相关责任人员绩效考核、职级晋升。

3. 加强对公安派出所侦查活动的监督

为了对侦查违法违规行为进行有效的源头防控，2015年起最高人民检察院选取山西、吉林、江苏等10个省1064个基层检察院开展了为期两年的公安派出所侦查监督工作试点，8370个公安派出所参与其中。[3]2017年3月，最高人民检察院要求各级检察院因地制宜，全面开展对公安派出所刑事侦查活动的监督工作，结合实际情况派驻检察室或检察官，或者展开定期、不定期巡查。[4]从现有的试点情况来看，天津市河西区人民检察院为下沉监督触角，根据实际情况选取规模较大、发案较多、辖区人口较多的派出所设立驻所检察室；通过指派专人审查派出所接警台账和受理立案的登记台账、监控录像等相关案件资料，旁听审讯和询问，参加讨论分析案件，定期召开联席会议以及定期、不定期巡访检查等方式，建立对公安派出所侦查活动的常态化监督机制。[5]随着北京市公安局以市属行政区为单位组建执法办案管理中心的改革，北京市人民检察院与市公安局会签文件建立“派驻中心检察机制”。截至2019年2月，已实现北京市16个区

---

[1] 参见四川省简阳市人民检察院课题组：“加强和改进刑事拘留检察监督的实证研究”，载《中国检察官》2019年第8期，第35页。

[2] 参见刘顺龙、周硕鑫：“建立侦查活动监督平台的法理与路径——以‘广东经验’为切入点”，载《人民检察》2017年第10期，第59页。

[3] 参见孙谦：“刑事侦查与法律监督”，载《国家检察官学院学报》2019年第4期，第10页。

[4] 参见徐日丹：“今年底前全面铺开对公安派出所刑事侦查活动监督工作”，载《检察日报》2017年3月30日，第1版。

[5] 参见天津市河西区人民检察院课题组：“刑事拘留及公安派出所刑事侦查活动检察监督之探究”，载《中国检察官》2016年第21期，第51页。

的全覆盖。执法办案管理中心是刑事案件集中办理的平台，各派出所和专业警队办理刑事案件在抓获犯罪嫌疑人后均应立即送押至对应的中心，在中心开展包括讯问在内的侦查取证工作，直至采取拘留等强制措施后将犯罪嫌疑人带离。派驻中心检察室实现了对派出所和专业警队监督的集约化，解决了检察人力、精力有限的难题。该机制已在2019年7月召开的政法领域全面深化改革推进会上得到充分认可，具有相当的推广意义。[1]

4. 充分发掘现有监督机制的潜力

2012年《最高检规则》第567条确认了检察院提前介入公安机关侦查活动的做法，即“根据需要可以派员参加公安机关对于重大案件的讨论和其他侦查活动”，对于发现的违法行为，根据情节轻重可以采用口头纠正、发出纠正违法通知书的方式进行监督，从而为强化侦查监督提供了便利。2019年《最高检规则》第256条进一步明确了检察机关提前介入的范围和职责，即“经公安机关商请或者人民检察院认为确有必要时，可以派员适时介入重大、疑难、复杂案件的侦查活动，参加公安机关对于重大案件的讨论，对案件性质、收集证据、适用法律等提出意见，监督侦查活动是否合法”。部分地方的检察机关充分发挥提前介入机制的作用，明确检察机关介入侦查活动是为了了解侦查活动情况，履行监督职责，着眼于及时发现和纠正违法，实现对侦查行为的同步监督，在一定程度上避免了事后监督滞后性的弊端。[2]然而，提前介入只能限于“重大、疑难、复杂案件”，对资源紧张的检察机关而言，每个案件都提前介入显然并不现实。此外，能否介入、何时介入及介入的程度等在很大程度上取决于侦查机关的意愿。

根据《刑事诉讼法》第85条的规定，公安机关应在拘留后24小时内将被拘留人送看守所关押，因而驻所检察人员可以在第一时间接触到被拘留的犯罪嫌疑人，有利于及时听取犯罪嫌疑人的控告、申诉，有效地将检察监督的触角延伸至侦查阶段前期。例如，浙江省桐乡市人民检察院利用现有的驻所检察部门开展“入所检察”和“提押出所检察”，填补了对刑事侦查监督的“空档期”。“入所检察”主要是实施入所会见制度，要求驻所检察人员面对面接触每一位新入所的犯罪嫌疑人，并在关押期间视情况进行谈话、登记等活动，内容包括询问有无受到刑讯逼供、体罚虐待等。“提押出所检察”是对提押回所的犯罪嫌疑人进行谈

---

〔1〕 参见李华伟：“派驻公安执法办案管理中心检察机制研究——侦查监督的中国路径探索”，载《国家检察官学院学报》2020年第2期，第72页。

〔2〕 参见天津市河西区人民检察院课题组：“刑事拘留及公安派出所刑事侦查活动检察监督之探究”，载《中国检察官》2016年第21期，第51页。

话，对谈话中发现的问题分级处理。[1]又如四川省自贡市人民检察院借力信息化手段破解侦查监督的难题。2016年11月起，该院自行研发的刑事拘留监督平台上线运行；通过驻看守所检察官直接采集被拘留人的基本数据，加上公安机关警综平台与检察机关统一业务应用系统中的数据，构建完整的大数据库。[2]该平台以刑事拘留检察监督为切入口，对基层公安机关扩大拘留对象、无法定理由延长刑事拘留期限、无正当理由既不提请批捕也不移送审查起诉等问题，借助信息技术手段开拓信息来源、消除监督盲区；[3]在避免增加侦查机关工作的同时，保证了信息录入准确及时，与侦查机关形成了良好的互动。这种做法实际上是变"被动"接受犯罪嫌疑人的控告、申诉为"主动"发现和处理侦查中的违法行为，在现有机构及功能基本不变的前提下，推行的障碍较小。

5. 针对刑事拘留后未报捕和未移诉案件的专门监督

刑事拘留适用率高、适用范围广，检察监督的力量相对不足。逐案全部审查，企图解决刑事拘留的决定、延长及期间可能出现的所有问题既不可能也无必要。刑事拘留后未报捕和未移诉的案件在实践中占有相当大的比例，在现有制度中无法进入检察机关的常规监督视野，形成"盲区"或"漏斗"。[4]为了将有限的时间、精力和司法资源聚焦到重点问题上，"运动式"的专门监督是各地各级检察机关常用的方式。例如，连云港市检察机关通过对2009年1月至2010年6月公安机关决定刑事拘留的7554人进行全面梳理核查，发现有3686人未进入报捕程序，占48.8%；其中，502人系公安机关刑事拘留后直接予以释放，3184人系公安机关刑事拘留后变更为其他强制措施。检查发现包括刑事拘留被扩大适用、不符合刑事拘留条件而刑事拘留、刑事拘留后变更强制措施不当或变更后未依法处理、延长刑事拘留期限不符合法律规定等多个问题。[5]又如2015年内蒙古自治区人民检察院开展对公安机关刑事拘留未报捕案件专项检查活动，

---

〔1〕参见潘志勇等："完善对刑事拘留强制措施和提押出所的检察监督"，载《中国检察官》2016年第17期，第63-65页。

〔2〕参见吴忧："'四川探索'消除刑事拘留监督盲点"，载《四川日报》2017年9月8日，第11版。

〔3〕参见曾晶菁等："专家真知灼见 共话侦查监督"，载《四川法制报》2017年9月8日，第6版。

〔4〕例如S省L市，2011—2013年，实际刑事拘留犯罪嫌疑人13 449人，未报捕共6547人，占48.68%。其中以行政处罚方式处理的有910人，撤案处理有1287人，转取保候审、监视居住或直诉后判决的有1080人，移送外地公安机关侦处的有290人，分别占13.9%、19.66%、16.50%和4.43%；另有2980人（占45.52%）没有进一步处理结果。C市J区2013年至2015年，实际刑事拘留案件数为2568件，未报捕的有274件，占10.67%。其中，变更为非羁押性强制措施的有64件，释放被拘留人的有27件，以其他方式处理的有30件（包括撤案、行政处罚、移交外地公安机关等），分别占23.36%、9.85%和10.95%；另有153件未有处理进一步结论。参见郭鹏飞："超期羁押的成因、危害及其对策——以刑事拘留未报捕案件为分析对象"，载《成都理工大学学报（社会科学版）》2018年第1期，第16页。

〔5〕参见李翔等："公安机关刑拘后未报捕案件之实证研究——以连云港市检察机关开展刑拘后未报捕案件专项监督活动为分析蓝本"，载《中国检察官》2012年第13期，第50-52页。

共发现刑事拘留后未报捕案件存在问题 13 158 个，发现提请批准逮捕案件存在问题 7180 个；对于刑事拘留后未报捕案件，检查办案质量、规范执法方面的 96 个子项目，检查内容细化到每一份法律文书、每一次询问讯问，覆盖侦查活动各个环节。针对发现的问题，内蒙古自治区检察院要求相关检察机关再次调卷审查，提出监督意见；还就评查中发现的公安机关法制部门职能弱化、应当报捕而不报捕、任意撤案等问题，向自治区公安厅发出检察建议。〔1〕2017 年 7 月，景德镇市人民检察机关协同公安机关在该市范围内开展对刑事拘留后未报捕案件的专项调研活动，重点审查刑事拘留后未报捕又未移送起诉的案件。检查调阅卷宗 100 余册，通过逐一排查，拟监督立案 2 件 3 人，监督撤案 2 件 2 人，发出纠正违法通知书 3 份、检察建议 8 份，督促移送起诉 18 件，发出口头建议 36 件次。〔2〕

这种专项检查并非检察机关的常规工作，通常以“年”为时间跨度且并不连续，受检察机关及侦查监督部门负责人个人因素的影响较大。专项检查必须协调公安机关一同进行，否则检察机关难以调阅案卷材料和获得其他信息。检查的结果通常以通报和检察建议的方式呈现，对公安机关的约束力相当有限。可以说，刑事拘留的检察监督远未形成长效机制，专项检查的成果难以持续。

（四）速裁程序与认罪认罚从宽制度改革中刑事拘留适用情况的变化

2014 年 6 月，第十二届全国人大常委会第九次会议通过《关于授权最高人民法院、最高人民检察院在部分地区开展刑事案件速裁程序试点工作的决定》（以下简称《速裁程序试点决定》）。同年 8 月，最高人民法院、最高人民检察院联合公安部、司法部印发《关于在部分地区开展刑事案件速裁程序试点工作的办法》（以下简称《速裁程序试点办法》），要求相关省市的法院、检察院、公安、司法厅（局）结合各地实际情况组织做好试点工作。同年 11 月，公安部印发《关于切实做好刑事案件速裁程序试点工作的通知》，要求各地认真贯彻执行《速裁程序试点决定》和《速裁程序试点办法》，配合有关部门做好试点工作，在确保质量的前提下提高诉讼效率。

2016 年 9 月，第十二届全国人大常委会第二十二次会议通过《关于授权最高人民法院、最高人民检察院在部分地区开展刑事案件认罪认罚从宽制度试点工作的决定》（以下简称《认罪认罚从宽试点决定》）。认罪认罚从宽制度试点开

---

〔1〕 参见其其格等：“内蒙古：对刑事拘留未报捕案件进行专项检查”，载《检察日报》2015 年 12 月 25 日，第 2 版。

〔2〕 参见刘鸿斌等：“强化刑事拘留专门化检察监督——以江西省景德镇地区专项调研数据为分析样本”，载《人民检察》2017 年第 22 期，第 60 页。

始以后，速裁程序试点工作被纳入认罪认罚从宽制度试点工作继续进行。同年11月，“两高三部”印发《关于在部分地区开展刑事案件认罪认罚从宽制度试点工作的办法》（以下简称《认罪认罚从宽试点办法》），开始在全国18个城市开展认罪认罚从宽制度的试点工作。各试点地区法院、检察院也大多会同公安、国安、司法行政等机关制定或发布了实施细则。根据试点办法和实施细则，认罪认罚从宽制度在侦查阶段同样适用。

2018年《刑事诉讼法》将认罪认罚从宽确立为刑事诉讼的基本原则，并就侦查讯问、审查逮捕、移送起诉等环节如何贯彻这一原则以及值班律师的帮助等问题作出了明确规定。2019年10月，“两高三部”《关于适用认罪认罚从宽制度的指导意见》明确指出：“认罪认罚从宽制度贯穿刑事诉讼全过程，适用于侦查、起诉、审判各个阶段。”速裁程序及认罪认罚从宽制度改革对刑事拘留制度不可避免地产生了一定的影响，主要表现在以下两个方面。

1. 刑事拘留的适用、刑事拘留期限及侦查办案期限受到限制

由于速裁程序适用对象为“情节较轻，依法可能判处一年以下有期徒刑、拘役、管制的案件，或者依法单处罚金的案件”，《速裁程序试点办法》要求对符合条件的犯罪嫌疑人“应当”取保候审、监视居住。2015年12月，最高人民法院、最高人民检察院、公安部、司法部在《刑事案件速裁程序试点工作座谈会纪要（二）》中提出“优先适用非羁押强制措施”。速裁程序中大量可能判处管制、拘役或单处罚金的犯罪嫌疑人不符合“可能判处徒刑以上刑罚”的逮捕条件，不能被逮捕；对此类犯罪嫌疑人也应当慎用刑事拘留，这在一定程度上限制了刑事拘留的适用。2015年10月，最高人民法院和最高人民检察院在向全国人大常委会所作的《关于刑事案件速裁程序试点情况的中期报告》中指出：“刑事速裁案件被告人被拘留、逮捕的占52.08%，比简易程序低13.91个百分点……通过减少审前羁押，对被告人从快处理、从宽量刑，更加准确兑现了宽严相济刑事政策，充分体现认罪认罚从宽处罚精神……”

从各地探索轻微刑事案件快速办理机制及速裁程序试点情况来看，刑事拘留期限受到不同程度的限制。例如，浙江省要求公安机关对需要逮捕的被拘留人，“应当在拘留3日内提请批准逮捕，人民检察院在收到提请批准逮捕的快速办理案件后，一般在3日内作出是否批准逮捕的决定”。[1]重庆市要求“公安机关采取刑事拘留措施提请批准逮捕的符合快速办理条件的案件，应当在刑事拘留五日内向人民检察院提请批准逮捕；在人民检察院作出批准或者不批准逮捕决定后五

---

〔1〕参见浙江省高级人民法院、浙江省人民检察院、浙江省公安厅、浙江省司法厅《关于轻微刑事案件快速办理机制的若干规定》（2014年3月28日）第15条。

日内向人民检察院移送审查起诉”。[1]南京市公安局要求“对拘留后在7日内经审查无逮捕必要的，应当及时变更强制措施，在犯罪嫌疑人到案后20日内办结移送人民检察院审查起诉”；“对有羁押必要且拘留期限可以延长至30日的，依法办理延长手续，案件一般应当在拘留后10日内办结移送人民检察院审查起诉”；“需要提请批准逮捕的，应当在刑事拘留后5日内向人民检察院提请批准逮捕”。[2]

认罪认罚从宽制度改革试点后，各地实施办法关于刑事拘留期限的规定多以7日为提起批准逮捕的最长期限。如北京市《关于开展刑事案件认罪认罚从宽制度试点工作实施细则（试行）》第21条规定，“对被刑事拘留的犯罪嫌疑人，认为需要逮捕的，应当在刑事拘留后七日内向检察机关提请逮捕”。2018年《刑事诉讼法》实施后，各地关于认罪认罚从宽制度的实施细则多将“7日”作为可能适用速裁程序的案件中公安机关拘留后提请逮捕的期限。[3]

2. 鼓励“刑拘直诉”

根据2012年《公安部规定》第127条的规定，公安机关对被拘留的犯罪嫌疑人审查后，认为“应当追究刑事责任，但不需要逮捕的，依法直接向人民检察院移送审查起诉”，这就是“刑拘直诉”。该条款原本仅仅是公安部对各级公安机关的要求，但由于它与速裁程序和认罪认罚从宽制度所追求的效率价值相契合，各地政法机关在联合出台的相关实施细则中普遍确立了“刑拘直诉”工作机制，要求公安机关不经报捕而将案件直接移送审查起诉，在刑事拘留的期限内完成侦、诉、审全部诉讼环节的工作任务，以期尽可能地缩短侦查、起诉的周期。[4]例如在郑州市，对适用速裁程序办理的犯罪嫌疑人可能判处拘役（不含缓刑）刑罚的案件，侦查机关拘留时间可以延长至7日；在拘留期间内，侦查机关3日内侦查终结可移送审查起诉；检察院受理案件后认为符合速裁程序办理的，且犯罪嫌疑人同意量刑建议的（不含缓刑），应在2日内审结并提起公诉，否则应当变更强制措施；法院受理案件后认为符合速裁程序办理条件且被

---

[1] 参见重庆市高级人民法院、重庆市人民检察院、重庆市公安局、重庆市司法局《关于快速办理轻微刑事案件的意见（试行）》（2014年6月17日）第10条。

[2] 参见南京市公安局《适用速裁程序办理刑事案件实施细则》（2015年2月11日）第12条。

[3] 例如2019年9月，宁夏回族自治区监察委员会、自治区高级人民法院、自治区人民检察院等六部门联合出台的《关于开展刑事案件适用认罪认罚从宽制度工作实施细则（试行）》第33条规定，对可能适用速裁程序的案件，公安机关应当在犯罪嫌疑人被采取强制措施30日内侦查终结并移送审查起诉。其中，对被刑事拘留的犯罪嫌疑人，认为需要逮捕的，应当在刑事拘留后7日内向检察机关提请逮捕。2019年11月，山东省高级人民法院、省人民检察院、省公安厅等五部门联合制定的《关于适用认罪认罚从宽制度办理刑事案件的实施细则（试行）》第28条也有类似的规定。

[4] 参见杨立新：“认罪认罚从宽制度试点总结报告”，载胡云腾主编：《认罪认罚从宽制度的理解与适用》，人民法院出版社2018年版，第276页。

告人被羁押的，应在 2 日内审结，否则应当变更强制措施。[1]此即“3+2+2”刑拘直诉程序，“要求在公安机关刑事拘留期限的 7 日内，相关部门分别在侦查 3 日、审查 2 日、审判 2 日的期限内完成办案工作”。[2]在南京，法院会同侦查机关、公诉机关利用“刑拘直诉”机制，在刑事拘留期限内完成侦查、起诉和审判工作，大幅提升了诉讼效率，有效解决了“关放两难”的问题。[3]青岛市市南区人民法院联合检察院、公安局出台了轻微刑事案件“刑拘直诉”工作机制，实现了该类刑事案件当天起诉、当天开庭、当天宣判。[4]广州市针对危险驾驶案件打造了“二二三”刑拘直诉快捷办案模式，按侦查阶段 2 天、审查起诉阶段 2 天和审判阶段 3 天的方案分配工作时间，分别完成侦查、审查起诉和审判工作流程，实现在刑事拘留 7 天羁押期满前作出判决。[5]

2018 年《刑事诉讼法》没有对上述实践中的做法予以肯定。2019 年“两高三部”联合出台的《关于适用认罪认罚从宽制度的指导意见》第 20 条规定，“犯罪嫌疑人认罪认罚，公安机关认为罪行较轻、没有社会危险性的，应当不再提请人民检察院审查逮捕”，但未明确审查起诉和审判阶段强制措施的适用规则。在司法实践中，各地一如既往地对刑拘直诉工作机制持鼓励态度。例如，浙江省 2019 年 10 月出台规范性文件规定，“对符合《中华人民共和国刑事诉讼法》第二百二十二条第一款规定的速裁程序条件，且犯罪嫌疑人被依法采取刑事拘留的案件，可以适用刑拘直诉机制”；其中，“危险驾驶等单人单次作案且犯罪嫌疑人被依法采取刑事拘留 7 日的案件”以及“犯罪嫌疑人被依法采取刑事拘留 30 日的案件”是适用该机制的重点案件类型。在时限方面，对刑事拘留依法延长至 7 日的案件，公安机关移送起诉、检察院审查起诉及法院审理的时间分别为 2 日、3 日和 2 日；对刑事拘留依法延长至 30 日的案件，侦、诉、审三个阶段各有 10 日期限。[6]2020 年新冠肺炎疫情暴发后，为从严从快打击涉疫情犯罪形成震慑，实现法律效果和社会效果的有机统一，各地公安司

---

〔1〕参见《郑州市刑事案件认罪认罚从宽制度试点工作实施细则（试行）》第 31 条。

〔2〕孟红梅等：“从‘试验田’到‘示范田’——河南郑州：认罪认罚从宽制度试点工作见成效”，载《检察日报》2018 年 1 月 22 日，第 1 版。

〔3〕参见蒋惠琴等：“认罪认罚从宽制度江苏试点经验”，载胡云腾主编：《认罪认罚从宽制度的理解与适用》，人民法院出版社 2018 年版，第 338 页。

〔4〕参见山东省高级人民法院刑事审判第三庭课题组：“认罪认罚从宽制度山东试点经验”，载胡云腾主编：《认罪认罚从宽制度的理解与适用》，人民法院出版社 2018 年版，第 348 页。

〔5〕参见王飞：“认罪认罚从宽制度广州试点经验”，载胡云腾主编：《认罪认罚从宽制度的理解与适用》，人民法院出版社 2018 年版，第 370 页。

〔6〕参见浙江省高级人民法院、浙江省人民检察院、浙江省公安厅《关于推行刑拘直诉工作机制的意见》（2019 年 10 月 10 日）第 3 条、第 4 条。

法机关不约而同地鼓励采用“刑拘直诉”等快侦、快诉、快判模式。[1]

“刑拘直诉”确实有助于降低逮捕率、简化公安司法机关内部办案环节、缩短诉讼流程。但是，“刑拘直诉”在合法性方面存在“硬伤”。首先，“刑拘直诉”违背了《刑事诉讼法》关于延长拘留期限以“需要逮捕”为前提的规定。无论3日、7日还是最长30日，都是公安机关在刑事拘留后为提请审查逮捕收集证据准备材料的时间；经审查，公安机关认为不需要逮捕的，应当及时变更强制措施或释放，而不是延长刑事拘留期限用于审查起诉和审判。其次，将刑事拘留直接用于审查起诉和审判阶段，缺乏明确的法律依据。犯罪嫌疑人处于羁押状态并非《刑事诉讼法》规定的侦查终结移送审查起诉的必要条件。作为唯一的法定公诉机关，人民检察院对犯罪嫌疑人在案、案卷齐全且具有管辖权的案件都应当依法受理；[2]根据案件和犯罪嫌疑人的情况，可以决定逮捕、取保候审或监视居住。在审查起诉阶段，除对监察机关移送的已被留置的犯罪嫌疑人外，检察机关并没有决定刑事拘留的权力。在审判阶段，法院可以决定逮捕或取保候审、监视居住，而没有刑事拘留权。再次，“刑拘直诉”使得办案机关规避逮捕程序，利用刑事拘留达到了与逮捕同等强制程度的羁押效果，大量原本不符合逮捕条件或“可捕可不捕”的犯罪嫌疑人在羁押状态下完成刑事诉讼全过程，导致程序的非正义。例如，危险驾驶罪的法定刑为拘役并处罚金，不符合逮捕所要求的“可能判处徒刑以上刑罚”的条件；然而，在已经公布的适用认罪认罚从宽制度的典型案例中，不乏因涉嫌危险驾驶而被刑事拘留，在刑事拘留期限内经历侦查、起诉，最终宣判的案例。[3]部分地区的“刑拘直诉”机制就是针对危险驾驶犯罪专门设立的。最后，“刑拘直诉”导致羁押性强制措施普遍适用于轻微刑事案件，尤其是强调用好用足最长30日期限的做法，突破了法律

---

〔1〕 参见吴兴区人民法院：“借‘疫’谋财，吴兴区首例涉防疫物资网络诈骗案当庭宣判”，载澎湃政务2020年3月20日，https://m.thepaper.cn/baijiahao_6629339，最后访问日期：2020年3月22日；杨嘉良等：“广州打好疫情防控和社会稳定‘组合拳’”，载腾讯网，https://xw.qq.com/cmsid/20200319A0QPBB00，最后访问日期：2020年3月22日；龙华区检察院：“龙华区检察院五项举措确保疫情防控和办案工作两不误”，载今日头条2020年3月18日，https://www.toutiao.com/i6805389776611443203/，最后访问日期：2020年3月22日。

〔2〕 2019年《最高检规则》第157条规定：“人民检察院负责案件管理的部门受理案件时，应当接收案卷材料，并立即审查下列内容：（一）依据移送的法律文书载明的内容确定案件是否属于本院管辖；（二）案卷材料是否齐备、规范，符合有关规定的要求；（三）移送的款项或者物品与移送清单是否相符；（四）犯罪嫌疑人是否在案以及采取强制措施的情况；（五）是否在规定的期限内移送案件。”

〔3〕 例如，2017年8月25日，王某驾车与另一车辆发生刮擦事故。经鉴定，王某血液的酒精浓度达到醉驾标准。当天，王某被依法刑事拘留。4天后，移送检察机关审查起诉并启动认罪认罚制度，同时通知律师为王某提供法律帮助。30日，检察机关将案件起诉至天桥区人民法院，经审查案件并核对认罪认罚从宽制度各项法律文书的真实性、完整性，当天，天桥区人民法院就对案件开庭审理，并当庭对王某作出了宣判。参见袁粼：“认罪又认罚 济南1445名被告人被依法从宽”，载《人民法院报》2018年2月11日，第6版。

关于延长至30日应符合“有流窜作案、多次作案、结伙作案的嫌疑”且“需要侦查”的条件限制。从认罪认罚从宽制度和速裁程序的相关规定来看，犯罪嫌疑人承认犯罪，案件事实较清楚、证据确实充分，情节较轻微是适用的前提条件。在此类案件中延长刑事拘留期限显然不符合法律的规定。

“刑拘直诉”的时间分配仅是一种理想的状态。从实践情况来看，学者的调查结果显示，“以刑拘直诉为代表的压缩侦查时间的办案方式会加大侦查人员的工作压力，导致程序简化与工作负担之间产生难以调和的张力关系”。现行制度形成了一种前紧后松的局面，侦查人员的工作负担加大，案多人少的矛盾更加突出；适用认罪认罚从宽制度后，程序“不减反增”，刑拘直诉在公、检、法之间的时间分配不均，侦查人员受到隐性压迫，面临更大的破案压力，缺乏适用认罪认罚从宽制度的积极性。〔1〕在侦查机关集中行使侦查权和强制措施决定权的背景下，刑事拘留的适用必然服务于追诉犯罪的需要，刑拘直诉缺乏正当性基础。〔2〕

四、完善刑事拘留制度的建议

自1979年《刑事诉讼法》实施以来，刑事拘留制度一直在犯罪控制理念下不断扩张，由此导致理论、立法和实践层面的种种问题。现有的改革成果涉及缩短刑事拘留期限、完善检察监督、降低审前羁押率、提高诉讼效率等多个方面，在一定程度上反映和适应了实践需要，符合正当程序的要求。在学术研究中，改革和完善刑事拘留制度的研究也取得了较丰富的成果，例如部分学者提出构建无证逮捕/拘留制度，建立对未决羁押的司法审查制度等。〔3〕笔者认为，对现有刑事司法体制作出重大改革的方案短期内可行性较小、改革成本过高，对刑事拘留制度的完善更应从小处着手，循序渐进，并且遵守三项基本原则：第一，控制犯

〔1〕 参见周新：“公安机关办理认罪认罚案件的实证审思——以G市、S市为考察样本”，载《现代法学》2019年第5期，第156-157页。

〔2〕 顾顺生、刘法泽：“‘刑拘直诉’的方式值得商榷”，载《人民检察》2016年第20期，第78页。

〔3〕 关于无证逮捕/拘留制度的代表性文献有：孙长永：“论建立无证拘留制度”，载《现代法学》1994年第2期，第12-14页；周国均：“关于刑事强制措施的修改与完善”，载《政法论坛》1995年第6期，第37-45页；徐静村、潘金贵：“我国刑事强制措施制度改革的基本构想”，载《甘肃社会科学》2006年第2期，第148-160页；谢小剑：“现行犯诉讼程序论”，载《河北法学》2009年第7期，第81-84页。关于未决羁押的司法审查制度的代表性文献有：陈瑞华：“未决羁押制度的理论反思”，载《法学研究》2002年第5期，第60-83页；陈光中、张小玲：“中国刑事强制措施制度的改革与完善”，载《政法论坛》2003年第5期，第126-132页；孙长永：“比较法视野中的刑事强制措施”，载《法学研究》2005年第1期，第111-125页；谢佑平、万毅：“困境与进路：司法审查原则与中国审前程序改革”，载《四川师范大学学报（社会科学版）》2004年第2期，第24-30页；龙宗智：“强制侦查司法审查制度的完善”，载《中国法学》2011年第6期，第43-50页；卞建林：“论我国审前羁押制度的完善”，载《法学家》2012年第3期，第81-88页。

罪与保障人权并重。这是历次修改刑事诉讼法所秉持的基本理念，应当体现在每一个具体制度和措施中。第二，遵守我国已经签署和加入的国际公约，体现国际人权保障的最低标准。第三，立足刑事司法体制改革的全局，协调各项改革措施。具体可以从以下几个方面着手。

（一）明确刑事拘留的定位和适用对象

刑事拘留究竟是什么？这是完善刑事拘留制度必须首先回答的问题。出于社会防卫方面的考虑，笔者主张将刑事拘留界定为特定紧急情况下侦查机关采取的控制犯罪嫌疑人，迫使其到案接受审查的强制措施。这种功能定位为刑事拘留制度的改革和完善确立了基调。

“紧急情况”是刑事拘留可不经事前审批立即适用的正当性基础，具体应理解为：如果侦查人员不立即采取相应措施控制犯罪嫌疑人，就会发生逃跑，自残、自杀，毁灭、伪造证据或者串供等妨碍诉讼进行的情形，且事后难以追回或弥补。因此，刑事拘留的适用对象应包括：（1）正在实行犯罪或者在犯罪后即时被发觉的；（2）被害人或者在场亲眼看见的人指认其犯罪的；（3）持有凶器、赃物或者其他物件，或于身体、衣服等处露有犯罪痕迹，具有明显犯罪嫌疑的；（4）已有证据表明其实施了犯罪，企图逃跑或自残、自杀，或者有毁灭、伪造证据、威胁证人或串供可能的；（5）通缉在案或被网上追逃的；（6）越狱逃跑的；（7）正在被追捕的。第一种是现行犯，第二种、第三种是“准现行犯”；因与犯罪存在特定的时空链条而呈现某些表征，从而具有明显的犯罪嫌疑。第四种是排除现行犯和准现行犯以外，已有证据表明涉嫌犯罪且妨碍诉讼的可能性极高的犯罪嫌疑人。妨碍诉讼的可能性需要得到一定证据或迹象的支持，例如，犯罪嫌疑人正在前往机场的路上或者正在关键证人住处附近徘徊等，使侦查人员有理由相信犯罪嫌疑人可能作出妨碍诉讼的行为。被取保候审或监视居住的犯罪嫌疑人、被告人违反法律的规定，情节严重的，也属于此种情形，侦查机关可直接适用刑事拘留避免刑事追诉被迫中断。第五种、第六种、第七种属于现行法中公民扭送的对象，将其纳入刑事拘留可以解决面对相同情况普通公民尚可采取行动，专职追诉犯罪的侦查人员却无应对措施的问题。审查起诉阶段对被留置犯罪嫌疑人的拘留属于法律关于监察程序和刑事诉讼程序衔接的特别规定，适用对象特定，可维持不变。犯罪嫌疑人的个人信息以及是否流窜、多次、结伙作案等是侦查阶段应收集证据查明的内容，仅仅是“不讲真实姓名、住址，身份不明”或“有流窜、多次、结伙作案嫌疑”，不应成为刑事拘留的理由。

（二）完善刑事拘留的决定和执行程序

1. 取消“应当出示拘留证”的规定

从保障侦查的需要出发，法律应赋予侦查人员应对紧急情况的临场处置权，到案措施应尽可能简便易行，“防止因适用条件过高或者审批手续过严而导致侦查人员故意规避法律而执法违法或者放弃职守”。[1]因此，刑事拘留并非一律需事前审批获准后才能执行。

尽管现行犯具有显而易见的违法属性，但在我国“行政违法——犯罪”二元结构中，案发当时实难对案件性质作出明确判断。鉴于《刑事诉讼法》关于立案的规定以及立案前不能适用强制性措施的限定，应例外地规定对现行犯的刑事拘留可以用于立案之前，由执行公务的公安民警根据现行违法犯罪的情况斟酌适用并立即执行。[2]

2. 规范刑事拘留的现场处置行为

执行刑事拘留时，公安民警应当表明身份，根据现场状况要求现行违法犯罪嫌疑人立即停止行为、放弃抵抗、停止逃跑等，在重大突发事件中甚至包括鸣枪示警。民警的现场处置行为，包括制服正在实施违法犯罪行为的行为人，控制、追捕或抓捕嫌疑人。在表明身份后，可以对在案发现场、逃跑现场及附近发现的具有违法犯罪嫌疑的人实施截停、盘问、现场搜查等行为，无须经过上级部门或领导的审批。现场无法排除犯罪嫌疑，或确认有犯罪嫌疑的，现场民警应当将嫌疑人带回办案场所，并告知涉嫌的罪名及拘留的法律依据。对无正当理由不配合或逃避，甚至暴力抗拒的，可以使用手铐、警绳等约束性警械。根据现场状况立即决定并实施处置是民警现场处置权的体现，公安机关可采用“行为指引”等方式对现场处置行为及流程作出详细规定。明确、具体的行为指引可以使公安民警在面对特定情形时作出准确判断，及时采取行动，也可以保障当事人的合法权益免受不法侵害，应属于公安机关执法规范化建设的重要环节。

3. 完善到案后的程序流程

实施拘留的公安民警应当尽快将犯罪嫌疑人带至办案场所进行审查。公安机关应当在犯罪嫌疑人到案后 24 小时内将拘留的基本情况通报同级人民检察院。这种通报有利于检察院及时掌握刑事拘留的信息，是后续开展检察监督的基础。

经必要的身份核对、人身检查、抽样和讯问以后，公安机关认为涉嫌犯罪符合立案条件的，应当立案，并根据案件和犯罪嫌疑人的情况决定是否延长刑事拘留期限、提请逮捕或取保候审、监视居住；认为违法情节轻微不构成犯罪的，应作出相应的行政处罚决定或者释放。怀疑犯罪嫌疑人是精神病人的，应立即进行鉴定，根据鉴定意见再作处理；鉴定期间，可对犯罪嫌疑人实施其他强制措施，防止其进

---

〔1〕 参见孙长永：“完善侦查程序立法的三个重点问题”，载陈光中主编：《刑事司法论坛》（第1辑），中国人民公安大学出版社 2008 年版，第 51 页。

〔2〕 为方便行文，除特别说明以外，本书以公安机关适用刑事拘留为主进行论述，其他享有侦查权的机关或部门可参照适用。

一步危害社会安全和他人人身、财产安全。对被通缉或被网上追逃的、越狱逃跑的以及正在被追捕的人，到案后应及时查清身份信息并移送有管辖权的机关处理。

一旦实现对犯罪嫌疑人的控制，其进一步违法犯罪或者发生妨碍诉讼情形的紧迫性就立即消除，保障人权的价值目标应受到同等程度的重视。现行法中关于到案后 24 小时内讯问、保障饮食和必要的休息时间、第一次讯问时的权利告知，以及 24 小时内送看守所关押且后续讯问必须在看守所内进行、通知家属等规定应当得到切实贯彻执行。

4. 实行强制到案和羁押的分离

现行刑事拘留制度将强制到案与羁押合一，羁押期限完全依附于办案期限的规定是导致刑事拘留期限最大化，隐性的超期羁押甚至超期羁押的主要原因，有必要对公安机关通过刑事拘留强制犯罪嫌疑人到案后的羁押期限进行严格限制，刑事拘留期限的延长必须采用多阶段、递进式的程序进行。

第一阶段是自到案时起 3 日以内，公安机关可以进行常规的身份确认、人身检查、讯问等侦查活动。经审查，根据案件和被拘留人的具体情况决定提请批准逮捕，或者变更为取保候审或监视居住，甚至撤销案件、释放被拘留人。在认罪认罚的轻微刑事案件中，刑事拘留的期限应严格限制在 3 日以内；配合刑事诉讼“全程简化”的改革探索，[1]可以针对多发、高发的案件，探索采用“案件分类，人员分组”的方式，“专案专办”提高某一类或几类案件的诉讼效率，逐步发展出针对某一类或几类特定案件的专门诉讼程序。

第二阶段和第三阶段即“特殊情况下”可延长 1 日至 4 日及延长至 30 日。首先，法律应当在“比例性”和“适当性”原则的基础上对“特殊情况”的含义作出明确规定。考虑到我国侦查实践的现实情况，不宜再采用“流窜、多次、结伙作案”等模糊的表述，而应从涉案人数、案件性质及可能判处的刑罚、需要多地多部门配合等侦查取证方面确有困难的情况，对延长刑事拘留期限的理由作出明确具体的限定。其次，规定延长刑事拘留期限的程序，采用逐阶段审批获准的方式，不得将刑事拘留一次性延长至最长期限。侦查人员应当在前一段期限届满前提出申请并获得批准，否则必须在期限届满时变更强制措施或释放被拘留人。延长刑事拘留期限可采用公安机关内部行政化审批的方式进行，借鉴当前决定刑事拘留的“五级审批”程序，充分发挥法制员在案件质量控制方面的作用，

---

〔1〕“全程简化”是北京市在认罪认罚从宽制度改革试点中的做法。在“公安机关执法办案管理中心+检察机关派驻检察室”的基础上，试点法院在区公安分局执法办案中心及看守所分别设立“速裁法庭”，根据犯罪嫌疑人、被告人认罪时间节点不同，对轻罪案件层层及时分流，最大限度地压缩简单轻罪案件的办案周期，尽可能缩短被告人的审前羁押期限，实现“全流程”速裁模式质的飞跃。参见温小洁：“认罪认罚从宽制度北京试点经验”，载胡云腾主编：《认罪认罚从宽制度的理解与适用》，人民法院出版社 2018 年版，第 294 页。

并将延长刑事拘留期限的信息同步通报检察机关。

（三）完善刑事拘留的检察监督

与另行构建法院对强制措施的司法审查制度相比，完善刑事拘留的检察监督程序与我国现阶段的司法体制更加契合。在资源有限的条件下，刑事拘留的检察监督应突出重点，包括：（1）没有法定事由不应当刑事拘留而刑事拘留的；（2）虽有一定的法定事由，但已经或应当很快查明不构成犯罪或者依法不需要追究刑事责任，不及时撤销、变更刑事拘留，甚至延拘至30日的；（3）没有法定事由或法定事由认识错误而延拘至30日的；（4）刑事拘留后未报捕、未移诉而撤案，或者变为取保候审后不了了之的；（5）违反法律规定的刑事拘留执行程序导致严重后果的，如没有立即送看守所关押导致犯罪嫌疑人逃跑、自杀，或者超期羁押等。

1. 搭建刑事案件信息共享平台

目前，一些地方的检察机关和公安机关已就刑事拘留相关信息建立起了信息共享或对接的机制，成功的经验值得复制和推广。刑事拘留检察监督的关键在于同步，但也要避免“为监督而监督”给原本紧张的侦查活动增添负担。配合前文关于刑事拘留决定和执行程序的完善建议，刑事拘留检察监督应当着重在下列时间节点及时、同步获得相关信息。第一，在强制犯罪嫌疑人到案后的24小时内，公安机关应当将拘留的基本情况通报检察机关，将全部刑事拘留纳入检察监督视野，避免“盲区”和“漏斗”。第二，延长刑事拘留期限的决定应当同时通报检察机关，实现公安机关内部审批控权和检察监督制约相结合。第三，公安机关决定变更强制措施，或者撤销案件、释放被拘留人的，应同时通报检察机关，避免出现不当干预民事纠纷、以拘促赔，或者权力寻租、放纵犯罪等违法情形。

当前，新一轮科技革命方兴未艾，给政法工作创新发展带来无限空间和广阔前景，政法智能化建设也将迎接新一轮机遇。[1]推进互联网、大数据、人工智能与政法工作的深度融合，为建立公安机关、检察机关刑事案件信息共享平台，实现案件信息、刑事拘留动态信息、重点情形备案等内容全面、及时、直接进入检察监督视野，以及利用智能分析手段进行监督信息筛选、提示、预警提供了可靠的技术支持。事实上，信息共享平台的减负、辅助、提速、增效功能并不局限在刑事拘留检察监督工作中，检察机关对刑事诉讼全流程的监督工作效率都能够得到极大的提升。

2. 强化刑事执行检察部门的监督职责

驻所检察官有着第一时间直接接触被拘留人的优势。对看守所的监管活动以

〔1〕郭洪平、闫晶晶：“六个关键词勾勒今年政法工作着力点——中央政法工作会议亮点解读”，载《检察日报》2018年1月24日，第1版。

及在押犯罪嫌疑人羁押期限是否合法实行监督是驻所检察部门的职责，收押、出所检察已经具备一定基础。[1]充分发挥刑事执行检察部门的职能作用，可以将检察监督的触角延伸至侦查阶段初期，及时发现和纠正侦查中的违法违规行为，更好地保障被拘留人的合法权益。将刑事执行检察部门的工作与刑事案件信息共享平台相结合，还能够对平台运行的有效性、信息的真实可靠性进行验证。

一是检察机关对于侦查机关刑事拘留的情况应实时掌握，对于拘留人员入所、出所情况应实现基本信息共享；二是应赋予嫌疑人对拘留羁押合法性、必要性的申诉权，即认为自己被非法羁押、不必要羁押或因怀孕、疾病等因素而不适合羁押的，可向驻所检察官提出申诉；三是赋予驻所检察官依申请审查拘留合法性与必要性的权力，对于不适合羁押的，应提出变更强制措施或者释放的建议。[2]

3. 增强检察监督的科学性和刚性

对刑事拘留的监督应以合法性监督为主，除明显不合理的以外，其他合理性问题宜进行引导。刑事拘留多用于案件事实不明、证据相对缺乏且不稳定的侦查初期，由检察院在事后判断侦查人员决定刑事拘留是否合理无异于刻舟求剑。过多的纠正意见反而会对侦查权的正常行使形成干扰，动辄得咎不利于公安机关积极履行追诉犯罪的职责。总结一些地方的试点经验，科学的监督应体现“治标监督与治本监督相结合”“刚性监督与柔性监督相结合”的特点。[3]对于侦查中的违法违规问题，既要坚决监督纠正不留情面，又要强化检察建议的督促落实，完善送达程序，建立双向监督信息反馈机制，提升检察建议的刚性；还要将纠正个案与发现类案相结合，深入分析原因、特点和规律，从完善相关制度机制出发有针对性地提出检察建议。例如，广东省公安机关已将检察机关基于侦查监督平台提供的侦查质量分析报告及相关数据作为内部执法考评、执法过错追究的参考依据，反向审视侦查活动的理念、方式、质量，公安机关执法活动的法治化、规范化水平不断提升。[4]类似经验可推广可复制，形成全国统一的监督机制。

检察监督也应遵循比例原则，监督方式应与违法违规的程度相适应，对于严重侵犯犯罪嫌疑人合法权利或者严重影响依法追诉犯罪的违法行为，可以根据情节轻重灵活运用排除非法证据、更换办案人员等方式；涉嫌犯罪的，应及时立案侦查。

---

〔1〕 参见《人民检察院看守所检察办法》第 3 条、第 5—16 条。

〔2〕 参见蓝向东：“审前羁押程序控制探究”，载《河南社会科学》2015 年第 8 期，第 35 页。

〔3〕 参见滕灵辉：“以共赢理念指引对派出所侦查活动监督”，载《检察日报》2018 年 10 月 15 日，第 3 版。

〔4〕 参见刘顺龙、周硕鑫：“建立侦查活动监督平台的法理与路径——以‘广东经验’为切入点”，载《人民检察》2017 年第 10 期，第 58 页。

（四）强化犯罪嫌疑人诉讼权利保障

1. 增加及时告知涉嫌的犯罪及刑事拘留理由的规定

在人身受到控制、自由被剥夺之初，犯罪嫌疑人与侦查人员直接正面接触，关系的紧张程度陡然加剧。获得相关信息的告知是不受任意及非法剥夺人身自由的必然要求，也是有效行使其他权利的基础。

到案后，在第一次讯问开始前或宣布刑事拘留时，侦查人员应当将涉嫌犯罪的基本情况及刑事拘留理由与诉讼权利、义务，认罪认罚从宽的法律规定等内容一并告知被拘留人。告知应采用口头宣布与书面告知相结合的方式，并应进行必要解释，或者允许被拘留人及时约见值班律师获得法律咨询。对存在阅读障碍、听力障碍或者不通晓当地通用语言文字的被拘留人，应当为其提供辅助设备或翻译。

2. 完善值班律师法律帮助工作机制

值班律师制度在全国推广试点以来，在保障犯罪嫌疑人、被告人合法权益方面成效显著。从保障被拘留人各项权益的角度来看，新生的值班律师制度具有多方面的可塑性。

第一，将值班律师提供法律帮助的时间尽可能地延伸至犯罪嫌疑人到案之初。根据《刑事诉讼法》第36条的规定，值班律师法律帮助的对象包括所有未委托辩护人，法律援助机构也没有为其指派律师辩护的犯罪嫌疑人、被告人。事实上，即使犯罪嫌疑人自行委托辩护人或者法律援助机构为其指派律师，联系律师、办理委托或指派手续等也会使得到案与实际获得辩护服务之间存在时间差，律师会见往往是在拘留并送押看守所之后，不利于保障侦查初期犯罪嫌疑人的合法权益以及认罪认罚的自愿性和真实性。将值班律师提供法律帮助的时间延伸至到案之初可以很好地解决这方面的难题。

第二，探索范围更广、效率更高的法律帮助方式。例如，在公安派出所或执法办案中心建立派驻值班律师，探索值班律师通过电话或网络提供法律帮助等方式，将法律帮助的内容规范化，在到案初期为犯罪嫌疑人提供内容简单但标准统一的法律服务，咨询值班律师的时间甚至可以早于第一次讯问，等等。

3. 完善被拘留人的权利救济途径

完善被拘留人的权利救济途径可以分为两个方面：一方面是健全诉讼程序内的权利救济机制，另一方面是完善违法刑事拘留国家赔偿的范围，二者均不可偏废。

诉讼程序内的权利救济能够及时消除对被拘留人合法权益的侵害。结合对刑事拘留检察监督的完善举措，对侦查机关不同意变更或解除刑事拘留的决定不服的被拘留人，以及人身权利、诉讼权利遭受严重侵犯的被拘留人应享有向驻所检察官申诉的权利。同时，法律应当建立健全对申诉、控告的调查措施和程序机制，要求驻看守所检察官及时将调查结果反馈给被拘留人。

在违法刑事拘留的国家赔偿方面，法律应当将超过法律规定刑事拘留期限，但没有终止追诉的情形纳入国家赔偿的范围，以增强侦查机关和侦查人员的责任感，勤勉履行职责，遵守法律关于刑事拘留程序和期限的规定。

附：刑事拘留制度演化变迁表

	1954年《逮捕拘留条例》	1979年《刑事诉讼法》	1996年《刑事诉讼法》	2012年《刑事诉讼法》	2018年《刑事诉讼法》
刑事拘留的适用对象	需要进行侦查，且符合特定情形的人犯	符合特定情形的罪该逮捕的现行犯或者重大犯罪嫌疑分子	符合特定情形的现行犯或者重大嫌疑分子	1. 符合特定情形的现行犯或者重大嫌疑分子；2. 违反取保候审或监视居住的规定，情节严重需要逮捕的犯罪嫌疑人、被告人	1. 符合特定情形的现行犯或者重大嫌疑分子；2. 违反取保候审或监视居住的规定，情节严重需要逮捕的犯罪嫌疑人、被告人；3. 监察机关移送审查起诉的被留置的犯罪嫌疑人
侦查阶段公安机关决定刑事拘留的条件	1. 正在预备犯罪、实行犯罪或者在犯罪后即时被发觉的；2. 被害人或者在场亲眼看见的人指认他犯罪的；3. 在身边或者住处发现有犯罪证据的；4. 企图逃跑或者在逃的；5. 有毁灭、伪造证据或者串供可能的；6. 身份不明或者没有一定住处的	1. 正在预备犯罪、实行犯罪或者在犯罪后即时被发觉的；2. 被害人或者在场亲眼看见的人指认他犯罪的；3. 在身边或者住处发现有犯罪证据的；4. 犯罪后企图自杀、逃跑或者在逃的；5. 有毁灭、伪造证据或者串供可能的；6. 身份不明有流窜作案重大嫌疑的；7. 正在进行"打砸抢"和严重破坏工作、生产、社会秩序的	1. 正在预备犯罪、实行犯罪或者在犯罪后即时被发觉的；2. 被害人或者在场亲眼看见的人指认他犯罪的；3. 在身边或者住处发现有犯罪证据的；4. 犯罪后企图自杀、逃跑或者在逃的；5. 有毁灭、伪造证据或者串供可能的；6. 不讲真实姓名、住址，身份不明的；7. 有流窜作案、多次作案、结伙作案重大嫌疑的		

续表

	1954年《逮捕拘留条例》	1979年《刑事诉讼法》	1996年《刑事诉讼法》	2012年《刑事诉讼法》	2018年《刑事诉讼法》
适用主体	公安机关决定并执行	公安机关决定并执行	1. 公安机关决定并执行；2. 人民检察院直接受理的案件中符合《刑事诉讼法》第61条第4项、第5项规定情形，需要拘留犯罪嫌疑人的，由人民检察院作出决定，由公安机关执行	1. 公安机关决定并执行；2. 人民检察院直接受理的案件中符合《刑事诉讼法》第80条第4项、第5项规定情形，需要拘留犯罪嫌疑人的，由人民检察院作出决定，由公安机关执行	1. 公安机关决定并执行；2. 人民检察院直接受理的案件中符合《刑事诉讼法》第82条第4项、第5项规定情形，需要拘留犯罪嫌疑人的，以及监察机关移送起诉已被留置的犯罪嫌疑人，由人民检察院决定拘留
拘留证、送押及通知要求	无	出示拘留证；除有碍侦查或者无法通知的情形外，应在24小时内通知家属或单位	出示拘留证；除有碍侦查或者无法通知的情形外，应在24小时内通知家属或单位	出示拘留证；立即送押，至迟不得超过24小时；除无法通知或者涉嫌危害国家安全犯罪、恐怖活动犯罪通知可能有碍侦查的情形外，应在24小时以内通知家属；有碍侦查情形消失后，立即通知家属	
刑事拘留后审查批准逮捕的程序	公安机关在24小时内通知检察院；检察院接到通知后48小时内批捕或不批捕	公安机关在3日内提请检察院批捕，可延长1日至4日；检察院接到提请批准逮捕书后3日内决定是否逮捕	1. 公安机关在3日内提请检察院批捕，可延长1日至4日，对于流窜作案、多次作案、结伙作案的重大嫌疑分子，提请审查批准的时间可延长至30日；检察院接到提请批准逮捕书后7日内决定是否逮捕；2. 自侦案件中，检察院应在拘留后10日内决定是否逮捕，在特殊情况下，可延长1日至4日	1. 公安机关在3日内提请检察院批捕，可延长1日至4日，对于流窜作案、多次作案、结伙作案的重大嫌疑分子，提请审查批准的时间可延长至30日；检察院接到提请批准逮捕书后7日内决定是否逮捕；2. 自侦案件中，检察院应在拘留后14日内决定是否逮捕，在特殊情况下，可延长1日至3日	1. 公安机关在3日内提请检察院批捕，可延长1日至4日，对于流窜作案、多次作案、结伙作案的重大嫌疑分子，提请审查批准的时间可延长至30日；检察院接到提请批准逮捕书后7日内决定是否逮捕；2. 自侦案件中，检察院应在拘留后14日内决定是否逮捕，在特殊情况下，可延长1日至3日；3. 对已留置的犯罪嫌疑人，检察院应在10日

续表

	1954年《逮捕拘留条例》	1979年《刑事诉讼法》	1996年《刑事诉讼法》	2012年《刑事诉讼法》	2018年《刑事诉讼法》
					内作出是否变更强制措施的决定，在特殊情况下，可延长1日至4日
因刑事拘留而被剥夺人身自由的时间	最长72小时	最长10日	1. 公安机关决定拘留的，最长37日；2. 检察院决定拘留的，最长14日	1. 公安机关决定拘留的，最长37日；2. 检察院决定拘留的，最长17日	1. 公安机关决定拘留的，最长37日；2. 检察院决定拘留的，最长17日；3. 留置转刑拘的，最长14日

（撰稿人：武小琳、孙长永）

第七章 逮捕制度*

* 陈真楠、孙志伟、唐益亮协助收集整理了部分资料，在此致谢！

目　次

逮捕制度是新中国成立后在刑事诉讼领域最先建立的重要制度之一。早在1954年9月，第一届全国人大一次会议就通过了《宪法》和《人民检察院组织法》，同年12月20日公布实施全国人大常委会通过的《逮捕拘留条例》，初步确立了保障公民人身自由的宪法规范和程序规范，明确了适用逮捕的条件以及批准、决定与执行主体的权限划分、捕后通知讯问、法律监督等基本制度。〔1〕但是，自1957年下半年起，由于反复不断的政治运动的影响，1954年《逮捕拘留条例》所构建的逮捕制度遭受严重的冲击。"文化大革命"期间，检察机关被撤销。1975年颁布的《宪法》第28条将原来由检察机关行使的批准逮捕权授予公安机关行使，〔2〕逮捕作为一种"制度"事实上已经名存实亡，由此导致逮捕措施的普遍滥用，公民人身自由和人格尊严遭受史无前例的严重践踏，其中的教训极其惨痛！

改革开放以后，我国的法制建设逐渐走向正轨。逮捕制度的发展演变，大体上可以分为两个阶段：一是逮捕制度的恢复和重建阶段，主要以1979年《逮捕拘留条例》和《刑事诉讼法》为标志；二是逮捕制度的发展完善阶段，主要以1996年、2012年和2018年修正通过的《刑事诉讼法》为标志。前一个阶段虽然时间较短，相关规定较为粗疏，但形成了逮捕制度的基本框架，为逮捕制度的后续发展奠定了基础；后一个阶段虽然期间较长，但制度性的进步相对缓慢，相关的立法修改主要是技术性的。

从法律性质上看，逮捕是我国刑事诉讼中最为严厉的一种强制措施；从诉讼内的功能来看，我国的逮捕相当于国外的未决羁押或审前羁押，但在权力配置、适用条件、审批程序、羁押复查等方面存在巨大差异。逮捕制度最为直观地反映了国家权力和公民人身自由之间的关系，无论是立法上对逮捕制度的设计，还是司法实践中对逮捕措施的适用，都直接体现了对惩罚犯罪与保障人权两种诉讼目的之间的权衡。不仅我国是这样，近代以来法治国家大体上都是这样。日本学者高田卓尔教授指出："近代以来的人权思想，主要是以刑事程序中强制措施的控制或者合理化为中心展开的。而且在大陆法中，以法国大革命后'改革后的刑事诉讼'为起点，立法和司法实践中的这种倾向被不断强化。在这个意义上可以说，刑事诉讼法的历史也就是强制措施本身不断受到限制的历史。"〔3〕回顾1979

---

〔1〕 参见1954年《逮捕拘留条例》第1条至第4条、第7条、第9条、第11条和第12条。

〔2〕 该条规定，"公民的人身自由和住宅不受侵犯。任何公民，非经人民法院决定或者公安机关批准，不受逮捕"。

〔3〕［日］高田卓尔：《刑事诉讼法》，青林书院新社1984年版，第144页。

年《逮捕拘留条例》和《刑事诉讼法》实施四十年来我国逮捕制度的立法发展和实践进步，总结反思其中的经验和问题，对于推进我国逮捕制度向正当程序方向发展，无疑具有重要的现实意义。

一、逮捕制度的恢复和重建

我国的逮捕制度从规范层面上看，包括三个方面：一是国家正式立法，主要是《刑事诉讼法》关于逮捕的规定；二是最高人民法院、最高人民检察院的司法解释和中央相关部门的规范性文件中关于逮捕的规定；三是地方性刑事司法规则的相关规定。其中，国家立法是逮捕制度的主要规范，对逮捕权的配置以及逮捕程序具有决定性作用；有关司法解释和其他规范性文件是对国家立法的具体解释或者补充，对于司法实践中正确适用逮捕措施有重要的影响，部分规定经实践检验并修改完善以后被后来的立法所吸收；省级以下政法机关在适用逮捕措施方面出台的有关文件所包含的“地方性规则”，体现了地方政法机关贯彻实施逮捕制度的具体要求，对于推动逮捕制度的创新发展、落实逮捕制度的改革任务等具有积极意义。本书对逮捕制度发展演变的历史回顾，主要以国家立法和司法解释及相关规范性文件为依据；在逮捕制度的实践探索部分，则适当介绍有关地方性规则。

（一）1979 年逮捕立法

1978 年 12 月召开的党的十一届三中全会开启了中国社会主义法制建设的新征程，也使得逮捕措施的法制化重新被提上议事日程。1979 年 2 月 23 日，第五届全国人大常委会第六次会议通过《逮捕拘留条例》，并于当日生效施行。该条例将“保卫社会主义制度，维护社会秩序，惩罚犯罪，保护公民的人身自由和住宅不受侵犯”作为立法目的，重申“中华人民共和国公民，非经人民法院决定或者人民检察院批准，不受逮捕”。为了汲取“文化大革命”期间滥用拘留、逮捕、搜查、扣押等措施的教训，加强对公民人身自由的法律保障，并充分考虑办理刑事案件的实际需要，1979 年《逮捕拘留条例》对 1954 年《逮捕拘留条例》关于逮捕的条件和程序等方面的规定进行了修改：（1）关于逮捕的实体要件，1979 年《逮捕拘留条例》第 3 条规定，“主要犯罪事实已经查清，可能判处徒刑以上刑罚的人犯，有逮捕必要的，经人民法院决定或者人民检察院批准，应即逮捕”。该条删除了 1954 年《逮捕拘留条例》将“对反革命分子和其他可能判处死刑、徒刑的人犯”作为逮捕条件的规定，明确了逮捕必须同时具备“事实条件”“刑罚条件”“必要性条件”三项实体要件。（2）关于逮捕的审批和决定程序，1979 年《逮捕拘留条例》重申“公安机关要求逮捕人犯的时候，由人民检察院批准”，同时取消了 1954 年《逮捕拘留条例》关于检察机关和法院执行逮捕的规定，从而强化了逮捕批准决定权与执行权的分工和制约。（3）关于逮捕后的程序，

1979 年《逮捕拘留条例》第 5 条新增规定，“逮捕后，除有碍侦查或者无法通知的情形外，公安机关、人民检察院或者人民法院应当把逮捕的原因和羁押的处所，在二十四小时以内告知被逮捕人的家属”。同时第 12 条规定：“人民法院、人民检察院、公安机关对被逮捕、拘留的人犯，必须在逮捕、拘留后的二十四小时以内进行讯问；在发现不应当逮捕、拘留的时候，必须立即释放，并且发给释放证明。”与 1954 年《逮捕拘留条例》相比，1979 年《逮捕拘留条例》增加了关于捕后通知家属的时间和释放时必须发给释放证明的规定。（4）不再要求公安机关把拘留的事实和理由在 24 小时内通知人民检察院，而是要求公安机关对“拘留的人犯，需要逮捕的，应当在拘留后的三天以内，把被拘留人的犯罪事实和证据材料通知本级人民检察院。在特殊情况下，拘留的时间可以再延长四天”。同时，把人民检察院审查逮捕的期限由“48 小时以内”调整为“三天以内”，以满足办理刑事案件的实际需要。

不难发现，1979 年《逮捕拘留条例》充分体现了改革开放初期“拨乱反正”的时代精神，从权力配置、实体要件和程序要求三个方面，对逮捕权进行了比较全面的法律控制，实现了逮捕措施的法制化。

1979 年 7 月 1 日第五届全国人大第二次会议审议通过《刑事诉讼法》等 7 部法律，标志着我国改革开放和社会主义建设事业进入了“有法可依”的历史新阶段。其中，1980 年 1 月 1 日起施行的《刑事诉讼法》作为新中国成立以来我国第一部刑事诉讼法典，虽然只有区区 164 条，但是它对立法的指导思想、任务、基本原则以及管辖、回避、辩护、证据、强制措施、附带民事诉讼、期间、送达等基本制度以及立案、侦查、提起公诉、审判、执行等基本程序作了较为全面的规定，为刑事诉讼活动提供了基本的法律依据。其中“逮捕”被规定在总则的“强制措施”一章，相关的条文多达 18 个，逮捕制度在 1979 年《逮捕拘留条例》的基础上，有了新的发展，主要表现在五个方面。

第一，对逮捕必要性条件作了更加具体的表述。1979 年《刑事诉讼法》第 40 条规定，“对主要犯罪事实已经查清，可能判处徒刑以上刑罚的人犯，采取取保候审、监视居住等方法，尚不足以防止发生社会危险性，而有逮捕必要的，应即依法逮捕”。这一规定重申了逮捕的三个条件，其中关于“逮捕必要性”条件的规定，较 1979 年《逮捕拘留条例》第 3 条在文字表述上更加具体、明确，体现了关于逮捕刑事政策的基本要求，即“可捕可不捕的，不捕”，有利于减少逮捕措施的适用。

第二，明确了检察机关批准逮捕的具体责任主体。1979 年《刑事诉讼法》第 46 条规定：“人民检察院审查批准逮捕人犯由检察长决定。重大案件应当提交检察委员会讨论决定。”这一规定一方面反映了苏联逮捕法对我国的影响，同时也是对以往实践经验的总结，体现了防止个人独断、保障重大案件逮捕质量的现实需要。

1982年12月4日，第五届全国人大第五次会议审议通过的《宪法》第37条规定："中华人民共和国公民的人身自由不受侵犯。任何公民，非经人民检察院批准或者决定或者人民法院决定，并由公安机关执行，不受逮捕。禁止非法拘禁和以其他方法非法剥夺或者限制公民的人身自由，禁止非法搜查公民的身体。"这一规定不仅明确了逮捕权在检察院、法院和公安机关之间的分配，而且明确了逮捕审批制度的人权保障性质。

为了保障全国人大代表和地方各级人大代表依法行使权利和履行职责，1982年《宪法》《全国人民代表大会组织法》和1992年《全国人民代表大会和地方各级人民代表大会代表法》全面建立了对各级人大代表的特殊人身保障制度，并且对检察院、法院和公安机关的逮捕权形成制约，即县级以上各级人大代表，非经本级人大主席团许可，在本级人大闭会期间，非经本级人大常委会许可，不受逮捕或者刑事审判；如果因为是现行犯被拘留，执行拘留的机关应当立即向该级人大主席团或者人大常委会报告；对县级以上各级人大代表，如果采取法律规定的其他限制人身自由的措施，应当经该级人大主席团或者人大常委会许可；乡、民族乡、镇的人大代表，如果被逮捕、受刑事审判，或者被采取法律规定的其他限制人身自由的措施，执行机关应当立即报告乡、民族乡、镇的人民代表大会。[1]

第三，细化了关于提请逮捕、审查逮捕和捕后通知程序的规定。在提请逮捕方面，1979年《刑事诉讼法》第33条明确要求，"公安机关提请批准逮捕书……必须忠实于事实真象。故意隐瞒事实真象的，应当追究责任"；第45条规定，"公安机关要求逮捕人犯的时候，应当写出提请批准逮捕书，连同案卷材料、证据，一并移送同级人民检察院审查批准。必要时，人民检察院可以派人参加公安机关对于重大案件的讨论"。其中关于"提请批准逮捕书必须忠实于事实真相"的规定，与逮捕人犯必须以"主要犯罪事实已经查清"为前提这一实质要件一样，体现了逮捕权的行使必须贯彻"以事实为根据，以法律为准绳"的原则，目的是"防止滥行逮捕、拘留，诬陷干部、群众，侵犯干部、群众的人身权利、民主权利和其他权利"。[2]在审查逮捕方面，1979年《刑事诉讼法》第47条明确规定："人民检察院对于公安机关提请批准逮捕的案件进行审查后，应当根据情况分别作出批准逮捕，不批准逮捕或者补充侦查的决定。"同时，增设了公安

---

〔1〕 参见1982年《宪法》第74条、1982年《全国人民代表大会组织法》第44条和1992年《全国人民代表大会和地方各级人民代表大会代表法》第32条。

〔2〕 彭真："关于七个法律草案的说明"（1979年6月26日），载《彭真文选》（1941-1990），人民出版社1991年版，第375页。

机关对检察机关不批准逮捕决定的复议和复核程序，以体现公安机关与检察机关在办理刑事案件方面分工负责、互相制约、互相配合的原则。但为了防止超期拘留，公安机关即使要求复议，也“必须将被拘留的人立即释放”，体现了保障公民人身自由不受非法侵犯的精神。关于逮捕以后的通知程序，1979 年《刑事诉讼法》第 50 条规定，“逮捕后，除有碍侦查或者无法通知的情形以外，应当把逮捕的原因和羁押的处所，在二十四小时以内通知被逮捕人的家属或者他的所在单位”。与 1979 年《逮捕拘留条例》相比，增加了被逮捕人的所在单位作为被通知的对象，有利于更好地保护被逮捕人合法权益和所在单位的正常工作秩序，也有利于所在单位积极配合办案机关调查案件有关情况。此外，1979 年《刑事诉讼法》还重申，办案机关对被逮捕的人必须在 24 小时内进行讯问，发现不应当逮捕的，必须立即予以释放，发给释放证明。这一规定旨在通过讯问及时发现和纠正错捕错押，也促使被追诉人尽快如实供述，协助办案机关查明案件事实。

第四，对侦查、起诉和审判阶段的羁押期限作出了明确规定。1979 年《刑事诉讼法》第 92 条规定：“对被告人在侦查中的羁押期限不得超过二个月。案情复杂、期限届满不能终结的案件，可以经上一级人民检察院批准延长一个月。特别重大、复杂的案件，依照前款规定延长后仍不能终结的，由最高人民检察院报请全国人民代表大会常务委员会批准延期审理。”根据这一规定，当时对犯罪嫌疑人在侦查阶段的羁押期限，除特别重大、复杂的案件以外，不得超过 3 个月。同时，根据 1979 年《刑事诉讼法》第 97 条、第 99 条、第 125 条和第 142 条的规定，人民检察院对于公安机关移送审查起诉或者免予起诉的案件，应当在 1 个月以内作出决定，重大、复杂的案件，可延长半个月；需要补充侦查的，应当在 1 个月以内补充侦查完毕；人民法院审理一审公诉案件和二审案件的期限均不得超过一个半月。上述关于办案期限的规定，有利于督促办案机关提高侦查、审查起诉和审判效率，及时惩罚犯罪分子，也有利于防止出现久押不决的现象。

第五，增加了关于侦查活动监督的要求。1979 年《刑事诉讼法》第 52 条规定：“人民检察院在审查批准逮捕工作中，如果发现公安机关的侦查活动有违法情况，应当通知公安机关予以纠正，公安机关应当将纠正情况通知人民检察院。”这一规定与 1979 年 7 月 1 日五届全国人大二次会议同时通过的《人民检察院组织法》关于“人民检察院是国家的法律监督机关”的定位是一脉相承的，其意图显然是希望检察机关把侦查活动监督与审查逮捕工作结合起来，以逮捕的审批权为后盾监督公安机关严格依法办事，保护公民的合法权益不受非法侵犯。

总体上看，1979 年《逮捕拘留条例》和《刑事诉讼法》关于逮捕制度的规定，确定了我国逮捕制度的基本框架，这一框架的基本内容包括逮捕权力、逮捕条件、逮捕程序、羁押期限和侦查活动监督五个方面。这一框架不仅承载着宪法关于“公民的人身自由不受非法侵犯”的使命，而且成为逮捕制度后续发展的基础。应当说，在改革开放初期，立法关于逮捕制度的框架性规定向全社会传递了“人身自由和合法权益受到法律保护”的积极信号，同时也对公检法机关采取剥夺人身自由的强制措施提出了“必须依法办事”的明确要求。这对于培育和强化办案人员的法律意识，从服从和服务于党和国家工作转移到以经济建设为中心的大局出发依法慎重适用逮捕措施，在积极惩治犯罪、保障诉讼顺利进行的同时注意保障公民的人身自由，发挥了积极的作用。只是由于当时立法经验严重不足，立法指导思想上又受到“快一点比慢一点好、粗一点比细一点好”等实用主义观念的影响，法律对逮捕措施的适用条件和程序方面的规定较为粗疏，制度设计的不够严密，为实践中恣意地适用逮捕措施埋下了隐患。其中有的规定（如羁押期限）虽然体现了“尽量缩短办案期限、保障公民人身权利”的精神，但也存在对治安形势的分析研判不足、对实践的具体情况考虑不周的问题。随着1979年《刑事诉讼法》的正式实施，特别是1983年在全国范围内开展“严打”活动以后，关于羁押期限的相关规定明显不能适应实践的需要。

1984年7月7日，第六届全国人大常委会第六次会议通过《全国人民代表大会常务委员会关于刑事案件办案期限的补充规定》（以下简称《办案期限补充规定》），延长了重大犯罪集团案件和流窜作案的重大复杂案件以及交通十分不便的边远地区的重大复杂案件的侦查羁押期限、一审期限、二审期限，同时规定了四种重新计算办案期限的情形。[1]考虑到精神病鉴定的期间较长，《办案期限补充规定》规定：“对被告人作精神病鉴定的期间不计入办案期限。”由于我国刑事诉讼中的羁押期限与办案期限是“合二为一”的，办案期限的延长或重新计算，实际上也意味着被逮捕人羁押时限的延长。虽然《办案期限补充规定》要求，对被羁押正在接受侦查、起诉、一审、二审的被告人，不能在刑事诉讼法规定的期限内办结，采取取保候审、监视居住的办法对社会没有危险性的，可以取保候审或者监视居住，取保候审或者监视居住期间不计入办案期限，相应地，审查起诉和审判活动也不受法定期限的限制，只是不能中断对案件的审理，但是由于司法实践中对逮捕措施的过度依赖以及“严打”期间“重打击轻保护”“重实体轻程序”等观念的盛行，《办案期限补充规定》事实上为实践中各种滥用逮捕措施的做法打开了方便之门。

（二）贯彻落实1979年逮捕立法的规范性文件

为了落实在适用逮捕措施方面的法制要求，1979年3月10日，最高人民检

---

〔1〕这四种情形包括：（1）在侦查期间发现被告人另有重要罪行，可以经人民检察院批准或者决定补充侦查，重新计算侦查羁押期限；（2）人民检察院和人民法院改变管辖的公诉案件，从改变后的办案机关收到案件之日起重新计算办案期限；（3）人民法院退回检察院补充侦查的案件，人民检察院应当在1个月以内补充侦查完毕，补充侦查完毕移送人民法院后，人民法院重新计算审理期限；（4）第二审人民法院发回原审人民法院重新审判的案件，原审人民法院自收到案件之日起重新计算审理期限。

察院发布《关于认真执行逮捕拘留条例的通知》（[79] 高检一字第1号），要求各级人民检察院增强法制观念，在审查批捕工作中严格执行1979年《逮捕拘留条例》的规定。1979年3月27日，最高人民检察院会同公安部发布通知，明确规定："各级人民检察院在自办案件中，需要依法逮捕人犯时，按内部审批权限批准后，由主办的人民检察院将《批准逮捕决定书》送给同级公安机关，由公安机关签发《逮捕证》，并执行逮捕。"[1]1979年11月19日，最高人民法院和公安部联合发布通知，明确要求：人民法院在审理刑事案件过程中，依法确有必要对人犯决定逮捕的时候，应由受理案件的人民法院作出逮捕人犯的决定，并将《逮捕人犯决定书》送交同级公安机关，由公安机关填发逮捕证，及时执行逮捕。逮捕后，由决定逮捕的人民法院把逮捕的原因和羁押的处所，在24小时以内通知被逮捕人的家属。经人民法院决定逮捕的人犯，在执行逮捕的时候，如有必要进行搜查，由公安机关填发搜查证，人民法院派员共同进行搜查。[2]以上三个通知，进一步明确了公检法机关在适用逮捕措施中的职责，把逮捕过程中的分工负责、互相配合、互相制约原则落到了实处。

1979年7月31日，最高人民检察院和公安部联合出台《关于到外地逮捕人犯手续的几项规定》，对公安机关到外地逮捕犯罪嫌疑人的具体程序作了补充性的规定。

1980年7月21日，最高人民检察院以通知的形式发布了《人民检察院刑事检察工作试行细则》（高检刑字［1980］第44号），这是1979年《刑事诉讼法》实施期间最高人民检察院发布的关于审查逮捕、审查起诉程序和相关办案制度的最为全面的司法解释性文件。其中关于审查逮捕工作，除了重申法律的要求以外，还补充了以下规定：（1）明确规定人民检察院审查逮捕案件，必要时"也可提审已拘留的人犯"。（2）根据人犯是否已经被拘留，规定了审查逮捕的不同期限：对于尚未被拘留的人犯，公安机关提请逮捕的，人民检察院应在20天内作出是否逮捕的决定，或者提出补充侦查意见；特别重大复杂的案件，不得超过1个月；对于公安机关已经拘留的人犯，从接到提请批准逮捕书起，必须在3天内作出是否逮捕的决定。（3）明确了各级检察机关审查批准逮捕的具体权限：公安机关提请批准逮捕人犯的案件，应由同级人民检察院受理，并作出决定。对于县级以上领导干部和各方面有代表性的知名人士中的犯罪分子，需要逮捕的，除极少数有特殊重大情况必须按照干部管理权限向上级请示者外，都由当地人民检

[1] 参见《关于人民检察院逮捕、拘留人犯由公安机关执行的通知》（[79] 高检二字第1号、公发［1979］第50号）。

[2] 参见《关于人民法院决定逮捕人犯由公安机关执行的具体办法的通知》（[79] 法研字第24号）。

察院批准。外籍和无国籍人员中的犯罪分子，需要逮捕的，一律层报最高人民检察院审查决定。（4）明确了延长侦查羁押期限的程序。（5）明确规定了检察机关办理批捕、起诉案件实行“专人审查，集体讨论，检察长决定”的制度，对于重大疑难案件，应提交检察委员会讨论决定。该试行细则的实施，标志着我国检察机关审查逮捕工作进入了规范化、制度化阶段。

1986 年 3 月 24 日，最高人民检察院出台了《人民检察院直接受理侦查的刑事案件办案程序（试行）》，其中关于逮捕措施的适用，主要有两点补充：一是检察机关在自侦案件中决定逮捕以后交由公安机关执行，“必要时人民检察院可派员协助。同时报上级人民检察院备案”。二是对于县级以上人大代表，需要逮捕而同级人大常委会不予许可时，如果人民检察院认为人大常委会不同意逮捕意见有错误的，“可以要求复议”。

1991 年 1 月 25 日，最高人民检察院出台《人民检察院直接受理侦查的刑事案件审查逮捕审查起诉工作暂行规定》（高检发刑字［1991］10 号），明确规定了检察机关直接受理侦查的刑事案件，由刑事检察部门负责审查逮捕工作，即实行“侦查与捕诉分离”原则，从而解决了司法实践中检察机关办理自侦案件由“经济检察”或“法纪检察”部门“一竿子插到底”、缺乏内部制约的问题。〔1〕

1987 年 3 月 18 日，公安部印发的《公安部规定》，以部门规章的形式对公安机关办理刑事案件的基本程序作出较为具体的规定。其中第四章“强制措施和羁押”的第四节专门规定了“逮捕”的相关问题，共有 8 个条文。这些条款对公安机关具体执行逮捕措施的程序，包括提请逮捕的程序、执行逮捕的程序、逮捕后的释放程序、不捕决定的复议和复核程序、异地逮捕程序等作了补充规定。

总体上看，在 1979 年《逮捕拘留条例》和《刑事诉讼法》实施期间，中央政法机关出台的关于逮捕的规范性文件的主要内容是细化关于逮捕程序的规定，弥补法律规定的不足，明确审查逮捕的办案制度，以解决地方司法实践中适用逮捕措施的具体依据和操作规范问题。

二、逮捕制度的发展完善

1979 年《刑事诉讼法》实施以后，国家立法机关根据治安形势和经济社会发展的情况变化，先后对《刑事诉讼法》进行了三次修改，每一次修改都涉及逮捕制度，其中 1996 年和 2012 年对《刑事诉讼法》进行全面修正时，逮捕制度

〔1〕 关于对检察机关办理自侦案件缺乏内部制约问题的争议，参见张学军：“办理经检、法检案件不宜一竿子插到底”，载《现代法学》1983 年第 1 期；袁嘉谟：“办理经检、法检案件宜一竿子插到底”，载《现代法学》1983 年第 4 期；尹晋华：“检察业务分类之我见”，载《现代法学》1989 年第 1 期；周思民：“对检察机关内部分工制约办案制度的探索”，载《检察理论研究》1991 年第 1 期。

均是立法修改的重点内容。因此，逮捕制度处于持续不断的发展完善状态。

（一）1996 年《刑事诉讼法》及相关法律解释对逮捕制度的修改完善

1. 1996 年《刑事诉讼法》对逮捕制度的修改完善

1996 年 3 月 17 日，第八届全国人大第四次会议审议通过了《关于修改〈中华人民共和国刑事诉讼法〉的决定》，对 1979 年《刑事诉讼法》进行了第一次大修，其中重点内容之一是“完善强制措施”。在逮捕制度方面，1996 年《刑事诉讼法》修改或者增补的相关条文多达 25 条，“逮捕”一词的使用由 1979 年《刑事诉讼法》的 36 次增至 53 次，在逮捕的适用条件、逮捕的审查和执行程序、逮捕的变更程序以及羁押期限等方面都作了相应的修改完善，从而使得逮捕制度更加科学、合理。主要修改内容包括如下方面。

第一，修改了逮捕的适用条件。1979 年《刑事诉讼法》将“主要犯罪事实已经查清”作为逮捕的一个基本条件，这一条件对于防止错捕和“以捕代侦”固然有好处，但对于逮捕这样一种主要在侦查初期适用的强制措施来说显得比较严格。在司法实践中，“普遍反映，要将犯罪嫌疑人在拘留后的 7 天时间内把‘主要犯罪事实’查清，时间上太短了，特别是对一些疑难、复杂案件很难做到。公安机关为了解决办案时间不够的问题，只好采取收容审查措施”。[1]而收容审查是一种行政强制措施，它的适用由公安机关一家决定和执行，不受司法审查和外部监督，因而侵犯公民合法权益的现象时有发生。还有，“某些犯罪嫌疑人的犯罪事实，有些已经查明，虽然主要犯罪事实尚未完全查清，仍然需要逮捕”。[2]为了适应打击犯罪和切实保护公民合法权益的需要，1996 年修改《刑事诉讼法》时将逮捕的事实条件修改为“有证据证明有犯罪事实”，同时取消了收容审查。

此外，1996 年《刑事诉讼法》第 56 条和第 57 条还明确规定了被取保候审或监视居住的犯罪嫌疑人、被告人应当遵守的义务，犯罪嫌疑人、被告人违反规定的义务，情节严重的，可以“予以逮捕”。由于取保候审、监视居住通常主要适用于罪行较轻的犯罪嫌疑人、被告人，上述规定事实上在“一般逮捕”之外增加了一种逮捕类型——转化型逮捕，把逮捕措施作为取保候审、监视居住的保障手段，旨在督促犯罪嫌疑人、被告人切实履行法律规定的义务。

第二，修改了逮捕的提请和审查程序。首先，延长了公安机关拘留犯罪嫌疑人后提请批准逮捕的期限。为了适应取消收容审查以后公安机关打击犯罪的实际需要，1996 年《刑事诉讼法》第 61 条将“有流窜作案、多次作案、结伙作案重

---

〔1〕 胡康生、李福成主编：《〈中华人民共和国刑事诉讼法〉释义》，法律出版社 1996 年版，第 74 页。

〔2〕 顾昂然：“关于《中华人民共和国刑事诉讼法修正案（草案）》的说明”，载胡康生、李福成主编：《〈中华人民共和国刑事诉讼法〉释义》，法律出版社 1996 年版，第 354 页。

大嫌疑”的犯罪嫌疑人作为刑事拘留的适用对象；同时，考虑到这些案件发案率较高，而且涉及面广、调查取证量多、取证难度大等特点，公安机关要在7日以内决定是否需要提请批准逮捕时间上过于仓促，1996年《刑事诉讼法》第69条第2款规定：“对于流窜作案、多次作案、结伙作案的重大嫌疑分子，提请批准逮捕的时间可以延长至三十日。”其次，将检察机关审查批准逮捕的最长期限由3日改为7日，以便检察机关有充分的时间对是否符合逮捕条件作出准确的判断，切实保证逮捕质量。再次，明确检察机关对提请逮捕的案件进行审查以后只能作出批准逮捕或者不批准逮捕的决定，废止了1979年《刑事诉讼法》第47条关于对提请审查逮捕的案件审查以后可以决定退回补充侦查的规定。最后，允许对不批准逮捕但符合取保候审、监视居住条件的犯罪嫌疑人适用取保候审、监视居住。[1]不难看出，以上关于逮捕程序的修改，更多地考虑了公安机关、检察机关运用拘留、逮捕手段打击犯罪的需要，放宽了法律对公安、检察机关限制或剥夺犯罪嫌疑人人身自由权力的限制。

与此相关的是，为了规范逮捕措施的适用，1996年《刑事诉讼法》还增加了第134条关于检察机关自侦案件刑事拘留转逮捕的程序规定：“人民检察院对直接受理的案件中被拘留的人，认为需要逮捕的，应当在十日以内作出决定。在特殊情况下，决定逮捕的时间可以延长一日至四日。对不需要逮捕的，应当立即释放；对于需要继续侦查，并且符合取保候审、监视居住条件的，依法取保候审或者监视居住。”

第三，增加了异地逮捕的执行程序。为了解决司法实践中异地执行拘留、逮捕过程中存在的互相扯皮、各自为政的实际问题，加强不同地区公安、检察机关适用刑事强制措施的协调配合，1996年修改《刑事诉讼法》时增加了第62条的规定：“公安机关在异地执行拘留、逮捕的时候，应当通知被拘留、逮捕人所在地的公安机关，被拘留、逮捕人所在地的公安机关应当予以配合。”

第四，增加了逮捕的撤销、变更和解除程序。为了减少不当羁押，防止超期羁押，1996年《刑事诉讼法》第73条和第75条增补了关于办案机关依职权撤销、变更强制措施和应利害关系人申请解除或变更强制措施的规定。此外，根据1996年《刑事诉讼法》第52条和第96条的规定，被羁押的犯罪嫌疑人、被告人及其法定代理人、近亲属和律师均有权申请取保候审。这样，就对逮捕措施的适用增加了来自辩方的制约。

第五，调整了“侦查羁押期限”的起点，补充了关于延长或者重新计算羁押期限以及延长办案期限的规定。1979年《刑事诉讼法》规定的“被告人在侦查中的羁押期限”从何时起算？当时并未明确。1987年《公安部规定》第96条

---

〔1〕 参见1996年《刑事诉讼法》第69条第3款。

规定，“被告人在侦查中的羁押期限，从拘留之日起计算。未经拘留直接逮捕的，从逮捕执行之日起计算”。该规定第一次明确了侦查羁押期限的起点。1996 年修改《刑事诉讼法》时，考虑到收容审查被取消了，拘留、逮捕的条件也发生了相应的变化，便将“被告人在侦查中的羁押期限”改为“逮捕后的侦查羁押期限”，排除了拘留的时间。[1]这实际上是变相地延长了犯罪嫌疑人在侦查阶段的合法羁押期限。此外，1996 年《刑事诉讼法》第 128 条第 2 款还规定，“犯罪嫌疑人不讲真实姓名、住址，身份不明的，侦查羁押期限自查清其身份之日起计算”。这一规定为侦查机关变相延长侦查羁押期限提供了“合法”依据。

同时，新法吸收了《办案期限补充规定》的内容，补充了关于不计入羁押期限、延长或者重新计算羁押期限和办案期限的下列规定：第一，对犯罪嫌疑人作精神病鉴定的期间不计入办案期限（第 122 条）；第二，在四种情形下，可以延长羁押期限两个月（第 126 条）；[2]第三，对于可能判处 10 年有期徒刑以上刑罚的犯罪嫌疑人，可以再次延长羁押期限两个月（第 127 条）；第四，在五种情形下，可以重新计算羁押期限或者办案期限（第 128 条、第 138 条第 2 款、第 140 条、第 168 条）。[3]虽然 1996 年《刑事诉讼法》新增的第 74 条规定：“犯罪嫌疑人、被告人被羁押的案件，不能在本法规定的侦查羁押、审查起诉、一审、二审期限内办结，需要继续查证、审理的，对犯罪嫌疑人、被告人可以取保候审或者监视居住。”但是，由于多种因素的影响，逮捕始终是仅次于拘留的最常用的强制措施，加之法律规定的羁押期限或办案期限重新计算、不计算期限的情形较多，一名犯罪嫌疑人、被告人在整个刑事诉讼过程中究竟最长能够被羁押多久，事实上已经没有办法确定，这为办案机关违反办案期限、随意超期羁押埋下了巨大隐患。可以说，1996 年《刑事诉讼法》大大加强了公检法机关在适用逮捕措施方面的权力，严重削弱了逮捕制度的人权保障功能。

2. 相关法律解释关于逮捕制度的修改完善

在 1996 年《刑事诉讼法》实施期间，中央司法机关出台了数量众多的司法解释和规范性文件，对逮捕制度的相关问题作出补充规定或解释。例如，1998 年《六机关规定》、1998 年《公安部规定》、1999 年《最高检规则》、《关于审查

---

〔1〕 参见胡康生、李福成主编：《〈中华人民共和国刑事诉讼法〉释义》，法律出版社 1996 年版，第 138 页。

〔2〕 这四种情形包括：（1）交通十分不便的边远地区的重大复杂案件；（2）重大的犯罪集团案件；（3）流窜作案的重大复杂案件；（4）犯罪涉及面广，取证困难的重大复杂案件。

〔3〕 这五种情形包括：（1）在侦查期间，发现犯罪嫌疑人另有重要罪行的，自发现之日起依照本法第 124 条的规定重新计算侦查羁押期限；（2）人民检察院审查起诉的案件，改变管辖的，从改变后的人民检察院收到案件之日起计算审查起诉期限；（3）补充侦查完毕移送人民检察院后，人民检察院重新计算审查起诉期限；（4）人民法院改变管辖的案件，从改变后的人民法院收到案件之日起计算审理期限；（5）人民检察院补充侦查的案件，补充侦查完毕移送人民法院后，人民法院重新计算审理期限。

逮捕和公诉工作贯彻刑诉法若干问题的意见》（高检发研字［1997］1 号）、《关于完善人民检察院侦查工作内部制约机制的若干规定》（高检发［1998］27 号）、《关于人民检察院审查批准逮捕外国籍犯罪嫌疑人程序的规定》（高检发刑字［1999］2 号）、《关于依法适用逮捕措施有关问题的规定》（高检会［2001］10 号）、《审查逮捕证据参考标准（试行）》（高检侦监发［2003］107 号）、《关于在审查逮捕和审查起诉工作中加强证据审查的若干意见》（高检诉发［2006］47 号）、《人民检察院审查逮捕质量标准（试行）》（高检发［2006］18 号，以下简称《逮捕质量试行标准》）、《人民检察院审查逮捕质量标准》（2010 年 8 月 25 日发布，以下简称《逮捕质量标准》）、《关于省级以下人民检察院立案侦查的案件由上一级人民检察院审查决定逮捕的规定（试行）》（高检发［2009］17 号）、《最高人民检察院、公安部关于审查逮捕阶段讯问犯罪嫌疑人的规定》（高检会［2010］6 号）等，其中《逮捕质量试行标准》是 1996 年《刑事诉讼法》实施期间关于逮捕制度的最重要的规范性司法文件，四年之后出台的《逮捕质量标准》是最高人民检察院在总结实践经验的基础上对该文件加以修改而形成的。这些司法解释和规范性文件的内容涉及逮捕决定的责任部门、逮捕适用条件的细化、审查和执行逮捕程序的完善、附条件逮捕等新制度的创设、逮捕质量问题以及逮捕权力运行机制改革等几个方面，对逮捕制度的实际运行以及 2012 年《刑事诉讼法》关于逮捕制度的修改具有重要的影响。

（1）明确审查逮捕的“捕诉分离”原则和“三级审批制”。根据《关于完善人民检察院侦查工作内部制约机制的若干规定》（高检发［1998］27 号）和 1999 年《最高检规则》的规定，人民检察院审查批准或者决定逮捕犯罪嫌疑人，统一由审查逮捕部门办理，人民检察院侦查部门在侦查中需要逮捕犯罪嫌疑人的，也一律由审查逮捕部门审查。办案人员提出批准或者决定逮捕、不批准或者不予逮捕的意见，经部门负责人审核后，报请检察长批准或者决定；重大案件应当经检察委员会讨论决定。因此，检察机关在所有刑事案件中的审查批准、决定逮捕过程中均实行“捕诉分离”原则和“三级审批制”。

（2）细化逮捕的事实条件和必要性条件。关于逮捕的事实条件——“有证据证明有犯罪事实”，1998 年《六机关规定》第 26 条率先进行了解释，它规定，“‘有证据证明有犯罪事实’，是指同时具备下列情形：（一）有证据证明发生了犯罪事实；（二）有证据证明犯罪事实是犯罪嫌疑人实施的；（三）证明犯罪嫌疑人实施犯罪行为的证据已有查证属实的。犯罪事实可以是犯罪嫌疑人实施的数个犯罪行为中的一个。”1999 年《最高检规则》、《逮捕质量试行标准》、《逮捕质量标准》对此作了进一步补充，规定“证据所证明的事实不构成犯罪的”“仅有犯罪嫌疑人的有罪供述，而无其他证据印证的”等九种情况不属于“有证据证明有犯罪事实”。[1]《审查逮捕证据参考标准（试行）》（高检侦监发［2003］107号）对“通用证据参考标准”和“具体罪案证据参考标准”作出了具体规定，为地方检察机关审查逮捕提供了明确、规范的指引，对于提高逮捕质量具有一定的积极意义。关于逮捕的必要性条件，《关于依法适用逮捕措施有关问题的规定》（高检会［2001］10号）、《逮捕质量试行标准》相继作了具体解释，后者吸收了前者的规定。根据《逮捕质量试行标准》第5条的规定，具有下列七种情形之一的，即为“有逮捕必要”：可能继续实施犯罪行为，危害社会的；可能毁灭、伪造、转移、隐匿证据，干扰证人作证或者串供的；可能自杀或者逃跑的；可能实施打击报复行为的；可能有碍本案或者其他案件侦查的；犯罪嫌疑人居无定所、流窜作案、异地作案，不具备取保候审、监视居住条件的；对犯罪嫌疑人不羁押可能发生社会危险性的其他情形。这一规定后来成为2012年《刑事诉讼法》第79条关于逮捕适用条件规定的重要基础。

《关于依法适用逮捕措施有关问题的规定》还规定：“对有组织犯罪、黑社会性质组织犯罪、暴力犯罪和多发性犯罪等严重危害社会治安和社会秩序以及可能有碍侦查的犯罪嫌疑人，一般应予逮捕。”这一规定成为2012年《刑事诉讼法》第79条设定“迳行逮捕”的先声。此外，该规定还对1996年《刑事诉讼法》第56条第2款关于被追诉人违反取保候审规定变更为逮捕以及第57条第2款关于被追诉人违反监视居住规定“情节严重”应予逮捕的情形分别作出了具体的解释，为司法实践中准确适用“转化型逮捕”提供了明确依据。

（3）完善审查逮捕的程序。主要有两个方面：一是确立了“办理审查逮捕案件，必要时应当讯问犯罪嫌疑人”的基本原则。《最高人民检察院、公安部关于审查逮捕阶段讯问犯罪嫌疑人的规定》（高检会［2010］6号）、《逮捕质量标准》等规范性文件明确要求检察机关审查下列逮捕案件“应当”讯问犯罪嫌疑人：第一，犯罪嫌疑人是否有犯罪事实、是否有逮捕必要等关键问题有疑点的，主要包括：罪与非罪界限不清的，是否达到刑事责任年龄需要确认的，有无逮捕必要难以把握的，犯罪嫌疑人的供述前后矛盾或者违背常理的，据以定罪的主要证据之间存在重大矛盾的；第二，案情重大疑难复杂的，主要包括：涉嫌造成被害人死亡的故意杀人案、故意伤害致人死亡案以及其他可能判处无期徒刑以上刑罚的，在罪与非罪认定上存在重大争议的；第三，犯罪嫌疑人系未成年人的；第四，有线索或者证据表明侦查活动可能存在刑讯逼供、暴力取证等违法犯罪行为的。犯罪嫌疑人要求讯问的，一般应当讯问。二是增加听取律师意见的规定。在审查逮捕时，犯罪嫌疑人委托的律师提出不构成犯罪、无逮捕必要、不适宜羁押、侦查活动有违法犯罪情形等书面意见以及相关证据材料的，检察人员应当认

---

[1] 参见2010年《逮捕质量标准》第3条。

真审查。必要时，可以当面听取受委托律师的意见。对律师提出的意见及相关证据材料，应当在审查逮捕意见书中说明是否采纳及其理由。以上两个方面的规定改变了检察机关审查逮捕单纯依靠书面审查的传统做法，一定程度上打破了逮捕程序的封闭性，为2012年修改《刑事诉讼法》增加第86条的规定奠定了基础。

（4）完善执行逮捕的程序。为了保证公安机关严格执行检察机关批准逮捕和不批准逮捕的决定，1998年《六机关规定》第28条规定："对于人民检察院批准逮捕的决定，公安机关应当立即执行，并将执行回执及时送达作出批准逮捕的人民检察院。如果未能执行，也应当将回执送达人民检察院，并写明未能执行的原因；对于人民检察院决定不批准逮捕的，公安机关在收到不批准逮捕决定书后，应当立即释放在押的犯罪嫌疑人或者变更强制措施，并将执行回执在收到不批准逮捕决定书后的三日内送达作出不批准逮捕决定的人民检察院。"

（5）完善逮捕后通知程序。1998年《公安部规定》第125条规定："对犯罪嫌疑人执行逮捕后，应当在二十四小时内制作《逮捕通知书》，送达被逮捕人家属或者单位，但有下列情形之一的，经县级以上公安机关负责人批准，可以不予通知：（一）同案的犯罪嫌疑人可能逃跑，隐匿、毁弃或者伪造证据的；（二）不讲真实姓名、住址，身份不明的；（三）其他有碍侦查或者无法通知的。上述情形消除后，应当立即通知被逮捕人的家属或者他的所在单位。对没有在二十四小时内通知的，应当在逮捕通知书中注明原因。"这一规定实际上是对1996年《刑事诉讼法》第71条"有碍侦查或者无法通知的情形"的具体解释。

（6）明确规定附条件逮捕。《逮捕质量试行标准》和《逮捕质量标准》规定了附条件逮捕，即"现有证据所证明的事实已经基本构成犯罪，认为经过进一步侦查能够收集到定罪所必需的证据、确有逮捕必要的重大案件的犯罪嫌疑人，经检察长或者检察委员会决定批准逮捕后，应当采取以下措施：（一）向侦查机关发出补充侦查提纲，列明需要查明的事实和需要补充收集、核实的证据，并及时了解补充取证情况；（二）批准逮捕后三日以内报上一级人民检察院备案；（三）侦查机关在逮捕后二个月的侦查羁押期限届满时，仍未能收集到定罪所必需的充足证据的，应当撤销批准逮捕决定"。[1]这一规定在学界和实务界均引发了很大的争论。[2]

（7）确立逮捕质量监控机制。为了进一步规范人民检察院审查逮捕工作，提高办案质量，《逮捕质量试行标准》和《逮捕质量标准》规定了逮捕质量标准

[1]《逮捕质量标准》第13条。另参见《逮捕质量试点标准》第4条。

[2] 参见张兆松："附条件逮捕制度批判"，载《现代法学》2009年第5期；朱孝清："论附条件逮捕"，载《中国刑事法杂志》2010年第9期；李继华："附条件逮捕的四个争论"，载《人民检察》2011年第1期。

和逮捕质量责任。《逮捕质量标准》第 21 条规定，逮捕质量问题包括错捕、错不捕和办案质量有缺陷，第 22 条至第 26 条对于错捕、错不捕和办案质量有缺陷的具体情形作了列举性规定。《逮捕质量标准》第 27 条规定，对于因故意或者重大过失造成错捕或者错不捕的，应当追究主要责任人和其他直接责任人的纪律责任或者法律责任。第 28 条至第 31 条对于承办人、部分负责人和检察长分别在哪些情形下承担错捕和错不捕的主要责任作出列举性规定，并且第 31 条明确规定："经检察委员会讨论决定的案件，出现错捕或者错不捕的，由检察委员会对定性和法律适用负主要责任。"对于逮捕质量有缺陷的，虽然不追究相关办案人员的责任，但"应当作为对各级人民检察院侦查监督部门及其工作人员进行工作指导和实绩检查、考核的依据"。

（8）改革逮捕权力运行机制。为了加强上级人民检察院对下级人民检察院直接受理案件侦查工作的监督制约，确保逮捕案件质量，促进严格执法，《关于省级以下人民检察院立案侦查的案件由上一级人民检察院审查决定逮捕的规定（试行）》（高检发［2009］17 号）明确规定："省级以下（不含省级）人民检察院立案侦查的案件，需要逮捕犯罪嫌疑人的，应当报请上一级人民检察院审查决定。"这一规定通过自侦案件逮捕权上提一级的做法，回应了关于自侦案件检察院"自侦自捕、缺乏内部制约"的质疑。这是对自侦案件逮捕权力运行机制的重大变革，既有利于支持下级检察院排除办案阻力，也有利于减少逮捕措施在自侦案件中的适用。

（二）2012 年《刑事诉讼法》及相关法律解释对逮捕制度的修改完善

1. 2012 年《刑事诉讼法》对逮捕制度的修改完善

2012 年 3 月 14 日，第十一届全国人大五次会议审议通过《关于修改〈中华人民共和国刑事诉讼法〉的决定》，再次对《刑事诉讼法》进行了大修，"完善强制措施"再次成为修法的重点内容之一。在逮捕制度方面，2012 年《刑事诉讼法》总结 1996 年《刑事诉讼法》的实施经验，并回应学界关于逮捕制度实施过程中一些问题的意见，对逮捕的适用条件、逮捕的程序、在押犯罪嫌疑人的诉讼权利等进行了充实和完善，并增设了捕后羁押必要性审查制度，从而使得我国逮捕制度的内容体系更加完整。修法决定共 111 条，其中涉及逮捕制度修改的条文达到 18 个。具体而言，在逮捕制度方面修改的主要内容包括以下四个方面。

（1）在逮捕的适用条件方面，细化了逮捕的"社会危险性条件"，增加了"迳行逮捕"，统一规定了"转化型逮捕"。2012 年《刑事诉讼法》吸收 2001 年最高人民法院和公安部联合发布的《关于依法适用逮捕措施有关问题的规定》相关内容，对逮捕的条件作了以下三个方面的修改和完善：第一，将逮捕的必要性条件调整为逮捕的社会危险性条件，并将“社会危险性”细化为五种情形，[1]以便于司法实践中对符合逮捕的事实、刑罚条件的犯罪嫌疑人、被告人是否提请和批准逮捕作出更加准确的把握和判断。[2]这一规定对于降低逮捕的适用率具有一定的积极意义。第二，增加了迳行逮捕。2012年《刑事诉讼法》第79条第2款规定：“对有证据证明有犯罪事实，可能判处十年有期徒刑以上刑罚的，或者有证据证明有犯罪事实，可能判处徒刑以上刑罚，曾经故意犯罪或者身份不明的，应当予以逮捕。”据此，对于符合上述条件的犯罪嫌疑人、被告人批准逮捕，不需要对社会危险性条件进行单独证明，减轻了公安机关查证和检察机关审查逮捕的负担。第三，为强化取保候审和监视居住对犯罪嫌疑人、被告人的约束力，2012年《刑事诉讼法》第79条在一般逮捕、迳行逮捕之后规定：“被取保候审、监视居住的犯罪嫌疑人、被告人违反取保候审、监视居住规定，情节严重的，可以予以逮捕。”从而将1996年《刑事诉讼法》分散规定于取保候审、监视居住相关条款中的转化型逮捕集中在一起，有利于办案机关事先提醒被取保候审、监视居住的犯罪嫌疑人、被告人，增强非羁押性强制措施的约束力。

此外，2012年《刑事诉讼法》还在第五编“特别程序”的第一章“未成年人刑事案件诉讼程序”第269条中规定，“对未成年犯罪嫌疑人、被告人应当严格限制适用逮捕措施”。以体现对犯罪的未成年人实行“教育、感化、挽救”的方针和“教育为主、惩罚为辅”的原则，最大限度地减少逮捕措施的适用。

（2）在审查逮捕的程序方面，增加了听取辩方意见等规定，并延长了检察机关在自侦案件中决定逮捕的期限。2012年修改《刑事诉讼法》时吸收了2010年《关于审查逮捕阶段讯问犯罪嫌疑人的规定》的相关内容，新增了关于讯问犯罪嫌疑人、询问证人和听取辩护意见等规定。2012年《刑事诉讼法》第86条规定：“人民检察院审查批准逮捕，可以讯问犯罪嫌疑人；有下列情形之一的，应当讯问犯罪嫌疑人：（一）对是否符合逮捕条件有疑问的；（二）犯罪嫌疑人要求向检察人员当面陈述的；（三）侦查活动可能有重大违法行为的。人民检察院审查批准逮捕，可以询问证人等诉讼参与人，听取辩护律师的意见；辩护律师提出要求的，应当听取辩护律师的意见。”第269条规定，“人民检察院审查批准逮捕和人民法院决定逮捕，应当讯问未成年犯罪嫌疑人、被告人，听取辩护律师

---

〔1〕 2012年《刑事诉讼法》第79条第1款规定：“对有证据证明有犯罪事实，可能判处徒刑以上刑罚的犯罪嫌疑人、被告人，采取取保候审尚不足以防止发生下列社会危险性的，应当予以逮捕：（一）可能实施新的犯罪的；（二）有危害国家安全、公共安全或者社会秩序的现实危险的；（三）可能毁灭、伪造证据，干扰证人作证或者串供的；（四）可能对被害人、举报人、控告人实施打击报复的；（五）企图自杀或者逃跑的。”

〔2〕 参见陈光中主编：《〈中华人民共和国刑事诉讼法〉修改条文释义与点评》，人民法院出版社2012年版，第147页。

的意见”。这些规定改变了检察机关和法院审查批准、决定逮捕单纯依赖案卷进行书面审查的传统做法，有利于办案人员“全面地审查、判断、核实证据，准确作出是否批准逮捕的决定”。[1]同时，为适应2009年以后省级以下检察机关立案侦查的案件由上一级检察机关审查决定逮捕的改革要求，解决检察机关自侦案件审查决定逮捕的期限偏紧的问题，[2]2012年《刑事诉讼法》第165条对1996年《刑事诉讼法》第134条进行了如下修改，“人民检察院对直接受理的案件中被拘留的人，认为需要逮捕的，应当在十四日以内作出决定。在特殊情况下，决定逮捕的时间可以延长一日至三日”。这一规定较1996年的规定，对普通期限增加了4日，对特殊情况增加了3日。

（3）增加了关于捕后羁押必要性审查的规定。从1979年《逮捕拘留条例》和《刑事诉讼法》到1996年《刑事诉讼法》，立法均未要求对捕后的羁押必要性进行持续审查，司法实践中普遍存在“构罪即捕”“一押到底”的现象，也长期存在不同程度的超期羁押问题，引起社会的强烈关注。为了避免不必要的羁押，2012年《刑事诉讼法》第93条新增了羁押必要性审查制度，规定：“犯罪嫌疑人、被告人被逮捕后，人民检察院仍应当对羁押的必要性进行审查。对不需要继续羁押的，应当建议予以释放或者变更强制措施。有关机关应当在十日以内将处理情况通知人民检察院。”根据这一规定，羁押必要性审查制度适用于所有被逮捕的犯罪嫌疑人、被告人，审查的职权和职责属于人民检察院，人民检察院审查后认为“不需要继续羁押的”，除自侦案件中自己决定逮捕的以外，应当“建议”公安机关或人民法院对犯罪嫌疑人、被告人予以释放或者变更强制措施。这一制度对于及时撤销或者变更不必要的或者非法逮捕，缩短捕后羁押期限，无疑具有重要的意义。但由于这是一种新设的制度，立法规定比较原则，“没有对诸如以何种形式进行审查、审查间隔多久等具体的操作性问题作出细致的规定，尚需由人民检察院和有关司法机关在实践中按照刑事诉讼法的规定，进一步总结经验，不断完善”。[3]

（4）完善了捕后送押、变更或解除强制措施以及释放等程序规定，加强了对在押犯罪嫌疑人、被告人的权利保障。2012年修改《刑事诉讼法》的一大亮点是将“尊重和保障人权”写入《刑事诉讼法》的任务条款。与此相适应，新法中增加了大量的权利保障条款，以提升刑事司法过程中的人权保障水平。在逮

[1] 王尚新、李寿伟主编：《〈关于修改刑事诉讼法的决定〉释解和适用》，人民法院出版社2012年版，第104页。

[2] 王尚新、李寿伟主编：《〈关于修改刑事诉讼法的决定〉释解和适用》，人民法院出版社2012年版，第169页。

[3] 王尚新、李寿伟主编：《〈关于修改刑事诉讼法的决定〉释解和适用》，人民法院出版社2012年版，第108页。

捕制度方面，除了在审查逮捕程序中增加讯问犯罪嫌疑人、听取辩护人意见的规定以及新设捕后羁押必要性制度以外，还通过下述修改加强了对在押犯罪嫌疑人、被告人的权利保障：第一，要求执行逮捕以后立即将被逮捕人送看守所羁押，除无法通知的以外，应当在逮捕后24小时以内通知被逮捕人的家属（第91条第2款），删除了原法中关于“有碍侦查”可以不予通知的规定。第二，明确要求法院、检察院和公安机关收到犯罪嫌疑人、被告人及其法定代理人、近亲属或者辩护人变更强制措施的申请后，“应当在三日以内作出决定”，“不同意变更强制措施的，应当告知申请人，并说明不同意的理由”（第95条）。第三，对于犯罪嫌疑人、被告人被羁押但不能在法定期限内办结的案件，增加了“对犯罪嫌疑人、被告人应当予以释放”的规定（第96条）；同时，将原第75条关于“采取强制措施超过法定期限”的，利害关系人有权要求解除强制措施以及公安司法机关应当释放或变更、解除强制措施的规定，修改为公安司法机关“对被采取强制措施法定期限届满”的犯罪嫌疑人、被告人，应当予以释放、解除或者变更强制措施（第97条）。这一修改调整了申请释放和依职权释放的顺序，强调了公安司法机关主动释放的义务。第四，在原法第79条中增加了第4款，“期间的最后一日为节假日的，以节假日后的第一日为期满日期，但犯罪嫌疑人、被告人或者罪犯在押期间，应当至期满之日为止，不得因节假日而延长”（第103条）。第五，增加了被采取强制措施的人的申诉控告权，犯罪嫌疑人、被告人及辩护人对于强制措施法定期限届满，办案机关不予释放、解除或者变更的，有权向该机关提出申诉或者控告（第115条）。

2. 相关法律解释对逮捕制度的修改完善

2012年《最高检规则》吸收了1996年《刑事诉讼法》实施期间有关司法解释和规范性文件的规定，对逮捕的“社会危险性条件”进行了一定的细化，对转化型逮捕的具体情形、审查逮捕时“应当讯问犯罪嫌疑人”的具体要求以及讯问程序等作出了明确规定，维持了“捕诉分离”以及省级以下检察院自侦案件逮捕权上提一级的规定。关于新法确立的羁押必要性审查制度，该规则第617—622条建立了“侦查阶段的羁押必要性审查由侦查监督部门负责，审判阶段的羁押必要性审查由公诉部门负责”的分阶段审查模式以及职权审查与申请审查相结合的启动方式，并对申请程序、审查方式以及审查后的处理等问题作出了具体规定，为地方检察机关根据修改后的《刑事诉讼法》开展审查逮捕和羁押必要性审查工作提供了更加明确的规范依据。

2013年4月19日，最高人民检察院侦查监督厅印发《关于人民检察院审查逮捕工作中适用“附条件逮捕”的意见（试行）》（以下简称《附条件逮捕意见》），重申“人民检察院审查逮捕时，对于符合本意见规定情形的重大案件，可以依法批准（决定）逮捕，并应当对侦查机关提出捕后继续侦查取证要求，经跟踪审查，认为证实犯罪所欠缺的证据不能取到或取证条件已消失的，应当撤销逮捕决定”。并且明确将这项工作制度简称为“附条件逮捕”。根据该意见规定，附条件逮捕所适用的“重大案件”，是指犯罪嫌疑人可能被判处10年以上有期徒刑、无期徒刑或者死刑的案件。对于犯罪嫌疑人可能被判处5年以上不满10年有期徒刑的下列案件，可以认为属于“重大案件”：（1）危害国家安全和严重危害公共安全的暴力犯罪案件；（2）恐怖组织、黑社会性质组织等有组织犯罪和集团犯罪案件；（3）故意杀人、抢劫、绑架、强奸、故意伤害致人重伤、死亡的严重暴力犯罪案件；（4）毒品犯罪、走私犯罪案件；（5）严重破坏社会主义市场经济秩序或者严重扰乱社会秩序的涉众型犯罪案件；（6）情节严重或者造成严重后果的人民检察院直接受理侦查的犯罪案件。《附条件逮捕意见》第3条规定：“对于上述重大案件，经审查同时符合下列情形的，人民检察院可以依法批准（决定）逮捕：（一）现有证据所证明的事实已经基本构成犯罪；（二）经过进一步侦查能够收集到定罪所必需的证据；（三）采取取保候审尚不足以防止发生社会危险性。”该意见还对上述三项条件的含义、附条件逮捕的审查程序、捕后跟踪侦查要求以及撤销逮捕程序等作出了具体规定。《附条件逮捕意见》开创了最高人民检察院以内设机构的规范性文件变通《刑事诉讼法》规定的先河，突出暴露了检察机关逮捕权因缺乏外部监督和司法审查所存在的严重弊端，人为地制造了地方检察机关的执法混乱。在学界的强烈质疑之下，2017年4月28日，最高人民检察院侦查监督厅宣布停止适用附条件逮捕。[1]

2015年10月9日，最高人民检察院、公安部印发《关于逮捕社会危险性条件若干问题的规定（试行）》（高检会［2015］9号），对2012年《刑事诉讼法》第79条第1款规定的社会危险性条件的五种情形逐一进行了具体解释，要求人民检察院对“一般逮捕”的案件“严格审查是否具备社会危险性条件。公安机关侦查刑事案件，应当收集、固定犯罪嫌疑人是否具有社会危险性的证据”。该规定第3条和第4条分别规定了公安机关和检察机关对逮捕的社会危险性条件的证明和审查职责，为落实准确把握社会危险性条件、进一步降低逮捕适用率提供了操作上的明确依据。

2016年1月22日，最高人民检察院印发《人民检察院办理羁押必要性审查案件规定（试行）》（高检发执检字［2016］1号），将羁押必要性的分阶段负责模式改为刑事执行检察部门统一审查、相关职能部门予以配合的“归口审查”模式，并对立案管理流程、审查方式和程序、“应当”和“可以”提出释放或者变更强制措施的情形、结案要求等作出了细化规定。这对于加强和规范羁押必要

〔1〕参见《最高人民检察院侦查监督厅关于在审查逮捕工作中不再适用“附条件逮捕”的通知》（高检侦监［2017］12号）。

性审查工作，维护被逮捕的犯罪嫌疑人、被告人合法权益，无疑具有一定的积极意义。2016 年 7 月 11 日最高人民检察院刑事执行检察厅发布《关于贯彻执行〈人民检察院办理羁押必要性审查案件规定（试行）〉的指导意见》，进一步明确了羁押必要性审查的含义、立案程序，羁押必要性初审的程序和处理结果，羁押必要性的加分项目、减分项目、否决项目可以包括的具体情形，羁押必要性的公开审查程序等，为地方检察机关开展羁押必要性审查提供了更加明确的指导。

2016 年 7 月 1 日，最高人民检察院发布《人民检察院办理延长侦查羁押期限案件的规定》(高检发侦监字［2016］9 号)。根据该规定，侦查机关依照 2012 年《刑事诉讼法》第 154 条规定提请延长犯罪嫌疑人侦查羁押期限的案件，由同级人民检察院受理审查并提出意见后，报上一级人民检察院审查决定；人民检察院直接受理立案侦查的案件，依照 2012 年《刑事诉讼法》第 154 条规定提请延长犯罪嫌疑人侦查羁押期限的，由本院审查提出意见后，报上一级人民检察院审查决定。该规定对“侦查羁押期限”的起止时间和 2012 年《刑事诉讼法》第 154 条规定的“案情复杂、期限届满不能终结的案件”范围进行了界定，并对侦查监督部门审查延长侦查羁押期限的案件内容、审查程序、处理结果等作出了明确的规定。

可见，2012 年《刑事诉讼法》实施期间，有关逮捕制度的司法解释和规范性文件的重点在于进一步明确逮捕的社会危险性条件，规范羁押必要性审查制度，以便贯彻落实法律关于“尊重和保障人权”的任务要求。

（三）2018 年《刑事诉讼法》及相关法律解释对逮捕制度的完善

2018 年 10 月 26 日，第十三届全国人大常委会第六次会议以“修正案”的形式对《刑事诉讼法》进行了修改，其中最重要的内容是完善刑事诉讼中的认罪认罚从宽制度。修改后的《刑事诉讼法》吸收了“两高三部”2016 年 11 月发布的《关于在部分地区开展刑事案件认罪认罚从宽制度试点工作的办法》第 6 条的内容，对原法第 79 条增设了第 2 款，规定：“批准或者决定逮捕，应当将犯罪嫌疑人、被告人涉嫌犯罪的性质、情节，认罪认罚等情况，作为是否可能发生社会危险性的考虑因素。”这一规定的精神实质在于，公安司法机关应当将犯罪嫌疑人、被告人认罪认罚作为其是否具有社会危险性的重要考虑因素，这显然有利于减少逮捕羁押手段在认罪认罚案件中的适用，特别是在轻罪案件中。但是否会导致逮捕措施被用作迫使犯罪嫌疑人、被告人认罪认罚的手段，尚存疑问。

“两高三部”于 2019 年 10 月 11 日发布的《关于适用认罪认罚从宽制度的指导意见》对 2018 年《刑事诉讼法》关于认罪认罚从宽制度的规定进行了详细的解释和补充，在第六部分“强制措施的适用”中，对 2018 年《刑事诉讼法》第 81 条第 2 款关于把认罪认罚情况作为是否具有社会危险性的考虑因素的规定进行了具体解释。根据该指导意见第 19—21 条的规定，对于罪行较轻、采用非羁押性强制措施足以防止发生 2018 年《刑事诉讼法》第 81 条第 1 款规定的社会危险性的犯罪嫌疑人、被告人，根据犯罪性质及可能判处的刑罚，依法可不适用羁押性强制措施。在侦查阶段，犯罪嫌疑人认罪认罚，公安机关认为罪行较轻、没有社会危险性的，应当不再提请人民检察院审查逮捕；已经提请逮捕的，人民检察院认为没有社会危险性不需要逮捕的，应当作出不批准逮捕的决定。已经逮捕的犯罪嫌疑人、被告人认罪认罚的，人民法院、人民检察院应当及时审查羁押的必要性，经审查认为没有继续羁押必要的，应当变更为取保候审或者监视居住。根据上述指导意见，认罪认罚因素对适用逮捕措施的影响主要体现在轻罪案件中，这是符合司法实际的。

考虑到 2018 年《刑事诉讼法》将检察机关立案管辖的范围原则上限定为“在对诉讼活动实行法律监督中发现的司法工作人员利用职权实施的非法拘禁、刑讯逼供、非法搜查等侵犯公民权利、损害司法公正的犯罪”的案件，最高人民检察院 2018 年 11 月发文明确规定，对属于检察机关立案侦查的 14 种犯罪案件由设区的市级人民检察院统一进行立案侦查，不再适用“决定立案报上一级人民检察院备案、逮捕犯罪嫌疑人报上一级人民检察院审查决定”的规定；“人民检察院负责刑事检察工作的专门部门办理本规定所列犯罪案件，认为需要逮捕犯罪嫌疑人的，应当由相应的刑事检察部门审查，报检察长或者检察委员会决定”。[1]

2019 年 12 月 30 日，最高人民检察院公布施行的《最高检规则》，在逮捕制度方面，主要作出三个方面的规定：第一，全面吸收了此前有效的司法解释，对逮捕的事实证据条件、社会危险性条件进行了具体解释，对审查批准或者决定逮捕的程序包括讯问犯罪嫌疑人、听取律师意见的程序，以及延长侦查羁押期限、重新计算侦查羁押期限的程序等作出了系统的规定。第二，根据新时代检察改革的需要，全面建立了“捕诉一体”办案机制。2019 年《最高检规则》第 8 条规定，“对同一刑事案件的审查逮捕、审查起诉、出庭支持公诉和立案监督、侦查监督、审判监督等工作，由同一检察官或者检察官办案组负责，但是审查逮捕、审查起诉由不同人民检察院管辖，或者依照法律、有关规定应当另行指派检察官或者检察官办案组办理的除外”。与此相关的是，同规则第 575 条对捕后羁押必要性的审查确立了“新归口审查”模式，即对侦查和审判阶段的羁押必要性审查由负责捕诉的部门进行；负责刑事执行检察的部门收到有关材料或者发现不需要继续羁押的，应当及时将有关材料和意见移送负责捕诉的部门。这两条规定对于逮捕措施的适用以及捕后羁押必要性审查必然会产生重大的影响。第三，在检

[1] 最高人民检察院《关于人民检察院立案侦查司法工作人员相关职务犯罪案件若干问题的规定》，2018 年 11 月 24 日。

察机关立案侦查的案件中，明确实行“侦查与捕诉分离”的原则。根据2019年《最高检规则》第296—299条的规定，人民检察院办理直接受理侦查的案件，需要逮捕犯罪嫌疑人的，由负责侦查的部门制作逮捕犯罪嫌疑人意见书，连同案卷材料、讯问犯罪嫌疑人录音、录像一并移送本院负责捕诉的部门审查，由负责捕诉的部门审查后在规定的期限内报请检察长决定是否逮捕；决定逮捕的，由负责捕诉的部门将逮捕决定书连同案卷材料、讯问犯罪嫌疑人录音、录像移交负责侦查的部门，并可以对收集证据、适用法律提出意见，然后由负责侦查的部门通知公安机关执行，必要时可以协助执行；决定不予逮捕的，由负责捕诉的部门将不予逮捕的决定连同案卷材料、讯问犯罪嫌疑人录音、录像移交负责侦查的部门，并说明理由。需要补充侦查的，应当制作补充侦查提纲。犯罪嫌疑人已被拘留的，负责侦查的部门应当通知公安机关立即释放。

三、逮捕制度的实施情况

（一）逮捕措施的适用情况

逮捕作为最严厉的刑事诉讼强制措施，其适用情况可以直观地反映刑事诉讼中对人身自由的保障水平。因此，研究逮捕制度的实施情况，首先需要对逮捕措施的适用情况加以考察。

1.1979年《刑事诉讼法》实施期间逮捕的适用情况

改革开放初期，由于“文化大革命”对社会管理体系的冲击，人员流动性增强之后相关管控措施一时难以适应社会转型发展的需要，我国刑事案件数量大幅度增加。1979年《刑事诉讼法》把“保证刑法的正确实施，打击敌人，保护人民”作为首要任务。检察机关在“惩治刑事犯罪、保障安定团结”的目标指引下开展审查逮捕和审查起诉工作，因而逮捕措施在刑事诉讼中得到了广泛适用。1979—1982年，全国检察机关平均每年批准、决定逮捕197 000余人，决定起诉197 000余人，[1]逮捕人数与提起公诉人数基本持平，“构罪即捕”的局面开始呈现。1983年8月开始全国范围内第一次“严打”斗争以后，逮捕人数成倍增长。[2]1983—1987年，全国检察机关共批准逮捕刑事犯罪嫌疑人221万多人，依法提起公诉216万多件。[3]1984—1989年，全国检察机关根据公安机关等的提请，批准逮捕2 279 242人；审查公安机关等移送起诉的案件后，决定提

〔1〕参见《最高人民检察院工作报告》(1983年)。

〔2〕根据《最高人民检察院工作报告》(1985年)，1984年检察机关共批准逮捕42万余人，是1979年至1982年平均逮捕人数19.7万的两倍多。《最高人民检察院工作报告》（1984年）没有明确报告1983年全国检察机关批准逮捕的人数，但是，如果以1983—1987年五年的累计批准人数减去1984—1987年各年度批准逮捕的人数进行估算，1983年全国检察机关批准逮捕的人数约为88万余人，是1982年批准逮捕人数的四倍以上。

〔3〕参见《最高人民检察院工作报告》(1988年)。

起公诉2 323 514人，公安机关等侦查的刑事案件平均捕诉率为98.1%。这说明，在第一次“严打”斗争期间，逮捕措施已经普遍成为打击犯罪的有力措施。随后几年，公安司法机关继续坚持“严打”不放松，对刑事犯罪的逮诉率进一步升高至100%以上。

表7-1 全国检察机关批准、决定逮捕人数与提起公诉人数对照表（1990—1996年）〔1〕

（单位：人）

年度	1990	1991	1992	1993	1994	1995	1996
批准、决定逮捕	636 804	550 955	511 150	558 008	629 331	608 678	704 148
提请批捕	692 000	601 117	560 820	607 945	688 771	670 886	813 204
批准逮捕	605 406	521 610	487 888	532 394	598 633	576 033	673 733
追捕	8381	6814	N	6534	7187	6514	8251
不批准逮捕	51 002	45 310	43 841	40 439	45 835	N	N
决定逮捕	31 398	29 345	23 262	25 614	30 698	32 645	30 415
提起公诉	636 626	550 455	520 430	505 714	610 495	596 624	751 749
移送起诉	694 000	613 056	592 133	574 176	669 111	660 406	944 665
审查后起诉	599 904	511 667	489 103	479 860	570 693	555 842	707 704
追诉	5030	3675	N	2720	2833	3165	3228
自侦起诉	36 722	38 788	31 327	25 854	39 802	40 782	44 045
捕诉率（%）	100.03	100.09	98.22	110.34	103.09	102.02	93.67

根据表7-1，1990—1996年期间，检察机关共批准逮捕3 995 697人、决定逮捕203 377人，合计逮捕4 199 074人；受理公安机关等侦查终结移送起诉4 747 547人，经审查后决定起诉3 914 773人，自侦案件起诉257 320人，合计起诉4 172 093人，综合捕诉率为100.65%，其中公安机关等侦查的刑事案件捕诉率为102.1%，自侦案件的捕诉率为79.04%。这说明，检察机关在自侦案件中行使逮捕权更加慎重，而对公安机关等提请逮捕的案件行使批捕逮捕权则较为宽松。但是，检察机关对公安机关等提请逮捕的要求也并非“有求必应”。1990—1996年期间，公安机关等提请逮捕4 634 743人，检察机关批准逮捕的只有3 995 697人，批捕率为86.21%，平均每年有9万余人没有被检察机关批准逮捕，说明检察机关的审查逮捕程序对于保障公民的人身自由仍然起到了一定的积极作

〔1〕 本章数据除另有说明的以外，均来源于历年《最高人民检察院工作报告》和《中国法律年鉴》。表中的“N”表示缺乏数据。

用。然而，由于以下四点原因，1979 年《刑事诉讼法》实施期间，逮捕措施普遍被作为一种打击犯罪、维护稳定的手段使用，逮捕制度的人权保障功能非常有限：第一，受“严打”政策的影响，逮捕措施普遍化，且大量采取“公捕大会”等形式进行宣告，逮捕带有明显的震慑和惩罚性质。第二，检察机关把追捕、追诉作为自己的政绩之一，因而逮捕缺乏基本的中立性，而成为检察机关成功追诉犯罪的保障措施。第三，在 1996 年以前，公安机关大量使用“收容审查”措施关押犯罪嫌疑人，甚至连检察机关在侦查经济犯罪和法纪案件中也曾一度大量使用收容审查措施，〔1〕以至于很多犯罪嫌疑人在进入审查逮捕程序以前已经因被收审而受到较长时间的羁押，〔2〕1982 年《宪法》和 1979 年《刑事诉讼法》规定了以下原则，即“任何公民非经人民检察院批准或者决定或者人民法院决定，并由公安机关执行不受逮捕”，在一定程度上被收容审查措施所架空。第四，实践中犯罪嫌疑人一旦被批准逮捕，通常会被羁押至有罪判决生效为止。由于存在退回补充侦查、延长羁押期限、改变管辖后重新计算羁押期限等多种灵活的规定，大量在押犯罪嫌疑人被超期或变相超期羁押。虽然 1996 年的捕诉率较之往年有明显下降，但由于在当年 4 月全国范围内开始了第二次“严打”斗争，这一次下降成为一种偶然现象，并未得到延续。

2. 1996 年《刑事诉讼法》实施期间的逮捕适用情况

1996 年《刑事诉讼法》实施期间，我国改革开放和经济社会发展取得巨大成绩，宪法和法律制度得到不断完善，在经济、政治、法律等多种因素的影响下，我国逮捕措施的适用率出现巨大变化。

---

〔1〕 参见鲍遂献：“关于收容审查制度的立法思考”，载《中外法学》1992 年第 4 期，第 56 页；《最高人民检察院关于人民检察院直接受理侦查的贪污、贿赂、“侵权”、渎职等犯罪案件不使用收容审查的通知》（高检贪检发字［1990］第 11 号，1990 年 3 月 21 日）。

〔2〕 根据《公安部关于严格控制使用收容审查手段的通知》（［85］公发 50 号，1985 年 7 月 31 日），收容审查是党中央、国务院批准的公安机关用来对付流窜犯罪分子和流窜作案嫌疑分子的重要手段。它是对那些在刑事拘留时限内无法查清主要罪行和取得必要证据的嫌疑人所采取的强制性行政审查措施，审查期限累计不得超过三个月。但在实践中普遍存在越范围、越期限适用的问题，例如某县已逮捕人犯从收审所转入的占 43.47%，而先行拘留转捕的只占 34.7%。参见白玉祥：“公安机关的强制措施和收容审查”，载《法学研究》1987 年第 3 期，第 47 页；杨连峰、魏华明：“关于将‘收容审查’纳入刑事强制措施初探”，载《法学评论》1989 年第 5 期，第 33 页；崔敏：“收容审查的历史、现状与思路”，载《公安大学学报》1993 年第 1 期，第 66 页。

表 7-2　全国检察机关逮捕和提起公诉人数及捕诉率变化一览表（1997—2012 年）（单位：人）

年度	批准、决定逮捕人数			提起公诉人数			捕诉率（%）
	公安机关等提请	直接侦查	合计	公安机关等移送	直接侦查	合计	
1997	512 978	24 385	537 363	493 762	31 557	525 319	102.29
1998	582 120	15 981	598 101	557 929	26 834	584 763	102.28
1999	645 632	17 886	663 518	647 440	24 927	672 367	98.68
2000	696 265	19 568	715 833	681 254	27 582	708 836	100.99
2001	823 167	18 678	841 845	817 479	27 827	845 306	99.59
2002	765 899	16 161	782 060	829 530	25 340	854 870	91.48
2003	748 756	16 020	764 776	793 092	26 124	819 216	93.35
2004	811 102	17 078	828 180	867 186	30 778	897 964	92.23
2005	860 372	16 047	876 419	950 804	30 205	981 009	89.34
2006	891 620	15 316	906 936	999 086	29 966	1 029 052	88.13
2007	920 766	16 518	937 284	1 082 487	30 832	1 113 319	84.19
2008	952 583	17 598	970 181	1 143 897	33 953	1 177 850	82.37
2009	941 091	17 273	958 364	1 134 380	34 529	1 168 909	81.99
2010	916 209	15 285	931 494	1 148 409	40 789	1 189 198	78.33
2011	908 756	14 754	923 510	1 201 032	37 829	1 238 861	74.55
2012	969 905	16 151	986 056	1 390 772	44 411	1 435 181	68.71

表 7-2 显示，1997—2001 年期间，全国各地政法机关深入开展第二次和第三次“严打”斗争，检察机关对逮捕措施的适用也延续了“严打”态势，捕诉率维持在 100%左右。但从 2002 年开始，全国的捕诉率开始下降，到 2005 年，公安机关等侦查的案件捕诉率首次低于 90%；到 2010 年时，无论是公安机关等侦查的案件，还是检察机关直接侦查的案件，捕诉率均低于 80%；到 2012 年，全国捕诉率更是历史性地降至 68.71%，“构罪即捕”的局面得到一定改善。

1996 年《刑事诉讼法》实施期间，我国刑事案件发案率仍然处于持续上升期，提起公诉的人数由 1997 年的 52.5 万人增加到 2012 年的 143.5 万人，后者是前者的 2.73 倍，但同期逮捕的适用率却出现稳定下降的趋势，逮捕的绝对人数增长不到 1 倍。之所以捕诉率出现持续稳定的下降趋势，主要原因包括以下三个方面。

（1）政治环境的影响和刑事政策的调整。2006 年 10 月，中共十六届六中全会通过《中共中央关于构建社会主义和谐社会若干重大问题的决定》明确提出构建社会主义和谐社会的目标任务，这对治理犯罪的既往法律制度和刑事政策均产生了强烈影响。同年11月召开的中央政法工作会议提出实行“宽严相济”的刑事政策，这是对我国坚持了二十多年的“严打”政策的重大调整。检察机关认真贯彻宽严相济刑事政策的具体举措之一便是严格把握“有逮捕必要”的逮捕条件，慎重适用逮捕措施。[1]2005年，全国检察机关以涉嫌犯罪但无逮捕必要决定不批准逮捕的犯罪嫌疑人为29 334人，而以依法不应当追究刑事责任和证据不足为由决定不批准逮捕的只有19 957人。[2] 2003—2007年期间，全国检察机关对不应当追究刑事责任或证据不足的犯罪嫌疑人，决定不批准逮捕255 931人；对涉嫌犯罪但无逮捕必要的犯罪嫌疑人，决定不批准逮捕149 007人。五年间因无逮捕必要性不批准逮捕的人数占不批准逮捕总人数的36.8%，与同期批准逮捕总人数的比值为3.5%。[3]随后，全国无逮捕必要性不批准逮捕人数逐年增加，2009年、2010年、2012年分别达到53 186人[4]、64 195人和79 853人[5]，与同年批准逮捕总人数的比值也分别提升至5.65%、7%和8.23%，“构罪即捕”的问题进一步得到缓解。

（2）逮捕考核机制和审查逮捕程序的完善。2006年《逮捕质量试行标准》和2010年《逮捕质量标准》关于逮捕条件的具体解释以及错捕、错不捕、逮捕程序瑕疵或办案质量有缺陷及相应责任的规定，为地方检察机关加强对逮捕质量的考核提供了基本的依据，各地普遍在此基础上进一步细化了逮捕质量的考核要求，加强了对逮捕条件、逮捕程序等方面的质量控制，这对捕诉率的持续下降起到了直接的推动作用。2009年，最高人民检察院将省级以下检察院自侦案件的审查决定逮捕权上提一级，强化了上级检察院对下级检察院自侦案件逮捕权的监督制约，此后自侦案件的逮捕率有所降低，决定逮捕的质量明显提升。同时，自2010年起，检察系统建立了审查批捕阶段讯问犯罪嫌疑人和听取律师意见的工作机制，对进一步从严把握逮捕措施的适用，减少不必要的羁押，产生了积极的影响。正是在吸收实践经验的基础上，2012年修改《刑事诉讼法》时对讯问犯

---

〔1〕 参见《最高人民检察院关于在检察工作中贯彻宽严相济刑事司法政策的若干意见》（高检发研字〔2007〕2号），2007年1月15日。

〔2〕 参见2006年3月11日贾春旺检察长在十届全国人大四次会议上所作的《最高人民检察院工作报告》，这是最高人民检察院工作报告中第一次披露无逮捕必要不批准逮捕的情况。

〔3〕 参见2008年3月10日贾春旺检察长在十一届全国人大一次会议上所作的《最高人民检察院工作报告》。

〔4〕 根据2011年3月11日曹建明检察长在十一届全国人大四次会议所作的《最高人民检察院工作报告》，2010年，全国检察机关涉嫌犯罪但无逮捕必要的，决定不批捕64 195人，同比增加20.7%。据此推算，2009年全国检察机关基于无逮捕必要决定不批准逮捕的人数应为53 186人。

〔5〕 根据2014年3月10日曹建明检察长在十二届全国人大二次会议所作的《最高人民检察院工作报告》，2013年，全国检察机关涉嫌犯罪但无逮捕必要的，决定不批捕82 089人，同比上升2.8%。据此推算，2012年全国检察机关基于无逮捕必要决定不批准逮捕的人数应为79 853人。

罪嫌疑人、听取辩护律师意见等程序作出了明确的规定，一定程度上打破了审查逮捕程序的封闭性，为持续减少逮捕措施的适用奠定了制度基础。

（3）刑罚的轻缓化趋势。我国逮捕措施除了具有侦查、起诉和审判的诉讼保障功能以外，还具有明显的预备定罪和预支刑罚功能。虽然学界主流意见认为逮捕的刑罚条件即“可能判处徒刑以上刑罚”的要求在实践中普遍被忽视，但犯罪嫌疑人最终可能受到的刑罚处罚轻重，特别是有无可能判处徒刑以上刑罚，对于检察机关作出是否逮捕的决定实际上具有重要的影响。在1996年《刑事诉讼法》实施期间，随着我国经济发展水平的不断提高，犯罪结构逐渐发生重要的变化，与此相应，“严打”期间片面强调“从重从快”的重刑主义逐渐被宽严相济的刑事政策所取代，法院实际判处的刑罚在整体上呈现出持续轻缓的趋势。1997年以来，我国捕诉率的持续下降与刑罚的轻缓化趋势密切相关。

表7-3　捕诉率与判处的刑罚轻重变化对照表（1997—2012年）

年度	捕诉率（%）	刑事判决生效人数	判处五年以上刑罚至死刑人数	重刑率（%）	判处徒刑以上刑罚人数	徒刑以上刑罚率（%）	判处徒刑以上刑罚人数占逮捕人数的比例（%）
1997	102.29	529 779	209 309	39.51	425 059	80.23	79.10
1998	102.28	533 793	149 142	27.94	398 281	74.61	66.59
1999	98.68	608 259	157 462	25.89	449 592	73.91	67.76
2000	100.99	646 431	163 422	25.28	471 271	72.90	65.84
2001	99.59	751 146	188 610	25.11	557 764	74.26	66.25
2002	91.48	706 707	160 324	22.69	505 675	71.55	64.66
2003	93.35	747 096	158 562	21.22	516 553	69.14	67.54
2004	92.23	767 951	146 237	19.05	509 249	66.31	61.49
2005	89.34	844 717	150 878	17.86	546 017	64.64	62.30
2006	88.13	890 755	153 724	17.26	563 295	63.24	62.11
2007	84.19	933 156	151 378	16.22	581 488	62.31	62.04
2008	82.37	1 008 677	159 020	15.77	622 186	61.68	64.13
2009	81.99	997 872	162 675	16.30	622 296	62.36	64.93
2010	78.33	1 007 419	159 261	15.81	620 784	61.62	66.64
2011	74.55	1 051 638	149 452	14.21	609 532	57.96	66.00
2012	68.71	1 174 133	158 296	13.48	649 909	55.35	65.91

如表 7-3 所示，1997—2012 年期间，我国重刑率（判处五年以上刑罚至死刑的人数占全部刑事判决生效人数的比例）和徒刑以上刑罚率（判处有期徒刑实刑以上刑罚的人数占全部刑事判决生效人数的比例）均呈现出持续、稳定的下降趋势。其中，1998—2001 年期间，重刑率和徒刑以上刑罚率连续四年下降，但捕诉率并无明显下降，捕诉率的明显下降始于 2002 年。从出现下降趋势的时间先后来看，重刑率和徒刑以上刑罚率的下降对减少逮捕措施的适用产生了积极影响，也可以说是捕诉率下降的重要原因之一。从 2002 年到 2012 年，重刑率从 22.69%降至 13.48%，徒刑以上刑罚率从 71.55%降至 55.35%，捕诉率也从 91.48%的高位降到 68.71%，整体上呈现出同步、持续下降的趋势。

虽然捕诉率不断下降，但逮捕措施作为追诉犯罪的工具性质并没有改变，检察机关在审查逮捕过程中仍然不具有中立性，因为追捕、追诉仍然是检察机关的重要职责。1998—2002 年期间，全国检察机关对侦查机关应当逮捕而未提请逮捕的，依法决定追加逮捕 50 862 人，占同期批准逮捕总人数的 1.41%；[1]2003—2007 年期间，全国检察机关对侦查机关应当逮捕而未提请逮捕的，依法决定追加逮捕 63 500 人，占批准逮捕总人数的 1.5%；[2]2011 年，全国检察机关决定追加逮捕的人数达到 36 976 人，占当年批准逮捕总人数的 4.07%。[3]这表明，检察机关的追捕职能在 1996 年《刑事诉讼法》实施期间不断地得到强化。

1996 年《刑事诉讼法》实施期间，逮捕措施适用中存在的一个突出问题是超期羁押。据最高人民检察院统计，1993 年至 1999 年全国政法机关每年度超期羁押的人数一直维持在 5 万至 8 万人之间，1999 年达到 84 135 人，2000 年为 73 340人，2001 年为 55 761 人。[4]实际上，早在 1998 年 6 月，最高人民检察院即发文指出，“目前，检察机关超期羁押犯罪嫌疑人问题比较突出”，要求限期进行清理和纠正。[5]同年 10 月，最高人民检察院又会同最高人民法院、公安部发布《关于严格执行刑事诉讼法关于对犯罪嫌疑人、被告人羁押期限的规定坚决纠正超期羁押问题的通知》（高检会［1998］1 号），指出，“有些地方的司法机关在办案中对犯罪嫌疑人、被告人超期羁押的问题仍然比较突出”，要求“严格

〔1〕 参见 2003 年 3 月 11 日韩杼滨检察长在十届全国人大一次会议上所作的《最高人民检察院工作报告》。

〔2〕 参见 2008 年 3 月 10 日贾春旺检察长在十一届全国人大一次会议上所作的《最高人民检察院工作报告》。

〔3〕 参见 2012 年 3 月 11 日曹建明检察长在十一届全国人大五次会议上所作的《最高人民检察院工作报告》。

〔4〕 参见《法律与生活》2003 年 7 月 31 日报道：“超期羁押：有罪无罪关十年”，载 http://news.sina.com.cn/c/2003-07-31/18371452272.shtml，最后访问日期：2020 年 6 月 18 日。

〔5〕 参见《最高人民检察院关于清理和纠正检察机关直接受理侦查案件超期羁押犯罪嫌疑人问题的通知》（高检发监字［1998］1 号），1998 年 6 月 5 日。

执行《刑事诉讼法》关于延长、重新计算羁押期限的规定”和“对犯罪嫌疑人、被告人羁押换押制度”，“办案机关超期羁押犯罪嫌疑人、被告人，经上级机关或人民检察院提出纠正意见后，在一个月内不予纠正的，或者在超期羁押期间造成被羁押人伤残、死亡或其他严重后果的，应当追究办案机关负责人和直接责任人员的责任”。随后，各级公安司法机关对超期羁押问题进行了专项清理。2000年9月，全国人大常委会专门成立刑事诉讼法执法检查组，以实地检查和委托检查相结合的方式，对天津、内蒙古、黑龙江、浙江、湖北、陕西、河北、吉林、山东、广西、云南、青海12个省、自治区和直辖市贯彻实施1996年《刑事诉讼法》的情况进行了检查。检查后形成的报告认为，各地贯彻实施刑事诉讼法的工作存在三个不容忽视的问题，其中首要问题是“超期羁押的问题仍然比较突出”。〔1〕该报告指出，“各地公安司法机关在近两三年普遍对超期羁押问题进行了清理，但工作发展不平衡，一些地方超期羁押仍然较为突出：一是仍有一批超期羁押多年的案件没有得到解决。二是旧的超期羁押问题清理了，又出现新的超期羁押问题。三是变相超期羁押情况增多”。并且“建议公、检、法机关明年将超期羁押作为一个重要问题依法进行清理，特别是超期羁押多年的案件，依法该判决的要及时判决，依法该释放的要及时释放”。〔2〕此后，各地加大了对超期羁押的清理力度。2002年5月30—31日，最高人民检察院在山东省潍坊市召开“全国检察机关纠正超期羁押经验交流现场会”，要求各级检察机关切实加强对超期羁押案件的督办力度，检察环节存在的超期羁押案件要在2002年6月底前全部纠正。1998—2002年，全国检察机关共监督纠正超期羁押308 182人次，平均每年纠正超过计6万人次。此后，超期羁押问题虽然有所缓解，但是“前清后超”“边清边超”“押而不决”的问题始终没有得到彻底解决。〔3〕2003年11月，最高人民检察院发布《最高人民检察院关于在检察工作中防止和纠正超期羁押的若干规定》，要求严格正确适用逮捕措施，实行和完善听取、告知制度，实行羁押情况通报制度、羁押期限届满提示制度、定期检查通报制度，严格依法执行换押制度，建立超期羁押投诉和纠正机制，实行超期羁押责任追究制。此后，超期羁押的人数逐渐减少。据2007年11月召开的全国检察机关第五次监所检察工作会议披露，2003—2007年全国检察机关共发现超期羁押33 643人，经提出纠正

---

〔1〕另外两个问题分别是刑讯逼供不容忽视、保障律师依法履行职务方面仍存在障碍。

〔2〕参见全国人大内务司法委员会主任委员侯宗宾于2000年12月27日在第九届全国人大常委会第十九次会议上所作的《全国人大常委会执法检查组关于检查〈中华人民共和国刑事诉讼法〉实施情况的报告》，载全国人大官网，http://www.npc.gov.cn/wxzl/gongbao/2001-03/09/content_5132037.htm，最后访问日期：2020年6月14日。

〔3〕参见2003年11月12日，最高人民法院、最高人民检察院、公安部联合发布的《关于严格执行刑事诉讼法，切实纠防超期羁押的通知》（法〔2003〕163号）。

意见后纠正33 398人；各诉讼环节新发生的超期羁押逐年大幅度减少，从2003年的24 921人下降到2006年的210人，2007年1—9月仅47人。[1]1996年《刑事诉讼法》实施期间，最高人民检察院在十二份年度工作报告中均把纠正超期羁押情况作为一项单独的工作向全国人大作了汇报（见表7-4）。

表7-4 最高人民检察院关于纠正超期羁押情况的报告一览表（1998—2012年）

报告年度	工作年度	纠正超期羁押情况
1998	1997	对超期羁押及时提出了纠正意见
1999	1998	对超期羁押的情况提出纠正意见70 992人次
2000	1999	纠正超期羁押74 051人次
2001	2000	纠正侦查、起诉、审判阶段超期羁押64 254人次
2002	2001	超期羁押的，依法提出纠正意见66 196人，已纠正56 389人。按照全国人大常委会关于改进刑事诉讼执法工作的要求，对检察环节的超期羁押、刑讯逼供等问题进行了检查清理，纠正超期羁押2226人
2003	1998—2002	对侦查、起诉、审判等各个环节的超期羁押问题，共监督纠正308 182人次
2005	2004	完善防止和纠正超期羁押的长效机制，落实实地督办、定期通报、责任追究等制度，纠正超期羁押7132人。到2004年底，检察机关办案环节继续保持了无超期羁押；各个诉讼环节无超期羁押的省、自治区、直辖市由2003年底的14个上升到29个
2006	2005	进一步加强对侦查、审判环节超期羁押问题的监督，建立健全纠防超期羁押的长效机制。在有关部门的共同努力下，“前纠后超”“边纠边超”现象得到有效遏制，各个诉讼环节新发生的超期羁押从2004年的4947人次下降到2005年的271人次
2007	2006	巩固集中清理超期羁押的成果，监督纠正超期羁押233人次，检察环节继续保持无超期羁押
2008	2007	在全国人大常委会的支持下，开展集中清理纠正超期羁押工作，纠正了一批历史遗留的超期羁押问题，并在此基础上建立健全防止和纠正超期羁押长效机制，使侦查、起诉、审判各环节新发生的超期羁押从2003年的24 921人次下降到2007年的85人次
2012	2011	会同公安机关、人民法院集中清理久押不决案件463件，依法纠正超期羁押242人次

〔1〕 参见彭于艳、赵阳：“全国检察机关5年纠正超期羁押33 398人”，载《法制日报》2007年11月17日，第1版。

续表

报告年度	工作年度	纠正超期羁押情况
2013	2008—2012	会同公安机关、人民法院集中清理久押不决案件，依法纠正超期羁押 1894 人次

3. 2012 年《刑事诉讼法》实施以来逮捕的适用情况

2012 年《刑事诉讼法》实施以来，我国逮捕措施的适用率出现了小幅波动。如表 7-5 所示，2013—2016 年，我国的重刑率连续下降，但降幅较小；徒刑以上刑罚率基本稳定，维持在 52%左右。捕诉率自 2013 年的 65. 44%连续下降至 58. 48%，达到改革开放以来的最低点。但是，2017 年，逮捕、起诉、判处重刑和徒刑以上刑罚的人数出现较大幅度的反弹，捕诉率也回升到 63. 41%，2018 年的捕诉率下降约一个百分点，2019 年进一步下降至 60%以下。

表 7-5 全国逮捕、起诉人数及判处徒刑以上刑罚人数对照表（2013—2019 年）（单位：人）

年度	批准、决定逮捕人数	提起公诉人数	捕诉率（%）	判处五年以上刑罚至死刑人数	重刑率（%）	判处徒刑以上刑罚人数	徒刑以上刑罚率（%）	徒刑以上刑罚人数占逮捕人数的比例（%）
2013	896 403	1 369 865	65. 44	125 015	10. 79	609 526	52. 61	68
2014	899 297	1 437 899	62. 54	111 658	9. 43	615 139	51. 93	68. 4
2015	892 884	1 434 714	62. 23	115 464	9. 37	657 377	53. 33	73. 62
2016	842 372	1 440 535	58. 48	97 816	8. 01	634 799	52. 01	75. 36
2017	1 081 545	1 705 772	63. 41	175 162	13. 79	710 605	55. 95	65. 7
2018	1 056 616	1 692 846	62. 42	155 638	10. 88	795 167	55. 60	75. 26
2019	1 088 490	1 818 808	59. 85	N	N	N	N	N

2013—2016 年期间全国整体上捕诉率之所以出现下降趋势，与 2012 年《刑事诉讼法》所体现的尊重和保障人权精神以及实行检察官、法官员额制以后司法人员素质的提升可能存在一定的联系；2017 年捕诉率、重刑率和徒刑以上刑罚率的上升，主要缘于个别省级辖区为控制暴恐犯罪局势而加大了打击力度，逮捕人数同比上升 7 倍以上，从而在其他各省、自治区、直辖市逮捕、起诉人数没有明显变化的情况下推高了全国的相应数据和比例。[1]而 2019 年捕诉率的小幅回落值得进一步观察，因为这很可能与两个因素相关：一是根据 2018 年《刑事诉讼法》全面实施认罪认罚从宽制度以后，犯罪嫌疑人认罪认罚对适用逮捕措施产

〔1〕 参见王雷："审查批捕制度改革研究"，辽宁大学 2020 年博士学位论文，第 123 页。

生了一定的影响，尤其是在危险驾驶罪等不会判处徒刑以上刑罚的大量轻微刑事案件中；二是2018年最高人民检察院通过内设机构改革，终止了原来侦查监督部门和公诉部门分开设置、审查逮捕与审查起诉分别由不同检察人员负责的工作机制，要求全面落实“捕诉一体”办案机制，这可能会使检察人员更加倾向于以公诉标准掌握逮捕条件，从而导致“批准逮捕率”下降，进而“拉动”捕诉率的下降。

另外，在1996年《刑事诉讼法》实施期间，除1997年以外，判处徒刑以上刑罚的人数与逮捕人数的比值长期稳定在61%以上，不到68%；而在2012年《刑事诉讼法》实施以后，这一比值有两年达到或者超过68%，有三年超过75%，只有2017年在65.7%的中位。这说明，2012年《刑事诉讼法》关于逮捕的社会危险性条件的相对细化规定在实践中受到了一定程度的重视，“构罪即捕”的局面得到进一步改善。根据最高人民检察院工作报告，2003—2007年，全国检察机关以无逮捕必要为由不批准逮捕149 007人、以不应追究刑事责任和证据不足为由不批准逮捕255 931人，无逮捕必要不捕占不批准逮捕总人数的36.8%；而2013—2015年和2018年全国检察机关以无社会危险性为由不批准逮捕的人数占不批准逮捕总人数的比例均在40%以上，[1]说明检察机关自2013年以来对逮捕的社会危险性条件的把握更加严格。

需要指出的是，虽然自1997年以来，全国捕诉率总体上呈现稳定、持续下降的趋势，但具体到不同的省、自治区和直辖市，捕诉率则存在较大的差异，下降的幅度、时间先后等情况也各不相同。以2018年为例，全国平均捕诉率是62.42%，但有13个省、自治区和直辖市的捕诉率高于平均值，其中广西、新疆、广东居于前三位，均在84%以上；其他18个省、自治区和直辖市的捕诉率低于平均值，其中江苏的捕诉率只有40.3%，为全国最低（见表7-6）。

表7-6　2018年度全国各省（自治区、直辖市）批捕与起诉人数对照表[2]　（单位：人）

辖区	批捕人数	公诉人数	捕诉率(%)	辖区	批捕人数	公诉人数	捕诉率（%）
广西	46 303	53 411	86.69	四川	43 003	71 208	60.39
新疆	114 023	135 546	84.12	天津	10 476	18 140	57.75
广东	138 559	164 731	84.11	福建	35 901	62 464	57.47

[1] 根据最高人民检察院工作报告，2013—2015年和2018年全国检察机关以无社会危险性为由不批准逮捕的人数占不批准捕总人数的比例分别达到45.04%、42.23%、40.62%和40.87%，但2016年和2017年全国检察机关不批准逮捕的人数以及无社会危险性不捕的人数不详。

[2] 数据来源：各省、自治区、直辖市人民检察院官网公布的年度工作报告，江苏省的数据来自对江苏省检察系统工作人员的访谈。

续表

辖区	批捕人数	公诉人数	捕诉率(%)	辖区	批捕人数	公诉人数	捕诉率（%）
西藏	1414	1752	80.71	吉林	19 092	33 881	56.35
贵州	29 666	38 651	76.75	辽宁	27 302	48 855	55.88
江西	33 581	44 279	75.84	重庆	18 685	33 774	55.32
海南	9911	13 221	74.96	宁夏	4055	7338	55.26
上海	27 916	38 287	72.91	河南	61 111	115 684	52.83
山西	23 394	32 566	71.84	浙江	54 715	105 055	52.08
湖北	37 779	52 633	71.78	黑龙江	18 937	36 475	51.92
北京	14 817	21 073	70.31	甘肃	12 157	26 923	45.15
云南	36 695	55 162	66.52	安徽	26 184	58 382	44.85
陕西	20 569	31 519	65.26	内蒙古	15 456	34 479	44.83
河北	39 416	64 583	61.03	山东	41 086	93 150	44.11
青海	3926	6446	60.91	江苏	40 454	100 390	40.3
湖南	43 672	71 694	60.91				

再从捕诉率下降的幅度和时间先后来看，刑事案件数量最多的广东省直到2010年，捕诉率仍然超过100%，2011年以后捕诉率才开始缓慢下降，但即使到2017年降至历史最低位，仍然高达81.17%。这个比值与刑事案件数量排名全国第二位的浙江省2008年的捕诉率接近，与位于西部地区的四川省2011年的捕诉率相当。而在江苏，早在2011年，捕诉率已经降至60%以下，2013年和2014年分别向下突破50%和40%的界线，到2017年达到历史最低点，只有34.37%。可以说，联合国刑事司法准则关于“审前羁押不应当作为一般规则，而应当作为例外”[1]的要求，在2013年以后的江苏已经基本得到落实，而在广东等地，至今仍然显得遥不可及（见表7-7）。

表7-7 粤浙川苏四省捕诉率变化对照表（2008—2018年）[2]

年度 \ 省份 捕诉率（%）	广东	浙江	四川	江苏
2018	84.11	52.08	60.39	40.3

〔1〕 参见联合国《公民权利和政治权利国际公约》第9条的规定。

〔2〕 数据来源：粤、浙、川、苏四省人民检察院的年度工作报告。

续表

年度 \ 捕诉率（%） \ 省份	广东	浙江	四川	江苏
2017	81.17	48.33	58.03	34.37
2016	81.97	44.92	58.32	34.93
2015	84.07	51.69	65.45	36.37
2014	89.49	55.59	64.13	39.41
2013	94.89	57.73	64.6	47.24
2012	91.05	62.57	70.09	54.95
2011	95.93	75.59	81.45	59.65
2010	100.66	79.88	81.32	65.14
2009	102.02	79.07	85.64	66.35
2008	102.74	81.12	80.77	64.75

（二）审查逮捕程序的实践探索

立法对人民检察院审查批准逮捕的具体程序没有作具体的规定，司法实践中检察机关审查批准逮捕时，主要是根据公安机关在提请逮捕时移送过来的提请批准逮捕书、案件材料和相关证据，进行书面审查。这种主要依靠书面审查的做法，由于信息来源有限，又没有辩方的参与，难以对逮捕条件进行准确的把握。2002年，西部某省级检察院出台规定，要求检察人员在审查逮捕过程中必须讯问犯罪嫌疑人，做到“每案必问”，但没有受到下级检察机关普遍重视，实践中批捕决策信息仍然基本来源于公安机关所提的侦查案卷。[1]2006年，最高人民检察院《逮捕质量试行标准》从提高逮捕质量的角度，要求对证据存有疑问的案件，“可以复核有关证据，讯问犯罪嫌疑人，询问证人”。并且明确要求在“犯罪嫌疑人是否构成犯罪、是否需要予以逮捕等关键问题有疑点的”等五种情形下，应当讯问犯罪嫌疑人。违反这一程序要求的，按照“办案程序有瑕疵”论处。[2]此后，审查逮捕阶段讯问犯罪嫌疑人成为一种常态。2009年最高人民检察院发布《关于深化检察改革2009—2012年工作规划》，提出“有条件的地方检察机关，还可对争议较大的案件，试行当面听取侦查人员和犯罪嫌疑人及其律师意见的类似于听证程序的审查批捕机制”，这是最高人民检察院第一次公开提

〔1〕郭松：“审查逮捕制度运作方式的实证分析——侧重于功能实现的角度”，载《中南民族大学学报（人文社会科学版）》2010年第3期，第89页。

〔2〕参见2006年8月《人民检察院审查逮捕质量标准（试行）》第11条和第25条。

倡通过“听证程序”审查逮捕。一些地方检察机关通过规范性文件开始了逮捕听证的试点。例如，2011 年 5 月浙江省嘉兴市南湖区人民检察院制定《审查逮捕阶段听证暂行办法》，2011 年江苏省宿迁市宿城区人民检察院制定《审查逮捕听证制度实施细则》，2012 年上海市嘉定区人民检察院制定《未成年人案件审查逮捕听证办法》。[1]在总结实践经验基础上，2012 年《刑事诉讼法》对审查逮捕阶段讯问犯罪嫌疑人、询问证人和听取辩护律师意见作出了明确规定。在司法实践中，一些地方检察机关自行要求在审查逮捕过程中“每案必问”。例如，浙江省人民检察院 2013 年 12 月出台《关于审查逮捕全面讯问犯罪嫌疑人的意见》，要求对所有被羁押犯罪嫌疑人进行全面讯问，做到“每人必问”，确保在审查逮捕阶段对每个被羁押犯罪嫌疑人至少提审一次。[2]根据法律规定的精神，一些地方检察机关纷纷推出了审查逮捕实行听证程序的措施，如河北省保定市人民检察院 2013 年 10 月出台了《审查逮捕案件公开听证程序的规定（试行）》，重庆市人民检察院 2014 年 4 月出台了《关于侦查监督案件公开审查的指导意见》，江苏省人民检察院 2014 年 6 月制定了《江苏省检察机关侦查监督部门关于开展不批捕听证工作的指导意见》，开始了对逮捕听证程序的实践探索。

2016 年 9 月，最高人民检察院发布《“十三五”时期检察工作发展规划纲要》，提出“围绕审查逮捕向司法审查转型，探索建立诉讼式审查机制”，随后确定在上海、广东、四川、重庆等省市开展审查逮捕诉讼化改革试点。试点地区普遍出台了专门的规范性文件，并协调相关部门支持开展试点工作。如四川省成都市人民检察院会同市公安局、司法局、海关缉私局和市律师协会于 2017 年 5 月制定了《关于建立审查逮捕诉讼化审查机制的实施办法（试行）》，就诉讼化审查机制的内涵、适用范围与例外、审查时限和地点、权利告知、法律援助、参与人员、审查内容和流程、结果处理、权利救济等作了全面规定，确保规范有序地推进试点工作。据本课题组了解，由于侦查机关参与积极性不高、律师资源有限，加之侦查监督部门案多人少，成都市审查逮捕诉讼化改革试点并不顺利。其他地区的试点多数将审查的重点置于事实清楚、证据确实但对社会危险性存在争议的案件，审查程序的启动以检察机关依职权启动为主、犯罪嫌疑人及其辩护律师申请启动为辅，参与审查过程的人员除主持审查的检察官以外，还包括侦查人员、犯罪嫌疑人及其辩护律师或值班律师，有的试点单位还根据案件具体情况邀请犯罪嫌疑人的家属、被害人、社区工作人员以及人大代表、政协委员等人员参

---

〔1〕 参见闵丰锦：“诉讼化审查逮捕机制的难题与破解”，载《西部法学评论》2018 年第 4 期，第 50 页。

〔2〕 孙长永、闫召华：“新刑事诉讼法实施情况调研报告（2015）”，载孙长永主编：《刑事司法论丛》（第 3 卷），中国检察出版社 2015 年版，第 467 页。

加听证活动；审查之后，多数案件由检察官当场作出决定并说明理由，但也有试点单位要求不批准逮捕的案件仍需报分管副检察长审批。通过试点，逮捕的社会危险性条件逐渐受到重视，以没有社会危险性不捕的比例有所提高；逮捕决定的质量和公信力有所增强，宽严相济的政策在审查逮捕环节得到更好的落实。[1]例如广东省检察机关自试点工作以来，先后在佛山、珠海、广州、深圳、东莞等地采取逮捕公开审查模式办理逮捕案件 911 件，1069 人，其中作出不捕决定 444 人，不捕比例达到 41.5%，在审查方式、适用条件、审查程序等方面积极探索，取得了突出成效。[2]

除了最高人民检察院明确的试点省市以外，吉林、陕西、山东、河北、河南、浙江、黑龙江等地也相继进行了审查逮捕听证的尝试，取得了良好的法律效果和社会效果，但适用范围、启动方式、具体流程等方面不尽相同。部分地区在举行逮捕听证之前已经决定“拟批捕”或“拟不捕”，只是出于检务公开之目的，选取案发地、相关社区等地点进行公开听证，公开审查逮捕具有“先定后听”之嫌。[3]还有的检察院审查逮捕听证仅限于拟不批准逮捕的案件，而对拟批准逮捕的案件却不予听证。[4]此外，由于审查逮捕一般处于侦查阶段，诉讼化审查逮捕不可避免地涉及案情、在案证据等情况，而这些情况并不适宜对社会公开。因此，在审查逮捕听证中邀请人大代表、政协委员、人民监督员、媒体记者等参加，甚至由他们就听证过程中的争议问题提交评议意见，供检察机关作出处理决定参考的做法，并不符合审查逮捕的程序性质，不利于检察机关客观公正地作出不批准或者批准逮捕的决定。[5]

2019 年 2 月，最高人民检察院在《2018—2022 年检察改革工作规划》中把“完善审查逮捕工作机制”作为检察改革的主要任务之一，并且明确提出：“建立有重大影响案件审查逮捕听证制度，健全讯问犯罪嫌疑人、听取辩护人意见工作机制。”据此，检察机关审查逮捕的听证程序主要适用于有重大影响的案件，其他案件仍然沿用讯问犯罪嫌疑人、听取辩护人意见和向侦查人员调查了解情况

---

〔1〕关于审查逮捕诉讼化改革试点的基本情况，参见张全涛：“逮捕听证制度的实践分析与制度完善研究——基于对 123 起逮捕听证试点案例的考察”，载《四川理工学院学报（社会科学版）》2019 年第 1 期，第 64-67 页；周新：“审查逮捕听证程序研究”，载《中外法学》2019 年第 4 期，第 1035-1037 页；王雷：“审查批捕制度改革研究”，辽宁大学 2020 年博士学位论文，第 80-88 页。

〔2〕参见广东省人民检察院官网报道：“全国检察机关逮捕公开审查研讨会在珠海召开”，载 http://www.gd.jcy.gov.cn/xwzx/tpjj/202001/t20200114_2759440.shtml，最后访问日期：2020 年 6 月 23 日。

〔3〕参见闵丰锦：“诉讼化审查逮捕机制的难题与破解”，载《西部法学评论》2018 年第 4 期，第 51 页。

〔4〕参见朱香山等：“东莞第二市区：四类不批捕案件要公开听证”，载《检察日报》2014 年 3 月 19 日，第 2 版。

〔5〕参见张泽涛：“构建中国式的听证审查逮捕程序”，载《政法论坛》2018 年第 1 期，第 27 页；宋宝莲、李永航：“审查逮捕听证机制的实践思考”，载《中国检察官》2015 年第 9 期，第 40 页。

的方式进行审查。根据最高人民检察院有关负责人的介绍，有重大影响案件的逮捕听证主要围绕逮捕的三项条件，核心是要解决影响审查逮捕的重大争议，化解社会矛盾，提升司法公信力，具体可以适用于五种情形：（1）对有证据证明有犯罪事实存在争议，听证审查有利于查明案件事实的；（2）对可能判处有期徒刑以上刑罚存在争议，听证审查有利于准确认定的；（3）社会危险性争议较大，听证审查有利于综合评判的；（4）案件社会影响重大，听证审查有利于体现司法公正，提升司法公信力的；（5）其他需要听证审查的案件。[1]但截至本章定稿时（2020 年 7 月），最高人民检察院尚未出台关于逮捕听证的规范性文件。因此，这项具有改革创新意义的工作仍然处于各地自行探索过程中。

（三）捕后羁押必要性审查的实践情况

为了解决逮捕以后对犯罪嫌疑人、被告人“一押到底”的问题，减少羁押人数，自 2009 年开始，全国 20 个基层检察院就“建立由驻所检察官根据在押人员的实际情况向办案单位提出变更强制措施检察建议的工作机制”进行了近一年的试点，对羁押必要性审查进行积极探索，并收到了初步的成效。例如，湖北省宜昌市从 2009 年 7 月开始试点，针对其中 35 名无羁押必要的在押人员，向相关部门提出了变更强制措施的建议，均被采纳；山东省费县 2009 年 10 月开始试点，驻所检察官提出变更强制措施检察建议 46 份，有 37 人在捕后被变更为取保候审。[2]一些地方检察机关要求，在审查起诉阶段变更逮捕措施之前，应当对犯罪嫌疑人不需要继续羁押的证明材料和风险进行审查、评估，这种审查和评估实际上也属于羁押必要性审查。例如，江苏省人民检察院 2010 年 7 月 23 日印发的《江苏省检察机关审查起诉阶段变更逮捕强制措施的规定（试行）》规定，“二、在不妨害诉讼正常进行的情况下，被逮捕的犯罪嫌疑人具备下列条件之一的，在审查起诉阶段可以变更为取保候审或监视居住：（一）可能判处管制、拘役或者独立适用附加刑的；（二）可能判处三年以下有期徒刑，采取取保候审或者监视居住措施不致发生社会危险的；（三）捕后案情、证据发生变化，没有继续羁押必要的；（四）患有严重疾病的；（五）怀孕或者哺乳自己婴儿的妇女；（六）符合《人民检察院办理未成年人刑事案件的规定》第十三条规定的条件的未成年犯罪嫌疑人；六十周岁以上老年犯罪嫌疑人没有社会危险性或者社会危险性较小的；（七）在交通肇事、轻伤害、因生活无着偶然实施盗窃等轻微刑事犯罪案件中，双方达成刑事和解并履行完毕的；（八）其他采取取保候审或者监视居住不致发生社会危险性、不致影响诉讼顺利进行的情形。三、捕后拟变更为取

---

〔1〕 参见《检察日报》2019 年 4 月 15 日第 3 版对最高人民检察院第一检察厅副厅长张晓津的采访报道：《遵循司法规律 构建科学程序机制》。

〔2〕 参见但伟：“试析羁押必要性审查与看守所检察”，载《人民检察》2010 年第 24 期，第 25 页。

保候审或者监视居住，必须对不需要继续羁押的证明材料进行审查……五、对已经逮捕的犯罪嫌疑人以不致发生社会危险性、不致影响诉讼顺利进行的理由变更强制措施的，应当根据犯罪嫌疑人犯罪性质、犯罪情节、主观恶性、悔罪表现、犯罪形态、案件证据，有无逃避侦查、起诉、审判的可能性，重新违法犯罪的可能性，影响诉讼的可能性进行诉讼风险评估，形成诉讼风险评估意见，作为审核审批时的证明材料”。各地检察机关对羁押必要性审查的实践探索为2012年《刑事诉讼法》确立捕后羁押必要性审查制度奠定了基础。

2012年《刑事诉讼法》实施以后，各地检察机关按照2012年《最高检规则》规定的“分段审查”模式谨慎地开展了羁押必要性审查工作。但是，由于侦监、公诉、监所之间缺乏协作机制和规范指引，公诉和侦监部门审查时限短、人手不足，加之取保后缺乏有效监管、考核机制不健全等多种原因，2012年《刑事诉讼法》第93条确立的捕后羁押必要性审查在实践中没有受到应有的重视，在一些地方甚至被虚置，以至于有63.65%的检察官认为捕后羁押必要性审查没有明显成效，有30.59%的检察官认为没有成效。[1]统计显示，2013年全国检察机关开展羁押必要性审查后提出释放或者变更强制措施的案件共23 894人，占当年全部批捕人数（879 817人）的2.72%；其中侦查监督部门提出建议的7981人、公诉部门提出建议的3334人、监所部门提出建议的12 579件，分别占比33.4%、14%、52.6%；各部门的释放或变更建议得到采纳的人数分别为7301人、2857人、11 997人，合计22 155人，占建议释放或变更人数的92.72%。[2]根据最高人民检察院工作报告，2014年和2015年，全国检察机关通过羁押必要性审查后建议释放或者变更强制措施的人数分别为33 495人和29 211人，占当年批准逮捕总人数的比例分别是3.81%和3.35%，较之2013年略有上升，但总体比例较低，而且实际采纳人数不详。

2015年5月全国刑事执行检察工作会议以后，羁押必要性审查转采监所检察部门“归口”审查模式，各地监所检察部门克服重重困难，积极履行羁押必要性审查职责，取得了一定的进展。有学者调研后发现，2016年，中部某省四个市的检察院共逮捕犯罪嫌疑人5562人，通过羁押必要性审查对其中的290人发出释放或者变更强制措施建议书，被采纳270人，[3]占逮捕人数的4.85%。2016年湖南省检察机关监所部门共受理羁押必要性审查案件2009人，经审查书面提出释放或者变更强制措施建议1946人，建议被采纳1778人，占逮捕人数的

〔1〕参见谢小剑：“羁押必要性审查制度实效研究”，载《法学家》2016年第2期，第139-141页。

〔2〕毕惜茜、刘鹏：“羁押必要性审查的理论与实践——兼议我国未决羁押制度”，载《中国人民公安大学学报（社会科学版）》2014年第5期，第49页。

〔3〕参见张琳：“捕后羁押必要性审查之证明规则研究——以依申请启动下的羁押必要性审查为视角”，载《中国刑事法杂志》2017年第5期，第100页。

5.74%。[1]有学者通过裁判文书大数据分析后指出，2016年和2017年，全国法院一审刑事案件被告人由逮捕转为非羁押措施的人数比例分别达到4.21%和4.69%，较之前三年均有所提升。[2]这应该也是羁押必要性审查的结果。但是，整体上看，通过羁押必要性审查提出建议释放或者变更强制措施的比例仍然较低。

根据《人民检察院办理羁押必要性审查案件规定（试行）》规定，部分检察机关对羁押必要性公开审查模式进行了积极探索。例如，2013年上海检察机关出台《上海检察机关关于羁押必要性公开审查的工作规则（试行）》，随后在全市检察系统全面推行羁押必要性公开审查，将羁押必要性公开审查工作作为开展羁押必要性审查的基本方式之一。[3]不过，从各地实践情况来看，大部分检察机关仅针对个案启动公开审查，较少将公开听证审查作为基本的审查方式普遍应用于羁押必要性审查。从司法实践来看，公开审查羁押必要性的案件主要适用于办案单位、被害人与犯罪嫌疑人、被告人对羁押状态的认识存在较大分歧以及有重大社会影响、案情复杂的案件。由于公开审查要求相关人员集中到场并发表意见，但是被羁押人一般被羁押于看守所，所以实践中多以远程视频形式保障被羁押人向办案机关、被害人等相关人员进行陈述和辩论。

根据最高人民检察院工作报告，2018年，全国检察机关共批准逮捕各类犯罪嫌疑人1 056 616人，对审前、审中可不继续羁押的提出释放或变更强制措施建议，办案单位采纳64 106人，同比上升26.8%，建议释放或变更强制措施的人数占批准逮捕总人数的6.07%。与2013—2017年相比，2018年通过羁押必要性审查获得释放或者变更强制措施的在押犯罪嫌疑人数量明显有所增加，说明羁押必要性审查的成效明显提高。2019年，全国检察机关批准逮捕各类犯罪嫌疑人1 088 490人，对侦查、审判中不需要继续羁押的，建议取保候审75 457人，建议释放或者变更强制措施的人数占批准逮捕总人数的6.93%，较2018年略有提高。这一变化是否与2019年起全国普遍实行“捕诉一体”的审查逮捕机制有关，暂时难以作出判断。

为了支持和保护民营经济健康发展，最大限度避免和减少办理刑事案件对民营企业正常经营活动带来的影响，最高人民检察院于2019年7月至2020年3月部署开展了涉民营企业家羁押必要性审查专项活动。在此期间，全国检察机关共

---

〔1〕“湖南检察机关办理羁押必要性审查案件成效显著”，载 http://www.jcrb.com/procuratorate/jcpd/201702/t20170214_1716363.html，最后访问日期：2019年8月13日。

〔2〕参见王禄生：“论刑事诉讼的象征性立法及其后果——基于303万判决书大数据的自然语义挖掘”，载《清华法学》2018年第6期，第130-131页。

〔3〕“上海市检察机关全面推行羁押必要性公开审查工作”，载 http://www.jcrb.com/procuratorate/jckx/201505/t20150518_1506854.html，最后访问日期：2019年8月13日。

审查相关案件 10 922 人，立案 3506 人，提出变更强制措施建议 2519 人，被采纳 2266 人，采纳率达 90.0%。其中审查涉黑涉恶案件中涉民营企业家羁押案件 605 人，立案 95 人，提出变更强制措施建议 29 人，被采纳 26 人。在专项活动开展过程中，河北、内蒙古、上海、福建、江西、河南等地检察机关大胆运用羁押必要性公开审查模式，对有影响、较典型的涉民营企业家羁押案件进行公开审查，增强了办案的透明度和公平公正，增强了司法公信力。[1]这应当是近年来检察机关主动服务于经济社会发展所做的积极贡献之一。

梳理各地检察机关自 2013 年以来实施羁押必要性审查制度的情况，可以发现，羁押必要性审查较为普遍地存在五个方面的问题：一是“构罪即捕”“一押到底”的陈旧司法观念尚未得到根本转变，纳入羁押必要性审查的案件总量太低，由于多种原因，一些地方对符合羁押必要性审查条件的案件未予审查；二是审查标准存在一定的缺陷，对本地户籍在押人员与外地户籍在押人员实行区别对待，公平性不足；三是关于羁押必要性的评估指标体系不够完善；四是审查后发出的释放或变更强制措施建议缺乏应有的效力；五是辩护一方受多种因素的限制对逮捕所依据的事实、证据及其变化情况了解较少，对羁押必要性审查的有效参与不足。[2]2019 年《最高检规则》要求对羁押必要性审查实行“新归口审查”模式，要求在审查起诉阶段，“负责捕诉的部门经审查认为不需要继续羁押的，应当直接释放犯罪嫌疑人或者变更强制措施”。但是，这一规定与 2018 年《刑事诉讼法》第 95 条的规定不尽一致，其实际效果如何，尚待进一步观察。

四、对逮捕制度的反思

（一）成就

回顾 1979 年以来我国逮捕制度的历史轨迹和实施情况，不难发现，逮捕对于保障侦查、起诉和审判活动的顺利进行，有效惩治犯罪，维护社会稳定发挥了非常重要的作用。无论是在 20 世纪 80 年代初期开始的三次“严打”战役中，还是在“宽严相济”刑事政策下针对暴力犯罪、黑恶势力犯罪所开展的专项整治斗争中，逮捕都是依法控制犯罪、保障诉讼进行所必不可少的重要手段。特别是考虑到我国改革开放以来经济社会迅速发展、犯罪率持续升高、侦查资源严重不足、非羁押性强制措施诉讼保障功能有限的时代背景，逮捕措施作为最为严厉并且适用率仅次于刑事拘留的强制措施，对于查清严重犯罪案件的事实真相、成功追

---

〔1〕 参见徐日丹：“涉民营企业家羁押必要性审查专项活动取得实效”，载《检察日报》2020 年 6 月 5 日，第 1 版。

〔2〕 参见谭滨：“羁押必要性审查证据标准和评估体系的完善”，载上海市法学会主编：《〈上海法学研究〉集刊（2019 年第 14 卷 总第 14 卷）——杨浦检察院论文集》，上海法学会出版社 2019 年版，第 7-9 页；陈卫东：“羁押必要性审查制度试点研究报告”，载《法学研究》2018 年第 2 期，第 193-194 页。

诉危害国家安全和人民群众生命财产安全的各类犯罪、扭转特殊时期和特殊区域的社会治安局势、维持改革开放以来社会基本面的总体持续稳定，可以说功不可没！

从制度建设角度看，自1979年《刑事诉讼法》确立了逮捕制度的基本框架之后，经过四十年立法和司法解释等规范性文件的多次修正，逮捕制度的实质内容不断充实，制度体系不断健全。逮捕的条件，提请、审查、批准或决定逮捕以及变更逮捕的权限和程序，延长羁押期限的条件和程序，执行逮捕的权限和程序，捕后羁押必要性审查程序，错捕的国家赔偿范围和程序等，都通过立法作出了明确的规定。其中关于逮捕条件和程序的立法规定以及错捕后国家赔偿原则和范围的立法规定得到不断优化，大量的司法解释性文件和地方规则又对逮捕制度的具体内容进行了补充和细化，形成了以国家立法为主体、以司法解释性文件为辅助、以地方性刑事司法规则为补充的逮捕制度体系。可以说，自1979年以来，我国适用逮捕措施不仅实现了从“依政策办事”向“依法办事”的历史性转变，而且逐步贯彻了程序法定原则、比例原则和非法证据排除规则，落实了错捕的国家赔偿责任。

从逮捕制度的实施情况来看，四十年来，在刑事案件总量不断攀升、维护社会稳定的压力始终处于高位的条件下，全国检察机关对逮捕条件的控制日趋严格，捕诉率总体上呈现持续下降的态势，特别是在2002年以后。在全国重刑率和判处徒刑以上刑罚的比例持续下降的同时，捕后判处徒刑以上刑罚人数的比例长期相对稳定，而且到2015年上升到73%以上，2016年、2018年甚至达到75%以上。每年都有大量的犯罪嫌疑人经检察机关审查后，因无社会危险性或者不构成犯罪、证据不足而没有被批准逮捕，而且不捕的比例总体上呈上升趋势，2013以后甚至出现大幅度上升的现象（见表7-8）。

表7-8 全国检察机关不批准逮捕与批准逮捕人数比值变化一览表（1998—2018年）

（单位：人）

年度	批准逮捕	不批准逮捕			不捕与逮捕人数比（%）
		无社会危险性	不构成犯罪或证据不足	合计	
1998—2002	3 513 083	N	N	271 629	7.73
2003—2007	4 232 616	149 007	255 931	404 938	9.57
2008—2012	4 688 544	N	N	311 460	6.64
2013—2017	453.1万	257 381	62.5万	88.2万余	19.47
2018	1 056 616	116 452	168 458	284 910	26.96

表7-8说明，检察机关的审查逮捕权对制约公安机关的提请逮捕权和刑事拘留权、保障公民的人身自由发挥了重要的作用。同时，自2013年以来，检察机关通过羁押必要性审查，每年建议释放或者变更逮捕措施数万人，并且绝大多数得到有关单位的采纳。这对于减少在押人数、缩短羁押期限、保障犯罪嫌疑人和被告人的合法权益，也起到了一定的积极作用。绝不能简单地因为逮捕制度或者逮捕权的实际运用过程中存在不少问题，而对逮捕制度的权力制约和人权保障功能予以完全否定。

逮捕制度四十年的发展完善以及实践探索对于推动广大司法人员转变司法观念，也产生了重要的积极影响。就逮捕措施的适用而言，目前无论是检察机关，还是法学理论界，均主张坚持控制犯罪与保障人权动态平衡的理念，坚持以司法方式客观、中立地审查逮捕的理念，坚持比例原则和权利救济原则，摒弃片面强调打击犯罪、构罪即捕、一押到底的陋习。〔1〕本课题组调研中发现，广大检察人员对逮捕羁押不应当作为一般规则而应当作为例外适用的国际准则在观念上已经基本接受，只是觉得由于客观条件和配套措施不完善，实际做起来暂时有一定困难。考虑到我国“重打击、轻保护”的历史传统、缺乏无罪推定的明确规定、刑事案件发案数总量长期处于高位等客观现实条件，司法人员观念上发生上述变化实际上也是我国改革开放以来在法治建设方面取得的一项积极成果，值得珍惜，因为这种观念上的转变将是逮捕制度未来进一步发展的重要基础。

（二）不足

关于我国逮捕制度存在的问题，学界多年来进行了大量的研究，逮捕制度的几乎每个方面都已经受到批判性的研究。有的学者对包括拘留、逮捕在内的未决羁押制度进行了系统的反思〔2〕，有的专门针对逮捕的条件〔3〕、逮捕权的配置〔4〕、

---

〔1〕参见孙谦：“司法改革背景下逮捕的若干问题研究”，载《中国法学》2017年第3期，第25-30页；龙宗智：“审查逮捕程序宜坚持适度司法化原则”，载《人民检察》2017年第10期，第43-44页；李训虎：“逮捕制度再改革的法释义学解读”，载《法学研究》2018年第3期，第157-159页。

〔2〕参见陈瑞华：“未决羁押制度的理论反思”，载《法学研究》2002年第5期；孙长永：《探索正当程序——比较刑事诉讼法专论》，中国法制出版社2005年版，第145-174页；卞建林：“论我国审前羁押制度的完善”，载《法学家》2012年第3期。

〔3〕参见朱孝清：“关于逮捕的几个问题”，载《法学研究》1998年第2期；闵春雷、刘铭：“羁押的理性控制——羁押实质条件之完善”，载《吉林大学社会科学学报》2005年第5期。

〔4〕参见郝银钟：“批捕权的法理与法理化的批捕权——再谈批捕权的优化配置及检察体制改革兼答刘国媛同志”，载《法学》2000年第1期；陈卫东、刘计划：“谁有权力逮捕你——试论我国逮捕制度的改革”，载《中国律师》2000年第9期、第10期；张智辉：“也谈批捕权的法理——《批捕权的法理与法理化的批捕》一文质疑”，载《法学》2000年第5期；孙长永：“检察机关批捕权问题管见”，载《国家检察官学院学报》2009年第2期；孙长永：“‘捕诉合一’的域外实践及其启示”，载《环球法律评论》2019年第5期；刘计划：“我国逮捕制度改革检讨”，载《中国法学》2019年第5期。

审查逮捕的程序〔1〕、羁押期限及其延长〔2〕、捕后羁押必要性审查〔3〕、未决羁押的功能〔4〕和场所〔5〕、未决羁押率高的原因〔6〕、特殊主体适用逮捕措施〔7〕等问题进行了深刻剖析或调研，并提出了大量的改革或完善建议。其中有些建议，如细化逮捕必要性条件、审查逮捕程序司法化、建立捕后羁押必要性审查程序等，已经得到了立法和地方改革实践的部分采纳，但还有很多建议没有受到公共权力机构的认真对待。

从比较法和国际人权法的角度看，近代以来对人身自由和安全的法律保障主要目的在于防止恣意地或者非法地剥夺或限制人身自由。〔8〕逮捕制度作为人身自由和安全法律保障制度的重要组成部分，其制度设计和实践运作必须遵从这一整体目的的要求。从这一视角来观察，我国逮捕制度的实施存在两个明显的严重

---

〔1〕 参见张兆松："审查批捕方式的反思与重构"，载《河南省政法管理干部学院学报》2010 年第 1 期；李昌林："审查逮捕程序改革的进路——以提高逮捕案件质量为核心"，载《现代法学》2011 年第 1 期；闵春雷："论审查逮捕程序的诉讼化"，载《法制与社会发展》2016 年第 3 期；张泽涛："构建中国式的听证审查逮捕程序"，载《政法论坛》2018 年第 1 期；周新："审查逮捕听证程序研究"，载《中外法学》2019 年第 4 期。

〔2〕 参见林贻影："批准延长侦查羁押期限制度的法律思考"，载《人民检察》2010 年第 2 期；李新等："人权保障视野下的羁押期限与办案期限探析"，载《人民检察》2014 年第 18 期；北京市人民检察院第一分院："延长侦查羁押期限案件实质审查的实践问题与模式重构"，载《中国人民公安大学学报（社会科学版）》2018 年第 3 期。

〔3〕 参见高景峰："羁押必要性审查制度研究"，载《国家检察官学院学报》2012 年第 6 期；张兆松："论羁押必要性审查的十大问题"，载《中国刑事法杂志》2012 年第 9 期；林喜芬："分段审查抑或归口审查：羁押必要性审查的改革逻辑"，载《法学研究》2015 年第 5 期；谢小剑："羁押必要性审查制度实效研究"，载《法学家》2016 年第 2 期；陈卫东："羁押必要性审查制度试点研究报告"，载《法学研究》2018 年第 2 期。

〔4〕 刘计划："逮捕功能的异化及其矫正——逮捕数量与逮捕率的理性解读"，载《政治与法律》2006 年第 3 期；杨雄："刑事强制措施实体化倾向之反思——以预防性羁押为范例"，载《政法论坛》2008 年第 4 期；谢小剑："背离与融合：我国逮捕制度的功能与程序"，载《海南大学学报（人文社会科学版）》2012 年第 4 期；左卫民、马静华："侦查羁押制度：问题与出路——从查证保障功能角度分析"，载《清华法学》2007 年第 2 期；杨依："我国逮捕的'结构性'错位及其矫正——从制度分离到功能程序分离"，载《法学》2019 年第 5 期。

〔5〕 孙本鹏："比较法视野中的未决羁押场所设置"，载《人民司法》2004 年第 7 期。

〔6〕 陈永生："我国未决羁押的问题及其成因与对策"，载《中国刑事法杂志》2003 年第 4 期；李昌盛："为什么不羁押成为例外——我国侦查羁押常态化探因"，载《湘潭大学学报（哲学社会科学版）》2009 年第 2 期；马静华："逮捕率变化的影响因素研究——以新《刑事诉讼法》的实施为背景"，载《现代法学》2015 年第 3 期。

〔7〕 自正法："涉罪未成年人羁押率的实证考察与程序性控制路径"，载《政法论坛》2019 年第 4 期；王贞会："未成年人严格限制适用逮捕措施的现状调查"，载《国家检察官学院学报》2019 年第 4 期。

〔8〕 参见联合国人权事务委员会关于《公民权利和政治权利国际公约》第 35 号一般评论（第 9 条人身自由和安全）和欧洲人权法院的下述判例：*McKay v. the United Kingdom* [GC], § 30, *Application no.* 543/03, 3 October 2006 ; *Medvedyev and Others v. France* [GC], § 76, *Application no.* 3394/03, 29 March 2010。

问题：一是批准和决定逮捕的人数太多，大量的被追诉人受到了无根据的或者不必要的羁押；二是捕后羁押期限太长，大量的被追诉人受到了合法的过度羁押甚至是不合法的羁押。以下就这两个问题进行分析。

1. 逮捕羁押人数过多

人身自由和安全是第一代基本人权，是行使其他一切权利的基础。为了防止政府恣意地或者非法地剥夺或限制人身自由，联合国《公民权利和政治权利国际公约》第9条规定："人人有权享有人身自由和安全。任何人不得加以任意逮捕或拘禁。除非依照法律所确定的根据和程序，任何人不得被剥夺自由……等候审判的人受监禁不应作为一般规则，但可规定释放时应保证在司法程序的任何其他阶段出席审判，并在必要时报到听候执行判决。"《欧洲人权公约》第5条甚至具体列举了可以合法剥夺人身自由的法定情形，[1]除此之外，不得以任何理由剥夺人身自由。根据国际人权法的要求，法治国家普遍对未决羁押的适用条件和程序进行了严格的限制，努力将未决羁押的人数控制在最小的必要限度以内。

从比较法的视角观察未决羁押，公认的指标有三个：一是未决羁押率，即未决羁押人数在未决被追诉人总人数中的占比，未决羁押率越低，越符合国际刑事司法准则；二是未决羁押人数占监管场所关押总人数的比例，这个比例可以在一定程度上显示一国刑事诉讼的效率以及对未决羁押的依赖程度，但对于评价国内法的人身自由保障程度不具有确定性，因为未决羁押人数占关押总人数的比例受到诉讼效率、自由刑的适用率和刑期长短等多种因素的影响；[2]三是未决羁押人数在国家或地区总人口中的比例，通常以十万人口为单位，占比越低，说明社会治理能力以及对公民人身自由的保障水平越高。本书采用第一项和第三项指标对我国未决羁押情况加以评析。

首先，从未决羁押率来看，我国未决羁押比例之高位居世界前列。其他国家和地区普遍根据无罪推定原则和联合国《公民权利和政治权利国际公约》等公约的要求严格限制未决羁押手段的适用。例如，《意大利刑事诉讼法》第281条

---

〔1〕 该条第1款规定："人人享有自由和人身安全的权利。不得剥夺任何人的自由，除非依照法律规定在下列情况下：（1）由具有管辖权的法院作出有罪判决对某人予以合法拘留；（2）由于不遵守法院合法的命令或者为了保证履行法律所规定的任何义务而对某人予以合法逮捕或者拘留；（3）如果有理由足以怀疑某人实施了犯罪行为或者如果合理地认为有必要防止某人犯罪或者是在某人犯罪后防止其脱逃，为了将其送交有关的法律当局而对其实施的合法的逮捕或者拘留；（4）基于实行教育性监督的目的而根据合法命令拘留一个未成年人或者为了将其送交有关的法律当局而对其予以合法的拘留；（5）基于防止传染病蔓延的目的而对某人予以合法的拘留以及对精神失常者、酗酒者或者是吸毒者或者流氓予以合法的拘留；（6）为防止某人未经许可进入国境或者为押送出境或者是引渡而对某人采取行动并予以合法的逮捕或者拘留。"

〔2〕 参见 Sarah Nagy, "Use and Abuse of Pre-Trial Detention in Council of Europe States: A Path to Reform", 13 Loy. U. Chi. Int'l L. Rev. 159, 168-169 (2016)。

至第286条之二规定了禁止出国、居住禁令、住地逮捕、预防性羁押（即未决羁押）等八种人身强制措施，但由于该法要求采取人身自由强制措施必须以有重大犯罪嫌疑，且原则上应处3年徒刑以上刑罚为前提，其中预防性羁押措施原则上只适用于应处5年徒刑以上刑罚的案件，因而意大利实际适用预防性羁押的人数很少，预防性羁押率很低，而且近年来预防性羁押人数与人身强制措施总人数的比值持续下降（见表7-9）。

表7-9　意大利预防性羁押人数比例（2015—2019年）〔1〕

年度	2015	2016	2017	2018	2019
人身强制措施总人数（人）	35 332	48 527	74 705	86 697	94 197
预防性羁押人数（人）	16 781	20 804	30 404	32 507	32 244
预防性羁押占比（%）	47.5	42.86	40.7	37.49	34.23
法院刑事收案人数（人）	2 697 461	2 731 971	2 787 889	3 002 277	3 201 379
人身强制措施适用率（%）	1.1	1.62	2.68	3.17	3.49
未决羁押率（%）	0.52	0.69	1.09	1.19	1.2

说明：(1)“预防性羁押人数”包括根据《意大利刑事诉讼法》第285条、第286条和第286条之二采取的预防性羁押以及在治疗场所的预防性羁押人数；(2)预防性羁押占比指预防性羁押人数与人身强制措施总人数之比；(3)人身强制措施适用率、未决羁押率分别是人身强制措施总人数、预防性羁押人数与法院刑事收案人数之比；(4)2019年的数据起止时间为2018年10月1日至2019年9月30日，其他年度数据都是当年的完整数据。

再比如，2006年，德国检察官正式起诉560 427人，申请处罚令581 713人；最终由法院定罪或以其他方式判决处理的732 003人，其中判刑575 152人，判处监禁刑实刑41 324人；经法官批准未决羁押的24 352人，仅占正式起诉人数的4.35%、判决人数的3.32%、监禁刑实刑人数的58.93%。〔2〕2013年，德国检察官正式起诉455 510人，申请处罚令527 228人；最终由法院定罪或以其他方式判决处理的754 226人，其中判刑596 274人，判处监禁刑实刑37 828人；经法官批准未决羁押的人数为25 135人，仅占正式起诉人数的5.52%、判决人数

〔1〕数据来源：人身强制措施人数，源于意大利司法部代表政府向议会提交的年度报告，载意大利司法部网站，https://www.giustizia.it/giustizia/it/mg_1_12.page?facetNode_1=0&selectedNode=0_10_70；法院收案人数，源于意大利司法部《司法行政年度报告：2020》，载意大利司法部网站，https://www.giustizia.it/giustizia/it/mg_2_15_4.page，最后访问日期：2020年7月3日。

〔2〕数据来源："Criminal Justice in Germany: Facts and Figures, 5th ed. 2009"，载德国联邦司法和消费者保护部网站，http://dnb.ddb.de，最后访问日期：2020年3月26日。

的3.33%、监禁刑实刑人数的66.45%。[1]2017年，德国检察官正式起诉424 049人，申请处罚令531 795人，最终由法院定罪或以其他方式判决处理的694 566人，其中判刑486 305人，判处监禁刑实刑35 316人；经法官批准未决羁押的人数为29 558人，仅占正式起诉人数的6.97%、判决人数的4.26%、监禁刑实刑人数的83.70%。[2]与2006年和2013年相比，未决羁押人数与正式起诉人数及判决人数之比略有上升，未决羁押人数与监禁刑实刑人数有较大上升。在亚洲，日本检察厅2018年查处犯罪嫌疑人301 649人，其中被拘捕的108 881人，占犯罪嫌疑人总数的36.1%，经法官批准羁押的95 079人，占犯罪嫌疑人总数的31.5%。[3]在西方法治国家，美国联邦司法系统的审前羁押率是最高的。美国联邦司法系统的审前羁押率在1998年不到50%，此后持续上升，到2018年已接近75%，这与美国联邦司法系统管理的刑事案件类型（重罪为主）、联邦刑法的严厉性质（长期自由刑）等密切相关。[4]但是，联邦司法系统处理的刑事案件仅占美国51个司法系统刑事案件总量的5%左右，各州司法系统并未出现类似于联邦司法系统那样的高羁押率。

相比之下，我国的未决羁押率之高、高羁押率持续时间之长是罕见的。我国自1979年《刑事诉讼法》实施以来，全国捕诉率虽然整体上呈现出持续下降的趋势，但始终处于高位。四十年来全国检察机关捕诉率在2016年达到最低位，为58.48%；逮捕人数占法院刑事判决生效人数的比例，最低值也出现在2016年，为69.01%，其中1997—2007年间，全国每年逮捕的人数比法院判决的人数还要多。1997—2018年间，被逮捕人被判处徒刑以上刑罚的比例最高时也只有79.1%，最低时仅为61.45%，平均为66.18%（见表7-10）。换言之，至少有33%以上的逮捕是缺乏正当根据的。大量的被逮捕人事实上在侦查阶段就已经被撤销案件或者在审查起诉阶段被决定不起诉，还有一部分被逮捕人经法院审理后宣告无罪。直到2018年，我国仍然有10个省、自治区和直辖市的捕诉率在70%以上，逮捕人数占全国逮捕总人数的45%以上，广西、广东、新疆、西藏四省（自治区）的捕诉率甚至超过80%，逮捕羁押人数和比例远远高于美国联邦司法系统。

---

〔1〕数据来源："Criminal Justice in Germany: Facts and Figures, 6th ed., 2015"，载德国联邦司法和消费者保护部网站，http://dnb.ddb.de，最后访问日期：2020年3月26日。

〔2〕数据来源："Strafrechtspflege in Deutschland: Fakten und Zahlen, 7. Aufl., 2019"，载德国联邦司法和消费者保护部网站，http://dnb.ddb.de，最后访问日期：2020年7月29日。

〔3〕参见日本法务省发布的《令和元年犯罪白皮书》第3编第1章第2节，载http://hakusyo1.moj.go.jp/jp/66/nfm/mokuji.html，最后访问日期：2020年6月26日。

〔4〕参见Matthew G. Rowland, "The Rising Federal Pre-trial Detention Rate", in Context, 82Fed. Probation 13 (2018)。

表 7-10　逮捕人数及其与公诉、徒刑以上刑罚和人口比变化一览表（1997—2018 年）

年度	逮捕人数（人）	公诉人数（人）	捕诉率（%）	判决人数（含自诉）（人）	捕判比（%）	徒刑以上刑罚率（%）	徒刑以上刑罚占逮捕人数比（%）	每十万人口中逮捕人数（人）
1997	537 363	525 319	102. 29	529 779	101. 43	80. 23	79. 1	43. 47
1998	598 101	584 763	102. 28	533 793	112. 05	74. 61	66. 59	47. 94
1999	663 518	672 367	98. 68	608 259	109. 08	73. 91	67. 76	52. 75
2000	715 833	708 836	100. 99	646 431	110. 74	72. 9	65. 84	66. 42
2001	841 845	845 306	99. 59	751 146	112. 07	74. 26	66. 25	65. 96
2002	782 060	854 870	91. 48	706 707	110. 66	71. 55	64. 66	60. 88
2003	764 776	819 216	93. 35	747 096	102. 37	69. 14	67. 54	59. 18
2004	828 180	897 974	92. 23	767 951	107. 89	66. 3	61. 45	63. 71
2005	876 419	981 009	89. 34	844 717	103. 75	64. 64	62. 3	67. 03
2006	906 936	1 029 052	88. 13	890 755	101. 82	63. 24	62. 11	69
2007	937 284	1 113 319	84. 19	933 156	100. 44	62. 31	62. 04	70. 94
2008	970 181	1 177 850	82. 37	1 008 677	96. 18	61. 68	64. 13	73. 05
2009	958 364	1 168 909	81. 99	997 872	96. 04	62. 36	64. 93	71. 81
2010	931 494	1 189 198	78. 33	1 007 419	92. 46	61. 62	66. 64	69. 47
2011	923 510	1 238 861	74. 45	1 051 638	87. 82	57. 96	66	68. 54
2012	986 056	1 435 182	68. 71	1 174 133	83. 98	55. 35	65. 91	72. 82
2013	896 403	1 369 865	65. 44	1 158 609	77. 37	52. 61	68	65. 88
2014	899 297	1 437 899	62. 54	1 184 562	75. 92	51. 93	68. 4	65. 75
2015	892 884	1 434 714	62. 23	1 232 695	72. 43	53. 33	73. 62	64. 95
2016	842 372	1 440 535	58. 48	1 220 645	69. 01	52. 01	75. 36	60. 92
2017	1 081 545	1 705 772	63. 41	1 270 141	85. 15	55. 95	65. 7	77. 8
2018	1 056 616	1 692 846	62. 42	1 430 091	73. 88	55. 6	75. 26	75. 72
1997—2018	18 891 037	24 323 662	77. 67	20 696 272	91. 28	60. 4	66. 18	N

其次，从未决羁押的人口占比来看，我国的未决羁押人数在每十万人口中的占比在全世界也处于高位。根据伦敦大学犯罪与司法政策研究所 2020 年 4 月 2 日

发布的研究报告，截至2020年2月底，在全球217个国家和地区[1]中，未决羁押总人数为290余万人，其中有52%的国家和地区每十万人口中的未决羁押人数在40以下，世界均值为38。各洲每十万人口中的未决羁押人数依次为：美洲97人、亚洲30人、非洲28.5人、欧洲27人、大洋洲23人。自2000年以来，全世界未决羁押的人数增长超过30%，比同期世界人口的增幅多5%。[2]

表7-11　29个国家和地区未决羁押人口占比及其变化趋势对照表[3]　（单位：人）

序号	国家或地区	未决羁押人数	统计时间	估计总人口数（百万）	每十万人口中未决羁押人数	2000年以来变化趋势		
						年度（每五年）	人数	每十万人口中未决羁押人数
1	美国	482 100	2017	325.02	148	2000	349 800	123
						2005	463 200	156
						2010	457 500	147
						2015	432 600	134
2	印度	323 537	2018.12.31	1354.5	24	2000	193 627	18
						2005	237 076	21
						2010	240 098	20
						2015	282 076	22
3	巴西	253 963	2019.6	211.05	120	2000	80 775	46
						2005	102 116	55
						2010	164 683	84
						2015	261 786	128
4	菲律宾	141 422	2018.5.31	105.21	134	2001	35 961	45
						2005	58 431	68
						2010	56 325	60
						2014	76 363	77

---

〔1〕不包括以下几个国家及地区：不丹、中国大陆地区、古巴、赤道几内亚、厄立特利亚、马尔代夫、朝鲜、北马里亚纳群岛和索马里。

〔2〕参见“More than three million people are held in pre-trial detention and other forms of remand imprisonment worldwide”，https://www.prisonstudies.org/news，最后访问日期：2020年7月1日。

〔3〕数据来源，“World Pre-trial/Remand Imprisonment List（fourth edition）”，https://www.prisonstudies.org/news，最后访问日期：2020年7月1日。

续表

序号	国家或地区	未决羁押人数	统计时间	估计总人口数（百万）	每十万人口中未决羁押人数	2000年以来变化趋势		
						年度（每五年）	人数	每十万人口中未决羁押人数
5	土耳其	100 003	2017. 12. 31	80. 89	124	2000	29 953	44
						2005	30 061	42
						2010	56 107	77
						2012	48 242	64
6	俄罗斯	96 727	2020. 2. 1	144. 5	67	2000	232 864	160
						2005	161 810	113
						2010	119 010	83
						2015	117 759	82
7	墨西哥	79 660	2018. 5. 31	124. 64	64	2000	63 724	64
						2005	87 844	83
						2010	91 297	81
						2015	102 740	85
8	孟加拉国	71 717	2019. 5. 13	168. 38	43	1999	44 368	34
						2006	48 354	33
						2010	50 576	33
						2015	52 876	33
9	印度尼西亚	64 612	2020. 2. 29	270. 99	24	2000	20 980	10
						2005	41 863	18
						2010	47 048	20
						2015	57 547	22
10	泰国	60 214	2020. 2. 1	69. 37	87	2000	80 086	128
						2005	41 268	63
						2010	53 307	80
						2015	66 555	99
11	伊朗	56 650	2014. 12	78. 59	72	2010	42 900	58

续表

序号	国家或地区	未决羁押人数	统计时间	估计总人口数（百万）	每十万人口中未决羁押人数	2000年以来变化趋势		
						年度（每五年）	人数	每十万人口中未决羁押人数
12	尼日利亚	51 993	2020. 2. 24	204. 31	25	2000	27 959	22
						2005	28 363	20
						2010	35 000	22
						2016	45 263	24
13	埃塞俄比亚	49 284	2014	89. 56	55	2000	31 274	47
						2005	21 193	28
						2010	14 085	17
14	巴基斯坦	48 008	2019. 9. 30	201. 08	24	1999	61 241	43
						2004	51 433	33
						2009	57 556	34
						2015	55 429	30
15	南非	47 728	2019. 3. 31	58. 4	82	2000	55 558	127
						2005	46 327	97
						2010	47 899	93
						2015	43 298	79
16	阿根廷	43 597	2018. 12. 31	44. 9	97	1999	21 017	57
						2005	31 913	82
						2010	31 142	77
						2015	35 779	82
17	哥伦比亚	37 962	2020. 2. 29	50. 11	76	2000	20 308	50
						2005	25 749	59
						2010	25 916	55
						2015	42 753	86

续表

序号	国家或地区	未决羁押人数	统计时间	估计总人口数（百万）	每十万人口中未决羁押人数	2000年以来变化趋势		
						年度（每五年）	人数	每十万人口中未决羁押人数
18	委内瑞拉	35 970	2017	32. 16	110	2000	6338	26
						2005	9633	36
						2010	28 546	98
						2015	31 503	101
19	秘鲁	35 925	2019. 4	32. 85	109	1999	17 341	68
						2005	23 384	84
						2010	27 201	92
						2015	39 439	126
20	摩洛哥	32 732	2018. 12. 31	35. 85	91	2000	22 929	79
						2005	26 636	87
						2010	30 469	95
						2015	30 340	88
21	法国	19 714	2020. 1. 1	64. 9	30	2000	17 321	29
						2005	19 850	32
						2010	14 870	24
						2015	16 450	26
22	韩国	19 402	2019. 12. 31	51. 17	38	2000	24 854	54
						2005	17 526	37
						2010	15 215	32
						2015	19 273	38
23	意大利	18 872	2020. 1. 31	60. 22	31	2000	23 456	41
						2005	21 662	37
						2010	29 986	49
						2015	17 785	29

续表

序号	国家或地区	未决羁押人数	统计时间	估计总人口数（百万）	每十万人口中未决羁押人数	2000年以来变化趋势		
						年度（每五年）	人数	每十万人口中未决羁押人数
24	德国	13 050	2019.9	83.12	16	2000	18 201	22
						2005	15 459	19
						2010	10 941	13
						2015	11 359	14
25	英格兰和威尔士	9708	2019.12.31	59.67	16	2000	11 433	22
						2005	12 864	24
						2010	13 004	24
						2015	11 785	20
26	日本	5709	2018.12.31	126.37	5	2000	11 062	9
						2005	10 654	8
						2010	7973	6
						2015	6462	5
27	我国台湾地区	2677	2019.12.31	23.61	11	2000	5686	26
						2005	6361	28
						2010	5015	22
						2015	3736	16
28	我国香港地区	1942	2019	7.51	26	2000	1252	19
						2005	1186	17
						2010	1365	19
						2015	1582	22
29	我国澳门地区	259	2018.6.30	0.66	39	2000	175	41
						2005	193	40
						2010	227	42
						2015	281	43

表7-11显示了29个国家和地区的未决羁押人数、每十万人口中未决羁押人数以及2000年来的变化情况。其中1—20号是目前已知的除我国以外未决羁押

人数最多的国家。在这些国家中，美国、菲律宾、土耳其、巴西、委内瑞拉、秘鲁六国每十万人口中的未决羁押人数均在100人以上，属于高羁押率国家，但除美国以外，其他五个国家在2015年以前每十万人口中的未决羁押人数均不到100人。值得注意的是，人口与我国接近的印度2018年未决羁押人数只有32万余人，每十万人口中未决羁押人数只有24。21—26号既有西欧法治发达国家英、法、德、意，又有亚洲邻国韩国、日本，这些国家的未决羁押人口占比都较低，即使是曾经被视为欧盟未决羁押人数占监狱在押人数比最高的意大利，其未决羁押的人口占比近20年来最高时也只有49，而且自2010年以来持续降低，目前只有31，低于世界均值。在侦查模式上带有一定纠问色彩的日本，未决羁押的人口占比却长期维持在个位数，而且还在持续下降，目前只有5，为世界最低。我国澳门地区未决羁押的人口占比近20年基本上在40左右，目前接近世界均值；我国香港地区未决羁押的人口占比自2010年起连续10年在10位徘徊，但2015年以来呈现增长态势，目前为26，仍然属于全球低羁押率地区；我国台湾地区未决羁押的人口占比自2000年以来持续下降，目前只有11，在亚洲仅高于日本。

比较而言，我国大陆地区2019年逮捕羁押108.85万人，占世界上其他217个国家和地区未决羁押总人数的37.53%。从2000年到2019年，我国逮捕人数从715 833人增加到1 088 490人，增幅为52.06%，远远高于同期世界未决羁押人数的增幅，也远远超过同期我国人口增幅（10.46%）。[1]对照表7-10可以发现，我国大陆地区每十万人口中逮捕人数的占比在1996年《刑事诉讼法》实施的第一年时只有43.47，尽管当时的捕诉率、捕判比均超过100%；此后即呈波浪形升高态势，2016年降至十余年来的低位，为60.92，但2017年、2018年又出现反弹，分别达到77.8和75.72，是世界均值的两倍以上，既高于英、法、德、意等西方法治发达国家，也高于亚洲邻国韩国、日本、印度尼西亚、孟加拉国。与总人口相当的印度相比，2019年，我国大陆地区的逮捕羁押人数（1 088 490）是印度未决羁押人数（323 537）的3.36倍，逮捕羁押人数的人口占比是印度的3.24倍。

需要指出的是，“未决羁押”在我国实际上并不限于“逮捕”，还包括刑事拘留、监察机关调查职务犯罪案件时使用的留置以及1997年以前的收容审查和2018年《监察法》实施以前的“双规”等。仅以刑事拘留为例，其法定羁押期限可以长达14日至37日，因此刑事拘留后的羁押属于典型的未决羁押。由于全国刑事拘留的数据从来不公开，我们无法清楚地知道我国未决羁押的准确人数。

---

〔1〕 根据国家统计局年度统计数据，我国大陆地区2000年总人口为124 743万人，2019年总人口为140 005万人，增幅为10.46%。载国家统计局网站，http://data.stats.gov.cn，最后访问日期：2020年6月28日。

不过，根据多年的观察和调研，公安机关提请检察机关审查批准逮捕的案件，普遍“先行拘留”了犯罪嫌疑人，因此，透过检察机关不批准逮捕和批准逮捕的人数，可以大致测算出我国刑事诉讼中未决羁押的人数。例如，2018 年，全国检察机关批准逮捕各类犯罪嫌疑人 1 056 616 人，不批准逮捕 284 910 人，提请批准逮捕的人数约 134.2 万人，批准逮捕率为 78.76%。如果以 2018 年检察机关批准逮捕和不批准逮捕的人数之和计算我国的未决羁押人数，我国每十万人口中即有 98 人受到未决羁押，这相当于世界均值的 2.58 倍。在司法实践中，公安机关由于各种原因拘留了犯罪嫌疑人，但并没有提请批准逮捕〔1〕或者提请之后又撤回，这种情况究竟涉及多少犯罪嫌疑人？其准确数据外界无从知晓。再加上监察机关也没有公布职务犯罪案件中决定留置的人数。如果把这两方面的因素考虑进去，则我国未决羁押的人口占比很可能已经超过 100。如此高位的未决羁押率，既不符合全面建成小康社会新时代人民群众对公平正义的美好期待，也不符合国家治理能力和治理体系现代化的现实需要。

2. 捕后羁押期限过长

为了贯彻无罪推定原则，法治国家不仅通过司法授权和司法审查严格控制未决羁押的使用，而且严格限制未决羁押的期限。联合国《公民权利和政治权利国际公约》第 9 条第 3 款规定：“任何因刑事指控被逮捕或拘禁的人，应被迅速带见审判官或其他经法律授权行使司法权力的官员，并有权在合理的时间内受审判或被释放。”据此，联合国人权事务委员会认为，过长的未决羁押可能违反无罪推定原则，并且指出：“必须根据每个案件的具体情况评估延误审判的合理性，同时要考虑到案件的复杂性、被告在诉讼过程中的表现以及行政和司法当局处理问题的方式。完成调查的障碍可以是延长时间的理由，但人手不足或预算限制等一般条件不应成为理由。在有必要拖后时，法官必须考虑审判前拘留的替代办法。”〔2〕为了防止不合理的长期羁押，法治国家普遍采取了两项措施：一是明确规定不同诉讼阶段未决羁押的具体期限或者未决羁押的累计期限以及延长羁押期限的程序；二是明确要求司法机关定期对未决羁押进行复查或者赋予被逮捕人申请司法审查、要求变更或者释放的权利。如《德国刑事诉讼法》规定，待审羁押一般不得超过 6 个月，如果初审法院认为有必要或者检察官申请继续羁押，须经州高等法院举行言词审理后作出裁定；如果州高等法院批准继续羁押，至少每

〔1〕 例如，2016 年 1 月 1 日至 2017 年 9 月 30 日，河南省鄢陵县公安机关共刑事拘留犯罪嫌疑人 672 人。其中，提请批准逮捕 498 人，占刑事拘留总数的 74.1%，未报捕 174 人，占刑事拘留总数的 25.9%。参见河南省鄢陵县人民检察院课题组：“刑事拘留后未报捕案件如何监督”，载《检察调研与指导》2018 年第 4 期，第 103 页。

〔2〕 联合国人权事务委员会关于《公民权利和政治权利国际公约》的第 35 号一般评论（第 9 条人身自由和安全），2014 年 12 月 16 日。

隔3个月必须再次进行羁押复查；被羁押人有权申请羁押复查或者停止执行羁押。[1]从实际适用来看，德国75%以上的未决羁押案件，其羁押期限不超过半年。例如2006年，德国法官批准待审羁押的24 352人中，实际关押1个月以内的，6272人，占25.8%；关押1—3个月的，5869人，占24.1%；关押3—6个月的，6227人，占25.6%；关押6—12个月的，4485人，占18.4%；关押超过1年的，1499人，占6.2%。[2]2013年，德国法官批准待审羁押的25 135人中，实际关押1个月以内、1—3个月、3—6个月的人数占比分别为23.6%、25%、28.7%，合计为77.3%；关押6—12个月的，4366人，占17.4%；关押超过1年的，只有1351人，占5.4%。[3]2017年，德国法官批准待审羁押的29 558人中，实际关押1个月以内、1—3个月、3—6个月的人数占比分别为19.4%、24%、30%，合计为73.4%；关押6—12个月的，5942人，占20.1%；关押超过1年的，只有1898人，占6.4%。[4]《日本刑事诉讼法》规定，对犯罪嫌疑人的羁押一般不得超过10日，经法官批准延期的，延长的期限不得超过10日，涉嫌内乱、外患等四类特定犯罪的案件，可以再次批准延期，合计不得超过5日；对被告人的羁押不得超过2个月，特别有必要继续羁押的，可以附具理由的裁定每隔1个月延长一次，但除法定特殊情形外，延长以一次为限；被告人或者辩护人等可以申请撤销羁押或保释。[5]在司法实践中，日本多数案件的羁押期限不超过3个月。例如，2018年，日本地方法院批准羁押36 957人，实际关押1个月以内的8655人，关押3个月以内的19 858人，合计占77.2%；关押超过3个月的8444人，占22.8%；判决以前批准保释11 372人，保释率30.8%。同年日本简易法院批准羁押3625人，实际关押1个月以内、3个月以内的分别是601人和2758人，合计占比92.7%；关押超过3个月的，只有266人，占7.3%；判决以前批准保释的574人，保释率15.8%。在荷兰，审前羁押原则上仅仅适用于可能判处4年以上刑罚的犯罪嫌疑人，而且在审判开始以前，对被追诉人的羁押不得超过104天；在涉嫌实施恐怖主义罪行的案件中，羁押期限可以经批准后延长，但每次不得超过90日，累计不得超过2年。[6]

---

[1] 参见《德国刑事诉讼法》第121条、第122条、第116条和第117条。

[2] 数据来源："Criminal Justice in Germany: Facts and Figures, 5th ed., 2009"，载德国联邦司法和消费者保护部网站，http://dnb.ddb.de，最后访问日期：2020年3月26日。

[3] 数据来源："Criminal Justice in Germany: Facts and Figures, 6th ed., 2015"，载德国联邦司法和消费者保护部网站，http://dnb.ddb.de，最后访问日期：2020年3月26日。

[4] 数据来源："Strafrechtspflege in Deutschland: Fakten und Zahlen, 7. Aufl., 2019"，载德国联邦司法和消费者保护部网站，http://dnb.ddb.de，最后访问日期：2020年7月29日。

[5] 参见《日本刑事诉讼法》第208条、第208条之二、第60条、第87条和第88条。

[6] 参见《荷兰刑事诉讼法》第64条和第67条；Lonneke Stevens, *The Meaning of the Presumption of Innocence for Pre-Trial Detention: An Empirical Approach*, 42 Neth. J. Legal. Phil. 239, 242 (2013)。

相比之下，我国捕后羁押期限存在两个问题：一是法定羁押期限太长，而通过羁押必要性审查变更逮捕措施的比例太低，因而实际上在绝大多数案件中存在“一押到底”的问题，大量的羁押缺乏正当根据和延续的必要性，从而违反了比例原则；二是超期羁押和久押不决的现象屡禁不止，违反羁押法定原则。就法定羁押期限而言，我国《刑事诉讼法》仅仅就逮捕以后的侦查羁押期限作出了专门规定，对审查起诉阶段和审判阶段的羁押期限未作规定，而将其与办案期限结合在一起。这样，被追诉人实际上被关押多久，在法定办案期限之内完全取决于“办案需要”。关于侦查羁押期限，法律规定一般不得超过 2 个月；案情复杂、期限届满不能终结的案件，可以经上一级人民检察院批准延长 1 个月；交通十分不便的边远地区的重大复杂案件等四类案件，经省、自治区、直辖市人民检察院批准或者决定，可以延长 2 个月；对犯罪嫌疑人可能判处 10 年有期徒刑以上刑罚，经省、自治区、直辖市人民检察院批准或者决定，可以再延长 2 个月。如果在侦查期间，发现犯罪嫌疑人另有重要罪行的，重新计算侦查羁押期限；犯罪嫌疑人不讲真实姓名、住址，身份不明的，侦查羁押期限自查清其身份之日起计算。在审查起诉阶段和审判阶段，如果案件被退回补充侦查、延期审理、改变管辖，在办案期限重新计算或者延长的同时，对犯罪嫌疑人、被告人的羁押期限也自动延长。法律甚至还明确规定：“因为特殊原因，在较长时间内不宜交付审判的特别重大复杂的案件，由最高人民检察院报请全国人民代表大会常务委员会批准延期审理。”没有期限限制。这些规定完全把逮捕作为侦查取证和成功追诉的手段。然而，实证研究却表明，从侦查取证的需要来看，逮捕的查证保障功能相对于刑事拘留而言是很弱的，因为多数案件在逮捕以前已经取证完毕，捕后 2 个月的羁押期限明显过长，案件排队、重复审查以及内部审批等耗费了大量的捕后羁押时间。[1]加之通过羁押必要性审查释放被逮捕人或变更逮捕措施的比例很低，大量的犯罪嫌疑人、被告人被“一押到底”，不少案件“久押不决”甚至公然“超期羁押”。根据最高人民检察院工作报告，全国检察机关自 20 世纪末期以来，一直不停地进行“超期羁押”的清理工作，2013 年发现羁押 3 年以上未结案的 4459 人，后在中央政法委统一领导和支持下，检察机关牵头，经各政法机关共同努力，直到 2016 年 10 月才清理纠正完毕。但“前清后超”的现象再次出现，2019 年，检察机关又开始“常态化清理久押不决案件”，当年“对侦查、审判环节羁押 5 年以上未结案的 367 人逐案核查，已依法纠正 189 人”。

（三）原因

我国逮捕羁押人数过多，捕后羁押期限过长，而且超期羁押、久押不决的现

〔1〕 参见左卫民等：《中国刑事诉讼法运行机制实证研究》，法律出版社 2007 年版，第 109-119 页。

象屡禁不止，表明我国对相当一部分犯罪嫌疑人、被告人的逮捕和羁押是缺乏正当依据的。面对逮捕制度实施过程中长期存在的如此严重的问题，人们有理由追问：为什么？对此，法学界也进行了持续的调研和剖析。[1]应当说，逮捕制度实施中的问题，并不只是某一个方面的原因造成的，而是多种原因交互作用的结果。在笔者看来，这些原因至少包括以下五个方面。

1. 逮捕制度的指导理念和功能定位与逮捕作为诉讼强制措施的性质不符

诉讼强制措施是所有国家刑事诉讼中都存在的一种制度，其功能仅仅在于“诉讼保障”，即通过限制或者剥夺人身自由的方式预防地排除犯罪嫌疑人、被告人实施逃避或者妨碍诉讼行为的可能性，保证刑事诉讼的顺利进行。在比较法上，类似于逮捕这样的未决羁押措施，其诉讼保障功能主要体现在防止犯罪嫌疑人、被告人逃跑，确保其在讯问或法庭审理时到场，防止其实施干扰证人作证等妨碍调查事实真相的行为或者继续实施新的犯罪，其本身不具有诉讼保障以外的其他功能。这种诉讼保障功能不仅要求立法把拘捕等强制到案措施与未决羁押等强制候审措施区别开来，对未决羁押的理由、程序、变更等作出符合无罪推定、正当程序等法治原则的明确规定，而且要求排除把逮捕羁押作为预备定罪和惩罚性手段使用的可能性。

我国的逮捕则不同，它在法律上是强制到案与羁押候审的混合体，捕后羁押只是批准或决定逮捕的自然结果。从逮捕条件的设计，到延长羁押期限的各项规定，再到捕后羁押必要性审查的规定，均可以看出，我国逮捕制度的功能主要不在于以“强制候审”为核心的“诉讼保障”，而更多地是为了震慑犯罪、维护稳定以及预备定罪、预支刑罚、确保追诉成功。[2]首先，长期的审查逮捕实践中，我国检察机关一向以“打击优先”的理念指导逮捕措施的适用，[3]把“捕得准”“诉得稳”“判得狠”作为批准、决定逮捕的标准，“逮捕、起诉就是从严，不捕、不诉就是从宽”成为检察机关履行逮捕起诉职责的基本行为准则。因此，逮捕、起诉人数历来都是检察机关的重点关注，“严打”“扫黑除恶”等各类“运动式”专项打击活动时期尤其如此。例如1993—1997年期间，针对杀人、抢劫、强奸、爆炸等暴力犯罪以及流窜犯罪、涉枪犯罪、毒品犯罪和黑社会性质组织犯

---

〔1〕 参见陈瑞华：“未决羁押制度的理论反思”，载《政法论坛》2002年第5期；孙长永：“比较法视野中的刑事强制措施”，载《法学研究》2005年第1期；刘计划：“逮捕审查制度的中国模式及其改革”，载《法学研究》2012年第2期；陈永生：“逮捕的中国问题与制度应对——以2012年刑事诉讼法对逮捕制度的修改为中心”，载《政法论坛》2013年第4期；杨依：“我国逮捕的‘结构性’错位及其矫正——从制度分离到功能程序分离”，载《法学》2019年第5期。

〔2〕 参见刘计划：“逮捕功能的异化及其矫正——逮捕数量与逮捕率的理性解读”，载《政治与法律》2006年第3期，第152-154页。

〔3〕 参见但伟：“论未决羁押与监所检察改革——兼论羁押必要性审查机制的建立”，载［美］柏恩敬等编译：《审前羁押制度演变的比较研究》，法律出版社2018年版，第107页。

罪，检察机关共批捕重特大犯罪案件嫌疑人 939 422 人，起诉 770 065 人，[1]捕诉率为 122.00%。四十年来，逮捕作为震慑犯罪、维护稳定的重要手段，一直受到检察机关和有关部门的高度重视，从未动摇过。其次，逮捕的基础条件无论是 1979 年《刑事诉讼法》规定的"主要犯罪事实已经查清"，还是 1996 年以后立法规定的"有证据证明有犯罪事实"，从来都要求检察机关在审查逮捕时明确以犯罪嫌疑人"构成犯罪"为前提，并不只是以"犯罪嫌疑"或者"重大的犯罪嫌疑"为前提，因此逮捕的预备定罪功能显而易见。最高人民检察院曾于 2005 年 5 月全国检察机关第二次侦查监督工作会议正式提出"附条件逮捕"的概念，并在 2006 年 9 月出台的《逮捕质量试行标准》中对"附条件逮捕"的适用条件、范围和程序进行了明确规定，并且得到部分学者的支持，[2]但因受到检察系统内外特别是法学界的强烈批评，[3]最后不得不于 2017 年 4 月宣布停止适用。这说明，逮捕的预备定罪功能早已深入心。然而，逮捕在绝大多数案件中只是侦查初期采取的一种强制措施，要求在批准和决定逮捕时确定犯罪嫌疑人有罪，本身缺乏合理性和可行性。这也是为什么逮捕之后仍然有那么多案件无法起诉或者无法作出有罪判决的重要原因。再次，逮捕具有重要的查证保障功能和追诉保障功能。因为延长侦查羁押期限的法定条件是在规定期限内不能侦查终结，即案件事实尚未查清，证据达不到提起公诉的要求。一些案件在审查起诉阶段可以依法退回补充侦查两次，在审判阶段可以延期审理，甚至在二审发回重审以后案件还可能"倒流"到侦查阶段继续补充侦查，都是为了确保已经逮捕的案件最终能够达到定罪判刑的条件。最后，逮捕具有一定的预支刑罚功能。[4]逮捕以可能判处徒刑以上刑罚为条件，本意在于限制逮捕措施的适用，防止对不需要实际判处监禁刑的犯罪嫌疑人、被告人适用逮捕措施。但在我国，这一条件被反过来理解和适用了，即只要可能判处徒刑以上刑罚，都应当逮捕；即使检察机关不批准逮捕，法院开庭前认为对被告人需要判处徒刑以上刑罚的，也会直接决定逮捕。

有了"打击优先"的指导理念，加之逮捕本来就有震慑犯罪、维护稳定以及预备定罪、预支刑罚、确保追诉成功等功能，在司法实践中当然就要充分适用

---

〔1〕 参见《最高人民检察院工作报告》（1998 年）。

〔2〕 参见陈光中等："控制犯罪与保障人权的权衡"，载《国家检察官学院学报》2008 年第 6 期；汪建成："附条件逮捕改革述评"，载《烟台大学学报（哲学社会科学版）》2009 年第 4 期；朱孝清："论附条件逮捕"，载《中国刑事法杂志》2010 年第 9 期。

〔3〕 参见张兆松："附条件逮捕制度批判"，载《现代法学》2009 年第 5 期；李继华："附条件逮捕：控制犯罪与保障人权的权衡选择 逮捕制度的深化与发展专题研讨会综述"，载《人民检察》2008 年第 20 期；闵丰锦："附条件逮捕制度存废之省思"，载《广西政法管理干部学院学报》2019 年第 6 期。

〔4〕 参见江涌：《未决羁押制度的研究》，中国人民公安大学出版社 2011 年版，第 3 页。

逮捕措施，逮捕的普遍化、恣意化、惩罚化自然不可避免。[1]

2. 逮捕制度的立法设计未能贯彻无罪推定原则、比例原则、正当程序原则和权力制衡原则

首先，逮捕条件的设定不合理，违反无罪推定和比例原则的基本精神，是否符合逮捕条件的判断主观性太强，尤其是社会危险性。逮捕羁押措施与无罪推定原则存在一定的紧张关系，如果不能在逮捕条件设定上加以严格限制，尚未被定罪的犯罪嫌疑人、被告人就容易被逮捕羁押，从而事实上承受有罪判决和刑罚处罚之苦。我国关于一般逮捕和迳行逮捕条件的设定，不仅缺乏合理性，而且违反无罪推定和比例原则的精神。第一，“有证据证明有犯罪事实”的事实条件，要求在侦查初期就要确定犯罪嫌疑人有罪，否则不能批准逮捕。这一规定看上去对保障犯罪嫌疑人的权利非常有利，其实极不合理，因为它违反刑事诉讼中查明事实真相的常识和规律，必然导致刑事拘留长期化，而且迫使检察机关在相对重大、复杂的案件中以“附条件逮捕”等方式加以规避。第二，逮捕的社会危险性条件把“可能实施新的犯罪”和“有危害国家安全、公共安全或者社会秩序的现实危险”等诉讼外的理由摆在首要位置，实际上是把逮捕作为预防犯罪、维护稳定的常规手段，也与逮捕作为诉讼强制措施的性质不符，违反了无罪推定原则的精神；社会危险性条件中甚至还把“可能自杀”作为适用逮捕羁押措施的理由之一，缺乏内在的必要性和合理性。第三，迳行逮捕的规定设置了社会危险性推定，而且不容反驳，剥夺了可能判处10年徒刑以上刑罚以及曾经故意犯罪或身份不明的犯罪嫌疑人根据个案情况维持自由状态的任何机会，违反了无罪推定原则的精神；要求对曾经故意犯罪或身份不明的人迳行逮捕，也违反了比例原则，因为曾经故意犯罪应当只是判断存在社会危险性的因素之一，而不是唯一依据，身份不明需要侦检机关通过自己的努力查明，而不是以羁押手段相威胁迫使犯罪嫌疑人自我证明。试想，可能判处死刑的人依法都享有自行辩护和法律援助辩护的权利，可能判处10年徒刑以上刑罚的犯罪嫌疑人却无权为了维护自己的自由进行辩护，这是什么逻辑？第四，对社会危险性条件的判断不仅缺乏明确的客观标准，而且缺乏明确的举证责任分配规则，更缺乏专业人员的科学评估，在实践中主要依赖审查逮捕的检察人员基于案卷材料的主观判断，随意性过大，捕与不捕往往在一念之间。加之检察机关本身就是公诉机关，逮捕措施的适用服从、服务于侦查、追诉，对社会危险性条件的判断不可避免地向有利于侦查、追诉方面倾斜。这可以说是检察机关批准逮捕率长期居高不下的主要原因之一。

---

〔1〕 参见孙长永：《探索正当程序——比较刑事诉讼法专论》，中国法制出版社2005年版，第158-173页。

其次，审查逮捕、延长羁押期限、羁押必要性审查的程序设计不符合正当程序的要求。第一，逮捕决定的作出主要依赖侦查机关移送的案件材料，因而信息来源过于单一，同时，侦查机关并没有担负起证明犯罪嫌疑人符合逮捕的社会危险性条件的责任。第二，犯罪嫌疑人及其辩护律师在审查逮捕、延长羁押期限程序的知情权、参与权极其有限。公安机关依据《刑事诉讼法》第 81 条的何种理由提请批准逮捕，检察机关依据《刑事诉讼法》第 81 条的何种理由批准或者决定逮捕，从来也不告知犯罪嫌疑人及其辩护律师，律师在审查逮捕和延长羁押期限程序中也没有阅卷权。第三，公安机关认为检察机关不批准逮捕的决定有错误时，有权复议、复核，而犯罪嫌疑人及其辩护律师对检察机关批准逮捕的决定不服，却缺乏任何救济途径，只有以申请取保候审或者羁押必要性审查的方式"恳求"原批准逮捕的检察机关变更或者释放。由于多数犯罪嫌疑人没有辩护律师，即使有辩护律师，律师也不了解公安机关提请逮捕以及检察机关批准或决定逮捕的具体理由，因而无论是在审查逮捕程序中，还是在羁押必要性审查程序中，或者是在申请取保候审时，律师基本上无法提出有针对性的辩护意见，[1]是逮捕羁押或继续羁押还是变更强制措施，完全由检察机关自由裁量。因此，审查逮捕程序、延长羁押期限程序、羁押必要性审查程序普遍缺乏"告知和听审"的内在要求，缺乏正当程序的基本要素。

最后，批准逮捕权、延长羁押期限的审批权以及捕后羁押必要性审查权的配置违反权力制衡的基本原理，缺乏基本的正当性。我国检察机关行使批准逮捕权的规定，源于 20 世纪 50 年代对苏联检察体制的模仿。然而，检察机关既是批准、决定逮捕的机关，又是侦查机关和公诉机关，本质上就是刑事案件原告一方的当事人，并不是独立于侦查机关和犯罪嫌疑人之外的"中立第三方"。由检察机关行使批准、决定逮捕的权力，实质上就是"原告抓被告"，[2]违反国家权力之间分工制衡的基本原理和正当程序的基本要求，也不符合国际公认的刑事司法准则的要求。联合国《公民权利和政治权利国际公约》第 9 条第 3 款规定："任何因刑事指控被逮捕或拘禁的人，应被迅速带见审判官或其他经法律授权行使司法权力的官员，并有权在合理的时间内受审判或被释放。"联合国人权事务委员会在解释"其他经法律授权行使司法权力的官员"时多次指出，行使批准羁押权力的官员即使不是法官，也必须具有类似于法官的相应独立性和客观中立性，即必须独立于行政机关、中立于当事人。凡是在批准拘捕和命令羁押时不能独立作出决定的官员，以及可能或者实际上继续作为公诉机关的代表参加同一案件的

---

〔1〕 参见马静华："逮捕率变化的影响因素研究——以新《刑事诉讼法》的实施为背景"，载《现代法学》2015 年第 3 期，第 131 页。

〔2〕 参见刘计划："审查逮捕制度的中国模式及其改革"，载《法学研究》2012 年第 2 期，第 133 页。

后续诉讼活动的官员，均不符合独立性和中立性的要求。[1]联合国经济及社会理事会“关于任意羁押的工作组”曾经三次派专家到中国进行考察和交流，并在2004年12月29日提交给联合国人权委员会（Commission of Human Rights）第61次会议的报告中呼吁中国“对关于刑事羁押的法律进行重新审查。要么赋予被授权作出逮捕决定的检察官必要的独立性，以便符合‘法律授权行使司法权力的司法官员’的标准，要么将决定或批准逮捕权由检察官转交法院行使”。[2]与此类似，法律把延长羁押期限的权力以及羁押必要性审查的权力一并授予检察机关行使，进一步扭曲了刑事诉讼中的控辩关系，使得检察机关在犯罪嫌疑人、被告人的人身自由方面拥有了绝对的权威，不受外部任何制约，违反了联合国《公民权利和政治权利国际公约》第9条第4款关于拘捕和羁押必须由中立的法庭进行司法审查的要求。试想，作为公诉机关的检察机关，自己批准、决定逮捕犯罪嫌疑人，自己决定延长侦查羁押期限，自己负责审查继续羁押“对手”的必要性，检察机关怎么可能真正主动减少逮捕措施的适用、缩短羁押期限呢？只要这样的权力配置局面不改变，中国逮捕羁押作为一般原则、而不逮捕成为例外以及“一押到底”的局面，就不可能得到根本改变，超期羁押、久押不决的现象也不可能得到完全禁止。

3. 审查逮捕的工作机制、适用逮捕措施的考核机制和错捕的责任追究机制均倾向于积极批准逮捕，不支持不批准逮捕

首先，从审查逮捕的工作机制上看，即使审查逮捕由相对独立于审查公诉的“侦查监督”部门负责，仍然是在同一检察长领导之下进行的，逮捕权的运用必须服务于侦查和公诉的需要。2019年全面实行“捕诉一体”的工作机制以后，审查逮捕更是完全根据公诉需要而定，审查逮捕的相对独立性完全丧失。加之，根据司法责任制的要求，批准逮捕原则上由承办检察官决定，不批准逮捕则需要经检察长或者分管检察长同意，因此，只要是成功追诉和侦查取证有需要，检察官会果断批准逮捕。而且不论检察官是否以公诉标准审查批准逮捕，其倾向仍然是逮捕优先，而不是不捕优先。

其次，从考核机制上，公安机关不仅追求“打击人数”，而且追求刑事拘留以后批准逮捕率，检察机关追求逮捕人数和追诉犯罪的社会效果；地方党政机关为了维护当地的社会稳定，显示“保一方平安”的业绩，也需要公安机关拘留、逮捕达到一定的规模，特别是针对重点打击对象（如黑恶势力犯罪案件），以便

---

〔1〕 参见孙长永：“‘捕诉合一’的域外实践及其启示”，载《环球法律评论》2019年第5期，第23页。

〔2〕 Report of The Working Group on Arbitrary Detention on Its Mission to China (18 to 30 Sept. 2004), E/CN. 4/2005/6/Add. 4.

向上级“交差”。在一些有被害人的案件中，逮捕甚至成为防止被害人上访的一种方式。无论是公安、检察机关内部考核，还是地方党政机关对公安、检察机关的业绩评价，拘留和逮捕人数、逮捕率及成功追诉率，都是不可缺少的重要内容。

最后，从错捕的认定和责任追究方面看，相关制度规定事实上也鼓励检察官积极批准逮捕。根据《逮捕质量标准》第 23 条、第 25 条和第 26 条的规定，对于符合逮捕条件的犯罪嫌疑人依法批准逮捕后，因证据不能达到提起公诉或者作出有罪判决的标准，或者出现不应当追究刑事责任的新的事实、证据，或者法律、司法解释有新规定而不认为是犯罪，或者因犯罪嫌疑人有立功表现、真诚认罪悔罪并积极赔偿损失而取得被害人谅解，被依法从宽处理，而撤销案件、决定不起诉或者判决无罪终止追究刑事责任的，不属于错捕。相反，如果对有逮捕必要的犯罪嫌疑人不批准逮捕，致使犯罪嫌疑人实施新的犯罪或者严重影响刑事诉讼正常进行的，或者对有逮捕必要的犯罪嫌疑人作出不批准逮捕决定后，经上一级人民检察院复核，在案件事实、证据无变化的情况下改为批准逮捕，经法院审理判处有期徒刑以上刑罚并已发生法律效力的，哪怕只是由于办案人员对事实、证据的认识不同，均构成“错不捕”。而在批准逮捕后，犯罪嫌疑人被依法决定不起诉或者被判处管制、拘役、单处附加刑或者免予刑事处罚的，以及对不适宜羁押且无逮捕必要的犯罪嫌疑人批准逮捕的，只是“办案质量有缺陷”，而不属于“错捕”。如果犯罪嫌疑人居无定所、流窜作案、异地作案，不具备取保候审、监视居住条件，或者因为有立功表现、真诚认罪悔罪并积极赔偿损失而取得被害人谅解，被依法从宽处理，而撤销案件、决定不起诉或者判决无罪终止追究刑事责任的，则连“办案质量有缺陷”都不算。[1]这样，在犯罪嫌疑人符合逮捕的事实条件的情况下，一个理性的检察官和检察长自然而然地会积极批准逮捕，因为不批准逮捕很可能要承担“错不捕”的责任，而批准逮捕最多导致“办案质量有缺陷”，并无明显的不利后果。

4. 取保候审、监视居住适用率太低，难以发挥羁押替代作用

根据我国《刑事诉讼法》的规定，人身强制措施除了逮捕、拘留等羁押性措施以外，还有取保候审、监视居住等非羁押性强制措施，这些非羁押性强制措施本来可以作为羁押的替代措施适用。其他法治国家，如果在刑事诉讼中需要适用强制措施时，一般优先适用非羁押性强制措施，英、美、日等国甚至把保释作为犯罪嫌疑人、被告人的一项权利对待。但是在我国，取保候审、监视居住并不是犯罪嫌疑人、被告人依法享有的一项“权利”，而是公安司法机关裁量行使的一项权力。受执法观念、担保方式、考核机制、执行条件等多种因素的影响，取

〔1〕 参见《逮捕质量标准》第 27—32 条。

保候审、监视居住在多数案件中无法满足防止发生社会危险性的基本要求，以至于公安司法机关通常不愿意对犯罪嫌疑人、被告人适用取保候审或监视居住，尤其是外地人涉嫌犯罪的案件。本课题组调研发现，2014 年 1 月 1 日至 2015 年 7 月 25 日，J 省 W 市取保候审的案件共计为 383 件 502 人，这与 2012 年《刑事诉讼法》尚未修改之前的数量相比并无明显变化。[1]其他学者调研后也认为，我国取保候审的适用率一直处于低位状态。[2]大数据分析显示，从 2013 年至 2017 年，全国一审刑事案件中被告人被采取监视居住的分别占 3.31%、3.72%、3.69%、4.04%、4.03%。[3]即使是在认罪认罚案件中，取保候审、监视居住的适用率也没有明显的提升。[4]因此，在绝大多数刑事案件中，人身强制措施仍然以逮捕为核心，犯罪嫌疑人、被告人在羁押状态下接受调查讯问以及等候审判，四十年来一直是常态，而非例外。

5. 未决羁押的场所由侦查机关控制，为侦查机关侵害在押犯罪嫌疑人及其辩护人的权利提供了便利

在西方法治国家，由于实行捕押分立原则，未决羁押场所与警察拘捕场所通常是分设的，经法官批准羁押之后，犯罪嫌疑人即被移送至由法院或者司法行政机关控制的监狱等场所进行关押，不再由警察控制，警察能够控制犯罪嫌疑人的时间相当短暂，一般不超过 48 小时。我国不仅刑事拘留的期限较长，而且在检察机关批准逮捕以后、法院判决生效以前，被逮捕人一直关押在由公安机关控制的看守所，从而为侦查机关侵害犯罪嫌疑人的权利、妨碍辩护律师行使诉讼权利提供了便利。在司法实践中，有的公安机关在检察机关决定不批准逮捕以后迟迟不依法释放在押犯罪嫌疑人，或者变更为行政性羁押措施；有的公安机关利用在押人员进行“狱侦”，甚至授意逼供；还有的公安机关随意限制辩护律师会见在押犯罪嫌疑人。总之，“发生在审判前阶段的一系列侵害公民权利和自由的行为，大都与看守所有着千丝万缕的联系”。[5]

---

〔1〕 参见孙长永、闫召华：“新刑事诉讼法实施情况调研报告（2015）”，载孙长永主编：《刑事司法论丛》（第 3 卷），中国检察出版社 2015 年版，第 470 页。

〔2〕 郭烁：“取保候审适用的影响性因素实证研究”，载《政法论坛》2017 年第 5 期，第 159 页。

〔3〕 参见王禄生：“论刑事诉讼的象征性立法及其后果——基于 303 万判决书大数据的自然语义挖掘”，载《清华法学》2018 年第 6 期，第 129 页。

〔4〕 在 2016 年 10 月至 2018 年 9 月认罪认罚从宽制度试点期限，全国 18 个城市的试点法院适用认罪认罚从宽制度审结 20 余万件刑事案件，其中犯罪嫌疑人、被告人被取保候审的，只有 42%；被监视居住的更少，仅为 1.31%，二者合计为 43.31%。参见胡云腾主编：《认罪认罚从宽制度理解与适用》，人民法院出版社 2018 年版，第 272 页。

〔5〕 陈瑞华：《刑事诉讼的前沿问题》（下册），中国人民大学出版社 2016 年版，第 726 页。

五、逮捕制度的改革展望

关于逮捕制度的改革和完善，法学界和实务界也进行了持续、深入的研究，但关于改革和完善的路径，存在两种明显不同的思路：一种可以称为“检察权主导下的技术改良模式”，另一种可以称为“以司法审查为中心的制度改革模式”。前者主张在维持检察机关行使批准逮捕权、延长羁押期限审批权和羁押必要性审查权的前提下，更新适用逮捕的理念，以社会危险性条件为核心重构逮捕条件，实行逮捕审查、延长侦查羁押期限审查和羁押必要性审查在理念、条件、方式上的“一体化”，扩大辩方的知情权、参与权和救济权，实现审查逮捕程序的诉讼化转型。〔1〕持这一立场的学者还主张，应尽快建立刑事诉讼的逮捕与羁押相分离、羁押期限与办案期限相分离、迅速审理等原则，并基于上述原则改革逮捕的审查程序、羁押期限的延长审批程序以及羁押的救济程序，完善羁押替代措施。〔2〕后者则认为，检察机关审查批准逮捕模式无法克服自身的局限，只有依据“互相制约”的宪法原则确立法院审查模式，由法院统一行使批准逮捕权以及延长羁押期限和羁押必要性审查的权力，才能有效制约公安机关、检察机关行使的追诉权，更好地实现保障人权的刑事诉讼目的。〔3〕除了权力配置上的调整以外，持后一种立场的学者还主张，应当在整个强制措施体系中实现强制到案功能和候审羁押功能的彻底分离；重新整合现有强制到案措施，明确逮捕的候审羁押属性，并全面优化逮捕的程序控制机制。〔4〕

仔细阅读持以上两种立场的代表性研究成果，可以发现，二者在减少逮捕羁押措施的适用、缩短羁押期限的基本目标上具有一致性，在扩大辩方程序参与权、实现审查逮捕程序诉讼化、完善羁押替代措施等技术性改良方面具有相似性。二者的根本区别在于，前者立足于宪法关于逮捕权的规定和检察机关作为法律监督机关的定位，主张维持检察机关在审查逮捕中的主导地位，在此前提下对逮捕制度进行相应的技术性修补；后者则依据尊重和保障人权的宪法原则以及以审判为中心的诉讼制度改革精神，并结合有关国际刑事司法准则，要求对逮捕权进行重新配置，对逮捕制度的基本框架进行系统性重塑，最终实现逮捕制度的全

---

〔1〕 参见孙谦：“司法改革背景下逮捕的若干问题研究”，载《中国法学》2017 年第 3 期。

〔2〕 蓝向东：“审前羁押程序控制探究”，载《河南社会科学》2015 年第 8 期；卞建林：“论我国审前羁押制度的完善”，载《法学家》2012 年第 3 期。

〔3〕 参见陈卫东：“我国检察权的反思与重构——以公诉权为核心的分析”，载《法学研究》2002 年第 2 期；刘计划：“审查逮捕制度的中国模式及其改革”，载《法学研究》2012 年第 2 期；刘计划：“我国逮捕制度改革检讨”，载《中国法学》2019 年第 5 期；王敏远：“中国刑事羁押的司法控制”，载《环球法律评论》2003 年第 4 期。

〔4〕 杨依：“我国逮捕的‘结构性’错位及其矫正——从制度分离到功能程序分离”，载《法学》2019 年第 5 期；孙长永：“比较法视野中的刑事强制措施”，载《法学研究》2005 年第 1 期。

面正当化。应当说，两种改革思路各有优点和缺点，在现有条件下，按照两种思路推进逮捕制度改革都会面临巨大的困难。相对而言，技术改良模式可行性更大，但其本身存在难以克服的内在矛盾，即一方面主张逮捕的决定者应当具有“客观中立”的地位，以符合正当程序的要求；另一方面却又主张维系检察官作为审查逮捕主体的地位，以体现所谓中国特色司法制度的要求。而这两个方面是不可兼容的，尤其是在检察机关普遍推行“捕诉一体化”办案机制之后。一个同时拥有公诉决定权以及追捕、追诉权的检察官，如何可能在审查逮捕同一名犯罪嫌疑人时做到“客观、中立”？制度改革模式符合逮捕制度改革的方向，但却面临极大的现实难题，因为我国的法院并不比检察机关具有更为独立的法律地位，法官与检察官在任职资格、司法理念、司法环境、考核要求等方面，也基本相同。在现有司法体制下，法院在刑事诉讼中难以避免追诉倾向，法官个体独立履职几无可能。在这种条件下，即使将逮捕权从检察官手中转移给法官，并且实行庭审法官与批捕法官分离，负责批捕的法官能够“客观、中立”地行使批准逮捕权吗？

从俄罗斯和东欧诸国逮捕制度的改革经验来看，以法院为中心的司法体制改革和逮捕程序的正当化改革几乎是同步推进的。以俄罗斯为例，1992 年 1 月通过的《俄罗斯苏维埃联邦社会主义共和国检察机关法》取消了检察机关对法院的监督职能。〔1〕1992 年 5 月，俄罗斯联邦修改刑事诉讼法，开始建立审前程序的司法审查制度，将调查机关、侦查员和检察长所采取的作为强制措施的羁押以及延长羁押期限的行为，置于利害关系人申诉权的制约和法官的听证审查之下。〔2〕2001 年 11 月修订的《俄罗斯联邦刑事诉讼法典》在全面建立审前程序中司法审查制度的同时，明确将批准羁押和延长羁押期限规定为法官的权限，未经法院批准的拘捕时间不得超过 48 小时。〔3〕此后，俄罗斯未决羁押的人数持续减少，从 2000 年的 23 万余人减到 2010 年的 11 万余人，到 2020 年 2 月时，进一步减少到 9 万余人；每十万人口中未决羁押的人数从 2000 年的 160 人，减少为 2020 年的 67 人（见表 7-10）。可见，俄罗斯通过制度改革，在控制未决羁押人数、保障人权方面取得了显著成效。类似的情形也出现在东欧一些国家和我国台湾地区。〔4〕

---

〔1〕 参见刘向文：“谈俄罗斯联邦检察制度的历史发展”，载《俄罗斯中亚东欧研究》2008 年第 6 期，第 25 页。

〔2〕 参见苏方遒等译：《俄罗斯联邦刑事诉讼法典》，中国政法大学出版社 1999 年版，第 220.1 条和第 220.2 条。

〔3〕 参见黄道秀译：《俄罗斯联邦刑事诉讼法典》，中国政法大学出版社 2003 年版，第 10 条、第 108 条和第 109 条。

〔4〕 关于东欧一些国家未决羁押权力的调整，参见孙长永：“‘捕诉合一’的域外实践及其启示”，载《环球法律评论》2019 年第 5 期，第 1-14 页；关于我国台湾地区未决羁押制度的改革及其成效，参见杨雄：“刑事诉讼中司法审查机制的实证分析——以俄罗斯和我国台湾地区的司法改革为范例”，载《甘肃政法学院学报》2007 年第 6 期，第 143-145 页。

在我国，根据以审判为中心的诉讼制度改革以及尊重和保障人权的宪法原则的要求、国家治理能力和治理体系现代化的现实需要，参考联合国刑事司法准则关于未决羁押的有关规则（其中包括我国已经批准的联合国《儿童权利公约》等的规定），我国逮捕制度的改革尚有很大的空间。按照法定原则、比例原则和正当程序原则等现代强制措施制度基本原则的要求，我国逮捕制度的改革应当以逮捕回归诉讼强制措施的本位为起点，以保障公民的人身自由和安全为目标，在逮捕的条件、审查逮捕和延长羁押期限的程序以及羁押必要性审查程序等方面不断加以完善，努力消除逮捕的维稳功能、预备定罪功能和预支刑罚功能，最大限度地减少逮捕措施的适用，适度扩大取保候审等非羁押措施的适用，最大限度地压缩捕后羁押期限，保障犯罪嫌疑人、被告人的合法权益。

首先，按照羁押候审措施的性质，重构逮捕的实质要件。第一，应当将“有证据证明犯罪事实”修订为“有证据证明有犯罪的重大嫌疑”，降低逮捕的证明标准。第二，综合考虑我国现阶段的犯罪结构、刑罚结构以及比较法上的经验，应当将逮捕的刑罚条件从“可能判处徒刑以上刑罚”调整为“可能判处 3 年以上刑罚”，除了涉嫌暴力犯罪、有组织犯罪、危害国家犯罪等特定的犯罪以及累犯以外，对可能判处 3 年徒刑以下刑罚以及可能适用缓刑的犯罪嫌疑人，不得批准逮捕。第三，对逮捕的社会危险性条件进行类型化重构，把犯罪嫌疑人可能逃避诉讼和刑事追究、可能实施妨碍调查真相的诉讼行为、可能实施新的犯罪作为社会危险性的具体事由，删除与此三者无关的事由。在审判阶段，法院出于保证判处自由刑的判决执行的需要，也可以决定逮捕被告人。第四，删除迳行逮捕的规定，对可能判处 10 年徒刑以上刑罚的犯罪嫌疑人、被告人，设置存在社会危险性的推定，但允许犯罪嫌疑人在个案中进行反驳，由审查逮捕的检察官根据具体案情作出是否批准逮捕的决定。

其次，在提请逮捕和审查逮捕的过程中，应当保障被追诉一方的知情权和参与权。公安机关的提请逮捕书及其所依据的证据材料，应当立即告知犯罪嫌疑人，并且允许辩护律师及时查阅；在审查逮捕过程中，检察机关应当以听证或讯问、听取意见的方式，全面听取侦查机关和犯罪嫌疑人及其辩护律师的意见，侦查机关应当承担犯罪嫌疑人符合逮捕条件的证明责任；最终作出批准逮捕的决定时，检察机关应当在逮捕决定书中载明批准逮捕所依据的事实和具体理由，并且书面告知犯罪嫌疑人，以便犯罪嫌疑人寻求事后的救济。

再次，将羁押期限与办案期限进行“全程分离”，并对延长羁押期限的程序和羁押必要性审查程序进行诉讼化改造。提起公诉以前需要延长羁押期限时，由检察机关或者审查起诉的上一级检察机关听取在押犯罪嫌疑人及其辩护律师意见后，对照批准逮捕的具体理由进行严格审查，侦查机关和审查起诉的检察机关应当对延长羁押期限和有继续羁押必要承担证明责任。由于侦查机关或者审查起诉的检察机关履职不当导致羁押期限届满的，检察机关或者上一级检察机关不应当批准延长羁押期限。进入审判阶段以后，每一审级法院均应根据被告人的申请对羁押必要性进行认真审查；需要延长羁押期限的，由管辖法院的上一级人民法院进行审查。审查以后批准延长羁押期限或者决定驳回变更逮捕申请的，均应当在决定书明确写明具体理由，并书面告知在押犯罪嫌疑人、被告人。

复次，明确保障犯罪嫌疑人、被告人对逮捕相关决定的救济权。犯罪嫌疑人、被告人接到批准逮捕、延长羁押期限或者驳回变更逮捕申请的决定书以后，有权在规定期限内向上一级人民检察院或者上一级人民法院提出申诉。上一级人民检察院或者上一级人民法院应当以听证方式进行再次审查后作出最终决定，并及时书面通知在押犯罪嫌疑人、被告人及其辩护律师。

最后，在提请逮捕、审查逮捕、延长羁押期限、羁押必要性审查、不服逮捕决定的申诉程序中，充分保障犯罪嫌疑人、被告人获得律师帮助的权利。凡是公安机关提请逮捕的案件，犯罪嫌疑人没有辩护人的，一律通过法律援助方式提供免费的律师辩护。需要延长羁押期限的案件，犯罪嫌疑人、被告人没有委托辩护人的，提请延长期限的办案机关也应当及时通知法律援助机构指派律师为其辩护。

除了需要就逮捕制度本身的具体内容进行完善以外，还需要完善逮捕制度的配套措施，例如完善取保候审制度，提高取保候审的适用率；完善逮捕工作的考核机制，鼓励检察官依法客观、公正地决定批准或不批准逮捕，如故意或者重大过失，不得因为其主张批捕或者不批捕而受到事后的责任追究；等等。此外，还应当将刑事拘留与逮捕制度的改革进行统筹谋划，实现强制到案措施与羁押候审措施的功能分离、条件分离和场所分离，并将刑事拘留纳入检察机关的事后审查范围；刑事拘留的人数和期限，应当与逮捕的人数及捕后羁押期限一起定期公布；与此相关的是，应当将看守所由公安机关管理改为由司法行政机关管理，实现看守所“中立化”，从根本上把逮捕制度改造为宪法意义上的人权保障制度，并堵塞一切以变相方式长时间剥夺公民人身自由的制度漏洞。

（撰稿人：孙长永）

第八章

非法证据排除制度

目　次

非法证据排除规则是一种程序性制裁机制，[1]即侦查机关违反特定法律程序所获取的证据不具有作为证据使用的资格。目前，我国借鉴国外相关国家的制度，已经正式确立非法证据排除规则。那么，从国外移植而来的非法证据排除制度，与我国传统司法的理念、制度背景等是否相符？非法证据排除制度是何时确立的？为什么我国刑事诉讼法中确立了这一制度？我国刑事诉讼法中确立的非法证据排除制度适用于哪些违法侦查行为？非法证据排除制度在我国的实施效果如何？我国非法证据排除制度是否还存在问题、有无完善的必要以及如何完善？这些都是我国刑事诉讼法学研究必须回答的问题。本章拟依次对非法证据排除制度在我国的发展历程、实施效果以及将来完善的方向等问题进行研究。

一、非法证据排除制度的发展历程

非法证据排除制度是一个舶来品，我国本土从来没有排除非法证据的理念。从立法和司法解释的相关规定来看，非法证据排除制度在我国的确立有一个循序渐进的过程。

（一）非法证据排除制度的萌芽阶段

1979年《刑事诉讼法》第32条规定，“严禁刑讯逼供和以威胁、引诱、欺骗以及其他非法的方法收集证据”。这是“总结我国的经验，针对‘文化大革命’中的教训，同时参照国外的经验教训”而作出的规定。[2]对于违反该条规定所获取的证据应该如何处理的问题，在当时的立法背景下，没有也不可能有任何的规定。对此，理论界有不同观点。有学者认为，不是依照法定的方法收集的材料，不能作为证据，没有证据的效力。[3]但这一观点并非通说，司法实践中也没有如该观点所主张的那样排除非法证据。例如，1982年出版的《刑事证据理论》一书，将“严禁刑讯逼供”作为刑事证据的原则之一，但仅重申立法“严禁刑讯逼供”的原因、分析刑讯逼供的原因，没有考虑“通过刑讯逼供等非法方法”获取的供述如何处理之类的问题。[4]又如，从1987年南京刑事证据研讨会论文集来看，当时理论界与实务界对证据问题的关注点在于如何判断证据的真实性、根据在案证据能否定案等问题，没有任何人讨论通过非法方法获取的证

〔1〕 参见陈瑞华：《程序性制裁理论》，中国法制出版社2017年版，第191页。

〔2〕 参见顾昂然：《立法札记——关于我国部分法律制定情况的介绍（1982-2004年）》，法律出版社2006年版，第451页。

〔3〕 参见王舜华等：《〈中华人民共和国刑事诉讼法〉释义》，群众出版社1980年版，第35页。

〔4〕 参见张子培等：《刑事证据理论》，群众出版社1982年版，第126-128页。

据如何处理的问题。〔1〕在我国，首次从理论上系统讨论非法证据排除问题的文章是宋英辉教授在《中国法学》1993年第3期发表的《论非法证据运用中的价值冲突与选择》一文。〔2〕该文通过查阅相关资料发现，我国学界对非法证据有三种看法，即全部排除说、不予排除说和区别对待说。在分析国内外有关制度和学说的基础上，该文认为非法证据原则上应予排除，但也不宜绝对化。

1984年12月10日，联合国大会通过了《禁止酷刑和其他残忍、不人道或有辱人格的待遇或处罚公约》（以下简称联合国《禁止酷刑公约》），于1987年6月26日生效。联合国《禁止酷刑公约》第15条规定："每一缔约国应确保在任何诉讼程序中，不得援引任何业经确定系以酷刑得到的口供为证据，但这类口供可用作被控施行酷刑者刑讯逼供的证据。"中国政府于1988年9月5日批准了该公约。在这一背景下，最高人民法院1994年出台的《关于审理刑事案件程序的具体规定》（以下简称1994年《最高法规定》）第45条规定："严禁以非法的方法收集证据。凡经查证确实属于采用刑讯逼供或者威胁、引诱、欺骗等非法的方法取得的证人证言、被害人陈述、被告人供述，不能作为证据使用。"这一规定首次明确非法取证的后果，即通过刑讯逼供、威胁、引诱、欺骗等非法方法获取的言词证据"不能作为证据使用"。从语义来看，该条似乎采纳了"全部排除说"。需要注意的是，该条规定对刑讯逼供等非法取证方法要求"查证属实"。此后，学界讨论非法证据排除问题的文章逐渐增多。笔者以"非法证据排除"为主题在中国知网上搜索，发现1993年有1篇文章，1995年有4篇，1996年有5篇，1997年有5篇，1998年有4篇，1999年有11篇，2000年有18篇，2001年有65篇，2002年有99篇，此后，每年都有百篇以上，且总体上呈逐年递增趋势，2013年达到高峰，有793篇。

1996年《刑事诉讼法》第43条作出了与1979年《刑事诉讼法》第32条相同的规定，在严禁非法取证的同时，仍然没有明确非法取证的程序性制裁后果。1998年《最高法解释》第61条重申了1994年《最高法规定》的前述规定。1999年《最高检规则》第265条第1款规定，"以刑讯逼供或者威胁、引诱、欺骗等非法的方法收集的犯罪嫌疑人供述、被害人陈述、证人证言，不能作为指控犯罪的根据"。与1998年《最高法解释》不同的是，1999年《最高检规则》没有明确对于刑讯逼供等非法取证方法是否需要"查证属实"。

一般认为，这一时期是非法证据排除制度的萌芽阶段。从司法解释的规定来看，这一时期的非法证据排除制度有以下特点：首先，仅排除非法言词证据；其

〔1〕参见《民主与法制》社研究部编：《刑事证据纵横谈——南京刑事证据讨论会专辑》，上海社会科学院出版社1987年版，第304页。

〔2〕参见宋英辉："论非法证据运用中的价值冲突与选择"，载《中国法学》1993年第3期，第89-94页。

次，对于所有非法言词证据均予以排除，没有区分非法取证方法违反法律规定的程度；最后，最高人民法院的司法解释要求“查证属实”有刑讯逼供、威胁等非法取证行为的，才排除相应的证据，但又没有规定如何查证属实。换句话说，由哪一方来证明是否有非法取证行为以及证明到何种程度等问题，该司法解释没有明确。

（二）非法证据排除制度的确立阶段

2004 年，最高人民法院成立五人专家小组，专门负责调研、制定“关于审理普通刑事案件中非法言词证据排除问题的若干意见”（草案）。此后，最高人民法院又牵头制定了多个刑事证据规定，但由于公检法等机关对一些问题的理解不一致、公安机关的强烈抵制等原因，这些规定一直没有出台。[1]2006 年 10 月 31 日，全国人大常委会通过《关于修改〈中华人民共和国人民法院组织法〉的决定》，决定从 2007 年 1 月 1 日起由最高人民法院统一行使死刑案件核准权。最高人民法院、最高人民检察院、公安部、司法部于 2007 年 3 月 9 日联合印发《关于进一步严格依法办案确保办理死刑案件质量的意见》，该意见第 6 条明确规定，“对刑讯逼供取得的犯罪嫌疑人供述、被告人供述和以暴力、威胁等非法方法收集的被害人陈述、证人证言，不能作为定案的根据”。然而，与之前的相关规定一样，该意见也没有明确非法证据排除的程序。

在理论界，陆续有学者主张确立非法证据排除规则。例如，有学者主张，针对非法言词证据和非法实物证据应确立不同的排除规则。[2]又如，有学者不仅

---

〔1〕 2006 年 8 月，最高人民法院又起草了“刑事证据规则”（草案），并发函征求全国人大法工委、最高人民检察院、公安部等部门的意见，遭到反对。2008 年前后，最高人民法院选择以死刑案件证据规则为突破口，起草“办理死刑案件证据规定”。2008 年，“完善刑事诉讼证据制度”被纳入新一轮司法改革计划，《非法证据排除规定》和《办理死刑案件证据规定》的制定，一并成为“完善刑事诉讼证据制度”工作的两个组成部分。2009 年 4 月，全国人大法工委召开会议，商定由最高人民法院牵头起草这两个刑事证据规定。参见吴洪淇：“刑事证据制度变革的基本逻辑——以 1996—2017 年我国刑事证据规范为考察对象”，载《中外法学》2018 年第 1 期，第 105 页。

〔2〕 在陈光中教授主持的刑事证据法专家拟制稿中，对非法言词证据和非法实物证据的排除问题进行了有区别性的规定。该拟制稿第 16 条规定：“严禁以下列方法获得犯罪嫌疑人、被告人和其他人的证明自己有罪的陈述或者其他言词证据：（一）刑讯或其他使人在肉体上剧烈疼痛的方法；（二）威胁、欺骗；（三）使人疲劳、饥渴；（四）服用药物、催眠；（五）其他残忍、不人道和有辱人格的方法。严禁以非法搜查、扣押，非法侵入公民住宅以及其他非法方法取得实物证据。”第 17 条规定：“以本法第 16 条规定禁止的非法方法收集到的证据为非法证据。非法言词证据不能作为定案的根据。非法实物证据是否具有可采性由法庭根据取证行为违法的程度和案件的具体情况裁定。在审查起诉阶段，非法实物证据是否具有可采性，由检察人员决定。”参见陈光中主编：《中华人民共和国刑事证据法专家拟制稿（条文、释义与论证）》，中国法制出版社 2004 年版，第 10 页。徐静村教授主持的刑事诉讼法专家拟制稿也有类似规定，该拟制稿第 105 条规定：“非法收集的言词证据不得作为定案的根据。非法收集的实物证据是否可以作为定案的根据，由法庭根据取证行为的违法程度和案件的具体情况决定。”参见徐静村主编：《中国刑事诉讼法（第二修正案）学者拟制稿及立法理由》，法律出版社 2005 年版，第 86 页。在陈光中教授主持的刑事诉讼法再修改专家建议稿中，也有与刑事证据法专家拟制稿中相类似的规定，参见陈光中主编：《中华人民共和国刑事诉讼法再修改专家建议稿与论证》，中国法制出版社 2006 年版，第 40 页。

主张针对犯罪嫌疑人的供述确立任意性规则，还主张确立针对非法言词证据、违法监听所得的证据、违法搜查、扣押所得的证据、违法诱惑侦查所得的证据和其他违法取得的实物证据的排除规则。〔1〕再如，有学者主张将非法证据的排除区分为绝对排除与相对排除，借鉴联合国《禁止酷刑公约》第15条的规定，对部分非法言词证据予以绝对排除。〔2〕此外，上述学者均主张确立非法证据排除程序，明确非法证据排除的证明责任和证明标准，其中，明确区分被告人一方的举证责任和公诉人一方的证明责任。学界的研究不仅从诉讼理论上论证了确立非法证据排除规则的必要性，还为有关机关制定非法证据排除规则提供了参考，对非法证据排除规则的确立有重要影响。

2010年5月9日，因“亡者归来”，河南商丘的赵作海被再审宣告无罪。在赵作海案件的影响下，〔3〕2010年6月13日，最高人民法院、最高人民检察院、公安部、国家安全部、司法部（以下简称“两高三部”）联合发布了《关于办理死刑案件审查判断证据若干问题的规定》和《关于办理刑事案件排除非法证据若干问题的规定》(以下分别简称《死刑案件证据规定》和《非法证据排除规定》，两者合称“两个证据规定”)。早在2009年，“两个证据规定”就已经起草完成。在中国法学会刑事诉讼法学研究会2009年年会上，时任最高人民法院副院长的熊选国曾对“两个证据规定”的主要内容进行介绍，并请学者们讨论和提出建议。〔4〕此后，在赵作海案的推动作用下，“两个证据规定”于2010年出台。2010年出台的《非法证据排除规定》首次确立了完整意义上的非法证据排除规则，既包括非法证据排除的实体范围，即哪些证据应当作为非法证据予以排除，又包括程序性规范，即非法证据排除程序如何启动、由谁来承担争议证据合法性的证明责任以及需要证明到何种程度等内容。

从实体规则方面看，2010年《非法证据排除规定》较之以往的司法解释更为明确。首先，明确了非法证据包括非法言词证据和非法物证、书证。与之前的最高人民法院司法解释相比，增加了“非法物证、书证”的排除规则，对“非

---

〔1〕 参见陈卫东主编：《模范刑事诉讼法典》，中国人民大学出版社2005年版，第266-278页。

〔2〕 张保生教授主持的司法解释建议稿第22条规定：“以下列方式取得的犯罪嫌疑人、被告人口供，证人证言和被害人陈述，不得采纳作为定案的根据：（一）刑讯、虐待、折磨或者其他蓄意使人在肉体或精神上遭受剧烈疼痛或痛苦的任何行为；（二）服用药物、催眠；（三）采取其他残忍、不人道或者有辱人格的方法。”参见张保生主编：《〈人民法院统一证据规定〉司法解释建议稿及论证》，中国政法大学出版社2008年版，第156-158页。

〔3〕 参见陈永生：《刑事冤案研究》，北京大学出版社2018年版，第47页。

〔4〕 参见熊选国：“关于我国刑事证据制度的改革和完善”，载卞建林、侯建军主编：《深化刑事司法改革的理论与实践——新中国成立60年刑事诉讼法制的回顾与展望》，中国人民公安大学出版社2010年版，第3-9页。

法物证、书证”实行裁量排除的规则。[1]其次，对“非法言词证据”的范围作了限缩性规定。根据《非法证据排除规定》第1条的规定，非法言词证据包括“采用刑讯逼供等非法方法取得的犯罪嫌疑人、被告人供述和采用暴力、威胁等非法手段取得的证人证言、被害人陈述”。与之前的最高人民法院司法解释相比，没有规定通过“威胁、引诱、欺骗”方法获取的犯罪嫌疑人、被告人供述应如何处理的问题。[2]最后，犯罪嫌疑人、被告人供述和证人证言、被害人陈述的排除标准不同。与犯罪嫌疑人、被告人供述相对应的是“刑讯逼供等非法方法”，与证人证言、被害人陈述相对应的是“暴力、威胁等非法方法”。从字面意思来看，“刑讯逼供等非法方法”在违法程度和对人的强制程度方面与“暴力、威胁等非法方法”是有明显区别的。

从程序规则方面看，2010年《非法证据排除规定》较之以往的司法解释更具有可操作性。其一，明确了检察机关在审前阶段排除非法证据的责任，即检察机关在审查批准逮捕和审查起诉过程中，有权力也有职责排除非法证据。[3]其二，在审判阶段确立证据合法性两步式证明的程序模式。第一步是法庭对证据收集合法性的审查，经过审查，如果法庭对证据收集合法性产生合理怀疑，则启动第二步程序，[4]即专门的证据收集合法性的调查程序。其三，明确了控辩双方的举证责任、证明标准以及法庭在庭外调查核实证据的权力。一方面，对于被告人一方来说，如果提出排除非法证据的申请，应当提供线索或者证据；[5]另一方面，对于公诉机关来说，在法庭对证据合法性产生合理怀疑进而启动证据收集

---

〔1〕对非法实物证据实行裁量排除，主要是基于以下原因：一方面，与言词证据相比，实物证据发生变化的可能性较小；另一方面，实物证据的来源与言词证据不同，前者较多地针对地点、场所、物品等实施，后者则主要针对人实施。参见张军主编：《刑事证据规则理解与适用》，法律出版社2010年版，第345页。

〔2〕最高人民法院法官认为，司法实践中，“威胁”“引诱”“欺骗”的含义特别是标准不好界定，很多从气势上、心理上压倒、摧垮犯罪嫌疑人心理防线的讯问语言、行为和策略很难与之区分开来，如果这些讯问方法都被认为非法，将导致大量口供被排除，给侦查工作带来较大冲击。参见张军主编：《刑事证据规则理解与适用》，法律出版社2010年版，第298页。

〔3〕《非法证据排除规定》第3条规定：“人民检察院在审查批准逮捕、审查起诉中，对于非法言词证据应当依法予以排除，不能作为批准逮捕、提起公诉的根据。”最高人民法院法官认为，之所以这样规定，主要是考虑到检察机关具有法律监督机关的职能，确立检察机关排除非法证据的主体地位有助于进一步严格规范侦查机关的取证行为，有助于维护国家法律的统一正确实施。参见张军主编：《刑事证据规则理解与适用》，法律出版社2010年版，第306页。最高人民检察院检察官认为，西方国家采审判中心主义，非法证据的排除主要发生在审判阶段，我国采诉讼阶段主义，因此非法证据的排除发生在刑事诉讼的各个环节。参见杨迎泽、张红梅主编：《刑事证据适用指南——以两个〈规定〉为中心》，中国检察出版社2010年版，第247页。

〔4〕具体的启动方式可以分为两种，即依申请启动和依职权启动，参见王彪：“一审阶段排除非法证据程序问题研究”，载《人民司法》2012年第19期，第50页。

〔5〕《非法证据排除规定》第6条规定：“被告人及其辩护人提出被告人审判前供述是非法取得的，法庭应当要求其提供涉嫌非法取证的人员、时间、地点、方式、内容等相关线索或者证据。”

合法性调查程序后，由公诉人对证据收集的合法性进行证明，[1]且需要证明到排除合理怀疑的程度。[2]此外，在对控辩双方提供的证据有疑问且控辩双方当庭确实无法补充证据或者作出说明时，法庭可以进行法庭外调查核实。[3]这是对控辩双方承担举证责任的补充，也是法院职权调查原则在非法证据排除问题上的体现。[4]其四，确立先行当庭调查与证据能力优先于证明力的规则。所谓先行当庭调查，是指根据《非法证据排除规定》第5条的规定，如果被告人及其辩护人在开庭审理前或者法庭调查前提出被告人审判前供述是非法取得的，法庭在公诉人宣读起诉书之后，应当先行当庭调查。[5]所谓证据能力优先于证明力，是指根据《非法证据排除规定》第10条第1款的规定，只有在证据合法性没有问题且法庭决定不排除争议证据的情况下，才能对争议证据进行当庭宣读、质证。其五，明确规定二审法院对非法证据排除问题应当予以审查的情形。[6]其六，明确了非法的书面证人证言、被害人陈述的排除程序。根据《非法证据排除规定》第13条的规定，对书面证人证言、被害人陈述由"举证方"证明取证的合法性。[7]

---

〔1〕《非法证据排除规定》第7条第1款规定："经审查，法庭对被告人审判前供述取得的合法性有疑问的，公诉人应当向法庭提供讯问笔录、原始的讯问过程录音录像或者其他证据，提请法庭通知讯问时其他在场人员或者其他证人出庭作证，仍不能排除刑讯逼供嫌疑的，提请法庭通知讯问人员出庭作证，对该供述取得的合法性予以证明。公诉人当庭不能举证的，可以根据刑事诉讼法第一百六十五条的规定，建议法庭延期审理。"

〔2〕《非法证据排除规定》第11条规定："对被告人审判前供述的合法性，公诉人不提供证据加以证明，或者已提供的证据不够确实、充分的，该供述不能作为定案的根据。"对此的分析，参见王彪："一审阶段排除非法证据程序问题研究"，载《人民司法》2012年第19期，第50页。

〔3〕《非法证据排除规定》第8条规定："法庭对于控辩双方提供的证据有疑问的，可以宣布休庭，对证据进行调查核实。必要时，可以通知检察人员、辩护人到场。"

〔4〕关于我国法院职权调查问题的实证分析，参见林铁军：《刑事诉讼中法院职权调查问题研究》，法律出版社2016年版，第132-184页。

〔5〕如果被告人及其辩护人在法庭调查开始之后、法庭辩论结束之前提出申请的，法庭应当暂时中断法庭调查或法庭辩论活动，进入专门对该问题进行调查的裁判程序。参见张军主编：《刑事证据规则理解与适用》，法律出版社2010年版，第315页。在《非法证据排除规定》制定过程中，对刑讯逼供和其他非法取证调查问题，检察机关不同意法院在法庭审理过程中对此问题进行专门的调查，建议法院采用休庭并采用庭外调查核实的程序。法院对此意见予以部分接纳。参见郭华、王进喜主编：《〈办理死刑案件证据规定〉与〈非法证据排除规定〉的释义和适用》，中国人民公安大学出版社2010年版，第240页。

〔6〕根据《非法证据排除规定》第12条的规定，对于被告人一方提出排除非法证据的申请，一审法院没有审查并以被告人审判前供述作为定案根据的，第二审人民法院应当对被告人审判前供述取得的合法性进行审查。最高人民法院法官认为，实践中，对于被告人及其辩护人提出的被告人审判前供述是非法取得的意见，第一审人民法院没有审查，或者审查后认为可以排除非法取证的可能，并以被告人审判前供述作为定案根据的，被告人可以提出上诉。同时，二审法院也可以依职权对被告人审判前供述取得的合法性进行审查。参见张军主编：《刑事证据规则理解与适用》，法律出版社2010年版，第339页。

〔7〕对于控辩双方承担举证责任时分别应当达到的证明标准，《非法证据排除规定》没有明确规定。最高人民法院法官认为，检察机关举证时仍应达到"确实、充分"的证明标准，而被告人举证时所要达到的标准可以适当降低。参见张军主编：《刑事证据规则理解与适用》，法律出版社2010年版，第340页。

据此，如果检察人员认为辩护方提供的证人证言、被害人陈述是非法取得的，也可以提出排除申请，作为举证方的辩护方应当对其取证的合法性予以证明。

2012年《刑事诉讼法》在“证据”一章用5个条文（第54—58条）对非法证据排除制度作出了规定。从内容上来看，2012年《刑事诉讼法》将《非法证据排除规定》的相关内容通过立法方式予以确认，但也存在一定的不同。其一，对于非法物证、书证的界定与之前的规定不同。即将“物证、书证的取得明显违反法律规定”修改为“收集物证、书证不符合法定程序”，将“可能影响公正审判的”修改为“可能严重影响司法公正的”。通过对比可以发现，2012年《刑事诉讼法》关于物证、书证的排除条件，在降低违法要求的同时，提高了影响司法公正的程度。〔1〕其二，明确非法证据排除问题贯穿侦查、审查起诉和审判环节。2012年《刑事诉讼法》第54条第2款规定：“在侦查、审查起诉、审判时发现有应当排除的证据的，应当依法予以排除，不得作为起诉意见、起诉决定和判决的依据。”〔2〕其三，有权申请排除非法证据的主体发生变化。根据《非法证据排除规定》第4条、第5条的规定，“被告人及其辩护人”有权申请排除非法证据。〔3〕而根据2012年《刑事诉讼法》第56条第2款的规定，“当事人及其辩护人、诉讼代理人”有权申请排除非法证据。此外，对被告人一方的举证要求由提供“线索或者证据”修改为“提供相关线索或者材料”，将“证据”改为“材料”，似乎在一定程度上降低了对被告人一方的举证要求。其四，没有规定被告人一方提供的证据是否适用非法证据排除规则。根据《非法证据排除规定》第13条的规定，被告人一方提供的证据材料也适用非法证据排除规则。而2012年《刑事诉讼法》只规定了“当事人及其辩护人、诉讼代理人”有权申请排除非法证据以及“人民检察院应当对证据收集的合法性加以证明”，对被告人一方提供的证据是否适用非法证据排除规则的问题则没有规定。最后，2012年《刑事诉讼法》

〔1〕参见胡红军、王彪：“审判阶段非法证据排除的若干疑难问题”，载《法律适用》2014年第8期，第61页。

〔2〕全国人大常委会法制工作委员会参与立法的人员认为，该款是关于侦查机关、检察机关、审判机关排除非法证据的义务的规定。侦查机关、检察机关、审判机关都不得采用非法方法收集证据，也都有维护司法公正和诉讼参与人合法权利的职责。他们在办理案件过程中发现已经收集的证据中有依法应当排除的非法证据的，都有义务加以排除。参见全国人大常委会法制工作委员会刑法室编：《关于修改中华人民共和国刑事诉讼法的决定：条文说明、立法理由及相关规定》，北京大学出版社2012年版，第56页。

〔3〕对于证人、被害人是否有权申请排除非法证据的问题，最高人民法院法官认为，相对于证人、被害人而言，被告人与审判结果有着最为直接的利害关系，为了避免司法机关的审查偏离重心，节约司法资源，提高审判效率，更为有效地保障被告人的合法权益，暂不赋予证人、被害人申请证据取得的合法性审查的权利。如果在取证过程中，侦查机关的非法取证行为侵害了他们的合法权益，证人、被害人可以寻求通过申诉、控告、检举等方式来获得救济。参见张军主编：《刑事证据规则理解与适用》，法律出版社2010年版，第314页。

增加了一种应当排除非法证据的情形，法庭在启动证据合法性调查以后，在“确认”或者“不能排除”存在法定的违法收集证据的情形时，均应当排除合法性存疑的证据。

2012年修改《刑事诉讼法》后，最高人民法院、最高人民检察院及其他机关通过司法解释或者规范性文件等方式对立法规定的非法证据排除制度予以细化或者补充。例如，鉴于2012年《刑事诉讼法》没有延续《非法证据排除规定》关于证据合法性的“先行当庭调查”规则，2012年12月发布的《六机关规定》第12条对证据合法性法庭调查的顺序予以明确，即由法庭根据案件审理情况确定。2012年11月公布的《最高检规则》在“证据”一章用11个条文对非法证据排除问题予以细化规定。2012年12月公布的《最高法解释》在“证据”一章将“非法证据排除”作为专门的一节予以规定，共9个条文。2012年12月发布的《公安部规定》第67条、第68条对与侦查机关有关的非法证据排除问题予以细化规定。至此，具有中国特色的非法证据排除制度正式确立。

具体来说，2012年《最高法解释》对下列问题予以明确。第一，对“刑讯逼供等非法方法”进行解释，强调这种方法应当达到“在肉体上或者精神上遭受剧烈疼痛或者痛苦”的程度。[1]第二，对认定“可能严重影响司法公正”的因素予以规定，即应当综合考虑收集物证、书证违反法定程序以及所造成后果的严重程度等情况。第三，尽量通过庭前程序解决证据合法性争议。一方面，对被告人及其辩护人申请排除非法证据的时间予以限制，即“应当在开庭审理前提出，但在庭审期间才发现相关线索或者材料的除外”。另一方面，人民法院经审查，对证据合法性有疑问的，“应当”召开庭前会议。在庭前会议中，“人民检察院可以通过出示有关证据材料等方式，对证据收集的合法性加以说明”。[2]第四，对证据收集合法性法庭调查的顺序予以调整，即既可以先行调查，也可以在法庭调查结束前一并进行。何谓在法庭调查结束前一并进行？最高人民法院法官认为，“根据案件具体情况，法庭可以决定在法庭调查结束后对证据收集的合法性进行调查”。[3]此外，对于被告人一方没有正当理由不及时申请排除非法证据的，“应当在法庭调查结束前一并进行审查，并决定是否进行证据收集合法性的

---

〔1〕 因此，有学者将我国的非法口供排除规则称为非法口供排除的“痛苦规则”，参见龙宗智：“我国非法口供排除的‘痛苦规则’及相关问题”，载《政法论坛》2013年第5期，第17-18页。

〔2〕 最高人民法院法官认为，如果不对权利人提出申请的时间进行适度引导，很容易导致相关人在庭审中滥用权利。完全的庭中排除使得庭审活动偏离了定罪量刑的主题，庭审的中心功能没有实现。为避免诉讼资源被无谓地浪费，非法证据排除申请的提出应当被适度引导。有必要充分利用庭前会议程序，尽量在庭前解决非法证据排除问题，或者为庭审调查做好必要准备。参见江必新主编：《〈最高人民法院关于适用《中华人民共和国刑事诉讼法》的解释〉理解与适用》，中国法制出版社2013年版，第100页。

〔3〕 参见江必新主编：《〈最高人民法院关于适用《中华人民共和国刑事诉讼法》的解释〉理解与适用》，中国法制出版社2013年版，第105页。

调查”。[1]第五，人民法院应当将证据收集合法性的调查结论告知公诉人、当事人和辩护人、诉讼代理人。[2]第六，规定二审法院应当对证据收集合法性进行审查的三种情形。除《非法证据排除规定》规定的情形（一审法院对排除非法证据的申请没有审查且以该证据作为定案根据的）之外，还包括两种情形：一是控辩双方不服一审法院作出的有关证据收集合法性的调查结论，二是当事人及其辩护人、诉讼代理人在第一审结束后才发现相关线索或者材料，申请人民法院排除非法证据的。

2012 年《最高检规则》也对若干问题予以明确。首先，对“刑讯逼供”和“其他非法方法”分别予以解释。有学者认为，最高人民法院、最高人民检察院对“刑讯逼供等非法方法”的解释采取了不同的方法，导致对于何谓非法证据可能有不同的理解，最终可能引发个案上的检、法冲突。[3]事实上，最高人民法院、最高人民检察院对“刑讯逼供等非法方法”的理解并无实质性的不同，均强调“肉体上的剧烈疼痛或者精神上的剧烈痛苦”。其次，对非法物证、书证排除规则中的“可能严重影响司法公正”“补正”和“合理解释”进行解释。最后，明确不同诉讼阶段检察机关排除非法证据的具体程序，包括程序的启动、调查核实的部门和方式、调查核实后的处理以及对证据收集的合法性进行说明等方面的内容，[4]这些规定明确了启动证据合法性调查程序需要事先由检察长批准、不同诉讼阶段由不同的部门进行调查核实等问题。

2012 年《公安部规定》明确了三个方面的问题。首先，明确侦查机关排除非法证据应当经县级以上公安机关负责人批准。其次，明确人民检察院认为可能存在以非法方法收集证据情形，要求公安机关说明的，公安机关应当及时进行调查，并向人民检察院作出书面说明。最后，区分侦查人员出庭作证与出庭说明情况。对于证据收集合法性问题的调查，侦查人员或者其他人员在法院通知出庭的情况下，应当“出庭说明情况”，在必要时，有关侦查人员或者其他人员也可以

---

〔1〕 有学者认为，这一规定具有惩罚或者告诫的意味，参见陈瑞华：“非法证据排除程序再讨论”，载《法学研究》2014 年第 2 期，第 169 页。

〔2〕 最高人民法院法官认为，启动了法庭调查程序，法庭就应当对调查结果给出确定的意见，确定对相关的证据是否予以排除。关于非法证据排除程序中，何时作出排除结论，审判实践中存在争议：一种认为应作出是否系非法证据的结论后再进行下一步的审理，另一种观点认为可在最终的判决书中一并作出是否系非法证据的评价。经研究认为，上述两种观点并非矛盾，而应当综合运用。参见江必新主编：《〈最高人民法院关于适用《中华人民共和国刑事诉讼法》的解释〉理解与适用》，中国法制出版社 2013 年版，第 108 页。

〔3〕 参见万毅：“‘无解’的司法解释——评‘两高’对‘刑讯逼供等非法方法’的解释”，载《法学论坛》2014 年第 1 期，第 54-55 页。

〔4〕 参见孙谦主编：《〈人民检察院刑事诉讼规则（试行）〉理解与适用》，中国检察出版社 2012 年版，第 64-66 页。

要求“出庭说明情况”。而对于人民警察就其执行职务时目击的犯罪情况，则是经人民法院通知后应当“出庭作证”。

（三）非法证据排除制度的完善阶段

在非法证据排除制度正式确立后，理论界与实务界普遍认为，非法证据排除制度仍有大量的问题立法没有明确或者立法规定比较模糊。在非法证据排除制度的实体规则方面，存在排除范围过窄、排除内容不明确等问题。例如，对于通过威胁、引诱、欺骗等非法方法获取的犯罪嫌疑人、被告人供述，违反录音录像规定或者讯问地点规定所获取的犯罪嫌疑人、被告人供述以及通过非法限制人身自由方法获取的犯罪嫌疑人、被告人供述、证人证言、被害人陈述等是否需要排除存在诸多争议；又如，对于审前重复性供述是否应当予以排除以及如何排除等问题存在不同的理解。〔1〕在非法证据排除制度的程序规则方面，对于审前阶段如何排除非法证据、法庭对证据收集合法性的调查是否需要遵循证据能力优先于证明力规则、二审法院如何审查证据收集合法性等问题也存在不同的理解。

2013年3月26日，在“张氏叔侄”服刑将近十年后，浙江省高级人民法院再审宣告张氏叔侄二人无罪，引发各界的强烈关注。理论界与实务界对刑事冤错案件的成因、危害等进行了深刻的反思。2013年8月，中央政法委出台《关于切实防止冤假错案的规定》，该规定对讯问地点、讯问全程同步录音录像以及非法证据排除问题予以强调。该规定第1条对于讯问地点和讯问全程同步录音或者录像作了严格规定。〔2〕2013年10月，最高人民法院印发《关于建立健全防范刑事冤假错案工作机制的意见》（以下简称《最高法防冤意见》），该意见第8条对非法证据排除的实体范围予以扩张，〔3〕将刑讯逼供等非法方法细化为“刑讯逼供或者冻、饿、晒、烤、疲劳审讯等非法方法”；确立了严重违反法定程序取

---

〔1〕 参见王彪：“审前重复供述的排除问题研究”，载《证据科学》2013年第5期，第593-601页。

〔2〕 该条规定：“讯问犯罪嫌疑人、被告人，除情况紧急必须现场讯问外，应当在规定的办案场所进行；犯罪嫌疑人被送交看守所羁押后，讯问应当在看守所讯问室进行并全程同步录音或者录像。侦查机关不得以起赃、辨认等为由将犯罪嫌疑人提出看守所外进行讯问。”

〔3〕 该条规定：“采用刑讯逼供或者冻、饿、晒、烤、疲劳审讯等非法方法收集的被告人供述，应当排除。除情况紧急必须现场讯问以外，在规定的办案场所外讯问取得的供述，未依法对讯问进行全程录音录像取得的供述，以及不能排除以非法方法取得的供述，应当排除。”最高人民法院法官认为，冻、饿、晒、烤的方法属于“变相肉刑”，属于与刑讯逼供相当的非法方法。疲劳审讯也属于与刑讯逼供相当的非法方法。对于违反讯问地点和未依法进行讯问录音录像所获取的供述的排除，最高人民法院法官的解释前后矛盾，一方面，认为只有严格执行关于讯问地点、讯问录音录像的规定，才能有效遏制刑讯逼供。另一方面，认为讯问地点、讯问录音录像的规定是防范冤假错案的底线要求，一旦放松，冤假错案极易发生。由于取证程序违反法律规定而影响到口供的真实性，进而依法不得作为定案的根据。由此可见，在排除规则的理论基础上存在前后不一致，前者为通过排除证据威慑侦查机关，预防非法取证，后者则意味着之所以排除相应的证据是因为取证程序违法导致证据可能不真实。参见罗国良、刘静坤、朱晶晶：“《关于建立健全防范刑事冤假错案工作机制的意见》的理解与适用”，载《人民司法》2014年第5期，第23-24页。

得供述的排除规则，即除情况紧急必须现场讯问以外，在规定的办案场所外讯问取得的供述，未依法对讯问进行全程录音录像取得的供述，应当排除。然而，《最高法防冤意见》并不具有司法解释的效力，而且对其中第 8 条的规定，相关部门还有不同的看法。最高人民检察院原副检察长朱孝清认为，上述规定不符合刑事诉讼法的规定，“在规定的办案场所以外讯问取得的供述应当予以排除”的观点混淆了违法证据与需要排除的用非法方法收集的证据的界限，“未依法对讯问进行全程录音录像取得的供述应予排除”的观点则是混淆了违法证据与应当排除的用非法方法收集的证据的界限。〔1〕

2013 年 11 月 12 日中共十八届三中全会通过的《中共中央关于全面深化改革若干重大问题的决定》（以下简称十八届三中全会《决定》）明确指出，“健全错案防止、纠正、责任追究机制，严禁刑讯逼供、体罚虐待，严格实行非法证据排除规则”。2014 年 10 月 23 日中共十八届四中全会通过的《中共中央关于全面推进依法治国若干重大问题的决定》（以下简称十八届四中全会《决定》）明确指出，“健全落实罪刑法定、疑罪从无、非法证据排除等法律原则的法律制度。完善对限制人身自由司法措施和侦查手段的司法监督，加强对刑讯逼供和非法取证的源头预防，健全冤假错案有效防范、及时纠正机制”。由此，非法证据排除规则的修改完善被纳入中央新时期全面深化改革的规划之中。根据中央改革部署，最高人民法院等部门共同研究制定严格实行非法证据排除规则的改革文件。最终，由最高人民法院刑三庭牵头进行改革，要求各省、自治区、直辖市上报调研报告，组成“改革项目组”赴全国各地进行调研。经过调研和讨论，至 2014 年底，最高人民法院已经制定出改革文件，并在征求相关学者和实务工作者意见的基础上进行过多次修改，相关媒体对此也进行了报道，〔2〕并乐观地估计改革文件很快就会出台。由于中国的非法证据排除制度改革是由相关政法部门共同参与推进的改革，而相关政法部门对改革涉及的诸多内容存在严重分歧意见，特别是有的政法部门出于各种考虑，对一些制度和规定持反对意见，〔3〕最终导致改革文件未能按时出台。

2014 年十八届四中全会《决定》明确提出，“推进以审判为中心的诉讼制度改革，确保侦查、审查起诉的案件事实证据经得起法律的检验”。2016 年 6 月 27 日，中央全面深化改革领导小组第 25 次会议审议通过《关于推进以审判为中心

〔1〕 参见朱孝清：“刑事诉讼法实施中的若干问题研究”，载《中国法学》2014 年第 3 期，第 259 页。

〔2〕 参见邢世伟：“最高法将出非法证据排除解释文件 疲劳审讯拟算变相刑讯逼供”，载《新京报》2014 年 12 月 8 日，第 A01 版；任重远：“非法证据排除新司法解释：要有突破，追求重大突破”，载《南方周末》2014 年 12 月 12 日，第 5 版。

〔3〕 这一情况在制定“两个证据规定”时就已存在，参见戴长林、罗国良、刘静坤：《中国非法证据排除制度：原理·案例·适用》，法律出版社 2017 年版，第 18 页。

的刑事诉讼制度改革的意见》（以下简称《审判中心改革意见》）。2016 年 7 月 20 日，“两高三部”共同会签改革文件，并正式下发。中央全面深化改革领导小组在通告中指出，推进以审判为中心的诉讼制度改革要解决若干问题，其中包括“健全非法证据排除制度”。〔1〕《审判中心改革意见》对非法证据排除问题作出更加严格的规定，即“对采取刑讯逼供、暴力、威胁等非法方法收集的言词证据，应当依法予以排除”。2017 年 2 月，最高人民法院发布《关于全面推进以审判为中心的刑事诉讼制度改革的实施意见》。该意见在非法证据排除的实体规则方面继续强调“采取刑讯逼供、暴力、威胁等非法方法收集的言词证据，应当予以排除”。此外，该意见在非法证据排除的程序规则方面也作了新的规定，如加强庭前会议排除非法证据的功能、进一步明确证据能力优先于证明力的规则等。

2017 年 6 月，最高人民法院发布《关于在全国部分法院开展“三项规程”试点的通知》，其中，《人民法院办理刑事案件排除非法证据规程（试行）》（以下简称《旧非法证据排除规程》）对非法证据排除的实体范围作了扩张，对非法证据排除的程序进行了完善，该“三项规程”自发布之日起在部分中级人民法院和部分基层人民法院试行。2017 年 6 月，“两高三部”联合发布《关于办理刑事案件严格排除非法证据若干问题的规定》（以下简称《严格排除非法证据规定》），对《旧非法证据排除规程》的相关内容予以确认。2017 年 12 月，最高人民法院发布新的“三项规程”，〔2〕包括新的《人民法院办理刑事案件排除非法证据规程（试行）》（以下简称《新非法证据排除规程》）。新的“三项规程”自 2018 年 1 月 1 日起在全国范围内试行。2018 年 3 月全国人大通过的《监察法》第 33 条明确规定，“以非法方法收集的证据应当依法予以排除，不得作为案件处置的依据”。2018 年 10 月 26 日全国人大常委会通过的《关于修改〈中华人民共和国刑事诉讼法〉的决定》对非法证据排除问题未作修改。

从时间上来看，《新非法证据排除规程》比《严格排除非法证据规定》出台时间晚，但《新非法证据排除规程》是为了贯彻落实《审判中心改革意见》和《严格排除非法证据规定》而制定的，重点针对非法证据排除程序适用中存在的启动难、证明难、认定难、排除难等问题，进一步明确了人民法院审查和排除非法证据的具体规则和流程。〔3〕因此，《新非法证据排除规程》只是对审判环节的

〔1〕 参见沈德咏主编：《严格司法与诉讼制度改革：推进以审判为中心的刑事诉讼制度改革策论》，法律出版社 2017 年版，第 11 页。

〔2〕《人民法院办理刑事案件庭前会议规程（试行）》《人民法院办理刑事案件排除非法证据规程（试行）》和《人民法院办理刑事案件第一审普通程序法庭调查规程（试行）》。

〔3〕 参见戴长林、朱晶晶：“人民法院办理刑事案件排除非法证据规程（试行）理解与适用（上）”，载《人民法院报》2018 年 1 月 24 日，第 6 版。

非法证据排除问题予以细化，并未创设新的规则。

2017年《严格排除非法证据规定》在非法证据排除的实体规则和程序规则方面均有诸多突破，非法证据排除的实体范围有所扩大，非法证据排除的程序规范更加完善。[1]非法证据排除实体范围的突破表现在以下几个方面：首先，细化、扩充了刑讯逼供等非法方法的规定。殴打、违法使用戒具等暴力方法属于典型的刑讯逼供方法，变相肉刑属于变相的刑讯逼供方法。[2]此外，还明确了采用威胁方法取得供述的排除规则及认定标准。[3]其次，通过原则加例外的方式对重复性供述的排除问题予以规定，初步确立了重复性供述排除规则。[4]最后，对部分重大程序性违法获取的供述该如何处理予以规定。对通过非法限制人身自由的方法所获取的言词证据明确规定予以排除，[5]对侦查机关在看守所讯问室之外的场所进行讯问的，要求作出合理解释。[6]从法理上来说，要求侦查机关作出合理解释，意味着对所外审讯获取供述的排除问题适用相对排除规则，即当侦查机关无法作出合理解释因而不能排除存在非法取供情形的，所外审讯获取的供述应予以排除。

非法证据排除程序规范的完善表现在以下几个方面：首先，对于审前阶段犯罪嫌疑人及其辩护人申请排除非法证据的情形如何处理予以规定，[7]确立了重大案

---

〔1〕参见王彪："中国非法证据排除规则的最新发展"，载《兰州大学学报（社会科学版）》2018年第2期，第113-118页。

〔2〕参见戴长林主编：《非法证据排除规定和规程理解与适用》，法律出版社2019年版，第19页。

〔3〕《严格排除非法证据规定》第3条规定："采用以暴力或者严重损害本人及其近亲属合法权益等进行威胁的方法，使犯罪嫌疑人、被告人遭受难以忍受的痛苦而违背意愿作出的供述，应当予以排除。"

〔4〕《严格排除非法证据规定》第5条规定："采用刑讯逼供方法使犯罪嫌疑人、被告人作出供述，之后犯罪嫌疑人、被告人受该刑讯逼供行为影响而作出的与该供述相同的重复性供述，应当一并排除，但下列情形除外：（一）侦查期间，根据控告、举报或者自己发现等，侦查机关确认或者不能排除以非法方法收集证据而更换侦查人员，其他侦查人员再次讯问时告知诉讼权利和认罪的法律后果，犯罪嫌疑人自愿供述的；（二）审查逮捕、审查起诉和审判期间，检察人员、审判人员讯问时告知诉讼权利和认罪的法律后果，犯罪嫌疑人、被告人自愿供述的。"

〔5〕《严格排除非法证据规定》第4条规定："采用非法拘禁等非法限制人身自由的方法收集的犯罪嫌疑人、被告人供述，应当予以排除。"第6条规定："采用暴力、威胁以及非法限制人身自由等非法方法收集的证人证言、被害人陈述，应当予以排除。"

〔6〕《严格排除非法证据规定》第9条规定："拘留、逮捕犯罪嫌疑人后，应当按照法律规定送看守所羁押。犯罪嫌疑人被送交看守所羁押后，讯问应当在看守所讯问室进行。因客观原因侦查机关在看守所讯问室以外的场所进行讯问的，应当作出合理解释。"

〔7〕《严格排除非法证据规定》第14条第1款规定："犯罪嫌疑人及其辩护人在侦查期间可以向人民检察院申请排除非法证据。对犯罪嫌疑人及其辩护人提供相关线索或者材料的，人民检察院应当调查核实。调查结论应当书面告知犯罪嫌疑人及其辩护人。对确有以非法方法收集证据情形的，人民检察院应当向侦查机关提出纠正意见。"第17条第1款规定："审查逮捕、审查起诉期间，犯罪嫌疑人及其辩护人申请排除非法证据，并提供相关线索或者材料的，人民检察院应当调查核实。调查结论应当书面告知犯罪嫌疑人及其辩护人。"

件侦查终结前讯问合法性核查制度，[1]从而强化了检察机关在审前阶段调查和排除非法证据的职责。其次，完善了证据合法性证明机制。完善看守所提讯登记、身体检查等制度，扩大与案件事实具有相关性的证据材料的范围，[2]即与证据收集合法性有联系的证据材料应当依法调取。最后，完善审判阶段非法证据排除程序。增强庭前会议在证据合法性审查方面的作用，督促被告人一方尽快提出排除非法证据的申请，明确了证据能力优先于证明力的规则，[3]要求法院在裁判文书中对证据收集合法性的审查、调查结论进行说理，规定人民检察院对证据收集合法性的举证时限。

2017年《严格排除非法证据规定》出台后，非法证据排除规则进入一个相对稳定的发展时期。可以预期的是，短时间内非法证据排除规则将不会发生大的变化。因此，有必要对中国非法证据排除规则的特点进行分析。有学者认为，中国非法证据排除规则的特色主要体现在两个方面：一方面是传统的非法证据排除规则只限于排除侵犯犯罪嫌疑人、被告人的权利所取得的证据，排除范围不包括证人证言、被害人陈述等言词证据，而我国则将非法取得的证人证言、被害人陈述都纳入到排除的范围；另一方面是传统的非法证据排除规则只限于在法庭审理活动中适用，而我国则将非法证据排除延伸到审前阶段。[4]我们认为，中国非法证据排除制度除具有上述特点外，在实体范围和程序规范两个方面均有诸多特点。

在非法证据排除的实体范围方面的特点有以下几点：首先，非法证据排除的实体范围狭小，主要是非法口供且仅排除部分非法口供，这与国外法治发达国家普遍奉行的自白任意性规则是明显不同的，[5]体现了我国非法证据排除规则

---

〔1〕《严格排除非法证据规定》第14条第3款规定："对重大案件，人民检察院驻看守所检察人员应当在侦查终结前询问犯罪嫌疑人，核查是否存在刑讯逼供、非法取证情形，并同步录音录像。经核查，确有刑讯逼供、非法取证情形的，侦查机关应当及时排除非法证据，不得作为提请批准逮捕、移送审查起诉的根据。"事实上，这一制度是对2016年"两高三部"《审判中心改革意见》提出的"探索建立重大案件侦查终结前对讯问合法性进行核查制度"的落实，参见戴长林主编：《非法证据排除规定和规程理解与适用》，法律出版社2019年版，第77-78页。

〔2〕《严格排除非法证据规定》第22条规定："犯罪嫌疑人、被告人及其辩护人向人民法院、人民检察院申请调取公安机关、国家安全机关、人民检察院收集但未提交的讯问录音录像、体检记录等证据材料，人民法院、人民检察院经审查认为犯罪嫌疑人、被告人及其辩护人申请调取的证据材料与证明证据收集的合法性有联系的，应当予以调取；认为与证明证据收集的合法性没有联系的，应当决定不予调取并向犯罪嫌疑人、被告人及其辩护人说明理由。"

〔3〕《严格排除非法证据规定》第33条第2款规定："在法庭作出是否排除有关证据的决定前，不得对有关证据宣读、质证。"

〔4〕参见杨宇冠："论中国特色的非法证据排除规则"，载卞建林、杨宇冠主编：《非法证据排除规则实证研究》，中国政法大学出版社2012年版，第267页。

〔5〕有学者认为，中国自白任意性规则已在规范层面上初步成型，参见王景龙："中国语境下的自白任意性规则"，载《法律科学（西北政法大学学报）》2016年第1期，第143页。我们认为，我国没有确立自白任意性规则，立法和法律解释确立的是非法口供排除的"痛苦规则"，关于自白任意性规则在我国被忽略的问题，参见张建伟："自白任意性规则的法律价值"，载《法学研究》2012年第6期，第164-177页。

“遏制重大违法，保障基本人权”的理念以及注重真实发现的价值取向。[1]其次，非法证人证言、被害人陈述亦被纳入排除的范围。这与我国证人、被害人基本上不出庭，在法庭审理以及定案处理时普遍使用侦查机关在封闭环境下收集的证人证言笔录和被害人陈述笔录作为证据有关。在国外，非法证据排除的实体范围一般不包括证人证言、被害人陈述。最后，非法实物证据与瑕疵实物证据难以区分，且非法实物证据的范围存在争议。从立法和司法解释关于非法实物证据和瑕疵实物证据的用语来看，均允许“补正”和“合理解释”。从全国人大常委会参与立法人员对非法物证、书证的解释来看，[2]基本上将非法实物证据等同于瑕疵实物证据。此外，对于物证、书证之外的实物证据，如电子数据、视听资料等，是否适用非法证据排除规则，目前也不明确。

在非法证据排除的程序规范方面，有以下特点：首先，多主体、全程排除非法证据。从国外法治发达国家的情况来看，非法证据排除仅限于审判阶段，且排除非法证据的主体是法院。根据我国立法和法律解释的规定，侦查机关、检察机关、审判机关在刑事诉讼的全流程都有权（职责）排除非法证据，根据《监察法》的相关规定，监察机关也是排除非法证据的法定主体。其次，排除非法证据后，允许重新取证。排除非法证据后相关证据还能否重新调取，立法的规定不明确。最高人民检察院的司法解释一直明确规定可以重新取证，[3]《严格排除非法证据规定》关于重复性供述排除及其例外的规定，也意味着在排除非法证据后，

---

〔1〕 有学者认为，我国非法证据排除规定以真实取向为主，基于这一价值取向，侦查机关甚至司法机关对于扩大非法证据排除范围有所顾虑。参见张建伟：“排除非法证据的价值预期与制度分析”，载《中国刑事法杂志》2017 年第 4 期，第 41-43 页。事实上，最高人民法院法官对此早已有明确说明：“《解释》明确规定采用刑讯逼供等手段获取的言词证据不能作为定案的根据，对人民法院来讲，首先有利于减少冤假错案的发生。”参见熊选国主编：《刑事诉讼法司法解释释疑》，中国法制出版社 2002 年版，第 51 页。

〔2〕 参与立法的人员认为，“不符合法定程序”包括不符合法律对于取证主体、取证手续、取证方法的规定，如由不具备办案资格的人员提取的物证，勘验笔录没有见证人签字的物证，未出示搜查证搜查取得的书证等。“可能严重影响司法公正”是指收集物证、书证不符合法定程序的行为明显违法或者情节严重，可能对司法机关办理案件的公正性、权威性以及司法的公信力产生严重的损害。“补正”是指对取证程序的非实质性的瑕疵进行补救，如在缺少侦查人员签名的勘验、检查笔录上签名等。“合理解释”是指对取证程序的瑕疵作出符合逻辑的解释，如对书证副本复制时间作出解释等。从这些解释来看，参与立法人员基本上将非法物证、书证等同于瑕疵物证、书证。参见全国人大常委会法制工作委员会刑法室编：《关于修改中华人民共和国刑事诉讼法的决定：条文说明、立法理由及相关规定》，北京大学出版社 2012 年版，第 56 页。

〔3〕 1999 年《最高检规则》第 265 条第 2 款规定：“人民检察院审查起诉部门在审查中发现侦查人员以非法方法收集犯罪嫌疑人供述、被害人陈述、证人证言的，应当提出纠正意见，同时应当要求侦查机关另行指派侦查人员重新调查取证，必要时人民检察院也可以自行调查取证。”2012 年《最高检规则》第 379 条规定：“人民检察院公诉部门在审查中发现侦查人员以非法方法收集犯罪嫌疑人供述、被害人陈述、证人证言等证据材料的，应当依法排除非法证据并提出纠正意见，同时可以要求侦查机关另行指派侦查人员重新调查取证，必要时人民检察院也可以自行调查取证。”

侦查机关、检察机关甚至审判机关可以重新取证。最后，控辩双方对证据合法性相关的审查、调查结论不服的，没有单独的救济程序，只能在一审宣判后与案件的实体问题一起上诉或者抗诉。

二、非法证据排除制度的实施情况

非法证据排除本质上是一种程序性制裁，意味着国家公权力机关通过非法方法获取的证据无效。在我国这样一个注重实体真实发现的国家，〔1〕贯彻落实非法证据排除规则的难度是可想而知的。受制于规则本身是否完善、司法环境等因素的影响，在不同时期，非法证据排除规则的运行情况是不一样的。

（一）非法证据排除制度在萌芽阶段的实施情况

由于早期阶段的非法证据排除制度缺少相应的程序性规则，司法实践中鲜有排除非法证据的案例，也缺乏相应的数据统计。因此，对非法证据排除制度早期实施情况的研究，只能从当时理论界与实务界的研究、典型案例等方面进行分析。具体来说，需要明确以下问题：一是当时的司法实践中是否存在刑讯逼供的情况？二是被告人一方是否经常提出排除非法证据的申请？三是法院对此申请是如何处理的？四是实践中有没有排除非法证据的案例？排除非法证据的案件数量在所有申请排除非法证据的案件数量中的比例是多少？排除非法证据的案件是如何排除非法证据的？

1. 关于是否存在刑讯逼供的问题

从相关统计数据来看，这一时期的刑讯逼供行为是较为普遍的。例如，就公安机关而言，刑讯逼供致人死亡的案件不断发生。1996 年全国公安机关共发生刑讯逼供致人死亡案件 56 起，致死 56 人。1997 年又发生 40 起，致死 40 人。实际上刑讯逼供致死亡的案件远不止上述统计。〔2〕据调研，许多干警也不否认司法实践中刑讯逼供的普遍存在，并认为这是获取证据的途径之一。〔3〕从公安部发布的文件来看，刑讯逼供现象在实践中也比较普遍，例如，1992 年公安部下发《关于坚决制止公安干警刑讯逼供的决定》，1995 年公安部下发《关于集中开展制止刑讯逼供专项教育整顿的通知》，这种对刑讯逼供的运动式治理从一个侧面表明当时的刑讯逼供现象较为普遍。

从媒体报道的案例来看，一些案件不仅通过刑讯逼供获取犯罪嫌疑人的供述，还通过暴力、威胁等方法获取证人证言。以赵作海案为例。该案有两份关键

---

〔1〕 参见王彪：“刑事诉讼真实观导论”，载陈兴良主编：《刑事法评论》（第 28 卷），北京大学出版社 2011 年版，第 427-435 页。

〔2〕 参见司钦山、丁葛云：“论刑讯逼供的立法对策”，载《江苏公安专科学校学报》1999 年第 1 期，第 90 页。

〔3〕 参见陈卫东主编：《刑事诉讼法实施问题调研报告》，中国方正出版社 2001 年版，第 38 页。

证言，即赵作海的妻子赵小齐和“情人”杜金惠的证言。事后发现，侦查机关对这两位证人均实施了暴力、威胁以及非法限制人身自由的非法取证方法。[1]在辽宁李化伟案件中也存在类似情况，[2]即办案人员对李化伟的母亲通过威胁等方法取证。上述两个案件最终均因“被害人复活”或者“真凶再现”而证明为典型的冤案。

2. 关于被告人一方是否经常提出排除非法证据的申请

从学界的调研来看，司法实践中被告人当庭翻供的情况较为普遍，且很大一部分的翻供伴随着刑讯逼供抗辩。某学者对Y省省会城市的三个基层人民法院调研后发现，J法院、N法院以及G法院被告人的当庭翻供率分别为27.5%、21%和14%。被告人翻供的理由主要有刑讯逼供、骗供、诱供以及错误的讯问记录等，其中最主要的理由是刑讯逼供。在该学者调研的三个基层人民法院中，共有55起案件为被告人当庭翻供的案件，其中被告人主张曾遭受逼供的案件共计19起，占翻供案件的34.5%。[3]而在审前供述率近乎100%的情况下，[4]被告人一方提出排除非法证据申请的数量也就可想而知了。从媒体报道的一些冤错案件来看，这些案件的被告人均曾作出过有罪供述，其中有很大一部分被告人及其辩护人在法庭上提出过非法证据排除申请。

3. 关于法院如何处理非法证据排除申请

有学者调研发现，法官们普遍反映，通常情况下法官不调查刑讯逼供的证据，一方面是因为开庭时若暴露有关刑讯逼供遗留的伤痕令法庭很尴尬，另一方面是因为很难收集足够的证据对当事人追究责任。[5]还有一部分原因在于一些法官认为刑讯逼供问题并非法庭审判的重点。2000年进行的“控辩审三人谈”，在讨论如何处理以刑讯逼供为理由的翻供时，田文昌律师认为，有的法庭不允许

---

〔1〕赵小齐回忆：“在赵作海被抓后，她曾被关进附近一个酒厂一个多月，罚跪、殴打，逼她承认装尸体的化肥袋是她们家的，最终办案民警让她在口供上签字，承认‘一看袋子上的补丁就认出是自己缝的’。”杜金惠回忆：“当时警方带我走，让我承认这事情和我有关系。我不承认，他们就用棍子打我，把我控制了29天，天天都被要求承认赵作海是因为她杀了人。他们说，承认了就没事了。有这事不承认也不行。”参见顾永忠主编：《刑事辩护律师审查、运用证据指南》，北京大学出版社2010年版，第234页。

〔2〕在李化伟被公安机关审讯的同时，李化伟的母亲杨素芝也被抓到公安局审讯。据调查，杨素芝遭到这样的恐吓：“你儿子杀害邢伟，他已经交代了，说杀完后回家对你讲了，你怎么还不交代？”杨素芝哪里见过如此场面，便头也不敢抬地说：“我真的不知道。”办案人员一拍桌子：“‘不知道’这个词不准你说，你再说不知道就送你去看守所。”从当天下午两点半一直审到深夜一点多钟，杨老太太在极端的恐惧下，被迫按办案人员的口吻编出了儿子杀死邢伟后到家里跟她说了的证词，她才被放回家。参见张军主编：《刑事证据规则理解与适用》，法律出版社2010年版，第373页。

〔3〕参见左卫民等：《中国刑事诉讼运行机制实证研究（五）：以一审程序为侧重点》，法律出版社2012年版，第177-180页。

〔4〕有学者对三个基层法院的调研结果显示，不同年份不同地区被告人的供述率从95.08%到100%。参见左卫民等：《中国刑事诉讼运行机制实证研究》，法律出版社2007年版，第41-42页。

〔5〕参见陈卫东主编：《刑事诉讼法实施问题调研报告》，中国方正出版社2001年版，第39页。

谈这个问题，一旦被告人谈到刑讯逼供时就加以制止，甚至公诉人也当庭制止。时任最高人民法院刑庭庭长的张军认为，制止是因为弄不清楚，既然不能证明原口供是否系刑讯逼供所得，就要看它真实与否。在本案中，指控的犯罪事实不是刑讯逼供。时任最高人民检察院公诉厅厅长的姜伟认为，法官完全不让被告人讲刑讯逼供的问题不行，但让他过多地渲染整个刑讯逼供的过程也不行，因为有真有假。此外，本庭是审理被告人的行为是否构成犯罪，不是研究侦查人员是否刑讯逼供，不能本末倒置。[1]正因如此，有学者认为，通常情况下，辩护方即使提出了侦查人员实施刑讯逼供的问题，甚至明确要求法庭排除非法所得的证据，法庭也不会将此问题列入司法裁判的范围，甚至会置之不理。[2]这种情况之所以频频发生，除了缺乏证明机制之外，还是因为法官、检察官的认识问题，即传统观点认为，法庭审判的对象是被告人的行为是否构成犯罪，而非侦查人员是否有刑讯逼供等非法取证行为。

在这一阶段，司法实践中经常发生这样的现象，被告人在法庭上以审前阶段受到刑讯逼供为由推翻之前的供述，一些被告人及其辩护人还明确提出排除非法证据的申请。而由于立法和司法解释没有明确非法证据排除的程序问题，对于被告人一方提出的非法证据排除申请该如何处理，不同地方有不同的做法。大部分法院对于被告人一方提出的排除非法证据申请要么置之不理，要么要求被告人一方举证，要么在进行调查后不予表态。[3]

在云南杜培武故意杀人案被发现系冤案后，云南省人大常委会颁布了《关于重审严禁刑讯逼供和严格执行办案时限等规定的决定》，中共云南省委政法委员会出台了《关于提高执法水平，确保办案质量的意见》，云南省人民检察院和公安厅向新闻媒体作出了“严禁刑讯逼供”的承诺。[4]针对该案，最高人民检察院于2001年1月发布《关于严禁将刑讯逼供获取的犯罪嫌疑人供述作为定案依据的通知》，要求各级人民检察院一定要认真吸取教训，采取有力措施，坚决杜绝刑讯逼供现象的发生，彻底排除刑讯取得的证据，确保办案质量，保护当事人的合法权益，维护司法公正。上述机关虽然均认识到刑讯逼供的危害，提出严禁刑讯逼供，并认识到要排除刑讯取得的证据，但均没有提出要完善非法证据排除的程序机制。

此后，辽宁的刘涌案件，则更为典型地表明法院在非法证据排除问题上的态度。在该案的一审、二审、再审裁判文书中，铁岭市中级人民法院、辽宁省高级人民法院和最高人民法院对于非法证据排除的程序问题有三种不同的看法。一审

---

〔1〕 参见张军、姜伟、田文昌：《刑事诉讼：控·辩·审三人谈》，法律出版社2001年版，第168-171页。

〔2〕 参见陈瑞华：《程序性制裁理论》，中国法制出版社2005年版，第258页。

〔3〕 结合案例的分析，参见陈瑞华：《程序性制裁理论》，中国法制出版社2005年版，第249-258页。

〔4〕 参见陈昌云：“路漫漫其修远兮——杜培武出狱以后”，载《工人日报》2000年12月8日。

庭审中，刘涌等被告人以侦查阶段受到刑讯逼供为由翻供，刘涌的辩护人也请求法庭“认真调查此事”。对此，铁岭市中级人民法院在判决书中判定：“上列被告人及其辩护人提出的公安机关在侦查阶段有刑讯逼供行为。经公诉机关调查，认定公安机关有刑讯逼供行为的证据不充分，对此辩护意见不予采纳。”[1]据此，一审法院认为刑讯逼供问题是一个应当由检察机关调查的问题，即是否构成刑讯逼供罪，相应地，对于公安机关刑讯逼供行为的调查，也要达到证据“充分”的程度。很明显，一审法院的做法混淆了非法证据排除规则这一程序法意义上的“刑讯逼供”与刑讯逼供罪这一实体法意义上的“刑讯逼供”。在二审时，辩护人通过举示相应的证据材料证明刑讯逼供行为的客观存在。对此，辽宁省高级人民法院二审判决认为不排除侦查机关在侦查过程中存在刑讯逼供的可能性，但没有明确是否排除非法证据，而是将一个证据合法性问题、证据是否应当排除的问题转化为量刑问题，将刘涌的死刑立即执行改判为死刑缓期执行。[2]具体表述如下：

“一审判决认定被告人刘涌的主要犯罪事实和证据未发生变化，应予以确认。对刘涌及其辩护人提出的公安机关在对刘涌及其同案被告人讯问时存在刑讯逼供的辩解及辩护意见，经查，不能从根本上排除公安机关在侦查过程中存在刑讯逼供。刘涌系黑社会性质组织的首要分子，应当按照其所组织、领导的黑社会性质组织所犯的全部罪行处罚。其所犯故意伤害罪，论罪应当判处死刑，但鉴于其犯罪的事实、性质、情节和对社会的危害程度以及本案的具体情况，对其判处死刑，可不立即执行。”[3]

二审宣判后，辽宁省高级人民法院的判决引起社会各界的广泛关注，对于何谓“本案的具体情况”，民众议论纷纷。在这一背景下，最高人民法院决定通过“提审”的方式启动本案的再审。在最高人民法院提审时，公诉人出示了新的证据材料。最终，最高人民法院在判决书中认为本案“不能认定”公安机关在侦查阶段存在刑讯逼供行为，具体表述如下：[4]

“对于再审被告人刘涌及其辩护人提出的公安机关在本案侦查阶段存在刑讯逼供的辩解及辩护意见，经查，庭审中公诉人出示的参与刘涌一案的预审、监

---

〔1〕 参见陈瑞华：《程序性制裁理论》，中国法制出版社2005年版，第307页。

〔2〕 在稍早一些的李俊岩组织、领导黑社会性质组织案中，辽宁省高级人民法院也是认定“不能从根本上排除公安机关刑讯逼供行为的存在”，也是将死刑立即执行改判为死刑缓期执行。参见陈瑞华：《程序性制裁理论》，中国法制出版社2005年版，第251页。

〔3〕 “刘涌组织、领导黑社会性质组织案——中华人民共和国最高人民法院刑事判决书（2003）刑提字第5号”，载中华人民共和国最高人民法院刑事审判第一、二、三、四、五庭主办：《刑事审判参考》（总第36集），法律出版社2004年版，第145页。

〔4〕 “刘涌组织、领导黑社会性质组织案——中华人民共和国最高人民法院刑事判决书（2003）刑提字第5号”，载中华人民共和国最高人民法院刑事审判第一、二、三、四、五庭主办：《刑事审判参考》（总第36集），法律出版社2004年版，第168-169页。

管、看守人员的证言证明，公安人员未对刘涌及其同案被告人刑讯逼供；辽宁省人民政府依法指定的鉴定医院沈阳市公安医院 2000 年 8 月 5 日至 2001 年 7 月 9 日对刘涌及其同案被告人先后进行的 39 次体检病志载明，刘涌及其同案被告人皮肤粘膜均无出血点，双下肢无浮肿，四肢活动正常，均无伤情。刘涌的辩护人在庭审中出示的证明公安人员存在刑讯逼供的证人证言，取证形式不符合有关法规，且证言之间相互矛盾，同一证人的证言前后矛盾，不予采信。据此，不能认定公安机关在侦查阶段存在刑讯逼供，刘涌及其辩护人的辩解和辩护意见，本院不予采纳。"

上述案例表明，由于司法解释未设定具体的非法证据排除程序，使得司法实践中排除非法证据难以操作。在司法实践中，在刘涌案件发生后，要求对非法取证行为"查证属实"的做法经常发生，司法解释确立的非法证据排除规则处于沉睡状态。

4. 关于司法实践中有无排除非法证据的案例

通过查找资料，我们发现 1997 年湖南王永东等故意杀人案是这一时期罕见的排除非法证据的案例。[1]

1997 年 3 月 18 日，湖南省永州市中级人民法院公开开庭审理王永东等故意杀人案。在法庭上，被告人王永东翻供并陈述说自己过去所有的有罪供述都是在侦查人员刑讯逼供和诱供情况下作出的。最终，一审法院判决王永东犯故意杀人罪，判处死刑，缓期两年执行，剥夺政治权利终身。二审期间，湖南省高级人民法院法官通过提审王永东、调查有关证人等方式了解到公安人员对王永东等人实施刑讯逼供的情况。1997 年 9 月 23 日，合议庭以"事实不清、证据不足"为根据，作出了撤销原判、发回重审的裁定。湖南省高级人民法院在作出上述裁定的同时，还向永州市中级人民法院发出了一份公函，认为"王永东故意杀人案因公安机关在审讯唐勇、王永东、江元胜时有刑讯逼供行为，故三人的供述不能作为定案的根据，对王永东应依法作出证据不足，指控的犯罪不能成立的无罪判决"。1998 年 3 月 20 日，永州方面携卷来到湖南省高级人民法院，要求法院严惩王永东。法官解释说，由于公安在审讯中有刑讯逼供、诱供行为，唐勇、王永东二人的口供不能作为定案的依据。除此之外，再无其他任何直接证据证明王永东参与该案。参与汇报的公安机关办案人员也当场承认对唐勇、王永东"打还是打了，但主要是出于义愤"。法官坚持认为，由于刑讯逼供，唐勇、王永东二人口供有真有假，不能作为定案的根据。最终，永州市人民检察院决定对此案撤回起诉，并将王永东释放。

从媒体报道的情况来看，湖南省高级人民法院在该案中排除非法证据的做法

---

〔1〕 参见文裴："刑讯逼供的惨痛代价"，载《南方周末》1998 年 11 月 27 日，第 5 版。

面临很大的压力，在发回重审的裁定书中也没有明确指出该案有应当排除的非法证据，但最终认为通过刑讯逼供获取的供述有真有假，所以不能作为定案的根据。该案的情况表明，司法实践中可能偶尔也存在一些排除非法证据的案例，但一般不会在裁判文书中明确表示是“非法证据”而予以排除。此外，对于排除的非法证据，一般也是以刑讯逼供导致证据的真实性有疑问而予以排除。这也从一个侧面反映出非法证据排除的困难。如果通过非法方法获取的证据的真实性没有问题，则一般不会排除。由于法院一般都是在“查证属实”有非法取证的情形后才会排除相应的非法证据，司法实践中排除非法证据只可能是个别法院的罕见做法，被排除非法证据的案件也只可能是极为少见的个案。

（二）非法证据排除制度正式确立后的实施情况

2010 年《非法证据排除规定》实施后，理论界与实务界对非法证据排除制度的实施情况进行调研，媒体也报道了一些典型案例，最高人民法院法官编辑的《刑事审判参考》上也刊登了部分排除非法证据的案例。以上调研报告、典型案例，从不同的角度反映了非法证据排除制度在这一时期的实施情况。此外，本课题组在全国部分地区进行了调研，收集了一些与非法证据排除相关的案例和数据，对部分法官进行了访谈。通过上述方法，本课题组对非法证据排除制度正式确立后的实施情况有了一定的了解。

从总体上看，全国各地的法院都排除了一些非法证据，例如，2013 年 1—8 月，重庆法院系统排除非法证据的案件有 14 件。[1]据笔者 2014 年的调研，2010 年 7 月至 2014 年 7 月，北京法院系统排除非法证据的案件有 14 件，[2]上海法院系统排除非法证据的案件有 6 件，浙江法院系统排除非法证据的案件有 39 件，江西法院系统排除非法证据的案件有 7 件，山东法院系统排除非法证据的案件有 41 件，黑龙江法院系统排除非法证据的案件有 14 件，广西法院系统排除非法证据的案件有 42 件，内蒙古法院系统排除非法证据的案件有 5 件。2013 年 1 月至 2014 年 4 月，广东法院系统排除非法证据的案件有 30 件。2010 年 7 月至 2014 年 6 月，江苏法院系统排除非法证据的案件有 27 件。2013 年 1 月至 2014 年 6 月，重庆法院系统排除非法证据的案件有 24 件，四川法院系统排除非法证据的案件有 14 件，陕西法院系统排除非法证据的案件有 8 件。

此外，检察院在检察环节也排除了一些非法证据。例如，北京市检察机关

---

〔1〕 参见孙长永、王彪：“审判阶段非法证据排除问题实证考察”，载《现代法学》2014 年第 1 期，第 73 页。

〔2〕 有学者调研发现，北京法院系统 2013 年全年共对 18 件刑事案件的非法证据予以排除。参见杨宇冠等：《非法证据排除规则在中国的实施问题研究》，中国检察出版社 2015 年版，第 208 页。之所以两处的数据存在差别，原因有两个：一是统计的准确性不够，二是对何谓“非法证据”的认识不同，在杨宇冠教授的著作中，将大量的瑕疵证据、真实性存在疑问的证据也视为非法证据。

2013年1月至12月，审查批捕阶段共受理非法证据调查2件2人，提出纠正1件1人，因排除非法证据作出不捕决定2件4人，审查起诉阶段共受理非法证据调查5件6人，其中提出纠正2件3人，已纠正1件1人。在山西，截至2013年10月底，仅太原市公诉部门启动非法证据排除程序的就有23件，其中排除非法证据的有5件。〔1〕2014年，全国检察机关对不构成犯罪和证据不足的，决定不批捕116 553人、不起诉23 269人，其中因排除非法证据不批捕406人、不起诉198人。〔2〕2016年，全国检察机关对不构成犯罪或证据不足的，不批捕132 081人、不起诉26 670人，其中因排除非法证据不批捕560人、不起诉169人。〔3〕在检察机关排除非法证据的案例中，2014年的河北王玉雷案是一个典型案例，〔4〕检察机关在审查批捕时发现公安机关可能存在刑讯逼供和以连续传唤的形式变相拘禁犯罪嫌疑人等违法取证行为，排除了犯罪嫌疑人王玉雷的口供，作出了不批捕的决定。最终发现，真凶另有他人，王玉雷确实是被冤枉的。

通过调研，我们发现，非法证据排除制度在实施过程中也存在一些问题，这些问题既涉及排除范围，也涉及排除程序。排除范围方面的问题主要是在对哪些证据应当纳入非法证据的排除范围存在争议，具体包括以下五个方面。

第一，非法证据排除规则意义上的“非法证据”究竟包括哪些？被告人一方往往会扩大非法证据的范围，对“非法证据”作扩张解释。〔5〕而公诉机关则往往倾向于作缩小解释。随着时间的推移，司法机关对非法证据排除规则的认识逐渐深入，目前，一些地方的法院已经能够准确辨识何谓“非法证据”。张某某、陈某某故意杀人案表明，司法实践中，法官对非法证据的认知更加准确。判决书中具体表述如下：〔6〕

“侦查人员在第二次和第四次讯问被告人陈某某时，虽向其透露了被告人张某某的部分供述内容，并要求其供述要与张某某的供述一致，但该情况系司法实

〔1〕 参见卞建林主编：《修改后的刑事诉讼法实施情况调查与研究》，中国检察出版社2016年版，第270-389页。

〔2〕 参见曹建明：“最高人民检察院工作报告——2015年3月12日在第十二届全国人民代表大会第三次会议上”，载《检察日报》2015年3月20日，第2版。

〔3〕 参见曹建明：“最高人民检察院工作报告——2017年3月12日在第十二届全国人民代表大会第五次会议上”，载最高人民检察院官方网站，https://www.spp.gov.cn/spp/gzbg/201703/t20170320_185861.shtml，最后访问日期：2019年12月8日。

〔4〕 参见徐盈雁：“河北检察机关排除非法证据纠正一起冤案”，载《检察日报》2014年10月27日，第2版。

〔5〕 相似的发现，参见马明亮：《作为正当程序的非法证据排除规则》，中国政法大学出版社2017年版，第85页。

〔6〕 参见乐山市中级人民法院（2015）乐刑初字第47号刑事判决书。本案中，法官对非法证据的认定较为准确，但也存在一些问题，例如，“鉴于并无证据证实侦查人员在讯问陈某某过程中使用了刑讯逼供等非法方法”似乎表明法官认为对刑讯逼供等非法方法要有证据“证实”。

践中的‘指供’，即办案人员通过提示犯罪细节等方式，使被告人按照办案人员的指示违背意愿作出供述。鉴于并无证据证实侦查人员在讯问陈某某过程中使用了刑讯逼供等非法方法，本院认为，对被告人陈某某的第二次和第四次供述不适用非法证据排除规则，但鉴于侦查人员在该两次讯问中对被告人陈某某实施了指供行为，其供述的可靠性缺乏保障，故从证明力评估的角度，对被告人陈某某的第二次和第四次供述不作为认定本案事实的证据。”

第二，对于通过疲劳审讯方法获取的口供是否应该排除？在调研过程中，浙江法院法官反映，司法实践中疲劳审讯多，有职务犯罪案件连续讯问女犯罪嫌疑人 52 小时，仅让其在地上休息 1 小时。在吴某、朱某贪污案中，一审法院通过查看讯问笔录和同步录音录像发现，侦查机关采用上下级机关“倒手”“轮流审讯”的方式连续讯问吴某长达 30 多个小时，而且其间没有给予吴某必要的休息，属于疲劳审讯。一审法院认为，这种疲劳审讯属于一种变相肉刑，对有关供述应当予以排除。〔1〕而在其他大部分案件中，法院往往倾向于不认定疲劳审讯或者只要有一定的休息时间（如两次讯问之间间隔一段时间）就认定不构成疲劳审讯。

第三，通过非法限制人身自由方法获取的供述是否应当予以排除？对此，实践中有三种做法。第一种做法是认定为非法证据予以排除。如在黄某某受贿、陈某某行贿案中，一审法院认为，在 2013 年 1 月 13 日银川市人民检察院对黄某某宣布刑事拘留前，已经将其传唤到案并限制人身自由达 90 个小时，该做法违反了刑事诉讼法相关规定，其间收集的被告人供述应依法排除。〔2〕第二种做法是让检察机关举证证明非法限制人身自由期间讯问活动的合法性，在检察机关举证不能的情况下以不排除非法取证的可能为由排除非法证据。如在龚某某受贿案中，对于侦查机关立案之前非法限制龚某某人身自由的问题，法院认为：“南昌市青云谱区人民检察院以传唤汤某某案证人为由，将龚某某从其住处强行带至该院询问调查。自龚某某第一次交代其分三次收受陈某亚所送 18 万元的事实至检察院立案、拘留为止，龚某某被滞留在检察院有 40 多个小时。公诉机关未提供在这 40 多个小时内合法取证的证据，不能排除侦查机关对龚某某采取刑讯逼供或者变相刑讯逼供的合理怀疑。”〔3〕第三种做法是将非法限制人身自由与刑讯逼

---

〔1〕 参见周庆琳、汤咏梅：“吴毅、朱蓓娅贪污案——侦查机关通过疲劳审讯获得的被告人供述是否属于非法证据以及非法证据排除后是否对量刑事实形成影响”，载中华人民共和国最高人民法院刑事审判第一、二、三、四、五庭主办：《刑事审判参考》（总第 106 集），法律出版社 2017 年版，第 37 页。

〔2〕 参见刘静坤、王彪：“黄金东受贿、陈玉军行贿案——非法限制被告人人身自由期间取得的供述能否作为诉讼证据使用”，载中华人民共和国最高人民法院刑事审判第一、二、三、四、五庭主办：《刑事审判参考》（总第 108 集），法律出版社 2017 年版，第 8-10 页。

〔3〕 参见胡佳金：“龚国强受贿案——司法实践中对在非法滞留期间的自书材料以及‘重复供述’如何采信”，载裴显鼎主编：《非法证据排除程序适用指南》，法律出版社 2018 年版，第 172 页。

供等非法方法予以区别，如果有非法限制人身自由的行为而取证手段合法，则认为争议证据不是非法证据，这是实践中的普遍做法。

第四，违反讯问录音录像规定或者讯问地点规定而获取的证据是否应当予以排除？调研发现，有些法院以违反讯问录音录像或者讯问地点规定为由排除争议证据，特别是在《最高法防冤意见》出台后，这种情形有所增多。有的法院则以违反讯问录音录像或者讯问地点规定且无法排除非法取证的合理怀疑为由排除争议证据，这种做法占据大多数，笔者调研 C 市法院近 3 年时间的 24 件排除非法口供的案例，其中有 8 件排除非法口供的理由是录音录像存在问题无法排除非法取供的合理怀疑。[1]

对于其他的重大程序违法是否导致证据被排除，不同地方的做法也不相同。例如，北京市东城区人民检察院在审查批捕、审查起诉环节，曾因“询问未成年被害人无法定代理人或合适成年人签字”而排除两个案件中的非法证据，因“询问未成年证人无法定代理人或合适成年人签字”而排除一个案件中的非法证据。[2]而在其他地方，对于通过这种方法获取的言词证据则往往没有作为非法证据予以排除。

第五，对于重复性供述是否排除？各地法院存在不同做法。少数法院将重复性供述予以排除，如在文某非法持有毒品案中，某区人民法院认为，根据现有的证据及线索，不能排除文某的伤情系侦查人员刑讯逼供所致的可能，故对文某在侦查机关所作的供述笔录应当依法予以排除。文某在审查起诉阶段未形成多次稳定的供述，且文某当庭供述的犯罪事实与审查起诉阶段的供述存有反复，其关于其在审查起诉阶段所作有罪供述笔录系在害怕打击报复且未细看的情况下完成的辩解，具有一定合理性，故其在审判前的所有供述都应依法予以排除。[3]在其他大部分案件中，法院都没有排除重复性供述。例如，笔者调研的 14 件排除非法口供的案件中没有一件属于排除重复性供述的情形。[4]

非法证据排除的程序规范也存在若干问题，具体包括以下三个方面。第一，审前排除非法证据的悖论。从理论上来说，侦查机关作为追诉机关，要求其排除非法证据违背了其作为犯罪发现机关的角色期待。检察机关虽然是法律监督机关，但也是公诉机关和部分犯罪的侦查机关，要求其排除非法证据也面临挑战和

---

〔1〕 参见王彪：“讯问录音录像的若干证据法问题研究”，载《法律适用》2016 年第 2 期，第 50 页。

〔2〕 参见杨宇冠等：《非法证据排除规则在中国的实施问题研究》，中国检察出版社 2015 年版，第 245 页。

〔3〕 参见刘晓虎：“文某非法持有毒品案——如何审查判断是否存在刑讯逼供等非法方法收集证据的情形以及审查起诉阶段未审查排除侦查阶段刑讯逼供取得的有罪供述，继续获取的不稳定有罪供述是否应当排除”，载中华人民共和国最高人民法院刑事审判第一、二、三、四、五庭主办：《刑事审判参考》（总第 101 集），法律出版社 2015 年版，第 3 页。

〔4〕 参见王彪：“非法口供排除规则威慑效果实证分析”，载《法治研究》2014 年第 9 期，第 118 页。

质疑。有学者调研后发现，公安机关在侦查阶段排除非法证据的几乎没有，检察环节非法证据审查有形式化倾向，具体表现为，检察院发现非法证据的方式具有单一性，检察院发现非法证据的时间具有滞后性，检察院启动监督程序时更多考虑是否影响实体问题的认定、是否有相关申诉，检察院发现非法取证行为或者非法证据，往往不是启动排除程序，而是适用其他替代方式。[1]据调研，检察官们对于非法证据排除规则的态度复杂、暧昧、接受度不高，多名检察官表示，非法证据排除规则在司法实践中有“走过场”之嫌，发现非法证据的案件实属个别情况，即便是有，该非法证据也实难排除。[2]某课题组调研涉及的486件刑事案件中，有10件涉及非法证据排除，均发生在审查起诉阶段，均系辩方提出申请后，检察官调取相关证据，最终“查明”10件案件中并不存在非法取证的行为。[3]此外，审前机关排除非法证据还可能引发其他问题，如审前机关可能会想方设法掩盖非法取证行为的存在，使得在审判阶段，被告人一方更加难以取得非法取证的线索或者材料，而排除非法证据后允许重新取证的做法，更加表明审前机关排除非法证据的局限性。

第二，审判环节存在证据合法性调查程序难以启动、非法证据难以排除等问题。首先，非法证据调查程序难以启动。根据2012年《刑事诉讼法》第58条的规定，只要被告人一方的举证使得法官对证据收集的合法性产生合理怀疑，法庭即应启动证据收集合法性调查程序。然而，在司法实践中，证据合法性调查程序的启动却异常艰难。一般来说，除非被告人一方提供了有力的证据材料证明存在非法取证，否则，法庭往往不会启动证据收集合法性的调查程序。有的案件中，即使被告人一方提出了明确的非法取证的线索或材料，法庭仍然拒绝予以审查。有的法院则颠倒了证据能力与证明力的关系，以口供不具有证明力为由，认为无排除非法证据之必要。例如，姜某某抢夺案的一审判决书这样写道：“被告人姜某某在侦查阶段经多次讯问，未形成稳定供述，且庭审中拒不供认犯罪事实，故本院认为被告人的供述不能作为定案证言予以采信，亦无排除非法证据之必要。”[4]有法官调研发现，这种情况在实践中较为普遍，“如果排除个别供述不影响最终的定罪，法院可能会在和公诉机关协调后，寻找其他理由间接排除非法证据，如与检察机关沟通，让其主动撤回相关证据，或者主动将相关证据‘隐藏’，不作为

---

〔1〕参见马明亮：《作为正当程序的非法证据排除规则》，中国政法大学出版社2017年版，第88-97页。

〔2〕参见万毅等：《刑事诉讼法2012年修正案实施情况调研——以四川省眉山市人民检察院为样本》，上海三联书店出版社2015年版，第123页。

〔3〕参见冀祥德等：《新刑事诉讼法实施状况实证研究》，方志出版社2015年版，第30-32页。

〔4〕江苏省东海县人民法院（2014）连东刑初字第471号刑事判决书。

定案依据，而不轻易适用非法证据排除程序”。[1]可见，证据合法性调查程序难以启动是一个客观存在且较为普遍的现象。

证据合法性调查程序为什么难以启动呢？一方面，随着侦查人员对非法证据排除规则的认知进一步加强，侦查人员往往不会采取那些可能带来明显伤痕的非法取证行为，[2]非法取证行为会更加隐蔽、更加难以辨识，因而被告人一方在法庭上往往难以提供较为明确的线索或者材料，或者无法证明取证行为系立法明确规定的非法取证行为。另一方面，对于那些被告人一方提供了具有一定说服力的线索或者材料的案件，法官出于法律之外因素的考虑往往也不愿启动证据合法性调查程序。[3]对于这种情形的深层次原因，有学者曾给出较为深刻的分析：“作为一项事后制裁手段，排除非法证据事实上暗含了对侦查机关内部奉行的‘亚文化观念’以及由此衍生的取证方法的质疑，甚至是否定。因此，在微观层面上，个体法官面对的不是具体证据，而是一种被警察群体普遍接受的取证方式；不是某一个具体的警察，而是作为整体存在的侦查机关。而且，在程序层面上，该项评价还将直接影响到检察机关在庭审中的证明责任以及指控事实的认定。因此，在司法实践中，除非得到所在法院的强有力支持，个体法官根本不具有对抗当地公安机关、检察机关的能力和勇气。”[4]

其次，非法证据难以排除。实践中，非法证据难以排除的原因有很多，有些法院要求被告人一方承担过重的举证责任。例如，在郭某甲贩卖毒品案中，法院认为：被告人郭某甲的辩护人提出非法证据排除申请没有事实依据和充分证据证明侦查机关在讯问被告人郭某甲的过程中采取了刑讯逼供的方法。[5]有些则是法官内心本来存在可能非法取证的合理怀疑，但在公诉机关简单举示情况说明或者侦查人员出庭简单地说明相关情况后，就认为不存在非法取证的问题从而不排

---

〔1〕 参见范莉、王星光：“非法证据排除程序适用的调研报告”，载裴显鼎主编：《非法证据排除程序适用指南》，法律出版社2018年版，第285页。

〔2〕 结合相关案例的实证分析，参见王彪：“非法口供排除规则威慑效果实证分析”，载《法治研究》2014年第9期，第113-122页。

〔3〕 有学者认为，司法实践中非法证据排除调查程序难以激活的原因就是法官滥用自由裁量权。参见王超：“非法证据排除调查程序难以激活的原因与对策”，载《政治与法律》2013年第6期，第145-147页。事实上，法官之所以滥用自由裁量权，除了认识上的原因外，更多的原因是法官排除非法证据面临各种各样的外部压力。

〔4〕 参见吴宏耀：“非法证据排除的规则与实效——兼论我国非法证据排除规则的完善进路”，载《现代法学》2014年第4期，第128页。

〔5〕 被告人郭某甲的辩护人向法院提出非法证据排除申请，申请的理由如下：侦查机关对被告人郭某甲讯问过程中，采取吊、铐、体罚等方法刑讯逼供，迫使被告人作出违背意愿的供述，被告人郭某甲右手腕被吊骨折。而公诉机关认为辩方无充分证据证实证据系刑讯逼供方法取得的，应予以驳回。法院认为：被告人郭某甲的辩护人提出非法证据排除申请没有事实依据和充分证据予以证明侦查机关在对被告人郭某甲的讯问过程中采取了刑讯逼供的行为，更没有证据证明被告人郭某甲的右手腕被吊、铐骨折这一事实。参见湖南省常宁市人民法院（2015）常刑一初字第56号刑事判决书。

除非法证据。这种情况在司法实践中非常普遍，原因与法院不愿启动证据合法性调查程序类似，主要是因为法官面临各种各样的外在压力而不愿意排除非法证据。[1]

最后，非法证据被排除后缺乏隔离机制，有可能对法官心证产生影响。如在某法院审理的阮某某等19人涉嫌开设赌场等9种罪名的案件中，法官在审理报告中将一些被告人的数次供述明确列出，但又标注：非法证据，予以排除，仅供参考。这一问题，还没有得到理论界与实务界的重视。不仅如此，一些具有全国普遍约束力的规范性文件或者司法解释还有为此提供支持的规定。例如，2012年《最高检规则》第71条第2款明确规定："办案人员在审查逮捕、审查起诉中经调查核实依法排除非法证据的，应当在调查报告中予以说明。被排除的非法证据应当随案移送。"《严格排除非法证据规定》第17条第3款明确规定，"人民检察院对审查认定的非法证据，应当予以排除，不得作为批准或者决定逮捕、提起公诉的根据。被排除的非法证据应当随案移送，并写明为依法排除的非法证据"。[2]这些规定和案卷移送制度相结合，意味着法官能够毫无障碍地接触被排除的非法证据，在一元制法庭（即同一个法庭既要调查认定证据的合法性，又要审理认定证据的真实性和相关性）、判决书不说理或者说理不充分的情况下，如何避免这些已经被排除的非法证据对法官的心证产生消极影响，是我国非法证据排除制度实施过程中一个亟待解决的问题。

（三）非法证据排除制度近期实施情况

2017年《严格排除非法证据规定》出台后，非法证据排除的实体范围有所扩大，非法证据排除的程序规范更具有可操作性，相关规定更加清晰。那么，这是否意味着排除非法证据就更加容易了呢？需要明确的是，非法证据排除规则的实施效果与排除非法证据的数量之间不能直接画等号，关键在于现实中的非法取证行为是否能够发现以及发现后法院是否"勇敢地"按照法律的规定予以排除。据此，排除非法证据的难易程度，关键在于现实中的非法证据是否容易识别、不能排除非法取证合理怀疑的证据是否能够被排除。对此，我们可以从非法证据排除的实体范围和程序规范两个方面进行分析。

从非法证据排除的实体范围来看，《严格排除非法证据规定》与之前的规定相比，确实更加清晰，但也存在一些问题。首先，变相肉刑的规定仍然较为抽象，司法实践中仍可能会产生争议。根据最高人民法院法官的观点，采用冻、饿、晒、烤的方法取得供述，属于"使用变相肉刑逼取口供"，疲劳审讯则属于

---

〔1〕 对此的分析，参见王彪："法官为什么不排除非法证据"，载陈兴良主编：《刑事法评论》（第36卷），北京大学出版社2015年版，第598-620页。

〔2〕 2019年《最高检规则》第73条也作出了类似的规定。

“变相肉刑或者与刑讯逼供相当的非法方法”。对于司法实践中侦查人员故意冻、饿、晒、烤或者疲劳讯问等情形，人民法院可以根据具体情节、是否对被告人在肉体上造成难以忍受的痛苦，或者对被告人身体造成的损伤和严重后果等因素判断是否构成非法证据。〔1〕这种要求人民法院裁量排除的规定，在实践中的效果如何确实值得考虑。以疲劳审讯为例，有学者调研发现，在817个因涉及疲劳审讯而提出非法证据排除申请的案例中，最终成功排除非法证据的案件共85件，占总数的10.40%。而在成功排除非法证据的这些案件中，认定疲劳审讯的标准并不一致。该学者调研发现，司法实践中以疲劳审讯为由排除非法证据的案例集中在2013年至2017年，主要原因是2013年出台的《最高法防冤意见》对此有明确规定。〔2〕我们认为，在《严格排除非法证据规定》对疲劳审讯问题没有明确规定的情况下，司法实践中还能否以疲劳审讯为由排除非法证据是一个需要进一步观察的问题。在非典型性疲劳审讯的情况下，如单次讯问时间短，但多次连续讯问，中间有短时间的间隔，能否以疲劳审讯为由排除非法证据就更是一个问题。

其次，重复性供述排除规则的确立可能导致重复性供述不排除的效果。在《严格排除非法证据规定》出台之前，司法实践中对于重复性供述的排除问题存在争议，且主流做法是不排除重复性供述。在《严格排除非法证据规定》出台之后，重复性供述的排除可能仍然是一个难题，甚至会更加困难。具体原因如下：（1）重复性供述排除规则的适用条件非常严苛，仅限犯罪嫌疑人、被告人的有罪供述，而且要求重复性供述与初次供述在内容上相同或者大体一致，初次供述的获取方法仅限刑讯逼供，刑讯逼供与重复性供述必须存在因果关系等。如果初次供述是通过刑讯逼供之外的非法方法如威胁方法获取的，该如何处理？如何证明刑讯逼供与重复性供述之间的因果关系？〔3〕这些问题均不明确。（2）重复性供述排除规则的例外规定不明确，根据《严格排除非法证据规定》第5条的规定，重复性供述排除规则的例外性规定体现为“变更讯问人员”后犯罪嫌疑人、被告人“自愿供述”的，何谓“自愿供述”？是否是自白任意性规则意义上的“自愿供述”？从司法实践中的情况来看，法院对此基本上不作审查。例如，在曾某盗窃案中，二审法院认为，在审查起诉期间，检察人员讯问时依法告知其相关诉讼权利和义务后，被告人曾某所作有罪供述系基于自愿，予以采纳。〔4〕

〔1〕参见戴长林主编：《非法证据排除规定和规程理解与适用》，法律出版社2019年版，第22-26页。

〔2〕参见易延友：“疲劳审讯的认定与界定——以817个实务案例为基础的展开”，载《政法论坛》2019年第2期，第119-125页。

〔3〕参见王彪、庄依明：“重复性供述排除规则研究——以《严格排除非法证据规定》第5条为视角”，载潘金贵主编：《证据法学论丛》（第7卷），中国检察出版社2019年版，第37-47页。

〔4〕参见四川省绵阳市中级人民法院（2018）川07刑终137号刑事裁定书。

在任某某、郑某某等盗窃案中，法院在排除了侦查阶段的非法证据后，认为“在审查逮捕阶段，检察人员出示了工作证件，重新告知诉讼权利和认罪的法律后果，任某某在犯罪嫌疑人权利义务告知书上签字确认后，又自愿供述的，对此审查逮捕阶段的供述依法不应当排除，可以作为判决的依据”。[1]

由此可见，法院一般认为，告知诉讼权利和义务或者在权利义务告知书上签字确认的就是自愿供述，从而放弃了对“自愿供述”的实质审查。

再次，对重大程序性违法获取供述的排除问题仍然存在争议。如前所述，2013年《最高法防冤意见》第8条第2款的规定存在争议，2017年《严格排除非法证据规定》仅对法定讯问场所之外的讯问问题进行了规定，即要求有“合理解释”，但也没有明确法定讯问场所之外所获取的供述该如何处理。此外，对于违反讯问录音录像规定所获取的供述该如何处理，以及违反合适成年人在场的规定所获取的供述该如何处理的问题，《严格排除非法证据规定》也没有任何的规定。司法实践中，对于这种违反讯问录音录像规定、讯问地点规定或者讯问（或者询问）时合适成年人在场规定所获取的言词证据该如何处理的问题，可能会存在争议。这类证据一般不会被视为非法证据予以排除，而且对于违反讯问地点的规定的“合理解释”，可能会存在不同的理解。例如，在杨某、刘某某组织、领导传销活动案中，法院明确指出讯问录音录像存在问题，但仍未将相关讯问笔录作为非法证据予以排除。一审判决书认为：“公安机关侦查人员四次对被告人刘某某讯问所形成的讯问笔录，部分内容与刘某某陈述的内容不完全一致，存在较大瑕疵，且制作同步录音录像不规范，不能客观反映讯问的全部过程。但是，侦查人员未采取刑讯逼供和以威胁、引诱、欺骗及其他方法和违法手段收集证据，不符合非法证据排除的条件，不予排除。经庭审质证，本院认为刘某某的讯问笔录存在较大瑕疵，证明力不大，不予采信。”[2]

最后，在非法证据排除的实体范围相对确定以后，显性的刑讯逼供现象基本被遏制，实践中的违法取证行为由“显性违法”不断转向“隐性违法”。[3]加之我国立法和司法解释所规定的非法证据排除规则本来就属于“列举式的有限排除”，非法证据将会越来越难以被发现、难以被排除。例如，在某“涉黑”案件的庭审中，被告人当庭提供了侦查人员对其指定居所监视居住期间非法取证的各种细节，包括几个月时间（冬天）没有热水，住的地方在阴冷潮湿的地下室，房间有四个高瓦数的灯泡从早亮到晚，几个月的时间里没有吃到肉，每天只能吃点剩饭且吃不饱。从单个情形来看，本案的讯问方法可能无法认定为刑讯逼供等

---

〔1〕参见南京市中级人民法院（2017）苏01刑终347号刑事裁定书。

〔2〕参见重庆市梁平区人民法院（2018）渝0155刑初110号刑事判决书。

〔3〕参见马明亮：《作为正当程序的非法证据排除规则》，中国政法大学出版社2017年版，第89页。

非法方法，但从整体来看，该案的讯问方法必然会对犯罪嫌疑人、被告人造成事实上的强迫。在王某某、贺某某非法制造、买卖、运输、邮寄、储存枪支、弹药、爆炸物案中，法院认为根据《严格排除非法证据规定》，排除非法证据主要是排除采用刑讯逼供手段取得的证据，因而对被告人以“诱供”为由的排除非法证据申请予以驳回。[1]

此外，还有大量的不合法证据，立法和相关解释没有明确规定该如何处理。例如，通过引诱、欺骗方法所获取的口供，通过非法方法获得了口供，但该非法方法对犯罪嫌疑人、被告人所造成的痛苦达不到“剧烈”的程度，等等。按照我国目前“列举式的有限排除”的规定，司法实践中是不可能直接将这些证据作为非法证据予以排除的。然而，引诱、欺骗方法获取的供述有可能是虚假的，进而影响到案件实体上的正确；如果引诱、欺骗方法违法程度严重，突破社会道德底线，也可能会造成犯罪嫌疑人、被告人精神上高度痛苦。[2]因此，对于通过上述方法获得的有罪供述完全不予排除，显然不符合公正司法和保障人权的要求。但是，如果要求排除，目前尚缺乏可行的操作依据。

从非法证据排除的程序规范来看，相关程序设计可能导致非法证据更加难以发现和难以排除。首先，要求审前机关排除非法证据的规定可能导致非法证据更加难以发现。就侦查机关排除非法证据而言，截至目前尚未发现相关案例，其原因可能有两个，一种可能是侦查机关确实没有排除非法证据，这就表明期待侦查机关排除非法证据是一件不现实的事情。另一种可能是侦查机关排除了非法证据，但没有任何的记载，即直接将涉嫌非法取证的证据材料从案卷中剔除，这种情况在实践中并不少见，例如，笔者调研中发现某“涉黑”案件，在指定居所监视居住的前两个月时间里，没有任何的讯问笔录，而据被告人当庭陈述，在此期间有多次讯问。这种情况的存在，意味着被告人一方根本无法申请排除侦查机关在此阶段所获取的证据，也无法申请排除后续的重复性供述。

就检察机关排除非法证据而言，确实有一些案件检察机关在审查批准逮捕、审查起诉过程中排除了部分非法证据，但绝大多数案件因此所遗留的证据缺陷都被通过退侦、补正、重新收集证据等方式进行了补救。在A省审查起诉阶段启动非法证据排除程序的62个案件中，通过认真审查、预先排除，绝大部分案件的证据瑕疵在庭前得到补正。[3]这种补救意味着排除非法证据对侦查机关几乎没有实质性的影响，且这种补救意味着在后续诉讼阶段，辩方申请排除非法证据将

---

〔1〕 参见湖北省十堰市中级人民法院（2018）鄂03刑终94号刑事判决书。

〔2〕 参见戴长林主编：《非法证据排除规定和规程理解与适用》，法律出版社2019年版，第38页。

〔3〕 参见吴洪淇：“证据排除抑或证据把关：审查起诉阶段非法证据排除的实证研究”，载《法制与社会发展》2016年第5期，第153页。

面临更多的困难，因为从形式上看，非法证据已经被排除，相关证据瑕疵已经得到补救。

其次，重大案件侦查终结前讯问合法性核查制度也会导致在后续环节非法证据更加难以发现。在最高人民法院法官看来，由驻所检察官对讯问合法性进行核查，有利于将监督关口前移，对采取非法方法收集的证据早核查、早发现、早排除，解决当前刑讯逼供发现滞后、调查取证困难、证据易于灭失等问题，防止“有病证据”作为提请批准逮捕、移送审查起诉的根据。[1]然而，事实上所谓“早核查、早发现、早排除”，只不过是将本来在审判阶段才面临的矛盾前移了，以尽可能避免证据合法性争议在审判阶段发生。根据《新非法证据排除规程》第 11 条的规定，重大案件的被告人“在驻看守所检察人员对讯问的合法性进行核查询问时，明确表示侦查阶段没有刑讯逼供等非法取证情形，在审判阶段又提出排除非法证据申请的，应当说明理由。人民法院经审查对证据收集的合法性没有疑问的，可以驳回申请”。因此，重大案件被告人一方在审判阶段才申请排除非法证据的，在启动证据合法性调查程序上将面临更大的困难。

最后，审判阶段排除非法证据的某些程序规定可能导致非法证据更加难以排除。根据立法和司法解释的规定，庭前会议的功能定位是“了解情况，听取意见”。实践中，司法实务人员最困惑的问题是庭前会议的效力。为解决上述问题，《严格排除非法证据规定》从两个方面予以回应，一是督促辩方在审前申请排除非法证据。根据《严格排除非法证据规定》第 23 条第 2 款、第 29 条第 1 款的规定，被告人及其辩护人申请排除非法证据，应当在开庭审理前提出，但在庭审期间发现相关线索或者材料等情形除外；在开庭审理前未申请排除非法证据，在法庭审理过程中提出申请的，应当说明理由。二是发挥庭前会议的协商功能，庭前会议可以对证据收集合法性争议作出初步处理。[2]根据《严格排除非法证据规定》第 25 条第 1 款的规定，在庭前会议中，检察机关应当通过出示有关证据材料等方式，有针对性地对证据收集的合法性作出说明。人民法院可以核实情况，听取意见。从立法规定的“了解情况”变为“核实情况”，说明庭前会议的功能有所拓展。根据该条第 2 款、第 3 款的规定，控辩双方在交换意见后，可以对证据收集合法性问题作出合意决定，且这种合意决定具有一定的效力。[3]然而，近期调研发现，庭前会议制度的运行存在两个问题，一是庭前会议的实质化，庭

---

〔1〕 参见戴长林主编：《非法证据排除规定和规程理解与适用》，法律出版社 2019 年版，第 78 页。

〔2〕 参见王彪：“中国非法证据排除规则的最新发展”，载《兰州大学学报（社会科学版）》2018 年第 2 期，第 117 页。

〔3〕 即人民检察院可以决定撤回有关证据，撤回的证据，没有新的理由，不得在庭审中出示。被告人及其辩护人可以撤回排除非法证据的申请。撤回申请后，没有新的线索或者材料，不得再次对有关证据提出排除申请。

前会议的召开方式既可以公开进行，也可以不公开进行，在不公开进行的情况下，法庭的决定特别是不启动证据合法性调查程序的决定的公正性值得怀疑；二是对于庭审中被告人一方提出排除非法证据申请的，法庭往往以庭前会议已经处理过相关问题为由不予理睬。

三、非法证据排除制度的完善建议

根据上面的分析，非法证据排除制度的确立对我国的司法实践产生了一定的影响，非法证据排除制度的运行取得了一定的效果，但也存在若干问题。完善非法证据排除制度需要从司法环境、证据收集程序和非法证据排除规则的设计等方面着手。

（一）非法证据排除的司法环境的优化

根据前文的分析，非法证据排除制度仍面临诸多问题，其中最大的问题是法官的独立性和中立性不够从而不愿排除非法证据的问题。法官不排除非法证据，原因可能是多方面的。僵化的司法思维（能动性不足，对司法解释的迫切需求），有诉必判和追诉优先的审判理念（定罪是目的，其他是手段），一体化的司法体制（侦查本位、法院不中立）以及行政化的审判权力运行机制（庭审非中心，法官是“代理”，裁判结论既不完全形成于法庭上，也不完全以心证和确信为依据）等，可能对法官不排除非法证据都有影响。〔1〕我们认为，为解决法官即使内心对取证行为的合法性产生了合理的怀疑也不愿启动证据收集合法性调查程序的问题，一方面需要通过学习、培训等加强法官对非法证据排除问题的认知；另一方面也需要限制法官自由裁量权、提升法院裁判的独立性和中立性。〔2〕换句话说，要采取各种有效措施解决法官不会排除非法证据、不愿排除非法证据、不敢排除非法证据以及不能排除非法证据等问题。

确保法官“勇敢地”启动证据收集合法性调查程序、“勇敢地”排除非法证据需要从很多方面努力，从司法环境方面来说，最重要的是确保法院依法独立审判。确保法院依法独立审判，需要从内外两个方面努力。

从内部视角来说，要确保独任法官或者合议庭依法独立审判。在司法机关内部，关于司法权力运行机制问题，长期以来存在争论，例如，对于法院内部存在的院庭长审批裁判文书、讨论案件等做法，〔3〕有人批评为“审者不判、判者不审”。针对上述情况，2013年十八届三中全会《决定》提出“健全司法权力运行

〔1〕 参见王彪：“法官为什么不排除非法证据”，载陈兴良主编：《刑事法评论》（第36卷），北京大学出版社2015年版，第600-619页。

〔2〕 参见陈瑞华：“非法证据排除程序的理论展开”，载《比较法研究》2018年第1期，第112-114页。

〔3〕 参见王彪：“法院内部控制刑事裁判权的方法与反思”，载《中国刑事法杂志》2013年第3期，第65-76页。

机制”，并把“完善主审法官、合议庭办案责任制，让审理者裁判、由裁判者负责”作为健全司法权力运行机制的重大举措。一般认为，这是党中央官方文件首次对司法责任制的内涵和司法责任制改革的重大意义作出直接阐述。在此之前，2013 年 10 月，《最高人民法院关于审判权运行机制改革试点方案》（法［2013］227 号）选择上海市第二中级人民法院、重庆市第四中级人民法院等法院为试点单位，试行审判权运行机制改革。2014 年十八届四中全会《决定》再次提出“完善主审法官、合议庭、主任检察官、主办侦查员办案责任制，落实谁办案谁负责”。2015 年 2 月发布的《最高人民法院关于全面深化人民法院改革的意见——人民法院第四个五年改革纲要（2014—2018）》提出“健全审判权力运行机制”，认为“建立中国特色社会主义审判权力运行体系，必须严格遵循司法规律，完善以审判权为核心、以审判监督权和审判管理权为保障的审判权力运行机制，落实审判责任制，做到让审理者裁判，由裁判者负责”。在上述改革文件出台后，实践中司法权的运行机制发生了一定的变化，法官及合议庭的独立性得到加强，但司法权的运行仍未彻底摆脱行政化倾向。

从外部视角来说，要通过一系列制度变革尽可能地消除影响法官依法独立审判的各种因素。十八届四中全会《决定》明确提出，各级党政机关和领导干部要支持法院、检察院依法独立公正行使职权。建立领导干部干预司法活动、插手具体案件处理的记录、通报和责任追究制度。2015 年 3 月，中共中央办公厅、国务院办公厅印发了《领导干部干预司法活动、插手具体案件处理的记录、通报和责任追究规定》，对什么是领导干部违法干预司法活动、违法干预司法活动应当承担什么样的后果等问题作出了明确规定。与此同时，中央政法委发布《司法机关内部人员过问案件的记录和责任追究规定》。2015 年 8 月，最高人民法院发布相应的实施办法，对相关问题予以细化。2016 年 7 月，中共中央办公厅、国务院办公厅印发的《保护司法人员依法履行法定职责规定》明确规定，非因法定事由，非经法定程序，不得将法官、检察官调离、免职、辞退或者作出降级、撤职等处分。从防范外部干预的角度来说，保障法官、检察官依法独立行使审判权、检察权的制度已经基本健全，关键是这些制度要在实践中得到有效落实，特别是地方政法委领导政法工作应当遵循以下几条原则：必须严格遵守宪法和法律规定，在任何情况下都不能脱离法律规定而另搞一套；必须确保法院、检察院依法独立公正行使职权，防止联合办案；必须坚决维护司法权威，禁止以“维稳”为借口随意改变司法机关依法作出的处理结论。[1]

如果能够优化现有的司法环境，确保法官依法独立审判，则基本上就能够确

---

〔1〕 参见孙长永、王彪：“论刑事庭审实质化的理念、制度和技术”，载《现代法学》2017 年第 2 期，第 126 页。

保现有的非法证据排除规则在实践中得到有效实施，非法证据能够得到排除。

（二）证据收集、调查程序等程序性规范的完善

从比较法的角度来看，我国非法证据排除的实体范围较为狭窄，这已经严重影响了非法证据排除规则功效的发挥。因此，应当扩大非法证据排除的范围。此外，证据收集、调查程序的粗疏也限制了非法证据的范围。我们认为，从技术上说，非法证据排除规则的有效实施，首先依赖于证据收集程序的科学规范。〔1〕道理很简单，如果证据收集程序过于粗疏，就不会有违反法律规定的情形存在，也就谈不上有非法证据并排除非法证据的问题。

以美国为例，警察讯问犯罪嫌疑人时要进行米兰达告知，律师有权在场；警察搜查犯罪嫌疑人的住所时要事先经过法官的司法审查，如果情况紧急来不及申请司法令状，则会面临事后的严格审查；警察申请司法令状时要有合理的依据。如果警察的侦查行为有任何一点没有达到上述要求，证据的合法性就会存在问题。反观我国，侦查人员讯问犯罪嫌疑人时律师无权在场，搜查、扣押命令由侦查机关负责人自己签发。当然，2012 年《刑事诉讼法》确立的重大案件讯问录音录像制度以及对羁押期间讯问地点的规范，为非法证据排除规则的有效实施奠定了基础，但仍然存在诸多不足。

以侦查讯问时律师在场为例，在许多国家，讯问时律师在场权是犯罪嫌疑人的一项基本权利。在美国，在警察讯问犯罪嫌疑人之前或者讯问过程中，犯罪嫌疑人要求会见律师的，警察只能在律师到场后再进行讯问。且在整个讯问过程中，辩护律师都有权在场。根据英国《1984 年警察与刑事证据法》的有关规定，原则上允许律师在犯罪嫌疑人接受警察讯问时在场。根据《意大利刑事诉讼法典》的规定，司法警察和检察官对被告人进行讯问时都必须允许甚至通知辩护律师到场参与；在没有律师在场的情况下，嫌疑人所作的供述在任何阶段均不得作为证据。根据《俄罗斯联邦刑事诉讼法典》的规定，律师不仅在讯问时有权在场，还有权参加侦查行为和调查行为。〔2〕

在我国，一直有许多学者呼吁建立律师在场制度。如有学者认为，经过利弊权衡，我国法律应赋予律师当侦查机关讯问犯罪嫌疑人时的在场权。〔3〕还有学者认为，律师在侦查程序中的在场权对推动我国刑事司法改革，切实保障犯罪嫌疑人权益，平衡国家诉讼结构有着重要的现实意义。〔4〕还有学者从律师在场权

〔1〕 参见孙长永：“论刑事证据法规范体系及其合理构建——评刑事诉讼法修正案关于证据制度的修改”，载《政法论坛》2012 年第 5 期，第 33 页。

〔2〕 参见屈新：“论辩护律师在场权的确立”，载《中国刑事法杂志》2011 年第 1 期，第 45-46 页。

〔3〕 参见张红玲：“论律师在场权”，载《法律适用（国家法官学院学报）》2001 年第 7 期，第 59-60 页。

〔4〕 参见林林：“侦查程序律师在场权辨析”，载《法律适用》2004 年第 12 期，第 33 页。

的案件适用范围、律师在场权适用的时间及行使方式以及在场律师的权利和义务等方面为构建律师在场制度提出了设想。[1]有学者还就律师在场制度进行改革实验。2002 年 7 月至 2003 年 4 月，中国政法大学诉讼法学研究中心与北京市海淀区公安分局合作，开展了“第一次讯问犯罪嫌疑人律师在场实验项目”。[2] 2004 年 5 月至 9 月，上述单位又进行了第二阶段实验，在实验案件中，只要侦查人员讯问犯罪嫌疑人律师就会在场。实验表明：犯罪嫌疑人一般对此比较欢迎，讯问时律师在场的案件没有出现翻供现象；大多数侦查人员对实验表示理解和支持，并认为对侦查活动没有负面影响，反而有积极意义；建立律师在场制度并不需要“一刀切”；需要探索、建立其他替代措施。[3]2005 年 3 月，中国政法大学诉讼法学研究中心与北京、甘肃、河南三地公安机关合作，正式启动“三项侦查讯问试验项目”，试验规定犯罪嫌疑人在接受公安机关第一次讯问时，可以要求律师在场，或者对讯问全程进行录音、录像。[4]

在司法实践中，一些地方也进行了律师在场制度的改革试点。2006 年 3 月，南京市下关区人民检察院尝试在案件审查起诉阶段讯问犯罪嫌疑人实行辩护律师在场制度。2008 年 4 月 25 日，南京市人民检察院与南京市司法局会签了《关于在审查起诉阶段讯问犯罪嫌疑人实行辩护律师在场的实施办法》，在案件进入审查起诉时，江苏省南京市检察机关的检察官们都会首先对犯罪嫌疑人说这样一句话：“你有权让律师在场，陪同你接受讯问。”[5]2008 年 5 月，江苏省徐州市鼓楼区人民检察院试行律师在场制度，根据《徐州市鼓楼区人民检察院律师旁听侦查讯问实施办法（试行）》的规定，律师在场制度，指律师受检察机关侦查部门邀请，可以在侦查部门对犯罪嫌疑人进行综合讯问时在场旁听。[6]2010 年，北京市人民检察院第二分院推出的《关于辩护律师旁听讯问办法（试行）》规定，取保候审中的犯罪嫌疑人在审查起诉阶段接受检方讯问时，可以要求其辩护律师

---

〔1〕 参见田荔枝：“论我国侦查讯问阶段律师在场制度的构建”，载《法学论坛》2009 年第 3 期，第 129-134 页。

〔2〕 参见樊崇义主编：《刑事审前程序改革与展望》，中国人民公安大学出版社 2005 年版，第 362 页。

〔3〕 参见顾永忠：“关于建立侦查讯问中律师在场制度的尝试与思考”，载《现代法学》2005 年第 5 期，第 66-71 页。

〔4〕 参见井长水、张惠君：“录音录像律师在场考验各方能力”，载《法制日报》2005 年 8 月 10 日，第 5 版。

〔5〕 参见崔洁、肖水金：“江苏南京‘律师在场制度’的探索”，载《检察日报》2009 年 5 月 30 日，第 4 版。

〔6〕 参见唐颖、喻绍玉：“徐州鼓楼：律师旁听侦查讯问已有两年”，载《检察日报》2010 年 7 月 14 日，第 8 版。

在场旁听。[1]广西壮族自治区人民检察院于 2011 年 6 月制定下发了《关于在审查起诉阶段讯问犯罪嫌疑人实行辩护律师在场暂行办法》，正式启动公诉环节“律师在场权”改革试点工作。[2]

尽管有很多学者和司法实务人员呼吁确立讯问时律师在场制度，但也有一些实务部门的人对此持保留态度。如在 2006 年召开的“侦查讯问程序改革国际研讨会”上，有来自检察系统的参会人员认为，应对侦查讯问时律师在场制度持慎重态度。主要理由如下：第一，侦查讯问时律师在场不利于犯罪嫌疑人如实供述犯罪事实；第二，我国目前尚不具备以物证证明为司法证明主要方式的条件，口供在诉讼中仍占有重要地位，特别是贿赂等主要以言词证据定案的案件，口供的地位更为突出；第三，侦查讯问时律师在场不利于实现控制犯罪与保障人权的平衡；第四，侦查讯问时律师在场制度并没有被发达国家普遍规定；第五，侦查讯问时律师在场的正面作用可以通过其他创新措施来达到。[3]2007 年，在全国人大将刑事诉讼法的修改列入立法规划后，理论界与实务界曾对律师在场问题进行过讨论。大部分实务工作者和学者认为应该确立律师在场制度。但公安部法制部门负责人认为，规定律师在场制度，目前条件还不成熟。主要理由是，我国侦查工作对犯罪嫌疑人的依赖还相当大，警力有限且律师不足。[4]最终，2012 年修改《刑事诉讼法》时未建立侦查讯问时律师在场制度。

2018 年 10 月修改后的《刑事诉讼法》确立了值班律师制度。根据《刑事诉讼法》第 36 条的规定，犯罪嫌疑人、被告人没有委托辩护人，法律援助机构没有指派律师为其提供辩护的，由值班律师为犯罪嫌疑人、被告人提供法律咨询、程序选择建议、申请变更强制措施、对案件处理提出意见等法律帮助。基于防止非法取证、完善非法证据排除制度的需要，可以考虑扩展值班律师的职能，由值班律师对侦查讯问过程的合法性进行见证。对于讯问过程中的违法行为，值班律师可以当场提出异议，也可以向派驻监所检察人员反映，以便尽早发现非法取证情形，推动在侦查阶段排除非法证据。讯问时有值班律师在场，也有助于预防非法证据的产生，有助于解决侦查人员证明取证合法性难的问题。

只有不断完善证据收集、调查程序等程序性规范，才能从制度上预防和减少非法取证的现象，并且使得非法证据的发现和排除更加具有现实可能性，从而促进非法证据排除规则的有效实施。

---

〔1〕 参见张培鸿：“让人高兴不起来的‘律师在场权’改革”，载《东方早报》2010 年 12 月 7 日，第 A23 版。

〔2〕 参见梁洪、吴寿泽：“广西：试点公诉环节律师在场工作”，载《检察日报》2011 年 6 月 11 日，第 1 版。

〔3〕 参见朱孝清：“侦查讯问时律师在场之我见”，载《人民检察》2006 年第 10 期，第 15-19 页。

〔4〕 参见王斗斗：“‘律师在场权’向左走向右走”，载《法制日报》2007 年 8 月 22 日，第 5 版。

（三）非法证据排除规则的修改建议

在非法证据排除规则的实体范围方面，应当逐步扩大非法证据排除的范围。首先，就非法口供的排除而言，可以分两步逐步扩大非法口供排除的范围。第一步是确立自白任意性规则，排除以各种方法获取的违背犯罪嫌疑人、被告人自由意志的供述。自2012年起，我国《刑事诉讼法》已经规定“不得强迫任何人证实自己有罪”。随着我国刑事司法改革的深入和人权保障观念的增强，非法言词证据的界定必然会从“痛苦规则”走向“自白任意性规则”。〔1〕为此，应当把法律规定的“刑讯逼供等非法方法”与“不得强迫任何人证实自己有罪”中的“强迫”联系起来，凡是采用刑讯逼供或者其他方法，违背犯罪嫌疑人、被告人的意志所获得的非自愿性的供述，都应当纳入排除范围。〔2〕对此，可以借鉴《德国刑事诉讼法典》第136条a的规定，〔3〕对我国《刑事诉讼法》第56条加以修改完善，使得非法证据的排除范围更加明确、具体。第二步是确立重大程序违法获取口供的排除规则。从比较法的角度来看，在世界范围内，对未全程录音录像的笔录的可采性，主要有三种处理模式：第一，如果未全程录音录像，且不符合法律规定的例外情形或正当理由，那么笔录不具有可采性；第二，如果未全程录音录像，且不符合法律规定的例外情形或正当理由，那么应可反驳地推定警讯笔录不具有可采性；第三，未全程录音录像只是影响犯罪嫌疑人供述是否可采的因素之一，对于未全程录音录像获得的犯罪嫌疑人供述的可采性，应综合案件的所有情况，经权衡后作出决定。〔4〕笔者认为，考虑到打击犯罪与保障人权的平衡，我们应该选择第二种模式。具体来说，除紧急情况外，应当全程同步录音录像。而未全程同步录音录像的，在辩方对口供的合法性提出异议时，除非公诉机关能够排除合理怀疑地证明口供的合法性，否则，所获取的口供应当予以排除。〔5〕

此外，首次讯问没有告知被讯问人相关权利和法律规定所获取的供述该如何

---

〔1〕参见郭旭：《中国非法证据排除规则研究》，中国人民公安大学出版社2016年版，第159页。

〔2〕参见李寿伟：“非法证据排除制度的若干问题”，载《中国刑事法杂志》2014年第2期，第61页。

〔3〕《德国刑事诉讼法典》第136条a规定：“（一）不得用虐待、疲劳战术、伤害身体、施用药物、折磨、欺诈或催眠等方法损害被指控人意思决定和意思活动之自由。强制只能在刑事诉讼法允许的范围内使用。禁止以刑事诉讼法不准许的措施相威胁，禁止许诺法律未规定的利益。（二）禁止使用损害被指控人记忆力或理解力的措施。（三）不论被指控人同意与否，第一款和第二款的禁止规定一律适用。违反这些禁止获得的陈述，即使被指控人同意，亦不得使用。”参见《德国刑事诉讼法典》，宗玉琨译注，知识产权出版社2013年版，第127-128页。

〔4〕参见吴纪奎：“论警讯录音录像证据”，载《证据科学》2013年第3期，第371-373页。

〔5〕参见王彪：“非法口供排除规则的反思与重构”，载《法律适用》2015年第5期，第65页。时任最高人民法院副院长张军也有类似观点，参见张军主编：《新刑事诉讼法法官培训教材》，法律出版社2012年版，第19页。

处理也需要明确。根据2012年《最高法解释》第82条的规定，首次讯问笔录没有记录告知被讯问人相关权利和法律规定的，所获取的讯问笔录属于瑕疵证据，应当补正或者作出合理解释，不能补正或者作出合理解释的，不得作为定案的根据。该条规定是对《死刑案件证据规定》第21条的吸收。根据最高人民法院法官的解释，我国《刑事诉讼法》专门规定了被告人所享有的申请回避的权利、拒绝回答无关问题的权利和聘请律师的权利。对于这些权利，侦查人员应当在首次讯问前告知犯罪嫌疑人。但在实践中，经常出现首次讯问笔录没有记录告知诉讼权利内容的情形，影响了讯问笔录形式的完整性和合法性。如果办案人员不能补正或者作出合理解释，不能确保其真实性，法官就应当将该讯问笔录予以排除。〔1〕我们认为，上述解释存在一定的问题，没有告知诉讼权利，可以分为两种情形，一种是确实没有告知，另一种是已经告知但没有记录。而只要是真实性存疑的证据，均应当予以排除，因此，“如果办案人员不能补正或者作出合理解释，不能确保其真实性，法官就应当将该讯问笔录予以排除”，这样的规定没有任何意义。在法治发达国家（地区），讯问前未告知权利与非法供述排除的关系大体上可以分为两种模式，一种是原则加例外模式，即排除为原则，不排除为例外，讯问前未告知权利，所获供述原则上应排除，在特定情况下，不予排除。另一种是裁量排除模式，即讯问前未告知权利，由此获取的供述是否排除交由法官自由裁量。大多数法治国家采用第一种模式，其中以美国讯问前的米兰达告知为代表。〔2〕我们认为，考虑到我国侦查阶段辩护律师介入有限，应当逐步明确讯问前未告知权利所获取的供述应当予以排除，具体排除方式可以分步骤来考虑，即第一阶段裁量排除，第二阶段采取原则加例外的方式进行排除。

其次，完善非法物证、书证的排除规则，逐步扩大非法实物证据的排除范围。一方面要完善现有的非法物证、书证的排除规则。对现有的非法物证、书证排除规则进行解读，最核心的关键词是“不符合法定程序”“严重影响司法公正”和“补正或者合理解释”，如前所述，全国人大法工委参与立法人员的解释将非法物证、书证与瑕疵物证、书证予以混淆。我们认为，最高人民法院法官的解释较为恰当。根据最高人民法院法官的解释，所谓“不符合法定程序”，是指采用非法搜查、扣押的手段，进一步来说，主要是指未经合法批准或授权而滥用权力非法进行搜查、扣押的。〔3〕何谓“严重影响司法公正”，最高人民法院法官认为，根据我国《宪法》的规定，任何公民享有宪法和法律规定的权利，公民的人身自由、人格尊严、住宅不受侵犯，通信自由和通信秘密受法律保护。如果

〔1〕 参见张军主编：《刑事证据规则理解与适用》，法律出版社2010年版，第183页。
〔2〕 参见林国强：“论我国讯问前权利告知的完善”，载《天津法学》2014年第3期，第56页。
〔3〕 参见张军主编：《新刑事诉讼法法官培训教材》，法律出版社2012年版，第214页。

收集实物证据严重违反法定程序，并且造成了侵犯公民的隐私权、财产权、通信自由权和通信秘密等基本人权的严重后果，就可以被视为“严重影响司法公正”。[1]何谓“补正或者合理解释”？最高人民法院法官认为，对于实物证据，法律并未实行绝对排除，而是允许进行补正或者作出合理解释。实践中，需要区分不同情况作出处理。例如，对于一起普通刑事案件，警察在非紧急情况下进行强行无证搜查，破门而入取得了相应的物证、书证，这种做法违反了法定的程序，严重侵犯了公民的财产权和隐私权等基本权利，引起了当事人家属的强烈抗议，严重影响了司法公正，不能也不允许通过补签搜查证的方法进行补正，相应地，非法取得的实物证据应当依法予以排除。不过，如果警察是在紧急情况下进行无证搜查，取得了相应的物证、书证，就可以对无证搜查作出合理的解释，相应地，取得的实物证据可以作为证据使用。不过在此种情况下，对于“紧急情况”的存在，必须提供相应的证据证明无证搜查的正当性。[2]据此，我们认为，对于非法物证、书证的排除问题，应采取原则上排除但允许例外的规定，可以这样规定：未经依法批准，采用搜查、扣押等措施收集物证、书证，可能严重影响司法公正的，除制止犯罪、抓捕犯罪嫌疑人、避免证据灭失等紧急情况外，对有关证据应当予以排除。

另一方面要扩大非法实物证据的范围，将视听资料和电子数据明确纳入排除范围。关于非法实物证据的排除范围，主要争议在于，通过非法方法获取的视听资料、电子数据是否需要予以排除？最高人民法院法官认为，视听资料属于广义的实物证据，如果采取非法手段获取，可能影响公正审判的，也应当予以补正或者作出合理解释，否则，不能作为定案的根据。[3]我们认为，如果视听资料、电子数据的载体是物证，当然可以这样解释，但如果直接获取视听资料、电子数据，这种解释可能会存在一定的问题。例如，对于电子数据，可以通过远程勘验检查的方式获取，如果没有任何手续而采取这种方式，则意味着通过这种方法获取的电子数据有可能是非法证据。因此，建议将视听资料、电子数据与物证、书证并列，从而消除可能的争议。

最后，确立“毒树之果”规则，明确违法技术侦查获取证据材料的排除规则。“毒树之果”的排除规则，指的是以违反制定法的方式获得的证据，不仅该证据本身不能作为证据使用，而且，借助该证据获得的其他派生证据，也应当予以排除。[4]其中，以违反制定法的方式获得的证据是“毒树”，借助该证据获得

---

〔1〕 参见南英、高憬宏主编：《刑事审判方法》，法律出版社 2013 年版，第 252 页。

〔2〕 参见南英、高憬宏主编：《刑事审判方法》，法律出版社 2013 年版，第 252 页。

〔3〕 参见张军主编：《刑事证据规则理解与适用》，法律出版社 2010 年版，第 345 页。

〔4〕 参见［美］丹尼尔·J. 凯普罗、吴宏耀评论：《美国联邦宪法第四修正案：非法证据排除规则》，吴宏耀、陈芳、向燕译，中国人民公安大学出版社 2010 年版，第 230 页。

的其他派生证据是“毒果”。“毒树”既可以是通过非法方法获取的犯罪嫌疑人口供，也可以是通过非法搜查、扣押获得的实物证据。“毒果”既可以是物证、书证等实物证据，也可以是言词证据。从比较法看，“毒树之果”的排除规则比较复杂。以美国为例，对“毒树之果”的排除设定了诸多例外情形，如“独立来源”的例外、“必然发现”的例外、“稀释”的例外或“清洗污染”的例外。此外，“毒树之果”规则的适用还存在一些特殊情形。[1]英国对“毒树之果”不予排除，但要求切断“毒树”与“果”的关联，即控方出庭律师在举证时不能向陪审团提示相关物证、书证是根据供述收集的。鉴于“毒树之果”是否排除存在较大争议，为审慎考虑，可以仅将采用刑讯逼供或者威胁方法收集的证据作为“毒树”，仅将物证、书证作为“毒果”。此外，对于“毒果”采用裁量排除的模式，即只有法官审查后认为“可能严重影响司法公正的”，才能排除“毒果”。具体如下：犯罪嫌疑人、被告人供述被认定为采用刑讯逼供或者威胁方法收集的证据并予以排除的，根据该供述收集物证、书证，可能严重影响司法公正的，应当综合考虑非法方法的严重程度以及有关物证、书证对证明案件事实的重要程度等因素决定是否予以排除。

根据2012年《刑事诉讼法》第148条的规定，公安机关和检察机关在侦查特定类型的重大案件以及特定类型的犯罪嫌疑人、被告人，经过严格的批准手续，可以采取技术侦查措施。[2]根据2012年《六机关规定》第20条的规定，采取技术侦查措施收集的材料作为证据使用的，批准采取技术侦查措施的法律文书应当附卷，辩护律师可以依法查阅、摘抄、复制，在审判过程中可以向法庭出示。2012年《最高法解释》第107条第1款也明确规定，采取技术侦查措施收集的证据材料，经当庭出示、辨认、质证等法庭调查程序查证属实的，可以作为定案的根据。同时，考虑到技术侦查措施的特殊性，该条第2款又规定，使用前款规定的证据可能危及有关人员的人身安全，或者可能产生其他严重后果的，法庭应当采取不暴露有关人员身份、技术方法等保护措施，必要时，审判人员可以在庭外核实。根据上述规定，有关技术侦查证据的移送、出示和质证问题是相对明确的。然而，司法实践中，技术侦查证据的运用存在一定的问题。主要表现为

---

〔1〕 参见汪海燕：“论美国毒树之果原则——兼论对我国刑事证据立法的启示”，载《比较法研究》2002年第1期，第67-71页。

〔2〕 2012年《刑事诉讼法》第148条规定：“公安机关在立案后，对于危害国家安全犯罪、恐怖活动犯罪、黑社会性质的组织犯罪、重大毒品犯罪或者其他严重危害社会的犯罪案件，根据侦查犯罪的需要，经过严格的批准手续，可以采取技术侦查措施。人民检察院在立案后，对于危害国家安全犯罪、恐怖活动犯罪、黑社会性质的组织犯罪、重大毒品犯罪或者利用职权实施的严重侵犯公民人身权利的重大犯罪案件，根据侦查犯罪的需要，经过严格的批准手续，可以采取技术侦查措施，按照规定交有关机关执行。追捕被通缉或者批准、决定逮捕的在逃的犯罪嫌疑人、被告人，经过批准，可以采取追捕所必需的技术侦查措施。”

公安机关不将技术侦查证据作为证据使用，或者仅仅提供所谓的转化材料，在这种情况下，很难对技术侦查证据的真实性、合法性进行审查。确立违法技术侦查措施获取证据的排除规则，有利于保障《宪法》第 40 条规定的通信自由。建议作如下规定："未经依法批准，采用技术侦查措施收集的证据，应当予以排除。"

在非法证据排除规则的程序规范方面，应当逐步淡化审前机关排除非法证据的职责和庭前会议排除非法证据的功能。其一，逐步淡化审前机关排除非法证据的职责，将审前机关排除非法证据界定为"把关"。事实上，审前机关排除非法证据即使没有法律规定，审前机关为确保诉讼顺利进行、应对庭审中可能出现的排除非法证据申请，也会对证据进行审查，并将合法性存在问题可能引起排除非法证据申请的证据从证据体系中剔除。但这种排除应是一种证据"把关"，对此，在立法和司法上都不宜对其有过高的期待，更不能因此而影响后续的证据排除。

其二，合理定位庭前会议排除非法证据的功能。从立法规定来看，庭前会议的功能定位是"了解情况、听取意见"，即便《严格排除非法证据规定》将其功能拓展，但也要明确庭前会议只是了解相应的情况，对证据收集合法性的调查应当在庭审中进行。事实上，在一元制法庭的背景下，庭前会议与正式庭审之间几乎没有实质性区别。在正式庭审中排除非法证据也不会影响法官的心证，因为法官与非法证据之间没有隔离机制。

此外，还需要明确监察机关调查收集的非法证据的排除问题。根据《监察法》第 33 条第 2 款的规定，监察机关在收集、固定、审查、运用证据时，应当与刑事审判关于证据的要求和标准相一致。该条第 3 款又规定，以非法方法收集的证据应当依法予以排除，不得作为案件处置的依据。据此，《监察法》规定的非法证据排除的范围要比《刑事诉讼法》的范围大。对此，有学者认为，监察机关的职务犯罪调查权之本质是职务犯罪侦查权，《监察法》第 33 条规定的非法证据排除规则（第 3 款）以及证据标准一体化规则（第 2 款）为监察机关如何收集、审查与排除相关证据提供了规范上的指引，是实现监察法与刑事诉讼法之衔接、实现宪法规定的监察机关与司法机关之配合或制约的最可靠依据。[1]然而，2018 年《刑事诉讼法》第 56 条的规定并没有涉及监察证据的排除问题，即 2018 年《刑事诉讼法》明确排除的非法证据是犯罪嫌疑人、被告人供述而非被调查人供述。2018 年 4 月 16 日中共中央纪委办公厅、国家监察委员会办公厅、最高人民检察院办公厅联合印发的《国家监察委员会与最高人民检察院办理职务犯罪案件工作衔接办法》从总体上确立了"沟通协商"与"谨慎排除"的政策

---

〔1〕 参见刘艳红："职务犯罪案件非法证据的审查与排除——以《监察法》与《刑事诉讼法》之衔接为背景"，载《法学评论》2019 年第 1 期，第 178 页。

方向，明确了司法机关排除非法证据的固有权限。[1]即便如此，仍有诸多问题需要明确，例如，以什么为依据来判断监察机关收集证据的合法性？《监察法》关于取证的规定较为模糊、抽象，能否以《刑事诉讼法》的相关规定作为依据？监察证据合法性有争议的，监察人员是否需要出庭？监察机关办案过程中的讯问录音录像是否应当随案移送？是否可以当庭播放？被告人及其辩护人申请排除监察机关调查的证据时，人民法院在启动证据合法性调查程序和决定排除非法证据时，是否适用《严格排除非法证据规定》以及《新非法证据排除规程》的规定？等等。以上问题，均需要进一步予以明确。

（撰稿人：王彪）

---

〔1〕 参见程雷："刑事诉讼法与监察法的衔接难题与破解之道"，载《中国法学》2019年第2期，第179页。

第九章

证明标准和疑罪从无规则

目　次

刑事诉讼是一种带有实践后果的认识活动。从认识活动来说，诉讼的过程就是一种类似于科学家探索真理的过程。事实认定者需要发现、收集证据，固定、保全证据，审查、判断证据，以便探知案件的本来面貌。但也有一点与科学求真有别，真正的科学完全可以由好奇心和兴趣所驱动，且不追求任何实践目标，仅仅是为了求得理论上的“真”，发现世界运行的规律。至于这一“真理”对谁有利，对谁不利，是否有利于发展经济、改造世界、改善民生，则非所问。司法探知真相的活动则是为了作出一个维持或改变当前某种法律状态的决断，它不是为了“求真而求真”。易言之，诉讼探求真相的活动是工具性的活动，其目标是作出一个“好”的“决断”。

在刑事诉讼领域，对当事人、社会和国家来说，最有影响力的决断就是有关罪与刑的决断。一旦被告人被赋予决断权的机关认定有罪并科处了相应的刑罚，他就必须承受由此附随的一切后果，背负恶名，丧失活动自由，失去部分权利，甚至可能倾家荡产，命丧黄泉。决断正确，处置得当，被告人得到了应得的惩罚，被害人的报复心理得以消解，正义得到伸张，社会秩序得以修复，也向跃跃欲试的潜在犯罪分子传递了威慑的信号，作为垄断惩罚权的国家也树立了正义的形象。但一旦张冠李戴，黑白混淆，被告人将承受不应负担的误判损失，其本人、家人和其他亲友也要承受附带的损失，且可能对司法甚至国家权力丧失信心，作为解决社会冲突的司法活动可能成为社会矛盾的制造者，真正的罪犯可能逍遥法外，继续作恶，社会大众也可能对国家权力的合法性和正当性产生怀疑，司法形象受损，国家权力的社会公信力也可能因此遭受重创。正是由于刑事诉讼认识活动的实践后果重大，正确认定事实可以产生巨大的收益，错误认定事实则会造成巨大的损失，举凡任何时代的司法活动都致力于追求决断的准确性目标。这与政治模式、意识形态、历史传统、文化背景、经济发展水平、诉讼构造等任何特定社会的差异无关。可以说，这是一个古今中外所有可以称之为“诉讼”的活动都必须要维护的普适价值。

不同社会之所以产生灿烂多样的不同诉讼证明制度和实践，并不是因为对这一朴素至极的价值认同有别，而是源自于如下三点差异：一是对何为抵达这一实践目标的最优方案认识不同；二是对诉讼中所要追求的其他价值及其权重认识有别；三是对诉讼活动中的真相判定标准的认识存在差异。其中，最后一个问题就是证明标准问题，即当对案件事实的认识或证明达到何种程度时，可以将此当作业已发生的“事实”并据此施加相应的法律后果？不管特定时期的正式立法中是否有对此标准的明文规定，任何一个时代的司法都无法回避对此问题的解答。

其根本原因就在于当案件已经进入了诉讼的轨道后，有权机关必须就最终的处理结果给出一个“说法”。不管这个标准是由主权者或立法者在事前予以设定，还是由具体的有权决断者在个案中临时加以设定，终归得有一个判断事实存在与否的标准。

新中国成立后，“远法德国”“近采日本”的清末、民国刑事诉讼法统被废。新政府力图开创一个符合社会主义人民民主政权的新法制，但由于政治运动频发，及至新中国成立30年后的1979年，才颁行《刑事诉讼法》。该法历经三次修正，至今已达不惑之年。从其诞生之初，我国刑事诉讼中的证明标准就有偏重客观事实和证据证明状态的特色，从而为我国证据制度的后续建设奠定了历史基础，也导致了非常强大的路径依赖。本章将总结、回顾我国刑事证明标准制度尤其是疑罪从无规则在我国的制度发展、实践状况，分析制度和实践发生背离的原因，并就未来如何确保证明标准制度在实践中得到落实提出一些建议。

一、证明标准制度的发展历程

（一）对求真能力保持高度信任的年代

从1979年的立法背景来看，当时我国立法者之所以选择一种偏重于客观事实和客观证明状态的证明标准，是为了区别于传统中国的证据制度、西方资本主义国家的证据制度，以便充分体现新中国司法制度的特色和优越性，同时也体现批判借鉴其他社会主义国家法制的创造性精神，以示不盲目照抄照搬苏联等社会主义国家的法制。该标准是以马克思主义中国化为指导思想（特别是国家认可的哲学认识论中的物质第一性、实事求是和主观上可以达到认识世界真相的可能性），结合我国的实际情况，特别是新中国成立后社会主义革命和建设正反两方面的刑事司法经验，尤其是“文化大革命”“逼供信”的惨痛经历，最终作出的制度选择。

首先，查明案件的本来面貌既作为三机关各阶段的共同任务，也作为各机关完成查证责任的标志。如在基本原则方面强调“人民法院、人民检察院和公安机关进行刑事诉讼，必须以事实为根据”；在至关重要的法律文书的内容方面要求“公安机关提请批准逮捕书、人民检察院起诉书、人民法院判决书，必须忠实于事实真相。故意隐瞒事实真相的，应当追究责任”。尤其是在刑事诉讼法的任务方面，“保证刑法的正确执行”是最核心的要求。〔1〕

其次，证明标准的表达方式侧重于将证据的证明状态，而非判断者的主观信念状态，作为判断事实是否存在的尺度，要求只有当“犯罪事实清楚，证据确

〔1〕 在彭真同志于1979年6月26日第五届全国人大第二次会议上有关《刑事诉讼法（草案）》的说明中，第一句话就开宗明义地指出：“刑事诉讼法的任务，是从司法程序方面保证刑法的正确执行。”参见吴宏耀、种松志主编：《中国刑事诉讼法典百年》（中册），中国政法大学出版社2012年版，第863页。

实、充分”才可以认定被告人有罪和处以刑罚。从法律的表达即可看出，证据确实充分是一个“去主体化”的标准，它“隐藏了”判断者。判断的权威性并非是因为判断者处于立法授权于他的判断者“角色”定位，而是证据的证明状态赋予其权威性。这与西方国家基于事实认定主体的主观信念状态设定证明标准有路径上的重大差异。按照我国立法者的设想，如果事实清楚，证据确实充分，你不相信有罪也要认定有罪；如果证据不充分，你确信有罪也不得认定有罪。这是一种非常强的证据实证主义立场。

再次，对口供这类“主观性”较强的证据采取保守的认证态度，明确规定“只有被告人供述，没有其他证据的，不能认定被告人有罪和处以刑罚”。这是一种刚性非常强的证明规则。它从消极方面否定了口供可以单独作为认定被告人有罪的根据，哪怕是被告人主动投案自首，且任何一个普通人均可能认为其供述出于自愿，具有可信性，也不得认定被告人有罪。这就使执政党提出的“不轻信口供”这一政策要求转化为一种具体的证明规则。

最后，对办案机关能够查明案件的真实情况保持一种高度的乐观主义态度。1979年《刑事诉讼法》的制定者对查明案件的真实情况持有一种高度的乐观主义态度，而没有考虑如果案件事实查不清楚，该如何作出决断的问题。当时的主流观点认为“从根本上看，任何案件事实，通过正确地收集、分析证据，是可以查清的”。〔1〕因此，案件事实达不到证据确实充分的状态，就不允许作出有罪或无罪的决断，既不允许放弃调查，也不允许宣告无罪，而应当继续调查，直至查清为止。正如当时的《证据学》教科书所言：“虽有相当证据说明被告人有重大犯罪嫌疑，但证据不够确实、充分的，不应对被告人定罪判刑，而应继续对案件进行侦查或调查。一旦掌握了必要的证据，只要没有超过追诉时效期限，即可依法重新提起诉讼。”〔2〕

1979年《刑事诉讼法》所奠定的证明制度将发现客观存在的事实真相作为主导性的目标，对办案机关的查证能力高度信任，努力矫正过于依赖口供的办案传统，强调证据和事实本身在判断真假方面的基础性地位。这对于确保案件办理质量，避免出现错误判决，无疑是有积极意义的，但这一有关证明标准的宏观框架也留下了一些悬而未决的问题。一是当发现真相的主导性目标与其他价值目标发生冲突时，如何设定证据标准，立法并未明确。最典型的莫过于对采用非法方法所收集的证据，能否作为判断案件事实的根据，立法并未言明。1979年《刑事诉讼法》对此仅有原则性的规定，即任何证据都“必须经过查证属实，才能作为定案的根据”。但是当证据的合法性和真实性在认识上无法协调时，该以谁

〔1〕张子培主编：《刑事诉讼法教程》，群众出版社1987年版，第192页。

〔2〕巫宇甦主编：《证据学》，群众出版社1983年版，第81页。

作为取舍证据的标准，就成为司法实务的难题。二是口供补强的要求是否可以扩及于其他言词证据或所有证据类型，禁止以孤证认定有关案件事实，也是一个有待解决的法律适用难题。三是案件事实必须证明到何种程度才算是“清楚”，证据在质和量两个方面必须达到何种程度才算是“确实”和“充分”，同样也不甚明确。四是假如穷尽了一切调查手段后仍然无法查明案件真相，该如何对案件作出处理，立法同样缺乏明确的规范。这四个方面的问题可以被分别称为单个证据的定案资格或采纳标准问题、证据数量的最低要求问题、整体案件事实的认定标准问题和最终的证明结论达不到证明标准的处置方式选择问题。从理论上来说，证明标准主要是指第三个问题，即犯罪事实的认定标准问题，但其他三个方面的问题毫无疑问也是证明标准隐含的问题。1979 年《刑事诉讼法》关于这些问题的规定整体上留给了办案人员非常大的裁量空间，在规范密度上明显不足。

在 1979 年《刑事诉讼法》制定后不久，第三个问题就马上凸显了，“对司法实践中出现的大量罪与非罪界限问题，往往认识不统一，对什么是犯罪事实清楚，什么是犯罪证据确实充分，往往有不同的理解，因此对打击犯罪活动出现了摇摆不定的‘扭秧歌’的局面”,[1]甚至影响了中央所提出的“严打”政策能否得到有效落实。因此，在 1981 年 5 月中央政法委员会召开的五大城市治安座谈会上，时任全国人大常委会委员长的彭真专门就这一问题进行了说明，他说：“现在，有的案件因为证据不很完全，就判不下去。其实，一个案件，只要有确实的基本证据，基本的情节清楚，就可以判，一个案件几桩罪行，只要主要罪行证据确凿也可以判，要求把每个犯人犯罪的全部细节都搞清楚，每个证据都拿到手，这是极难做到的，一些细微末节对判刑也没有用处。”[2]这就是“两个基本”证据要求的来源，即所谓基本犯罪事实清楚和基本证据确凿。正如 1984 年《最高人民检察院关于在严厉打击刑事犯罪斗争中具体应用法律的若干问题的答复》中所言：“在当前严厉打击刑事犯罪斗争中，对起诉案件的基本要求是什么？……当前，在严厉打击刑事犯罪的斗争中审查起诉要注意以下几点：（1）要坚持‘两个基本’，即基本犯罪事实清楚和基本证据确凿……”根据对最高司法机关发布的司法解释性文件的整理发现，自提出“两个基本”证明标准以后，共有 7 个规范性文件使用了这一概念，作为对我国法定证明标准的阐释，重点强调“不要纠缠不影响定罪量刑的枝节问题”，且发布的文件大多（共计 5 个）与严厉打击犯罪的政策具有同步性，发布文件的机关主要以最高人民检察院单独或与其他机关联合颁布为主（见表 9-1）。

---

〔1〕 刘复之：“缅怀我国社会主义法制主要奠基人彭真同志”，载《缅怀彭真》编辑组编：《缅怀彭真》，中央文献出版社 1998 年版，第 85-86 页。

〔2〕《彭真传》编写组编：《彭真传》（第四卷），中央文献出版社 2012 年版，第 1416 页。

从其提出的背景来看，“两个基本”证明标准好似是降低了入罪的证据要求，以适应当时党和国家所提出的政策要求，但事实上，它只是对证明标准的一种合理解读。从理论上而言，“两个基本”的阐释已经捕捉到了证明标准与证明对象之间的紧密联系以及证据充分与证据齐全之间的差异。简单来说，刑事诉讼需要证明的事实，只是可能影响刑罚权有无及其大小的事实，而不是全部的案件事实。如果某个事实不清，但对于定罪量刑并无实质意义，而只是“细微末节”，那么就不能据此认定未达到证明标准。至于证据的齐全或者说证据毫无遗漏，当然是理想要求，但从实践的角度来看，如果证据收集不全，情有可原，但在案的证据已经足以证明犯罪要件事实，就可以将其视为达到了证据确实充分的证明标准。当然，从司法实务的角度和汉语表达的语义来看，“两个基本”证明标准有可能被司法人员误解为“大概差不多就可以定案”。若是如此，则可能产生一定的负面影响。尤其是结合当时“严打”的形势，它可能会让地方司法机关误以为在“严打”期间无须查清事实也可以认定有罪。[1]此外，即使从规范解读的角度来看，“两个基本”的要求有合理性，但这一解读基本上属于常识层面，尚未触及证明标准适用中的深层次争议问题的解答，尤其是在何种情况下可以根据不齐全的证据认定案件事实以及何种情况下不可以依据不齐全的证据认定案件事实的问题，“两个基本”的要求并没有给出解答。如果证据不齐全不是“情有可原”，在证据调查尚不全面的条件下，就贸然以现有的证据为根据认定全案证据已经足以认定有罪，风险极大。

表 9-1　“两个基本”证明标准在我国规范性文件中的体现

发布日期	规范性文件名称	与“两个基本”有关的内容
1984 年 1 月 9 日	《最高人民检察院关于在严厉打击刑事犯罪斗争中具体应用法律的若干问题的答复》[（84）高检发（研）2 号]	四、在当前严厉打击刑事犯罪斗争中，对起诉案件的基本要求是什么？《刑事诉讼法》第 96 条对检察机关审查案件必须查明的事项，作了明确的规定，应坚持执行。当前，在严厉打击刑事犯罪的斗争中审查起诉要注意以下几点： （1）要坚持“两个基本”，即基本犯罪事实清楚和基本证据确凿。同时，注意查明有无遗漏罪行和其他应当追究刑事责任的人……

〔1〕正如时任甘肃省省长助理和甘肃省公安厅厅长何挺在总结“严打”的教训时所言：“‘严打’过程中，一些单位和干部民警片面甚至错误理解‘严打’关于‘从重’‘从快’‘两个基本’等要求，不顾法律规定，一味追求打击效果。因此，在取得辉煌战果的同时，‘严打’中也出现过一些冤假错案。”参见何挺：“1983：严打”，载俞贵麟主编：《亲历：1978—2008》，人民出版社 2008 年版，第 72 页。

续表

发布日期	规范性文件名称	与“两个基本”有关的内容
1992年12月1日	《最高人民法院、公安部关于处理道路交通事故案件有关问题的通知》（法发［1992］39号）	九、人民法院审理交通肇事的刑事案件，应当对案件事实、证据进行认真审查、核实，只要求做到“两个基本”，即案件的基本事实清楚，基本证据确实充分，不要纠缠不影响定罪量刑的枝节问题
1993年9月3日	《最高人民检察院、最高人民法院、公安部、国家安全部关于严格执行刑事案件办案期限切实纠正超期羁押问题的通知》（高检会［1993］23号）	三、对于复杂、疑难和重大案件，要坚持“两个基本”的原则，采取果断措施进行处理。对于犯有数罪的案犯，其主要罪行基本事实清楚，基本证据确实的，应对其主要罪行起诉、判刑；对于共同犯罪案件中主犯或从犯在逃，在押犯的犯罪事实清楚，证据确实的，应对在押犯起诉、判刑；对于政法部门之间有争议的案件，通过协商和政法委协调意见仍不一致的，按各自职权依法处理，该撤案的撤案，该复议复核的复议复核，该免诉的免诉，该起诉的起诉，该判决的判决，该抗诉的抗诉。一定不要因为部分团伙犯罪成员在逃或部分犯罪事实一时无法查清而久拖不决
1995年8月1日	《最高人民检察院办公厅关于进一步严厉打击卖淫嫖娼犯罪活动的通知》（高检办发［1995］26号）	二、加大打击力度，依法做好批捕、起诉工作。 各级检察院要抓好大要案的查处，重点抓紧那些顶风上，依仗权势或用公款嫖娼、搞色情活动的典型犯罪案件的查处。领导干部、执法人员参与组织、介绍、容留妇女卖淫，构成犯罪的，要依法从重惩处。各级刑检部门要对大要案适时介入，熟悉掌握案情，为依法快捕快诉做好准备。审查批捕、审查起诉要坚持“两个基本”，依法从严从快
2001年4月7日	《最高人民检察院关于检察机关积极参加“严打”整治斗争和整顿规范市场经济秩序工作的意见》（高检发［2001］6号）	进一步统一执法思想，坚决贯彻依法从重从快方针。对严重刑事犯罪分子，要在法律规定的量刑幅度内从重，在法定期限内从快进行打击。要把依法从重从快方针与“两个基本”原则结合起来，只要基本事实清楚，基本证据确凿，就应依法快批捕、快起诉，不纠缠细枝末节

续表

发布日期	规范性文件名称	与“两个基本”有关的内容
2002 年 7 月 30 日	《最高人民法院、最高人民检察院、公安部关于依法严厉打击抢劫抢夺等多发性犯罪有关问题的通知》（公通字［2002］41 号）	公安机关应当及时收集并核实证据；人民检察院对于公安机关提请批准逮捕和移送审查起诉的案件，符合逮捕、起诉条件的，应当及时予以批准逮捕和提起公诉；人民法院对人民检察院提起公诉的案件，要坚持“两个基本”的原则，及时审判。在办案过程中，各地公安机关、人民检察院、人民法院要加强沟通协调，通力合作，形成打击合力
2003 年 8 月 13 日	《最高人民检察院侦查监督厅、公诉厅关于进一步加大对毒品犯罪打击力度的通知》	侦查监督、公诉工作中要体现对毒品犯罪依法从重从快打击的精神，坚持“两个基本”原则，提高办案效率，保持对毒品犯罪的高压态势

（二）疑罪从无精神的引入

“两个基本”原则在一定程度上澄清了事实清楚和证据确实充分的最低限度门槛问题，有助于统一三机关事实认定的尺度。但这只是解决了入罪标准的问题。从司法实践的角度来说，有些案件可能就连“两个基本”的证明要求也达不到，但也不是完全没有任何证据可以证明被告人涉嫌犯罪，或者说也无确实充分的证据清楚地证明被告人没有实施犯罪行为，这就是所谓的“疑案”或“疑罪”。自古以来，无论采取何种法律制度，都可能会在具体案件中遇到这种令人头疼的问题，只不过应对的方式不同而已。在价值观上秉持既要惩罚犯罪也不冤枉一个好人的理念下，解决这一问题尤为棘手。因为此时若是认定有罪，有冤枉好人的风险；若是认定无罪，则有放纵坏人的风险。

在我国 1979 年《刑事诉讼法》的制度框架下，就此问题给出的回答就是要求办案机关悬置自己的判断，继续查证案情，直到将有关疑点完全澄清，以做到“实事求是”。这就从理论上化解了裁判的难题。但这是以办案机关具备超常的探知真相的能力作为前提的。它不仅违背认识规律，而且违背诉讼规律。就认识规律来说，有些案件由于人的认识能力有限和客观条件的限制，确实无法查清，这是与持有何种世界观和价值观无关的“客观规律”。不是说我们秉持了可知论的世界观，就“保证”我们在每个案件中都能够发现真相。就诉讼规律来说，诉讼发现真相的活动只是一种手段，其目的是定分止争，发现真相固然有助于我们就争议问题作出一个准确的判断，但若是无法还原案件的本来面貌，就搁置判断，拒绝就纷争作出处理，就会使诉讼定分止争的目标无法得以实现。此时，制度设计者必须跳出无法实现的真相探知的视野，转而从其他方面设定事实裁断的尺度，这完全是出于现实需要而作出的无奈之举。也就是说，在人类尚无法确保每个案件的真相都得以发现的现实情况下，必须依据不确定的条件进行有风险的决断。假如垄断了裁断权的主体在这种情况下拒绝给出结论，那么他就违背了诉讼的角色要求。

前已述及，由于1979年《刑事诉讼法》制定时对司法机关发现真相的能力持高度乐观的态度，所以立法并未对“无法查清犯罪嫌疑人、被告人是否有罪”该如何处理作出规定。在司法实务中，有些案件确实在办案期限内无法查清，但由于缺乏处理方式的规定，导致相当一部分案件就被“挂”起来，司法机关就有罪无罪问题“拒绝裁判”，居然于法有据！这就可能导致犯罪嫌疑人、被告人遭受可能比其涉嫌犯罪能够判处的刑罚还要长的超期羁押或长期取保候审等问题。1993年9月3日，“两高两部”联合发布了《关于严格执行刑事案件办案期限切实纠正超期羁押问题的通知》（高检会〔1993〕23号），该通知首句就指出：“近年来，有些地方的看守所超期羁押人犯问题比较突出。”足见当时这一问题的严峻性。但在立法没有明确疑罪如何处理的前提下，办案机关作出拒绝裁判的选择在某种意义上也实属无奈。因此，超期羁押问题在司法实践中就陷入了“边清边超”和“前清后超”运动式治理的怪圈。〔1〕案件久拖不决的危害在于被追诉人不仅要长时间地忍受“犯罪嫌疑人”的身份，而且仅凭无法彻底排除的犯罪嫌疑，就可以让被追诉人长时间地处于事实上被剥夺或限制自由的状态。在某种程度上可以说，这等于是让被追诉人承受事实上的“嫌疑惩罚”。

运动式的清理显然无助于从根本上解决这个问题。于是，在1996年修改法律之际，学界普遍建议立法机关采纳无罪推定和疑罪从无的法律原则，以便解决疑罪如何处理的问题。毫无疑问，疑罪从无是建立在与实事求是不同的价值观基础之上的。当犯罪事实存在疑点，无法得到排除，实事求是的认识是被告人有犯罪的嫌疑，而不是无罪，实事求是的做法是继续查证案件，直到将案情查清为止，而不是在疑点尚未澄清时，作出（无罪）决断。而疑罪从无则认为，有的时候必须在不确定的条件下作出决断，人类不可能在每个案件中都能挖出案件的真相，此时作出决断的主要根据就不再是不枉不纵，而是两害相权取其轻。因为在没有第三条道路可以选择的情况下，决策者此时就必须权衡有罪认定和无罪认定可能产生的危害后果，选择一个社会损失较小的方案了结案件。由于人们普遍认为在没有充分证据证明一个人有罪之前就认定其有罪违背基本的正义原则，且

〔1〕由于实践惯性，即使在1996年《刑事诉讼法》修改后确立了证据不足的无罪判决制度，这一现象在其后的司法实务中也依然存在。关于20世纪八九十年代我国超期羁押的现状，参见毛磊：“超期羁押：司法机关一大毒性顽瘤”，载《中国律师》2002年第11期，第19-23页。

错定一个人有罪可能导致的危害要大于错误宣告一个人无罪，所以各个社会均不约而同地在立法或惯例中确立了存疑有利于被告人的处理原则。

但从实事求是和不枉不纵转变为认知有限和疑罪从无，不仅要修正主导的认识论观点，而且还要适度改变刑事诉讼的价值观，这显然有极大的难度。据陈光中先生回忆，在1996年《刑事诉讼法》修改之际，中国政法大学修改研究小组提出的《刑事诉讼法修改建议稿》便写上了疑罪从无的规定，但全国人大常委会法制工作委员会的征求意见稿一直没有将此列入，体现疑罪从无精神的证据不足的无罪判决规则是最后才加进去的。[1]之所以最终将证据不足宣告无罪的规则写入《刑事诉讼法》，估计与立法机关认识到了解决超期羁押和久押不决问题的现实紧迫性有关，这一点可以从立法界人士有关1996年《刑事诉讼法》修改的说明中可以看出。由立法界人士编著的“释义”中写道：“对证据不足，不能认定被告人有罪的，应当作出证据不足、指控的犯罪不能成立的无罪判决……这一规定，对于防止和避免对被告人、犯罪嫌疑人久押不决，既掌握不了充分的证据定被告人有罪，又长期羁押被告人不予释放的情况，是很有必要的。”[2]

至此，至少在规范层面，我国立法已经将疑罪从无的精神吸收到了证明标准之中，从而在制度层面上解决了上一小节所说的最后一个问题。但为了解决它与我国主导性的认识论和诉讼价值目标之间的冲突，疑罪从无在我国并不具有禁止双重危险或一事不再理的法律效果，它只是迫于必须给出裁判结论的现实需要而设计的权宜性的规则，如果有新的证据或事实证明被释放的被告人确实存在以前指控的犯罪，国家有权力继续对其进行追诉活动。

（三）从抽象标准走向具体规则

证据确实充分是我国立法者设定的三机关均必须统一遵循的认定犯罪事实的尺度。从字面上来理解，证据确实是对定案证据状态的“质量”要求，证据充分是对定案证据状态的“数量”要求。但具有什么品质的证据才算是确实的证据？有多少数量的证据才算是充分的证据？这又陷入了一个规范性难题。“两个基本”的阐释在一定程度上只是解决了证明对象的问题，强调不要纠缠细枝末节，但“基本证据”确实充分，并没有回答确实充分的标准该如何把握。至于证据不足的无罪判决，也必须在明确何谓充分和何谓不足的条件下，才可能产生明确的规范效果。

1979年《刑事诉讼法》虽然把证据确实作为认定案件事实是否清楚的必要条件之一，而且在第31条规定了证据的含义并明确了证据的种类之后，要求“证据必须经过查证属实，才能作为定案的根据”，从而使得证据的“确实性”

---

〔1〕参见刘金林：“‘疑罪从无’是最后写进去的”，载《检察日报》2009年8月25日，第4版。

〔2〕郎胜主编：《〈关于修改刑事诉讼法的决定〉释义》，中国法制出版社1996年版，第199页。

也成为各种类型证据转化为“定案根据”的条件。但是立法并未对各种类型的证据在何种条件下可以认定为确实或不确实，作出任何规定。例如，刑讯逼供所取得的供述是确实的还是虚假的？对此问题最正确的回答，应是具体情况具体分析。从以前的司法实务情况来看，有些司法人员甚至在明显存在逼供的情形下，也会采信由此得出的供述，因为他“查证”后认定被告人的供述是属实的，达到了作为定案根据的条件。

这一状态大体上一直持续了30年，直到其中潜藏的问题被不断曝光的冤假错案逐步揭露之后，制度设计者出于应对舆论压力和提升司法公信力的现实需要，才开始着手解决这一问题。河南赵作海冤案在2010年被纠正之后，“两高三部”以迅雷之势颁布了“两个证据规定”。“两个证据规定”的条文数量共计56条，约等于当时正在实行的1996年《刑事诉讼法》条文数的五分之一。此后，2012年修改后的《刑事诉讼法》将其中涉及“非法证据排除规则”方面的内容吸收到了法律之中。最高人民法院则以司法解释的方式将《关于办理死刑案件审查判断证据若干问题的规定》（以下简称《死刑案件证据规定》）中的全部内容，略加技术性修改后，纳入到2012年《最高法解释》之中，一直沿用至今。2014年党中央通过了《中共中央关于全面推进依法治国若干重大问题的决定》，明确提出“推进以审判为中心的诉讼制度改革，确保侦查、审查起诉的案件事实证据经得起法律的检验”。此后，新一轮的证据标准“规范化”运动再次活跃，改革者试图建立一个能够检验案件事实证据的具有可操作性的证据标准。其中比较有代表性的成果，如2016年“两高一部”联合颁发的《办理毒品犯罪案件毒品提取、扣押、称量、取样和送检程序若干问题的规定》和《关于办理刑事案件收集提取和审查判断电子数据若干问题的规定》以及2017年“两高三部”联合制定的《关于办理刑事案件严格排除非法证据若干问题的规定》。由此可见，“证明标准”已经开始向单独的证据类型（如“电子数据”）和特定的犯罪类型（如“毒品”）中出现的常见证据如何进行规范的纵深方向发展。如果我们把当前有关证据问题的刑事诉讼立法、司法解释和其他规范性司法文件的内容加在一起，其规范密度甚至可能超过了向来以证据法发达著称于世的英美法系的证据法。撇开细节问题不谈，在我国证据法制化的进程中，可以发现一条非常清晰的主线：以证据的笔录形式要求、证据来源、侦查取证程序和证据内容为规范对象，分别设置不同的定案资格标准，以便从规范上保障定案的证据具备确实性，降低错误采信证据的风险，借由证据确实标准的规范化和统一化，确保侦查机关在证据的制作、取证过程、取证方法和证据内容自我审查把关方面，与审判机关、检察机关的期待保持一致，从“源头上”保证侦查终结的案件在证据上就可以达到审判时设定的“检验”标准。因此，目前这一场由最高人民法院为主推手的以审判为中心的诉讼制度改革，也可以被看作是一场检察机关、侦查机关向法院的定案标准“看齐”的运动。

证据充分是认定案件事实是否存在的另外一个尺度。如同证据确实标准一样，在我国1979年《刑事诉讼法》制定时，这一标准也是由办案人员根据个案的情况自主判断。这不仅有可能使公检法三家扯皮拉锯，而且有可能导致如下两种情况：一是未达到充分程度时就予以定案，造成错误定罪的风险；二是已达到充分程度时却不予以定案，造成错误释放的风险。但一方面由于这一问题在理论上极度复杂，另一方面由于西方国家甚至苏联等社会主义国家的法律制度中都普遍实行自由心证制度，并无可资借鉴的制度资源，所以这一问题也就被长期搁置了起来。直到司法实践中有关事实认定的疑难案件不断出现，在冤假错案发生后发现以前定罪充分性尺度的把握较为松弛，最高人民法院收回死刑复核权面临着“错杀”的巨大压力，遂迫使最高司法机关不得不着手解决这一难题。

与对证据确实性的全面规范同步，2010年《死刑案件证据规定》也开始对证据充分的具体要求作出了规范。该规定第5条分别从五个方面就“证据确实、充分”的要求作出了规范：一是定罪量刑的事实都有证据证明；二是每一个定案的证据均已经法定程序查证属实；三是证据与证据之间、证据与案件事实之间不存在矛盾或者矛盾得以合理排除；四是共同犯罪案件中，被告人的地位、作用均已查清；五是根据证据认定案件事实的过程符合逻辑和经验规则，由证据得出的结论为唯一结论。其中第二项内容属于证据确实的要求，但具体判断证据是否属实并作为定案的根据，当前主要依赖前述各种类型的证据标准。第三项内容具有双重意义。一方面，它是从内容上判断证据是否确实的标准，另一方面，它也是从整体上判断证据是否充分的标准。因为当一个案件中的两个证据，一个指向有罪，另一个指向无罪，二者在逻辑上必有一真一假，因此除非排除了这个矛盾或疑点，否则任何一个证据都难以达到确实充分的要求。需要提及的是，这一判断证据确实性的标准具有“兜底”保障的作用，在某种意义上也可以说确立了矛盾证据状态下禁止以孤证定案的规则。这一项要求也是证据在整体上是否充分的要求，因为当证据之间存在无法合理排除的内在矛盾，就意味着案件事实有多种可能性，此时尚不足以就指控的犯罪事实得出肯定性的结论。结合第一、三、五项内容，可以发现证据充分的要求包括如下三个方面：一是证据的覆盖面，即必须要有一定数量的证据将犯罪构成要件的全部待证事实覆盖，否则就属于证据“缺失”；二是证据的无矛盾性，即使有一定数量的证据将待证犯罪事实覆盖，但如果也有证据指向无罪的可能性（如无犯罪行为、犯罪行为非被告人所为、未达到责任年龄或不具有责任能力、主观上无任何过错、有阻却违法情节等），除非该矛盾被排除掉，否则就属于证据“不充分”、证据体系不完整；三是证明结论的确定性，即使有一定数量的无矛盾的证据指向有罪结论，但如果这个结论是或然性的，而不是必然性的、排他性的、唯一性的，仍然属于“证据不足”。当然，这三个在理论分析上完全可以分步判断、层层推进的尺度在司法实际中可能是一步到位的综合性判断。事实上，如果证据无法将待证要件事实全部覆盖或证据内容之间有指向两种可能性的矛盾，那么就无法“通过证据”得出唯一性的结论。因此，第三个规范性要求在功能上可以将前两个规范性要素的内容吸收到自身之中，从而演变为综合全案证据加以判断，可以排除任何无罪的可能性，有罪结论是唯一可以接受的结论。但将另外两个可以吸收进来的规范性要求单列出去，也有自己的价值：一是使判断的标准更加细化；二是可以对判断者的判断行为有一个更加明确的指引；三是避免急于下结论而可能产生的草率性。这对于确保裁断者保持科学精神是有意义的。整体上而言，2010 年《死刑案件证据规定》中的充分性规范，不仅“足够清晰、简洁”，而且是一种指向“证明结构而不是建立在事实裁判者的主观意识上”的“客观性的标准”，比较符合美国科学哲学家劳丹教授所期待的理想的客观证明标准的要求。〔1〕

出于类似的考虑，在 2012 年修改《刑事诉讼法》时，为了“便于办案人员把握”，立法机关增加了一款解释性规定，细化了“证据确实、充分”的判断标准。据此，“证据确实、充分”是指同时满足以下三个条件：其一，定罪量刑的事实都有证据证明；其二，据以定案的证据均经法定程序查证属实；其三，综合全案证据，对所认定事实已排除合理怀疑。对比后可以发现，《刑事诉讼法》有关证明标准的第一项要求和第二项要求与《死刑案件证据规定》雷同，但第三项有关证据充分程度的要求，借鉴了英美法系的规范，并没有把死刑证据规定的第三项、第五项等我国司法实践所总结出来的经验吸收进来。根据立法界人士的观点，之所以“使用‘排除合理怀疑’这一提法，并不是修改了我国刑事诉讼的证明标准，而是从主观方面的角度进一步明确了‘证据确实、充分’的含义”，“以达到主客观相统一”。〔2〕因此，在立法界人士看来，从我国司法实践中所总结的排他性或唯一性要求与排除合理怀疑要求并无高低之分，只是侧重点不同，前者是指证据的外在证明状态，后者是指司法人员的内在心理状态，二者分属不同领域，但规范性要求并无二致。我们暂且不对这一观点进行评价，但二者的旨趣是相同的，那就是努力将证明尺度予以细化、统一，以便于规范和指引司法机关求真过程中的“最终证据评价”活动。

二、证明标准和疑罪从无规则实践运作效果的考察

制度的生命在于执行，不具有执行效果的规则只是一纸空文。我国自 1979

〔1〕 劳丹教授对美国的排除合理怀疑标准的主观性所导致的混乱、模糊不清、尺度不一有全面深入的研究，他主张以一种“客观性的标准”取而代之，并设立了几个一般性的条件。参见［美］拉里·劳丹：《错案的哲学：刑事诉讼认识论》，李昌盛译，北京大学出版社 2015 年版，第 94-95 页。

〔2〕 全国人大常委会法制工作委员会刑法室：《关于修改中华人民共和国刑事诉讼法的决定：条文说明、立法理由及相关规定》，北京大学出版社 2012 年版，第 53 页。

年《刑事诉讼法》确立了犯罪事实清楚、证据确实充分的证明标准后，应当说立法为入罪创设了一个非常高的证据门槛。后来，随着疑罪从无精神的引入，只要证据不足以证实有罪，就必须宣告无罪，出罪的标准相对较低。但这一制度在实践中的运作情况如何？这是本节将要考察的问题。

考察证明标准的实施情况有很大的难度。从理论上来说，证明标准的错误适用包括两种情况：一是将未达到证明标准的案件认定为达到标准，这可以称为肯定性错误；二是将已经达到证明标准的案件认定为未达到标准，这可以称为否定性错误。前者可能会使被告人承受立法不允许的入罪风险，后者可能会使被告人获得立法不允许的额外收益。但要想对这两个问题作出准确的判断，必须仰赖两个条件：一是可以获得具体案件的全部证据材料和证据调查情况，二是有一个大家公认的测量该标准是否达到的尺度。就目前的研究条件来说，对长达 40 年的数以千万计的案件证据状况进行一个评估，几乎不可能。即使选择代表性样本，也是一个艰巨的任务。如果选择一些有争议的案件，也可能因为测度标准无法达成共识，不能进行客观评估。

因此，就宏观的证明标准运作情况，我们将采用一种间接的定量考察方法，说明证明标准是否对判决结果产生了决定性的影响。根据目前可以收集到的数据，[1]我们设计了三个指标，以递进的方式考察公诉案件证明标准在司法实践中的运作情况。这三个指标分别是无罪判决率、公诉案件无罪判决率和诉判差。第一个指标是指每年被法院判决无罪的人数占生效判决人数的比例，第二个指标是指公诉案件无罪判决人数与自诉案件无罪判决人数对比后，前者的数量和所占的比例，第三个指标则是指历年提起公诉的检察院数量与法院作出生效无罪判决的人数之间的差额。

根据我国刑事证明标准的制度演变，就以上三个指标，我们可以作出如下三个假设：一是如果 1996 年《刑事诉讼法》规定的疑罪从无标准得到了落实，那么在整体侦查水平不可能在短时间内获得突破性进展的情况下，1996 年以后我国的无罪判决率应该会有一些增长，因为无须查证被告人确实无罪，只要有无法排除的疑点就可以宣告无罪；二是由于公诉案件的人数远远多于自诉案件的人数，纵使公诉案件办案机关的取证能力比自诉案件自诉人的取证能力更高，但由于二者的基数差距巨大，因此如果适用相同的证明标准，前者判决无罪的人数或比例应当会高于后者；三是由于我国认定有罪必须要达到非常高的证明标准以及

---

〔1〕 本课题研究的基础数据主要有以下几个方面的来源：一是《中国法律年鉴》的统计数据以及根据研究需要所计算后得出的结果。由于《中国法律年鉴》最早的数据是从 1988 年开始统计的，所以无法获得 1988 年之前刑事诉讼运作情况的实证数据。二是通过收集与研究主题有关的媒体报道、期刊论文所获得的数据。三是通过挂职锻炼从 C 省高级人民法院所收集到的有关数据。如无专门引注，下文中有关刑事诉讼运作情况全国性的基础数据均来自于《中国法律年鉴》，特此先予说明。

审判程序证据调查情况可能发生的变化，即使检察院在起诉前把关较为严格，全国各地的检察院应当在每年至少有一些案件会被法院判决无罪，而不应当是一个检察院或多个检察院每年或多年均无被法院判决无罪的案件。如果最终的统计结果与假设一致，那么我们有理由认为证明标准或疑罪从无规则在一定程度上实现了预期的效果；反之，则有理由认为实践中的运作与预期效果并不太一致。

（一）无罪判决率

从下文表9-2、表9-3和表9-4的统计结果可以发现，我国的无罪判决率一直非常低。从1988年至2017年长达30年的时间里，每年的无罪判决率基本维持在1%以下，只是在1996年《刑事诉讼法》实施后的1998年、2000年达到了略微超过1%的水平（1.03%）。从2000年以后，无罪判决率一路下滑，截至2012年《刑事诉讼法》实施前一年，降至25年来最低水平0.06%。对比1979年《刑事诉讼法》、1996年《刑事诉讼法》和2012年《刑事诉讼法》背景下的无罪判决率，我们还可以发现：1979年《刑事诉讼法》背景下的无罪判决率年均约为0.40%，1996年《刑事诉讼法》背景下的无罪判决率年均约为0.47%，2012年《刑事诉讼法》背景下的无罪判决率年均约为0.08%。由于普遍认为1996年《刑事诉讼法》在制度层面提升了被告人的权利保障，尤其是确立了体现疑罪从无精神的证据不足宣告无罪的制度，所以我们本来应当期望1996年《刑事诉讼法》实施后会增加无罪判决率。但现实情况表明，无罪判决率在整体上没有显著提升。1996年《刑事诉讼法》实施后的前四年（1997—2000年）中，无罪判决率曾经一度有显著提升，但自2001年以后，无罪判决率稳步下滑。就2012年《刑事诉讼法》的实施情况来看，无罪判决率尚未达到1979年《刑事诉讼法》实施期间的水平。因此，就无罪判决率的情况来看，目前我们无法断言疑罪从无原则的确立对判决结果产生了显著影响。

表9-2　公诉、无罪判决、免予刑事处罚情况统计表（1988—1996年）〔1〕

年份	生效判决人数（人）	免予刑事处罚人数（人）	免处率（%）	无罪判决人数（人）	无罪率（%）	提起公诉人数（人）
1988	368 790	5325	1.44	2039	0.55	381 202
1989	482 658	6035	1.25	1582	0.33	520 275
1990	582 184	7250	1.25	1912	0.33	636 626

〔1〕此处统计的“免处率”“无罪率”等比例均是按照百分比计算的比例。无罪率0.55是指平均100名被告人中有0.55名被告人被宣告无罪。

续表

年份	生效判决人数（人）	免予刑事处罚人数（人）	免处率（%）	无罪判决人数（人）	无罪率（%）	提起公诉人数（人）
1991	509 221	7587	1.49	1983	0.39	550 455
1992	495 364	8040	1.62	2547	0.51	520 430
1993	451 920	6371	1.41	2000	0.44	505 714
1994	547 435	7680	1.40	2153	0.39	610 495
1995	545 162	7911	1.45	1886	0.35	596 624
1996	667 837	9207	1.38	2281	0.34	751 749
合计	4 650 571	65 406	1.41	18 383	0.40	5 073 570

表 9-3　公诉、无罪判决、免予刑事处罚情况统计表（1997—2012 年）

年份	生效判决人数（人）	免予刑事处罚人数（人）	免处率（%）	无罪判决人数（人）	无罪率（%）	提起公诉人数（人）
1997	529 779	8790	1.66	3476	0.66	525 319
1998	533 793	9414	1.76	5494	1.03	584 763
1999	608 259	9034	1.49	5878	0.97	672 367
2000	639 814	N/A〔1〕	N/A	6617	1.03	708 836
2001	746 328	N/A	N/A	6597	0.88	845 306
2002	706 707	11 266	1.59	4935	0.70	854 780
2003	747 096	11 906	1.59	4835	0.65	819 216
2004	767 951	12 345	1.61	3365	0.44	897 974
2005	844 717	13 317	1.58	2162	0.26	981 009
2006	890 755	15 196	1.71	1713	0.19	1 029 052
2007	933 156	15 129	1.62	1417	0.15	1 113 319
2008	1 008 677	17 312	1.72	1373	0.14	1 177 850
2009	997 872	17 223	1.73	1206	0.12	1 168 909
2010	1 007 419	17 957	1.78	999	0.10	1 189 198
2011	1 051 638	18 281	1.74	891	0.09	1 238 861

〔1〕 N/A 表示无法找到相应的数据（not available）。

续表

年份	生效判决人数（人）	免予刑事处罚人数（人）	免处率（%）	无罪判决人数（人）	无罪率（%）	提起公诉人数（人）
2012	1 174 133	N/A	N/A	727	0.06	1 435 182
合计	13 188 094	N/A	N/A	51 685	0.39	15 241 941

表 9-4　公诉、无罪判决、免予刑事处罚情况统计表（2013—2018 年）

年份	生效判决人数（人）	免予刑事处罚人数（人）	免处率（%）	无罪判决人数（人）	无罪率（%）	提起公诉人数（人）
2013	1 158 609	19 231	1.66	825	0.07	1 369 865
2014	1 184 562	19 253	1.63	778	0.07	1 437 899
2015	1 232 695	18 020	1.46	1039	0.08	1 434 714
2016	1 220 645	19 966	1.64	1076	0.09	1 440 535
2017	1 270 141	10 684	0.84	1156（478[1]）	0.09（0.13）	1 705 772
2018	1 430 091	16 711	1.17	819（500）	0.06（0.03）	1 692 846
合计	7 496 743	103 865	1.39	6671	0.09	9 081 631

从无罪判决率的整体走势比较来看（参见图 9-1），1979 年《刑事诉讼法》背景下的无罪判决率的走势呈现高低起伏，总体不断提高的趋势。1996 年《刑事诉讼法》背景下的无罪判决率在整体上呈现出一个几乎完全下行的趋势。这说明，1996 年《刑事诉讼法》的修改在起初几年，确实可能发挥了一些实际效果，但无罪判决率过低的问题非但没有因为制度变化而得到解决，反而随着时间的推移，变得越来越低。2012 年《刑事诉讼法》实施后无罪判决率的走势出现小幅上升，但一直都在低位运行，远低于 1979 年《刑事诉讼法》实施期间的无罪判决率。若是从无罪判决率近 31 年（1988—2018 年）的发展趋势来看，1996 年《刑事诉讼法》修改后所确立的疑罪从无原则确实曾非常短暂地发挥了预期效果，但好景不长，没过几年，无罪判决率就下滑到了比 1979 年《刑事诉讼法》生效期间还要低的水平，且一直维持到当前（参见图 9-2）。因此，从这 31 年

〔1〕 括号内的人数为宣告不负刑事责任的人数。它是 2018 年《中国法律年鉴》中新增的一个指标。由于判决不负刑事责任也属于广义上的“无罪判决”，因此将其列入表中。

的整体发展态势来看，证明标准和疑罪从无规则的确立对无罪判决结果的影响甚微，或许是与裁判的证明标准无关的某些因素在影响疑罪从无规则的落实情况。

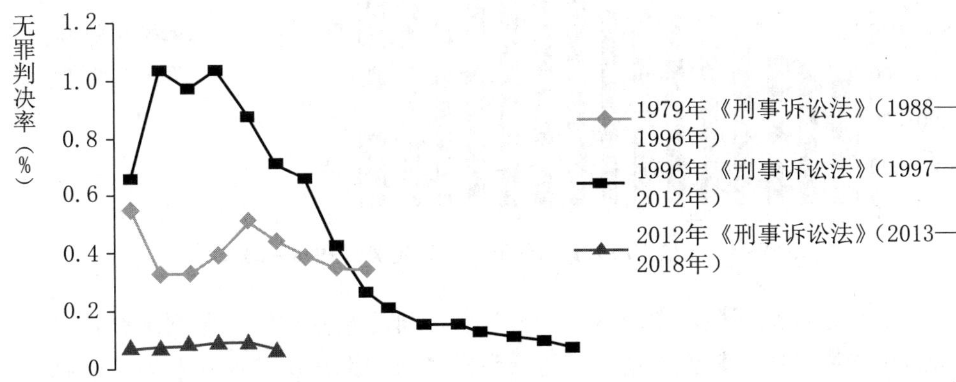

图 9-1　1979 年、1996 年和 2012 年《刑事诉讼法》实施期间无罪判决率的走势对比图

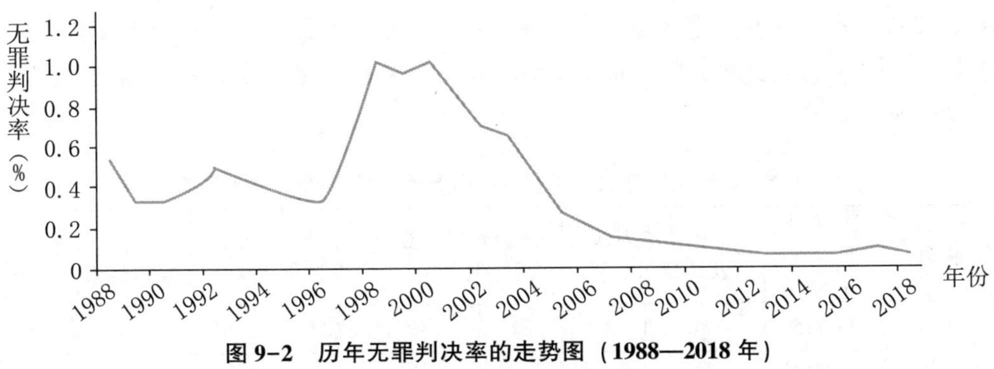

图 9-2　历年无罪判决率的走势图（1988—2018 年）

从 1998—2012 年法院的生效判决人数与无罪判决率的走势来看（参见图 9-3），法院的生效判决人数呈现的是不断增加的趋势，而法院的无罪判决率呈现的则是不断下降的趋势。2012 年的生效判决人数（1 173 406 人）是 1998 年生效判决人数（533 793）的 2 倍多，而 2012 年的无罪判决率仅约为 1998 年无罪判决率的三成。假设案件起诉质量保持基本稳定，疑罪从无原则得到稳定一致的适用，生效判决人数越多，无罪判决人数也应当有所增加。但司法实践呈现的却是相反的情况。

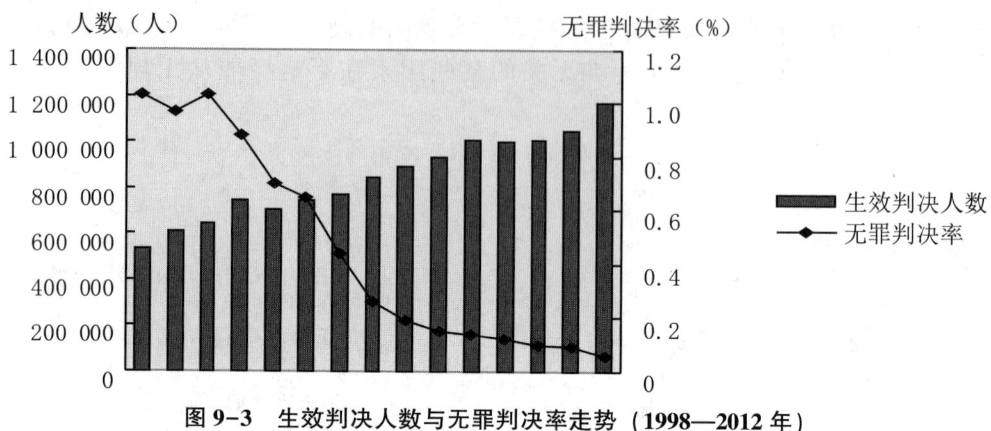

图 9-3　生效判决人数与无罪判决率走势（1998—2012 年）

以上是根据全国性数据所进行的统计，不排除某些省市无罪判决率较高，而某些省市无罪判决率较低的情况，这导致总体数据无法反映地区差异的问题。由于资源和条件的限制，我们无法获得长时段全国各地的无罪判决数据。但是，根据我们对 C 省 2003—2012 年这 10 年的无罪判决率的统计，其比率和走势与全国并无二致（参见表 9-5 和图 9-4）。2003—2012 年，C 省的无罪判决率年均约为 0.19%，同样处于较低水平，而无罪判决率的走势，与全国数据基本相同，呈现不断下降的趋势。

表 9-5　C 省无罪判决和撤回公诉情况统计表（2003—2012 年）

年份	生效判决人数（人）	无罪判决人数及比例（%）		公诉无罪人数及比例（%）		自诉无罪人数及比例（%）		检察机关撤诉件数（件）
2003	17 435	188	1.08	81	0.47	107	0.61	124
2004	17 970	68	0.38	11	0.06	57	0.32	50
2005	19 400	59	0.30	5	0.03	54	0.28	27
2006	17 928	32	0.18	11	0.06	21	0.12	21
2007	17 492	26	0.15	8	0.05	18	0.10	12
2008	22 124	38	0.17	2	0.01	36	0.16	9
2009	20 015	7	0.04	0	0.00	7	0.04	9
2010	31 094	14	0.05	1	0.003	13	0.04	10
2011	36 133	5	0.01	1	0.003	4	0.01	23
2012	36 441	9	0.03	7	0.019	2	0.006	14
合计	236 032	446	0.19	127	0.05	319	0.14	299

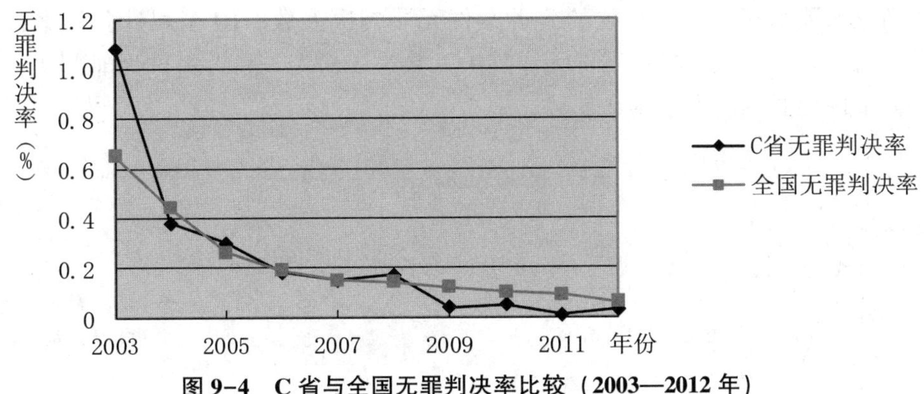

图 9-4　C 省与全国无罪判决率比较（2003—2012 年）

（二）公诉案件无罪判决率

法院生效判决人数与无罪判决人数，既包括公诉案件人数，也包括自诉案件人数。如果扣除无罪判决人数中的自诉案件人数，公诉案件的无罪判决率必定比前文统计的数值还要低。根据 2008—2012 年的全国无罪判决人数情况（参见表 9-6），生效无罪判决人数总计为 5196 人，其中公诉案件无罪判决人数为 2562 人，自诉案件无罪判决人数为 2634 人。公诉案件无罪判决人数要少于自诉案件无罪判决人数。公诉案件的无罪判决率年均约为 0.05%。

表 9-6　2008—2012 年公诉案件和自诉案件无罪判决情况比较〔1〕

年份	生效裁判人数（人）	无罪判决人数（人）	公诉无罪人数及比率（%）		自诉无罪人数及比率（%）	
2008	1 008 677	1373	671	0.067	702	0.070
2009	997 872	1206	572	0.057	634	0.064
2010	1 007 419	999	494	0.049	505	0.050
2011	1 051 638	891	479	0.046	412	0.039
2012	1 174 133	727	346	0.029	381	0.032
合计	5 239 012	5196	2562	0.049	2634	0.050

C 省最近 10 年的情况同样如此（参见表 9-5 和图 9-5）。2003—2012 年，除 2012 年公诉案件无罪判决人数超过自诉案件无罪判决人数外，其他 9 年自诉案件

---

〔1〕 有关自诉案件无罪判决人数的数据来自最高人民法院研究室马剑的论文，参见马剑："人民法院审理宣告无罪案件的分析报告——关于人民法院贯彻无罪推定原则的实证分析"，载《法制资讯》2014 年第 1 期，第 19 页。

无罪判决人数都超过了当年度的公诉案件无罪判决人数。10 年累计公诉案件无罪判决人数为 127 人，自诉案件无罪判决人数为 319 人。自诉案件无罪判决人数是公诉案件无罪判决人数的 2.5 倍。

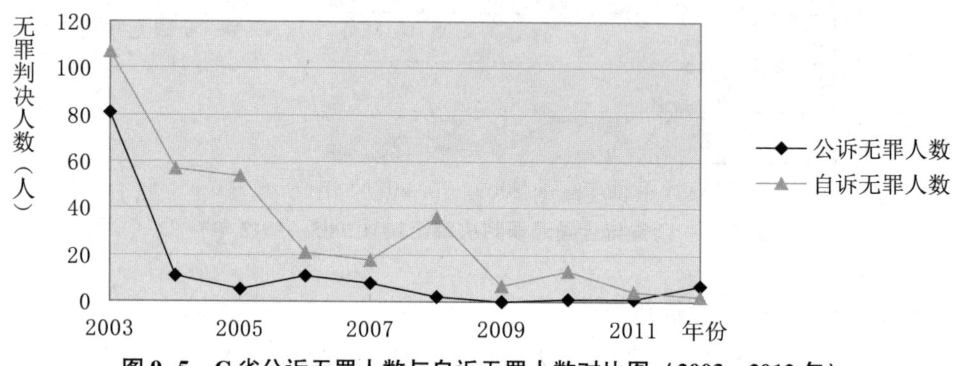

图 9-5　C 省公诉无罪人数与自诉无罪人数对比图（2003—2012 年）

（三）公诉案件无罪判决零纪录

除了从法院的角度来考察无罪判决的数量和比率之外，我们还可以从检察院的角度来考察无罪判决的数量，计算检察院的数量与每年宣告无罪的被告人人数之间的差额（诉判差）。根据表 9-7 所统计的数据，1988—2018 年，除了 1998—2003 年这 6 年时间外，其他 25 年时间内，承担一审公诉工作的省级以下检察院数量都超过了当年的无罪判决人数。换句话说，即使假设该年度的无罪判决人数均为公诉案件无罪判决人数，同时假设无罪判决人数呈现出均分的状态（每个检察院每年有 1 名被告人被判决无罪），[1]那么在 25 年的时间内，都存在诸多检察院每年没有一起无罪判决的现象。按照这样的标准进行计算，在 1992 年，至少有 985 家检察机关无一起公诉无罪判决，这是 19 年中的最小数；到 2012 年，至少则有 2881 家检察院无一起公诉无罪判决。

表 9-7　无罪判决人数与省级以下（不含省级）检察院数量对比表（1988—2018 年）

年份	无罪判决人数（人）	检察院数量（家）	差额
1988	2039	3463	1424
1999	1582	3550	1968
1990	1912	3568	1656

〔1〕这两个假设当然不符合事实，因为无罪判决当中有相当一部分是自诉案件，且不可能无罪判决人数会在各个检察院之间进行均分，但这两个假设主要出于论证的目的，即使不符合事实，也不影响论证的结论。

续表

年份	无罪判决人数（人）	检察院数量（家）	差额
1991	1983	3502	1519
1992	2547	3532	985
1993	2000	3624	1624
1994	2153	3631	1478
1995	1886	3585	1699
1996	2281	4020	1739
1997	3476	3814	338
1998	5494	3688	-1806
1999	5878	4109	1769
2000	6617	3877	-2740
2001	6597	3929	-2668
2002	4935	3591	-1344
2003	4835	3615	-1220
2004	3365	3596	231
2005	2162	N/A	N/A
2006	1713	N/A	N/A
2007	1417	3589	2172
2008	1373	3600	2227
2009	1206	3624	2418
2010	999	3609	2610
2011	891	3606	2715
2012	727	3608	2881
2013	825	3364	2539
2014	778	3364	2586
2015	1039	3368	2329
2016	1076	3595	2519
2017	1156	3596	2440
2018	1319	3612	2293

由于每年可能有许多地方的检察院没有一起无罪判决，所以在中国就产生了许多长期保持无罪判决零纪录的检察院。根据媒体的报道，我们统计了公诉案件无罪判决零纪录的有关数据。从表9-8中可以看出，无罪判决零纪录的保持时间最短的为5年，最长的达到了30年。这种类似于“公诉锦标赛”的零纪录保持时间，也可以说明我国部分地方法院的无罪判决几乎被“消灭”。

表9-8　无罪判决零纪录的检察院〔1〕

序号	检察院	无罪判决零纪录连续保持时间（统计截止时间）
1	广西 桂林市 秀峰区人民检察院	30年（2009年）
2	甘肃 平凉市 庄浪县人民检察院	18年（2010年）
3	黑龙江 齐齐哈尔市 建华区人民检察院	10年（2011年）
4	河南 南阳市人民检察院	7年（2013年）
5	海南 海口市 秀英区人民检察院	7年（2006年）
6	浙江 温州市 鹿城区人民检察院	5年（1999年）

（四）对数据的阐释

公诉案件无罪判决率长时间保持极低的水平以及多个检察院长年保持无罪判决零纪录的现象，表明中国法院对公诉案件作出无罪判决极为艰难。但是，有人可能会提出质疑，认为这些数据恰恰说明公诉质量高。法院作出无罪还是有罪判决，必须根据检察院起诉的案件质量来定，如果检察院的起诉质量一直保持足以达到证明标准的水平，那么无罪判决率当然就低，所以公诉案件无罪判决率低并不能说明法院难以依照法定证明标准作出判决。

这种说法具有一定的道理。现代公诉制度建立之后，检察院承担着审前过滤不构成犯罪案件的责任，保证起诉到法院的案件能够尽可能正确无误。在我国，就规范要求而言，检察院提起公诉的证据标准与法院的有罪判决证明标准完全一

〔1〕本表有关实践中各地无罪判决率零纪录保持情况的来源，参见蒋湘华、罗昕：“桂林秀峰：无罪判决率连续30年为零”，载正义网，http://news.jcrb.com/jiancha/jcdt/200901/t20090105_121764.html，最后访问日期：2020年4月12日；张胜平：“庄浪县检察院公诉案件保持无罪判决18年零纪录”，载法制日报网，http://www.legaldaily.com.cn/dfjzz/content/2010-08/06/content_2229867.htm?node=21037，最后访问日期：2020年4月12日；韩兵、郑雪冬：“黑龙江建华：公诉案件保持10年‘零无罪’判决”，载正义网，http://www.jcrb.com/jcpd/jckx/201104/t20110425_534178.html，最后访问日期：2020年4月12日；汪宇堂：“提起公诉零无罪判决 南阳市检察院已连续保持7年”，载《河南法制报》2013年3月7日，第20版；李轩甫、蔡卓群：“海口秀英：无罪判决七年为零”，载《检察日报》2006年8月28日，第2版；温建：“连续五年保持无罪判决为零的经验”，载《人民检察》2000年第12期，第37-39页。

样，都是“案件事实清楚、证据确实充分”。如果检察院坚持法定标准起诉，从理论上来说，法院应当不会作出一起无罪判决。

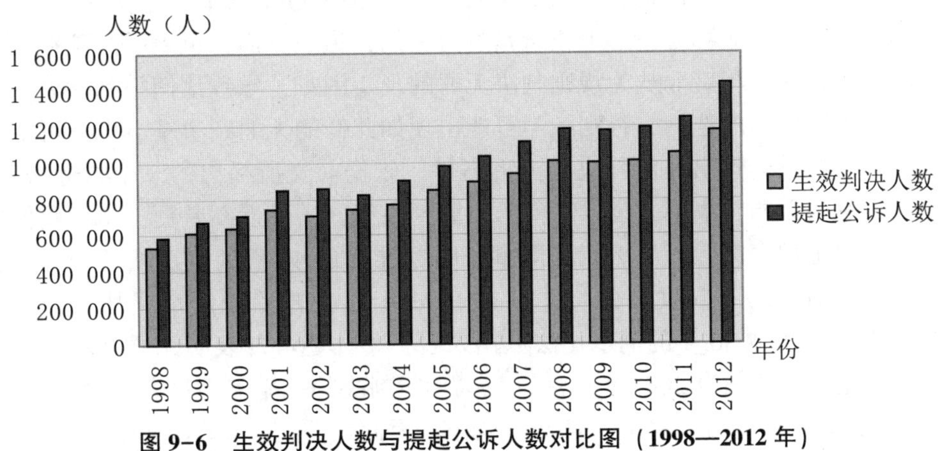

图 9-6　生效判决人数与提起公诉人数对比图（1998—2012 年）

但是，检察院起诉到法院的案件质量，现实状况如何，也是一个实证问题，而不是理论问题。让我们假设法院的判决率代表的是公诉案件的质量水平，而不是法院判决的难易程度，那么我们就不能再以法院每年生效判决人数作为统计指标，而必须要以检察院所提起公诉的人数作为统计指标，然后据此统计公诉案件的判决结果情况。根据表 9-3 和图 9-6，我们可以看到，每年检察院提起公诉的人数总是要高出同年度法院的生效判决人数。对此数据的一种解释是，由于检察院起诉的案件，法院没办法在同一年度内审结，导致案件必须推迟到下一年度或者下几个年度才可能作出生效判决，所以两者之间存在差距，与公诉质量没有什么关系。如果以单个或者几个年度的数据来看，这种解释是合理的。

但是，如果从长时段的数据来分析，这种解释就是错误的。法院必须对提起公诉的案件作出处理，每年都有那么多案件“未作出判决”，累计起来就是一个非常庞大的数字。在 1996 年《刑事诉讼法》实施期间（1997—2012 年），法院的生效判决累计人数为 13 189 529 人，同一时间段检察机关提起公诉的人数累计达到 15 241 941 人，两者之间的差额为 2 052 412 人，平均每年相差 12. 83 万人。按照同样的方法统计，2013—2018 年，全国检察机关提起公诉累计 9 081 631 人，而全国法院刑事判决生效的累计人数只有 7 496 743 人，二者相差 1 584 888 人，平均每年相差 26. 4 万人。这说明，在 2012 年《刑事诉讼法》实施以后，法院对公诉案件没有以判决方式结案的人数不但没有减少，反而增加了。如此众多的被告人既没有被法院判决有罪，也没有被法院判决无罪，他们“都去哪儿了”？我们认为，这恰恰是由于部分公诉案件起诉质量不高，导致法院无法作出判决（包括无罪判决或者有罪判决）有关，实践中法院都是通过各种变通处理方式将其化解的。[1]因此，当前无罪判决率非常低的现实，并不能说明公诉案件的起诉质量非常高。否则，就不会产生那么多甚至无法通过判决处理的案件。

我们认为，应当正确地解读公诉案件无罪判决率过于低下的现实。一方面，它表明公诉案件在大部分情形下质量是过得去的；另一方面，也表明法院在面对公诉案件时存在适用疑罪从无规则判决无罪的现实困难，导致他们把判决无罪作为一种最不愿作出的选择，否则既不可能出现如此低的无罪判决率，也不可能出现那么多根本没有作出任何判决的公诉案件。依据前文所提出的三个指标来看，无论是法院的无罪判决率或公诉案件的无罪判决率，还是诉判差额，均与我们期望达到的状态相去甚远。虽然我国刑事证明标准在近40年的制度变迁中，是朝不断严格、细化的方向发展的，并且自1996年起就开始强调疑罪从无，但从1988—2017年长达30年的刑事司法数据来看，整体趋势却表明无罪判决的可能性越来越小，尤其是自2004年以后，我国无罪判决的比率甚至没有达到1979年《刑事诉讼法》实施时的水平，且维持至今。因此，我们不得不反思造成这一规范和实践较大程度背离的原因何在，以期寻找解决对策并在新时代进一步推进纸面上的法和行动中的法尽可能协调一致，实现刑事诉讼的法治化目标。

三、裁判风险和疑罪从无判决的现实障碍

单纯从事实认定的角度来看，没有达到证明标准的证据不足案件，无论是选择判决有罪，还是选择判决无罪，都存在错误认定事实的风险。也正是由于这个原因，我国1979年《刑事诉讼法》并没有确立疑罪的裁判标准，而是期望办案机关一定要把真相调查清楚。当然，这个期望是违背认识规律和诉讼规律的，于是1996年《刑事诉讼法》终于在权衡利弊后确立了疑罪从无的裁判规则。但根据对1988—2018年刑事司法数据的实证考察，我们发现这一规则在司法实践中并没有得到很好的遵行，我们所设计的三个指标均没有通过检验。那么，到底是哪些因素导致疑罪从无规则在实践中无法落地生根呢？弄清这个问题是我们寻求解决办法的前提条件。从整体上来说，疑罪从无规则无法得到有效落实的主要原因在于，中国法官的个人利益与其所办理案件的结果被捆绑在了一起。换言之，法官在选择作出判决的时候，必须要权衡不同裁判方案对自己带来的利弊得失。从整体上而言，由于作出无罪判决的风险要大于作出有罪判决的风险，所以通常情况下，法官宁可冒险判决有罪，也不愿冒险判决无罪。其深层次的原因就是由于司法的权威性和独立性无法得到有效保障，进而促使司法的中立性难以维系并造成司法裁判的功利主义倾向，司法人员或司法机关作为一个理性的主体或组

[1] 参见高通："论无罪判决及其消解程序——基于无罪判决率低的实证分析"，载《法制与社会发展》2013年第4期，第71页。

织，为了个人或组织利益最大化，不得不将疑罪从无的无罪判决作为最差选项。[1]

（一）无罪判决所产生的风险和司法功利主义

刑事被害人在诉讼中的利益诉求无非包含两个方面：一是期望获得相应的物质赔偿，二是期望被告人得到应得的处罚。法院判决被告人无罪，必然会让被害人所期待的被告人受到刑事惩罚这一诉求落空。由于我国刑事被害人的程序参与权没有得到实质保障，加之被害人基于审前阶段处理决定（如拘留、逮捕、起诉）所形成的“有罪推断”，无罪判决容易让被害人产生“放纵罪犯”的直觉判断。这可谓是被害人“复仇心理”无法得到满足导致的心理失衡。

同英美法系对犯罪引发的刑事诉讼与民事诉讼分开处理不同，在我国，被告人被宣告无罪之后，被害人单独提起民事诉讼，几乎不可能获得胜诉，无罪判决也将会阻挡被害人通过诉讼途径获得物质赔偿的可能性。再加上我国并未建立统一的被害人国家补偿制度，而地方建立的被害人司法救助制度，由于资金来源、财政保障不足等问题，所能给予的物质弥补也是极其有限的。

无罪判决可能会对被害人造成心理和经济的双重打击，使其遭受“二次伤害”。于是被害人就可能采取多种手段（如不断申诉、上访、闹访、静坐、打横幅、发帖和纠集群众）抵制法院作出无罪判决，从而可能使刑事案件审理演变为一起社会、政治事件。由于被害人抗争的道义优势、“保护弱势群体”和“关心照顾困难群众”的意识形态、维护社会稳定的政治要求和应当重视社会效果的司法政策，被害人的抗争可能会“博得政府与司法部门的关注以产生社会影响，进而左右司法裁判”。[2]

从理论上来说，作为“法律守护人”的检察机关并非“当事人”，“检察官不应站在当事人（控方）立场而应站在法律立场上为诉讼行为，兼顾对被告人‘利’和‘不利’两个方面，客观公正地处理案件”。[3]但是，在中国目前的制度背景下，这种理想的实现具有较大难度，因为无罪判决对检察官和检察院也会造成切实的“伤害”。

其一，检察机关内部普遍存在捕后起诉率、有罪判决率等考核指标。法院的实体裁判会对检察院的考核产生重大影响。法院宣告无罪，会使公诉部门和检察

---

〔1〕根据前文的统计数据，无罪判决难是一个横跨 1979 年《刑事诉讼法》和 1996 年《刑事诉讼法》的难题，但从趋势来看，1996 年《刑事诉讼法》背景下的无罪判决呈现出越来越难的局面。即使 2012 年《刑事诉讼法》修改之后，这一迹象也没有明显好转。直到 2019 年，仍然有法官因为“顶住压力判无罪”被记功。参见“顶住压力判无罪 法官被记二等功”，载《海南特区报》2019 年 3 月 11 日，第 A10 版。

〔2〕栗峥：“被害人抗争与压力型司法”，载《云南社会科学》2013 年第 2 期，第 141 页。

〔3〕朱孝清：“论刑事抗诉的属性”，载《检察日报》2010 年 11 月 5 日，第 3 版。

院在年终考核中面临考核垫底甚至不合格的风险。法院判决无罪，并不只是一件依法而为的“公事”，而可能直接损害到检察官、检察长的个人利益。[1]

其二，检察机关也存在全国各地认定标准不一的错案追究制度，检察官提起公诉的案件，一旦被法院判决无罪，预示着其办案质量存在瑕疵，包括批捕、起诉甚至侦查部门的检察官，都存在被追究责任的风险。根据部分检察机关的责任追究办法，追究责任往往直接以法院的判决结果为准。对于检察机关批准逮捕的案件而言，“批捕后被作法定不起诉、存疑不起诉、退处、被判无罪，侦查监督部门负有责任的，要对负责审查批捕的检察官，‘记一类差错，减6分’”。[2]

也就是说，在考核机制和责任追究机制下，法院无罪判决将会对检察机关具体案件的承办人、分管领导乃至检察机关产生整体性不利影响，因此检察机关抵抗法院作出无罪判决，也就在情理之中。据甘肃省人民检察院副检察长统计，自2002年最高人民检察院试点考核考评制度以来，全国无罪判决率比前十年下降了近15个百分点。[3]可见，检察机关的考核奖惩机制对法院无罪判决权的影响之大。

其三，检察机关作为逮捕的批准和决定机关，对错误逮捕需要承担国家赔偿责任。按照《国家赔偿法》的规定，逮捕后宣告无罪的国家赔偿责任实行无过错责任，法院宣告被告人无罪的，检察院的逮捕会被认定为“错误”逮捕，检察院也将成为“错误”逮捕的“赔偿义务机关”，需要为此支付一笔可观的赔偿金。同时，由于审前逮捕的适用率极高，[4]法院宣告无罪案件中的被告人通常都曾被逮捕羁押。也就是说，法院宣告无罪的案件引发国家赔偿的概率也极高。

法院的无罪判决也可能会对公安人员和公安机关造成不利影响。如同检察机关，公安机关内部也存在许多以有罪判决为指向的考核指标，例如，公安机关“惩罚承办案件捕后未诉及被判无罪的刑警”，“是否完成指标以检察院的批捕或法院的判刑为标准”。[5]某些重大案件侦查终结之后，未等法院作出有罪判决，公安机关可能就会进行“立功嘉奖”，有关人员得到晋升和物质奖励。一旦法院判决无罪，将会使办案人员和有关领导的奖励“无据”，颜面尽失。

此外，法院宣告无罪，案件侦办人员也可能面临被倒追错案责任的风险。公

---

〔1〕 一位检察官在接受媒体采访时说道，很多地方的考核指标规定，如果一年中出现三个无罪判决，主管检察长就要被免职。参见韩永：“防范冤假错案：‘疑罪’从谁?”，载《中国新闻周刊》2013年第44期，第37页。

〔2〕 陈瑞华：《刑事诉讼的中国模式》，法律出版社2010年版，第313页。

〔3〕 张清：“检察机关考核考评制度的构建”，载《国家检察官学院学报》2012年第2期，第61页。

〔4〕 关于中国1996年《刑事诉讼法》背景下的逮捕率畸高的现象和分析，参见刘计划：“逮捕审查制度的中国模式及其改革”，载《法学研究》2012年第2期，第124-126页。

〔5〕 朱桐辉：“案外因素与案内裁量：疑罪难从无之谜”，载《当代法学》2011年第5期，第29页。

诉案件被宣告无罪，意味着已破案件进入“未破”状态，侦查机关必须要重新投入侦查资源进行调查取证，无形中增加了办案成本，造成了客观损失。公安机关也可能抵制法院作出无罪判决。一方面，由于法院的工作尤其是审判执行工作仰赖于公安机关的配合和支持；另一方面，公安机关负责人可能还是当地政府部门的领导人或者政法委书记，在地方政治职务上高于法院院长，甚至是法院院长的直接领导，这均会给法院判决无罪带来较大压力。

由于法院裁判信息与普通民众证据信息的不对称，公安、检察机关审判前的程序行为（如逮捕）所造成的暗示效应，对司法机关的不信任和对被害人的同情感，民众面对无罪判决，可能会感到自己的朴素正义感受到了严重伤害并认为自己遭受犯罪侵害的风险增加，从而形成一种抵制法院作出无罪判决的“民意”和社会舆论。法官因担心被怀疑存在“腐败”行为，也不敢或不愿意过多地关注被告人的权利，在被告人具有一定社会地位、身份、权力的情形下，尤其如此。[1]

当地党政机关也可能受到无罪判决的“伤害”。从地方党政领导的角度来说，他们的中心工作是促进当地的经济建设和社会发展。维护当地的社会稳定是确保经济社会发展的必要条件。当地社会是否稳定、和谐本身就是为政者执政能力的核心指标之一。“维稳”直接关系到地方党政领导个人的核心利益。不管是以前的“严打”行动，还是现在的宽严相济政策，[2]严厉打击犯罪是它们的共同特征。当社会治安状况较差时，当地执政者可能发布针对惩治某种类型犯罪的政策性指示或者文件，通常要求公检法协同完成打击任务。法院的无罪判决，可能会被当地党政机关领导视为不顾大局，不识大体。

由于前述各种风险的存在，法院自身也可能因自己的无罪判决而承受不利后果。一旦判决无罪后导致事实上有罪且人身危险性较高的被告人再次犯罪，造成严重后果，同样可能会面临被倒追责任的风险。

当然，在具体的公诉案件中，法院的无罪判决可能并不会同时产生如此众多的“被害人”。在目前的体制下，检察机关几乎是“恒定的”公诉案件无罪判决“被害人”。由于公安机关负责绝大多数公诉案件的刑事侦查工作，公安机关也是大部分情形的无罪判决“被害人”。至于真正的刑事被害人对无罪判决的抵触，则主要集中在一些事关被害人重大权益的个案当中（如涉及故意杀人、故意伤害致死、强奸罪的案件等）。普通民众对法院判决的关注通常与被害人的反抗

---

〔1〕 在调研中，有一位法院副院长坦承：“被告人越是没权没地位，处于社会底层，我们越是想方设法考虑他的利益，但如果被告人是有地位权势的人，我们反倒是不敢为他争取权利，我们都担心被外界猜疑有腐败行为。”

〔2〕 宽严相济之“宽”主要体现在量刑，而不是定罪，因此它并没有改变偏重于定罪的刑事政策方向。

程度具有伴生性。地方党政机关的干预则与地方政策的贯彻、公检法矛盾的化解、被害人的反复上访、民意诉求等涉及地方“维稳”的案件具有密切关系。综合以上因素，可以看到，在诸如故意杀人等重大案件当中，可能同时具备上述各种条件，因此故意杀人案成为判决无罪最难的一种类型。这在我国当前发现的冤案中有鲜明的体现。

（二）风险连带下的判决选择

在理想的诉讼制度下，只要裁判者在审判中没有违法行为，判决结果符合法定的裁量幅度，裁判者不会因判决结果而承受损失。但是，由于诉讼制度、文化传统、司法体制和司法责任制等因素的综合作用，中国法官的个人利益与其所办理案件的结果被捆绑在了一起。法官即使完全依法办案，也可能遭受某种损失。在刑事诉讼中，可能让法官承受损失的主体包括当事人、检察机关、公安机关、法院领导、上级司法机关、地方党政领导等。这是一个错综复杂的利益衡量活动，个案中的风险组合模式也可能并不相同，法官必须学会识别、计算、权衡各种风险，才可能知道什么判决是最佳判决。《刑事诉讼法》给予法官的选择是有限的，他们的选择是二选一题目：有罪判决或者无罪判决。但是，在疑罪案件中，不管法官作出有罪判决还是无罪判决，都面临一定风险。换句话说，在疑难案件中法官即使严格依据法律作出判决，都无法避免可能导致的损失。对于法官而言，这几乎是一个必输无疑的决策。没有任何人愿意长期从事一项只有风险损失的职业。假设法官作为一个理性人，同样尽力追求个人利益的最大化，那么当面临预期损失时，理性的选择应是尽可能规避、转移、降低风险。因此，在司法实践中，为了应对判决风险，法官已经发明了各种各样的风险处理术，巧妙地把判决风险予以化解或降低。

风险处理术的核心包括两个方面：一是打破截然二分的无罪判决、有罪判决形式，寻求其他与风险相当的判决替代方案，从而规避必须要作出的选择。这可谓风险的实体处理术。二是舍弃或者扩充作出判决的权力，将风险转移给其他主体，或者构筑一个规模庞大的风险共同体以分担、降低自己的风险。这可谓风险的程序处理术。

1. 风险的实体处理术

既然在判决结果不确定的条件下，无论选择哪一种方案，都会使法官面临风险，那么化解风险的最优策略便是拒绝裁判。所谓拒绝裁判，就是不对被告人的实体罪责进行认定，既不宣告有罪，也不宣告无罪。法官通过拒绝裁判拒斥了判决可能为其带来的风险。

拒绝裁判的具体技术大致有三种：退、撤、拖。这三种处理术的核心在于“撤”，即能否让检察机关撤回起诉。

“退”是法院把事实不清、证据不足的案件退回检察院，要求后者进行补充侦查。这是1979年《刑事诉讼法》明文认可的处理办法。当时甚至没有时间和次数的限制。法院可以把一起案件反复退回检察机关进行补充侦查。佘祥林案就是应用此种处理模式的典范。1996年《刑事诉讼法》废除了审判阶段法院主动退回补充侦查的制度，但有关司法解释仍允许公诉机关在审判阶段进行“补充侦查”。审判阶段的补充侦查限于两次，每次最长时间不得超过1个月。如果检察机关没有在法定期限内提请法院恢复法庭审理，那么法院将把这种不作为看作检察机关撤回起诉的默认行为，从而成功规避判决风险。

“撤”是法院直接建议检察机关把无法判决有罪的案件撤回。与补充侦查相比，撤回起诉是一种更为快捷便利的判决风险消解模式。补充侦查的案件还处于审理程序之中，在此情形中法院可能会面临必须要作出决策的风险。直接撤回案件，等于是把决策风险彻底转给检察机关。从司法实践的情况来看，以撤回起诉的方式规避判决风险，已经成为法院的首选技术。根据我们对C省2000—2012年31件无罪判决的统计（参见表9-9），法院在判决无罪之前建议检察机关撤回起诉的案件数为18件，其中一审新收公诉案件判决无罪的案件数为7件，全部曾建议检察机关撤回起诉，建议撤诉率为100%。

表9-9　C省31件公诉案件无罪判决基本情况表

序号	罪名	判决生效时间	案件来源	结案方式	是否经审委会讨论	是否经政法委等部门协调	是否曾建议检察院撤诉
1	徇私枉法	2000	二审抗诉	维持	是	否	是
2	徇私枉法	2000	上诉	改判	是	否	是
3	受贿	2000	二审抗诉	维持	是	否	是
4	徇私枉法	2000	上诉	改判	是	否	否
5	玩忽职守	2000	上诉	改判	是	否	否
6	非法经营	2000	上诉	改判	是	否	是
7	贪污	2000	上诉	改判	是	否	是
8	贪污	2001	一审公诉	判决	是	否	是
9	受贿	2001	二审抗诉	维持	是	否	是
10	受贿	2001	二审抗诉	维持	是	否	是
11	受贿	2001	二审抗诉	维持	是	否	是
12	走私普通货物	2002	新收	判决	是	否	是

续表

序号	罪名	判决生效时间	案件来源	结案方式	是否经审委会讨论	是否经政法委等部门协调	是否曾建议检察院撤诉
13	受贿	2002	新收	判决	是	否	是
14	贪污	2003	上诉	改判	是	否	否
15	贪污	2003	二审抗诉	维持	是	否	否
16	虚报注册资本	2004	新收	判决	是	否	是
17	走私文物	2005	二审抗诉	维持	是	否	是
18	抢劫	2006	二审抗诉	维持	是	否	是
19	诈骗	2006	新收	判决	是	否	是
20	合同诈骗	2008	上诉、抗诉	改判	是	否	否
21	故意杀人、抢劫	2010	新收	判决	是	否	是
22	滥用职权	2010	上诉	改判	是	否	否
23	挪用公款	2010	上诉	改判	是	否	否
24	故意杀人	2012	新收	判决	是	否	是
25	交通肇事	2012	二审抗诉	改判	否	否	是
26	挪用资金	2012	指令再审	改判	是	是	否
27	合同诈骗	2012	二审抗诉	维持	否	否	否
28	徇私枉法	2012	上诉	维持	是	是	否
29	非法经营	2012	上诉	维持	是	是	否
30	贪污、受贿	2012	上诉	维持	是	是	否
31	贪污	2012	上诉、抗诉	维持	是	是	否

从法院的实际处理结果来看，以C省2003—2012年的数据来看，10年间判决被告人无罪的总人数是127人，同期撤回公诉的案件数则为299件。撤回公诉件数约为无罪判决人数的2.4倍。[1]从图9-7可以看出，C省10年间无罪判决人数和撤回公诉件数整体趋势比较一致，但是每年撤回公诉件数均比同年度无罪

〔1〕 由于无法获得撤回公诉案件的具体人数，此处撤回公诉的计算是以“件”作为单位的。毫无疑问的是，由于件数必定会少于人数，所以实际撤回公诉人数应当比件数更多。因此，以人数为单位，两者之间的差距可能更大。

判决人数多一些。[1]由此可见，建议检察机关撤回起诉已经成为我国法院规避判决风险的常规方式。这也是法院面临判决风险时最有利于法院的处理方式。

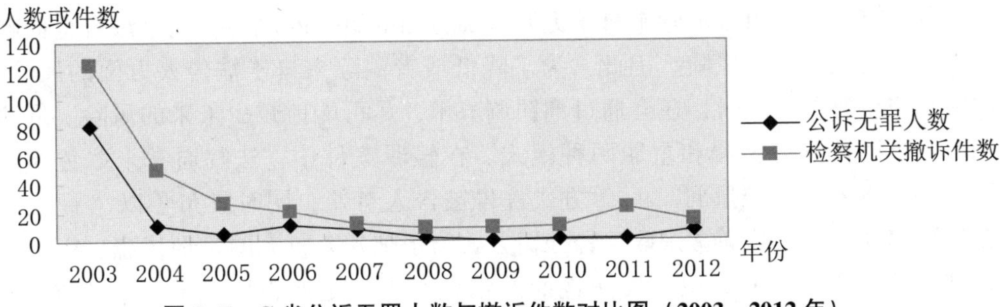

图 9-7 C 省公诉无罪人数与撤诉件数对比图（2003—2012 年）

1996 年《刑事诉讼法》实施以后，法院在制度层面丧失了主动将案件退回检察机关的权力。因此，不管是建议补充侦查，还是建议撤回起诉，都必须征得检察机关的同意。假如检察机关不接受法院的建议，法官必将面临作出何种判决的问题。鉴于前文所分析的判决风险，法官此时就不得不寻求其他裁判技术化解风险。拖延术就是常规的处理方式，它是一种不在法定审理期限内[2]作出判决的裁判技术。同时，它也是一种变相拒绝裁判的形式。但当面临清理久审不决案件的"集中检查"时，法院还是必须作出判决的。因此，拖延判决作出的时间只是一种"缓兵之计"，并不能像撤回起诉那样消除判决风险，其主要功能是可以为疑难案件的程序耗费争取时间。通常情况下，拖延判决的同时，法官也会通过请示、汇报、协调等途径寻求解决办法，以进一步说服检察机关撤回起诉或者扩大裁判主体的范围，以分散责任和风险。

不管是补充侦查，还是拖延判决作出时间，都只能暂时缓解法院的判决风险。法院规避判决风险最终能否成功，依赖于检察机关是否撤诉。如果检察机关不予撤诉，法院必须要作出有罪或者无罪判决，那么法院就必须要权衡两种判决各自风险的大小，选择一种风险相对较小的判决。通过表 9-9 可以看出，选择判决无罪会在抗诉、再审、人情关系、当事人抗争上访、社会舆论等方面带来更大

〔1〕 其他研究成果也可以印证本文的结论。例如，对广州市各检察院进行调查发现，2000 年至 2002 年 11 月全市撤诉案件共 302 件，无罪案件 24 件。其中，"大部分撤诉案件是法院认为案件可能判决无罪并建议检察机关撤诉的"。参见广州市人民检察院课题组："关于撤诉案件和无罪判决案件的调查报告"，载《中国刑事法杂志》2003 年第 5 期，第 107 页。

〔2〕 违反法定审限在司法实践中不一定是直接违反立法明示的最长期限，也有可能是表面上合法但实际上"违法"的超审限情形，例如不符合延期审理的条件却采用各种变通方式予以延期审理。直接违反审限被称为"实超"，变相违反审限被称为"虚超"。由于近年来对超期羁押的内部控制较为严格，"实超"情形逐渐减少，但疑难案件中的"虚超"现象普遍存在。

的风险，选择判决有罪只是在错案责任追究方面带来更大的风险。因此，选择判决无罪所带来的实际风险量要大于选择判决有罪，加之后文将会提到的程序处理术，法院可能还是更倾向于判决有罪。

判决有罪固然可以消除来自于无罪判决方面的更大的风险，但是法官也面临来自于被告人方面的风险。因此，为了降低或者消除来自于被告人方面的风险，法院在作出有罪判决时，还会通过刑罚调节术，尽可能地减少未来的风险。刑罚调节术可以被分为轻罪和重罪两种模式。在轻罪案件中，法院通常采取免除刑罚、缓刑或者“比照量刑”[1]等方式宣告被告人有罪，同时宣布予以“释放”。在重罪案件中，法院通常采取从轻处罚方式给予被告人较大的量刑优惠，拒绝判处被告人死刑，以避免犯下无法挽回的错误，也就是通常所说的“留有余地”或者“疑罪从轻”。如果以西方国家的刑事协商或者答辩交易作为比较对象，我们可以把中国处理疑罪的刑罚调节术称为“职权性审辩交易”。之所以说它是“职权性审辩交易”，是因为最终的量刑减让结果不是审辩双方讨价还价、相互协商的结果，通常可能是审判机关依职权主动作出的量刑减让。有时候，法院也会主动去做被告人及其辩护律师的工作，让被告人表示认罪，弥补证据不足的缺陷，让法院可以顺利地判决有罪，并暗示给予被告人缓免处罚。这可以被看作是一种“协商性审辩交易”。[2]

同撤回起诉有具体的数据可以参照不同，在中国的刑事审判实践中有多少起案件是因为证据不足而作出量刑减让实体处理的，我们无法进行统计。但是在调研中，许多审判人员都曾表示，疑罪从轻是中国审判实践中一种较为普遍的做法。媒体所报道的许多重大冤错案件，也可以证明如此。

利用刑罚来处理定罪问题，基本上可以化解法院当前所面临的来自于控辩双方的风险。一方面，对于公诉方而言，由于证据本身存在一定问题，依法可能需要判处无罪，法院判决有罪已经对其做足了人情，他们当然不会再计较什么量刑公正或者罪刑相适应问题；另一方面，对于事实上有罪的被告人而言，量刑减让后的实际处罚结果要么让其不再承受监禁处罚，要么让其得到比预期更轻的刑罚，他们客观上也因事实疑点而得到了切实的好处，所以可能也不会再计较什么疑罪从无问题。[3]也就是说，刑罚调节术可能会让控辩审三方都能够从中得到实际利益，达到某种博弈均衡的状态。

---

〔1〕所谓“比照量刑”是指“比照”被告人审前羁押的时间判处刑罚，审前羁押多久，监禁刑刑期就多久。判决作出后，被告人也就“刑满释放”。

〔2〕参见孙长永、王彪：“刑事诉讼中的‘审辩交易’现象研究”，载《现代法学》2013 年第 1 期，第 126 页。

〔3〕当然，这可能导致事实上无辜的人被错误定罪。我们在论证公诉案件无罪判决难的现实危害时再讨论该问题。

2. 风险的程序处理术

从理论上而言，程序具有约束和保护双重功能。由于程序规定了各种行为的步骤、方式和条件，所以对于程序主体而言，它是一种约束性装置；同时由于规定程序的各种步骤、方式和条件是非任意性的规范性系统，程序主体可以不考虑依照程序所为决定的意外后果，并豁免由此导致的责任，所以它也是一种保护性装置。两者结合在一起，产生程序“作茧自缚”效应。[1]但是，从前文所述的各种判决风险来看，中国的审判程序无法为法官提供足够的风险防御保障，法官即使依照法定程序办案，也可能承受不利结果。缺乏了程序保护的法官，为了抵御判决风险，必然也会尽可能放弃法定程序的保护，以寻求程序外的保护。

程序处理术的核心在于审理者让渡自己手中的判决权，寻求更高级别权威的介入，以抵御外部可能产生的风险，并通过让渡判决权形成一个判决风险连带责任承受集体，从而分散乃至消弭法官自身所承受的判决风险。

当合议庭遇到证据不足以定罪的案件时，实践中的习惯做法是先向所在业务部门领导请示。庭长会根据案件的具体情况召开庭务会议。庭务会议的规模与案件的风险大小成正比。越是风险较高的案件，庭务会议的规模通常也就越大。在庭务会议中，庭长会根据承办人的汇报以及庭务会议中其他法官所发表的意见，给出自己的案件办理意见。对于难以判决有罪的案件，庭长将会把案件提交给分管副院长讨论决定。

分管副院长接手之后，会召开承办人参加的院庭长会议。在院庭长会议中，同样是承办人先发表自己对案件的处理意见，然后由庭长发表意见，最后由分管副院长表达自己对案件的基本看法。对于确实难以认定有罪的案件，分管副院长会在院庭长会议之后，直接通过电话等形式，与检察院分管领导进行联系，阐明法院对案件的基本看法，并建议检察院撤回案件。

当法院分管副院长无法说服检察院撤回起诉时，案件可能会由院长提交审委会讨论决定，与此同时向上级法院进行非正式或者正式的请示汇报。审委会作为中国法院内部的最高决策机关，是《刑事诉讼法》和《人民法院组织法》明确规定的讨论及决定重大、复杂、疑难案件的机构。审委会的决定，合议庭必须遵照执行。

法官通过汇报庭长、分管副院长、院长并将案件提交给审委会讨论，可以一步步扩大判决主体的范围。这种被称为法院内部审判工作行政化的决策机制，将参与判决的主体扩大至整个法院。法官通过这种去司法化的决策模式，把判决风险分散，扩张至庭长、院长以及审委会。[2]当出现某种具体的风险时，法官就

---

[1] 参见季卫东：《法治秩序的建构》，中国政法大学出版社1999年版，第18-20页。

[2] 这种现象不但存在于难办的刑事案件当中，而且存在于法院所处理的其他类型案件当中。参见张洪涛：“中国法院压力之消解——一种法律组织学解读”，载《法学家》2014年第1期，第30-32页。

可以以领导或者组织决定作为盾牌，阻挡或者减弱风险。通过这种内部行政化的判决决策模式，即使作出错误的有罪判决，也基本上消解了合议庭所需要承担的错案责任追究的风险。通过表 9-9，我们可以发现，在 31 件宣告无罪的判决中，只有 2 件是未提交审委会讨论作出的。〔1〕也就是说，宣告无罪的判决几乎没有未经过审委会讨论后作出的。

对于“可能判处被告人无罪的公诉案件”，审委会召开会议时，可能还会邀请同级检察院检察长列席审委会，并对案件的处理提出自己的意见。〔2〕在调研中，我们发现，检察长列席审委会制度已经得到了非常认真的贯彻。检察长列席审委会制度，可以让检察院在疑难案件中享有比被告人更多的发言权和参与机会，体现出法院对检察院拟判无罪案件的高度慎重。这可以被视为一种裁判作出前的人情关系风险消解机制。它表明法院在作出判决之前，给予了检察院“最大的面子”，让他们可以参与法院内部最高决策机构的决策过程。

针对证据不足的案件，审委会讨论决定之前或者之后，还可能进一步向上级法院进行请示汇报。与审委会讨论决定案件属于法律明确授权的决策机制不同，法院内部请示汇报机制违反了法院之间上下级业务关系的基本要求，但其在实践中长期存在的原因与下级法院所面临的不确定条件下的判决风险密切相关。我们在调研中发现，针对下级法院有关证据、事实问题的请示汇报，多数上级法院都会给出一个较为明确的答复。有些地方的高级人民法院甚至明确要求特定类型的拟判无罪案件，必须请示上级法院。通过请示汇报上级法院之后，判决的决策主体进一步延伸到两级法院系统。有时候，为了保险起见，还会向高级人民法院甚至最高人民法院进行请示。通过决策主体的进一步扩大，下级法院可以较为成功地规避上诉后改判的风险，也可以大大降低启动再审的风险。请示汇报上级法院之后，不管上级法院认为判决无罪或者有罪，被告人上诉或者检察院抗诉后改判或者发回重审的可能性几乎为零。〔3〕同时，申诉成功的概率或者检察院再审抗诉的成功率也大大降低。

对于某些社会影响较大、被害人抗争强烈的案件，法院还可能提请政法委进行协调，以解决公检法三家在案件事实认定方面的争议。不过，诸如此类的案件在实践中并非常态，仅仅是个别现象。从表 9-9 中可以看出，经过政法委协调判

---

〔1〕 据我们调研的情况来看，接受调研的不同地区的所有法官均表示，拟判无罪的案件均是必须提交审委会讨论的案件。这是强制性的内部规定。

〔2〕 参见最高人民法院、最高人民检察院《关于人民检察院检察长列席人民法院审判委员会会议的实施意见》（2009 年 10 月 12 日最高人民法院审判委员会第 1475 次会议、2009 年 8 月 11 日最高人民检察院第十一届检察委员会第 17 次会议讨论通过）。

〔3〕 单就这一点而言，检察院同样也是“程序不公正”的“受害者”，因此也对法院内部的请示汇报颇为不满。参见北京市海淀区人民检察院课题组：“刑事抗诉实证研究——以海淀区人民检察院五年来的刑事抗诉案件为视角”，载《法学杂志》2012 年第 8 期，第 124 页。

决无罪的案件共计 5 件，占所有判决无罪案件的比例约为 16%。不过，即使此类案件的实际比例并不是太大，通常都属于法院所遇到的风险最大的案件类型之一。提交政法委进行协调意味着，法院自身已经无法完全消化案件中的压力和风险。通过公检法协调会达成一致意见，尤其是政法机关领导的介入，扩大决策主体的范围，从而形成一个庞大的外围权力决策结构，法官便能够“蜷缩”在权力结构中的内层，并把风险压力传递给系统内外的政法领导，法院判决的风险由此得以分散。

（三）风险连带下的无罪判决证明标准及影响

疑难案件判决风险的存在使中国刑事审判在实践中发展出了一整套应对策略。这些应对策略在实体上打破了有罪判决和无罪判决截然二分的法定决策模式，法院实际上享有判决无罪、判决有罪和撤诉三种裁判选择，因而在面临疑罪案件时不再以法定的无罪判决作为唯一选项。与此同时，法官还通过让法院系统内外的权威人物或者机构参与决策程序，分享甚至让渡自己的决策权，从而使判决风险降低、转移。判决风险的实体处理术和程序处理术，可以被看作是当前中国法官面对现实判决困境所进行的理性选择。其基本目标是通过减弱判决风险从而实现自身利益的最大化。通过实体、程序双重缓解风险技术，法院所面临的实际风险组合也将会随之发生改变。

对疑难案件劝说、建议检察院撤诉是法院的最优选择。案件被检察院撤回之后，就相当于法院没有对该案的实体问题作出任何认定。当然也就不存在二审、再审的风险。与再审紧密相连的错案责任追究也可以成功避免。同时，由于案件被退回检察院之后，来自于被害人和被告人的抗争风险，也随之转移给了检察院。事实上，撤回起诉也可以降低或者消除法检之间的人情风险。证据不足的案件，未经与检察院沟通协调，依法直接判决无罪，是一种非常“不给面子”的行为。相反，撤诉相当于是通过“私下”沟通交流的合意方式处理案件，避免公开宣判给检察院形象所带来的伤害。当然，由于撤诉在功能上几乎等价于无罪判决，检察院并不一定会领法院的“人情”，并要求法院予以判决。

如果检察院不撤诉，迫使法院必须作出判决，法院必须进行第二次风险评估。法院第二次风险评估需要针对个案当中可能出现的各种风险进行再评估，包括二审、再审维持判决的可能性、错案追究的可能性、当事人抗争的风险大小、案件在当地社会的影响度以及（公）检法之间的关系融洽程度。前文已经指出，由于无罪判决所带来的风险在整体上大于有罪判决，而且由于各种实体、程序处理术的存在可以消除有罪判决可能产生的风险，通常情况下法院可能会选择判决有罪并给予从轻处罚。

当然，如果检察院不同意撤诉，法院必须评估自己的事实认定在客观上正确的概率。如果被告人明显不构成犯罪，发生冤案的可能性极高，那么为法官分担风险的法院内部主体就可能会考虑判决无罪。通常情况下，合议庭会听从院庭长、审委会或者上级法院的意见，以化解来自于检察院、被害人等方面的风险。此时，虽然来自于法院系统内部的二审、再审、不服从领导的风险降低，也基本转移或者消除了错案追究的风险（因为检察院即使提出二审抗诉或者再审抗诉，可能也无法改变结果），但是它可能会增加人情关系紧张风险、被害人抗争风险和社会舆论风险。因此，法院只能将无罪判决适用范围限制在一小部分确有可能不构成犯罪的案件。

可见，对于中国的法官而言，面对疑罪案件，通常情况下检察院撤回起诉是最优选择，以从轻处罚作出有罪判决是次优选择，判决无罪是最差选择。三种选择各自对应的证明标准可能分别是证据不足、证据不足但内心（基本）确信有罪以及（基本）确定被告人不构成犯罪。也就是说，鉴于证据不足条件下的判决风险，法院事实上把法定的一元选择模式（判决无罪）发展为三元选择模式（撤诉免刑、从轻处罚、判决无罪），以应对各种不同条件下的判决风险。

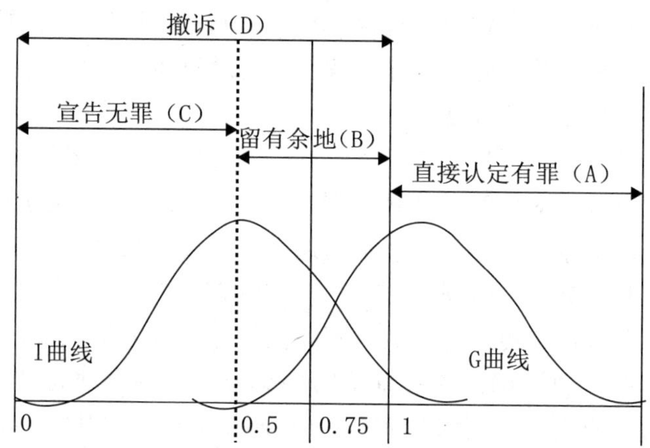

说明：I 曲线为客观上无罪的被告人在接受审判时的有罪概率分布情况；G 曲线为客观上有罪的被告人在接受审判时的有罪概率分布情况。

图 9-8　疑罪案件法院决策标准示意图

图 9-8 可以看作是我国法院在司法实践中实际把握的各种不同情形下的决策标准及其分布情况。在此坐标轴中，横轴表示法院实际把握的决策标准，纵轴表示不同类型的被告人在审判中通过证据所实际展现出来的犯罪事实情况。其中，I 曲线表示客观上没有实施犯罪的被告人在审判中可能展现出来的有罪概率及其分布情况，G 曲线表示客观上实施了犯罪的被告人在审判中可能展现出来的有罪概率及其分布情况。鉴于审前存在过滤客观上无罪被告人的机制，所以 I 曲线整体上必然位于 G 曲线的左边。假设我国“案件事实清楚、证据确实充分”的定

罪标准在实践中能够得到实现，那么其对应的概率值就必须达到 1 或接近 1。只要达到了此值的被告人均会被认定有罪，也就是对处于区间 A 位置的被告人的罪行认定并不存在障碍。我们也可以发现，区间 A 中的被告人除了 G 曲线中的实质上有罪的被告人以外，还包括 I 曲线中的一小部分被告人。这主要是因为法院对被告人罪行的概率判断是主观判断，所以有可能产生与客观事实不符的情形。

按照我国《刑事诉讼法》的规定，如果被告人在审判中所实际展现的罪行位于 A 区间的左边，那么就应当宣告无罪。也就是说，法院依法应当把位于区间 D 的被告人统统宣告无罪。但是，由于前文所分析的原因，对于位于区间 D 的被告人，法院的最优决策不是判决无罪，而是让检察院撤诉。在检察院不撤诉的情况下，法院会进一步评估被告人证据不足的程度，通常情况下，只有被告人实际展现出来的罪行位于区间 C，法院才会判决无罪。对于位于区间 B 的被告人则可能适用有罪从轻判决模式。

当然，我们所制作的决策标准示意图并不能完全等同于现实中的司法状况，该图主要是为了说明法院在面对疑难案件时实际把握的决策标准的各自差异。该差异表明，同法律上关于无罪判决的标准是证据不足或者合理怀疑不同，现实中法院把握的无罪判决的标准大概位于 0.5 左右的位置，类似于民事案件的判决标准。

因此，实践中为数不多的无罪判决，通常不是因为法院发现了案件存在合理疑点而宣告无罪，而是发现了不构成犯罪的“铁证”[1]或者至少有证据证明无罪的可能性大于有罪的可能性，法院才能选择判决无罪，以确保自己的无罪判决经得起“时间的考验”。

也就是说，法官不能只看到某个疑点就准备判决无罪，而是必须要有较为十足的把握。由此可见，实践中法官所把握的无罪判决标准比纸面上的标准要高得多，可能需要达到民事诉讼中的优势证明程度。某法院一位庭长（2013-3）[2]的说法可以进一步印证我们的判断：

检察院起诉的案件，经过了公安机关的侦查、检察院的审查，明显不构成犯罪的案件，他们通常是不会移送到法院的。《刑事诉讼法》规定，证据不足的，就应当要判决无罪。但是，到底什么是证据不足？怎么判断被告人是不是无罪的？即使存在某些特殊情况的案件，其有罪证据都比无罪证据多，判决无罪就可能会放纵罪犯。所以，我们只有确实认定被告人不构成犯罪，或者无罪的可能性大于有罪的可能性，才会判决无罪。

总之，由于法院面对判决的实际风险，为了尽可能地规避、降低、转移自己

---

[1] 此处也包括法律适用上的“铁证”，即被告人的行为事实是清楚明确的，但是在法律评价上完全无法作为犯罪来处理。

[2] “2013-3”的含义，是指 2013 年 3 月份的访谈。下同。

的判决风险，他们把无罪判决的标准拔高到了一个近似于民事案件优势证据标准的高度。这可以被看作是当前判决风险对证明标准产生的扭曲效应。

按照我国《刑事诉讼法》的定罪标准，只有当案件证明达到“案件事实清楚，证据确实、充分”的程度，才能认定被告人有罪。否则，就应当宣告被告人无罪。按照立法界人士的解读，所谓证据确实、充分是指对案件事实的判断符合客观事实。〔1〕也就是说，定罪标准必须要在某种程度上达到绝对确定性或排他性的程度。如果用概率来表示，也就是要达到或者几乎达到 1 的水平。这可以被视为保障每一个无罪的人不受刑事追究的诉讼目标在定罪标准上的体现。如果法院严格执行法定标准，那么由此导致的结果可能是大量的错误无罪判决的产生。

从图 9-8 可以看出，对于没有达到法定定罪标准的案件，法院并非一律宣告无罪，而是可能根据案件的具体情况作出定罪从轻处理或者撤诉处理，所以可以避免一部分事实上有罪的被告人得到与其罪行确定性程度相适应的惩罚，并可以把一部分尚未完全查清的案件发回公诉机关继续进行调查取证。也就是说，本来位于区间 B 的客观上有罪的被告人依法可能会被宣告无罪，但由于无罪判决对法院所带来的风险更高，法院可能判决他们有罪或者由公诉机关撤回并继续进行查证，从而避免了错误无罪判决的产生。

但是，无罪判决标准的提高在减少错误无罪判决的同时，也将会增加无辜的被告人被错判有罪的风险。如果法官具备不依赖证据而识别案件真相的能力，那么对于区间 B 的客观上有罪的被告人予以定罪，同时让检察院对于区间 B 的客观上无罪的被告人撤诉，将是一个几乎完美的结果。但没有哪一个法官具备这种能力，由于不管是客观上无罪还是有罪，两种类型的被告人在区间 B 所实际展现的罪行并无二致，所以法官通常无法作出准确判断。有一个结果是可以预见的：由于法官倾向于认定有罪，所以同依照法定标准进行判决相比，进入审判的无辜被告人被判决有罪的可能性增加。正如美国行为经济学家和心理学家卡尼曼所言：“人们在面临的抉择比较糟糕时会孤注一掷，尽管希望渺茫，他们也宁愿选择使事情更糟的较大可能性以换取避免损失的希望，这种做法常会使可控制的失误变成灾难。”〔2〕

当然，我们无法准确地判断出位于区间 B 的被告人到底有哪些被告人实质上是无辜的，因此我们也无法计算出错判有罪的概率是多少。无论如何，在当前这

---

〔1〕 曾任全国人大常委会法制工作委员会刑法室主任的王尚新在论文中指出，我国将刑事证明标准规定为证据确实、充分“清楚地反映了立法者对法官在判定证据、判断案件时的要求……规定刑事证明标准的最终目的只有一个，就是要求法官不错判案件，我国的规定明确地体现了这一点”。参见王尚新：“从刑事证明标准的标准性谈起”，载陈光中、江伟主编：《诉讼法论丛》（第 7 卷），法律出版社 2002 年版，第 17 页。

〔2〕 ［美］丹尼尔·卡尼曼：《思考，快与慢》，胡晓姣等译，中信出版社 2012 年版，第 291 页。

种风险连带的现实背景下，同严格遵守法定标准相比，必然会导致更多实质上有罪的被告人被认定有罪（这是好结果），也同样会导致更多实质上清白的被告人被认定有罪（这是坏结果）。这是完全可以预见的。无罪判决难的现实导致立法中有关两种错误判决的风险分配在实践中被第二次分配，导致无辜的被告人承受了更大的错判风险。无论如何，这是对法治基础的瓦解。我们可以说，正是由于裁判者在目前的政法体制和管理体制下无法将自己从判决的风险当中解脱出来，从而导致作为基本法律的《刑事诉讼法》有关疑罪从无规则的价值目标难以得到实现。如果我们期望建成社会主义法治，那么上述问题必须要予以解决。解决问题的关键在于重塑刑事审判制度性环境，让法官能够并必须依照法定证明标准作出判决。

四、走向结果中立

风险连带所导致的基于结果权衡的功利性审判，严重挤压了法院无罪判决的空间，进而使其无法承担制约不当侦查、起诉的职能，甚至可能沦为公诉案件的“橡皮图章”，增加了被告人被错误定罪的风险。为了使审判真正成为依法解决社会矛盾的样本和楷模，必须让法院的无罪判决权复归到依法裁判的轨道，让裁判者可以对不同的裁判结果保持中立，而重塑司法环境和诉讼制度，吸纳合理利益诉求并坚决拒绝无理诉求则是基本前提。

（一）尽可能切断判决结果与司法人员之间的利益链条

由于各种因素的综合影响，当前的司法审判活动容易让裁判者成为自己所判决案件的“当事人”，司法审判结果直接牵涉裁判者的个人利益。由于两种不同判决结果的风险损失存在差异，裁判者倾向于选择风险较小的处理方式，从而可能使审判沦为裁判者的个人利益衡量活动。为了解决这一问题，必须尽力切断判决结果同司法人员之间的利益链条，让司法人员尽可能以证据和法律作为裁判的关键依据，而无须顾虑个人利益的得失。

1. 改革当前刑事诉讼的绩效考核机制，转变统计结果的功能

为了激励公安司法人员公正、高效地完成诉讼职责，目前全国各地公安司法机关都仿效企业绩效考核机制，设定了名目繁多的考核指标，对公安司法人员的工作表现进行定量评估，并以考核结果作为奖惩依据。这对于提高公安司法人员的责任心和诉讼效率具有一定的积极意义，但是它也同时扭曲了诉讼活动的价值目标。由于考核结果直接关系到公安司法人员的切身利益，导致他们最大限度地追求考核效益的最大化，考核指标成为办案的指挥棒，在一定程度上成为代替法律标准的现实标准。

鉴于从诉讼结果上进行考核简单易行，现有考核机制通常把下一个诉讼阶段的处理结果作为前一个诉讼阶段工作优劣的标准。例如，公安机关立案的案件，

能否被批准逮捕和通过起诉审查；逮捕后的案件，能否被提起公诉；提起公诉的案件，能否被判决有罪；一审判决的案件，是否会被改判或者撤销。

一旦前一阶段的认定结果被后面诉讼阶段所否定，都可能意味着考核不利。这就使刑事诉讼从启动伊始，就可能被迫沿着某种既定的轨道运行。由于这个轨道始终是偏向于逮捕、起诉、定罪、维持有罪判决的，无罪判决难以产生就不足为奇了。这种唯结果论的考核指标必须向法治指标转变，以便符合司法运行的本质要求。

具体来说，不能单以诉讼结果作为考核的主要依据，而是必须以是否遵守法律作为奖惩的主要依据。任何一个机关的诉讼行为，只要没有违反既定的实体法和程序法，即使他们的认定结果被否定，也不得以此作出负面评价。例如，提起公诉的案件，由于在审判期间发现了新证据或法院的认识与检察院存在分歧，导致法院宣告无罪，不能以此对公诉行为作出负面评价；一审判决无罪的案件，由于二审期间发现了新证据，导致二审法院改判有罪，不能以此对一审审判行为作出负面评价。

与此同时，必须改变绩效考核指标的功能。破案率、逮捕率、起诉率、有罪判决率、改判率或者发回重审率，可以为我们诊断特定时期刑事司法的整体运行状况，提供一个较为准确的定量分析依据，让我们可以发现侦查、起诉、审判工作中存在的问题，有助于科学研究、政策制定和法律修改。但是，任何时候，都不得单以诉讼结果作为奖惩司法机关和人员的依据。我们认为，除非存在违法或者违反职业伦理情形，司法人员不受惩戒。只有这样，司法人员才能把诉讼重心放到合法性考量，并关注自己的职业操守。一旦司法人员的关注点放置在合法性考量之上，无罪判决或者有罪判决就不存在谁难谁易的问题了，依法裁判即可。

2. 破解关系主义樊篱，避免“人情”裁判

法院的法官尤其是领导人员与公安、检察机关之间的亲密关系是阻碍法院判决无罪的另一个障碍。法院避免作出无罪判决通常是为了换取公安、检察机关乃至地方党政领导的各种关系性收益。这种带有深厚传统的关系性文化使权力变成一种交换性资源，通常会侵害作为“陌生人”的辩护方的利益。这是一个非常难以解决的影响无罪判决的问题。即使没有宪法或者《刑事诉讼法》关于公检法三机关应当互相配合的规定，关系性文化的存在也必然会让必须长期共存、互动的公安司法人员特别是政法机关之间产生配合倾向。

我们当前更为关注的是律师与司法人员之间的社会关系及其对司法公正的影响，并建立了一系列制度性措施予以防范，但是忽略了公检法之间的社会关系对司法公正的潜在影响，而且缺乏一套有效的制度予以防范。目前与此有关的制度可能仅有异地任职和轮岗制度，但是它们的效果都相当有限。一是因为这只是针对司法机关的领导人员，无法作用于长期任职于某个司法机关的工作人员；二是

因为它们都只能在短暂时间内让司法机关领导的人际关系“陌生化”，工作时间一长，就必然会由陌生人关系转变为熟人关系。

我们认为，减少关系主义所带来的人情裁判，可以考虑从以下两个方面入手：一是改革管辖制度，赋予辩护方选择审判组织的权利；二是改革审判组织，改变审判组织中的人员结构。

当前的刑事审判管辖缺乏对辩护方权利的保障，不管是法定管辖还是指定管辖，辩护方均无参与机会。一起刑事案件到底由哪个地方的检察院起诉和法院审判，辩护方只能被动地接受。一般来说，无罪判决难以产生的案件通常都是一些在当地具有一定社会影响的案件，法院无法摆脱地方其他政法机关和政府的影响。考虑到以后维护良好关系对开展工作的重要性，法院总是会尽可能避免作出无罪判决。为了让起诉者和裁判者能够从当地的关系中摆脱出来，同时也为了保障被告人接受公正审判的权利，可以尝试建立辩护方管辖权异议制度，让辩护方有权申请其他地域的审判机关审理案件。当然，这只能在一定程度上缓解关系性文化对司法判决的影响，如果想要切实扭转审判人员的人情裁判局面，必须对我国的审判组织制度进行改革。

众所周知，英美法系国家的陪审团审判可以较好地避免法官与检察官关系过于亲密而作出人情裁判。陪审团审判组织中的成员不固定、随机产生、审判期间社会接触严格受限、独立认定犯罪事实，基本上可以消除法院作出“迎合性”裁判的可能性，破解关系主义樊篱。同中国文化较为接近的韩国、日本近年来试点陪审制改革，就有打破亲密法检关系的目标。俄罗斯恢复陪审团审判之后，无罪判决率的提升，也与破除法检之间的人情关系密切相关。〔1〕

考虑到直接引进陪审团制度可能面临的障碍，我们也可以对当前的人民陪审员制度进行改革，使其能够在一定程度上发挥控审双方的人情关系阻隔墙的功能。具体来说，就是可以考虑增加人民陪审员的数量，采用“大陪审”方式增加审判组织中的“陌生人”数量。〔2〕2018 年 4 月 27 日第十三届全国人大常委会第二次会议通过的《人民陪审员法》在扩大陪审员范围方面有所进步，增加了“由法官三人与人民陪审员四人组成七人合议庭”的大合议庭审判模式。为了使该制度发挥实效，还有如下两方面的制度必须要予以完善：一是要切实改变当前人民陪审员“陪而不审”问题，使陪审员真正享有与审判员相同的事实认定权；

〔1〕 See Gennady Esakov, *The Russian Criminal Jury: Recent Developments, Practice, and Current Problems*, 60 Am. J. Comp. L. 665 (2012).

〔2〕 据悉，山东枣庄市峄城区人民法院作为人民陪审员制度改革试点法院，在 2017 年 3 月已经开始试点“3+4”陪审模式。“对于重大、疑难、复杂和发回重审的案件，峄城法院大胆推行‘3+4’大合议庭陪审模式，最大程度地发挥陪审员社会阅历丰富、了解社情民意的优势，取得了良好效果。”参见黄凯：“试行 3+4 大合议庭陪审模式”，载《山东法制报》2017 年 3 月 10 日，第 1 版。

二是要赋予辩护方审判组织选择权，辩护方可以申请以传统审判组织形式进行审判，也可以申请以“大陪审”方式进行审判。

3. 建立符合司法职业要求的法官职业保障机制，逐步消除法官的官本位意识

法官在疑难案件中不敢坚持自己的判断，动辄请示领导，提交审委会讨论或者政法委协调，既有转移风险的目的，也有服从领导的考虑。当前我国法官的工资、福利、待遇、地位同其职业能力、品质和级别有一定的关系，但是起决定性作用的还是法官行政职务的高低，从而形成了法官群体的官本位意识。法官职务晋升的主要决定者通常又是所在法院的领导或者地方为政者。为了不损害晋升决定者的利益，也为了自己的政治利益，法官把重大案件的决策权转移给院长领导的审委会或者地方为政者，无疑是一个较好的选择。员额制改革并没有从根本上解决这个问题。解决这个问题的关键就在于消除法官的官本位意识，让所有法官不再迷恋于自己行政职务的大小，而更加重视法官职业等级的高低，让包括基层法院在内的所有法官都有机会通过自己的奋斗晋升到职业等级的较高级别。与此同时，法官的工资、福利、待遇、社会地位也应当主要取决于他们的职业等级，并确立以职业表现和职业伦理相结合的晋升机制，构建公平、合理的自动晋升程序。所谓自动晋升，是指对于职业表现称职且没有违反职业伦理的法官，在达到一定审判年限后自动晋升到上一等级法官的制度。

（二）逐步消除判决可能产生的诉讼外的不当风险

尽可能切断裁判者与案件判决结果之间的利益链条，可以为裁判者创造出一个相对中立的制度环境。但是，由于无罪判决客观上确实可能会对被害人、社会和国家治理带来一定的损失，所以我们还必须同时注意各方面的合理诉求，并采取有效措施消除无罪判决可能产生的不利影响。

1. 强化对被害人的权益保障，协助他们理性客观地对待法院的无罪判决结果

谁都不想遭受犯罪的侵害，但犯罪通常具有随机性，我们每一个人都有遭受犯罪侵害的可能性。被害人遭受严重犯罪侵害后，可能会陷入精神心理的创伤之中无法自拔，也可能因此陷入经济困窘之中无法生活。假如我们没有其他的措施消除被害人所遭受的痛苦，法院的无罪判决必然会让某些被害人走上抵制、对抗判决的道路。

因此，对被害人的诉讼权利和合法权益，必须予以充分保障：一是给予被害人充分的参与机会，从立案、侦查、起诉到审判，应当及时地把案件处理情况告知被害人，并尽可能让他们参与每一个诉讼阶段的决定过程，除非有证据表明他们可能会妨碍诉讼顺利进行。通过给予被害人实质性的参与权，可以让被害人感

受程序的公正和透明，消除他们对公安司法机关及其工作人员的无端猜疑，有利于他们接受公安司法机关依法作出的案件处理决定。二是建立全国统一的被害人补偿制度，并把对被害人的补偿和救助纳入到国家财政保障体系之中，使被害人不会因为无罪判决而变得“一无所有”。三是加强公安司法人员有关被害人学的培训，培养一批具有心理危机应对能力的专业人士，让他们在办理案件的过程中，及时化解、疏导被害人的过激情绪和不良情绪。在条件可行时，可以在全国各地建立被害人心理创伤社会工作中心，给予遭受严重犯罪侵害的被害人免费的心理治疗。

2. 法院在重大敏感案件中应当及时公布案件处理结果并给予解释论证，严格禁止案件审结之前的定性报道，努力做到案件审理程序的公开透明

通常情况下，重大敏感刑事案件都会引起社会的关注。由于犯罪是对公共利益的侵害，每一个公民都有权看到“正义得到实现”。法院应当理性地对待舆论监督。但是，由于案件信息的不对称和媒体的倾向性报道，可能导致普通民众无法“理解”法院作出的无罪判决，进而引起舆论事件的发生。为了满足公众的知情权，实现舆论对司法的监督权，同时避免由于重大敏感案件的处理而引发公共舆情危机，有必要采取以下措施。

一是公安司法机关或者其他调查机关或者任何媒体，均不得在案件审结之前，向社会公布足以认定被告人有罪的证据、事实、侦破过程等内容，也不得直接向外宣称犯罪嫌疑人、被告人就是“罪犯”，更不得对犯罪嫌疑人的人格横加指责。否则，犯罪嫌疑人、被告人可以诉诸民事诉讼，以名誉权受损为由请求法院判处侵权责任人赔偿损失；如果公开的内容已经严重影响到刑事审判的公正性，法院可以以被告人的公正审判权受到侵害为由，依照情节分别作出从轻处罚、排除证据、驳回起诉等决定。通过严格限制审前媒体报道的内容，可以为法院创造一个相对宽松的舆论环境，避免社会公众先入为主地产生“确认性偏见”。

二是对于可能引起较大舆论关注的案件，必须最大限度地做到公开审判，把所有关注审判的民众吸引到正式的法庭审理之中，避免不公开或者公开范围过窄所引起的猜疑，让社会公众面对面地接触庭审，通过观察法庭审理中的事实调查活动，形成一个理性的判断。就这一点来说，我国目前在庭审直播方面已经取得了长足的进步。为了深化改革和巩固改革成果，庭审直播的案件范围应当有相对明确的标准，而且具体案件是否进行庭审直播至少应当听取当事人的意见，而不宜由法院单方面裁量决定。2010 年 11 月 8 日最高人民法院审判委员会通过的《关于人民法院直播录播庭审活动的规定》在不得进行庭审直播的案件中规定了一个具有巨大裁量空间的条款，即“其他不宜庭审直播、录播的案件”。哪怕这个案件属于“公开审理”的案件，法院照样可以“不宜直播”为由不予以直播。我们认为，只要当事人申请直播且符合公开审判条件的案件，法院就不得拒绝进

行庭审直播，否则二审法院应当以一审程序违反公开审判原则为由撤销一审的判决。只有这样，庭审直播才能从单纯的普法转变为有效的程序约束，并使公开审判原则得到最大限度的落实。

三是法院对于舆论关注较高的案件，应当在裁判文书中详细地说明裁判理由，回应控辩双方的争议，特别是必须以当庭举证、质证、辩论的结果作为裁判的依据，必要时开展一定的“判后答疑”活动，真正让社会公民看得见、听得懂司法正义是如何实现的。

3. 切实健全并认真落实检察院、法院依法独立公正行使检察权、审判权的保障机制，禁止地方党政领导对个案处理的干预

长期以来，由于对地方党政领导的政治能力评价以经济发展和社会稳定作为核心指标，地方党政领导可能插手重大敏感案件的处理过程，导致法院不敢作出无罪判决。我们认为，在建设法治国家的过程中，地方党政领导能否以法治思维和法治方式进行社会治理，是衡量其执政水平和执政能力的主要指标之一。仅是要求地方党政领导恪守权力边界和养成法治理念，可能无法达到预期效果。国家必须改变当前对地方党政领导的评价标准，把是否具备法治工作方式列为与发展经济和维护社会稳定并列的指标，作为为政者政治水平的三个标准之一。

激励模式的转变只能起到引导作用，必须辅之以严格的违法干预司法的追责机制，才可能有效地阻止地方党政领导违法干预个案处理的行为。党的十八届四中全会通过的《中共中央关于全面推进依法治国若干重大问题的决定》明确规定：“建立领导干部干预司法活动、插手具体案件处理的记录、通报和责任追究制度。任何党政机关和领导干部都不得让司法机关做违反法定职责、有碍司法公正的事情，任何司法机关都不得执行党政机关和领导干部违法干预司法活动的要求。对干预司法机关办案的，给予党纪政纪处分；造成冤假错案或者其他严重后果的，依法追究刑事责任。”追责机制能否得到有效贯彻，关键就在于能否建立一套违法干预案件的“证据固定”机制，即干预司法活动的“记录”机制。

这可以从以下几个方面入手：一是对于地方党政领导，不管是以个人名义，还是以组织名义对个案的批示、指示或者公函等书面材料，一律纳入法院的“内卷”。二是对于地方党政领导以口头形式插手具体案件办理的，应当制作电话记录或者工作记录，也纳入法院的“内卷”。三是对于政法委所召开的公检法协调会，一方面应当禁止讨论证据、事实问题，另一方面必须制作正式记录，并由参与人员签字。四是为了增加地方党政领导违法干预个案的风险，增强法院记录的勇气，省级以下法院人财物统一管理制度应尽快落到实处。

（三）对控方的诉讼权力进行适当限制

整体而言，由于制度设计的不足，法院对公诉方滥用公诉权的行为缺乏有效

的规制手段，导致刑事审判中控辩双方影响判决的能力出现失衡。同辩方相比，公诉方的强大已经把法院的天平扭转到一个倾斜的不利于被告人的位置。在此情形下，出现无罪判决难也就在所难免。因此，为了扭转这个局面，维护司法权威，有必要对公诉方的诉讼权力施加一定的限制，而不能仅止步于号召公诉方履行客观义务。

1. 建立公诉案件起诉审查制度，过滤不必要的冒险追诉行为

从 1996 年《刑事诉讼法》伊始，我国的公诉案件庭前审查模式开始从实质审查转向形式审查，只要公诉方所起诉的案件符合法定形式要件，法院无权不予受理。经过审查之后，哪怕即使采纳控方所提交的所有证据材料，也无法确定被告人罪行的，法院也无权驳回起诉。再加之检察院还享有“反悔”（撤回起诉）的机会，导致其无法做到谨慎起诉。正因如此，在司法实践中，一些明显不具备起诉条件的案件被检察院起诉到法院，客观上增加了法院的判决难度，浪费了司法资源。有鉴于此，我们认为，有必要将我国首次开庭前的庭前会议制度改变为预审制度，赋予法院对公诉案件的实质性审查权，同时也可以附带解决证据可采性等程序性争议问题以及庭前准备问题。

2. 废止检察长列席审委会制度

作为一种司法实践中诞生的制度，检察长列席审委会具有消解控审冲突和缓解人情关系紧张的作用。但是，在拟判无罪的案件中，让检察长列席审委会讨论，甚而参与最终的决策，严重违背了控辩平等原则，也不当地增加了合议庭判决无罪的难度。这种违背诉讼法理的制度，应当尽快予以废止。

3. 改革我国的再审制度，限制控方不利于被告人的再审抗诉权

同检察机关的起诉可以直接引发一审程序一样，针对生效裁判的抗诉也可以直接引发再审程序。但在实际运作中，由于无罪判决对检察工作可能带来一定的负面影响，即使对检察工作绩效考核进行改革，在现有的制度框架下，也难以消除检察机关利用抗诉权维护控诉利益的倾向性，从而导致法院的无罪判决可能处于一种不安定的风险之中。我们认为，在已经赋予检察机关二审抗诉权的条件下，可以对检察机关的再审抗诉权进行适度的规制。对当前不分抗诉类型和几乎不受审查的再审抗诉应当予以改革。首先，维持当前有利于被告人的再审抗诉制度，但针对当前不利于被告人的再审抗诉制度要改变运作模式。其次，针对不利于被告人的再审抗诉，必须要在抗诉理由上予以一定限制，从而兼顾实体公正和裁判安定性的现实需要。为此，检察院提出的不利于被告人的再审抗诉不能以检察院“认为”法院裁判确有错误作为根据，而应当根据如下几种事由作为抗诉的合理根据：一是发现了生效裁判作出前尚未知晓的“新证据”，足以证明原生效裁判确有错误的；二是发现审判人员在该案的审理中存在徇私舞弊、枉法裁判或收受贿赂而判决无罪或重罪轻判的；三是发现了被告人存在贿买证人、伪造无

罪证据等破坏司法公正行为而判决无罪的或重罪轻判的。最后，针对不利于被告人的抗诉，即使符合法定条件的，再审时也应当实行异地管辖，并且实行一审终审。

（四）努力阻却法院的风险转移行为

法官手中所掌握的判决风险转移策略，让法官可以成功地规避无罪判决并无须为此承担责任，从而让法官享有较为游刃有余的退路。解决疑罪案件无罪判决难的问题，一方面需要强化法官的裁判权，另一方面也需要努力阻却转移责任的后路，从而使裁判者在享有权力的时候必须依法作出相应的裁判。

1. 规范撤回起诉的条件、效力和程序

撤回起诉制度首见于1979年《刑事诉讼法》，1996年《刑事诉讼法》将其废除，并明确规定“证据不足，不能认定被告人有罪的，应当作出证据不足、指控的犯罪不能成立的无罪判决”。但最高人民法院和最高人民检察院随后出台的司法解释均恢复了撤回起诉制度，对于可能判决无罪的案件，检察院可以选择撤回起诉。[1]对于撤回起诉的时间、审查和辩护方的程序性保障，均缺乏明确的规定。实践中，撤回起诉制度已经成为控审之间秘密协商规避无罪判决的主要形式。

表面上看来，撤回起诉也可以让被告人免除刑事追究，起到与无罪判决功能上等价的作用。但是，同无罪判决相比，撤回起诉的效力具有不确定性。检察机关撤回起诉之后，有可能作出不起诉决定，也有可能重复起诉，还可能继续把案件退回侦查机关或者侦查部门，导致案件久拖不决。我们认为，对于这种缺乏明确法律授权的程序性处分，必须予以严格规制。

首先，撤回起诉应当有时间上的限制。公诉案件不同于民事案件和刑事自诉案件，一旦起诉到法院并开启审判程序之后，就不可以任由检察机关自由处分，法院有职责根据法律给予被告人一个明确的处理结果。任由检察机关撤回起诉不仅浪费司法资源，也不利于被告人的权利保障，还有损司法权威的确立。我们认为，撤回起诉必须有时间上的限制：法庭经依法开庭审理，穷尽了一切可行的调查手段，没有办法澄清构成要件事实疑点的，就应当及时、权威地作出无罪判决，不得再任由检察机关处分所谓“诉权”。换言之，检察院必须在法庭调查结束之前向法院申请撤回起诉。如果法庭调查已经结束，必须禁止检察院再以证据不足为由撤诉。

其次，应当明确撤回起诉的效力。撤回起诉目前只是被视作一种程序性处分，案件被撤回后到底如何处理，还需要检察机关根据案件的情况进行选择。我

[1] 参见1998年《最高法解释》第177条和1999年《最高检规则》第349条。

们认为，为了防止程序进一步倒流至侦查机关或者调查机关，造成诉讼拖延，必须赋予撤回起诉等同于不起诉的效力。检察机关撤回起诉的申请被批准之后，必须立即释放被告人。同时，对于撤回起诉的案件，原则上不得再次予以起诉，除非在撤回起诉之后发现了令人信服的新证据并足以证明对被告人应当追究刑事责任的。

最后，撤回起诉的程序应当尊重辩护方的参与权。简而言之，对于检察机关撤回起诉的请求或者法院撤回起诉的建议，必须同时告知辩护方，被告人及其辩护人有权要求获得一场公正的审判，否决公诉方的申请或者法院的建议，并要求法院按照法定程序进行审理和判决。

2. 防止法院以刑罚调节术规避无罪判决

轻罪从免从缓和重罪留有余地是法院利用刑罚技术规避无罪判决的另一种方式。解决这个问题必须从判决说理、上诉审查制度和加强责任追究等方面入手。

首先，应当加强法院判决说理制度。对于存在合理疑点的案件，法院从轻定罪，通常都会面临判决书说理困难或者不足的问题。但是，由于长期以来我国的判决书说理缺乏严格的制度规范，法院通常可以采取回避辩方争点、概括性说理甚至牵强性说理等方式躲避外部审查。因此，一方面需要继续推进当前的裁判文书上网公开制度，以使有瑕疵的判决书能够得到包括法律界和法学界在内的所有人的审查；另一方面必须要构建强制性的疑点充分说理制度。对于案件中存在疑点或者被告人不认罪或者作出无罪辩护的，要求法院必须以证据为基础通过严密的逻辑推理消除疑点或者无罪意见，如此才能被视为说理充分。否则，上级法院可以直接以说理不足为由撤销判决，不再对案件的实体事实进行调查。

其次，应当强化上诉审的审查把关作用。我国目前上诉审法院针对事实不清、证据不足的案件，既可以查清事实后改判，也可以发回重审一次。但立法并未对二者的适用条件进行规范。为了防止发回重审后法院再次利用刑罚调节术规避无罪判决和上诉审查，应当对二审的裁判标准予以进一步明确。简而言之，如果二审法院已经开庭审理的案件，应当根据法庭调查的情况直接作出判决，禁止发回重审。对于不开庭审理的案件，二审法院经审查后认为事实不清证据不足的，只有当其认为一审法院具有继续查清事实可能性的，才可以发回重审，否则就应当直接予以改判。

最后，应当在保障法官独立裁判权力的前提下，加重法官错判的法律责任。经再审确认无罪的案件，原审被告人除可以申请国家赔偿之外，还可以对原判法官提出枉法裁判的刑事控告和侵权赔偿之诉，让违反职业伦理、故意违法人出入罪的原判法官同时承担错判的刑事责任和民事责任。

（五）改革错案追究制度

错案追究是一种极具“中国特色”的法官责任追究制度。在西方法治国家，法官的裁判行为不受纪律惩戒是一个基本共识，以此保护裁判者的独立判断权。同时，也对法官裁判外行为设定了苛刻的行为标准，并作为惩戒的依据，以此确保法官必须遵守高于常人的道德标准，从而维护外界对司法者品质的信任。但是，由于冤假错案时有发生、法官行为与公务员行为混同、法官准入较低的职业伦理门槛、司法腐败所导致的司法公信力不足、严格追究违法办案者司法责任的历史传统等原因，错案追究成为中国目前惩戒法官的主要手段之一。

错案追究把法官牢牢地绑在了自己的判断结果得失之上。没有人愿意被追究责任，法官亦是。对于普通人而言，当判断引起的后果责任较大，避免责任的最好方法就是不下判断，也不以该判断去行动。但是，法官却不得拒绝判断。他必须要行动，要对有罪与否给一个说法。此时，避免有罪判断错误的最好方法，就是坚守"客观真实"标准，以做到"万无一失"。但是，法官无论如何判断，他也只能确保自己的信念具备充分的理由，而不可能做到绝对符合真相。在所谓真伪不明的案件中，客观上已无查明真相的可能性。于是，他们就只能寻求错案评价者的事先评估，让凡是能够具备错案界定权的主体预先审查案件，以免除后顾之忧。通过把错案评价者纳入判决的决策程序，一方面，法官分解了自己的判断责任；另一方面，也为错案评价者事后问责，设置了难以逾越的自我追责难题。

但是，面对社会上时而披露的负面影响较大的冤案，社会公众和制度设计者非但不去反思错判有罪的核心原因就是法官承担了太大的审判责任（判决无罪可能导致的风险），反而要求继续加大对裁判者的责任追究，构建所谓"错案责任终身追究制"，让法官以一辈子的时间保证自己裁判的正确性。这是对裁判者审判责任的"过度威慑"。所谓过度威慑就是从事特定行为所承担的责任超出了可以承受的水平。"过度威慑"的负面效果就是会导致"寒蝉效应"，即行为者为了降低责任风险，尽可能会选择不作为。对于法官来说，当然就是主动地放弃独立判断的权力，或者利用一切办法分散行动的风险与责任。

为了"确保法官依法独立公正履行审判职责"，2015 年 9 月，最高人民法院发布了《关于完善人民法院司法责任制的若干意见》（以下简称《司法责任制意见》）。该意见为了"让审理者裁判"和"让裁判者负责"，对独任法官、合议庭以及审委会的审判责任进行了明确规定，以期遏制转移以及分散裁判风险的可能性。总而言之，对错误判决结果持支持意见的法官，均在追责之列。与此同时，为了解决自我追责难以实际问责的难题，《司法责任制意见》还设立了法官惩戒委员会，赋予其惩戒失职法官的权力。但是，《司法责任制意见》并没有放弃严格追究"错案"责任的目标。根据《司法责任制意见》第 26 条第 7 项规定，故意违背法定程序、证据规则和法律明确规定违法审判的，或者因重大过失导致裁判结果错误并造成严重后果的，就必须承担违法审判责任。从《司法责任制意见》的整体内容来看，该项追责规定适用于事后确认违法审判的一切情形，只不过在依照再审程序改判的条件下，法官可以援引《司法责任制意见》第 28 条所规定的八种情形之一作为免责事由。[1]

依照现有的追责规定，一旦二审确认一审裁判存在违法审判事由的，无论是违反程序法、证据法还是实体法，一审法院基本上没有免责的余地存在。因为一方面免责事由只适用于“按照审判监督程序提起再审后被改判的”，另一方面推定法官知法是现代法治的基本前提，一旦法官存在违反法律的审判行为，就可以直接推论他属于“明知故犯”，即存在“故意”的主观心态，法官以不知晓法律如此规定为由显然是无法令人信服的。在法律规定越来越细的今天，法官稍不留心，就可能成为自己案件的“被告人”，这将会导致极其荒谬的结果。例如，假设一审法官在决定开庭审判后，将人民检察院的起诉书副本在开庭 7 日以前送达被告人及其辩护人。被告人在法庭审理环节也没有对迟延送达起诉书副本表示过任何异议。但是，在上诉二审法院之后，被告人和辩护人指出，一审法院审判程序违法，依照《刑事诉讼法》第 187 条的规定，人民法院决定开庭审判后，应当将人民检察院的起诉书副本至迟在开庭 10 日以前送达被告人及其辩护人。试问在这种情况下，一审法官是否要承担违法审判责任？法官能够以自己不知晓《刑事诉讼法》第 187 条的规定为由为自己的“违法审判”行为辩护吗？如果无法以此为由进行辩护，则法官必须要承担“违法审判责任”。且不说这种违法审判行为对实体结果可能并无任何影响，而且被告人和辩护人没有在一审中指摘违法，自愿接受违反法定程序的审判，是否也应当要承担一定的懈怠履行权利的责任呢？但是，这均不在免责的事由当中。假如法官迟延了 3 日送达起诉书副本，就必须要承担“停职、延期晋升、退出法官员额或者免职、责令辞职、辞退等”责任，[2] 哪一个法官还敢进行审判？

错案追究制建立的前提就是法官不能犯错论，犯错就可能要根据情况承担责任。但是，这个前提是存在疑问的。一方面，任何一个法官，无论他多么谨慎、细心，都不可能做到不犯错；另一方面，对于裁判错误，无论是法律适用错误，还是事实认定错误，均是立法容忍的错误，否则就无须建立上诉审制度和再审制度。错案追究制度有可能把按照正常程序纠正错误裁判的行为转变为一种针对法官的审判行为，这是对司法审判纠错和救济程序的严重误解和本末倒置。因为后

---

〔1〕《司法责任制意见》第 28 条规定：“因下列情形之一，导致案件按照审判监督程序提起再审后被改判的，不得作为错案进行责任追究：（1）对法律、法规、规章、司法解释具体条文的理解和认识不一致，在专业认知范围内能够予以合理说明的；（2）对案件基本事实的判断存在争议或者疑问，根据证据规则能够予以合理说明的；（3）当事人放弃或者部分放弃权利主张的；（4）因当事人过错或者客观原因致使案件事实认定发生变化的；（5）因出现新证据而改变裁判的；（6）法律修订或者政策调整的；（7）裁判所依据的其他法律文书被撤销或者变更的；（8）其他依法履行审判职责不应当承担责任的情形。”

〔2〕参见《司法责任制意见》第 37 条。

者的设立恰恰以承认裁判可能犯错为基础。

我们并不全然反对对审判者的责任追究，而是怀疑直接将审判者绑架在自己的案件上的责任追究制度的公正性。因为这种风险连带的模式，让法官成为自己案件的当事人。无论法官为了躲避风险，将天平倒向任何一方，都将严重损害裁判的公平和公正，因为任何人都不宜做自己案件的法官。因此，我们建议应当将审判责任严格限定在违反法官职业伦理的惩戒上，尤其是加大对索贿受贿、徇私舞弊和枉法裁判的惩罚力度。对于没有违反法官职业伦理的审判行为，不受责任追究。只有这样，才能让法官真正从自己案件的当事人真正转变为公正的裁判者。

（撰稿人：李昌盛）

第十章 侦查讯问程序

目　次

侦查讯问是每一起公诉案件的必经程序。通过讯问，能够收集到犯罪嫌疑人供述和辩解以及进一步侦查取证的线索。这些供述和辩解以及线索对于侦查破案乃至最终定案处理都具有重要作用。为了改变新中国成立以后很长一段时间侦查办案“无法可依”的局面，规范侦查讯问，实现从依据政策办案向依据法律办案的转变，新中国成立后的第一部《刑事诉讼法》即对侦查讯问的程序作出了规定。此后历次修法又不断加以完善，因而侦查讯问程序在保障依法规范取证和口供真实性的同时，正当化程度也不断提高。侦查实践中采取了多种积极有效的措施，努力从源头上预防刑讯逼供等非法讯问情形的发生，侦查讯问的程序规则不断得到充实和发展。这些发展是我国刑事程序法制发展的一个缩影，值得认真梳理和反思。

一、侦查讯问程序的立法发展

我国《刑事诉讼法》对侦查讯问的规范主要表现在三个方面：一是禁止使用非法方法进行讯问，主要是对酷刑、不人道或者有辱人格的讯问方法予以禁止，以体现人道精神并保障口供的真实可靠性；二是设定讯问的程序规则，如讯问主体、讯问地点、时间、具体步骤以及环境条件等；三是明确救济方式，主要是对使用非法讯问方法以及违反法定程序讯问所取得的口供否定其证据能力，并且规定了非法证据排除的具体程序。但是这些内容并非自 1979 年《刑事诉讼法》起就作出了全面规定，而是经历了一个逐步发展完善的过程，每一次立法修改都有不同程度的进步。

（一）1979 年《刑事诉讼法》规定的侦查讯问程序框架

1979 年《刑事诉讼法》在“侦查”一章就讯问、询问、勘验检查、搜查、扣押、鉴定、通缉等主要侦查措施作出了原则性规定，其中“讯问被告人”被列为第一节，可见立法机关对侦查讯问的重视。根据该法的规定，侦查讯问应当遵守以下规则。

1. 讯问主体

1979 年《刑事诉讼法》第 62 条规定：“讯问被告人必须由人民检察院或者公安机关的侦查人员负责进行。讯问的时候，侦查人员不得少于二人。”据此，侦查讯问是侦查机关的一项权力，只能由侦查人员进行，从事其他职务的在编民警以及辅助侦查人员办案的辅警、到侦查机关实习的公安院校实习生等其他人员不具有讯问资格。[1]

---

〔1〕 孟凡骞：“侦查讯问程序违法的法律规制”，载《甘肃政法学院学报》2019 年第 5 期，第 101 页。

2. 讯问地点和时间

1979年《刑事诉讼法》第63条规定："对于不需要逮捕、拘留的被告人，可以传唤到指定的地点或者到他的住处、所在单位进行讯问，但是应当出示人民检察院或者公安机关的证明文件。"但是，对已经被拘留、逮捕的犯罪嫌疑人在何处讯问，当时没有规定。但为了防止错误拘捕，保护公民的人身自由不受非法侵犯，该法第44条和第51条规定，公安司法机关对被拘留、逮捕的人，应当在24小时以内进行讯问，发现不应当拘留、逮捕的时候，应当立即释放，发给释放证明。

3. 讯问步骤

1979年《刑事诉讼法》第64条规定："侦查人员在讯问被告人的时候，应当首先讯问被告人是否有犯罪行为，让他陈述有罪的情节或者无罪的辩解，然后向他提出问题。被告人对侦查人员的提问，应当如实回答。但是对与本案无关的问题，有拒绝回答的权利。"这一规定包括了三层含义：一是侦查人员应当客观公正地进行讯问，不能推定犯罪嫌疑人就是有罪的，不能先入为主地要求犯罪嫌疑人"交代"犯罪事实；二是犯罪嫌疑人有如实回答提问的义务，如果对与案件有关的问题拒绝回答的，侦查人员有权以"坦白从宽、抗拒从严"的政策进行教育，促使其如实回答，实质上就是要求犯罪嫌疑人"如实供述"；三是对于与案件无关的问题，犯罪嫌疑人有权拒绝回答。

4. 讯问方法

为了贯彻"以事实为根据，以法律为准绳"的原则，保证客观全面地收集证据，1979年《刑事诉讼法》基于"文化大革命"期间"逼供信"的历史教训，在第32条规定："审判人员、检察人员、侦查人员必须依照法定程序，收集能够证实被告人有罪或者无罪、犯罪情节轻重的各种证据。严禁刑讯逼供和以威胁、引诱、欺骗以及其他非法的方法收集证据。"

5. 讯问特殊对象的保护程序

根据1979年《刑事诉讼法》第6条、第10条和第65条的规定，侦查机关对于不通晓当地通用的语言文字的犯罪嫌疑人，应当为他们翻译；在少数民族聚居或者多民族杂居的地区，应当用当地通用的语言进行审讯；对于不满18岁的未成年人犯罪的案件，在讯问时"可以通知被告人的法定代理人到场"；在讯问聋、哑的犯罪嫌疑人时，应当有通晓聋、哑手势的人参加，并且将这种情况记明笔录。这些规定的主要意图一方面是为了保护这些特殊讯问对象的合法权益，另一方面也是为了保障讯问结果的真实性和准确性。

6. 讯问笔录的制作和核对

根据1979年《刑事诉讼法》第66条和1987年《公安部规定》第56条的规定，侦查人员讯问犯罪嫌疑人时，应当对讯问过程和讯问内容"不失原意地记录清楚”；讯问笔录应当交犯罪嫌疑人核对，对于没有阅读能力的，应当向他宣读；如果记载有遗漏或者差错，犯罪嫌疑人可以提出补充或者改正；犯罪嫌疑人承认笔录没有错误后，应当签名或者盖章，侦查人员也应当在笔录上签名；犯罪嫌疑人请求自行书写供述的，应当准许；必要的时候，侦查人员也可以要犯罪嫌疑人亲笔书写供词。

不难发现，1979年《刑事诉讼法》所规定的侦查讯问程序，是一个封闭的强制程序，充分体现了侦查讯问的权力属性。其中关于犯罪嫌疑人对侦查人员的提问“应当如实回答”的规定，对犯罪嫌疑人施加了供述义务，表明我国侦查破案对口供的严重依赖。在当时几乎每一个犯罪嫌疑人都被拘留、逮捕或者收容审查的情况下，立法对讯问地点、讯问的持续时间未作任何限制，也为侦查机关非法讯问提供了极大的便利。虽然立法明确禁止刑讯逼供、欺骗、威胁、引诱等非法讯问方法，但并没有确立非法证据排除规则，而只是规定：“诉讼参与人对于审判人员、检察人员和侦查人员侵犯公民诉讼权利和人身侮辱的行为，有权提出控告。”〔1〕就侦查讯问而言，如果侦查人员在讯问过程中对犯罪嫌疑人实施刑讯逼供或者非法行为，通常只能向实施违法讯问机关的上级侦查机关或者承担侦查监督职能的检察机关提出，上级侦查机关和检察机关由于与实施违法讯问的侦查机关同属一个“利益共同体”，它们对有关控告的查处往往态度不积极甚至完全不予理会。〔2〕因此，该救济机制也基本上不能发挥作用。综上，1979年《刑事诉讼法》关于侦查讯问的规范只是初步的，有关规则相当粗疏，对侦查讯问权力几乎没有任何约束作用。

（二）1996年《刑事诉讼法》对侦查讯问程序的完善

1996年立法机关对《刑事诉讼法》进行了一次大修，主要内容包括取消收容审查、完善强制措施、扩充辩护权、改革庭审方式、废除免予起诉制度、增设简易程序等。总体来说，这次修改引进了控辩对抗的诉讼观念，加强了对追诉权力的限制。在侦查讯问程序方面，该法也从人权保障的角度进行了修改完善，主要表现在三个方面。

1. 限制侦查讯问的地点

1996年《刑事诉讼法》第92条规定：“对于不需要逮捕、拘留的犯罪嫌疑人，可以传唤到犯罪嫌疑人所在市、县内的指定地点或者到他的住处进行讯问，但是应当出示人民检察院或者公安机关的证明文件。”与1979年《刑事诉讼法》第63条相比，该条增加了“犯罪嫌疑人所在市、县内的”几个字，因此，讯问犯罪嫌疑人的“指定地点”不再漫无边际，而只能在他生活、工作的市和县之

〔1〕 参见1979年《刑事诉讼法》第10条。

〔2〕 孙长永：“论侦讯程序的立法改革和完善”，载《江海学刊》2006年第3期，第115页。

内指定，指定地点的范围被大大压缩。对于在押的犯罪嫌疑人的讯问地点，立法没有明确规定，但1998年《公安部规定》第176条对此进行了限定，该条要求："提讯在押的犯罪嫌疑人，应当填写《提讯证》，在看守所或者公安机关的工作场所进行讯问。"1999年《最高检规则》第139条要求："提讯在押的犯罪嫌疑人，应当填写提押证，在看守所进行讯问。因侦查工作需要，需要提押犯罪嫌疑人出所辨认罪犯、罪证或者追缴犯罪有关财物的，可以提押犯罪嫌疑人到人民检察院接受讯问。"公安部规章和最高人民检察院司法解释关于讯问在押犯罪嫌疑人地点的规定，在一定程度上弥补了立法的不足。

2. 限制传唤、拘传的持续时间

依照1996年《刑事诉讼法》第92条第2款的规定，传唤、拘传持续的时间最长不得超过12小时，不得以连续传唤、拘传的形式变相拘禁犯罪嫌疑人。这是我国立法第一次对传唤和拘传的时间作出限制性规定，其立法依据在于："原刑事诉讼法没有规定传唤、拘传的时间，实践中往往传唤、拘传的时间过长，并且以传唤、拘传形式变相拘禁犯罪嫌疑人的现象时有发生，损害了犯罪嫌疑人的合法权利。"〔1〕为了落实立法关于传唤、拘传时间不得超过12小时的规定，1998年《公安部规定》第61条规定："犯罪嫌疑人到案后，应当责令其在《拘传证》上填写到案时间。讯问结束后，应当由其在《拘传证》上填写讯问结束时间。犯罪嫌疑人拒绝填写的，侦查人员应当在《拘传证》上注明。"第175条规定："需要对被传唤人采取强制措施的，应当在传唤期间内作出批准或者不批准的决定；对于不批准的，应当立即结束传唤。"

3. 赋予犯罪嫌疑人在侦查阶段聘请律师提供法律帮助的权利

1996年《刑事诉讼法》第96条规定："犯罪嫌疑人在被侦查机关第一次讯问后或者采取强制措施之日起，可以聘请律师为其提供法律咨询、代理申诉、控告。犯罪嫌疑人被逮捕的，聘请的律师可以为其申请取保候审。涉及国家秘密的案件，犯罪嫌疑人聘请律师，应当经侦查机关批准。受委托的律师有权向侦查机关了解犯罪嫌疑人涉嫌的罪名，可以会见在押的犯罪嫌疑人，向犯罪嫌疑人了解有关案件情况。律师会见在押的犯罪嫌疑人，侦查机关根据案件情况和需要可以派员在场。涉及国家秘密的案件，律师会见在押的犯罪嫌疑人，应当经侦查机关批准。"这一规定通过允许律师介入侦查程序而打破了侦查程序的封闭性，"有利于在刑事诉讼中充分发挥律师的作用，进一步保障公民在诉讼中的合法权利"。〔2〕虽然出于对侦查需要的考虑，立法严格限制了侦查阶段律师的权利，并且对涉及国家秘密案件中犯罪嫌疑人聘请律师以及与律师会见的权利进行了更多的限制，

---

〔1〕 胡康生、李福成主编：《〈中华人民共和国刑事诉讼法〉释义》，法律出版社1996年版，第106页。

〔2〕 胡康生、李福成主编：《〈中华人民共和国刑事诉讼法〉释义》，法律出版社1996年版，第110页。

但由于律师可以了解案情、会见在押犯罪嫌疑人、申请取保候审，犯罪嫌疑人如果在接受侦查讯问时遭受殴打、侮辱或其他非法待遇，他可以向律师反映，通过律师进行申诉、控告，从而可以达到遏制刑讯逼供等非法讯问、保障犯罪嫌疑人权利这一目的。根据法律规定的精神，1998 年《公安部规定》第 36 条要求，公安机关在对犯罪嫌疑人依法进行第一次讯问后或者采取强制措施之日起，应当告知犯罪嫌疑人有权聘请律师为其提供法律咨询、代理申诉、控告，并记录在案。1998 年《六机关规定》第 11 条进一步明确规定："律师提出会见犯罪嫌疑人的，应当在四十八小时内安排会见，对于组织、领导、参加黑社会性质组织罪、组织、领导、参加恐怖活动组织罪或者走私犯罪、毒品犯罪、贪污贿赂犯罪等重大复杂的两人以上的共同犯罪案件，律师提出会见犯罪嫌疑人的，应当在五日内安排会见。"据此，被拘留、逮捕的犯罪嫌疑人一般自侦查机关"第一次讯问后或者采取强制措施之日起"即知道可以聘请律师提供法律帮助，在聘请律师以后 48 小时以内就可以见到律师，这对于侦查讯问权力来说是一种强有力的制约。因此，律师介入侦查程序，在一定意义上也是对侦查讯问封闭性的突破。

此外，1998 年《公安部规定》对侦查讯问的程序增加了三项规定。第一，讯问同案犯罪嫌疑人，应当个别进行。第二，讯问未成年的犯罪嫌疑人，应当针对未成年人的身心特点，采取不同于成年人的方式；除有碍侦查或者无法通知的情形外，应当通知其家长、监护人或者教师到场；讯问可以在公安机关进行，也可以到未成年人的住所、单位、学校或者其他适当的地点进行。第三，讯问犯罪嫌疑人，在文字记录的同时，可以根据需要录音、录像。同时，1999 年《最高检规则》[1]和 1998 年《最高法解释》第 61 条[2]均补充了关于排除非法证据的规定。

总体上来看，1996 年《刑事诉讼法》注入了人权保障要素，讯问程序已不再完全封闭，律师介入侦查程序的基本格局已经确定，被羁押犯罪嫌疑人的讯问地点已定格于看守所和公安、检察机关的工作场所，未被羁押的讯问地点也被限制在"所在市、县内的指定地点"，且讯问时间不超过 12 小时。最高人民法院、最高人民检察院司法解释中也彰显出规范讯问程序、通过排除规则遏制刑讯逼供的立场。但是，1996 年《刑事诉讼法》以及配套的司法解释和部门规章关于侦

〔1〕 1999 年《最高检规则》第 265 条规定："严禁以非法的方法收集证据。以刑讯逼供或者威胁、引诱、欺骗等非法的方法收集的犯罪嫌疑人供述、被害人陈述、证人证言，不能作为指控犯罪的根据。人民检察院审查起诉部门在审查中发现侦查人员以非法方法收集犯罪嫌疑人供述、被害人陈述、证人证言的，应当提出纠正意见，同时应当要求侦查机关另行指派侦查人员重新调查取证，必要时人民检察院也可以自行调查取证。侦查机关未另行指派侦查人员重新调查取证的，可以依法退回侦查机关补充侦查。"

〔2〕 1998 年《最高法解释》第 61 条规定："严禁以非法的方法收集证据。凡经查证确实属于采用刑讯逼供或者威胁、引诱、欺骗等非法的方法取得的证人证言、被害人陈述、被告人供述，不能作为定案的根据。"

查讯问的规定并未得到认真落实，司法实践中出现大量的看守所非正常死亡事件和由于刑讯逼供造成的冤假错案，引发了社会的强烈关注。有鉴于此，学界对侦查讯问程序的改革进行了重点研究，并进行了局部的试验。〔1〕这些研究成果对于侦查讯问程序的修改完善起到了积极推动作用。

（三）2012年《刑事诉讼法》对侦查讯问程序的改革

2012年《刑事诉讼法》对侦查讯问程序的修改，既有扩权性的，也有限权性的。〔2〕扩权性修改主要是2012年《刑事诉讼法》第117条第2款对“案情特别重大、复杂，需要采取拘留、逮捕措施的”犯罪嫌疑人，拘传、传唤的最长时间从原来的12小时延长到24小时。而限权则是这次侦查讯问程序修改的主旋律，主要体现在以下几个方面。

1. 对讯问在押犯罪嫌疑人的地点进行限定

1979年《刑事诉讼法》和1996年《刑事诉讼法》均未规定对在押犯罪嫌疑人的讯问地点，有的侦查人员利用这一疏漏，将犯罪嫌疑人的提讯安排在看守所以外的场所，以方便对犯罪嫌疑人实施刑讯逼供。〔3〕为了有效遏制此类情况的发生，2012年《刑事诉讼法》第116条第2款规定：“犯罪嫌疑人被送交看守所羁押以后，侦查人员对其进行讯问，应当在看守所内进行。”

2. 对传唤、拘传期间犯罪嫌疑人的处遇加以规定

为了在准确有力地惩治各类犯罪与保障公民的合法权益之间保持平衡，〔4〕2012年《刑事诉讼法》第117条在授权对“案情特别重大、复杂，需要采取拘留、逮捕措施的”，传唤、拘传的时间不得超过24小时，并且继续禁止“以连续传唤、拘传的形式变相拘禁犯罪嫌疑人”。同时，进一步要求：“传唤、拘传犯罪嫌疑人，应当保证犯罪嫌疑人的饮食和必要的休息时间。”据此，传唤、拘传的持续时间不论是12小时，还是24小时，侦查人员都不能全部用于讯问，而必须给接受讯问的犯罪嫌疑人留有饮食和必要的休息时间，从而避免不让犯罪嫌疑人吃饭、不让其上厕所等严重侵犯犯罪嫌疑人合法权益的情形发生。

---

〔1〕参见徐静村：《中国刑事诉讼法（第二修正案）学者拟制稿及立法理由》，法律出版社2005年版；陈卫东：《模范刑事诉讼法典》，中国人民大学出版社2005年版；刘梅湘：《刑事侦查程序理论与改革研究》，中国法制出版社2006年版；樊崇义、顾永忠主编：《侦查讯问程序改革实证研究》，中国人民公安大学出版社2007年版；孙长永主编：《侦查程序与人权保障——中国侦查程序的改革和完善》，中国法制出版社2009年版，等等。

〔2〕陈卫东：“刑事诉讼法再修改后刑事警察权与公民权的平衡”，载《法学家》2012年第3期，第74-75页。

〔3〕参见顾永忠：“我国侦查程序中犯罪嫌疑人权利保障之检讨与改造”，载《中国刑事法杂志》2003年第2期。

〔4〕参见王尚新、李寿伟主编：《〈关于修改刑事诉讼法的决定〉释解与适用》，人民法院出版社2012年版，第130页。

3. 增设侦查讯问时的录音录像制度

为了从制度上防止刑讯逼供行为的发生，2012 年《刑事诉讼法》第 121 条规定："侦查人员在讯问犯罪嫌疑人的时候，可以对讯问过程进行录音或者录像；对于可能判处无期徒刑、死刑的案件或者其他重大犯罪案件，应当对讯问过程进行录音或者录像。录音或者录像应当全程进行，保持完整性。"这是一个重大的制度性改革，对于我国侦查讯问制度乃至证据制度的发展将产生深远的影响。

4. 充实了侦查人员的权利告知义务

2011 年 2 月 25 日第十一届全国人大常委会第十九次会议通过的《刑法修改案（八）》在《刑法》第 67 条增加规定："犯罪嫌疑人虽不具有前两款规定的自首情节，但是如实供述自己罪行的，可以从轻处罚；因其如实供述自己罪行，避免特别严重后果发生的，可以减轻处罚。"这一规定正式将实行多年的"坦白从宽"刑事政策法律化，使得"坦白"成为一个法定的从轻、减轻处罚情节。为了与此规定相配套，使犯罪嫌疑人更加清楚如实回答将会依法得到从宽处理的后果，2012 年《刑事诉讼法》第 118 条增补了第 2 款的规定："侦查人员在讯问犯罪嫌疑人的时候，应当告知犯罪嫌疑人如实供述自己罪行可以从宽处理的法律规定。"从而进一步鼓励犯罪嫌疑人自主选择如实供述、如实回答侦查人员的提问。

5. 增设合适成年人在场制度

根据 1979 年和 1996 年《刑事诉讼法》的规定，对于不满 18 岁的未成年人犯罪案件，在讯问和审判时，"可以"通知其法定代理人到场。为了进一步保护未成年人的合法权益，2012 年《刑事诉讼法》增设"特别程序"一编，并设专章规定了"未成年人刑事案件诉讼程序"。根据该法第 270 条的规定，对于未成年人刑事案件，在讯问和审判的时候，"应当"通知未成年犯罪嫌疑人、被告人的法定代理人到场；无法通知、法定代理人不能到场或者法定代理人是共犯的，也可以通知未成年犯罪嫌疑人、被告人的其他成年亲属，所在学校、单位、居住地基层组织或者未成年人保护组织的代表等其他合适成年人到场，并将有关情况记录在案。到场的法定代理人可以代为行使未成年犯罪嫌疑人、被告人的诉讼权利。到场的法定代理人或者其他人员认为办案人员在讯问、审判中侵犯未成年人合法权益的，可以提出意见。讯问笔录、法庭笔录应当交给到场的法定代理人或者其他人员阅读或者向他宣读。讯问女性未成年犯罪嫌疑人，应当有女工作人员在场。审判未成年人刑事案件，未成年被告人最后陈述后，其法定代理人可以进行补充陈述。

6. 完善对违法讯问的诉讼内救济制度

2012 年《刑事诉讼法》吸纳了 2010 年"两个证据规定"的部分内容，从立法层面正式确立了非法证据排除制度，要求对采用刑讯逼供等非法方法收集的犯罪嫌疑人、被告人供述应当予以排除。根据该法第56条至第58条的规定，犯罪嫌疑人、被告人及其辩护人有权申请排除非法证据；在证据合法性调查程序中，检察机关对证据收集的合法性承担证明责任，侦查人员有按照检察机关的要求或者法院的通知出庭说明情况的义务；法院经过审理以后，如果确认或者不能排除存在法定的以非法方法收集证据情形的，对有关证据应当予以排除。

如果把2012年《刑事诉讼法》关于侦查讯问程序的规定，与关于拘留犯罪嫌疑人后应当立即送看守所羁押、犯罪嫌疑人自第一次讯问或者被采取强制措施之日起可以聘请律师担任辩护人、犯罪嫌疑人及其律师对司法人员侵犯诉讼权利和人身侮辱的行为有权提出控告等规定结合起来，就会发现，该法已经初步建立了一套刑讯逼供等非法讯问的预防和救济程序体系。

随后的司法解释和规范性司法文件对讯问程序作出了更为严格的规定，进一步健全了刑讯逼供等非法讯问的预防和救济机制，主要表现在三个方面。首先，对所外提讯行为进行限制。2012年《最高检规则》第196条第2款规定，对于被羁押在看守所的犯罪嫌疑人，不得以讯问为目的将犯罪嫌疑人提押出所进行讯问，只有当存在出所辨认或者追缴犯罪财物的需要，才可以提押犯罪嫌疑人出所。其次，完善程序制裁机制，扩大排除证据的范围。2012年《最高法解释》第81条吸纳了此前《关于办理刑事案件排除非法证据若干问题的规定》的相关内容，明确规定："被告人供述具有下列情形之一的，不得作为定案的根据：（一）讯问笔录没有经被告人核对确认的；（二）讯问聋、哑人，应当提供通晓聋、哑手势的人员而未提供的；（三）讯问不通晓当地通用语言、文字的被告人，应当提供翻译人员而未提供的。"讯问笔录欠缺被讯问人签名、讯问时没有翻译人员的，所获口供一律不能作为定案的根据。2013年最高人民法院颁布的《最高人民法院关于建立健全防范刑事冤假错案工作机制的意见》（以下简称《最高法防冤意见》）第8条进一步将采用刑讯逼供或者冻、饿、晒、烤、疲劳审讯等非法方法收集的被告人供述，以及除情况紧急必须现场讯问以外，在规定的办案场所外讯问取得的供述和未依法对讯问进行全程录音录像取得的供述，纳入了排除范围。最后，建立重大案件的侦查讯问合法性核查制度，强化检察机关对侦查活动是否合法的监督。2016年最高人民法院、最高人民检察院、公安部、国家安全部、司法部联合发布《关于推进以审判为中心的刑事诉讼制度改革的意见》，明确要求"逐步实行对所有案件的讯问过程全程同步录音录像"，并提出要"探索建立重大案件侦查终结前对讯问合法性进行核查制度"，即对重大案件，由驻所检察人员询问犯罪嫌疑人，核查是否存在刑讯逼供、非法取证情形。经核查，确有刑讯逼供、非法取证情形的，侦查机关应当及时排除非法证据，不得作为提请批准逮捕、移送审查起诉的根据。

由此可见，2012年《刑事诉讼法》对讯问程序的修改，在犯罪控制与人权保障的权衡中，向人权保障方面作了更多的倾斜。特别是录音录像制度的正式确立有利于弥补律师介入不足的情况，为外部机构或者人员对讯问过程进行同步或者事后观察和监督提供了可能；对讯问地点和时间的限制则进一步净化了可能滋生刑讯逼供的土壤；非法证据排除规则的正式入法则有助于从源头上防范刑讯逼供等非法讯问行为的发生。

（四）2018年《刑事诉讼法》对侦查讯问程序的完善

2018年10月全国人大常委会对《刑事诉讼法》的修改，主要围绕三个方面进行：一是完善与《监察法》的衔接机制，调整检察机关的职权；二是适应反腐败国际追逃追赃的需要，建立缺席审判制度；三是完善刑事诉讼中的认罪认罚从宽制度。在侦查讯问程序方面，2018年《刑事诉讼法》基本上维持了2012年《刑事诉讼法》的规定，只是在侦查讯问的权利告知程序中增加了一项告知内容，即侦查人员在讯问犯罪嫌疑人的时候，除了“应当告知犯罪嫌疑人享有的诉讼权利，如实供述自己罪行可以从宽处理的法律规定”以外，还应告知其“认罪认罚的法律规定”。这一规定强化了侦查机关讯问犯罪嫌疑人时的告知义务，其立法目的包括三个方面：一是通过告知诉讼权利和相关法律规定，让有罪的犯罪嫌疑人放弃抵赖和侥幸心理，通过认罪认罚争取从宽处理，以提高侦查效率；二是让犯罪嫌疑人充分了解认罪认罚的法律规定，以便其自主选择是否认罪认罚，以维护其合法权益；三是为案件下一步适用认罪认罚从宽制度和速裁程序奠定基础。[1]根据2018年《刑事诉讼法》第162条第2款的规定，侦查机关在履行上述告知义务以后，如果犯罪嫌疑人自愿认罪的，侦查人员应当记录在案，随案移送，并在起诉意见书中写明有关情况。

回顾四十年来侦查讯问程序的发展历程，可以发现，我国侦查讯问程序法制化、规范化程度不断提高，侦查讯问结果的记录方式以及犯罪嫌疑人在侦查讯问过程中的权利保障机制不断完善。但是，相关制度在实践中有没有得到完全的落实，实施效果究竟如何，需要通过对实践情况的深入调研之后才能确定。本章以下将分三个部分，对侦查讯问录音录像、刑讯逼供等非法讯问方法的治理以及侦查讯问其他程序规则的实施三个问题分别加以探讨，最后对侦查讯问程序存在的主要问题加以梳理，并提出初步的完善建议。

二、侦查讯问录音录像制度的探索和实施情况

对侦查讯问过程实行全程同步录音录像制度，是我国最近二十多年来侦查讯问程序法制发展的一个重要成果。这一制度的形成与发展，以2012年《刑事诉

〔1〕 参见王爱立主编：《中华人民共和国刑事诉讼法修改条文解读》，中国法制出版社2018年版，第63-64页。

讼法》为分界点，可以分为两个阶段：2012 年以前是以检察机关为主导的实践探索阶段，在 2012 年修改《刑事诉讼法》正式确立录音录像制度以后进入第二阶段，即制度的实施和完善阶段。

（一）2012 年以前讯问录音录像的实践探索

我国对讯问过程进行录音录像，最初始于侦查机关的实践探索。早在 1987 年《公安部规定》第 57 条即规定："讯问重大案件的被告人，在文字记录的同时，可以录音记录。" 1997 年，浙江省人民检察院就在着手探索讯问录音录像问题，后逐步完善，并取得了较好的效果。[1] 1998 年，《公安部规定》第 184 条规定："讯问犯罪嫌疑人，在文字记录的同时，可以根据需要录音、录像。" 1999 年公布的《最高检规则》第 144 条也规定："讯问犯罪嫌疑人，可以同时采用录音、录像的记录方式。" 这些规定的最初目的主要在于固定犯罪嫌疑人的有罪供述，防止其随后翻供，因而在是否录音、录像问题上赋予了侦查机关灵活决定的权力。但是，由于刑讯逼供的问题在司法实践中较为突出，录音录像在预防刑讯逼供方面的作用在一些地方受到了重视。例如，2002 年，河北省廊坊市为了遏制刑讯逼供，在各看守所安装了上千个摄像头，监控系统与检察院联网，民警提审在押人员时，检察人员可以实时监控。民警如有刑讯逼供等违法行为，检察人员将会及时发现。[2] 这可能是公安机关对讯问录音录像最早的实践探索。2003 年 10 月，浙江省公安机关在所有留置、审查场所安装全程录像监控系统，并于同年 12 月正式启用，以确保被留置人员的合法权益不受侵犯。[3] 2005 年 4 月至 11 月，中国政法大学诉讼法研究中心与北京市公安局海淀分局、甘肃省白银市公安局白银分局、河南省焦作市公安局解放分局等多地公安机关联手开展三项制度试验（讯问时律师在场、录音、录像），试验结果表明，"三项制度" 可以将侦查讯问活动置于现场监督或者事后监督之下，从制度层面遏制刑讯逼供，使侦查讯问活动合法、文明地进行；可以促进侦查人员讯问方式、思维方式的转变，提高侦查讯问水平，逐步消除口供中心主义的影响；可以证明讯问活动的合法性，固定犯罪嫌疑人的供述，避免翻供。[4]

基于实践需要，2005 年 3 月 16 日，四川省高级人民法院、四川省人民检察院、四川省公安厅联合发布《关于规范刑事证据工作的若干意见（试行）》，自

---

〔1〕 朱孝清："侦查讯问时律师在场之我见"，载《人民检察》2006 年第 10 期，第 15 页。

〔2〕 "廊坊看守所装进 1000 个探头 刑讯逼供将被监控"，载 http://news.sina.com.cn/c/2002-10-18/1344772675.html? from=wap，最后访问日期：2020 年 2 月 16 日。

〔3〕 参见中国新闻网报道："浙江省将对公安机关留置场所实行全程录像监控"，载 http://news.sina.com.cn/c/2003-10-22/1103967224s.shtml，最后访问日期：2020 年 4 月 12 日。

〔4〕 樊崇义、顾永忠主编：《侦查讯问程序改革实证研究》，中国人民公安大学出版社 2007 年版，第 437 页。

同年5月1日起施行。这是我国首个由省级公检法机关联合发布的关于刑事证据问题的规范性文件。该意见第26条明确要求："公安机关、人民检察院在讯问重大案件的犯罪嫌疑人时，应使用录音、录像固定取证全过程。"2005年12月2日，湖北省高级人民法院、湖北省人民检察院、湖北省公安厅、湖北省国家安全厅、湖北省司法厅联合颁布了《关于刑事证据若干问题的规定（试行）》（以下简称《湖北证据规定（试行）》），从2006年1月1日起施行。该规定吸取佘祥林冤案的教训，并借鉴四川省《关于规范刑事证据工作的若干意见（试行）》的经验，在其中第15条明确规定："对于可能判处犯罪嫌疑人无期徒刑以上刑罚的案件以及其他有重大社会影响的案件，从第一次讯问时起对每一次讯问犯罪嫌疑人的过程应当进行连续的录音录像。录音录像应当同时制作两份，一份由侦查机关依法随案移送，一份由讯问人员、犯罪嫌疑人签名密封后，由侦查机关保存备查。办理涉及国家安全案件所制作的录音录像不随案移送，按有关规定办理。在正式开始讯问之前，侦查人员在录音录像中应当对讯问的时间、地点、案由、侦查人员身份作出说明，并告知犯罪嫌疑人诉讼权利。"与此同时，一些地方的公安部门，特别是在经济较为发达的上海、浙江、广东、江苏和北京等省份，地方公安机关对命案犯罪嫌疑人的审讯实行了全程录音录像。2006年5月16日，公安部有关负责人在新闻发布会上指出，公安部要求各级公安机关严格依法办案，不但要保护受害人的合法权益，对犯罪嫌疑人的合法权益也要采取措施同等保护，实行命案审讯全程录音录像是公安机关今后的发展方向。〔1〕应当说，地方实务部门的探索为确立讯问录音录像制度奠定了实践基础。

2005年12月15日，最高人民检察院发布《讯问职务犯罪嫌疑人实行全程同步录音录像的规定（试行）》（以下简称《最高检录音录像规定（试行）》）。按照该规定的要求，检察机关办理直接受理侦查的职务犯罪案件，每次讯问犯罪嫌疑人时，应当对讯问全过程实施不间断的录音、录像；实行讯问人员与录制人员相分离的原则；讯问在押的犯罪嫌疑人原则上在看守所进行，讯问未羁押的犯罪嫌疑人在检察院讯问室进行；讯问开始时，侦查人员应当告知犯罪嫌疑人将对讯问进行全程录音录像。2006年1月在浙江宁波召开了全国检察机关讯问全程同步录音录像工作现场会，会议在总结经验的基础上，对未来的讯问录音录像工作进行了部署，决定全国检察机关的讯问全程同步录音录像工作将分"三步走"。一是从2006年3月1日开始，全国检察机关办理职务犯罪案件讯问犯罪嫌疑人必须实行全程同步录音，最高人民检察院、省级人民检察院、省会（首府）市人民检察院、东部地区分州市级人民检察院办理贿赂案件和其他职务犯罪要案，

〔1〕参见新华网报道："中国将推动命案审讯全程录音录像以防刑讯逼供"，载 http://news.sohu.com/20060516/n243259636.shtml，最后访问日期：2020年1月5日。

还必须实行讯问犯罪嫌疑人全程同步录像。二是从2006年底开始，中西部地区分州市级人民检察院和东部地区县区级人民检察院办理贿赂案件和其他职务犯罪要案，必须实行讯问犯罪嫌疑人全程同步录像。三是从2007年10月1日开始，全国检察机关办理职务犯罪案件讯问犯罪嫌疑人必须实行全程同步录像。提倡和鼓励有条件的地方尽早推行全程同步录像。〔1〕2006年12月，最高人民检察院又发布了《人民检察院讯问职务犯罪嫌疑人实行全程同步录音录像技术工作流程（试行）》和《人民检察院讯问职务犯罪嫌疑人实行全程同步录音录像系统建设规范（试行）》。可以说，检察机关在侦查讯问录音录像的规范化建设方面走在了公安机关的前面。

自2008年开始，公安机关全面加强执法主体、执法制度、执法场所以及执法管理和执法信息化建设。2010年，公安部出台《公安机关执法办案场所设置规范》（公通字〔2010〕56号），公安系统逐步建立起专门化、匿名的电子监控下的审讯场所，对审讯场所实施集中统一管理，对侦查人员的审讯行为进行全程监控，初步形成对拘留前审讯的立体化控制。这样，警察将违法犯罪嫌疑人带至公安机关后，一律进入办案区，并对讯问过程全程录音录像。据统计，截至2012年1月，全国40 662个派出所中，31 372个已完成规范化改造，完成改造比例达77.15%。〔2〕

不过，在2012年修改《刑事诉讼法》以前，侦查讯问实践中真正进行录音录像的案件范围较小，特别是公安机关缺乏统一的操作规则，规范化程度不高。加之录音录像本身需要一定的物质条件的支撑，一些地方公安机关对此不太积极。〔3〕即使是在大力推进侦查讯问录音录像的检察系统，对于违反规定未作录音录像，或者执行中弄虚作假，给案件的侦查、起诉、审判造成不良后果的情况，也缺乏明确的救济机制，只是要求“依照有关规定追究主要责任者和其他责任人员的责任”。〔4〕

（二）2012年以后录音录像制度的实施情况

2012年《刑事诉讼法》正式建立侦查讯问录音录像制度以后，公安部、最高人民检察院分别在各自执行《刑事诉讼法》的规章或司法解释中对立法的规定作了细化。例如，2012年《公安部规定》第203条进一步明确，“可能判处无

〔1〕 高忠聚：“规范侦查讯问行为 着力提升办案水平——全国检察机关推行讯问全程同步录音录像现场会述要”，载《人民检察》2006年第2期，第8页。

〔2〕 参见新华社2012年3月1日报道：“全国公安机关深入推进执法规范化建设取得显著成效”，载http://www.gov.cn/jrzg/2012-03/01/content_ 2080252.htm，最后访问日期：2020年4月12日。

〔3〕 参见陈奇敏：“讯问同步录音录像制度的现状、问题及完善”，载《上海公安高等专科学校学报》2009年第4期，第66页。

〔4〕 参见《最高检录音录像规定（试行）》第21条。

期徒刑、死刑的案件”是指应当适用的法定刑或者量刑档次包含无期徒刑、死刑的案件；“其他重大犯罪案件”是指致人重伤、死亡的严重危害公共安全犯罪、严重侵犯公民人身权利犯罪，以及黑社会性质组织犯罪、严重毒品犯罪等重大故意犯罪案件；并且要求“对讯问过程录音或者录像的，应当对每一次讯问全程不间断进行，保持完整性。不得选择性地录制，不得剪接、删改”。2012 年《最高检规则》第 201 条规定：“人民检察院立案侦查职务犯罪案件，在每次讯问犯罪嫌疑人的时候，应当对讯问过程实行全程录音、录像，并在讯问笔录中注明。录音、录像应当由检察技术人员负责。特殊情况下，经检察长批准也可以由讯问人员以外的其他检察人员负责。”

2014 年 5 月和 2014 年 9 月最高人民检察院和公安部分别发布了《人民检察院讯问职务犯罪嫌疑人实行全程同步录音录像的规定》（以下简称《最高检录音录像规定》）和《公安机关讯问犯罪嫌疑人录音录像工作规定》（以下简称《公安机关录音录像规定》），前者除了一些文字调整，主要内容与 2005 年《最高检录音录像规定（试行）》相同。《公安机关录音录像规定》则首次对公安机关讯问录音录像作出了详细的规定，主要内容包括以下五个方面。第一，关于应当录音录像的案件范围，将立法规定的“重大犯罪案件”细化为五类案件〔1〕，同时增加了八种应当录音录像的特殊情形。〔2〕第二，规定了录音录像的时间范围。依照该规定第 10 条和第 3 条，录音录像应当自讯问开始时开始，至犯罪嫌疑人核对讯问笔录、签字捺指印后结束。讯问笔录记载的起止时间应当与讯问录音录像资料反映的起止时间一致。应当对每一次讯问全程不间断进行，保持完整性，不得选择性地录制，不得剪接、删改。第三，规定了录音录像的空间范围。按照第 11 条的规定，对讯问过程录音录像时，应当对侦查人员、犯罪嫌疑人、其他在场人员、讯问场景和计时装置、温度计显示的信息进行全面摄录，图像应当显示犯罪嫌疑人正面中景。有条件的地方，可以通过画中画技术同步显示侦查人员的正面画面。讯问过程中出示证据和犯罪嫌疑人辨认证据、核对笔录、签字捺指

〔1〕《公安机关录音录像规定》第 4 条第 1 款规定，对下列重大犯罪案件，应当对讯问过程进行录音录像：（一）可能判处无期徒刑、死刑的案件；（二）致人重伤、死亡的严重危害公共安全犯罪、严重侵犯公民人身权利犯罪案件；（三）黑社会性质组织犯罪案件，包括组织、领导黑社会性质组织，入境发展黑社会组织，包庇、纵容黑社会性质组织等犯罪案件；（四）严重毒品犯罪案件，包括走私、贩卖、运输、制造毒品，非法持有毒品数量大的，包庇走私、贩卖、运输、制造毒品的犯罪分子情节严重的，走私、非法买卖制毒物品数量大的犯罪案件；（五）其他故意犯罪案件，可能判处十年以上有期徒刑的。

〔2〕《公安机关录音录像规定》第 6 条规定，对具有下列情形之一的案件，应当对讯问过程进行录音录像：（一）犯罪嫌疑人是盲、聋、哑人，未成年人或者尚未完全丧失辨认或者控制自己行为能力的精神病人，以及不通晓当地通用的语言文字的；（二）犯罪嫌疑人反侦查能力较强或者供述不稳定，翻供可能性较大的；（三）犯罪嫌疑人作无罪辩解和辩护人可能作无罪辩护的；（四）犯罪嫌疑人、被害人、证人对案件事实、证据存在较大分歧的；（五）共同犯罪中难以区分犯罪嫌疑人相关责任的；（六）引发信访、舆论炒作风险较大的；（七）社会影响重大、舆论关注度高的；（八）其他重大、疑难、复杂情形。

印的过程应当在画面中予以反映。第四，规定录制人员与保管人员相分离，要求办案部门指定办案人员以外的人员保管讯问录音录像资料，不得由办案人员自行保管。第五，规定了内部审核与监督机制。如规定审核部门对应当录音录像的案件的录音录像资料进行审查，发现以刑讯逼供等非法方法收集证据的，所获口供应当予以排除；对于未保证犯罪嫌疑人的饮食和必要的休息时间、讯问笔录记载的起止时间与讯问录音录像资料反映的起止时间不一致的，如果不能作出合理解释或者补正的，也应当予以排除。公安部在 2014 年 9 月 5 日下发《公安机关录音录像规定》的通知中还明确要求，各地公安机关力争在 2017 年以前实现对所有案件进行录音录像。2015 年 9 月 21 日，在国务院新闻办公室举行的司法体制改革新闻发布会上，公安部副部长黄明称，公安机关正在实行重大案件讯问犯罪嫌疑人全程录音录像制度，未来将逐步扩大讯问录音录像的案件范围，最终实现对所有刑事案件的讯问过程进行录音录像。〔1〕

据本课题组调研，2012 年《刑事诉讼法》实施以后，地方公安机关对于侦查讯问录音录像制度一开始存在一定的抵触和排斥，但逐步理解和接受，并且按照《公安机关录音录像规定》的要求，实现了对重大犯罪案件讯问过程全程同步录音录像。而且，不少地方还结合本地实际，制定了同步录音录像工作规范，对“其他重大犯罪案件”作出更加宽泛的解释，适度扩大了讯问同步录音录像的案件范围。以 J 省 S 市公安局为例，自 2009 年开始，已经对可能判处 3 年以上有期徒刑的犯罪嫌疑人进行讯问时全程同步录音录像，2013 年已经实现对全部刑事案件的犯罪嫌疑人审讯时的同步录音录像，并且在犯罪嫌疑人被带至派出所时即对案件处理的全过程进行录像监控。但各地实施录音录像制度的进展不一，有的地方在实施侦查讯问录音录像制度方面均存在不同程度的违法违规现象。笔者指导的硕士生通过参与式观察调研得知，2013 年 1 月 1 日至 2013 年 7 月 1 日，西部某大城市主城区某公安分局共侦办刑事案件 5957 件，其中对侦查讯问进行同步录音录像的案件只有 218 件，占办理刑事案件总数的 3.66%，而且也没有完全做到“全程”录制。〔2〕本课题组 2013 年 7 月对西部某省会城市公安机关的问卷调查和访谈发现，84.16%的调查对象表示，对办理可能判处无期徒刑以上刑罚、在本地区有重大影响的案件以及未成年人等特殊主体涉嫌犯罪的案件，都实行了侦查讯问的录音录像，但只有 41.58%的调查对象回答能够做到全程、不间断地录音录像，45.54%的调查对象表示暂时不能进行全程、不间断的录音录像。

〔1〕 参见 2015 年 9 月 22 日《新京报》报道：“所有刑案讯问将全录音录像”，载 http://www.bjnews.com.cn/detail/155149648814055.html，最后访问日期：2020 年 4 月 29 日。

〔2〕 王忠良：“公安机关侦讯同步录音录像制度实施问题研究”，西南政法大学 2014 年硕士学位论文，第 10-15 页。

2014—2015年，有学者先后在河北、河南、辽宁、新疆、陕西、广西、广东、浙江、江苏9个省（自治区）调研后发现，在侦查讯问录音录像实践中存在12种较为常见的违法违规行为，例如应当进行录音录像的案件没有进行录音录像或者进行选择性录制的；讯问过程中出示证据和犯罪嫌疑人辨认证据、核对笔录、签字捺指印的过程没有在画面中予以反映的；讯问过程中，因存储介质空间不足、技术故障等客观原因导致不能录音录像，但没有中止讯问的；对讯问录音录像资料进行剪接、删改的；录音录像存在补录或者重新录制的；进行选择性录音录像存在先审后录或提前彩排的；讯问笔录与讯问录音录像资料内容严重不符的，等等。〔1〕为了进一步引导各地公安机关做好侦查讯问录音录像工作，2016年7月5日公安部发布的《公安机关执法细则（第三版）》第13-04条明确要求："讯问犯罪嫌疑人，应当全程录音、录像。"一些地方公安机关制度的录音录像工作规范也要求，对所有刑事案件的侦查讯问实行同步录音录像。〔2〕

与公安机关相比，检察机关自侦案件讯问同步录音录像工作启动较早，检察人员较快地适应了在镜头下讯问的工作方式，普遍认同全程同步录音录像制度。在讯问时，检察人员的着装、语言与举止更加规范，也会更加严格地遵守讯问的时间限制，并使讯问笔录与视频内容尽量保持一致。而同步录音录像材料也被视为侦查人员讯问工作规范、无刑讯逼供行为的佐证。

至于对录音录像的资料，公安机关在移送审查起诉时是否随案移送给检察院、检察院在提起公诉时是否随案移送给法院，由于《刑事诉讼法》及相关司法解释并没有明确要求，只是规定了检察院、法院可以依需要调取，因而各地对讯问录音录像的随案移送规定和做法不尽相同。整体上看，公安机关主动向检察院移送录音录像资料的情形较少，一般限于重大案件以及未成年人刑事案件；对于其他的刑事案件，公安机关会将录音录像资料备份，如果检察院需要，可以随时调取。〔3〕检察院在多数情况下也不会在提起公诉时向法院随案移送录音录像资料，但如果被告人或其辩护律师提出排除非法证据的申请并且法院决定启动证据合法性调查的，审判法官可以依据相关规定，针对被告人一方提供的线索有针对性地调看、播放录音录像资料。多数检察院允许律师在审查起诉阶段查阅侦查机关或者侦查部门移送的侦查讯问录音录像资料，但通常不允许复制。〔4〕

2016年8月"两高三部"发布的《关于推进以审判为中心的刑事诉讼制度

〔1〕 胡志风："侦查讯问录音录像制度的社会评估：技术、过程与问题导向"，载《中国刑警学院学报》2017年第2期，第37-38页。

〔2〕 参见李玉华："侦查制度改革实证研究"，载《中国刑事法杂志》2018年第6期，第43页。

〔3〕 参见李玉华："侦查制度改革实证研究"，载《中国刑事法杂志》2018年第6期，第45页。

〔4〕 参见孙长永、闫召华："刑事诉讼法实施情况调研报告（2015年）"，载孙长永主编：《刑事司法论丛》（第3卷），中国检察出版社2015年版，第462-464页。

改革的意见》进一步要求，“探索建立命案等重大案件检查、搜查、辨认、指认等过程录音录像制度”，“严格依照法律规定对讯问过程全程同步录音录像，逐步实行对所有案件的讯问过程全程同步录音录像”。2018年通过的《监察法》第41条第2款也规定：“调查人员进行讯问以及搜查、查封、扣押等重要取证工作，应当对全过程进行录音录像，留存备查。”此后，除了因情况紧急无法录音录像以外，各地侦查或者调查机关的同步录音录像逐步覆盖全部刑事案件的讯问活动，并且延伸至重大刑事案件检查、搜查、辨认、指认以及所有职务犯罪案件的搜查、查封、扣押等环节。〔1〕

实践证明，侦查讯问录音录像对于规范讯问活动、遏制刑讯逼供，在固定犯罪嫌疑人供述和辩解的同时有效保护犯罪嫌疑人的合法权益等方面，均发挥了积极作用。但是，从司法现实情况看，如何保证录音录像完全符合法律规定的“全程、同步”的要求，如何进一步发挥侦查讯问录音录像相对于讯问笔录更加有力的证明作用，如何公正合理地解决讯问录音录像中的相关争议，仍然需要在实践中继续探索，不断总结经验。

三、刑讯逼供等非法讯问方法的治理及其成效

1979年《刑事诉讼法》第32条明确规定：“严禁刑讯逼供和以威胁、引诱、欺骗以及其他非法的方法收集证据。”这一规定一直延续至2018年《刑事诉讼法》，2012年修改《刑事诉讼法》时在同一条文中增加了“不得强迫任何人证实自己有罪”的规定。同时，我国1979年《刑法》第136条即设定了刑讯逼供罪，1997年《刑法》进一步提高了该罪的刑罚上限，要求对“致人伤残、死亡的”刑讯逼供行为依照故意伤害罪、故意杀人罪的规定定罪从重处罚。此外，1993年通过的《国家安全法》第32条、1994年通过的《监狱法》第14条、1995年通过的《人民警察法》第22条、2001年修改的《法官法》第32条和《检察官法》第35条、2005年通过的《治安管理处罚法》第79条和第116条都有禁止刑讯逼供的规定，2010年修改的《国家赔偿法》第17条还赋予了因刑讯逼供致身体受伤或者死亡的受害人取得国家赔偿的权利。可见，在法律上，严禁以刑讯逼供等非法方法收集证据的立场从未动摇过。历史和现实的经验教训反复证明，刑讯逼供等非法讯问方法不仅严重侵犯公民的基本权利，严重影响政法队伍的形象，严重损害党和政府的威信，而且是导致冤假错案的主要原因之一。

然而，在2005年中央提出将死刑核准权收归最高人民法院行使之前，尤其

---

〔1〕 有调研发现，到2018年时，除个别地方以外，公安机关已经实现了对所有刑事案件侦查讯问的同步录音录像。个别地方的公安机关虽然没有实现对所有案件的讯问录音录像，但《刑事诉讼法》要求必须录音录像的案件都能做到。参见李玉华：“侦查制度改革实证研究”，载《中国刑事法杂志》2018年第6期，第43页。

是2000年以前，刑讯逼供等非法讯问方法在司法实践中长期普遍存在，其中以刑讯逼供为代表的物理强制方法，一度成为我国刑事司法实践中的一大“顽疾”。在一定意义上可以说，四十年来刑事诉讼法制的历史，也是治理各类非法讯问方法尤其是刑讯逼供的历史。这个过程大体上可以分为两个阶段。[1]在2010年“两个证据规定”出台以前，主要依靠说服教育、行政处罚和刑罚处罚乃至“运动式整治”等措施对刑讯逼供等非法方法进行治理，这些传统的治理措施带有浓厚的“人治”特点；在“两个证据规定”尤其是2012年《刑事诉讼法》实施以后，主要依靠执法规范化和信息化建设、羁押管理制度、侦查讯问录音录像制度和非法证据排除规则等配套衔接的政策法律制度体系治理刑讯逼供等非法方法，这些以法律为后盾、兼顾诉讼内外预防和惩治的治理措施，不仅具有制度创新的意味，而且初步显现出“法治”的特点和积极的成效。

（一）刑讯逼供等非法讯问方法的传统治理措施

改革开放以后，社会结构发生巨大变化，人口流动加剧，利益诉求多元化，社会矛盾频发，加之十年“文化大革命”对国家社会管理方面的冲击所引发的“后遗症”，我国犯罪率自1979年开始大幅攀升。1980年、1981年和1982年，公安机关刑事案件立案数分别达到75万、89万和74.8万件。不仅数量增加，而且犯罪性质及其危害性的严重程度也为以前所少有，人民群众缺乏安全感。[2]为了遏制犯罪，根据中央统一部署，公安司法机关于1983年8月开始了为期三年的第一次“严打”斗争。随后三年，刑事立案数出现了一定的下降，刑事犯罪基本上处于较为平稳的状态。[3]然而第一次“严打”战役并没有带来刑事案件稳定持续的下降。从1987年开始，刑事犯罪案件数量再次出现大幅度增加，到1989年时公安机关刑事立案数已经接近200万件，然后持续攀升。1992年公安部调整了盗窃案件的立案标准，刑事立案数名义上有所减少，但实际上仍然呈增长态势，到1996年时达到160万余件，2000年和2001年先后突破300万件和400万件。尤其是自20世纪80年代后期开始，严重暴力犯罪和其他严重刑事犯罪也同样呈上升的趋势，犯罪的严重性质和危害程度也超过了以往的纪录。[4]

---

〔1〕 有学者将我国的刑讯逼供治理分为三个阶段：1980—1989年为第一阶段，为口号式与政治宣言式治理；1990—1999年为第二阶段，属于集中型与运动式治理；2000年以后为“程序内”治理。参见陈如超：“刑讯逼供的国家治理：1979—2013”，载《中国法学》2014年第5期，第7-12页。

〔2〕 参见郭翔：“中国当代犯罪与控制战略研究”，载《中央政法管理干部学院学报》1998年第4期，第4-5页。

〔3〕 1984—1986年刑事立案数分别为51.4万、54.2万、54.7万件。

〔4〕 参见郭翔：“中国当代犯罪与控制战略研究”，载《中央政法管理干部学院学报》1998年第4期，第5-6页。董方、徐建：“对改革开放以来我国刑事犯罪增减变化的评析”，载《青少年犯罪问题》1995年第2期，第1-3页。

为了维护社会治安，保护人民群众的生命财产安全，中央又相继决定于1996年、2001年开展了全国范围的第二次“严打”和第三次“严打”斗争，历次“严打”斗争之间还有无数次的专项打击活动。

“严打”无疑是将打击犯罪目标放在首位的，法定程序被淡化甚至漠视，加之公安机关侦查技术条件严重落后，警力不足且侦查队伍管理失范，口供对侦查破案和定案处理的作用被过度依赖，以至于刑讯逼供等非法讯问方法一度在侦查过程中相当盛行。据统计，全国检察机关在1979—1989年立案查处刑讯逼供案件4000多件，在1990—1996年立案查处刑讯逼供案件2943件。其中，1993年全国发生的刑讯逼供案致126人死亡、致27人重伤，1994年全国发生的刑讯逼供案致115人死亡、致37人重伤。〔1〕1990—1998年，全国检察机关共查处刑讯逼供案件4800余件，涉及9300余人。〔2〕直到21世纪初，公安系统的刑讯逼供现象仍然未有实质性改观。如2002年底，当时公安部负责人指出，2002年1—11月，在全国各地的派出所留置室中有100多人非正常死亡，刑讯逼供形势依然严峻。〔3〕

根据多位学者2001—2007年的调查结果，无论是警察、检察官、法官和律师等法律专业人员，还是看守所和监狱的在押人员，均反映刑讯逼供具有相当的普遍性。例如，孔一对在中国人民公安大学进修专科学历的全国各地基层（刑警队、派出所）公安干警进行了问卷调查，统计结果显示，47.54%的被调查者对犯罪嫌疑人有过多次“粗暴行为”，只有11.48%的被调查者表示“从来没有过”。〔4〕广州大学人权研究中心在2006年对刑讯逼供所作的田野调查数据显示：“检察官方面，在其办理的案件中，只有17%的嫌疑人没有提出遭受刑讯逼供；在法官和律师方面，这一数字分别为11%和1.33%；有70%的服刑人员知道与他关押在一起的人遭受过刑讯逼供。”〔5〕林莉红等对刑事侦查、治安管理、交通巡逻管理、法制监督等领域487名警察进行了问卷调查，结果显示：有90.5%的警察认可刑讯逼供是一种在日常工作和生活中可见可感的现象，其中38.9%的警察认为刑讯逼供是普遍现象、经常发生；有超过三分之一的警察对有“功”警察

〔1〕 高志卿：“刑讯逼供的危害、产生原因及预防”，载《洛阳师专学校》1998年第6期，第30页。

〔2〕 蔡炎斌：“论刑讯逼供屡禁不止的原因及对策”，载《湖南公安高等专科学校学报》2000年第2期，第55页。

〔3〕 参见陈如超：“刑讯逼供的中国治理——审讯结构·治理措施·效果评估”，载《甘肃政法学院学报》2015年第1期，第2页。

〔4〕 孔一：“刑讯逼供调查报告”，载《预防青少年犯罪研究》2001年第2期，第12页。

〔5〕 任波：“刑讯逼供为何在中国大量存在?”，载《时代周刊》2009年3月26日，http://m.kdnet.net/share-3307134.html，最后访问日期：2020年4月21日。

为了破案而存在刑讯行为持一种支持或模糊态度。[1]范晨文2003年2月对某地级市一家常年关押人数在500人左右的看守所调查后发现，在回收的98个有效问卷中，有52人反映在入所之前受到过刑讯逼供，占53.06%，其中17人因刑讯而受到比较严重的伤害；有18人反映在入所后提审时受到过刑讯逼供，占18.37%，其中7人受到比较严重的伤害。[2]林莉红等人2007年5—8月对东部、西部、南部和中部四省七个监狱2621名服刑人员调查后发现，在公安机关侦查的刑事案件中，被调查的监狱服刑人员在审前羁押期间遭受过殴打、捆绑、垂吊等直接刑讯逼供的比例为55.3%，遭受过挨饿、不让睡觉、长时间站立、轮番审讯、故意冷冻等变相刑讯逼供的比例为60.1%。其中，侵犯财产罪的嫌疑人遭受刑讯逼供的比例最高，直接刑讯逼供比例达到了63.9%，变相刑讯逼供的比例达到了65.6%。在检察机关侦查的职务犯罪案件中，7.7%的服刑人员曾经遭遇过检察机关的直接刑讯逼供，54.3%的人遭遇过变相刑讯逼供。这说明，公安机关在侦查过程中，无论是直接刑讯逼供还是变相刑讯逼供行为，都大量存在、经常发生；检察机关在侦查案件中，直接刑讯逼供虽是个别现象，但变相刑讯逼供大量、经常发生。[3]除了刑讯逼供以外，使用欺骗手段获取口供的现象也极其普遍，审讯人员使用侮辱性或者威胁性语言的现象也大量存在。[4]

据浙江省公安厅党委委员、纪委书记、督察长董晓伟对1992—2001年浙江省公安机关因刑讯逼供致人死亡案件的统计和分析，这十年期间，浙江省公安系统发生了多起刑讯逼供致人死亡案件，导致多人死亡，因此而受到法律追究和党政纪处分的领导、民警76人，其中30人被追究刑事责任。这些刑讯逼供案件有以下五个特点：一是刑讯逼供致人死亡案件多数发生在基层派出所，涉案民警中61%是派出所民警；二是刑讯逼供致人死亡涉案人员多数为年轻民警，35岁以下者占85.4%；三是刑讯逼供致人死亡多数发生在办理一般性案件时，其中盗窃案件占73.3%；四是刑讯逼供致人死亡案件中有联防队员参与的占到50%；五是刑讯逼供花样繁多、手段残忍。[5]浙江省属于沿海发达地区，公安队伍的素质和侦查技术水平以及办案条件在全国肯定算是较好的，连浙江省公安系统都出现了

---

〔1〕林莉红等：“刑讯逼供社会认知状况调查报告（下篇·警察卷）”，载《法学评论》2006年第5期，第126-130页。

〔2〕范晨文：“看守所审前羁押情况调查报告”，载《山西警官高等专科学校学报》2004年第1期，第47-48页。

〔3〕林莉红等：“刑讯逼供现状调查报告：以监狱服刑人员为调查对象”，载《湖北警官学院学报》2010年第3期，第38-41页。

〔4〕林莉红、邓刚宏：“审前羁押期间被羁押人权利状况调查报告”，载《中国刑事法杂志》2009年第8期，第117-118页。

〔5〕董晓伟：“十年刑讯逼供致人死亡案件的回顾与反思”，载《浙江公安高等专科学校学报（公安学刊）》2004年第1期，第5页。

如此严重的刑讯逼供致人死亡的案件，其他地区的情况可能就更不容乐观了。通过浙江省公安系统刑讯逼供的情况，对全国的情况也可以管中窥豹。

为了遏制刑讯逼供等非法讯问行为，公安部自 20 世纪 80 年代中期开始即采取了积极应对措施，特别是注重通过教育、整顿、奖惩、监督等多种手段来达到遏制目的。1985—2010 年，公安部先后单独或与其他部门联合发布与禁止刑讯逼供相关的各类规范性文件 36 个，其中专门针对刑讯逼供而发布的文件有 6 个，〔1〕并且在 1992—1999 年开展了多次针对刑讯逼供的专项整治活动。例如，1992 年 1 月 6 日发布的《公安部关于坚决制止公安干警刑讯逼供的决定》(公发〔1992〕6 号）要求对干警中发生的一般刑讯逼供行为，通过自我检查、自我教育，自觉纠正；对造成严重后果、群众反映强烈的重大刑讯逼供案件，要领导负责，组织专人，限期查处；对问题较多，自身又不认真检查、纠正的单位，上级公安机关要帮助整顿；加强公安的纪检、监察部门内部执法监督，配合检察机关的监督；加强教育培训，提高干警的执法办案水平；加强各级公安机关的领导，层层负责，严格管理。明确提出，要“力争不发生因刑讯逼供致死致残的恶性事故”。这次整顿取得了一定效果，但持续的时间不长，到 1995 年，检察机关立案查处的刑讯逼供案件又达到 412 件，受刑讯逼供的嫌疑人达到 843 人次，回落到上述 1992 年《公安部关于坚决制止公安干警刑讯逼供的决定》发布以前的水平。〔2〕鉴于“少数基层公安民警在执法办案过程中，刑讯逼供问题仍比较严重，一些刑讯逼供案件情节恶劣，手段残忍，后果严重。有的受审人员被屈打成招造成冤案，成为影响公安机关形象和警民关系的一个突出问题”，公安部于 1995 年 12 月再次下发《公安部关于集中开展制止刑讯逼供专项教育整顿的通知》，要求在为期三个半月（1995 年 12 月 15 日至 1996 年 3 月底）的集中整顿中，“采取强有力的措施，狠刹刑讯逼供歪风，使刑讯逼供案件大幅度下降”，并提出把制止刑讯逼供纳入各级领导实绩考核和民警岗位考核的重要内容，并逐级签订预防刑讯逼供问题的责任状，建立健全防范刑讯逼供案件发生的责任机制。这场集中整治取得了一定成效，1996 年全国检察机关立案查处刑讯逼供案件 493 件 945 人，1997 年立案查处 486 件 921 人，〔3〕比 1995 年少了 75—81 件。虽然从数量上来看，刑讯逼供减少了，但“刑讯逼供致人伤残、死亡案件屡禁不止”。〔4〕1996 年 5 月出台的《公安部关于当前反腐败工作着重解决几个问题的意见》要求“继续

〔1〕 参见王明明：“对公安部遏制刑讯逼供行为内部文件的检视与反思”，载《湖南警察学院学报》2012 年第 4 期，第 89-91 页。

〔2〕 参见陈如超：“刑讯逼供的国家治理：1979—2013”，载《中国法学》2014 年第 5 期，第 9 页。

〔3〕 蔡炎斌：“论刑讯逼供屡禁不止的原因及对策”，载《湖南公安高等专科学校学报》2000 年第 2 期，第 55 页。

〔4〕 见 1996 年 5 月 28 日发布的《公安部关于当前反腐败工作着重解决几个问题的意见》。

搞好专项治理，使刑讯逼供案件明显减少，特别是要杜绝刑讯逼供致人死亡案件的发生”，并且明确提出：“今后发生刑讯逼供问题，尤其是造成致伤、致残等后果的，除追究当事人责任外，对单位领导也要作出相应的纪律处分。凡发生刑讯逼供致死人命案件的，对当事人从严从重从速惩处，对单位主要领导给予撤职处分。”但是，这样的警示效果实在有限。公安部1996年11月12日发布的《关于公安机关开展制止刑讯逼供专项教育整顿的情况通报》（公通字〔1996〕74号）认为“当前刑讯逼供问题仍然十分突出”，并指出了刑讯逼供的四个主要特点是：一是发案率仍然比较高。1996年1—8月发生刑讯逼供致死人命案件31起、致死32人，共涉及民警73人，合同警和联防人员等47人。“这些案件情节恶劣，手段残忍，后果严重，影响极坏。尤其严重的是这些问题都发生在公安部部署制止刑讯逼供专项教育整顿之后。”二是案件多数发生在基层科股所队，领导参与的占相当比重。三是一些民警在办案时不调查取证、不请示报告、不履行规定的法律手续，随意抓人刑讯逼供。四是有的民警没有办案常识，甚至没有执法权的人员参与办案。通报要求“各地要采取坚决果断的措施，继续搞好专项治理整顿，坚决遏制刑讯逼供问题特别是致死人命案件的发生”。尽管公安机关刑讯逼供问题极为突出，但1996年修改《刑事诉讼法》以后公安部发布的《公安部规定》“却在刑讯逼供治理方面无任何制度性进步，而是依循既往的突击式与集中性治理模式”。[1] 1997年公安部在全国公安机关开展针对刑讯逼供等三项问题的专项治理活动，1998年公安部建立公安机关对发生刑讯逼供致人死亡案件的汇报检讨制度。1999年6月16日，公安部发布《关于进一步加强对刑讯逼供致人死亡案件追究领导责任和逐级汇报检讨等项工作的通知》（公通字〔1999〕45号），进一步明确了刑讯逼供致人死亡案件中直接参与刑讯的民警和指使、授意民警刑讯逼供致人死亡的派出所、刑警队等单位领导以及公安局（分局）局长、主管副局长分别承担的责任，包括清除队伍、撤职、免职等。

认真审阅公安部发布的治理刑讯逼供的各类文件后可以发现，公安部遏制刑讯逼供的态度呈现出一个由最初的不明朗、不坚决到逐步明确和坚决的过程，这些文件中有关刑讯逼供的规定大多缺乏可操作性，其核心内容主要强调对“情节严重”“致死致残”“致人死亡”“造成恶劣影响”等具有严重后果、不得不惩处的刑讯逼供行为的遏制，而对大量后果“不严重”的刑讯逼供行为有查处不力和放纵之嫌。更重要的是，公安部通过规范性文件对刑讯逼供行为的遏制主要采取了自上而下的“内部”整治模式，对刑讯逼供行为如何在内部惩处，完全由

〔1〕 陈如超：“刑讯逼供的国家治理：1979—2013”，载《中国法学》2014年第5期，第10页。

公安机关自己说了算，而缺乏社会监督和有效的制度支撑，[1]且难以避免部门保护主义倾向。加之刑讯逼供的举证非常困难，检察机关的监督手段和追诉能力有限，真正能够立案查处的刑讯逼供案件只是冰山一角，最终受到定罪判刑并且罚当其罪的，则更加稀少。因此，仅仅依靠传统的教育整治、行政处罚、刑罚惩罚等措施治理刑讯逼供，不可能达到遏制刑讯逼供的预期效果。

2000 年 7 月，云南昆明戒毒民警杜培武故意杀人冤案因真凶杨天勇等出现而得以平反，整个社会为之震惊。2001 年 1 月，最高人民检察院发布《关于严禁将刑讯逼供获取的犯罪嫌疑人供述作为定案依据的通知》，要求检察机关吸取杜培武冤案的教训，彻底排除刑讯取得的证据，坚决杜绝刑讯逼供现象的发生。但是，该通知只是重申提高办案人员认识和执法水平，加大对刑讯逼供犯罪的打击力度，对于如何排除非法证据，讯问合法性的证明责任和证明标准为何，并无任何新的建树。2002—2005 年四年间，又有至少 17 件重大冤案相继因为“真凶出现”或者被害人“复活”而曝光，才得到纠正（详见表 10-1）。

表 10-1　2002—2005 年纠正的重大冤案一览表

被告人	职业	被害人	罪名	刑罚	案发地	案发时间	平反时间	纠正原因
隋洪建、任树君、隋洪波、隋洪儒	银行工作人员	钱淑贤（银行行长，隋洪建的领导）	故意杀人罪（改为故意伤害罪）	前两个人 5 年，后两个人 4 年 6 个月，后四人均改为 3 年	黑龙江	1994. 8. 18	2002. 3. 11	发现真凶
杨云忠	工人	赵乃文（被认为系情敌）	故意杀人罪	死刑改判为无期	黑龙江	1994. 11. 15	2002. 3. 11	发现真凶
秦艳红	农民	贾海荣	强奸罪	死刑	河南	1998. 8. 3	2002. 5. 28	发现真凶
李化伟	工人	邢伟（妻子）	故意杀人罪	死缓	辽宁	1986. 10. 29	2002. 6. 25	发现真凶
张庆伟	居民	一女子	故意杀人罪、强奸罪	无期改判为 9 年有期	辽宁	1997. 3. 27	2002. 7. 3	发现真凶

〔1〕 参见王明明：“对公安部遏制刑讯逼供行为内部文件的检视与反思”，载《湖南警察学院学报》2012 年第 4 期，第 92-93 页。

续表

被告人	职业	被害人	罪名	刑罚	案发地	案发时间	平反时间	纠正原因
丁志权	副厂长	袁丽华（妻子）	故意杀人罪	死缓改为死刑再改为无期	黑龙江	1992.2.20	2003.12.1	发现真凶
覃俊虎、兰永奎	农民	覃志向及其女友	故意杀人罪、抢劫罪	覃俊虎死缓、兰永奎无期	广西	1999.2.10	2003.6.28	发现真凶
李杰、何军、黄刚、黄德海	农民	叶云波、谢光桂	故意杀人罪	分别被判处无期、10年、8年、12年	四川	1993.11.28	2003.7.1	发现真凶
黄亚全、黄圣育	农民	郭太和	抢劫罪（致人死亡）	死缓	海南	1993.8.22	2003.9.1	发现真凶
李久明	警察	郭忠孝夫妇	故意杀人罪	死缓	河北	2002.7.12	2004.11.26	发现真凶
滕兴善	农民	石小荣	故意杀人罪	死刑（已执行）	湖南	1987.4	2005.11.8	被害人“复活”
佘祥林	农民	张在玉（妻子）	故意杀人罪	死缓	辽宁	1994.1.20	2005.4.13	被害人“复活”
张海生	农民	苗苗	强奸罪	9年	河南	2003.12.12	2005.4.15	发现真凶
岳兔元	农民	岳宝子（同村村民）	故意杀人罪	以诈骗罪判1年半	山西	2004.2.15	2005.6.1	被害人“复活”
王海军	工人	张金霞（妻子）	故意伤害罪（致人死亡）	15年	吉林	1986.10.15	2005.7.29	发现真凶
王俊超	农民	侄女	奸淫幼女罪	9年	河南	1999.6.15	2005.8.30	发现真凶

其中，9件发生于1979年《刑事诉讼法》实施期间，7件发生于1996年《刑事诉讼法》实施后。虽然有10件冤案集中发生于20世纪90年代，但也有3件冤案发生于2002—2004年期间。人们在分析这些冤案的原因时发现，导致案

件错判的最重要原因是刑讯逼供。[1]2006 年、2007 年又分别有十大冤案曝光，导致冤错的最重要原因仍然是刑讯逼供。[2]

（二）刑讯逼供等非法讯问方法的法制化治理措施

刑讯逼供致人伤残、死亡导致冤案频繁发生，而且往往等到发现真凶或者被害人“复活”才发现造成了冤案，迫使中央和地方政法部门竞相展开密集而强烈的刑讯逼供治理运动，并且取得一定的积极成效。譬如，2002 年上半年，公安机关称全国刑讯逼供案比 2001 年同期下降 40.4%；2004—2006 年刑讯逼供数量逐年降低。最高人民检察院工作报告亦称，2005 年全国检察机关立案侦查的刑讯逼供案已减至 110 件。[3]然而，我国的刑讯逼供不仅有根深蒂固的传统司法观念和现实的社会条件作为支撑，而且有广泛的制度基础，[4]单纯依靠“运动式治理”等传统治理方法是不可能从根本上杜绝的。

或许正是因为认识到这一点，一些地方公安、检察机关开始主动进行制度性的改革探索，如侦查讯问录音录像、律师在场等，最高人民检察院于 2005 年底在全国推行职务犯罪案件侦查讯问录音录像制度，公安部于 2008 年起在全国公安系统推行执法规范化和信息化建设，最高人民法院以收回死刑核准权为契机会见有关部门着手起草关于收集、审查判断证据和排除非法证据的规范性文件。2010 年赵作海冤案的出现，促使中央政法委于同年 5 月通过了“两个证据规定”，并迅速以“两高三部”的名义对外发布，从制度上正式确立了非法证据排除规则。到 2012 年《刑事诉讼法》通过时，我国从预防冤假错案的角度已经初步建立了刑讯逼供等非法讯问方法的预防和救济制度体系，并且随着司法改革的深入推进而不断完善。这套制度体系，除了传统的教育培训和行政、刑事处罚等制度以外，最为重要的包括三个方面：一是诉讼外的基础性防范制度，包括公安机关执法办案区（派出所、看守所等）的规范化、信息化建设，公安机关侦查技术水平的持续提高、侦查队伍建设的持续强化（原来一批不合格的辅警和联防队员被清理）以及业绩考核指标体系的优化（如不再要求“命案必破”，不再设定“打击人头”指标）等。二是诉讼内的预防和救济制度，如拘捕后的及时送

---

〔1〕 关于上述冤案的发案时间、原判刑罚、案发地、平反时间、改判事由、错判原因等，参见陈永生：《刑事冤案研究》，北京大学出版社 2018 年版，第 10-33 页。

〔2〕 参见 2016 年 10 月 19 日《南方都市报》报道：“冤情深似海——2006 年曝光的十大冤案”，载 https://www.66law.cn/domainblog/2539.aspx，最后访问日期：2020 年 4 月 21 日；“2007 年媒体曝光的十大冤案（一）”，载 http://blog.sina.com.cn/s/blog_49daf0ea01000ct4.html，最后访问日期：2020 年 4 月 21 日。

〔3〕 参见陈如超：“刑讯逼供的国家治理：1979—2013”，载《中国法学》2014 年第 5 期，第 14 页。

〔4〕 具体的分析，参见孙长永：“通过立法铲除刑讯逼供的制度基础”，载《法学研究》2010 年第 1 期，第 165-166 页。

押制度，侦查讯问录音录像制度，侦查阶段的律师辩护和法律援助制度，检察机关在侦查终结前对重大案件收集证据合法性的核查制度，以及贯彻侦查、起诉和审判全过程的非法证据排除制度等。2016 年 7 月 5 日，公安部发布的《公安机关执法细则（第三版）》在《公安部规定》的基础上，对传唤、拘传、提讯犯罪嫌疑人的程序，讯问地点，讯问时间，讯问前的准备，讯问的主体、步骤、方式方法，讯问笔录的制作要求，录音录像资料的封存以及书面供词的接受等作出详细的规范，为一线侦查人员依法、文明、规范地讯问犯罪嫌疑人提供了明确、具体的指引，这对于从源头上预防刑讯逼供等非法讯问的发生无疑具有积极意义。因此，该指引也可视为诉讼内预防刑讯逼供的制度体系的组成部分。三是办案质量终身负责制度。2013 年 8 月中央政法委《关于切实防止冤假错案的指导意见》提出："建立健全合议庭、独任法官、检察官、人民警察权责一致的办案责任制，法官、检察官、人民警察在职责范围内对办案质量终身负责"，要求"对于刑讯逼供、暴力取证、隐匿伪造证据等行为，依法严肃查处"。2014 年 10 月，中共十八届四中全会明确提出："实行办案质量终身负责制和错案责任倒查问责制，确保案件处理经得起法律和历史检验"，要求"完善主审法官、合议庭、主任检察官、主办侦查员办案责任制，落实谁办案谁负责"。随后，公检法机关相继出台了关于办案责任制的具体规定，进一步明确了侦查人员、检察人员和审判人员办案责任的具体范围和追责程序。[1]一些地方公安司法机关也出台了相应的实施办法，将办案责任制予以落实。[2]诉讼内外的预防和救济制度与党纪、政纪、行政处罚和刑罚处罚制度以及办案质量终身负责制结合在一起，形成一套比较完整的法制化体系，有利于最大限度地预防刑讯逼供，同时又能够确保侦查破案的能力和质量；而一旦出现刑讯逼供等非法讯问的情形，则可以通过诉讼内的控告、申诉、证据合法性核查以及非法证据排除程序予以化解，通过诉讼外的处罚程序及时处置，从而在很大程度上铲除了刑讯逼供的原有制度基础，有利于避免因为刑讯逼供而导致冤假错案。

实践证明，法制化的治理措施对遏制刑讯逼供起到了持续性的积极效果，司法实践中严重的刑讯逼供问题逐渐得到遏制。2013 年 6 月，公安部负责人代表国

---

〔1〕 最高人民法院 2015 年 9 月 21 日印发的《关于完善人民法院司法责任制的若干意见》（法发〔2015〕13 号）第 25 条规定："法官应当对其履行审判职责的行为承担责任，在职责范围内对办案质量终身负责。"最高人民检察院 2015 年 9 月 25 日印发的《关于完善人民检察院司法责任制的若干意见》第 32 条规定："检察人员应当对其履行检察职责的行为承担司法责任，在职责范围内对办案质量终身负责。"公安部 2016 年 1 月 14 日公布、3 月 1 日起施行的《公安机关人民警察执法过错责任追究规定》第 27 条规定："因故意或者重大过失造成错案，不受执法过错责任人单位、职务、职级变动或者退休的影响，终身追究执法过错责任。"

〔2〕 参见张梦星："公安机关刑事执法办案责任制体系研究"，载《中国政法大学学报》2018 年第 3 期，第 181 页。

务院向全国人大常委会报告工作时指出，2012 年“全国刑讯逼供案比往年减少了 87%，目前 90%以上的派出所完成功能区改造，询问嫌疑人过程实现全程录音录像”。〔1〕学界主流意见认为，2012 年《刑事诉讼法》实施以后，刑讯逼供的现象已经明显减少，〔2〕即使是十八大以后纠正的冤假错案，如浙江张氏叔侄强奸杀人案和陈建阳等五人抢劫杀人冤案，河南李怀亮故意杀人案，安徽余英生故意杀人案，福建念斌投毒杀人案等，所涉及的刑讯逼供和错判问题也普遍发生在 2012 年以前。根据最高人民检察院的工作报告，2013 年全国检察机关对滥用强制措施、违法取证、刑讯逼供等侦查活动违法情形，提出纠正意见 72 370 件次，较之 2012 年明显增多。2014 年，全国检察机关对滥用强制措施、违法取证、刑讯逼供等侦查活动违法情形，提出纠正意见 54 949 件次；因排除非法证据不批捕 406 人、不起诉 198 人。其中，2014 年 3 月，河北顺平县人民检察院在审查逮捕王玉雷故意杀人案时，确认王玉雷遭受刑讯逼供并坚持排除非法证据，坚决作出不批捕决定，还犯罪嫌疑人清白，有效避免了一起重大冤错案件的发生，并且通过积极主动引导侦查，促成公安机关最终将真凶抓获归案。〔3〕2017 年 11 月 1 日，最高人民检察院时任检察长曹建明在第十二届全国人大常委会第 30 次会议上报告人民检察院全面深化司法改革情况时指出：“2013 年以来，因排除非法证据决定不批捕 2624 人、不起诉 870 人。”〔4〕2013 年 7 月至 2018 年 8 月，西南政法大学刑事诉讼法学教学科研团队以及本课题组围绕 2012 年《刑事诉讼法》实施和司法改革中的有关问题，先后在重庆、四川、广东、广西、贵州、云南、陕西、内蒙古、青海、河南、浙江、安徽、福建等多地进行了调研，各地政法干警和律师普遍反映，经过多年的法制化治理，严重的刑讯逼供已经不再是普遍现象，而只是偶发的、零星的现象。根据最高人民检察院工作报告，2019 年，全国检察机关立案侦查的刑讯逼供犯罪案件只有 60 人，远远少于同一年查处的司法工作人员徇私枉法（307 人）、玩忽职守（172 人）、滥用职权（106 人）等职务犯罪案件的人数，最终受到公诉和定罪判刑的人数应该更少。

笔者在“聚法案例”“北大法宝”以案由“刑讯逼供罪”进行查询，〔5〕结果获得一审刑事判决书 53 份，其中 2013 年以后判决的只有 32 份（包括 5 件由

〔1〕 参见《新京报》2013 年 6 月 27 日报道：“刑讯逼供案件去年下降 87%”，载 http://epaper.bjnews.com.cn/html/2013-06/27/content_ 443457.htm? div=-1，最后访问日期：2020 年 4 月 21 日。

〔2〕 参见陈如超：“刑讯逼供的中国治理——审讯结构·治理措施·效果评估”，载《甘肃政法学院学报》2015 年第 1 期，第 5 页。

〔3〕 参见最高人民检察院 2016 年 8 月 11 日发布的第七批指导性案例：王玉雷不批准逮捕案（检例第 27 号）。

〔4〕 曹建明：“最高人民检察院关于人民检察院全面深化司法改革情况的报告（摘要）——2017 年 11 月 1 日在第十二届全国人民代表大会常务委员会第三十次会议上”，载《检察日报》2017 年 11 月 3 日，第 2 版。

〔5〕 查询截止时间：2020 年 4 月 22 日。

于刑讯逼供致人死亡或者重伤而以故意伤害罪定罪判刑的案件)，分别为2013年3份、2014年5份、2015年5份、2016年6份、2017年6份、2018年3份、2019年4份。虽然裁判文书尚未完全上网，而且能够进入司法程序的刑讯逼供案件也不能反映司法实践中刑讯逼供的全貌，但连续多年经判决确定的刑讯逼供犯罪案件在低位数徘徊，这应当基本属实。综合考虑官方统计和民间调研数据，可以发现，2012年《刑事诉讼法》实施以来国家对刑讯逼供的制度化治理总体上取得了明显成效，以暴力殴打等物理强制手段为特征的严重刑讯逼供已经不再是一种普遍存在的现象。

然而，能否因此就说我国的刑讯逼供问题已经得到根本治理了呢？目前作出这样的结论可能还缺乏充分的依据，因为事实上，即使在现有比较健全的制度体系下，发生刑讯逼供的风险仍然很大，办案机关如果稍有放松，刑讯逼供问题随时可能反弹。理由如下。

第一，防范刑讯逼供的有效制度（如禁止所外提审、全程录音录像、检察机关在重大案件侦查终结前对证据收集的合法性进行核查等）尚未得到完全落实。根据2013年7月本课题组对西部某省辖市公安机关的调研结果，17.82%的受访公安干警表示存在将在押犯罪嫌疑人提到所外进行讯问的情形，23.76%的受访公安干警表示即使在看守所内讯问也不能完全杜绝刑讯逼供的发生，因为不能保证讯问过程受到全程监督，而且讯问人员的能力、水平和基本素质也影响刑讯逼供是否发生，加之有些讯问室的硬件设施不到位，不能完全满足全程录音录像的要求。2018年8月，本课题组对中部某省会城市一家大型看守所（调研当时实际在押5866人，含已决犯约300人）调研时得知，该所对所外提讯控制不够严格，因该所重大案件录音审讯室只有一间，普通案件审讯室只有监控设置，没有录音设备，有时侦查人员以看守所内讯问室不够用为由一次性带出10名左右犯罪嫌疑人，实际目的不是为了指认现场、辨认证据等合理的侦查需要，而是为了出所讯问方便。不仅如此，检察院派驻该所检察室的工作人员只有6人，且其中2人即将退休，前任负责人辞职，刚刚到任的现任负责人系未入额检察官，以至于对重大案件侦查终结前对证据合法性的核查工作迟迟没有开展。

第二，变相的刑讯逼供现象仍然大量存在，特别是疲劳审讯。2012年《刑事诉讼法》实施以后，随着各项预防和救济性措施的逐步到位，以物理强制为特征的刑讯逼供明显减少，但是口供中心主义的侦查模式并没有改革。于是，各种变相的刑讯逼供手段受到了侦查人员的青睐，其中疲劳审讯更是首选。2014年7月，本课题组在西部某省会城市检察系统调研时发现，个别检察机关在侦查贿赂等职务犯罪案件过程中，曲解法律关于“传唤、拘传犯罪嫌疑人，应当保证犯罪嫌疑人的饮食和必要的休息时间”的规定，认为在侦查人员两次讯问间隔期间“让犯罪嫌疑人坐在审讯椅上眯一会儿”就是“休息”。马静华教授2014年初在某省A市的调研考察中也发现，“职务犯罪侦查中疲劳讯问问题似乎比普通刑事案件的侦查更加严重，其连续讯问的时间更长”，其中“一起受贿案件的讯问笔录清楚地显示，被告人在6月1日至4日长达近100个小时的时间内，在检察院讯问室被讯问了7次，其间只有短暂的中断”。[1]

据了解，在2017年“两高三部”《关于办理刑事案件严格排除非法证据若干问题的规定》出台之前，最高人民法院在牵头起草征求意见稿时，曾经参照2013年《最高法防冤意见》第8条规定的精神，明确规定对通过疲劳审讯方法收集的有罪供述予以排除，并且对判断疲劳审讯的标准也作了规定，但这一条款由于相关部门坚决反对而最终被删除。这一方面说明，对于疲劳审讯相关各方存在不同的意见，另一方面也说明，侦查机关已经对疲劳审讯存在严重的依赖，在一定意义上说，疲劳审讯甚至还受到有关部门的纵容。有学者通过对裁判文书的分析发现，2012—2018年，共有1095件关于疲劳审讯的判决书，其中，2012年1份，2013年16份，2014年173份，2015年166份，2016年204份，2017年281份，2018年254份。因此，整体上呈现出逐步增多的趋势。由于法律对疲劳审讯的判断标准以及是否排除疲劳审讯方法收集的证据缺乏明确的规定，法院实际排除证据的只有57例。在对疲劳审讯所得供述进行排除的57例中，案件数量最多的犯罪类型依然是职务犯罪，占排除总数的40%，盗窃、诈骗、抢劫等侵财类犯罪占19%，毒品犯罪占18%，故意杀人、故意伤害、强奸等暴力犯罪占7%，其他犯罪占16%。可见，职务犯罪案件侦查过程中疲劳审讯情况最为严重。[2]有的案件中，侦查人员连续多次讯问犯罪嫌疑人达到52小时、53小时、58小时16分、129小时10分甚至180小时，中间没有保证被讯问人足够的休息时间；[3]有的案件中，侦查人员违规连续讯问，竟然在拘捕犯罪嫌疑人后超过24小时未能依法送交看守所羁押；[4]有的案件中犯罪嫌疑人从到达侦查机关接受讯问开始到被送交看守所为止，连续60个小时未得到休息。[5]在吉克某某等故意杀人案中，公安机关的破案报告中明确写到：“犯罪嫌疑人吉克某某拒不交代案件情况……最后在长达两天两夜的审讯中，在铁的证据面前，吉克某某终于低下了头，供述了参与杀害死者勒尔某某的事实。”但案卷笔录中所记载的侦查机

[1] 左卫民、马静华等：《中国刑事诉讼法运行机制实证研究（六）》，法律出版社2015年版，第84页。

[2] 参见柳柳：“疲劳审讯认定与审查实证研究——基于2012—2018年1095份裁判文书的分析”，载《公安学研究》2020年第1期，第67-68页。

[3] 参见柳柳：“疲劳审讯认定与审查实证研究——基于2012—2018年1095份裁判文书的分析”，载《公安学研究》2020年第1期，第70页。

[4] 参见广东省江门市中级人民法院（2017）粤07刑终215号刑事裁定书。

[5] 参见山东省德州市中级人民法院（2015）德中刑一初字第12号刑事判决书。

关第一次讯问吉克某某的时间仅为6小时15分钟。[1]这说明，在司法实践中，疲劳审讯远远比案卷笔录或者裁判文书能够反映出来的情况更为普遍，而且有的还相当严重。与以物理强制为特征的刑讯逼供一样，疲劳审讯既损害了被讯问人的身体健康，也可能产生虚假供述，引发冤假错案，[2]因而同样值得高度警惕。

第三，对刑讯逼供罪的司法认定过于宽松、处罚过于轻缓的问题没有完全解决，导致刑罚的威慑效果被减损。首先，在罪与非罪的问题上，司法认定过于宽松。一些明显构成刑讯逼供罪的案件，法院却拒绝认定为犯罪。例如，派出所民警郭某在办理马某被盗案件时，对涉案当事人刘某1、刘某2、岑某等人询问过程中，使用暴力、体罚等手段，逼取口供，导致刘某2入院治疗，经医院诊断为头部外伤、右额颞部头皮挫伤、右肩部软组织挫伤、腹部软组织挫伤、窦性心律不齐。在庭审中，公诉机关提供了大量证据证明郭某实施了刑讯逼供行为及其危害结果，被告人郭某对上述事实也无异议。但法院认为，本案是派出所将马某被盗案件立为行政治安案件后，被告人郭某作为该所民警“在办理行政案件过程中，在案件初查阶段，制作询问笔录后，对行政违法人实施的殴打、体罚行为，不是刑法规定的为逼取口供而实施的殴打、体罚行为，且马某被盗案件所涉的四嫌疑人也就是本案涉及的四人（刘某1、潘某、刘某2、岑某）至今也未被定罪处罚”。因此，被告人郭某实施的行为与法律所规定的为逼取口供而对犯罪嫌疑人、被告人实施的行为不相符，不完全具备刑法上规定的刑讯逼供罪的构成要件，最后宣告郭某无罪。[3]然而，根据《治安管理处罚法》第116条的规定，“人民警察办理治安案件”，有刑讯逼供、体罚、虐待、侮辱他人，“构成犯罪的，依法追究刑事责任”。据此，仅仅因为郭某办理的案件性质是“行政案件”而非刑事案件，所调查的刘某1等4名嫌疑人最终没有被定罪处罚，就认为其行为不符合刑法规定的刑讯逼供构成要件，显然与法律的本意不符。更何况，对《刑法》第247条规定的“犯罪嫌疑人”“不能完全按照刑事诉讼法的规定”进行理解，“只要是被公安、司法机关作为嫌疑人对待或者被采取刑事追诉手段的人，都属于本罪中的嫌疑人”。[4]如果过于机械地理解作为刑讯逼供罪对象的“犯罪嫌疑人”，那么《刑法》关于刑讯逼供罪的规定必然会被侦查人员规避，因为所有派出所侦查的案件（尤其是盗窃案件在未查清被盗财物价值的情况下）都可以先立为“行政案件”进行调查，破案之后再转立为刑事案件，而在行政

---

〔1〕 王海、杨琳：“我国被告人翻供率居高不下之制度原因探析”，载《武汉公安干部学院学报》2019年第2期，第39页。

〔2〕 关于疲劳审讯的危害，参见董坤：“论疲劳审讯的认定及其所获证据之排除”，载《现代法学》2017年第3期，第123-124页。

〔3〕 参见郭某刑讯逼供罪一审刑事判决书，(2016) 冀0302刑初178号。

〔4〕 张明楷：《刑法学（下）》，法律出版社2016年版，第908-909页。

案件调查期间无论如何逼取口供，实施逼供行为的警察都不构成刑讯逼供罪。实践中还有一些刑讯逼供案件本该受到刑事追究，但检察机关拒绝立案，受害人不得不直接向法院起诉。而刑讯逼供罪作为自诉案件往往因为证据不足被法院驳回，由此导致受害人上访，成为诱发社会不稳定的重要因素。其次，对刑讯逼供犯罪的定罪过于宽松，本该认定构成故意伤害罪或者故意杀人罪的行为，却以刑讯逼供罪定罪。根据《刑法》第247条规定，司法工作人员对犯罪嫌疑人、被告人实行刑讯逼供，致人伤残、死亡的，依照同法第234条关于故意伤害罪、第232条关于故意杀人罪的规定“定罪”并且“从重处罚”。这一规定表明，“只要刑讯逼供致人伤残或者死亡，不管行为人对伤害或者死亡具有何种心理状态（以具有预见可能性为前提），均应认定为故意伤害罪或故意杀人罪，并从重处罚”。[1]但从司法实践情况看，刑讯逼供致人死亡的，几乎没有被认定为故意杀人罪的，而普遍以故意伤害罪定罪处罚。有的案件中法院明确认定被告人在审讯过程中对被害人“刑讯逼供，并致其死亡，后果严重”，在案证据也能够证明被告人对被害人死亡存在“放任”的心理态度，但仍然以故意伤害罪定罪处罚。[2]再次，对刑讯逼供罪处罚过轻，大量的犯罪分子被免予处罚。有的共同犯罪案件多名被告人同时被免予刑事处罚。[3]有的行为人刑讯逼供致人重伤，本应依据《刑法》第234条第2款从重处罚，事实上却被从轻处罚甚至减轻处罚。[4]有的案件多人共同实施刑讯逼供犯罪致人死亡，对唯一的一名主犯却以自首、立功为由减轻处罚而判处有期徒刑7年。[5]对刑讯逼供犯罪的定罪和处罚如此轻缓，不仅与对其他侵害生命、健康权的犯罪行为的定罪处罚产生严重不平衡，损害刑法适用的平等性和司法的公正性，而且降低了刑讯逼供犯罪的成本，减损了刑罚对刑讯逼供罪的威慑效果。一些侦查人员，甚至从警二十多年、多次受到表彰的

---

〔1〕 张明楷：《刑法学（下）》，法律出版社2016年版，第909-910页。

〔2〕 参见林某、吴某某等故意伤害罪一审刑事判决书，（2017）琼96刑初9号。类似的案件，参见吕某某、张某甲等故意伤害罪一审刑事判决书，（2014）东刑初字第961号；贾某等人故意伤害一审刑事判决书，（2017）湘09刑初7号。

〔3〕 例如，某刑警中队原队长王某某带领该中队民警曹某某、辅警李某在董某一涉嫌盗窃一案过程中，采取暴力殴打方法逼取口供，导致董某一轻伤二级，被检察机关提起公诉，最终法院认定三人构成刑讯逼供罪，但均免予刑事处罚。参见王某某、曹某某刑讯逼供一审刑事判决书，（2019）黑1223刑初69号。

〔4〕 例如，被告人杨某某、陆某某对犯罪嫌疑人实施殴打、捆绑和吊挂行为，致犯罪嫌疑人受到伤害，经鉴定构成重伤二级和劳动能力伤残七级，法院认定“依法应以故意伤害罪对二被告人定罪处罚”，但最终却以二人系从犯、如实供述、取得被害人谅解为由，对二人“减轻处罚”，判处杨某某有期徒刑七个月、缓刑一年，被告人陆某某有期徒刑六个月、缓刑一年，完全没有考虑《刑法》第247条关于“刑讯逼供致伤残的，应当以故意伤害罪从重处罚”的要求。参见杨某某、陆某某故意伤害罪刑事判决书，（2015）三刑初字第152号。

〔5〕 参见林某、吴某某等故意伤害罪一审刑事判决书，（2017）琼96刑初9号。

"优秀人民警察"之所以直到2019年仍然实施刑讯逼供的犯罪行为，[1]与司法机关长期以来对刑讯逼供罪的认定和处罚过于轻缓不无关系。

第四，到目前为止针对刑讯逼供的治理措施主要是从预防冤假错案的角度设计的，并未从根本上改变侦查讯问程序的强制性质，司法实践中大量进入审判程序的刑事案件仍然存在是否逼供和诱供等非法讯问情形的争议。在法律规定的"供述义务"支持之下，一些侦查人员为了获取犯罪嫌疑人的口供，基于侦查破案的压力和习惯仍然对刑讯逼供等非法讯问方法抱有一定的侥幸心理，以为只要没有造成明显的伤痕、没有导致冤假错案，偶尔采取一些强制手段问题不大。有的侦查人员往往在同一案件中采取多种不同的非法讯问方法，例如，既有轻微的暴力行为，也有一定的威胁性语言或动作，同时还伴有一定的诱供或者连续讯问时间偏长等情形。这些行为一般不会留下明显的或者持续性的伤痕，如果没有造成错案等不良后果，往往难以被外界了解，也不会受到内部追究。这也正是在刑讯逼供受到严厉禁止之后，一些变相讯逼供的行为以及以刑讯逼供以外的非法方法收集证据的现象仍然普遍存在的重要原因。例如，有学者调查发现，采取威胁、引诱、欺骗等非法方法讯问的情况实际发生率高达64%，潜在发生率也有18%。[2]常见的威胁方法有：对犯罪嫌疑人进行恐吓将对其使用暴力，揭露其个人隐私或痛苦往事，对其近亲属采取强制措施，对其配偶、子女追究相应责任或者影响子女前途，对有病的犯罪嫌疑人进行恐吓将对其不予治疗，等等。[3]司法实践中，当案件进入审判程序以后，控辩双方对是否存在逼供、诱供情形存在大量的争议。

2020年4月25日，笔者在中国裁判文书网以"逼供"作为关键词进行查询，获得刑事裁判文书32 788份，其中一审裁判18 848份，二审裁判11 335份，刑事审判监督裁判2574份，死刑复核裁判22份，刑罚与执行变更裁判5份，强制医疗1份，其他3份。作出裁判的法院分布于全国31个省、直辖市、自治区和新疆生产建设兵团，其中裁判文书数量位于前十位的省级单位分别是：广东(3786)、湖南（3177)、江苏（2008)、四川（1880)、浙江（1657)、广西(1652)、河南（1541)、云南（1514)、吉林（1498)、福建（1413)。这说明，

---

[1] 例如，山东省栖霞市公安局治安管理大队行动中队中队长李某某从警二十多年，先后十六次被表彰，可以说是一名典型的"优秀人民警察"，但在2019年2月侦办犯罪嫌疑人遇某某涉嫌寻衅滋事罪一案的审讯过程中，为了获取遇某某的口供，用巴掌殴打遇某某头部、面部几下，致使其左耳鼓膜穿孔，经鉴定构成轻伤，最后被法院定罪免刑。参见李某某刑讯逼供一审刑事判决书，(2019）鲁0691刑初386号。

[2] 参见胡志风："不规范侦查讯问行为的质性观察与规范进程"，载《河南社会科学》2014年第7期，第48页。

[3] 参见陈光中主编：《非法证据排除规则实施问题研究》，北京大学出版社2014年版，第11页。

各地均有相当数量的刑事案件中存在是否逼供的争议。2009—2020 年期间的相关裁判文书类型和作出裁判的时间如表 10-2 所示。

表 10-2　涉"逼供"争议的裁判文书[1]一览表（2009—2020 年）　（单位：份）

年度	判决书	裁定书	通知书	决定书	其他	合计
2020	84	102	39	0	0	225
2019	2437	1335	560	3	1	4336
2018	3451	1565	600	4	1	5621
2017	3737	1703	522	5	0	5967
2016	3469	1643	291	4	0	5407
2015	3303	1687	187	3	0	5180
2014	3082	1396	71	0	0	4549
2013	644	263	8	0	0	915
2012	145	90	0	0	0	235
2011	38	32	0	0	0	70
2010	20	29	0	0	0	49
2009	12	10	0	0	0	22
合计	20 422	9855	2278	19	2	32 576

在涉"逼供"争议的裁判文书中，进一步以关键词"威胁"进行检索，可以发现涉及是否以威胁方法逼供的裁判文书 6276 份，其中 2012—2019 年分别有 39 份、160 份、832 份、949 份、964 份、1147 份、1140 份和 959 份。

同一天，笔者在中国裁判文书网以"诱供"作为关键词进行查询，获得刑事裁判文书 11 694 份，其中一审裁判 6321 份，二审裁判 4410 份，刑事审判监督裁判 955 份，死刑复核裁判 8 份，作出裁判的法院分布于全国 31 个省、直辖市、自治区和新疆生产建设兵团，其中裁判文书数量位于前十位的省级单位分别是：广东（1151）、江苏（912）、浙江（867）、四川（819）、湖南（784）、福建（595）、河南（590）、安徽（576）、广西（575）、湖北（500）。这说明，各地均有相当数量的刑事案件中存在诱供争议，相关裁判文书类型和作出裁判的时间如表 10-3 所示。

[1] 含关于"刑讯逼供罪"的裁判文书 136 份。

表 10-3　涉“诱供”争议的裁判文书一览表（2009—2020 年）　（单位：份）

年度	判决书	裁定书	通知书	决定书	其他	合计
2020	31	46	24	0	0	101
2019	978	731	228	0	1	1938
2018	1344	825	233	1	0	2403
2017	1474	825	192	1	0	2492
2016	1188	687	83	1	0	1959
2015	967	350	46	2	0	1365
2014	995	557	16	0	0	1568
2013	211	86	2	0	0	299
2012	38	23	0	0	0	61
2011	16	10	0	0	0	26
2010	2	5	0	0	0	7
2009	6	2	0	0	0	8
合计	7250	4147	824	5	1	12 227

从表 10-2、表 10-3 可以看出，司法实践中关于侦查（调查）讯问是否存在逼供、诱供情形的争议，在 2013—2017 年整体上呈现逐年增多的趋势，2018 年略有减少，2019 年与 2017 年最高峰相比则分别有 27% 和 23% 的减少，涉“威胁”方法争议的裁判文书变化趋势与涉“逼供”争议裁判文书的整体变化趋势类似。从总体上看，涉“逼供”的争议比涉“诱供”的争议更多，前者将近后者的三倍；其中，涉“威胁”方法逼供争议的案件数量不及涉“诱供”争议案件的一半。虽然就某一特定案件来说，被告人及其辩护人提供有罪供述是侦查（调查）人员逼供、诱供的结果，这一抗辩本身并不能说明案件中一定存在逼供、诱供情形，但逼供、诱供的抗辩连续多年持续增加，至少可以说明逼供、诱供的情形越来越普遍。至于逼供、诱供的抗辩在 2018 年小幅减少、2019 年明显减少，可能与认罪认罚从宽制度试点后期适用率不断提高以及 2018 年 10 月修改《刑事诉讼法》以后认罪认罚从宽制度在全国范围内正式实施有关，因为被告人一旦认罪认罚，通常不会再就侦查（调查）讯问的合法性问题在审判阶段提出争辩，但这并不意味着在侦查（调查）讯问中逼供、诱供的情形实际减少了。

逼供、诱供争议的大量存在，一方面说明被告人及其辩护人越来越多地利用非法证据排除规则提出了证据合法性抗辩，另一方面说明司法实践中想尽一切办法获取犯罪嫌疑人的有罪供述仍然是侦查（调查）讯问的主要目的。由于侦查讯问的强制性特征和口供中心主义的侦查模式没有改变，而现有非法证据排除规则确定的排除范围又极其有限，一些看似不太明显的逼供、诱供情形，一旦遇到特殊的案件（例如涉黑案件）或者特定的“外部气候”（例如“专项打击”时），随时可能逾越边界，陷入刑讯逼供的泥潭。要想使刑讯逼供等非法讯问方法得到根本治理，必须从制度上彻底铲除刑讯逼供等非法讯问方法所赖以产生的基础。

四、侦查讯问其他程序规则的实施情况

我国《刑事诉讼法》对侦查讯问的规制，除了录音录像制度以及禁止以刑讯逼供等非法方法获取口供以外，还从讯问主体、讯问时间和地点、讯问前的权利义务告知、讯问的具体步骤以及讯问笔录的制作等多个方面设定了程序规则。这些程序规则对于维护犯罪嫌疑人的诉讼权利和合法权益，确保侦查讯问获取真实、有效的供述和辩解均具有重要的意义。在司法实践中，控辩双方对口供合法性的争议，不仅包括对侦查讯问的方法是否违反法律的争议，也包括收集口供的程序是否合法的争议。

（一）关于讯问犯罪嫌疑人的主体

自1979年起，《刑事诉讼法》一向要求讯问犯罪嫌疑人必须由侦查人员进行，而且讯问时侦查人员不得少于二人。据此，只有具有执法办案资格的侦查人员才能讯问犯罪嫌疑人。为了保证这一规定得到落实，2016年《公安机关执法细则（第三版）》第13-05条第1款进一步要求：“讯问开始时，应当表明执法身份。”然而，由于公安机关警力有限，“侦查讯问必须由不少于二名侦查人员进行”的规定几乎从来没有得到完全执行。在公安机关的一些基层办案单位，不具有侦查资格的联防队员、协警、辅警等参与讯问的情况在各地普遍存在，并因此多次出现过刑讯逼供致人死亡事件。为此，公安部曾多次发文要求清理、整改。[1]有学者通过对C市R区公安分局、检察院、法院刑事案卷的调研发现，在1984年、1994年的案卷中，讯问笔录反映只有1名侦查人员进行讯问的情形较多，而在2004年的案卷中，讯问笔录反映已基本遵循了2人讯问的要求。[2]在1996年《刑事诉讼法》实施期间，有学者调研发现，在侦查讯问中十种常见的不规范行为中，“非侦查人员参与讯问”的发生率为48.6%，居于首位；“讯问笔录中写错被讯问人姓名”的发生率为40.7%，位居第二。[3]2012年《刑事诉

〔1〕参见《中国青年报》2004年9月4日报道：“公安部要求对治安员队伍进行专项清理 三年内清退全部‘协警’”，载http://zqb.cyol.com/content/2004-09/04/content_943454.htm，最后访问日期：2020年4月26日。

〔2〕左卫民：“中国刑事案卷制度研究——以证据案卷为重心”，载《法学研究》2007年第6期，第102页。

〔3〕参见夏红、曲利民：“常见不规范侦查讯问行为及其程序性处置调查分析”，载《黑龙江省政法管理干部学院学报》2009年第6期，第106页。

讼法》实施以后，在派出所等一些基层单位，由于警力不足，由 1 名侦查人员进行讯问或者由不具有侦查资格的辅警参与讯问的现象仍然具有一定的普遍性，甚至存在完全由 1 名或 2 名辅警讯问的场面。〔1〕作为侦查实践的潜规则，侦查人员都会补签名字。因而，讯问主体不合法的情形单纯从讯问笔录上是很难发现的。〔2〕据立法人员介绍，“侦查讯问必须由不少于二名侦查人员进行”的规定，主要是基于以下考虑：一是讯问工作的需要，有利于客观、真实获取和固定证据；二是有利于互相配合、监督，防止个人徇私舞弊或发生刑讯逼供、诱供等非法讯问行为，同时也有利于防止一些犯罪嫌疑人诬告侦查人员有人身侮辱、刑讯逼供等行为。〔3〕应当说，在侦查讯问没有实现全程同步录音录像或者全程监控之前，这种考虑有一定现实依据，但随着录音录像制度和办案场所规范化和智能化程度的不断提高，上述立法依据已经基本消失。〔4〕考虑到侦查讯问的时间性要求较强、侦查办案力量的分布不均衡以及侦查讯问内外监督的不断强化等各方面因素，对于在全程监控或者全程同步录音录像条件下进行的讯问而言，只要坚守必须由侦查人员进行讯问的底线即可。至于由几名侦查人员进行讯问、是否让辅警在场参与讯问等，宜由侦查机关根据案件具体情况决定。事实上，根据 2012 年《最高法解释》第 82 条，“讯问笔录填写的讯问时间、讯问人、记录人、法定代理人等有误或者存在矛盾”以及“讯问人没有签名”的，均属于讯问笔录的“瑕疵”，经过补正或者合理解释以后，该讯问笔录仍然可以作为定案的根据。因此，司法实践中对 1 名侦查人员进行讯问或者没有获得侦查资格的人员参与讯问的现象基本上是容忍的。

（二）关于讯问犯罪嫌疑人的时间

2012 年《刑事诉讼法》对侦查阶段讯问犯罪嫌疑人的时间设定了三条限制：一是对被拘留的犯罪嫌疑人，应当立即将被拘留人送看守所羁押，至迟不得超过 24 小时；二是对被拘留、逮捕的犯罪嫌疑人，应当在拘留或逮捕后的 24 小时以内进行讯问；三是对尚未被拘留、逮捕的犯罪嫌疑人，传唤、拘传持续的时间不得超过 12 小时；案情特别重大、复杂，需要采取拘留、逮捕措施的，传唤、拘传持续的时间不得超过 24 小时。实证调研发现，将被拘留人在 24 小时内送看守

〔1〕 参见孙秀兰、陈列：“基层公安机关侦查讯问的规范性研究——以 Y 派出所为例”，载《政法学刊》2015 年第 6 期，第 115 页；左卫民、马静华等：《中国刑事诉讼运行机制实证研究（六）》，法律出版社 2015 年版，第 86 页。

〔2〕 孟凡骞：“侦查讯问程序违法的法律规制”，载《甘肃政法学院学报》2019 年第 5 期，第 103-104 页。

〔3〕 王爱立主编：《〈中华人民共和国刑事诉讼法〉释义》，法律出版社 2018 年版，第 261 页。

〔4〕 有学者经实证调研后也认为：“随着科技的进步和制度的完善，单警讯问取得合法性地位的时机已经成熟。”参见李玉华：“侦查制度改革实证研究”，载《中国刑事法杂志》2018 年第 6 期，第 50 页。

所羁押以及对被拘捕人在24小时内进行讯问的规定执行得较好，侦查人员普遍能够遵守法律的规定。[1]但是，拘留、逮捕以前传唤、拘传的持续时间普遍超过法律规定。在司法实践中，“传唤、拘传持续的时间不得超过12小时”的规定基本上没有得到执行，“除非案件简单，侦查人员一般都会忽视传唤、拘传12小时的限制，基本以24小时作为讯问期间，即充分用足法律规定”。[2]2012年《刑事诉讼法》第117条增加了“口头传唤”的规定，“对在现场发现的犯罪嫌疑人，经出示工作证件，可以口头传唤，但应当在讯问笔录中注明”。《人民警察法》第9条规定：“为维护社会治安秩序，公安机关的人民警察对有违法犯罪嫌疑的人员，经出示相应证件，可以当场盘问、检查；经盘问、检查，有下列情形之一的，可以将其带至公安机关，经该公安机关批准，对其继续盘问：（一）被指控有犯罪行为的；（二）有现场作案嫌疑的；（三）有作案嫌疑身份不明的；（四）携带的物品有可能是赃物的。对被盘问人的留置时间自带至公安机关之时起不超过二十四小时，在特殊情况下，经县级以上公安机关批准，可以延长至四十八小时，并应当留有盘问记录……经继续盘问，公安机关认为对被盘问人需要依法采取拘留或者其他强制措施的，应当在前款规定的期间作出决定；在前款规定的期间不能作出上述决定的，应当立即释放被盘问人。”可见，对于“现场发现的犯罪嫌疑人”，公安机关既可以口头传唤，也可以留置盘问，二者并无明确的界限。在司法实践中，“口头传唤是否延长并不真正取决于‘案情特别重大、复杂’这一法定条件，而主要取决于由刑拘证明标准所产生的查证压力：查证压力较小的，口头传唤一般可控制在12小时之内；查证压力较大的，多延长至24小时”。[3] 还有大约25%的案件，公安机关通过留置盘问将控制犯罪嫌疑人的时间维持在24—48小时，以适应一些疑难、复杂案件的查证要求。[4] 有公安干警调研后发现，由于侦查人员对犯罪嫌疑人到案时间以及送交看守所的时间记载不实、滥用指定居所监视居住以及滥用口头传唤与传唤，实践中存在严重的“越期传唤”现象，“很多侦查员为了回避传唤证上对传唤时间的记载，对于不是在现场发现的犯罪嫌疑人依然使用口头传唤。使用口头传唤，则不需要出示传唤证，只需要在讯问笔录上记载到案时间和讯问时间，而讯问笔录上所记载的口头传唤

---

〔1〕 左卫民等：《中国刑事诉讼法运行机制实证研究（二）：以审前程序为重心》，法律出版社2009年版，第30页。

〔2〕 孟凡骞：“侦查讯问程序违法的法律规制”，载《甘肃政法学院学报》2019年第5期，第104页；孙秀兰、陈列：“基层公安机关侦查讯问的规范性研究——以Y派出所为例”，载《政法学刊》2015年第6期，第116页；左卫民、马静华等：《中国刑事诉讼运行机制实证研究（六）》，法律出版社2015年版，第14页。

〔3〕 左卫民、马静华等：《中国刑事诉讼运行机制实证研究（六）》，法律出版社2015年版，第15页。

〔4〕 马静华：《中国刑事诉讼运行机制实证研究（三）：以侦查到案制度为中心》，法律出版社2010年版，第102页。

的开始与结束时间完全由侦查人员自行填写，其真实性难以保证。这就为传唤期限违法埋下了严重的隐患”。[1]

至于被拘捕的犯罪嫌疑人可以连续讯问多长时间、可否在夜间讯问等，法律并无限制性规定。在2013年《最高法防冤意见》提出排除疲劳审讯获得的供述之后，被告人及其辩护人在审判过程中以疲劳审讯为由申请排除非法证据的情形逐年增多，但根据对2013—2017年有关裁判文书的调查分析，最终得到法院支持的只有10.4%。法院认定是否疲劳审讯的变量一是审讯持续的时间长短，二是审讯的起止时间（是否夜间），三是被审讯者的生理和精神状态。其中，前两个变量是最具有决定性的。[2]但是，究竟如何确定疲劳审讯的标准，以及是否排除疲劳审讯获得的有罪供述，学界以及实务界争议较大，[3]实践中的认定标准也不一致，以至于2017年“两高三部”《关于办理刑事案件严格排除非法证据若干问题的规定》完全回避了关于是否排除疲劳审讯所获得证据的问题。不过，根据本课题组的调研，也有一些地方在控制疲劳审讯方面积累了比较好的经验，广东省珠海市公安局早在2015年就规定，原则上夜间不允许提讯在押犯罪嫌疑人，除非经过市公安局纪委批准。

（三）关于讯问的地点

对于侦查阶段讯问犯罪嫌疑人的地点，《刑事诉讼法》第118条和第119条及有关法律解释根据犯罪嫌疑人是否被拘捕提出了不同的要求，即，对于被拘捕的犯罪嫌疑人，讯问必须在看守所的讯问室进行；对于尚未被拘捕的犯罪嫌疑人，可以传唤到犯罪嫌疑人所在市、县内的指定地点或者到他的住处进行讯问，但是应当出示人民检察院或者公安机关的证明文件；对在现场发现的犯罪嫌疑人，在紧急情况下，可以现场讯问。[4]从学界及本课题组调研的情况看，至少从2013年起，对在押犯罪嫌疑人的讯问通常都能够在看守所的讯问室内进行，所外提审总体上受到了比较严格的控制。但是，对传唤、拘传、留置到案的犯罪嫌疑人，在公安机关执法办案场所规范化建设完成以前，讯问地点往往在侦查部门的办公场所甚至侦查人员任意选定的地点，而在公安机关普遍建成了规范化的执法办案场所以后，讯问地点一般在规定的执法办案场所。公安部2013年10月

〔1〕 李祥：“侦查中的‘超期传唤’问题研究”，载《江苏警官学院学报》2018年第2期，第61页。

〔2〕 参见易延友：“疲劳审讯的认定与界定——以817个实务案例为基础的展开”，载《政法论坛》2019年第2期，第118页。

〔3〕 参见朱孝清：“刑事诉讼法实施中的若干问题研究”，载《中国法学》2014年第3期，第258页；董坤：“论疲劳审讯的认定及其所获证据之排除”，载《现代法学》2017年第3期，第127-128页；陈光中、郭志媛：“非法证据排除规则实施若干问题研究———以实证调查为视角”，载《法学杂志》2014年第9期，第4页。

〔4〕 关于紧急情况下的现场讯问，参见2014年《公安机关录音录像规定》第4条。

25 日出台、2014 年 1 月 1 日起施行的《公安机关执法办案场所办案区使用管理规定》（公法〔2013〕1102 号）第 4 条规定，“违法犯罪嫌疑人被带至公安机关后，办案民警应当将其立即带入办案区；除经办案部门负责人批准，起赃、辨认现场或者尸体的以外，不得将违法犯罪嫌疑人带出办案区”。公安部在下发该规定的通知中明确要求：“要严格按照规定在办案区内办案，严禁违反规定在办案区以外的地方讯问、询问违法犯罪嫌疑人。”实践中刑讯逼供、疲劳审讯等非法讯问情形大多发生在将犯罪嫌疑人送交看守所之前的讯问期间，而这一期间的讯问之所以出现问题，往往是因侦查人员在讯问地点或者讯问持续时间方面违反了相关规定。〔1〕一项针对 164 名刑侦干警的调研发现，“98 名被调查者能够严格按照规定在办案区进行看管、讯问工作，占总数的 60%；66 名被调查者不能够按照规定在办案区进行讯问，占总数的 40%。这表明，在犯罪嫌疑人被刑事拘留送看守所羁押之前，有 40%的讯问工作没有按照公安部规定在办案区进行”。〔2〕有鉴于此，《公安机关执法细则（第三版）》第 13-02 条第 2 款对讯问地点进一步作出细化的规定：讯问不需要拘留、逮捕的犯罪嫌疑人，应当在其所在市、县公安机关的办案场所进行，不得在办公场所或者宾馆、酒店、招待所等其他场所进行；对于患有严重疾病或者残疾、行动不便的，以及正在怀孕的犯罪嫌疑人，经县级以上公安机关负责人批准，可以到犯罪嫌疑人的住处进行。

（四）关于侦查讯问前的权利义务告知

在司法实践中，公安机关、检察机关的侦查人员在讯问犯罪嫌疑人时，通常以《犯罪嫌疑人诉讼权利义务告知书》的形式告知其依法享有的诉讼权利和应当履行的诉讼义务，具体内容因《刑事诉讼法》的不断修改而不断增多。例如，1996 年《刑事诉讼法》实施期间，公安机关《犯罪嫌疑人诉讼权利义务告知书》中列出了犯罪嫌疑人依法享有的使用本民族语言诉讼权、控告权、申请回避权、自行辩护权、聘请律师提供法律帮助权、要求解除强制措施权、拒绝回答无关问题权、核对补充改正讯问笔录权和如实回答的义务、确认各种法律文书无误后签名的义务、接受强制措施和侦查措施的义务等八项权利和三项义务。2012 年《刑事诉讼法》将权利告知内容修改为使用本民族语言文字进行诉讼权、申请回避权、自行辩护权、委托辩护和申请法律援助权、拒绝回答与案件无关的问题权、如实供述获得从宽处理法律规定权、申请变更或者解除强制措施权、获悉鉴

〔1〕 例如，在林某、吴某某等故意伤害一案中，被告人林某等人为了实施刑讯逼供，于 2016 年 4 月 12 日 19 时 44 分故意将涉嫌网络诈骗犯罪的黄某从有监控的审讯室带至没有视频监控的信息采集室门口卫生间过道，然后殴打、折磨近三小时，同日 22 时 25 分将黄某架回讯问室，此时黄某已行走困难。之后继续审讯，直至 13 日 2 时许审讯结束，其间黄某表情痛苦。13 日 3 时 19 分，黄某经抢救无效死亡。参见林某、吴某某等故意伤害案一审刑事判决书，（2017）琼 96 刑初 9 号。

〔2〕 王峥：“刑事侦查讯问调查研究”，载《广西警官高等专科学校学报》2015 年第 2 期，第 8 页。

定意见权、核对补充改正讯问笔录权、申诉控告权十项权利。2018年修改《刑事诉讼法》以后，侦查人员还应当告知犯罪嫌疑人具有约见值班律师的权利以及认罪认罚的法律规定。有学者调研发现，在2012年《刑事诉讼法》实施以后，大多数侦查人员能够向犯罪嫌疑人充分告知诉讼权利义务因而大多数犯罪嫌疑人在接受讯问前对自己的诉讼权利有较为全面的了解。[1]另有调研显示，侦查人员讯问前未对犯罪嫌疑人充分告知诉讼权利的行为实际发生率为9%。[2]由于法律没有明确要求何时告知以及以何种方式告知，也没有规定违反告知义务的后果，侦查人员在履行告知义务方面有时较为随意和形式化。例如，有的侦查人员在讯问过程中告知；有的在完成讯问笔录后签字时告知；还有的只是在讯问笔录中写明告知内容，但没有实际履行告知程序；或者让犯罪嫌疑人在专门的《犯罪嫌疑人诉讼权利义务告知书》上签字而没有允许其充分阅读。此外，侦查机关有时采用口头告知，有时采用书面告知的方式，还存在让犯罪嫌疑人自行阅读贴在审讯室墙上的告知书的情况。[3]

（五）关于讯问的具体步骤

《刑事诉讼法》规定："侦查人员在讯问犯罪嫌疑人的时候，应当首先讯问犯罪嫌疑人是否有犯罪行为，让他陈述有罪的情节或者无罪的辩解，然后向他提出问题。"[4]这一规定的主要意图是"为了防止侦查人员在讯问时主观片面，先入为主"。[5]然而，由于"有罪推定"的观念根深蒂固，加之特权思维作祟，很多侦查人员在讯问犯罪嫌疑人时有意无意地省略了"讯问犯罪嫌疑人是否有犯罪行为"这一步骤，而直接让犯罪嫌疑人"交代"犯罪事实。[6]一些侦查人员并且以法律关于"如实回答"义务的规定等勒令犯罪嫌疑人按照自己的预期作出供述。可以说，各种形式的"逼供"现象之所以长期存在，均与此有关。

（六）关于讯问笔录的制作、核对和移送等程序要求

在讯问笔录的制作、核对和移送等程序方面，自1979年以来，立法规定在内容上没有什么变化。结合2012年《公安部规定》第199条至第202条、《公安

---

〔1〕王峥："侦查讯问实施状况实证研究"，载《河南警察学院学报》2015年第1期，第117页。

〔2〕胡志风："不规范侦查讯问行为的质性观察与规范进程"，载《河南社会科学》2014年第7期，第48页。

〔3〕参见张如、徐和平："侦查阶段犯罪嫌疑人权利告知规则之完善"，载《安徽广播电视大学学报》2016年第1期，第33-34页；刘玲胜军："公安执法规范化视阈下侦查讯问权利告知程序的思考"，载《辽宁公安司法管理干部学院学报》2020年第1期，第5页。

〔4〕参见2018年《刑事诉讼法》第120条、2012年《刑事诉讼法》第118条、1996年《刑事诉讼法》第93条和1979年《刑事诉讼法》第64条。

〔5〕郎胜主编：《〈中华人民共和国刑事诉讼法〉释义》，法律出版社2012年版，第281页。

〔6〕刘鹏里等："我国侦查讯问笔录制作现状探析"，载《辽宁警察学院学报》2016年第5期，第27页。

机关录音录像规定》第13条[1]和2012年《最高检规则》198条至第200条的规定[2]以及案卷管理制度的相关要求[3]，关于讯问笔录的程序规则主要包括以下内容。第一，如实记录。侦查人员应当将问话和犯罪嫌疑人的供述或者辩解如实地记录清楚，既不能对问话和犯罪嫌疑人的陈述不做记录，也不能对犯罪嫌疑人的供述和辩解进行选择性记录。第二，全面核对。每次讯问结束时，讯问笔录均应交犯罪嫌疑人核对，对于没有阅读能力的，应当向他宣读。如果记载有遗漏或者差错，犯罪嫌疑人可以提出补充或者改正。第三，签名确认。犯罪嫌疑人承认笔录没有错误后，应当签名或者盖章。侦查人员也应当在笔录上签名。第四，允许自书。犯罪嫌疑人请求自行书写供述的，应当准许。必要的时候，侦查人员也可以要犯罪嫌疑人亲笔书写供词。第五，完整装订和随案移送。即对侦查讯问后形成的所有笔录，侦查人员必须按照规定装订入卷，并且在移送起诉时，随案移送给检察机关。在实行侦查讯问同步录音录像之前，讯问笔录是固定和保存犯罪嫌疑人供述和辩解的唯一方法；在实行侦查讯问同步录音录像之后，讯问笔录仍然是固定和保存犯罪嫌疑人供述和辩解的主要方法，而犯罪嫌疑人的供述和辩解是刑事诉讼中的一种重要证据，对于决定逮捕、起诉和审判具有极其重要的价值。因此，侦查人员遵循讯问笔录的程序规则，保持记录内容的真实性和完整性，对于保全犯罪嫌疑人供述和辩解的证据价值至关重要。

根据学界的调研和已经公开的案例，讯问笔录的程序规则在实施中主要存在以下问题。（1）没有如实、完整地记录侦查人员的问话和犯罪嫌疑人的陈述。例如，有的侦查人员对犯罪嫌疑人讯问了多次，但只选择性地记录了其中的几次；有的案件中，犯罪嫌疑人既有有罪供述，也有无罪辩解，但讯问笔录中记录了有罪供述，而没有记录无罪辩解；[4]有的讯问笔录所记载的犯罪嫌疑人陈述内容与录音、录像反映的情况不一致，笔录与录音录像所反映的讯问时间不匹配。[5]（2）讯问笔录没有依法交犯罪嫌疑人核对或者向其宣读，就让其签了名，

---

〔1〕 该条规定："在制作讯问笔录时，侦查人员可以对犯罪嫌疑人的供述进行概括，但涉及犯罪的时间、地点、作案手段、作案工具、被害人情况、主观心态等案件关键事实的，讯问笔录记载的内容应当与讯问录音录像资料记录的犯罪嫌疑人供述一致。"

〔2〕 类似的规定，参见1987年《公安部规定》第56条至第58条、1998年《公安部规定》第183条至第185条以及1999年《最高检规则》第142条和第143条、2019年《最高检规则》第187条至第190条。

〔3〕 参见1991年7月18日公安部印发的《公安业务档案管理办法》（公发〔1991〕9号，1991年10月1日起实行）。

〔4〕 参见张宇、孔庆梅："讯问笔录'失真'问题探析"，载《福建警察学院学报》2015年第3期，第40页。

〔5〕 参见赫凛冽："基层公安机关讯问笔录存在问题分析"，载《应用写作》2016第4期，第33页；贾月仙："同步录音录像下讯问笔录的制作现状审视与完善路径"，载《江西警察学院学报》2018年第6期，第110页；李玉华："侦查制度改革实证研究"，载《中国刑事法杂志》2018年第6期，第46页。

或者不允许犯罪嫌疑人对讯问笔录的内容进行补充或者更正。林莉红等在2007年通过对2621名服刑人员的调查发现，侦查讯问结束时，公安机关与检察机关的侦查人员让被讯问者看笔录或者读笔录给被讯问者听的比例分别超过64.6%、70.7%，没有让被讯问者看或没有读给其听的比例分别超过18.5%、20.0%。这说明大多数被讯问者，都有机会核对自己的陈述是否与笔录一致，但仍有少部分的被讯问者没有看到或听到笔录记载内容。受访者认为公安机关的讯问笔录与其陈述不一致的比例为56.5%，认为检察机关的讯问笔录与其陈述不一致的比例为53.9%。而在笔录与陈述不一致的情况下，公安机关不让被讯问者修改的比例超过50.2%，检察机关不让修改的比例超过50.8%。[1]2012年《刑事诉讼法》实施以后，情况明显好转，绝大多数犯罪嫌疑人可以在讯问后认真阅读笔录内容。[2]（3）不同的讯问笔录之间复制粘贴现象严重，记录内容的真实性令人怀疑。[3]（4）对部分讯问笔录没有装订入卷，或者没有随案移送，有的案件中多份讯问笔录无端丢失。[4]中央政法委2013年8月出台的《关于切实防止冤假错案的规定》第2条明确要求："侦查机关移交案件时，应当移交证明犯罪嫌疑人、被告人有罪或者无罪、犯罪情节轻重的全部证据。严禁隐匿证据、人为制造证据。"此后，公安机关加强了对讯问笔录的制作、入卷和移送等工作的管理，相关问题才逐渐得到解决。

五、侦查讯问程序存在的主要问题及其对策

自1979年以来，我国侦查讯问程序在制度上不断发展完善，在实践中不断改进，其中在录音录像的覆盖率方面，已经走在世界前列。侦查讯问的成果，对于有效侦破案件、成功追诉犯罪以及维护社会稳定，发挥了重大作用；同时，以防范冤假错案为宗旨、以遏制刑讯逼供等非法方法为直接目的而建立起来的诉讼内外制度体系，对于保护普通公民特别是犯罪嫌疑人的合法权益也有积极的意义。然而，从侦查讯问的实际效果以及正当程序的要求来看，我国侦查讯问程序仍然存在不少问题，有的问题还比较严重，需要综合考虑各方面的条件和因素统

---

〔1〕 林莉红、邓刚宏："审前羁押期间被羁押人权利状况调查报告"，载《中国刑事法杂志》2009年第8期，第118页。

〔2〕 王峥："侦查讯问实施情况实证研究"，载《河南警察学院学报》2015年第1期，第117页。

〔3〕 刘鹏里等："我国侦查讯问笔录制作现状探析"，载《辽宁警察学院学报》2016年第5期，第26页；张宇："讯问笔录'失真'问题探析"，载《福建警察学院学报》2015年第3期，第40页。

〔4〕 例如，在聂树斌故意杀人、强奸案中，侦查机关在抓获聂树斌之后的前5天内曾经对其进行了多次讯问，并且制作了讯问笔录，聂树斌在被讯问的这几天既有有罪供述，也有无罪辩解。但在该案申诉复查及再审期间，河北省高级人民法院、山东省高级人民法院和最高人民法院发现"聂树斌被抓获之后前5天的讯问笔录缺失"。对此，公安机关原办案人员提出了多种解释："一是聂树斌的供述断断续续，笔录不完整……三是当时存在对完整的讯问笔录入卷移送，不完整的讯问笔录不入卷移送的习惯做法等。"最高人民法院依据当时的法律、规章认为，"原办案人员没有作出合理解释"，"由于上述讯问笔录缺失，导致聂树斌讯问笔录的完整性、真实性受到严重影响"。参见聂树斌故意杀人、强奸案的再审刑事判决书，（2016）最高法刑再3号。

筹研究解决。

(一) 侦查讯问程序存在的主要问题

1. 侦查讯问的功能定位存在片面的"供述导向"

侦查讯问的对象是"犯罪嫌疑人"，不是确定无疑的罪犯。讯问的正当目的应当是发现和查明事实真相，让有罪的犯罪嫌疑人自愿作出准确的供述，并提出合理的辩解；同时让无罪的犯罪嫌疑人提出无罪的辩解，并自愿提供可能的侦查线索。这也是我国立法自1979年以来一直要求侦查人员"应当首先讯问犯罪嫌疑人是否有犯罪行为，让他陈述有罪的情节或者无罪的辩解，然后向他提出问题"的依据所在。然而，从实践情况看，获取犯罪嫌疑人的有罪供述，想尽一切办法让犯罪嫌疑人作出预期的有罪供述，成为侦查讯问人员的主要甚至是唯一追求。几十年来，以刑讯逼供为代表的非法讯问方法之所以屡禁不止，除了外在的制度约束不足等原因外，侦查讯问人员片面地追求"口供"乃是最为重要的内在动因，而有罪推定的传统观念又为侦查讯问人员坚持不懈地追求认罪供述提供了坚实的思想基础。实证调研发现，我国犯罪嫌疑人在侦查阶段的认罪率高达98.91%，而且"初次讯问"的认罪率即达到87.93%，远远高于英、美等发达国家犯罪嫌疑人的认罪率。[1]而从近二十年来发现的冤假错案来看，侦查讯问阶段所获得的"认罪供述"很多是虚假供述，侦查讯问人员自以为是的"有罪认定"最终往往是错误的。在总结冤案教训的基础上，英国自《1984年警察与刑事证据法》开始转变侦查讯问的功能定位，自1992年起，彻底放弃以有罪推定为前提、以获取有罪供述为导向的"莱德讯问法"(Reid Techniques)[2]转向"真实导向"的专业访谈，逐步确立了侦查阶段调查犯罪嫌疑人的"调查询问法"，以尽可能减少侦查人员对犯罪嫌疑人的心理操纵。[3]实证证明，英国的调

---

〔1〕 左卫民等:《中国刑事诉讼运行机制实证研究》，法律出版社2007年版，第41-45页。

〔2〕 "莱德讯问法"是指以创始人约翰·E. 莱德命名的一套审讯技术，又称"九步讯问法"，其基本内容是将侦查讯问分解为九个步骤，即直接正面提出指控、主题展开、对付否认、克服异议、获取并维持犯罪嫌疑人的注意力、处理犯罪嫌疑人的消极情绪、提出选择性问题、让犯罪嫌疑人口头陈述各种犯罪细节和将口供转换为书面供词。这套讯问技术的核心原理是"心理强制操纵"，运用前提是推定有罪，目的是获取犯罪嫌疑人的有罪供述。它是美国在废止刑讯之后到目前为止最为流行的警察审讯技术，1992年因培训教材《审讯与供述》一书被译成中文而传入中国。自"米兰达案件"对该技术提出批评以来，这套技术在美国引起巨大争议。关于这一技术的详细内容，参见［美］英鲍、莱德:《刑事审讯与供述》，刘涛等译，中国人民大学出版社2015年版。

〔3〕 "调查询问法"(Investigative Interviews)包括"准备和计划"(Planning and Preparation)、告知和解释(Engage and Explain)、澄清陈述和质疑(Account Clarification and Challenge)、总结收尾(Closure)和评估(Evaluation)五个步骤，简称"PEACE法"。目前这一方法得到英国、新西兰、澳大利亚、挪威、爱尔兰以及西欧一些国家的广泛采用。参见郭志媛:"非法证据排除范围界定的困境与出路——兼谈侦查讯问方法的改革"，载《证据科学》2015年第6期，第652页。Gisli H. Gudjonsson, *False Confessions and Correcting Injustices*, 46 New Eng. L. Rev. 689, 705 (2012).

查询问法避免了“莱德讯问法”的内在缺陷，同时也并未导致犯罪嫌疑人认罪率的下降，相反采用这种方法在英国获得的有罪供述率甚至高于美国同期的有罪供述。[1]在我国，刑讯逼供受到初步的有效治理之后，一些人开始热衷于通过心理强制提高侦查讯问的所谓“实效”，[2]甚至把测谎的结果也作为逼取口供的手段，[3]这实质上仍然是把获取有罪供述作为侦查讯问的唯一目标，不宜提倡。

2. 侦查讯问过程带有明显的强制性

多年来，我国刑事被追诉人不仅在侦查阶段认罪率很高，而且在审查起诉和审判阶段的翻供率也很高。为什么？实务界有人调研后指出了以下五点原因：（1）畸高的有罪供述率，违背了人的本能和天性；（2）如实回答的供述义务与不自证己罪原则的缺位；（3）长时间疲劳审讯；（4）封闭的、缺乏制约的审讯场所；（5）刑讯、变相刑讯以及带有压力的现代审讯方式。[4]其实，除了第（4）点原因以外，其他四项原因归结起来就是一点，即侦查讯问的整个过程带有明显的强制性。自1979年以来，我国《刑事诉讼法》一直明确要求犯罪嫌疑人对侦查人员的提问“应当如实回答”，只有“与案件无关的问题”，才有拒绝回答的权利。但是侦查人员提出的问题是否与案件有关，并不取决于犯罪嫌疑人的判断。“坦白从宽、抗拒从严”的刑事政策也一向支持侦查人员尽可能获取犯罪嫌疑人的有罪供述。虽然2012年《刑事诉讼法》增加了“不得强迫任何人证实自己有罪”的规定，但这不过是“严禁刑讯逼供等非法方法”收集证据的同义反复，对侦查人员没有任何实质性的约束力，更不意味着犯罪嫌疑人在面对侦查讯问时有了“不被强迫自证其罪”或者保持沉默的权利。与此相关的是，我国绝大多数犯罪嫌疑人都被拘留、逮捕，人身自由长时间被置于侦查人员的控制之下，看守所也归为主要侦查机关的公安机关管理，因而侦查人员在讯问的时间和强度选择上几乎不受什么限制，犯罪嫌疑人对是否接受讯问、何时接受讯问、在何种条件下接受讯问没有任何选择权。[5]犯罪嫌疑人即使尚未被拘捕，而是通过传唤、拘传、留置等方式到案接受讯问的，也不能自由离开，而必须“如实回答”侦查人员的提问。认罪认罚从宽制度全面实施以后，“自愿如实供述自己

---

〔1〕参见Saul M. Kassin et al., *Police-Induced Confessions: Risk Factors and Recommendations*, 34 Law Hum. Behav.（2010）3，13-14，27-28。

〔2〕张志保：“审讯心理策略思考”，载《江苏警察学院学报》2018年第6期；孙晨博：“心理强迫在侦讯中的应用及其风险防控”，载《上海公安学院学报》2019年第5期。

〔3〕参见庆海涛等：“测谎与九步审讯法结合的体系化审讯实践”，载《山西警察学院学报》2019年第4期，第77-78页；郑少将：“‘测侦结合’侦查讯问模式的构建与实践——以嘉兴市公安局为例”，载《公安学刊（浙江警察学院学报）》2019年第2期。

〔4〕参见王海、杨琳：“我国被告人翻供率居高不下之制度原因探析”，载《武汉公安干部学院学报》2019年第2期。

〔5〕孙长永：“论侦讯程序的立法改革和完善”，载《江海学刊》2006年第3期，第114页。

的罪行”被视为适用这一制度的基本前提，但系统地考察法律的相关规定就会发现，“自愿如实供述”并非“供述自愿性规则”意义上的自愿供述，而只是非以“刑讯逼供等非法方法”所获得的供述。相反，侦查人员以逮捕羁押、从重处罚相威胁等方法获取的有罪供述以及违法阻止律师会见期间获得的供述等，并不属于需要排除的非法证据。只要侦查人员不使用明显的刑讯逼供和暴力威胁等非法手段，侦查讯问后获取的有罪供述最终几乎都可以作为定案处理的根据。可以说，侦查讯问的强制性是刑讯逼供等非法讯问方法最为重要的制度基础，也是我国侦查讯问程序最为保守、落后的一个方面和最为严重的一个缺陷。

3. 侦查讯问的封闭性尚未完全被打破

侦查讯问在我国一直由“侦查人员”进行，讯问过程中只有讯问主体（侦查人员）和被讯问主体（犯罪嫌疑人）双方在场，没有中立的第三方在场。因此，在侦查讯问过程中，侦查人员是如何提问的，是否采取了非法讯问手段，犯罪嫌疑人是如何回答的，除了侦查人员和犯罪嫌疑人双方“当事人”，外界无从知晓。为了规范侦查讯问行为，预防刑讯逼供，2012 年《刑事诉讼法》引入了侦查讯问录音录像制度；同时，在未成年人刑事诉讼中，引入了合适成年人在场制度。这两项措施均在一定程度上打破了侦查讯问的封闭性，有利于保护犯罪嫌疑人的合法权益。然而从侦查讯问录音录像制度的创设初衷和历史沿革看，其功能主要集中于两个方面：一是防范刑讯逼供等违法讯问行为，保证讯问程序的合法性；二是客观记录审讯内容，保障讯问笔录的公信力和确定力，防止犯罪嫌疑人翻供。〔1〕从目前的实施效果来看，侦查讯问录音录像制度基本只是侦查机关治理刑讯逼供的一种“自律工具”，其核心目标是“防止刑讯逼供促生虚假供述，并酿成错案”，〔2〕并没有完全打破侦查讯问的封闭性。因为侦查讯问录音录像是否属于案件“证据材料”或者“案件材料”的组成部分，立法上未予明确，在司法实践中公安机关、检察机关一般不会随案移送。

为了解决理解上的争议，2012 年《六机关规定》第 19 条规定：“侦查人员对讯问过程进行录音或者录像的，应当在讯问笔录中注明。人民检察院、人民法院可以根据需要调取讯问犯罪嫌疑人的录音或者录像，有关机关应当及时提供。”全国人大常委会法工委有关负责人在解释这一规定时指出：“侦查讯问过程的录音、录像资料，主要是用于真实完整地记录讯问过程，在办案机关对犯罪嫌疑人供述取得的合法性进行调查时证明讯问行为的合法性……用于证明讯问合法性的

〔1〕 参见董坤：“侦查讯问录音录像制度的功能定位及发展路径”，载《法学研究》2015 年第 6 期，第 158 页。

〔2〕 参见秦宗文：“讯问录音录像的功能定位：从自律工具到最佳证据”，载《法学家》2018 年第 5 期，第 160 页。

录音录像不作为证明案件实体事实的证据，也就不必要每个案件都随案移送。”〔1〕2014 年《最高检录音录像规定》第 2 条明确提出：“讯问录音、录像是人民检察院在直接受理侦查职务犯罪案件工作中规范讯问行为、保证讯问活动合法性的重要手段。”“讯问录音、录像资料是检察机关讯问职务犯罪嫌疑人的工作资料，实行有条件调取查看或者法庭播放。”同年发布的《公安机关录音录像规定》第 1 条也规定：“为保证公安机关依法讯问取证，规范讯问犯罪嫌疑人录音录像工作，保障犯罪嫌疑人的合法权益，根据《中华人民共和国刑事诉讼法》、《公安机关办理刑事案件程序规定》的有关规定，制定本规定。”无论是立法机关，还是公安机关、检察机关，均不认为侦查讯问录音录像属于证明案件事实的“证据”。只有当对讯问笔录的记载内容或形式发生争议时，经检察院或者法院调取，侦查讯问录音录像才会受到事后审查，以证明讯问过程的合法性。因而犯罪嫌疑人、被告人及其辩护人既无权直接要求查看录音录像，也无权获得录音录像的复制件。

最高人民法院在 2013 年给广东省高级人民法院的批复中曾经指出：“侦查机关对被告人的讯问录音录像已经作为证据材料向人民法院移送并已在庭审中播放，不属于依法不能公开的材料，在辩护律师提出要求复制有关录音录像的情况下，应当准许。”但最高人民法院的法官在解读这一批复时认为：“侦查过程的同步录音录像属于侦查人员对犯罪嫌疑人讯问笔录的视听资料载体，对于案件的作用不是证明案件事实本身而是证明讯问过程的合法性。如果辩方或法庭没有提出对于有关被告人讯问笔录合法性的质疑，没有启动非法证据排除程序，一般是不需要向法院移送或调取该讯问录音录像的。”〔2〕这一立场与 2012 年《六机关规定》的精神是一致的。

由于侦查讯问的封闭性没有被完全打破，而侦查人员在封闭的场所讯问犯罪嫌疑人时很容易出现违法情形。实证调研发现，侦查讯问最初都是在侦查机关审讯室内或者指定的监视居所进行的，后期才会在看守所进行；绝大多数犯罪嫌疑人在被送交看守所之前就已经作出了有罪供述，在看守所的供述基本上属于重复性供述。犯罪嫌疑人受到刑讯逼供，也主要发生在侦查机关的审讯室内。〔3〕尽管如此，根据现行法律规定，讯问之后由侦查人员制作的讯问笔录仍然是证明案

---

〔1〕王尚新主编：《最高人民法院、最高人民检察院、公安部、国家安全部、司法部、全国人大常委会法制工作委员会〈关于实施刑事诉讼法若干问题的规定〉解读》，中国法制出版社 2013 年版，第 99 页。

〔2〕王晓东、康瑛：“《关于辩护律师能否复制侦查机关讯问录像问题的批复》的理解与适用”，载《人民司法》2014 年第 3 期，第 26 页。

〔3〕参见王海、杨琳：“我国被告人翻供率居高不下之制度原因探析”，载《武汉公安学院学报》2019 年第 2 期，第 40 页。

件事实的主要证据。一旦关于讯问笔录的合法性、真实性发生争议，控辩双方关于是否调取侦查讯问录音录像往往出现严重的意见分歧，而法院在多数情况下对于调取和当庭播放录音录像、排除非法证据持消极态度。如果是监察机关调查后移送起诉的刑事案件，检察机关或法院对于调取录音录像则会面临更大的困难。这不仅不利于保障被追诉人及其辩护人的正当辩护权，也无法消除公众对侦查（调查）讯问合法性的疑问，严重影响司法程序的公信力，更不可能从根本上杜绝各种花样的非法讯问。[1]

4. 关于审讯方法的程序规则和违法讯问的处罚规则不能为司法人员提供清楚、明确的行为指引

首先，关于审讯方法合法性的规则不够清晰，不能为侦查讯问人员和辩护律师提供明确的指引。《刑事诉讼法》一向“严禁刑讯逼供和以威胁、引诱、欺骗以及其他非法的方法收集证据”，但在司法实践中，威胁、引诱、欺骗等非法方法，从来都大量存在，“坦白从宽、抗拒从严”的刑事政策也一贯支持侦查人员采用“威胁”“引诱”的方法讯问犯罪嫌疑人。长期以来，一线人员普遍认为威胁、引诱、欺骗等方法与侦查策略很难划清界限，因而对于立法“一刀切”式地禁止这些方法感到困惑。一些侦查人员认为，威胁、引诱、欺骗是侦查谋略的重要组成部分，如果不允许使用这样的侦查谋略，讯问很难让犯罪嫌疑人开口。但在立法禁止使用，并且侦查讯问已经全面实现录音录像的条件下，侦查人员有时又担心运用侦查策略获得的口供会被排除或被找麻烦。[2]与此类似，疲劳审讯的问题，也常常成为案件中控辩双方争论的焦点。由于缺乏明确的认定标准，侦查人员普遍不知道如何认定疲劳讯问，检察人员在审查起诉过程也难以认定对某一特定犯罪嫌疑人的侦查讯问是否构成了疲劳审讯，[3]以至于到了审判阶段成为被辩护律师攻击的一个靶子。

其次，应予排除的非法证据范围过于狭窄，不足以遏制非法讯问。现行《刑事诉讼法》以及2017年《关于办理刑事案件严格排除非法证据若干问题的规定》关于非法供述的排除仅限于刑讯逼供、以暴力或者严重损害本人及其近亲属合法权益相威胁、非法拘禁等方法所获得的供述以及以刑讯逼供方法获得的供述的重复性供述四类，至于以疲劳审讯等非法方法获得的供述以及违反法定程序（如未告知诉讼权利、剥夺律师会见权、未通过合适成年人在场、应当录音录像却未录音录像等）所获得的有罪供述是否排除，则完全没有规定，以至于实践中

---

〔1〕 关于侦查讯问录音录像制度限于自律工具的弊端，参见秦宗文：“讯问录音录像的功能定位：从自律工具到最佳证据”，载《法学家》2018年第5期，第161-164页。

〔2〕 参见李玉华：“侦查制度改革实证研究”，载《中国刑事法杂志》2018年第6期，第56-57页。

〔3〕 参见李玉华：“侦查制度改革实证研究”，载《中国刑事法杂志》2018年第6期，第54-55页。

真正能够排除的非法供述极其有限，大量的“非法证据”处于“灰色地带”，最终是否排除，取决于控辩双方的博弈、法院的裁量甚至一些案外的偶然因素。之所以在以物理强制为特征的显性刑讯逼供受到控制之后，仍然存在大量的非法讯问情形包括违反法定程序进行讯问的情形，这是一个重要原因。

最后，对侦查人员以刑讯逼供等非法方法以及违反法定程序进行讯问的行为，诉讼外的处罚过于轻缓，而且往往只处罚案件的具体经办人，不处罚侦查办案的指挥人员以及侦查部门的领导，特别是在没有因为违法讯问而导致冤假错案的时候，从而对非法讯问只能起到有限的警示意义。

（二）完善侦查讯问程序的对策建议

侦查讯问是我国刑事司法程序的基础环节，被追诉人的有罪供述对于我国刑事诉讼机制的正常运作具有决定性意义。侦查讯问程序所存在的问题，不仅仅是“程序”问题，它还涉及我国的司法理念、司法政策、司法权力配置、证明标准、侦查权力运行机制、侦查业绩考核等一系列问题。侦查讯问程序的完善，既要从司法规律出发重点考虑对犯罪嫌疑人的人权保障，又要立足于中国国情充分注意侦查效率的现实需要。在遵循这一基本思路的前提下，笔者就完善我国侦查讯问程序提出如下初步建议。

第一，尊重犯罪嫌疑人的诉讼主体地位，逐步弱化直至消除侦查程序的强制性。具体措施包括：废止“如实供述”的义务，确立不被强迫自证其罪的权利；完善讯问前的诉讼权利义务告知程序，明确告知犯罪嫌疑人不用违背自己的意愿而作出供述；严格限制口头传唤、传唤、拘传、“抓捕”、留置等到案措施的期限，尽可能缩短侦查人员在无监控条件下控制犯罪嫌疑人的时间；将看守所的管理权从公安机关移送司法行政机关，强化看守所相对于侦查机关的独立性和中立性等。

第二，确立辩护律师和值班律师在侦查讯问时的在场权，彻底打破侦查讯问的封闭性。侦查讯问时的律师在场权，已经成为两大法系普遍确认的犯罪嫌疑人的一项基本诉讼权利。我国学界与公安机关联合开展的实验研究也表明：侦查人员对于律师到场参加讯问活动一般都持积极、欢迎的态度，绝大多数犯罪嫌疑人希望在讯问时有律师在场，对犯罪嫌疑人进行讯问时安排律师全程在场对办案工作基本上没有负面影响。〔1〕一些地方的公安司法机关在有关刑事证据的规范性文件中，也主动赋予了辩护律师在侦查讯问时的在场权。例如，2005 年《湖北证据规定（试行）》第 16 条规定：“侦查人员在第一次讯问犯罪嫌疑人之后，或者对犯罪嫌疑人采取强制措施之日起，应当告知犯罪嫌疑人可以委托律师为其

〔1〕 参见顾永忠：“关于建立侦查讯问中律师在场制度的尝试与思考”，载《现代法学》2005 年第 5 期，第 66-71 页；樊崇义主编：《刑事审前程序改革实证研究——侦查讯问程序中律师在场（试验）》，中国人民公安大学出版社 2006 年版，“代序”第 5 页。

提供法律咨询、代理申诉、控告。侦查人员讯问可能判处无期徒刑以上刑罚的犯罪嫌疑人时，根据案件情况和需要，可以通知委托律师到场。没有委托律师的，可以通知同级司法行政部门指派负有法律援助义务的律师到场。涉及危害国家安全、国家机密和恐怖犯罪的除外。讯问犯罪嫌疑人时，应根据讯问条件的改善，逐步做到在场律师处在看得见而听不见的位置。在场律师不得泄露关于讯问时间、地点、人员等情况。"但是，由于实务部门的反对，[1]2012 年修改《刑事诉讼法》时没有确认侦查讯问的律师在场权。然而，在以审判为中心的刑事诉讼制度改革和认罪认罚从宽制度全面实施的背景下，确认侦查讯问时的律师在场权已经是大势所趋、人心所向；而且，随着我国侦查技术水平和保障水平的不断提高，确认侦查讯问时的律师在场权条件已经基本成熟。因为只有确认侦查讯问的律师在场权，才能真正打破侦查讯问的封闭性，重塑侦查机关的良好形象；才能与录音录像制度形成合力，从根本上杜绝刑讯逼供、疲劳审讯等非法讯问情形的发生，切实保障犯罪嫌疑人如实供述的自愿性，保证认罪认罚从宽制度的公正施行；才能有效增强犯罪嫌疑人供述的真实性和可信性，大幅度减少有罪供述的合法性争议，促进司法公正，提高司法公信力。为了争取侦查机关的支持和配合，在规定侦查讯问律师在场权的具体步骤上，可以考虑从侦查讯问重大刑事案件的犯罪嫌疑人开始试点，逐步扩展至讯问被拘留、逮捕的所有犯罪嫌疑人。在律师资源方面，除了犯罪嫌疑人及其近亲属委托的律师以外，重点发挥法律援助律师特别是看守所、执法办案中心值班律师的作用，并且充分注意尊重犯罪嫌疑人的意愿以及紧急情况下的特殊处置。如果犯罪嫌疑人自愿放弃律师在场权，或者在紧急情况下无法联系律师或者律师无法立即到场的，不影响讯问的开始。在具体规则设计方面，可以适当借鉴英国、意大利等法治发达国家的经验。

第三，确立疲劳审讯、威胁、引诱、欺骗等非法方法的判断标准，为一线侦查人员提供明确的行为指引。禁止疲劳审讯是现代法治国家的通例，问题在于以何种标准认定疲劳审讯的问题。对此，最高人民法院会同有关部门在起草《关于严格实行非法证据排除规则若干问题的规定（征求意见稿）》时曾经规定："讯问犯罪嫌疑人、被告人，应当保证犯罪嫌疑人、被告人每日不少于八小时的连续休息时间。采用违反上述规定的疲劳讯问方法收集的供述，应当予以排除。"这一规定明确了基本的判断标准，有利于为侦查人员提供清晰的行为指引，在总体上是可行的。至于是否需要设置例外情形以及应设置哪些例外情形等问题，可以通过司法解释或者指导性案例逐步予以明确，不要指望用一两个条文就可以解决疲劳审讯认定中的所有问题。

关于威胁、引诱、欺骗等方法的合法性问题，学界普遍的意见是不宜一律禁

[1] 参见朱孝清："侦查讯问时律师在场之我见"，载《人民检察》2006 年第 10 期，第 15-19 页。

止，[1]法治发达国家司法实践中也没有一律禁止。但具体哪些方法属于不得用于讯问的“非法方法”，各国的立法和实践也不尽一致。考虑到我国的成文法传统、有关国际公约的规定、侦查讯问的实际情况以及与其他相关规定的协调问题，建议借鉴《德国刑事诉讼法》第136条a的规定，以立法的形式对各种形式的非法讯问方法统一作出禁止性规定，即禁止以刑讯、虐待、疲劳战术、服用药物、催眠以及其他残忍、不人道或有辱人格的方法讯问犯罪嫌疑人、被告人，禁止在讯问犯罪嫌疑人、被告人时以不符合法律规定的措施相威胁、以法律没有规定的利益引诱或者使用虚假的证据进行欺骗。违反这些规定获得的犯罪嫌疑人供述，即使犯罪嫌疑人、被告人同意，也不得作为定案的根据。至于每一种非法讯问方法的具体界限，仍然需要通过司法解释或指导性案例予以明确。无论如何，只有以立法对非法讯问方法作出相对具体、明确的规定，才能为侦查人员、检察人员、审判人员和律师提供明确的判断标准，同时减少要求录音录像作为诉讼证据随案移送可能遇到的阻力，从而在源头规范侦查讯问行为，避免无休止的诉讼争议，并且增加诉讼过程中事实认定的准确性、可信性。

第四，确立侦查讯问录音录像的实质证据资格，进一步发挥录音录像制度在遏制非法讯问、保全真实证据、提高司法公信力方面的积极作用。从比较法角度来看，法治国家和地区侦查讯问录音录像的出现都与预防冤假错案直接相关，而且录音录像都是代替讯问笔录的记录方式，因为在正常条件下，录音录像显然比讯问笔录更加准确、可靠。“讯问录音录像可以逼真重现讯问现场，为审判者的判断提供更丰富的背景信息。这无论对于解决讯问合法性争议，还是口供真实性争议，都有重要意义。因而，各国在应对错案的司法改革中，将讯问录音录像作为固定讯问信息的最佳载体，在程序和实体争议中，都可作为证据。”[2]我国人为地限制讯问录音录像的证据功能，违反诉讼规律。事实上，在司法实践中，一些地方司法机关已经突破了有关规范性文件的限制，把讯问录音录像作为认定案件事实的证据使用。[3]在侦查讯问同步录音录像已经基本实现刑事案件全覆盖并且运行良好、执法办案场所日益规范化并且智能化的今天，确认侦查讯问录音录像的实质证据资格，并且要求公安、检察机关在提请逮捕、移送起诉和提起公诉时随案移送，在技术上没有任何障碍。以侦查讯问录音录像取代讯问笔录作为

---

〔1〕 关于这一问题的争议，参见李玉华：“侦查制度改革实证研究”，载《中国刑事法杂志》2018年第6期，第56-57页；龙宗智：“威胁、引诱、欺骗的审讯是否违法”，载《法学》2000年第3期，第22页；纵博：“以威胁、引诱、欺骗方法获取口供的排除标准探究”，载《法商研究》2016年第6期，第135-137页。

〔2〕 秦宗文：“讯问录音录像的功能定位：从自律工具到最佳证据”，载《法学家》2018年第5期，第166页。

〔3〕 参见李某某受贿案刑事判决书，（2013）江中法刑二初字第26号；陈进宝合同诈骗罪二审刑事判决书，（2018）闽刑终421号；邢某、靖某故意毁坏财物二审刑事判决书，（2019）鲁03刑终64号，等等。

定案证据，至少有三点好处：一是有助于侦查人员集中精力进行讯问，避免分散精力；二是可以从根本上解决讯问笔录与录音录像不一致的问题，避免不必要的争议；三是有利于实现侦查讯问的“全程可视化”，彻底打破侦查讯问的封闭性，从根本上杜绝非法讯问，提高司法公信力。在立法尚未修改之前，公安机关、检察机关可以先行试点随案移送侦查讯问录音录像，法院认为必要时可以调取侦查讯问录像并用于认定案件事实；同时，允许辩护律师在承诺保密的前提下查看和复制录音录像资料。待积累一定经验之后，再通过修改立法作出规定。

第五，完善非法证据排除规则，逐步扩大排除非法证据的范围，对非法讯问提供充分的司法救济手段。对此，第八章“非法证据排除制度”已经详细论述，此处不再赘述。

从长远角度考虑，我国还应当调整侦查讯问的功能定位，转变侦查讯问的技术模式，即从“供述导向”的侦查讯问模式转向以心理学知识为指导、以尊重犯罪嫌疑人自由意志为前提、以专业训练为基础的“调查询问”模式。[1]只有将侦查讯问的程序规则与合法的审讯方法以及科学的讯问模式有机结合起来，才能最终实现我国侦查讯问程序的现代化，在尊重和保障人权的前提下最大限度地提高国家治理犯罪的能力。

（撰稿人：孙长永）

〔1〕 类似的观点，参见郭志媛：“非法证据排除范围界定的困境与出路——兼谈侦查讯问方法的改革”，载《证据科学》2015年第6期，第652页。

第十一章 搜查、扣押制度

目　次

六、刑事搜查制度的完善

（一）长远规划

（二）近期调整

七、扣押制度的完善

（一）扣押功能的类型化

（二）扣押程序的类型化

（三）建立独立的涉案财物管理机构

（四）完善《刑法》与《刑事诉讼法》在涉案财物处置上的衔接

搜查、扣押是侦查机关发现、提取、保全证据的重要侦查手段。随着我国社会经济的全面发展，一方面，市场经济体制在我国的确立要求公权力不得任意损害公民、企业的合法私有财产。另一方面，以人为本的思潮加速了公民权利的觉醒，私法上的“认真对待权利”也带动了刑事司法上警惕侦查权的过度扩张，“在尊重基本人权和接受司法约束的前提下收集罪证、查获犯罪嫌疑人、查明案件事实，已经成为现代法治国家侦查程序的基本价值取向”。[1]在这一背景之下，搜查、扣押制度也一直经历着立法和实践之间的张力。自1979年颁布《刑事诉讼法》以来，立法者对搜查、扣押制度不断进行调整，试图在打击犯罪与保障人权之间取得平衡，而侦查机关亦在不同的制度环境下作出适应性调整。审视我国搜查、扣押制度既需要与国外相关制度进行比较与借鉴，亦需要提炼出我国搜查、扣押制度独特的运行逻辑。

一、搜查、扣押的权利干预特性

搜查、扣押属于对“物”的强制措施，但最终干预的仍是人的权利。在我国《刑事诉讼法》中，搜查、扣押位于“侦查”一章，但学者一般认为强制措施乃是对人的基本权利进行干预的行为，并不限于人身强制措施，对于我国《刑事诉讼法》“侦查”一章所列举的涉及权利干预的措施，学理上一般将其称为“强制性措施”以区别于人身强制措施。

（一）搜查措施的权利干预特性

对于搜查的性质理解，早期学者一般将其理解为物理性的侵入。例如，进入房屋寻找犯罪证据抑或取得隐藏于身体内的证据。这种物理性的侵入在不同的执法环境下本身就具备了干预多种权利的可能性。例如，强制进入房屋时会对住宅自由构成干预，强制从身体内提取证据会对人的生命健康以及人身自由构成干预。更为隐蔽的是，搜查措施强制侵入公民所享有的安宁的生活空间（住所、车辆等），必然会形成对隐私权的侵犯。尤其是随着科技的发展，非接触性侦查活动进一步增强了侦查机关捕获公民隐私信息的能力，由此，搜查的概念还存在进一步解释的空间。美国法上以“卡兹案”为起点，在隐私的合理期待上发展出了一系列的识别标准，将隐私权与原有的财产权相分离，将界定刑事搜查行为的重心放在对公民的隐私利益的保护上。[2]而在互联网时代，亦存在网络空间中

---

〔1〕 孙长永：《侦查程序与人权保障——中国侦查程序的改革和完善》，中国法制出版社2009年版，第5页。

〔2〕 向燕：“美国最高法院‘隐私的合理期待’标准之介评”，载《中国刑事法杂志》2008年第5期，第109页。

的隐私合理期待，判断个人是否在电脑上有隐私合理期待，可将储存资料的电脑视为一个密闭容器，美国联邦宪法第四修正案一般禁止执法者无搜查证进入电脑资料库查阅资料，就如同没有搜查证就不能打开密闭容器检查一样。〔1〕而随着社会迈入大数据时代，数据信息的量与质也影响了搜查中的隐私权保护标准。2014 年美国联邦最高法院在 United States v. Finley 案中推翻了之前关于手机适用“密封容器理论”的隐私认定标准，转而认为个人手机尤其是智能手机储存有传统设备所不能比拟的海量数据信息，这些数据信息既不会影响警察执法安全，也不会产生证据保全风险，却具有强烈的隐私合理期待，因此在逮捕时不适用针对手机等电子设备的附带搜查。〔2〕不同于美国法上对隐私概念的看重，德国联邦宪法法院在 1983 年人口普查案中依据一般人格权理论发展出了信息自决理论，用以保障个人享有自主决定个人资料之揭露与利用的权限。〔3〕德国联邦宪法法院曾经在 2008 年判决石勒苏益格—荷尔斯泰因州 2007 年授权警方对车辆牌照进行自动识别的法案违宪，理由是该法案允许警察无差别地辨识车牌，且没有限定具体的目的与原因，不符合比例原则，因而不当干预了公民的信息自决权利。〔4〕虽然《德国基本法》没有明确提出隐私概念，但个人信息自决理论的射程显然要大于隐私权，可以说两者的保护路径殊途同归。

我国《宪法》在第 37 条和第 39 条规定了公民的住宅和人身不受非法搜查，从而明示了搜查对住宅自由和人身自由的干预特性。除此之外，《宪法》第 40 条对通信检查进行了严格限制，也意味着通信领域的搜查措施对公民的通讯秘密与自由可能构成干预。值得注意的是，我国宪法虽然没有明示搜查对隐私权的干预，甚至没有明确列举隐私权的宪法权利类型，但这并不意味着隐私权没有保护的价值。宪法权利是一个动态的发展体系，一旦在基本权利的保障上面临宪法未列举的权利时，便可以从宪法概括规定基本权利的条款中演绎新的基本权利，弥补列举基本权利存在的漏洞，以最大限度地发挥宪法的人权保障功能。〔5〕宪法已列举的基本权利并不能排斥未列举的基本权利，一些部门法已经将个人信息或者隐私利益视为一种独立的法益而加以保护。如 2016 年《网络安全法》将公民个人信息的保护视为网络安全的组成部分。而在民法与刑法领域，不断出现以个人信息保护为核心的法益描述，如 2009 年《刑法修正案（七）》增加了出售、非法

---

〔1〕［美］罗南多·戴尔卡门：《美国刑事侦查法制与实务》，李政峰等译，五南图书出版公司 2006 年版，第 300 页。

〔2〕李荣耕：“数位资料及其附带搜索——以行动电话内的资讯为例”，载《台北大学法学论丛》2016 年第 1 期，第 264-283 页。

〔3〕李荣耕：“数位资料及其附带搜索——以行动电话内的资讯为例”，载《台北大学法学论丛》2016 年第 1 期，第 284-288 页。

〔4〕参见黄清德：《科技定位追踪监视与基本人权保障》，元照出版公司 2011 年版，第 203 页。

〔5〕参见王广辉：“论宪法未列举权利”，载《法商研究》2007 年第 5 期，第 6 页。

提供公民个人信息罪、非法获取公民个人信息罪，并在 2015 年《刑法修正案（九）》以及《最高人民法院、最高人民检察院关于办理侵犯公民个人信息刑事案件适用法律若干问题的解释》拓宽了该罪的适用范围。2014 年《最高人民法院关于审理利用信息网络侵害人身权益民事纠纷案件适用法律若干问题的规定》则首次将“基因信息、病历资料、健康检查资料、犯罪记录、家庭住址、私人活动等”明确为需要保护的个人隐私。综合性的《个人信息保护法》亦在全国人大的立法规划中。由此可见，隐私权在我国亦有宪法保护的价值与现实基础。

（二）扣押措施的权利干预特性

扣押措施通过对物的留置会产生对财产权的干预，这表现为三个方面。首先，侦查机关对财产的留置本身限制了公民对其财产所享有的所有权，造成了财产利益实现上的困难。其次，扣押所造成的持续性影响还会溢出财产的“所有权”范围，造成其他财产性利益的受损。一方面，基于财产本身的物理性质，如果保管不善的话，会造成财产本身的“贬值”，例如鲜活易腐、易变质的物品等极容易出现价值贬损，进而造成财产所有人的实际损失。另一方面，在企业经营活动中，对关键生产设备、厂房的扣押则可能会造成企业直接停产停工，进而衍生出违约甚至是破产风险。最后，扣押的财产如果存在其他产权纠纷，侦查机关的扣押及其后续处置可能会影响第三人权利的实现，如果处置不当，则会造成第三人财产利益的损失。

财产权虽然是受到扣押措施干预的最重要权利，却也不是唯一受到干预的权利。对于涉及公民个人隐私的物品而言，扣押同样具有对隐私权的干预效果。而对于涉案企业单位而言，扣押经营之物可能会影响到企业的营业自由。例如，扣押数据行业企业所保管之客户服务器，可能会导致企业商业信誉受损，进而影响到企业的营业自由。而扣押在实践中除了侦查机关使用强制力直接占有当事人财物外，还存在着间接占有的情形。例如，《德国刑事诉讼法》规定对侦查具有意义的物品，保管人员有依要求出示、交出物品的义务。[1]此种由侦查机关提出命令、当事人进行配合的扣押模式，侦查机关虽然不适用强制力，但仍然具有强制措施特征。

值得注意的是，搜查、扣押虽然干预的权利类型有所不同，但在实践中，搜查和扣押往往是接续性的，即通过搜查发现相应财物，再通过扣押予以留置。这意味着搜查、扣押在对物强制措施中往往具有伴生关系，在适用过程中的强制程度不容小觑。

---

〔1〕 参见《德国刑事诉讼法》第 95 条。

二、搜查、扣押的立法嬗变

（一）1979 年《刑事诉讼法》时期

我国刑事诉讼进入法制轨道，始于 1979 年《刑事诉讼法》。1979 年《刑事诉讼法》结束了长期以来侦查措施于法无据的局面，正式将搜查、扣押权纳入了法制的轨道。1979 年《刑事诉讼法》明确了侦查机关的搜查、扣押权，有证搜查及其例外以及笔录签名的要求。这在此后的修法中未作根本性的变革，因而奠定了我国搜查程序的基本框架。除此之外，该法第 109 条还规定了人民法院在必要的时候也可以搜查。这表明，1979 年《刑事诉讼法》还秉持一种“大政法”的诉讼观，即查明、打击犯罪是政法机关的共同任务，公、检、法之间的权力分配尚缺乏制约理念。

在扣押措施上，1979 年《刑事诉讼法》确认了扣押主体（侦查人员）、扣押对象（书证 、物证）、扣押清单签名以及扣押邮件时的批准要求。同搜查相比，扣押程序较为粗疏，在普通书证、物证的扣押上，甚至没有明确的批准程序，侦查人员可以随时进行扣押。值得注意的是，此时扣押对象中只有物证、书证，并没有涉及公民私产。之所以出现这种情况，一方面是由于我国当时刚刚开始经济转型，公民私有财产的保护并未得到观念上的证成，再加上当时经济体制的约束，扣押措施并未完全与财产干预建立直接联系。另一方面是因为当时的刑事诉讼中还缺乏对物之诉的实践，刑法中的财产刑还比较单一，而在 20 世纪 80 年代“严打”时期，以盗窃、诈骗、抢劫为代表的侵财犯罪和以贪污、投机倒把为代表的经济犯罪较为突出。〔1〕司法实践中，侦查机关扣押的财物大多属于直接指控犯罪的物证（如盗窃和抢劫得来的财物），可以完全为物证扣押所吸收。

（二）1996 年《刑事诉讼法》时期

1996 年《刑事诉讼法》对 1979 年《刑事诉讼法》进行了一次大修改，在吸收当事人主义诉讼模式合理因素的基础上，进一步加强了对公民权利的保障。从 1996 年《刑事诉讼法》开始，最高人民法院、最高人民检察院以及公安部也开始在各自职权范围内制定《刑事诉讼法》的实施细则。

就搜查措施而言，1996 年《刑事诉讼法》在条款上并没有对搜查制度进行任何变动，不过取消了人民法院的机动搜查权。1998 年《公安部规定》细化了无证搜查的具体情形，包括：可能随身携带凶器的；可能隐藏爆炸、剧毒等危险物品的；可能隐匿、毁弃、转移犯罪证据的；可能隐匿其他犯罪嫌疑人的；其他突然发生的紧急情况。之所以要细化，是因为在侦查实践中，有证搜查需要层层

---

〔1〕 毕笑难：“确有明显好转面临新的问题——来自中山调研会的采访”，载《人民司法》1987 年第 1 期，第 10 页。

报批，程序上较为繁琐，不能适应侦查灵活之情势，而1979年《刑事诉讼法》并没有进行列举，这导致侦查机关在适用无证搜查措施时，难以找到明确的法律依据，有陷入非法搜查的风险。但1998年《公安部规定》自行列举的第五种情形中所谓“其他突然发生的紧急情况”属于兜底式的开放条款，会让前面四项条款失去限制功能，从而在实践中引发了任由公安机关解释的问题。

就扣押措施而言，1996年《刑事诉讼法》适应司法实践的发展，将扣押对象从物证、书证扩展到存款、汇款。之所以要扩展，一是存款、汇款是由第三方的银行暂时予以保管，涉及银行的金融流通，没有必要将现金提取出来予以留置，采用冻结等方式更为便利和安全。二是犯罪嫌疑人在银行的存款、汇款业务留有交易单据，通过冻结方式不仅能够暂时留置财物，还可以证明财物为犯罪嫌疑人所有。在此基础上，1998年《公安部规定》和1999年《最高检规则》也陆续规定了冻结存款、汇款的方式。1998年《公安部规定》细化了冻结的权限：(1)一次冻结的期限是6个月，但可以无限冻结；(2)对于在侦查中犯罪嫌疑人死亡，对犯罪嫌疑人的存款、汇款应当依法予以没收或者返还被害人的，可以申请人民法院裁定予以相应处置。这两项规定给予了公安机关极大的财物扣押和处置权，公安机关在公民财产权利的干预问题上处于十分强势的地位。

1998年《最高法解释》有两处对搜查、扣押规则框架进行了完善：一是从证据角度有限度地提出了物证、书证收集的原件主义，明确了物证、书证收集中的辅助证明规则等；[1]二是初步构建了涉案财物的处置规则。例如，第289条、第294条确立的被害人财物的返回规则和赃物等违法所得的没收规则。针对司法实践中犯罪嫌疑人死亡案件的涉案财物处置问题，1998年《最高法解释》第294条第2款规定：“对人民检察院、公安机关因犯罪嫌疑人死亡，申请人民法院裁定通知冻结犯罪嫌疑人存款、汇款等的金融机构，将该犯罪嫌疑人的存款、汇款等上缴国库或者返还被害人的案件，人民法院应当经过阅卷、审查有关证据材料后作出裁定。”

除了最高人民法院、最高人民检察院的司法解释和1998年《公安部规定》以外，这一时期公安司法机关开始出台专门的规范性文件来解释、回应办案中遇到的扣押实践中的具体问题。如2001年制定的《人民检察院扣押、冻结款物管理规定》在涉案财物管理上要求实现扣管分离，分类保管；[2]而在涉案财物处理上，除了属于被害人财物而予以返还外，其余种类的没收均需要等待法院最终裁定

〔1〕 参见1998年《最高法解释》第53条。

〔2〕 2001年《人民检察院扣押、冻结款物管理规定》第8条规定，实行扣押、冻结款物与保管款物相分离的原则，账册与款物必须相符。

或者移送主管机关决定，[1]且涉案财物的处理需要经过检察长的批准。这表明检察机关已经注意到了扣押对公民财产权的干预，因而在作出诉讼决定时要更为审慎。而公安部则在2009年《关于刑事案件现场勘验检查中正确适用提取和扣押措施的批复》中对扣押对象进行了细化，[2]该批复第2条规定："现场难以确定有关物品或者文件可否用以证明犯罪嫌疑人有罪或者无罪，需要进一步甄别和采取控制保全措施的"，也应当予以扣押。这实际上就架空了《刑事诉讼法》关于扣押的证据要件，扣押范围几乎没有任何自我节制的门槛，这为日后滥用扣押措施埋下了隐患。同时，2010年公安部出台的《公安机关执法办案场所设置规范》中没有将涉案财物管理作为单独职能来规定，延续了其在"物证"概念之下的做法，将涉案财物与档案、警械武器等一起放置于办公区。[3]这意味着此时公安机关仍然将涉案财物管理视为"内勤职能"的一种，缺乏对涉案财产专门性保护的重视。

（三）2012年《刑事诉讼法》时期

2012年《刑事诉讼法》在搜查、扣押程序上仍然没有进行实质性修改，只是在扣押对象上，增加了基金、股票、债券等金融产品，这也是适应经济环境和刑事司法实践的结果。但令人疑惑的是，2012年《刑事诉讼法》在"证据"一章增加了电子数据，而扣押对象上却没有相应的扩容。一直到2016年最高人民法院、最高人民检察院、公安部《关于办理刑事案件收集提取和审查判断电子数据若干问题的规定》（以下简称《电子数据规定》）才正式对接了2012年《刑事诉讼法》中的电子数据类型。而2012年《刑事诉讼法》增加了"犯罪嫌疑人、被告人逃匿、死亡案件违法所得的没收程序"，从而初步拉开了"刑事对物之诉"，在解决被告人刑事责任的同时，也单独解决了特殊情形下涉案财物扣押后的处理问题。2018年《刑事诉讼法》修改时又增加了缺席审判程序，从而在特定案件中被告人不在场的情况下实现"对人之诉"与"对物之诉"的融合。

2012年《六机关规定》专章规定了涉案财物处理问题，统一要求涉案财物

---

〔1〕2001年《人民检察院扣押、冻结款物管理规定》第24条规定，扣押、冻结的赃款赃物，除依法应当返还被害人的以外，待人民法院作出生效判决后，依法上缴国库。扣押、冻结的款物，应当依法予以没收的，可以建议人民法院依法判处没收财产；也可以提出检察意见，移送有关主管机关处理。

〔2〕公安部《关于刑事案件现场勘验检查中正确适用提取和扣押措施的批复》规定，对于刑事案件现场勘验、检查中提取的物品或者文件，属于下列情形之一的，应当扣押，并当场开具《扣押物品、文件清单》一式三份，其中一份装订在现场勘验、检查卷宗中：（一）经过现场调查、检验甄别，认为该物品或者文件可用以证明犯罪嫌疑人有罪或者无罪的；（二）现场难以确定有关物品或者文件可否用以证明犯罪嫌疑人有罪或者无罪，需要进一步甄别和采取控制保全措施的；（三）法律、法规禁止持有的物品、文件。

〔3〕《公安机关执法办案场所设置规范》第7条规定，民警办公室、会议室，以及用于存放档案、物证、警械、武器的功能室等应当集中设置在办公区。

的没收、追缴必须经过法院的生效裁定、判决方能实施，从而在规范上确立了法院的终局裁断权。

2012 年《公安部规定》在扣押对象上进一步增加了土地、房屋等不动产、航空器等大型特定动产以及电子邮件等电子证据。在扣押程序上实现分类批准，普通财物由办案部门负责人批准，而财产价值较高的或者影响企业生产经营的财物由县级以上公安机关负责人批准。这改变了 1998 年《公安部规定》当中全部扣押物都由现场指挥人员批准的单一规定，提升了规制等级。在扣押方式上，对冻结的债券、股票、基金份额等金融属性的财产，可以允许其加以变卖后冻结在当事人账户上。而对搜查中发现的违禁品，则在诉讼结束后予以没收。2012 年《最高检规则》中的“搜查、扣押程序”架构基本与 2012 年《公安部规定》相同，只是在第 237 条增加了便于生产经营活动的原则。

2012 年《刑事诉讼法》确认了电子数据的独立证据地位，但没有规定相应的搜查、扣押措施，以致出现执法上的困难。2012 年《最高法解释》对电子数据、视听资料的审查判断进行了细致规定，尤其是第 93 条初步构建了电子数据的“鉴真”规则，如存储介质优先原则、电子数据完整性原则、电子数据详细清单与笔录签名原则。此类条款旨在回应审判实践中越发凸显的电子数据真实性问题，其内容大多为 2016 年《电子数据规定》所吸收。2014 年最高人民法院、最高人民检察院、公安部出台了《关于办理网络犯罪案件适用刑事诉讼程序若干问题的意见》，规定了电子数据侦查取证的“技术性规则”，其大部分内容也由 2016 年《电子数据规定》所继受，并最终形成电子数据的取证措施、取证要求以及审查判断规则等电子取证规范体系。

2012 年《刑事诉讼法》颁布之后，最高人民法院、最高人民检察院的司法解释和 2012 年《公安部规定》远远不能满足涉案财物管理的需要，与《刑事诉讼法》中搜查、扣押措施相关的规范性文件在这一时期不断出台。例如，公安部在 2013 年颁布了《公安机关办理刑事案件适用查封、冻结措施有关规定》，相比于之前的管理规范，该文件有三处重大进步：一是明确了需要扣押的涉案财物的类型，其中增加了犯罪所得和孳息，以适应刑法规范的变化；二是要求建立专门部门、设立专门台账，从而改变了以往“内勤职能”的归类；三是尊重第三人的民事权利，对于扣押财物中存在抵押、质押和民事执行情形，应当协商解决。2015 年公安部又出台了《公安机关涉案财物管理若干规定》，该文件首次提出了“严禁在刑事案件立案之前或者行政案件受案之前对财物采取查封、扣押、冻结、扣留措施”，从而否定了侦查实践中“先扣押、后立案”的“不破不立”情形。同时明确提出“建立办案部门与保管部门、办案人员与保管人员相互制约制度”，增加了专门保管场所以及集中保管制度，试图形成“扣押—保管—调用—保管”的封闭环节，强化对涉案财物的管控。作为涉案财物管理的配套措施，

2015年公安部制定的《公安机关执法活动财物审计规定》将涉案财物纳入年度审计的范围，以便及时发现涉案财物的贬值和缺损问题。除此之外，针对实践中公安机关对于犯罪嫌疑人到案后的随身物品处置难题，公安部在2012年《公安机关代为保管涉案人员随身财物若干规定》中明确规定了对于随身物品与案件有关的，应当予以扣押，而与案件无关的，应当代为保管，从而在扣押之外创设了一种新的财物保管措施。由此可见，在2012年《刑事诉讼法》实施后，涉案财物中的"物"逐渐从刑事诉讼中的"人"脱离出来，不仅成为刑事诉讼中独立的诉讼目标，也成为需要专门保护的客体。

（四）搜查、扣押立法演变的逻辑

纵观40年来搜查、扣押的规范体系，自1979年《刑事诉讼法》奠定了制度的基本框架后，历次修法也只是对技术性规则进行了微调，其基本逻辑呈现如下特征。

1. 搜查、扣押对象随着司法实践的需要而不断扩展

1979年《刑事诉讼法》仅仅规定了对物证、书证的扣押，1996年《刑事诉讼法》则将存款、汇款纳入扣押对象，1998年《公安部规定》增加了犯罪嫌疑人违法所得的财物及其孳息；1999年《最高检规则》增加了视听资料类型；2012年《刑事诉讼法》增加了债券、股票、基金份额；2012年《公安部规定》增加了查封不动产类型。2016年《电子数据规定》将电子数据的冻结纳入搜查、扣押脉络。随着社会发展以及犯罪留痕类型的多样化，立法充分关注到了不同的证据类型在保全方法上的差异，为了适应司法实践的需要，搜查、扣押对象的范围也做到了与时俱进，不断扩容。

2. 规则内容上偏好搜查、扣押证据的"保真"与"鉴真"

我国刑事诉讼制度偏好"客观真实"，在刑事程序目的上偏向犯罪控制，强调程序的工具价值。具体到侦查程序中，则会将目光集中在证据的真实性上，注重从证据的真实到案件的"客观真实"。在搜查、扣押对象不断扩容的同时，搜查、扣押程序也不断向证据真实观迈进。"对证据真实性和相关性的强烈关注，则必然带来证明力规则的兴盛不衰。"〔1〕而"证明力规则"中最基础的是证据的鉴真规则，"一是证明法庭上出示、宣读、播放的某一实物证据，与举证方'所声称的那份实物证据'是一致的；二是证明法庭上所出示、宣读、播放的实物证据的内容，如实地记录了实物证据的本来面目，反映了实物证据的真实情况"。〔2〕为了防止实物证据收集不规范而造成证据鉴真上的困难，《刑事诉讼法》用了大

〔1〕陈瑞华："以限制证据证明力为核心的新法定证据主义"，载《法学研究》2012年第6期，第154页。

〔2〕陈瑞华："实物证据的鉴真问题"，载《法学研究》2011年第5期，第127-129页。

量篇幅来规定搜查、扣押程序中的保真规则。1979 年《刑事诉讼法》由于制定仓促，尚未细化搜查、扣押的执行程序，但搜查、扣押的保真条款自 1998 年《公安部规定》开始不断细化。例如，1998 年《公安部规定》第 213 条规定了扣押的现场记录要求，第 214 条规定了物证的拍照复制保全方法等。2016 年《电子数据规定》则进一步适应大数据时代的发展，将电子数据的扣押方法专门进行规定。搜查、扣押程序中的“保真条款”能够与证据审查判断中的“鉴真条款”形成规范上的印证。例如，2012 年《最高法解释》第 69 条规定了物证审查判断的方法，第 73 条规定了瑕疵物证、书证的补正要求。

3. 权力本位的程序运行特征

由于我国刑事诉讼整体上的超职权主义特征，搜查、扣押程序在历次修法中都没有摆脱 1979 年《刑事诉讼法》奠定的基本框架，在程序要件的设计上具有明显的权力本位色彩。首先，所有的搜查、扣押程序都是自审自批。通过公安机关负责人或者检察长审批，固然可以方便侦查机关的实务运作，但也存在权力制约不力的隐患。其次，所有的搜查、扣押程序都缺乏启动门槛。所有案件的搜查、扣押程序都是遵循“侦查便宜”原则，只要侦查机关认为有必要，就可以启动搜查、扣押程序，并且任何个人和单位都有义务按照侦查机关的命令交出相应证据材料。由于缺乏启动门槛的限制，侦查机关的自审自批容易流于形式，造成了“搜查、扣押”措施的过度使用。最后，“搜查、扣押”程序缺乏非法证据排除的适用空间。由于我国非法证据排除规则对实物证据保持一种谨慎的裁量排除态度，特别是“严重影响司法公正”并没有一个清晰的裁量标准，2012 年《最高法解释》也仅仅规定了搜查、扣押的物证、书证，“不能证明来源的，不得作为定案的根据”，在仅仅排除不可靠证据的逻辑下，司法实务中法院几乎没有制裁违法搜查的空间，搜查、扣押程序中侦查机关具有绝对的主导地位。

4. 轻搜查、重扣押

从历次修法来看，搜查程序除了对象上有扩展，其余均无实质性修改，而扣押程序则从一开始“有权扣押”扩展到分类扣押、扣押财物的处置以及扣押中的证据保真。之所以出现这种特征，与我国刑事诉讼中的权利观念密切相关。改革开放以来，“认真对待权利”的口号虽然越发响亮，但在宪法上，我国始终没有确立公民的隐私权，在刑事诉讼缺乏合宪性审查的具体路径之下，以隐私权制约搜查缺乏基本的制度空间。相比之下，扣押程序因为对财产权利的干预，而得到了立法的格外照顾。从 1988 年修改宪法首提“国家保护私营经济的合法的权利和利益”，到 2004 年宪法正式确认“公民的合法的私有财产不受侵犯”，财产权利一直是宪法权利体系的重点。因此，刑事诉讼规范的历次修改均涉及扣押程序的变动。从诉讼功能看，搜查具有发现证据的功能，而扣押侧重于保全证据，在“客观真实”占据主流立法思想的情况下，发现证据尤其是通过搜查发现的实物证据只要能确保证据的真实性即可，发现的方法是否具有权利干预性则并非立法考虑的重点。这一点无论是在立法的规范密度还是在司法的审查强度上都能得到一定程度的体现。

（五）搜查、扣押制度的主要立法缺陷

1. 发动要件过于随意，缺少启动门槛限制

比例原则的要义在于目的和手段的相称性，在目的层面，要考虑到“罪有轻重、人有差别、事有缓急”。[1]在手段层面，要考虑侦查强制措施的强弱、控制程序的宽严。干预性越强的职权，就越需要在比例原则构造上精细化。在美国，有证搜查需要有相当理由，[2]由法官签发令状方可实施，且警察形成相当理由之事实必须要事先记载在搜查申请书中。[3]在德国，虽没有明确的证据门槛，但仍有“刑事侦查经验归纳”的经验法则要求。[4]而我国搜查则仅仅以“侦查需要”为启动要件，没有明确的目的指向，并且在审批主体上也没有采取司法令状模式，而是由公安机关自行审批。这为实践中启动搜查过于随意埋下了隐患。扣押措施在我国同样也缺乏启动门槛上的限制，不仅遵循着侦查需要的原则，而且还降格了审批主体。例如现场勘查中需要扣押财物、文件的，由现场指挥人员决定。在无法封存存储介质的情况下，侦查人员可以现场直接提取电子数据。只有涉及扣押财物、文件价值较高或者可能严重影响正常生产经营的，才需要公安机关负责人批准。

2. 搜查措施类型化的区分不合理

搜查虽然作为一种发现证据的方法，但因为证据渠道的来源不同，搜查方法在具体干预强度上是有不同的。比例原则亦要求按照干预强度的差异来分类规制。美国法区分对人身的搜查与对物的搜查，人身的搜查主要是以盘查、附带搜查的场景而出现。对物的搜查主要是以车辆、住宅为场景。两者在有无令状、搜查范围上有明显区别。例如警察在盘查时，只需有合理怀疑其执法安全受到威胁，即可进行拍搜。而在车辆拦停现场，则需要警察有相当理由怀疑车辆内有违规物品或者犯罪证据，才可以搜查车辆。[5]《德国刑事诉讼法》则区分了犯罪嫌疑人/第三人的干预对象，对犯罪嫌疑人只需有侦查经验上的怀疑，而对第三

---

〔1〕 秦策：“刑事程序比例构造方法论探析”，载《法学研究》2016年第5期，第158-161页。

〔2〕［美］罗南多·戴尔卡门：《美国刑事侦查法制与实务》，李政峰等译，五南图书出版公司2006年版，第264页。

〔3〕 Whiteley v. Warden, 401U. S. 560, 565-567 (1971).

〔4〕 吴宏耀、苏凌主编：《刑事搜查扣押制度改革与完善》，中国人民公安大学出版社2011年版，第105页。

〔5〕［美］罗南多·戴尔卡门：《美国刑事侦查法制与实务》，李政峰等译，五南图书出版公司2006年版，第321-333页。

人则需要有具体事实的根据。[1]除此之外，各国刑事诉讼法均区分了有证搜查和无证搜查，或多或少地体现了比例原则的要求。但我国《刑事诉讼法》笼统地将人身、物品、犯罪嫌疑人、第三人混杂在一起，仅仅标识出搜查的对象，却不区分程序上的差异。这种立法模式体现不出权利干预强度上的差异，因而控权能力不足，在实践中出现了无差别的搜查或者“一揽子”搜查。同时，不同于美国法上确定了紧急搜查、附带搜查和同意搜查的无证搜查情形，我国《刑事诉讼法》仅仅在执行拘留、逮捕且情况紧急时方可实施无证搜查，这一规定又过于严苛，反而不利于警察在现场进行判断，不利于灵活处置。

3. 扣押没有考量当事人拒绝作证的特权

在刑事诉讼中基于多方面原因，在某些情形下允许证人拒绝作证，这不仅包括拒绝发表证言，也包括拒绝提供相应证据，这些情形一般包括：（1）基于亲属关系的拒绝作证特权，目的在于维护正常的家庭伦理关系。（2）律师的拒绝作证特权。主要是保护委托人与律师间的信赖关系，确保委托人与律师之间能够充分交流。（3）基于医生职业关系拒绝作证的特权。主要是为患者与医生之间的秘密交流提供豁免的保护。（4）拒绝自证己罪的特权。主要是根据联合国《公民权利和政治权利国际公约》第14条第3款“不被强迫作不利于自己的证言或强迫承认犯罪”的规定，以维护公民人格尊严的自治。除此之外，域外许多国家亦承认记者在新闻报道中拥有拒绝作证的权利，例如英国《1981年禁止藐视法庭法》规定，除非法院确信，进行某项披露是为了正义、国家安全，或为了预防骚乱或犯罪所必需的，否则法院不可要求某人披露其所负责的出版物中所包含信息之来源。[2]但我国扣押程序并没有考量公民上述拒绝作证的特权，并且在搜查、扣押时要求相关人员必须提交相关证据，不得隐瞒；《刑法修正案（九）》还专门增设了“拒绝提供恐怖活动证据罪”，用以强化公民在搜查、扣押时的配合义务。从理论上来说，“当证人或知情人因作出陈述或履行证据提交义务有致自身入罪危险时，拒绝陈述或拒绝提交证据亦属本条罪名处罚范围，这已经构成对不得强迫自证己罪权利的侵害，这样的立法例让人忧虑”。[3]很显然，我国扣押程序并没有考虑到这一国际上普遍接纳的诉讼权利。

4. 扣押范围不明确

扣押作为保全证据、保障诉讼顺利进行的手段，并不是一种惩罚性措施或是预防性措施。因而扣押也必须受到一定的节制，特别是在扣押范围上需要尊重被

---

〔1〕参见《德国刑事诉讼法》第103条。

〔2〕参见朱颖：“犯罪新闻报道与司法权冲突分析”，载《当代传播》2009年第3期，第84页。

〔3〕艾明：“拒绝提供恐怖主义犯罪、极端主义犯罪证据罪正当性反思——以刑事程序权利保障为视角”，载《政治与法律》2016年第8期，第154页。

追诉人的财产权，需要将被追诉人的合法财产同诉讼证据、违规物品、违法所得区别开来，这就需要引入一定的证明机制。例如，《意大利刑事诉讼法》第253条规定，所扣押之物必须与所认定的犯罪具有直接关联性。美国则要求对扣押物品的描述要非常详细、具体，不得出现笼统的用语。〔1〕英国法则要达到“合理理由”（reasonable grounds）的标准。〔2〕但我国扣押程序中缺乏证明机制用以区分被追诉人的扣押物品类型，使得扣押程序与《刑法》上财产刑、非刑罚财产处置措施出现了规范上的脱节。

三、我国搜查、扣押制度的实践探索

改革开放以来，我国刑事诉讼法制整体上取得了长足的进步，但搜查、扣押程序仍然存在一些结构性的缺陷。在立法没有做实质性调整的情况下，搜查、扣押制度在实施过程中一方面由公安机关自我规制，另一方面又受到地方性司法规则的影响。这种实施过程中的探索既包含了总体性的制度改革，又包含了个别领域、个别措施上有针对性的调整，其中公安机关的改革最为典型。作为最重要的侦查机关，公安机关的改革反映了我国搜查、扣押制度实践探索的整体情况。

（一）总体性的制度改革：执法规范化建设

我国《刑事诉讼法》的历次修改并没有对搜查、扣押制度进行实质性变革，在立法框架不变的情形下，搜查、扣押制度的实施大多只能依赖侦查机关自上而下的自我规制。1990年第一次全国公安法制工作会议提出：“改善执法活动，提高执法水平，健全公安执法监督机制，保障公安机关依法有效地行使职权，努力实现公安工作的制度化、法律化。”以1995年《人民警察法》的通过为契机，1996年全国第十九次公安会议上正式确立了“从严治警、依法治警”的方针。〔3〕1999年公安部先后出台了《公安机关内部执法监督工作规定》和《公安机关人民警察执法过错责任追究规定》，明确了警察违法的追责范围和程序。2000年国务院办公厅下发《关于印发〈中共中央纪律检查委员会、监察部派驻纪检监察机构职能配置、机构调整和编制配备方案〉的通知》，公安机关自上而下地成立了各级纪检机构。公安纪检机构与1997年成立的督察机构在权力影响力、监督强度上各有分工，纪检机构主要侧重于对执法违法行为的事后调查，而督察机构则侧重于事前和事中检查。自此，具有稳定性的常态内部监督体制开始形成。2001年《公安机关执法质量考核评议规定》则提供了常态监督下的评判标准，该规定不仅提出了高于《刑事诉讼法》的执法标准，还明确“各级公安

---

〔1〕［美］罗南多·戴尔卡门：《美国刑事侦查法制与实务》，李政峰等译，五南图书出版公司2006年版，第268页。

〔2〕参见英国《1984年警察与刑事证据法》第19条。

〔3〕陆永：“当代中国警政与现代国家成长”，南京大学2012年博士学位论文，第63页。

机关应对下级公安机关和所属执法部门的执法情况按本规定的内容和标准每年进行一次全面考核评议，将考核评议结果报上一级公安机关并在本级公安机关予以通报。公安机关的其他考核评议活动应当与执法质量考核评议结合进行”。而一旦执法考评连续两年不及格，警政首长应当辞职，或者由上级公安机关商请有关部门对其予以免职。执法质量考评制度将对侦查权的监督纳入了内部控制体系之中，而2009年开始的执法规范化建设则将这种内部控制理念推到无以复加的地步。在《全国公安机关执法规范化建设总体安排》（公法〔2009〕175号）中，明确了公安执法规范化的目标：“以大力解决人民群众最关心、反映最强烈的执法突出问题为突破口，通过深化社会主义法治理念教育、规范执法主体、完善执法制度、规范执法行为、强化执法监督、加强教育培训、开展执法信息化建设等措施，全面推进执法规范化建设，力争通过三年的努力，使公安机关执法突出问题得到有效解决，公安机关的执法公信力大幅提高。”公安执法规范化建设自2009年开始一直延续至今，作为一种强内部控制手段，公安执法规范化建设力图通过自上而下的方式一方面避免警察执法的过度地方化，加强中央对地方警政事权的控制；另一方面，通过出台具体的执法标准来弥补警察立法上的不足，减少警察执法争议。其主要的控制手段包括以下三点。

1. 常态化的执法质量考评

自从2001年发布《公安机关执法质量考核评议规定》起，公安部就开始了自上而下的执法考核。《公安机关执法质量考核评议规定》虽然历经2011年和2016年两次修改，但其总体思路没有发生变化。《公安机关执法质量考核评议规定》没有明确考核结论的具体形式以及运用方式，从调研来看，各地公安机关普遍采取了“打分制+排名制”的方式。例如，江苏省对县级以上公安机关执法质量考评实行百分制，分为优秀、达标、不达标三等。年度成绩在90分以上的为优秀，75—90分的为达标，75分以下的为不达标。在此基础上，还拟定了考核的主要项目及其权重。在综合算分后，江苏省公安厅将对各地公安机关进行排名，并以此作为嘉奖的重要依据。而搜查、扣押则分布在办理刑事案件执法情况以及涉案财物管理方面的考核指标中。例如，在涉案财物管理方面，主要考核是否有违法扣押、收缴、罚没财物；是否在扣押、查封方面存在程序瑕疵；是否有不按规定入账、私设小金库的情形；涉案财物出入库是否有完整手续等。

常态化的执法质量考评，虽然有助于增强公安机关的内部监督，但其仍存在一些局限性。

（1）执法质量考评是一种结果导向型的监督方式，解决不了信息不对称的问题。从调研情况来看，执法质量考评主要是基于下级公安机关的执法档案和数据，执法档案主要包括抽查案件的办案卷宗，投诉、信访和申诉记录，行政诉讼记录，国家赔偿记录，检察建议记录等。执法数据包括“数”和“率”，其中

“数”大致包括立案数、发案数、破案数、抓获人数、罚没财物数等，而“率”则是以数为基础的立案率、发案率、破案率等。对执法档案和数据的依赖，仍然是一种事后的结果导向型的监督方式——重在对警察执法行为的结果进行评价，并且以警察个体绩效作为衡量警察权是否有效运行的标准。其局限性在于无法对警察执法行为进行过程监督，而只是以业务部门反馈的各种静态数据为依据进行评议，由于数据的生成缺乏第三方参与，其可信度往往存疑。建立在结果导向型监督方式上的执法质量考评无法消除上下级机关之间的信息不对称问题，这表现在近年来揭示出的错案、滥用职权等问题与公安机关执法质量考评结果之间无法形成相互“印证”。尤其是执法质量考评机制只关注警察组织内的个体行为，而对组织行为视而不见，通过对组织成员施压来回避组织运转过程中的机制障碍与功能衰退。对于搜查、扣押而言，这种执法质量考评的效果更难显现，一方面，搜查、扣押本身持续的时间并不长，但从搜查证上无法看出搜查行为如何进行以及搜查理由是否正当。另一方面，扣押后的涉案财物处置即使有问题，由于执法质量考评依据的是已经成档的申诉、投诉记录，如果当事人的申诉和投诉没有达到“开档”的程度，则执法质量考评并不会以此作为负面评价的依据。事实上，执法质量的考评并不是向社会公开的一种监督方式，考评组织亦不会受理当事人的具体申诉和投诉。因此，执法质量考评本质上仍然是一种形式化、数字化的内部管理方式。

（2）执法质量考评是一种绩效式的考核，容错率过高。打分制本身是一种绩效考核方式，绩效原初被定义为员工的产出和工作结果。随着管理实践的发展，绩效产出说的种种弊端已经开始浮现，“许多工作结果并不一定是个体行为所致；员工在工作中的表现不一定都与工作任务有关；过分关注结果会导致忽视重要的过程，不适当的强调结果可能会在工作要求上误导员工”。[1]对于侦查权监督而言，绩效考核仅仅把遵守程序视为绩效的一个方面，而不是全部，并且以计分为基础的绩效又与排名相关，这意味着“出错”是允许的，但是要少出错，或者错的比别人少。在这样的逻辑指导下，执法质量考评只注重执法错误的“总量控制”，而没有过程控制和个案控制。因此，只要最终考核能达标，公安机关并没有更多动力去加强执法的过程管理。例如，在扣押涉案财物上，违法扣押的扣 2 分，违法处置扣押财物的扣 3 分，扣押程序有瑕疵的扣 0.2 分。按照百分制下 75 分的达标分数，这种执法质量考评实际上为违法搜查、扣押行为预留了内部制度空间。相比刑事错案而言，这种违法搜查、扣押很难被执法质量考评机制重视，从调研看，诸如扣押范围过大、补办搜查证、扣押清单不完整等情形大多被视为一种程序瑕疵，与检察机关退回补充侦查、不起诉相比，这种搜查程序瑕

〔1〕 林新奇编著：《绩效考核与绩效管理》，对外经济贸易大学出版社 2011 年版，第 5 页。

疵的失分几乎不为基层公安机关所重视。

2. 执法专项检查

在公安执法规范化建设中，除了常态化的执法质量考评，还有针对薄弱环节的执法专项检查。与执法质量考评相比，执法专项检查有额外三个功能：一是对基层公安机关办案中普遍遇到的难题进行针对性指导，培训执法人员，进而统一执法尺度；二是对重点领域的违法问题进行重点督促，督促结果直接影响人事、单位考核；三是解决群众反映突出、社会影响较大的执法问题，提升特殊领域的执法公信力。由于专项执法检查的对象并不是执法的全环节、全流程，一般只有在上述三种情形下才能触发专项检查，因而执法专项检查并不是常态化的，而是运动式的。在当前的司法制度下，运动式的执法监督有其正面作用。首先，执法专项检查的力度远大于日常执法质量考评。执法专项检查无论是在重视程度还是在检查的方式、方法上都要严于日常的执法质量考评，其不再仅仅依赖于执法档案和数据，还会以实地查看、日常暗访等手段加以补充，这就消减了文牍主义带来的形式化问题，有助于压缩信息不对称的空间。例如，在 2010 年《公安机关涉案财物管理若干规定》颁布后，2011 年公安部就曾经在全国开展涉案财物管理问题专项治理，明确将“采取明察暗访、集中检查、异地互查、突击检查等方式”，“对专项治理情况进行量化考评和省际交叉检查”。这样的监督力度远大于执法质量考评。其次，执法专项检查具有一定的问责性质，容错空间小。执法专项检查在启动时就具有“特事特办”的功能，对于被检查对象和被检查事项而言，当然不允许再次出错，因而这种专项检查一般不采取打分制，而是严格要求符合程序标准，或者直接解决公民的救济诉求。

当然，执法专项检查的局限性也是明显的。一是执法专项检查往往基于信访、舆论压力形成的政策窗口才能启动，如果当事人不能借助政策渠道对执法检查的政策议程加以影响，很难启动执法专项检查。对于当事人而言，这种通过执法专项检查而进行的救济具有偶发性和滞后性。二是执法专项检查往往由公安系统内部自行开展，虽然一般由公安部、省公安厅统筹领导，但实际监督检查机构往往也只是市局机关，这导致了专项检查的执法权威不足，对违法的纠正力度尚有提升空间。三是执法专项检查由于是运动式的展开，在专项检查结束以后，极易出现违法违规情况的反弹，由于不在执法专项检查期间，这种反弹也只能等到下一次执法检查才能被重新重视。因而对于执法全流程的监督而言，运动式的执法专项检查会出现“厚此薄彼”的情况，这导致了包括违法搜查、扣押等问题很难被根治。

3. 法制机构的监督

在公安执法规范化建设中，公安机关内设机构也经历了一次调整，在细化执法警种的同时，也在不断增强公安执法内部监督的机构建设，公安法制部门在这一改革过程中被赋予了分量更重的监督角色。1999 年《公安机关内部执法监督工作规定》明确，“各级公安机关法制部门是内部执法监督工作的主管部门，在本级公安机关的领导下，负责组织、实施、协调和指导执法监督工作”。2001 年《公安机关执法质量评议规定》则将日常的考核评议工作交由法制部门负责组织实施。根据 2006 年《公安机关法制部门工作规范》的规定，公安法制部门除了进行执法监督外，还承担着听证、行政复议案件、国家赔偿案件等执法办案任务。

从各地调研情况来看，公安法制机构职能主要集中在以下几个方面。（1）案件审核。虽然我国侦查措施大部分都由公安机关自审自批，但在内部审查程序上，都需要经过法制部门的初步审核。大部分的公安机关都要求法制部门对立案、采取强制措施、移送起诉、撤销案件以及涉案财物管理等主要环节进行审核把关。只有通过法制部门的初步审核，才能够提交公安机关负责人签发。（2）组织执法质量考评。如上文所述，执法质量考评是公安机关内部监督的重要途径，而公安机关法制部门则是执法质量考评的组织者和牵头者。公安法制部门由于承担了执法质量考评的组织任务，进而拥有了执法数据的共享权，通过警务综合系统可以全面对接各执法警种的办案数据库，直接实现对执法全流程的可视化监督。对办案端数据的直接收集和评估，使得法制部门有了反馈执法问题的基础和能力，在执法质量考评中，各地法制部门也会将违法或者程序瑕疵行为反馈给具体执法警种予以修正，或是提醒公安机关负责人予以重视。（3）审理行政复议等公民权利救济事项。法制部门在主动进行内部监督的同时，还会受理公民对执法的投诉以及权利救济方面的事项。在受理投诉方面，公安机关法制部门、纪检部门以及督查部门都有管辖权。但纪检部门主要针对民警违纪违规问题（主要涉及腐败问题），督查部门主要涉及警察执法伦理问题（如执法态度、警容风貌），而只有法制部门是针对执法中的程序问题（当然也包括行政处罚中的实体性问题）进行审理的，法制部门通常会设置一个专门审理组用来处理执法争议问题。

法制部门通过上述方式介入侦查程序，具有一定的控权效果。首先，法制部门通过审核案件在一定程度上起到“司法令状”的审查作用。通过异质机构的受理，可以增加对侦查部门适用强制性措施的监督，并且法制部门不参与案件的侦破，这保证了法制部门在审核时的相对公正性。其次，法制部门能够接触到一手执法数据，同时其又是执法考评的组织者，这倒逼侦查机关不得不如实记录执法过程，进而增加了执法的留痕率。而法制部门接触执法数据的方便性，又使得法制部门能够随时监督执法进程，一定程度上提升了常态监督的效果。

但是法制部门的监督亦存在很多局限，就搜查、扣押程序而言，包括以下三点。（1）法制部门的审查强度不明，往往陷于形式审查。搜查、扣押虽然也需要经过法制部门的中间审查，但审查的范围和依据仍然不够清晰。例如，侦查人员申请搜查证时，往往只提出侦查需要，但为何需要，搜查的对象、搜查可能获得的证据与案件有何联系，办案部门都不会提供给法制部门，而法制部门并没有充足的授权去质询办案部门，因而除了《刑事诉讼法》有明确证据门槛的措施外，其他强制措施的审查基本都只是形式审查，甚至沦为办案部门的“橡皮章”。(2) 法制部门的监督力度不够，缺乏对问题纠正的执行力。法制部门在公安机关内设机构中并不具备完全的独立性，其机构地位与其他办案部门无异。在具体监督上，法制部门除了审阅执法数据外，并不具有实际的调查权，如详细查阅卷宗，询问当事人。在搜查、扣押程序中，法制部门由于不了解案情的细节，很难了解侦查人员所实施的搜查、扣押是否合理，特别是涉案财物的处置是否符合案件真实情况，其监督力度明显不足。同时，即使法制部门发现了侦查机关的违法搜查、扣押问题，法制部门也只能通过打分的方式在年度考核时给予一定的负面评价，但这样的方式显然很难起到真正的纠正效果，而办案部门亦能通过情况说明、内部汇报等方式，使得个案得到特殊处理，甚至不受负面的考核评价。此外，在搜查、扣押等刑事程序方面，由于刑事程序不可诉，法制部门尚未有渠道去受理公民对违法搜查、扣押的投诉，实践中这类投诉大部分是通过信访或者检察监督程序予以处理。就此而言，法制部门可能会发现搜查、扣押过程中存在的问题，却很难解决问题。(3) 法制部门工作任务广泛，监督精力不足。当前随着执法规范化的推进，出现了公安法制工作泛化的趋势。从调研来看，目前法制部门除了承担案件审核、执法考评以及审理争议等职能外，类似执法培训、群众普法以及机关顾问等工作也开始由法制部门承担，“诸多大刀阔斧的改革举措也表明，公安法制部门监督‘万能化’，即只要跟法制或法治工作相关，公安法制部门都是改革急先锋”。[1]在法制部门尚没有成为“大部门”的情形下，这就分散了法制部门的监督精力，法制部门很难全力监督办案部门。更何况在刑事诉讼中，法制部门对人身强制措施的重视要多于搜查、扣押措施，而从实践来看，法制部门在搜查、扣押程序中的监督重点在于涉案财物的管理，而很少有精力去发现和纠正诸如无证搜查、过度扣押等程序问题。

(二) 针对搜查、扣押的个别性调整

除了执法规范化建设提出的一般性要求，公安部和各级地方公安机关还尝试针对搜查、扣押进行更为严格的管控，以配套刑事诉讼改革。

1. 现场录音录像

2016年公安部制定的《公安机关现场执法视音频记录工作规定》第4条明确要求，公安机关办理刑事案件，进行现场勘验、检查、搜查、扣押、辨认、扣留时，应当进行现场执法视音频记录。第7条规定，在搜查、扣押中用视音频记

---

〔1〕 贺小军：“从全面性到法治化：公安法制部门刑事执法监督机制改革省思”，载《甘肃政法学院学报》2018年第5期，第65页。

录“重要涉案物品及其主要特征，以及其他可以证明违法犯罪行为的证据；执法人员现场开具、送达法律文书和对有关人员、财物采取措施情况”。这一规定要比《刑事诉讼法》更为严格，但能起到的控权效果有限：首先，现场录音录像只能保证公安机关在执行时符合程序规定，在涉案财物搜查、扣押时有可视的过程，保证执行过程的可追溯性，从而避免发生后续诉讼上的争议。其重点在于证据和财物的保全，无法对搜查、扣押的启动起到限制作用。其次，现场不包括财物处置现场。正如上文所述，涉案财物在扣押以后相当长一段时间内，都是由公安机关（侦查机关）来保管，保管过程中的处置是否合法、是否合理亦需要一个监督的过程，但现场录音录像并没有扩展到处置财物阶段，这意味着内部监督还存在盲点。最后，现场录音录像的执行并不严格。虽然公安部明确要求搜查、扣押需要现场录音录像，但《公安机关现场执法视音频记录工作规定》仅在第18条规定了将其纳入了执法质量考评，对违反规定没有录音录像的执法行为未设置程序性后果，因而在实践中经常会出现警察选择性录音录像，以及虽有录音录像，但选择性上传等问题，监管远没有到位。〔1〕

2. 涉案财物管理的精细化

《刑事诉讼法》只规定了扣押程序，却没有关于涉案财物处置程序的规定。为了填补这一立法上的空白，各地公安机关都进行了有益探索，其中最重要的就是通过地方性规则来实现涉案财物管理的精细化。例如，江苏省公安机关将涉案财物获取按“依法获取、安全运送、及时入库、报备登记、查验核对”五个阶段予以细分，将涉案财物保管体系划分成“分类管理、标签管理、规范调用、定期检查”，同时按照涉案财物的特性，分十类规定了相应的处置方案。涉案财物管理的精细化一方面有助于基层公安机关在保管和处置中做到有“法”可依，避免出现公安机关内设机构在涉案财物管理权限上的混乱。另一方面，精细化管理也使得涉案财物管理责任到人到机构，保管的全流程都有相应的“留痕”，可以防止涉案财物被违规处理或者因为保管不善而无故贬值。

3. 建立专门的涉案财物管理信息系统

2015年中共中央办公厅、国务院办公厅印发的《关于进一步规范刑事诉讼涉案财物处置工作的意见》明确提出了“办管分离原则”，涉案财物管理成为一个独立的流程。为了应对涉案财物管理的专业化，各地都在中央统一指导下建立涉案财物的专门信息系统。从调研来看，该系统要求所有涉案财物的经办人员都要在信息系统上申报处置方案，反馈处置内容，以及按照流程更新涉案财物的流转情况。案管部门则要在系统上建设专门的台账，每件赃证物均写明案源、案

〔1〕 姜峰、谢川豫：“警察执法录音录像的实证考察与制度构建”，载《中国人民公安大学学报（社会科学版）》2018年第1期，第132-134页。

号、编号、物名、出入库时间及地点、特征、性能等。严禁办案部门在线下处置财物。有的地方公安机关依托涉案财物管理信息系统，由警务保障、法制和督察部门采取线上督促和线下抽查的方式对涉案财物管理进行专门化的监督。可以说，涉案财物管理信息系统是涉案财物管理精细化的一种信息保障，它在减少信息不对称方面具有积极作用，同时通过线上“申报+办理”的方式，也减少了办案部门对涉案财物管理的不当干预。

4. 针对毒品犯罪的搜查、扣押的规范制定

毒品犯罪案件因为犯罪行为隐蔽，没有被害人控告，证明难度较大，且毒品的性质、数量对案件定罪量刑影响巨大，再加上《刑法》根据不同犯罪事实和构成要件为毒品犯罪设置了阶梯形罪名，因此，毒品犯罪的证据收集只有通过“人赃并获”的方式才能实现打击程度的最大化。这种特殊的侦查取证方式使得毒品犯罪的搜查、扣押措施极易成为庭审控辩双方的争议焦点。而《刑事诉讼法》和最高人民法院、最高人民检察院司法解释所规定的搜查、扣押程序并不足以回应实践中不同类型的毒品犯罪手段及其查控方法。因此，最高人民法院、最高人民检察院、公安部在 2016 年专门制定了《办理毒品犯罪案件毒品提取、扣押、称量、取样和送检程序若干问题的规定》，该规定将搜查、扣押阶段细分至提取、扣押、封装、称量、取样和送检 6 个阶段，并提出了比《刑事诉讼法》更高的要求，如搜查、扣押、封装、称量阶段犯罪嫌疑人在场原则；分组、分批次提取、扣押毒品原则；体内藏毒的录音录像以及医学检查固证方式等。此外，一些地方性司法规则亦开始不断提升对毒品犯罪证据规格的要求，如江苏省高级人民法院、江苏省人民检察院和江苏省公安厅 2018 年联合制定的《常见毒品犯罪案件证据收集及审查指引》要求侦查机关及时扣押犯罪嫌疑人的通信工具，制作扣押清单；浙江省高级人民法院、浙江省人民检察院和浙江省公安厅 2015 年联合制定的《重大毒品犯罪案件证据收集审查判断工作指引》明确规定，搜查、扣押时如果没有见证人在场或者见证人不具有法定资格，侦查机关又不能提供同步录像说明其取证过程的合法性，也不能对此作出合理解释的，相关物证、书证不得作为定案的根据。这些针对毒品犯罪搜查、扣押的专门规范性文件的共同特点在于，不仅规定了更细致的取证程序，还规定了搜查、扣押时应当遵循的证据规则，其意义也不限于增强证据的真实性进而减少事实认定的错误，而是在证据问题上实现侦查、起诉、审判三阶段的衔接，减少因证据问题导致的案件回流，从而提高诉讼效率，节省诉讼资源。[1]

---

〔1〕 参见纵博：“刑事诉讼证据规格评析——以相关规范性文件为分析对象”，载《西南民族大学学报（人文社会科学版）》2017 年第 8 期，第 122 页。

四、搜查制度实施中的问题

制度的生命在于实施，搜查、扣押制度在实践中能否遵循既有的法律规定，一方面体现了刑事诉讼立法质量的高低，另一方面也体现了整个司法制度是否运转顺畅。四十年来随着刑事诉讼立法技术的进步和司法体制改革的推进，搜查、扣押制度的法治化建设取得了一些成就，但在实践层面仍然存在一些较为突出的问题，主要包括以下几个方面。

（一）行政检查替代刑事搜查

一般认为刑事立案是刑事侦查的起点。一方面，公安机关在刑事立案以后只能采取刑事强制措施，而不能适用行政强制措施。另一方面，如果公安机关没有立案，则不能适用刑事强制措施。然而，面临复杂的侦查情势，侦查机关并没有完全遵守上述程序逻辑。早在1996年《刑事诉讼法》实施以后，就有学者通过实证调研发现，“无论是有证搜查，还是无证搜查都很少被运用，公安机关更多的是根据相关行政法规的授权，通过人身检查、场所检查等方式来达到本应通过搜查措施的适用才能实现的目的——查获犯罪人，或者发现犯罪证据”。[1]之后，相关学者通过实证研究不断确证了这一侦查活动中普遍出现的错位情形，类似于“‘专项行动’‘外口清查’‘出租屋清查’‘特种行业清查’等行政执法活动往往也是基于侦查刑事案件的主观目的，也确实为公安机关带来了这样的效果”。[2]行政检查、扣押之所以能屡屡越界发挥作用，与立法、司法制度乃至警察组织架构密切相关。

1. 警察法体系的失衡

从警察法体系来看，以《公安机关办理行政案件程序规定》为代表的警察行政法规授予多样化的警察行政强制措施。这些“行政强制措施”与侦查强制措施高度重合，既有人身强制措施，又有财产强制措施。例如《人民警察法》规定的盘查措施、《公安机关人民警察现场制止违法犯罪行为操作规程》中的人身安全检查措施以及公安部条令《公安机关规范使用办案区“四个一律”专项检查活动方案》中的到案人身检查措施均包含了人身搜查的权能。而在实施程序上，上述行政搜查措施并不需要公安机关负责人的批准，在实施上非常便利。

2. 警察组织分工的诱因

从组织基础来看，警察权内配置过分追求效益最大化原则，其典型表现就是两权共享机构的膨胀。两权共享机构是指公安机关内既享有侦查权又享有行政权的机构。根据公安部1998年颁布的《公安部刑事案件管辖分工规定》（公通字

---

〔1〕 左卫民：“规避与替代——搜查运行机制的实证考察”，载《中国法学》2007年第3期，第116-120页。

〔2〕 张泽涛：“论公安侦查权与行政权的衔接”，载《中国社会科学》2019年第10期，第164页。

〔1998〕80号)，传统刑事侦查部门不再单独享有侦查权，治安部门、禁毒部门等也在各自行政管理领域内管辖一定的刑事案件，此后随着刑法修正案的出台以及《最高人民检察院、公安部关于公安机关管辖的刑事案件立案追诉标准的规定》的制定，治安部门所管辖的案件种类已经从初始的95种案件大为扩展，治安部门侦查权的扩张显而易见。在司法实务中，违法与犯罪的区别大多只是情节轻重的差异，而同一主体双重职权的配置，就在客观上为公安机关提供了选择治安处罚还是追诉犯罪，抑或是先进行治安处罚再追诉犯罪的程序裁量权。由于治安部门垄断了大量案件的刑事司法权力，因此治安部门在启动调查工作时，可能有着相当的自由裁量空间，可以办理行政案件名义行刑事侦查之实，或者在办理行政案件中发现了犯罪情形，仍坚持以行政手段收集证据。

3. 规避动机的形成

我国搜查措施是一种自审自批的控制格局，这已经有利于侦查机关便宜行事。但从组织行为的角度来看，侦查人员在具体的办案过程中始终需要经过警政长官的节制，这种节制的表现不仅在于通过科层体制来审查侦查人员提出搜查决定的合理性，更意味着警政长官一旦批准了搜查决定，将会要求侦查人员将搜查结果、办案过程随时反馈给警政长官。这种基于科层体制的规制逻辑，其功能并不限于上级长官对下级人员办案权力的规制，还包括了办案进度、办案质量的监控——侦查人员提请搜查要求，就相当于向警政长官汇报了办案情况。而在我国刑事司法系统中，破案的压力以及司法责任的压力一直都作为隐形因素迫使侦查人员作出程序决策时要考虑到程序倒流的风险。

在指标考核的压力之下，“不破不立”可以有效缓解绩效考核的压力。然而在警务信息集成化的办案系统下，只要是有案件线索来源（包括举报、控告、自行发现等)，就需要办案负责人录入办案进度。显然一旦将搜查措施提交警政长官审批，就必须在办案系统中加以反映。而按照《刑事诉讼法》的规定，立案是搜查的前置程序，这意味着只要将搜查措施正式提交给警政长官，“不破不立”策略就失去了空间，这显然不是侦查人员在现实压力下的最优选择。

一旦警政长官批准了搜查的进行，则意味着案件办理情况在正式的制度层面落入了司法责任追究的范围。对此，我国采取了连带责任的方式，亦即案件流转过程中涉及承办方和决定方时，两者承担连带责任，《公安机关人民警察执法过错责任追究规定》第7—8条规定追究过错时，应分别追究案件审批人、审核人、办案人的责任，其中审批人承担主要责任。连带责任模式的设置，使得程序向前的驱动力增强，而一旦侦查人员在搜查措施批准后，并没有将案件诉出，甚至出现了出罪化的结局，则意味着相应主体陷入了可能被追究司法责任的风险中。为了规避这样的风险，特别是减少警政长官的连带责任以及由此带来的职业风险，基层侦查人员更愿意用灵活的方式达到搜查目的。

（二）搜查与证据调取不分

我国《刑事诉讼法》第 54 条规定，公安机关有权向有关单位和个人收集、调取证据。2012 年《公安部规定》第 59 条将调取证据明确为一种独立的侦查措施，要求“公安机关向有关单位和个人调取证据，应当经办案部门负责人批准，开具调取证据通知书”。虽然有学者反对将调取证据作为一种独立的侦查措施，并建议将其置于扣押条款之下，[1]但自从 1979 年《刑事诉讼法》之后，公安机关就一直在独立使用证据调取措施。同搜查措施相比，证据调取同样具有发现、获得证据的功能，且具有一定的强制性。这就涉及证据调取与搜查措施的关系问题。从干预的权利类型来看，如果证据材料本身具有财产利益，则侦查机关干预了证据持有人的财产权；如果证据材料不具备财产利益，但证据持有人因为业务关系而合法保管了相应证据材料，则侦查机关的证据调取行为可能会干预到证据持有人的营业自由。但与搜查不同的是，证据调取通常是侦查机关已经知晓目标证据的存储位置或者数量范围，从而直接向证据持有人收集相应证据，因而在法理上证据调取并不允许侦查机关执行搜索式的动作，尤其是不能进入住宅、对人身进行搜索。由于不能执行搜索式的动作，证据调取通常也不能以强制的方式进行。正是因为在权利干预程度上的轻微，我国《刑事诉讼法》规定证据调取仅仅需要办案部门负责人的审批，而不需要公安机关负责人批准。但在侦查实践中，侦查机关往往并不区分证据调取与搜查在权利干预上的差别，反而更偏好以一个相对低阶的审批手续实施搜索式的证据调取行为。由于《刑事诉讼法》并没有规定证据调取的实施方式，尤其没有禁止以强制方式调取证据——这为证据调取行为制造了一个“擦边球”的机会，侦查机关在调取证据时通常会伴有强制搜索行为，从而以证据调取之名，行刑事搜查之实。

（三）“起赃”方式于法无据

由于我国侦查机关偏好“由供到证”的破案方式，侦查机关通常都是在犯罪嫌疑人到案后，通过讯问来获得关键性证据。实践中，搜查措施大多集中在犯罪嫌疑人到案后才实施，即所谓“先抓后搜”。犯罪嫌疑人在认罪或者供述了相应证据线索后，侦查机关并不是完全遵循《刑事诉讼法》来开展有证搜查，而是带着犯罪嫌疑人去现场、住所或者其他可能隐藏犯罪证据的地方进行“起赃”。在这种模式下，侦查机关并不会申请任何批准手续，“如果没有起获证据，一般就不形成任何书面材料，如果起获了证据，则直接制作提取笔录或者扣押清

---

〔1〕 参见艾明：“调取证据应该成为一项独立的侦查取证措施吗？——调取证据措施正当性批判”，载《证据科学》2016 年第 2 期，第 164 页。

单”。[1]这种“起赃”方式既有可能是一种强制搜查行为，亦有可能是一种同意搜查行为。如果是强制搜查行为，则必须有证搜查，而如果是同意搜查，在法理上确实可以径直搜查。但我国《刑事诉讼法》并没有确立同意搜查的类型，无证搜查也仅限于执行拘留、逮捕后的附带搜查，因而这种“起赃”方式并不合规。此外，这种“起赃”方式的便利性进一步刺激了“由供到证”的侦查模式，使得侦查机关更为依赖讯问和追求高认罪率，通过“精确起赃”和犯罪嫌疑人的有罪供述形成相互印证。

（四）搜查的执行过于随意

如何执行搜查并不完全是侦查机关的裁量范围。在执行过程中至少包含三个方面的问题：一是令状填写的内容及其对搜查的拘束力；二是执行的方式，特别是执行强制程度的区分；三是执法过程的突发情况处置。就第一个方面而言，搜查令状不应当是空白式的，否则就失去了令状应有的规制功能。因此，令状上一般会有特定化之描述，包括对搜查地点与搜查对象的具体描述。而我国搜查证在签发时并没有特定化的要求，搜查证所使用的语言高度概括，通常表述为“对犯罪嫌疑人××的办公场所、住宅进行搜查”，缺乏特定化的描述为任意扩大搜查范围和对象提供了便利，甚至部分公安机关出现了签发空白令状甚至先搜查再填证的情形。就第二个方面而言，搜查证签发以后，如何以适当的方式执行，亦与公民权利息息相关，因此在搜查执行的过程中，亦存在比例原则。例如，美国法上一般案件的入户搜查需要遵守敲门规则，即在执行搜查或者逮捕之前，必须先敲门并告知其警察身份以及执法内容，在等待一段时间或者犯罪嫌疑人明确表示拒绝后，警察方可使用暴力“破门而入”。[2]同时，德国、法国和日本等国家的刑事诉讼法也规定了搜查应当以白天为原则，夜间为例外。但我国搜查规范中缺少对执行程序的规定，以至于出现警察在搜查时搞“突然袭击”“夜间袭击”甚至造成当事人的精神损害。例如 2004 年 9 月 1 日晚，本溪某派出所所长董某在接到线人举报后，进入本溪市平山区一歌厅准备抓嫖娼卖淫现行，在没有表明身份的情况下就将歌厅门外一个小房间的房门踹开并进入，导致正在房间里休息的歌厅业主的女儿受到过度惊吓而诱发急性应激障碍，董某因此获罪入刑。[3]就第三方面而言，由于搜查现场的复杂性以及犯罪线索的不可预测性，侦查人员在搜查现场可能会发现其他犯罪证据或犯罪嫌疑人，此时是否可以一并搜查和扣押就

---

〔1〕 吴宏耀、苏凌主编：《刑事搜查扣押制度改革与完善》，中国人民公安大学出版社 2011 年版，第 379 页。

〔2〕 Wilson v. Arkansas，514U. S. 927，929（1995）.

〔3〕 金松：“警察抓卖淫踹门入房 吓疯无辜女子被判刑”，载中国法院网，https://www.chinacourt.org/article/detail/2005/05/id/164132.shtml，最后访问日期：2020 年 3 月 20 日。

成为一个不能回避的问题。从法理上看，由于搜查需要有一定的根据，而这种根据是与特定案件事实相联系的，因而在搜查证记载事由之外的搜查行动需要另行批准。这是防止侦查机关利用此案搜查证来实施另案搜查的一种节制手段。但如果在搜查现场“一览无余”地发现其他犯罪证据，〔1〕或者善意地错误描述了搜查地点，此种情形下，美国法上亦承认一定范围内的无证搜查。〔2〕我国搜查规范中并无此方面规定，既影响了侦查人员现场处置的灵活度，又不利于法官对证据的审查判断，尤其是另案搜查中证据来源的判断，涉及实物证据的鉴真问题，极易产生争议。

（五）电子证据搜查规范存在适用难题

2012年《刑事诉讼法》确立了电子数据的证据类型，但在2012年之前电子证据已经开始用于刑事诉讼中。1997年《刑法》新增计算机犯罪罪名，包括“非法侵入计算机信息系统罪”和“破坏计算机信息系统罪”。此时电子证据主要用于证明“黑客技术”的存在以及与使用者的关系。侦查机关通常是在被入侵的计算机系统中发现与入侵技术相关的电子证据，取证的范围与对象较为明确。在技术方法上，只要保全了被入侵的计算机设备，电子证据亦可得以保全。此阶段的电子证据又被称为计算机证据。但1996年《刑事诉讼法》既没有电子证据的类型，也没有在搜查措施中规定计算机侦查措施。因而在1997年《刑法》实施之后，侦查机关通常将电子证据视为电子化的物证和书证。“在我国一时还难以通过证据立法对证据的‘七分法’进行修正的情况下，将其分别归为电子物证、电子书证、电子视听资料、电子证人证言、电子当事人陈述、关于电子证据的鉴定结论以及电子勘验检查笔录无疑会是最合理的选择。”〔3〕但是，电子证据由于其可篡改性以及对载体设备的高度依赖性，使得传统的物证收集措施不能完全符合电子证据的审查判断标准。因而2005年公安部制定了《计算机犯罪现场勘验与电子证据检查规则》，并将电子取证措施划分为“现场勘验检查”“远程勘验”和“电子证据检查”三种措施。这可以看作是电子取证的第一个规范性文件，但该规定仅仅将取证情景限定在计算机犯罪现场，且措施种类为现场勘验。这留下了一个空白，即普通刑事案件中的电子搜查能否参照办理？

在进入到网络时代后，“利用信息网络作为犯罪工具、犯罪场域实施传统犯罪的态势悄然成型，传统犯罪趋向网络化”。〔4〕传统犯罪的网络化是这一时期网

〔1〕 United States v. Owens, 848F. 2d 462 (4th Cir1988).

〔2〕 Coolidge v. New Hampshire, 403U. S. 443 (1971).

〔3〕 刘品新：“论电子证据的定位——基于中国现行证据法律的思辨”，载《法商研究》2002年第4期，第93页。

〔4〕 梁根林：“传统犯罪网络化：归责障碍、刑法应对与教义限缩”，载《法学》2017年第2期，第2-4页。

络犯罪的主要形态，此时电子证据主要记录了行为人使用网络时的电子痕迹，而取证则主要围绕行为人的网络设备而展开。而在大数据时代，个人信息大数据能够反映出特定人员的位置轨迹、社交关系以及生活模式，但个人信息大数据并不都是实施犯罪时留下的行为痕迹，相反，巨量的个人信息均是在日常生活中使用电子设备以及接受网络服务时留下的，因此大数据时代的电子证据不仅能够证明犯罪事实，还具有发掘犯罪线索以及持续展开侦查监控的功能。在电子证据功能扩大化的情形下，电子取证的范围也就随之增加，不仅包括被害人、被告人的电子设备，还包括第三方的网络服务器，甚至是侦查机关自行设置的信息收集系统（例如治安管理信息系统、视频监控系统、车辆管理系统等）。在此情形下，电子证据已经突破了原来的计算机犯罪证据类型，而成为信息化侦查的产物。

在此时代背景下，2012 年《刑事诉讼法》虽然增加了电子数据作为法定证据形式，但在搜查程序中没有将电子数据写进规范。直到 2016 年《电子数据规定》才为电子数据的收集和判断提供了规范依据，但《电子数据规定》并没有沿用 2012 年《刑事诉讼法》证据调取、搜查或扣押、技术侦查的脉络，而是“另起炉灶”创设了“网络在线提取”“网络远程勘验”“现场提取电子数据”等措施。《电子数据规定》解决了普通案件的电子取证法律依据不足的问题，但又带来了新的问题，即《电子数据规定》中的电子取证措施如何与《刑事诉讼法》对接？从规范位阶来看，《刑事诉讼法》由全国人大来制定，属于刑事程序基本法，而《电子数据规定》只是由最高人民法院、最高人民检察院、公安部来制定，应当处于下位法。作为下位法，《电子数据规定》如果试图创设新的电子取证措施则必须同时具备特别法的属性，方能符合我国当前的立法体制。但如果将《电子数据规定》定位成特别法，则其所设立的电子取证措施应当与《刑事诉讼法》规定的侦查措施在权能上能够区别开来，至少在规范适用上不会出现大面积竞合。然而《电子数据规定》所设定的权能并不能完全脱离《刑事诉讼法》所规定的侦查措施。例如《电子数据规定》第 9 条中的网络远程勘验（除去技术侦查之外的范畴）虽是对远程计算机系统的勘验，但仍是对“可能隐藏罪犯或者犯罪证据的地方进行的搜查”。并且 2019 年公安部《公安机关办理刑事案件电子数据取证规则》（以下简称《公安电子取证规则》）第 28—33 条附有见证人在场以及持有权限的规则，这与搜查规范中的见证人或者被搜查人在场规则具有高度重合性。因此《电子数据规定》所设立的网络远程勘验措施在权能上与《刑事诉讼法》上的搜查措施高度重合，但没有搜查程序中的审批程序，亦没有持证搜查的节制，这就导致了电子数据搜查游离于侦查法治之外，成为侦查机关的“自留地”。长此以往，则会架空《刑事诉讼法》。除此之外，法院在审查判断电子证据时，也需要根据具体的取证措施来判断证据的合法性和真实性，而电子数据收集规范上的二元结构，导致法院在审判时缺乏清晰的参照标准，进而引发定案上的争议。例如在福建省龙海市中级人民法院审理的林某某诈骗罪一案中，公诉机关提供的通信记录是通过技术侦查手段而来，而安徽省合肥市中级人民法院审理的高某某贩毒案中，公诉机关提供的通信记录是由侦查机关向移动公司调取而来。〔1〕2019年公安部的《公安电子取证规则》再次承接了《电子数据规定》中的措施体系，并没有进行详尽区分，可以预见电子取证措施规范的适用难题仍将长期困扰审判实务。

（六）搜查、扣押笔录的使用不规范

2012年《刑事诉讼法》增加了笔录类证据作为新的证据类型。〔2〕搜查、扣押笔录也具备了合法的证据形式，搜查笔录在功能上既可以证明侦查人员实施搜查行为的合法性，包括启动合法和执行合法，又可以证明搜查所获证据是否能够达到"保真"的程度，包括侦查人员是否伪造证据，证据在搜查、扣押过程中是否遭到"污染"等。因此，搜查、扣押笔录作为一种"证明证据的证据"起到了对实质证据的可信性进行证明的辅助作用。〔3〕然而搜查、扣押等笔录类证据本身也有证据能力和证明力属性问题，因而也会出现证据真实性以及非法证据排除等问题。从实践情况来看，我国法院在采纳搜查、扣押笔录方面几乎没有任何限制，无论是在证明搜查合法性上还是在证明证据真实性上，法院对搜查、扣押笔录基本"照单全收"。与此同时，我国2012年《刑事诉讼法》第59条和第187条又规定了警察对于证据收集合法性和执行职务时的目击情况负有出庭作证义务。该条款的订立不仅是针对长期以来公安机关以"情况说明"替代庭上陈述的弊端，更暗含了有限的传闻法则。例如，《美国联邦证据规则》第803条第（8）款亦规定了"刑事案件中执法人员观察的事项"不属于"公共记录"这一传闻证据的例外情形，控辩双方不得采用搜查、扣押笔录对相关证据的真实性进行证明，制作搜查、扣押笔录的侦查人员应当亲自出庭作证，并接受控辩双方的交叉询问。〔4〕因此，法院对于搜查、扣押笔录的无限制采纳极易架空警察出庭作证制度，使得初步建立的传闻法则形同虚设，而在实践中也几乎没有搜查、扣押人员出庭作证，亦不要求证据保管链的链接者出庭作证，忽视对证据的收集、

---

〔1〕 详见福建省龙海市人民法院（2014）龙刑初字第580号刑事判决书、安徽省高级人民法院（2014）皖刑终字第00185号刑事裁定书。

〔2〕 根据立法机关的解释，笔录类证据除包括勘验、检查、辨认、侦查实验笔录外，侦查机关依法进行其他侦查活动形成的笔录，也可以作为证据。参见全国人大常委会法制工作委员会刑法室编：《〈关于修改中华人民共和国刑事诉讼法的决定〉条文说明、立法理由及相关规定》，北京大学出版社2012年版，第42页。

〔3〕 宋维彬："搜查、扣押笔录的证据能力研究——以美国法为借镜"，载《中国刑事法杂志》2017年第6期，第86页。

〔4〕 宋维彬："搜查、扣押笔录的证据能力研究——以美国法为借镜"，载《中国刑事法杂志》2017年第6期，第95页。

保管等进行严格审查。[1]在我国公安机关证据链保管制度尚未成熟的现实条件下，在侦查人员、见证人事后补签笔录的惯习影响下，这种高度依赖搜查、扣押笔录的证据审查判断具有极大的失真风险。

（七）立案前的搜查行为比较普遍

按照《刑事诉讼法》和《公安部规定》的规定，侦查机关只有在立案之后才能采取强制性措施，在立案的初查过程中，侦查机关可以采取“询问、查询、勘验、鉴定和调取证据材料等不限制被调查对象人身、财产权利的措施”。[2]虽然这一条款并未明示搜查是否属于限制人身、财产的措施，但从公法“法无授权不可为”的角度来看，搜查并不属于法定的初查措施，更何况搜查手段的强制性决定了搜查过程必然会伴随着对搜查对象人身、财产权利的轻度限制。因此，无论从法理还是执行层面来看，搜查应当是在立案以后才能采取的强制性措施。但侦查机关并没有严格遵守这一禁止性规定，在一些无被害人的案件中（如毒品犯罪案件），侦查机关在立案前对犯罪嫌疑人是否有犯罪事实及其罪名并无把握，在仅靠着犯罪嫌疑的支撑下，侦查机关在立案前就审批了搜查证，并对犯罪嫌疑人实施了搜查行为，最后依据搜查所获得的结果来决定是否立案以及立案罪名。由于立案前的搜查有助于侦查机关正确立案，因而在实践中先搜查、再立案的情况较为普遍，面对这种非法搜查行为，有些案件中的辩护律师提出了非法证据排除的请求，但法院对此并不采纳。例如在李某走私、贩卖、运输、制造毒品一审案中，法院认为侦查机关在4月28日下发内部审批搜查证，5月3日进行搜查，5月4日进行立案，并不违反《刑事诉讼法》的规定，且收集物证违反程序的行为只有严重影响司法公正时才能对证据予以排除，即使认为立案后方可对犯罪嫌疑人进行搜查的观点成立，未立先搜的未严重影响司法公正所取得的物证（毒品）不得予以排除。[3]由此可见，法院一方面认为立案前的搜查行为并不一定是非法搜查行为，另一方面认为即使构成了非法搜查，也远达不到严重影响司法公正的程度。因此，无论是侦查机关，还是法院，对于立案前的搜查行为容忍程度都比较高。值得注意的是，立案前的搜查行为是一种刑事侦查行为，不属于行政诉讼的受案范围，即使立案前的搜查过程出现违法行为，当事人亦不能提起诉讼，[4]而只能求助于国家赔偿程序。

---

〔1〕陈永生：“证据保管链制度研究”，载《法学研究》2014年第5期，第184-185页。

〔2〕参见2012年《公安部规定》第171条。

〔3〕参见江西省南昌市东湖区人民法院（2017）赣0102刑初191号刑事判决书。

〔4〕参见最高人民法院（2016）最高法行申2049号行政裁定书。

五、扣押制度实施中的问题

（一）将扣押视为搜查的附属程序

从权能上来说，扣押是一种保全证据和财物的方法，是侦查机关为了保障诉讼顺利进行而对所获得证据的持续性占有。这种持续性占有具有财产上的支配性，因而扣押措施干预的是原物所有人的财产权，是一种独立的权能，需要依据财物的不同属性采取不同的扣押方法。例如《公安部规定》要求对书证、物证采用原物扣押或者拍照保全方法，对不动产和大型动产采取查封的方法，对存款、股票等采取冻结的方法。明确这一点，对于理解扣押措施的性质非常重要，在扣押的实务运作中，由于搜查和扣押均是以“案件有关”作为实施条件，侦查机关通常并不有意区分两者在权能上的差别，侦查机关往往将扣押看成是搜查的必然结果，在搜查时只持有搜查证，而省去了扣押文书，或者是在扣押以后再去补办扣押手续。这在1996年《刑事诉讼法》颁布以后就一直存在，除非是出现了扣押清单的缺失以及扣押物品和扣押清单无法印证等影响证据真实性的情形，否则法院很少会直接认定这种无证扣押违法。

（二）以侦查手段干预经济纠纷

经济犯罪由于在行为要件上与民事纠纷有许多相似之处。例如，不履行合同既有可能是基于非法占有的目的，也有可能是情势变更后丧失了履行合同的能力，而前者涉及经济犯罪，后者只是普通的民事纠纷。一旦公安机关未能正确识别纠纷性质，就有可能出现以刑事手段干预经济纠纷的现象。这一现象自我国改革开放初期就存在，一些基层公安机关以办理经济犯罪案件为名，直接干预一些经济纠纷案件的处理，而非法扣押财物则是公安机关插手经济纠纷最主要的手段。公安机关通过滥用刑事立案权，进而扣押财物，将债务还清后，再撤销案件，甚至强行收审、羁押一方当事人做人质，替另一方逼索款物。为此，公安部在1989年就发出了《公安机关不得非法越权干预经济纠纷案件处理的通知》，1992年发出《关于严禁公安机关插手经济纠纷违法抓人的通知》，1995年发出《关于严禁越权干预经济纠纷的通知》。但是公安机关插手经济纠纷的情形即使是在2012年《刑事诉讼法》实施之后仍时有发生，造成了企业合法利益受损，扰乱了正常的经济秩序。公安机关之所以习惯性地使用刑事手段干预经济纠纷，有着深刻的历史原因和制度原因。

就历史原因来看，一方面，早期公安机关的经费管理体制存在问题，由于基层财政上的困难，一些基层政府便尝试通过罚没财物抽成的方式来补充公安机关日常经费的不足，这间接导致了公安机关形成了扣押财物、罚没财物的冲动。但随着公安经费的专门保障逐渐到位，这一情况有所好转。另一方面，一些涉众型经济纠纷往往触及地方政府的“稳定”问题，但如果通过民事诉讼途径予以处理，纠纷迟迟不能得到解决，可能会诱发群体性事件。而在涉众型经济纠纷中，公安机关可以通过提前扣押财物并处置财物的方式，尽量协调、满足群体一方的经济诉求，减少维稳压力。“维稳”的压力是公安机关不当干预经济纠纷的重要历史动因。

就制度原因而言，检察机关对侦查机关不当干预经济纠纷存在监督上的困难。一方面，我国的立案监督侧重于“应当立案而不立案”，例如2019年《最高检规则》在刑事立案监督章节中规定了对于应当立案而不立案的，检察机关认为立案理由不成立的，可以直接要求其立案，而对于不应当立案而立案的，公安机关则有异议权，检察机关并不能自行撤销案件。另一方面，对于立案后的侦查行为，检察机关只能通过发出《纠正违法通知书》的方式予以警示，公安机关是否最终遵循检察机关的建议，还需要检察机关会同上一级公安机关来商定。即使是检察机关“纠正违法”型监督模式在实践中亦存在不同版本，无法形成稳定的监督效果。“有的规定了‘通知纠正’的方式，有的规定了‘提出纠正意见’的方式，有的规定了‘提出检察建议’的方式，还有的仅笼统规定‘实行监督’。”[1]此外，检察机关2019年推行的“捕诉一体”改革在检察权的内部分配上忽略了侦查监督的专门职能，被合并在刑事检察职能中的侦查监督是否会受到审查逮捕与起诉的利益影响，仍值得忧虑。因而从总体上来看，检察机关对于侦查机关违法干预经济纠纷的行为仍然缺少制度上的有力制约。

（三）扣押范围过宽

无论是历次《刑事诉讼法》修改，还是公安执法规范化建设，在具体规则上都没有严格区分诉讼证据、违禁物品和违法所得，这就使得扣押范围不甚明朗。而在实践中，侦查机关往往采取“抄家式”扣押的方法，大面积扣押当事人的财物。之所以有这种扩大扣押范围的冲动，原因有三。第一，由于《刑事诉讼法》本身并没有规定扣押启动的证据门槛，侦查人员在个案申请前没有做好前期的情报收集工作，因而在搜查、扣押时只能对扣押范围进行临场判断，“由于受其业务能力、执法水平、工作经验、责任心等方面的差异影响，难免会造成标准把握的混乱，侦查实践中也确实存在有些机关和人员任意扣押犯罪嫌疑人或者关系人乃至第三人的款物的现象”。[2]第二，许多侦查人员并没有理解刑法上对财产的处置类型，在执行扣押时，也就没有考虑到犯罪嫌疑人以后的诉讼处遇，因而形成不顾扣押后果的懒惰思维，先将所有财物扣下，然而交由法院处置，将压力转移给法院。第三，在有被害人的案件中，为了避免被害人的上访申诉，侦

---

〔1〕 朱孝清：“国家监察体制改革后检察制度的巩固与发展”，载《法学研究》2018年第4期，第13页。

〔2〕 张栋：“刑事诉讼法中对物的强制措施之构建”，载《政治与法律》2012年第1期，第31页。

查机关通常在扣押时会超出诉讼证据、违规物品、违法所得的范畴，将被害人的求偿利益也考虑到扣押范围中，实践中经常出现犯罪嫌疑人的所有合法财产都会被扣押的情形。除此之外，在涉及企业法人的时候，由于我国同样没有区分企业法人财产和个人财产，如果被追诉人系企业高管，还会产生企业财产一并扣押的情形。

随着党的十八大对民营企业产权的保护升级，优化营商环境成为国家新近重点治理的领域之一。中央全面依法治国委员会第二次会议明确提出："要把平等保护贯彻到立法、执法、司法、守法等各个环节，依法平等保护各类市场主体产权和合法权益。"随着政策上的重视，谨慎决定扣押范围也成为重要的司法政策。最高人民检察院2017年1月发布了《关于充分履行检察职能加强产权司法保护的意见》，明确提出"慎重选择办案时机和方式，慎重使用搜查、查封、扣押、冻结、拘留、逮捕等强制性措施"。2018年1月2日，最高人民法院发出《关于充分发挥审判职能作用为企业家创新创业营造良好法治环境的通知》，要求各级法院在刑事审判中要严格区分企业家违法所得和合法财产，没有充分证据证明为违法所得的，不得判决追缴或者责令退赔。要严格区分企业家个人财产和企业法人财产，在处理企业犯罪时不得牵连企业家个人合法财产和家庭成员财产。当然，受制于分工负责、互相配合、互相制约的主体关系，最高人民法院的通知只能在审判阶段发生效力，至于能否制约到侦查阶段的搜查、扣押，还有赖于检察机关对侦查机关的监督机制。

（四）涉案财物保管不善

在财物扣押后实行"扣管一体化"的模式下，涉案财物的保管成为困扰我国刑事司法实务的一个难题，这表现在三个方面。第一，刑事诉讼流程中缺乏权责统一的涉案财物保管主体。虽然公安机关首先进行了扣押，但在刑事诉讼流程中，公检法机关都有处置扣押物的权力；如果案件涉及变更管辖，还会牵涉不同地域的司法主体，这就使得涉案财物的保管缺乏统一的责权主体，在实践中容易出现公安司法机关之间的互相推诿或者扯皮现象。有的案件中侦查机关提前处置了财物，检察机关在起诉时就放弃了对"物"之诉。有的案件中侦查机关对扣押的财物处置不当或者对部分在案财物没有进行登记，导致法院在审判时无法确认和裁判。"实践中往往存在或者难免产生一些案件已经判决生效，但公安、检察环节保管的涉案财物尚未处理完毕的现象。"[1]第二，涉案财物保管缺乏足够的资源投入与有效的激励机制。公安司法机关对于保管涉案财物并不具备职能上的优势，相反，限于场地、经费、人力的限制，公安司法机关的保管能力均处于

〔1〕杨宏亮、沈东林："刑事诉讼中涉案财物的移送及监管问题研究"，载《人民检察》2013年第20期，第30页。

欠佳的状态，单独靠一个机关去管理涉案财物，特别是价值较高或者易于贬值的财物，显然力不从心。同时，基层公安司法机关受人员编制的限制，没有普遍建立专职的涉案财物保管机构。实务中的“管办分离”名义上仍由公安机关内勤、法制员兼任涉案财物管理员，而实际主要还是办案民警自行管理涉案财物，内勤、法制员由于工作任务繁重且不熟悉案情，出于规避风险的动机，也对兼管涉案财物的积极性不高，管办分离的要求在基层未真正实现。第三，财物保管在程序流转过程中缺乏细致的诉讼纪录。在当前我国还没有“对物之诉”的专门渠道下，刑事案件涉案财物的最终处置附属于对人之诉。这样的制度构造就决定了公安司法机关必然重视人的“保全”，而轻视财物的保全，反映在诉讼流程上就是扣押财物在保管过程中发生的变化（如贬值或者被处置）没有详细的记录，而在程序流转过程中，公安机关并没有做到扣押财物清单的及时全面移送，除非是用作诉讼证据，否则法院对于财物的变化也很少去追根究底，这使得扣押财物的保管经常成为一笔“糊涂账”。例如，2018 年辽宁省某市公安局违规将扣押涉案单位某公司的 2000 万元纳入了对公账户，没有制作清单移送给法院，导致在判决免予刑事处罚以后，该公司与公安机关就 2000 万元的扣押款及其利息产生了纠纷，进而申请刑事国家赔偿。[1]

（五）涉案财物处置权限不明，处置程序过于封闭

根据我国《刑法》《刑事诉讼法》的规定，扣押财物的处置包括没收违法所得、责令退赔、返还被害人、追缴、依法处置违禁品、没收个人财产以及诉讼证据的保全。这其中，没收违法所得和没收财产均属于法院在审判程序中才能作出的处置，诉讼证据的保全则属于审前程序的处置对象。但《刑事诉讼法》没有规定责令退赔、追缴、处置违禁品属于哪个机关的权限，由此，在审前阶段侦控机关均有可能会直接处置扣押财物。而当前我国扣押财物处置程序又过于封闭，不仅律师因为“侦查秘密”无法参与扣押财物的处置程序，犯罪嫌疑人、第三人也无法在财物处置程序中表达自己的意见，办案机关亦没有相应的听取意见程序，整个处置程序变成了办案机关的一种行政化决定过程。“至于犯罪嫌疑人以外的第三人，甚至可能根本不知道自己的权益受到了侵害，这些利害关系人参与程序的机会也非常小。”[2]更令人担忧的是，《刑法》上的涉案财物处置措施还存在着适用上的分歧。例如，我国《刑法》第 64 条规定，违法所得的一切财物都应追缴或退赔。然而立法并没有解释追缴、退赔的适用条件。实践中对追缴和退赔的内容亦存在争议。有观点认为追缴是将没有扣押在案的属于违法所得的财

〔1〕王梦遥：“辽宁公安违法扣押企业 2000 万财产 被判返还并赔偿”，载新浪新闻，http://news.sina.com.cn/c/2018-01-30/doc-ifyqyesy4371485.shtml，最后访问日期：2020 年 3 月 20 日。

〔2〕吴光升：“刑事涉案财物处理程序的正当化”，载《法律适用》2007 年第 10 期，第 61 页。

物追回并强制没收；[1]有观点则认为追缴只是一种财产保全的程序性措施，不涉及对财产权属的实体性处置，目的仅在于查控涉案财产或保全价值。[2]1998年《公安部规定》第220条规定了公安机关的追缴职责，即“对犯罪嫌疑人违法所得的财物及其孳息，应当依法追缴”，但2012年修订后的《公安部规定》又将其删除，追缴措施的性质更加模糊。此外，在有被害人的案件中，是应当先追缴再退赔，还是可以直接退赔，实践中没有统一的标准，而追缴是否是一种独立的“财产保全”措施，还是在追缴过程中只能适用搜查、扣押等证据保全措施，亦没有明确的解释。由此可见，扣押财物的处置在当前仍然缺乏明确的规范指引，不仅各个办案机关的处置权限不明，处置程序亦不规范、不透明。

（六）扣押执行方式不符合比例原则

《刑事诉讼法》并没有规定扣押的方式，2012年《公安部规定》和2019年《最高检规则》也只是在涉及债券、股票、基金份额等期权型利益的财产时，允许在冻结前变现扣押，但对于其他财物的扣押方式并没有提及。扣押方式之所以重要，是因为对某些关键设备的扣押将会直接影响企业的正常生产经营活动，因而扣押执行过程中应当贯彻比例原则。比例原则要求发动公权力时，应合理权衡公权力行使所保护之利益与因其行使所造成之不利益，不得以失衡之方法达成其目的。而我国公安机关在扣押时基本上都采取了原物封存甚至是原物“搬走”的方式，这种机械的扣押方式对于一般的诉讼证据或者财产价值较小、对企业生产经营影响不大的财物而言并无不妥。但如果案件罪名较轻，犯罪情节较轻，犯罪嫌疑人的社会危险性不大，而扣押的财物又是企业生产经营的关键设备，那么这种机械的扣押方式就有违比例原则。在扣押实践中，对于大型生产经营设备，完全可以采取只扣押权利证书的方式，辅以保证人和一定的监控手段，采取对企业生产经营活动影响最小的方式实现诉讼目的。2015年出台的《人民检察院刑事诉讼涉案财物管理规定》第12条明确规定，可以扣押相关权利证书，将查封决定书副本送达有关登记、管理部门，并告知其在查封期间禁止办理抵押、转让、出售等权属关系变更、转移登记手续。但这一规定只适用于检察机关自侦案件，能够产生的积极效果实在有限，更何况检察机关的自侦案件在监察体制改革以后已经大幅减少，而在《公安机关涉案财物管理若干规定》中则没有这样的规定。实践中，不顾后果的机械的扣押方式容易造成涉案中小企业和个体经营者直接停产，并由此引发其他的民事纠纷以及社会矛盾，这与党中央倡导的优化营

---

[1] 胡康生、郎胜主编：《中华人民共和国刑法释义》，法律出版社2004年版，第62页。

[2] 陈卫东：“涉案财产处置程序的完善——以审前程序为视角的分析”，载《法学杂志》2020年第3期，第44页。

商环境的政策背道而驰。[1]

六、刑事搜查制度的完善

从刑事搜查制度的发展轨迹来看，相关程序设计缺乏对权利尤其是隐私权利的保护。除此之外，搜查行为缺乏相应的控权机制，使得搜查取证容易产生证据鉴真上的争议。因而，从长远来看，刑事搜查制度的完善要从证据真实观回归权利本位，从近期来看，则要在实施中加入相应的控权机制。

（一）长远规划

当前《刑事诉讼法》对搜查程序的规定过于粗糙，搜查措施缺乏类型化的细致规定，搜查程序的启动也过于随意，而这两个方面正好与公民的隐私权保护息息相关。未来《刑事诉讼法》的修改，应当着重从这两个方面入手。

1. 搜查措施的类型化

同域外法治国家相比，我国搜查措施的类型化明显不足，需要进一步界分。

第一，区分有证搜查与无证搜查。侦查机关应对的侦查情势不同，搜查措施的紧急性自然不同，而我国《刑事诉讼法》对无证搜查的规定较为粗疏，不仅适用的情形不够细致，亦混淆了附带搜查与紧急无证搜查的要件区分。附带搜查是出于维护执法安全或者保全证据的需要，在逮捕、拘留时所采取的无证搜查措施，其启动的合法性依赖于逮捕、拘留本身的合法性；而紧急搜查则是基于申请搜查证已无时间准备或无可能的情形下所采取的临时性措施，其合法性不仅要基于警察当时的合理判断，亦需要审批主体的事后追认。因此，两者在司法评价上适用不同的标准，在立法中区别对待，以方便侦查机关分类适用。

第二，在搜查对象上区分犯罪嫌疑人与第三人。犯罪嫌疑人和第三人对刑事诉讼强制性措施的容忍义务不同，向第三人收集证据无论是在启动措施还是在执行过程方面，均区别于对犯罪嫌疑人收集证据的情形。第三人并不是案件的被追诉对象，在取证强度上，只要第三人予以配合，并无使用强制力的必要。对犯罪嫌疑人的搜查则不同，由于犯罪嫌疑人具有湮灭证据的风险，侦查人员在持证搜查时有必要拥有一定的强制权力。从我国实践来看，对第三人收集证据主要是通过证据调取的方式，而证据调取条款中并没有强制调取的规定，这有别于针对犯罪嫌疑人“强制搜查”的规定。因此，我国《刑事诉讼法》为区分犯罪嫌疑人与第三人预留了制度空间，只是在措施的立法体例上还存在不合理的情况。有鉴于此，应当在搜查条款中，明确对第三人之搜查应当优先适用证据调取的方式，

---

〔1〕 例如，据笔者调研得知，2018年重庆市某区公安机关在办理一起非法采砂案中，不顾犯罪嫌疑人的采砂船已经在2016年以后办理了采砂证的事实，仅仅因为该采砂船在此前一段时间内有过无证采砂经历，便直接予以查封，致使其不得不停止作业，由此引发许多新的民事纠纷。

只有在第三人不予配合时，才能进行有证搜查。如果遇有第三人湮灭证据的紧急情况，可以适用无证搜查的规定。同时，证据调取条款也不宜在证据章节中规定，而应当移至侦查章节，作为一种侦查措施来加以规定。

第三，区分电子搜查与其他电子取证措施。大数据时代，电子取证已经成为侦查机关新型的侦查手段，但如上文所述，电子取证措施在规范体系上还存在与《刑事诉讼法》对接困难的问题，尤其是电子搜查与技术侦查以及任意侦查措施的区分，在规范适用上还存在疑难之处。因此，《刑事诉讼法》有必要对电子取证措施进行回应。从《电子数据规定》规定的权能体系来看，并没有必要在《刑事诉讼法》之外进行专门立法，《刑事诉讼法》中的搜查措施完全可以吸收一些电子取证措施。首先，现场提取电子数据属于搜查措施。《公安电子取证规则》第16条规定了在无法扣押原始存储介质的情形下可以现场提取电子数据，而在情形消失后，应当及时扣押、封存原始存储介质。这意味着现场提取电子数据是搜查程序中扣押"存储介质路径"下的一种变通执行方法，仍然是一种搜查措施。其次，公开的网络远程勘验措施可以归属于搜查措施。之所以要强调"公开"，是因为只有将搜查行为公开，被搜查对象才能知晓搜查行为的存在，在必要时才能寻求相应的权利救济。德国联邦最高法院在"线上搜查案"中亦认为，"刑事诉讼法合法搜索的图像，乃侦查人员亲身出现在搜索地点以及对受搜索人公开搜索……受干预者可能主动交付搜索标的，以避免被搜索，或借此控制搜索之时间、强度，甚至当欠缺搜索要件时——也许经由律师协助——受搜索人可在执行过程阻止搜索，或至少可控制搜索之执行方式，尤其是监督有无遵守搜索裁定所设定之界限"。[1]据此，德国联邦最高法院认为警察秘密线上搜索不符合搜查行为的公开规定，导致被搜索人失去了防御性权利，属于法外措施，因而法官不能批准其实施。我国《刑事诉讼法》中亦强调搜查措施的公开特性，要求搜查笔录有在场人的签字，正是这种公开性使得我国《刑事诉讼法》中的搜查区别于技术侦查。同时，公开的网络远程勘验是一种"存储介质的延伸路径"，是侦查机关通过被扣押的存储介质搭建了通向另一存储介质（远程服务器）的取证通道。其方法手段上的特性决定了侦查机关在实施网络远程勘验时必然需要向数据（存储介质）持有人或者网络服务提供者公开宣示，对此《公安电子取证规则》除了规定"在场人"制度外，侦查机关还需拥有电子数据持有人、网络服务提供者的系统访问权限才能实施远程勘验。这表明《公安电子取证规则》亦认同网络远程勘验是一种具有公开特性的搜查措施，可以被搜查措施吸纳。而如果侦查机关以秘密的方式进行网络远程勘验，其技术特性是"目标数据

〔1〕王士帆："侦查机关木马程式：秘密线上搜索——德国联邦最高法院刑事裁判 BGHSt 51，211 译介"，载我国台湾地区《司法周刊》2015年12月25日，总第1779期，第5页。

的秘密性直接获取”，则数据（存储介质）持有人或者网络服务提供者均无见证远程勘验的可能，因此秘密的网络远程勘验属于技术侦查行列。

2. 提升搜查措施的启动门槛

我国《刑事诉讼法》存在以“犯罪嫌疑论”统领一切强制措施启动门槛的倾向。从比例原则的视角来看，强制措施在权能强弱上有所差别，其对应的程序启动要件也应当有所差别，统一适用“犯罪嫌疑论”，显然不符合比例原则的要义。域外搜查程序的启动门槛虽然表述有所不同，但都强调有客观证据能够证明所搜查之对象与犯罪嫌疑人的人身、住所有着一定程度的联系，并不是完全出自侦查人员的主观推理。而在社会生活高度信息化的当下，附着于数据上的隐私利益大为拓展，更需要立法慎重对待侦查机关的搜查权，除非已有证据能够合理推断相关的人身、场所有犯罪证据的存在，否则侦查机关不应当随意启动搜查程序。当然，对启动理由的判断，除了附带搜查与紧急搜查之外，都应由当前的自审自批格局转向由中立的法官或者检察官加以判断，从而过滤那些没有必要的搜查措施。

3. 严格排除非法搜查所获得的证据

非法证据排除规则的功能之一就是要制裁非法取证行为，从而在程序上给予否定评价。当前我国诸如立案前搜查、无证搜查等非法搜查行为之所以屡禁不止，正是因为法院在司法裁判中对非法实物证据的排除采取了绥靖态度。因此，在权利保障的价值取向下，需要严格非法搜查的证据排除规则。首先，要扩展非法实物证据的排除标准。目前非法实物证据排除规则采取了“严重影响司法公正”的标准，然而司法公正概念过于宽泛，实践中法官缺乏释法的依据以及排除非法证据的空间，而且司法公正也无法完全涵盖权利保障。因此，非法实物证据排除规则需要加入“严重侵犯公民权利”的标准，才能在司法裁判层面为法官提供个案释法的路径。其次，要调整非法实物证据的排除规范之间的逻辑关系，如果非法搜查已经达到严重影响司法公正的程度，那么后续的“补正或者作出合理解释”就不应当存在。从法条逻辑关系看，这里的“补正或者作出合理解释”应当限定在侦查措施发生变更的法定情形之中，例如侦查人员之所以无证搜查是因为符合逮捕时的附带搜查理由，因此这里的“补正或者作出合理解释”的空间不能任由公安机关随意补正。并且“补正或者作出合理解释”只能发生在“严重影响司法公正”之前，是“严重影响司法公正”的阻却事由，而不是“严重影响司法公正”的例外情形。例如，主要法治国家在对待无证搜查时亦采用了事后的司法确认制，侦查机关只有向令状发放机关解释无证搜查的理由（不包括附带搜查和同意搜查），并得到确认之后，搜查行为方视为有效。[1]因此，从理

---

〔1〕孙长永：《侦查程序与人权保障——中国侦查程序的改革和完善》，中国法制出版社2009年版，第191-192页。

顺立法逻辑的角度来看，非法证据排除规则不宜在“严重影响司法公正”标准之后再增加“补正或者作出合理解释”这样容易逃避程序制裁的可能性的条款。

4. 限制搜查、扣押笔录的证据能力

笔录类证据具有双重功能，如果仅仅是以搜查、扣押现场的记录情况来指控犯罪事实的话，笔录证据就是一种实质证据，其与现场勘验笔录具有相同的证据能力。但如果以搜查、扣押笔录来说明有争议的程序法事实时，此时的搜查、扣押笔录就具有传闻证据的特性，且与我国《刑事诉讼法》上的警察出庭作证制度存在冲突。因此，在涉及搜查扣押是否合法、证据鉴真等问题时，不能简单地以搜查、扣押笔录替代警察出庭作证。实践中，虽然公安机关在执行搜查、扣押时配有同步录音录像，但录音录像仍属于笔录的表现形式，由于不具备交叉询问的条件以及可能存在篡改、裁剪等问题，录音录像仍不能替代警察出庭作证。立法上应当明确在涉及上述程序法事实时，警察出庭作证条款的适用优先于搜查、扣押笔录的适用。

（二）近期调整

增强程序的规范密度以及调整搜查审批主体会涉及程序性的根本变革及其背后的公、检、法关系。例如，提升程序门槛就会增加侦查机关违法搜查的风险，而对于违法搜查是否适用非法证据排除规则是另一个较为繁杂的价值选择问题。因此，在短时间内不进行证据法则系统调整的背景下，可以通过一些内部控制措施上的调整，增强对搜查权力的约束性，促进侦查工作的适应性。

1. 强化法制部门的审批主体地位

公安机关在执法规范化建设周期内，都强调法制部门的“审核把关”作用，虽然没有来自公安部的统一规划，但法制部门已经从最初的法制宣传部门，转为具有一定审批权限的“审核”机关。在搜查程序的内部控制上，法制部门因为其不背负执法绩效的负担而具有一定的客观中立性。在现行刑事诉讼法框架内，由办案部门申请、法制部门审核的方式在一定程度上可以改善当前完全的自审自批格局。如果法制部门作出的决定与公安机关负责人不一致，应当类比适用《公务员法》关于命令执行的规定，[1]以公安机关负责人的决定为准，如果造成了违法搜查、扣押的后果，法制部门将不承担司法责任。如此，才能保证法制部门在公安机关的内部控制中不至于沦为办案部门的“橡皮章”。

[1] 《公务员法》第60条规定，公务员执行公务时，认为上级的决定或者命令有错误的，可以向上级提出改正或者撤销该决定或者命令的意见；上级不改变该决定或者命令，或者要求立即执行的，公务员应当执行该决定或者命令，执行的后果由上级负责，公务员不承担责任；但是，公务员执行明显违法的决定或者命令的，应当依法承担相应的责任。

2. 消除空白令状

空白令状本质上架空了搜查程序的规制，使得搜查对象和范围可以随意扩大。消除空白令状，即要在搜查证上精确表述搜查对象和范围。法治国家之所以有这样的要求，不仅是在价值选择上侧重于保护公民的宪法权利，也是因为高门槛的启动条件使得侦查机关能够表述出所要搜查的对象与范围，从而有助于促进侦查工作的理性化。例如，美国法上的“相当理由”要求侦查人员能够基于现有证据，推导出目标证据所在的对象与范围。因此，消除空白令状并不是一种纯粹的价值追求。在我国搜查条款中，当前亟须实现搜查对象和范围的“特定化描述”，并以此作为搜查合法性的重要评价标准。

3. 严格区分行政检查与刑事搜查

由于警察法并没有严格限制行政检查措施在侦查阶段的适用，而《刑事诉讼法》又认可了行政证据在刑事诉讼法中的运用，这间接刺激了行政检查措施的过度扩张。虽然我国刑事诉讼有立案程序，但立案的效果仅仅意味着对侦查强制措施的限制，而没有对警察行政强制措施的区隔。因此，当务之急是首先明确在立案之后侦查机关不可以使用警察行政强制措施，不仅包括现行的对继续盘问的禁止，也包括行政检查的禁止。其次，对于侦查机关在立案前就已经掌握的犯罪事实及其线索材料，为了防止侦查机关以行政检查的手段替代立案后的搜查，在规范上应当弱化行政检查的权能，包括以下两个方面。一是在盘查中不能概括授权人身搜查，而是要区分拍搜与彻底搜查，拍搜的目的仅仅在于保护警察的执法安全，而要彻底搜查则需要进一步的证据证明被搜查对象与特定犯罪事实的联系，从而提升盘查中人身搜查的启动要件。二是场所检查需要区分范围。场所检查作为公安机关特行管理的主要依据，其法理依据来源于对“特种行业”[1]的“危害疑虑”[2]，因此在“特种行业”之外的场所，公安机关并没有进行场所检查的权力。同时，场所检查亦限于“特种行业”的经营范围，场所经营人的生活区域则不属于经营范围。最后，公安机关需要加强立案的内部控制。公安机关在审查报案材料后应当形成一个程序意见，即构成治安违法还是构成刑事犯罪。而具体办案部门如果试图以“不破不立”的方式故意立成治安违法，则需要在转化成刑事案件时说明理由，如果在案件事实（犯罪结果）没有发生变化的情况下转化成刑事案件，则需要在绩效考核上给予负面评价，从而遏制实践中以行政

---

〔1〕 1985 年公安部《关于改革和加强特种行业管理工作的通知》将特种行业界定为“旅馆业，刻字业，收购生产性废旧金属和信托寄卖行业”。该规范沿用至今。

〔2〕 在警察行政法上，危害防止多认为是警察的行政任务，而犯罪侦查则是警察的刑事诉讼任务，两者有着明确的区分。警察法上的危害是指一种损害逼近的盖然性，而犯罪则是损害的发生。两者具有时间线上的先后顺序。详细参见陈英淙：“警察法上之危害”，载我国台湾地区《政大法学评论》2014 年第 2 期，第 168 页。

检查替代刑事搜查的动机。

七、扣押制度的完善

如前所述，在当前的侦查程序构造下，扣押与搜查一样存在司法令状缺失、比例原则不足的弊端，但扣押作为一种独立的权能，并不是搜查的自然结果，亦不以搜查作为前置措施。因而除了需要与搜查制度一并增加司法令状、提升启动门槛外，还需要以扣押的功能为核心，实现扣押程序的类型化，加强对扣押权力的控制。

（一）扣押功能的类型化

扣押在本质上是一种财物的暂时性处置，其终局处分如何，仍需要看刑事裁判的结论。在保障刑事诉讼顺利进行的总功能下，作为侦查措施的扣押具有三项子功能。

（1）保全财物作为证据。此时被扣押的财物因为与犯罪事实关联而具有证明犯罪事实的功能，但因其易于被藏匿、遗失、损坏、变造或毁灭，需要由侦查机关直接加以保全。此时的扣押并没有与刑法上的经济性处分发生关联，在程序目的上仅需要考量证据灭失的风险。

（2）保全财物作为财产刑的执行对象。为了打击犯罪的经济基础，我国刑法设有没收财产的附加刑种，一旦法院作出了没收财产的判决宣告，则被告人的合法财产将全部或者部分被没收，为了保证刑罚目的不落空，需要侦查机关在侦查阶段即进行一定程度的财产保全，以防止犯罪嫌疑人转移财产。在程序目的上，需要考量是否有被判处附加刑的可能以及财产被转移、隐匿的风险。

（3）保全财物作为非刑罚处置措施的对象。我国《刑法》第 64 条对涉案财物规定了三种非刑罚措施：即犯罪分子的“违法所得财物”应当予以追缴或者责令退赔；对“被害人的合法财产”应当及时返还；对“违禁品和供犯罪所用的本人财物”，应当予以没收。据此，对于符合上述三种类型的财物，侦查机关应当及时进行扣押，为将来司法裁判后的处置做准备。同没收财产的附加刑不同，法院对于这三种类型的财物，并不具有处置上的裁量权，而是必须予以追缴、退赔、返还以及没收。这意味着在侦查阶段，侦查机关即有义务扣押这三种类型的财物，在程序目的上需要识别这三种类型的财物。

（二）扣押程序的类型化

扣押功能的多样化决定了不同类型下扣押的对象、范围也是不同的。作为犯罪证据保全的扣押，必须严格限定在能够证明犯罪事实的财产范围之内；而作为财产刑执行的扣押，则可能会依据量刑轻重而将范围扩大至犯罪嫌疑人、被告人的合法财产；如果是作为非刑罚措施执行的扣押，则还会扩及第三人的违法财产。现有的扣押程序仅仅出于保全证据的需要而设计，无法体现出其他类型扣押的功能，既无法满足不同的诉讼目的，又无法遏制侦查机关的权力滥用。

基于扣押功能的类型化，扣押程序也应当实现类型化，在上述三种功能下，扣押程序应当分成三种情形分别设置扣押的启动门槛、扣押范围以及扣押的审查程序。而在比例原则的指引下，出于保全犯罪证据目的的扣押启动门槛应为最低，即只要与犯罪事实存在关联，能够证明犯罪事实即可；出于非刑罚措施执行目的的扣押启动门槛次之，即有证据证明所扣押的财物乃是“违法所得”“被害人的合法财产”以及“违禁品和供犯罪所用的本人财物”；出于财产刑执行目的的扣押启动门槛应当最为严格，既需要证明判处附加刑的盖然性，又需要证明犯罪嫌疑人、被告人转移、隐匿财产的可能性。

基于扣押功能的类型化，扣押的审批程序也应当分类归之。除了“被害人的合法财产”以及“违禁品”概念比较确定外，其余扣押情形均属于需要运用证据进行证明的待证事实。而交由侦查机关自行审批，违反了证据裁判原则的一般法理。除此之外，在出于财产刑执行目的的扣押，侦查机关为了避免以后可能出现财产执行不力等情形，难免会在司法责任压力、信访压力下作出扩大扣押范围的决定，而在追缴违法所得时，亦会存在懒惰思维，而不顾扣押后果，不利于犯罪嫌疑人的财产权保障。因此，除了上述“被害人的合法财产”以及“违禁品”的扣押可以由侦查机关自行决定外，其余扣押类型的审批权应交给法院行使较为合理。因为法院行使这一权力不仅是司法令状主义的要求，而且法院依据审判经验可以更合理地划定扣押范围。例如在财产刑执行目的的扣押程序中，法院会依据过往同类案件的没收财产的范围来推论当前扣押的范围，这既是法院审判的经验法则，又是司法职权的具体体现，可以在犯罪控制的刑罚目的与犯罪嫌疑人财产权保障之间取得平衡。

此外，我国扣押程序尤其是扣押对象并没有设定任何例外，这可能与作证豁免的国际通行原则出现冲突。在具备作证豁免特权的人群中，涉及与犯罪嫌疑人的通信信件或者其他受保护范围内的业务文件时，应当有一定的扣押豁免范围。例如，《德国刑事诉讼法》规定了附有条件的不得扣押，包括可以拒绝作证的人彼此之间的通信；就被告人向他们吐露的秘密事项或者他们有权拒绝作证有关的其他情况所作的笔录；有权拒绝作证的人所收藏的其他物件，包括医疗检查病历在内。[1]我国扣押程序应当借鉴域外先进经验，增加扣押豁免规则，适当免除特定人群的交出证据的义务。此外，一些涉及公务秘密的文件，也不应当由侦查机关直接扣押，而是应当以证据转化的形式予以揭示。

（三）建立独立的涉案财物管理机构

涉案财物管理需要专门的机构、人员、场地以及技术手段，而就当前政法编

---

〔1〕参见《德国刑事诉讼法》第97条。

制而言，由于受到总量控制的影响，在一线办案力量都不充足的情况下，在公安机关、检察机关内部普遍设立涉案财物管理机构不具备现实条件。无论是由办案机关管理，还是由后勤等行政机构管理，都不可能达到良好的保管标准。而涉案财物管理并不存在法律上的处分，并不属于严格意义上的司法权履职范围，因此，有必要通过社会化的管理方式转移保管职能。具体而言，可以通过行政合同的方式，交由保全行业的企事业单位来进行专门管理，借用企事业单位的行业能力设立独立的财物管理中心，费用支付由财政保障的专门经费来支付。涉案财物管理中心虽由企事业单位来具体管理，但需要听从公安司法机关的指令，而公安司法机关也可以分别派人进驻到财物管理中心，分段管理，互相协调。一旦在保管过程中出现了不必要的财产损失，如果属于管理方的失误，公安司法机关在履行赔偿义务后，可以向管理方所在的企事业单位进行追偿。在司法实践中，江苏常熟等地已经开始尝试“社会化建设、专业化管理、规范化运行”的涉案财物建管模式。具体做法为：以市委政法委牵头，公、检、法、财政四家联动，委托具有专业处置资质的第三方公司参与到公安机关涉案财物建管，由政法委负责建设任务统筹协调及预算，公安负责对接第三方公司推进管理中心建设，检法两院负责对涉案财物管理进行监督指导，财政负责预算核准，尝试实现人员派驻、合署办公、多部门联动的机构设置思路，推动成立县级层面的“刑事诉讼涉案财物管理中心”。之所以要倡导涉案财物管理的社会化，是因为影响涉案财物管理效果的因素大多出自人力、财力上的部门利益限制。在权责不明晰的现实条件下，当前试图建立完全一体化的“涉案财物信息平台”缺乏利益上的共识，而只有通过社会化的方式，通过专门经费保障，明晰权责体系，才能超脱部门主义的局限。

（四）完善《刑法》与《刑事诉讼法》在涉案财物处置上的衔接

如前所述，《刑法》与《刑事诉讼法》的衔接不畅是导致涉案财物处置混乱的重要原因。因此，在扣押程序类型化的基础上，需要进一步明确扣押财物在处置上的权能和权限。

1.《刑法》上需要区分涉案财物处理措施中的程序性措施和实体性措施

程序性措施只是保全财物的一种手段，并不做实体上的处分。因此，程序性措施仍然是一种诉讼措施，其执行主体与执行程序应当由《刑事诉讼法》规定。而实体性措施则没有此硬性要求。当前《刑法》所设置的财产处置措施在性质上还不明确，例如《刑法》规定被害人的合法财产要返还，对于没收的财物要上缴国库，但是并没有规定“追缴”后的财物如何处置，[1]是否属于实体性处

[1] 张磊：“《刑法》第64条财物处理措施的反思与完善”，载《现代法学》2016年第6期，第125页。

分不明。因此，必须重新梳理《刑法》上涉案财物处理措施哪些属于程序性措施，哪些属于实体性措施，才能为《刑事诉讼法》的后续衔接奠定基础。

2.《刑事诉讼法》需要规定涉案财物处置中程序性措施的执行主体和执行程序

在划定程序性措施的范围后，应当由《刑事诉讼法》规定处置主体和执行程序。当前《刑事诉讼法》除了违法所得特别没收程序、缺席审判程序中涉及财产没收外，几乎没有规定其他处置措施的执行主体和执行程序。这主要是因为我国扣押程序类型中只有证据保全而没有财产保全。如果《刑事诉讼法》对此视而不见，则实践中的混乱就无法避免。因此，《刑事诉讼法》需要在扣押类型化的基础上对接涉案财物处置中的程序性措施。例如，如果将追缴措施定位成财产保全的程序性措施，则应当赋予公安机关在侦查阶段追缴的权力，同时赋予追缴独立的诉讼措施地位，再配以专门的扣押手段，进而与证据保全的扣押相区别，实现扣押功能的最大化。

3.《刑事诉讼法》与《刑法》应当协同规定涉案财物处置措施的适用阶段

当前除了财产性和没收违法所得措施是由法院终局裁断外，两部法律对其他处置措施究竟应当在何种诉讼阶段执行都没有明确规定。因此，《刑事诉讼法》与《刑法》应当在规定处置权限的基础上协同规定涉案财物处置措施的适用阶段，一方面要保证涉案财物处置措施体系的顺畅运行，防止出现诉讼职权上的冲突。例如，追缴如果允许发生在侦查阶段，则检察机关应当对公安机关追缴的合法性与适度性进行审查。而如果追缴只能发生在审判后的执行阶段，则公安机关只能根据法院判决执行，并无裁量空间。另一方面，涉案财物处置措施要与诉讼阶段的特点相适应。侦查阶段主要以发现证据和查找犯罪嫌疑人为主，财产保全虽有必要，但并非必不可少。根据我国检察机关的法律监督机关的定位，检察机关在审查起诉时有必要对财产保全的必要性和范围作出判断，进而引导侦查机关开展必要的涉案财物处置工作。而审判程序作为终局性阶段，应当承担兜底性的功能，即将检察机关和公安机关所遗漏的涉案财物问题一并解决。当然，立法上如何具体配置涉案财物的处置职权以及程序流程，涉及公、检、法三机关之间的关系，且需要《刑法》预先厘清涉案财物处置措施的内涵与分类适用条件，因而这里仅仅提出一个指导思路，落脚点在于《刑事诉讼法》要与《刑法》协同规定，共同促进刑事对物之诉制度的成熟。

（撰稿人：蒋勇）

第十二章 技术侦查

目 次

从20世纪50年代中期，公安部成立技术侦察局，开展技术侦察工作，到2012年《刑事诉讼法》增加“技术侦查措施”规定，技术侦查法治化进程历经曲折向前的60年。[1]梳理技术侦查的法治化历程，总结我国规制技术侦查的特点，展现技术侦查的实施情况，探寻立法规制和司法实践中存在的问题，提出有针对性的完善建议，有助于进一步提升我国技术侦查的法治化水平。

一、技术侦查的立法发展

我国规制技术侦查的立法发展经历了三个阶段：政策文件规范阶段、一般法律概括授权阶段、基本法律特别授权阶段。

（一）政策文件规范阶段

20世纪50年代中期，经党中央、国务院批准，公安部成立技术侦察局，之后，全国省、市两级公安机关逐步组建技术侦察部门。至20世纪90年代初，全国地市级以上公安机关均组建了技术侦察部门，开展了技术侦察工作。自组建之初，技术侦察部门就定位于隐蔽战线，与其相关的所有事项，包括技术侦察手段建设使用情况、技术侦察专用器材以及技术侦察民警身份等，都要求严格保密。中共中央、中央政法委和公安部通过制定下发秘密甚至绝密等级的内部政策文件，来指导、管理技术侦察工作，规范技术侦察手段的使用。

1998年9月，根据国务院办公厅文件和公安部党委的决定，公安部技术侦察局更名为行动技术局，随后全国省、市两级公安机关的技术侦察部门更名为行动技术部门。2009年12月，根据国务院办公厅新文件精神，公安部行动技术局重新更名为技术侦察局。在这十年里，“行动技术”仅用于部门称谓，手段名称、专用器材以及其他业务用语，依然使用“技术侦察”。随着部门名称再次更改，“行动技术”的概念退出了历史舞台。

这一阶段，技术侦察于刑事诉讼中的运用，主要定位于收集犯罪情报、发现侦查线索，如果通过技术侦察手段收集的证据材料要作为诉讼证据使用，必须经过一定形式的“转化”。

（二）一般法律概括授权阶段

1993年2月22日，第七届全国人大常委会第三十次会议通过《国家安全

---

[1] 《国家安全法》与《人民警察法》沿袭了国家安全机关、公安机关长期以来的习惯用法，采用了“技术侦察措施”的术语，《刑事诉讼法》则采用了“技术侦查措施”的术语。二者在内涵与外延上高度一致。参见邓立军：《突破与局限——新刑事诉讼法视野下的秘密侦查》，中国政法大学出版社2015年版，第1页。本章根据语境，交替使用两个术语，合先叙明。此外，本章论述的技术侦查措施，仅指狭义的技术侦查措施，不包括隐匿身份实施侦查和控制下交付两种秘密侦查措施。

法》。该法第 10 条规定："国家安全机关因侦察危害国家安全行为的需要，根据国家有关规定，经过严格的批准手续，可以采取技术侦察措施。"

1995 年 2 月 28 日，第八届全国人大常委会第十二次会议通过《人民警察法》。该法第 16 条规定："公安机关因侦查犯罪的需要，根据国家有关规定，经过严格的批准手续，可以采取技术侦察措施。"

1993 年《国家安全法》和 1995 年《人民警察法》首次以法律形式对技术侦察措施进行了规定，迈出了技术侦查法治化的第一步，但总体而言，仍然存在诸多不足。

第一，就效力等级而言，效力等级不高，属于一般法律。根据我国法律规定，全国人大制定的法律属于基本法律，全国人大常委会制定的法律是基本法律以外的其他法律。上述两部法律均由全国人大常委会制定通过，因而属于基本法律以外的一般法律，效力等级不高。

第二，就适用范围而言，适用范围较为狭窄。就性质而言，两部法律属于部门法、行政法。1993 年《国家安全法》关于"技术侦察"的规定仅适用于国家安全机关或者公安机关侦察危害国家安全的行为，1995 年《人民警察法》则主要规范人民警察的职权行为，将其作为刑事诉讼意义上使用技术侦察措施的法律依据，正当性明显不足。

第三，就具体内容而言，仅为概括授权规定，未能充分遵守法律保留原则。法律保留原则是指，"对人民基本权利的侵犯，必须依法律方得为之"。[1]法律保留原则可分为形式和实质两项要求。实质的法律保留原则，又称为法明确性原则，是指"关于公权力措施会如何限制基本权利（构成要件）/限制到何种程度（法律效果）的立法，应明确到使受规范者得以清楚预见而可措其手足"。[2]以上述标准观之，对"技术侦察"，两部法律仅作了概括授权规定，对技术侦察的适用条件、适用范围、具体种类、适用程序等具体内容，两部法律均未作明确规定，因而未能充分遵守法律保留原则。

这一阶段，技术侦察于刑事诉讼中的运用，仍然定位于收集犯罪情报、发现侦查线索，但实务部门也开始探索在刑事诉讼中直接使用技术侦察所获得的证据材料。例如，2010 年"两高三部"联合发布的《关于办理死刑案件审查判断证据若干问题的规定》第 35 条规定："侦查机关依照有关规定采用特殊侦查措施所收集的物证、书证及其他证据材料，经法庭查证属实，可以作为定案的根据。"

---

〔1〕 陈新民：《德国公法学基础理论》（增订新版·上卷），法律出版社 2010 年版，第 397 页。

〔2〕 陈爱娥："如何明确适用'法律明确性原则'"，载《月旦法学杂志》第 88 期（2002 年），第 257 页。

（三）基本法律特别授权阶段

2012年3月14日，第十一届全国人大第五次会议通过《关于修改〈中华人民共和国刑事诉讼法〉的决定》，在《刑事诉讼法》第二编“立案、侦查和提起公诉”第二章“侦查”中增订第八节“技术侦查措施”，共5个条文。至此，在刑事诉讼领域，技术侦查法治化迈出了实质性一步。作为基本法律，《刑事诉讼法》以特别授权的形式，对技术侦查措施作了具体规定，涉及的内容主要有以下几个方面。

第一，技术侦查措施的适用时点。2012年《刑事诉讼法》明确规定，公安机关、人民检察院应当在“立案后”采取技术侦查措施。由于我国刑事立案的条件之一是“有犯罪事实”，故而，这一规定也为侦查机关采取技术侦查措施设定了一定的证据门槛。

第二，技术侦查措施的适用范围。在案件适用范围上，技术侦查措施只能适用于重大犯罪案件，不能适用于轻罪。公安机关采取技术侦查措施的适用范围是危害国家安全犯罪、恐怖活动犯罪、黑社会性质的组织犯罪、重大毒品犯罪或者其他严重危害社会的犯罪案件。根据2012年《公安部规定》第254条规定，公安机关可以对下列严重危害社会的犯罪案件采取技术侦查措施：（1）危害国家安全犯罪、恐怖活动犯罪、黑社会性质的组织犯罪、重大毒品犯罪案件；（2）故意杀人、故意伤害致人重伤或者死亡、强奸、抢劫、绑架、放火、爆炸、投放危险物质等严重暴力犯罪案件；（3）集团性、系列性、跨区域性重大犯罪案件；（4）利用电信、计算机网络、寄递渠道等实施的重大犯罪案件，以及针对计算机网络实施的重大犯罪案件；（5）其他严重危害社会的犯罪案件，依法可能判处七年以上有期徒刑的。根据2018年修改的《刑事诉讼法》，人民检察院采取技术侦查措施的适用范围是利用职权实施的严重侵犯公民人身权利的重大犯罪案件。

此外，为了实现缉捕性目的，公安机关和人民检察院在追捕被通缉或者批准、决定逮捕的在逃的犯罪嫌疑人、被告人时，可以采取追捕所必需的技术侦查措施。

第三，技术侦查措施的适用对象。2012年《公安部规定》第255条第2款规定，技术侦查措施的适用对象是犯罪嫌疑人、被告人以及与犯罪活动直接关联的人员。

第四，技术侦查措施的适用条件。公安机关、人民检察院只有“根据侦查犯罪的需要”，才可以采取技术侦查措施。“侦查犯罪的需要”是指，只有在使用常规侦查手段无法达到侦查目的时，侦查机关才应考虑采取技术侦查措施。[1]

第五，技术侦查措施的审批手续。对《刑事诉讼法》第150条第1款和第2

〔1〕 全国人大常委会法制工作委员会刑法室编著：《〈中华人民共和国刑事诉讼法〉解读》，中国法制出版社2012年版，第333页。

款规定适用的案件范围，公安机关、人民检察院采取技术侦查措施，必须“经过严格的批准手续”。根据2012年《公安部规定》第256条的规定，公安机关采取技术侦查措施，应当制作呈请采取技术侦查措施报告书，报设区的市一级以上公安机关负责人批准，制作采取技术侦查措施决定书。

第六，技术侦查措施的适用期限。《刑事诉讼法》对技术侦查措施的适用期限及延长作出了规定，具体包括：（1）批准决定的有效期为3个月，自决定签发之日起计算；（2）在采用技术侦查措施过程中，对于不需要继续采取技术侦查措施的，应当及时解除，不受3个月期限的限制。在有效期限内，对不需要继续采取技术侦查措施的，办案部门应当立即通知负责技术侦查的部门解除技术侦查措施；负责技术侦查的部门认为需要解除技术侦查措施的，报批准机关负责人批准，制作解除技术侦查措施决定书，并及时通知办案部门。

对于复杂、疑难案件，批准决定的有效期限届满，仍有必要继续采取技术侦查措施的，经过批准，可以延长期限，每次不得超过3个月。

第七，技术侦查措施的执行、保密及获取材料的用途限制。一是严格执行。侦查机关及其侦查人员在采取技术侦查措施时，必须严格按照批准的措施种类、适用对象和期限执行。在有效期限内，需要变更技术侦查措施种类或者适用对象的，应当重新办理批准手续。二是信息保密与销毁。侦查人员对采取技术侦查措施过程中知悉的国家秘密、商业秘密和个人隐私，应当保密；对采取技术侦查措施获取的与案件无关的材料，必须及时销毁。三是限制用途。采取技术侦查措施获取的材料，只能用于对犯罪的侦查、起诉和审判，不得用于其他用途。四是相关单位和个人的配合义务。公安机关依法采取技术侦查措施，有关单位和个人应当配合，并对有关情况予以保密。

第八，明确采取技术侦查措施收集的材料在刑事诉讼中可以作为证据使用。采取技术侦查措施收集的材料作为证据使用的，批准采取技术侦查措施的法律文书应当附卷，辩护律师可以依法查阅、摘抄、复制，在审判过程中可以向法庭出示。如果使用该证据可能危及有关人员的人身安全，或者可能产生其他严重后果的，应当采取不暴露有关人员身份、技术方法等保护措施，必要的时候，可以由审判人员在庭外对证据进行核实。

二、技术侦查的司法实践

（一）《刑事诉讼法》增加“技术侦查措施”规定之前的司法实践情况

尽管2012年之前，《刑事诉讼法》没有对技术侦查措施进行特别授权规定，但由于在侦破罪行重大、犯罪行为隐蔽的案件中，该措施相较于其他常规侦查措施具有不可替代的优势。实践中，侦查机关运用技侦措施较为普遍。以较为隐蔽的毒品犯罪为例，在侦破毒品犯罪案件时，技侦措施起着至关重要的作用，它既是先期的情报来源，在后续的侦查、“经营”过程中，也需要使用该措施密切跟踪和掌握毒品犯罪的发展动态，是侦查毒品犯罪案件的支柱性手段之一。例如，国家社科基金项目“毒品犯罪证据研究”课题组在广东省调研时了解到，深圳市毒品犯罪分子智商偏高的较多，一人可能使用十几张移动电话卡，都是单线联系，有的卡只用一次就马上更换掉，如果公安机关没有强有力的技侦手段，毒品案件很难查破。从广东的禁毒实践来看，凡是侦破大案要案，几乎都离不开技侦。他们的体会是“侦查、预审、技侦三个部门密切配合，才能打得又快、又准、又好”。〔1〕

虽然在侦查实践中，技术侦查措施运用普遍，但在刑事诉讼中，采取技术侦查措施收集的证据却受到限制，主要原因有二：一是《刑事诉讼法》没有明确规定技术侦查措施，导致该措施的合法性存疑；二是我国侦查工作中长期形成的“技术侦查神秘主义”倾向。

采取技术侦查措施收集的证据材料，如要在刑事诉讼中使用，应当采取“转化”的形式，具体的“转化”形式主要有以下四种。

第一，转化为犯罪嫌疑人供述。具体做法是，将采取技术侦查措施收集的部分录音、录像资料向犯罪嫌疑人播放，迫使犯罪嫌疑人交代罪行，从而将视听资料转化为犯罪嫌疑人供述。例如，某案侦查中，侦查人员通过外线跟踪、监听、密拍等手段获悉：甲犯从某租住处提取200克高纯度海洛因，交由乙犯加工制成2000克低纯度海洛因。侦查人员在讯问甲、乙二犯时，向犯罪嫌疑人直接出示获取的录音、录像资料，然后讯问犯罪嫌疑人具体过程，由犯罪嫌疑人主动对侦查机关掌握的情况进行陈述。

第二，由侦查部门出具一份情况说明，叙述技术侦查部门获取的信息，作用在于使检察官、法官对本案中的犯罪事实形成内心确信。例如，某案侦查中，侦查机关提供了立案报告、破案报告、抓捕经过及案件情况说明，分别证实根据案犯杨某交代，其所贩卖的海洛因均系从于犯处购得，公安机关据此对于犯展开监控、侦查。10月3日，于犯与张犯携带毒资50万元到达某市，在某饭店准备进行交易时被当场抓获。

第三，由政法委召开公检法三机关负责人参加的案件协调会，让公安机关负责人向检法两家的负责人说明采用技侦手段查明的犯罪嫌疑人如何从事毒品犯罪的情况，使检察院和法院的领导了解侦查机关确已获取了可靠的犯罪信息，但此类材料并不在诉讼卷中出现。例如，某特大贩毒案侦查中，对采取技侦手段获取的证据如何使用的问题，侦查机关报请当地政法委召开公检法三机关协调会，安排检察院和法院的办案人员提前介入，共同研究解决案件中的证据和责任认定等

〔1〕 崔敏、陈存仪主编：《毒品犯罪证据研究》，中国人民公安大学出版社2007年版，第424页。

疑难问题。

第四，让承办的检察官、法官到公安机关技侦部门单独查阅所获取的信息材料，使检察官、法官对本案犯罪事实形成内心确信。例如，某特大贩毒案侦查中，侦查机关综合运用了特情、卧底、技侦三种侦查手段。在使用采取秘密侦查手段获取的证据材料时，采用了分类处理的方法：一是对技侦手段收集的视听资料，审判中法官需要查阅时，应在侦查人员的陪同下到公安机关查阅，但不得复制、带走，该视听资料不直接公开使用；二是对特情提供的证据材料，不采用出庭作证的方法，而是通过书面证言的形式使用。

司法实践中，尽管存在转化使用的做法，然而，技术侦查证据在刑事诉讼中的使用渠道仍不通畅，主要存在两个方面的问题。

一是影响司法工作人员认定案件事实，对某些严重犯罪打击不力。在某些地方，"技术侦查神秘主义"倾向浓厚，采取技术侦查措施收集的证据材料无法转化。由于无法转化，这些证据材料不能在法庭上出示，成为定案根据，这势必会影响司法工作人员对案件事实的认定，影响对犯罪的打击力度。例如，某市公安局缉毒支队事先获得了即将进行一起毒品交易的线索，遂与技术侦查部门配合，在进行毒品交易的地点安装了监控设备，并在双方正在交易时将一男一女两名犯罪嫌疑人当场擒获，缴获海洛因若干克与购毒款 19 000 元。技术侦查部门用摄像机录下了女方把 19 000 元交给男方，男方把用报纸包装的毒品放进女方书包里的全部过程，取得了这起贩毒案件的确凿证据。在对两名犯罪嫌疑人审讯时，女方如实供述了犯罪事实，其交代的购毒款数额与毒品的售价完全吻合。但男方却始终不承认往女方书包里放了一包东西，并狡辩说他收到的 19 000 元钱是女方归还的借款。检察院在审查起诉时，要求公安机关提供当场拍摄的录像带，但技术侦查部门以"保密"为由拒绝提供。最后，检察院因指控犯罪的证据不足只好决定对男方不起诉，致使这起本来证据确凿的案件无果而终。[1]在某些地方，有些罪行特别严重的被告人，本来应判死刑，但因为技术侦查部门以"保密"为由拒绝提供技侦证据材料，法院只能作"留有余地"的判决。

二是违反公正审判的要求。实践中，某些证据转化的做法有违公正审判的要求，正当性不足。例如，以"案件协调会"的形式解决技侦证据材料的使用问题，有"先定后审""内定外审"之嫌，背离了公正审判的基本原则。再如，让承办的司法工作人员到公安机关技侦部门单独查阅技侦证据材料，并作为认定事实的依据，违背了《刑事诉讼法》关于证据未经法庭调查，不能作为定案根据的规定。

---

〔1〕 崔敏、陈存仪主编：《毒品犯罪证据研究》，中国人民公安大学出版社 2007 年版，第 71-72 页。

（二）《刑事诉讼法》增加“技术侦查措施”规定之后的司法实践情况

2012 年《刑事诉讼法》增加了“技术侦查措施”的规定，技侦措施的合法性得到确认，此前处于神秘状态的技侦措施开始浮出水面，正式进入刑事诉讼视域。

在侦查实践中，技侦措施合法性得到确认的事实，激励侦查机关更加青睐使用这种秘密侦查措施。2014 年 7 月，国家禁毒办组织禁毒法律适用大型调研活动，调研组实地考察了重庆、广东和贵州三省（市）多地。调研情况显示，多数地区在办理重大毒品犯罪案件过程中，技术侦查措施使用率达 90%以上。某县级禁毒大队，办理毒品案件过程中，几乎全部案件和情报都依赖行动技术部门。[1]

在技侦证据使用方面，案件数量也呈逐年增加之势。以重庆市第一中级人民法院为例，从 2013 年到 2018 年，刑事审判中使用技侦证据的案件数量依次为 0 件、1 件、3 件、21 件、34 件、44 件，呈明显增加之势。[2]

有学者利用中国裁判文书网上的信息，对技术侦查的使用情况进行了实证研究。程雷检索了中国裁判文书网 2013—2016 年的刑事裁判文书，以“技术侦查”为关键词共检索到 1433 个案例，逐一检视发现，其中将技术侦查材料用作证据的案件有 73 例，占比约为 5.09%。在其余 1360 个案件中，技术侦查措施多为发现犯罪嫌疑人的线索来源，或者提供抓捕犯罪嫌疑人的过程或破案经过等方面的信息。[3]刘梅湘统计了中国裁判文书网 2013—2018 年的 817 件监控类技术侦查案件，并总结了相关特点。

一是从案件适用范围看，监控类技术侦查主要适用于“重大毒品犯罪”和“其他严重危害社会的犯罪案件”。具体而言，毒品犯罪类案件 287 件，占案件总数的 35.1%，其中非法持有毒品罪 21 件，走私、贩卖、运输、制造毒品罪 266 件。侵财类犯罪案件为 332 件，占案件总数的 40.6%，其中盗窃罪 196 件，抢劫罪 77 件，诈骗罪 38 件，抢夺罪 21 件。故意杀人罪、故意伤害罪 57 件，占案件总数的 7.0%。其他案件 141 件，占案件总数的 17.3%，包括开设赌场罪、交通肇事罪、破坏广播电信设施罪、虚开增值税发票罪等。

二是从适用对象看，有 16 件属于对被害人手机和网络账号适用监控类技术侦查措施从而获得相关证据或者抓获犯罪嫌疑人，占比 2%。分别为盗窃罪 9 件、

[1] 王锐园：“毒品犯罪案件技术侦查措施运用研究”，载《中国刑警学报》2019 年第 4 期，第 64 页。

[2] 数据来源：2019 年 10 月 14 日，重庆市第一中级人民法院刑二庭蒋林庭长在西南政法大学所做的讲座“技侦证据运用的实务问题”。

[3] 程雷：“技术侦查证据使用问题研究”，载《法学研究》2018 年第 5 期，第 156 页。

抢劫罪3件、抢夺罪2件、故意伤害罪1件、掩饰隐瞒犯罪所得罪1件。剩余98%的案件均是对犯罪嫌疑人采取监控类技术侦查措施。

三是从适用种类看，在有技术侦查决定书附卷的72件案件中，仅有2起案件载明对“该案或者该犯罪嫌疑人采取通讯、记录、行踪、场所监控”；有1起案件明确表述为“对该号码持有人采取通讯、记录、行踪监控”。剩余67起附卷判决书中，可以明确看出适用了通讯监控的案件为16件；明确看出适用了行踪监控的案件为3件；剩余48份判决书采取模糊表述或者判决书过于简单，从而无法判定适用了何种监控类技术侦查。在监控类技术侦查决定书未附卷的案件中，可以明确看出适用通讯监控的案件为67件，主要表现为通话录音文字稿、监听资料、通话内容记录等形式；明确看出适用行踪监控或者记录监控的案件为414件，主要体现为到案经过、抓获说明等形式，内容表述多为“经过、利用、采取技术侦查，于某时某地抓获犯罪嫌疑人”。

四是从审批程序看，审批表格的制作相对比较简单，无法体现出适用监控类技术侦查的种类、期限、审批理由等内容，且延长监控期限缺乏明确理由和支持依据。侦查人员申请技术侦查前会与上级部门或者领导进行沟通，因此不存在申请不通过的情况。总体而言，现行的审批程序并未体现严格控制技术侦查适用的立法倾向。〔1〕

侦查机关使用技术侦查的活跃状况必然催生规范要求。2016年7月，“两高三部”发布《关于推进以审判为中心的刑事诉讼制度改革的意见》，其中第3条指出：“完善技术侦查证据的移送、审查、法庭调查和使用规则以及庭外核实程序。”2017年11月，最高人民法院出台的《人民法院办理刑事案件第一审普通程序法庭调查规程（试行）》（以下简称《法庭调查规程》）第35条规定：“采用技术侦查措施收集的证据，应当当庭出示。当庭出示、辨认、质证可能危及有关人员的人身安全，或者可能产生其他严重后果的，应当采取不暴露有关人员身份、不公开技术侦查措施和方法等保护措施。法庭决定在庭外对技术侦查证据进行核实的，可以召集公诉人和辩护律师到场。在场人员应当履行保密义务。”

为了规范对技术侦查证据材料的审查使用，加强人权保障，一些地方公安司法机关也制定了相应的规范性文件。例如，2018年3月，浙江省高级人民法院、浙江省人民检察院、省公安厅和省司法厅联合出台了《关于刑事诉讼中技术侦查证据材料使用若干问题的指导意见》（以下简称《指导意见》）。该意见规定了使用技术侦查证据材料的基本原则，技术侦查证据材料的制作、移送和调取程序，技术侦查证据材料的当庭质证和庭外核实。2019年4月19日，广州市中级

〔1〕 刘梅湘：“监控类技术侦查措施实证研究”，载《华东政法大学学报》2019年第4期，第92-93页。

人民法院、市检察院、市公安局、市司法局四家联签的《广州市关于在刑事诉讼中使用技术侦查证据材料有关问题的意见》印发实施。该意见对技术侦查证据材料的适用范围、使用原则、使用方式、移送方式及使用等方面作出细化规定。

从实务运作情况看，技术侦查证据的形式具有多样化特征，这些多样化的证据形式能对多种待证事实发挥证明作用。

1. 视听资料

视听资料又称为“音像资料”，是指以录音带、录像带、电子软盘、电子磁盘等相关设备记载的声音、图像、活动画面。[1]电话监听是技术侦查措施的重要类型，运用电话监听可以录制通话人的通话内容，形成视听资料。对运用技术侦查措施取得的视听资料，我国审判实践不乏使用的案例。

2015年三亚市中级人民法院审理的陈某贩卖、运输毒品罪一案判决书载明，根据技术工作支持，三亚市公安局禁毒支队缉毒侦查大队在前期侦查本案时收集到的视听资料通话内容，2014年8月28日21时53分许，1515391（陈某）主叫1871726（李某）内容如下：

陈某说：“你有空把那次‘猪肉’打包分出来，一包100，回来也跟人家吵架，我夹在中间很难受。”

李某说：“你什么时候上来?”

陈某说：“你想我什么时候上?”

李某说：“你十二点钟上来。”

陈某说：“我十二点钟从三亚上去吗?”

李某说：“对。”

陈某说：“你的‘沙’什么时候下来?”

李某说：“我今天叫人上去拿了，后天应该到他的手上。”

陈某说：“我是想上去早点，你说十二点钟就十二点钟，那我就找一名司机帮我开车……”[2]

再如，2014年咸阳市中级人民法院审理的张某、罗某贩卖毒品罪一案，判决书列举的证据包括侦查机关运用监听手段取得的视听资料。“录音文件存储U盘一个，内有技侦支队监录的罗某与河南驻马店一女性进行通话的音频文件8个，公安机关对张某在秦都区看守所录制的音频样本文件3个。所有文件经当庭播放，监控录音内容为张某、罗某为购买毒品进行联系的经过。罗某、张某听后

〔1〕 陈瑞华：《刑事证据法学》，北京大学出版社2014年版，第179页。

〔2〕 参见三亚市中级人民法院（2015）三亚刑初字第20号判决书。

均无异议。”〔1〕

法官使用这类视听资料，多为证明被告人涉嫌毒品犯罪的主要事实。2015年南京市中级人民法院审理的胡某贩卖、运输毒品罪一案，判决书就明确提到：经查，公诉机关当庭出示的技侦视听资料、手机内存信息提取记录，一致证实胡某犯贩卖、运输毒品罪的事实。〔2〕

2. 电子数据

根据2016年9月最高人民法院、最高人民检察院、公安部联合发布的《关于办理刑事案件收集提取和审查判断电子数据若干问题的规定》，电子数据是指，案件发生过程中形成的，以数字化形式存储、处理、传输的，能够证明案件事实的数据。按照该规定，手机短信、即时通信等网络应用服务的通信信息、通信记录，都属于电子数据。实务中，往往运用技术侦查措施获取的手机信息或者通信记录，证明被告人与案发时空的某种联系，并以此作为其他证据的补强证据。例如，2015年马鞍山市雨山区人民法院审理的盛某、王某诈骗罪一案，判决书列举的证据有“两被告人手机通话记录证实手机通话起始时间、通话时长、呼叫类型、对方号码、漫游局数据、基站小区代码。公安机关根据两被告人的通话记录、通话基站代码与被害人陈述的案发时间、地点比对作出的研判报告，证实被告人在案发时间、案发地点有过通话记录”。法官运用这一证据作为辨认笔录和被害人陈述的补强证据。“各被害人对被告人的辨认笔录证实实施诈骗的是本案的被告人，并且在被害人吴某、李某、晋某某、秦某、彭某报称的案发时间段内，两被告人均有相对应的通话记录，且通话地点根据基站定位都是在案发现场或者附近。在被害人陈某、黄某报称的案发时间段内，分别有被告人王某、盛某的主叫记录，主叫的地点根据基站定位就在案发现场或者附近。”〔3〕

3. 监听译文

实务中，当庭出示并播放运用监听手段录制的视听资料毕竟是极少数情形，绝大多数情况下，公诉方提交的技术侦查证据是由监听录音转化而来的监听译文。〔4〕从形式上看，这种监听译文是将监听语音内容转化为文字后形成的一种书面文字记录。例如，2016年孝感市中级人民法院审理的陈某某、汪某某贩卖、运输毒品罪一案，判决书列举了公诉方提交的多段监听译文，兹摘引一段如下：〔5〕

---

〔1〕 参见咸阳市中级人民法院（2014）咸中刑初字第00053号判决书。

〔2〕 参见南京市中级人民法院（2015）宁刑初字第60号判决书。

〔3〕 参见马鞍山市雨山区人民法院（2015）雨刑初字第00130号判决书。

〔4〕 实务中，这种监听译文有多种称谓，有的称为通话内容翻材，有的称为技侦语音记录转化材料，有的称为通话记录摘要，有的记载在侦控记录表中，为行文方便，本章统称为监听译文。

〔5〕 参见孝感市中级人民法院（2016）鄂孝感中刑初字第00020号判决书。

通话时间：2014 年 11 月 1 日 20：06	
刘某某（188××××1347，主叫）	陈某某（159××××6606，被叫）
二哥（指被告人陈某某），我是武，有事找你帮忙。	嗯，么事你说。
我手上有一批冰，你能吃多少？	嗯。
我说我手上有一批冰，现在遇到点事想用钱，我低价给你，你能跟我吃多少？	你有几多？
400。	有那多！
嗯。	有那多！
嗯。	我要不了那多。
哦。	么价给的我。
二哥你能不能一家伙把它吃完，能一家伙吃完我再说价。	那你说。
55，么事都不谈了，55，按那个来说的话我一分钱都没赚，包含路费，知不知道？二哥，你如果觉得我说的那个价不仁道的话那只能说二哥不认我这个小兄弟了。	那跟你搞 2 个。
嗯。	拿 2 个。
我要一次性，别个到处在找我，我要把货留在二哥这，我拿钱赶紧走，这里是有原因的，不是我不给二哥台面。	那说好，你拿过来。
明天跟你拿过去。	好。

制作监听译文的主体，一是如上例所示，由直接采取监听措施的技侦部门制作，二是由案件主侦部门的侦查人员听取技侦部门提供的监听录音后制作。2015 年广东省高级人民法院审理的潘某某、韦某某走私、贩卖、运输、制造毒品罪二审一案，裁定书即载明：2014 年 1 月 8 日，佛山市公安局禅城分局禁毒大队侦查人员根据技侦支队提供的部分监控通话资料整理出如下内容：2013 年 7 月 1 日 20 时 39 分，韦某某（158××××5331）致电潘某某（189××××4900），潘某某说："明天晚上下来。现有四车在手，一车青皮，三车黄皮。"[1]2015 年北京市第二中级人民法院审理的李某某非法持有毒品罪一案，判决书也载明，2015 年 4 月 3 日，预审总队侦查员前往市局十二总队听取李某某涉嫌运输毒品案的通话录音材料，对部分录音内容摘抄如下：2014 年 5 月 4 日 13 时 55 分，李某某在安徽临泉与同伙的通话录音内容："我明儿去了，带三百多还是带多少？""带三百多呗。""要不就不带那些了，带二百六。""带二百六跟带三百有啥区别？""二百六？三

〔1〕 参见广东省高级人民法院（2015）粤高法刑四终字第 40 号裁定书。

百？就带二百六吧。”[1]

监听译文是监听视听资料的书面复制品，其证明待证事实的范围基本与视听资料相同，即主要用来证明被告人涉嫌毒品犯罪的主要事实。此外，对其他的一些次要事实，如主从犯关系和贩卖毒品的确切数量，监听译文亦可发挥证明作用。2016 年湖北省高级人民法院审理的袁某某、胡某某走私、贩卖、运输、制造毒品二审一案，上诉人胡某某辩称其为从犯，涉案的 3.17 克甲基苯丙胺片剂系其非法持有，不应计入贩卖毒品数量。对此，裁定书引用监听译文驳回了上诉理由：“技侦监听手机通话录音的文字记录清晰地反映出胡某某平时有贩卖毒品行为，在本案中，胡某某与袁某某商议从云南购买毒品运回湖北就是为了贩卖牟利，对于从其住所、车辆等处查获的毒品，依法应当认定为贩卖的毒品，因此，一审判决将涉案的 3.17 克毒品计入胡某某贩卖毒品的数量并无不当。”[2]

4. 情况说明、破案经过、抓获经过和到案经过

尽管出现了视听资料、电子数据和监听译文等新的证据载体，但从实务观察，传统的技侦转化类证据，诸如各种情况说明、破案经过、抓获经过和到案经过仍然在庭审中大行其道。这些转化的书面证据证明的待证事项可归纳如下。

第一，这些说明型的书面证据详细叙述了侦查机关如何运用技术侦查措施，锁定犯罪嫌疑人，借以影响法官心证。2015 年梅州市大埔县人民法院审理的冯某某抢劫一案，判决书援引了情况说明：“大埔县公安机关侦办吕某某被入户抢劫案中，根据被害人吕某某反映，其被抢的手提包内有一部开机状态的步步高品牌手机（号码 13430××××12），公安机关将此信息反馈至梅州市公安局技术侦察支队。根据此手机号码，梅州市公安技术侦察支队通过技术侦查手段作出这部步步高手机的机身码及运动轨迹，同时发现案发后有一个手机号码为 13421××××21 的手机运动轨迹与步步高手机运动轨迹相一致，经查手机号码 13421××××21 的机主是冯某某，从而锁定被告人冯某某的抢劫犯罪事实。”[3]

第二，证明被告人有作案时间。2016 年信阳市中级人民法院审理的王某某故意杀人一案，判决书援引的情况说明称：“公安机关通过技侦手段调取并分析被告人王某某手机（131××××0781）信号轨迹及通话清单，掌握被告人王某某案发前后的活动轨迹。经侦查发现，被告人王某某在作案前后，即 2014 年 10 月 10 日至 2014 年 11 月 7 日上午 10 时一直在光山县范围内，证明被告人王某某具有作案时间，其前六次接受公安机关询问时始终称自己并不在现场，不在光山县，

[1] 参见北京市第二中级人民法院（2015）二中刑初字第 476 号判决书。

[2] 参见湖北省高级人民法院（2016）鄂刑终第 214 号裁定书。

[3] 参见梅州市大埔县人民法院（2015）梅埔法刑初字第 52 号判决书。

易某丙死亡以后才从外地回来，系谎言。”[1]

第三，证明各种量刑情节。一是证明被告人是否有自首、立功等量刑情节。2016年广安市广安区人民法院审理的魏某某盗窃罪、贩卖毒品罪一案，判决书称：关于被告人魏某某辩称他因吸食毒品被抓获后如实供述了其盗窃、贩毒的事实，应当认定为自首的辩护意见。经查，公安机关通过技术侦查手段已经掌握被告人魏某某涉嫌盗窃电动车、贩卖毒品的罪行，并将其抓获，故对被告人魏某某辩解其构成自首的意见不予支持。[2]二是在毒品案件中证明是否存在特情引诱情节。2015年德宏傣族景颇族自治州中级人民法院审理的杨某某运输毒品罪一案，判决书称：经查，本案中公安机关已经出具材料，证明本案系通过技术侦查手段破获，并无特情参与，辩护人提出的“不能排除本案有特情存在的可能性”无事实依据。[3]

2012年《刑事诉讼法》第152条确立了庭审中技术侦查证据的三种调查核实方式：一为常规方式，即通过普通的刑事诉讼程序进行公开的调查审理；二是在常规方式的基础上，采取一定的保护性措施，对一些可能涉及侦查秘密的技术手段、方法、过程不予公开或作模糊化处理，但审查核实证据材料仍在法庭上；三为庭外核实。常规方式虽是立法规定的一般模式，但在实践中运用的频率却最低，尤其是针对采取技术侦查措施直接获取的视听资料、电子数据。有学者统计，只发现了2起案件控方出示了原始语音并进行了质证。[4]即使采取常规方式，法庭公开调查的对象也主要是视听资料转译而成的监听译文或者侦查机关出具的情况说明。

采取保护性措施的常规方式主要适用于隐匿身份实施侦查和控制下交付这两种秘密侦查手段，较少适用于本章所称的技术侦查措施，即使适用也主要是针对侦查机关出具的技侦情况说明。情况说明中一般笼统写明侦查机关采取技术侦查措施发现了犯罪事实或者抓获了犯罪嫌疑人，并不详细载明采取技术侦查措施的种类和具体方法。

庭外核实模式是立法规定的例外模式，但在实践中运用的频率却较高，尤其是针对采取技术侦查措施直接获取的视听资料、电子数据。庭外核实模式有两种具体方式。

一是共同核实方式，即由检察官、辩护律师、法官三方共同在庭外核实技侦证据，参加人员签署保密协议书。《法庭调查规程》青睐的就是此种方式，第35

[1] 参见信阳市中级人民法院（2016）豫15刑初1号判决书。

[2] 参见广安市广安区人民法院（2016）川1602刑初98号判决书。

[3] 参见德宏傣族景颇族自治州中级人民法院（2015）德刑一初字第30号判决书。

[4] 程雷：“技术侦查证据使用问题研究”，载《法学研究》2018年第5期，第158页。

条规定："法庭决定在庭外对技术侦查证据进行核实的，可以召集公诉人和辩护律师到场。在场人员应当履行保密义务。"浙江省制定的指导意见也规定，对技术侦查证据材料庭外核实的，除司法机关工作人员外，其他人员不得参加，经人民法院许可并通知，辩护律师、被告人可以参加庭外核实。辩护律师参加的，须签署保密承诺书。

二是法官单独核实方式，即由承办法官单独到技侦部门核实技术侦查证据。例如，内蒙古自治区呼伦贝尔市海拉尔区人民法院审理一起贩卖毒品案件，法院对侦查机关采用技术侦查措施所获得的证据进行了庭外核实，确认被告人石某在另外两名同案犯之间居间介绍贩卖50克甲基苯丙胺，联络并促成毒品交易的基本事实。〔1〕再如，陕西省汉中市中级人民法院审理一起运输毒品案件，上诉称原审认定事实不清。经查，被告人运输毒品罪有公安机关技术侦查信息佐证，在二审期间，合议庭成员又到公安机关技术侦查部门对技术侦查信息进行了核实，原审法院认定上诉人非法运输毒品罪的事实清楚，证据确凿充分，故其事实不清的上诉理由不能成立。〔2〕

总体而言，技侦证据在司法实践中发挥了重要作用，尤其是在某些重大、疑难案件中，在法官形成内心确信尚有犹豫之时，技侦证据往往能发挥最后的助推作用，帮助法官最终认定案件事实。例如，重庆市第一中级人民法院审理的李某贩卖毒品案，侦查人员在李某住家楼下将其抓获，从李某身上搜到少量毒品和一把保险柜钥匙。侦查人员随即到李某家中搜查，搜到一万多克毒品。然而，这一万多克毒品无法和李某建立联系：一是在毒品的外包装上没有提取到李某的生物检材；二是李某到公安机关后供认毒品是他的，但随即翻供；三是抓捕李某之后，从他身上没有搜到查获毒品房间的钥匙，李某如何进出该房间不清楚；四是这个房间是另外一个人承租的，这个人指证房间是他给李某用的，但是案卷反映出此人也从事了与毒品有关的活动。因此，这个案件无法排除合理怀疑。最后承办法官通过核实技侦证据，查明李某和上家之间联系如何交付毒资、交付毒品，建立了李某和毒品之间的联系，案件事实最终得以认定。〔3〕

实践中，使用技侦证据倾向于最后使用原则。浙江省制定的指导意见就规定，对技术侦查措施收集的材料，仅是出于彼此补强、相互印证等需要的，根据最后使用原则，一般不作为证据使用，确有必要的，人民检察院、人民法院可以派员通过庭下查阅的方式以进一步了解案件事实和背景，公安机关应当予以配

---

〔1〕参见内蒙古自治区呼伦贝尔市海拉尔区人民法院（2017）内0702刑初122号判决书。

〔2〕参见陕西省汉中市中级人民法院（2016）陕07刑终第32号判决书。

〔3〕案例来源：2019年10月14日，重庆市第一中级人民法院刑二庭蒋林庭长在西南政法大学所做的讲座"技侦证据运用的实务问题"。

合。重庆市第一中级人民法院的法官也认为要坚持最后使用原则，只能在确定罪与非罪有疑问时，才应当使用技术侦查证据。

三、技术侦查制度存在的主要问题

（一）技术侦查立法存在的主要问题

2012年《刑事诉讼法》虽然增加了技术侦查措施的特别授权规定，推动了技术侦查的法治化进程，但与域外法治发达国家和地区相比，我国关于技术侦查措施的立法规定还存在一定差距，尤其是在贯彻法明确性原则和比例原则方面。

1. 法明确性原则方面的不足

在《法律的道德性》一书中，富勒将法律的清晰性视作法律合法性的一项最基本的要素。[1]现代法治国家承继了这一思想，要求在立法中贯彻法明确性原则，尤其在涉及公权力措施干预人民基本权利的立法时，更要遵守这一原则。从我国《刑事诉讼法》有关技术侦查措施的条文来看，尽管其体现了一些法明确性原则的要求，如对采取技术侦查措施的案件适用范围、适用对象、适用期限、执行机关等作了规定，但仍存在以下不足。

首先，我国《刑事诉讼法》并未明确规定技术侦查措施的具体种类，从而使人民群众不能清晰得知国家公权力机关可能干预自身权利的具体行为样态。从《刑事诉讼法》的规定可知，技术侦查措施是包含若干具体种类的，然而对这些种类，《刑事诉讼法》并未明确规定，这与法治国家的做法形成了鲜明对比。[2]以德国为例，该国在立法时并未通过规定一个内涵模糊不清的概念而将所有的技术侦查措施一网打尽，相反，是颇为详尽地在《德国刑事诉讼法》中逐一规定技术侦查措施的具体行为样态，并加以特别授权。在德国，技术侦查措施一般包括四大类：一是传统的种类，如邮件检查，以《德国刑事诉讼法》第99条为授权依据；二是技术比对措施，如棚网追缉、数据比对、设置缉捕网络追缉，以《德国刑事诉讼法》第98条a、c和第163条d为授权依据；三是通讯监察，此类通讯监察既包括对通讯内容的截取也包括对不涉及通讯内容的通信记录进行调取和分析以及使用移动电话号码撷取器，以《德国刑事诉讼法》第100条a、第100条g、第100条i为授权依据；四是利用科技工具进行的特别监视，以《德国刑事诉讼法》第100条c为授权依据。

美国对技术侦查措施的立法也严格体现了法明确性原则，《美国电子通讯隐私法》（ECPA）对有线通讯、电子通讯、口头通讯、截取、追踪器等核心概念

---

〔1〕［美］富勒：《法律的道德性》，郑戈译，商务印书馆2005年版，第75页。

〔2〕2012年《公安部规定》第255条规定："技术侦查措施是指由设区的市一级以上公安机关负责技术侦查的部门实施的记录监控、行踪监控、通信监控、场所监控等措施。"此定义尽管说明了技术侦查措施的四大类监控类型，但仍未明示技术侦查措施包含的具体种类及名称。

作了明确规定，对可以调取的数据信息也作了分门别类的细致规定。通过这些明确的规定，一方面可使公民清楚预见侦查机关采取的措施样态，免遭国家权力的“突袭”，另一方面也便于外界监督，形成对侦查权的有效制约。

这种明确、详尽的立法方式的优势在于，一方面明确了国家公权力机关干预公民基本权利的具体行为样态和适用程序，有利于规范公权力运作，保障人权；另一方面也考虑到各类措施所具有的不同侦查功能，适用于不同的侦查阶段，对公民基本权利所具有的不同干预强度，从而对技侦措施进行了差别化的规定，有利于提升措施运用的针对性和有效性。[1]

在我国，由于《刑事诉讼法》并未明确规定技术侦查措施的具体种类，可能导致侦查机关对某些新型技术侦查措施的授权依据作自我解释，进而规避《刑事诉讼法》的规定，从而不利于人权保障。有学者敏锐地指出：“秘密侦查中的技术侦查与乔装侦查都是属概念，需要进一步细化、明确相应的种概念，比如技术侦查包括哪些手段。如果不作出具体的界定，就意味着宽泛地授权侦查机关可以无所不用其极地使用各种手段挖掘公民的隐私与信息，其后果难免令人担忧。”[2]

实务中已经发生因种类规定不明确而产生的争执。例如，2015 年黑龙江省建三江农垦法院审理的赵某某危险驾驶罪一案，侦查机关调取了被告人赵某某所使用的两个手机号码 186××××0555、138××××4572 自 2014 年 10 月 3 日至 2015 年 3 月 31 日的通话详单，证实案发后被告人赵某某与证人王某甲从案发前至 2015 年 3 月 31 日频繁联系通话。侦查机关援引的法律依据是 2012 年《刑事诉讼法》第 52 条调取证据的规定。对此，辩护律师提出了质疑，认为侦查机关采取的调取手机通联记录的措施属于技术侦查措施的范畴，应当援引 2012 年《刑事诉讼法》第 148 条作为法律授权依据。然而，法院并没有采纳辩护律师的这一主张。[3]

其次，《刑事诉讼法》并未明确技术侦查措施的适用程序。《刑事诉讼法》第 150 条以“经过严格的批准手续，可以采取技术侦查措施”的用语，规定了技术侦查措施的适用程序，但“严格的批准手续”具体为何并未明确。[4]在法治国家，技术侦查措施的运用一般遵循法官相对保留原则，即原则上由法官负责审

[1] 例如，由于德国的数据比对措施主要是利用执法机关自身建设的与违法犯罪行为相关的数据库进行，因此在运用这一措施时，侦查机关并未受到如棚网追缉的特别要件（例如特定犯罪类型、必要性、法官审批以及数据销毁）的限制。

[2] 陈卫东：“理性审视技术侦查立法”，载《法制日报》2011 年 9 月 21 日，第 9 版。

[3] 参见黑龙江省建三江农垦法院（2015）建刑初字第 42 号刑事判决书。

[4] 2012 年《公安部规定》第 256 条规定：“需要采取技术侦查措施的，应当制作呈请采取技术侦查措施报告书，报设区的市一级以上公安机关负责人批准，制作采取技术侦查措施决定书。”

批，在紧急状况下，可由检察官审批，但事后要由法官加以审查和确认。基于这种明确的规定，法官保留原则被列为“授权的程序要件”，构成保障授权正当性的一种特别形式要件。[1]违反这一要件所取得的证据，均属违反证据取得禁止的规定，对于这些证据是否禁止使用，法官会通过利益权衡的方法斟酌取舍，而在运用利益权衡的方法时，首先要考虑的因素是规范保护目的。[2]因此，“如果警察认为可通过事后向法官补申请的方式而故意违反监听的令状原则，擅自进行电话监听，则其所得的证据因将使只有法官才得命令进行监听之规定形同具文，不应认为具有证据力”。[3]

可见，明确规定授权的程序要件，不仅能规范侦查措施的运作，也能为法官判断依此措施所获证据的证据能力提供清晰的标准，否则，对于运用技术侦查措施所获取的证据，法官除了照单全收外，别无他途。结合《刑事诉讼法》第154条关于“依照本节规定采取侦查措施收集的材料在刑事诉讼中可以作为证据使用”的规定，笔者认为，更应该明确规定技术侦查措施的适用程序，如此才能为法官审查该类证据的证据能力提供判断基准。

2. 比例原则方面的不足

《刑事诉讼法》关于技术侦查措施的规定虽然体现了一些比例原则的精神，但严格而论，仍存在若干不足。

第一，在启动标准的设定上，过于齐平、笼统。法治国家对技术侦查措施启动标准的设置，往往依据该措施本身的干预程度而定，由于各类措施干预程度不一，由此设定的启动标准形成阶梯结构。这种结构一方面利于约束侦查措施的恣意发动，另一方面也形成一种指引，引导侦查机关依据侦查阶段的不同，选择适合的侦查措施。

以德国为例，对于干预最轻微的数据比对措施，《德国刑事诉讼法》设定的是“为了查明犯罪行为”[4]这个主观标准；对于干预升级的栅网追缉措施，《德国刑事诉讼法》调高至“存在足够的事实依据表明”[5]这个有客观基础的主观标准；对于干预强烈的通讯监察措施，《德国刑事诉讼法》升高至“一定的事实使得有理由怀疑某人作为主犯、共犯犯有下述之一罪行”[6]这个较具客观性的标准。

---

〔1〕林钰雄：《干预处分与刑事证据》，北京大学出版社2010年版，第12页。

〔2〕有学者通过对德国的判例进行考察认为，就非自主性证据使用禁止类型而言，德国联邦最高法院最后走向“权衡为表，规范保护目的为里”的路线。参见林钰雄：《干预处分与刑事证据》，北京大学出版社2010年版，第216页。

〔3〕［德］克劳思·罗科信：《刑事诉讼法》，吴丽琪译，法律出版社2003年版，第215页。

〔4〕参见《德国刑事诉讼法》第98条c。

〔5〕参见《德国刑事诉讼法》第98条a。

〔6〕参见《德国刑事诉讼法》第100条a。

再以美国为例，执法部门申请安装 Pen /trap，只需达到相关性标准，即“取得的相关信息与正在进行的犯罪调查有关”；调取一些重要的信息，升高至兼具相关性标准和重要性标准，即“执法机关所提供的特定及具体事实，有合理理由相信所获得的信息与正在进行的犯罪侦查具备相关性和重要性”；[1]采取达致宪法上搜查强度的技术侦查措施，如装设 GPS 进行追踪、实时监听通讯内容等，必须达到相当理由的标准。[2]

我国由于并未逐一规定技术侦查措施的行为样态，导致不能有效区分各种措施的干预程度，遑论以阶梯结构构筑各类措施的启动标准，由此只能以一齐平、笼统的启动标准代替。这样的安排，一方面可能限制了在侦查前阶段运用某些干预轻微的技术侦查措施，不利于及时查明案件事实，另一方面也为某些干预强烈的技术侦查措施降低了启动标准，不利于人权保障，实难谓对比例原则予以精确落实。

第二，适用的案件范围过于抽象、笼统。法治国家对技术侦查措施适用案件范围的划定，主要考量措施的干预程度、侦查机关对该措施的实际需求以及犯罪形态结构等因素。对于干预强烈的技术侦查措施，一般适用重罪原则，且对具体罪名一一进行列举规定，如德国的通讯监察措施（主要是监听通讯内容的措施），适用的罪名清楚规定在《德国刑事诉讼法》第 100 条 a 中。对于干预强度稍次的技术侦查措施，适用的案件范围或以宽泛的类罪（类罪的认定或以刑法为依据，或以犯罪学上的犯罪形态为依据）进行概括，如德国的棚网追缉措施，适用的案件范围为：在麻醉物品、武器非法交易领域内以及伪造货币、有价证券领域内；在涉及国家安全领域内；在公共危险罪领域内；对人身体、生命、性交自主或者人身自由，职业性、常业性地，或者由团伙成员、以其他方式有组织地实施了重大犯罪行为的时候。[3]对于调取通话状况信息进行分析的措施，除适用于《德国刑事诉讼法》第 100 条 a 规定的范围，亦考虑到犯罪形态结构的因素，扩展至“藉由电信终端设备（《德国电信法》第 3 条第 3 款）所为之犯罪行为”。[4]

我国由于仍未逐一规定技术侦查措施的行为样态，导致不能有效区分各种措施的干预程度，加之对犯罪形态结构因素考虑不够，可能导致：一方面，对于干预强烈的技术侦查措施，如监听，适用的案件范围过于宽泛（刑事诉讼法的规定主要以犯罪类型和某类犯罪所具有的抽象社会危害程度为标准，并未对具体罪名

---

〔1〕 参见艾明：《新型监控侦查措施法律规制研究》，法律出版社 2013 年版，第 135 页。

〔2〕 参见《美国联邦刑事诉讼规则》第 41 条。

〔3〕 参见《德国刑事诉讼法》第 98 条 a。

〔4〕 参见《德国刑事诉讼法》第 100 条 g。

进行列举)；另一方面，对于干预程度一般的技术侦查措施，适用的案件范围过于限缩（刑事诉讼法的规定主要是依据刑法的规定，未适当考虑犯罪形态结构方面的因素，如职业性、常业性、团伙成员、借由电信终端设备实施犯罪行为等)。[1]

由于适用的案件范围过于抽象、笼统，实务中已经出现技术侦查措施的运用偏离立法精神的现象。例如，有学者的实证研究显示，在817份判决文书中，共有148件案件僭越案件范围采取监控类技术侦查措施，占全部案件的18.1%。[2]

第三，未贯彻辅助性原则。由于技术侦查措施具有干预基本权利的性质，法治国家要求侦查机关在运用该类措施时须遵守辅助性原则。例如，德国对栅网追缉、通讯监察、利用科技工具进行特别监视的立法，均明确规定上述措施“只能在以其他侦查方式调查案情、侦查行为人居所十分困难、难以奏效的情况下，才允许采取”。[3]反观我国的立法规定，《刑事诉讼法》只是笼统地规定“根据侦查犯罪的需要”和“在必要的时候”，而未选择“其他侦查措施不能或难以有效查清案件事实时才能使用”等反映辅助性原则的立法用语。

第四，未规定告知义务。技术侦查措施尽管在实施过程中具有秘密性的特点，但这种秘密只是一种相对的秘密，措施实施完毕后，法治国家均科处侦查机关相应的告知义务。而根据我国《刑事诉讼法》的规定，技术侦查措施的运用贯彻的是绝对秘密原则，即使措施运用完毕，侦查机关也不用向相关当事人告知，实不利于当事人进行权利救济。

第五，数据销毁的规定有所欠缺。《刑事诉讼法》第152条规定：“对采取技术侦查措施获取的与案件无关的材料，必须及时销毁。”从该规定可以看出，销毁的对象只是与案件无关的材料，如材料与案件有关则不在销毁的范围。这与法治国家对数据销毁的严格规定形成鲜明对比。《德国刑事诉讼法》第98条b第3款规定（针对栅网追缉措施)：“对转存到其他载体上的个人数据，一旦刑事诉讼程序对它们不再需要时，应当不迟延地予以销毁。”第100条b第6款规定(针对通讯监察措施)：“追诉不再需要以措施得来的材料时，应当在检察院监督下不迟延地予以销毁。对销毁情况要制作笔录。”

---

〔1〕 2012年《公安部规定》对此有所改进，第254条将“其他严重危害社会的犯罪案件”细化为：(1) 危害国家安全犯罪、恐怖活动犯罪、黑社会性质的组织犯罪、重大毒品犯罪案件；(2) 故意杀人、故意伤害致人重伤或者死亡、强奸、抢劫、绑架、放火、爆炸、投放危险物质等严重暴力犯罪案件；(3) 集团性、系列性、跨区域性重大犯罪案件；(4) 利用电信、计算机网络、寄递渠道等实施的重大犯罪案件，以及针对计算机网络实施的重大犯罪案件；(5) 其他严重危害社会的犯罪案件，依法可能判处七年以上有期徒刑的。

〔2〕 刘梅湘：“监控类技术侦查措施实证研究”，载《华东政法大学学报》2019年第4期，第96页。

〔3〕 参见《德国刑事诉讼法》第98条a、第100条a和第100条h。

（二）技术侦查实践中存在的主要问题

由于技术侦查证据是2012年《刑事诉讼法》才允许正式进入我国刑事审判实践的，再加上技术侦查神秘主义的影响，对技侦证据在审判中出现的一些新问题，我国法官在应对时理论准备不足，释法说理欠缺。此外，现行得到认可的庭外核实模式也与公正审判的要求存在一定距离。

1. 对监听译文的证据能力有争议

前已指出，监听译文是技侦证据的一种重要证据形式，但对这种证据形式，被告人一方往往有所争执，质疑监听译文的证据能力。例如，2014年贵州省高级人民法院审理的杨某某贩卖毒品罪二审一案，上诉人提出，通话录音转化的文字稿不能作为证据。〔1〕2015年宁波市海曙区人民法院审理的许某某走私、贩卖、运输、制造毒品罪一案，辩护人提出：记载监听译文的侦控记录表不能作为定案依据。〔2〕有学者的实证研究也指出，在多起案件中，辩方质疑监听译文与情况说明都不是监听证据的合法形式，这两种电话录音衍生品在法律上并未获得明确的合法地位，也不符合2012年《刑事诉讼法》第48条规定的法定证据种类。〔3〕

《刑事诉讼法》第154条规定，采取技术侦查措施收集的材料在刑事诉讼中可以作为证据使用，但该条并未言明，此处收集的材料是仅限于直接收集的情形还是同时也包括间接收集的情形。实务中，法官普遍作扩大理解，将由监听录音转化形成的监听译文也视为采取技侦措施收集的材料，承认其具有证据能力。例如，2015年宁波市鄞州区人民法院审理的陈某某、张某某走私、贩卖、运输、制造毒品罪一案，判决书就载明："关于通话录音转化文稿的证据效力问题。经查，上述证据系公安机关依照法定程序制作，由通话录音整理成文稿，属采用技术侦查措施收集的材料，具有真实性、合法性和关联性，根据《刑事诉讼法》第152条的规定，可作为证据。"〔4〕法官的这种回应，一般只是简单地引用刑事诉讼法的规定，难谓说理充分，故而在实践中，仍有不少辩护律师质疑监听译文的证据能力。

2. 监听译文的制作程序欠缺规范

目前，制作监听译文的主体包括两类：一是由直接采取监听措施的技侦部门制作，二是由主办案件的侦查部门派员到技侦部门听取监听录音后制作。由后者制作的监听译文在庭审中易生争议，原因主要在于，2012年《公安部规定》第

---

〔1〕参见贵州省高级人民法院（2014）黔高刑三终字第27号裁定书。

〔2〕参见宁波市海曙区人民法院（2015）甬海刑初字第565号判决书。

〔3〕程雷："技术侦查证据使用问题研究"，载《法学研究》2018年第5期，第158页。

〔4〕参见宁波市鄞州区人民法院（2015）甬鄞刑初字第659号判决书。

255条明确规定，技术侦查措施是指由设区的市一级以上公安机关负责技术侦查的部门实施，如果让主办案件的侦查部门自行制作监听译文，容易让辩护律师产生违法侦查的误会。例如，2014年西安市中级人民法院审理的李某某贩卖、运输毒品罪一案，针对西安市公安局碑林分局和平路派出所制作的技侦语音转换记录，辩护律师就提出，证据取得方式不合法，应作为非法证据予以排除。〔1〕

此外，就监听译文的制作方式而言，我国仍有相当数量的监听译文不是以具体实录的方式制作，而是以概括总结的方式制作。例如，2014年合肥市中级人民法院审理的尹某某、唐某某贩卖、运输毒品罪二审一案，监听译文就是以概括总结的方式制作。判决书列举的技术侦查监听记录显示：公安机关对被告人尹某某、唐某某的手机进行监听，证实2012年10月间，尹某某与阿文、上线男子、唐某某等人有多次通话。尹某某与阿文有7次通话，说马仔小赖被抓，身上被搜去6个货，唐某某怕被咬出来，不敢回住处。他损失不小，现在无周转资金，希望阿文帮忙，先拿货后给钱，每次搞100克，一个月就能把钱搞回来等。尹某某与唐某某有6次通话，问唐某某今天露露（钱某）搞了多少货，这两天成绩怎么样；给人家的货里掺点面粉，按照2∶1的比例；现在的货上线要涨价，他对上线说这边600元1安，让唐某某多给下线发信息打电话，让人家试货，不要把生意丢掉等。〔2〕

以概括总结的方式制作的监听译文往往渗透了制作者的主观意思，记载的信息不尽客观，会对法官心证形成不当影响。

3. 另案监听所获证据的证据能力

另案监听，是指侦查机关依法对甲案犯罪嫌疑人进行监听时，偶然地、附随地发现乙案犯罪嫌疑人的犯罪事实，并予以监听的行为。对另案监听的讨论，我国学术界以往多引用国外的案例，随着裁判文书的公开，另案监听已在我国多份刑事裁判文书中得到反映，成为一个真实的中国证据法问题。

2014年武威市中级人民法院审理的赵某、李某某贩卖毒品罪一案，辩护律师提出，公诉机关出示的采取技术侦查措施决定书，是对“11·26”案件采取的技术侦查措施，但本案证据中没有看到采取技术侦查措施决定书，因此，本案获取的证据材料来源不合法，不能作为证据使用。〔3〕从该辩护意见不难看出，侦查机关应是对“11·26”案件犯罪嫌疑人采取技术侦查措施过程中，偶然地发现了本案犯罪嫌疑人的犯罪事实，进而对其进行监听，这种情况属于典型的另案监听。

---

〔1〕参见西安市中级人民法院（2014）西中刑一初字第00143号判决书。

〔2〕参见合肥市中级人民法院（2014）合刑终字第00242号裁定书。

〔3〕参见武威市中级人民法院（2014）武中刑初字第14号判决书。

2015年福州市中级人民法院二审的徐某某走私、贩卖、运输、制造毒品罪一案，裁定书列举的情况说明显示，公安机关在侦办前期案件（施某某贩卖毒品案）中，技侦部门通过技术侦察手段得知徐某某有贩毒行为，监听得知徐某某将于2014年6月4日下午在福州市五一北路某酒店附近贩卖毒品给李某，遂布控。当日下午，徐某某贩卖麻古50粒给李某后被抓获。[1]从此可以看出，侦查机关是在监听他案犯罪嫌疑人的过程中，偶然知悉本案犯罪嫌疑人的贩毒行为，进而对其进行监听并最终破案，属于典型的另案监听。

2016年南昌市中级人民法院审理的吴某某等贩卖毒品罪一案，判决书列举的情况说明显示，2015年2月3日，公安机关在对其他案件采取技术侦查措施后，发现胡某某涉嫌贩卖毒品，于同年3月6日对胡某某的手机号码采取技术侦查措施。3月26日凌晨，根据技术侦查部门反馈，胡某某前往进贤购买冰毒，公安民警立即组织抓捕，先后将胡某某、吴某某抓获归案。[2]从这一情况说明可以看出，侦查机关也是通过另案监听破获本案的。

上述案例表明，另案监听所获证据的许容性已经成为司法实务部门需要直面回应的新问题，对此问题，我国法官显得手足无措，往往顾左右而言他。例如前述提及的赵某、李某某一案，辩护律师的辩护意见可谓直击另案监听的“命门”——质疑另案监听的合法性，进而质疑另案监听所获证据的证据能力。对此，法官并没有进行实质回应，即分析、论证另案监听的合法性问题，而仅仅是从形式上对该辩护意见予以否定：“公安机关采取技术侦查措施决定书及赵某贩卖毒品的情况说明是对‘11·26’案件采取的技术侦查措施所获本案相关情况的证明，因‘11·26’案是另一案，故该案的立案决定书不可能在本案中出现，由此并不能得出侦查机关采取的相关技术侦查措施违法的结论。故辩护人关于所获取的相关证据材料来源不合法，不能作为证据使用的意见，不能成立。”

4. 技术侦查证据的鉴真问题

由于技术侦查证据多属于办案人员“制作”出来的证据，在被告人否认的情况下，这种证据的真实性往往引发争议，为此，对证据进行鉴真有其必要。从本质上而言，鉴真其实是一种旨在鉴别证据真实性的审查方法。

从实务运作情况来看，技术侦查证据的使用往往伴随证据的鉴真问题。在我国台湾地区，2012年台上字第4211号判决就显示，检察官提出通讯监察记录以证明被告人贩卖毒品犯罪事实，被告人争执侦查机关监察所得之通讯并非其所为。对此，法官于判决书中已意识到鉴真的必要性：“此于被告人或诉讼关系人对（监听）译文之真实性发生争执或有所怀疑时，法院自应依‘刑事诉讼法’

〔1〕 参见福州市中级人民法院（2015）榕刑终字第739号裁定书。
〔2〕 参见南昌市中级人民法院（2015）洪刑一初字第87号判决书。

第一百六十五条之一第二项规定，勘验该监听之录音带践行调查证据之程序，以确认该录音声音是否为被告本人。”[1]

在我国大陆地区，多份判决书也显示，技术侦查证据的鉴真问题已成为被告人及辩护律师争执的焦点。例如，2015 年哈尔滨市中级人民法院审理的崔某某贩卖毒品罪二审一案，辩护律师就提出：警方根据技侦内容制作的工作记录，无视听资料原件及鉴定，不但无法示证质证且未予当事人辨听，记录内容亦不能证明双方进行毒品交易，故不应作为定案根据。[2]2015 年安徽省宣城市中级人民法院审理的于某某贩卖毒品罪二审一案，上诉人也提出：通话内容没有当庭播放，上诉人无法确定 3909 手机的通话人是否是其本人。[3]

对技术侦查证据的鉴真，实务中有法官较为忽视，表现为没有运用一定的鉴真方法，对争议证据进行鉴真，而是直接承认该证据具有真实性，难谓说理充分。例如前述提及的崔某某一案，尽管辩护律师提出了监听译文的鉴真问题，但法官并未在判决书中直接回应，而是径直认为：警方工作记录均证实崔某某向张某某贩卖毒品的事实，且上述证据均经庭审质证，应作为定案证据使用。

5. 庭外核实的正当性存疑

如前所述，庭外核实模式是立法规定的例外模式，但在实践中运用的频率却较高，尤其是针对采取技术侦查措施直接获取的视听资料、电子数据。庭外核实模式有两种具体方式：一是共同核实方式，即由检察官、辩护律师、法官三方共同在庭外核实技侦证据，参加人员签署保密协议书；二是法官单独核实方式，即由承办法官单独到技侦部门核实技术侦查证据。

共同核实方式确保了被告人的质证权，其正当性较为充足，然而法官单独核实方式是否属于法庭调查程序？采取这种方式是否剥夺了被告人的质证权？法官单独核实后，将该技侦证据采为定案根据，是否违背了“证据未经法庭调查程序查证属实，不得作为定案根据”的规定？有学者就认为，《法庭调查规程》并未全面回答当庭出示与庭外核实的关系，以及庭外核实的技侦证据是否需要经过质证等问题。在该学者所做的实证统计中，有超过四分之一的案件，辩方抗辩，未经当庭出示、质证的证据因违反证据使用的程序要求而不能作为定案根据。[4]

四、完善技术侦查制度的建议

（一）立法完善建议

第一，摒弃技术侦查措施这个属概念，逐一厘清具体的技术侦查措施种类，

---

〔1〕转引自李荣耕：“刑事审判程序中数位证据的证据能力”，载《台北大学法学论丛》第 91 卷（2014 年），第 28-29 页.

〔2〕参见哈尔滨市中级人民法院（2015）哈刑一终字第 54 号裁定书。

〔3〕参见安徽省宣城市中级人民法院（2015）宣中刑终字第 00172 号裁定书。

〔4〕程雷：“技术侦查证据使用问题研究”，载《法学研究》2018 年第 5 期，第 158 页。

明确描述各措施的行为样态，对某些需要严格规制的措施，通过特别授权的方式进一步贯彻法律保留原则和法明确性原则。

前已论及，法治国家为贯彻法明确性原则，均是在立法中对技术侦查措施的每一具体行为样态进行特别规定。这种立法方式既有利于保障人权，也有利于层级化控制技术侦查措施，满足侦查实践的需要。我国未来应当借鉴这种立法方式，对侦查实践中成熟运用的每一种技术侦查措施，按照措施特点、侵权程度、侦查使用频率等因素，逐一进行特别规定。

例如，对干预性最强的监听措施，在适用范围、启动标准、审批程序等方面应当给予最严格的规制。对调取特定人员通联记录（话单、基站记录、手机串号）进行分析或者进行特别追踪的措施，实行次一级的法律规制。从法治国家的立法经验来看，目前普遍将通联记录列为秘密通讯自由保护范畴，对侦查机关调取、利用特定人员通联记录的行为均进行了特别授权。以德国为例，德国于2002年修改《德国刑事诉讼法》时增订第100条g，作为调取特定人员一般通联记录措施的法律授权基础；增订第100条i，作为使用手机串号撷取器（IMSI—Catcher）的法律授权基础。当然，由于此类措施并未截取通讯内容，因此在规制密度上可适当降低。就我国而言，运用上述二措施应当基于充足的事实基础，适用的案件范围可包括抽象的重大犯罪行为、侦查实务上较为困难的案件或者借助通讯设备工具实施的犯罪行为。审批程序上，可比监听措施稍为宽松。措施完成后，应当对当事人进行告知。完成追诉任务后，应当将所获取的数据信息于一定的期限内销毁。

对利用科技工具（如GPS）进行特别监视追踪的措施也应当进行特别授权规定。由于此类措施具备持续、全面监控的性质，能巨细靡遗地监视、记录公民的活动细节，法治国家都对此类措施进行了特别授权规定。例如，《德国刑事诉讼法》第100条c特别规定了此类措施的运用。2006年，《美国联邦刑事诉讼规则》修订时，于第41条中增加了使用追踪器的相关内容。就我国而言，对该措施的规制密度应当相当于调取特定人员通联记录进行分析或者进行特别追踪的措施。运用该措施应当基于充足的事实基础，适用的案件范围可包括抽象的重大犯罪行为或侦查实务上较为困难的案件。审批程序上，可比监听措施稍为宽松。在适用期限上，需合理确定监视期限，期限届满后如需继续使用须经重新审批。措施完成后，应当对当事人履行告知义务。

对调取他机关（第三方）数据资料进行利用的行为，实行稍低一级的法律规制。首先，仍需对此类措施进行特别授权。其次，在具体的规制内容上，启动标准可调低至有一定的事实基础，适用案件范围可及于抽象的重大犯罪行为或侦查实务上较为困难的案件，审批程序上，可采取高级别警官审批制。但是对于某些敏感的数据资料，如涉及医疗记录等信息，仍应贯彻严格的审批程序。措施完成，应当对当事人履行告知义务。完成追诉任务后，应当将所获取的数据信息于一定的期限内销毁。

第二，进一步区分技术侦查措施的适用案件范围。我国《刑事诉讼法》第150条采用了列举类型犯罪的模式，2012年《公安部规定》第254条采用了列举类罪+规定刑期的模式。2012年《公安部规定》进一步明确了技术侦查措施适用的犯罪种类，增强了可操作性，但“重大”“严重”“特别严重”等词语显然内涵不清，在司法适用上弹性较大。笔者建议，根据我国实际，区分技术侦查的干预程度，对监听、窃听等具备较强干预性的措施，应当采取列举类型犯罪+规定刑期来界定可采取技术侦查措施的“重大”“严重”犯罪，即危害国家安全犯罪、恐怖活动犯罪、黑社会性质的组织犯罪、毒品犯罪、贪污贿赂犯罪、利用职权实施的侵犯公民人身权利犯罪或者其他危害社会的犯罪且可能判处有期徒刑7年以上的案件。而外线侦查类的技术侦查措施，如记录监控、行踪监控等，适用的案件范围可适当放宽。

第三，增加反映辅助性原则的立法用语。法治国家在立法中均明确规定技术侦查措施“只能在以其他侦查方式调查案情、侦查行为人居所十分困难、难以奏效的情况下，才允许采取”。反观我国立法规定，《刑事诉讼法》只是笼统地规定“根据侦查犯罪的需要”和“在必要的时候”采取，这种模糊的用语容易误导侦查人员，导致技侦措施的恣意行使。例如，有学者的实证调研显示，对“根据侦查犯罪的需要”，侦查人员往往会作出有利于侦查的理解。有侦查机关即指出，对于符合技术侦查条件的案件，该局会优先适用技术侦查来帮助侦破案件。更有侦查人员在访谈中提出希望每个案件都能够有技术侦查支持。[1]因此，未来立法应增加反映辅助性原则的用语，规范指引侦查人员采取技术侦查措施的时机。

第四，完善审批程序。《刑事诉讼法》第150条规定，适用技术侦查措施需要“经过严格的批准手续”，但并未对该手续作出详细规定。2012年《公安部规定》第256条规定，采取技术侦查措施需经过“设区的市一级以上公安机关负责人批准”，即采取行政授权+自行授权模式。在正当性方面，这种行政授权+自行授权模式，与法治国家普遍采取的中立法官审批模式还有一定距离。

目前，我国实行法官审批模式还有很多现实困难，但从干预公民基本权利的程度、《刑事诉讼法》的规范密度而言，技术侦查措施至少相当于逮捕措施。因此，在未来修法时，可考虑借鉴逮捕措施的审批程序，以体现对技术侦查措施运用的严格控制。具体而言，侦查机关采取监听一类最具干预性的技术侦查措施，应当由检察官审批。紧急情况下，侦查机关可以先采取监听措施，措施采取3日

〔1〕刘梅湘：“监控类技术侦查措施实证研究”，载《华东政法大学学报》2019年第4期，第92页。

以内应当补报检察官审批。对干预程度次于监听措施的其他技术侦查措施，可延续行政授权+自行授权模式，依据措施特点和侵权程度，分别交由设区的市一级以上公安机关负责人、县级公安机关负责人审批。

第五，增加告知程序。在告知程序上，《刑事诉讼法》并无明文规定。但根据 2012 年《六机关规定》第 20 条和 2012 年《公安部规定》第 259 条，如果采取技术侦查措施收集的材料作为证据使用，采取技术侦查的决定书应当附卷，辩护律师可以依法查阅、摘抄、复制，即 2012 年《公安部规定》以阅卷告知的方式客观上起到了告知嫌疑人或被告人的作用。与一般的告知方式相比，阅卷告知方式存在明显的不足。其一，告知的时间不确定。我国《刑事诉讼法》并未规定侦查时限，案件侦查终结时间具有不确定性，因而被监控人得知自己被监控的事实在时间上具有不确定性。其二，告知与否不确定。阅卷告知的前提是监控措施所获得的材料作为证据使用，如果监控措施所获得的材料并未作为证据，则被监控人无法得知被监控的事实。其三，告知的人员范围有限。阅卷告知的对象一般是嫌疑人或被告人，嫌疑人或被告人以外的被监控人很难知悉自己被监控的事实。其四，告知的内容有限。阅卷告知的内容一般为采取技术侦查的决定书和通过监控收集到的证据材料，被监控人很难知悉通过监控收集到的其他材料的信息，如与案件无关的信息和个人隐私等。

我国应当借鉴法治发达国家的立法经验，建立附期限和附条件相结合的告知程序。侦查机关应在监控措施结束后至迟 90 日内将技术侦查决定书、监控的所有内容告知被监控人，如有碍侦查，可延长 90 日告知。同时应当明确规定：一旦撤销刑事案件，技术侦查所获取的所有材料应当自撤案之日起 30 日内销毁；未作为证据使用的其他材料，应当在案件终审后 30 日内销毁，切实防止不当利用的可能。

第六，完善配套立法。我国《人民警察法》第 16 条也对技术侦察措施进行了授权规定，为避免侦查机关借用《人民警察法》规定，规避《刑事诉讼法》，应当明确《人民警察法》对技术侦察措施的规定主要适用于犯罪预防、危害防止和资料收集领域。

我国目前仍采警察组织法与作用法一体的立法模式，警察行使职权基于概括的任务规定。为进一步贯彻法明确性原则和公法上的禁止不当连结原则，我国实有必要制定独立的《警察职权行使法》，作为警察于危害防止领域和预防犯罪领域行使职权的法律授权依据。通过制定独立的《警察职权行使法》，将警察运用特殊方式收集个人资料的行为明定化。在启动条件上，必须以对国家或公共安全，或对个人身体、生命、自由有具体危害为要件。在审批程序上，应当贯彻行政长官保留原则，由警察机关的行政领导予以审批。“此种分离的立法方式，较符合警察执法工作特质，可杜绝机关权责争议，提振公权力，并保障人民权益，所以，最合乎法治国原理。这种重申规定的立法方式，似有重复之虞，但为充分保障人民权益，这种小麻烦实不足挂齿。此种现象，只有在与人民权益关系密切的警察法领域较有可能被宽容。”〔1〕

（二）司法完善建议

1. 明确监听译文的证据能力，完善监听译文的制作程序

监听译文是目前普遍运用的一种技术侦查证据形式，实践中，对这种证据形式的证据能力有所争执。最高人民法院应当以指导性案例或者规范性司法文件的方式，明确监听译文的证据能力。

比较法上，大陆法系国家和地区一般均承认监听译文的证据能力。在德国，实务界和理论界均认为监听译文有证据能力。1997 年，德国联邦最高法院刑事第三庭在 BGHSt43，36 裁判中就指出：为了使参审员在审判期日对证据调查有更好的理解，交予其卷证内的监听录音译文笔录，乃属合法，并未违反言词审理原则和直接审理原则。在该案中，Wuppertal 地方法院以被告人 F 及 W 未经许可贩卖毒品，判决有罪。被告人指摘原审将电话监听录音译文影本交予参审员，违反言词审理和直接审理原则，提出第三审上诉（法律审）。在原审庭审中，曾播放大量依《德国刑事诉讼法》第 100 条 a 核准的电话监听录音，通话内容以外语交谈，翻译借助已在侦查程序制作的记录当庭口译录音内容。庭期尾声时，参审员表示某些细节无法跟上翻译的语言转换，也不清楚交易人、通话提及之人、关系、地点和毒品的可能伪装方式。于是，为了让参审员日后回想先前已播放的电话录音和共同检视后续庭期还应播放的录音，审判长将译文笔录影本交予参审员。译文笔录（共 71 页）除了有翻译完成的通话内容外，还附加其他记录，例如通话日期、电话号码、译文制作人姓名、翻译人、注解、按人员分类通话，以及用粗体字标示重要段落等。除此之外，职业法官还在译文笔录上添加一些注记，例如画底线、删除线与说明等。虽然被告人的辩护人对译文笔录交予参审员一事表示异议，原审仍将当时尚未被引入审判程序的笔录部分内容及附件等作为证据调查的客体。德国联邦最高法院刑事第三庭在判决中指出：无论如何，本庭认为译文是审判期日更好理解监听之证据调查的辅助方法，将译文笔录交予参审员阅览乃属合法。〔2〕从以上判决可见，德国联邦最高法院将监听译文视为证据调查的辅助方法，肯定其具有证据能力，可以成为证据调查的客体。

学者见解亦认为监听译文具有证据能力。罗科信教授就指出，对电子通讯录

〔1〕 许文义：“从时代潮流变革探讨当前警察法演进之趋势”，载《警学丛刊》2000 年第 1 期，第 58 页。

〔2〕 参见王士帆：“参审员阅卷权——德国联邦最高法院刑事裁判 BGHSt43，36 译介”，载《月旦刑事法评论》2016 年第 2 期，第 51-52 页。

音，可以作为物的证据进行播放或者将电信监控内容以书面记录的方式作为书证使用。[1]魏根特教授也指出，如果需要在法庭上将录制的谈话用作证据，可以在法庭上播放相关的录音带，或者宣读录音的记录，或者传唤检测录音带的官员作为证人出庭。至于使用哪一种方法，则取决于声音还是确凿的语句对发现事实谁更重要。[2]

《法国刑事诉讼法》第 100-4 条、第 100-5 条规定，预审法官或其委派的司法警察警官，应制作每一项截收与录制活动的笔录。预审法官或其委派的司法警察警官，得抄录有利于事实真相的通讯，并制作笔录。抄录件归入案卷。

在此基础上，还应完善监听译文的制作程序。监听译文既是监听视听资料的替代性证据，也是由国家公务机关制作的文书证据，因此，统一此种证据的制作程序应有必要。2012 年《最高法解释》第 69 条第 1 项规定："书证的副本、复制件是否与原物、原件相符，是否由二人以上制作，有无制作人关于制作过程以及原物、原件存放于何处的文字说明和签名。"上述规定可以看作是对书证及其复制件的制作提出了一定的程序要求，监听译文的制作应当在遵守上述规定的前提下，进一步规范制作程序。

监听译文的制作应当全面、具体、客观。在德国，虽然容许使用监听译文，但对这种证据的使用要遵守两个规则：第一，全面反映规则，即监听译文应当对监听内容予以全面反映，不能仅作片面记录；第二，客观如实规则，即监听译文应客观如实地记录监听内容，不能以制作人的抽象概括和总结代替监听内容。德国判例 BGHSt 27，135 就主张，可以录音带为证据物之方式将之播放，或对其内容以书面记录之方式视为文件证据，以为证据之用。但是如仅片断地或总结性地播放或朗读该内容，则属违法。[3]从前述介绍的 BGHSt43，36 裁判也可看出，德国侦查机关所制作的监听译文内容较为全面，译文页数高达 71 页。

在俄罗斯，亦要求侦查员全面、客观地制作监听译文。《俄罗斯联邦刑事诉讼法典》第 186 条第 6 款、第 7 款规定，在进行电话和其他谈话监听和录音的整个期间，侦查员有权在任何时间向进行监听和录音的机关调取录音进行检查和放听。侦查员对检查和放听的结果应制作笔录，笔录应该逐字逐句叙述侦查员认为录音中与刑事案件有关的部分。[4]

就我国实务而言，仍有相当数量的监听译文不是以具体实录的方式制作，而是以概括总结的方式制作。以概括总结方式制作的监听译文往往渗透了制作者的

---

〔1〕［德］克劳思·罗科信：《刑事诉讼法》，吴丽琪译，法律出版社 2003 年版，第 336 页。

〔2〕［德］托马斯·魏根特：《德国刑事诉讼程序》，岳礼玲、温小洁译，中国政法大学出版社 2004 年版，第 124 页。

〔3〕参见［德］克劳思·罗科信：《刑事诉讼法》，吴丽琪译，法律出版社 2003 年版，第 336 页。

〔4〕《俄罗斯联邦刑事诉讼法典》（新版），黄道秀译，中国人民公安大学出版社 2006 年版，第 171 页。

主观意思，记载的信息不尽客观，会对法官心证形成不当影响。为保证法官认定案件事实的准确性，应当禁止侦查机关以简略的概括总结方式制作监听译文，控诉方举证的监听译文应当较为全面、具体地记录下对话原貌，如此，才能为法官认定案件事实提供客观依据。

2. 对监听译文的证明力采取“严格补强”规则

实务中，公诉方常使用监听译文作为证明被告人实施毒品犯罪的证据。惟法院在将监听译文作为认定被告人实施毒品犯罪的定案根据时，应当遵守“严格补强”规则。所谓“严格补强”规则是指，监听译文的内容如隐晦不明或仅为约定见面之类对话，而没有反映依社会通念足以辨明其所交易标的物之毒品品项、数量及价金，或者一般熟知毒品暗语，则不得作为认定毒品交易事实的证据。

我国台湾地区法院在多个判决中指出：通讯监察译文内容，必须以社会通念已足以辨明其所交易标的物之毒品品项、数量及价金，抑或出现一般熟知毒品暗语（例如，毒品之暗语有“衣服”“裤子”“硬的”“软的”“男的”“女的”；数量之暗语有“一张”“半”“半半”等不一而足）而得以特定交易毒品种类及情节之对话，始得作为补强证据。若仅为语意隐晦不明或约定见面之对话，则不足以作为贩卖毒品案件中之补强证据。[1]

我国大陆地区实务中，有公诉方在使用监听译文时，较为忽视“严格补强”规则。例如，2014 年南京市中级人民法院审理的陈某某贩卖、运输毒品罪一案，公诉方举证的监听译文就有一段仅反映约定见面的对话。判决书列举的通话记录显示：2013 年 9 月 6 日 10 时 14 分，胡某与陈某某通话内容，胡：“到哪了。”陈：“到了。”胡：“南京啊。”陈：“唉。”胡：“好，马上打电话给你，到夫子庙。”陈：“哎，我们住在那里。”[2]

已有法官认识到上述做法不妥，开始自觉运用补强规则，判断监听译文的证明力。如有法官撰文指出：“对其（监听译文）采信应采取补强原则。本案中，被告人孙某在与他人通话过程中虽然使用了一定隐晦性语言，但是结合语境，能够判断其所说‘一共才拿回来一千个’指的是带回 1000 克甲基苯丙胺，‘往外弄没定价格’指的是向外出售毒品问题，与公安机关在其车内查获 995.76 克甲基苯丙胺一节吻合。”[3]

---

〔1〕 马鸿骅：“公诉随笔：通讯监察译文之证明力”，载我国台湾地区《检协会讯》2014 年第 8 期，第 7-8 页。

〔2〕 参见南京市中级人民法院（2014）宁刑初字第 23 号判决书。

〔3〕 李晓林、赵丹：“毒品犯罪案件中技术侦查证据的审查和运用”，载《人民司法》（案例）2016 年第 17 期，第 19 页。

3. 明确另案监听所获证据的证据能力

对另案监听所获证据的许容性问题，域外法治国家和地区多采取相对限制说。[1]该说认为，监听与搜查、扣押性质相同，但适用条件更严，有罪名的限制，故另案监听所获证据的容许范围亦应较为严格。监听偶然发现的另案证据，若该“另案”系与监听令状所记载的罪名有关联性或者属于法律列举允许监听的罪名，始承认该证据具有证据能力。

在德国，学界通说认为，《德国刑事诉讼法》第108条虽然规定了另案扣押，但该条规定系基于假设上可再申请搜索票重复干预受搜索人，并防止证据灭失所作的规定。[2]《德国刑事诉讼法》第100条a严格限制可以监听的罪名，故非该条所列举的罪名，不符合监听适用条件，不得类推适用第108条另案扣押规定。对于合法监听时偶然发现的另案证据，如系第100条a所规定的罪名，始可作为证据使用。

实务上，德国联邦最高法院对合法监听时偶然发现的另案证据，以与监听令状所记载的罪名是否具有关联性作为排除标准。例如，甲、乙、丙三人涉嫌参与窃车集团，侦查机关对之实施监听，并以监听资料作为证据起诉窃盗罪及参与犯罪组织罪，法院认为参与犯罪组织罪部分证据不足，而以窃盗罪判刑。虽窃盗罪并非得监听之罪名，德国联邦最高法院仍以窃盗罪与所监听之参与犯罪组织罪有关联性而持肯定见解。[3]

我国台湾地区2014年修改“通讯保障及监察法”之前，司法实务部门对另案监听所获证据倾向于采取无限制说。2014年1月，“通讯保障及监察法”修改时增订第18条之1第1项，该项规定：“依第五条、第六条或第七条规定执行通讯监察，取得其他案件之内容者，不得作为证据。但于发现后7日内补行陈报法院，并经法院审查认可该案件与实施通讯监察之案件具有关联性或为第五条第一项所列各款之罪者，不在此限。”根据该规定，另案监听所获资料原则上不得作为证据，但如果在7日内补报法院，且法院认可该案件与合法实施通讯监察的案件具有关联性或者该案件为第5条第1项所列各款罪名，则另案监听所获资料得为证据使用。

我国司法实务部门可借鉴相对限制说。根据该说，侦查机关合法监听时偶然发现的另案证据，若该“另案”系与监听令状所记载的罪名有关联性或者属于法律列举允许监听的罪名，可承认该证据具有许容性。如果采此说，前述提及的赵某、李某某贩卖毒品罪一案，法官完全不必因为本案未有采取技术侦查措施决

〔1〕 吴巡龙：《刑事诉讼与证据法实务》，新学林出版股份有限公司2006年版，第230页。

〔2〕 江舜明：“监听界限与证据排除”，载我国台湾地区《法学丛刊》1998年第5期，第103页。

〔3〕 江舜明：“监听界限与证据排除”，载我国台湾地区《法学丛刊》1998年第5期，第105-106页。

定书而顾左右而言他，因为即使本案监听行为未见决定书，但根据相对限制说的法理，侦查机关在合法监听他案时（“11·26”案，且公诉机关出示了该案的采取技术侦查措施决定书）偶然发现的本案证据，仍具有许容性，因为本案罪名属于《刑事诉讼法》规定的可以采取技术侦查措施的重大毒品犯罪（被告人赵某犯贩卖、运输毒品罪，被判处有期徒刑15年）。

当然，对侦查关机关采取的声东击西式的另案监听行为，法官应果断否认所获证据的证据能力。所谓声东击西式的另案监听行为是指，侦查机关为监听不符合监听适用条件的B罪，故意以符合监听适用条件的A罪申请监听令状，然后以另案监听的方式收集B罪证据。我国台湾地区侦查实务中曾有此种情况发生。对此，2011年台上字第6706号判决认为，此种声东击西式另案监听所收集的证据不具许容性。判决指出：“‘另案监听’所取得之证据，如若系执行监听机关自始即伪以有本案监听之罪名而申请核发通讯监察书，于其监听过程中发现另案之证据者，因该监听自始即不符正当法律程序，且执行机关恶性重大，则其所取得之监听资料及所衍生之证据，悉应绝对排除，不得作为另案之证据使用。”

4. 通过指导性案例或者规范性文件的方式指导违法技侦证据的排除

我国《刑事诉讼法》、相关司法解释和规范性文件目前并未对违法技侦证据排除问题作出规定，实务中，已有法院开始探索这一问题。

2014年新疆维吾尔自治区高级人民法院二审的罗某成、罗某云、张某伟贩卖毒品罪一案，张某伟的辩护律师提出，公安机关在立案前对张某伟与罗某云的通话采取技术侦查措施不符合法律规定，请求排除证据。对此辩护意见，法官认为：经查，公安机关对张某伟与罗某云通话使用技侦措施的时间早于公安机关对该案的立案时间，不符合2012年《刑事诉讼法》第148条“公安机关在立案后，对于危害国家安全犯罪、恐怖活动犯罪、黑社会性质的组织犯罪、重大毒品犯罪或者其他严重危害社会的犯罪案件，根据侦查犯罪的需要，经过严格的批准手续，可以采取技术侦查措施”的规定，法院对该证据不予采信，对此上诉理由和辩护意见予以采纳。[1]

前述提及的李某某非法持有毒品罪一案，针对公诉方出示的监听译文，法官审查后认为：该材料反映了公安机关系采取技术侦查措施收集通话录音的情况。由于公诉机关未提供批准采取技术侦查措施的法律文书，故法院不予采信。

对地方法院的这些探索，最高人民法院应当及时总结经验，通过指导性案例或者规范性文件的方式指导违法技侦证据的排除。

5. 完善庭外核实方式

技术侦查证据的庭外核实，可以参照2012年《刑事诉讼法》已规定的庭外

〔1〕参见新疆维吾尔自治区高级人民法院（2014）新刑三终字第105号判决书。

调查权行使程序进行。庭外核实是最后的选择，即在穷尽其他证据调查方法时，或者不能采取庭上调查时，合议庭对证据仍有疑问的，方可进行庭外核实。《刑事诉讼法》规定的“必要的时候”应当限于，控辩双方对原始语音的关联性或真实性有异议，需要核实该语音的来源、制作过程或取得方法时，才能基于保守侦查手段秘密的必要性，由法官进行庭外核实。庭外核实的方式包括：进行必要的声纹鉴定或者光盘完整性鉴定；询问有关监听人员；核实更多语音材料等。庭外核实后，相应证据材料仍然应经当庭质证方可作为定案根据，但控辩双方没有异议的除外。

（撰稿人：艾明）

第十三章 刑事第一审普通程序与庭审实质化改革

目　次

自从1979年《刑事诉讼法》开启我国刑事审判的法制化进程以来，我国刑事审判制度经历了从无到有，并不断完善的发展历程。审判程序类型在最初单一型的基础上先后增设简易程序和速裁程序，已形成多元化、层次化的审判体系。其中，第一审普通程序始终是作用最关键、内容最繁杂、问题最突出、改革最棘手的领域。近年来自上而下推动的以审判为中心的诉讼制度改革，就是围绕第一审普通程序的庭审实质化问题而展开的。实现诉讼阶段的“以审判为中心”、审判阶段的“以庭审为中心”和审级结构的“以一审为重心”，〔1〕实际上就是强调实现第一审普通程序对查明事实和保障权利的重要价值。在1979年《刑事诉讼法》颁布实施四十周年之际，回顾与检视我国第一审普通程序的立法发展、实施效果和改革得失，对于深入推进以审判为中心的刑事诉讼制度改革，塑造更科学、合理的审判制度具有重要的意义。

一、第一审普通程序的发展回顾

以《刑事诉讼法》的修改为节点，改革开放以来我国刑事第一审普通程序的发展可以分为四个主要阶段，每个阶段都具有明显的时代特征。

（一）1979年《刑事诉讼法》：强职权主义的审判程序

1979年颁布的《刑事诉讼法》是我国刑事法治进程中具有里程碑意义的一部法律，开启了我国刑事诉讼活动有法可依的时代。该法第108条至第122条对公诉案件第一审程序的庭前审查、庭前准备、法庭调查、法庭辩论、评议与宣判等重要环节进行了规定，搭建起我国刑事第一审普通程序的制度框架。该法确立了一种比较典型的职权主义审判模式，控辩双方推进刑事审判进程的作用十分有限，法官对整个审判程序有绝对的主导权。由于职权主义的色彩较之传统职权主义国家更加浓厚，〔2〕这样的审判又被称为“强职权主义”下的审问式审判，主要体现在以下几个方面。

首先，法院在庭前程序中会对提起公诉的案件进行实体审查，从而决定是否开庭审理。由于当时采取的是全案移送主义，法官在开庭前可以全面阅卷。根据1979年《刑事诉讼法》第108条的规定，只有当法院认为案件满足“犯罪事实清楚、证据充分”的条件时，才能决定开庭审理，否则可以退回检察院补充侦查或者要求检察院撤诉。如果法官无法通过阅卷对案件是否符合开庭审理的条件作出判断，还可以根据第109条的规定，在必要的时候采取勘验、检查、搜查、扣

〔1〕 参见魏晓娜：“以审判为中心的刑事诉讼制度改革”，载《法学研究》2015年第4期，第86-105页。

〔2〕 参见汪海燕：《刑事诉讼模式的演进》，中国人民公安大学出版社2004年版，第431页。

押和鉴定等调查措施。可见，法官在庭前不仅要以定罪的标准审视提起公诉的案件，而且可以采取必要的调查活动，还可以对事实不清、证据不足的案件作出“要求检察院撤回起诉”的终局性处理。法官实际控制着开启庭审的阀门，对于是否开庭审理具有绝对的话语权。

1994年出台的《最高人民法院关于审理刑事案件程序的具体规定》第89条进一步细化了庭前审查的内容，除了证据与事实认定、罪名认定、量刑情节等实体性内容外，明确将管辖、提起附带民事诉讼、侦查程序是否合法等程序性内容纳入审查范围。该规定也明确了庭前退回补充侦查和要求检察院撤回起诉的具体情形，并进一步指出在检察院不同意撤回起诉时，可以裁定驳回或依法判决。显然，该规定贯彻了1979年《刑事诉讼法》关于庭前实体审查和法院强职权的主旨思想。

其次，部分案件中检察院可不派公诉人出庭，法官在这些案件的庭审中身兼控诉者与裁判者两职，庭审格局接近于“纠问式”。根据1979年《刑事诉讼法》第112条规定，对于罪行较轻的案件，检察院在法院同意的情况下可不派员出庭支持公诉。在缺少公诉人的庭审中，追究罪责的重任落在法院的肩上，身为裁判者的法官需更加积极地调查案件事实。

最后，法庭调查程序由法官主导和控制。1979年《刑事诉讼法》第114条、第115条和第116条对法庭调查环节进行了规定，从审问被告人到询问证人，都由法官首先进行，公诉人、当事人和其他诉讼参与人须经审判长的许可才能发问。出示物证，宣读未到庭的证人的证言笔录、鉴定人的鉴定结论、勘验检查笔录和其他作为证据的文书，都是法官的职责。法庭调查是法官查明案件事实真相的过程，在这一过程中，法官占据主导地位，并不存在现代意义上的质证和质证规则。[1]“基于职权主义和客观真实的要求，一般对司法人员调查证据的权力和范围又不予太多的限制。因此，关于证据的可采性，关于证据的证明能力与证明力，关于证据的出示、质证、认证，均缺乏明确的证据规则指南。”[2]

与上述立法规定相适应，《最高人民法院关于审理刑事案件程序的具体规定》进一步明确规定，审判人员首先审问被告人，向被害人、证人、鉴定人等发问，在此之后，经审判长许可，公诉人可以向上述人员发问，当事人、辩护人可以申请审判长对证人等发问，或者经审判长许可后直接对证人等发问。对于物证、书证以及各种类型的笔录类证据，审判人员应当全面出示，并听取公诉人、当事人和辩护人的意见。

1979年《刑事诉讼法》之所以选择比传统职权主义诉讼模式的职权色彩更

---

〔1〕 参见王颂勃：《刑事诉讼法庭质证规则研究》，中国人民公安大学出版社2015年版，第153页。

〔2〕 卞建林、姚莉：“关于建立和完善我国证据规则的思考”，载《法商研究》1999年第5期，第5页。

加浓重的审判模式，和我国传统的审判模式以及当时的学习效仿对象有很大的关系。我国古代采取的是控审不分的纠问式刑事诉讼制度，审判部门集侦查、起诉和审判职能为一身，在调查犯罪的基础上进行裁判。审判部门具有追究犯罪的职能，因而会积极主动调查案件情况。纠问式的审判模式一直到清末才因修法而被废除，但由审判者积极主动调查证据的影响一直存在。20 世纪 40 年代，我国陕甘宁边区发展出的“马锡五审判方式”也具有法官主导调查活动的特点。该审判方式强调法官主动走出法庭调查证据，不拘泥于形式，主动深入调查研究，尽可能实地了解案件情况，掌握第一手资料，进而依靠调查的证据资料判断案件的客观事实。[1]新中国成立后，马锡五的工作方法和经验在他担任最高人民法院副院长期间得到推广，对于 1979 年《刑事诉讼法》产生了直接影响。另外，1979 年《刑事诉讼法》选择的审判模式受到了当时苏联诉讼法制的影响，而苏联的审判制度在很多方面与大陆法系国家有相似之处，也具有职权主义的特征。比较典型的如法官积极查证和控制当事人参与庭审等做法，均曾为我国所借鉴。

（二）1996 年《刑事诉讼法》：控辩式审判方式的确立

1996 年《刑事诉讼法》的实施标志着我国开始从法官主导的庭审模式向控辩双方推进的庭审模式逐步转变。控辩式审判方式主要是针对法官主导的审判方式提出的改革方向，其目的是革除强职权主义审判方式存在的弊端，尤其是“先定后审”导致的庭审形式化问题。

在 1996 年修改《刑事诉讼法》之前，理论界和实务界开始认识到我国强职权主义审判模式以及具体审判制度的弊端，陆续提出改革建言和开展改革试点工作。最高人民法院曾于 1992 年发布《关于第一审刑事（公诉）案件开庭审判程序的意见》，在部分基层法院开展刑事审判方式的改革试验。[2]此次改革以突出控辩双方在法庭审理中的作用和责任为核心内容，因而被关注者总结为控辩式审判方式改革。此次控辩式审判方式的改革尝试主要包括三项内容：其一，庭前审查无需将“犯罪事实清楚、证据充分”作为开庭审理的条件，只要查明“案件是否属于本院管辖”，“案卷材料及其他证据是否已全部随案移送”，“法律手续与诉讼文书是否完备、齐全”等程序性事项即可。其二，控辩双方有权在庭前向合议庭提出法庭调查证据的请求，提出证人、鉴定人出庭的申请，并将符合条件的证人证言和鉴定结论纳入法庭证据调查的范围。其三，控辩双方开始在法庭证据调查中发挥作用，由控方承担举证责任，对被告人的讯问和出庭证人、鉴定人的询问皆由控方开始，再由辩方直接发问。法庭调查中，法官处于消极地位，在

---

〔1〕 陈亚：“马锡五审判方式的价值和特点”，载《上海法治报》2014 年 8 月 8 日，第 B07 版。

〔2〕 参见陈瑞华：《刑事审判原理论》，北京大学出版社 2003 年版，第 305 页。

必要时可以进行补充调查。[1]

此次控辩式审判方式的改革尝试直指当时审判方式的主要弊端，改庭前实体审查为程序审查，将证据、事实调查的空间留给了控辩双方。法院尊重控辩双方的举证、质证活动，由控辩双方确定法庭调查的对象并推进调查程序，控辩双方在庭上有了更多对抗的机会。有的试点法院已经出现交叉询问的人证调查格局，控辩双方可以对对方的发问方式提出异议，交由法庭裁决。但由于控辩式审判在当时属于审判方式的革新，为稳妥起见，试点的对象被限制在一些事实清楚、定性不复杂的案件，然而这些案件恰好不需要控辩双方在法庭上开展复杂的举证质证活动。可以说，此次控辩式审判方式试点的效果非常有限。但不可否认，此次试点对1996年《刑事诉讼法》正式确立控辩式审判方式具有探路作用。

1996年《刑事诉讼法》试图通过借鉴对抗式审判方式的有益经验来革除强职权主义审判方式的弊端。当时理论界普遍认为，《刑事诉讼法》的修改应向对抗式审判学习，因为在原有审判方式中，法官成为庭审证据调查的主角，未能充分发挥控辩双方作用，容易造成法官与被告人直接对抗的局面，不利于客观公正地处理案件。[2]改革后的庭审方式虽然将控辩双方交互举证、质证和辩论作为庭审证据调查的主要方式，客观上增强了庭审的对抗性，但理论界基本一致地认为，我国并未完全转向当事人对抗式审判方式。新的审判方式既非对抗式，又非审问式，称之为“控辩式审判方式”较为合适。[3]具体而言，1996年《刑事诉讼法》对刑事审判方式进行的改革主要涉及庭前审查、案卷移送、法庭证据调查、证人出庭几个方面，同时还包括与审判关系密切的辩护权保障。

1. 关于庭前审查和案卷移送

庭前实体审查明显违反审判规律，一直被认为是庭审形式化的首要原因，1996年《刑事诉讼法》废除了法院对公诉案件庭前进行实体审查的规定，取而代之的是对公诉案件的形式审查。开庭审判的条件变更为：起诉案件“有明确的指控犯罪事实并且附有证据目录、证人名单和主要证据复印件或者照片”。法官在庭前无须再审查案件证据是否达到或接近定罪的证明标准，也就无须在开庭之前开展任何调查核实证据的工作。根据1998年《最高法解释》，法官在庭前审查

---

〔1〕 关于此次改革试验的详细考察，参见陈瑞华：《刑事审判原理论》，北京大学出版社2003年版，第305-308页。

〔2〕 陈光中、熊秋红：“刑事诉讼法修改刍议（下）”，载《中国法学》1995年第5期，第23页。

〔3〕 控辩式审判方式是一种立足于我国实际的提法，虽然我国审判方式的改革以对抗式诉讼为目标，吸收了不少对抗式审判的合理因素，但由于仍然缺乏对抗式诉讼的诸多核心要素，同时也保留了职权主义的一些做法，因此不宜直接将其称为“对抗式审判方式”。鉴于改革明确强调控审分离，积极发挥控辩双方在法庭上的作用，增强庭审的对抗性，因此称其为“控辩式审判方式”最适宜。参见龙宗智：“我国刑事庭审中人证调查的几个问题——以‘交叉询问’问题为中心”，载《政法论坛》2008年第5期，第25页。

中还需审查案件是否属于本院管辖等十项具体的情形，然后根据不同情况分别处理，但不涉及对案件实体问题的调查。合议庭可以在开庭审理之前列出法庭审理的提纲，就法庭调查的重点和流程做好准备，这是法官庭前唯一能够处理的与案件实体内容有关的事项，但也只限于为调查事实做准备。

由于庭前实体审查的废除，检察院在开庭审理前只需移送符合形式性审查标准的材料。这意味着法官在开庭审理前无法完整地阅览案卷，这种摒弃全案移送的案卷移送制度与只移送公诉书的“起诉状一本主义”尚有明显区别，而被惯称为“主要证据复印件主义”。

2. 关于证人出庭

证人、鉴定人、被害人出庭是实现庭审调查实质化的关键因素。1996 年《刑事诉讼法》只是强调证人证言必须在法庭上经过讯问、质证和查实后才能作为定案的根据，1998 年《最高法解释》对证人出庭如何操作进行了规定。控辩双方要求证人、鉴定人出庭作证，应向审判长说明拟证明的问题，经审判长同意后才能传唤证人、鉴定人出庭作证；如果是与案件无关、明显重复或不必要的言词证据，审判长可以不准许。虽然 1998 年《最高法解释》强调证人应当出庭作证，但同时赋予了审判长较大的自由裁量权，当审判长认为证人证言对案件不起直接作用或有其他原因的，证人可以不出庭。

3. 关于法庭证据调查

法庭证据调查格局的改变是我国刑事庭审方式转变的主要标志。1996 年《刑事诉讼法》将法官主导的法庭调查转向控辩双方推进的法庭调查，必然引起法庭证据调查程序的较大变动。最明显的改变是明确了控方的举证责任，不再由法官主动讯问被告人、询问证人和出示、宣读证据，由公诉人主导讯问和出示证据。1998 年《最高法解释》对法庭调查程序予以细化与补充，具体包括以下几个方面：（1）明确强调了法庭调查在事实认定中的地位和作用。根据 1998 年《最高法解释》第 58 条的规定，证据必须经过当庭出示、辨认、质证等法庭调查程序查证属实，否则不能作为定案的根据。（2）规范了控辩询问的顺序。根据 1998 年《最高法解释》第 143 条、第 145 条和第 149 条的规定，向证人、鉴定人发问应当分别进行，先由提请通知证人出庭的一方进行；发问完毕后，对方经审判长准许，也可以发问。（3）明确规定了询问证人应当遵循的基本规则。1996 年《刑事诉讼法》没有涉及庭审质证规则问题，1998 年《最高法解释》初步确立了一些质证规则，主要是列举了一些禁止性的询问内容和方式。[1]（4）规范

〔1〕 1998 年《最高法解释》第 146 条规定：“询问证人应当遵循以下规则：（一）发问的内容应当与案件的事实相关；（二）不得以诱导方式提问；（三）不得威胁证人；（四）不得损害证人的人格尊严。前款规定也适用于对被告人、被害人、附带民事诉讼原告人和被告人、鉴定人的讯问、发问或者询问。”

了实物证据的质证规则。根据1998年《最高法解释》第150条的规定，当庭出示的物证、书证、视听资料等证据，应当先由出示证据的一方就所出示的证据的来源、特征等作必要的说明，然后由另一方进行辨认并发表意见。控辩双方可以互相质问、辩论。

1996年《刑事诉讼法》的初衷是吸收当事人主义诉讼模式的合理因素，然而改革后却与对抗式审判模式区别较大，其主要缘由也与法庭证据调查程序的设置有关。首先，由公诉人强制讯问被告人，不符合对抗制审判所固有的控辩平等原则。[1]强调控辩平等和控辩对抗的对抗式审判，要求被告人在法庭上具有一定的主体地位，而公诉人强制讯问被告人，使被告人依然处在客体化的角色地位，庭审很难形成真正平等对抗的局面。其次，并未建立对抗性的人证调查程序，即对抗式审判中固有的交叉询问程序。交叉询问包括主询问、反询问、再主询问、再反询问等几个阶段的内容，还包括一系列禁止不当询问方式的规则。我国庭审中的人证调查虽然也基本呈现出控辩交替的格局，但是对控辩交叉发问的限制过多，比如向证人、鉴定人发问需要经过审判长的许可，难以保持连贯性；有权申请向证人、鉴定人发问的主体多元化的特点导致询问内容难以集中争点；没有区分控方证人和辩方证人，没有具体区分询问顺序，不符合交叉询问的特点。最后，依然保留法官的证据调查权。法官有权主动调查相关人证，而且对发问的时段没有具体限制，这意味着法官可以随时介入控辩交互举证、质证的过程中。对于有疑问的证据，合议庭仍然可以庭外调查核实。可见，仍有不可预知的职权因素侵扰着控辩式的调查格局。但可以明确的是，法院追诉犯罪的职能与以前相比已经明显弱化，法院已无权将案件主动退回检察机关补充侦查，法院自行调查的权力也只限于核实证据。

（三）2012年《刑事诉讼法》：第一审程序中人权保障的强化

为了贯彻“尊重和保障人权”的宪法原则，2012年修改《刑事诉讼法》时全面加强了对被追诉人诉讼权利的保障。就第一审程序而言，庭前会议制度可使被告人及其辩护人就程序问题集中发表意见，增大了程序性辩护的空间；被称为“审判之中的审判”的证据合法性调查程序体现了对排除非法证据，维护被告人基本人权的重视；推动证人、鉴定人、有专门知识的人出庭，进一步保障法庭上辩方质证权的行使；建立相对独立的量刑程序，对于辩方的量刑辩护提供了更大的空间。

1. 建立庭前会议制度

2012年《刑事诉讼法》第182条第2款规定，开庭以前，法官可以召集控

---

〔1〕 参见孙长永：“刑事庭审方式改革出现的问题评析”，载《中国法学》2002年第3期，第145-147页。

辩双方召开庭前会议，就证人出庭名单、非法证据排除等程序性问题集中听取意见，整理证据和梳理争点。根据2012年《最高法解释》第183条第1款的规定，审判人员在案件具有下列情形之一时，可以召开庭前会议：（1）当事人及其辩护人、诉讼代理人申请排除非法证据的；（2）证据材料较多、案情重大复杂的；（3）社会影响重大的；（4）需要召开庭前会议的其他情形。

立法工作人员对庭前会议对于庭审的作用作了高度评价，认为召开庭前会议有利于法官确定并把握庭审重点，从而做好庭前准备，保证庭审质量和效率。[1]如果庭前会议能够解决程序性争议或明确程序性争议的焦点，以及明确重要证据和有争议的证据、梳理事实的争点，庭审中就可以集中审理控方指控事实的焦点问题。例如，庭前处理非法证据的争议对庭审集中审理和高效运行的影响较大，如果控辩双方可以在庭前会议中就证据合法性问题达成共识，庭审就没有必要专门启动调查程序；如果控辩双方没有在庭前会议中达成共识，至少也可以促使控方在庭前对争议证据做好充分的调查，以应对庭审时对证据合法性的调查。

2. 推动证人、鉴定人、有专门知识的人出庭

推动证人、鉴定人出庭作证，是保障被告人及其辩护人有效行使质证权的前提。长期以来，必要的证人、鉴定人不出庭使得法庭无法通过言词审理调查案件事实，只能转而求助于案卷笔录材料，由“纸证”代替“人证”。有的时候，人证调查与书面调查存在天壤之别。一方面，针对案件笔录内容的质证，辩方无法像直接询问证人那样通过质疑证人的可信性和作证能力，进而质疑证人陈述内容的准确性和真实性；另一方面，辩方无法通过面对面的对质和询问发现证言的破绽和获取有利于己的信息。对此，2012年《刑事诉讼法》有以下改变：首先，明确了证人、鉴定人出庭作证的条件。根据2012年《刑事诉讼法》第187条的规定，公诉人、当事人或者辩护人、诉讼代理人对证人证言有异议，且该证人证言对案件定罪量刑有重大影响，人民法院认为证人有必要出庭作证的，证人应当出庭作证；公诉人、当事人或者辩护人、诉讼代理人对鉴定意见有异议，人民法院认为鉴定人有必要出庭的，鉴定人应当出庭作证。其次，明确了证人、鉴定人不出庭作证的后果。根据2012年《刑事诉讼法》第188条的规定，证人没有正当理由拒绝出庭或者出庭后拒绝作证的，可以对证人予以训诫或者处以10日以下的拘留。根据2012年《刑事诉讼法》第187条第3款的规定，经人民法院通知，鉴定人拒不出庭作证的，鉴定意见不得作为定案的根据。最后，增加了证人出庭作证的保障措施。根据2012年《刑事诉讼法》第188条的规定，证人经通知无正当理由不出庭的，人民法院可以强制其到庭。为了保障证人及其近亲属的

---

〔1〕 参见郎胜主编：《中华人民共和国刑事诉讼法释义》，法律出版社2012年版，第395页。

安全，2012 年《刑事诉讼法》第 62 条增加了对特定案件中作证的证人、鉴定人、被害人采取特别保护措施的规定，第 63 条增加了对证人的补助和证人所在单位不得克扣其福利待遇的规定。

3. 建立专家辅助人制度

根据 2012 年《刑事诉讼法》第 192 条第 2 款的规定，控辩双方可以申请法庭通知有专门知识的人出庭，就鉴定人作出的鉴定意见提出意见。此即专家辅助人制度。据参与立法的人员的解释，之所以新增这一制度，主要是出于以下考虑：鉴定意见是对诉讼活动中涉及的专门性问题进行鉴别和判断形成的意见，对于案件的定性具有直接影响。但由于鉴定工作的专业性较强，仅凭其他诉讼参与人自身的知识也难以发现鉴定中存在的问题，很难对鉴定意见进行质证，当事人对鉴定意见有异议的往往只能通过重复鉴定来解决；同时，由于鉴定意见中所涉问题的专业性较强，仅听一面之词，法官往往难以作出正确判断，法院的判决如果总是被鉴定意见左右最终也会损害司法的权威。〔1〕一般认为，专家辅助人出庭的主要任务是对鉴定人的鉴定意见进行质证，质证的方式应是对鉴定人进行发问，由鉴定人进行回答。〔2〕据此，专家辅助人在一定程度上也成为法庭质证的主体。

4. 明示量刑程序

2012 年《刑事诉讼法》对量刑有关事实、证据的调查予以明示，吸收了最高人民法院等五部门于 2010 年颁布的《关于规范量刑程序若干问题的意见（试行）》的核心意旨，在法庭审理中建立了相对独立的量刑程序。量刑程序启动的前提是有罪事实基本确定，法官的角色开始从消极听审转变为积极获取量刑信息，检察官也不再仅仅是控诉者，控辩双方的对抗开始弱化。〔3〕如果不对量刑程序与定罪程序进行必要区分，辩护人在进行无罪辩护的同时很难开展量刑辩护，否则辩护效果将相互抵销。建立相对独立的量刑程序这一举措将量刑提升至与定罪同等重要的地位，有望解决过往将量刑事实的调查放在定罪事实调查过程中顺带解决或直接放至法庭辩论阶段处理的做法，增强量刑调查程序和结论的精确性。

（四）2014 年以来：庭审实质化改革及其基本要求

2018 年《刑事诉讼法》对刑事第一审普通程序几乎未作修改，但并不代表

---

〔1〕 参见全国人大常委会法制工作委员会刑法室编：《关于修改中华人民共和国刑事诉讼法的决定——条文说明、立法理由及相关规定》，北京大学出版社 2012 年版，第 229 页。

〔2〕 参见杨涛："刑事诉讼中专家辅助人出庭制度的实践与完善——以'念斌案'和'复旦投毒案'为样本的分析"，载《法律适用》2015 年第 10 期，第 112 页。

〔3〕 参见汪贻飞：《量刑程序研究》，北京大学出版社 2016 年版，第 105 页。

我国自 2012 年《刑事诉讼法》实施以来，第一审普通程序就一直按部就班地运行。相反，从 2014 年党的十八届四中全会通过的《中共中央关于全面推进依法治国若干重大问题的决定》（以下简称《全面依法治国决定》）提出“推进以审判为中心的诉讼制度改革”开始，我国刑事司法领域启动了新一轮的改革，围绕如何实现以审判为中心，各级司法机关出台了一系列改革文件和实施细则。

2016 年 7 月，“两高三部”联合发布《关于推进以审判为中心的刑事诉讼制度改革的意见》（以下简称《以审判为中心的改革意见》）。2017 年 2 月，最高人民法院颁布《关于全面推进以审判为中心的刑事诉讼制度改革的实施意见》，对贯彻“推进以审判为中心的诉讼制度改革”提出了具体要求和措施。2017 年 6 月，为进一步深化庭审实质化改革，最高人民法院下发通知，在全国 17 个中级人民法院辖区开展《人民法院办理刑事案件庭前会议规程（试行）》《人民法院办理刑事案件排除非法证据规程（试行）》和《人民法院办理刑事案件第一审普通程序法庭调查规程（试行）》（以下统称“三项规程”）的试点工作。2017 年 11 月 27 日，最高人民法院向各高级人民法院、中级人民法院发布新的“三项规程”，自 2018 年 1 月 1 日起在全国范围内试行。

上述所有改革文件和规范性文件中，“两高三部”联合出台的《以审判为中心的改革意见》较为清晰地勾勒出以审判为中心诉讼制度改革的基本脉络，由此可见我国刑事第一审普通程序的修改完善方向。《以审判为中心的改革意见》再次强调了庭审实质化的基本要求，即诉讼证据出示在法庭、案件事实查明在法庭、控辩意见发表在法庭、裁判结果形成在法庭。同时对庭前会议、法庭调查程序、法庭辩论、宣判制度、严格依法裁判等庭审程序的各个方面都提出了具体的要求。其中，法庭调查程序、法庭辩论规则和宣判制度被《以审判为中心的改革意见》视为影响庭审实质化的最重要的三个制度因素。

首先，就如何实现诉讼证据出示在法庭和案件事实查明在法庭，《以审判为中心的改革意见》第 11 条指出，应规范法庭调查程序，保障控辩双方的质证权利。不过这两个要求还属于原则性和方向性的规定，该条唯一具有直接操作意义的规定是：“对定罪量刑的证据，控辩双方存在争议的，应当单独质证。”这项要求有望改变实践中经常出现的将重要证据“打包”举证、质证的做法。人证调查是法庭调查的核心，对此，《以审判为中心的改革意见》第 12 条强调完善对证人、鉴定人的质证规则，同时要求完善促进证人、鉴定人出庭作证的保障措施，即健全证人保护工作机制，完善强制证人到庭制度，建立证人、鉴定人作证制度专项经费划拨机制。在 2012 年《最高法解释》相关规定和地方法院庭审实质化试点改革的有益经验基础上，正在试行的《人民法院办理刑事案件第一审普通程序法庭调查规程》（以下简称《法庭调查规程》）用了较大篇幅对法庭调查程序进行修改完善，主要包括：(1) 调整了向证人、鉴定人发问的顺序；[1] (2) 完善了出庭人证之间的对质规则；(3) 建立了针对不当发问的异议说理规则；(4) 明确了庭前证言的使用规则；(5) 细化了有专门知识的人参与法庭调查的规则；(6) 充实了实物证据举证、质证规则。[2]《法庭调查规程》是以司法文件的形式发布的，其效力和受重视程度不及司法解释，而且部分规定比较理想化，部分规定操作性不强，具体哪些内容最终可以通过立法或司法解释的形式固定下来，有待进一步检验。

其次，就如何实现控辩意见发表在法庭，《以审判为中心的改革意见》第 13 条指出应完善法庭辩论规则，其作用是敦促法庭充分听取控辩双方意见，保障被告人及其辩护人的辩论辩护权。我国刑事司法实践中的法庭辩论明显达不到法庭调查的被重视程度，不仅占用时间极短，而且经常出现针对单个证据问题的辩论。如果在法庭辩论阶段继续允许控辩双方就证据问题进行辩论，为何不在法庭调查阶段让控辩双方充分发言？法庭辩论阶段独立存在并不意味着法庭调查阶段就不能辩论，否则就会打乱单个证据调查的节奏。

最后，就如何实现裁判结果形成在法庭，《以审判为中心的改革意见》第 14 条指出，应完善当庭宣判制度，规范定期宣判制度。完善当庭宣判制度可以促使尽可能更多的案件当庭宣判，规范定期宣判制度是为了保证庭后作出的裁判仍然是以法庭调查和辩论的内容和结论为依据的。该条同时指出改革的主要目标是逐步提高适用普通程序审理的案件的当庭宣判率。

二、第一审普通程序的实施困境及其原因

庭审实质化是衡量刑事第一审普通程序实施效果的最重要指标。从 1979 年《刑事诉讼法》实施以来，我国刑事审判一直未能解决庭审形式化这一难题。虽然每一次立法修改和专项改革都或多或少提升了我国刑事第一审普通程序的品质，刑事审判的法治指数也在不断攀升，但由于诸多因素的限制，每一次改良都存在明显的局限性，即使是在明确提出“以审判为中心”，大力推进庭审实质化改革的当下也概莫能外。

---

〔1〕 根据 2017 年 6 月发布的《法庭调查规程》第 19 条第 1 款的规定，证人出庭后，先由对本诉讼主张有利的控辩一方发问；发问完毕后，经审判长准许，对方也可以发问。2017 年 11 月发布的新的《法庭调查规程》第 19 条第 1 款又对此作了修改，即证人出庭后，先向法庭陈述证言，然后原则上先由举证方发问，发问完毕后，对方也可以发问。最高人民法院法官认为，“这种以举证方先发问为原则、申请方先发问为补充的发问模式，既能与庭审司法证明的过程契合，也有助于确保证人全面客观地陈述案件事实”。参见戴长林、刘静坤：“《人民法院办理刑事案件第一审普通程序法庭调查规程（试行）》的理解与适用”，载中华人民共和国最高人民法院刑事审判第一、二、三、四、五庭主办：《刑事审判参考》（总第 113 集），法律出版社 2019 年版，第 148 页。

〔2〕 详见《法庭调查规程》第 8 条、第 21 条、第 24 条至第 27 条和第 31 条至第 34 条。

（一）1979 年《刑事诉讼法》实施期间的庭审形式化问题

我国 1979 年《刑事诉讼法》在实现刑事审判“有法可依”的同时，存在明显的弊端。选择强职权式的审判方式有利于法官全面查清事实，但同时也造成了庭审形式化，忽视对被告人辩护权的保障。

首先，庭前实体审查和庭前阅卷被认为是“先定后审，庭审流于形式”的“罪魁祸首”。如前所述，庭前对于案件是否符合开庭条件的审查，已经接近于法庭调查的标准，法官须以定罪裁判的标准严格把关进入庭审的案件。如果法官认为提起公诉的案件未能达到有罪的证据标准，要么自行采取调查措施，要么退回检察院补充侦查。虽然我国《刑事诉讼法》一直以来对侦查终结的案件、提起公诉的案件都以定罪的标准作严格要求，公诉案件从调查到定罪的过程不是“登梯式”的节节攀登，而是“跨栏式”的层层审查，但毕竟这样的严格要求针对的是不同机关，从侦查机关到公诉机关，再到审判机关，不同实务操作者对案件的认识和对标准的把握存在差异。但是 1979 年《刑事诉讼法》在审判环节的两个阶段都设置同一判断标准的做法明显有违审判逻辑。试想法官如果在庭前审查程序已经确认了犯罪事实，还要庭审干什么？实际上，为了对进入庭审的案件质量进行严格把关，法官在开庭审理前采取的审查方式及相关措施和当时的开庭审理高度一致。检察院须将案卷材料和所有证据移送至法院，法官可以全面阅览并研究案卷，提审被告人和调查相关人证，还可以主动调查收集新的证据。法官在开庭以前已经形成定罪量刑的初步意见，甚至已经上报院、庭长审批和提交审判委员会讨论。这样一来，大量案件在开庭审理之前已经产生实体裁判，除非在庭审或后续程序中出现新的情况，庭前审查得出的结论就会成为最终的裁判结论。据有的学者调查和统计，当时基层人民法院和中级人民法院审理的大多数一审刑事案件在开庭审判以前即被审判委员会秘密讨论作出了实体裁判。[1]即使没有经过“审批定案”，法官也会带着有罪的预断开启法庭审理，因为法官潜意识认为自己已对被告人进行审理，内心已经确信被告人有罪，开庭只是将庭前已经核实的证据拿到庭上予以重复质证。[2]

其次，控审不分导致庭审形式化。根据控审分离原则，审判权是一种被动性职权，不能自行启动，这是现代刑事诉讼不可动摇的基石。[3]如果控审不分，审判将沦为治罪程序，庭审防错、保护被告人的功能将基本退化。1979 年《刑事诉讼法》以打击敌人、惩罚犯罪为主要目的，倾向于将刑事程序作为追诉犯罪的工具。这种价值追求与职权主义的审判方式相结合，使得法官直接成为治罪工

---

〔1〕 陈瑞华：《刑事审判原理论》，北京大学出版社 2003 年版，第 302 页。

〔2〕 汤友洪、揭萍：“刑事审判庭审方式改革刍议”，载《现代法学》1994 年第 4 期，第 11 页。

〔3〕 刘计划：《控审分离论》，法律出版社 2013 年版，第 88 页。

序上的一员，法官职权的行使无时不体现着对“有罪必罚”的追求。正如立法者所反思的，“过去我们在法庭审理中，更多地强调了审判人员在法庭中的主导地位，法官在法庭审理中，承担过多的责任，从而造成了控审职能混淆”。[1]比较典型的是，法官在控方证据不足的情况下，在庭前审查中进行庭外调查，这无疑承担了控方本应承担的调查取证的责任，无形之中担负起了追诉犯罪的重任，混淆了控诉与审判的职能。

再次，大量庭外调查导致庭审形式化。1979年《刑事诉讼法》实施以后，法官除了在庭审前就积极进行庭外调查外，法庭审理中行使庭外调查权的情况同样比较普遍。根据1979年《刑事诉讼法》的规定，当合议庭在庭审中认为案件证据不充分或发现新的事实影响审判进行时，可以延期审理，退回检察院补充侦查或自行调查。法官自行调查不仅是代行控方的职能，将本属于控方的举证责任转由法官主动查证，而且将本应在法庭审理中进行的证据调查转至法庭审理外，控辩双方还无权参加。这种通过庭外调查定案的方式直接架空了庭审，导致庭审形式化。

复次，辩方职能萎缩导致庭审形式化。实质化的庭审需要控辩双方在法庭的主持下充分参与法庭调查和法庭辩论全过程，当法庭审理成为一方唱“独角戏”的舞台，法庭公正审判的根基就难以维系。我国1996年之前的刑事诉讼职权主义色彩浓厚，与同期的一些传统的职权主义诉讼国家相比，对被告人辩护权的保障明显不足，被告人在审判过程中处于相当弱势的地位，难以展开有效的辩护，因为辩方面对的不是作为地位平等的两造之一的控方，而是直接面对作为裁判者的合议庭，辩方对证据的质疑不是对控方证据的质疑，而是对法官已经认可的证据的质疑。[2]在协助被告人辩护方面，一来有辩护律师参与庭审的比例就比较低，[3]不少被告人，即使是重罪案件的被告人，也无法保证能得到律师的帮助；二来与准备充足的检察官和法官相比，审判阶段才介入诉讼的辩护律师缺乏准备辩护的时间和条件，很难与公权力抗衡，辩护形式化成为常态。由于缺少控辩双方的充分和有效参与，尤其是作为反对方的辩方的有效参与，庭审缺乏实质性的对抗。

最后，审判权泛行政化导致庭审形式化。强职权主义除了体现在法官对审判

---

〔1〕 郎胜主编：《〈关于修改刑事诉讼法的决定〉释义》，中国法制出版社1996年版，第190页。

〔2〕 立法者对此进行了反思：“极易形成法官与被告人、辩护人的对立情绪，与法官形成直接矛盾、冲突的局面，导致被告人及其辩护人不敢依法进行辩护和辩解，也不利于法官客观公正地听取控辩双方的意见，从而作出正确的判决”。参见郎胜主编：《〈关于修改刑事诉讼法的决定〉释义》，中国法制出版社1996年版，第190页。

〔3〕 据统计，当时我国基层法院开庭审判的刑事案件中有律师参与辩护的仅占20%-30%。1991年全国各级法院审结的重大刑事案件共42.7万件，其中有律师参与辩护的不足17万件，仅占40%。参见陈瑞华：《刑事审判原理论》，北京大学出版社2003年版，第302-303页。

程序的绝对控制之外，还有审判权之外的行政权力介入审判，导致裁判结论与法庭审理的联系中断，进而使得庭审形式化。我国长期以来存在司法运作上的行政化倾向，在当时，院、庭长审批定案，审判委员会在重大、疑难案件处理上的越俎代庖，下级法院向上级法院请示意见等“审者不判、判者不审”的现象普遍。法院系统之外，还有来自党政权力的干预，在政治地位上领导同级公安机关、检察院和法院的政法委不仅从宏观上指导各政法部门开展工作，而且会对大要案或关系案插手干预，表面上称为协调办案，实际上将个别领导的意志强加于法院的裁判之中。政法委协调办案的方式严重危害法院审判的独立性，为了追求“命案必破”的结果，法院在政法委的协调之下无法顾及事实证据存疑的现实，合理怀疑尚存的重大命案常常以“疑案从轻”“留有余地”的方式勉强裁判收尾。最近几年平反的冤假错案充分证实了协调定案的弊端。

（二）1996 年《刑事诉讼法》推动控辩式改革的局限

从 1996 年修改《刑事诉讼法》到 2012 年修改《刑事诉讼法》之前的这段时间，控辩式审判方式的改革和完善是我国刑事审判制度改革的重心。我国试图通过借鉴英美法系的对抗式审判方式改变我国传统的强职权主义审判方式，从而促使控诉职能和辩护职能在审判程序中得以展开，通过发挥庭审“对抗—判定”的功能实现庭审实质化。多重因素的制约使得我国难以建立标准的对抗式刑事庭审模式，只得通过不断加强控辩双方在庭审中的作用来促进庭审实质化。然而，从当时理论界的研究结论和后续持续推进的改革来看，控辩式审判方式改革对于推进庭审实质化的作用有限。

1. 控辩式审判方式改革未能解决的问题

我国通过学习对抗制打造的控辩式审判方式，适度削弱了法官的主导地位，改变了法庭调查的顺序和方式，增强了控辩双方在法庭调查中的积极性。但囿于制度土壤和司法环境的制约，控辩式审判方式改革的主要成就只停留在制度上的结构转型，制度存在的漏洞和实践中的诸多问题导致此次控辩式审判方式改革难以在解决庭审形式化的问题上有大的作为。

首先，控辩双方难以平等对抗。从强职权主义审判方式向控辩式审判方式转变的实际情况是，证据调查的主导者从强势的法官变成了强势的公诉人，辩方很难在法庭上与控方形成实质性的对抗。由于律师辩护的普遍缺失，被告人很难在庭审中发表有效的质证、辩护意见，很难成为参与法庭审理的诉讼主体，而只能作为证据来源。即使被告人委托或被指定有律师为其辩护，也会因为庭前无法全面获取指控信息导致庭审质证和辩护的效果大打折扣。2007 年对《律师法》的修改曾赋予辩护律师较为充分的阅卷权，但由于与《刑事诉讼法》的规定相冲突，实务部门通常拒绝从保障被告人的角度选择适用 2007 年《律师法》。加之控辩式审判方式下的法官在趋于消极的同时难以保持中立，拥有庭审指挥权的法官习惯对辩方的异议置之不理或是敷衍回应，其对控方举证的纵容和对辩方举证的严格要求形成鲜明对比。[1]由于辩方难以与控方平等对抗，法庭审理演变为公诉人单方面的表演，当控方意见悉数被法庭采纳时，法庭审理就只有形式意义了。

其次，法庭难以进行言词审理。虽然1996年《刑事诉讼法》明确要求证人应当出庭，但修法以后证人出庭率一直没有明显提高，刑事审判实践依然以案卷笔录为主要手段。[2]绝大多数案件的庭审，只有一个人“出庭作证”，而且是被强制作证，那就是作为控方第一个“证人”的被告人。其他言词证据提供者极少出庭作证，法庭仍然难以进行言词审理。虽然此次改革阻断法官在庭前接触所有案卷，但多数法官会在庭后对检察院移送的全案案卷材料进行研读，而不是通过言词审理来获取更多的信息。

最后，裁判难以出自庭审。裁判不能通过法庭审理作出是导致庭审形式化的主要原因之一。由于检察院在庭前不再向法院移送全案卷宗，法官只能在法庭审理以后全面研读案卷。只有少部分法官可以借助主要证据复印件和法庭上的控方举证在庭审中完成认证和事实认定，而大多数法官只能希冀于在庭后全面阅卷，甚至再行调查后作出裁判。由此造成庭审中存在两个完全不同的现象：法官要么积极介入法庭调查，试图主动获取更多的信息，庭审方式又近乎职权式，要么消极对待庭审，除非内心出现明显的疑问或控辩双方出现较大的争议，法官很少评论公诉人举示证据的具体内容。后一种情况导致法官从庭审过程中获取的信息有限，甚至对控辩双方的法庭活动不予关注，而把工作重心置于庭后“默读审判”，这样就割裂了庭审与裁判的联系，使得庭审的实质意义有限。

2. 控辩式审判方式改革局限的深层原因

在控辩双方难以平等对抗、法庭难以进行言词审理、裁判难以源于庭审等问题背后，隐藏着庭审长期流于形式的深层次原因。

首先，审判方式变革的立法推动主义和大量配套制度的缺位，导致实践中庭审的对抗局面难以自发形成，控辩双方平等对抗缺乏制度保障。

多年以来，审判方式改革之所以被称为控辩式改革，而不是对抗式改革，主要是因为受文化传统、司法体制、刑事政策、资源状况等多重因素限制，[3]我国刑事审判难以形成固定的模式。一方面，我国审判制度的发展趋势的确是加强

---

〔1〕 李昌盛：《论对抗式刑事审判》，中国人民公安大学出版社2009年版，第235页。

〔2〕 参见左卫民、马静华：“刑事证人出庭率：一种基于实证研究的理论阐述”，载《中国法学》2005年第6期，第171页。

〔3〕 熊秋红：“刑事庭审实质化与审判方式改革”，载《比较法研究》2016年第5期，第31页。

控辩主导与控辩对抗；另一方面，不能以职权主义、对抗制和混合式中的任一模式标识我国刑事庭审，因为我国刑事庭审及诉讼整体的现实形态与这几个模式有明显差别。[1]英美法系国家的对抗式审判模式并不生成于某次特定的变革，而主要是在各种实践性因素的长年综合作用下逐渐形成，庭审的控辩主导和平等对抗的特质乃自发形成。我国以对抗式审判模式为摹本进行的控辩式改革是由立法者强制推动的，由于缺乏实践自觉性，刑事庭审难以形成稳定的控辩主导和控辩平等对抗的格局，再上我国传统文化中的"和谐"精神使得非对抗的因素顽强地生存于庭审制度和庭审活动中，[2]因而寄希望于通过立法来增强庭审的对抗性，从而克服庭审形式化的做法阻碍重重。

在将推进法庭调查进程的主要控制权交给控辩双方后，仍难以形成控辩交互对话、沟通和平等对抗的局面，其中一个重要的缘由就是与庭审程序相关的规定过于粗疏，相关配套制度缺失。对抗式审判模式之所以能够产生实质性的庭审效果，除了明确控辩双方主导庭审的主线外，还配有完善的保证裁判者消极听审和控辩平等对抗的制度体系，比如实行起诉状一本主义，排除裁判者的预断；建立庭前证据展示制度，保证控辩双方全面获取证据信息，防止庭审证据突袭；建立传闻证据法则，促进证人出庭作证；建立交叉询问制度，规范庭审，充实质证，等等。这些配套制度都不为我国刑事审判所具备。突出律师的作用是对抗式审判的基本要求，这在我国刑事诉讼中同样未受到应有的重视。可以说，大量配套制度的缺位导致我国法庭上的控辩平等无法得到保障。

其次，以打击犯罪为核心的价值追求和轻视权利保障的改革逻辑，导致转型后的法庭审理仍然是治罪的一道工序。

审判方式转型的同时，我国刑事诉讼打击犯罪的核心价值追求并没有改变，通过控制犯罪维护社会秩序稳定依然是刑事诉讼的首要目标，司法机关的社会治理功能以维稳为主。这种情况下，审判机关成为打击犯罪战线上的一员，肩负着将有罪之人绳之以法的重要社会使命，特别是在各地的"严打""打黑"等专项运动中。奔赴在打击犯罪第一线的公安机关在"流水作业"诉讼构造中处于绝对强势地位，侦查结论决定着审判的结果。在公安机关首长转由同级政府副职领导兼任之前，多数公安机关的首长由当地政法委员会书记兼任，作为党领导司法的机关，政法委员会是公安机关、检察院和法院的领导机关。即使法院想坚守公正司法的底线，也可能因为政治上的压力而妥协。在以打击犯罪为核心价值追求的诉讼链条上，法庭审理无非是治罪的一道工序，有侦查的"战利品"作为基

[1] 关于我国刑事诉讼模式难以归入几个典型类型的具体论述，参见左卫民："中国刑事诉讼模式的本土构建"，载《法学研究》2009年第2期，第110-113页。

[2] 参见龙宗智：《刑事庭审制度研究》，中国政法大学出版社2001年版，第125页。

础，法庭审理缺少实质意义。

从强职权主义审判向控辩式审判的转变，其改革逻辑是通过强调控辩双方的作用来达到庭审的充实化和对抗性，理论上辩护职能应当有发挥作用的更大空间。然而，控辩平等对抗和辩方的充分参与不是简单地改变法庭调查顺序和举证质证方式就能实现的。在被告人的诉讼主体地位缺失、基本权利被轻视，尤其是辩护权得不到有效保障的情况下，无论是强调控辩主导的控辩式审判，还是控辩充分对抗的对抗式审判，都只能是“无源之水，无本之木”，法庭审理难免流于形式。

（三）2012年《刑事诉讼法》实施后尚未解决的问题

2012年《刑事诉讼法》在进一步完善刑事审判制度的同时，仍然存在一些被忽略和难以解决的问题。

1. 庭前会议效果不彰并存在实体审理的风险

庭前会议的缺失或效果不彰，将无法充分发挥庭前会议解决程序性争议和整理证据、梳理争点的功能，从而无法发挥保证法庭集中审理的作用。2012年《刑事诉讼法》实施初期，由于没有统一的实施细则，不同法院在标准的掌握上有差别，造成适用情况不均衡。其中最大的问题就是由于庭前会议的效力止于“了解情况，听取意见”，不能对一些程序性问题作出实质性的处理，无法充分发挥庭前会议的功能，因而适用率总体偏低。以解决非法证据争议为例，由于庭前会议所达成协议的效力不明，无法对庭前会议的处理结果形成有效的约束。辩方在庭前会议已经表示撤回非法证据排除申请，而到庭审时反悔的情况在一些法院时有发生，对此法庭也只能再次进行审查。同样，辩方在庭前未申请排除非法证据，或在庭前会议中未提出证据异议，而在庭审中才提出非法证据排除申请，并且表示刚发现相关线索的，法庭对此仍要启动证据合法性调查。[1]以上两种情况中庭前会议非但没有帮助庭审“扫清障碍”，反而产生重复劳动，耗费资源的负面影响。由于召开庭前会议会耗费一定司法资源，在投入时间和精力后又不能作出具有裁决性质的处理决定，一些在庭前会议中讨论过的议题在庭审中还需重新调查和解决，法官很容易认为庭前会议是在浪费时间。[2]

庭前会议在发挥整理证据和梳理争点功能的同时，存在的实体审理风险很可能架空庭审。从笔者调研情况来看，相比于简单的证据整理，有的法官认为庭前会议的最大作用在于发现控方证据的问题，从而促使控方在开庭前补充证据，避

---

〔1〕 笔者调研中了解到某中级人民法院的一起案件，辩方未在庭前会议中申请排除非法证据，而是在庭审中提出有罪供述是疲劳审讯和刑讯逼供所得，控方无法就法官对证据合法性的疑问作出说明，只能在休庭后调取证据，第二次开庭后控方通过播放同步录像证明了取证的合法性。

〔2〕 左卫民：“未完成的变革：刑事庭前会议实证研究”，载《中外法学》2015年第2期，第480页。

免庭审中因为证据问题需要补充侦查。这样操作有助于提高庭审效率，却可能越过庭前会议的界限。虽然延期审理必然对庭审造成拖沓，但如果让庭前会议对证据的证明力等问题作出评判，等于发挥了庭审的作用。有的法官表示可以让辩护人针对控方拟出示的证据提出笼统的质证意见，可以算作辩护人对控方准备指控的证据提供的参考意见。实际上有不少辩护人在庭前会议中确实是这么做的，参加庭前会议的公诉人和法官也比较支持这种听取意见的方式。另外根据访谈，当控辩双方进一步对与定罪量刑相关的事实和证据等实体性问题展开讨论时，参加庭前会议的法官很可能产生预断，内心已对一些证据进行评判。法官如果不能厘清庭前会议中证据异议与法庭调查中证据质证的关系，不能严格遵守庭前会议处理事项的边界，庭前会议变成实体审理的风险就会一直存在。

2. 证人、鉴定人不出庭的情况没有明显好转

2012年《刑事诉讼法》实施以来，证人、鉴定人的出庭情况有所增加，但证人、鉴定人出庭难的状况没有明显好转。根据笔者在2016年的调研，有的中院对2012年《刑事诉讼法》实施前后的证人出庭率做了对比，发现实施后的证人出庭率尚不及实施前一年，原因不明。另外两个中院和其他基层法院的证人出庭率在2012年《刑事诉讼法》实施后无明显变化。〔1〕本课题组其他成员的调研也显示，在2012年《刑事诉讼法》实施后两年半时间内，某市两级法院共有14件27位证人、鉴定人出庭作证，另一地级市两级法院证人、鉴定人出庭作证的仅有15件，证人、鉴定人出庭率不到1%的情况比较常见。〔2〕

证人出庭难的原因是多方面的，不同法官的认识和体会也有所不同。大部分法官对证人出庭持消极态度，认为证言笔录记载的内容已经足够丰富，而且前后有不止一份内容几乎相同的证言笔录，这种情况已经不需要证人出庭，除非辩方能提出新证据推翻庭前证言。对于法庭而言，尽量少让证人出庭，可以避免案件审理的不确定性，提高案件审理的效率。也有一些法官考虑到庭审的效果，认为证人出庭当然更有利于查清事实，特别是避免错案，但确实因为工作量较大而削弱了他们传唤证人出庭的积极性。从证人自身角度而言，证人一般情况下是排斥出庭作证的，碍于情面不愿出庭对质和担心被打击报复是证人不愿出庭的两个重要原因。在这种情况下，法官需要耗费心思对证人做思想工作。法官拥有是否通知证人出庭以及强制证人出庭的最终决定权，辩方除了能向法庭申请通知证人出庭外，无法通过权利的行使推动证人出庭。如果法官缺乏通知证人出庭的积极

---

〔1〕 2013年至2015年，X自治区W市两级法院共有41件50位证人出庭作证，K地区两级法院共有12件17位证人出庭作证，G省L市两级法院共有24件30位证人出庭作证。另外，每年刑事案件量不到100件的G省D市（县级市）人民法院和X自治区W市D区人民法院尚无证人出庭的案件。

〔2〕 孙长永、闫召华："新刑诉法实施情况调研报告（2015）"，载孙长永主编：《刑事司法论丛》（第3卷），中国检察出版社2015年版，第493-494页。

性，辩方又无其他途径推动证人出庭，那么证人不出庭成为常态就不难理解了。调研发现，鉴定人出庭率低的首要原因是辩方较少对鉴定意见提出异议，能够提出合理异议的就更少。鉴定意见的专业性使得法官和辩护人一般很难对鉴定意见的科学性提出质疑。鉴定人拒绝出庭的情况也比较多，有的鉴定人对作出的鉴定意见非常自信，认为鉴定意见已经表述得非常全面，没有必要出庭；有的鉴定人因为自身原因或工作原因没有时间出庭。[1]

3. 案卷笔录的问题没有得到重视

法官通过研读案卷笔录形成心证的审理模式一直是理论界口诛笔伐的对象。“从根本上讲，案卷中心主义是我国庭审虚化的制度性根源。正是因为卷宗的存在、卷宗进入法庭的方便性以及作为证据的随意性导致庭审的存在显得可有可无。”[2]1996 年《刑事诉讼法》确立的“主要证据复印件主义”没有改变法官依赖案卷笔录认定事实的局面，法官通过庭后阅卷和庭前借卷仍然可以获取足够多的案卷信息。2012 年《刑事诉讼法》恢复了 1979 年《刑事诉讼法》的“全案卷宗移送主义”，其考虑的是，与其让控方决定移送内容，导致法官偏听偏信而形成有罪预断，不如让法官全面阅卷。不管如何，法官依赖案卷的现象是客观存在的，但 2012 年《刑事诉讼法》并没有对此作出实质性的回应。其中最明显的问题是没有对案卷笔录的使用进行规制，案卷笔录在法庭上被默认为具有证据能力的材料，并被推定为具有优先证明力的证据材料。证人是否出庭、被告人是否与其对质，并非书面证言具有证据能力的必要条件。即使证人出庭作证，如果其当庭证言与庭前证言出现冲突，当庭证言也不具有优先证明力，而取决于哪一份证言能够与在案其他证据相互印证。案卷笔录无障碍地流转于诉讼各阶段，将侦查和审判紧密联结在一起，庭审的功能因而受到抑制。如何消解和应对案卷笔录对法庭审判的负面影响，是审判制度改革必须解决的关键性问题。

4. 法庭证据调查程序不够合理和充实

庭审实质化对庭审精密性、技术性、完整性和秩序性的要求主要体现在法庭调查阶段，因而法庭证据调查程序及相关规则的设置至关重要。1996 年《刑事诉讼法》从宏观层面改变了法庭调查的格局，但微观上的程序设计并没有得到重视，只是简单地对举证、质证的顺序和发问的要求进行了规定。2012 年《刑事诉讼法》几乎沿袭了法庭证据调查的旧制，既没能改变公诉人举证过于简略的现状，又没能充分保障辩方质证的权利。特别是对于人证的调查，由于没有建立完

---

〔1〕 笔者调研了解到某基层人民法院唯一的鉴定人出庭案件，由于鉴定人工作原因经常不在本地，开庭时间因此协调更改了数次。

〔2〕 陈卫东：“以审判为中心：当代中国刑事司法改革的基点”，载《法学家》2016 年第 4 期，第 11 页。

整的交叉询问和对质询问制度，控辩双方无法连贯、充分、有序地对出庭人证进行询问和反询问。对于实物证据和笔录的调查，现行规定只是笼统地指出以出示、宣读和听取意见为主线的调查方式，没有区分不同证据的具体情况和特点并设置多样化的调查模式。法庭证据调查程序的不够合理和充实意味着庭审不具有完备的事实认定机制，对于案情比较复杂或者证据方面争议较大的案件而言，通过庭审查明案件事实的目标难以实现。

除了以上与庭审制度相关的主要问题外，一些配套措施不完善也阻碍了庭审实质化的实现。首先，案件的繁简分流力度不够，无法充分供给需要实质化审理的案件的司法资源。虽然“案多人少”是部分基层法院庭审经常简单化、“走过场”的主要原因，但我国刑事案件未能充分实现繁简分流，客观上导致法官无法更合理地分配时间和精力。2012 年《刑事诉讼法》扩大了简易程序的适用范围，但适用率没有得到显著提升。另外，简易程序类型的单一化也是需要解决的问题。其次，陪审员“陪而不审”的现象和案件行政审批制度的存在，消解了案件庭审亲历者认定事实的作用，非但不能保证事实认定出自法庭，事实认定的准确性和公正性也受到质疑。最后，辩护率不高，辩护质量普遍偏低的问题的存在，导致庭审难以通过各方充分、有效地参与和必要的交互对抗来达到实质化的效果。在开展“刑事案件律师辩护全覆盖试点”工作以前，我国刑事法律援助范围极为有限，造成基层法院有相当部分的被告人得不到辩护律师的法律帮助。

三、庭审实质化改革的主要经验和局限

始于 2014 年的以审判为中心的诉讼制度改革，一方面由最高层的改革会议和最高司法机关制定的重要文件进行顶层设计，另一方面由各地司法机关在辖区内开展试点。不少地方的司法机关围绕庭审实质化的技术性、制度性和保障性要求展开了一系列的改革试验。地方性改革已初步形成一套可推广适用的经验方法，也暴露出一些还需深入思考的问题，因此值得持续关注和研讨论证。鉴于四川省成都市率先开展庭审实质化试点改革，并且涉及面较广，该部分将以四川省成都市开展的庭审实质化试点改革为主要考察对象，在分析试点改革的经验和局限的基础上，进一步考察一线实务工作者为何对待庭审实质化缺乏积极性。

（一）庭审实质化改革的基本情况

成都市中级人民法院为庭审实质化改革设定了方向定位和主要目标。方向定位是：贯彻直接言词原则和证据裁判原则，实现技术性实质化；做到各项改革配套呼应和相关部门协同支持，实现体系性实质化；整合法理和实践智慧并解决实践诸多痼疾，实现实践性实质化。主要目标是：防止冤假错案、形成制度机制、

培养卓越法官。[1]

成都市庭审实质化改革中的几项主要技术性举措包括：适度阻断侦审联结，发挥庭前会议功能，切实启动排非程序，落实直接言词原则、集中审理原则和辩论原则，强化当庭裁判，规范裁判文书制作。

阻断侦审联结的举措是设立程序法官，由审判长指定的程序法官独立负责庭前程序性准备事务。由程序法官在庭前阅卷并组织召开庭前会议，合议庭其他法官原则上庭前不阅卷，不接触控辩双方，仅了解起诉书、事实争点、证据争点、举证目录、出庭证人名单。[2]

试点改革特别重视发挥庭前会议解决程序性事项和整理争点的功能，将了解控辩双方对证据和事实的争议焦点、交换和确定出庭人证名单、确定控辩双方举证方法和提纲等全部纳入庭前会议的准备事项。增设庭前会议报告程序，在庭审中集中或分段宣读，对于控辩双方在庭前会议中达成的协议，一般不会更改。[3]

试点改革建立了“两步法”排除非法证据程序，将排除非法证据程序分为庭前说明和庭审调查阶段。其中特别重视庭前会议对非法证据的处理，辩方提出排除非法证据申请并说明理由，控方可以作出说明和解释，无论是控方认为申请理由成立排除非法证据，还是辩方认为控方解释合理撤回申请，庭前会议笔录均须记载相关内容并经控辩双方签字后产生效力，庭审中不再就该证据进行合法性调查。控辩双方未在庭前会议对证据合法性达成一致意见的，将到法庭调查阶段再进行调查。[4]

试点改革中落实直接言词原则、集中审理原则和辩论原则的主要途径是强化关键人证出庭作证和完善证据调查程序。该院围绕实现人证能出庭、敢出庭和愿出庭采取了相应的措施。就如何实现人证能出庭，努力与多方沟通协调以达成关键证人尽量出庭的共识，努力促进关键人证出庭作证的常态化，必要时协调控方协助通知控方人证出庭。人证调查实行混合式的调查方式，融入了控辩双方交叉询问、轮替询问和法官的职权询问。在质证阶段增加了“小辩论”环节，对争

〔1〕 参见成都市中级人民法院课题组：“成都法院刑事庭审实质化改革试点工作调研报告”，载中华人民共和国最高人民法院刑事审判第一、二、三、四、五庭主办：《刑事审判参考》（总第103集），法律出版社2016年版，第196-197页。

〔2〕 参见郭彦主编：《理性、实践、规则：刑事庭审实质化改革的成都样本》，人民法院出版社2016年版，第92页。

〔3〕 参见成都市中级人民法院课题组：“成都法院刑事庭审实质化改革试点工作调研报告”，载中华人民共和国最高人民法院刑事审判第一、二、三、四、五庭主办：《刑事审判参考》（总第103集），法律出版社2016年版，第198页。

〔4〕 成都市中级人民法院课题组：“成都法院刑事庭审实质化改革试点工作调研报告”，载中华人民共和国最高人民法院刑事审判第一、二、三、四、五庭主办：《刑事审判参考》（总第103集），法律出版社2016年版，第198页。

议证据的问题进行辩论。[1]

试点改革强化当庭认证和当庭裁判，在能够判明证据“三性”及证明力的前提下，鼓励法官尽可能当庭认证，并要求示范庭审理的案件尽量做到当庭宣判，但不以当庭宣判率为评判标准。当庭宣判的流程为：在合议庭合议结束恢复庭审后，审判长对争议证据进行认证并同时说理；对案件事实和罪名进行认定并说明理由，就不采纳的控辩意见说明理由；对量刑情节进行认定并说明理由，并宣告适用的刑罚。[2]

试点改革强调裁判文书制作的规范化，其内容应当突出庭审为中心的操作过程，充分展现控辩双方意见，加大对控辩意见的分析力度，动态反映庭审过程。具体而言，除了对裁判结论加强说理外，还应当叙述审理经过、庭前会议、非法证据排除、举证、质证范围与顺序、争议焦点整理、人证出庭等反映庭审实质化情况的内容。[3]

试点中，为达到庭审实质化所要求的控辩平等对抗和辩方实质参与的效果，成都市法院一律为未委托辩护人的被告人通知法律援助中心指定业务能力较强的律师担任其辩护人。为此，成都市人民代表大会常务委员会修改了《法律援助条例》，以期提高指定辩护的质量。成都市中级人民法院制定了《关于保障律师权利的若干意见》，以期切实保障辩护人充分行使辩护权。

（二）庭审实质化地方性试点改革的有效经验

成都市中级人民法院自 2015 年 2 月启动庭审实质化试点改革，截至 2016 年 8 月底，成都市两级法院共召开庭审实质化改革试点示范庭 210 个，取得的成效和积累的经验可以通过数据、文本、参与试点的司法工作者的反馈和制度的实践效果反映出来。

首先，就试点案件而言，衡量庭审实质化的一些指标有明显提升。其一，在作为示范庭的前 210 件案件中，召开庭前会议的有 142 件，庭前会议适用率 67.62%。召开庭前会议的次数比试点前一年成都市两级法院总共召开庭前会议次数的 5 倍还多，其中大部分试点案件已做到充分利用庭前会议的价值。[4]其

---

〔1〕 成都市中级人民法院课题组：“成都法院刑事庭审实质化改革试点工作调研报告”，载中华人民共和国最高人民法院刑事审判第一、二、三、四、五庭主办：《刑事审判参考》（总第 103 集），法律出版社 2016 年版，第 198-199 页。

〔2〕 成都市中级人民法院课题组：“成都法院刑事庭审实质化改革试点工作调研报告”，载中华人民共和国最高人民法院刑事审判第一、二、三、四、五庭主办：《刑事审判参考》（总第 103 集），法律出版社 2016 年版，第 199 页。

〔3〕 参见郭彦主编：《理性、实践、规则：刑事庭审实质化改革的成都样本》，人民法院出版社 2016 年版，第 14-15 页。

〔4〕 郭彦主编：《理性、实践、规则：刑事庭审实质化改革的成都样本》，人民法院出版社 2016 年版，第 101 页。

二，证人、鉴定人和侦查人员出庭率明显提升，210 件案件一共有 150 件有人证出庭，占示范案件总数的 71.43%。[1]关键人证是否出庭通常被认为是庭审实质化与否的“分水岭”。关键人证出庭的一个重要意义是查清事实，特别在辩方庭前证言和鉴定意见存在异议的情况下，需要通过法庭上的交叉询问、对质询问和职权询问发现证言的问题或确认证言的可信性。在某示范案件中，关键人证的出庭对发现案卷笔录内容的问题起到了非常重要的作用，推翻了重罪指控的事实依据。关键人证出庭的另一个重要意义是保障辩方的质证权，体现程序正义。大部分案件的人证出庭不会推翻案卷笔录的内容，但即便如此，也不能否认人证出庭的价值，在充分保障辩方质证权的同时，至少可以为那少部分庭前证言存在破绽的案件保留发现真相的机会。其三，当庭认证、裁判率有所提升。试点案件中，有近 70%的案件能够做到当庭认证，有近 40%的案件能够做到当庭宣判。[2]尽管这样的比例还有较大的上升空间，但相比于实践中少之又少的能够当庭宣判的被告人不认罪案件，试点改革取得了明显的进步。

其次，试点改革注意将试点与规则完善结合起来，形成一系列具有普遍指导意义的操作规范。成都市法院制定并试行《刑事诉讼证据开示操作规范》《刑事诉讼庭前会议操作规范》《刑事诉讼举证规则》《刑事诉讼非法证据调查程序操作规范》《刑事诉讼人证出庭操作规范》《刑事庭审实质化改革一审裁判文书制作规范》《刑事案件繁简分流的若干规定》《刑事案件繁简分流和专业化审判的实施办法》等十多个相关制度规范。这些文本都是前期试点工作不断试验和分析总结的成果，在不断试验和修正的过程中，这些文本不仅是经验推广的重要载体，而且成为制度完善的重要参考对象。“三项规程”就是在成都市等地庭审实质化试点改革经验和成果的基础上制定并实施的。

再次，据参与庭审实质化试点改革的一线实务工作者反馈，此次试点对他们的工作模式、工作态度和工作能力都有所改善。对于法官而言，当庭认证和宣判对于他们驾驭庭审的能力和综合分析认证的能力提出了很高的要求，这使他们认真对待和研究庭审，不断提升听审和驾驭庭审的能力。对于控辩双方而言，当庭举证质证，特别是对人证的发问，对控辩双方示证能力、质辩能力、整理分析证据和论证观点的能力要求较高。控辩双方需要在庭前做好充分的准备，否则在法庭上难以适应证据调查和辩论的高要求。庭审实质化改革对于侦查人员的倒逼效应也比较明显，法庭严格践行非法证据的排除程序和推动警察出庭作证，促使侦

---

〔1〕 郭彦主编：《理性、实践、规则：刑事庭审实质化改革的成都样本》，人民法院出版社 2016 年版，第 139 页。

〔2〕 参见成都市中级人民法院课题组：“庭审实质化改革：现状、问题及展望”，载卞建林、韩旭主编：《庭审实质化和有效性问题——第九届中韩刑事司法学术研讨会论文集》，法律出版社 2018 年版，第 183 页。

查机关的取证行为更加规范。

最后，成都市两级法院在庭审实质化改革实践中积累的有益经验，不仅为进一步深化改革建立起良好的基础，还能推广至全国各地作为庭审实质化改革的参考范本。试点改革的目的在于通过制度试验来检验改革方案的实效性，从成都市两级法院取得的初步成效来看，一些技术性规则的可操作性得到了检验和修正，有望推动制度的充实化和合理化。例如，此次试点制定并试行的《刑事诉讼人证出庭作证操作规范》是在法律及司法解释基础上进一步通过解释文本、充实内容而形成的制度机制，该文件是在试点改革的过程中根据前期试点的具体情况制定而成，其中不乏建设性的内容。比如明确提出人证概念，指明人证的范围包括所有能够证明案件有关情况的人员；建立人证出庭作证的准备程序，明确申请人证出庭的阶段以及特殊情况的处理；充实人证出庭作证调查程序，明确发问顺序、发问规则和质证规则等，建立了具有弹性的混合式人证调查程序。

（三）庭审实质化地方性试点改革的主要局限

试点改革毕竟是一个试错的过程，加上制度的不确定性，因而不可避免地存在一些问题。根据跟踪参与试点改革的学者和实务工作者的观察和总结，试点案件的程序运行存在以下几个直观的问题：相当一部分案件的庭审人证调查的效果不是很理想，且有追求出庭人数而不重视证明信息质量的倾向；证人出庭仍然欠缺制度上的保障，不少问题主要通过协调的方式解决；不少参与主体的诉讼技艺和司法技术未能跟上庭审实质化的要求；控方案卷笔录的使用率依然居高不下，通过卷证之间的相互印证认定事实的情况依然普遍；部分法官认为试点的庭审较以往仅增加了时间，未对自己以往的审判模式有所触动。〔1〕总体上看，示范庭庭审未实现充分言词化，未呈现充分对抗化的景象，未实现举证的充分详细化。〔2〕在直观问题的背后，还隐藏着试点改革的几个深层次问题，不仅决定试点改革对于实现庭审实质化能发挥多大程度的作用，而且将直接影响试点改革的实际效果。

第一，试点改革的方法本身存在一定局限性，不能从根本上解决庭审形式化问题。刑事诉讼的试点改革以刑事诉讼制度革新为目标，主要为了检验制度实施

---

〔1〕参见成都市中级人民法院课题组："庭审实质化改革：现状、问题及展望"，载卞建林、韩旭主编：《庭审实质化和有效性问题——第九届中韩刑事司法学术研讨会论文集》，法律出版社 2018 年版，第 182 页；万毅、赵亮："论以审判为中心的诉讼制度改革——以 C 市法院'庭审实质化改革'为样本"，载《江苏行政学院学报》2015 年第 6 期，第 116-118 页。

〔2〕参见左卫民："地方法院庭审实质化改革实证研究"，载《中国社会科学》2018 年第 6 期，第 124-125 页。

的有效性和可行性，属于一种创制新制度的法律改革活动。[1]而庭审实质化改革并非某项具体制度的生成与变革，其涉及权力运行、主体能力、外部保障和多个技术性规则，试点改革很难全面覆盖这么一个系统性的工程。[2]对于具体制度的试点改革而言，在得到实务推广和立法确认之后，改革目标就已经达到。而庭审实质化改革旨在使庭审成为查明事实、认定证据、保护诉权、公正裁判的决定性环节，是对司法生态环境的改善。如同法治的发展，刑事审判整体状态的变化是一个日积月累的量变过程，不是某次决定或某次立法生效就能直接解决的问题。这里并没有否定试点改革对于庭审实质化改革的作用，对于实现庭审实质化蓝图中的一些重要制度变革，仍需要通过试点来检验改革方案的实效性。只是相较于整个庭审实质化的宏观发展战略而言，试点改革只是这个过程中采用的一种重要方法，而非解决问题的根本途径。

第二，试点改革的针对性和受重视程度决定了示范案件总体上要比非示范案件的效果要好，试点改革的实际效果有限。示范案件的庭审效果较好，主要是因为专项改革受到组织和领导的关注，参与试点的司法人员会特别重视示范庭的效果，这样“刻意而为”产生的良好庭审效果并不能代表当前刑事审判的常态。示范案件和非示范案件的庭审效果产生差别的原因与其说是法庭是否严格按照庭审实质化的要求开展庭审，不如进一步说法庭是否因案件被列为示范案件而更加重视。所以试点改革的效果实际上已被人为放大，不能代表刑事审判的普遍情况，也很难在短期内成为常态。

第三，试点改革推动庭审实质化运行的背后潜藏着“形式上的实质化，实质上的形式化”的风险。虽然少数示范案件通过对出庭人证的询问达到了推翻庭前证言的效果，实现了实质化庭审的价值，但也存在另一种现象：从表面上看，法庭审理内容充实，同时具备关键人证出庭作证、控辩双方充分参与、法庭证据调查充实等实质化要素，但由于法庭审理内容和裁判结论之间的联系被割裂，即使法庭审理的过程看似达到实质化标准，也因为裁判结论对庭审内容的忽略而被虚置。这种只具表象意义的庭审实质化的形成无非是因为实质化审理的表象下隐藏着案卷笔录审理的实质。试举一例，成都市辖区内某基层法院审理的一起转化型抢劫示范案件，关键证人的当庭证言与庭前证言存在矛盾，庭前证言指向抢劫罪的事实构成，而当庭证言指向盗窃罪的事实构成，并且当庭证言和被告人在法庭

〔1〕 参见郭松：“刑事诉讼地方性试点改革成功的必要条件”，载《政法论坛》2016年第1期，第167页。

〔2〕 试点法院也明确指出试点改革主要通过示范庭项目，在条件约束相对封闭的情况下推进改革，旨在探索在立法相对粗糙的情况下的纯技术性规则，改革主要是检验技术可行性及实施空间。参见成都市中级人民法院课题组：“庭审实质化改革：现状、问题及展望”，载卞建林、韩旭主编：《庭审实质化和有效性问题——第九届中韩刑事司法学术研讨会论文集》，法律出版社2018年版，第182页。

上的供述能够相互印证，但合议庭在未充分回应庭审中所暴露的问题的情况下，以庭前证言与案卷中其他证据相互印证为由采纳了庭前证言，最终认定盗窃转化抢劫的事实成立。〔1〕一些观摩此次庭审的学者和实务工作者对该案件的审理提出了质疑："庭审中举证、质证已暴露不少问题，法庭为何回避?""对于被告人使用暴力的起因、目的等关键争点，法庭为何没有着重调查?"从中可见，该案较为充分地暴露出示范案件可能存在的严重问题，虽然在"脚本"的指导下提高了证人出庭率、当庭裁判率等指标，在外观上似乎实现了庭审实质化，但相关程序指标容易发生变化，不等于涉及实质内容的程序后果就会轻易改变，〔2〕从而出现"形式上的实质化，实质上的形式化"现象。

第四，试点改革未能直面导致庭审长期流于形式的根本问题，未能解决长期存在的痼疾。从宏观层面来看，保障法院独立行使职权和审判人员独立办案是让庭审真正发挥决定作用的前提，否则法官既无必要也无动力通过法庭审理作出裁判。试点改革所采取的技术路径无法改变公检法三机关配合多于制约的核心关系，法院在公检法三机关的权力架构中属于"弱势法院"而非"强势法院"，〔3〕面对承担职务犯罪调查职能的监察机关同样如此。在这种环境下，无论庭审动作如何多，庭审结果还是建基于书面案卷，侦诉审一体化、流水化作业般的大诉讼、大司法架构依然巍然屹立，〔4〕庭审自然难以发挥实质性作用。除了受到其他机关的影响外，法院系统内部的请示汇报和"上令下从"同样可能架空庭审。从中观层面来看，试点改革未直面两个重要问题：一是究竟哪些案件才属于需要采取实质化审理的案件？从试点改革来看，一些没有实质化庭审需要的案件被作为示范案件，浪费了试点资源；一些需要实质化庭审的案件，比如职务犯罪案件，却没有被作为示范案件，试点改革回避了这类比较棘手的案件。二是庭审证据与庭前证据矛盾时如何取舍？一直以来，法律没有明确庭审证据证明力从优的

---

〔1〕 该案是在第九届中韩刑事司法学术研讨会（主题为"庭审实质化及有效性问题研究"）期间，作为协办单位之一的成都市法院邀请与会人员观摩的一起示范案件的庭审。该案的大致案情为：被告人在服装店试穿一件皮衣时想偷偷溜走，刚离开店内没几步就被老板娘发现，被告人被老板娘拉回店内，在警察来之前发生了抓扯。公诉人指控抢劫罪，理由是被告人抗拒抓捕当场使用暴力。该案争议的焦点是被告人和老板娘谁先动的手。老板娘陈述的是被告人听说警察要来就打了她，而被告人供述称老板娘把他拉进了店里就用衣架打他，还打断了几个衣架，忍受不了就还了手。一个目击证人作证的庭前证言笔录记载她看到了被告人打老板娘，出庭作证时又称看到老板娘打被告人，还打断了几个衣架。老板娘在法庭上承认打了被告人一下。该案还有这样一个情况，被告人身材矮小，倒是老板娘非常彪悍。

〔2〕 参见左卫民："地方法院庭审实质化改革实证研究"，载《中国社会科学》2018 年第 6 期，第 126 页。

〔3〕 参见张斌、罗维鹏："庭审实质化的技术路径反思与政治路径证成"，载《法制与社会发展》2017 年第 3 期，第 46 页。

〔4〕 参见左卫民："地方法院庭审实质化改革实证研究"，载《中国社会科学》2018 年第 6 期，第 126 页。

原则，当庭审证据与庭前证据矛盾时，法官倾向于采信庭前书面证据。试点改革也未回应两者之间的关系，统计发现，示范庭中对定罪量刑起到关键作用的证据以被告人庭前供述和书面证人证言为主，审判证据的固有采信结构在试点改革中未发生实质性改变，实质化庭审的意义因此受到极大限制。[1]从微观层面来看，试点改革将示范案件的实质化庭审作为一线办案人员的一项任务，未考虑如何调动其积极性，从而推动其有效践行庭审实质化。如果办案人员在完成试点改革本身"规定动作"的同时，无法将外部推动力量转为内部的自觉性，那么一切会在试点改革之后走回老路。

（四）庭审实质化改革面临的实践阻力

从庭审实质化地方性试点改革来看，实务部门在推动试点和检验技术可行性方面的努力是有目共睹的。但其同时作为改革主体和改革对象，容易诱发各种功利主义的行为，从而在改革导致利益受损时进退两难。由于实务部门开展的庭审实质化试点改革不能代表刑事审判的普遍情况，寻找问题的症结仍然需从司法实践的本真面貌入手。对此，笔者采取实证调研的方法就实务工作者对庭审实质化改革的态度进行深入地了解和分析。[2]

1. 基本认识：改革具有积极意义

就改革的必要性而言，大部分法官（77%）、公诉人（67.6%）和律师（88.9%）认为有必要进行庭审实质化改革；少部分法官（19%）、公诉人（17.9%）和律师（9.3%）认为改不改革无所谓；极少部分的法官（4%）、公诉人（14.5%）和律师（1.8%）认为没有必要改革。可见，大部分法官、公诉人和律师对庭审实质化改革的积极意义有比较一致的认识，能够清楚地认识到庭审形式化现象对于公正审判和司法公信力的负面影响。如一名基层人民法院法官所言，"庭审实质化改革是为了发挥法庭审理的正向功能，通过程序公正实现实体公正，这当然是有助于法治进步的改革"。庭审实质化改革能够推动制度和实践向前发展，自然具有改革的正当性和必要性。

2. 等待思想：缺乏改革探索的主动性

实务界并没有普遍了解决策层的改革举措，只有少部分法官（21.3%）、公

---

〔1〕左卫民："地方法院庭审实质化改革实证研究"，载《中国社会科学》2018 年第 6 期，第 130 页。

〔2〕为了解不同实务工作者对庭审实质化改革的认识和看法，笔者分别针对刑事法官、公诉人和辩护律师设计了三种内容交叉但又有区别的问卷，通过网络向实务工作者发放，由实务工作者填写问卷。本次调查共收回有效问卷 602 份，其中刑事法官问卷 252 份，公诉人问卷 179 份，辩护律师问卷 171 份。提供有效问卷反馈的法官、检察官为正在从事或曾从事刑事审判或公诉工作一年以上的实务工作者；提供有效问卷反馈的律师为至少代理过五件以上刑事案件的实务工作者。此外，笔者就问卷中的某些问题和一些问卷中未涉及的问题与部分法官、公诉人、律师进行了交流，进一步了解他们对一些具体问题的深入看法。

诉人（7.3%）和律师（8.2%）表示自己很了解决策层推动庭审实质化改革的主要举措；部分法官（46%）、公诉人（45.2%）和律师（40.3%）表示自己比较了解改革举措；部分法官（32.7%）、公诉人（47.5%）和律师（51.5%）表示自己不大了解改革举措。[1]由此可见，虽然大部分实务工作者对庭审实质化改革的积极意义表示认同，但还是有相当一部分实务工作者表示不大了解庭审实质化改革的具体举措，他们能认可庭审实质化改革的积极意义，主要是基于自身知识和经验对庭审实质化这一语词作出的褒义判断。因为当前刑事司法改革多提到"以审判为中心"，实务工作者对以审判为中心的诉讼制度改革的熟知度高于对庭审实质化改革的熟知度，而相当部分实务工作者并没有意识到庭审实质化改革实际上就是包含在以审判为中心的诉讼制度改革框架内的专项改革。

缺少对庭审实质化改革举措的了解，在一定程度上可以说明庭审实质化改革并没有引起实务工作者的重视。笔者就此看法继续访问了几名被调查者，一名法官表示："因为上级法院还没有就改革作出具体的指示和要求，只是有强调探索实现法庭审理的实质化，这基本没有指导意义，我们也不知道该有什么行动。"一名律师谈到："我还是很期待庭审实质化改革，但好像这样的改革几乎没律师什么事，希望律师能够成为改革的得利者。"一名公诉人认为："庭审实质化改革还只是停留在口号上，至少目前还没有什么改变。"这三种表述都流露出只能被动等待改革的意思。经过进一步访谈了解到，问卷调查对象平常以办案为主，除有参与单位调研或对理论研究感兴趣，否则较少主动了解上级改革的精神。作为庭审实质化改革的核心主导者，法院系统对庭审实质化倾注的精力相对多一点，自上而下制定的改革文件和实施规则更多，因此多数法官对庭审实质化改革举措有所了解。虽然认可改革必要性比例最高的群体是律师，但其对改革举措明显缺乏关注，这与律师群体在改革中缺少话语权，很难参与其中有一定关系。检察机关既非改革的推动者，又非改革的受益者，对庭审实质化改革缺乏关注。主动进行试点改革地区的一名基层检察官表示："若不是法院推动的改革主张得到政法委的支持，我们也不太可能会予以较好地配合。"

3. 本位主义：看重改革对个人利益的影响

作为以审判为中心的诉讼制度改革的重要内容，庭审实质化改革是实现以审判为中心的主要路径。按理说，这种有利于发挥审判程序职能作用、树立法官权

---

〔1〕　就本次调研的情况来看，刑事法官对决策层改革举措的熟知程度与其工作经历没有必然联系，在有过基层人民法院工作经历的法官中，有38.5%的法官表示不大了解改革举措，有过中级人民法院、高级人民法院和最高人民法院工作经历的表示不了解改革举措的分别占42%、32.7%和25%。公诉人对决策层改革举措的熟知程度与其工作经历有比较明显的关系，在有过基层人民检察院工作经历的公诉人中，有49.7%的公诉人表示不了解改革举措，有过市级人民检察院和省级人民检察院工作经历的表示不了解改革举措的分别占29.3%和9.1%。

威、提升法官话语权和巩固法官裁判者地位的改革当然会激发法官参与改革的动力，但事实并非这样。从访谈来看，法官更倾向于以审判为中心的改革提法，原因除了以审判为中心本就是官方的主要提法外，还在于从字面意思来看，他们认为此项改革能够提升法院和法官的权威，确立审判程序与审前程序的主从关系，以及加强裁判权对判决形成的实质作用。而庭审实质化改革更强调庭审程序的严格性，虽然有利于巩固审判权的决定性地位，但也会对法官的审判活动提出更高的要求。

实际上，当下以审判为中心的改革就是以实现庭审实质化为主要目标，最高人民法院也强调以庭审实质化改革为核心。[1]但一线法官似乎并不太理解这一思路，有几名受访的法官表达过类似的意见："改革应优先考虑在侦查、公诉与审判的关系中确立以审判为中心的诉讼格局。"从中可以体现部分法官的自利心理和等待思想，即希望决策层从政治地位和司法体制层面突出法院和法官的重要地位，而不是通过自己的努力促进庭审实质化，进而增强法院和法官审判的权威，毕竟"这项改革带来的不是权力和利益，而是更大的责任和更大的压力"。[2]从宏观层面来看，最符合法官利益需求的改革是既能确立审判在诉讼中的中心地位，确保裁判权行使的独立性和实质性，又不对庭审程序和法官的审判活动作过多硬性要求。

庭审实质化改革作为实现法官实质性行使裁判权的重要途径，却无法激发法官的积极性，除了以上所指出的法官更希望从外部关系着手确立审判相对于侦查、起诉的优势地位外，更重要的是庭审实质化改革并不完全迎合法官的现实需求，主要体现在以下三个方面。

首先，庭审实质化改革要求法庭审理的充实性，必然会增加庭审各方的工作量。几位受访的基层人民法院刑事法官表示："庭审实质化改革会增加个案庭前准备和法庭审理的工作量，只会让'案多人少'的压力更大。"大部分法官（80.5%）认为改革会使围绕庭审的工作量显著增加，如果薪酬待遇没有明显提高，则会影响自己对待改革的积极性。毕竟在收入固定不变或起伏不大的情况下，最大限度地追求闲暇和规避风险就会成为大部分官员的下意识选择。待遇和休息时间是法官最关注的事情，且还有相当部分法官希望："即使有加班补助，也最好不要加班。"对于部分追求休息时间的法官而言，如果承办案件的工作耗时过多，就会自然选择草率办案而非加班加点，比如大幅缩短庭审时间，限制被告

〔1〕 最高人民法院要求各级法院在贯彻执行《关于全面推进以审判为中心的刑事诉讼制度改革的实施意见》时，以庭审实质化改革为核心，以强化证人、鉴定人、侦查人员出庭作证和律师辩护为重点，着力推进庭审制度改革。

〔2〕 张斌、罗维鹏："庭审实质化的技术路径反思与政治路径证成"，载《法制与社会发展》2017年第3期，第42页。

人及辩护人行使质证权和辩护权，压缩判决书的篇幅，降低说理的充分程度。[1]这对于以时间投入为支撑的庭审实质化无疑会产生较大的影响。

其次，庭审实质化改革会改变法官习惯的办案方式，使法官的审判责任加重，法官会产生一定的抵触情绪。多数法官（60%左右）认为自己对传统办案方式驾轻就熟，基本能保证实体公正，庭审实质化对程序要求更加严格，审判责任加重。“在心理倾向上，绝大多数法官、公诉人不愿意将精力耗费在庭审活动中，宁愿通过庭外阅卷、私下沟通来将案件消化掉。”[2]就查明案件事实方式的重要程度而言，多数法官（63.1%）将研读案卷排在了首位，少数法官（32.1%）将法庭调查和辩论排在了首位。从中可见，研读案卷在大部分法官所认同的传统办案方式中占有重要分量，而强调言词审理的庭审实质化改革势必改变多数法官习惯的办案方式。

从表面上看，案卷笔录审理是法官最习惯的办案方式。通过进一步与一线法官的交流发现，法官主要是不希望被庭审实质化的严格要求所束缚。比如，一名法官表示：“最好由承办人自行根据案件情况和工作时间开展庭审，分配庭审和庭外工作的时间和精力，是否采取实质化的庭审，应由法官自行把握，只要能确保实体公正即可。”法官希望尽可能采取令自己舒适的方式去办理案件，而在相当一部分法官看来，传统的办案方式比庭审实质化要求下的办案方式令其更得心应手，前者给予法官较为自由的工作空间，后者强调严格司法，对法官的审判活动和庭审仪态的约束更多。部分法官宁愿被较宏观的审判管理机制所约束，也不愿个案的审判活动受到过多的程序规制。实际上，大部分法官并不完全排斥庭审实质化，只是希望能由自己决定具体某个案件是否采取实质化的庭审，而不是只要案件符合条件，就必须开展充分实质化的法庭审理。可见，想让法官认真对待庭审实质化并不难，难的是将庭审实质化的做法固置化。

最后，还有一个明显影响法官对待改革积极性的因素，即庭审实质化和办案责任制交互作用下给法官造成的压力。庭审实质化强调裁判结果形成在法庭，而大部分法官（71%）担心过于信任庭审的作用而导致错判，因而造成自己的评价利益受损。尤其实行法官员额制和办案责任制改革之后，办案量增多的法官更加担心错案责任追究。[3]如果要求庭审实质化，法官会将更多的时间投入到庭前准备和开庭审理，庭下阅卷的时间随之减少，就更加依赖法庭审理作出裁判，然

---

〔1〕 兰荣杰：“把法官当‘人’看——兼论程序失灵现象及其补救”，载《法制与社会发展》2011年第5期，第7页。

〔2〕 张建伟：“证据法发展的实践动力与阻力”，载《证据科学》2016年第3期，第271页。

〔3〕 有的学者通过调查问卷统计发现，在2017年新增加一个考察指标“错案责任追究”后，57.2%的法官选择了压力大或很大，在四个职业群体（法官、检察官、警察、律师）当中占据比例最高。参见吴洪淇：“司法改革与法律职业激励环境的变化”，载《中国法学》2019年第4期，第184页。

而庭审的动态性和情境性却令裁判者感到担忧。如一名法官所言："如果让我对一个普通程序审理的案件当庭作出裁判，而不在庭后继续研读案卷的话，我反而会担心作出错误裁判。"如此心态也反映出法官对于案卷笔录的信任。

大部分公诉人（81.9%）也认为工作量加大而待遇不提高是影响其对待改革积极性的首要因素，受访的部分公诉人表示近年来案件量的增加本来就使其难以专注于庭审，如果改革再增加公诉人的工作量，势必会使其产生抵触情绪。如果说庭审实质化改革还能加强法官对判决形成的实质作用，成为其可期待的改革利益，那么对于控方而言，庭审实质化改革只能使其既得利益受损。其中，超过一半的公诉人（53%左右）认为改革会导致检法两家的话语权此消彼长，同时也会导致法庭上控辩双方的力量此消彼长，因而会影响自己对待改革的积极性。实质化的庭审要求被告人都有律师辩护，且应赋予律师更充分的举证权和质证权，法庭的态势将从控强辩弱逐步走向控辩平衡，控方在裁判和辩护面前开始失去强势地位时，有利于被告的证据、事实、观点就会被发现、提出，不断影响、改变法官的心证和立场，从而导致指控的"翻船"和"意外"的裁判结果不断发生。〔1〕因此，大部分公诉人（66.5%）表示改革会导致法庭上的变数增加，败诉风险增大，从而影响自己对待改革的积极性。工作量加大、话语权下降、力量的相对减损和指控成功率的降低都会影响检方的利益，因此缺乏改革的积极性也在预料之中。

庭审实质化改革会使实务界的利益格局发生变化，律师的辩护权将得到进一步的强化，在法庭上有更大的空间去发现指控的破绽，属于改革的"得益"者，而改革是否成功却主要取决于"失益"者。受访的部分律师也对此表现出不乐观态度，在他们看来，庭审实质化对法官、检察官没有足够的吸引力。

4. 畏难情绪：缺乏攻坚克难的决心

就《以审判为中心的改革意见》对庭审实质化提出的具体要求而言，多数法官（74.2%）、公诉人（64.2%）和律师（66.1%）认为确保案件事实查明在法庭的目标很难实现；绝大多数法官（90.1%）、公诉人（81.6%）和律师（80.1%）认为确保裁判结果形成在法庭的目标很难实现；只有很少部分法官（5.1%）、公诉人（8.4%）和律师（5.3%）认为所有改革目标都不难实现。总体而言，大部分实务工作者认为确保裁判结果形成在法庭和案件事实查明在法庭是很难完成的改革任务，多数法官（56.3%）、公诉人（62%）和律师（60.8%）不看好庭审实质化改革的前景。

〔1〕某试点地区的一些试点案件开始体现出这种"意外"。参见马静华："庭审实质化：一种证据调查方式的逻辑转变——以成都地区改革试点为样本的经验总结"，载《中国刑事法杂志》2017年第5期，第67-80页。

实现庭审实质化改革的既定目标，需要下功夫克服多年来导致庭审形式化现象普遍存在的一些技术性难题。对此，绝大多数法官（84.1%）、公诉人（80.4%）和律师（90.6%）认为需要重点解决“证人、鉴定人出庭难”这一问题，这也是控、辩、审三方目前能达成的少有共识。对于问卷中所列出的另外四个体现庭审形式化的问题（庭前证据材料的优先效力、书面和间接的审理方式、辩方质证权保障不足、围绕争议证据的调查不充分），不到50%的法官和公诉人认为需要重点予以解决，但超过65%的律师认为需要重点予以解决，尤其对于辩方质证权保障不足这一难题，有多达84.8%的律师认为应当予以解决。

从以上这几组调查数据的对比可以看出，角色的不同导致改革的诉求不同。

辩护律师所期盼解决的一些可能导致庭审形式化的问题在不少法官和公诉人看来并不那么紧要，目前只有证人、鉴定人出庭难这一谈论许久的“老大难”问题得到各方足够的重视。进一步交流发现，不少实务工作者认为：“关键人证是否出庭是衡量庭审是否实质化的重要标志。”关键人证出庭的确很重要，这是实现庭审实质化的基本条件，也是当前庭审实质化改革的着力点。但关键人证出庭并不一定就能保证庭审实质化，庭审实质化改革也绝非仅解决证人、鉴定人出庭难这一项问题，除此以外，还有改革文件已经明确提到的律师辩护难和法庭调查不充分的问题，以及尚未在决策层引起重视的书面和间接审理方式、庭前证据效力优先等问题。

部分实务工作者不看好改革前景，以及对攻克制度和实践难题缺乏信心的背后，与对自己庭审能力的担忧有较大关系。如果按照“四个在法庭”的要求，诉讼各方在庭审的时空环境限制下，采取必要的调查手段，经过证据规则和经验法则的检视，最终查明案件事实和形成裁判结果。庭审实质化意味着更多动态化的证据信息将进入庭审，较之于形式化的庭审，实质化的庭审以证据展示的口头化代替了书面化，以心证形成的集中化代替了碎片化。[1]进入法庭的证据信息量和庭审价值权重的增加意味着参与庭审的各方不仅要认真准备庭审，而且要具备应对庭审的基本能力。对于法官而言，驾驭控制庭审、审查判断证据、当庭认证、裁判分析和说理的能力都是其必备的技能，否则难以组织有秩序、有实效的法庭调查，难以归纳和吸收法庭产生的证据信息；对于控辩双方而言，举证、质证和论辩的能力是其必备的技能，如果一方因能力不足而不能有效履行其角色职责，全面有效的审理就难以实现，法官也就不得不从案卷中获得庭审时未能获得的信息。[2]所以，任何一方庭审能力的缺失都可能导致庭审效果事与愿违。然

〔1〕 李奋飞：“从‘顺承模式’到‘层控模式’——‘以审判为中心’的诉讼制度改革评析”，载《中外法学》2016年第3期，第752页。

〔2〕 龙宗智：“庭审实质化的路径和方法”，载《法学研究》2015年第5期，第141页。

而调查发现，47.4%的法官认为自己的庭审能力可能不足以应对庭审实质化改革的挑战，60.6%的法官认为自己很难摆脱对案卷笔录的依赖；48.6%的公诉人认为自己的庭审能力可能不足以应对庭审实质化改革的挑战，71.9%的公诉人认为自己比较依赖笔录证据的证明作用；45.8%的律师认为自己的庭审能力可能不足以应对庭审实质化改革的挑战。除了对自己适应改革要求的能力有所担忧外，73.6%的法官认为律师庭审能力不足的情况普遍存在，49.8%的法官认为控方庭审能力不足的情况普遍存在。[1]虽然庭审实质化改革会倒逼实务工作者努力提升自己的庭审能力，但有部分法官认为："各诉讼主体的庭审能力提升是有限的，根本无法应对庭审实质化改革所预期的审判常态。"律师群体是公认的改革获利者，但不意味着所有律师都动力十足，有的律师表示："如果所有问题都在法庭上解决，反而感到一丝担忧，怕自己无法很好地应对，最好还是能够在庭后继续沟通、协调和递交辩护意见。"

以上可见，相当一部分实务工作者对自己能力担忧，害怕难以应对改革后的法庭审理。实际上，部分参与试点改革的实务工作者表示已经普遍感受到庭审对抗性的增强，自身压力增大。关键是，庭审的对抗性增强以及未知因素增多，需要公诉人和律师在庭前对庭审做好充足的准备，在庭上保持敏捷的思维和清晰的认识，这是对控辩双方智力、耐力和责任心的综合考验。然而，实务工作者对自己能力的担忧，抑或其能力确实不足，导致其缺乏迎接挑战的信心，这种畏难情绪势必削弱其对待改革的积极性。

四、第一审普通程序改革的路径评析与前景展望

《刑事诉讼法》实施四十年以来，我国刑事第一审普通程序的立法发展和改革探索取得明显进步，但仍有诸多问题未能解决，以审判为中心与庭审实质化改革的道路任重而道远。既有改革经验告诉我们，第一审普通程序的未来发展，需要注意协调运用制度立法与改革探索、顶层设计与地方试点等方法，在明确完善方向的基础上，沿着正确的道路坚定推进庭审实质化改革。

（一）第一审普通程序的改革路径评析

我国刑事第一审普通程序发展的前两个阶段主要由立法和司法解释推动，一个明显的特点就是试图在借鉴域外国家有益经验的基础上不断修订本国的规范文本来实现制度变革。制度立法是早期审判方式改革的主要方法，实际上也是我国

〔1〕笔者参与的另一项课题"刑事庭审质证规则研究"的实证调研结果显示，多数实务工作者认为辩方开展质证活动主要存在"质证对象的主次把握不准、质证内容的针对性不强、质证说理不足"的自身问题，也面临"质证对象的载体主要限于案卷笔录材料，质证活动难以充分展开；控方对辩方的质证意见缺少回应，导致难以展开进一步的互相质问和辩论；法官对质证活动缺少引导，对质证的充分性要求不高"的外在难题。参见潘金贵等：《刑事庭审质证规则研究》，中国检察出版社 2019 年版，第 221-222 页。

刑事诉讼制度改革的主要方法。从两个阶段改革的具体情况来看，通过制度立法推动审判法治化存在诸多局限。其一，控辩式审判方式改革以对抗制诉讼为学习摹本，殊不知，英美对抗制诉讼是自发演进的产物，而非因制度立法的推动形成。在缺乏制度环境和文化理念的支持下，试图通过立法建立对抗式庭审制度的方案注定会失败，也限制了通过控辩式审判方式改革加强庭审实质化的实效。其二，在我国地区差异较大这一现实情况的影响下，立法文本很可能是以较为粗略的方式推出的，从而给地方实践留下较大的制度解读空间，也给地方“曲意释法”留下余地。[1]所以，即使我国法律文本明确了控辩平等对抗和保障辩方权利的大方向，也极易被实务规避和曲解。其三，强调制度立法的统摄性虽然可以从客观上促使我国刑事诉讼法制日臻完备，但这样的改革方略只重表象而忽略实质。我国每次刑事诉讼制度变革重点关注的是能否协调好公检法三家的意见，而不是制度的实践可行性，导致制度变革对我国司法实践中的各种经验考证不足，似乎将制度立法及其实施当成一种试错改革，如果效果不佳就再改革。然而，制度的不稳定将削弱制度的权威性。

进入后两个阶段，立法尚未对《全面依法治国决定》的要求作出回应，尽管确有不少制度亟须建构和完善才能满足以审判为中心的要求。“两高三部”《以审判为中心的改革意见》也只是进一步细化了改革的具体要求，指明了制度完善的方向，并未设计制度的实施细节。除了几份纲领性的改革文件外，目前的改革主要由各地司法机关推动，从成都市两级法院开启的庭审实质化地方性试点改革，再到紧随其后的温州市中级人民法院推行的试点改革，庭审实质化地方性试点改革已逐步在多个城市展开。通过变法推动改革的逻辑不仅没有真正吸收域外法治发达国家的制度精髓，也没有满足我国实践产生的制度需求。以此为教训，当下及未来的审判改革需将大胆和务实更好地结合在一起。从“变法逻辑”向“试点改革”的刑事司法改革的逻辑转换，正是为了克服立法推动主义的种种弊端，实现从“局部完善”到“全局优化”的变革效果。[2]从比较法的视角来看，试点改革方法注重经验和实践，是一套有助于研究和改革的方法论，前期需提出改革方案并进行分析和论证，然后从决策层到所有能够参与改革的涉案人员，以及相关学者专家收集意见，在此基础上调整完善方案；改革方案付诸试点后需观察实际运行效果，注意适时对结果进行评估分析，并对改革方案进行修正；最后对可行且取得良好效果的改革方案推广适用，实现制度变革。[3]我国

---

〔1〕 林喜芬：《中国刑事程序的法治化转型》，上海交通大学出版社 2011 年版，第 41 页。

〔2〕 林喜芬：《中国刑事程序的法治化转型》，上海交通大学出版社 2011 年版，第 44-47 页。

〔3〕 参见［美］帕森斯等：《试点与改革：完善司法制度的实证研究方法》，郭志媛译，北京大学出版社 2006 年版，第 10-16 页。

刑事诉讼已经积累了试点改革的经验，比如刑事和解和审查逮捕阶段听取律师意见的改革试点都取得了较好的效果，最终均被立法吸收。一些改革试验有超越法律界限的嫌疑，对此，我国又开启了在全国人大常委会授权之下进行的“试验性立法”的试点改革模式，这样的改革就于法有据，比如2018年《刑事诉讼法》修改前的刑事案件速裁程序和认罪认罚从宽制度的试点。总体来看，我国刑事司法改革中的试点改革方法运用的逐步成熟，有助于我国当下和未来的审判改革正确运用试点改革方法。

顶层设计与地方试点是当前以审判为中心的诉讼制度改革中最主要的两种方法，在动态的改革过程中，应当保持顶层设计与地方试点的协调和平衡。由于顶层设计的能力和条件有限，所以顶层设计只能成为改革的起点，而非终点，还需通过实践中的试点改革不断修正和完善顶层设计方案。在刑事第一审普通程序发展的第四阶段，各地试点改革在《全面依法治国决定》对我国诉讼制度改革进行顶层设计后相继开展。成都市中级人民法院和温州市中级人民法院就是围绕两份改革文件安排的改革部署，在辖区内两级法院推行庭审实质化的试点改革。两个地区法院试点改革的经验目前已经被最高人民法院推广至全国范围，正是在这些地方性试点改革的经验上，最高人民法院制定了深化庭审实质化改革的“三项规程”。

顶层设计具有整体统筹、全局视野、系统构建的特点，不同于持续处于实践试错状态的试点改革，顶层设计方法在一定时期内处于封存状态。但不能因此忽视顶层设计方法的作用，有需要推广一些地方探索的有益经验时，或者需要解决一些地方性试点改革难以克服的阻碍时，顶层设计方法又将发挥重要作用。顶层设计法不仅能够解决司法改革的合法性问题，也能旗帜鲜明地确立司法改革的价值追求、指导思想和整体思路，对维护法制统一和司法权威也大有好处，尤其在司法改革进入深水区后，顶层设计在面对体制性、基础性的重大问题时，无疑具备更加强大的改革能量。[1]随着以审判为中心的诉讼制度改革的深入推进，势必碰见一些法院职权以外的制度性问题，或是触及更深层次的利益格局，当地方性探索已致“瓶颈”之时，就需要通过顶层设计攻坚克难，为改革的深入打通道路。

无论是制度性的改革，抑或是体制性的变革，都是多种改革方法综合运用的产物。顶层设计和试点改革的过程离不开对现行规范文本的理性解释，由上级强势推动下的地方性改革需警惕“曲意释法”的行为，特别是对顶层设计方案的曲解。改革过程中，还需谨防解释超出法律框架，导致改革违法，若确有必要，

〔1〕 汤火箭、杨继文：“司法改革方法：比较、问题与应对”，载《四川大学学报（哲学社会科学版）》2016年第1期，第52页。

应及时诉诸立法部门对改革方案授权。

以顶层设计为基础，地方改革呈现两种形态：一种是主动改革，另一种是被动落实。被动落实的态度没有主动改革积极，难保实践运行一直处于正轨，久而久之，各地庭审实质化的进展也会失衡。因此，对于改革中比较成熟的技术操作方案和规则设计，应当及时作为改革成果加以巩固。在现有制度创新的框架下，完善其中具体内容，尤其是将可操作性内容予以入法固化。[1]已有学者在2015年就呼吁对我国《刑事诉讼法》展开第三次修改，真正构建以审判为中心的刑事诉讼制度，[2]但2018年《刑事诉讼法》的修改却少有回应。毕竟“一项法律只有在它所适用的绝大多数案件中都能切实可行时，才会‘产生效力’”，[3]所以修法不能太急，以免走上制度失灵的老路，但要及时，保证已经成熟的制度方案和取得社会共识的要素被立法吸收。虽然，对规范文本的理性解释能够在一定程度上弥补某些制度的缺漏，但由于因人而异无法保证实施的稳定性，只有立法才是制度真正发挥实效的稳定前提。

（二）第一审普通程序的主要完善方向

审判不公正和庭审形式化是我国刑事审判制度数次改革始终未能解决的问题。具体而言，我国刑事审判一直以书面、间接审理方式为主，法庭调查比较空洞，被告人的辩护权比较弱势，合议庭的裁判权无法得到保障。推进庭审实质化，还需从技术层面逐步解决这些问题，主要建议如下。

1. 确立并贯彻直接言词原则

直接言词原则是大陆法系国家规范法庭证据调查的基本准则，其融合了英美法中的对质权、传闻证据规则、最佳证据规则等，是一个糅杂了多种因素的混合体。直接言词原则和传闻证据规则都有一致的追求，即强调证人出庭作证和限制书面证言的使用。直接言词原则以规范法官审理行为为核心，主要体现为一种指导性的精神，所设定的例外相比传闻证据规则简明、易行。[4]直接言词原则更容易被理解和把握，更契合我国刑事审判的制度根基。针对长期以来形成习惯的书面审、间接审，我国刑事审判应明确确立直接言词原则，并以此为基点推动关键证人出庭作证，限制案卷笔录的使用。

2012年《最高法解释》将“人民法院认为有必要”作为证人出庭的前提，2017年《法庭调查规程》改为“人民法院经审查认为证人证言、被害人陈述对

---

〔1〕汪海燕：“中国刑事审判制度发展七十年”，载《政法论坛》2019年第6期，第41页。

〔2〕左卫民：“背景与方略：中国《刑事诉讼法》第三次修改前瞻——基于全面推进依法治国战略的思考”，载《现代法学》2015年第4期，第3-5页。

〔3〕［德］拉德布鲁赫：《法学导论》，米健译，法律出版社2012年版，第3页。

〔4〕熊秋红：“刑事庭审实质化与审判方式改革”，载《比较法研究》2016年第5期，第39页。

案件定罪量刑有重大影响的，应当通知证人、被害人出庭”。这一改动虽然限制了法庭是否通知证人出庭的裁量权，但是否达到出庭标准仍然由法庭依职权判断。为进一步限制法官的裁量权，应当对“有必要”或“有重大影响”作进一步的解释，具体包括但不限于以下情形：新的证据与笔录记载的证人证言有重大矛盾的；证人证言内容在关键问题上表述不清或是没有涉及，可能影响定罪量刑的；证人证言内容根据一般逻辑和经验存在明显问题的；有证据证实证人与案件有利害关系，或者不符合证人作证的主体资格的；当事人和诉讼参与人提出排除非法证言申请，并提供了排除非法证据的事由和线索的，等等。如前文所述，导致关键证人出庭难的原因是多方面的，推动关键证人出庭作证还需同时在证人保护、证人出庭补偿、强制证人出庭等方面下功夫。

近年来的庭审实质化改革没有直面案卷笔录的负面影响，案卷笔录依然可以畅通无阻地成为定案的根据。我国不具备实施“起诉书一本主义”的制度环境，加上“主要证据复印件移送主义”存在各种弊端，所以坚持“全案移送主义”是务实的选择。然而，庭审实质化的实现需要从案卷笔录审理方式向直接言词审理方式转变，因此必须正确认识和应对案卷笔录对庭审实质化的影响。限制案卷笔录的使用，首先要求案卷笔录的证明力必须受到现代法庭审判原则的规制，必须从制度上否定对案卷笔录证明力优先的当然推定，严格限制案卷笔录在法庭审理中的使用范围。案卷笔录材料通常不能被直接作为证据使用，而只能作为法官控制庭审、引导控辩双方庭审活动的辅助性材料。[1]为尽可能保证案卷笔录内容的客观性，还可以在案卷制作上体现控辩平衡，进一步推进案卷制作的多方参与，打破案卷的官方性，使得案卷内容同时包含控辩信息。[2]

2. 加强对被告人诉权的保护

《全面依法治国决定》要求“发挥庭审对保护诉权的决定性作用”，但相比于对庭审提出的其他要求，“保护诉权”没有得到足够重视。在法庭审理中，由于裁判权居于较为强势的主导地位，诉权长期处于弱势状态，裁判权对诉权多有不当限制，这种境况是由我国刑事审判中诉权和裁判权之间的实然关系所决定的。具体理由如下：第一，辩方诉权无法推动证人、鉴定人、专家辅助人出庭作证，裁判权在启动证人出庭程序上发挥绝对主导作用。第二，辩方在法庭上提出通知新的证人出庭，调取新的物证，重新鉴定或勘验的诉求，对裁判活动的影响同样有限，在实践中很少得到法院的支持。第三，辩方在法庭上的质证权也容易

〔1〕 尽管审判的中心地位逐步加强，法官受侦查案卷束缚的可能性降低，但法官主持进行的审判活动，仍然主要以侦查所获得的案卷材料为基础，否则直接原则无法得以适用，只有通过阅卷对案情有所把握，法官才能更好地引导控辩双方调查争议问题，或开展有效的自主调查。参见左卫民：“中国刑事案卷制度研究——以证据案卷为重心”，载《法学研究》2007年第6期，第114页。

〔2〕 参见熊秋红：“刑事庭审实质化与审判方式改革”，载《比较法研究》2016年第5期，第44页。

受到裁判权的不当限制，辩方对证人、鉴定人的发问须经法庭许可，法庭可以制止辩方的发问。第四，法官掌握召开庭前会议的启动权，庭前会议主要用于满足法官的需求，辩方无申请启动庭前会议的权利，实践中多因申请排除非法证据而间接推动庭前会议的召开，辩方无法通过诉权直接推动庭前会议的召开。总体而言，被告人诉权对裁判权的影响比较弱。[1]

按照《全面依法治国决定》的要求切实做到“保护诉权”，可以加强辩护权的实质影响力，不仅有助于法庭认真对待裁判权，也有助于促进控辩平衡。具体可以按照以下思路展开：其一，建立最低限度的诉权表达和保障机制。当被告人及其辩护人通过行使诉权向法院提出某一诉讼请求时，法院应当在程序上给予必要的回应，就该诉讼请求进行审查和讨论，作出裁决时应当同时附上理由，这应当是辩护权得以实现的最低程序保障。[2]其二，将一些与辩方有直接利害关系的诉讼事项确定为辩方的具体诉讼权利，使得辩方可以通过诉权的行使影响程序进程。例如申请召开庭前会议和侦查人员出庭作证等。其三，确立诉权与裁判权相互制衡的诉讼机制，明确诉权行使的程序后果。例如当辩方申请证人出庭作证，当该证人证言确实是影响定罪量刑的重要证据时，法庭就应当通知证人出庭。在法庭拒不通知时，辩方可依据诉权自行通知，法庭不得在关键证人出庭的问题上滥用裁量权。其四，充分保障辩方在法庭上的质证权，法庭不准许或制止辩方发问或发表意见，应当阐明理由。其五，明确诉权受到侵害的救济途径。辩方可以将一审法院不当限制其诉权作为上诉理由，二审法院经审查属实，并且认为可能影响公正审判的，就应当作出“撤销原判、发回重审”的裁定。

3. 完善法庭调查程序

我国庭审形式化主要表现之一就是对案件事实、证据的调查不充分，其中一个重要原因就是证据调查缺乏制度和技术的支撑。为保证实务操作得到必要的指引和规范，需要从三个方面不断充实和细化法庭调查程序。

其一，为了促进人证调查程序的精细化、增强程序的对抗性，应当对我国目前的“控辩询问”程序进行适度改造。改造的最佳方向应是法官主持下的“交叉询问为主，职权询问为辅”的调查模式。在庭审过程中，控辩双方既可以提请

[1] 陈瑞华教授将辩护权制约裁判的方式分为三种模式，分别是“诉权控制模式”“裁判权控制模式”和“诉权影响裁判权模式”。诉权控制模式指的是依据诉权主体的决定或选择通常就能够展开某项具体程序或诉讼行为的模式，具体包括简易程序选择权、阅卷权和上诉权。裁判权控制模式和诉权影响裁判权模式（分为强影响模式和弱影响模式）则是依据诉权主体的申请，由法院裁决是否准许展开某项具体程序或诉讼行为的模式。参见陈瑞华：“辩护权制约裁判权的三种模式”，载《政法论坛》2014年第5期，第109-121页。

[2] 陈瑞华：“辩护权制约裁判权的三种模式”，载《政法论坛》2014年第5期，第119-121页。

本方证人出庭作证，也可以提请对方证人出庭接受质证。[1]在这种情况下，如果要建立控辩双方交叉询问的格局，就需要将2012年《最高法解释》规定的“向证人、鉴定人发问，应当先由提请通知的一方进行”改为“向证人、鉴定人发问，应当先由举证方或庭前证言、鉴定意见提供方进行”，[2]否则就会经常出现主询问即质疑对方证人的情形，这样不符合交叉询问的规律。同时，为了保证控辩双方有序不断地对证人进行发问，应当对交叉询问的基本顺序予以明确，即主询问结束后，反对方可以进行反询问，其次是再主询问和再反询问。两轮询问后，控辩双方如果还需要对证人进行询问，应当向法庭提出申请，法庭根据具体情况决定是否准许控辩双方继续发问。在保证控辩双方交叉询问权的基础上，可以继续保留多元主体轮流询问的方式，控辩双方以外的诉讼参与人对出庭人证的发问需在控辩双方交叉询问之后进行，且须经过法庭同意。法庭也可以在控辩双方交叉询问之后向出庭人证发问。除外，还需要进一步完善禁止诱导性询问规则、不得质疑己方证人规则、反对复合式及其他混乱性规则、反询问受主询问范围限制规则等规则，并完善法庭调查中的异议规则。[3]

其二，完善物证、书证等实物证据的调查程序。从有效调查争议事实和证据的要求来看，人证调查是法庭调查程序和方法的重中之重，作为主线轴的人证调查将所有证据连接起来，直接影响法庭证据调查乃至整个诉讼的顺畅运行。[4]因此，对于有争议的实物证据，也应优先考虑通过人证调查的方式引入调查程序。对于有争议的书证、物证，制作人、提取人、保管人应出庭说明情况，对于有争议的勘验、检查笔录，勘验、检查人员应出庭说明情况。同时，采取直接式的调查方式，即对存在争议的物证采用原物、原件展示、识别的方式进行调查，以更有效地判断其真实性、证明力。[5]针对某些复杂的实物证据、多个实物证据或实物证据与言词证据结合的证据组，建立以多媒体设备为载体的示证方式，以示意图、表格、动画、模型等形式生动地展示证据信息，[6]从而解决对这类证据打包举证、笼统说明的举证形式化问题。

其三，规范法官对法庭调查的指挥权。庭审证据调查能否充分，一方面在于

---

〔1〕根据2012年《最高法解释》第202条、第203条、第205条的规定，控辩双方既可以基于本方举证之需要提请审判长通知证人、鉴定人出庭作证，又可以基于对庭前证言、鉴定意见质证之需要提请审判长通知证人、鉴定人出庭作证。

〔2〕《法庭调查规程》第19条已经对人证发问的顺序进行了修改，但由于该文件效力较低，实践中并未被严格依循。

〔3〕参见龙宗智：“刑事庭审人证调查规则的完善”，载《当代法学》2018年第1期，第9-10页。

〔4〕肖波：《刑事庭审调查制度的正当性》，上海人民出版社2015年版，第146页。

〔5〕马静华：“庭审实质化：一种证据调查方式的逻辑转变——以成都地区改革试点为样本的经验总结”，载《中国刑事法杂志》2017年第5期，第68页。

〔6〕参见罗维鹏：“示意证据规则建构”，载《清华法学》2019年第6期，第109-111页。

控辩双方的庭审能力、准备情况和态度，另一方面在于法官能否很好地主持和引导调查程序。法官这种主持和引导法庭调查的指挥权包括程序指挥权和实体指挥权两个部分。就程序指挥权而言，法官应扮演“积极主导者”的角色，组织指挥庭审活动有序进行，并保障当事人和其他诉讼参与人的诉讼权利，庭审各方参与人应服从法官的指挥。〔1〕法官应以产生足够的裁判消息为目标，主持和引导控辩双方展开充分的证据调查。法官在这个过程中应保持好消极和积极的态度，前者指的是当控辩双方就某个争议问题充分论辩时，除非已经完全偏离主题，否则不轻易打断；〔2〕后者指的是当控辩双方对某项争议事实和某个争议证据的质辩不充分时，法官应积极引导控辩双方对该争点展开更全面的调查，引导控辩双方及时、充分展开“小辩论”。就实体指挥权而言，法官应注意行使对证据确实性和充分性的释明权。当法官发现证明某项事实或主张的证据不充分时，应当提示承担证明责任的一方补充必要证据，并说明不能补充证据的后果。〔3〕通过释明权的行使，尽量引导控辩双方充分提供信息，避免因能力有限或认识偏差导致举证不足。

4. 强化合议庭独立行使裁判权

一是弱化院长、庭长的审判监督管理权。弱化院长、庭长对个案的参与、管理及监督权，规范审判监督权的运行程序，防止以监督之名行干预审理之实。法院内部的监督主要涉及院长、庭长对于案件（尤其是重点案件）审理程序及质量进行的关注、督促和指导，是保证案件审理质量的一种形式。法院领导在行使审判监督权时，应采取规定的形式，遵循特定的程序，并形成适当的过程记录。此外，应明确院长对重点案件的督办权仅限于案件审理进度，不涉及案情讨论和案件结果讨论；院长应当尊重合议庭对案件的判断，可以建议合议庭将案件提交审委会讨论决定，但是否提交审委会讨论，应由合议庭自行决定。

二是完善合议庭评议制度。要使合议制不流于形式，就需从制度上保证每个合议庭成员都有发表意见的机会，保证其意见对于形成裁判结果具有实质意义。〔4〕合议庭评议案件，由审判长在庭审后3日内负责召集。评议时，首先，由审判长总结和提示规则，即在进行评议之前，审判长应当对本案的证据和法律问题进行

---

〔1〕 陆而启：《法官角色论——从社会、组织和诉讼场域的审视》，法律出版社2009年版，第268-269页。

〔2〕 例如对证人发问，辩护律师并不是直接针对证言中与案件事实相关的内容发问，而是从证人目击案件发生经过时的条件、环境、身体情况开始问起，循序渐进直至对证人当时的判断能力及判断的准确性提出质疑。这种情况下，公诉人很可能以与案件内容无关为由请求制止辩护律师的发问，但法官应当充分考虑辩护律师发问的最终目的，给予足够的支持。

〔3〕 龙宗智：“庭审实质化的路径和方法”，载《法学研究》2015年第5期，第148页。

〔4〕 李昌林：《从制度上保证审判独立：以刑事裁判权的归属为视角》，法律出版社2006年版，第323页。

总结，对需要议评的问题作出提示，并就相关法律问题作出准确的解释。[1]其次，由承办法官汇报案情，按照人民陪审员、其他法官、承办法官、审判长的顺序发表意见。最后，就存在分歧的问题展开讨论。合议庭成员在评议时应充分陈述意见并独立表决，不得拒绝陈述或简单表态，同意他人意见时也应当陈述理由。审判长应对合议庭评议的结论性意见进行总结。[2]合议庭成员对案件进行评议，可以口头形式进行合议。合议庭成员的结论及理由如存在较大分歧，各成员应当书面予以充分论述，并在裁判文书中以多数意见和少数意见予以载明和充分论述，多数意见可以作主要意见和协同意见之分，避免重复工作。

（三）庭审实质化改革的实施路径优化

鉴于刑事第一审普通程序的未来发展将长期围绕庭审实质化展开，需动员各方力量积极参与到庭审实质化改革中。就如何实现庭审实质化，实现何种程度的庭审实质化，不同领域的看法不同，各方眼中的改革理想存在一定差距。就理论界而言，当然希望从整体层面实现比较彻底的庭审实质化，为此提出技术路径和体制路径双管齐下的改革方案。[3]技术路径为基本方式，体制路径为必要补充，技术路径以积跬步的方式推动庭审实质化改革持续向前，而体制路径以大变革的方式为彻底实现庭审实质化扫清障碍。由于体制路径触及政法关系的根本，在条件不成熟的情况下，决策层暂不会寻求自上而下的体制路径，尤其是这种需要中央层面明确态度和强力推动的改革。从《以审判为中心的改革意见》等文件的具体内容可见，决策层希望通过技术路径推进制度层面的庭审实质化，同时针对实务工作者培养理念意识和提升技术素养，从而匹配庭审实质化的技术标准。决策层细化了庭审实质化的具体要求，但没有预设明确的目标，主要是温和、渐进地对现有制度、规则的落实、调整和机制进行探索。[4]与理论界设想的理想图景相比，决策层目前只是从整体层面追求一种有限的庭审实质化。理论界和决策层的改革理想尚可以通过学术研究成果和高层改革文件窥见，而实务界究竟怀揣怎样的抱负则难以得到准确定论。基于前文的分析，尽管实务工作者普遍认可庭

---

〔1〕孙长永、王彪：“论刑事庭审实质化的理念、制度和技术”，载《现代法学》2017年第2期，第143页。

〔2〕参见孙海龙等：《审判权运行机制改革》，法律出版社2015年版，第185页。

〔3〕技术路径着眼于现有制度的规范化、精密化和有效实施，当前试点改革主要集中于庭前会议、非法证据排除、证据调查、当庭宣判、人证出庭等领域；体制路径旨在确立法院的中立地位，提高法院的司法制约能力，塑造审判阶段与审前阶段的主从地位。除了体制路径这一提法外，同义不同的提法还有政治路径、法治路径。参见左卫民：“地方法院庭审实质化改革实证研究”，载《中国社会科学》2018年第6期，第130页；张斌、罗维鹏：“庭审实质化的技术路径反思与政治路径证成”，载《法制与社会发展》2017年第3期，第48-52页；李文军：“庭审实质化改革的成效与路径研究——基于实证考察的分析”，载《比较法研究》2019年第5期，第117-118页。

〔4〕樊传明：“审判中心论的话语体系分歧及其解决”，载《法学研究》2017年第5期，第203页。

审实质化改革的积极意义，但愿意积极应对改革或主动参与改革的呼声却不高。等待思想、本位主义和畏难情绪是实务界缺乏积极性的主要表现，实务界对改革多持一种观望、被动应付的态度，不愿为改革牺牲自己利益，并且对改革前景缺乏足够的信心。身负将政策和制度落实到最后关键环节重任的实务工作者，由于难以积极参与其中，反而成为庭审实质化实践的阻力。据此至少可以认为，从庭审实质化改革理想的远大程度来看，理论界、决策层和实务界依次呈递减趋势，但从推动和践行庭审实质化的紧密度来看，三者之间却呈递增趋势。相反的走势反映了庭审实质化改革理想和司法实际有所脱节，实务界的真实想法和行为动机没有受到足够的关注。

实现庭审实质化的审判常态，不仅需要依靠技术路径不断地改良、完善和创新制度，以及明确并强调必需的程序动作，还需要在时机成熟时开启体制路径促成庭审实质化的司法环境。技术路径和体制路径是两条相对独立的道路，通过技术路径可以不断解决一些具体的程序操作和证据审查问题，体制路径则可以巩固技术路径已取得的成果和破除技术路径难以逾越的障碍。体制路径走的是变革模式，如前两年的监察体制改革主要发生在一段时间内，而渐进的技术路径在改革进程中则是一以贯之。技术路径和体制路径固然十分重要，但如前所述，庭审实质化最终是一种实践状态而非制度架构，需要一线实务工作者秉持理念并按规范行动才有望实现。所以下一步的改革应当直面实务工作者的抵触情绪，注意发挥实务工作者在庭审实质化改革中的主体作用。一方面要照顾实务工作者的合理利益，另一方面要挑战实务工作者的行为惰性，最终目标是让实务工作者坚持按照庭审实质化的标准和要求对待应当实质化审理的案件。在此过程中，需要注意以下两个问题。

其一，应尽可能站在一线实务工作者的角度，以实践为指向调整改革目标和实施方案。由于"司法实践活动"本身就是庭审实质化改革的重点领域，故而作为改革主体的实务界实际上也是被改革的对象，角色错位的实务工作者很可能因为利益冲突而陷入矛盾之中。尤其是基层人民法院，由于受案量最大，加之处在权力结构的末梢，离权力中枢最远，声音最弱，权利最容易被忽视，因此各种矛盾也就最突出。[1]在推进庭审实质化改革的地区，作为被改革者的基层人民法院法官和配合法院改革的检察官是怨声较多的群体，作为局部改革决策者和发起者的上级部门及领导考虑一线实务工作者的真实感受不够，实施方案的设计也较少听取一线实务工作者的意见，践行关键一步的实务工作者往往是被动地应对。在利益本位和畏难心理的拦阻下，一线实务工作者明显缺乏改革的积极性。庭审实质化改革面临着我国司法改革普遍存在的一线实务者认可度和参与度不足

〔1〕 李拥军："司法改革中的体制性冲突及其解决路径"，载《法商研究》2017年第2期，第17页。

的问题，以后在调动地方和被改革者的积极性方面需要有所作为，多倾听基层的声音，多吸纳实践的经验，让被改革者参与到改革方案的设计中来，在改革方案的设计上获得最大限度的共识，在制度设计上设置有效的激励措施。[1]以实践为指向调整改革方案，才能让决策层和实务界真正形成有效互动，进而在落实改革方案时形成合力。

其二，应当着力提高改革方案的可操作性、强制力和一线实务工作者的执行力。庭审实质化改革虽然被作为以审判为中心的诉讼制度改革的核心而受到重视，但由于顶层设计所持的态度较为谨慎和保守，具体落实到地方审判实践中往往还会面临操作上的难题。“由于各个机构与主体的利益、观点不同，以及改革必然带来的权力构造变化，他们对庭审实质化试点改革并未形成充分统一的认识，各自行动策略也存在一定差异，最终造成改革的效果有限。”[2]除了控、辩、审三方的认识存在差异，同一系统内不同的工作者对庭审实质化的具体要求也没有形成统一明确的认识。有的人认为“证人出庭了就做到了庭审实质化”，也有人认为“控辩激烈对抗就实现了庭审实质化”，还有人认为“只有当庭合议和宣判才符合庭审实质化”。实务界对于庭审实质化的内涵和具体要求未形成统一认识，一方面可以归咎于部门本位主义的思维，另一方面与改革方案和制度设计可操作性不强和强制力不足有关。虽然庭审实质化的核心要义“保证庭审在查明事实、认定证据、保护诉权、公正裁判中发挥决定性作用”系《全面依法治国决定》明确提出，并由中央深改组审议通过的《以审判为中心的改革意见》再次重申的，但最高决策层最终只勾勒出改革的初步框架，改革方案突出纲领性和方向性，而确定性和操作性不足，[3]导致各地的贯彻程度和行动策略有所差异。长期来看，这种由地方司法机关“自选动作”式的改革具有明显局限性，有的领导有担当、有兴趣，改革还能初见成效，有的领导没担当、嫌麻烦，改革就被束之高阁。由最高人民法院总结各地试点经验出台的改革成果“三项规程”的确可以满足当前法庭调查实质化对程序规范的需求，不过由于其属于效力相对柔性的规范性文件，因而在实施过程中多被作为指引性文件对待，未被严格执行。与认罪认罚从宽改革和监察体制改革相比，时下庭审实质化改革虽是热点，但并非高层下定决心要解决的问题。实际受重视程度的不足和规范效力的欠缺，

---

〔1〕 参见陈卫东：“改革开放四十年中国司法改革的回顾与展望”，载《中外法学》2018 年第 6 期，第 1417 页。

〔2〕 左卫民：“地方法院庭审实质化改革实证研究”，载《中国社会科学》2018 年第 6 期，第 130 页。

〔3〕《以审判为中心的改革意见》的方向性内容较多，即提出需要解决什么具体问题，需要建立和完善何种制度。这也是该文件的主要作用，即以解决实践问题为导向规范实务操作和引导制度的构建与完善。该文件总共提出建立 4 项制度，健全、完善、规范 13 项制度或工作机制，但是没有明确各个制度的具体构成，其中有不少内容是对刑事诉讼法、已有司法解释和改革文件内容的重申。

导致落实到一线实务工作者的改革方案缺乏实质意义，“一个行动者该如何行动，并不完全取决于他的规范性角色和理想化冲动，而是取决于现实制度对他的制约”。[1]在可做可不做的境况下，具有等待思想、本位主义和畏难情绪的一线实务工作者自然不会执行缺乏刚性的改革方案和具体规则。因此，下一步的改革不仅应该思考如何加强改革方案和具体规则的可操作性，让实务工作者能基于内心的信念和理性的选择来执行，也须不断加强改革方案和具体措施的强制力，克服实务工作者因惰性和自利导致的执行不力。

（撰稿人：李冉毅）

---

〔1〕 陈晨、刘砺兵：《司法改革背景下的刑事审判——主体、路径与方法》，中国政法大学出版社 2015 年版，第 81 页。

第十四章 刑事简易程序

目 次

刑事简易程序是相对于刑事普通程序而言的。毋庸置疑，严格的、健全的普通程序蕴含了人类社会对于正当、理性、尊严、平等、和谐、权利等诸多价值目标的追求和期待，是实现刑事诉讼根本目标不可替代的程序安排和制度支撑。因此，自刑事程序产生以来，普通程序的正当化就成为刑事诉讼程序发展的主旋律。特别是20世纪中叶以后，不仅美国等国暴发了正当程序革命，许多大陆法系国家也开始“在自己的刑事司法体系内逐步接纳了正当程序观念，甚至将其作为指导刑事立法和司法的一项重要原则”。〔1〕而一些区域性组织以及联合国的一系列人权文件也将无罪推定、获得法律帮助、接受公正审判等列为国际人权保障的最低标准。然而，司法资源是有限的。对所有案件不加区分、一味追求复杂的正当化、一概适用普通程序是不现实的，设置简易程序、推进正当程序的简易化成为合理配置刑事司法资源的有效方法和必然要求。因为，只有用相对简化的程序处理大多数简单案件，才有可能以成本较高的普通程序应对疑难、复杂案件，从而实现公正和效率的相对平衡。在德国，可以说，刑事简易程序“一定程度上就是其严格的证明要求和注重人权保障的程序规则的产物。在应对日益增长的复杂案件上，德国刑事诉讼法中这些复杂的要求和笨重的程序显得非常无力”，而刑事简易程序则提供了一条高效处理案件的捷径。〔2〕而在美国，不管是法官还是检察官都承认，只要减少辩诉交易适用的比率，整个刑事司法体系就有崩溃的风险。正因如此，从德国的处罚令程序、日本的简易命令程序，到法国的庭前认罪答辩、意大利的快速审理程序、我国台湾地区的简式审判程序，再到美国、英国、意大利等的辩诉交易程序，刑事简易程序在世界范围内得到了广泛应用和迅猛发展，适用范围不断扩大，适用标准更加综合，程序类型也日益多元。

刑事简易程序在我国入法较晚，直到1996年修改《刑事诉讼法》时才增加有关简易程序的6条规定。但是，这并不意味着在1996年之前我国刑事诉讼程序的设计就没有考虑公正与效率的平衡问题，只不过，独特的司法环境和诉讼模式决定了我国独具特点的程序发展进路。而这种进路又进一步决定了我国刑事简易程序在必要性、程序定位、运行规则及其实施方式上与域外的诸多不同。四十年来，从整体上看，我国刑事简易程序经历了一个从无到有、从简单到成熟的曲折而又漫长的发展历程。当前，特别是2018年速裁程序入法后，刑事简易程序已经成为我国多元化刑事程序体系不可或缺的组成部分。因此，对我国刑事简易程序立法

---

〔1〕 王敏远主编：《刑事诉讼法学（上）》，知识产权出版社2013年版，第92页。

〔2〕 闫召华：“听取意见式司法的理性建构——以认罪认罚从宽制度为中心”，载《法制与社会发展》2019年第4期，第78页。

及其实施情况的系统梳理，不仅有利于对刑事简易程序本身的理解、反思及下一步的改革完善，而且对于我国刑事诉讼程序整体性的解读与建构也颇有裨益。

一、刑事简易程序立法的文本考察

理解我国刑事简易程序的实效，须首先立足于法律文本，对不同历史阶段的相关实定法规定的内容及演进逻辑进行解释并将其系统化。从理论上而言，刑事简易程序是在对刑事普通程序简化后形成的程序。所以，广义上的刑事简易程序既包括对庭审流程的简化，也包括对参与主体、进行方式以及法律文书等的简化；既包括对庭审程序的简化，也包括对审前准备程序和休庭后续工作的简化；既包括对一审程序的简化，也包括对二审、再审程序的简化；既包括对审判程序的简化，也包括对审查起诉程序乃至侦查程序的简化；既包括对诉讼环节的轻微简化，也包括对诉讼环节的省略或跳跃。故而，普通程序简化审、速裁程序、不捕直诉、酌定不诉、自诉程序等，都可列入刑事简易程序体系之内。然而，需要特别注意的是，在《刑事诉讼法》及相关司法解释的文本意义上，刑事简易程序有其特定的内涵和外延，专指对部分事实清楚、证据充分案件的简化审理程序。鉴于本章研究的是刑事简易程序的立法及其实施问题，且篇幅有限，相关讨论将重点以法律文本意义上的刑事简易程序概念为中心展开，只在不可避免的情况下，才兼及其广义。以《刑事诉讼法》相关规定的变迁为标准，我国刑事简易程序立法大致可分为四个阶段，即空白期、初创期、发展期和成型期。

（一）1996年修改《刑事诉讼法》前：空白期

不管是新中国第一部刑事诉讼法典即1979年《刑事诉讼法》，还是之前中央主管部门组织草拟的《中华人民共和国刑事诉讼条例（草案）》《中华人民共和国刑事诉讼法草案（草稿）》以及《中华人民共和国刑事诉讼法草案（初稿）》，均未直接规定刑事简易程序。也就是说，对于所有刑事案件，无论是公诉还是自诉，也不区分情节轻重和复杂程度，一概适用同一套刑事诉讼程序。之所以如此，与当时立法和司法技术的粗糙、重实体轻程序的诉讼观念、刑事程序类型化理论研究的不足以及作为立法重要参照的《苏俄刑事诉讼法典》对简易程序的轻视〔1〕等都有关系。但我们认为，最为重要的因素是当时案多人少的矛盾尚不突出。一方面，新中国成立后到改革开放前，不同历史时期的犯罪情况虽然有一定的起伏，并分别于1950年、1961年、1973年等出现了几次犯罪高峰，但同改革开放后特别是1989年以后相比，犯罪总量并不高（见表14-1），〔2〕而且，在国家调整了相关政策后，发案数在一定程度上得到了有效控制，并没有给

〔1〕 参见左卫民：《简易刑事程序研究》，法律出版社2005年版，第155页。

〔2〕 参见康树华："新中国成立以来的犯罪发展变化及其理性思考"，载王牧主编：《犯罪学论丛》（第1卷），中国检察出版社2003年版，第409-425页。

公安司法机关带来太大的办案压力。另一方面，我国刑事诉讼从一开始采用的就是职权主义的诉讼模式。较之于奉行对抗制的当事人主义，职权主义在经济性和效率方面本来就有优势。[1]而且，和大陆法系强调审判中心的职权主义不同，我国的职权主义是流水线作业或者说是层层把关式的，更加注重专门机关的协调、配合，更加依赖书面的卷宗，更加重视国家的主导作用，从而最大限度地减少来自于辩方的对抗，以及专门机关相互之间的牵制，使诉讼资源更加集中、有效地投入到专门机关主导的查明真相、惩罚犯罪的活动中去。因此，作为诉讼的一个环节，普通审判程序只是承担了把关作用，本来就不是那么拖沓冗长，效率优势非常明显。专门机关自然也对单独设立简易程序没有太强烈的现实需求。

表 14-1　新中国成立后犯罪情况年度变化简表[2]

年度	1950	1952	1955	1956	1959	1960	1961	1964	1965	1967
案件数	51	24	23	18	20.05	20.9	42	25	24	16
犯罪率	9.3	4.2	3.7	2.8	2.98	3.2	6.4	3.5	3.3	2.1
年度	1972	1973	1977	1979	1980	1981	1982	1983	1984	1985
案件数	40	53.5	54	63.3	75	89	74	61	51	54
犯罪率	4.6	6	5.7	6.4	7.7	8.9	7.4	6	5	5.2
年度	1986	1987	1988	1989	1990	1991	1992	1993	1994	1995
案件数	54	57	82	197	222	237	158	158	166	169
犯罪率	5.2	5.4	7.7	18.1	20.1	20.5	13.5	13.3	13.9	14
年度	1996	1997	1998	1999	2000	2001	2002	2003	2004	2005
案件数	160	161	199	225	364	446	434	439	472	465
犯罪率	13.1	13	16	17.9	28.7	35	33.8	34	36.1	35.6
年度	2006	2007	2008	2009	2010	2011	2012	2013	2014	2015
案件数	465	481	488	558	597	601	655	660	654	717
犯罪率	35.4	36.4	36.7	41.8	44.5	44.6	48.4	48.5	47.8	52.2
年度	2016	2017	2018							
案件数	643	718	663							
犯罪率	46.5	51.7	47.5							

[1] 参见左卫民："刑事诉讼的经济分析"，载《法学研究》2005年第4期，第129页。

[2] 该表是根据《中国法律年鉴》以及前引康树华文章提供的数据汇总制作。"案件数"的单位为"万起"，"犯罪率"是指每万人犯罪数。

需要指出的是，1979 年《刑事诉讼法》虽然没有直接、明确地规定简易程序，但是，也零星包含有在符合一定条件时简化诉讼程序的条文，譬如第 105 条自诉案件及其他轻微案件可以独任审判的规定，第 108 条人民法院对公诉案件审查后认为不需要判刑的可要求人民检察院撤回起诉的规定，第 112 条罪行较轻经人民法院同意检察机关可不派员出庭支持公诉的规定，以及第 126—128 条有关自诉程序的规定等，从而体现出根据情况、当简则简、繁简分流的立法理念，可以在一定程度上缓解单一诉讼程序带来的机械和僵化。

不少论者在追溯我国刑事简易程序的源头时都会提及 1983 年的“严打程序”。1983 年，为了有效应对新中国成立以来的第四次犯罪高峰，全国人大常委会在通过一项“严打决定”的同时，也通过了一项“速审程序决定”，〔1〕即针对严重危害社会治安的犯罪，建立了一种从快从严的审判程序。有人认为，尽管立法者对该程序并未明确定性，但它实际上就是简易程序。其实，把“严打程序”理解为广义上的刑事简易程序未尝不可。但应当指出，它与随后出现的法律文本意义上的刑事简易程序迥然不同，它并未体现繁简分流的诉讼规律，相反，却要求对最严重的刑事案件——死刑案件较一般案件的处理还要简捷迅速，而它简化程序的方式也未充分顾及刑事诉讼在控审关系、人权保障等方面的底线要求。因此，与其说“严打程序”是一种法定速办程序，倒不如说是一项带有短期性、时效性、应急性的速办政策。

（二）1996 年《刑事诉讼法》中的刑事简易程序：初创期

1989 年以后，刑事案件数量呈现几何式增长，新类型案件不断增加，案累逐渐成为突出的现实问题，简化审判程序成为基层司法机关的迫切需要。而且，当时，第一次“严打”时的扩大化和重刑化倾向有所缓解，也增强了审判程序简化的可行性。尽管还是有人担心设立简易程序不一定就真的能提高诉讼效率，反而可能影响办案质量，而且，这种改革“多多少少与刑事诉讼法修订的‘主旋律’不尽合拍”，〔2〕因为，1996 年修改《刑事诉讼法》重在引入控辩对抗式诉讼模式，提高庭审的实质性，改庭前审查为形式审查，而采用简易程序，特别是将事实清楚、证据充分设置为适用条件时，“仍然要以庭前实质审查为前提”。〔3〕但是，在多方的推动下，1996 年《刑事诉讼法》还是以一个专节 6 个条文正式确立了刑事简易程序。随后，最高人民法院和最高人民检察院又分别在实施《刑事

〔1〕 1983 年 9 月 2 日全国人大常务委员会通过了《全国人民代表大会常务委员会关于严惩严重危害社会治安的犯罪分子的决定》和《关于迅速审判严重危害社会治安的犯罪分子的程序的决定》两项决定。

〔2〕 王冬香：《刑事简易程序审判改革历程——刑事独任法官手记》，中国人民公安大学出版社 2007 年版，序第 1 页。

〔3〕 王冬香：《刑事简易程序审判改革历程——刑事独任法官手记》，中国人民公安大学出版社 2007 年版，序第 2 页。

诉讼法》的司法解释中以十四个条文和九个条文规定对上述条文进行了补充和细化。[1]

概而言之，1996年《刑事诉讼法》规定的刑事简易程序具有如下几个特点：(1) 在基本思路上奉行形式上的一元化，即只设置了一类通用于特定案件的简化审理规则，而且，只限于简化审理程序。(2) 对于简易程序适用的案件范围作了严格限制，即仅限于可能判处3年以下有期徒刑、拘役、管制、单处罚金的公诉案件和部分自诉案件。(3) 在公诉案件简易程序的启动上，采取了检法联动的职权式启动方式，即经人民检察院建议、人民法院同意或者人民法院建议、人民检察院同意。(4) 在主体简化方面，规定简易审案件全部适用独任制，公诉案件适用简易程序审理，检察院可以不派员支持公诉，而且，与1979年《刑事诉讼法》第112条不同，检察院此举无须经法院同意。(5) 在程序模式上，采取依附式的简化方法，即并没有在普通程序之外设计出一种完全独立的诉讼程序，而是在普通程序的基础上，适当简化某些步骤和环节。

应当看到，1996年《刑事诉讼法》设计的刑事简易程序其优势还是非常明显的。形式上的一元化和依附性的程序模式，既方便司法人员理解和把握简易程序，也能减少制度冲撞，更加通畅地衔接普通程序；职权式的启动方式和程序转换方式、独任制的采用、检察官的免于出庭等更能提高程序运作的效率；明确而有限的适用范围可以最大程度上控制改革可能产生的负面效果；对于程序如何简化采用概括式的规定，保证了程序规则适用的灵活性；只简化规则，不限制被追诉人权利，不以被追诉人认罪或同意程序适用为前提，更不以减轻刑罚为适用简易程序的必然结果，体现出该制度并非一味追求效率，而是始终将公正摆在第一位。[2]但不得不说，1996年《刑事诉讼法》创立的刑事简易程序还是存在不少缺陷，而且，有的缺陷恰恰就存在于设计者所自恃的优势之中。首先，在一元化的简化模式下，过于严格地限制适用的案件范围虽然可凸显谨慎，但如果只是将简易程序作为“处理刑事案件的一种例外形式”，[3]无疑会大大限制简易程序的功能及效果，不能真正满足实践需求。其次，不以认罪为条件，貌似更容易促成简易程序的适用，但如果被追诉人不认罪，轻罪案件也极有可能成为复杂、难办的案件，简化法庭调查、法庭辩论或者公诉人不出庭的基础将会大大削弱。有学者在立法修改研讨中确实也提出了将简易程序适用范围限定于“被告人已作出有罪供述的刑事案件”的建议，但最终未获立法者采纳。[4]当然，最高人民法院

---

〔1〕 1998年《最高法解释》和1999年《最高检规则》。

〔2〕 参见刘根菊、温小洁：“对中外刑事简易程序中几个问题之比较研究”，载《政法论坛》1998年第6期，第82页。

〔3〕 汪建成：“刑事审判程序的重大变革及其展开”，载《法学家》2012年第3期，第94页。

〔4〕 李新建：“简易程序的选择和设计及问题”，载《政法论坛》1994年第4期，第91页。

和最高人民检察院的司法解释在不适用简易程序案件的列举中已经对此作了一些弥补。再次，检察官不出庭公诉，虽然可以减少检察院的工作量，但容易打乱作为简易程序底线的基本诉讼结构，[1]破坏正当的控审关系，导致法官不得不兼担控诉角色，使被追诉人更显孤立，而且，也不利于人民检察院行使审判监督职能。复次，检法联动的职权式启动虽然高效，但完全把被追诉人排除在外，被追诉人的程序选择权被漠视，不利于其诉讼主体地位的培养和程序利益的维护，也与域外的通行做法不符。最后，虽然 1996 年《刑事诉讼法》没有在简易程序规定中明确限制被追诉人的诉讼权利，但是，针对国际上达成共识的简易程序中需要特别保障的一些最基本的权利，[2]未提供专门的保障规则。程序主要就是用来维护被追诉人权利的，程序的简化势必带来权利的克减，在这种情况下，只能通过强化告知义务、程序的参与性以及充分的法律帮助等，尽量抵销权利抑制的消极后果，借以保持简易程序的正当性。

为了进一步规范公诉案件的刑事简易程序，最高人民法院、最高人民检察院和司法部针对上述问题，结合实践经验，于 2003 年联合颁行了《关于适用简易程序审理公诉案件的若干意见》（以下简称《简易审意见》）。该意见除了对简易程序法条的细化和对最高人民法院、最高人民检察院司法解释的总结及不一致规定的协调外，还以“强化被追诉人诉讼权利保障”为指向，在多个方面对我国的刑事简易程序进行了修补：（1）明确将“被告人及辩护人对所指控的基本犯罪事实没有异议”列为公诉案件适用简易程序的条件，同时明确将“被告人、辩护人作无罪辩护”列为不适宜适用简易程序的情形。（2）在启动方式上，不管是人民检察院建议启动，还是人民法院建议启动，人民法院在决定适用简易程序前，都需要征求被告人、辩护人的意见。（3）对检察人员不出庭支持公诉情形施加了一定的限制，即人民检察院监督公安机关立案侦查的案件必须出庭，人民检察院认为有必要派员出庭的其他案件也应当出庭。（4）增加了权利保障规则，强调审判员听取意见、审查认罪自愿性的义务以及对相关规定和法律后果的告知义务。(5) 扩张“简易度”，[3]对于认罪案件的处理在程序上更加简化，甚至可以迳行作出有罪判决，只要被告人自愿认罪且对起诉书所指控的犯罪事实没有异议。(6) 将从简和从宽联系起来，规定对自愿认罪的被告人，法院可酌情从轻处罚。这些进步归结到一点就是强化了对被追诉人诉讼权利的保障。但问题是，《简易审意见》中的上述进步实质上已经超越了法条，而以司法解释突破

---

〔1〕 参见马贵翔：《刑事简易程序概念的展开》，中国检察出版社 2006 年版，第 52-58 页。

〔2〕 参见姚莉、尹世康：“我国刑事诉讼简易程序中存在的若干问题”，载《法学》1999 年第 3 期，第 40 页。

〔3〕 潘金贵等：《轻微刑事案件快速办理机制研究》，中国检察出版社 2015 年版，第 225 页。

《刑事诉讼法》的规定显然于法无据，[1]有违程序法定原则。而且，《简易审意见》在表述和内容上还存在不少问题，譬如，在简易程序的启动方式上，对于检察院建议的，要求"征得被告人、辩护人同意"，而对于法院建议的，则只是要求征求被告人、辩护人的意见，似乎前后不一。

在制定《简易审意见》的同时，三机关还联合推出了《关于适用普通程序审理"被告人认罪案件"的若干意见（试行）》（以下简称《普通程序简化审意见》）。该意见的主旨是，对于"被告人认罪案件"，除非明确禁止的情形，都可以在适用普通程序审理时对程序适当简化，以进一步提高诉讼效率。"普通程序简化审"在强调自愿认罪、尊重被告人程序选择权以及较普通程序简化等方面与经《简易审意见》完善后的刑事简易程序是相通的。但又有些许不同，也因此能够发挥衔接、补充作用：该程序重点针对可能判处三年以上有期徒刑的案件，因而可以弥补简易程序适用范围狭窄之缺陷；该程序简化程度较小，介于普通程序与文本意义上的简易程序之间，可以部分解决简易程序形式一元化之不足。但同《简易审意见》一样，致力于打造一种既不同于简易程序也有别于普通程序的审理方式的《普通程序简化审意见》也面对着于法无据的尴尬。

（三）2012年《刑事诉讼法》中的刑事简易程序：发展期

2012年《刑事诉讼法》"简易程序"一节虽然仅比1996年《刑事诉讼法》增加了两个条文，但在思路和内容上有非常重要的调整。虽然依然是追求繁简分流，但在繁简案件的确定上不再单纯考虑案件情节（可能判处的刑罚），转而以被追诉人是否"配合"为核心标准。而所谓的配合就是被追诉人认罪，对指控事实没有异议，以及同意适用简易程序。从法理上看，轻微刑事案件不一定简单，严重刑事案件不一定复杂，关键在于在主要事实或基本问题上控辩双方是否存在争议，因此，以被追诉人对指控的态度为标准更为合理。而且，域外各国通常也将认罪与控辩合意作为适用简易程序的重要基准。围绕这一思路，2012年《刑事诉讼法》对刑事简易程序作出了以下调整：（1）修改适用简易程序的案件范围，突破原有的可能宣告刑的限制，扩大到基层法院管辖的所有事实清楚、证据充分且被追诉人"配合"的案件。范围之大甚至已经超出了一些专家学者的预期。[2]如此修改，事实上也是将《简易审意见》和《普通程序简化审意见》上升为法律，起到了不少学者所呼吁的将"普通程序简化审与简易程序合并"

---

〔1〕参见李海玲："中国刑事简易程序的回顾与展望"，载《湖南警察学院学报》2015年第1期，第32页。

〔2〕参见罗国良："优先保障法官内心确信 兼顾被告人权利保护——论刑事诉讼法的再修改"，载《法律适用》2012年第3期，第12页。

的效果。[1]（2）修改简易程序的启动方式，将检法双向联动的职权式改为受被告人意见影响的单向职权式，凸显被告人的诉讼主体地位，对专门机关特别是检察机关的启动权作一定限制。只有被告人对适用简易程序没有异议的情况下，法院才可以适用简易程序。而人民检察院也不再有针对法院建议同意适用的权力，仅有建议法院适用的权力。（3）根据案件情节（可能判处的刑期）设计了简易程序的两种运作模式。对可能判处3年有期徒刑以下刑罚的案件，可以由合议庭审理，也可以采用独任制，审限为20日，而可能判处的刑期超过3年的案件，只能采用合议制，而且，审限可以延长到一个半月。（4）为了保证诉讼结构的完整性和检察监督的有效性，规定当公诉案件适用简易程序时，检察机关必须派员出庭支持公诉。（5）细化了审判人员对被告人的告知义务，强化了对被告人知悉权、选择权等的保障。（6）吸收司法解释中的相关规定，在法律层面直接明确了一些不宜适用简易程序的案件或情形，完善了简易程序维护诉讼公正的底线规则。

2012年《刑事诉讼法》对简易程序的重大调整提高了简易程序的案件分流能力，同时也强化了被告人的程序参与，体现出对公正与效率更全面、更审慎的平衡。但也存在一些不足：其一，对于简易程序适用的案件范围的扩大，意味着简易程序有可能适用于重罪案件，但重罪案件和轻罪案件相比，显然需要更加严格的权利保障规则，但从2012年《刑事诉讼法》的规定看，除了合议庭和审限的差别外，并没有区分重罪、轻罪案件的人权保障规则，并没有为重罪案件规定更有力的保障措施，特别是在获得法律帮助方面。在这种情况下，部分学者对重罪案件适用简易程序的质疑和担心[2]是有一定道理的。其二，在被告人对启动的参与权问题上，仅仅规定了被告人的异议权或称否决权，并没有明确规定被告人的请求权——主动请求适用简易程序或者请求变更诉讼程序的权利。而且，即便是对于被告人的否决权，也规定得相当模糊。从2012年《刑事诉讼法》第208条第1款的规定看，似乎法官无须主动征求被告人对于是否同意适用简易程序的意见，被告人只要不提出异议，就可视为同意适用，这种否决权是一种相对消极的否决权。2012年《刑事诉讼法》第211条虽然要求审判人员“确认被告人是否同意适用简易程序审理”，但并没有说是以“告知相关规定被告人不反对适用简易程序”的形式确认，还是必须明确征求被告人是否同意适用简易程序的意见。其三，在程序简化的思路上，虽然根据可能判处的刑期对简化的方式做了一点区分，但这种区分是细微的、内部性的，简化方式都只

〔1〕张立锋、杜荣霞：“论普通程序简化审与简易程序合并的现实意义——兼论刑事简易程序改革的模式选择”，载《苏州大学学报（哲学社会科学版）》2008年第6期，第31页。

〔2〕参见李昌林、顾伟品：“新《刑事诉讼法》简易程序实施研究”，载《四川警察学院学报》2013年第2期，第2-3页。

是对普通程序的简略化，并没有实质改变我国广义上刑事简易程序的一元化。此外，2012 年《刑事诉讼法》没有突出简易审程序中量刑环节的重要地位，[1]没有合理吸收已有司法解释中的从宽处理机制，而且，对程序转换规定得也不太明确。

（四）2018 年《刑事诉讼法》中的刑事简易程序：成型期

2018 年《刑事诉讼法》虽然未对“简易程序”一节作任何改动，但由于认罪认罚从宽制度的完善特别是速裁程序的设立，在整体上进一步明确了刑事简易程序的性质与功能，使其在我国刑事程序体系中的定位更加清晰、明确。

一方面，2018 年《刑事诉讼法》吸收四年试点的经验，设立了速裁程序，并合理界定了其与刑事简易程序的关系，标志着我国初步建立起了层次较为分明的刑事案件简易办理程序体系。速裁程序与简易程序同为普通程序之外的案件简化办理机制，同样只适用于事实清楚的案件，价值目标同样都是在确保公正的基础上提升诉讼效率，为此也均规定了程序简化措施和权利保障机制。二者在我国刑事案件简易办理体系中的层次性集中体现在二者的区别上。（1）二者适用范围不同。简易程序可以适用于基层人民法院管辖的所有案件，而速裁程序适用范围则较为狭窄，只适用于可能判处 3 年有期徒刑以下刑罚的案件。而且，速裁程序适用范围的禁止性规定更多，如被告人是未成年人的以及相关人员未就附带民事诉讼赔偿等事项达成调解或者和解协议的案件不能适用速裁程序。（2）二者适用的实体条件不同。虽然简易程序和速裁程序在适用时均要求案件事实清楚，但简易程序对证据的要求是“证据充分”，而速裁程序对证据的要求则是“证据确实、充分”，这意味着在速裁程序中对证据确实性的审查任务审前就须完成。而在被追诉人认罪方面，简易程序的要求是“被告人承认自己所犯罪行”且“对指控的犯罪事实没有异议”，而速裁程序则要求被告人不仅认罪，还须认罚。所谓的认罪是指被追诉人“自愿如实供述自己的罪行，承认指控的犯罪事实”，而所谓的认罚是指“愿意接受处罚”。（3）二者对被追诉人程序选择权的规定不同。简易程序只是要求被追诉人“对适用简易程序没有异议”，而速裁程序则要求被追诉人“同意适用速裁程序”，要求更加严苛。（4）二者对于阶段简化的规定不同。2014 年速裁程序的“试点办法”中曾经将速裁程序界定为全阶段适用、全流程简化的程序，据说也成为实践中速裁程序的最大效率增长点，[2]有学者据此将其与德国的刑事处罚令媲美。[3]然而，需要注意，2016 年的《认罪认罚

---

〔1〕 杨雄、刘宏武：“论统一的刑事简易程序”，载《法学杂志》2012 年第 12 期，第 134 页。

〔2〕 参见刘方权：“刑事速裁程序试点效果实证研究”，载《国家检察官学院学报》2018 年第 2 期，第 97 页。

〔3〕 参见李海玲：“中国刑事简易程序的回顾与展望”，载《湖南警察学院学报》2015 年第 1 期，第 34 页。

从宽试点办法》没有谈及侦查阶段速裁程序的适用问题，而更大的转变是，2018 年《刑事诉讼法》只是把速裁程序定位为一种审理程序，而审查起诉期限的缩短只是审查起诉阶段与速裁程序衔接或配套性的规定。但不管怎么说，速裁程序中注意到了审前阶段的配套简化问题。但是，简易程序只是停留在简化审理程序。（5）二者对审判程序简化的程度不同。简易程序只是对重要审理环节的简化，而速裁程序则可以直接省略法庭调查、法庭辩论环节。速裁程序一概独任审判，且均应当庭宣判。而且，在审限上速裁程序也比简易程序更短，即一般为 10 日，依法延长的情况下也不会超过 15 日。因此，简化的力度更大。

另一方面，2018 年《刑事诉讼法》通过认罪认罚制度的完善，勾勒出简易程序与认罪认罚从宽制度的关系，厘清了简易程序与认罪案件诉讼程序、认罪认罚案件诉讼程序的关系，进一步明确了简易程序的立法定位。其实，自《简易审意见》发布到 2012 年《刑事诉讼法》对简易程序适用条件的修改，我国已经确定了简易程序作为认罪案件快处程序的性质，明确了简易程序作为认罪案件与非认罪案件的一种分流机制的定位。考虑到认罪（认罚）与程序简化的密切关系，有论者将刑事诉讼法意义上的认罪认罚从宽视为一种特殊的简易程序。〔1〕但事实上，由于认罪（认罚）只是影响程序选择的因素之一，因此，认罪（认罚）的案件可能适用简易程序或速裁程序，也可能适用普通程序。速裁程序只有认罪认罚案件才能适用，是认罪认罚案件的专用（不是必须用）诉讼程序。而简易程序和速裁程序则是狭义上认罪（承认自己所犯罪行，对指控的犯罪事实没有异议）案件专用（不是必须用）诉讼程序，其中的速裁程序只能适用于同时符合认罚要求的案件。当然，认罪（认罚）案件即便不适用简易程序或速裁程序，较之于不认罪（不认罚）案件在程序上仍会有所简化。

二、刑事简易程序实施中的经验与问题〔2〕

从 1996 年修改《刑事诉讼法》至今，不断完善中的刑事简易程序业已历经 23 年实践检验。刑事司法的现实需要催生了刑事简易程序，司法实践也推动着刑事简易程序以更加符合法理要求和现实需要为内在逻辑的制度变迁。

---

〔1〕 参见陈瑞华："认罪认罚从宽制度的若干争议问题"，载《中国法学》2017 年第 1 期，第 35 页。

〔2〕 本部分实证数据的主要来源有：（1）西南政法大学刑事诉讼法学科自 2012 年《刑事诉讼法》颁行后连续数年进行暑期年度调研获得的一手材料。（2）无讼网、中国裁判文书网等网络上的大数据材料。（3）《中国法律年鉴》中的数据。（4）其他刑事简易程序实证研究成果中的相关材料。需要特别指出的，由于最高人民法院并未对外公布每年关于简易程序适用情况的具体数据，再加之课题组研究时间、精力限制，因此，虽然课题组力求实证材料的全面性、典型性，但依然可能与实际情况有一定的偏差：调研地区的实施情况不一定能代表其他地方，大数据的分析结果因为资料、取样及分析方法的局限性也不一定能完全准确反映全国的情况。

（一）概况

1. 简易程序适用率

二十多年来，简易程序的适用率整体上呈上升趋势。但具体到年度变化，简易程序适用率有动荡，也有反复，而且，受到地方性规则、各地法院及法官对繁简分流的理解等各种主客观因素的影响，不同地方简易程序适用率有明显的差异，很难一概而论，但相对而言，刑事案件总量大的地区和经济发达地区简易程序的适用率要高一些。

1996 年《刑事诉讼法》颁布后，法院对简易程序的态度经历了从排斥适用到逐渐理解和接受进而扩大适用的转变过程，适用率也从最初的 10%—20%，逐步提升到后来的 40%以上（见表 14-2）。数据显示，1997 年，整个上海市简易程序在公诉案件中的适用比率仅为 10%，个别地方甚至只有 5%，[1]而安徽省公诉案件中简易程序的适用率也仅为 8%。[2]当然，包含自诉案件的简易程序适用率一般要比单纯的公诉案件简易程序适用率高出几个百分点。

表 14-2　1998—2008 年简易程序适用案件数及适用率[3]　　（单位：件）

项目＼年度	1998	1999	2000	2001	2002	2003	2004	2005	2006	2007	2008
公诉案件总数	403 145	464 785	480 119	569 968	583 755	560 978	612 790	654 871	630 987	668 239	713 372
适用简易程序公诉案件数	68 591	85 565	95 487	129 301	148 289	158 623	206 342	239 723	249 420	267 340	286 259
公诉案件简易程序适用率（%）	17.01	18.4	19.89	22.69	25.4	28.28	33.67	36.61	39.53	40	40.13
全部案件简易程序适用率（%）	19.23	21.45	22.90	21.89	33.77						

2012 年《刑事诉讼法》实施后，大多数法院简易程序的适用率都有不同程度的增长（见表 14-3），如北京市的基层法院在 2012 年简易程序适用率为 59.47%，在 2013 年新法实施后适用率提高为 68.68%。[4]个别地方的法院（如 J

〔1〕 参见胡锡庆：《刑事诉讼热点问题探究》，中国人民公安大学出版社 2001 年版，第 413 页。

〔2〕 参见杨开江："困惑检察机关执行新刑诉法的主要问题探究"，载《政法论坛》1998 年第 4 期，第 64 页。

〔3〕 参见樊崇义主编：《公平正义之路——刑事诉讼法修改决定条文释义与专题解读》，中国人民公安大学出版社 2012 年版，第 428 页；刑事简易程序研究课题组："刑事简易程序扩大适用问题研究"，载《华东政法大学学报》2011 年第 3 期，第 84-85 页。

〔4〕 参见赵学军："刑事简易程序启动与转化的程序规制"，载《天津法学》2014 年第 3 期，第 84 页。

省N市基层院）适用率增幅甚至达到20%以上。但也有部分地区的法院（如A省H市基层院）简易程序案件所占比例在刑事诉讼法修改前后无明显变化。值得一提的是，极个别地方即便在2012年《刑事诉讼法》实施后，简易程序的适用率也非常低，如吉林省长春市绿园区2014年适用率仅为10%左右，山西省忻州市2013年适用率则为9.9%，更有甚者，吉林省吉林市龙潭区2013年适用率为零，根本未考虑简易程序的适用。〔1〕

表14-3 六地法院2012年《刑事诉讼法》实施前后简易程序适用比率对比〔2〕

年度	J省W市辖区法院		J省N市G区院	J省N市Q区院		J省N市J区院		A省S市辖区院	G省N市辖区院
	简易案件数（件）	占比（%）	占比（%）	简易案件数（件）	占比（%）	简易案件数（件）	占比（%）	占比（%）	占比（%）
2015	2164	77.9	71.9					51.36	
2014	4550	76.9	76.5	452	68.38	221	79.7	45.11	46.14
2013	4625	76.8	79.1	407	66.39	193	78.1	44.44	60.94
2012	3747	59.7	65	380	52.92	148	48.3	38.11	61.55
2011				386	51.13	169	52.8	40.85	48.46
2010				409	55.65			30.71	38.42

2018年《刑事诉讼法》颁行后，简易程序的适用情况尚缺少系统的调研和统计数据。但几乎可以肯定的是，简易程序的适用率应该会有很大程度的下降，下降的原因不是简易程序本身适用的调整，而是因为有了一个功能强大、适用率较高的替代机制——速裁程序。据统计，仅在试点期间，相关法院审结认罪认罚案件已占同期审结刑事案件的53.5%，其中65.5%的案件适用了速裁程序。〔3〕虽然也有一定比例的认罪认罚案件适用了简易程序，〔4〕但速裁程序的高适用率还是在一定程度上压缩了简易程序的适用空间。当然，简易程序适用的案件是认

〔1〕参见贾志强、闵春雷："我国刑事简易程序的实践困境及其出路"，载《理论学刊》2015年第8期，第105页。

〔2〕参见孙长永、闫召华："新刑诉法实施情况调研报告（2015）"，载孙长永主编：《刑事司法论丛》（第3卷），中国检察出版社2015年版，第499页；西南政法大学刑事诉讼法学科《新刑诉法实施情况调研报告（2014）》（未刊）。

〔3〕参见周强："最高人民法院关于加强刑事审判工作情况的报告——2019年10月23日在第十三届全国人民代表大会常务委员会第十四次会议上"，载《人民法院报》2019年10月27日，第1版。

〔4〕参见胡云腾主编：《认罪认罚从宽制度的理解与适用》，人民法院出版社2018年版，第271页。

罪案件，但并不限于认罚案件，认罪非认罚案件也有适用简易程序的可能性。以无讼网收录的判决书反映的情况为例。在 2019 年适用简易程序的约 95 455 件案件中，符合认罪认罚条件的有 12 497 件，仅占 13.09%。[1]

2. 适用案件情况

根据无讼案例网的数据，在 2 526 568 件涉及简易程序适用的案件中，[2] 从罪名的分布看，最主要的三类罪名是危害公共安全罪（醉驾等）、侵犯财产罪以及妨害社会管理秩序罪，分别约占简易程序案件总数的 32.5%、32.3% 和 21.7%。此外，还包括侵犯公民人身权利、民主权利罪（8.9%）以及破坏社会主义市场经济秩序罪（4%）等罪名。从最终判处刑罚的情况看，判处有期徒刑以上刑罚的占 62.2%，而从判处有期徒刑的简易程序案件的年度分布看，2013 年以后的案件占到了 92.7%，这显然与 2012 年《刑事诉讼法》对简易程序适用范围的调整有关。数据显示，在 2013 年以后涉及简易程序适用的案件中，适用独任制审判的案件约占 78.8%（见表 14-4），这在一定程度上能够反映出判处有期徒刑 3 年以上刑罚的案件比例。统计还发现，在所有涉及简易程序适用的案件中，采取了逮捕措施的比例约为 50.8%，年度逮捕措施适用率则呈现出逐年下降的趋势（见表 14-5）。

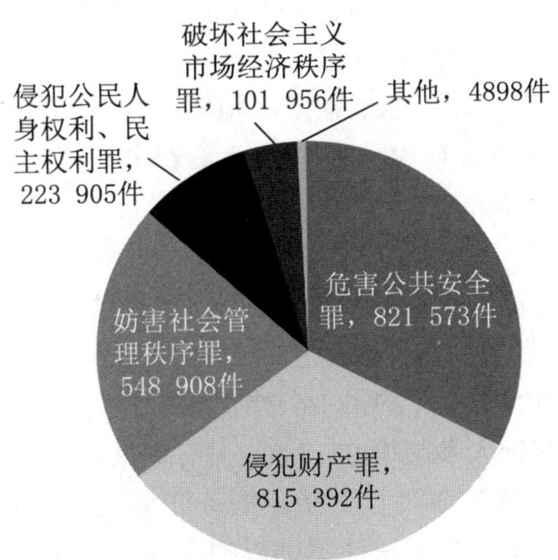

图 14-1 简易程序案件罪名分布情况

---

[1] 资料来源于无讼案例网（网址为：https://www.itslaw.com）。数据统计时间为 2019 年 8 月 7 日。在提取和分析数据时主要采用了多重关键词交叉过滤的方式。该网收录刑事判决书的时间范围为 1997 年至今。

[2] 所谓涉及简易程序适用的案件，包括适用简易程序的案件，适用简易程序又转普通程序的案件，以及检察院、法院建议适用简易程序但最终可能并未适用的案件。

表 14-4　简易程序案件适用独任制占比（2013—2019 年）

年度	2013	2014	2015	2016	2017	2018	2019
独任制案件占比（%）	81.6	79.7	79.2	79	77.9	77.5	77.6

表 14-5　简易程序案件适用逮捕措施比率（2007—2019 年）

年度	2007	2008	2009	2010	2011	2012	2013	2014	2015	2016	2017	2018	2019
逮捕率（%）	75.9	71	60.9	56.7	56.2	52.9	51.1	51.1	52.3	50.8	50.3	48.2	44.9

3. 启动中的检、法主导

不管是 1996 年《刑事诉讼法》规定的双向互动式的职权启动，还是 2012 年《刑事诉讼法》构建的单向式的职权启动，法院均扮演着主导和决定的关键性角色。但在实践中，检察机关在适用简易程序问题上似乎更加积极，特别是法律未对检察院出庭支持公诉作出硬性要求之前。检察机关建议启动的案件在所有适用简易程序的案件中占比较高，在启动中起到了主导作用。据统计，检察机关建议适用与法院决定适用的比例约为 10∶1，有的地方比例更高，[1]如天津市 H 区检察院建议启动简易程序的案件曾一度占该区简易程序案件总数的 98%。[2]但在个别地方，检、法对案件和简易程序适用条件的理解上有不小的偏差。如，2013 年至 2015 年上半年，吉林省长春市朝阳区检察院建议适用简易程序的案件比率约为 70%，但法院同意的仅有 30%左右，而长春市绿园区法院“拒绝”检察院适用建议的比例高达 80%左右。[3]

4. 辩护人的参与率

调查表明，在适用简易程序的案件中，辩护人的参与率并不高。在无讼案例网收录的 2 526 568 个涉及简易程序适用案件的判决书中，明确提及辩护人（或辩护律师）的仅有 375 583 个，约占 14.9%。要明显低于以相同标准计算出的基层法院一审刑事案件辩护人参与率 25.3%。另有数据显示，简易程序案件中被告人委托辩护人的比率大致为 20%，其中，职务犯罪案件相对要高一些。[4]在有辩护人参与的简易程序案件中，法律援助辩护占有一定的比例。

〔1〕 参见王军、吕卫华：“我国刑事简易程序的若干问题”，载《国家检察官学院学报》2012 年第 4 期，第 111 页。

〔2〕 参见张静：“对我国刑事简易程序的思考——以新刑事诉讼法实施为视角”，载《湖北警官学院学报》2013 年第 7 期，第 156 页。

〔3〕 参见贾志强、闵春雷：“我国刑事简易程序的实践困境及其出路”，载《理论学刊》2015 年第 8 期，第 105 页。

〔4〕 参见刘玫、鲁杨：“我国刑事诉讼简易程序再思考”，载《法学杂志》2015 年第 11 期，第 14 页。

5. 对认罪的审查方式[1]

2012 年《刑事诉讼法》将被告人认罪作为适用简易程序的必要条件，这使得对认罪的审查成为保障简易程序适用正当性的重要手段和简易审判的核心内容。被告人一旦在简易程序审理中撤回“认罪”，作无罪辩护，法院就必须转换为普通程序审理，比直接适用普通程序还要复杂，导致司法资源的浪费。

在认罪自愿性审查方面，法院主要是通过审查被告人的庭前供述及在庭审中的供述，有无翻供等情形来判断。通常分为两个步骤：第一步是在送达起诉书时，详细地询问其对指控事实、罪名的意见；第二步是在开庭时，详细地告知适用简易程序的法律后果，询问其是否同意适用。对于故意伤害等案件，还会考虑被告人是否赔偿了被害人的损失及赔偿的多少，有无得到被害人或亲属的谅解，有无其他悔罪表现等情况综合认定。

在认罪真实性的审查方面，法院会重点关注被告人供述能否得到其他类型证据的有力印证，通过案卷材料能否初步排除串供、逼供、诱供等非法取供的可能性，被告人的供述是否具有稳定性，以及辩护人是否对指控提出质疑或意见等。

6. 审理时间

适用简易程序案件的审理天数，各地差别不大，审理时间大多集中于 10 天到 15 天，如在 J 省 N 市 G 区法院，2013 年、2014 年、2015 年简易程序案件平均审理天数分别约为 13.93 天、19.56 天和 10.76 天，在 J 省 W 市辖区基层法院，这三年简易程序案件审理的平均天数则分别约为 12 天、12.13 天和 13.34 天。而根据最高人民法院 2016 年的一份数据，简易程序 10 日审结的案件约占 27.31%。[2]实践中，由于庭前一些环节，包括送达起诉书副本等，会占用一些时间，基本上案件到承办法官手上的时候，只剩下五六天的时间。至于简易程序的开庭审理时间，调查显示，各基层法院适用简易程序审理的案件平均庭审时间约为 10 分钟到 30 分钟。以 C 直辖市五家基层法院为例，2013 年其简易程序案件平均开庭时间分别约为 12.9 分钟、13.4 分钟、13.6 分钟、12.5 分钟及 14.2 分钟。[3]

7. 宣判方式

在简易程序案件当庭宣判率方面，最高人民法院 2016 年的一份统计是平均

---

〔1〕 参见孙长永、闫召华：“新刑诉法实施情况调研报告（2015）”，载孙长永主编：《刑事司法论丛》（第 3 卷），中国检察出版社 2015 年版，第 499 页；西南政法大学刑事诉讼法学科《新刑诉法实施情况调研报告（2014）》和《新刑诉法实施情况调研报告（2013）》（未刊）。

〔2〕 参见蔡长春：“刑事速裁程序试点两年办案质效双升：宽严相济‘简’程序不‘减’权利”，载《法制日报》2016 年 9 月 5 日，第 3 版。

〔3〕 参见李海玲：“新刑事诉讼法简易程序实施情况的观察与分析”，载《阴山学刊》2015 年第 1 期，第 93 页。

为 54.83%，〔1〕但事实上，地区差异非常明显。如 A 省 S 市辖区法院、G 省 N 市法院等基本上都能做到简易程序案件当庭宣判。A 省 H 市辖区法院、G 省 G 市辖区法院和 J 省 N 市 G 区法院当庭宣判率也能达到 80%以上，但 J 省 N 市 J 区法院和 Q 区法院则反映，因简易程序案件大都为规范化量刑罪名，有关量刑要素提取、升降比例需进行电脑演算，故当庭宣判率并不高，J 区法院 2015 年简易程序案件当庭宣判率只有 27.3%。而对于当庭宣告的判决内容，司法责任制贯彻的比较到位的法院基本上均可根据权力清单由主办法官独立决定，但在有的地方，对拟判缓刑等一些特殊情形的案件，还要求上报审委会。

8. 程序转化情况

简易程序转换为普通程序即“简转普”主要是指人民法院决定启动简易程序后又发现不宜适用从而转化为普通程序。实践中，“简转普”案件总体上并不多。以 C 直辖市基层法院为例，据统计，2013 年度适用简易程序的案件数19 897件，转为普通程序的案件数 198 件，“简转普”率仅为 0.995%。当然，如果将建议适用简易程序而最终没有适用的案件也视为“简转普”的话，那“简转普”比率必然会有所提高。算上这种情况，根据无讼案例网的数据，“简转普”率约为 3.93%。在开始速裁程序试点特别是 2018 年《刑事诉讼法》实施后，实践中又多了一种涉及简易程序的程序转化情形，即速裁程序转化为简易程序，但占比较低。

9. 上诉情况

实践中，简易程序判决后被告人上诉的很少。根据无讼网的数据，在754 597件由上诉（也可能同时包含抗诉）引起的二审刑事案件中，一审采用了简易程序的案件为 9032 件，在所有二审案件中的占比约为 1.2%。这表明，在一审中适用简易程序的案件数已超越了适用普通程序案件数的情况下，对简易程序判决的上诉数量却远少于对普通程序判决的上诉。另有调查显示，简易程序案件的上诉率一般不超过 10%，〔2〕远低于普通程序案件的上诉率。G 省 G 市两家基层法院 2016 年 1—3 月简易案件上诉率曾达到 17.3%，而同期普通程序案件的上诉率更是高达 56.3%。〔3〕

---

〔1〕 参见蔡长春：“刑事速裁程序试点两年办案质效双升：宽严相济‘简’程序不‘减’权利”，载《法制日报》2016 年 9 月 5 日，第 3 版。

〔2〕 参见陈青：“刑事简易程序被告人上诉案件实证研究”，西南政法大学 2017 年硕士学位论文，第 4 页；樊崇义主编：《公平正义之路——刑事诉讼法修改决定条文释义与专题解读》，中国人民公安大学出版社 2012 年版，第 429 页；郭志媛、张建英：“关于刑事简易程序的调研报告”，载樊崇义主编：《诉讼法研究》（第 11 卷），中国检察出版社 2006 年版，第 327 页。

〔3〕 参见陈青：“刑事简易程序被告人上诉案件实证研究”，西南政法大学 2017 年硕士学位论文，第 4 页。

（二）刑事简易程序实施中的地方探索

刑事简易程序入法以来，各地审判机关、检察机关及公安机关积极探索贯彻简易程序的工作机制，大力推进繁简分流，形成了很多宝贵的经验，也为简易程序的立法完善源源不断地提供着观念、思路和操作规则等各个层面的启发与支撑。

1. 集中办理模式

2012年《刑事诉讼法》颁行后，不少法院特别是案件较多的地区的法院，考虑到简易程序适用案件范围的扩张，出于对诉讼效率的追求，纷纷采取集中审理或批量审理的庭审方式。法院的集中审理模式又可分为复杂集中与简单集中两种形式。[1]所谓复杂集中，即打破每个案件审理流程的完整性，将多个案件的特定环节予以集中。其基本的庭审流程通常是：开庭阶段，在公诉人、各案辩护人到场的情况下，集中向各被告人告知法院审理简易程序案件的庭审程序及其在法庭上享有的诉讼权利，并询问各被告人是否同意适用简易程序审理。法庭调查、辩论及被告人陈述环节单独进行。后面的宣判再集中到一起进行。河北石家庄、浙江萧山等地探索的就是复杂集中审理模式。所谓简单集中，即是在保证每个案件审理流程完整性的前提下，将多个案件集中于同一特定时间段审理。浙江绍兴、广西灵山等地采取的主要是简单集中审理模式。但不管采取何种集中形式，一般情况下，每次集中审理案件5个左右，通常不会超过10个。调研中，还有个别地方的检察院表示，受公诉人出庭时间及提押被告人警力等因素的影响，目前还难以做到集中审理。

同步于法院集中审理的探索，很多检察机关也采取了集中提讯、集中审查、集中起诉的审查起诉方式，甚至还要求公安机关对相关案件集中移送。尽管上海、成都等地的检察机关早在2011年就开始了简易程序公诉人出庭的试点，[2]但2012年修改《刑事诉讼法》时要求检察机关必须派员出席简易程序法庭审理的要求，还是给检察机关的公诉工作带来了巨大挑战。[3]2012年以前，简易程序案件在实践中基本上等同于公诉人不出庭案件。以上海为例，在2011年下半年，上海检察机关在简易程序中的出庭率不及1%。[4]2012年《刑事诉讼法》实

---

〔1〕 参见马贵翔、蔡震宇：“简易程序案件集中审理初探”，载《国家检察官学院学报》2014年第6期，第125页。

〔2〕 参见左卫民：“简易程序中的公诉人出庭：基于实证研究的反思”，载《法学评论》2013年第4期，第99页。

〔3〕 参见徐建波等：“简易程序修改：检察公诉工作如何应变”，载《人民检察》2012年第9期，第44页。

〔4〕 参见马贵翔、蔡震宇：“简易程序案件集中审理初探”，载《国家检察官学院学报》2014年第6期，第123页。

施的前两年，检察机关普遍反映，虽然简易程序适用范围的扩大会减少一部分工作量，但由于可能判处三年以下有期徒刑的简易程序案件现在也必须出庭，又增加了工作量，两相折抵，检察机关的工作量不降反增。在这种情况下，如果不改变传统的出庭公诉模式，肯定难以应对新规带来的挑战。对于检察机关的集中起诉，2012 年《最高检规则》只是有笼统要求，即可以对简易程序案件相对集中提起公诉，并建议法院集中审理。[1]司法实践中的主要做法就是，对于符合简易程序适用条件的案件，检察机关向人民法院成批次地集中移送，在法院集中审理时统一由一到两名公诉人出庭公诉。在安徽省池州市贵池区、天津市东丽区、山东省临沭县等地，为了与法院的集中审理更加有效地对接，设立有不具体承办案件只负责在法院出庭的“简易专职公诉人”。[2]还有的地方采取值班公诉人出庭模式，[3]即由不同公诉人定期轮流充当出庭公诉人。

简易程序案件的集中办理通过从规模中寻求办案效益，对于优化资源配置，缓解案多人少的矛盾都有积极作用。特别是 2014 年速裁程序试点开始以后，集中办理模式的探索又有了新的动力。但集中办理模式也面临一些障碍：（1）发案的随机和程序倒流容易阻碍公安机关集中移送起诉。（2）在公诉人出庭模式的选择上，如果出庭公诉人必须是承办公诉人，对法院的分案机制会有较大影响，也会给公诉人带来很大压力，而如果出庭公诉人和承办公诉人分开，出庭公诉人不太了解案情，又会影响出庭质量和效果。[4]（3）个案差异及简易程序案件的当庭判决率可能阻滞集中审理。

2. 简案专办机制

办案人员的科学分工及合理的分案机制是提高简易程序案件办理效率的有效途径，因此，各地司法机关创新简易程序工作思路和方法所普遍采取的第二项举措就是创建专人办理机制，推动实现简易程序案件办理的专人化。具体而言，就是由相对固定的检察官、法官集中精力做好简易程序案件的事实和证据审查，以及准备出庭预案、公诉意见、量刑建议或者开庭预案、庭审提纲、拟写判决等工作，这样既可确保简易程序案件办理的专业化水平，统一司法标准，减少办案周期，又能大大减轻普通程序案件承办人的工作压力。相比而言，检察机关的专人办理机制整体上更加成熟些。2013 年，四川省就有 160 个基层检察院建立起了专

---

〔1〕 参见 2012 年《最高检规则》第 468 条。

〔2〕 参见吴俊明：“刑事案件简易程序集中审理制度完善的路径——以安徽芜湖、池州等地基层检察院的实际调研为视角”，载《法学杂志》2015 年第 5 期，第 97 页。

〔3〕 参见谢登科：“论刑事简易程序扩大适用的困境与出路”，载《河南师范大学学报（哲学社会科学版）》2015 年第 2 期，第 67 页。

〔4〕 参见王军、吕卫华：“《关于办理适用简易程序审理的公诉案件座谈会纪要》的理解与适用”，载《人民检察》2012 年第 21 期，第 21 页。

人办理机制。[1]在专人办理的具体形式上，各地略有不同。办案力量相对充足的地方如广东省增城市人民检察院、江西省安福县人民检察院、福建省莆田市人民检察院、山东省临沭县人民检察院等成立了专门的简易程序办案小组。而在办案小组内，很多司法机关会进一步对办案力量进行分工，比如根据简易程序案件的复杂程度、可能判处的刑期、涉及的罪名或者案件类型等将案件分给经验、特长、阅历不同的司法人员。也有的地方在办案组内分工时主要根据简易程序的工作环节，如有的检察院由专人负责被追诉人的提讯，[2]专人负责简易程序案件的书面审查工作，专人负责换押、告知、送达、系统内信息更新等事务性工作，专人负责出庭支持公诉等。北京市海淀区人民法院是法院系统简易程序审判庭组织模式改革的先行者。其早在 2002 年就成立了一个简易程序案件办案组，并实行“一审四助二书”模式，即一名独任法官，四名法官助理，二名书记员，负责审理北京市海淀区人民法院所有简易程序案件（当时还限于三年有期徒刑以下刑罚的案件）。[3]但是，有的地方由于办案人员数量较少，没有成立办案小组的条件，只能采取指定特定办案人员的做法。如湖南省通道县人民检察院、山东省平度市人民检察院、河北省广平县人民检察院指定一到两名检察官专门办理简易程序案件，[4]并采取集中告知、一并提审、集中汇报等增速提效的办案方式。而且，采用简易程序案件专人办理机制的司法机关通常都建立了专门办案人员的定期轮换机制。如安徽省池州市贵池区人民检察院公诉部门由于只有四名检察官，故而采取了每季度确定一名检察官专办可能判处三年有期徒刑以下刑罚的简易程序案件，专办检察官按季度轮换。[5]

简易程序案件专人办理机制的优势固然不容否认，然而在实施中也遭遇到一些制约因素。(1) 由于简易程序案件数量较大，专门办理简易程序案件的司法人员面临着巨大的办案压力，特别是在缺少办案要求和流程简化等配套制度支撑

---

[1] 参见张静：“对我国刑事简易程序的思考——以新刑事诉讼法实施为视角”，载《湖北警官学院学报》2013 年第 7 期，第 158 页。

[2] 山东省临沭县人民检察院的做法是：“指定专人集中提讯，犯罪嫌疑人在押的，到看守所集中提审；犯罪嫌疑人不在押的，通知其集中时间段来检察院接受讯问。”参见卢金增等：“山东临沭检察院实行专人集中办理简易审公诉案”，载 http://www.jcrb.com/procuratorate/jckx/201209/t20120921_952267.html，最后访问日期：2019 年 8 月 7 日。

[3] 参见王冬香：《刑事简易程序审判改革历程——刑事独任法官手记》，中国人民公安大学出版社 2007 年版，第 217 页。

[4] 参见李贵平、石旭：“通道县检察院简易程序办案提高司法效率”，载 http://www.0745news.cn/2015/1027/891455.shtml，最后访问日期：2019 年 8 月 7 日；张雪松：“平度检察院建立简易程序公诉案‘321 办案模式’”，载 http://news.bandao.cn/news_html/201310/20131009/news_20131009_2273955.shtml，最后访问日期：2019 年 8 月 7 日。

[5] 参见吴俊明：“刑事案件简易程序集中审理制度完善的路径——以安徽芜湖、池州等地基层检察院的实际调研为视角”，载《法学杂志》2015 年第 5 期，第 96 页。

的情况下，办理简易程序案件不一定比办理普通程序案件轻松。（2）多数推行专人办理机制的司法机关并未建立起公平合理的绩效考核标准和办法，难以协调办案人员与案件数量的关系，无法平衡办理不同类型案件的司法人员的付出与收益，容易挫伤办案人员的工作积极性。（3）专门办案人员长期固定，有利于专业化，但不利于利益平衡，也不利于专办人员办案素能的综合提升；而定期轮换虽然有利于公平考核和提高专办人员的综合素能，却不利于充分利用业务熟练、精深所产生的司法效能及专业化。（4）在速裁程序推行后，又产生了简易程序专办与速裁程序专办的协调整合问题。

3. 办案流程简化

《刑事诉讼法》及相关司法解释虽然规定了简易程序简化的基本原则，但过于抽象。各地司法机关为了充分发挥简易程序的功用，除了通过规模化、专人化提升简易程序案件办理的效率以外，也积极探索办案方法和流程的简化方法。概括起来，主要表现为以下三个方面。

一是简化办案程序。各地司法机关对简易程序案件采取了诸多促进全程简化的举措。审判阶段较为普遍的做法是：在庭前准备环节，灵活、快速送达起诉书副本和权利义务告知书，及时确认被告人的认罪态度及有关程序适用的意见，迅速分案并确定审判组织，可能判处 3 年有期徒刑以下刑罚的案件尽量采取独任制；庭审环节，法庭调查时简要宣读起诉书，如法庭核对的被告人身份和强制措施、前科等情况与起诉书一致的，公诉人可直接从“依法审查查明”部分宣读，公诉人根据具体案情决定简要讯问被告人、主要讯问量刑情节或者不讯问被告人，在举证时则采用打包举证或概括举证方式，对双方无异议的证据，仅就证据做简要说明。在广东省增城市等地，如被告人对起诉书指控的犯罪事实没有异议，且同意适用简易程序的，在公诉人宣读起诉书后可直接进入法庭辩论。〔1〕法庭辩论时，双方主要围绕疑点和争点简明扼要地发表意见，如双方对犯罪事实无争议的，公诉人可直接发表量刑建议。有的地方是先由被告人及其辩护人发表意见，需要公诉人答辩时才由公诉人发表答辩意见，否则，直接进入最后陈述阶段。〔2〕然后，由法官当庭作出判决。为了提高当庭判决数量，确保判决质量，有的地方摸索出“拟判结果预审制度”，即主办法官将部分需要审核的判决提前拟好意见提交审核，如庭审未出现特殊情况，则直接按拟判结果当庭宣判。〔3〕部分地区还充分利用现代信息技术，对简易程序案件尝试引入了远程视频审判方式，

---

〔1〕 参见杨安琪：“增城：三项措施创新简易程序案件办案模式”，载 http://www.gd.jcy.gov.cn/xwys/jccz/201304/t20130402_1080210.html，最后访问日期：2019 年 8 月 7 日。

〔2〕 参见杨安琪：“增城：三项措施创新简易程序案件办案模式”，载 http://www.gd.jcy.gov.cn/xwys/jccz/201304/t20130402_1080210.html，最后访问日期：2019 年 8 月 7 日。

〔3〕 参见周腾：《一线刑事司法理论与实证研究》（第二卷），广西民族出版社 2012 年版，第 411 页。

实现了羁押区与审判区的无缝对接，被告人直接在看守所羁押区接受审判，[1]再结合集中审理、简式开庭，大大节约了司法资源。在审查起诉阶段，在最高人民检察院《关于依法快速办理轻微刑事案件的意见（2007）》等的推动下，各地检察院普遍建立了简易程序案件的快速审查确认机制、办案时间节点控制机制、文书共享机制、案件审批流程的简化机制等多项保障机制，通过集中告知权利、快速确认适用程序、充分共享信息、简化听取意见、减少审批环节、严格流程控制等，缩短简易程序案件的办案时间。还有的检察院在听取辩护人、被害人意见的同时，会就案件定罪量刑等问题一并交换意见，或者向辩方提前出示举证提纲，以确保后续工作的简化进行。[2]

二是简化法律文书。即对移送起诉意见书、审查起诉报告、讯问笔录、起诉书、公诉意见书、程序适用决定书、权利告知书、独任审理告知书、判决书等做简约化、格式化处理，减轻办案人员工作负担。有的地方如河北省广平县人民检察院，强调法律文书内容的适度简化、有所侧重，讯问笔录重点记录有罪供述的稳定性、一致性及对程序适用的意见，审查起诉报告重点摘录主要犯罪事实及核心证据，而公诉意见书则重点阐述量刑情节，[3]力求兼顾简易程序案件审查起诉工作的质量和效率。也有的地方，如山东省平度市人民检察院、山东省临沭县人民检察院等，为简易程序案件审查起诉报告、讯问笔录、公诉意见等法律文书制作了统一模板，采取格式化套打，承办人只需通过“填空”的方式即可快速完成，减少了重复工作量。[4]

三是公安司法机关之间的有效衔接。简易程序案件办理的简约化仅仅靠一个机关、一个阶段很难实现，集中审理必须建立在集中审查起诉乃至集中移送审查起诉的基础上，应判缓刑的被追诉人如果没有在审前做好调查评估，审判阶段也很难集中审理、当庭宣判，为此，各地法检公三家（有的地方还有司法行政部门）会签轻微刑事案件快速处理意见的不在少数。这些意见名称各异，但主旨是一致的，那就是，加强三机关在简易程序案件办理中的工作对接和沟通反馈，构建无缝对接的联动工作机制，统一认识，统一标准，从源头抓“轻”“快”。[5]当然，有效衔接不仅是工作机制上的、形式上的对接，也可以是处理方案上的、定罪量

---

〔1〕 参见林振华：“莆田市检察机关简易程序刑事案件集中办理机制初探”，载 https://news. sina. com. cn/o/2016-08-26/doc-ifxvitex9006287. shtml，最后访问日期：2019 年 8 月 7 日。

〔2〕 参见山西省大同市平城区人民检察院：“城区院创新工作机制助推简易程序案件提速增效”，载 http://www. datongcq. jcy. gov. cn/zthd/201508/t20150825_ 1667144. shtml，最后访问日期：2019 年 8 月 7 日。

〔3〕 参见河北省广平县人民检察院：“广平县院实化四项举措创新简易程序案件办理模式”，载 http://www. heguangping. jcy. gov. cn/jcyw/201410/t20141024_ 1487570. shtml，最后访问日期：2019 年 8 月 7 日。

〔4〕 参见卢金增等：“山东临沭检察院实行专人集中办理简易审公诉案”，载 http://www. jcrb. com/procuratorate/jckx/201209/t20120921_ 952267. html，最后访问日期：2019 年 8 月 7 日。

〔5〕 参见周腾：《一线刑事司法理论与实证研究》（第二卷），广西民族出版社 2012 年版，第 411 页。

刑意见上的协调一致。其实，不少地方所推行的简易程序量刑建议规则就是一套效果不错的提速增效措施。譬如，山东省平度市人民检察院等要求，简易程序案件承办人必须提出量刑建议，制作量刑建议书，随案卷材料一并移送法院。而且，量刑建议必须提出明确、具体的量刑幅度和执行方式。据报道，2013 年 5—10 月该院办理了 70 余起简易程序案件，提出的量刑建议全部被法院采纳。[1]量刑裁判对量刑建议的高度认可，不仅有利于激励被追诉人更早认罪，稳定被追诉人的有罪供述，兑现宽严相济的刑事司法政策，提高司法威信，也进一步减少了庭审争点，提升了审判效率，降低了上诉率，可谓一举多得。该举措事实上也得到了 2018 年《刑事诉讼法》的认可，融入到了认罪认罚从宽制度中的量刑建议机制中。

（三）刑事简易程序的实施成效与问题

二十多年来，刑事简易程序在实践中的运行态势总体向好，在兼顾刑事案件处理的公正与效率方面日益进步。首先，刑事简易程序的适用促进了繁简分流，优化了司法资源配置，缓解了案多人少的矛盾，大大提高了诉讼效率。自刑事简易程序入法以来，大多数法院简易程序的适用率有不同程度的增长，特别是 2013 年以后，各地法院简易程序的适用率一般都保持在 60%以上。在速裁程序产生以前，简易程序基本上可以应对绝大多数简单案件。各地司法机关以简易程序为基础，普遍建立起了轻微刑事案件快速处理机制，通过集中移送、集中审查、集中审理，以及简案专办、简案快办、简化流程，大幅缩短了庭审时间和结案周期，减少了案件积压，而且，简易程序案件的当庭宣判率不断提高，上诉率和抗诉率也长期维持在较低水平，在不断提升人均结案量的同时，司法人员也可以从处理简单案件繁杂的重复性劳动中解脱出来。其次，刑事简易程序的适用并没有明显降低相关案件的办案质量。从最高人民法院发布的评估指标看，2010—2014 年，在简易程序适用率不断提升的情况下，人民法院的案件质量综合指数和公正指数稳中有升（见表 14-6）。之所以如此，与司法机关对简易程序适用条件特别是事实条件的严格把握有关，与不放松简易程序案件的证明标准有关，与对公诉人出庭的强调有关，与对被追诉人认罪自愿性和真实性审查的日益重视有关，与司法机关对轻微刑事案件质量的经常性的自查自纠、评估考核、总结经验有关，当然，也与检察机关对简易程序案件办理过程的持续有效的法律监督有关。而且，从资源配置的角度看，正是大量简单案件的高效办结，才确保了司法机关有更多精力实现疑难复杂案件的公正处理。最后，刑事简易程序适用中的人权保障水平

---

[1] 参见张雪松：“平度检察院建立简易程序公诉案‘321 办案模式’”，载 http://news.ban-dao.cn/news_html/201310/20131009/news_20131009_2273955.shtml，最后访问日期：2019 年 8 月 7 日。

不断提升。简易程序案件的审前羁押率不断下降，不捕直诉率逐年提高，[1]缓刑适用率不断提升，被追诉人的程序选择权得到了一定程度的尊重，而简易程序案件的刑事和解率、附带民事诉讼调解率均稳步增长。事实表明，简单案件从速从轻并且在一种非对抗的氛围中得以处理，不仅有利于化解社会矛盾，促进社会和谐，还更加有利于维护当事人的实体利益和诉讼权利。

表 14-6 法院办案质量指数变化情况一览表（2010—2014 年）[2]

年度 指数	2010	2011	2012	2013	2014
质量综合指数	87.26	88.79	89.34	90.75	90.55
公正指数	87.60	89.46	89.24	90.12	90.18
效率指数	86.61	87.54	89.53	91.93	91.24

然而，调研发现，刑事简易程序在实施中还存在一些问题。在这些问题中，有些是自简易程序入法以来就一直存在的，有些则是 2012 年《刑事诉讼法》颁行之后才产生的。这些问题的存在，极大地制约了刑事简易程序的实施效果。

1. 简易程序不简易

简易程序实际运行中的简易度还不够，出现“简而不‘简’”“简而不‘易’”“‘易’而不‘简’”“‘简易’而不‘减’”等一系列问题，[3]难以满足对简易程序繁简分流功能的现实期待。除了立法上的不足外，目前，妨碍简易程序简易度的实践因素主要包括：（1）侦查环节简化难。就整体诉讼模式而言，在侦查阶段区分一个案件可能适用的审判程序意义不大，因为，简易程序案件并未降低定案的证明标准，不管是轻微案件，还是严重案件，不管一个案件在审判阶段适用何种诉讼程序，在提请批准逮捕和移送审查起诉时均遵循一样的事实条件和证据要求，在侦查取证工作上几乎没有实质差别。而且，公安机关也不够重视简易程序适用或者从宽处罚对于被追诉人的认罪激励，[4]在获取有罪供述时，

---

〔1〕 参见潘金贵等：《轻微刑事案件快速办理机制研究》，中国检察出版社 2015 年版，第 188 页。

〔2〕 参见严戈、袁春湘：“2014 年全国法院案件质量评估分析报告”，载《人民司法》2015 年第 9 期，第 82 页；严戈、袁春湘：“2012 年全国法院案件质量评估分析报告”，载《法制资讯》2013 年第 9 期，第 36-37 页；佟季、袁春湘：“全国法院 2011 年案件质量评估情况报告”，载《人民司法》2012 年第 11 期，第 47 页；佟季、黄彩相：“2010 年全国法院案件质量评估分析报告”，载《人民司法》2011 年第 13 期，第 68 页。

〔3〕 谷芳卿：“简易程序的‘简’与‘易’”，载 http://www.360doc.com/content/16/1215/11/22741532_614863752.shtml，最后访问日期：2019 年 8 月 11 日。

〔4〕 参见孙展明：“论认罪认罚从宽制度在侦查阶段的构建”，载《湖南警察学院学报》2018 年第 4 期，第 89 页。

依然主要依赖“如实回答义务”为核心的强制型取供机制，也就是说，认罪并未充分发挥出对侦查工作的简化功能。而侦查环节在我国刑事诉讼整体资源耗费中占比较大，特别是在我国尚未彻底实现从侦查中心到审判中心的诉讼制度转型之前。如果侦查环节不能有效简化，简易程序的简化效果便可想而知。就具体案件而言，部分侦查人员业务粗糙、责任心不强，可能将案件做成“夹生饭”，极易引起翻供和程序倒流，案件很难适用简易程序，即便适用，也需转化为普通程序；而发案的随机性，导致侦查机关很难集中移送案件，使得后续的集中办理缺乏可操作性。(2) 审查起诉和庭外工作耗费时间。首先，司法机关对案件的内部审批把关耗费时间。虽然适用简易程序，但是有些案件还要报庭长、分管院长、审委会，尤其是拟判处缓刑、免予刑事处罚的案件，这必然会制约审判效率，与简易程序本身的要求和目标相违背。其次，社区矫正所需要的社会调查报告也会延缓简易程序，甚至使简易程序变得复杂。现在实行社区矫正，包括判缓刑，都要求判断被告人是否还有再犯的危险。这就需要社会评估机构，特别是司法局、司法所出具一个报告。有时候法院已经对被告人确定了缓刑，但是需要等到评估报告来了之后，才能作出裁判，这就给简易程序的审理带来了时间上的压力。有时简易程序的 20 天审限可能还不够用，导致被迫转为普通程序。再次，附带民事诉讼的调解也可能影响效率。附带民事诉讼的调解工作头绪多、任务重，再加上调解结果的不确定性，不少刑事附带民事诉讼案件很难在法律规定的时限内办结。为此，个别法院甚至将刑事附带民事诉讼案件视为法律中“其他不宜适用简易程序审理的”情形。此外，简易程序案件也需要看卷、写审理报告等，要花不少时间。有法官甚至提出，只要法官需要对案卷负责，简易程序就很难真正简易。[1] (3) 庭审程序“一刀切”，对于部分案件而言还有简化空间。刑事简易程序适用的案件范围非常广，但刑事简易程序的运行方式是一元化的，不管案件的严重程度，不管当事人是否认罚，不管有没有辩护律师，不管案情是否简单，一律采取的是简化普通程序的方式，而不能采取跳跃或省略的简化方式。[2] 这显然会导致司法资源的浪费。可以说，速裁程序的设立主要就是针对简易程序的这一缺陷。

2. 过度简化

有些地方对办案程序的简化已经超过合理限度，突破了公正底线。过度简化与简易程序不简易两种现象看似矛盾，其实并不相互排斥，甚至可以同时存在，

---

〔1〕 参见孙长永、闫召华：“新刑诉法实施情况调研报告（2015）”，载孙长永主编：《刑事司法论丛》（第 3 卷），中国检察出版社 2015 年版，第 501-502 页。

〔2〕 参见孔令勇：“诉讼程序的‘压缩’与‘跳跃’——刑事简易程序改革的新思路”，载《北京社会科学》2017 年第 3 期，第 40 页。

概而言之就是，当简却繁，不当简却简。1996年《刑事诉讼法》规定，法院适用简易程序审理公诉案件，检察院“可以”不派员出庭。虽然法律规定的是“可以”，但实践中几乎没有公诉人出庭，导致简易程序庭审全部变为了双方构造，直接影响到举证、质证的质量和辩护的效果。鉴于此，2012年《刑事诉讼法》转而要求，适用简易程序审理公诉案件，检察院必须派员出庭支持公诉。该要求虽然从理论上看似乎可以确保简易程序案件庭审构造和庭审环节的完整性，提高庭审质量，强化审判监督，然而，调研发现，公诉人出庭形式化的现象相当严重。在部分法官看来，要求公诉人必须出庭的形式意义远大于实质意义，并未有效增强庭审的公正性和对抗性。这是因为，公诉人即便出庭，举证时通常也只是简单说明，辩论时也是能省则省，部分公诉人在法庭上惜字如金，辩方质证和辩论依然没有方向，而法官对于证据的认证也不可能只是通过短暂的庭审完成。特别是在部分推行专职公诉人或值班公诉人的地方，公诉人与承办人分离，公诉人根本不了解案情，出庭只是走过场，与不出庭的效果并无二致。[1]此外，有些地方对简易程序案件办案程序特别是庭审程序一味简化，甚至应付了事，“如机械流水作业般草草处理案件的方式”，[2]不仅不会实现简易程序的初衷，还有损法律的尊严。还有些地方片面追求简易程序案件的当庭宣判率，特别是2007年最高人民法院在《关于加强人民法院审判公开工作的若干意见》中鼓励当庭宣判后，不少法院的当庭宣判率呈现飙升态势，个别基层法院的当庭宣判率甚至一度达到100%。[3]陕西省某县人民法院曾给各审判庭下达当庭宣判率要达到60%以上的指标，未达标者年终考核一票否决。据报道，实行该考核办法后，该院的当庭宣判率从最初的20%左右直接提升到65%以上。[4]但问题是，当庭宣判的案件绝大多数并不是法官真正地通过庭审形成内心确信并作出判决，往往是先通过阅卷形成判决意见，甚至已经按照内部程序完成审批，当庭宣判变成了“先定后审”，庭审完全流于形式。不可否认，适用简易程序审理的案件主要都是简单案件，特别是2012年《刑事诉讼法》颁行后，适用简易程序的都是“认罪”和“事实清楚、证据充分”的案件。但是，证据是否“确实”，认罪是否真实、自愿，如何量刑等，这些重要问题依然需要庭审完成，简化乃至省略解决这些重要问题的庭审环节，无疑是以牺牲公正的方式换取效率，必然影响案件

---

〔1〕 参见李海玲：“新刑事诉讼法简易程序实施情况的观察与分析”，载《阴山月刊》2015年第1期，第96-97页。

〔2〕 许秀立：“简易程序不可过度简化”，载《检察日报》2013年12月1日，第3版。

〔3〕 参见王润明、王大崇：“初论刑事当庭宣判的改革”，载 http://cdfy. chinacourt. gov. cn/article/detail/2010/01/id/572139. shtml，最后访问日期：2019年8月12日。

〔4〕 参见吴晓文：“增加审判透明度 提高当庭宣判率”，载 http://chxfy. chinacourt. gov. cn/article/detail/2009/12/id/4448526. shtml，最后访问日期：2019年8月12日。

质量。

3. 权利保障不力

其一，不能有效保障被追诉人认罪及同意简易程序适用的收益权。简易程序的适用以被追诉人认罪与无异议为前提，也就是说，简易程序对诉讼效率的提升，是以被追诉人对指控的某种程度上的配合，以及放弃部分诉讼权利为代价的，从诉讼法理上讲，给予其适当的量刑补偿是合理的，这在域外也是通例。然而，2009 年以前，刑事诉讼法及相关司法解释对此只是笼统规定可以从轻处罚。2009 年《人民法院量刑指导意见（试行）》要求，对于自愿认罪并适用简易审的，应根据犯罪的性质、罪行的轻重以及悔罪表现等情况确定从宽的幅度。虽然还是没有明确标准，但毕竟指明了原则。然而，遗憾的是，最高人民法院随后的几版量刑指导意见又删除了上述规定。实践中，简易程序案件中被告人认罪及同意程序适用对案件实体处理影响不大，特别是同意程序适用，“基本没有任何影响”。〔1〕而且，从简易程序案件强制措施适用情况看，虽然自 1996 年至今，简易程序案件中被追诉人的逮捕率呈现逐年下降趋势，但目前依然保持在 50%以上，只是略低于普通程序案件。这意味着，长期以来，被追诉人是否认罪、案件是否适用简易程序并不是司法机关审查逮捕时考虑的关键因素，多数简易程序案件中的被追诉人也需要在羁押中等待起诉和判决。但事实上，“认罪不仅会直接降低羁押的必要性，其非羁押化也符合社会交换理论，体现司法宽容精神，并能够在整体上提高诉讼经济”。〔2〕更何况，被追诉人还放弃了适用普通程序的权利。简易程序案件被追诉人的高羁押率不仅不符合强制措施适用之比例原则和谦抑原则的要求，也提高了“刑期倒挂”的风险，限制了案件办理的整体速度和人权保障水平。其二，不能充分保障被追诉人的辩护权。一方面，简易程序案件中辩护人特别是辩护律师参与率较低，在部分地区尚不足 10%，〔3〕辩护人的出庭率更低。之所以如此，主要是因为简易程序案件均属认罪案件，且多属简单轻微案件，即使被追诉人也多认为没有委托辩护人的必要性。因此，在较少的有辩护律师参与的案件中，有相当一部分属于法律援助辩护，委托辩护的特别少，〔4〕其辩护效果不够理想。另一方面，大多数被告人文化水平低，法律知识也极为有限，自行辩护能力较差，在缺少辩护人的情况下，很难针对公安司法机关的材料或者相关处理提出有效的辩护意见。其三，不能真正保障被追诉人的程序否决权

〔1〕 刘玫、鲁杨：“我国刑事简易程序再思考”，载《法学杂志》2015 年第 11 期，第 15 页。

〔2〕 闫召华：“‘从速兼从宽’：认罪案件非羁押化研究”，载《上海政法学院学报（法治论丛）》2017 年第 3 期，第 82 页。

〔3〕 参见周腾：《一线刑事司法理论与实证研究》（第二卷），广西民族出版社 2012 年版，第 420 页。

〔4〕 参见杨宇冠：“我国刑事诉讼简易程序改革思考”，载《杭州师范大学学报（社会科学版）》2011 年第 2 期，第 24 页。

和自愿认罪权。实践中，绝大多数司法机关至少在形式上都能贯彻告知被追诉人权利及相关法律规定的要求，而告知的方法通常是书面告知或者念稿式发问，被告人直接签字或者回复“同意”或“没有意见”，整个过程非常迅速。在这个过程中，司法者不一定真正关注告知的内容是否详尽合理，被追诉人是否真正理解相关内容，被追诉人是否获得了有效的法律帮助，被追诉人作出选择时是否知悉必要的证据信息，被追诉人是否理解自己决定的法律后果。如果考虑到简易程序案件辩护人的参与率、程序简化的程度、集中办理模式的规模化特点、认罪及程序选择自愿性判断的复杂性，以及案累之下司法者从速结案的心态，对上述问题恐怕都很难作出肯定性的回答。

4. 程序启动与转化中的职权滥用

上已述及，在简易程序的适用率上存在较为明显的地区差异。在某直辖市，2013 年基层法院简易程序平均适用率达到了 81.87%，其中，部分基层法院适用简易程序案件比例甚至能达到 88.1%、91.1%。[1]然而，在另外一些地方，同时期简易程序的适用率却非常低，仅有 10%左右，个别地方竟无一例简易程序适用。[2]而检察院、法院在简易程序启动环节的协调上，有的地区检察院、法院配合非常默契，检察院建议启动的，法院一般都会采纳，法院建议或决定采用，检察院也均没有异议。[3]而在另一些地区，检察院、法院对简易程序适用条件的理解差异较大，对于检察院的启动建议，法院多数拒绝，极个别地方法院的拒绝率甚至高达 80%。[4]有学者在对东三省简易程序适用情况调研后发现，上述地区性差异并不是全部由案件数量、案件类型等客观因素所决定的，因为在某些案件类型结构类似的地区，简易程序的适用却呈现出“反分布态势”，即案件数量多、案多人少矛盾突出的地区，简易程序适用率反而比较低，而案件数量少的地区，简易程序适用率却比较高。[5]至少在部分地区，真正决定简易程序适用率的是司法主体的主观因素，即基层司法机关的政策导向和考核指标，以及司法者对简易程序的个体认识。据调查，2013 年 J 省 J 市 L 区法院之所以出现 2013

---

〔1〕 参见李海玲：“新刑事诉讼法简易程序实施情况的观察与分析”，载《阴山月刊》2015 年第 1 期，第 93 页。

〔2〕 参见贾志强、闵春雷：“我国刑事简易程序的实践困境及其出路”，载《理论学刊》2015 年第 8 期，第 101 页。

〔3〕 参见张静：“对我国刑事简易程序的思考——以新刑事诉讼法实施为视角”，载《湖北警官学院学报》2013 年第 7 期，第 156 页；耿景仪：“刑事简易程序的适用及问题研究”，载陈光中、江伟主编：《诉讼法论丛》（第 1 卷），法律出版社 1999 年版，第 140 页。

〔4〕 参见贾志强、闵春雷：“我国刑事简易程序的实践困境及其出路”，载《理论学刊》2015 年第 8 期，第 105 页。

〔5〕 谢登科：“论刑事简易程序扩大适用的困境与出路”，载《河南师范大学学报（哲学社会科学版）》2015 年第 2 期，第 65 页。

年全年简易程序零适用，主要是因为该院刑庭法官排斥简易程序，在他们看来，简易程序简化了庭审环节，加大了错案风险，而在错案终身追责制下，产生错案对自己有重大消极影响。[1]这显然是对简易程序的误解和偏见，但这恰恰反映出检察院、法院近乎垄断性地掌握着简易程序适用的权力，而被追诉人的否决权难以形成对该职权的有效牵制。此外，实践中，司法机关滥用程序转化权的情形也时有发生。如有的法官仅因感觉到审限紧张就决定转化为普通程序；也有的法官为了故意利用“简转普”重新计算审限的规定，对本来不符合简易程序适用条件的案件先启动简易程序，然后，再择机转化为普通程序；[2]还有的法官只要被告人或辩护人在法庭上针对指控事实提出任何辩解或异议，就一概转为普通程序。[3]

三、刑事简易程序的发展前瞻

2018 年《刑事诉讼法》刚刚颁行，该法并未对刑事简易程序有任何改动，因此，短期内对刑事简易程序做大的立法调整几乎是不可能的。但是，从长远来看，刑事简易程序想要获得更大的生命力，就必须针对实施中暴露出的问题，推动必要的制度完善。

具体而言，首先，要实现简易程序的全流程简化。简易程序不应仅仅局限于对审理程序特别是庭审程序的简化，而应囊括审判阶段的审前准备及审后程序，当然，还应建立审查起诉阶段、侦查阶段的简易程序适用机制（或简易程序适用准备机制）。目前的一些司法解释和各地的探索实践中虽然均涉及对审前程序和庭下工作的简化，但《刑事诉讼法》中没有明确的规定，审前程序简易化探索处于“于法无据”的尴尬境地。而且，从整体上看，当前的审前程序简化机制思路简单，偏重于期限限制和规模化，尚未真正结合简易程序案件的特点，设计出合理、灵活的简化办理程序。而且，除了探索集中移送审查起诉外，多数地区对侦查阶段如何处理符合简易程序适用条件的案件尚无系统方案，这也反过来导致集中移送很难实现。

其次，通过一些具体规则和标准，明确简易程序简化的底线。“刑事简易程序真正生命力的源泉在于，大幅度提高诉讼效率是在确保或基本确保诉讼公正的前提下达成的。”[4]诚然，我国的刑事诉讼模式和理念与域外有所不同，因此，不能简单地以控辩平等、法官中立等作为我国刑事简易程序的底线。层层把关式

---

〔1〕 谢登科：“论刑事简易程序扩大适用的困境与出路”，载《河南师范大学学报（哲学社会科学版）》2015 年第 2 期，第 65 页。

〔2〕 参见赵学军：“刑事简易程序启动与转化的程序规制”，载《天津法学》2014 年第 3 期，第 86 页。

〔3〕 参见徐松青、张华：“修正后刑事简易程序实务研究”，载《法律适用》2012 年第 6 期，第 70 页。

〔4〕 马贵翔：《刑事简易程序概念的展开》，中国检察出版社 2006 年版，第 72 页。

的诉讼模式和惩罚犯罪、保障人权并重的刑事诉讼目的观决定了，我国刑事简易程序的底线至少有两条：一是不能妨碍查明案件事实。查明案件事实是适用简易程序的前提条件。二是不能强制性地恶化被追诉人的权利境遇，或者说，不能以单方面地限制被追诉人的诉讼权利为代价，换取对犯罪的快速惩治，因为，这既不符合基本的诉讼法理，也不符合我国刑事诉讼程序“尊重和保障人权”的发展方向。必须遵守以上两个底线，同时，对程序简化乃至公正保障的具体规则不宜“一刀切”。以公诉人出庭为例，从一概不出庭到每案必须出庭，很难说不是从一个极端走向另一个极端。其实，2012 年修改《刑事诉讼法》时，就有不少人大代表质疑，一概要求公诉人出庭违背了简易程序改革的价值取向，反而会降低诉讼效率。〔1〕而且，部分地区公诉人出庭的试点和实施的结果也比较复杂，“很难简单地认定程序公正与诉讼效率都得到了显著改善或者明显退步”。〔2〕

再次，完善当事人的权利保障规定。对于被追诉人而言，最重要、最核心的权利就是辩护权。在不能获得有效的法律帮助的情况下，被追诉人通常很难理解指控的犯罪事实和同意程序适用的法律意义进而作出自愿、明智的决定，可能影响简易程序的公正性。针对当前简易程序辩护人参与率低这一问题，首先应当认真落实值班律师制度，在被追诉人没有能力聘请辩护人的情况下，应当确保有值班律师提供法律帮助，只有在值班律师的见证下，才能完成被追诉人是否同意简易程序适用的确认程序。在条件成熟时，实现简易程序中值班律师的辩护人化，提高法律帮助的有效性。此外，还应在制度上体现对简易程序中被害人合法权益的保护。法律应当要求专门机关在各个程序环节注意听取被害人及其诉讼代理人的意见，并将其意见及被追诉人与被害人的赔偿、谅解、和解等情况作为程序决定和实体处理的考量因素之一。

最后，增强被追诉人的程序参与，加强对简易程序启动、推进和转化中的职权行为的监督。可以说，在未来相当长的时期内，简易程序推进中的职权主导还是符合我国实际的。但是，有必要强化被追诉人在简易程序运行中的程序参与，从而增强程序的民主性和程序简化的正当性。当前，被追诉人仅对简易程序的适用有消极的否决权——简易程序适用条件中要求的“被告人对适用简易程序没有异议”。而且，受制于自身水平及较低的辩护人参与率，该消极的否决权都很难有效行使。因此，当务之急，通过提高辩护人的参与率，促进异议权的实质化。适时将“被告人对适用简易程序没有异议”修改为“适用简易程序必须征得被告人同意”，将消极否决权改为积极否决权。同时，增加被追诉人的申请适用简

---

〔1〕 参见李小健：“优化审判程序：公正与效率兼顾”，载《中国人大》2011 年第 18 期，第 25 页。

〔2〕 左卫民：“简易程序中的公诉人出庭：基于实证研究的反思”，载《法学评论》2013 年第 4 期，第 103 页。

易程序权以及建议转化普通程序权，以使被追诉人享有的程序选择权更加完整。[1]被追诉人有效的程序参与不仅有利于维护其自身权益，还可以构成对职权行为的有力制约。当然，检察机关强化法律监督，也是防范简易程序推进中的职权滥用的重要途径。

值得强调的是，在认罪认罚从宽制度不断完善的大背景下，刑事简易程序如果想要发挥出更大的作用，就必须在基本定位和整体设计层面进一步梳理好以下三重关系，以更好地融入认罪案件快速处理程序体系。

其一是简易程序与速裁程序的关系。速裁程序的出现已经在一定程度上弥补了刑事简易程序一元化的弊端，形成了速裁程序——简易程序——普通程序的诉讼程序体系。然而，除了适用范围和简化程度方面存在有利于体系形成的差异外，速裁程序与简易程序在基本的简化思路上还存在一些差异，比如前者贯彻全程简化，后者在立法层面只是侧重审理程序简化，这在客观上会妨碍我国认罪案件快速办理程序体系的严整性。而且，即便加入了速裁程序，我国认罪案件快速办理的程序体系依然略显单一。实践中，认罪案件的形态是多样化的，至少包括五类，即基层法院管辖的被追诉人认罪认罚且可能判处三年有期徒刑以下刑罚的案件，基层法院管辖的被追诉人认罪认罚且可能判处三年有期徒刑以上刑罚的案件，基层法院管辖的被追诉人认罪不认罚的案件，超出基层法院管辖范围的认罪认罚案件，超出基层法院管辖范围的认罪不认罚案件，而不同形态的认罪案件在诉讼程序的简化程度上理应有所分别。但显然，目前简易程序的制度设计尚未充分顾及这些因素。

其二是简易程序与认罪认罚从宽制度中从宽规则的关系。以从宽激励被追诉人自愿认罪和同意程序简化是认罪认罚从宽制度的基本精神。而从宽的兑现机制也是认罪认罚从宽制度的核心模块，能否建立起可靠的从宽兑现机制关系到被追诉人认罪认罚利益的确定性，从根本上决定着认罪认罚从宽制度能否有效运行。刑事简易程序中的从宽机制也是广义上认罪认罚从宽制度的必要组成部分。而在设计简易程序中的从宽机制时需要遵循下列原则：（1）简易程序中的从宽是可以从宽，而非绝对从宽，司法机关在决定是否从宽时需要综合权衡被追诉人个体情况、案件事实及案件的社会影响等因素。（2）简易程序中被追诉人的从宽幅度应与速裁程序中的被追诉人以及普通程序中认罪的被追诉人有所区分。（3）合理把握从宽限度，贯彻罪责刑相适应，体现宽严相济，不能过度从宽。（4）根据被追诉人认罪和同意程序适用的阶段或时点区分从宽幅度是合理的，即应建立所谓的"阶梯式从宽"量刑机制。唯有如此，才有可能使从宽变为认罪的有效激励，而

〔1〕参见杨宇冠、刘晓彤："刑事诉讼简易程序改革研究"，载《比较法研究》2011年第6期，第92页。

不仅仅是同意程序适用的激励。（5）通过司法解释明确简易程序案件认罪从宽的标准，防止恣意、任情从宽，保证司法机关对被追诉人从宽承诺的切实兑现。

其三是简易程序与正当程序的关系。效率的确是简易程序重要的价值追求，但这并不意味着简易程序否定了正当程序的基本理念，即以正当的程序制约国家刑罚权的滥用。“二战”后，刑事案件快速增长与司法资源有限性的矛盾日益突出，世界各国出现了正当程序简易化的趋势，简易程序迅猛发展，其地位也越来越重要，不少国家开始以简易程序解决绝大多数刑事案件。但是，在任何时候，刑事程序对效率的追求都不能妨碍正义目标的实现，实现程序的经济性不能以牺牲公正与人权为代价，否则就是本末倒置。因此，各国为了确保简易程序不损害正义，保证程序简化的正当性，通常都对简易程序规定有严格的适用范围和条件、全面的保障规则、健全的救济机制。我国在设计简易程序时也理应如此，必须明确规定一些底线规则。而且，尤须注意的一点是，我国亟待重视的不仅仅是简易程序本身的正当性问题。我国创立简易程序的制度背景与国外并不完全相同。国外通常都是在完成程序的正当化之后再来推进正当程序的简易化，是由繁入简的。而我国则是由简到简，普通程序已经非常简单，在此之外又创立了更简单的简易程序和速裁程序。故而，在1996年“简易程序”入法时，刑事诉讼法修改研究小组也“都希望把普通程序修改得接近现代刑诉普通程序的发展水平”。[1]“很难想象在没有成熟的普通程序的前提下能产生科学的简易程序。”[2]可以说，普通程序的正当化是简易程序完善的基石。

（撰稿人：闫召华）

---

〔1〕 李新建：“简易程序的选择和设计及问题”，载《政法论坛》1994年第4期，第90页。

〔2〕 刑事简易程序研究课题组：“刑事简易程序扩大适用问题研究”，载《华东政法大学学报》2011年第3期，第86页。

第十五章 刑事第二审程序

目 次

刑事第二审程序，是第二审法院依据控辩双方的上诉、抗诉，针对一审刑事判决或裁定尚未发生法律效力的案件进行再次审理的诉讼程序，它对于维护控辩双方合法权利、确保刑法正确适用，保障无辜者不受追究具有十分重要的意义。我国自1979年制定新中国第一部《刑事诉讼法》开始，刑事二审程序即成为历次《刑事诉讼法》的重要内容，40年来其制度变迁及实践探索过程，从一个细微侧面生动诠释了“中国之治”的伟大历程。

一、刑事第二审程序的立法演变

（一）1979年《刑事诉讼法》关于第二审程序基本框架的构建

1979年《刑事诉讼法》第三编第三章专章规定了第二审程序，用15个条文构建起了我国刑事第二审程序的主体框架，此后《刑事诉讼法》虽然历经1996年、2012年、2018年三次修改，但1979年《刑事诉讼法》关于第二审程序的主体结构并没有发生重大变化。该法关于刑事第二审程序的规定主要包括以下内容。

1. 启动条件

现代司法审判遵循“不告不理”原则，无诉讼，则无审判。1979年《刑事诉讼法》第129条规定，当事人或者其法定代理人、经被告人同意的辩护人和近亲属，不服第一审判决或裁定，可以采用书面或口头方式向上一级法院上诉。附带民事诉讼当事人及其法定代理人，可以对第一审判决或裁定中的附带民事诉讼部分上诉。第130条规定，地方各级检察机关认为本级法院第一审判决或裁定确有错误时，应当向上一级法院提出抗诉。第132条、第133条规定，当事人上诉可以向原审法院提出，也可以向第二审法院提出；检察机关的抗诉必须通过原审法院提出，同时抄送上一级检察院，上级检察机关可以撤回抗诉。第131条规定，针对判决的上诉和抗诉期限为10日，针对裁定的上诉和抗诉期限为5日。[1]简要概括上述规定，即对于一审判决和裁定，控辩双方都可以启动第二审程序，但名称不同，被告人为上诉，检察机关为抗诉；被告人实行“无因上诉”，只要不服即可以启动二审；检察机关实行“有因抗诉”，只有发现一审裁判“确有错误”才可以启动二审，上级检察机关对此要进行审查；被告人可以口头表达不服，也可以选择书面表达，可以通过原审法院上诉，也可以选择直接到二审法院上诉，但检察机关必须向原审法院提出书面抗诉书才能启动二审程序，既不能口头抗

[1] 1979年《刑事诉讼法》第56条规定，当事人由于不能抗拒的原因或者有其他正当理由而耽误期限的，在障碍消除后5日以内，可以申请继续进行应当在期满以前完成的诉讼活动，是否准许，由法院裁定。

诉，也不能直接到二审法院抗诉。

2. 审理范围

1979年《刑事诉讼法》第134条规定，二审法院应当就一审判决认定的事实和适用法律进行全面审查，不受上诉、抗诉范围的限制；共同犯罪只有部分被告人上诉的，二审法院应当对全案进行审查，一并处理。也就是说，二审程序在启动之前会遵循原审控辩双方的意思表示，但一旦启动，其审理范围不再受控辩双方的约束，而是会覆盖一审的全部被告人、认定的全部事实、全案的法律适用以及原审审判程序是否合法等内容。立法人员认为，二审法院“既重实体也重程序审查，体现了对案件高度负责的精神，有利于最大限度地发现第一审判决存在的错误，维护司法公正”。[1]

3. 审理方式

1979年《刑事诉讼法》没有明确规定二审的审理方式，但在第135条指出，抗诉案件或者二审法院要求检察院派员出庭的案件，同级检察院应当派员出庭，法院必须在开庭10日前通知检察院阅卷。据此，二审案件分为开庭审理和不开庭审理两种方式，抗诉案件必须开庭，上诉案件是否开庭由二审法院自由裁量；对于抗诉案件以及开庭审理的上诉案件，检察机关的阅卷期限为10日；其他不开庭审理的上诉案件，法院可以不通知检察机关阅卷。

4. 裁判方式

1979年《刑事诉讼法》第136条规定，第二审法院对上诉、抗诉案件进行审理以后，对于认定事实和适用法律正确、量刑适当的，用裁定驳回上诉或抗诉，维持原判；对于认定事实没有错误，但适用法律有错误，或者量刑不当的，应当改判；对于事实不清或证据不足的，可以在查清事实后改判，也可以用裁定撤销原判，发回原审法院重新审判。第138条规定，对于一审法院违反法律规定的诉讼程序，可能影响正确判决的，二审法院应当撤销原判，发回原审法院重新审判。第140条规定，对于一审裁定的上诉或抗诉，二审之后的裁判方式参照上述规定。

5. 上诉不加刑原则

1979年《刑事诉讼法》第137条规定：“第二审人民法院审判被告人或者他的法定代理人、辩护人、近亲属上诉的案件，不得加重被告人的刑罚。人民检察院提出抗诉或者自诉人提出上诉的，不受前款规定的限制。”这一规定确立了我国刑事诉讼中的上诉不加刑原则，对于保障被告人的上诉权、维护两审终审制的正确实施具有重要意义。根据当时的学界主流意见，对于只有被告人一方提出上诉的案件，二审法院既不能直接改判加刑，也不能以原判决事实不清、证据不足

[1] 郎胜主编：《中华人民共和国刑事诉讼法释义》，法律出版社2012年版，第479-480页。

为由发回重审，通过原审法院重新审判变相加刑。[1]

6. 审理期限

1979 年《刑事诉讼法》第 142 条规定："第二审人民法院受理上诉、抗诉案件后，应当在一个月以内审结，至迟不得超过一个半月。"据此，第二审案件的审理期限与第 125 条规定的第一审案件的审理期限相同。但实践中由于各种原因，办案期限不够用的问题比较突出，对此，全国人大常委会于 1980 年、1984 年两次制定相关规定，延长二审办案期限。[2]

综上，1979 年《刑事诉讼法》首次规定了二审程序的启动条件、审理范围、审判方式、裁判方式，并且规定了上诉不加刑原则，构建起了我国第二审程序的主体框架，使控辩双方的诉讼行为、法院的二审审判行为有法可依，为保障被告人上诉权和检察机关抗诉权、规范第二审程序提供了较为全面的法律依据，奠定了自 1979 年以来我国刑事第二审程序的制度根基。但与此同时，该法关于第二审程序的规定也存在一些明显不足。一是个别用词不严谨。比如第 129 条规定"当事人或者他们的法定代理人"有权上诉，同时又规定"附带民事诉讼的当事人和他们的法定代理人"可以对附带民事诉讼部分上诉，而根据该法第 58 条第 2 款规定，"当事人"包括自诉人、被告人、附带民事诉讼的原告人和被告人。显然，第 129 条所指的当事人范围过宽，导致对附带民事诉讼当事人的上诉权重复规定并且产生歧义。二是上诉案件是否开庭审理由法院全权决定，结果导致不开庭成为常态。有学者指出，实践中"案件适用何种审理方式由审判人员随意而定"，"大量应当开庭审理的案件没有开庭审理，甚至越重大、越疑难的案件，越不开庭"。[3]三是对于一审出现程序违法事由的，二审法院采用是否"影响正确判决"的结果导向标准，显然不利于程序正义的实现。

1994 年 3 月 21 日最高人民法院发布的《关于审理刑事案件程序的具体规定》（法发〔1994〕4 号，以下简称 1994 年《最高法规定》）对第二审程序的有关问题作了补充性或解释性的规定，主要内容涉及上诉、抗诉的程序，上诉、抗诉的撤回程序和效果，二审法院对上诉、抗诉案件的审查内容以及全面审查原则的具体要求，二审案件的审理方式及开庭审理程序，上诉不加刑原则的具体要

---

〔1〕 参见张子培主编：《刑事诉讼法教程》，群众出版社 1987 年版，第 356 页；王国枢主编：《刑事诉讼法学》，北京大学出版社 1989 年版，第 301-302 页。

〔2〕 1980 年 2 月全国人民代表大会常务委员会通过的《关于刑事诉讼法实施问题的决定》规定，如果案件过多，办案人员不足，不能依照刑事诉讼法规定的关于侦查、起诉、一审、二审的期限办理的，在 1980 年内，可以由省、自治区、直辖市的人民代表大会常务委员会批准延长办案期限。1984 年 7 月，全国人民代表大会常务委员会发布的《关于刑事案件办案期限的补充规定》规定，对于重大的犯罪集团案件和流窜作案的重大复杂案件，交通十分不便的边远地区的重大复杂的刑事案件，二审期限经省、省治区、直辖市高级人民法院批准或者决定，可以延长一个月。

〔3〕 朱阳春："刑事二审程序规范化改革设想"，载《法学》1989 年第 11 期，第 12 页。

求等，为第二审法院依法公正地审理上诉、抗诉案件提供了更加明确的规范依据，一定程度上弥补了立法的不足。例如，关于二审案件的审理方式，1994 年《最高法规定》第 158 条规定："对上诉案件，一般应当开庭审理。开庭审理确有困难的，第二审人民法院可以在全面审查案卷材料和证据的基础上审问被告人，听取辩护人、代理人、提出上诉的被告人的近亲属和检察人员的意见，在查清事实、核实证据后，作出判决或者裁定。对抗诉案件必须开庭审理。"这一规定首次确认了二审法院对上诉案件应以"开庭审理为原则、不开庭审理为例外"的审理方式，尽管它未能扭转司法实践中二审法院对上诉案件普遍不开庭审理的局面。1994 年《最高法规定》第 162 条规定："具有下列违反法律规定的诉讼程序的情形之一的，第二审人民法院应当撤销原判，发回第一审人民法院重新审判：（一）违反管辖规定的；（二）违反审判公开原则的；（三）违反回避制度的；（四）剥夺或者严重限制了当事人享有的诉讼权利的；（五）用非法方法收集证据的；（六）审判组织的组成不合法的；（七）其他违反刑事诉讼基本原则、诉讼制度和审判程序的。"这一规定对 1979 年《刑事诉讼法》第 138 条关于"第一审人民法院违反法律规定的诉讼程序，可能影响正确判决的"情形作了具体解释，为二审法院提供了明确、可行的操作依据，有利于二审法院对上诉、抗诉案件作出公正的裁判。

（二）1996 年《刑事诉讼法》及相关司法解释对第二审程序的修改

1996 年八届全国人大四次会议对《刑事诉讼法》进行了修正，关于第二审程序的法条从之前的 15 个条文增加至 19 个条文。为了更好地落实《刑事诉讼法》的规定，1998 年《六机关规定》《最高法解释》、1999 年《最高检规则》对《刑事诉讼法》的规定作出进一步的解释或者补充，从而构成了比较完整的第二审程序规范体系。

1996 年《刑事诉讼法》对第二审程序的修改主要包括以下内容。

1. 增加了被害人对一审判决的抗诉请求权

为了加强被害人在刑事诉讼中的地位，1996 年《刑事诉讼法》第 82 条将被害人规定为刑事诉讼的"当事人"。但是，1996 年修法时对于是否赋予被害人上诉权存在争议，立法者考虑到如果被害人可以上诉，可能会使"上诉不加刑"原则名存实亡，实际操作起来问题也很多，因而没有规定被害人的上诉权，但为了确保被害人对一审判决的不同意见得到足够重视，法律增设了被害人请求抗诉的权利。[1]该法第 182 条规定："被害人及其法定代理人不服地方各级人民法院第一审的判决的，自收到判决书后五日以内，有权请求人民检察院提出抗诉。人

〔1〕 参见胡康生、李福成主编：《〈中华人民共和国刑事诉讼法〉释义》，法律出版社 1996 年版，第 213 页。

民检察院自收到被害人及其法定代理人的请求后五日以内，应当作出是否抗诉的决定并且答复请求人。”[1]

2. 明确了上诉、抗诉案件的审理方式，以开庭审理为原则

为了充分发挥第二审程序的功能，确保通过两审终审的案件得到正确的处理，1996 年《刑事诉讼法》第 187 条第 1 款在总结司法实践经验的基础上，参考 1994 年《最高法规定》第 158 条规定的精神，对上诉、抗诉案件的审理方式作出了明确规定：“第二审人民法院对上诉案件，应当组成合议庭，开庭审理。合议庭经过阅卷，讯问被告人、听取其他当事人、辩护人、诉讼代理人的意见，对事实清楚的，可以不开庭审理。对人民检察院抗诉的案件，第二审人民法院应当开庭审理。”据此，法院对于二审案件，应当以开庭审理为原则，以不开庭审理为例外。

3. 明确列举了一审程序违法的情形，作为二审发回重审的具体事由

1996 年《刑事诉讼法》第 191 条规定：“第二审人民法院发现第一审人民法院的审理有下列违反法律规定的诉讼程序的情形之一的，应当裁定撤销原判，发回原审人民法院重新审判：（一）违反本法有关公开审判的规定的；（二）违反回避制度的；（三）剥夺或者限制了当事人的法定诉讼权利，可能影响公正审判的；（四）审判组织的组成不合法的；（五）其他违反法律规定的诉讼程序，可能影响公正审判的。”这一规定显然受到了 1994 年《最高法规定》第 162 条规定的影响。根据这一规定，只要二审法院发现一审存在上述违反法定诉讼程序的情形，就应当撤销原判、发回重审，不需要再考虑其是否“影响正确判决”。与 1979 年《刑事诉讼法》关于“违反法律规定的诉讼程序，可能影响正确判决”的规定相比，这一规定更加明确，便于实践操作，也体现了对程序正义价值的尊重，对于保障公正审判具有重要意义。

4. 明确了发回重审后，原审法院必须另行组成合议庭审理

1996 年《刑事诉讼法》第 192 条规定，发回重审案件，原审法院应当“另行组成合议庭”按照第一审程序重新审判。换言之，无论是因事实不清、证据不足发回重审的案件，还是因程序违法发回重审的案件，不论原审适用的是普通程序还是简易程序，原审法院都应当另行组成合议庭进行重新审判。这样修改的主要理由是，“如果仍由原来的审判组织进行审理，可能会由于对案件存在成见或者有先入为主的情况，从而可能影响案件重新审判时正确认定案件事实和正确适

---

[1] 由于“当事人”包含了被害人，而被害人并无上诉权，因而立法者将 1979 年《刑事诉讼法》关于“当事人或者他们的法定代理人”有权上诉的规定修改为“被告人、自诉人和他们的法定代理人”有权上诉。

用法律，不能保证判决的公正”。[1]

5. 延长了二审审理期限

1996年《刑事诉讼法》第196条延续了1979年《刑事诉讼法》关于二审期限最长一个半月的规定，但是吸收并拓展了1984年全国人大常委会《关于刑事案件办案期限的补充规定》的内容，规定对交通十分不便的边远地区的重大复杂案件，重大的犯罪集团案件，流窜作案的重大复杂案件，犯罪涉及面广、取证困难的重大复杂案件，经省、自治区、直辖市高级人民法院批准或者决定，可以再延长一个月。最高人民法院受理的上诉、抗诉案件，由最高人民法院决定。

6. 增加了对涉案财物的处理程序

1979年《刑事诉讼法》没有对涉案财物的返还、移送、没收等问题进行规定，结果导致司法实践不规范，该返还被害人的不返还，该移送的不移送，出现对涉案财物处理上的推诿扯皮甚至随意使用涉案财物等情况。1996年修改《刑事诉讼法》时，公检法机关“一致要求对被扣押、冻结的财物及其孳息的处理作出具体规定，明确哪些应当随案移送，如何移送，哪些应当及时返还，哪些应当及时处理和妥善保管以及相应的法律责任”。[2]为解决司法实践中的问题，该法第198条规定：“公安机关、人民检察院和人民法院对于扣押、冻结犯罪嫌疑人、被告人的财物及其孳息，应当妥善保管，以供核查。任何单位和个人不得挪用或者自行处理。对被害人的合法财产，应当及时返还。对违禁品或者不宜长期保存的物品，应当依照国家有关规定处理。对作为证据使用的实物应当随案移送，对不宜移送的，应当将其清单、照片或者其他证明文件随案移送。人民法院作出的判决生效以后，对被扣押、冻结的赃款赃物及其孳息，除依法返还被害人的以外，一律没收，上缴国库。司法工作人员贪污、挪用或者私自处理被扣押、冻结的赃款赃物及其孳息的，依法追究刑事责任；不构成犯罪的，给予处分。”

除了1996年《刑事诉讼法》的明文规定，1998年《六机关规定》和随后最高人民法院、最高人民检察院的司法解释也大大丰富了二审程序的相关制度内容，主要包括以下几个方面。

一是对上诉、抗诉程序的细化。根据1998年《最高法解释》相关规定，上诉案件一般应当有上诉状，要载明上诉请求和理由等内容；如果上诉人书写确有困难，原审法院应当根据上诉人陈述的理由和请求制作笔录；无论上诉人通过原审法院还是二审法院提出上诉，原审法院都要审查上诉是否符合法律规定；被告人是否最终提出上诉，以上诉期满前最后一次的意思表示为准；期满后要求撤回上诉的，由二审法院进行审查，如果原判认定事实和适用法律正确、量刑适当

---

〔1〕 参见郎胜主编：《中华人民共和国刑事诉讼法释义》，法律出版社2012年版，第498页。

〔2〕 郎胜主编：《中华人民共和国刑事诉讼法释义》，法律出版社2012年版，第508页。

的，裁定准许撤回，否则不准许撤回上诉；检察机关在抗诉期满前撤回抗诉的，一审法院不再移送案件；检察机关在抗诉期满后二审法院宣告裁判前撤回抗诉的，二审法院可以裁定准许；检察机关没有撤回抗诉但不派员出庭的，二审法院应当裁定按撤回抗诉处理。根据 1999 年《最高检规则》的相关规定，一审裁判“确有错误”具体包括以下七种情形：认定事实不清、证据不足的；有确实充分的证据证明有罪而判无罪，或者无罪判有罪的；重罪轻判，轻罪重判，适用刑罚明显不当的；认定罪名不正确，一罪判数罪、数罪判一罪，影响量刑或者造成严重的社会影响的；免除刑事处罚或者适用缓刑错误的；法院在审理过程中严重违反法律规定的诉讼程序的；审判人员在审理案件期间，有贪污受贿，徇私舞弊，枉法裁判行为的。对于下级检察院提出的抗诉，上级检察院要进行审查，抗诉正确的要支持，抗诉不当的要撤回；下级检察院应当提出抗诉而没有提出的，上级检察院可以指令下级检察院提出抗诉。

二是对审判范围的细化。1998 年《最高法解释》对二审全面审查的范围和具体处理方式进行了细化，规定共同犯罪只有部分被告人提出上诉，或检察机关只对部分被告人提出抗诉的，二审应当全案审查；上诉人死亡而其他被告人没有上诉的，二审法院仍应当全案审查，根据不同情况分别作出裁判；对于附带民事诉讼的上诉、抗诉案件，也应当全案审查。同时，1998 年《最高法解释》对二审全面审查原则进行了具体规定，要求二审法院应当审查原审事实认定、法律适用、量刑、附带民事部分的裁判、诉讼程序适用、是否有新事实和新证据、辩护人意见及采纳情况、原审合议庭及审委会讨论意见等各个方面。

三是对审判方式的细化。1998 年《最高法解释》第 255 条明确了二审开庭审理的操作规范，开庭之后首先由审判人员宣读一审判决书或裁定书，接着由上诉人陈述上诉理由或者由检察人员宣读抗诉书；如果既有上诉又有抗诉的，检察人员优先；法庭调查的重点要针对上诉或者抗诉的理由，全面查清事实，核实证据；如果检察人员或辩护人提出申请，法庭调查阶段应当出示、宣读或播放一审期间提交给法院的证据；法庭辩论阶段检察人员和上诉人的发言，上诉案件由上诉人、辩护人先发言，抗诉案件由检察人员先发言，既有上诉又有抗诉的，检察人员优先发言。另外，关于检察机关派员出席二审法庭的问题，1998 年《六机关规定》第 44 条明确指出：“出席二审审判的应当是同级人民检察院的检察人员。”1999 年《最高检规则》第 359 条也作出了与此相同的规定。

四是对上诉不加刑原则的细化。1998 年《最高法解释》第 257 条规定，对只有部分被告人提出上诉的共同犯罪案件，既不能加重上诉人的刑罚，也不能加重其他同案被告人的刑罚；对原判认定事实清楚、证据充分，但认定罪名不当的，可以在不加重原判刑罚的情况下改变罪名；对被告人实行数罪并罚的，既不能加重决定执行的刑罚，也不能在维持原执行刑罚不变的情况下，加重数罪中某罪的刑罚；对被告人判处拘役或者有期徒刑宣告缓刑的，不得撤销缓刑或者延长缓刑考验期。第258条规定，检察机关只对部分被告人提出抗诉的共同犯罪案件，二审法院对其他第一审被告人不得加重刑罚。

五是规定可以利用再审程序纠正二审错误。1998年《最高法解释》第257条、第261条、第262条明确指出，对事实清楚、证据充分，但判处的刑罚畸轻，或者应当适用附加刑而没有适用的案件，不得撤销一审判决，直接加重被告人的刑罚或者适用附加刑，也不得以事实不清或者证据不足为由发回重审。必须依法改判的，应当在二审裁判生效后按照审判监督程序重新审判。二审法院审理对刑事部分提出上诉、抗诉，附带民事诉讼部分已经发生法律效力的，如果发现一审裁判中的民事部分确有错误，应当通过审判监督程序予以纠正。二审法院审理对附带民事诉讼部分提出上诉、抗诉，刑事部分已经生效的案件，如果发现一审裁判中的刑事部分确有错误，应当通过审判监督程序进行再审，对刑事附带民事部分一并审理。可以看出，1998年《最高法解释》虽然在二审程序落实了上诉不加刑原则，但为了贯彻实事求是、有错必纠原则，明确指出法院要主动通过再审程序对确有错误的二审裁判进行改判，将上诉不加刑原则限制在二审程序以内。

六是对检察机关的阅卷期限进行了扩张性解释。根据1996年《刑事诉讼法》规定，二审开庭前检察机关的阅卷期限最长10日。但1998年《最高法解释》第267条规定，人民检察院查阅案卷超过7日后的期限，不计入第二审审理期限，这无疑突破了法律规定。虽然，检察机关10日的阅卷期限极有可能在实践中不够用，继而可能侵占法院审限，法院立足司法需求作出上述解释具有一定的实践合理性，但如此明显突破《刑事诉讼法》规定的条款，由全国人大常委会作出相关决定可能更为妥当。

除此之外，1998年《最高法解释》还对自诉案件在二审程序的调解、增加独立诉讼请求、反诉等问题进行了规定。[1]1999年《最高检规则》对检察人员出席二审法庭的任务、庭前准备、二审庭审调查和辩论中检察人员的职责等作出了明确规定。[2]1998年《六机关规定》第46条对二审法院直接改判死刑的案件，要求无论该案的死刑核准权是否下放，二审法院都应当报请最高人民法院核准。

（三）2012年《刑事诉讼法》及相关司法解释对第二审程序的完善

2012年《刑事诉讼法》关于第二审程序的条文数量没有变化（仍然是19个条文），但对相关内容进行了修改完善，主要包括以下几个方面。

---

〔1〕 参见1998年《最高法解释》第263条至第267条。

〔2〕 参见1999年《最高检规则》第360条至第366条。

1. 明确规定了第二审法院开庭审理的案件范围

1996年《刑事诉讼法》第187条将上诉、抗诉案件应当开庭审理作为二审的一般原则加以规定，但这一规定并未得到严格执行。1996年《刑事诉讼法》实施后“十几年的司法实践证明，有些地方审理二审的上诉、抗诉案件，大多通过书面审就作出判决，原则上不开庭审理”，[1]导致法律规定的“原则成了例外，例外成了原则”。“为了更好地完成二审的任务，充分体现二审全面审查的特点，保证案件的质量，充分保障当事人的诉讼权利，避免冤假错案，也便于司法机关实践中具体判断操作”，[2]2012年《刑事诉讼法》第223条明确规定，“第二审人民法院对于下列案件，应当组成合议庭，开庭审理：（一）被告人、自诉人及其法定代理人对第一审认定的事实、证据提出异议，可能影响定罪量刑的上诉案件；（二）被告人被判处死刑的上诉案件；（三）人民检察院抗诉的案件；（四）其他应当开庭审理的案件。第二审人民法院决定不开庭审理的，应当讯问被告人，听取其他当事人、辩护人、诉讼代理人的意见”。这一规定不仅对开庭审理的案件范围作出了明确规定，而且还要求法院决定不开庭审理时必须“讯问被告人，听取其他当事人、辩护人、诉讼代理人的意见”，从而对法院不开庭审理的裁量权进行了一定的限制。特别是对死刑上诉案件要求开庭审理，体现了对死刑案件格外慎重的态度，有利于更好地保证案件质量。[3]

2. 完善了二审案件检察机关查阅案卷的规定

根据1996年《刑事诉讼法》第188条的规定，检察机关对于二审法院决定开庭审理的案件，在开庭审理以前只有10天的阅卷时间，这一时间计入二审案件的审理期限。对此，1998年《最高法解释》根据实践需要作出了突破法律规定的解释，但并没有完全解决实践中的问题。在司法实践中，一些法院认为二审案件的审理期限本来就不够，检察机关阅卷又占用了10天的时间，时间更显仓促，不利于保证审判质量；同时，一些检察机关又反映阅卷时间不够，特别是对于一些重大复杂案件，证据多、案卷多，在法定的10日之内阅不完卷，这样出庭既不严肃，也显得草率，不利于对案件的公正审判。[4]考虑到这些情况，2012年《刑事诉讼法》第224条规定，“第二审人民法院应当在决定开庭审理后及时通知人民检察院查阅案卷。人民检察院应当在一个月以内查阅完毕。人民检察院查阅案卷的时间不计入审理期限”。

---

〔1〕 郎胜主编：《中华人民共和国刑事诉讼法释义》，法律出版社2012年版，第482页。

〔2〕 王尚新、李寿伟主编：《〈关于修改刑事诉讼法的决定〉释解与适用》，人民法院出版社2012年版，第217页。

〔3〕 王尚新、李寿伟主编：《〈关于修改刑事诉讼法的决定〉释解与适用》，人民法院出版社2012年版，第218页。

〔4〕 郎胜主编：《中华人民共和国刑事诉讼法释义》，法律出版社2012年版，第486-487页。

3. 明确因事实不清或者证据不足发回重审以一次为限

自1979年《刑事诉讼法》起，立法对二审法院发回重审的次数一直未作限制，“导致有的地方由于各种原因，一个案件多次发回重审，既影响了结案，也影响了案件的及时审理，同时还影响到司法高效率和司法公正的实现”。[1]为了解决案件被反复发回重审、久拖不决的问题，[2]保障被告人的合法权益，2012年《刑事诉讼法》第225条增加了第2款规定，根据该款规定，对于二审法院对事实不清或者证据不足为由发回重审的案件，原审法院重新审理以后被告人提出上诉或者检察院提出抗诉的，“第二审人民法院应当依法作出判决或者裁定，不得再发回原审人民法院重新审判”。即对事实不清或者证据不足的案件，二审法院只能发回重审一次。

4. 完善了上诉不加刑原则

上诉不加刑原则是否适用于二审发回重审的案件？对此，1979年和1996年《刑事诉讼法》均无明确规定。虽然学界主流意见持肯定立场，[3]但法院系统却持否定态度，[4]结果导致利用发回重审程序变相加重被告人刑罚的现象比较普遍。[5]为了保证上诉不加刑原则的贯彻落实，保证上诉人上诉权利的依法行使，避免利用将案件发回重审而变相加重被告人刑罚的情况发生，2012年《刑事诉讼法》第226条增加规定：“第二审人民法院发回原审人民法院重新审判的案件，除有新的犯罪事实，人民检察院补充起诉的以外，原审人民法院也不得加重被告人的刑罚。”

---

〔1〕 王尚新、李寿伟主编：《〈关于修改刑事诉讼法的决定〉释解与适用》，人民法院出版社2012年版，第222页。

〔2〕 比较典型的案件有河北省承德市陈国清被指控抢劫罪一案，该案从1996年8月开始在承德市中级人民法院和河北省高级人民法院之间历经“四下四上”，承德市中级人民法院先后四次以抢劫罪判处陈国清等四人死刑，前三次均被河北省高级人民法院以事实不清为由发回重审，最终河北省高级人民法院在2004年3月以抢劫罪终审作出“从轻”判决，判处陈国清死刑缓期两年执行，但多年来，被告人的家属一直在申诉喊冤，该案难以做到案结事了。参见“河北高院再次驳回22年前劫杀疑案申诉，建议向最高法申诉”，载澎湃新闻，https://www.thepaper.cn/newsDetail_forward_1491137，最后访问日期：2019年11月30日。

〔3〕 参见樊崇义主编：《刑事诉讼法学研究综述与评价》，中国政法大学出版社1991年版，第511-513页。

〔4〕 例如，时任最高人民法院刑二庭庭长的熊选国在解析有关司法解释时指出：“上诉不加刑原则不适用于二审裁定发回重审的案件，即二审法院裁定撤销原判决，将案件发回原审法院重新审判后，原审法院可以对上诉人判处重于原判刑罚的刑罚。”参见熊选国主编：《刑事诉讼法司法解释释疑》，中国法制出版社2002年版，第191页。

〔5〕 学者调研发现，对于一审法院量刑过轻的案件，有的二审法院“以事实不清”为由发回重审，同时给原审法院发内部函，告知其适用法律错误。参见陈光中主编：《中国刑事二审程序改革之研究》，北京大学出版社2011年版，第55页。也有检察官调研发现，上诉案件发回重审后，原审法院重新审理后所认定的事实与原审判决一致，但加重被告人刑罚的现象较为严重。参见伍金平、林冬松：“刑事上诉案件发回重审加刑问题的实证分析”，载《社科纵横》2016年第8期，第78页。

5. 再次延长二审审理期限

根据司法实践的实际需要，2012 年《刑事诉讼法》第 232 条对上诉、抗诉案件的审理期限作了四个方面的修改，在总体上延长审理期限的同时，又区别不同情形作出特殊的规定。第一，将上诉、抗诉案件的审理期限由原来的一个半月改为二个月；第二，增加规定对于可能判处死刑或者附带民事诉讼的案件，经省、自治区、直辖市高级人民法院批准或者决定，审理期限可以延长二个月；第三，对交通十分不便的边远地区的重大复杂案件，重大的犯罪集团案件，流窜作案的重大复杂案件，犯罪涉及面广、取证困难的重大复杂案件，经省、自治区、直辖市高级人民法院批准或者决定后可以延长的时间，由一个月改为两个月；第四，增加规定“因情况特殊还需要延长的，报请最高人民法院批准”。

6. 完善对查封、扣押、冻结财物及其孳息的处理程序

1996 年《刑事诉讼法》第 198 条对扣押、冻结被告人财物及其孳息的处理作出了规定，但是，由谁作出相关决定、相互如何衔接等具体程序仍然不够明确，实践中“有些既不能判断属于赃款赃物，无法予以没收上缴国库，也不能判断属于被害人的财产予以返还；有些财产如何处理，各机关认识不一致，相互争执扯皮；公安机关、人民检察院无法妥善处理查封、扣押、冻结的财产，而法院在判决书中也没有对该财产作出处理决定，导致大量的涉案财产搁置，无人问津，社会反映强烈”。[1]有鉴于此，2012 年《刑事诉讼法》第 234 条对涉案财物的处理程序进行了修改完善。第一，增加了对于“查封”财物处理程序的规定，与扣押、冻结的财物处理相同；第二，增加规定，“人民法院作出的判决，应当对查封、扣押、冻结的财物及其孳息作出处理”；第三，为了保证人民法院正确处理涉案财物，增加对于查封、扣押、冻结的财物应当“制作清单，随案移送”的规定；第四，明确要求“人民法院作出的判决生效以后，有关机关应当根据判决对查封、扣押、冻结的财物及其孳息进行处理”。立法者认为，上述规定“对于司法机关正确执法，及时有效地打击犯罪，保护被害人的合法权益具有重要意义”。[2]

2012 年《刑事诉讼法》通过之后，最高人民法院、最高人民检察院对相关司法解释也进行了相应的修改，对第二审程序的立法规定作出了解释性或者补充性规定，使第二审程序得到进一步的完善。其中，2012 年《最高法解释》涉及第二审程序的修改完善部分主要包括以下内容：（1）删除了 1998 年《最高法解释》第 242 条关于“如果原审附带民事部分是另行审判的，上诉期限应当按照民

〔1〕 郎胜主编：《中华人民共和国刑事诉讼法释义》，法律出版社 2012 年版，第 508-509 页。

〔2〕 王尚新、李寿伟主编：《〈关于修改刑事诉讼法的决定〉释解与适用》，人民法院出版社 2012 年版，第 230 页。

事诉讼法规定的期限执行”的规定，明确规定：“附带民事部分另行审判的，上诉期限也应当按照刑事诉讼法规定的期限确定。”〔1〕(2) 增加对死刑案件撤回上诉的限制，规定：“被判处死刑立即执行的被告人提出上诉，在第二审开庭后宣告裁判前申请撤回上诉的，应当不予准许，继续按照上诉案件审理。”〔2〕(3) 进一步完善了开庭审理的案件范围。2012 年《最高法解释》第 317 条对《刑事诉讼法》第 223 条关于开庭审理的上诉案件范围中“其他应当开庭审理的案件”的规定作了具体解释，明确要求“被判处死刑立即执行的被告人没有上诉，同案的其他被告人上诉的案件，第二审人民法院应当开庭审理”；被告人被判处死刑缓期执行的上诉案件，虽不属于法定的必须开庭审理的情形，但“有条件的，也应当开庭审理”。这一解释性规定无疑体现了司法机关对死刑案件的审慎态度。(4) 完善了“按撤回抗诉处理”的规定。根据 2012 年《最高法解释》第 321 条的规定，对于抗诉案件，人民检察院接到开庭通知后不派员出庭，“且未说明原因的”，第二审法院可以裁定按撤回抗诉处理。与 1998 年《最高法解释》第 243 条相比，这一规定赋予检察机关对不派员出庭“说明原因”的机会。(5) 进一步完善发回重审制度。一是明确发回重审的案件可以不开庭审理，二是规定对一审程序违法的上诉、抗诉案件，可以再次发回重审。〔3〕(6) 明确了开庭审理的重点和不开庭审理的程序要求。2012 年《最高法解释》第 323 条明确“开庭审理上诉、抗诉案件，可以重点围绕对第一审判决、裁定有争议的问题或者有疑问的部分进行”，并且对审理的具体方式作了规定，没有再要求“全面查清事实，核实证据”。同时，对于二审不开庭审理的案件，2012 年《最高法解释》第 324 条除了根据法律规定要求合议庭“应当讯问被告人，听取其他当事人、辩护人、诉讼代理人的意见”外，还要求“合议庭全体成员应当阅卷，必要时应当提交书面阅卷意见”。

2012 年《最高检规则》第 588 条补充了对被害人抗诉请求的审查程序。根据该条规定，被害人及其法定代理人不服地方各级人民法院第一审的判决，在收到判决书后 5 日以内请求人民检察院提出抗诉的，人民检察院应当立即进行审查，在收到被害人及其法定代理人的请求后 5 日以内作出是否抗诉的决定，并且答复请求人。被害人及其法定代理人在收到判决书 5 日以后请求人民检察院提出抗诉的，由人民检察院决定是否受理。第 474 条一方面要求“人民检察院在接到第二审人民法院决定开庭、查阅案卷通知后，可以查阅或者调阅案卷材料，查阅或者调阅案卷材料应当在接到人民法院的通知之日起一个月以内完成”，同时又

〔1〕 2012 年《最高法解释》第 301 条。

〔2〕 2012 年《最高法解释》第 305 条第 2 款。

〔3〕 参见 2012 年《最高法解释》第 318 条、第 329 条。

规定，"在一个月以内无法完成的，可以商请人民法院延期审理"。2019 年《最高检规则》第 447 条的规定与此相同。这一规定实际上突破了法律关于延期审理的限制，对二审期间处于羁押状态的被告人极为不利。

2018 年《刑事诉讼法》修正案中没有涉及第二审程序的内容，不再赘述。

二、刑事第二审程序的实施情况

《刑事诉讼法》作为一部强制性规范，必然会对各诉讼主体的诉讼活动产生刚性约束。我国第二审程序各项规定在实践中的落实情况如何，需要从数据、案例等方面来全面观察和分析。为此，我们搜集了 40 年来关于刑事第二审程序的各项数据以及部分典型案例，力图描绘出我国刑事第二审程序的实践全貌。

（一）刑事第二审程序的启动情况

观察第二审程序的启动情况，需要了解第二审程序启动率、启动理由及启动类型，还需要掌握启动的原因，以下分述之。

1. 刑事第二审程序的启动率及其比较

表 15-1　我国第二审程序启动情况一览表（1986—2018 年）〔1〕

年度	一审结案（件）	抗诉（件）	二审收案（件）	二审率（%）	抗诉占比（%）
1986	298 291	2200 全	49 822	16. 7	4. 4
1987	292 136	2000 全	49 793	17. 0	0. 7
1988	312 475	1779 全	46 432	14. 9	3. 8
1989	389 597	1800 全	51 758	13. 3	3. 5
1990	457 552	2396 全	57 930	12. 7	4. 1
1991	427 607	2239 全	N	N	N
1992	424 440	2066 全	55 484	13. 1	3. 7
1993	403 177	1879 全	N	N	N
1994	480 914	2226 全	53 161	11. 1	4. 2
1995	496 082	2416 全	53 576	10. 8	4. 5

〔1〕说明：（1）表 15-1 中的数据主要来源于历年的《中国法律年鉴》，其中 1986—1997 年抗诉数据来自最高人民检察院工作报告，包含第二审抗诉和再审抗诉全部数据之和，因此在各数据之后加了"全"字表示二审抗诉和再审抗诉的总和，实际二审数据要小于该数据；（2）N 是"null"的缩写，表示搜集不到数据；（3）"二审率"指二审收案数和一审结案数的比较结果；（4）"抗诉占比"指二审抗诉数和二审收案数的比较结果。

续表

年度	一审结案（件）	抗诉（件）	二审收案（件）	二审率（%）	抗诉占比（%）
1996	616 676	2405 全	68 038	11.0	3.5
1997	440 577	3362 全	64 755	14.7	5.2
1998	480 374	3440	70 263	14.6	4.9
1999	539 335	3414	78 862	14.6	4.3
2000	560 111	3438	87 013	15.5	4.0
2001	623 792	3518	98 911	15.9	3.6
2002	628 549	2870	90 237	14.4	3.2
2003	634 953	2518	97 579	15.4	2.6
2004	644 248	2675	95 803	14.9	2.8
2005	683 997	2611	97 573	14.3	2.7
2006	701 379	2746	94 176	13.4	2.9
2007	720 666	2766	91 511	12.7	3.0
2008	768 130	2893	95 482	12.4	3.0
2009	766 746	3332	100 547	13.1	3.3
2010	779 641	4405	101 786	13.1	4.3
2011	839 973	4457	98 937	11.8	4.5
2012	986 392	5264	108 745	11.0	4.8
2013	953 976	5421	105 514	11.1	5.1
2014	1 023 017	6126	121 397	11.9	5.0
2015	1 099 205	5696	143 219	13.0	4.0
2016	1 115 873	6158	146 929	13.2	4.2
2017	1 296 650	6812	151 753	11.7	4.5
2018	1 198 183	7128	155 571	13.0	4.6

表 15-1 显示，从 1986—2018 年的 33 年间，我国刑事第二审程序的启动率稳定在 11%—17%，最高为 1987 年的 17%，最低为 1995 年的 10.8%，2012 年之后基本稳定在 11%—13%。从上诉和抗诉相区别的角度来说，在历年的二审案件中，检察机关提起抗诉的案件占比很小，处于 1%—5%的区间内。这意味着，刑事第二审程序的主要功能在于为被告人提供具体的权利救济，以纠正不利于被告

人的错误裁判，维护被告人的合法权益。

据实务部门调研，虽然《最高法解释》对上诉案件一般要求提交上诉状，但并未因此而导致“无因上诉”在实践中变成“有因上诉”，原因是大多数上诉人在一审裁判时处于羁押状态，除非一审宣判时当庭表示上诉，否则他们需要通过看守所转交上诉材料，而一些看守所为图省事，要求被告人在上诉状上只需书写“我要上诉”即可，因为被告人上诉之后还有机会向二审法官说明上诉理由，[1]因而被告人的上诉权可以自由行使。

表 15-2　意大利 2004—2013 年刑事案件上诉情况统计表[2]

年度	2004	2005	2006	2007	2008	2009	2010	2011	2012	2013
一审（件）	409 845	412 702	367 128	408 577	426 012	415 309	435 014	429 933	431 657	575 485
二审（件）	75 022	79 925	73 899	78 845	79 661	78 956	83 997	82 196	98 438	102 756
上诉率	18.3%	19.4%	20.1%	19.3%	18.7%	19%	19.3%	19.1%	22.8%	17.9%

表 15-3　英国 2011—2013 年刑事案件上诉情况统计表[3]

年度	有罪答辩数（件）	有罪判决数（件）	被告人上诉（件）	检察官上诉（件）	上诉率（%）
2011	78 106	8623	12 244	34	14.2
2012	70 743	8648	18 272	35	23.1
2013	69 684	7975	17 162	64	22.2

从比较法的角度来看，意大利从 2004—2013 年的 10 年间，一审上诉率基本稳定在 20%左右（见表 15-2）；而英国在 2011—2013 年的 3 年间，一审上诉率最高达到 23.1%，但是英国检察署同我国检察机关一样，提起的上诉案件很少，每年只有几十件（见表 15-3）。因此，我国的二审程序启动率并不高，法律规定的“无因上诉”制度并没有导致上诉权的滥用。

[1] 上海市人民检察院第一分院法律政策研究室：“刑事第二审程序审理方式之完善——兼谈检察机关在刑事第二审中的职能作用”，载项明主编：《刑事第二审程序难题与应对》，法律出版社 2008 年版，第 174 页。

[2] 意大利一审审判主体包括独任法庭、治安法庭、合议庭、重罪法庭；二审审判主体包括独任法庭、上诉法院、重罪法庭等，本文数据是指上述数据的总和。2004—2012 年的数据来源于历年的《意大利统计年鉴》（Annuario statistico italiano），2013 年数据来自于意大利国家统计局网，http://dati.istat.it/Index.aspx?DataSetCode=DCR_NUM_PROC_PEN。

[3] 数据来源于英国皇家检察署每年的年度报告（Crown Prosecution Service Annual Report and Accounts）。

关于第二审程序的启动，还需要分析第一审程序的变化对上诉权的影响。早在1996年，《刑事诉讼法》就设立了简易程序，规定对于可能判处3年以下有期徒刑、拘役、管制、单处罚金刑的轻罪案件，如果事实清楚，证据充分，就可以适用简易程序由审判员一人独任审理，但是，这种程序改革并没有对上诉权的行使带来变化。〔1〕与简易程序不同，2018年《刑事诉讼法》规定的速裁程序，虽然同样适用于3年以下有期徒刑且事实清楚的案件，但是，由于包含被告人认罪认罚这一重大变量，因而对被告人上诉权的行使会造成明显影响。根据最高人民法院刑事审判第一庭审判长杨立新撰写的《认罪认罚从宽制度试点总结报告》，从2016年9月全国人大常委会通过《关于授权最高人民法院、最高人民检察院在部分地区开展刑事案件认罪认罚从宽制度试点工作的决定》，到2018年9月底，18个试点地区共适用认罪认罚从宽制度审结刑事案件204 827件233 967人，占试点法院同期审结刑事案件的53.68%，其中适用速裁程序审结的案件13万余件，占认罪认罚案件的65.48%。在已经审结的认罪认罚案件中，附带民事诉讼原告人上诉、检察机关抗诉案件占比分别仅为0.05%、0.04%，被告人上诉案件6800余件，占比为3.35%，其中适用速裁程序审结的案件附带民事诉讼原告人上诉、检察机关抗诉和被告人上诉的比例更低，分别为0.004%、0.02%和2.52%。〔2〕不过，由于适用认罪认罚从宽制度审结的案件占全国法院审结的刑事案件的比例较低，2017年和2018年两个年度的刑事二审适用率较以往暂无明显变化（见表15-1）。关于认罪认罚从宽制度对上诉权和第二审程序的影响，尚需进一步观察。

2. 上诉和抗诉的对象情况

根据1979年以来《刑事诉讼法》的规定，控辩双方可以上诉、抗诉的对象既包括一审判决，也包括一审裁定。但是，实践中针对一审判决提起上诉和抗诉的案件较多，针对一审裁定提出上诉和抗诉的案件较少。以2014年度抗诉案件为例，我们在中国裁判文书网查询发现，当年全国检察机关对一审裁判提出抗诉的案件有2361件，其中只有3件针对的是一审裁定，〔3〕占比0.1%；其他99.9%的抗诉案件针对的都是一审判决。

虽然我们暂不掌握被告人上诉的对象分布数据，但依照常理推断，被告人针

〔1〕以2012年为例，当年全国法院一审审理公诉案件538 654件，其中适用简易程序404 384件，适用率达到75.1%，但是，同年的二审程序启动率是11%，与1996年的启动率完全相同。

〔2〕参见胡云腾主编：《认罪认罚从宽制度的理解与适用》，人民法院出版社2018年版，第271页、第274页。

〔3〕参见（2014）潮中法刑二终字第33号裁定书、（2014）潮中法刑二终字第34号裁定书、（2014）抚中审刑抗字第00001号裁定书。其中前两件一审结果均为因追诉时效已过而裁定终止审理，二审结果均为裁定维护原裁定；后一件一审因部分被告人未到庭而裁定中止审理，二审根据抗诉裁定撤销原裁定、发回重审。

对一审裁定提出的上诉案件也只会占极少部分。总之，刑事案件的上诉和二审抗诉，绝大多数针对的是一审刑事判决。

3. 检察机关的抗诉类型

检察机关作为指控的一方，没有理由完全为了被告人的利益提起抗诉。但是，作为国家法律监督机关，检察机关只要发现一审裁判“确有错误”，就应当站在公共利益的角度提起抗诉，无论这种抗诉在客观上是否有利于被告人。

为了分析相关情况，我们对中国裁判文书网公布的2014年度二审抗诉案件进行了分类，即以抗诉理由是否客观上有利于被告人为标准，将刑事抗诉案件区分为有利于被告人的抗诉、不利于被告人的抗诉和中间型抗诉，后者是指抗诉理由中既有有利于被告人的部分，也有不利于被告人的部分；或者仅仅提出了“涉案财物未依法处理”等理由，与被告人的利益无直接关联。

表15-4　2014年全国检察机关二审抗诉案件类型统计表〔1〕

抗诉类型	二审抗诉（件）	占比	再审抗诉（件）	占比
有利于被告人	200	8.7%	27	13.6%
不利于被告人	1823	79.5%	146	73.7%
中间型抗诉	270	11.8%	25	12.7%

如表15-4所示，在2293件二审抗诉案件有效样本中，检察机关提出不利于被告人的抗诉案件有1823件，占比79.5%；提出有利于被告人的抗诉案件有200件，占比8.7%；中间型抗诉案件有270件，占比11.8%。也就是说，检察机关提起有利于被告人的抗诉案件占比不到10%。不过，考虑到被告人上诉的案件数量是检察机关抗诉案件数量的数十倍，二审刑事案件绝大多数还是有利于被告人的。

4. 根据被害人请求提起抗诉的情况

自1996年起，我国《刑事诉讼法》将被害人作为刑事诉讼当事人之一，并赋予被害人及其法定代理人请求检察机关对一审判决提出抗诉的权利。但是，最终是否抗诉，决定权仍然在检察机关。

我们对S省检察机关2003—2012年的二审抗诉案件（见表15-5）进行统计时发现，这10年间被害人请求抗诉的有272件，检察机关同意被害人请求的有239件，占比高达87.9%，其中侵犯人身、民主权利和侵犯财产两类案件，检察

〔1〕说明：在统计的2014年度全部2361件抗诉案件中，通过裁判文书能够提取到具体抗诉理由的有2291件；另有1件撤回抗诉和1件发回重审案件，虽然未能提取具体抗诉理由，但通过裁判文书能推导出是“抗轻”案件；其余68件案件均为撤回抗诉、发回重审案件，由于无法确定抗诉类型因而未予统计。因此，有效样本共有2293件。

机关根据被害人的请求提起抗诉的比例高达90.4%。也就是说，只要被害人请求抗诉，极有可能引起刑事抗诉权的启动。

表 15-5　S省被害人请求抗诉案件统计表（2003—2012年）

罪名类别	被害人请求抗诉（件）	检察机关同意（件）
贪污贿赂	10	7
渎职侵权	5	3
危害公共安全	24	21
破坏市场经济秩序	3	1
侵犯公民人身、民主权利	183	165
侵犯财产	36	33
危害社会管理秩序	11	9
合计	272	239

虽然从法律规定来说，“被害人请求抗诉”只是检察机关提起抗诉的一种形式，而不是提起抗诉的法定理由，但检察机关在抗诉书中明确以“被害人请求抗诉”“被害人对赔偿不满”或者以被告人“未赔偿”“未足额赔偿”作为抗诉理由的并不少见。

（二）刑事第二审程序审理方式的落实情况

1. 开庭审理与讯问调查式审理

从1979年《刑事诉讼法》开始，我国就规定了二审案件的开庭审理方式，并且，在立法上不断扩大了应当开庭审理的案件范围。但是从法律的实施情况来看，40年来，全国法院二审刑事案件的开庭审理比例始终没有超过半数，“讯问调查”式的不开庭审理成为刑事第二审程序的常态。

在1979年《刑事诉讼法》实施期间，第二审法院对上诉案件基本不开庭审理，有的二审法院甚至对“作为改判的证据，不经过当庭质证和查实，就作为定案的依据”。[1]1996年《刑事诉讼法》虽然将开庭审理作为二审的一般原则，但在司法实践中，原则与例外被倒置，讯问调查式的不开庭审理依然是全国绝大多数二审法院审理刑事上诉案件的主要方式。根据最高人民法院的统计，全国法院二审开庭审理的刑事案件占二审结案总数的比例在2004年仅有5.66%，2007年比2004年翻了一番，升至11.59%；2011年又比2007年翻了一番，达到24.16%，呈逐年上升趋势。但是，刑事二审的开庭率地区差别极大，案件少、

〔1〕朱春阳：“刑事二审程序规范化改革设想”，载《法学》1989年第11期，第12页。

案多人少矛盾不突出、对二审开庭率有硬性要求的地区开庭率较高，其他地区开庭率则较低。[1]例如，2009—2011 年，太原市中级人民法院在其审理的 1500 余件刑事上诉案件中，年均开庭比例仅有 1.77%，其余 98%以上的刑事上诉案件都采用了不开庭审理的方式。[2]与此形成鲜明对比的是，上海市第一中级人民法院联合上海市人民检察院第一分院，从 1998 年 9 月起实行全面开庭审理改革措施，刑事二审案件的开庭审理率从 10%上升到 100%，但在 2003 年之后不再实行全部开庭审理的模式，而是恢复成对部分上诉案件实行开庭审理的模式。[3]根据我们调研掌握的数据，全国刑事二审案件开庭审理的比例在 2012 年之前一般处于 10%至 20%之间，2011 年超过 20%，2012 年超过 30%。

2012 年《刑事诉讼法》实施以后，二审开庭情况有所改善。如河北省从 2013 年 1 月至 10 月，全省刑事上诉案件 503 件，法院开庭审理 349 件，刑事上诉案件开庭率达 69.4%，比往年大幅度提高。[4]我们调研发现，全国法院对二审刑事案件的开庭率在 2013 年超过 40%，2014 年至 2016 年基本保持在 30%至 40%之间，但 2017 年以来已降到 20%以下，总体上呈逐年下降趋势。有法官指出，2012 年之前对于《刑事诉讼法》明确规定的开庭案件、二审出现新证据的案件以及二审法院发现一审认定事实可能存在错误的案件，二审法院一般都会开庭审理。[5] 2012 年《刑事诉讼法》实施以后，地方法院在依法确定开庭审理的范围时，大致上延续了这样的思路，对一些有重大影响的上诉案件，二审法院通常都会开庭审理。例如孙某某等被控虚开增值税发票罪一案，经一审数十次开庭之后，山东省潍坊高新区人民法院认定孙某某及其同案被告人乐某某构成虚开增值税发票罪，分别判处两人有期徒刑三年六个月，并处罚金；被告人不服提起上诉，潍坊中级人民法院开庭审理后，认为原审判决认定事实不清、证据不足、适用法律不当，诉讼程序违法，裁定撤销原判，发回重审。[6]可以说，二审的开庭审理对于该案最终获得无罪处理发挥了关键性作用。

---

〔1〕 参见张军主编：《新刑事诉讼法法官培训教材》，法律出版社 2012 年版，第 351 页。

〔2〕 参见韩少峰、马晖：“刑事上诉制度实证研究”，载《人民论坛》2013 年第 5 期，第 120 页。

〔3〕 参见上海市人民检察院第一分院法律政策研究室：“刑事第二审程序审理方式之完善——兼谈检察机关在刑事第二审中的职能作用”，载项明主编：《刑事第二审程序难题与应对》，法律出版社 2008 年版，第 171 页。

〔4〕 参见樊崇义等：“河北省检察机关实施刑事诉讼法情况的调研报告”，载卞建林主编：《修改后的刑事诉讼法实施情况调查与研究》，中国检察出版社 2016 年版，第 13 页。

〔5〕 参见江伟：“刑事二审上诉案件审理程序的困境与出路——对二审上诉案件开庭审理的反思”，载项明主编：《刑事第二审程序难题与应对》，法律出版社 2008 年版，第 196 页。

〔6〕 王选辉：“海归博士的 114 次庭审：宣判前一天检方撤诉，期盼改判无罪”，载澎湃新闻，https://www.thepaper.cn/newsDetail_forward_3453885，最后访问日期：2019 年 11 月 30 日。

2. 律师参与刑事二审的情况

辩护律师参与刑事第二审程序，为当事人提供专业的法律帮助，这对于保障上诉人、原审被告人的正当权利以及实现二审的公正审判都具有重要意义。从实际情况看，辩护律师参与第二审程序的比例整体上不高，但在不同的审理方式之下，辩护律师的参与率有较大区别。根据法院系统的统计，2004 年至 2008 年，律师参与某省三个市中级人民法院的刑事二审案件比例仅为 27.98%，其中，法院采取开庭审理方式时，律师的参与率高达 61.32%，而在不开庭审理的二审案件中，律师的参与率则仅有 26.8%，并且，“二审开庭审理的辩护质量比不开庭审理时要高得多”。[1]可见，二审法院采取何种审理方式，不仅对于律师参与二审审理程序具有重大影响，而且对于二审的审判质量也具有重大影响。

3. 刑事上诉案件中的证人出庭情况

刑事上诉案件开庭审理的数量少，而证人出席二审法庭的更少。调研资料显示，2005 年至 2008 年，某中级人民法院审结刑事案件 550 余件，证人出庭的仅有 12 件，有证人出庭的案件占比仅为 2.2%。2012 年《刑事诉讼法》实施以后，根据某市法官对调研的反馈，在其十几年的职业生涯中，中级人民法院的证人出庭率不超过 2%；另有法官认为，证人出庭情况在 2012 年《刑事诉讼法》实施后并没有得到改善，证人出庭率不到 5%。[2]

关于证人不愿意出庭作证的原因，有的法官和检察官认为证人出庭效果不好，因为侦查阶段的作证环境和庭审环境不同，如果审前证言与庭审证言出现矛盾，司法机关不好辨别；[3]有的法官认为，部分司法人员不愿证人出庭作证、一些辩护人对申请证人出庭有顾虑、证人自身有顾虑、寻找证人出庭有困难、证人权利难以保障、证人庭审改变证言会面临被追究伪证的风险等因素，都是证人出庭率低的原因。[4]关于证人出庭作证情况，也有学者从一审庭审的角度进行了实证分析。在 73 万余件案件中，控辩双方申请证人、侦查人员、鉴定人员出庭的有 734 件，其中绝大多数是因辩方申请；法官不同意证人出庭的占比达 11.4%，不同意的主要理由是“无出庭作证必要”；在控方证人出庭的 154 件案件中，当庭证言与庭前笔录证言相矛盾的有 69 件，占比 44.8%，显示出证人在庭审时翻证率较高；对于上述 69 件翻证案件，法院采纳当庭证言的有 26 件，采纳庭前笔录证言的有 39 件，当庭证言和庭前笔录证言都不采纳的有 4 件，显示

〔1〕 张军主编：《新刑事诉讼法法官培训教材》，法律出版社 2012 年版，第 354 页。

〔2〕 参见刘玫等：“山东省、河北省检察机关实施刑事诉讼法情况的调研报告”，载卞建林主编：《修改后的刑事诉讼法实施情况调查与研究》，中国检察出版社 2016 年版，第 300-301 页。

〔3〕 参见陈光中主编：《中国刑事二审程序改革之研究》，北京大学出版社 2011 年版，第 47 页。

〔4〕 参见刘玫等：“山东省、河北省检察机关实施刑事诉讼法情况的调研报告”，载卞建林主编：《修改后的刑事诉讼法实施情况调查与研究》，中国检察出版社 2016 年版，第 301 页。

出法院更倾向于采纳证人的庭前笔录证言。[1]

上述实证数据和司法人员的办案经验充分表明，在庭审言词原则没有确立的情况下，证人不愿意出庭、司法机关也不愿意证人出庭，是导致二审案件证人出庭率低的主要原因。

（三）全面审查原则的落实情况

二审全面审查原则多年来备受质疑，学者们质疑的主要理由是全面审查违背不告不理原则，损害审判中立性，也不符合诉讼经济原理。但是，司法人员认为，由于我国证据规则不健全、裁判文书说理不够、审判质量不尽如人意，并且一些当事人文化素质不高，不能针对案件存在的关键问题提出上诉请求和理由，如果仅仅围绕上诉、抗诉理由审理，可能导致无法发现案件实际存在的问题，也无法纠正一审裁判的错误，因此二审全案审理非常必要。[2]有学者对二审法官进行问卷调查，发现有57.3%的法官认为其所在法院贯彻了全面审查原则，只有11.4%的法官认为其所在的法院以上诉、抗诉的范围来确定二审审理范围。[3]

结合二审案件的开庭情况和证人出庭情况可以看出，在不开庭审理占主流、证人出庭率极低的情况下，二审全面审查原则绝非“全面审理”原则，而是法官对整个案卷材料和证据的全面审查。相关调研数据和典型案例可以证明这一点。有检察官对某中级人民法院审结的二审刑事案件进行统计后发现，2006年至2007年的两年间，该院以不开庭方式审结刑事上诉案件1000件左右，2006年改判22件，2007年改判42件；与此同时，该院在2006年开庭审理上诉案件8件，改判1件；2007年开庭审理上诉案件7件，改判2件；在2007年不开庭但改判的42件案件中，二审法院以上诉人在二审期间有认罪、悔罪、坦白、自首、积极赔偿等理由改判的有26件，占全部改判案件的62%；改变一审判决事实认定和量刑的有10件，占24%；同时改变罪名和量刑的有2件；只改罪名的有2件；只改赃物发还的有2件。[4]可见，法院通过不开庭方式改判的案件占二审改判案件的绝大多数，在这些不开庭但改判的案件中，法院对一审认定的事实、罪名、量刑、涉案财物处理等各个方面均作出了终局性结论。在这一过程中，二审法院作出裁判的主要依据无疑就是一审卷宗，发现一审裁判存在错误的主要途径无疑也是通过审查一审卷宗；在个别情况下，还因为上诉人及其亲属在二审期间

---

〔1〕参见孙志伟：《刑事审判中的言词原则研究》，法律出版社2019年版，第143-161页。

〔2〕参见熊选国主编：《刑事诉讼法司法解释释疑》，中国法制出版社2002年版，第179页。

〔3〕参见陈光中主编：《中国刑事二审程序改革之研究》，北京大学出版社2011年版，第35页。

〔4〕参见常国锋：“法院刑事二审未开庭审理改判案件引发问题思考”，载项明主编：《刑事第二审程序难题与应对》，法律出版社2008年版，第275页。

赔偿了被害人，出现了酌定从轻情节。比如在一起故意伤害案件的二审判决中，法院明确指出："考虑上诉人吴某如实供述罪行并悔罪，其亲属在一审、二审期间，积极代吴某赔偿附带民事上诉人原告刘某、原告马某遭受的经济损失，附带民事诉讼上诉人均表示愿意接受并表示对吴某一定谅解等具体情节，故对吴某的量刑可酌予从轻处罚。"[1]

上诉案件如此，抗诉案件也不例外。在我们搜集的2361件2014年全国刑事抗诉案件中，能提取到具体裁判理由的有1988件，其中，法院认可检察机关抗诉理由并改判的有1286件，认可抗诉理由但维持原判的有118件，不认可抗诉理由但依职权改判的有56件。[2]这些数据再次说明，二审全面审查就是二审法院对案卷材料的全部审查，无论采取开庭审理方式还是不开庭审理方式，二审法院都会综合全案情况作出裁判，其审查范围和裁判结果不受上诉和抗诉范围的约束。

（四）刑事第二审程序的裁判结果

1. 数据观察

根据《刑事诉讼法》的规定，二审法院对于上诉、抗诉案件的裁判有维持原判、直接改判、发回重审三种方式。对于二审自诉案件以及在二审期间附带民事诉讼原告人增加独立的诉讼请求或者第一审附带民事诉讼被告人提出反诉的案件，二审法院可以进行调解，只是这些案件在整个二审案件中数量不多。当然，无论是上诉案件，还是抗诉案件，上诉人或者抗诉机关都可依法撤回上诉或者抗诉。

表15-6 全国法院刑事二审收结案及裁判情况一览表（1988—2018年）（单位：件）

年度	收案	结案	维持	改判	发回	撤诉	调解	其他
1988	46 432	46 430	33 884	6603	N	2160	N	3783
1989	51 758	51 294	37 657	7410	3344	2393	N	490
1990	57 930	57 048	41 681	8579	3730	2508	N	550
1991	56 125	55 817	40 312	8728	3869	2260	N	648
1992	55 484	55 579	39 402	9424	3897	2277	N	579
1993	46 947	47 602	33 996	7382	3520	2066	N	638

[1] 参见北京市律师协会主编：《刑事二审再审改判案例：诉讼过程与争点剖析》，法律出版社2017年版，第66页。

[2] 参见吴杨泽："刑事抗诉制度现状及完善——以2014年全国刑事抗诉裁判文书为样本"，载《人民检察》2017年第4期，第59页。

续表

年度	收案	结案	维持	改判	发回	撤诉	调解	其他
1994	53 161	52 579	37 819	7852	3810	2275	N	823
1995	53 576	53 942	38 786	7989	4140	2127	N	900
1996	68 038	67 087	48 948	9917	4614	2521	N	1087
1997	64 755	64 548	44 216	11 957	4716	2427	N	1232
1998	70 263	70 767	49 603	11 369	5603	2658	886	648
1999	78 862	78 803	56 086	11 734	6026	3280	1088	589
2000	87 013	86 619	61 572	12 792	6227	4190	1219	619
2001	98 911	98 157	71 978	12 996	6587	4582	1053	961
2002	90 237	89 440	65 459	11 879	6114	4502	806	680
2003	97 579	96 797	71 788	12 401	6633	4611	690	674
2004	95 803	96 204	70 987	12 730	6198	5093	637	559
2005	97 573	96 776	70 365	13 031	6571	5693	572	544
2006	94 176	94 092	67 496	13 157	6484	5929	490	536
2007	91 511	92 364	64 787	13 177	6698	6556	482	664
2008	95 842	95 831	67 294	12 764	7455	7138	381	799
2009	100 547	100 398	70 850	13 424	7712	7215	368	829
2010	101 786	102 370	71 874	13 520	7838	7796	442	900
2011	98 937	98 919	69 340	12 753	7530	8053	379	864
2012	108 745	108 096	76 415	13 511	6962	9846	336	1026
2013	105 514	102 991	67 897	14 724	6560	12 385	343	1082
2014	121397	118 915	77 495	14 314	7574	18 156	311	1065
2015	143 219	141 155	90 245	15 571	9648	24 275	256	1160
2016	146 929	148 441	90 071	18 385	9708	28 806	200	1271
2017	151 753	154 277	91 885	18 489	10 112	31 084	289	2418
2018	155 571	154 391	94 322	17 473	10 117	31 632	171	676

表 15-7　全国法院刑事二审不同裁判结果对照表（1988—2018 年）[1]

年度	结案率（%）	维持率（%）	改判率（%）	发回率（%）	撤诉率（%）
1988	100	73.0	14.2	N	4.7
1989	99.1	73.4	14.4	6.5	4.7
1990	98.5	73.1	15.0	6.5	4.4
1991	99.5	72.2	15.6	6.9	4.0
1992	100.2	70.9	17.0	7.0	4.1
1993	101.4	71.4	15.5	7.4	4.3
1994	98.9	72.0	14.9	7.2	4.3
1995	100.7	71.9	14.8	7.7	3.9
1996	98.6	73.0	14.8	6.9	3.8
1997	99.7	68.5	18.5	7.3	3.8
1998	100.7	70.1	16.1	7.9	3.8
1999	99.9	71.2	14.9	7.6	4.2
2000	99.5	71.1	14.8	7.2	4.8
2001	99.2	73.3	13.2	6.7	4.7
2002	99.1	73.2	13.3	6.8	5.0
2003	99.2	74.2	12.8	6.9	4.8
2004	100.4	73.8	13.2	6.4	5.3
2005	99.2	72.7	13.5	6.8	5.9
2006	99.9	71.7	14.0	6.9	6.3
2007	100.9	70.1	14.3	7.3	7.1
2008	100	70.2	13.3	7.8	7.4
2009	99.9	70.6	13.4	7.7	7.2
2010	100.6	70.2	13.2	7.7	7.6
2011	100	70.1	12.9	7.6	8.1
2012	99.4	70.7	12.5	6.4	9.1
2013	97.6	65.9	14.3	6.4	12.0

[1] 说明：(1) 维持率、改判率、发回率均为相关数据与“结案”数据的比值；(2) 由于下文表 15-9 中检察机关的“撤回抗诉”数据并未包含在法院“结案”数据中，为了便于比较，本部分“撤诉率”统一设定为“撤诉”与“收案”数据的比值。

续表

年度	结案率（%）	维持率（%）	改判率（%）	发回率（%）	撤诉率（%）
2014	98.0	65.2	12.0	6.4	15.3
2015	98.6	63.9	11.0	6.8	17.2
2016	101.0	60.7	12.4	6.5	19.4
2017	101.7	59.6	12.0	6.6	20.1
2018	99.2	61.1	11.3	6.6	20.3
1988—1996 年均	99.7	72.3	15.1	7.0	4.2
1997—2012 年均	99.9	71.4	14.0	7.2	6.0
2013—2018 年均	99.4	62.7	12.2	6.6	17.4
1988—2018 年均	99.7	70.0	14.0	6.8	7.7

表 15-6 和表 15-7 的数据显示，从 1988 年至 2018 年的 31 年间，刑事案件二审裁判呈现出以下三个特点：（1）二审刑事案件的数量整体上逐渐增加，但二审的审判效率一直很高。从二审刑事案件的数量来看，1988 年不到 5 万件，到 2008 年增长至 9.5 万余件，翻了一番；到 2017 年超过 15 万件，是 1988 年时的 3.27 倍。[1]虽然二审刑事案件数量不断增长，但是二审法院的审判效率并未因此而下降，相反，二审刑事案件的年度结案率最低达到 97.6%，1997 年至 2012 年期间，年均结案率更是高达 99.9%，31 年间年均结案率达到 99.7%。（2）二审维持原判、直接改判的比例持续下降，发回重审的比例相对稳定，而撤回上诉、抗诉的比例显著增长。其中维持原判的比例在 1996 年以前年均 72.3%，1997 年至 2012 年下降了 1 个百分点，2012 年《刑事诉讼法》实施以后大幅降低至年均 62.7%，2017 年时只有 59.6%；直接改判的比例在 1996 年之前年均 15.1%，1997 年至 2012 年降低了一个百分点，到 2015 年最低点时降至 11%；在三部《刑事诉讼法》实施期间，二审法院发回重审的比例平均数大体持平，在 6.5%—7%之间。相比之下，撤回上诉、抗诉的比例 1996 年之前年均只有 4.2%，1997 年至 2012 年年均数据上升到了 6%，但 2012 年《刑事诉讼法》实施以后急剧增长，到 2018 年时已攀升到 20.3%，2013 年之后的 6 年间年均为 17.4%，是 1996 年之前年均数据的 4 倍以上。由于抗诉案件数量在全部二审刑事案件中占比不超过 5%（参见表 15-1），二审撤诉持续攀升，表明被告人上诉

〔1〕 结合前文表 15-1 的数据可以发现，二审刑事案件绝对数量的增长，与一审结案数的不断增长是同步的，刑事二审的整体适用率自 2012 年以来相对稳定，这意味着对一审刑事判决、裁定的服判率也是相对稳定的。

之后又撤诉的现象比之前明显增加了。（3）从二审裁判的整体结果来看，维持原判的案件数量远远超过直接改判和发回重审的案件数量。如果把维持原判与改判、发回重审的案件数量之和加以对照，可以发现，31 年间控辩双方上诉、抗诉的总体成功率（改判、发回重审的案件数量之和与审结数的比值）平均为 20.8%，并且以 1996 年和 2012 年修改《刑事诉讼法》为节点，在三部《刑事诉讼法》实施期间，总体成功率呈阶梯式下降趋势：1996 年之前总体成功率年均 22.1%，1997—2012 年期间年均成功率为 21.2%，2013—2018 年期间年均成功率只有 18.8%。与之相比，31 年间二审维持原判的比例年均 70%，是同期上诉、抗诉总体成功率的 3.4 倍。

2016 年以后二审案件撤诉率的大幅度攀升，可能与刑事速裁程序和认罪认罚从宽制度的试点以及二审的审理期限有关。根据 2014 年“两高三部”发布的《关于在部分地区开展刑事案件速裁程序试点工作的办法》，速裁程序适用于可处一年有期徒刑以下刑罚的特定类型案件，2016 年 11 月“两高三部”联合发布的《关于在部分地区开展刑事案件认罪认罚从宽制度试点工作的办法》将速裁程序的适用范围扩大至可处三年有期徒刑以下刑罚、被告人自愿认罪认罚的案件。从实证调研的情况看，对认罪认罚后适用速裁程序的被告人判处的刑罚普遍较轻，被告人的上诉率整体上较低，但是确有一部分被告人抱有侥幸心理，希望通过上诉进一步获得刑罚减免或者故意拖延诉讼，争取二审之后剩余刑期不足三个月，以便留所服刑。一旦发现检察机关提起抗诉从而面临被加刑的风险，或者经审判人员承诺其留所服刑，上诉人便“自愿”撤回上诉；对没有留所服刑希望的上诉人而言，由于看守所羁押条件普遍比监狱条件差，有的上诉人为尽快脱离看守所，也会“自愿”撤回上诉。根据《中国法律年鉴》的统计数据，2017 年，全国法院有罪判决人数 1 268 507 人，其中判处三年有期徒刑以下刑罚和免予刑事处罚的人数为 974 213 人，占受有罪宣告人数的 76.8%；判处不满一年有期徒刑、拘留、管制、单处附加刑和免予刑事处罚的 414 631 人，占受有罪宣告人数的 32.69%。2018 年，全国法院有罪判决人数 1 428 772 人，其中判处三年有期徒刑以下刑罚和免予刑事处罚的人数为 1 205 298 人，占受有罪宣告人数的 84.36%；判处不满一年有期徒刑、拘留、管制、单处附加刑和免予刑事处罚的 509 044 人，占受有罪宣告人数的 35.63%。试想，如果一个被告人被一审法院判处三年以下监禁刑，减去之前在侦查、起诉、审判阶段已被羁押的期限，刑期可能所剩无几，在上诉之后又迟迟等不来二审裁判，眼看留所服刑无望，他唯一理性的选择只能是申请撤回上诉，尽快脱离看守所羁押之苦。从这个角度来看，2012 年《刑事诉讼法》基于法院要求而普遍延长二审案件审理期限的做法，虽然为法院审判实践提供了便利，却可能无意中限制了被判处轻刑的被告人的上诉权，值得有关部门关注。

2. 上诉和抗诉结果比较

除了整体数据的观察，还可以从上诉、抗诉的角度进一步予以分析。根据《刑事诉讼法》的规定，刑事被害人以外的当事人及其法定代理人只要不服一审裁判，就可以提出上诉，并不需要具体的上诉理由；而对检察机关提起抗诉，必须以一审裁判确有错误为前提，同时，上级检察机关还有权撤回抗诉。因此，从常理推断，经过上下两级检察机关审查把关，抗诉成功率应该大于被告人的上诉成功率。

表 15-8　全国刑事上诉及其裁判结果一览表（1998—2018 年）〔1〕　（单位：件）

年度	上诉	撤诉	审结	维持	改判	发回重审	撤诉率(%)	成功率(%)
1998	66 823	2241	65 583	49 202	10 897	5484	3.4	25.0
1999	75 448	2848	72 581	55 670	11 231	5860	3.8	23.5
2000	83 575	3700	79 495	61 104	12 317	6074	4.4	23.1
2001	95 393	3836	90 501	71 515	12 540	6446	4.0	21.0
2002	87 367	4129	82 531	65 045	11 496	5990	4.7	21.2
2003	95 061	3991	89 893	71 355	12 033	6505	4.2	20.6
2004	93 128	4251	88 537	70 360	12 168	6009	4.6	20.5
2005	94 962	5034	88 616	69 832	12 404	6380	5.3	21.2
2006	91 430	5354	85 462	66 888	12 415	6159	5.9	21.7
2007	88 745	6060	82 907	64 219	12 491	6197	6.8	22.5
2008	92 949	6753	85 657	66 727	11 978	6952	7.3	22.1
2009	97 215	6780	89 940	70 197	12 532	7211	7.0	22.0
2010	97 381	7316	90 216	71 018	12 262	6936	7.5	21.3
2011	94 480	7543	87 062	68 528	11 314	7220	8.0	21.3
2012	103 481	N	104 469	75 636	11 698	5927	N	16.9
2013	100 093	N	99 276	67 157	14 513	5706	N	20.4
2014	115 271	N	114 826	76 614	12 047	6633	N	16.3
2015	137 523	N	137 385	89 288	13 726	8680	N	16.3

〔1〕说明：(1) 数据根据历年《中国法律年鉴》中“全国法院审理各类二审案件情况表”的数据减去“人民检察院办理刑事抗诉案件情况统计表”中的数据得出；(2)“成功率”是“改判”以及“发回重审”的数据之和与法院“审结”数据的比值；(3)“撤诉率”为“撤诉”与“上诉”的数据比值，由于 2012 年之后《中国法律年鉴》不再公布“撤回抗诉”数据，因而无法精确计算出被告人“撤诉”数据。

续表

年度	上诉	撤诉	审结	维持	改判	发回重审	撤诉率(%)	成功率(%)
2016	140 771	N	143 100	88 873	16 081	8560	N	17.2
2017	144 941	N	148 352	90 254	15 532	8775	N	16.4
2018	148 443	N	148 066	92 482	14 406	8699	N	15.6
1998—2012 年均							5.5	21.6
2013—2018 年均							N	17.0
1998—2018 年均							5.5	20.3

表 15-9　全国检察机关二审抗诉及其裁判结果一览表（1998—2018 年）[1]　**（单位：件）**

年度	提抗	撤抗	审结	维持	改判	发回重审	撤抗率（%）	成功率（%）
1998	3440	417	992	401	472	119	12.1	59.6
1999	3414	432	1085	416	503	166	12.7	61.7
2000	3438	490	1096	468	475	153	14.2	57.3
2001	3518	446	1060	463	456	141	12.7	56.3
2002	2870	373	921	414	383	124	13.0	55.0
2003	2518	620	929	433	368	128	24.6	53.4
2004	2675	842	1378	627	562	189	31.5	54.5
2005	2611	659	1351	533	627	191	25.2	60.5
2006	2746	575	1675	608	742	325	20.9	63.7
2007	2766	496	1623	568	686	369	17.9	65.0
2008	2893	385	1856	567	786	503	13.3	69.5
2009	3332	435	2046	653	892	501	13.1	68.1
2010	4405	480	3016	856	1258	902	10.9	71.6
2011	4457	510	3064	812	1419	833	11.4	73.4
2012	5264	N	3627	779	1813	1035	N	78.5
2013	5421	N	3715	740	2121	854	N	80.0

[1] 说明：(1) 数据来源于历年《中国法律年鉴》中“人民检察院办理刑事抗诉案件情况统计表”，将其中的“指令再审”数据作为二审“发回重审”数据；(2) 2005 年的审结数据在《中国法律年鉴》中为 929 件，明显与该年度的改判、维持原判、发回重审的数据之和不符，本表进行了修正；(3)“撤抗率”为“撤抗”与“提抗”的数据比值。

续表

年度	提抗	撤抗	审结	维持	改判	发回重审	撤抗率（%）	成功率（%）
2014	6126	N	4089	881	2267	941	N	78.5
2015	5696	N	3770	957	1845	968	N	74.6
2016	6158	N	4650	1198	2304	1148	N	74.2
2017	6812	N	5925	1631	2957	1337	N	72.5
2018	7128	N	6325	1840	3067	1418	N	70.9
1998—2012 年均							16.7	63.2
2013—2018 年均							N	75.1
1998—2018 年均							16.7	66.6

表 15-8 和表 15-9 印证了上述推断的正确性，从中能得出三个结论：一是抗诉成功率远远高于上诉成功率。从二审裁判结果来看，刑事二审抗诉成功率年均为 66.6%，而刑事上诉的成功率年均只有 20.3%，前者是后者的 3.3 倍。二是 2012 年之前检察机关撤回抗诉率远远高于被告人撤回上诉率。从 1998 年至 2011 年的 14 年间，检察机关撤回抗诉率年均为 16.7%，被告人撤回上诉率年均为 5.5%，前者是后者的 3 倍，显示出上级检察机关对抗诉的严格把关。但是，2013 年至 2018 年，刑事二审整体撤诉率高达 17.4%（见表 15-7），表明被告人撤回上诉率已经达到 2012 年之前检察机关撤回抗诉的比例。三是抗诉成功率明显提升，而同期上诉成功率反而逐步下降。2012 年之前抗诉成功率年均 63.2%，随着 2012 年《刑事诉讼法》的实施，2013 年至 2018 年的 6 年间抗诉成功率年均达到 75.1%，增加了 12 个百分点。与之相反，被告人上诉成功率在 2012 年之前年均为 21.6%，2013 年之后降至 17%，2018 年更是创下了自 1998 年以来的新低，仅为 15.6%，是同年检察机关抗诉成功率的 1/5。由于 2013 年以来刑事二审的年均维持率、改判率、发回率均比之前有所下降（见表 15-7），只有撤诉率明显上升，被告人上诉成功率降低的原因，极有可能是撤诉案件中包含相当一部分依法应当改判或者发回重审的案件，对此需要进一步加以研究。

三、对刑事第二审程序的反思和展望

（一）对刑事第二审程序的总体评价

四十年来的制度演变和实施情况表明，刑事第二审程序作为国家治理体系和刑事司法制度的一部分，较好地适应了改革开放以来中国特色社会主义事业发展的需要，是国家惩治犯罪、保障无辜不可替代的强大法律武器，在我国所创造的经济快速发展、社会长期稳定的两大奇迹中发挥了重要保障作用，并在此过程中形成了鲜明的制度特点。

首先，四十年来，我国刑事第二审程序的功能定位及基本框架相对稳定。自1979年《刑事诉讼法》开始，第二审程序的功能定位就是对个案的事实认定和法律适用进行全面审查把关，为不服一审裁判的当事人提供诉讼内的具体救济，力图通过两级法院的努力做到查清事实、消除争议。党的十八届四中全会通过的《中共中央关于全面推进依法治国若干重大问题的决定》关于法院的审级功能明确指出："一审重在解决事实认定和法律适用，二审重在解决事实法律争议、实现二审终审。"最高人民法院院长周强也指出："发挥一审程序基础作用和二审程序把关作用，完善证据审查、案件审理、审核监督等机制，确保无罪的人不受刑事追究。"〔1〕为此，我国刑事第二审程序从制度上设计了四项有中国特色的规则：（1）对上诉不设理由限制。被告人等上诉权人只要不服一审裁判即可上诉，无须提供具体的上诉理由，而且只要上诉符合法律规定就必然启动第二审程序，二审法院对上诉理由的审查和实体审理合二为一，无权先审查上诉理由是否成立、再决定是否进入实体审理。这与西方法治国家在立法中明确规定刑事上诉的各项理由，并且由上诉审法院对上诉理由进行程序审查之后再决定是否进入第二审程序的做法是截然不同的。（2）二审实行全面审查原则。二审法院要利用控辩双方启动二审程序的契机，对一审的事实、证据、定罪、量刑、程序等进行全面审查；在共同犯罪案件中，即使是部分被告人没有提出上诉，二审法院仍然需要对一审裁判的相关部分进行全面审查，一并处理，以确保案件最终得到公正裁判。（3）对二审案件的实体审理实行"续审制"。作为上诉审的一种构造模式，续审制是相对于"复审制"和"事后审查制"而言的。在采用三审制的大陆法系，第二审作为事实审基本上都实行"复审制"，英美法系对不服治安法官一审判决的上诉案件也实行复审制，即对一审的事实认定和法律适用完全"推倒重来"，由上诉审法院按照第一审的证据规则和法律规定对案件进行重新审理、重新判决；与此相对的是，英美法系对不服陪审团有罪判决的上诉案件实行"事后审查制"，上诉审法院原则上仅仅根据一审判决时的证据规则、法律规定和诉讼记录对上诉理由是否成立进行审查，不作新的事实认定。为了确保两审终审制的正确实施和案件的及时正确处理，我国法律规定，对上诉、抗诉案件的实体审理实行"续审制"，这意味着，在事实认定方面，第二审相对于第一审是"接力"关系，即接着第一审的结果继续进行审查。为此，二审法院可以调查新的证据，控辩双方也有权提出新的证据，二审法院可以对一审判决认定的事实作出肯定、否定或者部分肯定、部分否定的结论；对一审判决认定事实不清、证据不足的案

〔1〕 周强："最高人民法院关于加强刑事审判工作情况的报告"，载中国法院网，https://www.chinacourt.org/article/detail/2019/10/id/4591214.shtml，最后访问日期：2019年12月9日。

件，可以查清事实、补充证据以后改判，也可以裁定撤销原判、发回重审。从司法实践情况看，二审法院如果认为一审判决认定事实不清或者证据不足，通常都会发回重审，以便给原审法院一次自行改正的机会。（4）二审与再审有机衔接。二审法院审理对刑事部分提出上诉、抗诉，附带民事诉讼部分已经发生法律效力的案件，如果发现一审裁判中的民事部分确有错误，应当对民事部分按照审判监督程序予以纠正；仅仅对附带民事诉讼部分提出上诉、抗诉，刑事部分已经发生法律效力的案件，二审法院如果发现一审判决或者裁定中的刑事部分确有错误，应当对刑事部分按照审判监督程序进行再审，并将附带民事诉讼部分与刑事部分一并审理。[1]可以说，我国第二审程序围绕“查清事实、消除争议”这一主要功能，以及为实现这一功能所设置的四个主要规则，四十年来没有发生变化。

其次，为了发挥第二审程序的作用，立法者虽然在上诉案件的审理方式以及发回重审等方面逐步施加了一定的限制，但总体来看赋予了审判机关巨大的裁量权。例如，在上诉案件的审理方式上，除了法律明文规定必须开庭审理的案件之外，其他上诉案件是否开庭由法院自由裁断；二审案件的审理程序参照一审程序执行，如果开庭审理，证人是否出庭由法院裁量决定；合议庭在审理过程中如果对证据有疑问的，可以宣布休庭，对证据进行庭外调查核实；如果采用讯问调查式的不开庭方式进行审理，则查清事实、消除争议的责任更是完全由二审法院独立承担，检察机关被排除在外；在二审裁判结果上，对于事实不清、证据不足的案件，二审法院可以自行查清之后改判，也可以发回重审；对于二审法院的审理期限，《刑事诉讼法》一而再，再而三地予以延长，确保法院有足够的时间合法地履行审判职责。纵观整个刑事第二审程序，从审判机关相对于控辩双方的关系来看，总体呈现出一种由二审法院全面审查、全程主导的“超职权主义”诉讼特征，显示出立法者对审判机关能动作用的充分信任。

再次，从审理刑事上诉、抗诉案件的法律依据来看，法律和司法解释的相关规定是主体，诉讼过程中上下级法院内部的请示答复、批复则是重要补充，尤其是在1996年修改《刑事诉讼法》以前。比如，1988年，陕西省高级人民法院请示关于刑事附带民事诉讼的被告人不上诉而被害人对民事部分提出上诉时二审法院应当如何适用法律程序问题，最高人民法院答复“应全案审查并就附带民事部分作出终审裁定”；[2]1990年，广东省高级人民法院请示是否允许不上诉的被告人委托律师参加二审辩护的问题，最高人民法院研究室电话答复“应当允许他委

〔1〕参见2012年《最高法解释》第330条和第331条、1998年《最高法解释》第261条和第262条。

〔2〕参见最高人民法院1988年5月11日批复，法（研）复（1988）23号。

托辩护人进行辩护”；[1]1991年，广东省高级人民法院请示关于未被抗诉的被告人可否直接加重刑罚的问题，最高人民法院研究室电话答复“不宜由第二审人民法院对未被抗诉的被告人直接加重刑罚”；[2]1992年，上海市高级人民法院请示关于被中级人民法院判处死刑的被告人提出上诉，上诉期满后申请撤回上诉如何处理的问题，最高人民法院批复“应当由高级人民法院决定不准撤回上诉，并按照第二审程序继续审理”；[3]等等。这些答复、批复内容后来均被吸收进1998年《最高法解释》。1996年之后，虽然最高司法机关出台了系统性的司法解释，但地方司法机关关于具体法律适用问题的请示仍然不少，[4]这些请示内容也相继被后来的有关司法解释所吸收。不难看出，我国刑事第二审程序制度体系，其演变过程走的是一条《刑事诉讼法》先行制定主体框架、最高司法机关对具体问题进行细化、司法解释随后系统集成的道路，这一道路具有鲜明的实践特征，个案请示答复、司法解释、法律规定三层制度规范在时间上连接有序、在内容上形成了动态平衡。

最后，第二审程序的公正性不断提升。在第二审程序的启动方面，1996年修改《刑事诉讼法》时将被害人作为诉讼当事人，并赋予其请求检察机关抗诉的权利，促进了第二审程序对被害人合法权益的保障。在上诉案件的审理方式方面，1996年、2012年两次修法不断扩大开庭审理的案件范围，司法实践中二审法院努力提升二审的开庭率，积极落实二审期间的法律援助制度，使得被告人的辩护权得到越来越好的保障。在程序正义方面，1996年修法时明确规定一审的“程序违法”情形，并作为发回重审的法定事由，要求原审法院严格依法审判，体现了对程序正义的追求；2012年修法时将二审法院以事实不清或者证据不足为由发回重审限定为一次，并且对发回重审的案件原审法院改判加刑设定了更加严格的限制，在追求事实真相和遵循程序正义之间寻求新的平衡，有效破解了上下级法院互相转移责任、案件久拖不决以及变相加刑等突出问题；不断完善涉案财物的处置规范，明确相关责任主体及处理流程，提升了刑事对物诉讼的公正性等。这些立法进步，有效回应了社会关切，显著提升了我国二审程序的公正性，有利于保障各方当事人的诉讼权利。

---

〔1〕 参见中国法制出版社编：《最高人民法院 最高人民检察院司法解释与请示答复（刑事卷）》，中国法制出版社2006年版，第962-963页。

〔2〕 中国法制出版社编：《最高人民法院 最高人民检察院司法解释与请示答复（刑事卷）》，中国法制出版社2006年版，第965页。

〔3〕 参见最高人民法院1992年4月8日批复，法复〔1992〕2号。

〔4〕 例如1997年，江西省高级人民法院请示“关于第二审死刑案件是否需要全部指定辩护人”问题，最高人民法院批复“应当指定”，参见最高人民法院1997年11月12日批复，法释〔1997〕7号。

（二）刑事第二审程序存在的主要问题

回顾我国刑事第二审程序过去四十年的制度演变和实施情况，对照时代发展潮流和人民群众在民主、法治、公平、正义等方面的新需求，可以发现，我国刑事第二审程序在制度上还存在一些不足之处，主要表现在以下三个方面。

1. 第二审程序统一法律适用的功能欠缺，难以做到及时定分止争

纵观两大法系，刑事上诉审程序一般具有双重功能：一是为不服一审裁判的当事人提供具体的法律救济，实现个案公正；二是统一法律的解释和适用，为未来司法实践指明方向。各国的刑事上诉审体系无论是实行二审终审还是三审终审，审判层级之间都有“事实审”和“法律审”的功能区分，其中，事实判断主要依靠下级法院，而层级越高的法院则越偏重于对法律适用的裁决，特别是各国的最高司法机关普遍只关注“法律适用”而不再审理“事实问题”。究其原因，一是对法院组织能力的考虑，最高司法机关因为受到自身的规模限制只能将案件的受理范围限制到特定的具有重要法律意义的案件中；二是对人性的考虑，如果对事实审的机会不加以控制，就会刺激当事人不断到上级法院寻求救济，而远离发案现场、远离原始人证和其他证据的上级法院在发现事实真相方面并无任何优势；三是对事实裁断本质的考虑，不同的法官对同一事实的判断不同，如果上下级法院先后作出不同的判断，那么势必会影响司法的权威。[1]为了有效发挥上诉审法院统一法律解释和适用的功能，世界主要法治国家普遍赋予检察机关针对法律问题的“非常上诉”权，由总检察长向最高人民法院寻求个案中有争议的重要法律问题的明确适用标准，以消除法律适用中的不同意见，保证国家法律的统一解释和实施。

我国第二审程序的发展历程及呈现出来的制度构建逻辑明显不同于域外，第二审程序在诉讼内的主要功能聚焦于个案审查把关，抽象的法律问题则留给司法解释、指导性案例等诉讼以外的法律解释程序解决。最近也有最高人民法院大法官提出，要建立由合议庭发现法律适用分歧问题、法官会议充分讨论、审判委员会最终决策的一整套“具有中国特色”的解决办法，[2]但其思路依然是依靠法院内部程序来解决法律适用的分歧。由于单纯的法律适用问题不属于二审的审理范围，检察机关对此类问题提出抗诉受到严格约束，[3]导致绝大多数二审案件

---

〔1〕 参见傅郁林：“审级制度的建构原理——从民事程序视角的比较分析”，载《中国社会科学》2002年第4期，第88页。

〔2〕 参见贺小荣：“法律适用分歧的解决方式与制度安排”，载《人民司法》2019年第31期，第20-24页。

〔3〕 最高人民检察院2001年2月印发《关于刑事抗诉工作的若干意见》［高检发诉字（2001）号］，该意见在第3条“不宜抗诉的情形”中明确指出，“法律规定不明确、存有争议，抗诉的法律依据不充分的”，一般不宜提出抗诉。

在中级人民法院就形成了终审裁判，个案中的法律适用问题无论多么重要，均无法通过正常的诉讼渠道获得最高司法机关的明确意见。而司法解释、指导性案例由于其繁琐复杂的内部调研论证程序以及时间上的不确定性，决定了它们无法为现有个案中已经发现的重要法律适用问题提供及时、明确的解决方案。这种状况不仅不符合我国宪法关于维护法制统一的要求，[1]而且在实践中导致了大量的“同案不同判”“同理不同判”案件的发生，以下四个真实的二审案件就是例证。

案例 1 2014 年某日，被告人王某携带自制工具，将被害人李某家门锁撬开，入室实施盗窃，在盗窃过程中被回到家的被害人李某发现并控制。一审认定王某犯盗窃罪，判处拘役三个月。检察机关提起抗诉，认为原审判决未适用《刑法》第 23 条的规定，认定被告人王某的未遂情节，适用法律不当。二审法院认为，王某事先准备了撬锁工具，撬开被害人家门后，进入房间内实施了盗窃，其行为已构成盗窃罪，原审判决并无不当。[2]

案例 2 对于相同情节的入室盗窃案件，二审法院认为，原审被告人孙某以非法占有为目的，入户盗窃，其行为已构成盗窃罪，应予处罚。关于检察机关“原审未认定盗窃未遂不当，适用法律错误，量刑不当”的抗诉理由，经查，原审被告人孙某翻墙入户实施盗窃，在未窃得财物前被当场抓获，系因其意志以外的原因而未得逞，根据 2012 年最高人民法院研究室研究意见，应当以盗窃未遂论处，因此，检察机关抗诉理由成立。[3]

案例 3 2014 年某日，被告人柯某窜至绥安镇朝阳路某花店，窃走黄金吊坠 1 个。当被告人走出卧室欲离开时被人发现并抓获。一审认定被告人柯某犯盗窃罪，但由于外部因素介入没有得逞，属犯罪未遂，可以从轻处罚，最终判处有期徒刑六个月。检察机关抗诉认为，被告人柯某系盗窃既遂，原判认定未遂有误，致量刑畸轻，应予纠正。二审法院审理后认为，原审被告人柯某窃取黄金吊坠后，尚未离开花店时即被发现，因其意志以外的原因而未实际非法占有他人财物，属盗窃未遂。故检察机关抗诉认为本案系盗窃既遂的理由不能成立，不予支持。[4]

案例 4 被告人方某某四次贩毒，一审被法院判处有期徒刑二年。检察机关抗诉认为，被告人方某某四次向他人贩卖毒品，属于《刑法》第 347 条第 4 款规

---

〔1〕 1982 年《宪法》第 5 条规定：“国家维护社会主义法制的统一和尊严。一切法律、行政法规和地方性法规都不得同宪法相抵触。一切国家机关和武装力量、各政党和各社会团体、各企业事业组织都必须遵守宪法和法律。一切违反宪法和法律的行为，必须予以追究。任何组织或者个人都不得有超越宪法和法律的特权。”

〔2〕 参见山西省太原市中级人民法院刑事裁定书（2014）并刑终字第 541 号。

〔3〕 参见山东省潍坊市中级人民法院刑事判决书（2014）潍刑二终字第 144 号。

〔4〕 参见福建省漳州市中级人民法院刑事裁定书（2014）漳刑终字第 285 号。

定的“情节严重”，应当判处三年以上七年以下有期徒刑，本案判处有期徒刑二年有失公正。二审法院审理后认为，根据2000年《最高人民法院关于审理毒品案件定罪量刑标准有关问题的解释》第3条的规定，多次贩毒的，可以认定为《刑法》第347条第4款规定的“情节严重”。该条司法解释规定的是“可以认定”而不是“应当认定”。结合本案情况，可不认定为“情节严重”。[1]

上述案例1、案例2、案例3的案情极为相似，都是入室盗窃未离开即被当场抓获，需要对犯罪形态属于未遂还是既遂进行认定。但是，三个案件中的检察机关、法院的认识却迥然不同。案例1和案例2中的检察机关认为属于犯罪未遂，而案例3中的检察机关认为应认定为犯罪既遂。相反，案例1中的法院认为是盗窃既遂，而案例2和案例3中的法院认为属于盗窃未遂。案例4是关于多次贩卖毒品是否属于“情节严重”的争议，虽然司法解释以多次贩毒作为认定“情节严重”的主要依据，但是二审法院的核心观点是法律规定为“可以认定”，据此法院有“可以不认定”的自由裁量权。

同上述案例的争议相类似，在司法实践中，控辩双方不认同原审法院关于自首认定、从犯认定的法律适用争议一再上演。早有调研显示，司法实践中纯粹针对法律问题提出上诉的，约占二审案件总数的30%，同时对事实认定和法律适用提出异议的约占35%。[2]在我们统计的2014年能提取到具体抗诉理由的2291个样本中（见表15-10），检察机关认为原审裁判适用法律错误的有1029件，占全部样本的44.9%，在所有类别中占比第一，这充分说明法律适用争议在实践中广泛存在，数量很大。

表15-10　2014年全国检察机关二审抗诉权内容一览表

抗诉内容	实体性内容					程序性内容		其他
类别	事实认定	定性	犯罪情节	量刑情节	法律适用	证据	其他程序争议	—
数量（件）	338	363	141	359	1029	24	27	10
比重（%）	14.8	15.8	6.2	15.7	44.9	1.0	1.2	0.4

综上所述，由于我国第二审程序缺乏统一法律解释和适用的功能，个案中的法律适用问题在诉讼内很难获得权威的终局性解决，其后果是各地不同的检察机关和上诉权人在不同的个案中，以类似的理由不断提起抗诉和上诉，甚至在“终

〔1〕参见安徽省黄山市中级人民法院刑事裁定书（2014）黄中法刑终字第00057号。

〔2〕参见胡道才：“刑事上诉案件审理方式剖析”，载《人民司法》2004年第9期，第8页。

审判决”后仍然引发一定的申诉。这种现象显然不利于个案的公正审理，也会造成国家司法资源的极大浪费。

2. 对当事人的权利保障存在一些短板，影响人民群众对司法公平正义的感受

第一，对被害人启动二审程序的权利保障不足。刑事被害人是受犯罪行为侵害的直接对象，是刑事诉讼中的当事人，[1]其权利保障水平是衡量一个国家法治发展进程的重要指标。在我国现行法律的框架下，当被害人对一审判决不满时，只能请求检察机关提起抗诉，并无其他诉讼权利寻求上级法院的救济。但是，实践中被害人在申请检察机关抗诉时还存在不少困难和问题：一是对被害人的知悉权保障不足，不少被害人在收到一审裁判文书时，已经过了申请抗诉的期限；二是申请抗诉的时间过短，只有 5 日，与被告人享有的 10 日上诉期限差别过大；三是对检察机关的抗诉裁量权缺乏制约，当检察机关不同意提起抗诉时，被害人没有申请复议的权利；四是上级检察机关在决定是否支持抗诉时，被害人无法表达诉求，对上级检察机关撤回抗诉只有被动接受。正是由于这些原因，一些被害人才采取“上访”等非理性的形式表达其诉求，人为制造“影响”，迫使检察机关屈从压力提起抗诉，[2]导致被害人权益保障在实践中的异化。

从法理层面来说，检察机关主动提起抗诉和被害人申请抗诉是两种不同性质的抗诉，前者体现的是检察权对审判权的监督制约，“属于权力滥用的防范机制”；而后者体现的是“公共权力保护公民权利的责任，属于权利的保障机制”。[3]但是，我国的刑事抗诉制度并没有对这两种性质的抗诉分别作出规定，而是将被害人的申请抗诉权纳入了检察机关整体抗诉权的范畴，一体考虑、综合评价，被害人的申请成为检察机关是否提起抗诉的材料来源之一，这对被害人的权利保障形成了一定的事实上的压制，可能造成实践中被害人申请检察机关抗诉的无序状态。

第二，二审中的回避制度存在漏洞，严重影响程序公正。回避制度是国家司法活动的基本制度，按照我国《刑事诉讼法》规定，任何与案件有利害关系，或者有其他关系可能影响案件公正处理的有关人员，均不能参与案件办理。但实践中，一些审判机关自行审理自己的法官，引起各方热议，比较典型的是 2018 年 11 月 8 日吉林省辽源市中级人民法院开庭审理该院民三庭原庭长王某某涉嫌

---

〔1〕 关于法律将被害人作为诉讼当事人，龙宗智教授认为在法理上难以自圆其说，在实践中弊大于利。参见龙宗智主编：《徘徊于传统与现代之间——中国刑事诉讼法再修改研究》，法律出版社 2005 年版，第 293-299 页。

〔2〕 参见刘建柱、郑利辉：“刑事抗诉的实践与制度完善——关于对深圳市检察机关刑事抗诉情况的调查”，载《国家检察官学院学报》2002 年第 6 期，第 99 页；余德峰、王建荣：“刑事抗诉运行机制实证分析”，载《中国刑事法杂志》2009 年第 11 期，第 102 页。

〔3〕 谢鹏程：“重新认识刑事抗诉制度的结构和功能”，载《人大研究》2004 年第 5 期，第 10 页。

民事枉法裁判罪一案。该案在 2018 年初由辽源市西安区人民法院作出一审判决，认定王某某构成民事枉法裁判罪，判处有期徒刑三年。王某某不服提起上诉，而二审法院就是其曾供职多年的老东家——辽源市中级人民法院。在该院二审开庭时，王某某及其辩护人提出案件管辖异议，要求全体合议庭成员回避，被合议庭以“与法无据”为由驳回后，上诉人当庭以自杀相威胁。[1]辽源市中级人民法院随即休庭，并书面请示吉林省高级人民法院将该案指定其他法院审理。吉林省高级人民法院认为“王某某原系辽源市中级人民法院法官，由其昔日的同事审理该案，有违程序公正的现代司法理念”，[2]遂作出决定将王某某一案指定通化市中级人民法院审理。该案在程序上的最终处理令人欣慰，但其中暴露出来的问题却令人警醒。

第三，开庭审理的上诉案件范围太小，不利于充分保障当事人的辩护、辩论权。我国对刑事案件实行两审终审制，当事人不服一审刑事裁判时只有一次上诉机会。为了保证二审案件得到正确处理，法律要求二审法院对上诉案件实行全面审查，并且明确规定：当事人就第一审认定的事实、证据提出异议，可能影响定罪量刑的上诉案件，判处死刑的案件以及其他需要开庭审理的上诉案件，二审法院应当开庭审理。从实践情况看，即使是仅仅就适用法律或者量刑问题提出上诉或者抗诉的案件，也与案件的具体事实、情节密不可分。因此，对上诉案件进行开庭审理，无论是对于法院还是对于上诉人，无论对于实现案件处理的实体公正还是程序公正，都有着重要意义。此外，法律要求对抗诉案件一律开庭审理，而对上诉案件却限定范围进行开庭审理，也不符合法庭中立、控辩平等的精神。然而，1979 年《刑事诉讼法》实施四十年来，刑事上诉案件的开庭审理始终没有成为二审的主流，最好的时候也有六成左右的上诉案件采取不开庭的方式进行审理，这无异于剥夺了大多数上诉人在二审程序中的辩护权、辩论权，也使二审程序所承载的吸纳当事人参与、化解不满情绪、抚平受损害的社会关系等作用的发挥受到一定限制，亟须作出改变。

第四，上诉不加刑原则留有“后门”，不利于保障被告人的上诉权。上诉不加刑原则对于保障被告人的上诉权、维护两审终审制具有重要意义。为了防止二审法院通过发回重审变相加刑，2012 年修改《刑事诉讼法》时专门在第 226 条增加规定：“第二审人民法院发回原审人民法院重新审判的案件，除有新的犯罪事实，人民检察院补充起诉的以外，原审人民法院也不得加重被告人的刑罚。”

---

〔1〕 王光学：“同事审判同事，不回避说得过去吗?”，载澎湃新闻，https://www.thepaper.cn/newsDetail_forward_2618154，最后访问日期：2019 年 12 月 10 日。

〔2〕 “吉林高院就王成忠、张大庆案指定通化中院审判答记者问”，载搜狐网，http://www.sohu.com/a/279311290_114967，最后访问日期：2019 年 12 月 8 日。

然而2012年《最高法解释》便规定："原判事实清楚，证据确实、充分，但判处的刑罚畸轻、应当适用附加刑而没有适用的，不得直接加重刑罚、适用附加刑，也不得以事实不清、证据不足为由发回第一审人民法院重新审判。必须依法改判的，应当在第二审判决、裁定生效后，依照审判监督程序重新审判。"〔1〕这是司法解释利用法律缺乏禁止法院主动开启不利于被告人的再审的制度漏洞为上诉不加刑原则开设的"后门"。这一规定违反了立法关于"对被告人的上诉权，不得以任何借口加以剥夺"的规定精神，严重损害了被告人的上诉权。事实上，对所谓一审判决量刑畸轻的案件在二审维持原判以后又启动再审加刑，与立法所禁止的通过发回重审变相加刑的做法没有任何实质性区别，对被告人来说都是因为上诉导致了加刑。这种表面上遵循上诉不加刑原则但实质上可以"绕路"加刑的制度设置，不仅与上诉不加刑原则的精神完全相悖，而且违背了联合国《公民权利和政治权利国际公约》第14条所规定的"一事不再理"原则，最终损害司法权威。

3. 二审诉讼构造不完整，检察机关参与度明显不足

审判程序之所以不同于单方的行政程序，关键就在于审判程序是在诉讼各方参与下共同推动的，是控辩审三方"共同作业"的过程。但是，按照现行法律规定，只有在二审法院开庭审理上诉、抗诉案件时，检察机关才有机会派员出庭参与二审诉讼活动；如果二审法院对上诉案件不开庭审理，检察机关则没有参与二审诉讼活动的机会。在司法实践中，二审法院不开庭审理上诉案件时，既不会听取检察机关的意见，也不会在二审结束以后告知检察机关裁判结果。换言之，在多数情况下，刑事二审程序仅仅是审判机关与上诉人之间的"双方组合"，缺乏控诉一方的参与，因而缺乏审判程序应有的完整构造。这不仅增加了二审程序的封闭性和神秘感，也让不少法官对完成审判任务倍感压力，纷纷要求"强调检察机关在二审程序中的责任"。〔2〕

（三）刑事第二审程序的前景展望

我国刑事第二审程序存在的上述问题，既有立法上的制度设计问题，也有司法实践中的操作性问题，其根本原因在于立法者和司法机关对第二审程序的功能理解不全面，对如何在第二审程序中贯彻正当程序原则、如何平衡实体真实与程序公正之间的关系认识不到位。刑事第二审程序的未来发展，应当遵循正当程序的基本要求，兼顾公正与效率、实体真实与程序公正等不同价值目标。针对目前存在的突出问题，建议采取以下措施予以解决。

1. 保障被告人上诉权、被害人申请抗诉权的行使

首先，保障认罪认罚案件中被告人依法行使上诉权。鉴于实践中已经出现检

〔1〕 参见1998年《最高法解释》第257条、2012年《最高法解释》第325条。
〔2〕 陈光中主编：《中国刑事二审程序改革之研究》，北京大学出版社2011年版，第59页。

察机关以抗诉权来压制认罪认罚被告人行使上诉权的现象，解决这一问题显得尤为迫切。从认罪认罚从宽制度的内涵来说，该制度并不排除被告人对有罪判决量刑部分的上诉权，特别是在我国当前量刑协商不充分、事实依据和法律后果告知不充分、认罚自愿性保障不足的情况下，更应当允许被告人反悔。[1]“两高三部”《关于适用认罪认罚从宽制度的指导意见》对此也予以确认，司法机关应当严格执行。特别是检察机关抗诉权的行使应当保持谦抑性，不宜针对认罪认罚被告人的上诉进行“报复性抗诉”。其次，要保障轻罪案件被告人的上诉权。针对近年来被告人撤回上诉比例大幅提高、上诉成功率持续下降的现象，司法机关应当开展深入调研，如果发现确实是由于二审审期延长变相剥夺了一部分轻罪被告人的上诉权，导致相当一部分依法应当改判或发回重审的案件被撤诉结案，就需要采取必要措施予以纠正，比如法院建立内部案件筛选分流机制，根据上诉人剩余刑期长短安排审理次序，至迟应当在原审刑罚到期一个月前作出二审裁判。再次，要保障被害人的申请抗诉权。被害人申请抗诉和检察机关因发现裁判“确有错误”而提起抗诉，在性质上分属“权利保障”和“权力制约”两种不同类型，因而在制度层面，要予以区别对待，对于被害人申请抗诉的条件要适度放松，以更多地体现抗诉权的权利救济色彩。完善措施包括：一是保障被害人申请抗诉的知情权。在审查起诉阶段，检察人员在告知被害人诉讼权利时，应当明确告知被害人不服一审判决的，自收到判决书5日以内有权申请检察机关抗诉。二是保障被害人申请抗诉的期限。实践中有的法院向被害人送达一审判决书比向检察机关送达一审判决书的时间更晚，导致两者收到一审判决书的日期不一致，被害人申请抗诉时往往发现检察机关提起抗诉的期限已经届满。为了保障被害人的权利，在检察机关根据被害人的请求提起抗诉时，抗诉期限应当以被害人收到一审判决书的日期为准开始计算。三是放宽被害人申请抗诉的条件。由于该类抗诉的权利救济色彩更浓，和其他具有法律监督的抗诉在性质上不完全相同，因而检察机关不宜以一审判决“确有错误”作为抗诉依据，只要请求抗诉的被害人能够“提出合理理由”，检察机关一般应当提起抗诉。四是增设被害人权利救济机制。如果检察机关不同意被害人请求抗诉的理由，被害人有权请求上级检察机关重新审查，该审查应当在10日内完成并且不计入抗诉期限。五是如果检察机关同意被害人的请求而提起抗诉的，上级检察机关经审查认为不符合抗诉条件拟撤回抗诉的，应当当面听取被害人的意见。

2. 完善二审回避制度

任何人都不能成为自己案件的法官，这是自然正义的基本要求；任何法官不能审理自己的同事，这是吉林省辽源市王某某案件带来的教训和启示。现行《刑

[1] 参见孙长永：“认罪认罚从宽制度的基本内涵”，载《中国法学》2019年第3期，第215-216页。

事诉讼法》第29条关于侦查、检察、审判人员的回避主要包括四种情形：一是办案人员是本案的当事人或者是当事人的近亲属的；二是办案人员或其近亲属和本案有利害关系的；三是办案人员担任过本案的证人、鉴定人、辩护人、诉讼代理人的；四是兜底条款，办案人员与本案当事人有其他关系，可能影响案件公正处理的。王某某案件就属于第四种情况。为了避免类似案件再次发生，建议立法或司法解释在回避制度中明确规定："审判人员与本案当事人曾是同事等特殊关系，当事人认为审判法院管辖本案可能存在利益冲突或者其他情形，影响案件公正处理的，可以申请审判法院整体回避，要求上级法院指定其他法院管辖。"

3. 扩大二审法院开庭审理的上诉案件范围

开庭审理最能体现诉讼的本质，最能保障程序公正的实现。随着认罪认罚从宽制度的逐步推进，二审法院的刑事收案数将呈减少趋势，法院将逐步拥有足够的人力、物力来保障上诉案件的开庭审理。建议根据认罪认罚从宽制度的实施情况和刑事上诉案件数量的变化，逐步扩大二审开庭审理的范围，最终实现对进入实体审理的上诉案件全部开庭。具体分为三步：第一步，维持现行法律规定的开庭案件的范围，但是不开庭审理的案件，二审法院也应当听取同级检察机关、上诉人以及其他诉讼当事人的意见，保障二审诉讼结构形式上的完整，消除二审程序过于浓厚的行政化色彩；应当向同级检察机关及时送达二审裁判文书，以保障检察机关对裁判结果的知情权。第二步，根据审判能力的发展变化，对一审期间没有认罪认罚的被告人提出的上诉案件全部实行开庭审理。第三步，条件成熟时，通过立法对刑事案件的上诉理由进行必要的列举性规定，并且对上诉理由展开程序审查，经审查符合法律规定的，二审法院一律开庭进行实体审理；经审查上诉理由不符合法律规定的，二审法院应当直接驳回上诉，无须对案件进行实体审理。

4. 禁止法院依职权启动不利于被告人的再审，封闭上诉不加刑原则的"后门"

最高人民法院在《关于全面深化人民法院改革的意见——人民法院第四个五年改革纲要（2014—2018）》中提出要完善审级制度的改革，再审的重点在于依法纠错、维护裁判权威，可见，再审程序要在纠错和维护裁判权威两者之间进行综合衡量。为落实"上诉不加刑""一事不再理"等国际通用准则，促进以一审庭审为中心的审判权力运行机制的建立，我国有必要通过立法明确禁止法院依职权启动不利于被告人的再审，不利于被告人的再审只能根据检察机关的抗诉启动。因为法院依职权启动再审，违反控审分离与不告不理等刑事诉讼原则；如果法院启动再审后还要加重被告人的刑罚，则法院事实上已经从一个客观、中立的裁判者转变为控诉者，既不利于上诉不加刑原则的实现，也会损害司法的权威和公正性。在立法尚未修改之前，最高人民法院应当对2012年《最高法解释》第325条第7项进行完善，删去授权通过审判监督程序改判加刑的规定，并在审判实践中严格执行新的规定。

5. 赋予检察机关针对法律适用问题的特别抗诉程序

对于法律适用问题的抗诉，实践中已有部分检察院进行了探索，在2016年5月公布的“精品刑事抗诉案件”中，江苏省三级检察院办理的“申旺生、吴韬运输毒品抗诉案”就是其中的典型。《检察日报》在案件评析中认为，该案“在江苏省范围内明确了区分非法持有毒品罪和运输毒品罪把握的原则，使当地的一批类似案件得到处理，类案指导效果好”，并且该案的“区分原则”在2015年最高人民法院印发的《全国法院毒品犯罪审判工作座谈会纪要》中也得到了认可。[1]然而，如果江苏省检察机关严格遵循最高人民检察院《关于刑事抗诉工作的若干意见》（高检发诉字〔2001〕7号），那么这类“抗诉依据不充分”的案件就不会被提起抗诉；如果最高人民法院事后没有吸收该案的裁判标准并发布《全国法院毒品犯罪审判工作座谈会纪要》，那么该案的指导意义就只能限于江苏省范围内，而不会“惠及”全国。统一法律适用的路径不能依靠这些少之又少的“精品抗诉案件”，而应该在个案处理中依托审级制度构建更加具有可行性的程序机制。在这一方面，最高人民检察院向最高人民法院提出抗诉的马乐案（再审抗诉）可视为标杆。最高人民检察院原公诉厅相关负责人认为，以往的法律适用问题需要最高人民法院、最高人民检察院通过司法解释来明确，而马乐案“是最高司法机关通过开庭审理个案，通过判决对具体法律适用问题进行阐释，具有很好的示范效应”。[2]因此，我国设置针对法律适用问题的特别抗诉制度已经具备一定的实践基础。根据国情并借鉴国外的制度经验，特别抗诉制度的主要内容应当包括：对于个案中出现的不明确、有争议的“法律事项”，检察机关可以提起二审抗诉或者直接选择特别抗诉程序；纯粹针对法律事项的抗诉意见应当层报最高人民检察院审查。最高人民检察院如果认为该法律事项对于类案处理具有重要的指导作用，经首席大检察官同意，应当向最高人民法院提出特别抗诉；最高人民法院受理特别抗诉案件后，仅对案件的法律事由进行不开庭审理，并由最高人民法院审判委员会作出最终裁定。如果该裁定有利于被告人，则同时宣告撤销原判、发回重审；如果该裁定内容不利于被告人，则其效力不溯及原终审裁判，仅对之后的案件审理具有约束力。

（撰稿人：吴杨泽、孙长永）

---

〔1〕 参见郑赫南：“全国检察机关精品刑事抗诉案件选登”，载《检察日报》2016年5月20日，第2版。

〔2〕 邢世伟、王巍：“‘最大老鼠仓’案改判马乐判3年罚1913万”，载《新京报》2015年12月12日，第A01版。

第十六章
死刑复核程序

目　次

死刑复核程序，是一项极具中国特色的现代刑事司法制度，也是中国自古以来慎刑传统的重要制度结晶。改革开放以来，基于刑事政策考量和社会治理需要，中国始终坚持“保留死刑，严格控制和慎重适用死刑”的死刑政策。死刑复核程序作为特殊的审判程序，以及贯彻死刑政策的关键制度安排，有助于强化死刑司法控制，实现少杀、慎杀的政策目标；有助于防范和纠正死刑错判，推动从诉讼源头切实防止冤假错案发生；有助于统一死刑适用标准，维护死刑制度的正当性。死刑复核程序的发展完善，与人权保障和司法公正息息相关，一直备受国内外关注。〔1〕本章分为五个部分。第一部分，简要回顾中国慎用死刑的历史传统和现代死刑复核程序的形成过程。第二部分，分析死刑核准权“下放”地方行使的背景、过程及其制度影响。第三部分，介绍最高人民法院收回死刑核准权的改革举措和后续制度安排。第四部分，总结死刑复核程序改革的主要成效及面临的突出问题。第五部分，展望死刑复核程序改革的可能路径和制度选择。

一、死刑复核程序的历史传统和现代框架

受儒家思想影响，中国古代法律和审判决狱素有慎用死刑的传统，〔2〕强调“人命关天”“天地之间，莫贵于人”“天道好生恶杀”。尽管古代司法程序在滥用酷刑、行政司法不分等方面多遭诟病，但对死刑的慎重和生命的敬畏是不争的事实，由此形成了独特的死刑审核制度，对现代死刑复核程序具有深远影响。诚如国外学者所言，中国古代死刑案件的上诉制度，可以说是人类智慧的杰出成果，这种与西方世界不同的“正当程序”，是值得中国人引以为骄傲和自豪的。〔3〕随着现代刑事诉讼制度的形成，中国在两审终审制基础上，对死刑案件确立了专门的死刑复核制度。死刑案件的审判和复核程序，在刑事程序中要求最严、标准最高，通常是引领和推动刑事司法改革的程序杠杆。

（一）慎用死刑的中国法律文化传统

早在周朝时期，中国就已提出“明德慎罚”“与其杀不辜，宁失不经”的古训。有学者指出，古代死刑复核制度确立于北魏，定型于隋唐，完善于明清。〔4〕发展到隋唐时期，死刑通常要经中央有关部门审查后再报皇帝核准。例如唐代，

---

〔1〕中国2009年以来连续三次向联合国提交《国家人权报告》，均将死刑制度改革特别是死刑复核程序作为重要内容；2019年9月，中国发布《为人民谋幸福：新中国人权事业发展70年》白皮书，专门提到：“严格控制并慎用死刑，大幅减少适用死刑的罪名”；2007年，最高人民法院收回死刑复核权。

〔2〕瞿同祖：《中国法律与中国社会》，中华书局1981年版，附录部分。

〔3〕［美］布迪等：《中华帝国的法律》，朱勇译，江苏人民出版社1995年版，第136-137页。

〔4〕周国均、巩富文：“我国古代死刑复核制度的特点及其借鉴”，载《中国法学》2005年第1期，第158-163页。

死刑案件需经五次过问，即州县初审、大理寺复审、刑部复核、皇帝裁决、复奏请旨；其中复奏，曾有“三复奏”“五复奏”之例。[1]此后，由皇帝核准死刑成为一种法律制度。

明清时期，死刑审核制度趋于完备。性质特别严重的死刑案件如谋反，属立决范畴；一般死刑案件，则归入秋后决之列。对于立决的案件，一般先经刑部审定，都察院参核，再送大理寺审允。对于秋后处决的案件，明朝建立了朝审制度，由“三法司”同公、侯、伯会审重囚。清朝继承明朝的朝审制度，并进一步区分秋审和朝审。秋审是指审核地方各省所判的监候案件，朝审是指审核刑部所判的监候案件，最后都需奏请皇帝核准。[2]

有学者指出，中国死刑制度的历史传统包含两个发展趋势：一是死刑决定权逐渐从地方向中央转移；二是死刑决定权从行政系统剥离，向司法机关转移。[3]不难发现，死刑审核制度的中央化、司法化发展历程，既顺应了“慎刑慎杀”的中国传统法制理念，也暗合了现代司法制度的基本精神。具体言之，司法权作为重要的国家权力，应当审慎行使；特别是对于极其严厉的死刑，更应当慎之又慎，严格执行政策、法律和证据标准，故有必要由中央司法机关作出最终的裁决。实际上，现代死刑复核程序的发展和变革，与该项制度的中央化、司法化两条主线密不可分。

（二）死刑复核程序的现代制度框架

新中国成立后，废除旧的法统，新的法律和司法体系亟待建立。1950 年召开的全国政法会议决定，一般死刑案件由省级以上人民法院核准执行，重大案件送请上级人民法院核准执行。[4]1954 年第一届全国人民代表大会第一次会议通过的《人民法院组织法》规定，中级人民法院和高级人民法院对于死刑案件的终审判决和裁定，如果当事人不服，可以申请上一级人民法院复核；基层人民法院对于死刑案件的判决和裁定，如果当事人不上诉、不申请复核，应当报请高级人民法院核准后执行。根据该规定，死刑案件的复核权分别由最高人民法院和高级人民法院行使。

1957 年第一届全国人民代表大会第二次会议作出决定，今后的一切死刑案件都由最高人民法院判决或者核准。1958 年最高人民法院发布通知，规定各地

---

〔1〕 赵秉志、时延安：“慎用死刑的程序保障——对我国现行死刑复核制度的检讨及完善建言”，载《现代法学》2004 年第 4 期，第 58-59 页。

〔2〕 孙家红：“视野放宽：对清代秋审和朝审结果的新考察”，载《清史研究》2007 年第 3 期，第 34-35 页。

〔3〕 魏晓娜：“死刑程序为谁而设?”，载《比较法研究》2014 年第 4 期，第 94 页。

〔4〕 此处提到的“上级人民法院”并未特指哪一级法院，不过，结合前一句“一般死刑案件由省级以上人民法院核准执行”的规定，该处的“上级人民法院”应指最高人民法院。

判处死刑缓期二年执行的案件一律不再报送最高人民法院复核。据此，死刑立即执行案件的复核权和死刑缓期二年执行的复核权，分别由最高人民法院和高级人民法院行使。

1979 年 7 月 1 日，第五届全国人民代表大会第二次会议通过的《刑法》《刑事诉讼法》和《人民法院组织法》均对死刑案件核准权作出了规定，明确规定死刑立即执行判决的核准权由最高人民法院行使；同时规定，死刑案件除实行两审终审外，还应当适用死刑复核程序，即，中级人民法院判处死刑的第一审案件，被告人不上诉的，应当由高级人民法院复核后报请最高人民法院核准。至此，死刑复核制度正式在刑事法律体系和法院组织体系中确立下来，死刑立即执行判决的核准权统一收归最高人民法院。

从新中国成立初期以案件严重程度和审级为基础，最高人民法院和高级人民法院共同行使死刑案件复核权，发展到区分死刑立即执行和死刑缓期二年执行，由最高人民法院和高级人民法院分别行使死刑立即执行和死缓案件复核权，似可认为，最高人民法院逐步掌握了死刑立即执行案件的核准权。有学者指出，中国的死刑程序控制体系存在一种上行的权威，真正的重心是最高人民法院的死刑复核程序，体现为“审查导向型”死刑控制模式。[1]国外也有学者主张，死刑复核程序是为了增强国家对司法的控制。[2]

但对最高人民法院而言，与其说是掌握了专属的死刑核准权，毋宁说是承担了特殊的核准职责。最高人民法院作为最高审判机关，主要职责是对下监督和指导，复核死刑案件并未增加更多权威，反而要承担更大的风险和责任。[3]这也从侧面体现出司法权内在的权责统一属性，司法案件越是重大，司法错误的风险和责任也就越大。

实际上，立法机关设立死刑复核程序的初衷，就是在“两审终审制”基础上，对死刑案件增设一道特殊程序，确保死刑案件质量，避免错判、错杀。当然，从宪法职能定位看，最高人民法院作为最高审判机关对各级人民法院的审判活动实行监督，死刑复核程序亦可被视为最高人民法院对下级人民法院行使审判监督职能的重要形式。

二、死刑核准权“下放”地方的背景经过及理性反思

随着社会发展以及犯罪形势变化，死刑作为威慑性最强的刑罚（当然，学界

〔1〕 魏晓娜：“死刑程序为谁而设?”，载《比较法研究》2014 年第 4 期，第 93-99 页。

〔2〕 Stephen Minas，“Kill Fewer，Kill Carefully：An Analysis of the 2006 to 2007 Death Penalty Reforms in China”，27 UCLA Pacific Basin Law Journal，45（2009）.

〔3〕 在死刑复核领域，如临深渊、如履薄冰，是审慎办案的重要口号，也表明死刑复核的重大风险和责任。安克明：“张军寄语刑事审判人员做学习型法官 办高质量案件”，载《人民法院报》2009 年 9 月 23 日。

对死刑威慑效果存在争议），在“重典治世”“不杀不足以平民愤”等观念影响下，容易沦为地方维护稳定的治理工具。1979年《刑法》《刑事诉讼法》确立的死刑复核程序，由最高人民法院统一行使死刑核准权，无疑有助于防止死刑滥用。

然而，1979年《刑法》《刑事诉讼法》实施不久，为应对严峻的治安形势，中央提出“依法从重从快严厉打击严重刑事犯罪活动”方针，死刑案件的核准权被陆续“下放”。死刑核准权“下放”的主要原因是，最高人民法院没有足够的力量复核地方法院报送的大量死刑案件，这与“依法从重从快严厉打击严重刑事犯罪活动”的要求不相适应。这一举措反映出该时期死刑实践的悖论：一方面国家加快推进各领域的法制化和程序化，另一方面却放松了死刑的程序限制，以便更加有效地执行“严打”政策。〔1〕毋庸讳言，刑罚作为治国之重器，死刑作为最严厉的刑罚，不应陷入纯粹的功利主义考量，否则，一旦刑罚特别是死刑被滥用，就可能会反过来损害司法制度的正当性。

（一）死刑核准权“下放”地方的背景经过

1979年11月22日至26日，时任中央政法委书记彭真主持召开全国城市治安会议，会议根据社会治安形势严峻的状况，提出对极少数杀人、抢劫、强奸、放火、爆炸和其他严重破坏社会秩序的犯罪依法从重从快打击，实现社会治安综合治理的思路。1981年5月，彭真代表党中央，在北京、上海、天津、成都、武汉五大城市治安座谈会上明确提出：“要实行依法从重从快严厉打击严重刑事犯罪活动的方针，坚决把社会治安整顿好，力争取得明显成效。”〔2〕

1980年2月12日，第五届全国人大常委会第十三次会议批准最高人民法院、最高人民检察院的建议，同意“在1980年内对现行的杀人、强奸、抢劫、放火等犯有严重罪行应当判处死刑的案件，最高人民法院可以授权省、自治区、直辖市高级人民法院核准”。1980年3月18日，最高人民法院发布《关于对几类现行犯授权高级人民法院核准死刑的若干具体规定的通知》。

1981年6月10日，第五届全国人大常委会第十九次会议通过了《关于死刑案件核准问题的决定》，规定在1981年至1983年内，对犯有杀人、抢劫、强奸、爆炸、放火、投毒、决水和破坏交通、电力等设备的罪行，由高级人民法院终审判处死刑的，或者中级人民法院一审判处死刑后被告人不上诉、经高级人民法院核准的，以及由高级人民法院一审判处死刑、被告人不上诉的，都不必报最高人

〔1〕 Stephen Minas, “Kill Fewer, Kill Carefully: An Analysis of the 2006 to 2007 Death Penalty Reforms in China”, 27 UCLA Pacific Basin Law Journal, 40 (2009).

〔2〕 刘海年：“中国刑事政策——从‘严打’到‘宽严相济’”，载 https://www.iolaw.org.cn/showNews.aspx? id=25632，最后访问日期：2019年12月2日。

民法院核准。1981 年 6 月 11 日，最高人民法院发布《关于执行全国人民代表大会常务委员会〈关于死刑案件核准问题的决定〉的几项通知》。

1983 年 9 月 2 日，第六届全国人大常委会第二次会议颁布《关于严惩严重危害社会治安的犯罪分子的决定》及《关于迅速审判严重危害社会治安的犯罪分子的程序的决定》。该次会议还通过了《关于修改〈中华人民共和国人民法院组织法〉的决定》，规定死刑案件除最高人民法院判决的以外，应当报请最高人民法院核准。同时规定，对杀人、强奸、抢劫、爆炸以及其他严重危害公共安全和社会治安判处死刑的案件的核准权，最高人民法院在必要的时候，可授权省、自治区、直辖市的高级人民法院行使。据此，1983 年 9 月 7 日，最高人民法院发布《关于授权高级人民法院核准部分死刑案件的通知》，该通知规定，在当前严厉打击刑事犯罪活动期间，为了及时严惩严重危害公共安全和社会治安的罪大恶极的刑事犯罪分子，除由最高人民法院判处死刑的案件以外，各地对反革命案件和贪污等严重经济犯罪案件判处死刑的，仍应由高级人民法院复核同意后，报最高人民法院核准；对杀人、强奸、抢劫、爆炸以及其他严重危害公共安全和社会治安判处死刑的案件的核准权，最高人民法院依法授权由省、自治区、直辖市高级人民法院和解放军军事法院行使。

1991 年至 1997 年，最高人民法院又陆续授权云南、广东、广西、四川、甘肃、贵州六省、自治区的高级人民法院对部分毒品死刑案件行使核准权。

至此，为适应惩治犯罪需要，最高人民法院先后多次定期、不定期地将部分死刑案件核准权“下放”到高级人民法院。死刑核准权的“下放”作为“必要时”的权宜之计，与当时的政治环境和法制理念紧密相关。尽管这种“下放”并未直接改变刑事法律本身，但这种搁置或者变通法律程序的做法，势必损害法律的权威性。由此导致的程序工具主义和程序虚无主义，成为制约刑事法治发展的重要障碍。

1996 年修正的《刑事诉讼法》再次重申，死刑由最高人民法院核准。1997 年修订的《刑法》规定，死刑除由最高人民法院判决的以外，都应当报请最高人民法院核准。这两部刑事法律再次确认，死刑立即执行案件的复核权应由最高人民法院统一行使。

此次法律修改，原本有望将“下放”的死刑案件核准权收归最高人民法院，但因之后随即开展的新一轮“严打”斗争，最高人民法院再次将死刑案件核准权下放到高级人民法院。1997 年 9 月 26 日，最高人民法院下发《关于授权高级人民法院和解放军军事法院核准部分死刑案件的通知》，指出：“鉴于目前的治安形势以及及时打击严重刑事犯罪的需要，有必要将部分死刑案件的核准权继续授权由各高级人民法院、解放军军事法院行使。”需要指出的是，此前死刑核准权的“下放”，均有全国人大常委会的有关决定作为法律依据。1997 年 9 月这次最高人民法院却是通过“内部通知”的方式“下放”死刑核准权，因而遭到了学界的质疑。有学者指出，以治安形势以及及时打击严重刑事犯罪的需要为由“下放”核准权，其实是一种隐蔽的加重刑罚的方式，体现出在相关授权法律中人权维度的缺失。〔1〕究其实质，最高人民法院之所以在法律未做修改的情况下，屡次“下放”死刑核准权，主要考虑的还是惩罚犯罪的现实需要。在强调“配合”、重视“稳定”的司法体制框架下，法院镶嵌在犯罪治理链条之中，有时只能顺应时势需要作出现实的选择。

（二）死刑核准权“下放”的理性反思

死刑核准权“下放”固然有特定的历史因素，但如不深刻反思其造成的负面影响，甚至默许、放任这种做法持续存在，无疑有违法治的内在要求。实际上，在不同的时间维度，学界已经对死刑核准权“下放”进行了理性反思。有学者指出，作为“严打”时期的历史产物，由省一级高级人民法院行使相当一部分死刑案件的复核权，不仅难以保证死刑质量和控制死刑数量，也使得作为防止错杀和滥杀特殊屏障的死刑复核程序成为一纸空文。〔2〕在此期间，由于缺乏必要限制，死刑数量居高不下，并且缺乏程序保障。〔3〕概言之，死刑核准权的地方化、泛行政化，与死刑复核程序的制度初衷背道而驰。

首先，法定的死刑复核程序处于虚化状态。1979 年《刑法》《刑事诉讼法》实施后，由于死刑案件核准权被“下放”给高级人民法院行使，导致约三分之二的死刑案件未经过死刑复核程序。〔4〕高级人民法院既是死刑案件的第二审法院，也是死刑案件的复核法院。尽管在此期间，根据最高人民法院的要求，高级人民法院核准死刑的裁定、判处死刑的第二审判决均应写明，“根据最高人民法院依法授权高级人民法院核准部分死刑案件的规定，本判决（裁定）即为核准死刑的判决（裁定）”，但实际上，所谓的死刑复核程序并未落到实处。当死刑复核程序与二审程序合二为一时，死刑复核程序事实上已经名存实亡。〔5〕换句话说，死刑复核程序作为一种特殊的审判程序，在大部分死刑案件中已经不复存在。

其次，死刑案件质量受到严重影响。死刑复核程序的制度功能在于避免死刑错判、滥用。死刑复核职能的地方化，将死刑核准权长期下放地方，必然影响死

---

〔1〕 周永坤：“死刑核准制度中的法治问题”，载《法学》2007 年 第 1 期，第 75-78 页。

〔2〕 卞建林：“统一行使死刑案件核准权：十年回顾与展望”，载《甘肃政法学院学报》2017 年第 3 期，第 2 页。

〔3〕 Xiong Moulin，“The Death Penalty After the Restoration of Centralized Review”，in Liang，Bin et al.，*The Death Penalty In China*：*Policy*，*Practice*，*and Reform*，Columbia University Press，2015，p. 218.

〔4〕 罗书平：“死刑复核程序的现状及法律思考”，载《法学家》1995 年第 2 期，第 31 页。

〔5〕 罗书平：“死刑复核程序的现状及法律思考”，载《法学家》1995 年第 2 期，第 32 页。

刑案件的量刑综合平衡，导致各地区之间、不同时期之间在掌握和适用死刑的规格和尺度上出现随意性。[1] 同时，在“严打”政策以及“从重从快”原则的影响下，死刑核准程序泛行政化，过于简单。[2] 因事实证据问题导致的重大冤假错案，如聂树斌案、呼格吉勒图案等，还严重减损了刑事司法的公信力。需要指出的是，此类冤假错案的发现和纠正周期较长，除现已纠正的冤假错案外，早期降低证明标准定罪的个别案件，亦可能存在潜藏的错判风险。

最后，刑事法制的统一和权威受到严重损害。随着死刑核准权的“下放”，导致《刑法》《刑事诉讼法》与《人民法院组织法》有关死刑复核的规定并不一致。在“二元”死刑复核体制下，危害国家安全罪、经济犯罪、职务犯罪的死刑由最高人民法院核准，其他普通的严重刑事犯罪的死刑复核由高级人民法院行使。同是死刑案件，核准机关因罪而异，有违刑事法治的和谐统一和公正性要求。[3] 同时，“严打”期间，死刑数量的增长和正当程序的虚化，反映了死刑成为实现短期政治目标的工具，由此产生了实用主义死刑观与坚守法治理念和正当程序之间的紧张关系。[4] 与个案公正和单项程序相比，法制的统一和权威所遭受的冲击可能具有更大的破坏性和更长期的影响。进一步讲，死刑核准权“下放”导致的制度问题，可能影响死刑制度的正当性乃至刑事法治的发展进程。

三、死刑核准权的回归

基于对死刑核准权“下放”的理性反思，社会各界呼吁死刑核准权收归最高人民法院统一行使。实际上，在此之前，尽管法律明确规定最高人民法院行使死刑核准权，但死刑复核的司法资源、办案程序和工作机制等方面长期处于缺位状态。随着2004年宪法修改，人权保障理念深入人心，加上国内外对中国死刑问题高度关注，对死刑核准权“下放”的理性反思，转化为推动死刑核准权真正收归最高人民法院统一行使的动力。2004年底，中央司法体制改革领导小组提出了关于司法体制和工作机制改革的初步意见，要求改变授权高级人民法院行使部分死刑案件核准权的做法，将死刑案件核准权统一收归最高人民法院行使。[5]

---

〔1〕 罗书平：“死刑复核程序的现状及法律思考”，载《法学家》1995年第2期，第33页。

〔2〕 王寿臣：“死刑复核权20年的放与收：回归是尊重生命”，载 http://news.sina.com.cn/c/2006-11-19/115111557512.shtml，最后访问日期：2020年7月26日。

〔3〕 赵秉志、时延安：“慎用死刑的程序保障——对我国现行死刑复核制度的检讨及完善建言”，载《现代法学》2004年第4期，第60-61页。

〔4〕 Michelle Miao, “The Politics of China’s Death Penalty Reform in the Context of Global Abolitionism”, 53 The British Journal of Criminology, 512 (2013).

〔5〕 李洪江：“《关于统一行使死刑案件核准权有关问题的决定》的理解与适用”，载《人民司法》2007年第3期，第16页。

（一）学界建议和改革选择

在死刑核准权收归最高人民法院统一行使之际，法学界提出了诸多改革建议。有的主张在全国设立若干最高人民法院分院，作为最高人民法院的派出机构，人、财、物由最高人民法院统一管理，既能保证最高人民法院最大限度地统一适用死刑标准，又能解决最高人民法院办案力量不足的问题。〔1〕有的主张建立最高人民法院派出巡回法庭制度，就地审理死刑复核案件，既能解决审理案件不及时的问题，又不必对现行司法体制作较大改变。〔2〕还有学者基于死刑复核采取行政报核方式的内在缺陷，主张废除死刑复核程序，针对死刑案件建立三审终审制，所有死刑案件均实行强制上诉制度，使得所有死刑案件都可以自动进入第三审程序。〔3〕

随着最高人民法院增设三个刑事审判庭，遴选、招录大量死刑复核法官，死刑复核制度改革方案最终落地。从前述死刑复核程序中央化、司法化的基本定位看，无论是建立最高人民法院分院还是派出巡回法庭，都容易产生受地方影响或者标准不统一等问题。相比之下，建立三审终审制的建议，虽然契合司法化的要求，但却从根本上改变了传统的死刑复核模式，且面临配套资源和制度等方面的难题，短期内难以顺利推进。可以说，在最高人民法院增设机构、增加编制，可能是死刑复核制度改革比较理性、务实的选择。

2006年12月13日，最高人民法院下发《关于统一行使死刑案件核准权有关问题的决定》，规定：根据第十届全国人大常委会第二十四次会议通过的《关于修改〈中华人民共和国人民法院组织法〉的决定》，自2007年1月1日起，死刑除最高人民法院判决的以外，各高级人民法院和解放军军事法院依法判决和裁定的，应当报请最高人民法院核准。死刑核准权收归最高人民法院统一行使，是中央对死刑复核程序作出的最重大的调整，在国内外引发了高度关注。

从国内实际看，基于对死刑核准权“下放”的理性反思，有必要将该项权力收归最高人民法院统一行使，从而落实法定的死刑复核程序，切实贯彻死刑政策，加强人权司法保障，防止死刑错判、滥用。随着严重犯罪数量逐步下降，社会治安形势稳定可控，〔4〕死刑核准权继续“下放”的必要性不复存在，适时将该权力收归最高人民法院统一行使成为必然选择。

从国外视角看，学者们对死刑核准权收归最高人民法院统一行使进行了多维

---

〔1〕 周道鸾：“论死刑核准权的回归”，载《法学杂志》2004年第3期，第13-16页。

〔2〕 胡云腾等：“论死刑适用兼论死刑复核程序的完善”，载《人民司法》2004年第2期，第51页。

〔3〕 陈卫东、刘计划：“死刑案件应实行三审终审制改造的构想”，载《现代法学》2004年第4期，第65-68页。

〔4〕 李国忠、宗胜利：“2005年社会治安形势”，载汝信等：《2006年：中国社会形势分析与预测》，社会科学文献出版社2005年版，发展篇部分。

解读。有学者指出，将死刑核准权收归最高人民法院统一行使，有助于将中央的司法权威扩展到地方，进而解决司法腐败、地方司法保护主义等问题。[1] 应当说，这一观点对强化死刑复核程序的制度辐射功能具有启示意义。还有学者认为，最高人民法院统一行使死刑核准权，涉及大量司法资源投入，但更重要的可能是法官和律师的职业资质不断提高，能够胜任公正审判的司法要求。[2] 这一观察看到了刑事法官群体特别是死刑复核法官群体的重要性，以及刑事辩护律师专业化的重要性，所有的司法改革，最终总要取决于司法队伍的能力和水平。

有的学者尽管认为死刑仍然是国家总体政策的实施手段，但也承认，死刑复核制度改革更加关注程序正义。[3]此外也有学者指出，中国的死刑复核制度改革得到了更多的政治支持，并且体现为国家的法律制度改革，因此与美国通过法院判例推动死刑改革相比，中国废除死刑之路可能要比美国更快。[4]

（二）死刑复核程序改革的主要制度安排

最高人民法院收回死刑核准权意义重大，但可能存在政治风险、职能难题、整体性问题和程序性障碍。[5] 为破解此类问题，最高人民法院单独或会同有关部门，提出了一系列重要制度安排。这些制度安排，不仅对规范死刑复核程序、健全配套制度发挥了重要作用，还为后续刑事司法改革奠定了坚实基础。

1. 死刑政策的定型化

保留死刑，严格控制和慎重适用死刑，是当前适用死刑的基本政策，也是死刑复核程序改革的出发点和立足点。从死刑政策的发展演变看，在 1979 年《刑法》出台前，逐渐形成了“不可不杀，不可多杀，防止错杀”的死刑政策；“严打”期间，死刑的立法和司法政策，都呈现从限制到扩张的趋势；随着宽严相济刑事政策的提出，死刑政策从扩张回归到限制，“坚持少杀、防止错杀”的死刑政策重新得到确立。[6] 关于死刑政策的全面内涵，也可分为两个方面：少杀、慎杀，坚决防止错杀；对于可杀可不杀的犯罪分子坚决不杀。[7]

从某种意义上讲，早期的死刑司法政策因缺乏制度支撑，特别是死刑核准权“下放”期间，难以真正落到实处。直至死刑核准权收归最高人民法院统一行

---

〔1〕 Hong Lu, “China's Death Penalty: History, Law, and Contemporary Practice”, 192 The China Quarterly, 1028 (2007).

〔2〕 Kandis Scott, “Why Did China Reform Its Death Penalty”, 19 Pac. Rim L. & Pol'y J. 63 (2010).

〔3〕 Stephen Minas, “Kill Fewer, Kill Carefully: An Analysis of the 2006 to 2007 Death Penalty Reforms in China”, 27 UCLA Pacific Basin Law Journal, 36 (2009).

〔4〕 Kandis Scott, “Why Did China Reform Its Death Penalty”, 19 Pac. Rim L. & Pol'y J. 63 (2010).

〔5〕 龙宗智：“收回死刑复核权面临的难题及其破解”，载《中国法学》2006 年第 1 期，第 74 页。

〔6〕 陈兴良：“死刑政策之法理解读”，载《中国人民大学学报》2013 年第 6 期，第 4-7 页。

〔7〕 宋楚潇：“论死刑复核案件的审理”，载《法律适用》2003 年第 10 期，第 47 页。

使，死刑政策才真正实现制度化、定型化。此后，对死刑政策的官方表述统一为：保持死刑，严格控制和慎重适用死刑。不过，这一死刑政策仍为宏观政策要求，尚未明确纳入宪法和刑法的规范之中。

为准确理解死刑政策，最高人民法院在2010年发布的《关于贯彻宽严相济刑事政策的若干意见》中对死刑政策作出了解读。该意见规定："对于罪行极其严重的犯罪分子，论罪应当判处死刑的，要坚决依法判处死刑。要依法严格控制死刑的适用，统一死刑案件的裁判标准，确保死刑只适用于极少数罪行极其严重的犯罪分子。拟判处死刑的具体案件定罪或者量刑的证据必须确实、充分，得出唯一结论。对于罪行极其严重，但只要是依法可不立即执行的，就不应当判处死刑立即执行。"其中，"严格控制"旨在防止任何不必要的适用甚至滥用，确保死刑这一最严厉的刑罚真正只适用于极少数罪行极其严重、不堪教育改造的犯罪分子。〔1〕"慎重适用"则是对死刑个案在具体事实认定、证据审查和法律适用、政策把握上的极其慎重态度，绝对防止死刑案件出现任何人为差误，导致冤杀错判。〔2〕

需要强调的是，对于一些罪行极其严重、论罪应判处死刑的犯罪分子，如果具有自首、立功等法定从轻处罚的情节，或者具有全部退缴赃款、因民间矛盾引发且取得被害人谅解等酌定从宽处罚的情节，也可依法不判处其死刑立即执行，由此体现死刑政策"严中有宽"的精神。〔3〕可见，从宽严相济角度理解死刑政策，有助于矫正"严打"政策对死刑适用的潜在负面影响，实现死刑政策的理性回归。同时，通过一系列提示性规定，有助于实现死刑政策的成熟定型。

2. 死刑复核程序的精密化

死刑案件的裁判权，是最重要的司法权。伴随死刑复核制度改革，各界认识到，死刑复核程序是独立的、必经的、特殊的程序，不能随意取舍、合并和虚化。鉴于法律对死刑复核程序的规定较为原则，最高人民法院单独或会同有关部门出台了一系列程序规范和工作机制。随着死刑复核实践发展，死刑复核的法律制度也逐步调整完善。

一是办理死刑案件的指导意见。2007年3月9日，最高人民法院会同最高人民检察院、公安部、司法部联合发布《关于进一步严格依法办案确保办理死刑案件质量的意见》，要求政法各机关严格依照法律程序办案，确保死刑案件的办理

---

〔1〕 高贵君等："《关于贯彻宽严相济刑事政策的若干意见》的理解与适用"，载《人民司法》2010年第7期，第24页。

〔2〕 高贵君等："《关于贯彻宽严相济刑事政策的若干意见》的理解与适用"，载《人民司法》2010年第7期，第24页。

〔3〕 高贵君等："《关于贯彻宽严相济刑事政策的若干意见》的理解与适用"，载《人民司法》2010年第7期，第24页。

质量。该意见确立了办理死刑案件的基本原则，强调人命关天，适用死刑必须慎之又慎，质量问题尤为重要。该意见对侦查、起诉、辩护、审判、执行等环节提出明确要求，还明确了办案责任追究制度。其中确立的全面审查原则、讯问被告人程序、证据合法性调查等制度，对死刑复核程序产生了深远影响。

二是专门的死刑复核程序规范。2007 年 2 月 28 日，最高人民法院施行《关于复核死刑案件若干问题的规定》，对复核死刑案件的裁判方式作了重大改革，确立了以核准或者不予核准死刑为原则的新的裁判模式。[1]同时，该规定还对一人犯两个以上死罪和一案判处两人以上死刑案件的改判问题，以及对不予核准死刑案件的重新审判等问题作出了明确规定。2012 年《刑事诉讼法》修改，总结死刑复核程序改革经验，进一步完善了死刑复核程序，规定了辩护律师的程序参与和检察机关的法律监督等事项。

三是律师履行辩护职责的规定。2008 年 5 月 21 日，最高人民法院、司法部共同颁布《关于充分保障律师依法履行辩护职责确保死刑案件办理质量的若干规定》。该规定明确了被判处死刑的被告人的法律援助程序，对死刑案件辩护工作提出了具体要求。同时还规定，在死刑复核期间，被告人的律师提出当面反映意见要求或者提交证据材料的，人民法院有关合议庭应当在工作时间和办公场所接待，并制作笔录附卷；律师提出的书面意见，应当附卷。这是对律师参与死刑复核程序作出的新规定，为律师介入死刑复核程序创造了制度空间。2015 年 1 月 29 日，最高人民法院发布《关于办理死刑复核案件听取辩护律师意见的办法》。该办法规定了死刑复核阶段辩护律师提出有关事项时的处理办法和流程，包括查询立案信息，提交书面材料，查阅、摘抄、复制案卷材料，当面反映意见，送达裁判文书等。

四是专门的刑事证据规则。2010 年 6 月 13 日，“两高三部”联合出台《关于办理死刑案件审查判断证据若干问题的规定》和《关于办理刑事案件排除非法证据若干问题的规定》（以下简称“两个证据规定”）。“两个证据规定”确立了证据审查判断基本规则和非法证据排除规则，对确保死刑案件质量具有重要意义。有学者指出，“两个证据规定”的出台是死刑核准权收回所带来的深远影响之一，是刑事证据制度进一步科学化、法治化的重要标志，为 2012 年《刑事诉讼法》修改打下了良好的基础。[2] 2012 年《刑事诉讼法》修改，将“两个证据规定”的主要内容上升为法律规定，正式确立了非法证据排除等重要证据制度。

---

〔1〕 方文军：“《关于复核死刑案件若干问题的规定》的理解与适用”，载《人民司法》2007 年第 5 期，第 21 页。

〔2〕 卞建林：“铸证据基石，促司法公正”，载《法学杂志》2010 年第 7 期，第 11 页。

3. 死刑案件二审程序的规范化

死刑案件的审判，一审是基础，二审是关键。特别是第二审程序，对死刑复核程序起着承上启下的重要作用。根据法律规定，第二审程序以开庭审理为原则，不开庭审理为例外。然而，死刑核准权收归最高人民法院统一行使之前，死刑案件二审开庭审理比例很低，书面审理成为常态。

为加强死刑复核的程序保障，最高人民法院在收回死刑核准权之前，预先推进了死刑案件二审程序的改革。2015 年 12 月 7 日，最高人民法院发布《关于进一步做好死刑第二审案件开庭审理工作的通知》，明确要求：各高级人民法院自 2006 年 1 月 1 日起，对案件重要事实和证据问题提出上诉的死刑第二审案件，一律开庭审理，并积极创造条件，在 2006 年下半年对所有死刑第二审案件实行开庭审理。2006 年 9 月 21 日，最高人民法院、最高人民检察院发布《关于死刑第二审案件开庭审理程序若干问题的规定（试行）》，强调死刑第二审案件必须严格依照上述规定进行开庭审理，为防止冤假错案的发生真正起到把关作用。〔1〕

死刑案件二审开庭，改变了传统上二审程序偏重书面审理的局面。毫无疑问，死刑案件二审开庭，适用更加严格复杂的诉讼程序，更有利于死刑案件的公正裁决。〔2〕这不仅优化了死刑案件的审判程序，也对非死刑案件第二审程序改革起到了助推作用。

4. 死刑裁判标准的具体化

刑法对死刑适用条件的规定较为原则，而死刑案件审判需要的是极为具体的裁判规则，在此种情况下，最高人民法院承担着制定死刑裁判规则的使命。〔3〕基于慎重适用死刑的要求，死刑的裁判标准主要包括严格统一的证据标准和法律政策标准。〔4〕最高人民法院通过发布指导意见、典型案例等方式，在死刑裁判标准的具体化方面作出了积极努力。

2009 年 3 月 27 日，最高人民法院印发《关于印发严格执行死刑政策依法不核准死刑典型案例的通知》，选择 19 个不核准死刑的典型案例下发给中高级人民法院。其中多数案例是故意杀人案，并对个案依法不核准的理由加以详细解读，这对于中高级人民法院把握死刑适用条件无疑具有直接的示范效应。〔5〕2010 年

〔1〕 李洪江：“《关于统一行使死刑案件核准权有关问题的决定》的理解与适用”，载《人民司法》2007 年第 3 期，第 16 页。

〔2〕 胡常龙：“死刑核准权归位后的程序正当性分析”，载《政法论坛》2007 年第 3 期，第 142 页。

〔3〕 陈兴良：“死刑适用的司法控制——以首批刑事指导案例为视角”，载《法学》2013 年第 2 期，第 56 页。

〔4〕 高贵君等：“《关于贯彻宽严相济刑事政策的若干意见》的理解与适用”，载《人民司法》2010 年第 7 期，第 22 页。

〔5〕 陈兴良：“死刑适用的司法控制——以首批刑事指导案例为视角”，载《法学》2013 年第 2 期，第 57 页。

11月26日，最高人民法院发布《关于案例指导工作的规定》，正式建立案例指导制度，先后发布多个有关死刑适用的指导性案例，涉及死刑适用及限制减刑制度的适用等重要主题。尽管目前发布的刑事指导性案例数量有限，且在案例选择、案例与司法解释的关系以及案例约束力等方面仍然存在一些难题，[1] 但这种具体化的司法裁判规则指引，一旦实现制度化、体系化，有助于统一法律适用标准，而这恰恰是死刑裁判的核心要求。

除了以案例为基础的裁判指引，最高人民法院还针对死刑适用较多的罪名，发布指导文件进行类案指导。死刑核准权收归最高人民法院统一行使后，死刑主要适用于暴力犯罪（例如杀人、抢劫、绑架等）和毒品犯罪，在暴力犯罪领域主要适用于导致被害人死亡的案件。[2] 这些死刑罪名，相应地成为最高人民法院研究和指导的重点。

2008年12月1日，最高人民法院发布《全国部分法院审理毒品犯罪案件工作座谈会纪要》，其中专门规定了运输毒品罪的死刑适用问题。2010年4月14日，最高人民法院刑三庭发布的司法文件《在审理故意杀人、伤害及黑社会性质组织犯罪案件中切实贯彻宽严相济刑事政策》中，明确提出区分两类不同性质的故意杀人案件。对于严重危害社会治安、严重影响人民群众安全感的案件，如极端仇视国家和社会，以不特定人为行凶对象的，应当作为严惩的重点，一般判处被告人重刑直至死刑。对于因婚姻家庭、邻里纠纷等民间矛盾激化引发的案件，在判处重刑尤其是适用死刑时应特别慎重，除犯罪情节特别恶劣、犯罪后果特别严重、人身危险性极大的被告人以外，一般不应当判处死刑。对于被害人在起因上存在过错，或者是被告人案发后积极赔偿，真诚悔罪，取得被害人或其家属谅解的，应依法从宽处罚，对同时有法定从轻、减轻处罚情节的，应考虑在无期徒刑以下裁量刑罚。这些政策精神对于限制故意杀人罪的死刑适用具有重大意义。[3]

四、死刑复核制度改革的成效及存在的问题

对改革成效进行评估，是一项非常重要但又难度很大的工作。有学者指出，死刑复核收归最高人民法院统一行使以来，除实现防止错杀、冤杀，贯彻少杀、慎杀，以及统一死刑案件法律适用标准等直接效用外，还推动了证据规则的完

---

〔1〕周光权：“刑事案例指导制度：难题与前景”，载《中外法学》2013年第3期，第487-491页。

〔2〕Xiong Moulin, “The Death Penalty After the Restoration of Centralized Review”, in Liang, Bin et al., *The Death Penalty In China: Policy, Practice, and Reform*, Columbia University Press, 2015, pp. 230-231.

〔3〕陈兴良：“死刑适用的司法控制——以首批刑事指导案例为视角”，载《法学》2013年第2期，第48页。

善、程序正义的彰显，并为推进以审判为中心的诉讼制度改革奠定了基础。[1]应当说，这一评价是比较中肯的。死刑复核制度改革以来，最高人民法院和地方各级人民法院克服案件负担、审判责任、舆论压力等方面的困难，基本上实现了预期的改革目标。

（一）死刑复核制度改革的总体成效

1. 实现严格控制和慎重适用死刑的政策目标

2007 年最高人民法院统一行使死刑案件核准权以后，核准的死刑数量大幅下降。有学者通过统计上网公开的死刑裁判文书，发现死刑核准权收归最高人民法院统一行使后，死刑立即执行案件和死缓案件数量均呈现下降趋势，这表明“少杀、慎杀”政策已经在减少死刑适用方面取得预期成效。[2]

鉴于最高人民法院未核准死刑的案件，通常会改判死缓，因此，考察死刑立即执行与死缓的此消彼长关系，也有助于从侧面评估死刑适用的总体态势。有学者对最高人民法院公布的死刑案件裁判文书进行了统计分析，结果发现，死缓案件数量几乎是死刑立即执行案件数量的三倍，这意味着中国正在努力控制和限制死刑的适用，因为这些死缓案件原本可能被判处死刑立即执行，在死刑核准权收归最高人民法院统一行使后，死缓案件和死刑立即执行案件之间的比例呈现出反转的趋势。[3]

尽管很难估算最高人民法院统一行使死刑案件核准权与死刑数量下降的关系，但不容否认，死刑数量下降，至少有一部分原因是最高人民法院因证据问题和政策问题将死刑案件发回地方法院。[4]就死刑政策的执行而言，最高人民法院和地方法院所面临的压力，以及相应的政策偏好，无疑存在很大的差异。简言之，最高人民法院通常可以免受地方办案机关和被害方的压力，进行更加客观理性的政策分析，进而倾向于作出不甚严厉的裁判结果。[5]这也是死刑核准权收归最高人民法院的重要政策考量。实践表明，由最高审判机关统一行使至关重要的死刑核准权，是比较明智的政策选择。

---

〔1〕卞建林：“统一行使死刑案件核准权：十年回顾与展望”，载《甘肃政法学院学报》2017 年第 3 期，第 5 页。

〔2〕Xiong Moulin, “The Death Penalty After the Restoration of Centralized Review”, in Liang, Bin et al., *The Death Penalty In China: Policy, Practice, and Reform*, Columbia University Press, 2015, p. 238.

〔3〕Xiong Moulin, “The Death Penalty After the Restoration of Centralized Review”, in Liang, Bin et al., *The Death Penalty In China: Policy, Practice, and Reform*, Columbia University Press, 2015, pp. 230-231.

〔4〕Margaret K. Lewis, “Leniency and Severity in China's Death Penalty Debate”, 24 Colum. J. Asian L. 303 (2011).

〔5〕Margaret K. Lewis, “Leniency and Severity in China's Death Penalty Debate”, 24 Colum. J. Asian L. 303 (2011).

2. 推动立法控制死刑

死刑的司法控制，存在功能上的局限性，但通过加强司法控制，将死刑控制在较低水平，能够为立法减少死刑创造条件。有学者指出，死刑核准权收归最高人民法院后，死刑数量的减少表明，死刑复核程序是推动废除死刑的重要一步，这意味着中国刑罚制度的重大变革。[1] 自从死刑核准权收归最高人民法院以来，死刑制度改革已经从刑事程序改革，逐步扩展到刑事实体法的修改，这种整合程序和实体的改革举措无疑更为可取。[2]

2011 年 2 月 25 日，第十一届全国人民代表大会常务委员会第十九次会议通过《刑法修正案（八）》，将死刑罪名由 68 个减少到 55 个，占死刑罪名近五分之一。这是 1979 年《刑法》颁布以来首次减少死刑罪名，其意义不容低估。尽管有学者认为，此次立法废止的 13 个经济性非暴力犯罪的死刑，绝大多数在实践中较少适用或者基本未适用，更多具有宣示意义而非实用价值，[3]但由此释放的积极政策信号，以及审慎推进死刑改革的稳健做法，都是值得肯定的。

同时，为进一步控制死刑适用，《刑法修正案（八）》在已有死缓制度基础上，增加了死缓限制减刑制度。有学者认为，普通死缓、死缓限制减刑与死刑立即执行应被视为死刑范畴内的三种准刑种，适用死刑时有必要采取“普通死缓——死缓限制减刑——死刑立即执行”的思考顺序，有限考虑普通死缓的适用。[4] 通过死刑复核实践，检视传统刑法结构存在的问题，限制死刑，加重生刑，有助于解决死刑适用过多、司法不公等司法难题，消除“生死两重天”的刑罚反差。[5]

2015 年，第十二届全国人民代表大会常务委员会第十六次会议通过《刑法修正案（九）》，再次取消 9 个罪名的死刑。除贪污、受贿罪外，保留的死刑罪名基本上都直接与国家安全、公共安全、人民生命安全和军人职责犯罪有关。同时，又进一步完善对死缓罪犯执行死刑的规定，将执行死刑的条件由死刑缓期执行期间“故意犯罪，查证属实”修改为“故意犯罪，情节恶劣”，提高了死刑适用标准。

回顾立法减少死刑的整个路线图，不难发现，立法机关对减少死刑保持着审慎态度，有选择地削减死刑罪名。这与死刑复核实践所反映的死刑适用总体情况，以及对死刑的稳定司法控制，有着密不可分的关系。试想，如果死刑核准权

---

〔1〕 Kandis Scott, “Why Did China Reform Its Death Penalty”, 19 Pac. Rim L. & Pol’y J. 63 (2010).

〔2〕 Margaret K. Lewis, “Leniency and Severity in China’s Death Penalty Debate”, 24 Colum. J. Asian L. 303 (2011).

〔3〕 Michelle Miao, “The Politics of China’s Death Penalty Reform in the Context of Global Abolitionism”, 53 The British Journal of Criminology, 514 (2013).

〔4〕 劳东燕：“死刑适用标准的体系化构造”，载《法学研究》2015 年第 1 期，第 175 页。

〔5〕 马守敏、邹守红：“死刑存废的中国路径”，载《人民法院报》2010 年 9 月 6 日，第 6 版。

仍然由地方法院行使，在传统的死刑依赖观念影响下，立法机关要想减少死刑罪名，无疑会面临更大阻力。

3. 改变地方司法对死刑的依赖

抛开抽象的死刑存废之争，地方法院和法官对死刑的态度和实践，对于死刑的实际适用非常重要。审视传统司法，对重刑特别是死刑的过分依赖甚至迷信，以及“杀人者死、伤人及盗抵罪”的报应刑观念，是少杀、慎杀政策贯彻不到位的主要思想根源。[1]

死刑复核制度改革，除严格控制死刑适用外，更深层次的目标是改变地方司法对死刑的过度依赖。有意见指出，最高人民法院收回死刑核准权后，高级人民法院乃至中级人民法院因其所作的死刑判决面临被最高人民法院改判的风险，就会少判死刑。[2]此外，有学者注意到，死刑案件的核准率，作为评估地方法院贯彻死刑政策的重要指标，会促使地方法院更加慎重地适用死刑。[3]实际上，地方法院的这种司法关注，反映的是最高人民法院死刑裁判标准对下级法院的辐射影响。如果地方法院严格执行最高人民法院的死刑裁判标准，改变传统的重刑主义倾向，践行严格控制和慎重适用死刑的死刑政策，无疑是死刑复核制度改革的重要成果。

无论地方法院主动遵循最高人民法院确立的裁判标准，还是仅仅基于避免死刑判决被最高人民法院改判的功利考量（实际上，这种功利考量往往会转化为对最高人民法院裁判标准的内在认同），都在客观上推动了死刑裁判标准的统一。对于地方法院而言，死刑案件往往在当地备受关注，审判过程容易受到地方维稳、被害方上访闹访等方面的压力影响。一旦面临此种情形，最高人民法院确立的死刑裁判标准，能够为地方法院坚持公正审判提供政策和法律支持，避免裁判结果遭到人为扭曲。

4. 推进深层次的刑事司法体制改革

死刑复核制度改革的重要目标之一，就是防止错判、错杀，确保死刑案件“零差错”。近年来发现和纠正的重大冤假错案，绝大多数都是命案类死刑案件。死刑复核制度改革，是推动这一轮冤假错案司法治理的根本动因。[4] 针对死刑错判的严重危害，有意见指出：“要像防范洪水猛兽一样来防范冤假错案，宁可

---

〔1〕 龙宗智：“收回死刑复核权面临的难题及其破解”，载《中国法学》2006年第1期，第77页。

〔2〕 刘计划：“质疑死刑复核权的程序功能——以最高人民法院收回死刑核准权为切入点”，载《法商研究》2005年第6期，第35-36页。

〔3〕 Michelle Miao, “The Politics of China's Death Penalty Reform in the Context of Global Abolitionism”, 53 The British Journal of Criminology, 515 (2013).

〔4〕 刘静坤：“冤假错案的司法治理：政策、风险与防范”，载《中国法律评论》2019年第4期，第34-38页。

错放，也不可错判。错放一个真正的罪犯，天塌不下来，错判一个无辜的公民，特别是错杀了一个人，天就塌下来了。”〔1〕伴随死刑复核制度改革，最高人民法院出台了一系列重要文件，包括前面提到的2007年《关于进一步严格依法办案 确保办理死刑案件质量的意见》，2010年“两个证据规定”，以及2013年《最高人民法院关于建立健全防范刑事冤假错案工作机制的意见》，等等。

需要强调的是，以防范死刑错案为宗旨确立的一系列程序规范和证据规则，并不仅仅适用于死刑案件，而是一体适用于普通刑事案件。就像有学者强调的那样，最高人民法院不能过度关注死刑案件而忽视非死刑案件，对非死刑案件的诉讼程序也应给予足够的关注。〔2〕这实际上反映出死刑复核制度改革对整个刑事程序改革的牵动效应，同时，以防范冤假错案特别是死刑错案为宗旨推进的司法改革，也获得了不容置疑的正当性。此后，十八届三中、四中全会陆续推出诸多重大刑事司法举措，包括推进以审判为中心的诉讼制度改革、严格实行非法证据排除规则、健全冤假错案有效防范和及时纠正机制，等等，可见刑事司法改革进入了新的发展阶段。

5. 更加积极参与国际人权对话

死刑复核制度改革，体现了中国法治和人权的发展进步，使中国在国际人权领域有了更多的话语权。国外有学者指出，中国对死刑的态度经历了明显的转变，从早期坚持固有的死刑政策和制度，发展到以更加开放和主动的心态投入到国际对话和研究领域。〔3〕这一评价是比较客观的。

中国分别于2009年、2013年和2018年向联合国人权理事会提交《国家人权报告》，其中关于保障生命权部分，均强调了死刑复核制度取得的成就和新进展。例如，2009年《国家人权报告》提到，2006年7月1日起死刑二审案件在全国一律实行开庭审理并逐步实行全程录音录像；2007年1月1日起，死刑复核权统一收归最高人民法院行使。2013年《国家人权报告》提到，2010年出台“两个证据规定”，2011年《刑法修正案（八）》削减死刑罪名，2012年《刑事诉讼法》修改完善死刑复核程序。2018年《国家人权报告》提到，最高人民检察院成立死刑复核检察厅，严格死刑复核法律监督程序；高级人民法院复核死刑案件，被告人没有委托辩护人的，应当通知法律援助机构指派律师为其提供辩护。

死刑复核制度改革取得的实在成效，使得死刑问题由此前的敏感话题变得不再那么敏感，使得死刑问题成为国际人权交流的重点事项。尽管中国目前尚不具

〔1〕 沈德咏：“我们应当如何防范冤假错案”，载《人民法院报》2013年5月6日，第2版。

〔2〕 刘计划：“质疑死刑复核权的程序功能——以最高人民法院收回死刑核准权为切入点”，载《法商研究》2005年第6期，第40页。

〔3〕 Roger Hood, “Abolition of the Death Penalty: China in World Perspective”, 1 City University of Hong Kong Law Review 16 (2009).

备废除死刑的条件，但起码与保留死刑的国家相比，中国在死刑复核程序改革等方面所作的努力，体现了中国法治的发展进步。可以预见，随着死刑复核制度改革不断深入，司法人权保障将不断增强，中国在国际人权领域将有更大的对话空间和影响力。

（二）死刑复核制度面临的主要争议问题

在死刑复核制度改革过程中，学界提出了许多建设性意见，其中所涉的争议问题值得认真研究。

1. 死刑复核的审理和裁判方式

（1）全面审查原则。

为实现识错纠错功能，死刑复核程序实行全面审查原则，其中，事实证据审查是首要问题。2012 年《最高法解释》第 348 条规定："复核死刑案件……应当全面审查以下内容：（一）被告人的年龄，被告人有无刑事责任能力、是否系怀孕的妇女；（二）原判认定的事实是否清楚，证据是否确实、充分；（三）犯罪情节、后果及危害程度；（四）原判适用法律是否正确，是否必须判处死刑，是否必须立即执行；（五）有无法定、酌定从重、从轻或者减轻处罚情节；（六）诉讼程序是否合法；（七）应当审查的其他情况。"

有学者主张，《刑事诉讼法》并没有规定死刑复核程序应当进行全面审查，为恪守最高人民法院的职责定位，特别是避免复核认定的事实出现错误，死刑复核程序应当不对事实问题进行重新审理，仅对法律争议作出裁决。[1]基于类似理由，有学者建议将全面审查改为重点审查，重点关注以下方面：被告人申请死刑复核的主张与理由；判处死刑的关键事实与证据以及法律适用；一、二审中控辩双方争议的焦点问题。[2]也有学者主张，复核审仍然应当被定位为全面审理，但不需要像一审程序那样对事实证据进行全面审查核实，而是在事实方面作有限审理，复核审只承担有限责任，即主要在死刑适用标准上进行把关。[3]

不难发现，此类反对全面审查原则的观点，主要是为最高人民法院的权威考虑，认为事实审不符合最高人民法院的职能定位，还将招致事实误判的巨大风险。即便单看复核工作量，回避事实问题也能减轻审判负担。既然如此，为何最高人民法院还要坚持全面审查原则呢？主要原因在于，基于死刑政策防止错杀的要求，死刑复核除了要统一法律政策标准，还要统一事实证据标准，尤其要避免因错误认定事实而导致错杀。最高人民法院由于肩负确保死刑案件"零差错"的职责，尽管全面审查原则使其面临风险、压力和负担，其仍需负重前行。伴随

[1] 郑旭："死刑复核程序全面审查原则的反思"，载《青海社会科学》2013 年第 6 期，第 105 页。
[2] 左卫民："死刑控制与最高人民法院的功能定位"，载《法学研究》2014 年第 6 期，第 203 页。
[3] 龙宗智："收回死刑复核权面临的难题及其破解"，载《中国法学》2006 年第 1 期，第 78 页。

刑事法治进程，当侦查取证程序逐步规范，第一审程序切实肩负起事实调查的核心职责，[1]死刑复核程序才能逐步从事实审的负担中解脱出来。

（2）书面审查原则。

死刑复核程序不实行开庭审理，以书面审查为原则。2012年《最高法解释》第346条规定，报请复核的死刑案件，应当一案一报。报送的材料包括报请复核的报告，第一、二审裁判文书，死刑案件综合报告各五份以及全部案卷、证据。最高人民法院的法官在复核死刑案件时，主要职责就是审查案卷材料和书面证据。有学者指出，最高人民法院主要通过阅卷来组织死刑复核程序，核准或者不核准死刑的裁判结论仍然是根据案卷笔录来制作。[2]由于最高人民法院在复核死刑案件时不可避免地要进行事实审，又不能采用普通审的方式进行全面和充分的事实审理，[3]一旦复核认定的事实证据存在重大问题，特别是出现冤假错案，将对最高人民法院的司法权威和公信力造成巨大冲击。

基于死刑复核程序的特殊定位，以及复核案件数量的制约，现阶段希冀死刑复核通过开庭方式进行，可能并不切合实际。考虑到书面审查的局限性，最高人民法院反复强调，一审是基础，二审是关键，并持续推进二审死刑案件开庭审理，以及一审程序实现庭审实质化。此类改革既是为了完善审判程序，也旨在减少死刑复核的程序风险。不过目前，审前程序尚不适应慎用死刑的需要，例如侦查阶段违法取证的情形很难避免，证据可靠性难以保障，同时，死刑案件关键证人不出庭的问题仍然比较突出，大量死刑案件主要依靠书面证言和口供定案。[4]

面对此种司法现状，复核阶段单凭审查案卷材料，难以发现案件中存在的潜在问题。鉴于此，2012年《刑事诉讼法》修改新增规定："最高人民法院复核死刑案件，应当讯问被告人，辩护律师提出要求的，应当听取辩护律师的意见。"有学者指出，复核法官单方面提讯被告人、听取辩护律师意见，与诉讼化的调查模式存在较大差异，且可能存在程序风险，[5]但这一程序设置，为复核法官提供了接触被告人的机会，能够直接听取辩解理由和辩护意见。通过书面审查和当面讯问、听取意见相结合，死刑复核工作能够最大限度地掌握案件中存在的潜在

[1] 龙宗智："论建立以一审庭审为中心的事实认定机制"，载《中国法学》2010年第2期，第146-147页。

[2] 陈瑞华："通过行政方式实现司法正义？——对最高人民法院死刑复核程序的初步考察"，载《法商研究》2007年第4期，第98-99页。

[3] 龙宗智："收回死刑复核权面临的难题及其破解"，载《中国法学》2006年第1期，第79页。

[4] 龙宗智："收回死刑复核权面临的难题及其破解"，载《中国法学》2006年第1期，第79-80页。

[5] 陈瑞华："通过行政方式实现司法正义？——对最高人民法院死刑复核程序的初步考察"，载《法商研究》2007年第4期，第96-97页。

风险和问题。

（3）“二元”裁判方式。

《刑事诉讼法》第250条规定：“最高人民法院复核死刑案件，应当作出核准或者不核准死刑的裁定。对于不核准死刑的，最高人民法院可以发回重新审判或者予以改判。”该条规定所涉的改判，并不等同于二审程序中的一般改判，而主要是指2012年《最高法解释》第351条、第352条规定的两种特殊的核准附随改判，即对一人有两罪以上被判处死刑的数罪并罚案件，复核后认为其中部分犯罪的死刑判决、裁定认定事实正确，但依法不应当判处死刑的，可以改判，并对其他应当判处死刑的犯罪作出核准死刑的判决；或者对有两名以上被告人被判处死刑的案件，复核后认为其中部分被告人的死刑判决、裁定认定事实正确，但依法不应当判处死刑的，可以改判，并对其他应当判处死刑的被告人作出核准死刑的判决。

这种核准或者不核准的“二元”裁判方式，未涉及一般情形下因事实证据和法律适用等问题而依法改判的情形（例如二审改判所涉的情形），有回避矛盾之嫌，且容易面临浪费司法资源的质疑。不过，从死刑核准权收回之初的制度设计看，之所以确立这种裁判原则，主要考虑到死刑复核程序是为确保死刑适用的公正和慎重而设置的一种法院内部的特殊审核程序，没有公诉人和辩护人的参与，不具有完整的诉讼形态，故在严格意义上改判不完全符合该程序本身的性质。[1] 应当说，这种解释不无道理，也体现了对死刑复核制度改革的慎重考虑。当然，随着死刑复核程序的公开度逐步提高，控辩双方均有实质性的程序参与，也可考虑在条件成熟时，增加设立更加全面的改判裁判方式。

2. 死刑复核的程序构造和期限

（1）死刑复核程序中被告人的辩护权。

传统的死刑复核程序是内部审核式的特殊救济程序。基于人权保障和程序公正等考量，《刑事诉讼法》增加了讯问被告人和听取辩护律师意见的重要程序内容。与之相适应，就产生了死刑复核程序中被告人的辩护权问题，其中最重要的一点当属死刑复核程序中被告人的法律援助权。

有学者指出，死刑案件的结论在复核阶段尚处于不确定状态，为确保死刑案件的质量，如果死刑被告人由于经济困难等原因，没有委托辩护人，最高人民法院应当通知法律援助机构指派律师为其提供辩护。[2] 也有学者强调，《刑事诉讼法》对刑事诉讼一审、二审程序中的法律援助进行了规范，但是唯独对最高人民

---

〔1〕 方文军：“《关于复核死刑案件若干问题的规定》的理解与适用”，载《人民司法》2007年第5期，第20-21页。

〔2〕 刘仁文：“死刑复核被告人应有法律援助权”，载《法制日报》2014年3月26日，第10版。

法院复核死刑程序中的指定辩护问题语焉不详，导致最高人民法院和法律援助机构没有明确法律依据为被告人指定辩护人，这不得不说是一种缺憾。[1]

死刑复核程序作为特别救济程序，直接决定是否核准被告人死刑，其重要程度丝毫不亚于死刑案件的一审、二审程序。除确保案件质量外，从保障人权和程序公正的角度看，应当在死刑案件的诉讼全过程保持相同的正当程序标准。鉴于此，赋予死刑复核程序中的被告人法律援助权，是死刑复核程序正当性的内在要求，应当尽早纳入日程。

关于死刑复核程序中的律师角色定位，即，能否作为辩护律师参与死刑复核程序，早期的法律规定并不明确，实务界也存在不同的认识。在死刑核准权收归最高人民法院统一行使初期，亦有学者指出，最高人民法院尚未认可律师在死刑复核程序中的辩护人地位。[2] 2012 年《刑事诉讼法》明确规定死刑复核阶段听取辩护律师意见后，该问题已经得到解决。关于死刑复核阶段辩护律师的权利范围，最高人民法院 2019 年 8 月 8 日发布《关于死刑复核及执行程序中保障当事人合法权益的若干规定》，对辩护律师提交相关手续、辩护意见及证据等问题作出了规定。但在目前的死刑复核程序中，除了听取辩护律师意见的权利规定外，其他权利既未明确设置，也无实现方式；既没有对应义务体现，更无救济保障。[3]鉴于此，对辩护律师的实质辩护权利，如会见权、调查取证权等，有必要作出专门规定。

此外，对于死刑复核阶段辩护律师提出的辩护意见，应当和其他案件一样，在裁判文书中予以回应。有学者就此指出，如果辩护意见对最高人民法院的最终裁决不能发挥积极影响，只是被象征性地放置在案卷之中，将是没有多少实质意义的。[4]

（2）最高人民检察院的程序参与。

《刑事诉讼法》第 251 条第 2 款规定："在复核死刑案件过程中，最高人民检察院可以向最高人民法院提出意见。最高人民法院应当将死刑复核结果通报最高人民检察院。"在最高人民法院收回死刑核准权后，为加强检察机关对死刑复核工作的法律监督，最高人民检察院专门成立死刑复核检察厅。不过，因资源限制，最高人民检察院目前尚未全面介入死刑复核程序。

---

〔1〕 叶青、王小光："律师有效参与死刑复核程序研究"，载《比较法研究》2017 年第 2 期，第 49-50 页。

〔2〕 陈学权："死刑复核程序中的辩护权保障"，载《法商研究》2015 年第 2 期，第 45 页。

〔3〕 穆远征："死刑复核程序中律师辩护的困境与改革——以人权司法保障为视角"，载《法学论坛》2014 年第 4 期，第 111-113 页。

〔4〕 陈瑞华："通过行政方式实现司法正义？——对最高人民法院死刑复核程序的初步考察"，载《法商研究》2007 年第 4 期，第 100-102 页。

随着死刑复核程序的逐步开放，特别是辩护律师的积极参与，最高人民检察院有必要同步加强程序参与，改变此前的“旁观者”角色，避免检察机关对死刑复核的法律监督成为实践中的空白。[1] 在死刑复核过程中，检察机关可以介入死刑复核程序，并就案件事实和法律适用发表意见。最高人民检察院提出意见的，最高人民法院应当审查，并将采纳情况及理由反馈最高人民检察院。关于死刑复核过程和结果的全方位法律监督，可以结合最高人民法院通报的死刑复核结果进行，并逐步完善监督的方式和程序。

（3）死刑复核程序的期限。

《刑事诉讼法》没有规定死刑复核程序的审理期限，由于程序的展开没有时间限制，有可能形成积案造成久拖不决。[2]有学者建议，可以规定半年的复核时间，即在二审判决后六个月内完成复核并作出宣判。[3]也有意见认为，可基于此前死刑复核的实践，规定在受理案件后三个月以内作出核准或者不核准死刑的裁判；案件特别疑难、复杂的，可以延长二个月。[4]

基于死刑复核程序的特殊属性，以及死刑复核法官面临的办案负担，[5]如果对死刑复核期限增加硬性要求，难免会影响死刑复核质量。目前最高人民法院对死刑复核工作已有内部流程要求，在此基础上，可考虑将一些久拖未决案件通报给最高人民检察院，征求最高人民检察院意见后，在合理期限内作出处理。

3. 最高人民法院的功能定位

最高人民法院统一行使死刑复核权后，死刑复核成为其最主要的刑事审判职能。有学者指出，对所有死刑案件进行全面审查，特别是进行事实认定和证据核实，这种关注个案处理的微观功能，可能会削弱最高人民法院处理更为重大问题的能力，影响其宏观功能的实现。[6] 这确实是一个需要认真对待的重大制度问题。

最高人民法院除审判案件外，还肩负着统一法律适用、对下监督指导等重要政策功能。如果最高人民法院刑事审判部门办案负担过重，无力从事司法调研和对下指导，或者因长期从事死刑复核工作，影响调研指导能力，不仅有损最高人民法院的政策职能，从长远上还将影响全国刑事审判事业的发展。立足现状，要想解决办案与调研之间的矛盾，需要更好地统筹现有的审判力量，通过专项审判

---

〔1〕 万春：“死刑复核法律监督制度研究”，载《中国法学》2008 年第 3 期，第 12-13 页。

〔2〕 赵秉志、时延安：“慎用死刑的程序保障——对我国现行死刑复核制度的检讨及完善建言”，载《现代法学》2004 年第 4 期，第 63 页。

〔3〕 龙宗智：“收回死刑复核权面临的难题及其破解”，载《中国法学》2006 年第 1 期，第 81 页。

〔4〕 万春：“死刑复核法律监督制度研究”，载《中国法学》2008 年第 3 期，第 17-18 页。

〔5〕 王斗斗：“工作‘5+2’办案‘白+黑’：一名死刑复核法官的真实状况调查”，载《法制日报》2009 年 1 月 16 日，http://news.sohu.com/20090116/n261780171.shtml，最后访问日期：2020 年 12 月 20 日。

〔6〕 左卫民：“死刑控制与最高人民法院的功能定位”，载《法学研究》2014 年第 6 期，第 197-200 页。

调研、指导重点案件、起草指导文件等方式，加强对下监督指导。需要指出的是，死刑复核制度改革以来，最高人民法院出台了一系列重大改革文件和司法解释，较好地履行了对下监督指导功能。随着死刑复核业务和复核法官队伍的动态变化，如何从战略角度适时调整最高人民法院的刑事审判职能，还需深入研究。

五、死刑复核制度改革前瞻

只要死刑没有被废除，死刑复核制度就将始终处于发展变化之中。前述各种争议问题，都需要通过深化死刑复核制度改革予以破解。立足全面依法治国要求，死刑复核制度改革不能停滞不前，也不能走回头路。现阶段，死刑复核制度改革有必要重点关注复核程序诉讼化、法律援助制度优化和死刑适用的突出风险。

（一）死刑复核程序的诉讼化改革

传统上认为，死刑复核程序是为确保死刑适用的公正和慎重而设置的一种法院内部的特殊审核程序，[1]或者说是不同于刑事第一、二审程序的特别救济程序。[2]正是基于这种程序定位，才确立了全面审查、书面审查等死刑复核原则，以及核准或不核准的二元裁判方式。有学者指出，死刑复核作为特殊的审判程序，其特殊性就在于它秉承了原来的核准程序模式，通过一种行政化的运作方式展开司法裁判活动，即，通过行政方式实现司法正义。[3]也有学者将这种死刑复核模式称为"审查导向型"模式，即，以高级别法院对死刑案件自上而下的审查为核心构建的死刑程序控制体系。[4]

但实际上，伴随刑事法治进程，《刑事诉讼法》已经对传统死刑复核程序构造作出了较大幅度调整。最高人民法院在死刑复核过程中，既要讯问被告人、听取辩护律师意见，也要听取最高人民检察院的意见，这些新的程序要求已经打破了传统死刑复核的封闭性、职权性和单方性。换言之，死刑复核程序的诉讼化已经初步显现。

有学者指出，可以考虑在必要时对死刑复核的案件采取"听审"的方式，在办案法官主持下，让公诉人、辩护人、被告人、被害人及家属充分交换意见，

---

〔1〕 方文军："《关于复核死刑案件若干问题的规定》的理解与适用"，载《人民司法》2007年第5期，第19页。

〔2〕 李洪江："《关于统一行使死刑案件核准权有关问题的决定》的理解与适用"，载《人民司法》2007年第3期，第13页。

〔3〕 陈瑞华："通过行政方式实现司法正义？——对最高人民法院死刑复核程序的初步考察"，载《法商研究》2007年第4期，第96页。

〔4〕 魏晓娜："死刑程序为谁而设？"，载《比较法研究》2014年第4期，第93-94页。

就争议问题进行辩论，让办案法官充分听取双方意见居中裁量。[1]更有学者建议取消死刑复核程序，规定死刑案件实行三审终审制，即中级人民法院一审判处死刑的案件，强制上诉至高级人民法院；高级人民法院二审判处死刑的案件实行权利性上诉，被告人及其法定代理人可以上诉至最高人民法院，检察机关可以抗诉至最高人民法院。[2]

同时，有学者并不赞成对死刑案件程序进行三审终审制改造，主要理由是，第三审实行法律审固然可以避免重复审判，但离开了事实审这一基础和前提，法律审所能发挥的作用和效果就会大打折扣。[3]也有意见认为，尽管主张对死刑复核方式进行适当的诉讼化改造，使之具有一定的公开性，建立在听取被告人及其辩护人和检察机关意见基础上，但是没有必要也不具备条件实行完全诉讼化的三审制。[4]

另外一种折中观点认为，基于死刑复核程序的目的，可考虑采用两种审理方式：对于一审判处死刑后事实没有争议的案件，可以采用调查讯问而非开庭的方式进行审理；对于一审判处死刑后事实存在争议的案件，经二审程序审理后进入死刑复核程序的，应当采用直接审理的方式。[5]

立足死刑复核传统和司法资源等因素，现阶段对死刑复核程序实行彻底的三审制改革尚有较大难度。无论是辩护职能，还是最高人民检察院的参与度，都尚不具备实行三审制的条件。同时，基于当前的死刑政策，难以在死刑复核阶段划分事实审和法律审，换言之，现阶段难以将死刑复核程序限定为法律审，这也是三审制难以实行的重要原因。

当前比较可行的选择是，立足现有法律规定，稳步推进死刑复核程序的诉讼化进程。一方面，构建更加具体、规范的辩护职能体系，强化死刑复核程序的人权保障。另一方面，积极探索更为科学、可行的检察参与机制，让最高人民检察院有效参与死刑复核程序。基于死刑案件数量的制约，现阶段可能难以做到全面、对等的诉讼化，但从人权保障角度看，对于有辩护律师参与的案件，包括今后实行死刑复核法律援助制度后，辩护律师参与死刑复核程序应当成为司法常态。至于最高人民检察院的参与，可能在较长一段时间都局限于有限参与，即，对于存在重大争议、重大风险的死刑复核案件，实质性地参与死刑复核过程。

---

〔1〕 卞建林："统一行使死刑案件核准权：十年回顾与展望"，载《甘肃政法学院学报》2017 年第 3 期，第 6-7 页。

〔2〕 陈卫东、刘计划："死刑案件实行三审终审制改造的构想"，载《现代法学》2004 年第 4 期，第 67-68 页。

〔3〕 胡常龙："死刑核准权归位后的程序正当性分析"，载《政法论坛》2007 年第 3 期，第 142 页。

〔4〕 万春："死刑复核法律监督制度研究"，载《中国法学》2008 年第 3 期，第 15-16 页。

〔5〕 顾永忠："关于加强死刑案件辩护的若干问题"，载《法学家》2006 年第 4 期，第 91-92 页。

随着最高人民检察院和辩护律师逐步具备实质性参与死刑复核程序的条件，可以对死刑复核程序的审理和裁判方式作出适当调整。对于存在重大争议、重大风险，双方可以实质性参与的死刑复核案件，最高人民法院可以考虑调整全面审查、书面审查原则，通过公开的庭审核查事实，解决争议，并考虑引入实质性的改判方式。对于没有重大争议的案件，可以延续当前的死刑复核模式，在讯问被告人、听取辩护律师意见后，依法作出相应的处理。

（二）死刑复核程序的法律援助制度

从人权保障角度看，没有比生命权更重要的人权。对于死刑复核被告人，其生命权面临现实危险，在其没有能力聘请辩护律师的情况下，应当为其提供法律援助。前文已论及该制度的重要意义。实际上，这也是国际刑事司法准则的基本要求，例如联合国经济及社会理事会 1984 年 5 月 25 日第 1984/50 号决议批准的《关于保护面对死刑的人的权利的保障措施》规定，只有在经过法律程序提供确保审判公正的各种可能的保障，包括任何被怀疑或者被控告犯了可判处死刑罪的人有权在诉讼过程中的每一阶段取得适当法律协助后，才可根据主管法庭的终审执行死刑。

可能有意见认为，案件到了死刑复核阶段，为死刑复核被告人提供法律援助已经没有意义。但实际情况并非如此，有学者以念斌案为例主张，那种认为中国刑辩律师在刑事司法系统通常扮演从属角色的观点并不正确，进一步讲，如果没有辩护律师的执着努力，念斌案就不可能被纠正。[1]客观地讲，一些重大冤假错案的纠正，既得益于最高人民法院统一行使死刑核准权，也与辩护律师坚持不懈的辩护工作紧密相关。

从可行性角度看，为死刑复核被告人提供法律援助所需资源有限，且可与现有改革举措有机衔接。2017 年 10 月 9 日，最高人民法院、司法部联合发布《关于开展刑事案件律师辩护全覆盖试点工作的办法》，在北京等 8 个省市试点律师刑事辩护全覆盖工作。根据试点要求，适用普通程序审理的一审案件、二审案件、按照审判监督程序审理的案件，被告人没有委托辩护人的，人民法院应当通知法律援助机构指派律师为其提供辩护。[2] 2018 年 12 月 27 日，最高人民法院、司法部联合发布《关于扩大刑事案件律师辩护全覆盖试点范围的通知》，决定将试点期限延长，工作范围扩大到全国 31 个省（自治区、直辖市）和新疆生产建设兵团。

---

〔1〕 Lu, H., Trejbalova, T. & Liang, B., "Proceduralism, Political Embeddedness and Death Penalty Lawyers in China", 238 The China Quarterly 353-374 (2019).

〔2〕 曹婧："司改重举措：八省市试点刑事案件律师辩护全覆盖"，载《中国律师》2017 年第 11 期，第 40 页。

应当说，刑事案件律师辩护全覆盖改革契合了《刑事诉讼法》关于辩护制度的内在要求。根据2012年《最高法解释》第42条的规定，对于可能被判处死刑且没有委托辩护人的被告人，人民法院应当通知法律援助机构指派律师为其提供辩护；同时，高级人民法院复核死刑案件，被告人没有委托辩护人的，应当通知法律援助机构指派律师为其提供辩护。基于该条规定，在死刑复核程序中，被告人已经面临被核准死刑的现实风险（不仅仅是可能被判处死刑），既然其在先前诉讼阶段都有权得到法律援助，在死刑复核这一关键阶段，更应得到法律援助；同时，既然高级人民法院复核死刑案件应当提供法律援助，最高人民法院复核死刑案件亦应适用相同标准。

相较而言，无论是相对于普通案件，还是死刑案件的在先诉讼程序，死刑复核案件无疑更为重要，且案件数量更少，鉴于此，将死刑复核被告人纳入律师辩护全覆盖范围，既是落实刑事诉讼法关于法律援助制度规定的内在要求，亦能体现法律援助作为国家司法救济制度的重要价值。

关于为死刑复核被告人提供法律援助的方式，可考虑由最高人民法院与司法部共同商定具体安排。有学者指出，最高人民法院在办理死刑复核案件时，如果被告人没有委托辩护人，应当通知司法部法律援助中心，司法部法律援助中心应当为每名被告人指派两名律师作为辩护人。〔1〕该建议具有一定参考价值。至于究竟是由司法部统一指派法律援助律师，还是由死刑复核被告人被羁押地司法行政机关指派法律援助，可作进一步研究。

还有学者建议，复核审不是三审，而是以书面审为主的一种把关与救济，因此，在一审乃至二审已经实现强制辩护，而在复核审原则上不开庭审理，也不设定对抗机制的情况下，复核审可以不规定强制辩护，而只是将其规定为被告人的一项权利。〔2〕该意见值得参考，特别是当死刑复核被告人放弃法律援助时，鉴于其在先前诉讼程序已有充分的法律援助保障，没有必要在死刑复核阶段强制要求必须为其指派法律援助律师。

（三）死刑适用风险的防范制度

死刑适用的司法不公，是最大的司法不公。当前死刑适用的司法风险，主要包括错判风险、腐败风险和花钱买刑风险。

关于死刑错判风险，除了要严格落实防范冤假错案的各项法律制度和工作机制外，更重要的是深入推进以审判为中心的诉讼制度改革，从源头上确保侦查、审查起诉的案件事实证据经得起法律的检验。同时，也要全面推进最高人民法院庭审实质化“三项规程”，在死刑案件审判各环节有效识别各种错判风险，确保

〔1〕陈学权：“死刑复核程序中的辩护权保障”，载《法商研究》2015年第2期，第51页。
〔2〕龙宗智：“收回死刑复核权面临的难题及其破解”，载《中国法学》2006年第1期，第79页。

死刑裁判的“零差错”。

关于腐败风险，除了要规范死刑案件审判程序，特别是死刑复核的办案规程外，有必要加强最高人民检察院的死刑复核监督职能。对于存在潜在腐败风险的死刑复核案件，通过加强检察监督，防患于未然，或者及时发现并依法作出处理。同时，死刑复核程序的诉讼化改革，亦能在一定程度上提高该程序的透明度和参与度，进而减少外界对死刑复核结果公正性的疑虑。

关于花钱买刑风险，这实际上涉及宽严相济的政策悖论：对于畸轻判决的关注，主要聚焦于具有较高社会经济水平的被告人，然而，恰恰是这些被告人有能力赔偿被害人并促成和解，从而获得从宽处理。[1]为确保死刑的平等适用，避免花钱买刑质疑，有必要规范死刑案件和解程序，划定死刑案件和解的法律边界。同时，为避免被害方因家境困难而被迫达成和解，可考虑完善被害方救助制度，消除此类因素对死刑裁判的不当影响。

死刑复核制度改革是一项系统工程，关系重大，牵涉面广。根据当前死刑复核实践面临的新情况、新问题，有必要从国家层面制定科学、可行的改革战略，在巩固现有改革成果基础上，循序渐进地推进死刑复核制度的深层次改革，从而更好地贯彻严格控制和慎用死刑的死刑政策，真正实现死刑的公正适用。

（撰稿人：刘静坤）

---

〔1〕 Margaret K. Lewis, “Leniency and Severity in China’s Death Penalty Debate”, 24 Colum. J. Asian L. 303 (2011).

第十七章 审判监督程序

目　次

审判监督程序又称为“再审程序”，是为了纠正错误的生效裁判而进行审理的程序。在英美法系国家，由于禁止双重危险原则的约束，通常并不存在独立系统的再审程序。再审的概念所指非常宽泛，既包括对尚未生效的法院裁判的上诉制度，又可指对已经生效的法院裁判的重新审理。对生效裁判的重新审理，英美法系国家通常设立了针对法定情形的特殊程序。例如，英国确立了针对无罪判决的撤销再审程序和对生效有罪裁判的上诉后审查程序，[1]美国设立了人身保护令制度。在大陆法系国家，再审程序通常是指纠正已生效判决司法错误的非常救济程序，是对法的安定性原则和法的公平原则的权衡。我国的审判监督程序类似于大陆法系国家，仅指对裁判已经发生法律效力的案件进行重新审理的程序。尽管审判监督程序在我国刑事诉讼中居于重要的地位，但总体而言，我国审判监督程序的理论和实证研究相对匮乏，司法实务中还存在较为突出的问题。因此，在《刑事诉讼法》实施四十周年之际，从立法、司法与实践层面对该制度进行总结和回顾，对完善我国刑事错案的纠正机制，实现司法公正，“让人民群众在每一个司法案件中都能感受到公平正义”，具有重要的意义。

一、审判监督程序的立法发展与指导理念

（一）审判监督程序的立法沿革

1979年第一部《刑事诉讼法》颁布之前，审判监督程序在《人民法院组织法》中得以确立。1954年《人民法院组织法》第12条规定：“各级人民法院院长对本院已经发生法律效力的判决和裁定，如果发现在认定事实上或者在适用法律上确有错误，必须提交审判委员会处理。最高人民法院对各级人民法院已经发生法律效力的判决和裁定，上级人民法院对下级人民法院已经发生法律效力的判决和裁定，如果发现确有错误，有权提审或者指令下级人民法院再审”。1954年《人民检察院组织法》第16条规定：“最高人民检察院对各级人民法院已经发生法律效力的判决和裁定，上级人民检察院对下级人民法院已经发生法律效力的判决和裁定，如果发现确有错误，有权按照审判监督程序提出抗议。”两部组织法关于再审程序的规定，奠定了我国现行审判监督程序的基本框架，在立法史上具有重要的意义，具体表现为：（1）这是我国法律首次正式使用“审判监督程序”的称谓。这亦表明，提起再审程序是人民检察院行使法律监督权的重要体现。（2）启动再审程序的主体范围得以扩大。两部组织法将启动再审权明确赋予两

---

〔1〕 张毅：“英国的刑事再审制度”，载陈光中主编：《刑事再审程序与人权保障》，北京大学出版社2005年版，第45-51页。

类主体：一是各级人民法院、上级人民法院和最高人民法院；二是上级人民检察院和最高人民检察院。（3）审判监督程序的对象范围为生效判决和裁定“在认定事实上或者适用法律上确有错误”的案件。上述三个方面的规定，深刻影响了1979年《刑事诉讼法》确立的审判监督程序制度，并延续至今。

1979年7月1日，第五届全国人大第二次会议通过了新中国第一部《刑事诉讼法》。该法第三编专章以3个条文规定了刑事审判监督程序，分别涉及当事人、被害人及其家属、其他公民的申诉；审判监督程序的提起；再审案件的审理程序。为保障法律的统一，同日通过的《人民法院组织法》和《人民检察院组织法》对审判监督程序的规定作了相应修改。

1996年修改《刑事诉讼法》时，第三编第五章规定的“审判监督程序”修改了2个条文并增加了2个条文。新增的第204条明确规定了当事人、法定代理人、近亲属提出申诉的，人民法院应当予以重新审判的情形；第207条规定了审判监督程序的审理期限。修改的内容涉及申诉人范围的规定，以及人民检察院提出抗诉程序对审判监督程序审理的影响。2012年修改《刑事诉讼法》时，分别增加和修改了2个条文，审判监督程序条文达到了7个。立法修改旨在切实保障“通过审判监督程序对确有错误的生效判决、裁定予以纠正”，从而“确保案件质量，维护司法公正”。〔1〕新法对申诉案件决定重审的条件，人民检察院派员出席法庭，再审案件强制措施的决定程序，原判决、裁定的中止执行等内容作了补充完善。根据现行《刑事诉讼法》，我国审判监督程序具有以下特征。

第一，申诉不必然启动审判监督程序，不停止判决、裁定的执行。根据《刑事诉讼法》第252条的规定，当事人及其法定代理人、近亲属，对已经发生法律效力的判决、裁定，可以向人民法院或者人民检察院提出申诉，但是不能停止判决、裁定的执行。

第二，符合法定情形的申诉才能启动审判监督程序。根据《刑事诉讼法》第253条的规定，申诉符合下列情形之一的，人民法院应当重新审判：“（一）有新的证据证明原判决、裁定认定的事实确有错误，可能影响定罪量刑的；（二）据以定罪量刑的证据不确实、不充分、依法应当予以排除，或者证明案件事实的主要证据之间存在矛盾的；（三）原判决、裁定适用法律确有错误的；（四）违反法律规定的诉讼程序，可能影响公正审判的；（五）审判人员在审理该案件的时候，有贪污受贿，徇私舞弊，枉法裁判行为的。”

第三，再审的具体程序根据案件原来的审级决定。根据《刑事诉讼法》第256条的规定，人民法院按照审判监督程序重新审判的案件，由原审人民法院审

---

〔1〕 参见王兆国：“关于《中华人民共和国刑事诉讼法修正案（草案）》的说明”，载中国人大网，http://www.npc.gov.cn/wxzl/gongbao/2012-05/29/content_ 1728283.htm，最后访问日期：2020年5月5日。

理的，应当另行组成合议庭进行。如果原来是第一审案件，应当依照第一审程序进行审判，所作的判决、裁定，可以上诉、抗诉；如果原来是第二审案件，或者是上级人民法院提审的案件，应当依照第二审程序进行审判，所作的判决、裁定，是终审的判决、裁定。

第四，再审程序中强制措施的适用由再审的启动机关决定。根据《刑事诉讼法》第257条规定，人民法院决定再审的案件，需要对被告人采取强制措施的，由人民法院依法决定；人民检察院提出抗诉的再审案件，需要对被告人采取强制措施的，由人民检察院依法决定。人民法院按照审判监督程序审判的案件，可以决定中止原判决、裁定的执行。

第五，再审的审限长于普通程序的审限。《刑事诉讼法》第258条规定："人民法院按照审判监督程序重新审判的案件，应当在作出提审、再审决定之日起3个月以内审结，需要延长期限的，不得超过6个月。"这一规定较之第208条和第243条规定的一审期限和二审期限都更长一些，符合再审程序的性质和特点。

（二）审判监督程序的指导理念

"实事求是，有错必纠"是我国司法工作的优良传统和一贯方针。1978年党的十一届三中全会指出："解决历史遗留问题必须遵循毛泽东同志一贯倡导的实事求是、有错必纠的原则。"〔1〕1979年《刑事诉讼法》将其接纳为我国审判监督程序的指导理念。在1979—1983年，全国法院依据中央政策集中纠正"文化大革命"期间的冤假错案，将该指导理念贯彻到刑事再审的实践。〔2〕1983年1月，中共中央办公厅在转发经中央书记处批准的公安部党组、最高人民检察院党组、最高人民法院党组《关于进一步复查平反政法系统经手办理的冤、假、错案的意见的报告》中指出："要坚持历史唯物主义观点，坚持实事求是、有错必纠的原则。"〔3〕这段纠错的实践历史，进一步巩固了"实事求是，有错必纠"原则的指导地位。1997年9月，时任最高人民法院副院长的祝铭山在全国法院立案和刑事审判监督工作座谈会上仍然强调，当前对审判监督工作进行改革，需要"坚持实事求是，有错必纠的原则"。〔4〕

根据1999年《人民法院五年改革纲要》的要求，最高人民法院于2000年新设立了审判监督庭，从而开启了审判监督程序改革的序幕。在此期间，时任最高人民法院副院长的沈德咏在上海召开的全国部分法院审判监督工作研讨会上明确

〔1〕参见陈卫东：《刑事审判监督程序研究》，法律出版社2001年版，第57页。

〔2〕参见1988年《最高人民法院工作报告》。

〔3〕参见陈卫东：《刑事审判监督程序研究》，法律出版社2001年版，第57页。

〔4〕樊军："努力开创立案和审判监督工作的新局面——全国法院立案和审判监督工作座谈会侧记"，载《法律适用》1997年第2期，第26页。

提出，关于审判监督程序的改革，“解放思想、转变观念是关键”，“我们要修正长期被奉为我们审判工作指导思想的实事求是、有错必纠的原则”。“在一般情况下，不能简单套用‘有错必纠’原则而轻易启动作为特殊救济程序的再审程序。再审程序适用不当，不仅无助于司法公正的实现，而且必将严重损害司法终审权和司法权威。”〔1〕2001 年召开的全国审判监督工作座谈会更是明确地提出新时期审判监督工作要将“正确认识和处理纠正错误裁判与生效裁判稳定性、权威性的关系”放在首位。今后，在处理申诉、再审案件时，一般不再提有错必纠，以免产生歧义和误解，但再审工作必须贯彻“依法纠错”原则。〔2〕

2008 年 4 月，时任最高人民法院副院长的苏泽林在关于刑事再审制度改革的讲话中明确提出，“即将启动的刑事再审制度改革，其目标是建立一个‘实事求是、依法纠错、加强监督、保障人权’的有中国特色的刑事再审制度”，〔3〕再度重申了“实事求是、依法纠错”的指导思想。然而，“依法纠错”的内涵并不清晰。根据最高人民法院领导在历年全国法院审判监督工作座谈会中的讲话，需要通过再审程序纠正的“错误”在范围上应当有所限定，应当系“确有严重错误”。〔4〕

尽管在最高人民法院层面，审判监督程序的指导理念存在着从“有错必纠”到“依法纠错”的变迁，最高人民法院力推的理念革新并没有取得预期的效果——“依法纠错”原则并没有在全国法院系统内得到普遍认可，在地方法院的话语系统中占据正统地位的依然是“实事求是，有错必纠”的传统理念。〔5〕不过，最高人民法院“依法纠错”的新理念，正在通过司法解释的形式缓慢渗透到具体的再审制度中。这些司法解释的规定，旨在对审判监督程序针对的“司法错误”进行界定，并试图对无限申诉、无限再审的现象进行规范，从而在维护生效判决的既判力和纠正司法错误之间达成平衡。

二、审判监督程序的司法解释体系

为了弥补《刑事诉讼法》的不足，满足司法实践的需要，最高人民法院、最高人民检察院通过司法解释对刑事申诉的提起、管辖、审查，以及再审的审理

〔1〕 沈德咏主编：《最新再审司法解释适用与再审改革研究》，人民法院出版社 2003 年版，第 121 页。

〔2〕 沈德咏主编：《最新再审司法解释适用与再审改革研究》，人民法院出版社 2003 年版，第 132 页、第 142 页。

〔3〕 苏泽林：“坚持社会主义法治理念，完善我国刑事再审制度”，载江必新主编：《审判监督指导》（总第 24 辑），人民法院出版社 2008 年版，第 4 页。

〔4〕 吕方：“建立和完善有中国特色的审判监督新机制——全国审判监督工作座谈会综述”，载《法律适用（国家法官学院学报）》2011 年第 11 期，第 70 页。

〔5〕 李训虎：“刑事再审程序改革检讨”，载《政法论坛》2014 年第 3 期，第 105 页。

程序作出了较为具体的规定。

（一）刑事申诉

在我国刑事诉讼法中，申诉有三层含义。第一层含义是指公民对国家机关和国家工作人员的违法失职行为，向有关国家机关提出申诉。该种含义的申诉有明确的宪法依据。我国《宪法》第 41 条规定："中华人民共和国公民对于任何国家机关和国家工作人员，有提出批评和建议的权利；对于任何国家机关和国家工作人员的违法失职行为，有向有关国家机关提出申诉、控告或者检举的权利，但是不得捏造或者歪曲事实进行诬告陷害。对于公民的申诉、控告或者检举，有关国家机关必须查清事实，负责处理。任何人不得压制和打击报复。由于国家机关和国家工作人员侵犯公民权利而受到损失的人，有依照法律规定取得赔偿的权利。"根据《刑事诉讼法》第 49 条和第 117 条的规定，辩护律师、诉讼代理人对公检法机关及其工作人员阻碍其依法行使诉讼权利的行为，当事人等对司法机关及其工作人员采取违法的强制措施及查封、扣押、冻结措施的行为，均有权向人民检察院申诉或者控告，即该种含义的申诉。申诉的受理机关往往是人民检察院，人民检察院依据其法律监督权，依法对其他国家专门机关的违法失职行为予以监督和纠正。申诉的第二层含义是指，被害人、被不起诉人、犯罪嫌疑人等当事人对人民检察院作出的不起诉决定、撤销案件决定及其他诉讼终结的刑事处理决定，以及不服人民检察院的不批准逮捕决定、不立案决定、附条件不起诉决定等提出的申诉。[1]对于这类申诉，申诉的对象是人民检察院在刑事诉讼中以及刑事诉讼终结时作出的处理决定。当事人可以向人民检察院提出申诉，由人民检察院立案复查，并根据案件具体情况作出相应处理。[2]申诉的第三层含义是指诉讼当事人及其法定代理人、近亲属对人民法院已生效的判决或裁定不服时，依法向司法机关提出重新审理的要求，其对象是人民法院已经生效的判决、裁定。《刑事诉讼法》第 252 条规定："当事人及其法定代理人、近亲属，对已经发生法律效力的判决、裁定，可以向人民法院或者人民检察院提出申诉，但是不能停止判决、裁定的执行。"只有第三类申诉，才是刑事审判监督程序意义上的申诉。

可见，刑事审判监督程序中的申诉具有以下几个特点：一是依法享有申诉权的主体是当事人及其法定代理人、近亲属。二是申诉的对象是法院已经发生法律效力的判决、裁定。"决定"不能成为审判监督程序的申诉对象。三是受理申诉的机关是人民法院或者人民检察院。四是申诉不具有启动审判监督程序的确定力，提起申诉不能停止生效判决、裁定的执行。

---

〔1〕 参见 2014 年《人民检察院复查刑事申诉案件规定》第 6 条、第 7 条。

〔2〕 参见 2014 年《人民检察院复查刑事申诉案件规定》第 6 条、第 7 条、第 40 条至第 42 条。

1. 申诉的提起

申诉人向人民检察院提出申诉时，原则上应当采取书面的形式，例外情形下可以采取口头形式。申诉人向人民法院申诉，应当提交申诉书，原一审、二审判决书、裁定书等法律文书等相关材料。申诉人对必要材料拒绝补充且无正当理由的，不予审查。〔1〕

《刑事诉讼法》对申诉提出的时间及次数并没有进行限制。但实践中，倘若允许当事人无限期地反复提出申诉，不仅会给司法机关带来沉重的办案负担，也会严重损害司法裁判的权威性和公信力。基于此种考虑，司法解释对申诉的时效和次数进行了规定。

关于申诉的时效，2002 年最高人民法院《关于规范人民法院再审立案的若干意见（试行）》（以下简称《再审立案意见》）第 10 条规定为“刑罚执行完毕后两年内”，但同时确立了三项例外。超过两年提出的申诉，具有下列情形之一的，人民法院应当受理：可能对原审被告人宣告无罪的；原审被告人在本条规定的期限内向人民法院提出申诉，人民法院未受理的；属于疑难、复杂、重大案件的。该司法解释的规定彰显了刑事审判监督程序的一项重要价值取向，即对于刑事司法中最为严重的司法错误——无辜者被判有罪的情形，不应对当事人寻求司法救济的权利进行限制。但是，该规定存在以下局限性：一是仅对申诉人向人民法院提出的申诉具有约束力，而不能约束申诉人向人民检察院提出的申诉。二是例外情形规定得十分宽泛，而且需要通过对申诉材料的实质审查才能加以确定。因此，即使就人民法院而言，对申诉时效的规定也未能有效减少其处理申诉的负担。三是该规定的例外遗漏了应当启动审判监督程序的重要情形，即原审被告人被判决无罪但被害人提出申诉的情况。显然，当有确实的证据证明原判决错误的时候，被害人获得司法救济的权利与无辜者获得平反的权利同样重要。

关于申诉的次数，根据最高人民法院和最高人民检察院颁布的司法解释，原则上申诉人能够提出的有效申诉的次数不得超过两次。2019 年《最高检规则》第 594 条规定：“对不服人民法院已经发生法律效力的判决、裁定的申诉，经两级人民检察院办理且省级人民检察院已经复查的，如果没有新的证据，人民检察院不再复查，但原审被告人可能被宣告无罪或者判决、裁定有其他重大错误可能的除外。”2012 年《最高法解释》第 377 条规定：“申诉人对驳回申诉不服的，可以向上一级人民法院申诉。上一级人民法院经审查认为申诉不符合刑事诉讼法第二百四十二条和本解释第三百七十五条第二款规定的，应当说服申诉人撤回申诉；对仍然坚持申诉的，应当驳回或者通知不予重新审判。”

值得注意的是，相关司法解释的规定并没有限定再审的次数，而是限制申诉

〔1〕 参见 2012 年《最高法解释》第 372 条。

和申请再审的次数。可见，这样的规定意在规范申诉，以减少司法机关处理申诉的沉重负担。由于其保留了特定情况下人民检察院、人民法院依据职权启动再审程序的权力，因而并不妨碍审判监督程序所追求的“依法纠错”、维护司法公正的目标的实现。

2. 申诉的管辖

根据《刑事诉讼法》的规定，申诉可以由人民法院、人民检察院管辖，但关于二者的管辖范围并未明确。这样的规定导致了如下问题：一是重复申诉的现象突出。当事人为了寻求救济的实现，往往既向人民法院申诉，又向人民检察院申诉；既向作出生效裁判的人民法院及其同级人民检察院提起，又向其上级人民法院及检察院提起，从而导致多级法院和检察院对同一申诉案件进行重复审查，形成司法资源的巨大浪费。二是申诉受理倾向上移，使社会矛盾集中于最高司法机关。由于法律没有对申诉的级别管辖进行规定，当事人往往认为向更高级别的司法机关进行申诉，能够在一定程度上克服司法地方主义的弊端，也更有可能纠正错误的裁判，但是可能导致进京上访、申诉的现象突出，成为社会不稳定的因素。三是由于没有明确的级别与部门管辖分工，而一些机关又以内部规定为由，对申诉互相推诿，致使申诉人申诉无门而又申诉不息，也使司法机关的工作受到影响。〔1〕为此，司法解释对申诉的管辖进行了细化的规定。根据2012年《最高法解释》、2012年和2019年《最高检规则》、2014年《人民检察院复查刑事申诉案件规定》（以下简称《复查申诉规定》）等司法解释的规定，我国刑事申诉的管辖制度主要包括以下内容。

第一，关于人民检察院对申诉案件的管辖。1998年《复查申诉规定》第8条、第9条、第10条和第11条对三级人民检察院的受理范围进行了规定：县级人民检察院管辖不服同级人民法院已经发生法律效力的刑事判决、裁定的申诉。人民检察院分、州、市院管辖不服同级和下级人民法院已经发生法律效力的刑事判决、裁定的申诉。省级人民检察院管辖不服下一级人民检察院复查决定的申诉，以及不服同级和下级人民法院已经发生法律效力的刑事判决、裁定的申诉。最高人民检察院管辖不服下一级人民检察院复查决定的申诉，以及不服各级人民法院已经发生法律效力的刑事判决、裁定的申诉。第12条规定了申诉案件的移转管辖，即上级人民检察院在必要时，可以将本院管辖的刑事申诉案件交下级人民检察院办理，也可以直接办理由下级人民检察院管辖的刑事申诉案件。

上述关于申诉案件级别管辖的规定显然带来了很大的讼累问题：一是申诉案件向高级别的人民检察院集中。越是更高级别的人民检察院，越需要处理数量庞大的申诉案件。二是承认了重复申诉的合法性。尽管这些规定的意旨是要审慎对

〔1〕 陈卫东：《刑事审判监督程序研究》，法律出版社2001年版，第100页。

待当事人的申诉，实现“实事求是，有错必纠”，[1]但实际上，高级别的人民检察院并不具备处理如此庞大的申诉案件的人力和物力资源，因而申诉难以得到认真的对待和审查。在数以千万计的申诉书中，往往只有极小数量的申诉案才能获得司法的救济。为减少申诉的级别管辖带来的重复审查的弊端，2012 年修改《刑事诉讼法》以后，2012 年《最高检规则》第 593 条对申诉案件的级别管辖作出了限定，确立了刑事申诉的受理机关以作出生效判决、裁定的人民法院的同级人民检察院为一般性原则。2019 年《最高检规则》第 593 条基本保留了原条款的内容。刑事申诉由作出生效判决、裁定的人民法院的同级人民检察院依法办理。当事人及其法定代理人、近亲属直接向上级人民检察院申诉的，上级人民检察院可以交由作出生效判决、裁定的人民法院的同级人民检察院受理；案情重大、疑难、复杂的，上级人民检察院可以直接受理。当事人及其法定代理人、近亲属对人民法院已经发生法律效力的判决、裁定提出申诉，经人民检察院复查决定不予抗诉后继续提出申诉的，上一级人民检察院应当受理。申诉案件级别管辖原则的确立，有效缓和了人民检察院重复受理申诉的问题。

第二，关于人民法院的申诉管辖。2012 年《最高法解释》第 373 条及 2002 年《再审立案意见》第 6 条确立了申诉由终审人民法院审查处理的一般原则。根据《最高法解释》的规定，上一级人民法院对未经终审人民法院审查处理的申诉，可以告知申诉人向终审人民法院提出申诉，或者直接交终审人民法院审查处理，并告知申诉人；案件疑难、复杂、重大的，也可以直接审查处理。对未经终审人民法院及其上一级人民法院审查处理，直接向上级人民法院申诉的，上级人民法院可以告知申诉人向下级人民法院提出。但是，第二审人民法院裁定准许撤回上诉的案件，申诉人对第一审判决提出申诉的，可以由第一审人民法院审查处理。该原则的确立有助于实现两个目的：一是减少因审查重复申诉导致的诉讼资源浪费；二是将高级别法院从处理大量申诉的诉累中解脱出来。

然而，我国实行死刑复核制度，死刑案件要经过高级人民法院、最高人民法院的复核后，裁判才会发生法律效力。如果坚持申诉由终审法院审查的一般原则，只会导致死刑案件的申诉向复核法院，即高级人民法院与最高人民法院集中，从而违背了该原则确立的初衷。因此，司法解释进一步明确了最高人民法院再审立案的案件范围与死刑案件申诉的管辖范围，将死刑案件申诉的受理机关扩大到原审人民法院，并进一步限制了最高人民法院再审立案的案件范围。根据 2012 年《最高法解释》第 374 条规定，对死刑案件的申诉，可以由原核准的人民法院直接审查处理，也可以交由原审人民法院审查。原审人民法院应当写出审查报告，提出处理意见，层报原核准的人民法院审查处理。2002 年《再审立案

〔1〕 1998 年《复查申诉规定》第 3 条。

意见》第3条规定，最高人民法院负责下列案件的再审立案：本院作出的终审裁判，符合再审立案条件的；高级人民法院复查驳回或者再审改判，符合再审立案条件的；最高人民检察院依法提出抗诉的；最高人民法院认为应由自己再审的。

3. 人民检察院对申诉的审查与处理

根据2014年《复查申诉规定》，人民检察院对刑事申诉的审查与处理包括受理、立案、复查三个环节。

对于符合下列条件的刑事申诉，人民检察院应当受理：(1) 申诉人系原案的当事人及其法定代理人、近亲属；(2) 对人民检察院诉讼终结的刑事处理决定或者人民法院已经发生法律效力的刑事判决、裁定不服，向人民检察院提出的申诉；(3) 符合申诉管辖的规定；(4) 申诉材料齐备。人民检察院的控告检察部门对接收的刑事申诉应当在7日以内分别情况予以处理：认为属于本院管辖，并符合受理条件的，移送本院相关部门办理。认为属于人民检察院管辖但是不属于本院管辖的，应当告知申诉人向有管辖权的人民检察院提出，或者将申诉材料移送有管辖权的人民检察院处理。移送申诉材料的，应当告知申诉人。认为不属于人民检察院管辖的，应当告知申诉人向有关机关反映。

刑事申诉的立案与复查是两个彼此独立，又互相联系的阶段。立案意味着该案件可以获得检察人员对案件的复查。对符合受理条件的刑事申诉，应当指定承办人员审查，以确定是否予以立案。经审查，对于符合立案复查条件的，承办人员应当制作刑事申诉提请立案复查报告，提出立案复查意见，经部门负责人或者检察长批准后立案复查。承办人经审查，认为不符合立案复查条件的，可以提出审查结案意见。经部门负责人或者检察长批准，可以审查结案。对调卷审查的，应当制作刑事申诉审查报告。

立案的标准是“原判决、裁定有错误可能”。根据2014年《复查申诉规定》，承办人在审查原判决、裁定是否有错误可能时，基本上是以《刑事诉讼法》规定的申诉的法定情形为主要的审查依据，但在审查范围上更加宽泛，对证明的要求也较低。[1]但毫无疑问，立案是对申诉案件的实质审查。在此阶段，承办人主要依赖申诉人提供的书面材料，而不会依职权展开调查活动。只有在有一定的证据或材料表明，原判决或裁定有错误可能的，检察机关才能作出立案的决定。

复查刑事申诉案件应当由两名以上检察人员进行，原案承办人员和原复查申诉案件承办人员不再参与办理。复查的途径包括：阅卷，补充调查，复核、鉴定

---

〔1〕 2014年《复查申诉规定》第19条规定，原处理决定、判决、裁定认定事实是否有错误；申诉人是否提出了可能改变原处理结论的新的事实或者证据；据以定案的证据是否确实、充分；据以定案的证据是否存在矛盾或者可能是非法证据；适用法律是否正确；处理是否适当；是否存在严重违反诉讼程序的情形；办案人员在办理该案件过程中是否存在贪污受贿、徇私舞弊、枉法裁判行为；原处理决定、判决、裁定是否存在其他错误。

或者补充鉴定，询问原案当事人、证人和其他有关人员，询问或者讯问原审被告人，听取申诉人、原案承办部门、原复查部门或者原承办人员的意见等。复查刑事申诉案件，应当在立案后3个月以内办结。案件重大、疑难、复杂的，最长不得超过6个月。经复查认为人民法院已经发生法律效力的刑事判决、裁定确有错误，符合法定情形的，由刑事申诉检察部门提出意见，报请检察长或者检察委员会决定，按照审判监督程序向同级人民法院提出抗诉，或者提请上一级人民检察院抗诉。〔1〕

4. 人民法院对申诉的审查与处理

人民法院收到申诉后，均应登记。原审人民法院审查、处理刑事申诉，均应立卷。〔2〕按照《刑事诉讼法》的规定，原审人民法院经过对申诉的审查，决定进入再审程序后才可作为案件。〔3〕人民法院应当对申诉进行审查，以决定是否受理申诉。此时的审查性质为形式审查，内容包括：(1) 申诉材料是否齐备。〔4〕(2) 申诉人是否系案件的当事人及其法定代理人、近亲属。人民法院对不符合法定主体资格的再审申请或申诉，亦不予受理。〔5〕(3) 申诉案件是否属于本院管辖的范围。〔6〕

在受理申诉之后，人民法院还应对申诉进行实质性审查，即审查是否符合法律规定的启动再审的条件。审查时，一般应调出原卷进行审查。在一些地方法院，也曾尝试以听证方式审理复查案件。〔7〕经审查，认为原判正确的，则说服申诉人撤回申诉；对其中坚持无理申诉的，可以用书面通知驳回。如果发现原判确有错误需要重新审判的，应按照审判监督程序另行组成合议庭进行再审。〔8〕对立案审查的申诉案件，应当在3个月内作出决定，至迟不得超过6个月。申诉人对驳回申诉不服的，可以向上一级人民法院申诉。上一级人民法院经审查认为申诉不符合法律规定的情形，应当说服申诉人撤回申诉；对仍然坚持申诉的，应

〔1〕 除了符合《刑事诉讼法》第253条规定的法定情形之外，《复查申诉规定》第47条还规定了其他情形，包括：原判决、裁定的主要事实依据被依法变更或者撤销的；认定罪名错误且明显影响量刑的；违反法律关于追诉时效期限的规定的；量刑明显不当的。

〔2〕 1987年《最高人民法院关于各级人民法院处理刑事案件申诉的暂行规定》第6条。

〔3〕 最高人民法院刑二庭关于《各级人民法院处理刑事申诉的暂行规定》有关问题的电话答复(1990年3月19日)。

〔4〕 参见2001年《最高人民法院关于刑事再审案件开庭审理程序的具体规定》第3条，2002年《再审立案意见》第5条。

〔5〕 2002年《再审立案意见》第13条。

〔6〕 1987年《最高人民法院关于各级人民法院处理刑事案件申诉的暂行规定》第2条至第5条。

〔7〕 沈德咏："深化审判监督改革、加强审判监督工作——在全国审判监督改革经验交流会上的讲话"，载沈德咏主编：《最新再审司法解释适用与再审改革研究》，人民法院出版社2003年版，第151页。

〔8〕 1987年《最高人民法院关于各级人民法院处理刑事申诉的暂行规定》第7条和第8条；《最高法解释》第375条。

当驳回或者通知不予重新审判。[1]

再审立案是再审程序启动的关键环节。再审由人民法院的哪个部门审查和决定立案，不仅涉及司法资源的合理分配以及再审案件的复查效率，还决定性地影响到当事人的权益能否得到保护。就再审的立案而言，人民法院遵循立审分立的原则，但具体做法各地有所不同：第一种是由立案庭对申诉案件进行形式上的审查，即登记立案后移送审监庭。这种做法存在的问题是，审监庭面临着繁重的申诉复查工作压力，难以集中精力纠正错案。第二种是由立案庭对申诉案件进行一定程度的实体审查，在发现生效裁判可能有错误并作出再审决定后，才将案件移送审监庭。这种做法客观上导致立案庭和审监庭之间一部分不必要的重复劳动，而且有未审先定之嫌。第三种是立案庭与审监庭对申诉案件联合进行审查，共同协商决定是否进入再审。该做法有利于相互沟通，但操作起来仍有诸多不便。[2]

（二）庭前审查

再审程序虽然是一种特殊的程序，但也应有对案件是否具备开庭审理条件的庭前审查。2012 年《最高法解释》第 380 条，2001 年《最高人民法院关于刑事再审案件开庭审理程序的具体规定（试行）》（以下简称《再审开庭规定》）第 2 条、第 4 条确立了人民法院再审案件的庭前审查原则，对审查的内容与处理方法作出了具体明确的规定。

第一，决定退回。人民法院在收到人民检察院按照审判监督程序提出抗诉的刑事抗诉书后，对以下三种情形，应当决定退回人民检察院：一是不属于本院管辖的。二是按照抗诉书提供的原审被告人（原审上诉人）住址无法找到原审被告人（原审上诉人）的，应当通知人民检察院在 3 日内重新提供原审被告人的住址；逾期未提供的，将案件退回人民检察院。三是以有新的证据为由提出抗诉，但未附相关证据材料或者有关证据不是指向原起诉事实的，应当通知人民检察院在 3 日内补送相关材料；逾期未补送的，将案件退回人民检察院。决定退回的抗诉案件，人民检察院经补充相关材料后再次抗诉，经审查符合受理条件的，人民法院应当受理。

第二，维持原判。人民法院对于抗诉书没有写明原审被告人（原审上诉人）准确住址的，应当要求人民检察院在 7 日内补充，经补充后仍不明确或逾期不补的，裁定维持原判。维持原判通常是上级人民法院对下级人民法院尚未发生法律

〔1〕参见 2012 年《最高法解释》第 375 条和第 377 条。

〔2〕沈德咏："深化审判监督改革、加强审判监督工作——在全国审判监督改革经验交流会上的讲话"，载沈德咏主编：《最新再审司法解释适用与再审改革研究》，人民法院出版社 2003 年版，第 150-151 页。

效力的判决或者裁定，或者各级人民法院对已经发生法律效力的判决或者裁定，依照法定程序审理后，认为原判决、裁定认定事实和适用法律正确，量刑适当，对原裁判确认其效力的一种处理形式。然而，这里的“维持原判”裁定的作出发生在开庭前审查过程中，显然是一种程序性处理的裁定。

第三，决定再审。对刑事申诉，人民法院经审查，具有下列情形之一的，应当根据《刑事诉讼法》第 253 条的规定，决定重新审判：有新的证据证明原判决、裁定认定的事实确有错误，可能影响定罪量刑的；据以定罪量刑的证据不确实、不充分、依法应当排除的；证明案件事实的主要证据之间存在矛盾的；主要事实依据被依法变更或者撤销的；认定罪名错误的；量刑明显不当的；违反法律关于溯及力规定的；违反法律规定的诉讼程序，可能影响公正裁判的；审判人员在审理该案件时有贪污受贿、徇私舞弊、枉法裁判行为的。申诉不具有上述情形的，应当说服申诉人撤回申诉；对仍然坚持申诉的，应当书面通知驳回。〔1〕

各级人民法院、专门人民法院对本院或者上级人民法院对下级人民法院作出的终审裁判，经复查认为符合再审立案条件的，应当决定或裁定再审。人民检察院依照法律规定对人民法院作出的终审裁判提出抗诉的，应当再审立案。〔2〕对人民检察院依照审判监督程序提出抗诉的案件，人民法院应当在收到抗诉书后一个月内立案。〔3〕

（三）审理程序

我国审判监督程序的审理具有以下特点。

1. 再审以开庭审理为原则

1988 年 4 月 30 日，最高人民法院与最高人民检察院联合发布了《关于公开审理再审案件的通知》。该通知指出，在审判实践中，按照审判监督程序再审的案件，多数没有公开审理。该通知要求各级人民法院对《刑法》《刑事诉讼法》实施以来判决的案件，按照审判监督程序重新审判时，凡条件具备的，均应依法公开审理；条件尚不具备的，要积极创造条件进行公开审理。在此基础上，最高人民法院办公厅于 1990 年 1 月 12 日下发了《关于刑事再审案件开庭审理程序的意见（试行）》，对再审案件的开庭前准备、开庭、法庭调查、法庭辩论、最后陈述、评议、宣判、庭审纪律、庭审笔录、审限等程序适用提出了 11 条意见，为人民法院开庭审理再审案件提供了依据。1999 年 10 月 20 日，最高人民法院印发了《人民法院五年改革纲要》，将进一步深化审判方式改革，作为人民法院五年改革基本内容的第一项任务予以要求。《人民法院五年改革纲要》第 15 条第 3

〔1〕 2012 年《最高法解释》第 375 条。
〔2〕《再审立案意见》第 1 条。
〔3〕 2012 年《最高法解释》第 380 条。

款明确规定："对于刑事再审案件，要在总结试点经验的基础上，制定刑事再审案件开庭审理的规定。"

据此，2001年《再审开庭规定》第5条、第6条对再审案件开庭审理的情形进行了明确规定。对于下列再审案件，人民法院应当依法开庭审理：依照第一审程序审理的；依照第二审程序需要对事实或者证据进行审理的；人民检察院按照审判监督程序提出抗诉的；可能对原审被告人（原审上诉人）加重刑罚的；有其他应当开庭审理情形的。下列再审案件可以不开庭审理：原判决、裁定认定事实清楚，证据确实、充分，但适用法律错误，量刑畸重的；1979年《刑事诉讼法》施行以前裁判的；原审被告人（原审上诉人）、原审自诉人已经死亡，或者丧失刑事责任能力的；原审被告人（原审上诉人）在交通十分不便的边远地区监狱服刑，提押到庭确有困难的，但人民检察院提出抗诉的，人民法院应征得人民检察院的同意；人民法院按照审判监督程序决定再审，按本规定第9条第4项规定，经两次通知，人民检察院不派员出庭的。

2. 开庭审理案件的具体程序

（1）开庭审理前的准备工作，包括：确定合议庭的组成人员；将再审决定书，申诉书副本至迟在开庭30日前，重大、疑难案件至迟在开庭60日前送达同级人民检察院，并通知其查阅案卷和准备出庭；将再审决定书或抗诉书副本至迟在开庭30日以前送达原审被告人（原审上诉人），告知其可以委托辩护人，或者依法为其指定承担法律援助义务的律师担任辩护人；至迟在开庭15日前，重大、疑难案件至迟在开庭60日前，通知辩护人查阅案卷和准备出庭；将开庭的时间、地点在开庭7日以前通知人民检察院；传唤当事人，通知辩护人、诉讼代理人、证人、鉴定人和翻译人员，传票和通知书至迟在开庭7日以前送达；公开审判的案件，在开庭7日以前先期公布案由、原审被告人（原审上诉人）姓名、开庭时间和地点。

（2）通知控辩双方查阅新证据目录及新证据复印件、照片。人民法院应当在开庭30日前通知人民检察院、当事人或者辩护人查阅、复制双方提交的新证据目录及新证据复印件、照片。人民法院应当在开庭15日前通知控辩双方查阅、复制人民法院调取的新证据目录及新证据复印件、照片等证据。

（3）关于共同被告人出庭的规定。2012年《最高法解释》第385条规定，开庭审理的再审案件，再审决定书或者抗诉书只针对部分原审被告人，其他同案原审被告人不出庭不影响审理的，可以不出庭参加诉讼。

（4）庭审程序包括开庭、法庭调查、法庭辩论、被告人最后陈述、评议和宣判环节。与第一审程序不同的是，再审案件的庭审程序主要集中于对启动再审的理由，以及控辩双方存在争议的事实、证据与法律问题的审理。2012年《最高法解释》第383条规定，依照审判监督程序重新审判的案件，人民法院应当重点针对申诉、抗诉和决定再审的理由进行审理。必要时，应当对原判决、裁定认定的事实、证据和适用法律进行全面审查。《再审开庭规定》第 19 条、第 20 条、第 21 条强调，在审判长主持下，控辩双方应就案件的事实、证据和适用法律等问题分别进行陈述。合议庭对控辩双方无争议和有争议的事实、证据及适用法律问题进行归纳，予以确认。在审判长主持下，就控辩双方有争议的问题，进行法庭调查和辩论。在审判长主持下，控辩双方对提出的新证据或者有异议的原审据以定罪量刑的证据进行质证。

3. 再审一般不得加重刑罚

2012 年《最高法解释》第 386 条规定，除人民检察院抗诉的以外，再审一般不得加重原审被告人的刑罚。再审决定书或者抗诉书只针对部分原审被告人的，不得加重其他同案原审被告人的刑罚。

4. 再审的裁判种类

2012 年《最高法解释》第 389 条规定，再审案件经过重新审理后，应当按照下列情形分别处理：（1）原判决、裁定认定事实和适用法律正确、量刑适当的，应当裁定驳回申诉或者抗诉，维持原判决、裁定；（2）原判决、裁定定罪准确、量刑适当，但在认定事实、适用法律等方面有瑕疵的，应当裁定纠正并维持原判决、裁定；（3）原判决、裁定认定事实没有错误，但适用法律错误，或者量刑不当的，应当撤销原判决、裁定，依法改判；（4）依照第二审程序审理的案件，原判决、裁定事实不清或者证据不足的，可以在查清事实后改判，也可以裁定撤销原判，发回原审人民法院重新审判。原判决、裁定事实不清或者证据不足，经审理事实已经查清的，应当根据查清的事实依法裁判；事实仍无法查清，证据不足，不能认定被告人有罪的，应当撤销原判决、裁定，判决宣告被告人无罪。

此外，原判决、裁定认定被告人姓名等身份信息有误，但认定事实和适用法律正确、量刑适当的，作出生效判决、裁定的人民法院可以通过裁定对有关信息予以更正。[1]

三、审判监督程序的实施情况

（一）我国审判监督程序实施的整体状况

根据《中国法律年鉴》历年的统计数据（见表 17-1）来看，我国审判监督程序的实施在整体上呈现出以下特点。

1. 审判监督程序的受案数呈逐年下降的趋势

1979—2018 年，我国刑事审判监督程序的受案数及结案数总体上呈逐年下

〔1〕 2012 年《最高法解释》第 390 条。

降的趋势。依据不同时期的受案情况，可以将该近四十年的审理活动分为三个阶段。

第一个阶段是1979—1987年，全国法院依据中央政策，集中纠正“文化大革命”十年动乱期间的冤假错案，并重新审理“文化大革命”前的政治性案件。在此期间，全国法院受理刑事再审案件的数量达到了历史最高水平。1986年，全国法院受理刑事再审案件数为461 778件，结案数为457 783件。1987年，全国法院受理刑事再审案件数为380 921件，结案数为447 967件。[1] 1979—1983年，全国各级法院基本完成了复查纠正林彪、江青两个反革命集团在十年动乱中造成的冤假错案的工作。在此基础上，1983—1987年，全国法院按照中共中央在十一届三中全会以来的有关规定，对应当由法院解决的一些历史遗留的政治性问题，重点是对“文化大革命”前判处的涉及起义投诚人员、侨属侨胞、少数民族、知识分子等方面的案件和其他政治性案件进行了复查和检查；同时还对“文化大革命”期间判处案件的遗留问题进行了处理。到1987年10月，全国法院共审结这类刑事案件789 020件。其中改判286 512件，占36.31%。这些改判的案件，有些是原判不当，有些是根据中央放宽的政策规定改判的。维持原判492 949件，占62.48%。因申诉人撤诉或虽经多方调查但无法证实而中止审理的9559件，占1.21%。[2]

第二个阶段是1988—2001年，全国法院系统主要对普通刑事案件进行再审，受案数持续下降。随着纠正“文化大革命”错案和历史遗案工作的结束，全国法院受理刑事再审案件的数量大幅下降。1988年，法院受理数首次低于10万件，同比下降了75%。至2001年，全国法院再审案件受案数已降至7957件。

第三个阶段是2002年至今，全国法院刑事再审案件受理数均在5000件以下，在近十五年保持稳定，均在3000件左右。从2002年开始，全国法院刑事再审案件受案数再创新低，仅有4182件，同比下降了47.44%。这种下降的趋势，与2001—2002年我国法院系统着力推进的审判监督程序改革息息相关。根据1999年《人民法院五年改革纲要》和最高人民法院的工作部署，最高人民法院从2000年初开始着手进行审判监督改革。这些改革举措主要体现为：其一，建立了审理再审案件的内部机构。2000年11月，最高人民法院经过长时间的酝酿和论证后成立了审判监督庭。根据《最高人民法院机关内设机构及新设事业单位职能》的规定，审监庭负责各类案件的再审，从而改变了以前审判监督案件各自为战的局面。随着最高人民法院审监庭的成立，全国法院的审判监督工作从此有

---

〔1〕 参见甘重斗主编：《中国法律年鉴（1987）》，法律出版社1987年版；甘重斗主编：《中国法律年鉴（1988）》，法律出版社1988年版。

〔2〕 参见1988年《最高人民法院工作报告》。

了统一的规划和指导。各级法院也依据“立审分立”的原则，成立了立案庭和审判监督庭，从而能够对申诉案件进行更为严格的复查和把控。其二，最高人民法院制定了相关纪要和司法解释，对再审的启动条件和程序进行了明确的规范。2001—2002年，最高人民法院下发了《全国审判监督工作座谈会关于当前审判监督工作若干问题的纪要》，制定颁布了《再审开庭规定》《关于办理不服本院生效裁判案件的若干规定》《再审立案意见》，对减少刑事再审案件的立案起到了重要的作用。其中，最为重要的三项规定是：（1）规定了由原审法院负责再审立案的一般性原则，解决了再审管辖不明确的问题；（2）对申诉的时效和次数作了限定；（3）明确了申诉应当再审的具体情形。以上改革举措，对于有效减少再审案件数量、节约司法资源发挥了积极作用。

表17-1　全国法院受理和审结刑事再审案件数（1986—2018年）　（单位：件）

年度	受理件数	结案件数
1986	461 778	457 783
1987	380 921	447 967
1988	95 040	119 315
1989	73 717	85 208
1990	51 174	57 394
1991	44 864	47 474
1992	38 495	41 041
1993	29 615	31 472
1994	23 196	25 283
1995	20 873	22 063
1996	19 269	19 437
1997	18 753	18 613
1998	13 514	14 196
1999	11 668	11 843
2000	9343	9836
2001	7957	8009
2002	4182	4625
2003	3633	3785
2004	3445	3331

续表

年度	受理件数	结案件数
2005	3271	3227
2006	3124	3101
2007	2831	2862
2008	2930	2858
2009	2788	2935
2010	3356	3305
2011	3055	3080
2012	2816	2853
2013	2826	2785
2014	2972	2906
2015	2787	2844
2016	2736	2713
2017	2820	2769
2018	3299	3176

2. 检察院的法律监督职能逐步强化，抗诉案件的改判率较高

根据《中国法律年鉴》的统计数据，人民检察院按照审判监督程序提出抗诉的数量整体上呈现增长趋势，从1998年的351件增至2018年的1376件，仅在个别年数有少量下降的波动。（见图17-1）[1]与此同时，全国法院受理刑事再审案件的总量逐年减少。在人民检察院提起抗诉的案件数量和比率呈现增长趋势，表明人民检察院的法律监督功能在审判监督程序中得到了加强。

从再审抗诉的效果来看，1998—2018年，人民检察院再审抗诉案件中有28.7%—71%的案件获得了改判，年平均改判率为45.21%。对人民检察院提出抗诉的案件，法院指令再审率和发回重审率也占到了很高的比重。法院指令再审的案件，最高的一年为2010年，指令再审率高达62.15%。在少数年份中，例如1998—1999年、2015—2018年，法院没有指令再审，而是通过发回原审人民法院的形式使抗诉案件获得重新审理。纵观1998—2018年，再审抗诉案件的维持原判率基本呈现出一种波动式下降的趋势，年均维持原判率为17.31%。以上数据说明，人民检察院在启动再审案件时，对生效判决、裁定“确有错误”的认

[1] 有部分案件人民检察院在提起抗诉后又撤回了抗诉，因此抗诉并非必然启动再审。

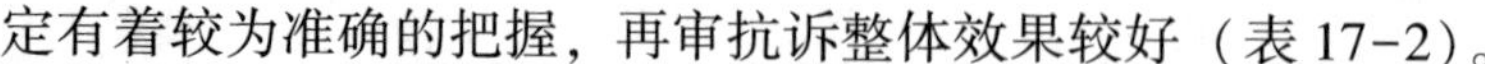
定有着较为准确的把握，再审抗诉整体效果较好（表 17-2）。

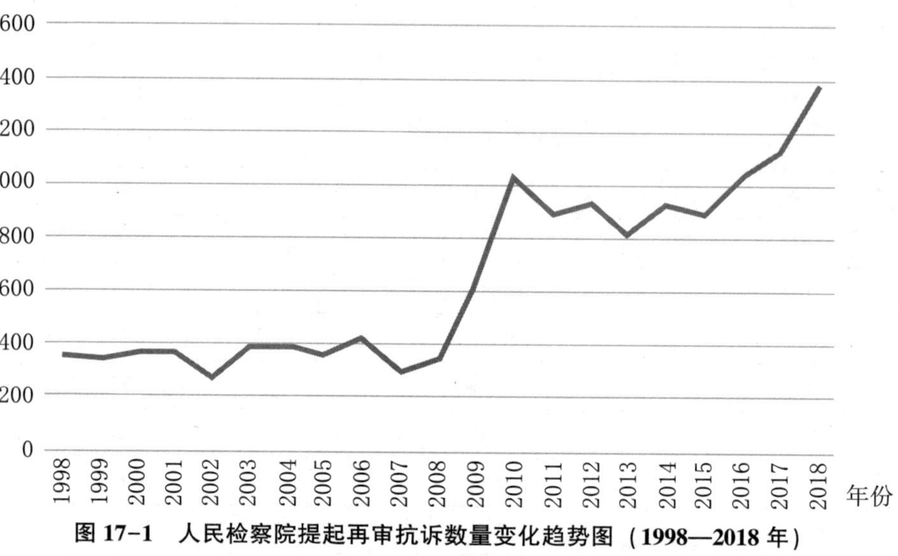

图 17-1　人民检察院提起再审抗诉数量变化趋势图（1998—2018 年）

表 17-2　人民检察院再审抗诉案件的处理情况（1998—2018 年）　　（单位：件）

年度	改判数	改判率（%）	维持原判数	维持原判率（%）	发回重审数	发回重审率（%）	指令再审	指令再审率（%）
1998	58	51.79	35	31.25	19	16.96	—	—
1999	47	51.65	21	23.08	23	25.27	—	—
2000	59	51.75	30	26.32	—	—	25	21.93
2001	66	47.48	26	18.71	—	—	47	33.81
2002	34	47.22	14	19.44	—	—	24	33.33
2003	64	49.23	31	23.85	—	—	35	26.92
2004	82	45.05	56	30.77	—	—	44	24.18
2005	97	49.49	39	19.60	—	—	60	30.60
2006	92	38.98	44	18.64	—	—	100	42.37
2007	79	38.35	46	22.33	—	—	81	39.32
2008	77	33.92	41	18.06	—	—	109	48.02
2009	112	32.46	47	13.62	—	—	186	53.91
2010	248	28.70	79	9.14	—	—	537	62.15
2011	259	33.08	124	15.84	—	—	400	51.09

续表

年度	改判数	改判率（%）	维持原判数	维持原判率（%）	发回重审数	发回重审率（%）	指令再审	指令再审率（%）
2012	309	36.70	71	8.43	—	—	462	54.87
2013	312	46.57	60	8.96	—	—	298	44.48
2014	338	47.01	58	8.07	—	—	323	44.92
2015	283	45.35	54	8.65	287	45.99	—	—
2016	319	46.16	70	10.13	302	43.70	—	—
2017	373	57.56	103	15.90	172	26.54	—	—
2018	617	71.00	110	12.66	142	16.34	—	—

3. *法院提起再审的案件数量呈下降趋势，但其启动再审的功能不容忽视*

根据《刑事诉讼法》的规定，人民检察院和人民法院均有权启动再审。据《中国法律年鉴》的数据，1998—2018年，人民法院主动提起再审的案件数量呈持续下降趋势。这和再审案件受理数量整体的下降有极大关系。人民法院主动提起再审的案件数量，1998年为13 163件，至2005年，已经下降到3000件以下；到2012年，进一步下降至2000件以下。随后，这个数值在1700件至2100件的区间徘徊。与此相关的是，人民法院启动再审的比率也持续下降。1998年，在法院再审受案数中，由法院提起的再审占97.4%，人民检察院抗诉的案件仅占很小的比率；但是从近6年来的数据来看，法院提起再审数占法院再审受案数的比率已经降至55%—75%，经由人民检察院提起抗诉而启动的再审案件的数量逐年上升。

对于人民法院是否应当保留启动再审的权力，学界历来颇有争议。反对法院启动再审的观点认为，法院主动提起再审违背了控审分离、不告不理、中立性以及被动性和消极性的现代刑事诉讼原则与原理，造成法院既当运动员又当裁判员的司法不公局面。[1]但从我国目前的司法实践来看，长期以来，多数刑事再审都是由法院决定启动的（见表17-3）；从媒体披露的冤假错案来看，不少案件都是由法院决定启动再审后纠正的。倘若采取“一刀切”的方式取消法院提起再审的权力，显然不利于审判监督程序发挥其纠正司法错误、维护司法公正的功能。

〔1〕参见万毅：“论刑事审判监督程序的现代转型”，载《上海交通大学学报（哲学社会科学版）》2005年第6期，第26页；程相鹏：《刑事再审程序专论》，中国政法大学出版社2018年版，第139-141页。

表 17-3　全国法院刑事再审受案数和启动再审数一览表（1998—2018 年）〔1〕　（单位：件）

年度	法院刑事再审受案数	法院启动刑事再审案件数
1998	13 514	13 163
1999	11 668	11 323
2000	9343	8983
2001	7957	7600
2002	4182	3906
2003	3633	3245
2004	3445	3057
2005	3271	2904
2006	3124	2709
2007	2831	2544
2008	2930	2575
2009	2788	2157
2010	3356	2336
2011	3055	2166
2012	2816	1884
2013	2826	2013
2014	2972	2045
2015	2787	1892
2016	2736	1709
2017	2820	1700
2018	3299	1923

4. 刑事审判监督程序总体上发挥了较强的纠错功能

1988—2018 年这 30 年间，人民法院审理的刑事再审案件中，仅有极其少量的案件由人民检察院作了撤诉处理，所占比率在 0—3%之间。从司法统计的数据来看，人民法院刑事再审案件的维持原判率持续下降，从 1988 年的 62.3%逐年下降到 2018 年的 20.84%。人民法院刑事再审案件的直接改判率则持续增长，从 1988 年的 26.09%增长至 57.34%。从图 17-2 可以看出，刑事再审案件直接改判

〔1〕法院主动启动再审数的计算，是以法院再审受案数减去检察院再审抗诉数获得的大致数据。

率的上升和维持原判率的下降均十分明显。

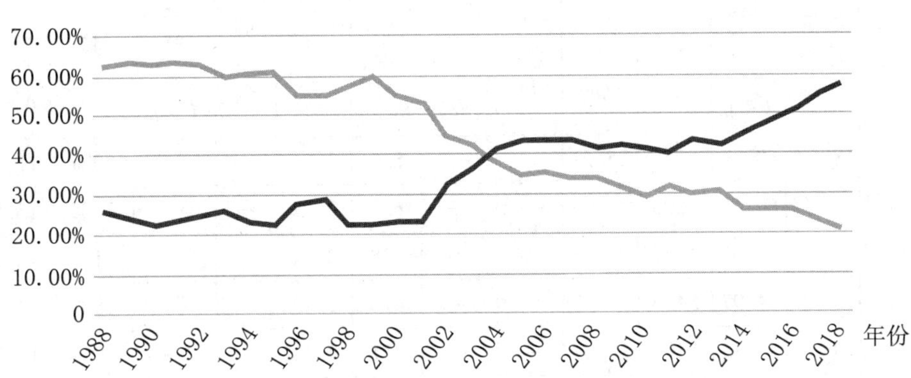

图 17-2　全国法院刑事再审案件维持原判率与改判率曲线图（1988—2018 年）

此外，刑事再审案件的发回重审率从 2.25%到 13.53%不等（见表 17-4）。依据 2012 年《最高法解释》的规定，对刑事再审案件裁定撤销原判、发回重审的情形仅适用于“依照第二审程序审理的案件，原判决、裁定事实不清或者证据不足的”。因此，这类发回重审的案件，往往也有较大的可能被依法改判。

总体而言，我国刑事审判监督程序发挥了较强的纠正错案功能，尤其是近二十年来，审判监督程序的纠错功能得到了显著增强。主要原因有两个方面：一是自从 2000 年杜培武案披露以来，刑事错案受到了新闻媒体和社会公众的广泛关注，审判监督程序纠正错案的重要性愈加凸显。相应地，人民法院和人民检察院对再审的启动也十分慎重。二是近二十年来，最高人民法院和最高人民检察院在加强申诉审查、再审抗诉和再审立案方面颁布了多部司法解释，在立案阶段即过滤了部分缺乏改判依据的案件，从而使审判监督程序的纠错功能得到了增强。

表 17-4　全国法院刑事再审案件裁判结果一览表（1988—2018 年）　　（单位：件）

年度	维持原判数	维持原判率（%）	改判数	改判率（%）	发回重审数	发回重审率（%）	撤诉数	撤诉率（%）	调解数	调解率（%）	其他	其他比率（%）
1988	74 339	62.30	31 134	26.09	—	—	3316	2.78	—	—	10 526	8.82
1989	54 053	63.44	20 813	24.43	—	—	1634	1.92	—	—	8708	10.22
1990	36 634	63.83	13 099	22.82	—	—	1554	2.71	—	—	6107	10.64
1991	30 453	64.15	11 194	23.58	—	—	1188	2.50	—	—	4639	9.77
1992	25 979	63.30	10 201	24.86	—	—	875	2.13	—	—	3986	9.71

续表

年度	维持原判数	维持原判率(%)	改判数	改判率(%)	发回重审数	发回重审率(%)	撤诉数	撤诉率(%)	调解数	调解率(%)	其他	其他比率(%)
1993	18 960	60. 24	8155	25. 91	—	—	830	2. 64	—	—	3527	11. 21
1994	15 344	60. 69	5803	22. 95	—	—	628	2. 48	—	—	3508	13. 87
1995	13 463	61. 02	4927	22. 33	—	—	538	2. 44	—	—	3135	14. 21
1996	10 685	54. 97	5429	27. 93	—	—	470	2. 42	—	—	2853	14. 68
1997	10 186	54. 73	5336	28. 67	—	—	417	2. 24	—	—	2674	14. 37
1998	8157	57. 46	3138	22. 10	319	2. 25	30	0. 21	—	—	2552	17. 98
1999	7088	59. 85	2562	21. 63	370	3. 12	34	0. 29	—	—	1789	15. 11
2000	5359	54. 48	2287	23. 25	393	4. 00	49	0. 50	—	—	1748	17. 77
2001	4215	52. 63	1898	23. 70	404	5. 04	41	0. 51	—	—	1451	18. 12
2002	2085	45. 08	1512	32. 69	260	5. 62	49	1. 06	29	0. 63	690	14. 92
2003	1606	42. 43	1371	36. 22	312	8. 24	36	0. 95	25	0. 66	435	11. 49
2004	1259	37. 80	1371	41. 16	308	9. 25	36	1. 08	22	0. 66	335	10. 06
2005	1121	34. 74	1400	43. 38	305	9. 45	41	1. 27	19	0. 59	341	10. 57
2006	1096	35. 34	1332	42. 95	308	9. 93	49	1. 58	22	0. 71	294	9. 48
2007	976	34. 10	1238	43. 26	337	11. 77	50	1. 75	17	0. 59	244	8. 53
2008	967	33. 83	1193	41. 74	380	13. 30	43	1. 50	18	0. 63	257	8. 99
2009	944	32. 16	1240	42. 25	397	13. 53	58	1. 98	21	0. 72	275	9. 37
2010	978	29. 59	1378	41. 69	421	12. 74	59	1. 79	17	0. 51	452	13. 68
2011	975	31. 66	1236	40. 13	402	13. 05	74	2. 40	14	0. 45	379	12. 31
2012	859	30. 11	1246	43. 67	342	11. 99	55	1. 93	10	0. 35	341	11. 95
2013	839	30. 13	1176	42. 23	302	10. 84	54	1. 94	7	0. 25	407	14. 61
2014	766	26. 36	1317	45. 32	314	10. 81	39	1. 34	7	0. 24	463	15. 93
2015	734	25. 81	1357	47. 71	281	9. 88	47	1. 65	2	0. 07	423	14. 87
2016	716	26. 39	1376	50. 72	225	8. 29	36	1. 33	3	0. 11	357	13. 16
2017	647	23. 37	1521	54. 93	245	8. 85	57	2. 06	12	0. 43	287	10. 36
2018	662	20. 84	1821	57. 34	351	11. 05	34	1. 07	8	0. 25	300	9. 45

（二）十八大以来审判监督程序的新发展

1. "健全冤假错案的防范、纠正和追究机制"对审判监督程序的影响

十八大以来，党中央高度重视冤假错案的纠正工作。2013 年，中央政法委出台《关于切实防止冤假错案的规定》，对加强防止和纠正错案机制建设作出规定，明确不能作"留有余地"的判决。此后，党的十八届三中、四中全会均提出，要完善司法人权保障制度，健全冤假错案有效防范、及时纠正和责任追究机制，努力让人民群众在每一个司法案件中感受到公平正义。为了贯彻执行党中央关于"健全冤假错案的防范、纠正和追究机制"的要求，公检法机关出台了一系列的规范性文件，包括：2013 年，最高人民法院《关于建立健全防范刑事冤假错案工作机制的意见》、公安部《关于进一步加强和改进刑事执法办案工作切实防止发生冤假错案的通知》、最高人民检察院《关于切实履行检察职能防止和纠正冤假错案的若干意见》；2015 年，最高人民法院《关于完善人民法院司法责任制的若干意见》和最高人民检察院《关于完善人民检察院司法责任制的若干意见》；2016 年，最高人民法院《关于依法妥善处理历史形成的产权案件工作实施意见》等。这些规范性文件细化了刑事诉讼程序与证据制度的具体规定，严格了公检法机关的办案标准，进一步推动了通过审判监督程序依法纠错活动的展开，并取得了卓有成效的成绩。具体体现在以下几个方面。

第一，十八大以后，基于"疑罪从无"原则平反的重大冤案明显增多。截至 2018 年 6 月 1 日，最高人民法院坚持疑罪从无原则，推动冤假错案的平反，通过提审或者监督指导地方人民法院通过再审程序纠正聂树斌、呼格吉勒图、张文中等刑事错案 45 起 91 人。[1]这些错案的平反，除了常见的"真凶出现""亡者归来"的原因之外，还出现了因原案"事实不清、证据不足"而作出的再审无罪判决。在张氏叔侄案、于英生案、陈满案等案件中，检察机关建议再审的理由、法院的再审判决均对案件的证据状况进行了细致分析，指出"原审判决定罪的主要证据之间存在矛盾"，原审判决认定的"事实不清、证据不足"，原审判决认定的结论或事实"不具有唯一性和排他性"等。[2]这些具有广泛社会影响的案件，在再审程序中贯彻了"疑罪从无"原则，对全国司法系统严格把握定罪标准、正确理解纠错标准具有较强的指导意义。这也意味着，立法和司法解释中确立的"疑罪从无"原则和"证据裁判"原则在近年来的司法实践中得到了较好的贯彻，对审判监督程序的实施发挥了积极的作用。

---

〔1〕齐素："完善再审不加刑原则的实证思考——兼谈《最高人民法院关于适用〈中华人民共和国刑事诉讼法〉的解释》第 386 条之适用"，载《法律适用》2018 年第 19 期，第 114 页。

〔2〕参见陈满故意杀人案再审判决书（2015）浙刑再字第 2 号、最高人民检察院第七批指导性案例"于英生申诉案"（检例第 25 号）、张氏叔侄强奸案再审判决书（2013）浙刑再字第 2 号。

第二，对因历史上的政策和法律原因的涉产权刑事申诉案件，加大了复查改判的力度。党中央高度重视产权保护，党的十八届三中、四中、五中、六中全会均有明确要求。依法妥善处理历史形成的产权案件，是人民法院肩负的一项重大政治任务。2016年，中共中央、国务院出台了《关于完善产权保护制度依法保护产权的意见》。2017年12月20日，中央经济工作会议指出，要支持民营企业发展，落实保护产权政策，依法甄别纠正社会反映强烈的产权纠纷案件。2018年，最高人民检察院直接督办涉产权刑事申诉案件68件。[1]全国法院系统加大了涉产权刑事申诉案件清理力度，依法甄别纠正一批涉产权冤错案件，发布两批13个典型案例，传递党中央依法保护产权和企业家人身财产安全的强烈信号，促进稳定社会预期。[2]其中，最高人民法院公开宣布依法再审三起重大涉产权案件，并对张文中、顾雏军两起案件进行了提审。经再审审理，最高人民法院宣判张文中无罪，对顾雏军案作出了重大改判：对原判决认定的三个罪名中的两个予以撤销，并对保留的挪用资金罪中的部分事实不予认定；顾雏军的刑期获得大幅降低，680万元的罚金被一并撤销；同案的张宏从2个罪名改为1个罪名；其他6人则均被宣告无罪。[3]这些依法纠错的涉民营企业再审案件，不仅使案件本身得到了公正处理，而且使党中央关于加强产权司法保护的精神落到了实处，对于激发企业家创业创新动力，营造良好营商环境，促进经济社会持续健康发展，都具有十分重要的意义。

第三，最高人民法院巡回法庭在申诉复查和再审中的作用日渐突出，对提升司法公信力起到了重要作用。2016年12月，最高人民法院设立六个巡回法庭，受理巡回区内相关案件。巡回法庭受理刑事申诉案件和依法定职权提起再审的案件。除北京、天津、河北、山东、内蒙古五省（直辖市、自治区）以外，当事人对巡回区内高级人民法院作出的复查驳回通知或者再审判决提出申诉的，可以向所属巡回法庭提出申诉。[4]据统计，截至2018年6月，最高人民法院第三巡回法庭已立案审查刑事申诉案件245件，审结205件；共启动再审程序案件7件，维护人民群众合法权益；坚持依法纠错和维护裁判权威并重，共驳回申诉198件，维护正确裁判的既判力。[5]在其启动再审的案件中，最高人民法院对多起案件予以改判，如最高人民法院第一巡回法庭审理的张文中案、顾雏军案，第二巡回法庭审理的聂树斌案，第三巡回法庭审理的耿万喜诈骗案等，充分彰显了

---

〔1〕《最高人民检察院工作报告》（2019）。

〔2〕《最高人民法院工作报告》（2019）。

〔3〕参见（2018）最高法刑再（3）号、（2018）最高法刑再（4）号。

〔4〕2018年《最高人民法院巡回法庭须知》。

〔5〕参见申冉："最高法第三巡回庭首次再审刑事案：原审被告人32年后被判无罪"，载https://www.sohu.com/a/234187039_123753，最后访问日期：2020年1月13日。

最高人民法院对人权司法保障的高度重视，体现了健全完善冤假错案防范、纠正机制的实际成果。

最高人民法院巡回法庭依法进行再审，对提高司法公信力具有积极意义：首先，最高人民法院通过亲自审理作出的司法裁判，本身具有较高权威性；其次，再审判决书十分重视“证据裁判原则”的贯彻，对事实认定与适用法律进行了详细充分的说理；最后，最高人民法院负责人通过新闻媒体回答了人民群众和社会各界关注的案件审理问题。这都有助于人民法院通过审判监督程序提升司法公信力，强化司法程序的透明度，在全社会形成信仰法治、信任司法的正能量。

2. 审判监督程序在实践中的制度创新

十八大以来，在中央的推动下，各地开始探索申诉案件的异地审查与律师代理申诉制度，并最终通过有关机关出台规范性文件得以制度化，成为审判监督程序近年来发展的一大亮点。

第一，申诉案件的异地审查制度。审查申诉的主体如果只能是作出生效判决、裁定的人民法院及其同级人民检察院，不利于对错误的生效裁判的纠正。倘若申诉案件确属刑事错案，不仅原审人民法院将承担国家赔偿责任，作出起诉和批捕决定的人民检察院也难辞其咎。因此，这种“自我纠错”机制往往导致审判监督程序迟迟不能启动，严重损害了当事人的合法权益。为强化申诉审查的监督制约机制，维护司法公正，2015 年中央政法工作会议提出“探索建立刑事案件申诉异地审查制度”。2015 年全国检察长会议、2016 年第十四次检察工作会议等均提出要健全刑事申诉案件异地审查制度。2017 年 10 月 10 日，最高人民检察院颁布了《人民检察院刑事申诉案件异地审查规定（试行）》，规定了刑事申诉案件异地审查的条件及适用情形。刑事申诉案件指定异地审查的主体是最高人民检察院。省级人民检察院认为所办理的刑事申诉案件需要异地审查的，可以提请最高人民检察院指令其他省级人民检察院审查。最高人民检察院指令异地审查的法定条件有二：一是认为省级人民检察院管辖的刑事申诉案件原处理决定、判决、裁定有错误可能。二是具有司法解释规定的情形之一，包括应当受理不予受理或者受理后经督促仍拖延办理的；办案中遇到较大阻力，可能影响案件公正处理的；因存在回避等法定事由，当事人认为管辖地省级人民检察院不能依法公正办理的；申诉人长期申诉上访，可能影响案件公正处理的；其他不宜由管辖地省级人民检察院办理的情形。异地审查的省级人民检察院需要调阅案卷材料、补充调查或者送达法律文书的，管辖地省级人民检察院应当予以协助。对不服人民法院生效刑事判决、裁定的申诉案件，异地审查的省级人民检察院复查终结后，分别按以下情况作出处理：认为需要提出抗诉的，应当经检察委员会审议决定后提请最高人民检察院抗诉，在最高人民检察院作出是否抗诉的决定后制作刑事申诉复查通知书，并在 10 日以内送达申诉人，同时抄送管辖地省级人民检察院；认为不需要提出抗诉的，应当经检察委员会审议决定后制作刑事申诉复查通知书，在 10 日以内送达申诉人，同时抄送管辖地省级人民检察院，并报最高人民检察院。尽管最高人民法院并没有颁布类似的司法解释，但也认同了异地复查的做法。2014 年 12 月，最高人民法院指令山东省高级人民法院复查聂树斌故意杀人、强奸妇女一案。山东省高级人民法院组成合议庭开展复查，在经过阅卷、调查核实证据、组织申诉代理律师阅卷、听取申诉人及其代理律师意见等工作的基础上，召开听证会，就案件事实认定、法律程序和法律适用问题，充分听取有关各方意见，最终作出了建议启动再审程序的复查意见。聂树斌的申诉复查被认为是“异地复查”第一案，对法院开展申诉异地复查具有较强的示范意义。

第二，律师代理刑事申诉制度。党的十八届四中全会通过的《中共中央关于全面推进依法治国若干重大问题的决定》指出：“对不服司法机关生效裁判、决定的申诉，逐步实行由律师代理制度。”这一决定旨在发挥律师的独特优势，保障当事人依法行使申诉权利，实现申诉法治化，促进司法公正，提高司法公信力。依据上述决定的重要部署，各地纷纷出台了地方性的司法文件，推动地方律师代理申诉制度的建立和实践。律师代理申诉具有以下好处：一是律师以法律服务者的身份代理申诉容易获得申诉人的信任，通过其专业和耐心的工作，能够使申诉人息诉息访。二是律师代理申诉能够帮助筛查大量不符合再审条件的申诉案件，使那些真正有启动再审可能的申诉能够进入到申诉复查程序。从各地的实施情况来看，律师代理申诉制度运行的整体情况良好。[1]以山东省某中级人民法院的实践为例，从 2015 年 6 月至 2016 年 12 月，山东省某市中级人民法院值班律师共接处申诉案件 252 件，约占同期申诉案件总数的 35%。其中，共劝息诉申诉案件 153 件，约占接处申诉案件总数的 60.71%，近 2/3 的申诉人在值班律师

---

〔1〕 例如，全省法院共有 1674 名律师参与接谈涉诉信访案件 2583 件次，妥善化解 444 件。共有 420 件申诉案件通过律师代理申诉，其中，通过值班律师代理申诉 150 件，占总数的 35.7%，由申诉人自行委托律师代理申诉 270 件，占总数的 64.3%，律师代理申诉的案件中，立案再审 171 件，占总数的 40.7%；驳回申诉 249 件，占总数的 59.3%；再审后改判 88 件，占总数的 21.0%。郑涛：“湖南高院召开律师座谈会”，载湖南省高级人民法院官网，http://hunanfy.chinacourt.gov.cn/article/detail/2018/12/id/3601412.shtml，最后访问日期：2020 年 7 月 30 日。在实施律师代理申诉新机制 100 天，山东省高级人民法院值班律师接待的 675 案件中，申诉人当场表示同意律师意见、接受法院的裁判结果、不再申诉的有 366 件，占 54%；反复找多名律师咨询后，不再到法院上访的有 31 件，占 4.5%。从 2015 年 6 月至 2016 年 12 月，全省律师仅在省市两级法院值班就接待处理申诉案件 10 347 件。其中，劝息诉案件 4028 件，接受委托或达成代理意向案件 534 件，化解案件 701 件，法院受理审查案件 361 件。“律师到法院‘值班’两年接案 13 780件”，载山东长安网，http://www.sdpeace.gov.cn/contents/6890/80008.html，最后访问日期：2019 年 11 月 26 日。

的法律释明下服判息诉。共化解申诉案件 13 件，约占所有接处申诉案件的 5. 16%。[1]可见，律师参与申诉案件的接处的确能够起到在促进申诉案件化解的同时，提高司法的权威性和公信力的作用。但是，律师代理申诉实践也存在着一定局限，例如，律师接处申诉案件数量很高，但“律师实际代理申诉案件的数量显著较低，总共仅有 15 件”。[2]

2017 年《最高人民法院、最高人民检察院、司法部关于逐步实行律师代理申诉制度的意见》（以下简称《律师代理申诉制度的意见》）对探索建立律师代理申诉制度作出了具体规定，其中较为重要的是以下几点：第一，确立了申诉法律援助制度。申诉人因经济困难没有委托律师的，可以向法律援助机构提出申请，并探索建立律师驻点工作制度。人民法院、人民检察院可以在诉讼服务大厅等地开辟专门场所，由律师协会派驻律师开展法律咨询等工作。对未委托律师的申诉人到人民法院、人民检察院反映诉求的，可以先行引导由驻点律师提供法律咨询。刑事案件中的被告人大多数都是贫穷被告人，在刑事申诉案件中尤其如此。申诉的法律援助制度与驻点工作制度能够有效提高申诉案件的律师代理率。第二，完善申诉立案审查程序。律师接受申诉人委托，可以到人民法院、人民检察院申诉接待场所或者通过来信、网上申诉平台、远程视频接访系统、律师服务平台等提交申诉材料。第三，保障代理申诉律师的阅卷权、会见权。在诉讼服务大厅或者信访接待场所建立律师阅卷室、会见室。为律师查阅、摘抄、复制案卷材料等提供方便和保障。有条件的地区，可以提供网上阅卷服务。

《律师代理申诉制度的意见》颁布后，多地出台了刑事申诉试行律师代理的实施细则，着力推进律师代理申诉制度改革。一些地方取得了明显成效。2018 年初，最高人民法院第四巡回法庭在山西省开展律师代理刑事申诉试点。山西省律师协会遴选产生 50 名刑事值班律师，在山西省高级人民法院诉讼服务中心轮流值班。截至 2019 年 12 月，值班律师共接谈刑事申诉来访 1300 余人次，向第四巡回法庭出具建议立案意见 64 件。第四巡回法庭接待山西省刑事申诉来访量明显下降，占比由 2017 年的 15. 09%，逐年降至 2018 年的 13. 93%和 2019 年的 10. 60%。[3]

四、审判监督程序存在的主要问题

我国审判监督程序运行深受诟病的是两个相互矛盾的问题：一方面，当事人

〔1〕 常淑静、田源：“律师代理申诉制度的适用问题与优化建议——以 H 市中级法院律师代理申诉情况为分析样本”，载《山东审判》2017 年第 2 期，第 47 页。

〔2〕 常淑静、田源：“律师代理申诉制度的适用问题与优化建议——以 H 市中级法院律师代理申诉情况为分析样本”，载《山东审判》2017 年第 2 期，第 48 页。

〔3〕 罗沙：“加强司法人权保障，最高法四巡开展律师代理刑事申诉试点”，载中国新闻网，http://www.chinanews.com/gn/2019/12-12/9032302.shtml，最后访问日期：2020 年 5 月 6 日。

及其法定代理人、近亲属申诉难、再审启动难；另一方面，再审程序可能无期限、无次数限制地被启动，动摇了法院生效判决的既判力和司法权威，具体如下所述。

（一）关于审判监督程序的启动

1. 当事人“申诉难”的问题并未得到解决

在我国，当事人不是启动再审程序的法定主体。尽管申诉不是启动再审的必经程序，但其是人民法院和人民检察院启动再审的重要线索。同时，庞大的申诉数量也给办案机关带来了沉重的处理负担。因此，最高人民法院和最高人民检察院的司法解释一直致力于减少重复申诉，并有效过滤申诉案件。不论是人民检察院还是人民法院，都大致将对申诉的审查程序区分为形式审查和实质审查。前者是指是否符合申诉的形式要件，包括申诉的对象是否系生效的判决或裁定、是否符合管辖的规定、申诉的材料是否齐备等。在通过形式审查后，司法机关再继续对申诉是否符合启动再审的法定情形进行实质审查，并最终决定是否启动审判监督程序。但是，从司法实践的效果来看，当事人“申诉难”的问题并没有得到很好的解决。具体表现为以下几方面。

一方面，仅有极少数的申诉能够启动再审。以1998—2018年人民检察院对刑事申诉审查的相关数据来看，人民检察院的受理数少则几千，多则上万，这意味着有相当数量的申诉案件通过了人民检察院的形式审查。然而，能够通过实质审查得以立案复查的案件比率却相当低。人民检察院对申诉案件立案的标准是“原判决、裁定有错误可能”。1998—2002年，人民检察院的立案复查数逐年增长至2056件，立案复查率也从4.19%上升至8.66%。从2003年开始，由于人民检察院对刑事申诉案件的受理数呈断崖式下降，从过去的2万余件下降到5000多件，从而使立案率获得了提升。2003年至今，人民检察院刑事申诉的立案率均在30%以上，最高的年份高达72.87%（2010年）。[1]尽管如此，通过复查立案而提起再审的案件少之又少。据学者统计，从全国法院2010—2013年的申诉及受理情况来看，申诉进入再审程序的案件比率极低，平均为2.23%。[2]

另一方面，即使最终能启动再审并获得平反，申诉的时间也极其漫长。从党的十八大后纠正的重大错案的情况来看：聂树斌强奸、故意杀人案中，聂树斌母亲坚持申诉12年；徐辉强奸、故意杀人案中，徐辉的哥哥徐庆奔走申诉10多年，其律师从一审到申诉、再审坚持16年；黄家光故意杀人案中，其父不断申诉，其律师提供法律援助并代理申诉9年；呼格吉勒图故意杀人、流氓案中，其

〔1〕 立案率的计算是以人民检察院对刑事申诉案件的立案复查数除以受理数。立案复查数和受理数的具体数据参见1999—2019年《中国法律年鉴》。

〔2〕 周新：“刑事申诉制度规范化研究”，载《政法论坛》2017年第2期，第76页。

父母 10 多年不断申诉上访；于英生故意杀人案中，被告人及其父兄申诉 17 年，安徽省高级人民法院两次驳回申诉；王玉虎强奸、故意杀人案中，被告人 26 年间不断申诉、上访；杨明故意杀人案中，被告人及其家人申诉 20 年；等等。[1]从这些典型个案的平反之路可以发现，即使是无罪被判有罪的情况，由于各种原因申诉很难引起人民法院和人民检察院的关注。这些成功启动再审的申诉，往往还有其他因素的相互作用。例如，有确实的证据表明司法错误发生（如真凶出现），媒体披露，律师的不懈努力，获得了全国人大代表的关注，得到公职人员、学界及其他机构组织的支持和呼吁，等等。

申诉启动再审的功能应当引起重视。从近十余年来纠正的典型刑事错案来看，除了“真凶出现”和“亡者归来”的情形，申诉仍然是发现再审事由的主要线索来源。在任何国家，在裁判生效后启动非常救济程序都是漫长和困难的，但是从制度建设来看，还是应着力于强化申诉审查程序的过滤功能，使确有错误可能的申诉案件能够得到及时的审查和处理。

2. 再审的启动理由规定宽泛，法官的自由裁量权过大

根据《刑事诉讼法》及相关司法解释的规定，启动审判监督程序的法定情形十分宽泛。《刑事诉讼法》明确规定了启动再审的申诉必须具备法定的五种情形之一。人民法院和人民检察院启动再审的情形，仅需在认定事实上或者在适用法律上“确有错误”即可。《最高法解释》《再审立案意见》中对人民法院和人民检察院依职权启动再审的情形未作限定，但将申诉的法定情形作了进一步的细化和窄化。即便如此，相关规定仍显得操作性不强，部分文字表述较为抽象和模糊。例如，是不是所有“适用法律错误”的情形都应当再审？如何理解“量刑明显不当”“主要证据不充分或者不具有证明力”？

再审理由的宽泛性和模糊性导致了以下问题：第一，各地法院及法官对启动再审的标准认识不一，执法尺度不平衡。第二，由于启动再审程序意味着对该案之前的所有诉讼程序的否定，由此可能导致国家赔偿和司法责任制的追究，各级法院在具体执行时十分谨慎，启动再审的案件范围比法律及司法解释的规定更为狭窄。第三，启动再审事由的立法与司法实践形成强烈落差，导致了刑事司法制度在民众心中的公信力下降。在刑事司法制度中受到不公正裁判的申诉人在漫长的申诉过程经历了巨大的压力和失望。倘若能够对再审事由的严苛性进行明确规定，则能适度降低申诉人的期望，并约束司法机关在启动再审时的任意裁量。

3. 启动程序未区分有利于被告人的再审与不利于被告人的再审

我国的审判监督程序在启动事由上并没有区分有利于被告人的再审与不利于

---

〔1〕 参见陈永生、邵聪：“冤案难以纠正的制度反思——以审判监督程序为重点的分析”，载《比较法研究》2018 年第 4 期，第 74-75 页。

被告人的再审。就其性质而言，审判监督程序只能作为非常救济程序加以适用。这是因为审判监督程序与刑事诉讼中的“一事不再理”原则和“禁止双重危险原则”存在内在的冲突。该原则已经为国际公约及很多国家的国内宪法所明确规定。例如，《公民权利和政治权利国际公约》第 14 条规定：“任何人已依一国的法律及刑事程序被最后定罪或宣告无罪者，不得就同一罪名再予以审判或惩罚。”《美国宪法修正案》第 5 条规定：“任何人不得因同一犯罪而被迫遭受两次生命或身体上的危险。”英美法系国家的禁止双重危险原则侧重于保障刑事诉讼程序中的被告人免受重复追诉，而一事不再理原则更强调生效裁判的既判力及法秩序的安定性。“人权保障”和“程序终局”都是刑事诉讼应当追求的基本目标。尽管“实体真实”也应是刑事诉讼应当保障的价值，但考虑到前述两项重大法益，在启动审判监督程序时应当特别慎重。

基于此，不少国家的刑事诉讼法区分了有利于被告人的再审与不利于被告人的再审。一些国家禁止不利于被告人的再审，只允许提起有利于被告人的再审，例如法国、日本等。在法国，因事实错误而向最高司法法院申请再审的程序，仅限于有利于被告人的情形。但是，总检察长可以向最高法院提出为法律利益的上诉，目的是对下级法官所作判决中法律上的错误进行审查、纠正，以统一法令的解释。在针对无罪判决为法律的利益提出上诉时，即使最高司法法院撤销原判，也不得影响已经宣告无罪的重罪被告人的利益。〔1〕日本与法国类似，将救济程序区分为以违反法律为理由提起的非常上告和以事实不当为理由提起的再审。〔2〕非常上告的判决除了法律规定的例外情形之外，其效力不及于被告人；再审仅限于有利于被告人的再审。

德国、俄罗斯、英国既允许有利于被告人的再审，也允许不利于被告人的再审，但是，对后者进行了严格的限制。例如，俄罗斯刑事诉讼法规定了对生效判决、裁定再次审理的两种程序：监督审程序和诉讼恢复程序。监督审程序仅允许减轻对被判刑人的刑罚或适用关于较轻犯罪的刑事法律，不允许以必须适用关于更重犯罪的刑事法律、量刑过轻为由，或者按照可能导致恶化被判人状况的根据，而通过监督审程序对有罪判决以及法院的裁定和裁决进行复审，也不允许对无罪判决或者法院关于终止刑事案件的裁定或裁决进行复审。诉讼恢复程序是指，对生效的刑事判决、裁定或裁决，如果有新情况或新发现的情况，可以恢复该刑事案件的诉讼程序。但此种恢复限于十分严苛的条件，如被害人、证人故意作虚假陈述，鉴定人员故意提供虚假鉴定结论，物证、侦查行为、审判行为笔录

〔1〕参见［法］贝尔纳·布洛克：《法国刑事诉讼法》，罗结珍译，中国政法大学出版社 2009 年版，第 554-555 页。

〔2〕参见［日］田口守一：《刑事诉讼法》，张凌、于秀峰译，法律出版社 2019 年版，第 591-598 页。

与其他文件属于伪造等。[1]因新情况或新发现的情况有利于被判刑人而复审有罪判决的，没有期限限制；而因新情况或新发现的情况对无罪判决或量刑过轻的判决进行复审时，则必须在法定追诉期限以内自发现新情况之日起1年内，才能提起。[2]

区分有利于被告人的再审和不利于被告人的再审，并由法律明确限定其提起的具体情形，事关审判监督程序自身的正当性。我国审判监督程序坚持的“实事求是、有错必纠”的指导思想，使该制度在确立之初便缺乏对一事不再理原则和禁止双重危险原则的体现和贯彻，进一步导致启动再审理由的宽泛，不利于保障被告人的合法权益。

(二) 关于再审案件的审理程序

我国学界对审判监督程序的研究主要集中于再审的启动程序及再审事由，但我国法律对再审案件审判程序的规定实际上也存在一些问题，主要包括以下几方面。

第一，再审程序的裁判不具有终局性。根据《刑事诉讼法》第256条的规定，人民法院按照审判监督程序重新审判的案件，由原审人民法院审理的，应当另行组成合议庭进行。如果原来是第一审案件，应当依照第一审程序进行审判，所作的判决、裁定，可以上诉、抗诉；如果原来是第二审案件，或者是上级人民法院提审的案件，应当依照第二审程序进行审判，所作的判决、裁定，是终审的判决、裁定。依据上述规定，依据一审程序作出的再审判决、裁定，仍然不是终局的裁判。人民检察院可以抗诉，而被告人及其法定代理人、辩护人和近亲属仍可以上诉。再审程序作为一种非常救济程序，所得出的结论应当具有定分止争、维系法秩序安定的最终效力。倘若允许对再审结果通过普通上诉、抗诉程序提出质疑，一方面会加重诉讼拖延，导致由犯罪造成的诉讼法律关系处于长期不稳定状态；另一方面也会削弱司法的权威，使再审程序等同于第三审程序。

第二，依据一审、二审案件的审理程序进行审理，不符合再审程序的特点。首先，再审程序与普通程序不同。在被告人死亡的情形下，如果确属严重的司法错误，仍得启动再审程序，对该司法错误予以纠正。在此种情形下，再审案件的审理程序不完全等同于一审和二审程序。就形式而言，审理程序不会存在讯问被告人、向被告人发问、被告人最后陈述等环节。就实质而言，由于这类案件的审理关系到司法公正和社会舆情，对审理程序的公开性、透明性和民主性都有较高的要求，不能简单参照一审、二审程序审理。其次，关于再审案件的审理，司法

[1] 宋英辉、孙长永、朴宗根等：《外国刑事诉讼法》，北京大学出版社2011年版，第413-414页。

[2] 参见《俄罗斯联邦刑事诉讼法典》，黄道秀译，中国政法大学出版社2002年版，第405条和第414条。

解释对开庭审理和不开庭审理的情形作出了明确规定。但是，这些规定和《刑事诉讼法》规定的二审程序应当开庭审理的情形存在冲突。再审案件具有一定特殊性，是否应当开庭，开庭适用什么样的审理程序，应当依据再审案件自身的特点确立。

第三，对于事实错误提起的再审程序，再审审理容易流于形式化。在刘涌再审案中，最高人民法院进行了开庭审理，并对二审判决作出了重大的修正，认定"公安机关在侦查阶段不存在刑讯逼供"，并认定了刘涌有指使其他被告人殴打一名被害人并致其死亡的事实，改判刘涌死刑立即执行。但是，在审理过程中，最高人民法院没有传唤任何证人、被害人、鉴定人出庭作证，法庭对各项证据的出示和质证都是通过宣读案卷笔录的方式进行的。学界因而质疑最高人民法院提审刘涌案有"先定后审"之嫌。[1]事实审的再审并非一定要通过证人出庭的直接言词审理方式进行。例如，对于发生时间久远的陈年旧案，案件的当事人、证人、鉴定人等诉讼参与人已经离世或记忆模糊，直接言词原则的贯彻缺乏客观可能性。在此条件下，再审法院对案件的证据情况进行综合分析，推翻证据不足、存有疑点的有罪判决，作出有利于原审被告人的认定并无不妥。但是，如果能够进行事实调查而不进行事实调查，仅仅依赖原有卷宗而改变事实认定，进而作出不利于原审被告人的再审裁判，则缺乏理论依据与正当性。

第四，司法实务中再审以调解结案缺乏法律的明确授权。除了《刑事诉讼法》及司法解释规定的裁判种类之外，我国司法实务中还有少量再审案件通过调解予以结案（见表 17-4）。再审案件中调解结案的方式始于 2002 年，通常在几件到二十几件之间。根据《刑事诉讼法》的规定，调解仅适用于自诉案件与刑事案件的附带民事诉讼部分。但是，刑事再审案件能否以调解方式结案，并没有专门的司法解释加以明确。2005 年 5 月，最高人民法院发布了《关于加强再审调解工作的通知》，要求"各级人民法院高度重视并大力推进再审调解工作"，似乎可以作为在刑事再审程序中适用调解的依据。然而，再审程序具有非常救济程序性质，而且一旦启动，旨在达成纠正司法错误的目的，因此，即使在这类案件中，调解亦不应作为刑事再审的结案方式。

（三）关于法院启动再审的加刑问题

2012 年《最高法解释》第 386 条规定："除人民检察院抗诉的以外，再审一般不得加重原审被告人的刑罚。再审决定书或者抗诉书只针对部分原审被告人的，不得加重其他同案原审被告人的刑罚。"该规定明确表达了再审程序既要做到实事求是、有错必纠，又要保障被告人权利、维护司法公正的基本理念。该规

---

〔1〕 参见黄士元：《刑事再审制度的价值与构造》，中国政法大学出版社 2009 年版，第 217 页。

定“一般”不得加刑的表述，实际上允许法院在审判监督程序中对原审被告人加刑。究竟何种情形属于“一般”，司法解释缺乏进一步规定，各地做法不一。依据禁止不利益变更原则的一般法理，当被告人及其近亲属或检察机关为被告人利益申请救济程序时，经审理作出的裁判，不得变更为对被告人更为不利。该原则旨在保护在法律救济程序中处于相对弱势的被告人利益，消除其在下一审级中被处以更严厉的刑罚的恐惧。因此，通常认为，对原审被告人及其近亲属申诉而启动的再审案件，不得加重被告人的刑罚；反之，对人民检察院提出的不利于被告人抗诉的案件，可以加重原审被告人的刑罚。但是，对人民法院主动提起再审的案件能否加重原审被告人的刑罚，目前还存在较大的争议。

从我国司法实践看，人民法院依职权主动启动的再审程序，主要有以下三种情形：第一种情形是规避上诉不加刑而启动再审。2012 年《最高法解释》第 325 条第 1 款第 7 项规定：“原判事实清楚，证据确实、充分，但判处的刑罚畸轻、应当适用附加刑而没有适用的，不得直接加重刑罚、适用附加刑，也不得以事实不清、证据不足为由发回第一审人民法院重新审判。必须依法改判的，应当在第二审判决、裁定生效后，依照审判监督程序重新审判。”这一规定意味着，人民法院可以启动再审程序，纠正原判决明显不当的量刑错误。第二种情形是在共同犯罪案件中，因同案犯在逃，法院对先到案的被告人作出有罪判决，判决生效后同案犯归案，经查先到案的原审被告人在共同犯罪中的地位和作用大于后到案的被告人，于是人民法院自行启动再审程序，加重原审被告人的刑罚。〔1〕第三种情形是案件存在判处生刑与死刑的争议，由于案件引起了社会公众的关注，产生了重大社会影响，法院为准确认定事实与适用法律而启动再审程序，将原审被告人的刑罚从生刑加重为死刑。这类案件的典型案例包括刘涌案、李昌奎案、孙小果案等。对于上述案件，尽管法院主动启动再审实现了预期的实体公正的目的，但案件的社会效果并不理想。〔2〕

五、完善审判监督程序的建议

要解决我国审判监督程序存在的问题，必须转变审判监督程序的指导理念，将传统的“有错必纠”或内涵模糊的“依法必纠”的审判监督程序，明确定位为“纠正严重司法错误的非常救济程序”，并在制度层面加以贯彻。具体措施包括以下几个方面。

---

〔1〕 齐素：“完善再审不加刑原则的实证思考——兼谈《最高人民法院关于适用〈中华人民共和国刑事诉讼法〉的解释》第 386 条之适用”，载《法律适用》2018 年第 19 期，第 109 页。

〔2〕 “李昌奎案办案法官：再审看似公正实则伤害法治”，载人民网，http://legal.people.com.cn/GB/15324167.html，最后访问日期：2020 年 5 月 9 日。

（一）改革申诉的管辖和复查制度

当事人申诉是发现生效的错误裁判的主要来源。我国司法解释对于申诉的管辖和审查的规定不尽合理，使申诉程序的输入功能和过滤功能都很弱，也直接造成了申诉难的弊端。因此，对申诉程序的改革应当从以下两个方面着力。

1. 关于申诉的管辖

我国司法解释对申诉级别管辖的规定严重削弱了申诉的输入功能。最高人民法院和最高人民检察院的司法解释均确立了刑事申诉以作出生效判决、裁定的人民法院及其同级人民检察院管辖为一般原则。但是，由原审人民法院受理申诉存在着明显的弊端。一是因为原审人民法院及其同级人民检察院与申诉案件存在重大利害关系，由其管辖违背了“任何人都不得做自己的法官”的自然正义原则。这种利害关系不仅是因为法院对当事人就自己作出的裁判提出异议具有天然的排斥心理，还因为，由于国家赔偿制度与错案追究制的存在，提起再审程序并改变已生效判决可能导致“自我追责”的结果。例如，聂树斌案在 2005 年曝出“一案两凶”，河北省政法委当即表示成立调查组复查，但复查了十年都没有结果。直至 2014 年 12 月最高人民法院指令山东省高级人民法院复查，才使案件的再审迎来实质性进展。二是因为当事人对原审人民法院、人民检察院缺乏信任。即使法律确立了向作出生效判决裁定的人民法院及其同级人民检察院申诉的一般性原则，当事人及其近亲属也倾向于向上级法院提出申诉。为保障重大的司法错误能够得到纠正，司法解释亦规定了例外，即对于疑难、复杂、重大的案件，允许上一级人民法院对未经终审人民法院审查处理的申诉直接审查处理。但是，如何认定“疑难、复杂、重大”，司法解释并没有加以明确，从而导致了申诉案件能否进入司法机关的视野，主要取决于上级法院的自由裁量。三是由终审人民法院管辖申诉往往会产生公信力的问题。对于驳回申诉的，申诉人会觉得难以信服；而倘若获得了立案，对方当事人则会觉得难以接受。申诉裁定的公正性容易受到质疑。可见，就目前规定来看，申诉级别管辖未能有效发挥容许申诉请求进入诉讼程序的“输入”功能。对此，有两种不同的改革方案。

第一个方案是由作出终审判决的法院及其同级人民检察院的上一级法院管辖申诉，以避免现行立法存在的利害关系。该种方案也存在弊端。我国目前的申诉群体非常巨大，全国达到几十万起，有的一个省份就达上万起。如果规定再审立案由上一级法院管辖，意味着这些申诉的绝大部分都需要高级人民法院和最高人民法院来审查处理，这在实践中不仅不可能实现，[1]而且还会影响最高人民法院及高级人民法院统一法律适用、进行司法管理等职能的发挥，甚至导致申诉审

---

〔1〕 参见肖庚云、付学嵘：“《最高人民法院关于规范人民法院再审立案的若干意见（试行）》的理解与适用”，载沈德咏主编：《最新再审司法解释适用与再审改革研究》，人民法院出版社 2003 年版，第 46 页。

查流于形式或者申诉积压，社会矛盾不但未获得及时解决，反而容易造成激化。

第二个方案是建立统一、独立和专业化的刑事申诉审查机构。英国的刑事案件审查委员会可谓是该种制度的典型代表。英国《1995年刑事上诉法》成立了专门负责对当事人的申诉进行受理和审查的机构，即刑事案件审查委员会。该委员会不仅接受对原定罪不服的申诉，还接受对原判刑不服的申诉。倘若委员会认为，将案件移送到上诉法院后该定罪、判决、事实或者量刑有被撤销的现实可能性时，可以把案件移送到上诉法院。[1]凡是由委员会提交的案件，一般都会引起复审程序。委员会提交的原由刑事法院审理的案件，由上诉法院重新审理；对于原由治安法院审理的案件，上诉法院将交由刑事法院重新审理。[2]设立独立的刑事申诉审查机构具有如下优点：一是审查机构具有中立性，与案件处理结果不具有利害关系，能够充分保障申诉审查的输入功能；二是能够从人员的专门性和事务的专属性方面保障办案人员对申诉审查标准的统一适用；三是专门的审查机构对申诉的处理决定具有较强的公信力，能够有效减少申诉数量。当事人只能向全国统一的申诉审查机构提起申诉，因此不存在重复申诉的问题。鉴于申诉审查机构的独立性和专门性，对其作出的是否启动再审的决定，当事人也更容易接受。

建立统一的刑事申诉审查机构，将要求对全国法院和检察院系统在机构设置和人员编制方面进行大刀阔斧的改革。在改革不能立即实施的情形下，第一种方案仍具有可行性。即申诉由终审判决、裁定作出的上一级人民法院、人民检察院集中管辖，但应同时采取其他举措来减少申诉的处理压力，例如，合理运用申诉的指定管辖制度，包括指定异地法院管辖和指定原审人民法院的同级其他人民法院管辖。对严重犯罪案件，在当地具有重大社会影响的案件，或是牵涉到地方官员犯罪的案件，上级法院可以指定异地法院管辖，从而能够克服地方的司法保护主义，公正处理申诉。此外，受理法院应加强对驳回申诉处理决定的司法说理，促使当事人息诉服判，减少其反复的申诉和上访。申诉说理应当对驳回申诉的理由进行详细的说明，对当事人提出申诉所依据的理由作出具体回应。在接待当事人及其近亲属的过程中，工作人员也应注意解释法律规定和诉讼程序，消除申诉人的疑虑和抵触情绪。

2. 关于申诉的复查

目前人民法院与人民检察院的复查程序不能有效筛选进入再审程序的申诉案件，其过滤功能薄弱。为了强化申诉复查程序的过滤功能，笔者建议对申诉复查程序作出以下调整。

---

〔1〕 Criminal Appeal Act 1995，§13.

〔2〕 Criminal Appeal Act 1995，§9（1），§11（1）.

一是将人民法院的复查程序区分为申诉立案与复查两个阶段。现行司法解释对人民法院复查申诉程序的规定较为粗疏，宜参照最高人民检察院的《复查申诉规定》予以细化，以实现申诉复查程序的规范和统一。申诉立案不同于再审立案，是指对申诉案件的初步筛查，符合申诉的形式要件的，可以继续案件的复查。立案以书面审查为主，如果认为申诉主体具有法定资格、申诉材料齐备，符合申诉管辖的规定，且“原判决、裁定有错误可能”的，即可立案。在复查阶段，承办人员可以采取必要的调查措施核实申诉是否符合法定的理由。承办人员可以阅卷，补充调查，复核，鉴定或者补充鉴定，询问原案当事人、证人和其他有关人员，听取申诉人、原案承办部门、原承办人员的意见等。

二是完善律师代理申诉制度。现阶段律师代理申诉制度的试行，既有助于合理化解社会矛盾纠纷，过滤不必要的申诉案件，又有利于申诉人将其诉求进行准确、合法的表达，在未来的司法改革中值得进一步推广。但是，目前值班律师代理申诉制度在实行中也存在着一些问题，包括：值班律师缺乏激励，实际到岗情况不佳；申诉案件虽然归档为服判息诉案件，但对申诉人进行回访时发现，代理申诉服务的实际效果有限；当事人对律师代理申诉服务不满意度较高等。[1]对于这些问题，应当通过一定的举措加以解决。例如，在财政上，可将值班律师费用纳入各级财政预算，充分保障值班律师获取合理报酬；在立法上，可明确申诉案件中值班律师的诉讼地位，保障其在代理申诉案件时阅卷权和提出意见权的行使；在执行上，应当适当限定值班律师的资历条件，制定合理的纪律处分措施和绩效激励机制，以促使值班律师积极负责地履行职责。

（二）限定启动再审的法定理由

第一，应当明确再审程序的非常救济程序性质。《刑事诉讼法》对人民法院、人民检察院作为再审提起主体时，没有对再审事由作出具体的限定，仅仅是宽泛地规定“确有错误”，充分体现了我国审判监督程序“有错必纠”的指导理念。“有错必纠”不仅在实践中难以贯彻，还严重地削弱了生效裁判的终局性，使被告人处于反复受到追诉的危险境地当中，应予以修改。从形式上看，再审事由的规定应当具有明确性。不论是当事人申诉引起的再审，还是司法机关提起的再审，都应当由《刑事诉讼法》明确规定再审事由，以彰显再审程序的非常救济程序性质。从内容上看，再审事由仅能针对严重的司法错误（包括事实错误和法律错误）。对于并非严重的司法错误，刑事司法制度应当基于尊重法秩序安定性和被追诉人利益的考虑，作出必要的妥协和容忍。

第二，区分有利于被告人的再审和不利于被告人的再审，严格限制不利于被

---

〔1〕 参见唐守东：“律师代理申诉制度的实践探索与完善路径——以T直辖市律师代理申诉制度运行实践为例”，载《西部法学评论》2019年第5期，第48-49页。

告人再审的提起。我国不太可能完全禁止不利于被告人的再审，因为不论是我国的司法传统还是诉讼文化，一直存在着对“实体真实”强烈而执着的追求。同时，考虑到对被害人权利的保护，在严重犯罪案件中，也不应绝对性地禁止对“真凶”启动再审的要求。但需要注意的是，不论是有利于抑或不利于被告人的再审，都应当将再审事由限定于“严重的司法错误”，以契合其非常救济程序的性质。其中，严重的事实错误应当作为我国审判监督程序重点纠正的对象；法律错误则应当达到影响案件的实体结果或者严重损害程序公正的程度时，才能启动审判监督程序。对于能够作为再审事由的事实错误和法律错误，均应通过法律或司法解释的列举式规定加以明确。

参照德国、法国、俄罗斯、日本等国家法律，结合我国现行法律、司法解释对再审事由的规定，以及司法实践中冤假错案的典型形态，我们认为，启动有利于被告人的再审的事由，应当限于以下几项明确的情形：（1）原审有罪裁判所依据的证据是虚假的。例如，物证、书证、笔录类证据等实物证据系伪造、变造；证人、鉴定人作出的不利于原审被告人的陈述系虚假；翻译人员故意作出了错误的翻译等。（2）原侦查人员、检察人员、审判人员在办案过程中实施了可追责的违反职务的行为。例如，法官、陪审员在审理该案件时有贪污受贿、徇私舞弊、枉法裁判行为等。（3）主要事实依据被依法变更或者撤销的。（4）据以定罪量刑的证据不确实、不充分、依法应当排除的，或者证明案件事实的主要证据之间存在矛盾，足以动摇有罪判决的。（5）有新的事实或证据表明原审被告人有罪存在合理的怀疑或者确有错误的。（6）出现了罪名认定的错误，或者轻罪重判的。（7）违反法律规定的诉讼程序，可能导致案件出现事实认定的严重错误；或者存在严重程序违法行为，可能影响公正审判的。例如，合议庭组成不合法、违反了回避制度等。

不利于被告人的再审事由可以限定为如下情形：（1）原审有罪裁判所依据的证据是虚假的。（2）原侦查人员、检察人员、审判人员在办理该案过程中实施了可追责的违反职务的行为。（3）对于严重危害国家安全、公共安全以及侵害人身权利的犯罪，因证据不足而被判无罪，新的证据证明原审被告人实施了犯罪行为。（4）被宣告无罪的原审被告人在法庭上或者法庭外，就犯罪行为作出了可信的有罪陈述。

量刑畸轻可否作为启动再审的法定事由？2012 年《最高法解释》第 325 条第 1 款第 7 项规定：“原判事实清楚，证据确实、充分，但判处的刑罚畸轻、应当适用附加刑而没有适用的……必须依法改判的，应当在第二审判决、裁定生效后，依照审判监督程序重新审判。”据此，在原判事实清楚、证据确实充分的情况下，量刑畸轻的，可以通过再审改判加刑。但如果因为事实和证据认定错误而导致量刑畸轻，是否可以启动再审加刑，上述规定尚不明确。我们认为，对于量刑畸轻的情形，不论是基于事实、证据认定错误还是适用法律错误导致的量刑畸轻，均不宜作为再审启动的法定事由。这是因为：其一，党的十八届四中全会明确了审判监督程序的职能是“依法纠错，维护裁判权威”。审判监督程序的启动将动摇裁判的既判力，其纠正的错误应当限于严重的司法错误，而量刑畸轻的情形并不属于此类。其二，审判监督程序应当特别重视被告人的人权保障。启动审判监督程序的门槛较高、难度较大，往往在判决生效多年后才得以启动。被告人常常已经执行刑罚完毕，受到犯罪破坏的法秩序也获得修复。此时启动再审程序重新追究犯罪，不仅会损害当事人对生效裁判的合理预期，还会再次破坏稳定的法秩序，使社会公众产生强烈的不公正感。[1]其三，对于推翻原审法院的事实认定而对原审被告人加刑的情形，再审法院应当特别慎重。除非出现了前述不利于被告人再审的法定事由，例如出现了新的证据，或者原审有罪裁判所依据的证据为虚假的，再审法院不应推翻原审法院的事实认定而加重被告人的刑罚。由于时过境迁，相较于案件的初审，再审程序已经不是发现事实的最佳时机，再审审判活动也并非真正意义的第一审。在案件的证据构造基本不变的情形下，如果仅仅是基于法官自由心证的不同而作出不利于被告人的事实认定，不具有法理上的正当性。

第三，禁止法院启动不利于被告人的再审。法院依职权启动再审，本身有违控审分离与不告不理的一般诉讼原则。倘若法院主动提起再审并不是为了被告人利益，而是为了加重原审被告人的量刑，无疑已经从一个客观、中立的裁判者角色转变为控诉者，势必会严重破坏当事人对法院的预期，损害司法的权威性与公信力。尽管法院主动提起再审并加刑的案件仅为少数，但这些少数案件的办理带来的负面的社会影响和示范效应，应当通过法律的修订明确加以禁止。对于存在再审法定事由，确实需要加重被告人刑罚的情形，宜由检察机关以提起抗诉的方式启动再审。

此外，对于检察机关提起的有利于被告人的抗诉案件，法院也不应当加重刑罚。检察机关秉承客观义务，既可以提起不利于被告人的抗诉，也可以提起有利于被告人的抗诉。如果检察机关提起的抗诉客观上是有利于被告人的，法院再审以后不仅没有改善被告人的处境，反而改判加刑，显然违反了禁止不利益变更原则的基本法理。因此，应当由法律明确规定，禁止再审法院对有利于被告人的抗诉案件作出不利于被告人的刑罚变更。

---

〔1〕 2006年，冷兰因故意伤害（致人死亡）案被判处有期徒刑3年，缓刑5年。13年后，被告人刑罚已经执行完毕，云南省丽江市人民检察院于2020年提出抗诉，认为原审判决认定防卫过当的证据事实不清、证据不足，再审法院经审理后改判7年。该案是否有提起再审之必要，在社会上引起了较大的争议。参见吴宏耀：“云南冷兰案中值得关注的几个程序法问题”，载搜狐网，https://www.sohu.com/a/393556398_120058306，最后访问日期：2020年7月27日。

（三）完善再审案件的审理程序

1. 确立再审程序的一审终审制

审判监督程序不同于普通程序，不可反复提起。确立再审程序的一审终审制，是指再审作出的判决、裁定应为终审的判决、裁定，一经作出，立即生效，不再允许上诉、抗诉，以保障程序的终局性。

2. 再审案件适用的审理程序应当依据司法错误的类型确定

现行《刑事诉讼法》关于审判监督程序适用第一审和第二审程序的规定，不符合其作为非常救济程序的性质和特点。再审案件的审理，应当主要依据司法错误的类型确定。现行司法解释确立了再审案件应当开庭审理的一般性原则值得肯定。这是因为，首先，开庭审理程序使法庭调查和法庭辩论成为可能，能够赋予法庭调查事实的能力。其次，既然再审裁判改为一审终审制，当事人再无寻求救济的途径，应通过开庭审理程序保障原审被告人实质性参与诉讼的权利，以增强裁判的可接受性。最后，再审案件不乏存在重大社会影响的案件，不论是审理的过程和审理的结果，都受到社会公众的广泛关注，开庭审理有利于贯彻司法公开的原则，增强裁判结论的公信力。对于可以不开庭审理的情形，应当对司法解释的规定作出进一步的限定：一是原判决、裁定认定事实清楚，证据确实、充分，但适用法律错误，量刑畸重的。由于该类案件仅存在法律适用错误，无须开庭审理。但是，为了保障原审被告人的诉讼参与权，人民法院应当询问原审被告人，并听取其意见，在判决书中进行必要的释法说理。二是1979年《刑事诉讼法》施行以前裁判的。三是案件的当事人、证人、鉴定人等已经离世或者记忆模糊，进行开庭审理缺乏可能性和必要性的。对于《开庭审理规定》第6条规定的第3项、第4项和第5项情形，不开庭审理缺乏合理依据，建议予以删除。[1]

对于再审的启动事由为事实错误的案件，应当贯彻直接言词原则并设立有限的例外。十八届四中全会《中共中央关于全面推进依法治国若干重大问题的决定》提出“推进以审判为中心的诉讼制度改革”，“完善证人、鉴定人出庭制度，保证庭审在查明事实、认定证据、保护诉权、公正裁判中发挥决定性作用”。2012年《刑事诉讼法》确立了保障证人出庭的多项举措。然而在司法实践中，证人出庭率仍然很低，从而使一审、二审案件查明事实的功能受到削弱。鉴于我国普通程序中事实审薄弱的特殊情形，对于作为非常救济手段提起的再审程序，

---

〔1〕 第3项情形是指“原审被告人（原审上诉人）、原审自诉人已经死亡，或者丧失刑事责任能力的”。即使属于此类情形，但提起再审的事由系事实错误，仍应当开庭审理。第4项情形是指“原审被告人（原审上诉人）在交通十分不便的边远地区监狱服刑，提押到庭确有困难的；但人民检察院提出抗诉的，人民法院应征得人民检察院的同意”。鉴于再审程序的终局性及慎重性，以交通不便而不进行开庭审理实为不妥。第5项情形是指“人民法院按照审判监督程序决定再审，按本规定第九条第（四）项规定，经两次通知，人民检察院不派员出庭的”。

在对事实审查时应当尤其慎重。除非出现了证人、鉴定人、原审侦查人员或检察人员等知情人因死亡、严重疾病等原因不能出庭作证，或是因时间久远、记忆模糊不适宜出庭作证的客观情形，应当保障法庭调查环节的完整性，实现充分的举证、质证，确保再审程序中事实认定的准确性。

3. 再审程序不得以调解方式结案

司法解释规定再审程序的裁判种类有四种，即裁定驳回申诉或者抗诉，维持原判决、裁定；裁定纠正并维持原判决、裁定；撤销原判决、裁定，依法改判；撤销原判决、裁定，发回重审。但在司法实践中，确有以调解方式结案的再审案件。对于刑事附带民事诉讼或是自诉案件的再审案件，依据法律规定在第一审、第二审程序中有调解的可能，但调解的结案方式不应适用于以纠正严重司法错误为目的的再审程序。因此，建议司法解释对再审程序的调解作出明确的禁止性规定。

4. 再审裁判的作出应当贯彻“存疑有利于原审被告人”的原则

对于存在事实错误的再审，应当依据什么样的基本原则纠正错误，是一个需要认真对待的问题。是要求证明原裁判的事实认定“确有错误”，乃至办成铁案，还是要求证明原审裁判认定被告人有罪确有“合理怀疑”即可？前者要求通过依据新的事实或证据，单独或与原有证据相结合，能够确定地得出事实认定错误的结论。例如，依据“真凶出现”“亡者归来”等具有高度确定性的事实，或是依法排除了作为定罪裁判基础的主要证据，从而导致有罪判决不能成立。倘若仅是对裁判存有疑问的情形，仍然应当维持生效判决，以尊重裁判的既判力。后者对证明程度的要求则有所降低。只要通过对原案证据，或是结合新的证据对案件事实进行重新审查，认为存在对原审事实认定的合理怀疑，即可纠正原审的生效裁判。在聂树斌案的审理中，就曾出现了选择何种审查原则的摇摆立场。聂树斌案中，原审被告人供述作案且认罪后供述较稳定。关于其故意杀人的实物证据虽有缺失，但鉴于当时的刑事侦查技术和司法水平，尚不能算极其严重的缺陷。[1]在聂树斌的亲属申诉十年后，由于出现了王书金的主动认罪，其供述与在案证据既有矛盾，也存在隐秘性细节的高度一致，从而形成了再审聂树斌案的强烈呼声。在该案的再审程序中，尽管最高人民法院在再审判决书中回避了王书金一节，但显然王书金的供述对案件的裁判和法官的心证产生了影响。在“一案两凶”的情形下，是否应当确定无疑地证明真凶，是再审程序中尚待明确的问题。

关于刑事再审裁判的原则，日本有两种观点：一种观点认为，再审审查程序不能适用有疑问即纠正的原则。因为犯罪事实通过三审而被认定，事件已经平

---

〔1〕 参见龙宗智：“聂树斌案法理研判”，载《法学》2013年第8期，第3-5页。

息，若轻易再审，依据确定判决既判力而产生的法的安定性就会因此而遭到破坏。所以再审只限于那些无罪可能性很高的场合。另一种观点认为，再审程序仍应适用有疑问时利益归于被告人的原则。理由是若采用前述观点，如果没有不容争辩的新证据（如真凶现身等），再审之门就不可能被打开，冤者就只能含冤了。随着现代人权理念的发展，后者已成为学界通说，亦为日本司法界所认可。[1]

笔者认为，我国《刑事诉讼法》应当确立再审程序“存疑有利于原审被告人”的原则，以便为再审裁判的作出提供明确的依据。首先，再审裁判若采取“确定性”或“接近确定性”的标准，必将使大量的刑事错案被阻挡于门外。从我国司法实践来看，聂树斌案、念斌案等案件，并非确定无疑地找到了真凶而获得平反。鉴于个案发生的特点和案件办理的原因，未必能在事后发现可宣告无罪的确凿证据。倘若对再审裁判的证明标准作出苛刻要求，势必会架空再审制度的功能，使之沦为仅具有宣示意义的特殊程序。其次，“存疑有利于原审被告人”原则符合再审程序的“纠正严重司法错误”的指导思想。依据我国《刑事诉讼法》第55条的规定，“证据确实、充分”意味着“综合全案证据，对所认定事实已排除合理怀疑”。倘若案件事实认定中出现了疑点，被告人在普通程序中即有权获得无罪判决。对于无罪误判有罪的司法错误，再审程序理应加以纠正。最后，“存疑有利于原审被告人”的立场实际上已经为《刑事诉讼法》第253条和《最高法解释》第389条所肯定。《刑事诉讼法》第253条规定，当事人的申诉可以因“据以定罪量刑的证据不确实、不充分、依法应当予以排除，或者证明案件事实的主要证据之间存在矛盾”的法定理由而启动再审。《最高法解释》第389条规定：“原判决、裁定事实不清或者证据不足，经审理事实已经查清的，应当根据查清的事实依法裁判；事实仍无法查清，证据不足，不能认定被告人有罪的，应当撤销原判决、裁定，判决宣告被告人无罪。”为了能给事实裁判者明确的指导，应在未来的修法中，将“存疑有利于原审被告人”原则正式写入《刑事诉讼法》。

（撰稿人：向燕）

---

〔1〕 参见［日］光藤景皎：《刑事证据法的新展开》，成文堂2001年版，第217页；［日］田口守一：《刑事诉讼法》，张凌、于秀峰译，法律出版社2019年版，第593页。

第十八章

刑事特别程序

目　次

2012 年《刑事诉讼法》新增了一编，即第五编“特别程序”。该编规定了四种特别程序：未成年人刑事案件诉讼程序；当事人和解的公诉案件诉讼程序；犯罪嫌疑人、被告人逃匿、死亡案件违法所得的没收程序；以及依法不负刑事责任的精神病人的强制医疗程序。其中，后三种特别程序是全新的诉讼程序。

一、未成年人刑事案件诉讼程序*

在 1979 年《刑事诉讼法》颁布之前，司法实践中对未成年人刑事案件诉讼程序形成了可以邀请父母或监护人以及学校代表人参加讯问、不公开审理、不公开宣判、在审判阶段指定辩护人等规定，为我国未成年人刑事案件诉讼程序的建立奠定了基础。[1]从 1979 年《刑事诉讼法》颁布至今的 40 年时间中，未成年人刑事案件诉讼程序不断发展。本部分将在系统梳理未成年人刑事案件诉讼程序法律规范的发展历程之后，重点探讨合适成年人在场制度、附条件不起诉制度和犯罪记录封存制度在实施中的问题，并提出完善建议。

（一）法律规范考察

1979 年《刑事诉讼法》对于未成年人刑事案件的诉讼程序作了如下三方面的特别规定：一是讯问和审判时法定代理人到场。第 10 条第 2 款规定，在讯问和审判未满 18 岁的涉罪未成年人时，可以通知其法定代理人到场。二是指定辩护。第 27 条第 2 款规定，未成年被告人没有委托辩护人的，人民法院应当为他指定辩护人。三是不公开审理。第 111 条第 2 款规定，14 岁以上未满 16 岁的未成年人犯罪的案件，一律不公开审理；16 岁以上未满 18 岁的未成年人犯罪的案件，一般也不公开审理。

1991 年颁布的《未成年人保护法》除了规定了不公开审理制度之外，还有如下三方面的新规定：（1）提出对违法犯罪的未成年人，实行教育、感化、挽救的方针，坚持教育为主、惩罚为辅的原则。（2）倡导办案主体的专门化，保护未成年人权利。（3）要求对未成年人与成年人分别关押、管理。《未成年人保护法》颁布后，1991 年 6 月，最高人民法院、最高人民检察院、公安部、司法部颁布了《关于办理少年刑事案件建立互相配套工作体系的通知》，要求公安机关、检察机关和法院确定专门办案人员或者专门机构办理未成年人刑事案件。1992 年最高人民检察院发出《关于认真开展未成年人犯罪案件检察工作的通知》，推动有计划地逐步建立办理未成年人犯罪案件的专门机构，同时要求办理

---

* 李承阳、李红豆协助作者收集了资料，在此致谢。

〔1〕 宋英辉、甄贞：《未成年人犯罪诉讼程序研究》，北京师范大学出版社 2011 年版，第 19 页。

未成年人刑事案件坚持可捕可不捕的不捕、可诉可不诉的不诉。1995 年公安部颁布《公安机关办理未成年人违法犯罪案件的规定》，要求在办理未成年人违法犯罪案件时，应当严格限制和尽量减少使用强制措施。上述规定对于推进我国未成年人刑事案件诉讼制度的发展发挥了积极作用。

1996 年《刑事诉讼法》在第 213 条中增加规定，“对未成年犯应当在未成年犯管教所执行刑罚”。该规定是对 1994 年颁布的《监狱法》第 74 条的重述。

2001 年最高人民法院颁布了《关于审理未成年人刑事案件的若干规定》[1]，总结了多年的司法实践经验，根据教育、感化、挽救的方针和教育为主、惩罚为辅的原则，对未成年人刑事案件的审判组织、开庭前的准备工作、审判和执行等作出了具体规定。尤其是在如下方面将未成年人刑事案件审理程序向前推进了一步：（1）规定了少年法庭及其受理的案件范围；（2）规定了对未成年被告人进行社会调查；（3）规定了审判后对有罪被告人的教育。2002 年，最高人民检察院颁布的《人民检察院办理未成年人刑事案件的规定》从审查批准逮捕、审查起诉与出庭支持公诉、刑事诉讼法律监督和刑事申诉检察等方面对人民检察院办理未成年人刑事案件的程序作了详细规定。

2006 年，全国人大常委会修订了《未成年人保护法》。与 1991 年的《未成年人保护法》相比，主要有两处变化：一是删除了“可以根据需要设立专门机构或者指定专人办理”中的“可以”二字，明确了公安机关、人民检察院、人民法院办理未成年人刑事案件应当照顾未成年人的身心特点，“并根据需要设立专门机构或者指定专人办理”。二是增加规定了监护人到场制度。《刑事诉讼法》规定，在讯问和审判未成年犯罪嫌疑人、被告人时，“可以”通知犯罪嫌疑人、被告人的法定代理人到场。《未成年人保护法（修订草案）》将“可以”修改为“应当”，并且将未成年证人、被害人纳入保护对象，规定公安机关、人民检察院讯问未成年犯罪嫌疑人，询问未成年证人、被害人，应当通知监护人到场。[2]

2007 年，最高人民检察院颁布了修订后的《人民检察院办理未成年人刑事案件的规定》。与 2002 年《人民检察院办理未成年人刑事案件的规定》相比，主要有如下三方面的发展：一是进一步强调慎用逮捕措施；二是规定了审查起诉阶段的亲情会见；三是规定了针对刑事和解案件的不起诉。

---

〔1〕 2015 年 1 月施行的《最高人民法院关于废止部分司法解释和司法解释性质文件（第十一批）的决定》废止了该规定，原因是该规定的主要内容已经被后来修正的《刑事诉讼法》及《最高法解释》所修改。

〔2〕 该法于 2012 年再次被修改。2012 年修改的内容是合适成年人在场制度。为了与 2012 年《刑事诉讼法》对合适成年人在场制度的规定相一致，将第 56 条第 1 款修改为：“讯问、审判未成年犯罪嫌疑人、被告人，询问未成年证人、被害人，应当依照刑事诉讼法的规定通知其法定代理人或者其他人员到场。”

2010年，中央综治委预防青少年违法犯罪工作领导小组、最高人民法院、最高人民检察院、公安部、司法部、共青团中央联合颁布了《关于进一步建立和完善办理未成年人刑事案件配套工作体系的若干意见》，首次较为全面地规定了合适成年人在场制度。

2012年《刑事诉讼法》在“特别程序”中设专章规定了“未成年人刑事案件诉讼程序”，包括从第266条到第276条的11个条文。在这些规定中，有些是对先前制度的法典化，有些是对实践中做法的肯定，有些是对先前制度的修改、完善。

主要是对先前制度法典化的条文有第266条、第268条和第269条。第266条规定了办理未成年人刑事案件的方针和原则，即教育、感化、挽救的方针，教育为主、惩罚为辅的原则；要求人民法院、人民检察院和公安机关办理未成年人刑事案件，应当由熟悉未成年人身心特点的审判人员、检察人员、侦查人员承办。第268条规定了社会调查制度。公安机关、人民检察院、人民法院办理未成年人刑事案件，根据情况可以对未成年犯罪嫌疑人、被告人的成长经历、犯罪原因、监护教育等情况进行调查。第269条规定了慎用逮捕措施及与成年人应当分别关押、分别管理、分别教育。对未成年犯罪嫌疑人、被告人应当严格限制适用逮捕措施。人民检察院审查批准逮捕和人民法院决定逮捕，应当讯问未成年犯罪嫌疑人、被告人，听取辩护律师的意见。对被拘留、逮捕和执行刑罚的未成年人与成年人应当分别关押、分别管理、分别教育。

对实践中做法予以肯定的条文有第271条至第273条和第275条。这些条文规定的是附条件不起诉制度，是对部分地区开展的暂缓起诉实践的肯定。第271条规定了附条件不起诉的适用案件范围、适用对象和适用程序。对于未成年人涉嫌《刑法》分则第四章、第五章、第六章规定的犯罪，可能判处一年有期徒刑以下刑罚，符合起诉条件，但有悔罪表现的，人民检察院可以作出附条件不起诉的决定。人民检察院在作出附条件不起诉的决定以前，应当听取公安机关、被害人的意见。未成年犯罪嫌疑人及其法定代理人对人民检察院决定附条件不起诉有异议的，人民检察院应当作出起诉的决定。第272条规定了被附条件不起诉的未成年犯罪嫌疑人应当遵守的规定和附条件不起诉的考验期。被附条件不起诉的未成年犯罪嫌疑人，应当遵守下列规定：遵守法律法规，服从监督；按照考察机关的规定报告自己的活动情况；离开所居住的市、县或者迁居，应当报经考察机关批准；按照考察机关的要求接受矫治和教育。附条件不起诉的考验期为6个月以上1年以下，从人民检察院作出附条件不起诉的决定之日起计算。在附条件不起诉的考验期内，由人民检察院对被附条件不起诉的未成年犯罪嫌疑人进行监督考察。未成年犯罪嫌疑人的监护人，应当对未成年犯罪嫌疑人加强管教，配合人民检察院做好监督考察工作。第273条规定的是提起公诉和作出不起诉决定的条件。被附条件不起诉的未成年犯罪嫌疑人，在考验期内有下列情形之一的，人民检察院应当撤销附条件不起诉的决定，提起公诉：实施新的犯罪或者发现决定附条件不起诉以前还有其他犯罪需要追诉的；违反治安管理规定或者考察机关有关附条件不起诉的监督管理规定，情节严重的。被附条件不起诉的未成年犯罪嫌疑人，在考验期内没有上述情形，考验期满的，人民检察院应当作出不起诉的决定。第 275 条规定的是犯罪记录封存制度，是对部分地区推行的未成年人违法犯罪记录“有条件消灭”制度的肯定。该条规定，犯罪的时候不满 18 周岁，被判处 5 年有期徒刑以下刑罚的，应当对相关犯罪记录予以封存。犯罪记录被封存的，不得向任何单位和个人提供，但司法机关为办案需要或者有关单位根据国家规定进行查询的除外。依法进行查询的单位，应当对被封存的犯罪记录的情况予以保密。

修改、完善先前制度的条文有第 267 条、第 270 条和第 274 条。第 267 条规定了未成年犯罪嫌疑人、被告人的法律援助制度。在先前的制度中，对未成年人的指定辩护只适用于审判阶段。第 267 条将此扩大到了侦查和审查起诉阶段，规定：未成年犯罪嫌疑人、被告人没有委托辩护人的，人民法院、人民检察院、公安机关应当通知法律援助机构指派律师为其提供辩护。第 270 条规定了合适成年人在场制度。该条在先前合适成年人在场制度的基础上，明确了如下两点：一是合适成年人的权利，具体包括：到场的法定代理人可以代为行使未成年犯罪嫌疑人、被告人的诉讼权利；到场的法定代理人或者其他人员认为办案人员在讯问、审判中侵犯未成年人合法权益的，可以提出意见；讯问笔录、法庭笔录应当交给到场的法定代理人或者其他人员阅读或者向他宣读；审判未成年人刑事案件，未成年被告人最后陈述后，其法定代理人可以进行补充陈述。二是合适成年人在场制度适用于询问未成年被害人、证人。第 274 条规定的是不公开审理制度。在先前的制度中，14 岁以上未满 16 岁的未成年人犯罪案件，一律不公开审理；16 岁以上未满 18 岁的未成年人犯罪案件，一般也不公开审理。第 274 条将不公开审理制度修改为：审判的时候被告人不满 18 周岁的案件，不公开审理；但是，经未成年被告人及其法定代理人同意，未成年被告人所在学校和未成年人保护组织可以派代表到场。

2012 年 10 月，最高人民检察院颁布《关于进一步加强未成年人刑事检察工作的决定》。2012 年底，最高人民法院、最高人民检察院和公安部根据 2012 年《刑事诉讼法》分别颁布了修改后的《最高法解释》《最高检规则》和《公安部规定》。2013 年，最高人民检察院修订了《人民检察院办理未成年人刑事案件的规定》。上述司法解释和规范性文件对在实践中贯彻落实《刑事诉讼法》规定的未成年人刑事案件诉讼程序作了详细规定。

2018 年《刑事诉讼法》第 277 条至第 287 条保留了 2012 年《刑事诉讼法》

第266条至第276条规定的“未成年人刑事案件诉讼程序”，没有作任何修改。2019年最高人民检察院修改《最高检规则》，增加规定了未成年人刑事案件与成年人刑事案件分案处理；询问未成年被害人、证人以一次为原则，避免反复询问；未成年犯罪嫌疑人及其法定代理人对拟作出附条件不起诉决定提出异议的处理；被封存犯罪记录的未成年人无犯罪记录证明的出具等内容。

（二）合适成年人在场制度实施中的问题及完善建议

合适成年人在场的主要目的是帮助涉案未成年人消除紧张情绪，保障涉案未成年人在刑事诉讼中供述、陈述及证言的真实性，维护涉案未成年人的合法权益。在实践中，部分地区创造性地组建了合适成年人队伍。但是，该制度在实施中存在合适成年人的选任范围与《刑事诉讼法》的规定不完全一致、法定代理人不应当到场的情形不周延等问题，需要进一步完善。

1. 实施中存在的问题

2010年，中央综治委预防青少年违法犯罪工作领导小组、最高人民法院、最高人民检察院、公安部、司法部、共青团中央联合颁布了《关于进一步建立和完善办理未成年人刑事案件配套工作体系的若干意见》。该意见首次规定在讯问和审判未成年犯罪嫌疑人、被告人时，其法定代理人无法或不宜到场的，可以经未成年犯罪嫌疑人、被告人同意或按其意愿通知其他关系密切的亲属朋友、社会工作者、教师、律师等合适成年人到场。在此之前，部分地区就规定了类似做法。如从2004年开始，上海市检察机关在长宁区、浦东新区等区检察院通过与相关部门沟通协调，聘请由学校教师、共青团干部、专业社工等组成合适成年人队伍。2010年4月，上海市公、检、法、司等部门联合会签《关于合适成年人参与刑事诉讼的规定》，该规定成为全国第一个省级层面的合适成年人制度操作规定。[1]

在2012年《刑事诉讼法》颁布之后，更多的地方陆续组建了合适成年人队伍。如2012年，首都综治委预防青少年违法犯罪专项组联合北京市高级人民法院、北京市人民检察院、北京市公安局、北京市司法局和共青团北京市委员会颁布了《关于在办理未成年人刑事案件中推行合适成年人到场制度的实施办法（试行）》，要求各区县预防青少年违法犯罪专项组暨未成年人保护委员会办公室负责从共青团干部、司法社工、教师、居住地基层组织的代表、律师和其他热心未成年人司法保护工作的人员中组建一支固定的合适成年人队伍，并承担人员

---

〔1〕参见樊荣庆：“上海检察机关合适成年人参与刑事诉讼制度的探索与实践”，载《青少年犯罪研究》2009年第2期，第6页。

招募、任务分配、服务记录、培训指导等日常管理工作。〔1〕2014年江苏省未成年人保护委员会联合江苏省高级人民法院、江苏省人民检察院、江苏省公安厅和共青团江苏省委颁布了《江苏省规范合适成年人参与刑事诉讼活动的实施意见》，要求各级未成年人保护委员会可以联合公安机关、人民检察院、人民法院根据本地区办案需要，从共青团、关工委、社工组织、心理学会、律师协会、学校以及村委会、居委会等组织中选任一定数量的合适成年人，组建合适成年人队伍。〔2〕2016年浙江省人民检察院出台了《检察机关执行合适成年人参与刑事诉讼制度细则》，对合适成年人的选任进行了详细的规定。

合适成年人在场制度在实施过程中存在如下几方面的问题。

第一，合适成年人的选任范围与《刑事诉讼法》的规定不完全一致。根据《刑事诉讼法》第281条的规定，在未成年被追诉人的法定代理人和其他成年亲属都不能到场的情况下，通知未成年被追诉人所在学校、单位、居住地基层组织或者未成年人保护组织的代表到场。该条将合适成年人选任的范围限定为被追诉人所在学校、单位、居住地基层组织或者未成年人保护组织的代表。但是，从上述各地的实际做法来看，除了在学校、单位、居住地基层组织或者未成年人保护组织中选任合适成年人外，还可在共青团干部、教育机构工作人员、司法行政工作人员、司法社工、心理学专家、人民监督员、人民调解员、律师、社会慈善组织人员和其他热心未成年人保护工作的人员中选任合适成年人。

第二，法定代理人不应当到场的情形不周延。根据《刑事诉讼法》第281条规定，通知其他合适成年人到场的情形包括无法通知法定代理人、法定代理人不能到场或者法定代理人是共犯三种情形，但从实践情况看，除了法定代理人与未成年人是共犯之外，法定代理人到场可能影响案件顺利办理时，也不应当到场。

第三，选任合适成年人的人数不明。根据《刑事诉讼法》第281条的规定，

〔1〕根据该办法第7条和第8条的规定，担任合适成年人应同时符合下列条件：具有良好道德品质，身心健康的成年人，且具有较高政治素质和较强社会责任感，热心未成年人工作；具有较强人际沟通能力、一定的社会阅历和较强的思想教育工作能力；热心公益并自愿参与未成年人权益保护和预防未成年人违法犯罪工作；具有一定的法学、心理学、教育学等相关知识。有下列情形之一的，不得担任合适成年人：正在被执行刑罚或者处于缓刑、假释考验期间的人；依法被剥夺、限制人身自由的人；无行为能力人或者限制行为能力人；已接受案件当事人委托的诉讼代理人、辩护人，案件的证人、鉴定人员，相关部门的办案人员及与案件处理结果有利害关系的人；其他不适宜担任合适成年人的人员。

〔2〕根据该意见第8条和第9条的规定，未成年犯罪嫌疑人、被告人所在学校、单位、居住地基层组织以及未成年人保护组织推荐的合适成年人，应当具备下列条件：品行端正、身心健康；在本地区有固定居所；具备一定的沟通和教育能力；具有法律、教育、心理学等相关知识或者从事未成年人教育、保护工作经验的，可以优先考虑。但是，下列人员不得作为合适成年人参与诉讼：无民事行为能力或限制民事行为能力的人；依法被剥夺、限制人身自由以及正在被执行刑罚的人；本案或者与本案有关联案件的诉讼代理人、辩护人；本案证人、鉴定人或者其他与案件有利害关系的人；案件侦查、批捕、起诉、审判机关的工作人员；其他不宜担任合适成年人的人。

相较于其他合适成年人而言，法定代理人具有优先地位；只有在其无法通知、不能到场或者是共犯的情况下，才通知其他合适成年人到场。在法定代理人可以到场时，其他合适成年人不能到场。另外，该规定没有明确到场的其他合适成年人的人数。从我们调研的情况来看，在实践中，法定代理人不能到场时，除了极个别的案件之外，一般只有一名其他合适成年人到场。最高人民法院公报案例“上海市长宁区人民检察院诉李某某盗窃案”有两名合适成年人到场。在该案中，未成年被告人的父亲因正在服刑而无法到庭，其母亲因离家出走杳无音信而无法通知其到庭。法院一方面通知了未成年被告人的伯父作为其成年亲属到庭参与诉讼，另一方面又通知了上海市阳光社区青少年事务中心长宁区工作站社工余某作为其他合适成年人参与诉讼。李某某的伯父提出愿意接纳被告人李某某，并协助法院做好帮教工作，合适成年人余某则在法庭中起到了见证、监督和教育的作用。〔1〕

第四，取证违反合适成年人在场制度时的证据能力不明。根据《刑事诉讼法》第 281 条规定，讯问、询问笔录应当交给在场的合适成年人阅读或者向其宣读。但是，无论是《刑事诉讼法》还是《最高法解释》，都未规定合适成年人缺席时所取得的口供和证言的证据能力。〔2〕

从我国的证据理论来看，合适成年人缺席时所取得的口供和证言属于瑕疵证据。关于具有瑕疵的口供和证言的处理，《最高法解释》第 81 条、第 82 条和第 76 条、第 77 条作了一定规定。〔3〕但是《最高法解释》第 81 条、第 82 条和第 76

---

〔1〕 参见“上海市长宁区人民检察院诉李某某盗窃案”，载 http://gongbao.court.gov.cn/Details/88ef1b05dfa2e3b4d450b2c3f2155e.html，最后访问日期：2020 年 7 月 22 日。

〔2〕 与我国的情形不同，英国《1984 年警察与刑事证据法》规定，在合适成年人未能到场的情况下，不能对未成年人进行逮捕、讯问和控告。警察讯问时若没有合适成年人在场，未成年犯罪嫌疑人的供述不得作为定案的根据。在警察讯问结束后，应当允许合适成年人阅读所有笔录并在笔录上签字，否则讯问笔录将被视为程序违法而予以排除。

〔3〕 关于对具有瑕疵的口供的处理，《最高法解释》第 81 条规定：“被告人供述具有下列情形之一的，不得作为定案的根据：（一）讯问笔录没有经被告人核对确认的；（二）讯问聋、哑人，应当提供通晓聋、哑手势的人员而未提供的；（三）讯问不通晓当地通用语言、文字的被告人，应当提供翻译人员而未提供的。”第 82 条规定：“讯问笔录有下列瑕疵，经补正或者作出合理解释的，可以采用；不能补正或者作出合理解释的，不得作为定案的根据：（一）讯问笔录填写的讯问时间、讯问人、记录人、法定代理人等有误或者存在矛盾的；（二）讯问人没有签名的；（三）首次讯问笔录没有记录告知被讯问人相关权利和法律规定的。”关于对具有瑕疵的证言的处理，《最高法解释》第 76 条规定：“证人证言具有下列情形之一的，不得作为定案的根据：（一）询问证人没有个别进行的；（二）书面证言没有经证人核对确认的；（三）询问聋、哑人，应当提供通晓聋、哑手势的人员而未提供的；（四）询问不通晓当地通用语言、文字的证人，应当提供翻译人员而未提供的。”第 77 条规定：“证人证言的收集程序、方式有下列瑕疵，经补正或者作出合理解释的，可以采用；不能补正或者作出合理解释的，不得作为定案的根据：（一）询问笔录没有填写询问人、记录人、法定代理人姓名以及询问的起止时间、地点的；（二）询问地点不符合规定的；（三）询问笔录没有记录告知证人有关作证的权利义务和法律责任的；（四）询问笔录反映出在同一时段，同一询问人员询问不同证人的。”

条、第 77 条都没有涉及合适成年人缺席时所取得的口供的证据能力问题。实践中对取证违反合适成年人在场制度时证据的证据能力存在不同做法。

2. 完善建议

第一，完善合适成年人的选任范围。建议在《刑事诉讼法》第 281 条规定的选任其他合适成年人的五类范围之外，增加一项兜底规定，即“其他有助于保障未成年人合法权益的人”。这样可以充分保障根据不同涉案未成年人的特点确定适合的合适成年人。

第二，完善法定代理人不应当到场的情形。除了《刑事诉讼法》第 281 条规定的法定代理人是共犯之外，法定代理人不应当到场的情形至少还应当包括：对未成年被追诉人的利益漠不关心的法定代理人；无法调控自己的情绪，阻碍办案人员的正常讯问和审判的法定代理人；是未成年人刑事案件中重要证人的法定代理人等。建议在《刑事诉讼法》第 281 条规定的“无法通知、法定代理人不能到场或者法定代理人是共犯”之后增加“法定代理人不应当到场的其他情形”作为兜底规定。

第三，明确到场的合适成年人人数。为了充分发挥其他合适成年人的作用，不应当在有法定代理人到场的案件中禁止其他合适成年人到场。另外，由于不同的其他合适成年人与未成年被追诉人的关系不同，在由 2 位其他合适成年人到场可以从不同角度发挥教育、感化、挽救未成年人的作用时，可以通知 2 位以上其他合适成年人到场。

第四，明确取证违反合适成年人制度时的证据能力规则。《最高法解释》第 76 条、第 77 条、第 81 条和第 82 条等条文所体现的处理瑕疵证据的基本规则是：当相关瑕疵可能影响证据的真实性时，该瑕疵证据不得作为定案的根据；当相关瑕疵不影响证据的真实性时，对瑕疵进行补正或者作出合理解释后，可以采用该瑕疵证据；对瑕疵不能进行补正或者作出合理解释时，该瑕疵证据不得作为定案的根据。我们认为，应当遵循上述基本规则，在《最高法解释》第 81 条、第 82 条和第 76 条、第 77 条中列举取证违反合适成年人在场制度的相应情形，以为实践提供指引。例如，可以考虑在第 81 条中补充规定一种不得把被告人供述作为定罪依据的情形：“讯问未成年人，应当通知合适成年人到场而未通知的或者通知后合适成年人没有到场的。”

（三）附条件不起诉制度实施中的问题及完善建议

附条件不起诉制度在化解社会矛盾，最大限度地教育、感化、挽救涉罪未成年人，帮助其顺利回归并重新融入社会等方面起到了一定的积极作用。

1. 实施中的问题

附条件不起诉制度实施中存在两大问题：一是适用率较低，二是考察帮教效果有限。

适用率低的具体体现是，2013 年到 2017 年全国附条件不起诉的适用率分别为 3.7%、5.2%、5.6%、7.5%、9.5%，平均适用率仅为 6%。[1]适用率较低的主要原因有如下几方面。

第一，罪名范围狭窄。附条件不起诉仅适用于未成年人涉嫌《刑法》分则第四章、第五章、第六章规定的罪名，对《刑法》分则其他任何章节的罪名均不适用。从实践情况来看，未成年人涉及下列罪名较多：《刑法》分则第二章“危害公共安全罪”中的失火罪，交通肇事罪以及其他过失犯罪，《刑法》分则第三章“破坏社会主义市场经济秩序罪”中的持有、使用假币罪，信用卡诈骗罪，非法制造发票罪等。但是，由于这些罪名不属于《刑法》分则第四章、第五章、第六章规定的罪名，这些案件均不能适用附条件不起诉制度。

第二，适用程序严格，考察帮教工作量大，检察官适用积极性不高。适用附条件不起诉通常采用三级审批模式。[2]有些地方还规定听取人民监督员意见的程序。[3] 另外，适用附条件不起诉时，考察帮教需要检察机关主导，沟通联系社会力量支持以及协调多部门之间协作，检察官的工作量大。[4]因此，检察官对适用附条件不起诉的积极性普遍不高。

第三，适用条件与相对不起诉有交叉。相对不起诉适用于“依照刑法规定不需要判处刑罚或者免除刑罚”的案件，附条件不起诉适用于“可能判处一年有期徒刑以下刑罚”的案件。由于对可能判处的刑罚的裁量往往具有一定的灵活性，两种不起诉的适用范围会存在一定的交叉。实践中，很多检察机关对既可以适用相对不起诉，也可以适用附条件不起诉的案件，往往会优先适用相对不起诉，而不是附条件不起诉，这是因为相对不起诉的适用程序相对简单，没有监督考察的规定，也没有适用范围、适用对象的严格限制。这在一定程度上减少了附条件不起诉在司法实践中的适用空间。[5]

另外，考察帮教效果有限，原因主要是：其一，实践中适用的附带条件大多是一般性的公益劳动、不得夜不归宿、接受法制教育和品德教育等笼统要求，个别化与针对性程度不高。其二，《刑事诉讼法》及相关司法解释只规定未成年犯罪嫌疑人违反附带条件造成严重后果，或者多次违反附带条件的，人民检察院应

---

〔1〕 参见何挺：“附条件不起诉制度实施状况研究”，载《法学研究》2019 年第 6 期，第 153 页。

〔2〕 如《江苏省人民检察院附条件不起诉工作暂行规定》。

〔3〕 如《义乌市人民检察院附条件不起诉实施细则（试行）》。

〔4〕 参见何挺、李珞珈：“附条件不起诉监督考察的主体：基于参与观察的研究”，载《国家检察官学院学报》2017 年第 3 期，第 38 页。

〔5〕 洪浩等：“湖北省检察机关实施刑事诉讼法情况的调研报告——以未成年人刑事检察工作为例”，载卞建林主编：《修改后的刑事诉讼法实施情况调查与研究》，中国检察出版社 2016 年版，第 201-202 页。

当撤销附条件不起诉的决定，提起公诉；没有规定不履行附带条件的其他阶梯式惩戒措施。这在一定程度上影响了监督考察的效果。其三，社会支持体系不健全。观护帮教工作主要为未成年犯罪嫌疑人提供生活保障、心理疏导、不良行为矫治等具体服务，往往涉及对涉罪未成年人的心理咨询、专业技能培训、戒毒治疗、戒瘾治疗以及家庭教育等多种不同领域的内容，专业要求较高。[1]然而，实践中缺乏类似企业、协会等长期合作的观护、帮教基地，并且现有的观护基地条件也十分有限，大多只能解决未成年人的食宿等基本生活需求，而具备技能培训、就业指导、心理咨询以及不良行为矫治等服务的体系化观护基地非常少。由于社会参与主体的多样性远远跟不上未成年人矫治需求的多样性，因此，实践中一般无法根据未成年人的个人情况来制定针对性强的考察帮教方案，大都是按照观护单位的现实情况来“将就”。“当前少年检察工作的形式主义明显，不能根据具体个案随机应变，使得很好的制度规定难以产生应有的效果。”[2]

2. 完善建议

第一，完善适用条件。应当合理确定附条件不起诉制度适用的罪名范围。《刑法》分则不同章节的划分通常以高度抽象的犯罪客体或法益为标准。犯罪的客体不一定能够反映犯罪的危害程度大小。[3]《刑法》分则第四章、第五章、第六章犯罪的危害程度完全可能比一些危害公共安全、破坏社会主义市场经济秩序等章节的犯罪更为严重。抢劫罪、强奸罪这类重罪案件都可以适用附条件不起诉，而法定最高刑仅是拘役的危险驾驶罪以及属于过失犯罪的交通肇事罪却排除在该制度的适用范围外，导致附条件不起诉在罪名适用体系上的不协调。[4]一种可行的修改方案是，从绝对不能适用的罪名进行反向规定，例如明确规定危害国家安全、恐怖活动犯罪等少数几种罪名不适用附条件不起诉，除此之外都可以适用。更为彻底的修改方案可能是，取消对适用罪名的限制，由检察官根据案件的具体情况裁量决定是否适用附条件不起诉。[5]

第二，简化决定程序，完善业绩考核办法。2015 年最高人民检察院颁布了《关于完善人民检察院司法责任制的若干意见》，该意见提出推行检察官办案责任制，实行检察人员分类管理，赋予员额检察官在职权范围内独立对案件作出决定的权力，并明确了相应的司法责任。司法责任制改革的推行，赋予检察官适用

---

〔1〕 参见宋志军：“附条件不起诉社会支持的深化”，载《国家检察官学院学报》2017 年第 3 期，第 62-63 页。

〔2〕 狄小华：《中国特色少年司法制度研究》，北京大学出版社 2017 年版，第 262 页。

〔3〕 参见高铭暄、马克昌：《刑法学》，北京大学出版社 2014 年版，第 312 页。

〔4〕 参见刘宪权、何俊：“附条件不起诉的体系性适用”，载《青少年犯罪问题》2016 年第 3 期，第 21 页。

〔5〕 参见何挺：“附条件不起诉适用对象的争议问题：基于观察发现的理论反思”，载《当代法学》2019 年第 1 期，第 153 页。

附条件不起诉的决定权，与此同时，需要严格适用附条件不起诉的事后异议审查机制，以实现对附条件不起诉裁量权的规制。[1]另外，由于需要对被附条件不起诉的未成年犯罪嫌疑人进行考察帮教，适用附条件不起诉的工作量大于提起公诉、相对不起诉的工作量，因此需要完善相应的业绩考核办法。

第三，细化相对不起诉与附条件不起诉的适用标准。两种不起诉的选择通常需要考虑如下因素判断监督考察的必要性：主观恶性和对错误的认识程度；是否有前科；涉嫌的罪名和具体情节；再犯风险；未成年人的毕业、升学等特殊情况。为了规范和指导实践中附条件不起诉与相对不起诉的运用，为司法实践提供相对明确、具体的操作准则，省级检察机关可以对部分常见的未成年人犯罪进行总结，结合不同的情形制定适用意见，出台常见罪名的相对不起诉与附条件不起诉适用标准，形成规范性文件。在这方面可以借鉴北京市的做法。北京市结合本地区的实际情况，制定了《北京市检察机关未成年人涉罪案件相对不起诉和附条件不起诉适用标准（试行）》，细化了未成年人涉罪案件适用相对不起诉、附条件不起诉的判断标准，为辖区内检察机关办理未成年人涉罪案件提供了清晰的参考。

第四，提高附带条件的个别化与针对性程度。附带条件为引入一系列个别化、有针对性的教育矫治措施提供了制度空间，是实现特殊预防的关键所在。应当根据附带条件所具有的不同作用，结合未成年人的需求，考虑当地社会支持体系的实际情况，提高具体案件中附带条件的个别化和针对性程度，以更好地发挥附条件不起诉的特殊预防功能。

第五，完善不履行附带条件的惩戒措施。针对尚未达到撤销附条件不起诉，提起公诉程度的不履行附带条件行为，应当根据不同程度构建阶梯式的惩戒措施，可包括警告、训诫、延长考察期限、惩戒性的临时羁押措施等。对于监督考察期内不履行相应监管义务的监护人，同样可以考虑适用警告、训诫、罚款等惩戒措施。这样可以强化监督考察的威慑力。

第六，开拓社会支持体系。应当鼓励相关机构和单位，尤其是相关专业社会力量和相关专门团体成为监督考察的支持机构。这样才能够增加监督考察方式的多样性，提升附带条件的个别化与针对性程度。[2]部分地区在这方面已经形成了一定的经验。以北京市为例，门头沟区人民检察院以义工观护制度为中心，创

---

〔1〕 参见谢登科：“集权与制衡：论附条件不起诉中的权力配置”，载《中南大学学报（社会科学版）》2016 年第 1 期，第 87 页。

〔2〕 附条件不起诉的社会支持体系应当覆盖未成年人的委托照管或代理监护、心理咨询和疏导、不良行为的矫正服务、提升未成年人社会适应能力的服务和强化社会支持网络的服务等方面。参见宋志军：“附条件不起诉社会支持的深化”，载《国家检察官学院学报》2017 年第 3 期，第 61-72 页。

建固定场所与非固定场所相结合的考察基地；〔1〕西城区人民检察院针对不同的附条件不起诉对象适用不同的考察场所；〔2〕海淀区人民检察院委托具有相应资质的专职司法社工对附条件不起诉对象进行考察帮教；石景山区人民检察院依托“社区青年汇”对附条件不起诉对象进行考察管理。〔3〕

（四）犯罪记录封存制度实施中的问题及完善建议

《刑事诉讼法》规定的犯罪记录封存制度包括三方面的内容：一是适用条件。犯罪的时候不满 18 周岁，被判处五年有期徒刑以下刑罚的，应当对相关犯罪记录予以封存。二是犯罪记录封存的效力。犯罪记录被封存的，不得向任何单位和个人提供。三是犯罪记录封存的例外。司法机关为办案需要或者有关单位根据国家规定可以查询被封存的犯罪记录。依法进行查询的单位，应当对被封存的犯罪记录的情况予以保密。犯罪记录封存制度的目的是通过将犯罪后果较轻的涉罪未成年人的犯罪记录予以封存，弱化未成年人被贴上犯罪标签的风险，避免相关信息对其未来生活带来不利影响，保证其在求学、求职等过程中不受歧视，促使涉罪未成年人顺利回归并重新融入社会。

1. 实施中的问题

公安司法机关对未成年人的犯罪记录进行了封存，对封存的犯罪记录卷宗实行专门的管理及查询制度，有些地方还专门出台了与此相关的规定。〔4〕犯罪记录封存制度在实施中存在的主要问题是，对犯罪记录封存例外情形的理解上存在以下分歧。

第一，被封存的未成年犯罪记录是否可以作为从重处罚的依据？有些案件将

---

〔1〕 该监督考察制度以义工观护制度为中心，创建了固定场所考察基地（如扬帆义工培育基地、扬帆军检观护基地）和非固定场所考察基地（如义工社会公益活动基地、社会调查及心理教育基地），考察管理相对灵活。

〔2〕 对于在校学生，主要在学校进行考察管理；对于本市户籍的非在校学生及非北京籍在京有监护条件的未成年人，通过参加公益劳动等方式进行考察管理；对于非北京籍在京无职业、无固定住所、无监护条件的未成年人，由企业负责人员传授必要的劳动技能，并提供食宿，支付必要的生活补贴进行考察。参见张庆祥、刘玉霞等：“附条件不起诉对象的考察与管理”，载苗生明、叶文胜主编：《附条件不起诉的理论与实践》，法律出版社 2015 年版，第 144-148 页。

〔3〕 参见张庆祥、刘玉霞等：“附条件不起诉对象的考察与管理”，载苗生明、叶文胜主编：《附条件不起诉的理论与实践》，法律出版社 2015 年版，第 144-148 页。

〔4〕 如《天津市高级人民法院未成年人犯罪记录封存实施办法（暂行）》规定：“档案管理部门对封存的案卷材料实行专人、专柜管理，有条件的法院还可以设立单独的档案库。”《北京市关于未成年人犯罪记录封存的实施办法（试行）》规定：“公安机关、人民检察院、人民法院和司法行政机关应当在其封存的犯罪记录卷宗封面加盖‘未成年人犯罪记录封存’印章等明显标识，并单独存放或者建立专门的档案库进行封存，实行专门的管理及查询制度。”《浙江省未成年人犯罪记录封存实施办法（试行）》规定：“人民法院、人民检察院、公安机关、司法行政机关应当建立专门的未成年人犯罪记录封存档案库，并实行专门的管理及查询制度。封存的档案封面应加注‘未成年人犯罪记录封存’字样。”

被封存的未成年犯罪记录作为从重处罚的依据。如在丹某诈骗案中，法院认为，被告人丹某未成年时曾犯抢劫罪被判处刑罚，虽然因特赦被依法解除社区矫正，但未成年人犯罪记录封存及免除前科报告义务是在一定条件下和一定范围内实行的，前科封存不等于消灭，更不能视为自始不存在。法院最终支持了公诉机关关于被告人丹某具有犯罪前科，可酌情从重处罚的公诉意见。[1]又如在王某某贩卖毒品案中，法院认为刑事诉讼法规定的封存制度只是附条件实施的，并不能否认未成年人犯罪前科的存在，因此被告人的犯罪前科可以作为酌情从重处罚的依据。[2]与上述案件中的做法相反，有些案件没有将被封存的未成年人犯罪记录作为从重处罚的依据。如在潘某某盗窃案中，法院认为，对被告人犯罪前科中已被封存的犯罪记录，不实行前科报告制度，公诉机关查明的该前科在量刑时不应予以评价。[3]

有些案件的一审和二审集中体现了上述两种相反的观点。如在田某盗窃案中，一审法院认为被封存的未成年人犯罪记录可以作为从重处罚的依据；二审法院持相反的观点，认为原判以被告人存在犯罪前科为由对其酌情从重处罚不当，被告人虽有犯罪记录但系未成年时所犯，且刑期为有期徒刑二年，属于依法强制封存的范畴。原判将依法应当强制封存的犯罪记录作为酌定从重处罚的依据，明显错误，应予纠正。[4]

第二，被封存的未成年人犯罪记录是否可以作为认定毒品再犯的依据？有些案件将被封存的未成年人毒品犯罪记录作为构成毒品犯罪再犯的依据。如在陆某贩卖毒品案中，辩护人认为陆某在 2010 年 5 月因贩卖毒品罪被判刑时系未成年人，依法应当封存犯罪记录，前科不能作为构成毒品再犯的依据。法院以该辩护意见与法律相关规定不符为由，认定陆某构成毒品再犯，应当从重处罚。[5]与此相反，有些案件认为不能将被封存的未成年人毒品犯罪记录作为构成毒品犯罪再犯的依据。如在刘某某贩卖毒品案中，公诉机关指控被告人系毒品再犯，但法院查明被告人曾经的毒品犯罪记录已被封存，故判定不得将封存的未成年人犯罪记录作为从重处罚的依据，没有支持公诉机关毒品再犯的主张。[6]

第三，未成年人犯罪记录可否作为降低追诉标准的依据？最高人民法院、最

---

〔1〕 参见青海省民和回族土族自治县人民法院（2017）青 0222 刑初 165 号刑事判决书。

〔2〕 参见四川省华蓥市人民法院（2014）华蓥刑初字第 27 号刑事判决书。

〔3〕 参见湖南省株洲县人民法院（2017）湘 0221 刑初 59 号刑事判决书。

〔4〕 参见贵州省铜仁市中级人民法院（2017）黔 06 刑终 222 号刑事判决书。类似的案件，参见湖北省恩施土家族苗族自治州中级人民法院（2017）鄂 28 刑终 233 号刑事判决书。

〔5〕 参见四川省内江市市中区人民法院（2014）内中刑初字第 68 号刑事判决书。

〔6〕 参见四川省达州市达川区人民法院（2016）川 1703 刑初 106 号刑事判决书。

高人民检察院联合出台了办理抢夺、盗窃、敲诈勒索案件的司法解释，〔1〕对于行为人多次犯同种或同类犯罪，相应的追诉标准可以降低，即“减半处罚”。如果未成年人实施上述犯罪，犯罪记录依法被封存，之后再次实施上述犯罪，法律及司法解释没有明确该封存的犯罪记录是否可以作为对其降低追诉标准的依据，实践中也存在很大争议。例如在黄某涉嫌盗窃一案中，被告人黄某17岁时因盗窃被判处有期徒刑二年，22岁时盗窃了一辆摩托车，经鉴定该摩托车价值1300元，但尚未达到该地盗窃罪2000元的追诉标准。公诉机关认为，依据“减半处罚”的规定，黄某曾因盗窃受过刑事处罚，本案中“数额较大”的标准可以按照1000元确定，因此黄某构成盗窃罪，依法应当追究其刑事责任。法院审理后认为，黄某前罪已经依法被封存，不应将黄某未成年时的盗窃罪在后罪中作出不利的评价，故不能认定其构成犯罪。〔2〕又如李某涉嫌抢夺一案中，李某是1990年3月7日出生，因犯抢劫罪于2007年6月9日被河北省沽源县人民法院判处有期徒刑三年。2014年9月20日，李某在沽源县商业街上，趁被害人不备，将其随身背包夺走，内有现金1342元，当地抢夺罪“数额较大”的标准是2000元。对此，有意见认为，根据“减半处罚”的规定，李某曾经犯抢劫罪，本案抢夺罪“数额较大”的标准可以按照1000元确定。因此，李某构成抢夺罪。〔3〕

第四，如何理解“有关单位根据国家规定查询”被封存的犯罪记录？我国法律、法规以及行政规章中设置了十分宽泛的从业资格禁止规定，据有关学者统计，全国层面的从业资格限制规定高达51条之多。〔4〕单位在招聘时发放的入职申请表、应聘人员登记表等往往要求应聘人员填写“有无刑事记录”，并要求填表人承诺“若资料填写有虚假成分，须承担相应责任”。有的应聘人员如实填写了自己未成年时受过的刑事处罚信息，即便该犯罪记录属于被封存的，单位也不会录用此类有前科的人。这导致封存制度对于保障涉罪未成年人顺利回归社会的现实意义十分有限。

2. 完善建议

首先，司法机关为办案需要可以查询被封存的犯罪记录，但是不能将其作为量刑情节，不能作为毒品再犯和降低追诉标准的依据。如果允许司法机关使用查

〔1〕 参见《最高人民法院、最高人民检察院关于办理抢夺刑事案件适用法律若干问题的解释》（法释〔2013〕25号），《最高人民法院、最高人民检察院关于办理盗窃刑事案件适用法律若干问题的解释》（法释〔2013〕8号），《最高人民法院、最高人民检察院关于办理敲诈勒索刑事案件适用法律若干问题的解释》（法释〔2013〕10号）。

〔2〕 参见陈苏豪：“论未成年人犯罪记录封存的诉讼效力”，载《学术论坛》2016年第3期，第101页。

〔3〕 参见张红强：“未成年犯罪记录封存能否作为其成年后入罪标准”，载 http://www.law-lib.com/lw/lw_ view.asp? no=26822，最后访问日期：2018年2月20日。

〔4〕 参见袁婷：“公民职业资格该不该受限”，载《民主与法制时报》2011年1月31日，第A06版。

询到的犯罪记录，那么犯罪记录封存制度就失去了其应有的价值。最高人民法院2017年3月9日颁布的《关于常见犯罪的量刑指导意见》（法发〔2017〕7号）规定，前科犯罪为未成年时实施的，封存的犯罪记录不得作为从重处罚的量刑情节。[1]在司法实践中，应当严格执行这一规定。根据《刑法》第65条规定，犯罪分子在未成年期间所犯的罪行，不作为认定累犯的依据。但是《刑法》第356条在规定毒品再犯时没有对未成年人犯罪作例外规定。该条只规定，因走私、贩卖、运输、制造、非法持有毒品罪被判过刑，又犯走私、贩卖、运输、制造、非法持有毒品罪的，从重处罚。另外，最高人民法院、最高人民检察院关于办理抢夺、盗窃、敲诈勒索案件的司法解释也没有明确封存的犯罪记录是否可以作为降低追诉标准的依据。我们认为，为了充分实现犯罪记录封存制度的价值，封存的犯罪记录不能作为毒品再犯和降低追诉标准的依据。

其次，明确"有关单位根据国家规定查询"的适用范围。一是要明确"国家规定"的范围。根据《刑法》第96条关于"违反国家规定"的规定，"国家规定"是指全国人民代表大会及其常务委员会制定的法律和决定，以及国务院制定的行政法规、规定的行政措施、发布的决定和命令。考虑到一些职业的特殊性，如公务员、法官、检察官、公证人员等有严格专业技术和职业素养要求的职业，相关法律通常设有禁止曾因犯罪受过刑事处罚的人从事该类职业的规定。只有在上述情况下，有关单位才可以在招录特定岗位人员时，依据"全国人民代表大会及其常务委员会制定的法律和决定，国务院制定的行政法规、规定的行政措施、发布的决定和命令"查询应聘人员是否存在违反从业规定的情形，审查决定是否录用。二是要免除未成年时期的前科报告义务，相关人员在入伍、就业等过程中无须汇报自己未成年时的犯罪前科，并且可以在"是否具有犯罪前科"一栏中填写"无犯罪记录"。三是如果被封存犯罪记录的人申请为其出具无犯罪记录证明的，相关机关应当出具无犯罪记录的证明。

二、当事人和解的公诉案件诉讼程序

2012年修改《刑事诉讼法》时，用三个条文的篇幅增加了当事人和解的公诉案件诉讼程序，主要内容包括刑事和解的条件和案件范围、公安司法机关对刑事和解的审查以及刑事和解对案件最终处理的影响。根据参与立法相关人员的解释，之所以增加这一特别程序，原因有二：一是通过刑事和解化解社会矛盾；二

---

〔1〕 2017年《最高人民法院关于常见犯罪的量刑指导意见》规定："对于有前科的，综合考虑前科的性质、时间间隔长短、次数、处罚轻重等情况，可以增加基准刑的10%以下。前科犯罪为过失犯罪和未成年人犯罪的除外。"

是通过立法防止刑事和解被滥用。[1]2012 年《刑事诉讼法》确立的刑事和解程序有何特征？刑事和解程序在司法实践中的实施状况如何？刑事和解程序实施中存在哪些争议问题？未来应当如何完善刑事和解程序？本部分将对这些问题加以探讨。

（一）法律规范考察

1.《刑事诉讼法》有关刑事和解的规定

2012 年《刑事诉讼法》第 277—279 条对刑事和解进行了规定。第 277 条规定了刑事和解的适用条件、案件范围以及除外情况。根据该条规定，公诉案件当事人和解应当符合两个条件：第一，犯罪嫌疑人、被告人真诚悔罪，通过向被害人赔偿损失、赔礼道歉等方式获得被害人谅解。第二，被害人自愿和解。当事人和解的案件范围包括两类案件：一是因民间纠纷引起的，涉嫌《刑法》分则第四章、第五章规定的犯罪案件，可能判处三年有期徒刑以下刑罚的；二是除渎职犯罪以外的可能判处七年有期徒刑以下刑罚的过失犯罪案件。犯罪嫌疑人、被告人在五年以内曾经故意犯罪的，不适用刑事和解程序。

第 278 条是关于公安司法机关对当事人和解的审查并主持制作和解协议书的规定。首先是双方当事人达成和解；其次是当事人以书面或者口头形式向公安司法机关陈述，公安司法机关听取当事人和其他有关人员的意见，对和解的自愿性、合法性进行审查；最后，经审查，公安司法机关认为和解是双方自愿达成的且内容合法，符合立法规定的适用条件的，应当主持制作和解协议书，由双方签字。

第 279 条是关于当事人和解的法律后果的规定。对于在侦查阶段达成和解协议后移送人民检察院审查起诉的案件，公安机关可以向人民检察院提出从宽处理的建议。对于在侦查阶段或者审查起诉阶段达成和解协议并且决定提起公诉的案件，人民检察院可以向人民法院提出从宽处罚的建议；如果犯罪情节轻微，不需要判处刑罚的，可以作出不起诉的决定。对于在审前阶段达成和解协议后提起公诉的案件以及在审判阶段达成和解协议的案件，人民法院可以依法对被告人从宽处罚。

2. 2012 年《最高法解释》有关刑事和解的规定

2012 年《最高法解释》第二十一章对刑事和解程序作了补充或细化的规定。第 496 条补充了刑事和解的适用条件，规定了达成刑事和解的方式。适用刑事和解的案件，除符合《刑事诉讼法》第 277 条的规定外，还应当满足事实清楚、证据充分的要求。达成和解的方式有三种：当事人自行和解；人民法院主持双方当

[1] 参见全国人大常委会法制工作委员会刑法室编：《关于修改中华人民共和国刑事诉讼法的决定——条文说明、立法理由及相关规定》，北京大学出版社 2012 年版，第 340 页。

事人协商以达成和解；人民法院邀请人民调解员、辩护人、诉讼代理人、当事人亲友等参与促成双方当事人和解。第 497 条是关于被害方和解主体的规定。对于被害人已经死亡的，其近亲属可以与被告人和解，被害人系无行为能力或者限制行为能力人的，其法定代理人、近亲属可以代为和解。第 498 条是关于被告方代为和解的规定。以上两条规定事实上扩大了刑事和解的主体范围。第 499 条是关于人民法院对公安机关、人民检察院主持制作的和解协议书如何审查处理的规定，该规定明确，只有当事人提出异议的，人民法院才“应当”审查和解协议。第 500 条对审判阶段双方当事人达成和解的，人民法院如何审查和解协议作了规定。第 501 条是关于和解协议书内容、生效等的规定，该条对和解协议书能否涉及被告人的量刑问题，和解协议书是否需审判人员签名、是否加盖人民法院印章，和解协议内容是否可以保密以及和解协议生效时间等争议问题予以规定。第 502 条是关于和解协议应当即时履行以及履行后不得反悔原则的规定。第 503 条是关于和解协议履行后不再受理附带民事诉讼的规定。第 504 条是和解协议不能即时履行应如何处理的规定。第 505 条是对达成刑事和解的被告人如何从宽的规定，从宽既可以是刑罚执行方式上的从宽，即适用非监禁刑；也可以是实体刑罚上的从宽，即对被告人从轻、减轻或者免除刑事处罚。第 506 条是关于和解案件裁判文书内容的规定，即“达成和解协议的，裁判文书应当作出叙述，并援引刑事诉讼法的相关条文”。

3. 2012 年《最高检规则》有关刑事和解的规定

2012 年《最高检规则》第十三章第二节对刑事和解程序予以了细化。第 510 条增加规定了当事人和解的适用条件，对“犯罪前五年内曾故意犯罪”进行了解释。第 511 条、第 512 条是关于代为和解的规定。第 513 条是关于刑事和解的内容的规定。第 514 条对达成和解协议的方式进行了规定，即双方当事人可以自行达成和解，也可以经人民调解委员会、村民委员会、居民委员会、当事人所在单位或者同事、亲友等组织或者个人调解后达成和解。第 515 条是有关检察机关对和解的自愿性和合法性进行审查的规定。第 516 条是有关和解协议书的内容、检察人员在和解协议书上是否签字以及和解协议书是否加盖人民检察院印章、和解协议书的份数等的规定。第 517 条是关于和解协议的履行时间问题，该条明确规定，确实难以一次性履行的，在被害人同意并提供有效担保的情况下，也可以分期履行。第 518 条至第 521 条第 1 款是关于刑事和解的法律后果的规定。第 521 条第 2—3 款是关于当事人反悔的规定。第 522 条是关于和解协议无效及其后果的规定。

2019 年《最高检规则》仅对刑事和解程序相关条文中的个别用词予以了修改，对实质内容则没有任何修改。

4. 2012 年《公安部规定》有关刑事和解的规定

2012 年《公安部规定》第十章第二节对刑事和解程序予以了细化。第 322 条以立法为依据规定了刑事和解的适用条件、案件范围和除外规定。第 323 条对不属于民间纠纷的情形予以列举。第 324 条规定公安机关对和解的自愿性、合法性进行审查。第 325 条是有关公安机关主持制作和解协议书的规定。第 326 条是有关和解协议书内容以及和解协议履行时间的规定。第 327 条是有关和解协议后果的规定。

比较立法和相关解释，可以发现，相关解释具有以下特点：（1）通过对适用刑事和解的条件进行解释，限缩了可以适用刑事和解程序的案件范围，2012 年《最高法解释》、2012 年《最高检规则》和 2012 年《公安部规定》对可以和解的公诉案件范围均有一定的限制，如增加“案件事实清楚，证据确实、充分”的条件。（2）相关解释在一些问题上存在不同规定，例如，对于未能即时履行和解协议的情况，2012 年《最高检规则》除要求一次性履行外，还有分期履行的规定。又如，关于当事人反悔的最后时间节点问题，2012 年《最高法解释》和 2012 年《最高检规则》也有不同规定。（3）明确了公安司法机关在刑事和解程序中的职责，即主持制作和解协议书，对和解的自愿性、合法性进行审查。（4）明确了公安司法机关适用刑事和解程序的具体细则。（5）明确了和解协议书的内容、和解协议的履行时间、对和解协议的反悔以及和解协议是否可以保密等具体问题。（6）进一步明确了和解的后果，即对何谓“从宽处罚”进行了解释。

我们认为，2012 年《刑事诉讼法》在立法上正式确立了刑事和解程序，具有重要的意义。首先，以立法形式确立刑事和解程序，有助于对以国家利益为中心的司法观进行一定的调整。〔1〕虽然在立法确立刑事和解程序之前，与刑事和解相关的制度实践在附带民事诉讼的处理过程中已经出现，但这种情形的存在主要是由于法官的自由裁量权以及实践中将附带民事诉讼的赔偿作为一种酌定量刑情节。而在刑事和解程序中，当事人则可以对刑事诉讼程序的进程产生一定的影响，这与单纯地将民事赔偿作为酌定量刑情节有很大的区别。其次，与附带民事诉讼仅强调物质赔偿不同，刑事和解还强调加害方的赔礼道歉和被害方的谅解，强调社会关系的修复。如果这种精神层面上的要求能够得到实现，则意味着刑事和解程序更有利于社会秩序的恢复，更有助于实现社会和谐。最后，刑事和解程序的最大制度突破是关于“从宽处罚”的司法解释。根据 2012 年《最高法解释》第 505 条的规定，这里的“从宽处罚”，既可以是刑罚执行方式上的从宽，

〔1〕有学者认为，以往，占据人们理解中心的，乃是某种国家主义的、诉讼主义的刑事司法观。参见杜宇：《理解“刑事和解”》，法律出版社 2010 年版，第 146 页。

也可以是从轻、减轻或者免除刑事处罚。

当然，不可否认的是，2012 年《刑事诉讼法》及相关解释或者规定中确立的刑事和解程序还存在诸多不足。第一，刑事和解的案件范围过于狭窄。这使得《最高法解释》所规定的可以“减轻”处罚的意义大打折扣。第二，刑事和解的启动主体较为模糊，公安司法机关在刑事和解中到底起什么作用仍不明确，和解协议的效力不明确。一方面，公安司法机关工作人员在刑事和解程序中仅承担和解协议制作主持人的角色；另一方面，公安司法机关工作人员还要对和解协议进行审查，在已达成和解协议且已经履行的情况下，公安司法机关工作人员“可以”从宽处理而非“应当”从宽处理。第三，对刑罚执行阶段是否允许刑事和解的问题没有规定，这在一定程度上不利于加害人的改造和被害人利益的维护。第四，刑事和解的履行方式存在不足，主要履行方式是金钱赔偿。第五，相关解释在一些问题上的规定不一致，可能会影响刑事和解程序的适用。例如，在达成和解协议后是否必须立即履行、是否允许反悔等问题。

（二）实施中的问题

2012 年《刑事诉讼法》实施后，很多学者对刑事和解制度的实施情况进行了调研并发现了刑事和解制度在司法实践中存在的问题。例如，2015 年，笔者所在课题组在浙江、江苏、安徽等多个省市调研发现，刑事和解在实践中存在以下问题：（1）在适用案件范围上，现行法律限制得过于严格。（2）被害人漫天要价的现象较为普遍。（3）部分被害人在案件发生后，往往抱着能得到一点赔偿是一点的想法，导致“自愿、谅解”的意思表示可能并非其内心的真实想法。（4）刑事和解容易给被告人和社会公众留下可以“花钱买刑”的印象，公安司法人员在适用上有顾忌。（5）为了促成刑事和解，公安司法机关可能会耗费大量人力、物力和时间，导致诉讼效率低下。（6）部分司法人员对于刑事和解与附带民事诉讼调解的关系认识不清，在操作方法和法律效果上将二者混同。个别地方存在超范围适用刑事和解的现象。[1]有学者在考察四川成都、宜宾、绵阳三地检察机关公诉环节进行的刑事和解后也发现了类似的一些问题。[2]宋英辉教授的调研结果显示，刑事和解案件数量呈现上升趋势，但总体规模偏小；从微观来看，沿用附带民事调解的习惯做法过多，刑事和解工作亟待深入推进；具体来说，刑事和解程序存在适用刑事和解的案件范围过窄、经济赔偿在达成和解中分量过重、加害人与被害人真诚交流的平台尚未建立、从宽处罚的力度较小、和

---

〔1〕 参见孙长永、闫召华：“新刑事诉讼法实施情况调研报告（2015）”，载孙长永主编：《刑事司法论丛》（第 3 卷），中国检察出版社 2015 年版，第 515 页。

〔2〕 参见吴卫军、乔明祥：“公诉环节刑事和解制度运行状况实证分析——以四川省检察机关不起诉为例”，载《河北大学学报（哲学社会科学版）》2017 年第 5 期，第 158 页。

解程序启动难等多种问题。[1]

综合学界的调研成果，我们认为，2012 年《刑事诉讼法》确立的刑事和解制度在实施中存在以下一些问题。

第一，由于立法规定的刑事和解适用范围有限，一些公安司法机关不愿意适用这一制度，或者一些公安司法机关突破法律规定适用这一制度。对于前一种情形，调研过程中，很多公安司法人员均有明确表示。对于后一种情形，由于刑事和解与附带民事诉讼调解在很多方面具有类似性，且由于法官自由裁量权的存在，很难确定到底有多少案件突破立法规定的适用范围。

第二，刑事和解在一些地方异化为单纯的物质赔偿，赔礼道歉、真心悔罪等不受重视，或者仅具有形式性，且这一现象具有一定的普遍性。

第三，刑事和解的自愿性与公平性缺乏有效保障。司法实践中，一些案件的被害方之所以接受和解，主要是为了获得足额的经济赔偿以缓解经济压力，内心是否自愿很难判断。与此同时，经济困难的加害人往往缺乏和解的机会。

司法实践中之所以会出现上述问题，有以下原因：首先，实践中存在不区分刑事和解与附带民事诉讼调解、立法上的和解与事实上的和解的现象。对此，有学者认为，2012 年修正《刑事诉讼法》之前，附带民事诉讼基本上可以和实践中的刑事和解制度（程序）等同，2012 年《刑事诉讼法》确定的刑事和解（制度）程序则小于附带民事诉讼的范围；也正因如此，刑事和解（制度）程序在新法颁布后却运用不多，而附带民事诉讼仍然存在于各种类型的刑事案件中（包括死刑、无期徒刑等重罪案件），因而，其没有也无法挑战、撼动附带民事诉讼的地位。[2]此外，一些法官往往将刑事和解结案的案件当作附带民事诉讼调解结案，没有引用相关的法律条文。[3]由于不区分刑事和解与附带民事诉讼调解、立法上的和解与事实上的和解，我们无法准确判断司法实践中到底有多少案件在事实上是通过刑事和解程序进行处理的。其次，刑事和解之所以给人“以钱买刑”的印象，主要原因有二：一是不注重悔罪与赔礼道歉，达成和解的因素往往是功利性的，被告人一方是为了避免处罚或者获得较轻的处罚，被害人一方则主要是为了获得赔偿或者获得较多的赔偿。二是缺乏相应的帮教机制，犯罪嫌疑人被酌定不起诉后无须承担其他附加义务，导致刑法的特殊预防功能受限。[4]最后，刑事和解的自愿性、公平性缺乏保障，除了立法和相关规定中缺乏审查加害

---

〔1〕 参见卞建林、陈卫东等：《新刑事诉讼法实施问题研究》，中国法制出版社 2017 年版，第 278-280 页。

〔2〕 蒋志如：《刑事特别程序研究》，法律出版社 2016 年版，第 282 页。

〔3〕 参见卢祖新、贾科、欧明艳：“刑事和解审判程序之现实处境与完善进路——基于新刑诉法实施后运行状况的实证考察”，载《法律适用》2017 年第 11 期，第 78 页。

〔4〕 参见宋英辉主编：《刑事和解实证研究》，北京大学出版社 2010 年版，第 50 页。

人是否真诚、自愿和解的相关配套措施外，[1]还由于司法实践中当事人与公安司法机关工作人员往往基于功利性目的而适用刑事和解程序，而忽视对自愿性、合法性的审查。

除了上述问题外，刑事和解程序在实施中还存在一些争议问题，对于这些问题，理论界有不同的观点，司法实践中亦有不同的做法。

主要争议之一：如何理解刑事和解案件的证明标准？在2012年《刑事诉讼法》实施之前，司法实践中，一些办案机关尝试将刑事和解适用于一些证据不足或者存在法律适用困难的疑难案件。[2]有的检察机关遇到证据不足的案件时，极力促成当事人达成刑事和解进而作出相对不起诉的决定。[3]对此，有学者认为，这种做法严重背离了刑事和解的概念和宗旨，看上去更像是一种辩诉交易。有学者则认为，在审查起诉和审判阶段，对于达成和解协议的案件，证明标准不一定达到审判时认定有罪的标准，也没有必要达到这个标准，只要有确实证据证明犯罪嫌疑人、被告人实施了加害行为即可。[4]虽有上述争议，但是2012年《刑事诉讼法》的相关解释对此问题的态度却非常明确，即均以“案件事实清楚”作为和解的基本条件。只是在司法实践中，这一解释并未得到严格遵守。

我们认为，对证据不足的案件适用刑事和解虽然在一定程度上实现“案结事了”，满足了诉讼各方的利益诉求，但从根本上违反了刑事和解程序的立法精神，也损害了司法的公正性。刑事和解程序的适用，在罪与非罪问题上不得降低证明标准，遵守疑罪从无规则是底线；在罪重罪轻问题上可以灵活处理，以鼓励和解、化解矛盾。

此外，司法实践中还有可能存在这种情况，即由于被追诉人拒绝供述，案件事实无法查清，在被追诉人供述并与被害人一方达成和解后，根据被追诉人的供述找到了隐蔽性很强的证据材料，使得案件事实得以查清。在这种情况下，当然应当允许适用刑事和解程序，且此时对被追诉人从宽的幅度应当更大，因为这种情况，还涉及认罪认罚从宽制度的适用。[5]需要注意的是，在这种情况下，虽然一开始案件事实没有查清，但由于适用刑事和解程序，获得了被追诉人的供述并根据供述找到了隐蔽性较强的证据材料，事实上并没有降低证明标准。

---

〔1〕 参见豆思雨、高山：“刑事和解制度的司法检视与完善进路”，载《甘肃政法学院学报》2016年第1期，第139页。

〔2〕 参见向燕：“论刑事和解的适用基准”，载《法学》2012年第12期，第145页。

〔3〕 参见姚显森：“刑事和解适用中的异化现象及防控对策”，载《法学论坛》2014年第5期，第126页。

〔4〕 参见宋英辉主编：《刑事和解实证研究》，北京大学出版社2010年版，第75页。

〔5〕 类似的观点，参见孙长永：“认罪认罚案件的证明标准”，载《法学研究》2018年第1期，第184页。

主要争议之二：如何理解刑事和解程序适用的案件范围？主流观点认为立法规定的刑事和解的适用范围较为有限，限制了刑事和解程序功能的发挥。但也有学者认为，在立法没有进一步修改和拓展刑事和解的案件范围之前，司法机关应当慎重处理。〔1〕司法实践中，一些司法机关往往会突破立法规定的案件范围的限制，如对寻衅滋事案件适用刑事和解。〔2〕多数法官赞成在部分重罪案件中适用刑事和解。〔3〕有学者认为，尽管2012年《刑事诉讼法》已明确将重罪案件排除在刑事和解的适用范围之外，但在司法实践中，由于大部分故意伤害致人重伤或死亡，以及故意杀人等重罪案件的被害方都提起了附带民事诉讼，在附带民事诉讼调解中达成和解协议是很普遍和正常的事情。〔4〕但检察机关不一定认同法院的做法，法院对于故意伤害致人重伤的案件也适用刑事和解程序，且对被告人减轻处罚的，最终可能引起检察机关抗诉。〔5〕

我们认为，刑事和解适用范围的争议主要涉及重罪问题。在司法实践中，重罪案件如果在附带民事诉讼问题上达成了调解或者和解协议，被告人取得了被害人的谅解，法官依法对被告人从轻处罚，符合法律规定。但这并不是说对重罪案件适用了“刑事和解”，而是通过附带民事和解或调解的形式影响了刑事部分的量刑，其实际效果与刑事和解具有类似性，但在性质上与法律明确规定的刑事和解有质的区别。

其他争议问题还有如下几种。

第一，刑事和解的方式问题。司法实践中，当事人和公安司法机关的工作人员往往更为看重的是物质赔偿，至于赔礼道歉，要么没有，要么在相当程度上形式化。例如，司法实践中，和解内容流于形式，加害人与被害人真诚交流的平台尚未建立，法官习惯于沿用传统的调解方式，更侧重于经济损失的赔偿。〔6〕在全部达成和解协议的案件中，和解协议均以经济赔偿为主，并辅以道歉信。〔7〕我们认

---

〔1〕参见赵贵龙、周长军：“刑事和解现实运行问题探析——以新刑事诉讼法为背景”，载《人民司法》2014年第13期，第102-103页。

〔2〕寻衅滋事罪并不属于《刑法》分则第四章、第五章规定的犯罪，参见吴卫军、乔明祥：“公诉环节刑事和解制度运行状况实证分析——以四川省检察机关不起诉为例”，载《河北大学学报（哲学社会科学版）》2017年第5期，第158页。

〔3〕参见孙长永、闫召华：“新刑事诉讼法实施情况调研报告（2015）”，载孙长永主编：《刑事司法论丛》（第3卷），中国检察出版社2015年版，第515页。

〔4〕参见赵靓：“刑事和解陷入‘花钱买刑’的困境反思”，载《西北大学学报（哲学社会科学版）》2016年第3期，第116页。

〔5〕参见李红彬：“刑事和解入法后的现状与应对——以Y市中院和10个基层法院审理的92件一审判决书为样本的实证分析”，载《法律适用》2014年第4期，第75-78页。

〔6〕参见北京市朝阳区人民法院刑事和解课题组：“关于法院适用刑事和解程序的调研报告——以北京市某基层法院2013年刑事和解案件为样本”，载《人民司法》2014年第11期，第44页。

〔7〕参见冀祥德等：《新刑事诉讼法实施状况实证研究》，方志出版社2015年版，第161页。

为，通过什么样的方式达成和解，需要考虑刑事和解的目的。事实上，刑事和解与附带民事诉讼调解的最大不同之处在于，刑事和解不仅强调物质赔偿，还重视社会关系的修复。因此，赔礼道歉等精神层面的抚慰方式必须存在，且被害方必须自愿谅解。当然，犯罪发生的环境不同，具体的和解方式亦有不同。例如，在熟人社会中，刑事和解的首要目标应当是恢复社会关系，而发生在陌生人之间的犯罪，则应当以物质赔偿为主。

第二，公安机关撤案问题。在 2012 年之前，福建、山东、上海等地均有地方规范性文件规定，在侦查阶段达成和解的刑事案件，公安机关在一定条件下可以撤销案件。有学者建议，“应当通过修改立法，明确赋予公安机关在侦查阶段对某些符合条件的达成刑事和解的案件有撤销案件的实体性权力”。〔1〕根据 2012 年《刑事诉讼法》和 2012 年《公安部规定》的相关规定，对于刑事和解案件，公安机关仅能建议检察机关从宽处理，并没有撤销案件的权力。对此，2012 年《刑事诉讼法》实施以后，司法实践中对此仍有争议。我们认为，在现阶段，不宜赋予公安机关撤销案件的权力。因为刑事和解中既有合作因素，又有对抗因素，刑事和解是否能够公平公正，最关键的因素是有一个公平对抗的环境。由于各种因素的影响，这种公平对抗的环境在现阶段还不完全具备，特别是一些被害人还不具备公平对抗的能力。此外公安机关属于行政机关，且我国的公安机关权力较大，其处理案件的方式属于典型的行政方式，秘密性较强，如果赋予公安机关对于刑事和解案件撤销案件的权力，则可能会在一定程度上造成司法腐败。对于犯罪嫌疑人涉嫌的罪行较轻、双方当事人达成刑事和解的案件，如果符合法定条件，可以由检察机关作出不起诉决定。

第三，刑罚执行阶段能否适用刑事和解的问题。有学者认为，进入执行阶段后，双方当事人仍然有和解的空间。〔2〕还有学者认为，在刑罚执行过程中进行刑事和解，是一种可行的教育改造方式，不仅有利于犯罪人的改造，也有利于被害人的康复。〔3〕多数学者持否定意见，理由是意义不大。〔4〕我们认为，执行阶段的刑事和解具有一定的意义，特别是对于在审判阶段无力赔偿的加害人和因遭受犯罪侵害而生活陷入困难的被害人而言，在执行阶段达成和解协议，既有利于罪犯的改造，又能切实解决社会问题。可以在试点改革的基础上，通过立法或者相关解释对于执行阶段的刑事和解问题予以规定。

---

〔1〕 参见孙春雨：《刑事和解办案机制理论与实务》，中国人民公安大学出版社 2012 年版，第 132 页。

〔2〕 参见杜宇：《理解“刑事和解”》，法律出版社 2010 年版，第 287 页。

〔3〕 参见陈京春：“新刑事诉讼法下刑事和解制度的完善”，载《江西社会科学》2014 年第 9 期，第 151 页。

〔4〕 参见孙春雨：《刑事和解办案机制理论与实务》，中国人民公安大学出版社 2012 年版，第 231 页。

（三）完善建议

2012年《刑事诉讼法》所确立的刑事和解程序在立法上还有一些不完善之处，在司法实践中，亦存在诸多问题，需要认真研究解决。完善刑事和解程序，既要完善具体的刑事和解程序，又要注意配套措施的完善。〔1〕在上文讨论刑事和解程序的争议问题时，我们已经针对一些具体问题提出了完善建议，本部分不再赘述。下文仅讨论两个关键问题，即认罪认罚从宽制度实施背景下刑事和解程序的完善问题以及完善刑事和解程序的关键环节。

1. 认罪认罚从宽制度实施背景下刑事和解程序的完善问题

在经过多年试点探索后，2018年《刑事诉讼法》明确规定了认罪认罚从宽制度。从广义上来说，刑事和解制度属于认罪认罚从宽制度中的一部分。因此，刑事和解程序的完善需要考虑认罪认罚从宽制度改革这一大背景。在同一个案件中，可以同时适用刑事和解程序和认罪认罚从宽制度。为此，首先，应适度扩大刑事和解程序适用的案件范围，保持与认罪认罚从宽制度同样的适用范围。其次，应当赋予当事人对部分实体和程序问题的处分权，扩大当事人和解对案件处理的影响。最后，增加公益劳动、劳务补偿等负担性观察手段，〔2〕一方面确保无法一次性进行物质赔偿的被追诉人也有适用刑事和解程序的机会，另一方面也可以通过这种手段来确保被追诉人真正地认罪悔罪。

2. 完善刑事和解程序的关键环节

在现行立法背景下，刑事和解与附带民事诉讼调解颇为类似，司法实践中，当事人和公安司法机关工作人员也往往将两者混淆。事实上，两者存在诸多区别，我们认为，刑事和解与附带民事诉讼调解最为明显的区别有两点：一是刑事和解的“从宽”处理包括“从轻”“减轻”处罚，特别是“减轻”处罚的规定在事实上将刑事和解作为一种法定的量刑情节；二是刑事和解不仅仅强调物质赔偿，还要求被追诉人真诚地认罪悔罪、被害人一方自愿谅解，并强调社会关系的修复。因此，上述两点是完善刑事和解程序的关键环节。

刑事和解“减轻”处罚是其从后果上区别于附带民事诉讼调解的一个重要方面。然而，对于何种情况下应当“减轻”处罚，如何确保这种“减轻”处罚不会被滥用，2012年《最高法解释》仅规定“判处法定最低刑仍然过重的，可

〔1〕 参见姚显森：《当事人和解的公诉案件诉讼程序研究》，法律出版社2015年版，第209-237页；马大壮：《刑事和解制度论》，法律出版社2015年版，第254-314页。

〔2〕 有学者认为，如果刑事和解能够实现赔偿方式的多元化，就可以卸下“花钱买刑”的包袱，应引导并鼓励当事人双方采用赔偿替代措施，如封存机动车、暂扣驾照、公益劳动、劳务补偿、禁止进入某些场所、禁止接触特定人、完成学习培训等都可以成为谅解的要件，对于经济困难或资金周转困难的犯罪嫌疑人，可以鼓励采取分期赔偿、实物赔偿、有价证券赔偿等多元化赔偿方式。参见陈卫东、程晓璐：“当事人和解的公诉案件诉讼程序配套规定之评析与建议”，载《中国刑事法杂志》2013年第7期，第6页。

以减轻处罚”，除此之外，则没有规定。对此，需要予以明确。

关于被追诉人认罪悔罪、赔偿损失、赔礼道歉和被害人谅解等问题，需要明确以下几点：第一，刑事和解的方式。根据2012年《刑事诉讼法》第277条的规定，被追诉人既可以通过赔偿损失获得被害人谅解，也可以通过赔礼道歉获得被害人谅解。司法实践中，当事人和公安司法机关往往较为重视物质赔偿而轻视赔礼道歉。实际上，通过赔偿损失获得谅解与附带民事诉讼调解没有实质性区别，刑事和解与附带民事诉讼调解的最大区别是刑事和解更为关注社会关系的修复，更为关注当事人之间的沟通交流。考虑到被害人国家补偿制度的缺位和被害人国家救助制度的不发达，目前较为合适的做法是，将赔偿损失和赔礼道歉共同作为适用刑事和解的条件。第二，被追诉人认罪悔罪的真诚性问题。2012年《刑事诉讼法》和相关解释均强调被追诉人悔罪的真诚性，但没有明确何谓真诚悔罪、如何认定悔罪是否真诚。对此问题，需要予以明确。可以综合各种因素对加害人悔罪的真诚性进行考察。[1]第三，被害人谅解的自愿性问题。和解的合法性相对容易确认，但何谓自愿、如何审查和解的自愿性也需要予以明确。

三、犯罪嫌疑人、被告人逃匿、死亡案件违法所得的没收程序

对于涉案财物的没收，我国长期以来的做法是在刑事裁判中将其与被追诉人的刑事责任一同作出处理。如果行为人在立案前死亡，或者被追诉人在生效裁判作出前逃匿而长期不归案时，是没有办法对涉案财物作出处理的。为了在一定程度上解决上述问题，同时也为了与我国已经加入的《联合国反腐败公约》相一致，适应打击恐怖活动犯罪的需要，[2]2012年《刑事诉讼法》第280条至第283条规定了犯罪嫌疑人、被告人逃匿、死亡案件违法所得的没收程序（以下简称违法所得没收程序）。违法所得没收程序在实施中存在“重大犯罪案件”的认定标准有缺陷、“违法所得”的认定标准不统一和证明标准的表述混乱等问题，这些问题反映出制度本身还存在一定的不足，需要进一步完善。

（一）法律规范考察

自2012年《刑事诉讼法》通过以后，《六机关规定》《最高法解释》《最高检规则》《公安部规定》以及《最高人民法院、最高人民检察院关于适用犯罪嫌疑人、被告人逃匿、死亡案件违法所得没收程序若干问题的规定》（以下简称《违法所得没收程序规定》）等对违法所得没收程序作了进一步规定。2018年

---

〔1〕有学者认为，如何判断侵害人是否真诚悔罪，不仅要考察侵害人的赔偿是否到位，道歉是否真诚，而且要考察刑事和解过程侵害人的表现与态度，还要看其有无切实的改变自己不良心理、行为的行动等。参见赵靓：“刑事和解陷入‘花钱买刑’的困境反思”，载《西北大学学报（哲学社会科学版）》2016年第3期，第119页。

〔2〕参见《联合国反腐败公约》第54条和第57条。

《刑事诉讼法》第298条至第301条保留了2012年《刑事诉讼法》对违法所得没收程序的规定。2019年颁布的《最高检规则》吸收了《违法所得没收程序规定》的部分内容。

1.《刑事诉讼法》的规定

《刑事诉讼法》第298条规定了违法所得没收程序的适用条件："对于贪污贿赂犯罪、恐怖活动犯罪等重大犯罪案件，犯罪嫌疑人、被告人逃匿，在通缉一年后不能到案，或者犯罪嫌疑人、被告人死亡，依照刑法规定应当追缴其违法所得及其他涉案财产的，人民检察院可以向人民法院提出没收违法所得的申请。"根据该规定，违法所得没收案件包括两种类型："逃匿型"违法所得没收案件和"死亡型"违法所得没收案件。前者指的是，贪污贿赂犯罪、恐怖活动犯罪等重大犯罪案件，犯罪嫌疑人、被告人逃匿，在通缉一年后不能到案，依照《刑法》规定应当追缴其违法所得及其他涉案财产；后者指的是，犯罪嫌疑人、被告人死亡，依照《刑法》规定应当追缴其违法所得及其他涉案财产。

第299条规定了没收违法所得案件的管辖、审判组织、公告、利害关系人和诉讼代理人参加诉讼以及审理方式等。没收违法所得案件由犯罪地或者犯罪嫌疑人、被告人居住地的中级人民法院组成合议庭进行审理。[1]人民法院受理没收违法所得的申请后，应当发出公告。公告期间为6个月。犯罪嫌疑人、被告人的近亲属和其他利害关系人有权申请参加诉讼，也可以委托诉讼代理人参加诉讼。利害关系人参加诉讼的，人民法院应当开庭审理。根据该规定，如果没有利害关系人申请参加诉讼，可以不开庭审理。

第300条规定了法院审理违法所得没收案件的两种处理方式以及对一审裁定的上诉、抗诉问题。法院对经查证属于违法所得及其他涉案财产，除依法返还被害人的以外，应当裁定予以没收；对不属于应当追缴的财产的，应当裁定驳回申请，解除查封、扣押、冻结措施。对于一审裁定，犯罪嫌疑人、被告人的近亲属和其他利害关系人可以提出上诉，人民检察院可以提出抗诉。

第301条规定了犯罪嫌疑人、被告人自动投案或者被抓获后的处理方式以及没收错误时的处置。在审理过程中，在逃的犯罪嫌疑人、被告人自动投案或者被抓获的，人民法院应当终止审理。没收犯罪嫌疑人、被告人财产确有错误的，应当予以返还、赔偿。

[1] "由于违法所得没收案件经常会涉及国际司法协助以及具有较大的社会影响等问题，由中级人民法院管辖，比较审慎、稳妥。"参见戴长林主编：《刑事案件涉案财物处理程序：以违法所得特别没收程序为重点的分析》，法律出版社2014年版，第98页。

2. 2012年《六机关规定》《最高法解释》《最高检规则》和《公安部规定》的规定

《六机关规定》明确了公安机关、人民检察院在犯罪嫌疑人、被告人死亡的案件中的调查权。犯罪嫌疑人、被告人死亡，现有证据证明存在违法所得及其他涉案财产应当予以没收的，公安机关、人民检察院可以进行调查。公安机关、人民检察院进行调查，可以依法进行查封、扣押、查询、冻结。另外，《六机关规定》还规定了人民法院在审理案件过程中，被告人死亡或脱逃的处理方式以及上诉、抗诉的期间。

《最高法解释》对违法所得没收程序作出了一些解释性和补充性规定，主要体现在：（1）明确了“重大犯罪案件”的情形。根据《刑事诉讼法》第298条的规定，“逃匿型”违法所得没收针对的是“贪污贿赂犯罪、恐怖活动犯罪等重大犯罪案件”。《最高法解释》第508条明确规定，“重大犯罪案件”包括三种情形：一是犯罪嫌疑人、被告人可能被判处无期徒刑以上刑罚的；二是案件在本省、自治区、直辖市或者全国范围内有较大影响的；三是其他重大犯罪案件。（2）明确了“违法所得及其他涉案财产”的范围。根据《刑事诉讼法》第298条的规定，没收的对象是“依照刑法规定应当追缴其违法所得及其他涉案财产”。《最高法解释》第509条明确了“违法所得及其他涉案财产”的范围包括实施犯罪行为所取得的财物及其孳息，以及被告人非法持有的违禁品、供犯罪所用的本人财物。（3）明确了犯罪嫌疑人、被告人的近亲属和其他利害关系人申请参加诉讼的根据。《刑事诉讼法》第298条规定犯罪嫌疑人、被告人的近亲属和其他利害关系人有权申请参加诉讼。《最高法解释》第513条进一步规定，犯罪嫌疑人、被告人的近亲属申请参加诉讼，只需要提供其与犯罪嫌疑人、被告人关系的证明材料；而其他利害关系人申请参加诉讼，则应当提供申请没收的财产系其所有的证据材料。“其他利害关系人”指“对申请没收的财产主张所有权的人”。（4）明确了违法所得没收案件的证明标准。根据《最高法解释》第516条的规定，违法所得没收案件的证明标准与定罪量刑的证明标准相同，为“案件事实清楚，证据确实、充分”。（5）补充了对生效没收违法所得裁定的救济程序。根据《最高法解释》第522条的规定，没收违法所得裁定生效后，区别两种情形予以救济：一种情形是，犯罪嫌疑人、被告人到案并对没收裁定提出异议，人民检察院向原作出裁定的人民法院提起公诉的，可以由同一审判组织审理。人民法院审理后认定原裁定正确的，予以维持，不再对涉案财产作出判决；认定原裁定确有错误的，应当撤销原裁定，并在判决中对有关涉案财产一并作出处理。另一种是除第一种情形以外，发现人民法院生效的没收裁定确有错误的，应当依照审判监督程序予以纠正。已经没收的财产，应当及时返还；财产已经上缴国库的，由原没收机关从财政机关申请退库，予以返还；原物已经出卖、拍卖的，应当退还价款；造成犯罪嫌疑人、被告人以及利害关系人财产损失的，应当依法赔偿。《最高法解释》还规定了公告的内容和方式，并参照第一审普通程序和第二审程序规定了对没收违法所得申请进行受案审查的内容、审查后的处理、开庭审理的程序、一审裁定的方式、二审裁定的方式以及一审和二审的审理期限等。

《最高检规则》在《刑事诉讼法》的基础上，也规定了“违法所得及其他涉案财产”的范围、违法所得没收案件的证明标准，与上述《最高法解释》的规定一致。另外，《最高检规则》还规定了没收违法所得申请书的主要内容，人民检察院对公安机关移送的没收违法所得意见书的审查内容，人民检察院对公安机关移送的没收违法所得意见书的审查期限及程序，人民检察院对公安机关适用违法所得没收程序的法律监督，在逃的犯罪嫌疑人，被告人自动投案或者被抓获后的处理，自侦案件适用违法所得没收程序，人民检察院对没收违法所得申请承担举证责任，人民检察院对人民法院适用违法所得没收程序的法律监督等。

《公安部规定》明确了公安机关在犯罪嫌疑人死亡的案件中的调查权，在犯罪嫌疑人死亡的案件中，现有证据证明其存在违法所得及其他涉案财产应当予以没收的，公安机关可以进行调查。公安机关进行调查，可以依法进行查封、扣押、查询、冻结。另外，《公安部规定》还规定了没收违法所得意见书的内容、在逃的犯罪嫌疑人自动投案或者被抓获后，公安机关向同级人民检察院的及时通知义务。

3.《违法所得没收程序规定》的规定

由于违法所得没收程序是一项新制度，《刑事诉讼法》《六机关规定》《最高法解释》《最高检规则》和《公安部规定》的规定难以满足办理案件的需要，最高人民法院和最高人民检察院在总结司法经验的基础上，于 2017 年 1 月颁布了《违法所得没收程序规定》，对一些具体问题又作了进一步的规定，主要内容如下。

第一，明确了“恐怖活动犯罪”的具体罪名。《刑事诉讼法》第 280 条规定“逃匿型”违法所得没收针对的是“贪污贿赂犯罪、恐怖活动犯罪等重大犯罪案件”。但“恐怖活动犯罪”具体指哪些罪名，此前的有关法律解释性文件均未予明确，因而实践中存在一定争议。《违法所得没收程序规定》第 1 条规定，“恐怖活动犯罪”的具体罪名包括“组织、领导、参加恐怖组织，帮助恐怖活动，准备实施恐怖活动，宣扬恐怖主义、极端主义、煽动实施恐怖活动，利用极端主义破坏法律实施，强制穿戴宣扬恐怖主义、极端主义服饰、标志，非法持有宣扬恐怖主义、极端主义物品犯罪案件”。

第二，明确了《刑事诉讼法》第 280 条“等重大犯罪案件”中“等”的范围。根据《违法所得没收程序规定》第 1 条的规定，“等”包括的具体罪名有：危害国家安全犯罪、走私犯罪、洗钱犯罪、金融诈骗犯罪、黑社会性质的组织犯罪、毒品犯罪、电信诈骗犯罪和网络诈骗犯罪。

第三，对“重大犯罪案件”作出了重新界定。根据《违法所得没收程序规定》第2条的规定，在省、自治区、直辖市或者全国范围内具有较大影响的，或者犯罪嫌疑人、被告人逃匿境外的，应当认定为“重大犯罪案件”。与2012年《最高法解释》的规定相比，《违法所得没收程序规定》删除了“可能被判处无期徒刑以上刑罚”和“其他重大犯罪案件”两种情形，增加了“犯罪嫌疑人、被告人逃匿境外的”情形。

第四，明确了“逃匿”的情形。《违法所得没收程序规定》第3条规定，犯罪嫌疑人、被告人为逃避侦查和刑事追究潜逃、隐匿，或者在刑事诉讼过程中脱逃的，都属于“逃匿”。另外，《违法所得没收程序规定》第3条还将犯罪嫌疑人、被告人因意外事故下落不明也作为逃匿对待。由此可见，《违法所得没收程序规定》关注的是犯罪嫌疑人、被告人不在案的状态，对“逃匿”做了广义的理解。

第五，扩展了“通缉”的含义。根据《违法所得没收程序规定》第5条的规定，“通缉”除了包括《刑事诉讼法》中规定的“通缉”之外，还包括“公安部通过国际刑警组织发布红色国际通报”。

第六，重新规定了其他利害关系人参加诉讼的根据。《违法所得没收程序规定》第7条修改了《最高法解释》第513条第1款的规定，将其他利害关系人界定为“其他对申请没收的财产主张权利的自然人和单位”。根据该规定，其他利害关系人参加诉讼的根据除了主张所有权外，还包括主张他物权（如留置权、质押权和抵押权等担保物权）。[1]

第七，重新规定了违法所得没收案件的证明标准。关于违法所得没收案件的证明标准，《最高法解释》和《最高检规则》都规定为“案件事实清楚，证据确实、充分”，《违法所得没收程序规定》对此作出了不同的规定。根据《违法所得没收程序规定》第9条第3项和第15条的规定，在违法所得没收案件中，犯罪事实的证明标准是“有证据证明有犯罪事实”，其具体内涵与逮捕的证明标准相同。之所以作出这样的新规定，是因为在逃匿型违法所得没收案件中，对犯罪嫌疑人、被告人进行通缉的条件就是犯罪嫌疑人、被告人逃匿且符合逮捕条件，逮捕的证据条件就是“有证据证明有犯罪事实”。不仅如此，《违法所得没收程序规定》第17条规定：“申请没收的财产具有高度可能属于违法所得及其他涉案财产的，应当认定为本规定第十六条规定的‘申请没收的财产属于违法所得及其他涉案财产’。巨额财产来源不明犯罪案件中，没有利害关系人对违法所得及其

---

〔1〕参见裴显鼎、王晓东、刘晓虎：“《关于犯罪嫌疑人、被告人逃匿、死亡案件适用违法所得没收程序若干问题的规定》的理解与适用”，载《人民司法（应用）》2017年第16期，第37页。

他涉案财产主张权利，或者利害关系人对违法所得及其他涉案财产虽然主张权利但提供的相关证据没有达到相应证明标准的，应当视为本规定第十六条规定的'申请没收的财产属于违法所得及其他涉案财产'。”其中第1款规定的高度可能性标准与《最高人民法院关于适用〈中华人民共和国民事诉讼法〉的解释》第108条第1款规定的一般民事案件中的证明标准相当；[1]第2款虽然规定通过推定的方式认定巨额财产来源不明犯罪案件中的违法所得及其他涉案财产，但是这并没有降低巨额财产来源不明犯罪案件中违法所得及其他涉案财产的证明标准，因为在没有利害关系人对违法所得及其他涉案财产主张权利时，可以认定检察机关对违法所得及其他涉案财产的证明达到了高度可能性的程度。同理，在利害关系人对违法所得及其他涉案财产提供的证据没有达到证明标准时，也可以认定检察机关对违法所得及其他涉案财产的证明达到了高度可能性的程度。

《违法所得没收程序规定》还修改了《最高法解释》关于人民法院受案审查的规定，细化了以下内容，即没收违法所得申请书的内容，请求境外协助执行查封、扣押、冻结和协助执行没收的程序和法律文书的内容，公告的程序、法律文书的内容以及送达方式，利害关系人参加诉讼及委托诉讼代理人，一审的审理方式及程序，二审的审理方式及裁定方式等方面的内容，增强了违法所得没收程序的可操作性。

2019年颁布的《最高检规则》吸收了《违法所得没收程序规定》对逃匿、通缉、违法所得、其他涉案财产等的规定。

（二）实施中的问题

为了较为全面地考察违法所得没收程序在实施中遇到的问题，我们收集了27件违法所得没收案件样本。在这27件案件中，有6件是“逃匿型”违法所得没收案件，其余21件是“死亡型”违法所得没收案件。这27件违法所得没收案件样本反映出了违法所得没收程序存在“重大犯罪案件”的认定标准有缺陷、“违法所得”的认定标准不统一以及证明标准的表述混乱等方面的问题。

1.“重大犯罪案件”的认定标准有缺陷

根据《刑事诉讼法》第298条第1款的规定，“逃匿型”违法所得没收程序适用于贪污贿赂犯罪、恐怖活动犯罪等重大犯罪案件。这既限定了“逃匿型”案件适用违法所得没收程序的犯罪类型，也明确了“逃匿型”违法所得没收程

[1]《最高人民法院关于适用〈中华人民共和国民事诉讼法〉的解释》第108条第1款规定了一般民事案件中的证明标准：“对负有举证证明责任的当事人提供的证据，人民法院经审查并结合相关事实，确信待证事实的存在具有高度可能性的，应当认定该事实存在。”第109条规定了特殊民事案件中的证明标准：“当事人对欺诈、胁迫、恶意串通事实的证明，以及对口头遗嘱或者赠与事实的证明，人民法院确信该待证事实存在的可能性能够排除合理怀疑的，应当认定该事实存在。”

序只适用于“重大犯罪案件”。我们收集的6件“逃匿型”违法所得没收案件样本涉嫌的罪名都是贪污贿赂犯罪。其中，涉嫌贪污罪的5件（陈某谱违法所得没收案〔1〕、梁某晓违法所得没收案〔2〕、蒋某违法所得没收案〔3〕、张某违法所得没收案〔4〕和李某波违法所得没收案〔5〕）；涉嫌挪用公款罪的1件（方某勤违法所得没收案〔6〕）（见表18-1）。

表18-1　“逃匿型”违法所得没收案件情况表

案件名称	陈某谱违法所得没收案	梁某晓违法所得没收案	蒋某违法所得没收案	张某违法所得没收案	李某波违法所得没收案	方某勤违法所得没收案
犯罪嫌疑人、被告人的身份	深圳某国企原总经理	胜兴公司原会计	环湖公司实际控制人	襄阳市某国有企业计划处原处长	江西省鄱阳县财政局经济建设股原股长	开平市梁金山公司原总经理
涉嫌的罪名	贪污罪	贪污罪	贪污罪	贪污罪	贪污罪	挪用公款罪
违法所得的金额	2000余万元	近60万元	1432万余元	50万元	9400万元	937万余元
是否逃匿境外	没有证据证明其逃匿境外	没有证据证明其逃匿境外	没有证据证明其逃匿境外	逃匿境外	逃匿新加坡	逃匿美国

根据2012年《最高法解释》第508条的规定，从涉嫌犯罪的金额来看，陈某谱违法所得没收案、蒋某违法所得没收案、李某波违法所得没收案和方某勤违法所得没收案可能符合“重大犯罪案件”的第一种情形，即可能被判处无期徒刑以上刑罚。梁某晓违法所得没收案和张某违法所得没收案都不符合“可能被判处无期徒刑以上刑罚”的条件。因此，只有根据2012年《最高法解释》第508

〔1〕参见深圳市中级人民法院（2014）深中法刑二没初字第1号刑事裁定书。

〔2〕参见东营市中级人民法院（2015）东刑二初字第6号刑事裁定书。

〔3〕参见“湖北省首例申请没收违法所得案件在武汉中院审结”，载http://www.chinanews.com/sh/2015/12-29/7693531.shtml，最后访问日期：2020年7月20日。

〔4〕参见“湖北启动没收外逃犯罪嫌疑人违法所得特别程序”，载http://www.chinanews.com/fz/2014/11-25/6814256.shtml，最后访问日期：2020年7月20日。

〔5〕参见“江西开审依法没收潜逃境外贪官违法所得案”，载http://politics.people.com.cn/n/2014/0829/c70731-25566443.html，最后访问日期：2020年7月20日。

〔6〕参见肇庆市中级人民法院（2015）肇中法刑一没字第1号刑事裁定书。

条规定的第二种情形（案件在本省、自治区、直辖市或者全国范围内有较大影响的）或第三种情形（其他重大犯罪案件）才能够将梁某晓违法所得没收案和张某违法所得没收案归入“重大犯罪案件”的范围。但是，从梁某晓和张某的身份以及涉案金额来看，将这两个案件认定为 2012 年《最高法解释》第 508 条规定的第二种情形或第三种情形是难以令人信服的。如果根据《违法所得没收程序规定》第 2 条规定的认定“重大犯罪案件”的标准，张某违法所得没收案、李某波违法所得没收案和方某勤违法所得没收案符合“犯罪嫌疑人、被告人逃匿境外”标准；陈某谱违法所得没收案、梁某晓违法所得没收案和蒋某违法所得没收案只有被解读为“在省、自治区、直辖市或者全国范围内具有较大影响”的案件，才符合适用违法所得没收程序的条件。从陈某谱和蒋某涉案金额的角度来看，将这两件案件认定为“在省、自治区、直辖市或者全国范围内具有较大影响”的案件，有一定依据。但是，从梁某晓的身份和涉案金额来看，将该案认定为“在省、自治区、直辖市或者全国范围内具有较大影响”的案件，理由是不充分的。

通过上述分析可以看出，无论是根据 2012 年《最高法解释》第 508 条规定的“重大犯罪案件”的认定标准，还是根据《违法所得没收程序规定》第 2 条规定的“重大犯罪案件”的认定标准，在上述 6 件“逃匿型”违法所得没收案件中，都有部分案件难以被认定为“重大犯罪案件”。

2. “违法所得”的认定标准不统一

根据《刑事诉讼法》第 298 条的规定，在违法所得没收程序中，没收的对象包括依照《刑法》规定应当追缴的违法所得及其他涉案财产。根据 2012 年《最高法解释》第 509 条的规定，“其他涉案财产”指的是被告人非法持有的违禁品、供犯罪所用的本人财物。从我们所收集的违法所得没收案件样本来看，“其他涉案财产”的认定几乎没有争议，有争议的是“违法所得”的认定。不同的法院在认定被申请没收的财物是否是违法所得时的严谨程度不同，具体可以分为以下三种类型。

第一，慎重审查被申请没收的财物是否是违法所得。在任某厚违法所得没收案中，扬州市中级人民法院慎重审查了被申请没收的财物是否是违法所得，最终认定任某厚实施受贿犯罪所得的 168. 505549 万元和贪污犯罪所得的 69. 16738 万元都已经被用于贿选、旅游和疗养，没有节余，没收的财物中不应包含该部分金额。[1]

第二，忽略审查被申请没收的财物是否是违法所得。在罗某宪违法所得没收案中，罗某宪挪用的 190 121. 62 元已经被用于自己治病，被冻结的罗某宪银行账

〔1〕 参见扬州市中级人民法院（2016）苏 10 刑没初 1 号刑事裁定书。

户中的存款 23 050.57 元并非属于罗某宪在该案中的违法所得。但是，海北藏族自治州中级人民法院忽略了审查罗某宪账户中的资金是否是本案中的违法所得，而直接裁定予以没收。〔1〕

第三，倾向于将退缴的款项认定为违法所得。在张某崎违法所得没收案中，申请机关与利害关系人李某某及其诉讼代理人争议的焦点之一是，张某崎所收受的购物卡已被其消费，是否应当将该金额列入被没收的违法所得的范围。南京市中级人民法院认为，案发后，张某崎书面委托所在单位代其退缴案款，应视为张某崎对退缴款项系违法所得性质的认可；利害关系人李某某自行或联系王某丙主动到检察机关缴纳涉案款，也应当视为其对所缴纳钱款系张某崎违法所得性质的认可，因而对利害关系人及其诉讼代理人的意见不予采纳。〔2〕

3. 证明标准的表述混乱

《违法所得没收程序规定》修改了《最高法解释》和《最高检规则》规定的违法所得没收案件证明标准。但是，从司法实践的情况来看，相关案件的刑事裁定书并没有完全适用《违法所得没收程序规定》确立的证明标准。在我们所收集的 27 件违法所得没收案件样本中，有 20 件是在《违法所得没收程序规定》施行之前作出裁判的，有 7 件是在《违法所得没收程序规定》施行之后作出裁判的。在《违法所得没收程序规定》施行之前作出裁判的案件中，有 2 件案件的刑事裁定书没有明确表述证明标准，〔3〕其余案件的刑事裁定书都将证明标准表述为"证据确实、充分"，与《最高法解释》的规定一致。如张某崎违法所得没收案的刑事裁定书载明，法院认为，"申请机关江苏省南京市人民检察院提出的没收被告人张某崎受贿违法所得的申请，事实清楚，证据确实充分，应予支持"。〔4〕

在《违法所得没收程序规定》施行之后作出裁判的案件中，刑事裁定书载明的证明标准包括四种情形：（1）刑事裁定书对证明标准的表述与《违法所得没收程序规定》的规定完全一致，即犯罪事实的证明标准是"有证据证明"，违法所得及其他涉案财产的证明标准是"具有高度可能"。这方面的典型案件是任某厚违法所得没收案。该案的刑事裁定书载明，"本院依法组成合议庭，经审查，有证据证明任某厚实施了受贿、贪污、巨额财产来源不明犯罪"；法院查明，

〔1〕参见海北藏族自治州中级人民法院（2015）北刑初字第 1 号刑事裁定书。

〔2〕参见南京市中级人民法院（2014）宁刑没初字第 1 号刑事裁定书。

〔3〕这两件案件是罗某宪违法所得没收案［参见海北藏族自治州中级人民法院（2015）北刑初字第 1 号刑事裁定书］和罗某良违法所得没收案［参见达州市中级人民法院（2015）达中刑初字第 17 号刑事裁定书］。

〔4〕参见南京市中级人民法院（2014）宁刑没初字第 1 号刑事裁定书。类似的案件，参见南通市中级人民法院（2014）通中刑二初字第 00003 号刑事裁定书。

“从存款时间、金额上看，任某乙名下某账户于2007年8月存入的2万美元，具有高度可能系任某厚夫妇给予任某乙的赴美留学费用，该账户内剩余存款本金1.1万美元系留学费用结余”。[1]（2）刑事裁定书只载明了犯罪事实的证明标准是“有证据证明”，没有载明违法所得及其他涉案财产的证明标准。这方面的典型案件有2件：黎某宏违法所得没收案和彭某忠违法所得没收案。[2]（3）刑事裁定书载明的证明标准与《违法所得没收程序规定》的规定不一致。这方面的案件有那某违法所得没收案、朱某运违法所得没收案和寇某国违法所得没收案。这三个案件的刑事裁定书载明的犯罪事实的证明标准都是“证据确实、充分”。[3]（4）刑事裁定书载明的证明标准前后矛盾。如黄某成违法所得没收案的刑事裁定书同时使用了“有证据证明”和“证据确实、充分”作为犯罪事实的证明标准：“本院认为，根据审查查明的事实、证据，有证据证明犯罪嫌疑人黄某成利用职务之便，伙同杨某2、刘某由、蔡某等人共同实施了贪污犯罪。申请书认定该节事实清楚，证据确实、充分，予以支持。”[4]

（三）完善建议

1. 修改“重大犯罪案件”的认定标准

在2012年《最高法解释》第508条规定的认定“重大犯罪案件”的三项标准中，第一项“犯罪嫌疑人、被告人可能被判处无期徒刑以上刑罚”属于“刑罚标准”，第二项“案件在本省、自治区、直辖市或者全国范围内有较大影响”属于“社会影响标准”，第三项“其他重大犯罪案件”属于兜底规定。虽然兜底规定的意图是使“重大犯罪案件”的标准具有更大的涵盖力，不会有“漏网之鱼”，但是除了“刑罚标准”和“社会影响标准”之外，一般也不存在判断“重大犯罪案件”的第三项标准。基于上述理由，我们认为《违法所得没收程序规定》第2条将兜底条款从“重大犯罪案件”的认定标准中删除是合理的。

《违法所得没收程序规定》第2条还删除了2012年《最高法解释》第508条规定的认定“重大犯罪案件”的第一项标准，即“刑罚标准”。违法所得没收程序所要解决的是违法所得的没收问题而非定罪量刑问题，因此将“刑罚标准”作为违法所得没收程序中认定“重大犯罪案件”的标准与违法所得没收程序的

---

〔1〕参见扬州市中级人民法院（2016）苏10刑没初1号刑事裁定书。

〔2〕关于黎某宏违法所得没收案，参见黔南布依族苗族自治州中级人民法院（2017）黔27刑没初1号刑事裁定书；关于彭某忠违法所得没收案，参见海口市中级人民法院（2017）琼01刑没1号刑事裁定书。

〔3〕关于那某违法所得没收案，参见大连市中级人民法院（2017）辽02刑没1号刑事裁定书；关于朱某运违法所得没收案，参见西安市中级人民法院（2017）陕01刑没1号刑事裁定书；关于寇某国违法所得没收案，参见宝鸡市中级人民法院（2016）陕03刑更753号刑事裁定书。

〔4〕参见湛江市中级人民法院（2016）粤08刑没1号刑事裁定书。

特征不符。另外，如果将“逃匿型”违法所得没收案件限定为可能判处无期徒刑以上刑罚的案件，那么对于可能判处轻于上述刑罚的案件来说，将会产生放任被追诉人违法所得的结果，不利于惩治腐败。[1]因此，《违法所得没收程序规定》第2条删除2012年《最高法解释》第508条规定的认定“重大犯罪案件”的“刑罚标准”也是合理的。

与2012年《最高法解释》第508条的规定相比，《违法所得没收程序规定》第2条增加了“犯罪嫌疑人、被告人逃匿境外”作为认定“重大犯罪案件”的标准之一。很显然，“犯罪嫌疑人、被告人逃匿境外”不属于认定“重大犯罪案件”的通常标准。虽然有时犯罪嫌疑人、被告人逃匿境外的案件不仅在省、自治区、直辖市甚至在全国都具有较大影响，但是《违法所得没收程序规定》第2条将“犯罪嫌疑人、被告人逃匿境外”与“在省、自治区、直辖市或者全国范围内具有较大影响”相并列，表明其指的是不属于“在省、自治区、直辖市或者全国范围内具有较大影响”的“犯罪嫌疑人、被告人逃匿境外”案件。《违法所得没收程序规定》第2条将“犯罪嫌疑人、被告人逃匿境外”规定为认定“重大犯罪案件”的标准，从立法技术的角度来看，属于法律拟制。我们认为，《违法所得没收程序规定》第2条将“犯罪嫌疑人、被告人逃匿境外”案件拟制为“重大犯罪案件”，这一方面是落实《联合国反腐败公约》的规定，另一方面也是请求《联合国反腐败公约》缔约方返还应没收的财产的需要。除此之外，对逃匿境外人员进行追赃是2012年《刑事诉讼法》确立违法所得没收程序的原因之一，因此将“犯罪嫌疑人、被告人逃匿境外”案件拟制为“重大犯罪案件”也体现了立法原意。

我们认为，在违法所得没收程序中将社会影响作为认定“重大犯罪案件”的标准不合适。原因有二：其一，社会影响缺乏判断标准，[2]过于主观。对此完全由办理案件的公安机关、人民检察院和人民法院单方认定，相关利害关系人没有任何反驳的可能。“社会影响标准”过于主观的特点在我们所收集的6件“逃匿型”违法所得没收案件中有一定的体现。根据上文的分析，虽然将梁某晓违法所得没收案和张某违法所得没收案认定为“在本省、自治区、直辖市或者全国范围内有较大影响”，是难以令人信服的，但是法院依然适用违法所得没收程序裁定没收梁某晓和张某的违法所得。其二，违背管辖的基本原理。何为“在省、自治区、直辖市或者全国范围内具有较大影响”，认定者是受理违法所得没

〔1〕 参见裴显鼎、王晓东、刘晓虎：“《关于犯罪嫌疑人、被告人逃匿、死亡案件适用违法所得没收程序若干问题的规定》的理解与适用”，载《人民司法（应用）》2017年第16期，第32-45页。

〔2〕 参见汪建成：“论特定案件违法所得没收程序的建立和完善”，载《国家检察官学院学报》2012年第1期，第99页。

收申请的中级人民法院，还是该中级人民法院的上一级人民法院即省、自治区、直辖市高级人民法院，抑或是最高人民法院？实践的逻辑当然是由办理案件的公安机关、人民检察院和人民法院判断相关案件是否属于“在省、自治区、直辖市或者全国范围内具有较大影响”的案件。“社会影响标准”也是级别管辖的判断标准之一。根据《刑事诉讼法》第22条和第23条的规定，“全省（自治区、直辖市）性的重大刑事案件”由高级人民法院认定，“全国性的重大刑事案件”由最高人民法院认定。在违法所得没收案件中，由办理案件的公安机关、人民检察院和人民法院判断相关案件是否属于“在省、自治区、直辖市或者全国范围内具有较大影响”的案件有违管辖的基本原理。

因此，我们建议，摒弃“社会影响标准”，采用与普通案件中的“刑罚标准”相当的“涉案金额标准”，即以涉案的金额为“重大犯罪案件”的认定标准。

2. 统一“违法所得”的认定标准

2012年《最高法解释》第509条规定，“违法所得”是指实施犯罪行为所取得的财物及其孳息。也就是说，“违法所得”必须与犯罪行为之间具有实质联系。[1]基于此，如果被申请没收的财物不是犯罪嫌疑人、被告人实施犯罪行为所取得的，就不应当认定其为“违法所得”而予以没收。毕竟，没收“违法所得”不同于没收财产刑。根据《刑法》第59条的规定，作为附加刑的“没收财产”是没收犯罪分子个人的部分或全部财产，尽管其与犯罪行为没有实质联系；而没收“违法所得”是指没收与犯罪行为之间具有实质联系的财物。由此可见，认定“违法所得”即是要认定被申请没收的财物为犯罪嫌疑人、被告人实施犯罪行为所取得。[2]根据《违法所得没收程序规定》第6条的规定，这里的“违法所得”除了包括原始形态的违法所得之外，还包括演变形态的违法所得。

在任某厚违法所得没收案中，任某厚实施受贿犯罪所得的168.505549万元和贪污犯罪所得的69.16738万元都已经被用于贿选、旅游和疗养，没有节余。根据常理，被用于贿选、旅游和疗养后，上述原始形态的违法所得即灭失，不存在演变形态的财产。因此，上述237.672929万元不应当被作为违法所得予以没收。在罗某宪违法所得没收案中，罗某宪将违法所得190 121.62元用于自己治病。在这种情况下，也不存在演变形态的财产。公安机关冻结的罗某宪银行账户中的存款不是罗某宪实施犯罪行为所得，不应当被作为违法所得予以没收。在张某崎违法所得没收案中，张某崎将所收受的购物卡用于消费。在这种情况下，是

---

〔1〕 参见万毅：“独立没收程序的证据法难题及其破解”，载《法学》2012年第4期，第81页。

〔2〕 参见时延安、孟宪东、尹金洁：“检察机关在违法所得没收程序中的地位和职责”，载《法学杂志》2012年第11期，第132页。

可能存在演变形态的财产的，如用购物卡购买电视、冰箱、空调等时，电视、冰箱、空调等便属于演变形态的财产。根据违法所得的特征和《违法所得没收程序规定》对违法所得形态的规定，在该案中，就张某崎所收受的购物卡而言，应当没收的对象是用购物卡购买的物品，而不是与购物卡同等价值的其他财产。

我们认为，为了防止在没收违法所得时侵犯犯罪嫌疑人、被告人及利害关系人的财产权，应当根据《最高法解释》第509条和《违法所得没收程序规定》第6条的规定，慎重审查被申请没收的财产是否是犯罪嫌疑人、被告人实施犯罪行为所得。只有在能够认定被申请没收的财物是原始形态的违法所得或演变形态的违法所得的情况下，才能够将其认定为违法所得而予以没收。

3. 完善证明标准

通过上述考察可以看出，在《违法所得没收程序规定》施行之后，相关刑事裁判书并没有完全适用其规定的证明标准。这一现象促使我们反思《违法所得没收程序规定》确立的证明标准。我们认为，违法所得没收案件证明标准的设定既应当考虑到“逃匿型”违法所得没收案件和“死亡型”违法所得没收案件的不同特征，也应当考虑到检察机关和利害关系人在证明能力上的差异。

首先，“逃匿型”违法所得没收案件和“死亡型”违法所得没收案件存在如下两点区别：其一，在“逃匿型”违法所得没收案件中，犯罪嫌疑人、被告人应当到案且能够到案，但是却拒绝到案；而“死亡型”违法所得没收案件则不具有这样的特征。其二，在“逃匿型”违法所得没收案件中，如果没收裁定有错误，是可能得到纠正的，这是因为在逃的犯罪嫌疑人、被告人自动投案或者被抓获后，如果其对没收裁定提出异议，人民法院应当对原没收裁定进行重新审理；但是在“死亡型”违法所得没收案件中，如果没收裁定有错误，是很难得到纠正的。

其次，检察机关和利害关系人在证明能力上存在差异：检察机关具有国家强大的人力、物力和财力保障；而利害关系人所拥有的人力、物力和财力无法与检察机关相比，其也没有任何强制性调查的权利。

考虑到上述因素，我们建议对违法所得没收案件实行差异化的证明标准。

（1）检察机关对违法所得没收案件适用条件的证明标准在“逃匿型”违法所得没收案件和“死亡型”违法所得没收案件中应当有所不同。

在“逃匿型”违法所得没收案件中，检察机关对违法所得没收案件适用条件的证明标准可以相对宽松。这是因为：第一，适用相对宽松的证明标准可以促使犯罪嫌疑人、被告人尽快自动投案；第二，逃匿的犯罪嫌疑人、被告人到案后，如果对原没收裁定有异议，需要对其进行重新审理，因此，即使原没收裁定有错误，仍然有机会得到纠正。我们认为，《违法所得没收程序规定》第9条规定的“有证据证明”有犯罪事实可以作为犯罪嫌疑人、被告人实施了贪污贿赂犯罪、恐怖活动犯罪等重大犯罪的证明标准，第 17 条规定的高度可能性标准可以作为涉案财物属于违法所得及其他涉案财产的证明标准。

但是，在“死亡型”违法所得没收案件中，检察机关对违法所得没收案件适用条件的证明标准应当是“证据确实、充分”。我们不完全赞同《违法所得没收程序规定》降低证明标准的理由。首先，证明难度大不是降低证明标准的正当理由。有很多刑事案件的证明难度都非常大，如贿赂类案件、犯罪集团案件等，如果认可证明难度大是降低证明标准的正当理由，那么也应当降低这些案件的证明标准。这显然是不合适的。况且，从我们所收集的违法所得没收案件样本来看，在《违法所得没收程序规定》实施之前审理的“死亡型”违法所得没收案件的证据都达到了“证据确实、充分”标准。〔1〕在《违法所得没收程序规定》实施之后审理的“死亡型”违法所得没收案件中，有些案件的刑事裁定书载明的证明标准仍然是“证据确实、充分”，如那某违法所得没收案、朱某运违法所得没收案、黄某成违法所得没收案和寇某国违法所得没收案。虽然有些案件的刑事裁定书载明的证明标准是“有证据证明”有犯罪事实、申请没收的财产“具有高度可能”属于违法所得及其他涉案财产，如任某厚违法所得没收案、黎某宏违法所得没收案和彭某忠违法所得没收案，但是从这些刑事裁定书所列明的证据来看，对相关事实的证明已经达到了“证据确实、充分”的程度。其次，违法所得没收程序虽然不涉及定罪量刑，但是涉及认定犯罪事实和确定相关罪名，其与单纯的只处理财产权的案件有着本质的区别。

（2）利害关系人对其诉讼主张的证明标准应当低于检察机关对违法所得没收案件适用条件的证明标准。证明标准的确定应当考虑证明责任承担者的举证能力。作为申请者的检察机关与利害关系人，在对自己诉讼主张的举证能力方面还存在一定差距。因此，应当为利害关系人证明其诉讼主张设置较低的证明标准。我们赞同部分学者的观点，认为可以将优势证据标准作为利害关系人对其诉讼主张的证明标准。〔2〕

四、依法不负刑事责任的精神病人的强制医疗程序

为了与《刑法》第 18 条的规定相衔接，2012 年《刑事诉讼法》设专章对强

---

〔1〕参见南通市中级人民法院（2014）通中刑二初字第 00003 号刑事裁定书、肇庆市中级人民法院（2015）肇中法刑一没字第 1 号刑事裁定书、达州市中级人民法院（2015）达中刑初字第 17 号刑事裁定书、海北藏族自治州中级人民法院（2015）北刑初字第 1 号刑事裁定书、辽宁省锦州市中级人民法院（2015）锦刑二初字第 00008 号刑事裁定书、泰州市中级人民法院（2014）泰中刑二没初字第 00001 号刑事裁定书、珠海市中级人民法院（2014）珠中法刑二没初字第 1 号刑事裁定书以及河源市中级人民法院（2015）河中法刑一没初字第 1 号刑事裁定书等。

〔2〕参见朱孝清：“违法所得没收程序的几个问题”，载《人民检察》2014 年第 15 期，第 11 页；陈卫东、李响：“论违法所得没收特别程序中的利害关系人”，载《政法论坛》2015 年第 1 期，第 82 页；施鹏鹏、尚晶：“违法所得特别没收程序的构造与完善”，载《人民检察》2014 年第 7 期，第 21 页。

制医疗程序作了规定，内容包括强制医疗的适用条件、程序的启动、审理、复议、解除和监督等方面。强制医疗程序在实施中存在侵害法益要件的适用不规范、社会危险性要件的适用主观性强以及解除强制医疗的证明责任分配不合理等问题，需要进一步完善。

（一）法律规范考察

2012 年《刑事诉讼法》第 284 条至第 289 条规定了强制医疗程序，随后颁布的《最高法解释》《最高检规则》和《公安部规定》对强制医疗程序作了进一步规定。2018 年《刑事诉讼法》第 302 条至第 307 条保留了 2012 年《刑事诉讼法》的上述规定。2019 年颁布的《最高检规则》增加规定了人民检察院在审查强制医疗案件中的调查职权，更加详细地规定了人民检察院对强制医疗案件的法律监督。

1.《刑事诉讼法》的规定

《刑事诉讼法》关于强制医疗程序的规定包括以下内容：（1）强制医疗的适用条件。根据《刑事诉讼法》第 302 条的规定，强制医疗程序的适用必须符合三个条件：第一，客观要件，即“实施暴力行为，危害公共安全或者严重危害公民人身安全”。该条件包括行为和侵害法益两方面的内容。前者指的是“暴力行为”，后者指的是“危害公共安全或者严重危害公民人身安全”。第二，刑事责任要件，即“经法定程序鉴定依法不负刑事责任的精神病人”。第三，社会危险性要件，即“有继续危害社会可能”。（2）强制医疗程序中的权限分工。根据第 303 条的规定，公安机关发现精神病人符合强制医疗条件的，应当写出强制医疗意见书，移送人民检察院。对于公安机关移送的或者在审查起诉过程中发现的精神病人符合强制医疗条件的，人民检察院应当向人民法院提出强制医疗的申请。人民法院在审理案件过程中发现被告人符合强制医疗条件的，可以作出强制医疗的决定。对实施暴力行为的精神病人，在人民法院决定强制医疗前，公安机关可以采取临时的保护性约束措施。（3）强制医疗案件的审理程序和期限。第 304 条规定，人民法院受理强制医疗的申请后，应当组成合议庭进行审理。人民法院审理强制医疗案件，应当通知被申请人或者被告人的法定代理人到场。被申请人或者被告人没有委托诉讼代理人的，人民法院应当通知法律援助机构指派律师为其提供法律帮助。第 305 条第 1 款规定，人民法院经审理，对于被申请人或者被告人符合强制医疗条件的，应当在一个月以内作出强制医疗的决定。（4）对强制医疗决定的救济。第 305 条第 2 款规定，被决定强制医疗的人、被害人及其法定代理人、近亲属对强制医疗决定不服的，可以向上一级人民法院申请复议。（5）强制医疗的解除程序。第 306 条规定了强制医疗的两种解除方式。一是强制医疗机构应当定期对被强制医疗的人进行诊断评估。对于已不具有人身危险性，不需要继续强制医疗的，应当及时提出解除意见，报决定强制医疗的人民法院批准。二是被强制医疗的人及其近亲属有权申请解除强制医疗。（6）对强制医疗的法律监督。第307条规定，人民检察院对强制医疗的决定和执行实行监督。

2.《最高法解释》《最高检规则》《公安部规定》的规定

《最高法解释》《最高检规则》对《刑事诉讼法》的上述规定作了进一步的解释或者补充，主要包括以下几点：（1）明确了“危害公共安全或者严重危害公民人身安全”的标准。根据2012年《最高法解释》第524条和2012年《最高检规则》第539条的规定，“危害公共安全或者严重危害公民人身安全”是指社会危害性“已经达到犯罪程度”。（2）明确了强制医疗案件的地区管辖和级别管辖。根据2012年《最高法解释》第525条和2012年《最高检规则》第541条的规定，强制医疗案件，由被申请人实施暴力行为所在地的基层人民法院和基层人民检察院管辖；由被申请人居住地的人民法院和人民检察院管辖更为适宜的，可以由被申请人居住地的基层人民法院和基层人民检察院管辖。（3）明确了强制医疗案件的审理方式。2012年《最高法解释》第529条第1款规定，审理强制医疗案件，应当组成合议庭，开庭审理。但是，被申请人、被告人的法定代理人请求不开庭审理，并经人民法院审查同意的除外。（4）明确了一审法院在审理案件过程中发现被告人可能符合强制医疗条件的处理方式。2012年《最高法解释》第532条规定，第一审人民法院在审理案件过程中发现被告人可能符合强制医疗条件的，应当依照法定程序对被告人进行法医精神病鉴定。经鉴定，被告人属于依法不负刑事责任的精神病人的，应当适用强制医疗程序，对案件进行审理。2012年《最高法解释》第533条规定了此类案件的三种处理结果：决定强制医疗；判决宣告被告人无罪或者不负刑事责任，必要时责令其家属或者监护人严加看管和医疗；依法应当追究刑事责任的，依照普通程序继续审理。对上述处理结果，如果既有人民检察院提出的抗诉，也有对强制医疗决定提出的复议，根据2012年《最高法解释》第538条的规定，上一级人民法院应当依照第二审程序一并处理。（5）明确了二审法院在审理案件过程中发现被告人可能符合强制医疗条件的处理方式。2012年《最高法解释》第534条规定，人民法院在审理第二审刑事案件过程中，发现被告人可能符合强制医疗条件的，可以依照强制医疗程序对案件作出处理，也可以裁定发回原审人民法院重新审判。另外，2012年《最高法解释》还参照第一审普通程序，规定了受案审查、审查后的处理、开庭审理的程序、审理后的处理方式，规定了对强制医疗决定的复议程序、复议后的处理以及对解除强制医疗案件的审理程序和处理方式等。

2012年《最高检规则》明确了强制医疗申请书的内容，人民检察院对公安机关移送的强制医疗意见书的审查内容，人民检察院对公安机关移送的强制医疗案件的审查期间和程序，人民检察院对公安机关办理强制医疗案件的监督，人民检察院对法院审理强制医疗案件的监督，人民检察院对强制医疗执行和解除强制医疗的监督。2019年《最高检规则》第538条增加规定了人民检察院在审查强制医疗案件时的调查职权。人民检察院办理公安机关移送的强制医疗案件，可以采取以下方式开展调查，调查情况应当记录并附卷：会见涉案精神病人，听取涉案精神病人的法定代理人、诉讼代理人意见；询问办案人员、鉴定人；向被害人及其法定代理人、近亲属了解情况；向涉案精神病人的主治医生、近亲属、邻居、其他知情人员或者基层组织等了解情况；就有关专门性技术问题委托具有法定资质的鉴定机构、鉴定人进行鉴定。2019年《最高检规则》还更加详细地规定了人民检察院对强制医疗案件的法律监督，相关条文包括第541条（增加规定了公安机关鉴定违反法律规定的情形）、第542条（增加规定了对公安机关应当采取临时保护性约束措施而未采取的监督）、第545条（增加规定了人民法院审理活动违反法律规定的情形）、第547条（增加规定了对人民法院强制医疗决定或者驳回强制医疗申请的决定的监督）、第549条（增加规定了人民检察院对复议的监督）、第550条（增加规定了人民法院对批准解除强制医疗的决定的监督）。

《公安部规定》规定了公安机关办理强制医疗案件的程序和期间，公安机关采取临时的保护性约束措施的程序和要求等。

（二）实施中的问题

为了研究强制医疗程序的实施状况，我们收集了273件强制医疗案件的刑事决定书，其中包括147件决定强制医疗的案件，126件解除强制医疗的案件。这些案件涉及北京、上海、重庆、湖南、江西、安徽和四川等20个省、自治区和直辖市。这些样本反映出了强制医疗程序在适用中的部分代表性问题。

1. 侵害法益要件的适用不规范

《刑事诉讼法》第302条规定：“实施暴力行为，危害公共安全或者严重危害公民人身安全，经法定程序鉴定依法不负刑事责任的精神病人，有继续危害社会可能的，可以予以强制医疗。”据此，如果涉案精神病人实施了暴力行为，但没有危害公共安全或者严重危害公民人身安全，则不能适用强制医疗。

所谓公共安全，是指不特定的多数人的生命、健康和重大公私财产的安全。“不特定”，是指犯罪行为可能侵犯的对象和可能造成的结果事先无法确定，行为人对此既无法具体预料也难以实际控制，行为的危险或行为造成的危害结果可能随时扩大或增加，随时有向“多数”发展的现实可能性，会使社会多数成员遭受危险和侵害。[1]“不特定”是相对其他犯罪危害的“特定”而言。侵犯人身权利罪和侵犯财产罪也会造成多人、多物的损害，但其是以某个、某几个特定的人或者某项特定的财产为侵犯对象的，其可能造成的危害范围是有一定局限性

〔1〕 参见王海涛、马江领：“网络裸聊刑法规制探究”，载《人民检察》2010年第16期，第49页。

的，是可以预料和可以控制的。[1]《刑事诉讼法》第302条对于危害公共安全的暴力行为没有程度的要求，但是对于危害人身安全的暴力行为则有程度的要求，即要求达到“严重”的程度。如果精神病人的暴力行为没有达到“严重”危害人身安全的程度，则不能适用强制医疗程序。[2]根据2012年《最高法解释》第524条和2012年《最高检规则》第539条的规定，对人身权的危害至少应当达到犯罪程度才能够称之为“严重”。[3]因此，生命权受到危害属于人身安全被“严重”危害；对健康权的危害必须达到轻伤的程度才属于人身安全被“严重”危害。[4]

在273件样本案件中，涉案精神病人实施的暴力行为主要有故意杀人、故意伤害、放火等，但是在部分案件中涉案精神病人实施的暴力行为并没有“危害公共安全或者严重危害公民人身安全”，相关法院仍然决定对其进行强制医疗。如徐某1强制医疗案。在该案中，法院认定：“被强制医疗人徐某1于2015年2月25日21时许，乘坐被害人李某驾驶的车牌号为×××的出租车行驶至本市西城区某处南门时，采取揪被害人衣领的暴力方式，劫取被害人李某现金人民币50元，后离开现场。被害人李某报警后，民警于当日在某处东门将徐某1抓获。”[5]在该案中，北京市西城区人民法院以徐某1严重危害人身安全、财产安全为由，决定对其予以强制医疗。但是，徐某1仅仅实施了“揪被害人衣领”的行为，没有严重危害被害人的人身安全，也不可能严重危害被害人的人身安全。从这个角度来看，该案不符合强制医疗的适用条件。该案体现了司法实践中对侵害法益要件的不规范适用。

2. 社会危险性要件的适用主观性太强

目前，精神病鉴定事项中没有精神病人的社会危险性鉴定，现有精神病医学的发展水平也很难对精神病人的社会危险性作出明确的判断。[6]在我们所收集

---

〔1〕 参见卢岩：“中美刑法中放火罪若干问题比较研究”，吉林大学2007年硕士学位论文，第26页。

〔2〕 参见张吉喜：“强制医疗程序相关问题探析”，载《西南民族大学学报（人文社科版）》2015年第9期，第98页。

〔3〕 2012年《最高法解释》第524条和2012年《最高检规则》第539条规定：“实施暴力行为，危害公共安全或者严重危害公民人身安全，社会危害性已经达到犯罪程度。”

〔4〕 参见张吉喜：“强制医疗程序相关问题探析”，载《西南民族大学学报（人文社科版）》2015年第9期，第99页。

〔5〕 北京市西城区人民法院（2016）京0102刑医解1号刑事决定书。

〔6〕 部分司法精神医学鉴定意见书除了指出涉案精神病人无刑事责任能力之外，往往还提出强制医疗建议，变相认定了涉案精神病人的社会危险性。如在高某甲强制医疗案中，司法鉴定意见书载明：“被鉴定人高某甲所患精神分裂症，处于患病期，精神症状明显，伤害别人的可能性随时存在，请委托机关按照法律规定处置，给予被鉴定人强制医疗，而且要给予长期的严密监护。”参见山阳县人民法院（2017）陕1024刑医1号刑事决定书。又如在姚某强制医疗案中，司法鉴定意见书载明：“被申请人姚某患有精神分裂症，作案时处于发病期，为无刑事责任能力，建议强制医疗。”参见滨海县人民法院（2015）滨刑特字第0002号刑事决定书。

的强制医疗决定书样本中，有1件案件的诉讼代理人提出："被申请人是否有继续危害社会的可能应由医疗机构作出评估，本案没有医疗机构的评估报告，对被申请人强制医疗的证据不充分。"法院则认为："在强制医疗中如何认定被申请人是否有继续危害社会的可能，需要根据以往被申请人的行为及本案的证据进行综合判断，而医疗机构对其的评估也只是对其病情痊愈的评估，法律没有赋予它对患者是否有继续危害社会可能性方面的评估权利。"法院的这一观点是符合实际情况的。但是，由于社会危险性的含义不明，又缺乏明确的社会危险性的认定方法，法院对于被申请人人身危险性的认定说理显得有些不足："本案被申请人的病症是被害幻觉妄想症，经常假想要被他人杀害，外出害怕被害必带刀等防卫工具。如果不加约束治疗，被申请人不可能不外出，其外出必携带刀的行为，具有危害社会的可能，故诉讼代理人的意见不予采纳。"〔1〕与该案类似，从我们所收集的强制医疗刑事决定书来看，法院都是根据涉案精神病人实施的暴力行为和精神病鉴定意见直接认定社会危险性要件。这些刑事决定书的基本逻辑是，实施暴力行为，危害公共安全或者严重危害公民人身安全，经法定程序鉴定依法不负刑事责任的精神病人，当然具有继续危害社会的可能。但是，从精神病人实施了暴力行为并不能推定其具有继续危害社会的可能性。

3. 解除强制医疗的证明责任分配不合理

在刑事诉讼中，证明责任的本质是在案件事实存疑时，承担证明责任的一方承担不利后果。关于解除强制医疗的证明责任，《刑事诉讼法》和《最高法解释》都未作明确规定，法学界也未进行深入的理论研究。我们在调研中发现，在所有解除强制医疗的案件中，当被强制医疗人已不具有人身危险性存疑时，人民法院都作出了继续强制医疗的决定。因此，在这些案件中，证明责任都是由强制医疗程序的启动主体，即提出解除强制医疗意见的强制医疗机构或提出解除强制医疗申请的被强制医疗人或其近亲属承担的。这一证明责任分配方法将被强制医疗者置于十分不利的境地，这是因为：第一，证明消极事实比证明积极事实更加困难，即证明不具有人身危险性比证明具有人身危险性更加困难；第二，人身危险性是一个缺乏明确评价标准的、极其模糊的概念，因而，一些有关机关可能利用被强制医疗者不具有人身危险性不能得到证明而无限期地剥夺其人身自由。

（三）完善建议

1. 完善侵害法益要件

上文中的相关案件促使我们反思"危害公共安全或者严重危害公民人身安全"这一限制条件的合理性。我们认为，《刑事诉讼法》第302条对强制医疗适用

〔1〕成都市武侯区人民法院（2013）武侯刑强初字第1号刑事决定书。

的行为条件作出限定后，不应当再对侵害法益条件作特定的限制。理由是：(1) 将对涉案精神病人适用强制医疗的行为条件限制为“暴力行为”后，没有必要再将侵害法益限定为“危害公共安全或者严重危害公民人身安全”。强制医疗程序的立法目的是解决触犯刑法的精神病人。对涉案精神病人进行强制医疗的根本原因是其具有暴力性。不负刑事责任的精神病人不能辨认或者不能控制自己的行为，很难想象其在实施暴力行为时会对侵害的法益有所选择。(2) 将侵害法益限定为“危害公共安全或者严重危害公民人身安全”，会带来实践难题。这一实践难题是，不符合侵害法益要件的精神病人具有实施暴力行为的倾向，如果不对其适用强制医疗，将具有极大的危害社会风险。为了解决这一难题，相关办案机关只有在已经明确认定涉案精神病人没有“危害公共安全或者严重危害公民人身安全”但具有暴力倾向，或者在牵强地认定涉案精神病人“危害公共安全或者严重危害公民人身安全”的情况下，仍然决定适用强制医疗措施。虽然有关部门也可以适用《精神卫生法》第30条第2款和第35条第2款的规定，对上述精神病人进行强制收治，[1]但是《刑事诉讼法》中的强制医疗和《精神卫生法》中的强制收治在强制的程度上具有较大的区别。(3) 将侵害法益限定为“危害公共安全或者严重危害公民人身安全”，有损法律的公平性。对于同样实施暴力行为，社会危害达到犯罪程度的涉案精神病人，根据其是否侵害特定法益而决定是否适用强制医疗，是不公平的。(4) 将侵害法益限定为“危害公共安全或者严重危害公民人身安全”，将会造成证明上的困难。根据《刑事诉讼法》第302条的规定，只有在暴力行为侵害了特定法益时，才可以对涉案精神病人适用强制医疗。这就意味着在强制医疗程序中需要证明涉案精神病人的暴力行为侵害了特定法益。而在有些案件中，这是难以证明的。以周某某强制医疗案为例。在该案中，诸暨市人民法院认定：“2013年2月6日13时许，周某某因认为其母亲是由于被害人屠某华已去世的父亲附身而死亡，便携带火柴、水果刀和浸湿汽油的布到屠家坞村屠某华家索要赔偿。周某某以放火威胁被害人屠某华妻子张某娇无果后，用尖刀吓走张某娇，而后用点燃的布引燃张某娇家的稻草、竹枝，并将稻草、竹枝丢在厨房。见着火后逃离现场，后被群众扑灭。”法院虽然决定对周某某进行强制医疗，但是没有对周某某的行为“危害公共安全或者严重危害公民人

[1] 《精神卫生法》第30条第2款规定：“诊断结论、病情评估表明，就诊者为严重精神障碍患者并有下列情形之一的，应当对其实施住院治疗：(一) 已经发生伤害自身的行为，或者有伤害自身的危险的；(二) 已经发生危害他人安全的行为，或者有危害他人安全的危险的。”第35条第2款规定：“再次诊断结论或者鉴定报告表明，精神障碍患者有本法第三十条第二款第二项情形的，其监护人应当同意对患者实施住院治疗。监护人阻碍实施住院治疗或者患者擅自脱离住院治疗的，可以由公安机关协助医疗机构采取措施对患者实施住院治疗。”

身安全”作出认定。[1]周某某实施的行为是“用点燃的布引燃张某娇家的稻草、竹枝，并将稻草、竹枝丢在厨房”。我们认为，在该案中，申请机关没有证明周某某的行为可能危害的是财产安全还是公共安全。如果被害人的房屋远离邻居的财物，火苗无法波及，周某某的行为是难以危害公共安全的。相反，如果被害人的房屋临近邻居的财物，火苗可以波及，则周某某的行为可能危害了公共安全。如果不将强制医疗案件的侵害法益限定为“危害公共安全或者严重危害公民人身安全”，便不存在上述案件中的证明难题。

综上所述，我们认为，在强制医疗的适用条件上，《刑事诉讼法》只应当限定暴力行为的危害程度，不应当限定暴力行为的侵害法益。关于暴力行为的危害程度，2012 年《最高法解释》第 524 条和 2012 年《最高检规则》第 534 条已经作出了明确规定。因此，应当将强制医疗适用条件中的第一项条件修改为“实施暴力行为，社会危害性已经达到犯罪程度”。

2. 完善社会危险性要件的认定方法

为了有利于社会危险性要件的准确认定，我们认为有必要明确社会危险性要件的含义，并探讨科学的社会危险性要件的认定方法。

一般来说，危害社会的形式包括三种类型：民事侵权、行政违法和刑事犯罪。强制医疗程序所涉及的“危害社会”行为指的应当仅仅是刑事犯罪行为。[2]理由有二：其一，根据 2012 年《最高法解释》第 524 条和 2012 年《最高检规则》第 534 条的规定，不负刑事责任的精神病人所实施的“危害公共安全或者严重危害公民人身安全”的行为是指“危害性已经达到犯罪程度”的行为，否则，就不存在是否负刑事责任的问题；从文义解释的角度来看，涉案精神病人预期行为的危害性也应当达到犯罪程度。[3]其二，如果不严格限定涉案精神病人预期行为的危害程度，将会导致强制医疗程序的适用范围过宽，不利于对涉案精神病人人

---

〔1〕 参见诸暨市人民法院（2013）绍诸刑初字第 395 号刑事决定书。该案刑事决定书的表述是“本院认为，被申请人周某某实施放火行为，经法定程序鉴定作案期间处于精神分裂症发病期，依法不负刑事责任，但其病发时辨认能力和控制能力丧失，法定代理人不能进行有效监管，有继续危害社会可能，符合强制医疗的条件”。

〔2〕 从比较法的角度来看，相关国家也持该观点。如《瑞士联邦刑法典》第 43 条规定：“实施应被科处重惩役或监禁刑的犯罪的行为人，如其精神状态要求进行治疗或者特别护理，且认为，行为人因此将减少或避免继续实施犯罪行为的危险的，法官可命令将其收容于治疗或护理机构。”参见《瑞士联邦刑法典（1996 年修订）》，徐久生译，中国法制出版社 1999 年版，第 14-15 页。《日本改正刑法草案》第 98 条规定：“因精神障碍而没有第 16 条第 1 项（责任能力）所规定的能力或者该能力明显减低的人，实施了符合禁锢以上刑罚的行为，如果不加以治疗和看护将来可能再次实施符合禁锢以上刑罚的行为，在保安上认为有必要时，可以作出附治疗处分旨意的宣告。”参见《日本刑法典》，张明楷译，法律出版社 2006 年版，第 142 页。

〔3〕 参见倪润：“强制医疗程序中‘社会危险性’评价机制之细化”，载《法学》2012 年第 11 期，第 91 页。

身自由权的保障，因为任何实施过暴力行为的精神病人都可能继续实施民事侵权行为、行政违法行为或刑事违法行为。但鉴于强制医疗作为严重剥夺人身自由的措施，其对人身自由的剥夺程度及其消极影响可能并不亚于刑罚，从保障精神病人的权利角度出发，有必要对危害程度作适当限定，要求危害达到一定的严重程度。〔1〕另外，我们认为，对危害行为的理解还应当与《刑事诉讼法》第302条所规定的“实施暴力行为，危害公共安全或者严重危害公民人身安全”相关联，即涉案精神病人继续危害社会的行为应当是危害公共安全或者严重危害公民人身安全的暴力行为。精神病人危险性评估包括6级，〔2〕“继续危害社会”指的应当是危险性评估中的5级。对于符合客观要件和刑事责任要件的涉案精神病人，如果没有继续危害社会的可能，可以通过《精神卫生法》规定的自愿治疗和非自愿治疗制度予以治疗。

关于社会危险性的预测主要有三种方法：直觉法、临床法和统计法。直觉法指的是由审判人员根据自己的经验判断涉案精神病人的再犯可能性。临床法指的是由精神病学专家等专业人士通过调查可能影响社会危险性的因素，预测涉案精神病人将来在相同或者类似情况下是否会发生类似行为。统计法指的是根据预测量表预测涉案精神病人将来在相同或者类似情况下是否会发生类似行为。涉案精神病人符合预测表上的特征越多，那么其再犯的可能性就越高，反之亦然。

根据我们所收集的强制医疗刑事决定书样本，结合我们的调研情况，发现法院对于社会危险性要件的认定使用的都是直觉法。在刑事决定书中，典型的表述如“本案被申请人的病症是被害幻觉妄想症，经常假想要被他人杀害，外出害怕被害必带刀等防卫工具。如果不加约束治疗，被申请人不可能不外出，其外出必携带刀的行为，具有危害社会的可能”。〔3〕我们认为，应当为审判人员运用直觉法提供必要的引导，在有条件的案件中可以适当借鉴临床法。除此之外，还应当推动统计法在认定社会危险性中的运用。

首先，由于“有继续危害社会可能”没有具体的判定标准，办案人员普遍

---

〔1〕 参见张吉喜：“强制医疗程序相关问题探析”，载《西南民族大学学报（人文社科版）》2015年第9期，第100页。

〔2〕 6级分别是：0级：无符合以下1—5级中的任何行为。1级：口头威胁，喊叫，但没有打砸行为。2级：打砸行为，局限在家里，针对财物。能被劝说制止。3级：明显打砸行为，不分场合，针对财物。不能接受劝说而停止。4级：持续的打砸行为，不分场合，针对财物或人，不能接受劝说而停止，包括自伤、自杀。5级：持管制性危险武器的针对人的任何暴力行为，或者纵火、爆炸等行为，无论在家里还是公共场合。

〔3〕 成都市武侯区人民法院（2013）武侯刑强初字第1号刑事决定书。

反映在判断“有继续危害社会可能”上缺乏经验，信心不足。[1]因此，应当明确运用直觉法需要考虑的因素，为审判人员认定社会危险性提供必要指引。我们认为，审判人员应当综合考虑以下因素，对涉案精神病人的社会危险性大小进行综合评定：(1) 涉案精神病人的特征。涉案精神病人是否具有攻击性人格特点，是否依赖或滥用酒精和药物等。研究证明，具有攻击性人格特点的精神病人继续实施暴力行为的可能性较高，[2]具有酒精和毒品依赖的精神病人比没有物质滥用的精神病人实施暴力行为的概率高2倍。[3](2) 涉案精神病人实施的暴力行为的特点。“暴力行为最好的预测因素是精神病人的暴力史。”[4]针对不特定对象实施暴力行为的涉案精神病人比针对特定对象实施暴力行为的涉案精神病人的社会危险性更大。(3) 涉案精神病人实施暴力行为后的表现。精神病人在实施完暴力行为后，继续为实施暴力行为创造条件、准备再犯的，则表明其人身危险性较大。[5](4) 涉案精神病人在治疗时的表现。如果涉案精神病人仍然不能完整地认识自己的健康状况、正确地认识自己实施的暴力行为，则表明其继续危害社会的可能性仍然较大。(5) 涉案精神病人家属是否具备看管、送治的条件和能力。如果涉案精神病人家属具有看管、送治的条件和能力，则会大大降低涉案精神病人的危害社会可能性。

其次，在运用直觉法认定涉案精神病人社会危险性的同时，在有条件的案件中可以适当借鉴临床法。《刑事诉讼法》第304条规定，人民法院受理强制医疗的申请后，应当组成合议庭进行审理。由于职业法官不是精神疾病方面的专家，为了更加准确地认定社会危险性要件，可以邀请具有精神病学等专业知识的陪审员参加强制医疗案件的合议庭。合议庭中有具备专业知识的陪审员参加，能够弥补职业法官在认定社会危险性要件上专业知识的不足。[6]除此之外，合议庭还可以通过咨询精神病学专家的方式来弥补专业知识的不足。

---

[1] 有办案人员建议，应当建立对“继续危害社会可能”的鉴定制度，来解决办案人员在认定“继续危害社会可能”上的困境。参见梁经顺、李佳：“从‘郭某华强制医疗案’谈强制医疗程序之规范”，载《北京政法职业学院学报》2014年第3期，第62页。

[2] 参见陈绍辉：“论刑事强制医疗程序中人身危险性的判定”，载《东方法学》2016年第5期，第16页。

[3] 参见 Jeffrey W. Swanson et al.，“Violence and Psychiatric Disorder in the Community：Evidence from the Epidemiologic Catchment Area Surveys”，41 *Hosp. & Community Psychiatry* 761，(1990) . p. 765。转引自陈绍辉：“论刑事强制医疗程序中人身危险性的判定”，载《东方法学》2016年第5期，第16页。

[4] Randy Borum et al.，“Assessing and Managing Violence Risk in Clinical Practice”，7 *J. Prac. Psychiatry & Behav. Health*，(1990) . p. 210.

[5] 参见陈绍辉：“论刑事强制医疗程序中人身危险性的判定”，载《东方法学》2016年第5期，第16页。

[6] 参见张吉喜：“强制医疗程序相关问题探析”，载《西南民族大学学报（人文社科版）》2015年第9期，第100-101页。

最后，应当推动统计法在认定社会危险性中的运用。无论是直觉法，还是临床法，都是审判人员或精神病学专家等专业人士根据自己的经验判断涉案精神病人社会危险性的方法。在风险评估理论上，运用经验进行风险评估被称为第一代风险评估方法。第一代风险评估方法虽然能够在一定程度上解决涉案精神病人社会危险性的评估问题，但是由于它完全依据的是办案人员的主观判断，容易产生随意性和个人偏见。与此不同，统计法是以精算的方法评估涉案精神病人的社会危险性，能够有效地消除运用第一代风险评估方法评估涉案精神病人社会危险性容易产生随意性和个人偏见的弊端，使得对涉案精神病人社会危险性的评估变得标准化和客观化。在风险评估理论上，以精算的方法进行风险评估被称为第二代风险评估方法。〔1〕目前尚没有公认的涉案精神病人社会危险性的评估工具。为了进一步提高涉案精神病人社会危险性认定的客观性，有必要对运用第二代风险评估方法评估涉案精神病人的社会危险性问题进行深入研究。〔2〕需要说明的是，尽管精算评估方法对于评估涉案精神病人的社会危险性具有十分重要的意义，但其只是合议庭判断涉案精神病人社会危险性的工具，对涉案精神病人社会危险性的认定不具有决定性，最终仍然要由合议庭综合全案因素作出决定。

3. 明确解除强制医疗的证明责任

关于解除强制医疗的证明责任，美国多数州要求，在检方反对解除强制医疗时，由其证明被强制医疗者仍然患有精神病，并具有人身危险性。《蒙大拿州刑事诉讼法典》第 14 章第 302 条第 6 款规定，在被强制医疗者申请解除强制医疗的听证中，检方应当以明晰可信的证据证明，该人不能被安全地释放，因为其仍然患有精神病，导致其具有人身危险性。《阿拉斯加州刑事诉讼法典》第 47 章第 090 条规定，在被强制医疗者申请解除强制医疗的听证中，由检方承担证明责任，证明被告人可能危害公共安全的精神病尚未被治愈。《路易斯安那州刑事诉讼法典》第 657 条规定，在解除强制医疗的听证中，由州承担证明责任，以明晰可信的证据证明被强制医疗者当前仍然患有精神病并具有人身危险性，需要继续强制医疗。

我们认为，美国的上述规定值得我国借鉴。我国应当修改刑事强制医疗解除程序中证明责任的承担主体，由人民检察院承担被强制医疗者仍然具有继续危害社会可能的证明责任。可以考虑在将来修改相关法律时，明确规定：强制医疗机构提出解除强制医疗意见，或者被强制医疗的人及其近亲属申请解除强制医疗

---

〔1〕 参见张吉喜："统计学方法在评估'逮捕必要性'中的运用"，载《广东社会科学》2014 年第 6 期，第 228 页。

〔2〕 参见陈绍辉："论刑事强制医疗程序中人身危险性的判定"，载《东方法学》2016 年第 5 期，第 17-18 页。

的，如果人民检察院反对解除对涉案精神病人的强制医疗，应当由人民检察院证明被强制医疗的人仍然具有人身危险性，需要继续强制医疗。人民法院经审查后认定人民检察院提供的证据不足以否定强制医疗机构解除强制医疗依据的，应当决定解除强制医疗。

（撰稿人：第一、三、四部分，张吉喜；第二部分，王彪）